· 税收优惠政策实操好帮手 ·

企业减税降费政策
与应用指引

任广慧　杜春法·编著

立信会计 出版社

LIXIN ACCOUNTING PUBLISHING HOUSE

图书在版编目（CIP）数据

企业减税降费政策与应用指引 / 任广慧，杜春法编
著. —上海：立信会计出版社，2019.6
ISBN 978 - 7 - 5429 - 6185 - 3

Ⅰ.①企… Ⅱ.①任… ②杜… Ⅲ.①企业管理—
税收政策—中国 Ⅳ.①F812.422

中国版本图书馆 CIP 数据核字(2019)第 103609 号

策划编辑　　　张巧玲
责任编辑　　　张巧玲
校　　对　　　柯灿云

企业减税降费政策与应用指引

出版发行	立信会计出版社		
地　　址	上海市中山西路 2230 号	邮政编码	200235
电　　话	(021)64411389	传　　真	(021)64411325
网　　址	www.lixinaph.com	电子邮箱	lixinaph2019@126.com
网上书店	http://lixin.jd.com		http://lxkjcbs.tmall.com
经　　销	各地新华书店		
印　　刷	涿州市新华印刷有限公司		
开　　本	787 毫米×1092 毫米	1/16	
印　　张	35.5		
字　　数	1355 千字		
版　　次	2019 年 6 月第 1 版		
印　　次	2019 年 6 月第 1 次		
书　　号	ISBN 978 - 7 - 5429 - 6185 - 3/F		
定　　价	98.00 元		

如有印订差错，请与本社联系调换

前　言

　　减税降费是深化供给侧结构性改革的重要举措,对减轻企业负担、激发微观主体活力、促进经济增长具有重要作用。党中央、国务院高度重视简政减税降负工作,出台了一系列力度大、内容实、范围广的减税降费政策措施,有力促进了创业、创新,有效推动了经济和社会发展。在当前国内外经济形势错综复杂的情况下,面临新问题、新挑战,继续加大减税降费力度特别是加大对小微企业和实体经济的税收支持力度,有利于稳就业、稳金融、稳外贸、稳外资、稳投资、稳预期,有助于经济持续平稳运行和社会就业稳定,对进一步把握好重要战略机遇期,实现经济高质量发展具有重要意义。国家税务总局高度重视减税降费的落实工作,连续下发《国家税务总局关于深入贯彻落实减税降费政策措施的通知》《国家税务总局关于进一步落实好简政减税降负措施更好服务经济社会发展有关工作的通知》《国家税务总局关于实施进一步支持和服务民营经济发展若干措施的通知》等文件,并通过《办税事项“最多跑一次”清单》《取消税务证明事项》等发布了一系列便民措施,要求各级税务机关要切实把思想和行动统一到党中央、国务院关于当前经济形势的判断上来,统一到党中央、国务院的各项决策部署上来,进一步加大工作力度,不折不扣、不拖不延地落实好各项简政减税降负措施,更好地营造稳定公平透明、可预期的税收营商环境,为市场主体添活力,为人民群众增便利。

　　深化增值税改革是2019年实施更大规模减税降费的“重头戏”,是减轻企业负担、激发市场活力的重大举措,是完善税制、优化收入分配格局的重要改革,是宏观政策支持稳增长、保就业、调结构的重大抉择。近日,财政部、国家税务总局、海关总署三部门联合发布《财政部　税务总局　海关总署关于深化增值税改革有关政策的公告》,明确了下调后的增值税税率,同步下调出口退税率,加计抵减,试行留抵退税制度等事项。随后,国家税务总局发布了《国家税务总局关于深化增值税改革有关事项的公告》(国家税务总局公告2019年第14号)、《国家税务总局关于调整增值税纳税申报有关事项的公告》(国家税务总局公告2019年第15号)、《国家税务总局关于发布出口退税率文库2019B版的通知》(税总函〔2019〕82号),明确了具体征管事项。重磅文件的接连出台,是对今年深化增值税改革相关部署的政策落地。为确保2019年深化增值税改革更好地落到实处,国家税务总局还下发了《国家税务总局关于做好2019年深化增值税改革工作的通知》,国家税务总局办公厅印发了《2019年深化增值税改革纳税服务工作方案》,聚焦降低增值税税率等各项改革措施,要求各级税务机关全面精准做实宣传辅导,精简办理手续,从快解决问题,过硬成效检验,全力实现宣传辅导 100％全覆盖、可验证,红利账单 100％有推送,有效做到政策明、流程清、手续简、成果显,以便利高效的纳税服务促进纳税人更好享受深化增值税改革政策红利,切实增强纳税人获得感。

为了贯彻习近平总书记"减税降费政策措施要落地生根,让企业轻装上阵",帮助税务机关、纳税人和缴费人不折不扣落实好国家已出台的减税降费措施,及时提醒和帮助纳税人、缴费人享受税收优惠,确保国家出台的各项减税政策应知尽知、应享尽享,天津市税务局任广慧、山东省税务干部学校杜春法整理编写了《企业减税降费政策与应用指引》一书。本书将现行有效的国家减税降费政策进行了系统梳理和重点讲解,对减税降费政策如何运用提出了合理建议。全书分为九章内容,按税种政策又可以归类为增值税优惠政策、企业所得税优惠政策、个人所得税优惠政策、其他税种优惠政策、社会保险基金减免政策、非税收入减免政策等内容。本书特别将小微企业普惠和促进中小企业发展单独设为独立章节,以助力中小微企业发展。全书分门别类地进行了政策要点、难点把握和政策运用等方面的讲解,并对最新增值税减税政策进行了详尽解读,以期为纳税人和税务部门提供有效指引。

山东省税务干部学校

杜春法

2019 年 5 月

目　　录

第一章　小微企业普惠性减税降费政策与应用指引

党中央、国务院高度重视减税降费工作。习近平总书记在 2019 年新年贺词中更是强调"减税降费政策措施要落地生根，让企业轻装上阵"。李克强总理指出，小微企业是吸纳就业的主渠道，对小微企业实施减税主要是为了支撑就业，在当前经济下行压力加大的背景下，实施这一措施将为稳定就业起到关键性作用。小微企业是发展的生力军、就业的主渠道、创新的重要源泉。2019 年 1 月 9 日，国务院常务会议确定新推出小微企业普惠性减税措施。这是 2019 年减税降费的"先手棋"，对深化供给侧结构性改革，减轻企业负担，激发市场活力，推动形成积极的社会预期，促进"六稳"具有重要作用。总体上看，这次新推出的小微企业普惠性减税措施主要体现了"三扩大三加力两统筹"的特点：

"三扩大"	"三加力"	"两统筹"
"三扩大"：通过放宽标准，扩大小规模纳税人、小型微利企业和投资初创科技企业优惠范围。 一是进一步放宽了增值税小规模纳税人免税标准，由月销售额 3 万元提高至 10 万元。 二是进一步放宽了企业所得税小型微利企业的标准，将年应税所得额由原来的不超过 100 万元，提高至不超过 300 万元；将从业人数由原来的工业企业不超过100 人、其他企业不超过 80 人，统一提高至不超过 300 人；将资产总额由原来的工业企业不超过 3 000 万元、其他企业不超过 1 000 万元，统一提高到不超过 5 000 万元。 三是进一步放宽了投资初创科技型企业享受优惠政策的范围，将初创科技型企业条件中的从业人数不超过 200 人提高到不超过 300 人，资产总额和年销售收入均不超过 3 000 万元提高到均不超过 5 000 万元，与新的企业所得税小型微利企业相关标准保持一致。 正是通过以上优惠范围的"三扩大"，这次新政更彰显了普惠性减税。	在放宽标准、扩大优惠范围的同时，新政采取"三加力"措施，进一步增强纳税人获得感。 第一个"加力"是增加相关优惠税种。对增值税小规模纳税人，在增值税免税标准提高的同时，最高可以按 50% 比例减征 6 个地方税种和 2 个附加，即资源税、城市维护建设税、房产税、城镇土地使用税、印花税、耕地占用税和教育费附加、地方教育附加。税种增加后，税收优惠覆盖了小规模纳税人生产经营过程中的主要税种。 第二个"加力"是实行减半再减半优惠政策。对小型微利企业，年应纳税所得额不超过 100 万元的部分，在原减半征收企业所得税的基础上可以再减半；年应纳税所得额 100 万元至 300 万元的部分，减半征收。优惠后，年应纳税所得额不超过 100 万元和 100 万元到 300 万元的部分，实际税负分别降至 5% 和 10%。 第三个"加力"是叠加享受优惠政策。已享受资源税、城市维护建设税等地方税及附加优惠政策的增值税小规模纳税人，还可以叠加享受本次地方新出台的减征优惠。 正是通过以上"三个加力"，这次新政更彰显了实质性减税。	一是统筹考虑了各地实际情况。6 个地方税种和 2 项附加的减征优惠，由省级人民政府根据本地区实际情况以及宏观调控需要确定，有利于各地因地制宜、因需施策。同时，为弥补因大规模减税降费形成的地方财力缺口，中央财政将加大对地方一般性转移支付。 二是统筹考虑了新老政策衔接。根据国务院新出台的政策，税务总局在相关公告中就如何做好新老政策衔接适用的问题，做了进一步明确。比如，由于小规模纳税人的优惠"含金量"提高，考虑到一些符合条件的一般纳税人可能会有按规定转为小规模纳税人的诉求，专门将 2018 年底到期的"一般纳税人转登记为小规模纳税人"规定再延长一年，延期至 2019 年底。又如，考虑到增值税免税标准提高，对跨地区经营按原规定需要预缴增值税的纳税人，明确只要在预缴地实现的月销售额不超过 10 万元，则无需预缴税款。此外，还对新纳入免税范围的小规模纳税人开具增值税发票等问题，本着最大程度便利纳税人的原则进行了明确。这些都有利于政策在实施中实现简明易行好操作、新老衔接更便利。

为确保小微企业普惠性减税政策更好地落地生根，税务部门从最大限度便利纳税人的角度出发，采取了一系列简化申报流程、提高办税效率的举措，力求以更多的办税便利促进纳税人更好享受政策红利。这些便利化措施都体现在税务总局已发布的相关公告和正在进行的征管信息系统调整之中，既有基于所有税种减免的普适性便利，也有基于不同税种减免的针对性便利措施。总体来看，这次普惠性政策的普适性便利主要体现为"三个无需"和"三个自动"：

"三个无需"	"三个自动"
"三个无需"是指：凡符合条件的纳税人，享受小微企业普惠性减税政策，均无需任何审批流程、无需任何核查手续、无需任何证明资料，只要如实填写纳税申报表即可享受。	"三个自动"是指凡采用电子申报的方式，只要纳税人项目填写完整，信息系统就可以自动帮助享受减免税优惠：一是自动识别。系统根据纳税人填报的信息，自动识别和提示纳税人是否可享受小微企业普惠性减税政策；二是自动计算。系统根据识别情况自动计算纳税人的可减免税金额；三是自动成表。系统可根据纳税人填报的相关信息自动生成纳税申报表。

在普适性便利的基础上，不同税种的减免还各有一些既增便利又具实惠的措施安排，主要体现为 4 个方面：一是该选择的可以选择。比如，在增值税方面，针对部分小规模纳税人可能有些月份销售额超过 10 万元，但按季计算可能未超过 30 万元的情况，允许纳税人在一个会计年度内根据自身实际在选择按月或按季申报纳税方式上变更 1 次；二是该调整的可以调整。比如，在企业所得税方面，对按月预缴的企业，如果年度中间符合小型微利企业标准的，统一调整为按季预缴申报，从而有利于减少纳税人申报次数；三是该延续的可以延续。比如，在增值税方面，对已经使用增值税发票管理系统开具普通发票的小规模纳税人，在免税标准提高后，依然可以使用现有税控设备继续开票，不需要办理缴销手续；如果小规模纳税人前期已纳入自行开具增值税专用发票试点范围，同样可以延续自行开具增值税专用发票。比如，在增值税方面，小规模纳税人当期如发生销售不动产行为，在办理申报时，系统会提示纳税人录入当期所有应税销售额，并根据扣减不动产销售额的余额，帮助纳税人判断是否可享受免征增值税政策；在地方税减征方面，考虑到各地出台政策的时间不一，且可追溯至 1 月 1 日起实施，对符合条件的纳税人未及时申报享受减征优惠的，可申请退税或抵减以后纳税期的应纳税款。

从以上这些方面可以看出，这次小微企业普惠性减税措施，不仅政策实打实、硬碰硬，而且操作也切实可行、简明易行。税务部门一定会千方百计用实实在在的便利度，为企业和人民群众增添实实在在的获得感。

第一节 统计上大中小微型企业划分标准

政策依据：

《工业和信息化部 国家统计局 国家发展和改革委员会 财政部关于印发中小企业划型标准规定的通知》（工信部联企业〔2011〕300 号）；

《统计上大中小微型企业划分办法（2017）》（国统字〔2017〕213 号）。

根据《中华人民共和国中小企业促进法》和《国务院关于进一步促进中小企业发展的若干意见》（国发〔2009〕36 号），工业和信息化部、国家统计局、发展改革委、财政部制定了《中小企业划型标准规定》（工信部联企业〔2011〕300 号）。2017 年 6 月 30 日，《国民经济行业分类》（GB/T 4754—2017）正式颁布。8 月 29 日，国家统计局印发《国家统计局关于执行新国民经济行业分类国家标准的通知》（国统字〔2017〕142 号），规定从 2017 年统计年报和 2018 年定期统计报表起统一使用新分类标准。为此，国家统计局对 2011 年印发的《统计上大中小微型企业划分办法》进行修订，以国统字〔2017〕213 号文件公布了《统计上大中小微型企业划分办法（2017）》如下表所示：

统计上大中小微型企业划分标准

行业名称	指标名称	计量单位	大型	中型	小型	微型
农、林、牧、渔业	营业收入（Y）	万元	Y≥20 000	500≤Y＜20 000	50≤Y＜500	Y＜50
工业*	从业人员（X）	人	X≥1 000	300≤X＜1 000	20≤X＜300	X＜20
	营业收入（Y）	万元	Y≥40 000	2 000≤Y＜40 000	300≤Y＜2 000	Y＜300
建筑业	营业收入（Y）	万元	Y≥80 000	6 000≤Y＜80 000	300≤Y＜6 000	Y＜300
	资产总额（Z）	万元	Z≥80 000	5 000≤Z＜80 000	300≤Z＜5 000	Z＜300

（续表）

行业名称	指标名称	计量单位	大型	中型	小型	微型
批发业	从业人员(X)	人	$X \geqslant 200$	$20 \leqslant X < 200$	$5 \leqslant X < 20$	$X < 5$
	营业收入(Y)	万元	$Y \geqslant 40\,000$	$5\,000 \leqslant Y < 40\,000$	$1\,000 \leqslant Y < 5\,000$	$Y < 1\,000$
零售业	从业人员(X)	人	$X \geqslant 300$	$50 \leqslant X < 300$	$10 \leqslant X < 50$	$X < 10$
	营业收入(Y)	万元	$Y \geqslant 20\,000$	$500 \leqslant Y < 20\,000$	$100 \leqslant Y < 500$	$Y < 100$
交通运输业*	从业人员(X)	人	$X \geqslant 1\,000$	$300 \leqslant X < 1\,000$	$20 \leqslant X < 300$	$X < 20$
	营业收入(Y)	万元	$Y \geqslant 30\,000$	$3\,000 \leqslant Y < 30\,000$	$200 \leqslant Y < 3\,000$	$Y < 200$
仓储业*	从业人员(X)	人	$X \geqslant 200$	$100 \leqslant X < 200$	$20 \leqslant X < 100$	$X < 20$
	营业收入(Y)	万元	$Y \geqslant 30\,000$	$1\,000 \leqslant Y < 30\,000$	$100 \leqslant Y < 1\,000$	$Y < 100$
邮政业	从业人员(X)	人	$X \geqslant 1\,000$	$300 \leqslant X < 1\,000$	$20 \leqslant X < 300$	$X < 20$
	营业收入(Y)	万元	$Y \geqslant 30\,000$	$2\,000 \leqslant Y < 30\,000$	$100 \leqslant Y < 2\,000$	$Y < 100$
住宿业	从业人员(X)	人	$X \geqslant 300$	$100 \leqslant X < 300$	$10 \leqslant X < 100$	$X < 10$
	营业收入(Y)	万元	$Y \geqslant 10\,000$	$2\,000 \leqslant Y < 10\,000$	$100 \leqslant Y < 2\,000$	$Y < 100$
餐饮业	从业人员(X)	人	$X \geqslant 300$	$100 \leqslant X < 300$	$10 \leqslant X < 100$	$X < 10$
	营业收入(Y)	万元	$Y \geqslant 10\,000$	$2\,000 \leqslant Y < 10\,000$	$100 \leqslant Y < 2\,000$	$Y < 100$
信息传输业*	从业人员(X)	人	$X \geqslant 2\,000$	$100 \leqslant X < 2\,000$	$10 \leqslant X < 100$	$X < 10$
	营业收入(Y)	万元	$Y \geqslant 100\,000$	$1\,000 \leqslant Y < 100\,000$	$100 \leqslant Y < 1\,000$	$Y < 100$
软件和信息技术服务业	从业人员(X)	人	$X \geqslant 300$	$100 \leqslant X < 300$	$10 \leqslant X < 100$	$X < 10$
	营业收入(Y)	万元	$Y \geqslant 10\,000$	$1\,000 \leqslant Y < 10\,000$	$50 \leqslant Y < 1\,000$	$Y < 50$
房地产开发经营	营业收入(Y)	万元	$Y \geqslant 200\,000$	$1\,000 \leqslant Y < 200\,000$	$100 \leqslant Y < 1\,000$	$Y < 100$
	资产总额(Z)	万元	$Z \geqslant 10\,000$	$5\,000 \leqslant Z < 10\,000$	$2\,000 \leqslant Z < 5\,000$	$Z < 2\,000$
物业管理	从业人员(X)	人	$X \geqslant 1\,000$	$300 \leqslant X < 1\,000$	$100 \leqslant X < 300$	$X < 100$
	营业收入(Y)	万元	$Y \geqslant 5\,000$	$1\,000 \leqslant Y < 5\,000$	$500 \leqslant Y < 1\,000$	$Y < 500$
租赁和商务服务业	从业人员(X)	人	$X \geqslant 300$	$100 \leqslant X < 300$	$10 \leqslant X < 100$	$X < 10$
	资产总额(Z)	万元	$Z \geqslant 120\,000$	$8\,000 \leqslant Z < 120\,000$	$100 \leqslant Z < 8\,000$	$Z < 100$
其他未列明行业*	从业人员(X)	人	$X \geqslant 300$	$100 \leqslant X < 300$	$10 \leqslant X < 100$	$X < 10$

（1）大型、中型和小型企业须同时满足所列指标的下限，否则下划一档；微型企业只须满足所列指标中的一项即可。

（2）附表中各行业的范围以《国民经济行业分类》（GB/T 4754—2017）为准。带 * 的项为行业组合类别，其中，工业包括采矿业，制造业，电力、热力、燃气及水生产和供应业；交通运输业包括道路运输业，水上运输业，航空运输业，管道运输业，多式联运和运输代理业，装卸搬运，不包括铁路运输业；仓储业包括通用仓储，低温仓储，危险品仓储，谷物、棉花等农产品仓储，中药材仓储和其他仓储业；信息传输业包括电信、广播电视和卫星传输服务，互联网和相关服务；其他未列明行业包括科学研究和技术服务业，水利、环境和公共设施管理业，居民服务、修理和其他服务业，社会工作，文化、体育和娱乐业，以及房地产中介服务，其他房地产业等，不包括自有房地产经营活动。

（3）企业划分指标以现行统计制度为准。

① 从业人员，是指期末从业人员数，没有期末从业人员数的，采用全年平均人员数代替。

② 营业收入，工业、建筑业、限额以上批发和零售业、限额以上住宿和餐饮业以及其他设置主营业务收入指标的行业，采用主营业务收入；限额以下批发与零售业企业采用商品销售额代替；限额以下住宿与餐饮业企业采用营业额代替；农、林、牧、渔业企业采用营业总收入代替；其他未设置主营业务收入的行业，采用营业收入指标。

③ 资产总额，采用资产总计代替。

第二节　小微企业普惠性减税降费

政策依据：

《国务院关于废止〈中华人民共和国营业税暂行条例〉和修改〈中华人民共和国增值税暂行条例〉的决定》（中华人民共和国国务院令第 691 号）；

《中华人民共和国增值税暂行条例实施细则》（财法字〔1993〕第 38 号）；

《财政部　国家税务总局关于全面推开营业税改征增值税试点的通知》（财税〔2016〕36 号）；

《财政部　税务总局关于实施小微企业普惠性税收减免政策的通知》（财税〔2019〕13 号）；

《税务总局关于实施小型微利企业普惠性所得税减免政策有关问题的公告》（国家税务总局公告 2019 年第 2 号）；

《国家税务总局关于修订〈中华人民共和国企业所得税月（季）度预缴纳税申报表（A 类，2018 年版）〉等部分表单样式及填报说明的公告》（国家税务总局公告 2019 年第 3 号）；

《国家税务总局关于小规模纳税人免征增值税政策有关征管问题的公告》（国家税务总局公告 2019 年第 4 号）；

《国家税务总局关于增值税小规模纳税人地方税种和相关附加减征政策有关征管问题的公告》（国家税务总局公告 2019 年第 5 号）；

《国家税务总局关于扩大小规模纳税人自行开具增值税专用发票试点范围等事项的公告》（国家税务总局公告 2019 年第 8 号）。

一、起征点以下免征增值税

（一）起征点适用范围及征税规定

《增值税暂行条例》	《营业税改征增值税试点实施办法》
第十七条　纳税人销售额未达到国务院财政、税务主管部门规定的增值税起征点的，免征增值税；达到起征点的，依照本条例规定全额计算缴纳增值税。	第四十九条　个人发生应税行为的销售额未达到增值税起征点的，免征增值税；达到起征点的，全额计算缴纳增值税。 增值税起征点不适用于登记为一般纳税人的个体工商户。

1. 适用范围

增值税起征点仅适用于个人，包括个体工商户和其他个人，但不适用于登记为一般纳税人的个体工商户。即：增值税起征点仅适用于按照小规模纳税人纳税的个体工商户和其他个人。这一政策不仅涉及增值税问题，还涉及国家税务总局 2018 年 28 号公告中，关于从事小额零星经营业务的个人界定问题。

2. 销售额的确定

增值税起征点所称的销售额是指纳税人销售货物、劳务、服务、无形资产和不动产的销售额（不包括出租不动产销售额），采用销售额和应纳税额合并定价方法的，按照下列公式计算销售额：

$$销售额＝含税销售额÷（1＋征收率）$$

适用增值税差额征收政策的增值税小规模纳税人，2018 年 12 月 31 日前以差额前的销售额确定是否符合起征点，2019 年 1 月 1 日后，以差额后的销售额确定是否符合起征点享受免征增值税政策。

3. 达到增值税起征点的征税规定

纳税人达到增值税起征点的，应全额计算缴纳增值税，不应仅就超过增值税起征点的部分计算缴纳增值税。

【例 1-1】 某个体工商户（小规模纳税人），本月取得交通运输服务收入 20 000 元（含税），该个体工商户本月应缴纳多少增值税？

解析：因为提供应税服务的起征点为 20 000 元，该个体工商户本月交通运输服务不含税收入为 20 000÷（1＋3%）＝19 417.48（元），未达到起征点 20 000 元，因此对该部分收入无须缴纳增值税。

（二）增值税起征点幅度

《增值税暂行条例实施细则》第三十七条	《营业税改征增值税试点实施办法》第五十条
增值税起征点的适用范围限于个人。 增值税起征点的幅度规定如下： 1. 销售货物的，为月销售额 5 000～20 000 元； 2. 销售应税劳务的，为月销售额 5 000～20 000 元； 3. 按次纳税的，为每次（日）销售额 300～500 元。 前款所称销售额，是指本细则第三十条第一款所称小规模纳税人的销售额。 省、自治区、直辖市财政厅（局）和税务局应在规定的幅度内，根据实际情况确定本地区适用的起征点，并报财政部、国家税务总局备案。	增值税起征点幅度如下： 1. 按期纳税的，为月销售额 5 000～20 000 元（含本数）； 2. 按次纳税的，为每次（日）销售额 300～500 元（含本数）。 起征点的调整由财政部和税务总局规定。省、自治区、直辖市财政厅（局）和国家税务局应当在规定的幅度内，根据实际情况确定本地区适用的起征点，并报财政部和国家税务总局备案。

小微企业月销售额 10 万元以下免征增值税，是限期免征，计税方法与增值税起征点相同，但没有改变增值税起征点政策。增值税起征点的适用范围限于个人，不包括认定为一般纳税人的个体工商户。为了减轻个人增值税负担，目前全国适用于个人（不含登记为一般纳税人的个体工商户）的增值税起征点如下：

(1) 销售货物的，为月应税销售额 20 000 元；

(2) 销售应税劳务的，为月应税销售额 20 000 元；

(3) 发生应税服务行为的，为月应税销售额 20 000 元；

(4) 按次纳税的，为每次（日）销售额 300～500 元。

其他个人，采取一次性收取租金形式出租不动产取得的租金收入，可在对应的租赁期内平均分摊，分摊后的月租金收入未超过 10 万元的，免征增值税。（财税〔2019〕13 号第四条）

（三）按次纳税和按期纳税的理解

按次纳税和按期纳税，以是否办理税务登记或者临时税务登记作为划分标准。凡办理了税务登记或临时税务登记的小规模纳税人，月销售额未超过 10 万元（按季申报的小规模纳税人，为季销售额未超过 30 万元）的，都可以按规定享受增值税免税政策。	未办理税务登记或临时税务登记的小规模纳税人，除特殊规定外，则执行《增值税暂行条例》及其实施细则关于按次纳税的起征点有关规定，每次销售额未达到 500 元的免征增值税，达到 500 元的则需要正常征税。

对于经常代开发票的自然人，建议主动办理税务登记或临时税务登记，以充分享受小规模纳税人月销售额 10 万元以下免税政策。

二、小规模纳税人实行简易计税方法

（一）小规模纳税人标准及管理

小规模纳税人是指年销售额在规定标准以下，并且会计核算不健全，不能按规定报送有关税务资料的增值税纳税人。会计核算不健全是指不能正确核算增值税的销项税额、进项税额和应纳税额。小规模纳税人实行简易办法征收增值税，一般不得使用增值税专用发票。

根据《财政部　税务总局关于统一增值税小规模纳税人标准的通知》（财税〔2018〕33 号）及相关文件规定，小规模纳税人的标准是：

1. 一般规定	2. 特殊规定
从 2018 年 5 月 1 日起，增值税小规模纳税人标准为年应征增值税销售额 500 万元及以下。（财税〔2018〕33 号）	(1) 年应税销售额超过小规模纳税人标准的其他个人按小规模纳税人纳税；年应税销售额超过规定标准但不经常发生应税行为的单位和个体工商户，以及非企业性单位，不经常发生应税行为的企业，可选择按照小规模纳税人纳税。 (2) 旅店业和饮食业纳税人销售非现场消费的食品，属于不经常发生增值税应税行为，自 2013 年 5 月 1 日起，可以选择按小规模纳税人缴纳增值税。（国家税务总局公告 2013 年第 17 号） (3) 按照现行规定，适用增值税差额征收政策的增值税小规模纳税人，以差额前的销售额确定年应税销售额。（国家税务总局公告 2016 年第 23 号第二条） (4) 小规模纳税人的标准由国务院财政、税务主管部门规定。

（续表）

（1）从高统一小规模纳税人年销售额标准的考虑。

① 简化税制。原三档小规模纳税人标准，制度设计过于复杂。在三次产业融合发展的大背景下，纳税人混业经营越来越普遍，行业属性越来越模糊，谁应该执行 50 万的标准、谁又应该执行 80 万、500 万的标准，实际执行中划分较为困难，容易引发征企争议。因此，从简化和优化税制的角度出发，有必要对原三档标准加以整合。

② 进一步支持小微企业发展。从增值税的税收实践来看，给予纳税人尤其是规模较小的纳税人一定的选择权，由纳税人自主选择成为一般纳税人或小规模纳税人，是一项纳税人非常欢迎的政策。通过将小规模纳税人标准统一提高到 500 万元，并在 2019 年年底之前，允许已经按较低标准登记为一般纳税人的企业转登记为小规模纳税人，可以让更多的小微企业享受简易计税带来的办税便利和减税红利，从而进一步激发市场活力。

③ 小规模纳税人实行简易办法征收增值税，一般不得使用增值税专用发票。目前，超过起征点的住宿业、鉴证咨询业、建筑业、工业以及信息传输、软件和信息技术服务业等 8 个行业增值税小规模纳税人试点自行开具增值税专用发票。

（2）一般纳税人转登记小规模纳税人资格生效前，已核定增值税专用发票的，可自行开具包括增值税专用发票在内的原有发票票种，并继续使用结存发票开具。

1. 未超过规定标准的纳税人可办理一般纳税人登记（国家税务总局令第 43 号第三条）

年应税销售额未超过规定标准的纳税人，会计核算健全，能够提供准确税务资料的，可以向主管税务机关办理一般纳税人登记。	本办法所称会计核算健全，是指能够按照国家统一的会计制度规定设置账簿，根据合法、有效凭证进行核算。

2. 不办理一般纳税人登记的纳税人（国家税务总局令第 43 号）

政策规定	政策解读
第四条　下列纳税人不办理一般纳税人登记： （一）按照政策规定，选择按照小规模纳税人纳税的； （二）年应税销售额超过规定标准的其他个人（自然人）。 第七条　年应税销售额超过规定标准的纳税人符合本办法第四条第一项规定的，应当向主管税务机关提交书面说明。	选择按照小规模纳税人纳税的政策依据有两个，一是根据《增值税暂行条例实施细则》第 29 条规定，非企业性单位、不经常发生应税行为的企业可选择按照小规模纳税人纳税；二是根据《营业税改征增值税试点实施办法》（财税〔2016〕36 号文件印发）第三条规定，年应税销售额超过规定标准但不经常发生应税行为的单位和个体工商户可选择按照小规模纳税人纳税。

非企业性单位是指行政单位、事业单位、军事单位、社会团体和其他单位。不经常发生应税行为的企业是指非增值税纳税人；不经常发生应税行为是指其偶然发生增值税应税行为，如其他个人销售不动产。

（二）一般纳税人转为小规模纳税人的条件

财税〔2018〕33 号	国家税务总局公告 2018 年第 18 号	国家税务总局公告 2019 年第 4 号
一、增值税小规模纳税人标准为年应征增值税销售额 500 万元及以下。 二、按照《增值税暂行条例实施细则》第二十八条规定已登记为增值税一般纳税人的单位和个人，在 2018 年 12 月 31 日前，可转登记为小规模纳税人，其未抵扣的进项税额作转出处理。 三、本通知自 2018 年 5 月 1 日起执行。	一、同时符合以下条件的一般纳税人，可选择按照《财政部　税务总局关于统一增值税小规模纳税人标准的通知》（财税〔2018〕33 号）第二条的规定，转登记为小规模纳税人，或选择继续作为一般纳税人： （一）根据《中华人民共和国增值税暂行条例》（以下简称《增值税暂行条例》）第十三条和《中华人民共和国增值税暂行条例实施细则》（以下简称《增值税暂行条例实施细则》）第二十八条的有关规定，登记为一般纳税人。 （二）转登记日前连续 12 个月（以 1 个月为 1 个纳税期，下同）或者连续 4 个季度（以 1 个季度为 1 个纳税期，下同）累计应征增值税销售额（以下称应税销售额）未超过 500 万元。 转登记日前经营期不满 12 个月或者 4 个季度的，按照月（季度）平均应税销售额估算上款规定的累计应税销售额。 应税销售额的具体范围，按照《增值税一般纳税人登记管理办法》（国家税务总局令第 43 号）和《国家税务总局关于增值税一般纳税人登记管理若干事项的公告》（国家税务总局公告 2018 年第 6 号）的有关规定执行。	五、转登记日前连续 12 个月（以 1 个月为 1 个纳税期）或者连续 4 个季度（以 1 个季度为 1 个纳税期）累计销售额未超过 500 万元的一般纳税人，在 2019 年 12 月 31 日前，可选择转登记为小规模纳税人。 一般纳税人转登记为小规模纳税人的其他事宜，按照《国家税务总局关于统一小规模纳税人标准等若干增值税问题的公告》（国家税务总局公告 2018 年第 18 号）、《国家税务总局关于统一小规模纳税人标准有关出口退（免）税问题的公告》（国家税务总局公告 2018 年第 20 号）的相关规定执行。

（续表）

（1）转登记政策在 2019 年延续并扩围，即转登记日前连续 12 个月或者 4 个季度累计销售额未超过 500 万元的，包括营改增试点纳税人在内的所有增值税一般纳税人（税务总局另有规定除外，例如从事成品油销售的加油站），在 2019 年 12 月 31 日前，可以选择转登记为小规模纳税人。但是，一般纳税人在 2019 年内只能选择转登记 1 次。

（2）按照《增值税一般纳税人登记管理办法》（国家税务总局令第 43 号）规定，累计销售额包括纳税申报销售额、稽查查补销售额、纳税评估调整销售额。适用差额征税政策的一般纳税人，按未扣除之前的销售额确定是否可以选择转登记。

（3）在 2018 年申请办理过转登记，又登记为一般纳税人的，在 2019 年仍可选择转登记为小规模纳税人。

（4）实行"统一核算、汇总申报、分别纳税"（以下简称"汇总申报"）增值税征收管理方式的总分支机构纳税人中，符合转登记条件的分支机构，可以申请退出汇总申报，进行独立核算，选择转登记为小规模纳税人。退出汇总申报的分支机构，应单独核算并申报缴纳增值税，实行属地管理。

（5）转登记日前经营期不满 12 个月或者 4 个季度的，按照月（季度）平均应税销售额估算累计应税销售额，判断是否超过 500 万元。

（6）转登记后月销售额未超过 10 万元的，免征增值税。

（7）转登记纳税人为出口企业的，适用增值税免税规定。转登记纳税人为出口企业，该出口企业在一般纳税人期间出口适用增值税退（免）税政策的货物劳务、服务（以下称"出口货物劳务、服务"），在其转登记为小规模纳税人后，仍然可以继续按照现行规定申报和办理退（免）税相关事项。具体事宜仍按照《国家税务总局关于统一小规模纳税人标准有关出口退（免）税问题的公告》（国家税务总局公告 2018 年第 20 号）规定执行。自转登记日下期起，转登记纳税人的出口货物劳务、服务，适用增值税免税规定。

1. 纳税人转登记的办理程序

国家税务总局公告 2018 年第 18 号	政策解读
二、符合本公告第一条规定的纳税人，向主管税务机关填报《一般纳税人转为小规模纳税人登记表》，并提供税务登记证件；已实行实名办税的纳税人，无需提供税务登记证件。主管税务机关根据下列情况分别做出处理： （一）纳税人填报内容与税务登记、纳税申报信息一致的，主管税务机关当场办理。 （二）纳税人填报内容与税务登记、纳税申报信息不一致，或者不符合填列要求的，主管税务机关应当场告知纳税人需要补正的内容。	转登记的程序由纳税人发起。《公告》第二条规定，纳税人应正确、完整填写本公告所附《一般纳税人转为小规模纳税人登记表》，并提供税务登记证件［根据《国家税务总局关于取消一批涉税事项和报送资料的通知》（税总函〔2017〕403 号）的有关规定，已实行实名办税的纳税人，无需提供税务登记证件］，由主管税务机关核对相关信息，符合条件的当即完成转登记；如果税务机关认为纳税人不符合相关条件，应当场告知纳税人需要补正的内容。

符合转登记条件的纳税人，是否由一般纳税人转登记为小规模纳税人，是由纳税人自主选择的，转登记的程序也是由纳税人发起的。需要注意的是，此项政策的执行时间是 2018 年 5 月 1 日，停止时间是 2018 年 12 月 31 日。也就是说，符合条件的一般纳税人如果需要转登记为小规模纳税人，在 2018 年 5 月 1 日到 12 月 31 日，这 8 个月的期间里，都可以到主管税务机关办理转登记手续。换言之，5 月 1 日前和 12 月 31 日后，不可以办理转登记手续。

2. 转登记纳税人是否永远属于小规模纳税人

国家税务总局公告 2018 年第 18 号	国家税务总局公告 2019 年第 4 号
八、自转登记日的下期起连续不超过 12 个月或者连续不超过 4 个季度的经营期内，转登记纳税人应税销售额超过财政部、国家税务总局规定的小规模纳税人标准的，应当按照《增值税一般纳税人登记管理办法》（国家税务总局令第 43 号）的有关规定，向主管税务机关办理一般纳税人登记。 转登记纳税人按规定再次登记为一般纳税人后，不得再转登记为小规模纳税人。	五、转登记日前连续 12 个月（以 1 个月为 1 个纳税期）或者连续 4 个季度（以 1 个季度为 1 个纳税期）累计销售额未超过 500 万元的一般纳税人，在 2019 年 12 月 31 日前，可选择转登记为小规模纳税人。

申报审核：国家税务总局公告 2018 年第 18 号第八条规定，转登记纳税人按规定再次登记为一般纳税人后，不得再转登记为小规模纳税人。国家税务总局公告 2019 年第 4 号局解读是曾在 2018 年选择过转登记的纳税人后，又再次登记为一般纳税人，这里口子放开了，在 2019 年仍可选择转登记，包括未达到标准的营改增纳税人，让小规模纳税人充分享受税收减免政策；但是，2019 年选择转登记的，再次登记为一般纳税人后，不得再转登记为小规模纳税人。

（三）小规模纳税人简易计税（《营业税改征增值税试点实施办法》）

政策规定	政策解读
简易计税方法的销售额不包括其应纳税额,纳税人采用销售额和应纳税额合并定价方法的,按照下列公式计算销售额： 销售额＝含税销售额÷（1＋征收率）	1. 与一般计税方法相同,简易计税方法中的销售额也是不含税销售额。 2. 销售额的确定和一般计税方法相同。

小规模纳税人销售货物或提供应税劳务,可以申请由主管税务机关代开发票。主管税务机关为小规模纳税人（包括小规模纳税人中的企业、企业性单位及其他小规模纳税人）代开专用发票,应在专用发票"单价"栏和"金额"栏分别填写不含增值税税额的单价和销售额,因此,其应纳税额按销售额依照征收率计算。

为支持小微企业发展,自 2019 年 1 月 1 日至 2021 年 12 月 31 日,对月销售额 10 万元（含本数）以下的增值税小规模纳税人,免征增值税。（财税〔2019〕13 号第一条）

适用增值税差额征税政策的小规模纳税人,以差额后的销售额确定是否可以享受本公告规定的免征增值税政策。《增值税纳税申报表（小规模纳税人适用）》中的"免税销售额"相关栏次,填写差额后的销售额。（国家税务总局公告 2019 年第 4 号第二条）

【例 1-2】 某餐馆为增值税小规模纳税人,2019 年第一季度取得含税餐饮收入总额为 370 800元。计算该餐馆第一季度应缴纳的增值税额。

第一季度取得的不含税销售额＝370 800÷（1＋3%）＝360 000（元）	第一季度应缴纳的增值税额＝360 000×3%＝10 800（元）

（四）销售固定资产和旧货

销售行为	涉税处理	开票实务
销售自己使用过的固定资产	按照销售自己使用过的固定资产简易征收增值税： 1. 按简易办法依 3% 的征收率,减按 2% 征收增值税,即应纳税额＝含税销售额÷（1＋3%）×2%； 2. 放弃减税,按照简易办法依照 3% 征收率缴纳增值税,即应纳税额＝含税销售额÷（1＋3%）×3%。	1. 按简易办法依 3% 的征收率,减按 2% 征收增值税,只能开具增值税普通发票； 2. 放弃减税,按简易办法依照 3% 征收率缴纳增值税,可以代开或自开增值税专用发票。
销售旧货	销售旧货简易征收,具体政策：按简易办法依 3% 的征收率,减按 2% 征收增值税。	按简易办法依 3% 的征收率,减按 2% 征收增值税,只能开具增值税普通发票。

【例 1-3】 2019 年 1 月,某小规模纳税人企业把一台自己使用过的设备对外出售,取得价款3.09 万元,该纳税人已达到增值税起征点。

开具专用发票按 3% 计税	开具普通发票按 2% 计税
应纳增值税额＝30 900/（1＋3%）×3%＝900（元）	应纳增值税额＝30 900/（1＋3%）×2%＝600（元）
借：银行存款　　　　　　　　　 30 900 　贷：固定资产清理　　　　　　 30 000 　　　应交税费——应交增值税　　900	借：银行存款　　　　　　　　　 30 600 　贷：固定资产清理　　　　　　 30 000 　　　应交税费——应交增值税　　600

如果该小规模纳税人符合免税销售额标准,期末,将本期应交增值税结转"其他收益"科目。

三、小微企业（小规模纳税人销售额在免税标准内）免征增值税

优惠内容	政策依据
为支持小微企业发展,自 2019 年 1 月 1 日至 2021 年 12 月 31 日,对月销售额 10 万元以下（含本数）的增值税小规模纳税人,免征增值税。	《财政部　国家税务总局关于实施小微企业普惠性税收减免政策的通知》（财税〔2019〕13 号） 《国家税务总局关于小规模纳税人免征增值税政策有关征管问题的公告》（国家税务总局公告 2019 年第 4 号）

(一) 关于月(季)销售额的执行口径

国家税务总局公告 2019 年第 4 号	政策解读
一、小规模纳税人发生增值税应税销售行为,合计月销售额未超过 10 万元(以 1 个季度为 1 个纳税期的,季度销售额未超过 30 万元,下同)的,免征增值税。 　小规模纳税人发生增值税应税销售行为,合计月销售额超过 10 万元,但扣除本期发生的销售不动产的销售额后未超过 10 万元的,其销售货物、劳务、服务、无形资产取得的销售额免征增值税。	明确纳税人以所有增值税应税销售行为(包括销售货物、劳务、服务、无形资产和不动产)合并计算销售额,判断是否达到免税标准。同时,小规模纳税人在扣除本期发生的销售不动产的销售额后仍未超过 10 万元的,其销售货物、劳务、服务、无形资产的销售额,可享受小规模纳税人免税政策。

(1) 月(季)销售额包括小微企业发生所有增值税应税销售行为的合计销售额(包括应征增值税销售额、销售使用过的固定资产不含税销售额、免税销售额、出口免税销售额)。销售免税产品的销售额可按其他优惠政策规定享受增值税减免税。

(2) 免征增值税月销售额由分别核算、分别享受调整为合并核算、合并享受。计算月(季)销售额不再区分营改增应税项目和原增值税应税项目。已废止的国家税务总局公告 2017 年第 52 号,明确以所有增值税应税销售行为(包括销售货物、劳务、服务、无形资产和不动产)合并计算销售额,判断是否达到免税标准。

(3) 销售不动产包含两种政策执行情形,第一,销售不动产免征增值税的情形:小规模纳税人的合计月销售额不超过 10 万元的,其包含不动产在内的所有销售额均免征增值税;第二,销售不动产征收增值税的情形:小规模纳税人的合计月销售额超过 10 万元,但扣除不动产销售额后未超过 10 万元的,其货物、劳务、服务、无形资产的销售额免征增值税,不动产的销售额按规定征收增值税(其他个人销售不动产除外)。综上所述,将小微企业销售不动产的规定理解为"小规模纳税人免征增值税月销售额为扣除销售不动产后的销售额""小规模纳税人销售不动产不免征增值税"等情况,是不全面的。见下面例题说明。

(4) 适用差额征税政策的,以差额后的销售额确定是否可以免征增值税。见下述。

(5) 破季申报:国家税务总局公告 2016 年第 23 号第六条第三项现在继续有效,按季纳税申报的增值税小规模纳税人,实际经营期不足一个季度的,以实际经营月份计算当期可享受小微企业免征增值税政策的销售额度,应按月分析能否享受小微增值税优惠。例如,某纳税人是 2019 年 9 月份新开业,纳税期限按季申报,税种登记从 2019 年 7 月 1 日起,实际销售额只有 9 月份一个月,月销售额为 20 万,超过 10 万元,该季销售额也为 20 万,虽不超过 30 万但不能享受小微增值税优惠。

(6) 如果小规模纳税人销售额符合上述条件,但开具了增值税专用发票,开具增值税专用发票部分不得享受免税政策,除非将专票全部联次追回作废或冲红。

(7) 小微企业临界点:一旦合计月销售额超过 10 万元(以 1 个季度为 1 个纳税期的,季度销售额超过 30 万元)的,全额征收,不存在扣减 10 万元(以 1 个季度为 1 个纳税期的,30 万元)再征的说法。

(8) 月销售额未超过 10 万元的保险代理人、证券经纪人等个人代理经纪代理人,可以享受增值税免税政策。自然人与保险公司签订长期代理合同,且不属于一次性取得收入的,如果按月发放开具发票,可以按照小微企业增值税优惠政策执行。

【例 1-4】　A 小规模纳税人 2019 年 1 月销售货物 4 万元,提供服务 3 万元,销售不动产 2 万元。合计销售额为 9 万元(4+3+2),未超过 10 万元免税标准,因此,该纳税人销售货物、服务和不动产取得的销售额 9 万元,可享受小规模纳税人免税政策。

【例 1-5】　B 小规模纳税人 2019 年 1 月销售货物 4 万元,提供服务 3 万元,销售不动产 10 万元。合计销售额为 17 万元(4+3+10),剔除销售不动产后的销售额为 7 万元(4+3),因此,该纳税人销售货物和服务相对应的销售额 7 万元可以享受小规模纳税人免税政策,销售不动产 10 万元应照章纳税。

(二) 差额征税政策适用问题

国家税务总局公告 2019 年第 4 号	政策解读
二、适用增值税差额征税政策的小规模纳税人,以差额后的销售额确定是否可以享受本公告规定的免征增值税政策。 　《增值税纳税申报表(小规模纳税人适用)》中的"免税销售额"相关栏次,填写差额后的销售额。	营改增以来,延续了营业税的一些差额征税政策。比如,建筑业小规模纳税人,以取得的全部价款和价外费用扣除对外支付的分包款后的余额为销售额,计算缴纳增值税。公告明确适用增值税差额征税政策的,以差额后的余额为销售额,确定其是否可享受小规模纳税人免税政策。同时,明确了小规模纳税人《增值税纳税申报表》中"免税销售额"的填报口径。举例说明,2019 年 1 月,某建筑业小规模纳税人(按月纳税)取得建筑服务收入 20 万元,同时向其他建筑企业支付分包款 12 万元,则该小规模纳税人当月扣除分包款后的销售额为 8 万元,未超过 10 万元免税标准,因此,当月可享受小规模纳税人免税政策。

（续表）

原来（已废止的国家税务总局公告 2016 年第 26 号第三条）是差额前超过免税标准，以差额后的余额交税，不管这个余额是否超过免税标准，都要交税。现在（国家税务总局公告 2019 年第 4 号）是直接以差额后的余额为销售额，确定其是否可享受小规模纳税人免税政策，不管差额前的销售额 100 万、1 000 万，是否超过 10 万（按季纳税 30 万元），只管差额后的余额是否在 10 万元以下（按季纳税 30 万元）。只有"享受小微优惠的适用增值税差额征税政策的小规模纳税人"才能适用本条第二款。

【例 1-6】 2019 年 1 月，某建筑业小规模纳税人（按月纳税）取得建筑服务收入 20 万元，同时向其他建筑企业支付分包款 12 万元，则该小规模纳税人当月扣除分包款后的销售额为 8 万元，未超过 10 万元免税标准，因此，当月可享受小规模纳税人免税政策。

【例 1-7】 C 旅行社系增值税小规模纳税人，2019 年 1 季度提供旅游服务收入 50 万元，其中向旅游服务购买方收取并支付给其他单位或者个人的住宿费、餐饮费、交通费、签证费、门票费等计 9 万元，支付给其他接团旅游企业的旅游费用 11 万元，该旅行社 1 季度需要缴纳多少增值税？

该旅行社差额后的销售额的余额为销售额。选择上述办法计算销售额的试点纳税人，向旅游服务购买方收取并支付的上述费用，不得开具增值税专用发票，可以开具普通发票。此前该情况应缴纳增值税 30/1.03×3％＝0.87（万元）。

（三）其他个人（自然人）出租不动产

国家税务总局公告 2019 年第 4 号	政策解读
四、《增值税暂行条例实施细则》第九条所称的其他个人，采取一次性收取租金形式出租不动产取得的租金收入，可在对应的租赁期内平均分摊，分摊后的月租金收入未超过 10 万元的，免征增值税。	税务总局在 2016 年制发了 23 号公告和 53 号公告，对《增值税暂行条例实施细则》第九条所称的其他个人，采取一次性收取租金（包括预收款）形式出租不动产取得的租金收入，可在对应的租赁期内平均分摊，分摊后的月租金收入不超过 3 万元的，可享受小规模纳税人免税政策。为确保纳税人充分享受政策，在上调免税标准至 10 万元后，该政策继续执行。

自然人除出租不动产取得的租金收入外，其他应税行为仍然按次纳税。以预收款形式收取租金和到期一次性收取租金都属于采取一次性收取租金形式出租不动产取得的租金收入，可在对应的租赁期内平均分摊，分摊后的月租金收入未超过 10 万元的，免征增值税。

【例 1-8】 张某出租学区房一套，2019 年每月租金 5 万元，租期一年，一次性收取租金 60 万元。

张某一次性收取租金 60 万元，在租赁期 12 个月内平均分摊，月租金收入 5 万元，未超过 10 万元，免征增值税。此前该情况应缴纳增值税 600 000/1.05×1.5％＝8 571.43（元）。

（四）预缴增值税政策的适用

国家税务总局公告 2019 年第 4 号	政策解读
六、按照现行规定应当预缴增值税税款的小规模纳税人，凡在预缴地实现的月销售额未超过 10 万元的，当期无需预缴税款。本公告下发前已预缴税款的，可以向预缴地主管税务机关申请退还。	现行增值税实施了若干预缴税款的征管措施，比如跨地区提供建筑服务、销售不动产、出租不动产等等。考虑到免税标准由 3 万元提高至 10 万元，纳税人的政策受益面和受益程度均有大幅提高，公告明确，按照现行规定应当预缴增值税税款的小规模纳税人，凡在预缴地实现的月销售额未超过 10 万元的，当期无需预缴税款。本公告下发前已经预缴税款的，可以向预缴地主管税务机关申请退还。

1. 在一个纳税期限内，小规模纳税人在同一县（市、区）提供建筑服务、销售不动产、出租不动产等多个应预缴项目的，合并计算在预缴地实现的销售额。

2. 凡在预缴地实现的月销售额未超过 10 万元的，当期无需预缴税款，也无需填报《增值税预缴税款表》。月销售额超过 10 万元的，应预缴增值税，并按照项目分别填写《增值税预缴税款表》。

3. 在 2019 年 1 月已经预缴增值税税款的，且符合优惠政策享受条件的，可以向预缴地主管税务机关申请退还，由主管税务机关先作废对应的《增值税预缴税款表》，再按规定办理退税。

4. 异地纳税人，使用电子"跨区域涉税事项报告表"进行报验登记后，在填报《增值税预缴申报表》时，金税三期系统将自动带出该纳税人在注册地的纳税人类型（一般纳税人或者小规模纳税人）、纳税期限等信息，预缴地主管税务机关根据上述信息判断纳税人是否需要预缴增值税。适用差额征税的异地纳税人预缴时，以差额后的销售额判断是否需要预缴。凡在预缴地实现的月销售额未超过 10 万元（季度销售额未超过 30 万元）的，当期无需预缴税款，主管税务机关不得受理其增值税预缴申报。

【例1-9】 注册在 A 县的某建筑业小规模纳税人,在另一地市的 B 县提供建筑服务和不动产租赁服务,2019 年 1 月取得建筑服务收入 20 万元,取得不动产租赁服务收入 10 万元,2 月和 3 月无应税收入,按下列方式申报增值税:

如果该纳税人实行按季纳税,由于一季度销售额未超过 30 万元,该纳税人在 2019 年 4 月征期内,无需在 B 县预缴增值税税款,也无需填报《增值税预缴税款表》。	如果该纳税人实行按月纳税,1 月份销售额已超过 10 万元,应在 2019 年 2 月征期内到 B 县主管税务机关分项目填写《增值税预缴税款表》,并预缴增值税税款,同时应在 A 县主管税务机关申报缴纳增值税,并抵减已预缴增值税税款。

(五) 销售不动产政策适用

国家税务总局公告 2019 年第 4 号	政策解读
七、小规模纳税人中的单位和个体工商户销售不动产,应按其纳税期、本公告第六条以及其他现行政策规定确定是否预缴增值税;其他个人销售不动产,继续按照现行规定征免增值税。	小规模纳税人中的单位和个体工商户销售不动产,涉及纳税人在不动产所在地预缴税款的事项。增值税免税标准提高至 10 万元后,如果销售不动产销售额为 20 万元,则:第一种情况,如果某个体工商户选择按月纳税,销售不动产销售额超过月销售额 10 万元免税标准,则仍应在不动产所在地预缴税款;第二种情况,如果该个体工商户选择按季纳税,销售不动产销售额未超过季度销售额 30 万元的免税标准,则无需在不动产所在地预缴税款。因此,公告明确小规模纳税人中的单位和个体工商户销售不动产,应按其纳税期、公告第六条以及其他现行政策规定确定是否预缴增值税。 其他个人偶然发生销售不动产的行为,应当按照现行政策规定实行按次纳税。因此,公告明确其他个人销售不动产,继续按照现行政策规定征免增值税。比如,如果其他个人销售住房满 2 年符合免税条件的,仍可继续享受免税;如不符合免税条件,则应照章纳税。

申报审核:其他个人偶然发生销售不动产的行为,应当按照现行政策规定实行按次纳税。只有其他个人采取一次性收取租金形式出租不动产取得的租金收入,才按月次,并可在对应的租赁期内平均分摊,分摊后的月租金收入未超过 10 万元的,免征增值税。

【例1-10】 D 个体户 2019 年 1～3 月的销售额分别是 5 万元、11 万元和 12 万元(全部为销售不动产销售额)。如果按月纳税,则只有 1 月的 5 万元能够享受免税;3 月销售额 12 万元超过免税标准,应在不动产所在地预缴税款。但如果按季纳税,由于该季度销售额为 28 万元,未超过免税标准,因此,28 万元全部能享受免税。

(六) 已纳税退税处理

国家税务总局公告 2019 年第 4 号	政策解读
八、小规模纳税人月销售额未超过 10 万元的,当期因开具增值税专用发票已经缴纳的税款,在增值税专用发票全部联次追回或者按规定开具红字专用发票后,可以向主管税务机关申请退还。 九、小规模纳税人 2019 年 1 月份销售额未超过 10 万元(以 1 个季度为 1 个纳税期的,2019 年第一季度销售额未超过 30 万元),但当期因代开普通发票已经缴纳的税款,可以在办理纳税申报时向主管税务机关申请退还。	(1) 已缴纳税款并开具专用发票的处理问题 按照现行政策规定,纳税人自行开具或申请代开增值税专用发票,应就其开具的增值税专用发票相对应的应税行为计算缴纳增值税。公告明确,如果小规模纳税人月销售额未超过 10 万元的,当期因开具增值税专用发票已经缴纳的税款,在增值税专用发票全部联次追回或者按规定开具红字专用发票后,可以向主管税务机关申请退还已缴纳的增值税。 (2) 2019 年 1 月(季度)涉税事项的追溯适用问题 考虑到免税文件下发时间晚于免税政策开始执行的时间(2019 年 1 月 1 日),为确保小规模纳税人足额享受 10 万元免税政策,公告对小规模纳税人 2019 年第一个税款所属期已缴纳税款的追溯处理问题进行了明确,即小规模纳税人 2019 年 1 月份销售额未超过 10 万元(第 1 季度未超过 30 万元)的,当期因代开普通发票已经缴纳的税款,可以在办理纳税申报时向主管税务机关申请退还。

如果缴纳过税款后专票丢失,按现行规定办理了丢失手续,后续开具了红字专用发票,可以申请退还税款。因国家税务总局公告 2019 年 4 号第八条、第九条产生的多缴税款,可以向主管税务机关申请退还。

（七）小规模纳税人纳税期限的选择（国家税务总局公告 2019 年第 4 号）

政策规定	政策解读
三、按固定期限纳税的小规模纳税人可以选择以 1 个月或 1 个季度为纳税期限，一经选择，一个会计年度内不得变更。 四、《中华人民共和国增值税暂行条例实施细则》第九条所称的其他个人，采取一次性收取租金形式出租不动产取得的租金收入，可在对应的租赁期内平均分摊，分摊后的月租金收入未超过 10 万元的，免征增值税。	小规模纳税人，纳税期限不同，其享受免税政策的效果可能存在差异。举例说明： 情况 1：某小规模纳税人 2019 年 1～3 月的销售额分别是 5 万元、11 万元和 12 万元。如果按月纳税，则只有 1 月的 5 万元能够享受免税；如果按季纳税，由于该季度销售额为 28 万元，未超过免税标准，因此，28 万元全部能享受免税。在这种情况下，小规模纳税人更愿意实行按季纳税。 情况 2：某小规模纳税人 2019 年 1～3 月的销售额分别是 8 万元、11 万元和 12 万元，如果按月纳税，1 月份的 8 万元能够享受免税，如果按季纳税，由于该季度销售额 31 万元已超过免税标准，因此，31 万元均无法享受免税。在这种情况下，小规模纳税人更愿意实行按月纳税。 基于以上情况，为确保小规模纳税人充分享受政策，公告明确，按照固定期限纳税的小规模纳税人可以根据自己的实际经营情况选择实行按月纳税或按季纳税。为确保年度内纳税人的纳税期限相对稳定，同时也明确了一经选择，一个会计年度内不得变更。

为确保小规模纳税人充分享受政策，纳税人在每个会计年度内的任意时间均可向主管税务机关提出申请，选择变更其纳税期限，规模纳税人变更纳税期限为即办事项，办税服务厅收到纳税人申请后应即时办结，无需提供资料。

"月改季"情形。小规模纳税人选择将按月申报变更为按季申报的，如果申请时间为本季度的第 1 个月，则按季申报自本季度起生效；如果申请时间为本季度第 2 个月或第 3 个月，则按季申报自下季初起生效，本季度继续实行按月申报。

"季改月"情形。小规模纳税人选择将按季申报变更为按月申报的，如果申请时间为本季度的第 1 个月，则按月申报自本月起生效；如果申请时间为本季度第 2 个月或第 3 个月，则按月申报自下季初起生效，本季度继续实行按季申报。

【例 1-11】 以 2019 年一季度为例，原实行"按月申报"的纳税人，在 2019 年 1 月申请变更为"按季申报"，操作如下：

税（费）种认定	申报期限
将原"按月申报"的税种"认定有效期止"修改为 2018 年 12 月 31 日，并新增"认定有效期起"为 2019 年 1 月 1 日的"按季申报"税种认定信息。	纳税人应在 2019 年 4 月征期内申报"2019 年 1 月 1 日至 2019 年 3 月 31 日"所属期的增值税。

【例 1-12】 原实行"按月申报"的纳税人，在 2019 年 2 月或 3 月申请变更为"按季申报"，操作如下：

税（费）种认定	申报期限
将原"按月申报"的税种"认定有效期止"修改为 2019 年 3 月 31 日，并新增"认定有效期起"为 2019 年 4 月 1 日的"按季申报"税种认定信息。	纳税人 2019 年 1 月至 2019 年 3 月属期增值税仍实行"按月申报"，并将在 2019 年 4 月属期起实行"按季申报"。

【例 1-13】 原实行"按季申报"的纳税人，在 2019 年 1 月申请变更为"按月申报"，操作如下：

税（费）种认定	申报期限
将原"按季申报"的税种"认定有效期止"修改为 2018 年 12 月 31 日，并新增"认定有效期起"为 2019 年 1 月 1 日的"按月申报"税种认定信息。	纳税人在 2019 年 2 月征期内申报"2019 年 1 月 1 日至 2019 年 1 月 31 日"属期增值税。

【例 1-14】 原实行"按季申报"的纳税人，在 2019 年 2 月或 3 月申请变更为"按月申报"，操作如下：

税（费）种认定	申报期限
将原"按季申报"的税种"认定有效期止"修改为 2019 年 3 月 31 日，并新增"认定有效期起"为 2019 年 4 月 1 日的"按月申报"税种认定信息。	纳税人在 2019 年 4 月征期内申报"2019 年 1 月 1 日至 2019 年 3 月 31 日"属期增值税。

（八）新旧政策对比

	2019 年之前	2019 年之后	解析
免税标准	3 万元(按月申报)；9 万元(按季申报)	10 万元(按月申报)；30 万元(按季申报)	免税标准提高,小微企业可以享受更多优惠。
征收品目划分	货劳销售额与应税服务销售额分别享受优惠政策	不再区分货劳与营改增项目销售额,以企业总应税销售额确定优惠政策	对于综合业务较强企业,优惠力度稍低,但简化了纳税申报。
差额纳税销售额的确定	差额征税纳税人,以差额前的销售额确定免税销售额	差额征税纳税人,以差额后的销售额确定免税销售额	对于以赚取"差价"为销售收入的小规模纳税人,可以真正享受到优惠。
销售不动产销售额	销售不动产销售额不参与小微企业优惠政策规定	1. 含销不动产销售额未达免税销售额,企业享受小微优惠；2. 含销不动产销售额超过免税销售额但扣除销售不动产销售额未达免税销售额,扣除后销售额仍可享受优惠	将销售不动产销售额纳入企业小微企业优惠范围,对于偶然性销售不动产业务导致超过起征点纳税人,仍可继续享受优惠。

四、小微企业附加税费优惠

（一）教育费附加、地方教育费、水利基金、文化事业建设费

财税〔2014〕122 号	财税〔2016〕12 号	财税〔2019〕13 号
自 2015 年 1 月 1 日起至 2017 年 12 月 31 日,对按月纳税的月销售额不超过 3 万元(含 3 万元),以及按季纳税的季度销售额不超过 9 万元(含 9 万元)的缴纳义务人,免征教育费附加、地方教育附加、水利建设基金、文化事业建设费。 自工商登记注册之日起 3 年内,对安排残疾人就业未达到规定比例、在职职工总数 20 人以下(含 20 人)的小微企业,免征残疾人就业保障金。	从 2016 年 2 月 1 日起,将免征教育费附加、地方教育附加、水利建设基金的范围,由现行按月纳税的月销售额不超过 3 万元(按季纳税的季度销售额不超过 9 万元)的缴纳义务人,扩大到按月纳税的月销售额不超过 10 万元(按季度纳税的季度销售额不超过 30 万元)的缴纳义务人。免征政策长期有效。	三、由省、自治区、直辖市人民政府根据本地区实际情况,以及宏观调控需要确定,对增值税小规模纳税人可以在 50% 的税额幅度内减征资源税、城市维护建设税、房产税、城镇土地使用税、印花税(不含证券交易印花税)、耕地占用税和教育费附加、地方教育附加。 四、增值税小规模纳税人已依法享受资源税、城市维护建设税、房产税、城镇土地使用税、印花税、耕地占用税、教育费附加、地方教育附加其他优惠政策的,可叠加享受本通知第三条规定的优惠政策。(叠加享受顺序:先原优惠,后减半优惠,使减半更优)

（二）调整残疾人就业保障金征收政策

扩大残疾人就业保障金免征范围 （财税〔2017〕18 号）	设置残疾人就业保障金征收标准上限 （财税〔2018〕39 号）
自 2017 年 4 月 1 日起,将残疾人就业保障金免征范围,由自工商注册登记之日起 3 年内,在职职工总数 20 人(含)以下小微企业,调整为在职职工总数 30 人(含)以下的企业。调整免征范围后,工商注册登记未满 3 年、在职职工总数 30 人(含)以下的企业,可在剩余时期内按规定免征残疾人就业保障金。	自 2018 年 4 月 1 日起,将残疾人就业保障金征收标准上限,由当地社会平均工资的 3 倍降低至 2 倍。其中,用人单位在职职工平均工资未超过当地社会平均工资 2 倍(含)的,按用人单位在职职工年平均工资计征残疾人就业保障金；超过当地社会平均工资 2 倍的,按当地社会平均工资 2 倍计征残疾人就业保障金。

（三）印花税优惠

财税〔2014〕78 号	财税〔2017〕77 号	财税〔2018〕50 号
一、自 2014 年 11 月 1 日至 2017 年 12 月 31 日,对金融机构与小型、微型企业签订的借款合同免征印花税。 二、上述小型、微型企业的认定,按照《工业和信息化部 国家统计局 国家发展和改革委员会财政部关于印发中小企业划型标准规定的通知》(工信部联企业〔2011〕300 号)的有关规定执行。	二、自 2018 年 1 月 1 日至 2020 年 12 月 31 日,对金融机构与小型企业、微型企业签订的借款合同免征印花税。	对按万分之五税率贴花的资金账簿减半征收印花税,对按件贴花 5 元的其他账簿免征印花税。

五、小规模纳税人"六税二费"税收减免

（一）政策规定

财税〔2019〕13 号	鲁财税〔2019〕6 号
三、由省、自治区、直辖市人民政府根据本地区实际情况,以及宏观调控需要确定,对增值税小规模纳税人可以在50%的税额幅度内减征资源税、城市维护建设税、房产税、城镇土地使用税、印花税(不含证券交易印花税)、耕地占用税和教育费附加、地方教育附加。 四、增值税小规模纳税人已依法享受资源税、城市维护建设税、房产税、城镇土地使用税、印花税、耕地占用税、教育费附加、地方教育附加其他优惠政策的,可叠加享受本通知第三条规定的优惠政策。	自 2019 年 1 月 1 日至 2021 年 12 月 31 日,对增值税小规模纳税人减按 50% 征收资源税、城市维护建设税、房产税、城镇土地使用税、印花税(不含证券交易印花税)、耕地占用税和教育费附加、地方教育附加。

享受顺序是:先享受其他优惠,最后再减半征收。比如,根据财税〔2008〕24 号的规定,小规模纳税人按市场价格向个人出租用于居住的住房,减按 4% 的税率征收房产税。那么,该小规模纳税人出租方,还可以再按照规定减征 50% 的税额,实际税负为 2%。

（二）增值税小规模纳税人地方税种和相关附加减征的征管（国家税务总局公告 2019 年第 5 号）

政策规定	政策解读
一、关于申报表的修订 修订《资源税纳税申报表》《城市维护建设税 教育费附加 地方教育附加申报表》《房产税纳税申报表》《城镇土地使用税纳税申报表》《印花税纳税申报(报告)表》《耕地占用税纳税申报表》,增加增值税小规模纳税人减征优惠申报有关数据项目,相应修改有关填表说明。 二、关于纳税人类别变化时减征政策适用时间的确定 缴纳资源税、城市维护建设税、房产税、城镇土地使用税、印花税、耕地占用税、教育费附加和地方教育附加的增值税一般纳税人按规定转登记为小规模纳税人的,自成为小规模纳税人的当月起适用减征优惠。增值税小规模纳税人按规定登记为一般纳税人的,自一般纳税人生效之日起不再适用减征优惠;增值税年应税销售额超过小规模纳税人标准应当登记为一般纳税人而未登记,经税务机关通知,逾期仍不办理登记的,自逾期次月起不再适用减征优惠。 三、关于减征优惠的办理方式 纳税人自行申报享受减征优惠,不需额外提交资料。 四、关于纳税人未及时享受减征优惠的处理方式 纳税人符合条件但未及时申报享受减征优惠的,可依法申请退税或者抵减以后纳税期的应纳税款。 五、施行时间 本公告自 2019 年 1 月 1 日起	（一）关于申报表的修订。 本次共修订资源税、城市维护建设税、房产税、城镇土地使用税、印花税、耕地占用税、教育费附加和地方教育附加涉及的 6 张表单及填表说明。 一是落实政策要求,补充数据项目。考虑政策落地、便捷识别和计算税款的需要,在资源税、城市维护建设税、印花税、耕地占用税和教育费附加、地方教育附加涉及的 4 张纳税申报表主表上设置"本期是否适用增值税小规模纳税人减征政策""减征比例""本期增值税小规模纳税人减征额"3 个项目。在房产税、城镇土地使用税(以下简称房土税)涉及的 2 张纳税申报表主表上设置"本期是否适用增值税小规模纳税人减征政策""减征比例""本期增值税小规模纳税人减征额""本期适用增值税小规模纳税人减征政策起始时间""本期适用增值税小规模纳税人减征政策终止时间"5 个项目。 二是优化表单设计,减轻填报负担。本着减轻纳税人填报负担的原则,科学设计填报项目。上述项目中,"本期是否适用增值税小规模纳税人减征政策"项目为纳税人自主勾选项目。"减征比例"和"本期增值税小规模纳税人减征额"2 个项目为系统后台配置和自动生成数据,不需要纳税人填报。房土税纳税申报表主表中"本期适用增值税小规模纳税人减征政策起始时间""本期适用增值税小规模纳税人减征政策终止时间"2 个项目为纳税人类别发生变化时需填报项目,不发生变化,则无须填报。 同时,在 6 张表单的填表说明中对补充数据项目进行了说明,对关联数据项目"本期应补(退)税额"说明进行了相应修改。 （二）关于纳税人类别变化时减征政策适用时间的确定。 为避免纳税人和税务机关对纳税人类型发生变化时享受减征优惠的具体时间产生理解歧义,根据《增值税一般纳税人登记管理办法》(国家税务总局令第 43 号公布)和《国家税务总局关于统一小规模纳税人标准若干增值税问题的公告》(国家税务总局公告 2018 年第 18 号),本着有利于纳税人和简化申报的原则,明确了有关规定。 缴纳资源税、城市维护建设税、房产税、城镇土地使用税、印花税、耕地占用税、教育费附加和地方教育附加的增值税一般纳税人按规定转登记为小规模纳税人的,自成为小规模纳税人的当月起适用减征优惠。增值税小规模纳税人按规定登记为一般纳税人的,自一般纳税人生效之日起不再适用减征优惠;增值税年应税销售额超过小规模纳税人标准应当登记为一般纳税人而未登记,经税务机关通知,逾期仍不办理登记的,自逾期次月起不再适用减征优惠。

（续表）

政策规定	政策解读
施行。本公告修订的表单自各省（自治区、直辖市）人民政府确定减征比例的规定公布当日正式启用。各地启用本公告修订的表单后，不再使用《国家税务总局关于发布修订后的〈资源税纳税申报表〉的公告》（国家税务总局公告 2016 年第 38 号）中的《资源税纳税申报表》主表、《国家税务总局关于发布〈耕地占用税管理规程（试行）〉的公告》（国家税务总局公告 2016 年第 2 号，国家税务总局公告 2018 年第 31 号修改）中的《耕地占用税纳税申报表》。	（三）关于减征优惠办理方式。 深入贯彻"放管服"改革要求，减轻纳税人报送资料负担，《国家税务总局关于增值税小规模纳税人地方税种和相关附加减征政策有关征管问题的公告》（以下简称《公告》）规定，本次减征优惠实行自行申报享受方式，不需额外提交资料。纳税人只要在申报表中勾选是否享受增值税小规模纳税人减征政策选项，系统自动计算减征金额，纳税人确认即可。 （四）关于纳税人未及时享受减征优惠的处理方式。 《财政部 税务总局关于实施小微企业普惠性税收减免政策的通知》（以下简称《通知》）规定，政策自 2019 年 1 月 1 日起执行。为确保纳税人足额享受减征优惠，《公告》规定，纳税人符合条件但未及时申报享受减征优惠的，可依法申请退税或者抵减以后纳税期的应纳税款。 （五）《公告》是与《通知》相配套的征管办法，自 2019 年 1 月 1 日起施行。鉴于各省（自治区、直辖市）人民政府确定减征比例的时点不同，《公告》明确，修订的表单自各省（自治区、直辖市）人民政府确定减征比例的规定公布当日正式启用。

由于"六税二费"减征优惠的主体只能是小规模纳税人，因此国家税务总局公告 2019 年第 5 号明确了纳税人资格变化时的适用时间。

1. 新老优惠政策叠加享受：目前，各税种已有一些优惠政策，有的是全额免免，有的是按比例或定额减免。在享受优惠的顺序上，本次减征优惠是在享受其他优惠的基础上再享受。原来适用比例减免或定额减免的，本次减征额计算的基数是应纳税额减除原有减免税额后的数额。

2. 简化纳税申报：本次减征优惠实行自行申报享受方式，不需额外提交资料。纳税人只要在申报表中勾选是否享受增值税小规模纳税人减征政策有关选项，系统自动计算减征金额，纳税人确认即可。

六、小型微利企业减免企业所得税

（一）小型微利企业标准（《企业所得税法实施条例》第九十二条、财税〔2019〕13 号）

标准	特点
小型微利企业是指从事国家非限制和禁止行业，且同时符合年度应纳税所得额不超过 300 万元、从业人数不超过 300 人、资产总额不超过 5 000 万元等三个条件的企业。	"一加力"：对小型微利企业年应纳税所得额不超过 100 万元的部分，减按 25％计入应纳税所得额，按 20％的税率缴纳企业所得税；对年应纳税所得额超过 100 万元但不超过 300 万元的部分，减按 50％计入应纳税所得额，按 20％的税率缴纳企业所得税，实际税负分别降至 5％和 10％。 "两放宽"：一是进一步放宽小型微利企业标准，将年应纳税所得额由原来的不超过 100 万元，提高至不超过 300 万元；将从业人数由原来的工业企业不超过 100 人、其他企业不超过 80 人，统一提高至不超过 300 人；将资产总额由原来的工业企业不超过 3 000 万元、其他企业不超过 1 000 万元，统一提高至不超过 5 000 万元。调整后的小型微利企业将覆盖 95％以上的纳税人，其中 98％为民营企业。二是进一步放宽投资初创科技型企业享受优惠政策的范围，将初创科技型企业条件中"从业人数不超过 200 人"调整为"从业人数不超过 300 人""资产总额和年销售收入均不超过 3 000 万元"调整为"资产总额和年销售收入均不超过 5 000 万元"。

（1）国家限制和禁止行业可参照《产业结构调整指导目录（2011 年本）（2013 年修订）》规定的限制类和淘汰类和《外商投资产业指导目录（2017 年修订）》中规定的限制外商投资产业目录、禁止外商投资产业目录列举的产业加以判断。

（2）工业与其他企业的划分：根据国家统计局《国民经济行业分类》（GB/T 4754—2017）规定执行。

（3）"应纳税所得额"：是指《中华人民共和国企业所得税年度纳税申报表（A 类）》主表中第 23 行反映的年度应纳税所得额。

（4）从业人数，包括与企业建立劳动关系的职工人数和企业接受的劳务派遣用工人数。

（二）从业人数和资产总额指标计算

财税〔2019〕13 号	国家税务总局公告 2015 年第 55 号
按季平均计算，季度平均值＝（季初值＋季末值）÷2，全年季度平均值＝全年各季度平均值之和÷4 年度中间开业或者终止经营活动的，以其实际经营期作为一个纳税年度确定上述相关指标。 从业人数，包括与企业建立劳动关系的职工人数和企业接受的劳务派遣用工人数。	以劳务派遣形式就业的残疾人，属于劳务派遣单位的职工。劳务派遣单位可按照《财政部 国家税务总局关于促进残疾人就业税收优惠政策的通知》（财税〔2007〕92 号）规定，享受相关税收优惠政策。

（续表）

按照政策规定,劳务派遣用工人数计入了用人单位的从业人数。本着合理性原则,劳务派遣公司可不再将劳务派出人员重复计入本公司的从业人数。汇总纳税企业的从业人数、资产总额应包括分支机构的数据。

小型微利企业在预缴和汇算清缴企业所得税时,通过填写纳税申报表相关内容,即可享受小型微利企业所得税减免政策。进行电子申报的企业,征管系统将根据申报表相关数据,自动判断企业是否符合小型微利企业条件;符合条件的,系统还将进一步自动计算减免税金额,自动生成表单,为企业减轻计算、填报负担。

（三）小型微利企业所得税优惠政策

《企业所得税法》	财税〔2018〕77 号 （2019 年 1 月 1 日后废止）	财税〔2019〕13 号
第二十八条 符合条件的小型微利企业,减按 20% 的税率征收企业所得税。	自 2018 年 1 月 1 日至 2020 年 12 月 31 日,将小型微利企业的年应纳税所得额上限由 50 万元提高至 100 万元,对年应纳税所得额低于 100 万元(含 100 万元)的小型微利企业,其所得减按 50% 计入应纳税所得额,按 20% 的税率缴纳企业所得税。	2019 年 1 月 1 日至 2021 年 12 月 31 日,对小型微利企业年应纳税所得额不超过 100 万元的部分,减按 25% 计入应纳税所得额,按 20% 的税率缴纳企业所得税;对年应纳税所得额超过 100 万元但不超过 300 万元的部分,减按 50% 计入应纳税所得额,按 20% 的税率缴纳企业所得税。
即税率为 20%,减征 5%。	即税负(税率)为 10%,减征 15%。	即税负(税率)分别为 5%、10%,分别减征 20%、15%。

小型微利企业速算扣除表

应纳税所得额	所得税实际税负率	速算扣除数
应纳税所得额≤100 万元	5%	0
100 万元＜应纳税所得额≤300 万元	10%	5

【例 1-15】 2019 年度,A、B、C 和 D 企业职工人数和资产总额均符合小型微利企业条件,假设年应纳税所得额分别为 100 万元、200 万元、300 万元和 301 万元,计算四家企业全年应纳税额和减免税额如下表。（单位：万元）

	A	B	C	D
年应纳税所得额	100	200	300	301
是否符合小微企业条件	√	√	√	×
应纳税所得额区间	≤100	100～300	100～300	＞300
计算方法(速算扣除)	100×5%	200×10%－5	300×10%－5	301×25%
应纳税额	5	15	25	75.25
减免税额	20	35	50	0

（四）小型微利企业预缴财税处理（国家税务总局公告 2019 年第 2 号）

一、自 2019 年 1 月 1 日至 2021 年 12 月 31 日,对小型微利企业年应纳税所得额不超过 100 万元的部分,减按 25% 计入应纳税所得额,按 20% 的税率缴纳企业所得税;对年应纳税所得额超过 100 万元但不超过 300 万元的部分,减按 50% 计入应纳税所得额,按 20% 的税率缴纳企业所得税。

小型微利企业无论按查账征收方式或核定征收方式缴纳企业所得税,均可享受上述优惠政策。

二、本公告所称小型微利企业是指从事国家非限制和禁止行业,并同时符合年度应纳税所得额不超过 300 万元、从业人数不超过 300 人、资产总额不超过 5 000 万元等三个条件的企业。

三、小型微利企业所得税统一实行按季度预缴。预缴企业所得税时,小型微利企业的资产总额、从业人数、年度应纳税所得额指标,暂按当年度截至本期申报所属期末的情况进行判断。其中,资产总额、从业人数指标比照财税〔2019〕13号第二条中"全年季度平均值"的计算公式，计算截至本期申报所属期末的季度平均值；年度应纳税所得额指标暂按截至本期申报所属期末不超过300万元的标准判断。

四、原不符合小型微利企业条件的企业，在年度中间预缴企业所得税时，按本公告第三条规定判断符合小型微利企业条件的，应按照截至本期申报所属期末累计情况计算享受小型微利企业所得税减免政策。当年度此前期间因不符合小型微利企业条件而多预缴的企业所得税税款，可在以后季度应预缴的企业所得税税款中抵减。

按月度预缴企业所得税的企业，在当年度4月、7月、10月预缴申报时，如果按照本公告第三条规定判断符合小型微利企业条件的，下一个预缴申报期起调整为按季度预缴申报，一经调整，当年度内不再变更。

五、小型微利企业在预缴和汇算清缴企业所得税时，通过填写纳税申报表相关内容，即可享受小型微利企业所得税减免政策。

六、实行核定应纳所得税额征收的企业，根据小型微利企业所得税减免政策规定需要调减定额的，由主管税务机关按照程序调整，并及时将调整情况告知企业。

七、企业预缴企业所得税时已享受小型微利企业所得税减免政策，汇算清缴企业所得税时不符合《通知》第二条规定的，应当按照规定补缴企业所得税税款。

八、《国家税务总局关于贯彻落实进一步扩大小型微利企业所得税优惠政策范围有关征管问题的公告》（国家税务总局公告2018年第40号）在2018年度企业所得税汇算清缴结束后废止。

【例1-16】 A企业2017年成立，从事国家非限制和禁止行业，2019年各季度的资产总额、从业人数以及累计应纳税所得额情况如下表所示：

季度	从业人数		资产总额（万元）		应纳税所得额（累计值，万元）
	期初	期末	期初	期末	
第1季度	120	200	2 000	4 000	150
第2季度	400	500	4 000	6 600	200
第3季度	350	200	6 600	7 000	280
第4季度	220	210	7 000	2 500	350

解析：A企业在预缴2019年度企业所得税时，判断是否符合小型微利企业条件的具体过程如下：

指标		第1季度	第2季度	第3季度	第4季度
从业人数	季初	120	400	350	220
	季末	200	500	200	210
	季度平均值	（120＋200）÷2＝160	（400＋500）÷2＝450	（350＋200）÷2＝275	（220＋210）÷2＝215
	截至本期末季度平均值	160	（160＋450）÷2＝305	（160＋450＋275）÷3＝295	（160＋450＋275＋215）÷4＝275
资产总额（万元）	季初	2 000	4 000	6 600	7 000
	季末	4 000	6 600	7 000	2 500
	季度平均值	（2 000＋4 000）÷2＝3 000	（4 000＋6 600）÷2＝5 300	（6 600＋7 000）÷2＝6 800	（7 000＋2 500）÷2＝4 750
	截至本期末季度平均值	3 000	（3 000＋5 300）÷2＝4 150	（3 000＋5 300＋6 800）÷3＝5 033.33	（3 000＋5 300＋6 800＋4 750）÷4＝4 962.5
应纳税所得额（累计值，万元）		150	200	280	350
判断结果		符合	不符合（从业人数超标）	不符合（资产总额超标）	不符合（应纳税所得额超标）

【例1-17】 B企业2019年5月成立,从事国家非限制和禁止行业,2019年各季度的资产总额、从业人数以及累计应纳税所得额情况如下表所示:

季度	从业人数		资产总额(万元)		应纳税所得额(累计值,万元)
	期初	期末	期初	期末	
第2季度	100	200	1 500	3 000	200
第3季度	260	300	3 000	5 000	350
第4季度	280	330	5 000	6 000	280

解析:B企业在预缴2019年度企业所得税时,判断是否符合小型微利企业条件的具体过程如下:

指标		第2季度	第3季度	第4季度
从业人数	季初	100	260	280
	季末	200	300	330
	季度平均值	(100+200)÷2=150	(260+300)÷2=280	(280+330)÷2=305
	截至本期末季度平均值	150	(150+280)÷2=215	(150+280+305)÷3=245
资产总额(万元)	季初	1 500	3 000	5 000
	季末	3 000	5 000	6 000
	季度平均值	(1 500+3 000)÷2=2 250	(3 000+5 000)÷2=4 000	(5 000+6 000)÷2=5 500
	截至本期末季度平均值	2 250	(2 250+4 000)÷2=3 125	(2 250+4 000+5 500)÷3=3 916.67
应纳税所得额(累计值,万元)		200	350	280
判断结果		符合	不符合(应纳税所得额超标)	符合

1. 预缴企业所得税时小型微利企业实际应纳所得税额和减免税额的计算方法

根据《财政部 税务总局关于实施小微企业普惠性税收减免政策的通知》规定,小型微利企业年应纳税所得额不超过100万元、超过100万元但不超过300万元的部分,分别减按25%、50%计入应纳税所得额,按20%的税率缴纳企业所得税。

在年度预缴期间,前期因为不符合小型微利企缴纳的税款,在后期符合小型微利企条件后,累计应纳税款小于前期已预缴税款,预缴期间不予退还,在以后季度应预缴的企业所得税款中抵减。

【例1-18】 C企业2019年第1季度预缴企业所得税时,经过判断不符合小型微利企业条件,但是此后的第2季度和第3季度预缴企业所得税时,经过判断符合小型微利企业条件。第1季度至第3季度预缴企业所得税时,相应的累计应纳税所得额分别为50万元、100万元、200万元。

解析:C企业在预缴2019年第1季度至第3季度企业所得税时,实际应纳所得税额和减免税额的计算过程如下:

计算过程	第1季度	第2季度	第3季度
预缴时,判断是否为小型微利企业	不符合小型微利企业条件	符合小型微利企业条件	符合小型微利企业条件
应纳税所得额(累计值,万元)	50	100	200

（续表）

计算过程	第1季度	第2季度	第3季度
实际应纳所得税额（累计值，万元）	$50×25\%=12.5$	$100×25\%×20\%=5$	$100×25\%×20\%+(200-100)×50\%×20\%=15$
本期应补（退）所得税额（万元）	12.5	0（5-12.5<0，本季度应缴税款为0）	$15-12.5=2.5$
已纳所得税额（累计值，万元）	12.5	$12.5+0=12.5$	$12.5+0+2.5=15$
减免所得税额（累计值，万元）	$50×25\%-12.5=0$	$100×25\%-5=20$	$200×25\%-15=35$

2. 小型微利企业的企业所得税预缴期限

为了推进办税便利化改革，从2016年4月开始，小型微利企业统一实行按季度预缴企业所得税。因此，按月度预缴企业所得税的企业，在年度中间4月、7月、10月的纳税申报期进行预缴申报时，如果按照规定判断为小型微利企业的，其纳税期限将统一调整为按季度预缴。	为了避免年度内频繁调整纳税期限，《国家税务总局关于实施小型微利企业普惠性所得税减免政策有关问题的公告》规定，一经调整为按季度预缴，当年度内不再变更。

【例1-19】 如果其从业人数和资产总额符合条件，第1至第3季度实际利润额为240万元的企业，其仅需缴纳企业所得税19万元[$100×25\%×20\%+(240-100)×50\%×20\%$]。

（1）《中华人民共和国企业所得税月（季）度预缴纳税申报表（A类）》（A200000）第9行"实际利润额\按照上一纳税年度应纳税所得额平均额确定的应纳税所得额"填报：240万元； （2）《中华人民共和国企业所得税月（季）度预缴纳税申报表（A类）》（A200000）第10行"税率（25%）"填报：25%；	（3）《减免所得税优惠明细表》（A201030）第1行"填报享受小型微利企业普惠性所得税减免政策减免企业所得税的金额"填报：41万（$240×25\%-19$万）； （4）不考虑其他情况《中华人民共和国企业所得税月（季）度预缴纳税申报表（A类）》（A200000）第12行"减免所得税额"填报：41万元。

3. 汇缴时不符合小型微利企业的处理

企业预缴企业所得税时已享受小型微利企业所得税减免政策，汇算清缴企业所得税时不符合小型微利企业条件的，应当按照规定补缴企业所得税税款。

七、重点行业小型微利企业固定资产税前一次性扣除

优惠内容	政策依据
生物药品制造业，专用设备制造业，铁路、船舶、航空航天和其他运输设备制造业，计算机、通信和其他电子设备制造业，仪器仪表制造业，信息传输、软件和信息技术服务业等六个行业的小型微利企业2014年1月1日后新购进的研发和生产经营共用的仪器、设备，单位价值不超过100万元的，允许一次性计入当期成本费用在计算应纳税所得额时扣除，不再分年度计算折旧；单位价值超过100万元的，可缩短折旧年限或采取加速折旧的方法。 轻工、纺织、机械、汽车等四个领域重点行业的小型微利企业2015年1月1日后新购进的研发和生产经营共用的仪器、设备，单位价值不超过100万元的，允许一次性计入当期成本费用在计算应纳税所得额时扣除，不再分年度计算折旧；单位价值超过100万元的，可由企业选择缩短折旧年限或采取加速折旧的方法。 自2019年1月1日起，适用《财政部 国家税务总局关于完善固定资产加速折旧企业所得税政策的通知》（财税〔2014〕75号）和《财政部 国家税务总局关于进一步完善固定资产加速折旧企业所得税政策的通知》（财税〔2015〕106号）规定固定资产加速折旧优惠的行业范围，扩大至全部制造业领域。	《财政部 国家税务总局关于完善固定资产加速折旧企业所得税政策的通知》（财税〔2014〕75号） 《财政部 国家税务总局关于进一步完善固定资产加速折旧企业所得税政策的通知》（财税〔2015〕106号） 《财政部 税务总局关于扩大固定资产加速折旧优惠政策适用范围的公告》（财政部 税务总局公告2019年第66号）

详细内容见第三章《企业所得税优惠政策与运用指引》。

第三节　减税降费疑难问题解答

一、转登记小规模纳税人

（1）营改增一般纳税人转登记日前连续 12 个月（以 1 个月为 1 个纳税期）或者连续 4 个季度（以 1 个季度为 1 个纳税期）累计销售额未超过 500 万元的，在 2019 年 12 月 31 日前，是否可选择转登记为小规模纳税人？

答：可选择转登记为小规模纳税人。

（2）2019 年以后转登记为小规模纳税人有无时间要求？

答：无时间要求。转登记日前经营期不满 12 个月或者 4 个季度的，按照月（季度）平均销售额估算累计销售额，确定是否符合转登记的条件。

（3）2019 年可选择转登记的纳税人范围是什么？

答：转登记日前连续 12 个月（以 1 个月为 1 个纳税期）或者连续 4 个季度（以 1 个季度为 1 个纳税期）累计销售额未超过 500 万元的一般纳税人，在 2019 年 12 月 31 日前，可选择转登记为小规模纳税人。2019 年可选择转登记的纳税人，涵盖包括营改增试点纳税人在内的所有增值税一般纳税人。

（4）《国家税务总局关于小规模纳税人免征增值税政策有关征管问题的公告》（国家税务总局公告 2019 年第 4 号，以下简称 4 号公告）关于转登记为小规模的相关新政，请问是否仍仅适用于原来因较低标准成为一般纳税人的工业和商业企业？如果是因为统一 500 万元标准后的工业或者商业一般纳税人现在是否可以转登记为小规模纳税人？

答：2019 年可选择转登记的纳税人，涵盖包括营改增试点纳税人在内的所有增值税一般纳税人，只要符合转登记的条件即可选择转登记为小规模纳税人。

（5）4 号公告规定了转登记日前连续 12 个月（以 1 个月为 1 个纳税期）或者连续 4 个季度（以 1 个季度为 1 个纳税期）累计销售额未超过 500 万元的一般纳税人，在 2019 年 12 月 31 日前，可选择转登记为小规模纳税人。一般纳税人转登记为小规模纳税人的其他事宜，按照《国家税务总局关于统一小规模纳税人标准等若干增值税问题的公告》（国家税务总局公告 2018 年第 18 号）、《国家税务总局关于统一小规模纳税人标准有关出口退（免）税问题的公告》（国家税务总局公告 2018 年第 20 号）的相关规定执行。是否转小规模条件不再执行 18 号公告第一条，相当于转小规模的条件放宽？

答：是的。

（6）超过小规模纳税人标准且未登记为一般纳税人前，能否享受小规模纳税人普惠性免征增值税政策？

答：根据《增值税一般纳税人登记管理办法》（国家税务总局令第 43 号），纳税人在年应税销售额超过规定标准的月份（或季度）的所属申报期结束后 15 日内按照本办法第六条或者第七条的规定办理相关手续；未按规定时限办理的，主管税务机关应当在规定时限结束后 5 日内制作《税务事项通知书》，告知纳税人应当在 5 日内向主管税务机关办理相关手续；逾期仍不办理的，次月起按销售额依照增值税税率计算应纳税额，不得抵扣进项税额，直至纳税人办理相关手续为止。

小规模纳税人超过规定标准的月份（或季度）至逾期仍不办理的次月前，仍可享受小规模纳税人普惠性免征增值税政策。但逾期仍不办理的次月起，应按一般纳税人管理，不得享受小规模纳税人普惠性免征增值税政策。

（7）2019 年度转登记的条件，除了累计销售额不超过 500 万元的标准以外，是否有其他限制？适用增值税差额征税政策的纳税人，累计销售额如何计算？

答：2019 年度转登记的条件，除了累计销售额不超过 500 万元的标准以外，没有其他任何限制，累计销售额的计算标准，按照《增值税一般纳税人登记管理办法》的有关规定执行，适用增值税差额征税政策的纳税人，累计销售额按差额之前的销售额计算。

（8）2018 年 5 月 1 日之后登记为一般纳税人的是否可以转登记为小规模纳税人？

答：无一般纳税人登记时间要求。转登记日前经营期不满 12 个月或者 4 个季度的，按照月（季度）平均销售额估算累计销售额，确定是否符合转登记的条件。

（9）问：4 号公告第五条规定的转登记条件"累计销售额未超过 500 万"，免税销售额是否计入销售额范围？

答：累计销售额包括免税销售额。

（10）对 4 号公告第五条规定，转登记日前连续 12 个月（以 1 个月为 1 个纳税期）或者连续 4 个季度（以 1 个季度为 1 个纳税期）累计销售额未超过 500 万元的一般纳税人，在 2019 年 12 月 31 日前，可选择转登记为小规模纳税人。这一条是否包括营改增企业，是否有行业限制？

答：2019 年可选择转登记的纳税人，涵盖包括营改增试点纳税人在内的所有增值税一般纳税人。无行业限制。

（11）根据《国家税务总局关于统一小规模纳税人标准等若干增值税问题的公告》（国家税务总局公告 2018 年第 18 号）第八条：自转登记日的下期起连续不超过 12 个月或者连续不超过 4 个季度的经营期内，转登记纳税人应税销售额超过财政部、国家税务总局规定的小规模纳税人标准的，应当按照《增值税一般纳税人登记管理办法》（国家税务总局令第 43 号）的有关规定，向主管税务机关办理一般纳税人登记。请问：①自转登记日的下期起连续 12 个月如何理解？②是否包含转登记日之前月份的销售额？

答：①如果某一般纳税人自 2019 年 3 月转登记为小规模纳税人，自转登记日下期起连续 12 个月，是指 2019 年 4 月—2020 年 3 月。②不包括。

（12）第 4 号公告解读："曾在 2018 年选择过转登记的纳税人，在 2019 年仍可选择转登记；但是，2019 年选择转登记的，再次登记为一般纳税人后，不得再转登记为小规模纳税人。"如何理解？

答：纳税人在 2019 年内只能选择转登记 1 次，增值税一般纳税人在 2019 年选择转登记为小规模纳税人之后，如果符合一般纳税人登记的条件自行或者按要求登记为一般纳税人后，即使符合年销售额不超过 500 万元的条件，在 2019 年度内不得再次转登记为小规模纳税人。

（13）如果转登记纳税人为出口企业，在一般纳税人期间出口适用增值税退（免）税政策的货物劳务、发生适用增值税零税率跨境应税行为在其转登记为小规模纳税人后应该如何处理？

答：如果转登记纳税人为出口企业，那么该出口企业在一般纳税人期间出口适用增值税退（免）税政策的货物劳务、发生适用增值税零税率跨境应税行为（以下称"出口货物劳务、服务"），在其转登记为小规模纳税人后，仍然可以继续按照现行规定申报和办理退（免）税相关事项。具体事宜仍按照《国家税务总局关于统一小规模纳税人标准有关出口退（免）税问题的公告》（国家税务总局公告 2018 年第 20 号）规定执行。自转登记日下期起，该转登记纳税人出口货物劳务、服务，应当适用增值税免税政策。

（14）2018 年 9 月注册成立的公司，10 月登记为一般纳税人，截至目前销售额未超过 500 万元，可以转登记为小规模纳税人吗？

答：按照现行政策规定，转登记日前连续 12 个月或者连续 4 个季度累计销售额未超过 500 万元的一般纳税人，可在 2019 年 12 月 31 日前选择转登记为小规模纳税人。转登记日前经营期不满 12 个月或者 4 个季度的，按照月（季度）平均应税销售额估算累计应税销售额。因此，纳税人可以根据实际经营期月（季度）平均应税销售额估算出 12 个月（4 个季度）的应税销售额，来判断是否适用转登记政策。

（15）一家商贸企业，2018 年已经办理过一次转登记，后来由于业务量扩大，销售额达到一般纳税人标准,又登记为一般纳税人,2019 年还可以转登记为小规模纳税人吗?

答:可以。部分纳税人在 2018 年先申请转登记为小规模纳税人,后又登记成为一般纳税人。在 2019 年内,只要符合转登记日前连续 12 个月或者连续 4 个季度累计销售额未超过 500 万元的条件,仍可以由一般纳税人转登记为小规模纳税人,但是只允许办理一次。

(16) 如何理解《国家税务总局关于统一小规模纳税人标准等若干增值税问题的公告》(国家税务总局公告 2018 年第 18 号)第八条中的"自转登记日的下期起连续 12 个月"? 是否包含转登记日之前月份的销售额?

答:《国家税务总局关于统一小规模纳税人标准等若干增值税问题的公告》(国家税务总局公告 2018 年第 18 号)第八条规定,"自转登记日的下期起连续不超过 12 个月或者连续不超过 4 个季度的经营期内,转登记纳税人应税销售额超过财政部、国家税务总局规定的小规模纳税人标准的,应当按照《增值税一般纳税人登记管理办法》(国家税务总局令第 43 号)的有关规定,向主管税务机关办理一般纳税人登记。"其中,"自转登记日的下期起连续 12 个月"是指如果某一般纳税人自 2019 年 3 月转登记为小规模纳税人,自转登记日下期起连续 12 个月,是指 2019 年 4 月—2020 年 3 月,不包括转登记日之前月份的销售额。

二、增值税起征点

(1) 现在针对起征点如何定义? 是按次不超过 500 元,按月不超过 2 万元;还是按次不超过 500 元,按月不超过 3 万元;还是按照国家税务总局公告 2019 年第 4 号文件提高至按次不超过 500 元,按月不超过 10 万元?

答:增值税起征点,按照《增值税暂行条例实施细则》和《营业税改征增值税试点实施办法》执行。

(2)《财政部 国家税务总局关于营业税改征增值税试点有关文化事业建设费政策及征收管理问题的补充通知》(财税〔2016〕60 号)第三条规定,未达到增值税起征点的缴纳义务人,免征文化事业建设费。请问这里的起征点金额是多少? 是否按照国家税务总局公告 2019 年第 4 号提高到月不超过 10 万元(季 30 万元)?

答:增值税起征点,按照《中华人民共和国增值税暂行条例实施细则》和《营业税改征增值税试点实施办法》执行。

(3) 问:其他个人申请代开增值税普通发票,能否享受免征增值税?

答:4 号公告明确的按固定期限纳税的小规模纳税人免征增值税,包括以 1 个月或 1 个季度为纳税期限的固定业户,不包括按次(日)纳税的非固定业户。

根据《增值税暂行条例实施细则》和《财政部 国家税务总局关于全面推开营业税改征增值税试点的通知》(财税〔2016〕36 号)对增值税起征点的规定,按次纳税的,每次(日)销售额未超过 500 元的,免征增值税。

其他个人采取一次性收取租金形式出租不动产取得的租金收入,可在对应的租赁期内平均分摊,分摊后的月租金收入不超过 10 万元的,免征增值税。

三、小规模纳税人纳税期限

(1) 对于 2019 年 4 号公告第三条的规定是:"按固定期限纳税的小规模纳税人可以选择以 1 个月或 1 个季度为纳税期限,一经选择,一个会计年度内不得变更。"请问小规模纳税人何时可以选择纳税期限?

答:总局在 4 号公告的政策解读中进行了举例说明,小规模纳税人因销售额和纳税期限不同,其享受免税政策的效果存在差异。因此,为确保小规模纳税人充分享受政策,4 号公告明确,按照固定期限纳税的小规模纳税人,可以根据自己的实际经营情况选择实行按月纳税或按季纳税。同时,为确保年度内纳税人的纳税期限相对稳定,也明确了纳税人一经选择,一个会计年度内不得变更。这里的一个会计年度,是指会计上所说的 1 至 12 月,而不是自选择之日起顺延一年的意思。纳税人在每个会计年度内的任意时间均可以向主管税务机关提出,选择变更其纳税期限,但纳税人一旦选择变更纳税期限后,当年 12 月 31 日前不得再次变更。

(2) 4 号公告第三条规定:"三、按固定期限纳税的小规模纳税人可以选择以 1 个月或 1 个季度为纳税期限,一经选择,一个会计年度内不得变更。"请问纳税期限变更有没有规定需要提供什么资料,还是自行联系主管税务机关变更?

答:小规模纳税人可向主管税务机关申请变更纳税期限,无需提供资料。

(3) 小规模纳税人的纳税期限是否可以自由选择?

答:按照固定期限纳税的小规模纳税人可以根据自己的实际经营情况选择实行按月纳税或按季纳税。为确保年度内纳税人的纳税期限相对稳定,纳税人一经选择,一个会计年度内不得变更。

(4) 纳税期限变更需要什么资料和流程?

答:小规模纳税人可向主管税务机关申请变更纳税期限,无需提供资料。

四、增值税小微企业免税

(1) 2019 年提高增值税小规模纳税人免税标准适用于哪些小微企业?

答:根据《财政部　税务总局关于实施小微企业普惠性税收减免政策的通知》(财税〔2019〕13号)和《国家税务总局关于小规模纳税人免征增值税政策有关征管问题的公告》(国家税务总局公告 2019 年第 4 号)规定,小规模纳税人发生增值税应税销售行为,合计月销售额未超过 10 万元;以1 个季度为 1 个纳税期的,季度销售额未超过 30 万元的,免征增值税。此次提高增值税小规模纳税人月销售额免税标准,政策的适用对象是年应税销售额 500 万元以下、身份为小规模纳税人的纳税人。

(2) 如何理解增值税按次纳税和按期纳税?

答:按次纳税和按期纳税,以是否办理税务登记或者临时税务登记作为划分标准。凡办理了税务登记或临时税务登记的小规模纳税人,月销售额未超过 10 万元(按季纳税的小规模纳税人,为季度销售额未超过 30 万元,下同)的,都可以按规定享受增值税免税政策。未办理税务登记或临时税务登记的小规模纳税人,除特殊规定外,则执行《中华人民共和国增值税暂行条例》及其实施细则关于按次纳税的起征点有关规定,每次销售额未达到 500 元的免征增值税,达到 500 元的则需要正常征税。对于经常代开发票的自然人,建议主动办理税务登记或临时税务登记,以充分享受小规模纳税人月销售额 10 万元以下免税政策。

(3) 增值税免税政策是否只针对按月纳税的小规模纳税人?

答:该规定不仅针对按月纳税月销售额未超过 10 万元的小规模纳税人,也适用于按季纳税季销售额未超过 30 万元的小规模纳税人。

(4) 小规模纳税人月销售额超过 10 万元但季度销售额未超过 30 万是否免征增值税?

答:如果是按月纳税的小规模纳税人,那么月销售额超过 10 万元的当月是无法享受免税政策的;如果是按季纳税的小规模纳税人,那么季度中某一个月销售额超过 10 万元,但季度销售额不超过 30 万元的,可以按规定享受免税政策。

(5) 增值税小规模纳税人月销售额不超过 10 万元,代开专用发票需缴税,自开专用发票如何缴税?

答:根据现行政策规定,小规模纳税人自行开具增值税专用发票对应的税额需要计算缴纳增值税。

(6) 纳税人月销售额超过 10 万元,是超过部分纳税还是全额纳税?

答:按月纳税的小规模纳税人,如果月销售额超过 10 万元,需要就销售额全额计算缴纳增值税。

（7）按季纳税的小规模纳税人,1月份销售额23万元,2月和3月办理了停业登记,能否享受按季30万元免征增值税政策？

答：按照现行政策规定,按季纳税的小规模纳税人,季度销售额未超过30万元的,免征增值税。所以,如果一季度销售额合计未超过30万元,可以享受免征增值税政策。

（8）小规模纳税人增值税月销售额免税标准提高到10万元以后,保险代理人为保险企业提供保险代理服务是否可以适用新的免税标准？保险企业为保险代理人汇总代开增值税普通发票时,能否适用免税政策？

答：小规模纳税人增值税月销售额免税标准提高到10万元这项政策,同样适用于个人保险代理人为保险企业提供保险代理服务。同时,保险企业仍可按照《国家税务总局关于个人保险代理人税收征管有关问题的公告》(国家税务总局公告2016年第45号)相关规定,向主管税务机关申请汇总代开增值税发票,并可按规定适用免税政策。

（9）以预收款形式收取租金和到期一次性收取租金是否都可在租赁期分摊？分摊后的月租金收入未超过10万元的,是否免税？

答：以预收款形式收取租金和到期一次性收取租金都属于采取一次性收取租金形式出租不动产取得的租金收入,可在对应的租赁期内平均分摊,分摊后的月租金收入未超过10万元的,免征增值税。

（10）光伏发电项目发电户销售电力产品能否享受小规模纳税人月销售额10万元以下免税政策？

答：《国家税务总局关于国家电网公司购买分布式光伏发电项目电力产品发票开具等有关问题的公告》(国家税务总局公告2014年第32号)规定的光伏发电项目发电户,销售电力产品时可以享受小规模纳税人月销售额10万元以下免税政策。

（11）小规模纳税人转让一项专利技术,按规定享受技术转让相关免税政策。在确认小规模纳税人免税政策的销售额时,是否计算转让专利技术的销售额？

答：根据现行政策规定,纳税人以所有增值税应税销售行为(包括销售货物、劳务、服务、无形资产和不动产)合并计算销售额,判断是否达到免税标准。因此,计算销售额时应包括转让专利技术等免税销售额。

（12）增值税免税标准提高后,其他个人发生销售不动产如何处理？

答：《国家税务总局关于小规模纳税人免征增值税政策有关征管问题的公告》(国家税务总局公告2019年第4号)明确其他个人销售不动产,继续按照现行政策规定征免增值税。比如,如果其他个人销售住房满2年符合免税条件的,仍可继续享受免税;如不符合免税条件,则应按规定纳税。

（13）4号公告第一条第二款的规定是："小规模纳税人发生增值税应税销售行为,合计月销售额超过10万元,但扣除本期发生的销售不动产的销售额后未超过10万元的,其销售货物、劳务、服务、无形资产取得的销售额免征增值税。"请问：是否只针对按月纳税的小规模纳税人？本期怎么理解？是否为本月？第一条中的合计月销售额未超过10万元(以1个季度为1个纳税期的,季度销售额未超过30万元,下同)是代表按季为未超过30万元,还是表示"合计月销售额未超过10万元"的包括按月和按季两种情况？对于"下同"怎么理解？2019年4号公告是对财税〔2019〕13号的细化,所以"合计月销售额未超过10万元(以1个季度为1个纳税期的,季度销售额未超过30万元,下同)"指的就是财税〔2019〕13号第一条的规定"对月销售额10万元以下(含本数)的增值税小规模纳税人,免征增值税",如果按季纳税,月销售额超过30万元。扣除销售不动产的销售额后不达30万元的部分可以免征？

答：为简化表述,4号公告第一条就将免税标准统一表述为"月销售额未超过10万元"。需要说明的是,4号公告所有条款所称"月销售额未超过10万元",不仅包括按月纳税不超过10万元,同时也包括按季纳税不超过 30 万元。按月申报的本期指本月,按季申报的本期指本季度。下同指下文中提及的月销售额未超过 10 万元包含以 1 个季度为 1 个纳税期的,季度销售额未超过 30 万元情况。按季纳税的纳税人,季度销售额超过 30 万元、但扣除销售不动产的销售额后不达 30 万元的,免征增值税。

(14) 不经常发生应税行为的单位,能否享受小规模纳税人普惠性免征增值税政策?

答:不经常发生应税行为的单位,如行政事业单位、居民委员会、村委会等非企业性单位,不能按照固定期限缴纳增值税的,可以按次纳税。

按固定期限纳税时,选择以 1 个月或 1 个季度为纳税期限,月销售额未超过 10 万元或季度销售额未超过 30 万元的,免征增值税。按次纳税时,不适用普惠性免征增值税政策,且不适用限于个人的起征点政策。

(15)《国家税务总局关于小规模纳税人免征增值税政策有关征管问题的公告》(国家税务总局公告 2019 年第 4 号)第四条规定:"《中华人民共和国增值税暂行条例实施细则》第九条所称的其他个人,采取一次性收取租金形式出租不动产取得的租金收入,可在对应的租赁期内平均分摊,分摊后的月租金收入未超过 10 万元的,免征增值税。"第十一条规定:"本公告自 2019 年 1 月 1 日起施行。《国家税务总局关于全面推开营业税改征增值税试点有关税收征收管理事项的公告》(国家税务总局公告 2016 年第 23 号)第三条第二项和第六条第四项、《国家税务总局关于明确营改增试点若干征管问题的公告》(国家税务总局公告 2016 年第 26 号)第三条、《国家税务总局关于营改增试点若干征管问题的公告》(国家税务总局公告 2016 年第 53 号)第二条和《国家税务总局关于小微企业免征增值税有关问题的公告》(国家税务总局公告 2017 年第 52 号)同时废止。"请问:以预收款形式收取租金和到期一次性收取租金是否都属于采取一次性收取租金形式出租不动产取得的租金收入,可在对应的租赁期内平均分摊,分摊后的月租金收入未超过 10 万元的,免征增值税?

答:以预收款形式收取租金和到期一次性收取租金都属于采取一次性收取租金形式出租不动产取得的租金收入,可在对应的租赁期内平均分摊,分摊后的月租金收入未超过 10 万元的,免征增值税。

(16) 其他个人在 2018 年采取预收款方式出租不动产,一次性取得 2019 年及以后租赁期的预收租金收入,月均租金超过 3 万元但未超过 10 万元的,能否申请退还 2019 年及以后租赁期对应的增值税税款?

答:不能。根据《财政部 国家税务总局关于全面推开营业税改征增值税试点的通知》(财税〔2016〕36 号)附件 1 第四十五条的规定,纳税人提供租赁服务采取预收款方式的,其纳税义务发生时间为收到预收款的当天,4 号公告自 2019 年 1 月 1 日起执行。

(17) 保险企业代个人保险代理人申请汇总代开增值税发票时,是否可以享受免征增值税? 如何确定个人保险代理人的免税标准?

答:保险公司按月向个人保险代理人支付费用,且按月代征税款并代个人保险代理人统一向主管税务机关申请汇总代开增值税发票。故个人保险代理人是以 1 个月为纳税期限的小规模纳税人,月销售额不超过 10 万元的,申请代开增值税普通发票时,免征增值税。保险企业代个人保险代理人申请汇总代开增值税专用发票,按照增值税专用发票销售额计算缴纳增值税。单个代理人月销售额未超过 10 万元的,当期因代开增值税专用发票已经缴纳的税款,在增值税专用发票全部联次追回或按规定开具红字专用发票后,可以向主管税务机关申请退还。

证券经纪人、信用卡和旅游等行业的个人代理人比照上述规定执行。

(18) 关于保险营销员、证券经纪人取得的佣金收入预扣预缴方式的问题

根据财税〔2018〕164 号第三条规定:"关于保险营销员、证券经纪人佣金收入的政策。保险营销员、证券经纪人取得的佣金收入,属于劳务报酬所得,以不含增值税的收入减除 20% 的费用后的余额为收入额,收入额减去展业成本以及附加税费后,并入当年综合所得,计算缴纳个人所得税。

保险营销员、证券经纪人展业成本按照收入额的 25％ 计算。扣缴义务人向保险营销员、证券经纪人支付佣金收入时，应按照《个人所得税扣缴申报管理办法（试行）》（国家税务总局公告 2018 年第 61 号）规定的累计预扣法计算预扣税款。"请问：国家税务总局公告 2018 年第 61 号规定的累计预扣法是针对工资薪金的，劳务报酬没有累计预扣法，则财税〔2018〕164 号规定的保险营销员、证券经纪人取得的佣金收入扣缴方法是按照工资薪金适用累计预扣法还是按照劳务报酬按次或者按月预扣预缴税款？

答：根据《财政部 国家税务总局关于个人所得税法修改后有关优惠政策衔接问题的通知》（财税〔2018〕164 号）文件规定，对保险营销员、证券经纪人取得的佣金收入，扣缴单位应当按照累计预扣法计算预扣个人所得税。结合个人所得税法及其实施条例有关规定，累计预扣法预扣预缴个人所得税的具体计算公式为：本期应预扣预缴税额＝（累计预扣预缴应纳税所得额×预扣率－速算扣除数）－累计减免税额－累计已预扣预缴税额，累计预扣预缴应纳税所得额＝累计收入额－累计减除费用－累计其他扣除，其中，收入额按照不含增值税的收入减除 20％ 的费用后的余额计算；累计减除费用按照 5 000 元/月乘以纳税人当年截至本月在本单位的从业月份数计算；其他扣除按照展业成本、附加税费和依法确定的其他扣除之和计算，其中展业成本按照收入额的 25％ 计算。上述公式中的预扣率、速算扣除数，比照《个人所得税扣缴申报管理办法（试行）》（国家税务总局公告 2018 年第 61 号发布）所附的《个人所得税预扣率表一》执行。

（19）自然人与保险公司签订长期代理合同，且不属于一次性取得收入的，是否可视为按期纳税的纳税人，按规定适用小微企业增值税优惠政策？

答：如果按月发放并开具发票，可以按照小微企业增值税优惠政策执行。

（20）适用增值税差额征税政策的劳务派遣公司，目前是一般纳税人，如果 2019 年办理转登记为小规模纳税人，累计销售额该如何计算？

答：累计应税销售额计算，应按照《增值税一般纳税人登记管理办法》（国家税务总局令第 43 号）的规定执行，包括纳税申报销售额、稽查查补销售额、纳税评估调整销售额。而销售服务、无形资产或者不动产有扣除项目的纳税人，其应税行为年应税销售额按未扣除之前的销售额计算。此外，纳税人偶然发生的销售无形资产、转让不动产的销售额，不计入应税行为年应税销售额。

五、增值税小微企业异地预缴增值税

（1）增值税小规模纳税人季度销售额未超过 30 万元是否需要预缴？

答：自 2019 年 1 月 1 日起，实行按季纳税的增值税小规模纳税人凡在预缴地实现的季度销售额未超过 30 万元的，当期无需预缴税款。

（2）按季纳税的小规模纳税人第一季度销售收入分别为：1 月 11 万元、2 月 9 万元、3 月 9.5 万元，那么，第一季度需要缴纳增值税吗？

答：按季纳税的小规模纳税人，如果季度销售额不超过 30 万元，当季均可按规定享受免税政策。按照问题中的纳税人 1～3 月收入情况，一季度销售额为 29.5 万元，未超过 30 万元，可以按规定享受免税政策。

（3）在预缴地的季度销售额未超过 30 万元时，预缴税款可否退还？

答：自 2019 年 1 月 1 日起，增值税小规模纳税人凡在预缴地实现的季度销售额未超过 30 万元的，当期无需预缴税款。已预缴税款的，可以向预缴地主管税务机关申请退还。

（4）根据 4 号公告第六条规定，按照现行规定应当预缴增值税税款的小规模纳税人，凡在预缴地实现的月销售额未超过 10 万元的，当期无需预缴税款。本公告下发前已预缴税款的，可以向预缴地主管税务机关申请退还。根据国家税务总局公告 2016 年第 14 号第四条规定，小规模纳税人转让其取得的不动产，除个人转让其购买的住房外，按照以下规定缴纳增值税：

① 小规模纳税人转让其取得（不含自建）的不动产，以取得的全部价款和价外费用扣除不动

购置原价或者取得不动产时的作价后的余额为销售额,按照5%的征收率计算应纳税额。

② 小规模纳税人转让其自建的不动产,以取得的全部价款和价外费用为销售额,按照5%的征收率计算应纳税额。

除其他个人之外的小规模纳税人,应按照本条规定的计税方法向不动产所在地主管税务机关预缴税款,向机构所在地主管税务机关申报纳税;其他个人按照本条规定的计税方法向不动产所在地主管税务机关申报纳税。

(5) 如果机构所在地和不动产所载地一致,是否还需要预缴? 如不需预缴,是在向机构所在地申报时按第一条的规定进行减免税吗?

答:机构所在地和不动产所在地一致,如在预缴地实现的月销售额未超过10万元的,当期无需预缴税款;如超过10万元的,当期仍需预缴税款。

(6) 关于《国家税务总局关于小规模纳税人免征增值税政策有关征管问题的公告》(国家税务总局2019年4号公告)第六条规定:"按照现行规定应当预缴增值税税款的小规模纳税人,凡在预缴地实现的月销售额未超过10万元的,当期无需预缴税款。本公告下发前已预缴税款的,可以向预缴地主管税务机关申请退还。"请问:针对建筑行业,经营地主管税务机关如何判定预缴税款时实现的收入是多少? 纳税人需要自行据实判定并对其真实性负责吗? 税务机关是否会以跨区域涉税事项报告表上的金额作为依据?

答:按照现行规定应当预缴增值税税款的纳税人,在预缴时,应填写《增值税预缴税款表》。纳税人应对其填报内容的真实性负责,并在该表格中"填表人申明"栏签字确认。

(7) 按照现行规定应当预缴增值税税款的小规模纳税人,凡在预缴地实现的月销售额未超过10万元的,当期无需预缴税款。《国家税务总局关于小规模纳税人免征增值税政策有关征管问题的公告》(国家税务总局2019年4号公告)下发前已预缴税款的,可以向预缴地主管税务机关申请退还。请问:①建筑业,在同一个区域有多个项目,每个项目不超10万元,但是总销售额超10万元,以哪个为标准? ②小规模纳税人异地提供建筑服务,自开专用发票,但月销售额不超10万元,是否需要在预缴地预缴税款?

答:①按照预缴地各个项目总销售额确定。②不需要。

(8) 按照现行规定需要预缴增值税的小规模纳税人,选择按季度申报,在预缴地实现的月销售额超过10万元,在预缴地预缴增值税,但季度销售额未超过30万,预缴的税款是否可以申请退还?

答:自2019年1月1日起,按季申报的增值税小规模纳税人,凡在预缴地实现的季销售额未超过30万元的,当期无需预缴税款。已预缴税款的,可以向预缴地主管税务机关申请退还。

(9) 《国家税务总局关于小规模纳税人免征增值税政策有关征管问题的公告》(国家税务总局2019年4号公告)第六条,现行规定应当预缴增值税小规模纳税人,月销售额未超过10万元,无需预缴。请问季销售额未超过30万元的增值税小规模纳税人,是否需要预缴增值税?

答:4号公告所有条款所称"月销售额未超过10万元",不仅包括按月纳税不超过10万元,同时也包括按季纳税不超过30万元。季销售额未超过30万元的增值税小规模纳税人,无需预缴增值税。

(10) 《国家税务总局关于小规模纳税人免征增值税政策有关征管问题的公告》(国家税务总局2019年4号公告)第六条"按照现行规定应当预缴增值税税款的小规模纳税人,凡在预缴地实现的月销售额未超过10万元的,当期无需预缴税款。本公告下发前已预缴税款的,可以向预缴地主管税务机关申请退还。"、第八条"小规模纳税人月销售额未超过10万元的,当期因开具增值税专用发票已经缴纳的税款,在增值税专用发票全部联次追回或者按规定开具红字专用发票后,可以向主管税务机关申请退还。"、第九条"小规模纳税人2019年1月份销售额未超过10万元(以1个季度为1个纳税期的,2019年第一季度销售额未超过30万元),但当期因代开普通发票已经缴纳的税款,可以在办理纳税申报时向主管税务机关申请退还。"产生的多缴税款可以申请抵扣税款吗?

答：小规模纳税人因 4 号公告第六条产生的多缴税款，可以向预缴地主管税务机关申请退还；因第八条、第九条产生的多缴税款，可以向主管税务机关申请退还。

（11）在同一预缴地有多个项目的建筑业纳税人总销售额以什么为标准确定？

答：建筑业纳税人在同一预缴地主管税务机关辖区内有多个项目的，按照所有项目当月总销售额判断是否超过 10 万元标准。

六、增值税小微企业发票开具

（1）《国家税务总局关于小规模纳税人免征增值税政策有关征管问题的公告》（国家税务总局公告 2019 年第 4 号）第十条："已经使用增值税发票管理系统的小规模纳税人，月销售额未超过 10 万元的，可以继续使用现有税控设备开具发票。"请问：如果未超过 10 万元的，是不是可以不使用税控开具发票。因文件中说的可以继续使用税款设备，如果纳税人不想使用是否可以选择不用税控设备？

答：可以。

（2）《国家税务总局关于小规模纳税人免征增值税政策有关征管问题的公告》（国家税务总局公告 2019 年第 4 号）第十条："已经使用增值税发票管理系统的小规模纳税人，月销售额未超过 10 万元的，已经自行开具增值税专用发票的，可以继续自行开具增值税专用发票。"请问：如果选择不使用税控设备开具发票，纳税人是否可以到税务机关开具增值税专用发票？

答：试点行业小规模纳税人可以选择使用增值税发票管理系统自行开具增值税专用发票，或者向税务机关申请代开。选择自行开具增值税专用发票的小规模纳税人，税务机关不再为其代开。

（3）《国家税务总局关于小规模纳税人免征增值税政策有关征管问题的公告》（国家税务总局公告 2019 年第 4 号）第十条规定，为了便利纳税人开具使用发票，已经使用增值税发票管理系统开具发票的小规模纳税人，在免税标准调整后，月销售额未超过 10 万元的，可以继续使用现有税控设备开具发票。如果小规模纳税人已经自行开具增值税专用发票，同样可以使用现有税控设备继续开具。除上述情况和销售额标准同步调整外，小规模纳税人自行开具增值税专用发票其他事宜按照现行规定执行。请问：住宿业、鉴证咨询业、建筑业、工业以及信息传输、软件和信息技术服务业的小规模纳税人，自开专用发票的标准是否同步从月销售额超过 3 万元（季度销售额超过 9 万元）调整至月销售额超过 10 万元（季度销售额超过 30 万元）？

答：按照《国家税务总局关于扩大小规模纳税人自行开具增值税专用发票试点范围等事项的公告》（国家税务总局公告 2019 年第 8 号）规定，自 2019 年 3 月 1 日起，住宿业，鉴证咨询业，建筑业，工业，信息传输、软件和信息技术服务业，租赁和商务服务业，科学研究和技术服务业，居民服务、修理和其他服务业的所有小规模纳税人均可以自愿使用增值税发票管理系统自行开具增值税专用发票，不受月销售额标准的限制。

（4）《国家税务总局关于小规模纳税人免征增值税政策有关征管问题的公告》（国家税务总局公告 2019 年第 4 号）第十条规定："小规模纳税人月销售额超过 10 万元的，使用增值税发票管理系统开具增值税普通发票、机动车销售统一发票、增值税电子普通发票。"请问：①小规模纳税人月销售额超过 10 万元的，是否强制使用增值税发票管理系统开具增值税普通发票、机动车销售统一发票、增值税电子普通发票？②未使用增值税发票管理系统的小规模纳税人，月销售额不超过 10 万元，是否可以不使用增值税发票管理系统，而是去税务机关代开增值税普通发票？

答：①小规模纳税人月销售额超过 10 万元的，除特殊情况外，应当使用增值税发票管理系统自行开具增值税普通发票、机动车销售统一发票、增值税电子普通发票。②未使用增值税发票管理系统的小规模纳税人，月销售额不超过 10 万元，原则上不纳入增值税发票管理系统推行范围。

（5）《国家税务总局关于小规模纳税人免征增值税政策有关征管问题的公告》（国家税务总局公告 2019 年 4 号公告）第八条：小规模纳税人月销售未超过 10 万元的，当期因开具增值税专用发票已经缴纳的税款,在增值税专用发票全部联次追回或者按规定开具红字专用发票后,可以向主管税务机关申请退还。如果小规模纳税人按季度申报,代开增值税专用发票当月销售额超过 10 万元,但是当季度销售额未超过 30 万元,现在对代开的专用发票开具红字发票,已经缴纳的税款是否可以申请退还?

答:可以申请退还。

(6)《国家税务总局关于小规模纳税人免征增值税政策有关征管问题的公告》(国家税务总局 2019 年 4 号公告)公告第八条规定:"小规模纳税人月销售额未超过 10 万元的,当期因开具增值税专用发票已经缴纳的税款,在增值税专用发票全部联次追回或者按规定开具红字专用发票后,可以向主管税务机关申请退还。"如果缴纳过税款后专票丢失,按现行规定办理了丢失手续,后续开具了红字专用发票,可以申请退还税款吗?

答:可以申请退税。

(7)小规模纳税人月销售额未超过 10 万元开具发票税率是显示实际征收率还是显示＊＊＊?

答:月销售额未超过 10 万元的小规模纳税人代开增值税普通发票时,税率栏次显示"＊＊＊"号,代开增值税专用发票时,税率栏次显示应税行为对应的征收率;月销售额未超过 10 万元的小规模纳税人自行开具增值税普通发票时,税率栏次显示应税行为对应的征收率。

(8)小规模纳税人 2019 年 1 月份销售额未超过 10 万元(以 1 个季度为 1 个纳税期的,2019 年第一季度销售额未超过 30 万元),但当期因代开普通发票已经缴纳的税款,可以在办理纳税申报时向主管税务机关申请退还。请问:符合小微标准的,是代开普票的时候不进行征收税款,还是先征收,申报后在申请退税?

答:代开普票时征收,申报后如果符合小微企业条件,可以申请退税。

(9)《国家税务总局关于小规模纳税人免征增值税政策有关征管问题的公告》(国家税务总局公告 2019 年第 4 号)第八条:"小规模纳税人月销售额未超过 10 万元的,当期因开具增值税专用发票已经缴纳的税款,在增值税专用发票全部联次追回或者按规定开具红字专用发票后,可以向主管税务机关申请退还。"此规定中"联次追回或者按规定开具红字专用发票"是指必须在当期进行处理申请退还,还是后期也可以进行处理申请退还?

答:后期也可以处理。

(10)小规模纳税人免征增值税政策调整后,自开专用发票的标准是否同步提高?

答:为了进一步便利小规模纳税人开具增值税专用发票,自 2019 年 3 月 1 日起,自行开具增值税专用发票试点行业的所有小规模纳税人均可以自愿使用增值税发票管理系统自行开具增值税专用发票,不受月销售额标准的限制。

(11)月销售额不超 10 万元的未使用税控系统的小规模纳税人,是否可以去税务机关代开增值税普通发票?

答:可以。对于月销售额未超过 10 万元的小规模纳税人,原则上不纳入增值税发票管理系统推行范围。

(12)月销售未超 10 万元的小规模纳税人能否不再使用增值税发票管理系统?

答:免征增值税政策调整后,已经使用增值税发票管理系统的小规模纳税人,月销售额未超过 10 万元的,可以继续使用现有税控设备开具发票,也可以自愿不再使用税控设备开具增值税发票。

(13)月销售额未超过 10 万元的小规模纳税人开具增值税专用发票,税率如何显示?

答:月销售额未超过 10 万元的小规模纳税人自行开具或向税务机关申请代开的增值税专用发票,税率栏次显示为适用的征收率。

(14)一名创业大学生开办了一个提供科技研发服务的公司,是小规模纳税人,月销售额未达到 10 万元,是否可以自行开具增值税专用发票?

答:为了进一步激发市场主体创业创新活力,促进民营经济和小微企业发展,税务总局持续扩大小规模纳税人自行开具专用发票试点行业范围。目前已经将住宿业、鉴证咨询业、建筑业、工业、信息传输、软件和信息技术服务业、租赁和商务服务业、科学研究和技术服务业、居民服务、修理和其他服务业等八个行业纳入试点行业范围。试点行业的所有小规模纳税人均可以自愿使用增值税发票管理系统自行开具增值税专用发票，不受月销售额标准的限制。

提供科技研发服务的小规模纳税人属于科学研究和技术服务业，符合自行开具增值税专用发票的条件，可以向税务机关申请领用并自行开具专用发票。

（15）使用增值税发票管理系统开具发票的小规模纳税人，月销售额未超过 10 万元，此次免征增值税政策调整后，是否可以继续使用现有税控设备开具发票？

答：纳税人可以根据自身情况自愿选择，既可以继续使用现有税控设备自行开具发票，无需缴销现有税控设备及发票；也可以不再使用税控设备，改由其他符合税收管理规定的方式开具发票。

（16）《国家税务总局关于小规模纳税人免征增值税政策有关征管问题的公告》（国家税务总局公告 2019 年第 4 号）第八条规定的"增值税专用发票全部联次追回或者按规定开具红字专用发票后"怎么理解？专用发票开具后对方公司已认证，再追回还能退税吗？

答：销售方纳税人开具专用发票后，如果发生销货退回、开票有误、应税服务中止等情形，但因购买方已将该张专用发票进行认证，无法作废的，可由购买方填开《开具红字增值税专用发票信息表》并做进项税额转出。在此之后，销售方纳税人便可以开具红字专用发票并向税务机关申请退还该张专用发票已缴纳的税款。

（17）《国家税务总局关于小规模纳税人免征增值税政策有关征管问题的公告》（国家税务总局公告 2019 年第 4 号）第八条关于"联次追回或者按规定开具红字专用发票"的规定，是必须在当期进行处理，还是后期也可以进行处理？

答：《国家税务总局关于小规模纳税人免征增值税政策有关征管问题的公告》（国家税务总局公告 2019 年第 4 号）第八条规定："小规模纳税人月销售额未超过 10 万元的，当期因开具增值税专用发票已经缴纳的税款，在增值税专用发票全部联次追回或者按规定开具红字专用发票后，可以向主管税务机关申请退还。"增值税一般纳税人开具增值税专用发票后，发生销货退回、开票有误、应税服务中止等情形但不符合发票作废条件，或者因销货部分退回及发生销售折让的，可以开具红字专用发票。税务机关为小规模纳税人代开专用发票，需要开具红字专用发票的，按照一般纳税人开具红字专用发票的方法处理。相关规定没有对纳税人开具红字专用发票的时限进行限制。

（18）按季纳税的小规模纳税人，2019 年 1 月向税务机关申请代开了一张销售额为 10 万元的增值税普通发票，并缴纳了 3 000 元增值税。现在小规模纳税人免税标准提高后，之前代开发票所缴纳的增值税能否向税务机关申请退还？

答：如果纳税人 2019 年一季度销售额未超过 30 万元，1 月份代开值税普通发票时缴纳的增值税，可在 2019 年一季度增值税纳税申报时，向主管税务机关申请退还。

（19）按季纳税的小规模纳税人，2019 年 2 月向税务机关申请代开了一张销售额为 20 万元的增值税专用发票和一张销售额为 15 万元的增值税普通发票，已缴纳了增值税。3 月 1 日，因发生销货退回，购买方把金额为 20 万元的专用发票退回，该张发票购买方尚未申报抵扣。请问，对于这张专用发票，应当如何处理？代开发票时已经缴纳的增值税能否向税务机关申请退还？

答：对于第一个问题，因跨月不符合发票作废条件，如果购买方尚未用于申报抵扣，纳税人可以在购买方将发票联及抵扣联退回后，向税务机关申请代开红字专用发票。对于第二个问题，税务机关代开红字专用发票后，纳税人可以向税务机关申请退还代开专用发票所缴纳的增值税。此外，如果纳税人 2019 年一季度的销售额未超过 30 万元，前期代开 15 万元普通发票时缴纳的增值税也可以在申报本季度增值税时，向主管税务机关申请退还。

七、增值税小规模纳税人申报

（1）关于增值税申报表填写口径有何调整？

答：适用增值税差额征税政策的小规模纳税人，以差额后的销售额确定是否可以享受《国家税务总局关于小规模纳税人免征增值税政策有关征管问题的公告》（国家税务总局公告 2019 年第 4 号）规定的免征增值税政策。《增值税纳税申报表（小规模纳税人适用）》中的"免税销售额"相关栏次，填写差额后的销售额。

（2）增值税申报有何变化？

答：小规模纳税人在增值税申报的过程中，申报系统将增加一些申报提示信息，帮助纳税人判断是否可以享受免征增值税政策，以确保优惠政策应享尽享。小规模纳税人当期发生销售不动产行为的，在申报时申报系统会提示纳税人录入本期销售不动产的销售额，并根据纳税人录入的数据，帮助其判断是否可以享受免征增值税政策。

（3）《增值税纳税申报表（小规模纳税人适用）》是否有调整？

答：《增值税纳税申报表（小规模纳税人适用）》栏次没有变动，但部分栏次填写口径有变化。《国家税务总局关于小规模纳税人免征增值税政策有关征管问题的公告》（国家税务总局公告 2019 年第 4 号）规定，适用增值税差额征税政策的小规模纳税人，以差额后的销售额确定是否可以享受本公告规定的免征增值税政策。《增值税纳税申报表（小规模纳税人适用）》中的"免税销售额"相关栏次，填写差额后的销售额。

（4）小规模纳税人代开增值税普通发票，税率显示＊＊＊，该如何填报增值税申报表？

答：对于增值税小规模纳税人向税务机关申请代开的增值税普通发票，月代开发票金额合计未超过 10 万元，税率栏次显示＊＊＊的情况，应分以下情况填报增值税申报表：

若小规模纳税人当期销售额超过 10 万元（按季 30 万元），则应当按照相关政策确认当期销售额适用的征收率，准确填写《增值税纳税申报表（小规模纳税人适用）》对应栏次。

若小规模纳税人当期销售额未超过 10 万元（按季 30 万元），则应当按照《国家税务总局关于小规模纳税人免征增值税政策有关征管问题的公告》（国家税务总局公告 2019 年第 4 号）规定，将当期销售额填入《增值税纳税申报表（小规模纳税人适用）》免税销售额相关栏次。

按照现行政策规定，小规模纳税人当期若发生销售不动产业务，以扣除不动产销售额后的当期销售额来判断是否超过 10 万元（按季 30 万元）标准。适用增值税差额征税政策的小规模纳税人，以差额后的当期销售额来判断是否超过 10 万元（按季 30 万元）标准。

（5）按季纳税的小规模纳税人转让了一间商铺，剔除商铺的销售额后可享受免征增值税政策，请问在申报时应注意什么？

答：根据现行政策规定，小规模纳税人当期若发生销售不动产业务，以扣除不动产销售额后的当期销售额来判断是否超过 10 万元（按季 30 万元）。纳税人在申报过程中，可按照申报系统提示据实填报不动产销售额，系统将自动提示是否超过月销售额（季度销售额）标准及填报注意事项。

（6）按季纳税的小规模纳税人，现要转让一间厂房，在申报过程中，除了按照申报系统提示填报不动产信息以外，还需要填报申报表相关栏次吗？

答：需要填报。小规模纳税人转让不动产，除了按照申报系统提示填报不动产信息以外，还应根据政策适用情况据实填写小规模纳税人申报表相关栏次，完整申报当期全部销售额。

（7）纳税人在 2019 年 3 月份从按月申报改为按季申报，需要提供什么资料？对享受增值税月销售额 10 万元以下免税政策有什么影响？

答：纳税人可以直接向主管税务机关申请变更纳税期限，无需提供资料。如果在 3 月份申请从按月申报变更为按季申报，将从 4 月份的税款所属期生效，二季度（4～6 月份）的纳税申报在 7 月申报期办理。如果季度销售额不超过 30 万元，继续免征增值税。但纳税人此次变更纳税期限后，至 2019 年 12 月 31 日不得再变更纳税期限。

需要注意的是，纳税人变更纳税期限的实际申请时间不同，其变更后纳税期限的生效时间不同：如在季度第一个月内申请变更纳税期限的，可自申请变更的当季起按变更后的纳税期限申报纳税;在季度第二、第三个月内申请变更纳税期限的,申请变更的当季内仍按变更前的纳税期限申报纳税,自下季度起按变更后的纳税期限申报纳税。

如按月申报纳税的小规模纳税人,在季度第一个月内申请变更为按季申报纳税,可自申请变更的当季起按季申报纳税,适用季度销售额不超过 30 万元的免税标准;如在季度第二、第三个月内申请变更为按季申报纳税的,在申请变更的当季仍按月申报纳税,适用月销售额不超过 10 万元的免税标准,自下季度起按季申报纳税,适用季度销售额不超过 30 万元的免税标准。

(8) 按季纳税的小规模纳税人从 2019 年 3 月 1 日起成了一般纳税人,那么一季度如何申报,如何享受免税政策?

答:纳税人需要在 4 月份征期内办理两项申报业务:一是办理 3 月税款所属期的一般纳税人申报;二是办理 1~2 月税款所属期的小规模纳税人申报,小规模纳税人申报可以按季度销售额不超过 30 万元的标准来确定是否享受免税政策。对于纳税人在季度中间由一般纳税人转登记为小规模纳税人,或由小规模纳税人登记为一般纳税人、小规模纳税人纳税期限核定为按季的,纳税人对应属期申报销售额均统一以季度销售额 30 万元的标准来判断是否享受小规模纳税人免征增值税政策。

八、增值税小规模纳税人"六税二费"减免

(1)《财政部 税务总局关于实施小微企业普惠性税收减免政策的通知》(财税〔2019〕13 号)文件中第三条由省确定的关于资源税、附加税费、房产税、城镇土地使用税、印花税、耕地占用税的优惠政策何时发布?如何执行?

答:截至 2019 年 2 月 19 日,全国 31 个省(自治区、直辖市)均已发布地方 6 税 2 费减征政策文件,政策自 2019 年 1 月 1 日起执行。

(2) 小规模纳税人已享受《财政部 国家税务总局关于扩大有关政府性基金免征范围的通知》(财税〔2016〕12 号)文件规定,月销售额或者营业额不超过 10 万元的纳税人,免征教育费加、地方教育附加的政策。《财政部 税务总局关于实施小微企业普惠性税收减免政策的通知》(财税〔2019〕13 号)文件中第四条中表明相关优惠政策可叠加享受。此种情况如何叠加享受?

答:小规模纳税人符合《财政部 国家税务总局关于扩大有关政府性基金免征范围的通知》(财税〔2016〕12 号)文件规定的,可享受免征教育费附加、地方教育附加的政策,此时教育费附加和地方教育附加为 0,不存在与其他优惠政策叠加享受的问题。小规模纳税人在享受其他政策优惠后,还有应纳教育费附加和地方教育附加的,符合《财政部 税务总局关于实施小微企业普惠性税收减免政策的通知》(财税〔2019〕13 号)文件规定,按照各省、自治区、直辖市人民政府确定的比例享受优惠。

(3) 增值税小规模纳税人减征地方税种和附加政策在纳税申报上有何要求?

答:为了便利纳税人享受优惠政策,本次减征优惠实行自行申报享受方式,不需额外提交资料。纳税人只要在申报表中勾选是否享受增值税小规模纳税人减征政策有关选项,系统自动计算减征金额,纳税人确认即可。

(4) 非企业性单位是否适用增值税小规模纳税人地方税种和相关附加减征优惠政策?

答:根据《中华人民共和国增值税暂行条例实施细则》第二十九条、《营业税改征增值税试点实施办法》(财税〔2016〕36 号文件附件 1)第三条、《增值税一般纳税人登记管理办法》(国家税务总局令第 43 号公布)第四条等规定,未办理一般纳税人登记的非企业性单位可以适用《财政部 税务总局关于实施小微企业普惠性税收减免政策的通知》(财税〔2019〕13 号)规定的增值税小规模纳税人地方税种和相关附加减征优惠政策,各省(自治区、直辖市)政策落实文件中做出特殊规定的除外。

(5) 小微企业普惠性税收减免政策中部分地方税种和相关附加减征政策是否可以和原有地方税种优惠政策同时享受?

答：已经享受了原有地方税种优惠政策的增值税小规模纳税人，可以进一步享受本次普惠性税收减免政策，也就是说两类政策可以叠加享受。以城镇土地使用税为例，根据《财政部　国家税务总局关于房产税城镇土地使用税有关问题的通知》（财税〔2009〕128 号），对在城镇土地使用税征税范围内单独建造的地下建筑用地，暂按应征税款的 50% 征收城镇土地使用税。在此基础上，如果各省（自治区、直辖市）进一步对城镇土地使用税采取减征 50% 的措施，则最高减免幅度可达 75%。

（6）增值税一般纳税人转登记为小规模纳税人，该纳税人从什么时候享受增值税小规模纳税人地方税种和相关附加减征政策？

答：根据《国家税务总局关于增值税小规模纳税人地方税种和相关附加减征政策有关征管问题的公告》（国家税务总局公告 2019 年 5 号）规定，缴纳资源税、城市维护建设税、房产税、城镇土地使用税、印花税、耕地占用税、教育费附加和地方教育附加的增值税一般纳税人按规定转登记为小规模纳税人的，自成为小规模纳税人的当月起适用减征优惠。

（7）小规模纳税人转为一般纳税人，该纳税人从什么时候停止享受增值税小规模纳税人地方税种和相关附加减征政策？

答：根据《国家税务总局关于增值税小规模纳税人地方税种和相关附加减征政策有关征管问题的公告》（国家税务总局公告 2019 年 5 号）规定，增值税小规模纳税人按规定登记为一般纳税人的，自一般纳税人生效之日起不再适用减征优惠；增值税年应税销售额超过小规模纳税人标准应当登记为一般纳税人而未登记，经税务机关通知，逾期仍不办理登记的，自逾期次月起不再适用减征优惠。

（8）纳税人享受增值税小规模纳税人地方税种和相关附加减征政策需不需要报送资料？

答：根据《国家税务总局关于增值税小规模纳税人地方税种和相关附加减征政策有关征管问题的公告》（国家税务总局公告 2019 年 5 号）规定，本次减征优惠实行纳税人自行申报享受方式，不需额外提交资料。纳税人只要在申报表中勾选是否享受增值税小规模纳税人减征政策选项，系统自动计算减征金额，纳税人确认即可。

（9）城市维护建设税、教育费附加、地方教育附加的减征优惠政策的适用时间如何确定？

答：享受减征优惠的时间以纳税义务发生时间为准。城市维护建设税、教育费附加、地方教育附加的纳税义务发生时间与增值税有关规定一致。

（10）代扣、代征税款的情形，纳税人如何享受小微企业普惠性地方税种和相关附加减征政策？

答：代扣、代征增值税小规模纳税人税款的，扣缴义务人、代征人可以按照减征比例计算扣缴或代征地方税种和相关附加的税额。主管税务机关应当指导扣缴义务人、代征人进行明细报告，保障有关增值税小规模纳税人及时享受优惠政策。

（11）减征资源税中是否包含水资源税？

答：减征资源税是否包含水资源税，由 10 个水资源税改革试点省份明确。目前，10 个试点省份均已明确减征范围不含水资源税。

（12）增值税小规模纳税人减征地方税种和附加政策在纳税申报上有何要求？

答：为了便利纳税人享受优惠政策，本次减征优惠实行自行申报享受方式，不需额外提交资料。纳税人只要在申报表中勾选是否享受增值税小规模纳税人减征政策有关选项，系统自动计算减征金额，纳税人确认即可。

（13）自然人是否适用增值税小规模纳税人地方税种和相关附加减征优惠政策？

答：根据《中华人民共和国增值税暂行条例实施细则》第二十九条、《营业税改征增值税试点实施办法》（财税〔2016〕36 号文件附件 1）第三条、《增值税一般纳税人登记管理办法》（国家税务总局令第 43 号公布）第四条等规定，自然人（即其他个人）可以适用《财政部　税务总局关于实施小微企业普惠性税收减免政策的通知》（财税〔2019〕13 号）规定的增值税小规模纳税人地方税种和相关附加减征优惠政策,各省(自治区、直辖市)政策落实文件中做出特殊规定的除外。

(14) 由各省、自治区、直辖市确定的地方税种和相关附加减征优惠政策何时发布,如何执行?

答:《财政部 税务总局关于实施小微企业普惠性税收减免政策的通知》(财税〔2019〕13 号)文件第三条规定的由省、自治区、直辖市确定的关于资源税、城市维护建设税、房产税、城镇土地使用税、印花税(不含证券交易印花税)、耕地占用税和教育费附加、地方教育附加的优惠政策,截至2019 年 2 月 19 日,全国 31 个省(自治区、直辖市)均已发布地方 6 税 2 费减征政策文件,自 2019 年1 月 1 日起执行。

(15) 享受小型微利企业税收优惠政策的程序是否复杂,是否还需要到税务机关办理相关手续?

答:按照税务系统深化"放管服"改革有关要求,我们全面取消了对企业所得税优惠事项备案管理,小型微利企业在预缴和汇算清缴企业所得税时,通过填写纳税申报表相关内容,即可享受小型微利企业所得税减免政策。同时,我们在申报表中设计了"从业人数""资产总额""限制或禁止行业"等相关指标,进行电子申报的企业,征管系统将根据申报表相关数据,自动判断企业是否符合小型微利企业条件;符合条件的,系统还将进一步自动计算减免税金额,自动生成表单,为企业减轻计算、填报负担。

(16) 金税三期核心征管系统是否可自动识别并标记符合小型微利企业优惠条件的企业?

答:金税三期核心征管系统的月(季)度预缴纳税申报表已完成相关升级工作,实现系统的"自动识别、自动计算、自动成表、自动校验"功能,可自动判断是否符合小型微利企业条件,自动勾选"是否小微企业标识",自动计算优惠税款,自动填写相应表单,提交申报表时自动校验勾稽关系。

(17) 房地产交易有关印花税的减征优惠政策的适用时间如何确定?

享受减征优惠的时间以纳税义务发生时间为准。《印花税暂行条例》第七条规定,应纳税凭证应当于书立或者领受时贴花。根据该规定,房地产交易的产权转移书据涉及印花税的纳税义务发生时间为交易合同签订时间,享受减征优惠的时间也以交易合同签订时间为准。

(18) 房地产交易涉及印花税、城市维护建设税、教育费附加和地方教育附加是否纳入减征范围?

答:根据《财政部 国家税务总局关于实施小微企业普惠性税收减免政策的通知》(财税〔2019〕13 号),房地产交易涉及印花税、城市维护建设税、教育费附加和地方教育附加是否纳入减征范围,由各省(自治区、直辖市)人民政府根据本地区实际情况及宏观调控需要确定。

(19) 房地产交易中有关城市维护建设税、教育费附加、地方教育附加的减征优惠政策的适用时间如何确定?

答:享受减征优惠的时间以纳税义务发生时间为准。城市维护建设税、教育费附加、地方教育附加的纳税义务发生时间与增值税有关规定一致。

(20) 此次深化增值税改革中,增值税期末留抵退税涉及的城市维护建设税、教育费附加和地方教育附加如何计算?

此次深化增值税改革涉及增值税期末留抵退税也适用《财政部 税务总局关于增值税期末留抵退税有关城市维护建设税教育费附加和地方教育附加政策的通知》(财税〔2018〕80)规定,即对实行增值税期末留抵退税的纳税人,允许其从城市维护建设税、教育费附加和地方教育费附加的计税(征)依据中扣除退还的增值税税额。

九、小型微利企业条件

(1) 小型微利企业的从业人数,包括与企业建立劳动关系的职工人数和企业接受的劳务派遣用工人数。劳务派遣单位的从业人数,是否含已派出人员?

答:鉴于劳务派遣用工已计入接受劳务派遣企业从业人数,为避免再重复计算,劳务派遣单位的从业人数,不包含已派出人员。

(2)企业所得税汇总纳税的企业,小型微利企业标准中的从业人数、资产总额是否包括分支机构的部分?

答:现行企业所得税实行法人税制,企业应以法人为主体,计算从业人数、资产总额等指标,即汇总纳税企业的从业人数、资产总额包括分支机构。

(3)小型微利企业普惠性所得税减免政策是什么?

答:根据《财政部 税务总局关于实施小微企业普惠性税收减免政策的通知》(财税〔2019〕13号)规定,自2019年1月1日至2021年12月31日,对小型微利企业年应纳税所得额不超过100万元的部分,减按25%计入应纳税所得额,按20%的税率缴纳企业所得税(相当于按5%纳税);对年应纳税所得额超过100万元、但不超过300万元的部分,减按50%计入应纳税所得额,按20%的税率缴纳企业所得税(相当于按10%纳税)。上述小型微利企业是指从事国家非限制和禁止行业,且同时符合年度应纳税所得额不超过300万元、从业人数不超过300人、资产总额不超过5 000万元等三个条件的企业。

(4)小型微利企业普惠性所得税减免政策将会影响哪些企业?

答:和以往小型微利企业所得税优惠政策相比,这次政策可以概括为"一加力""一扩大"两个特点。

"一加力":对小型微利企业年应纳税所得额不超过100万元的部分,减按25%计入应纳税所得额,按20%的税率缴纳企业所得税;对年应纳税所得额超过100万元、但不超过300万元的部分,减按50%计入应纳税所得额,按20%的税率缴纳企业所得税。实际税负分别降至5%和10%。

"一扩大":进一步放宽小型微利企业标准,将年应纳税所得额由原来的不超过100万元,提高至不超过300万元;将从业人数由原来的工业企业不超过100人、其他企业不超过80人,统一提高至不超过300人;将资产总额由原来的工业企业不超过3 000万元、其他企业不超过1 000万元,统一提高至不超过5 000万元。调整后的小型微利企业将覆盖95%以上的纳税人,其中98%为民营企业。

因此,无论是符合原条件的小型微利企业,还是符合新条件的小型微利企业,都会从这次普惠性政策中受益。

(5)小型微利企业所得税优惠政策为什么采取分段计算的方法?

答:此次政策调整引入了超额累进计算方法,分段计算,有效缓解了小型微利企业临界点税负差异过大的问题,鼓励小型微利企业做大做强。以一家年应纳税所得额101万元的小型微利企业为例,如采用全额累进计税方法,在其他优惠政策不变的情况下,应纳企业所得税为10.1万元(101×10%),相比其年应纳税所得额为100万元的情形,应纳税所得额仅增加了1万元,但应纳税额增加了5.1万元。而按照超额累进计税方法,企业应纳企业所得税为5.1万元(100×5%+1×10%),应纳税所得额增加1万元,应纳税额仅增加0.1万元。可见,采用超额累进计税方法后,企业税负进一步降低,将为小型微利企业健康发展创造更加良好的税收政策环境。

(6)享受普惠性所得税减免的小型微利企业的条件是什么?

答:根据《财政部 税务总局关于实施小微企业普惠性税收减免政策的通知》(财税〔2019〕13号)规定,小型微利企业是指从事国家非限制和禁止行业,且同时符合年度应纳税所得额不超过300万元、从业人数不超过300人、资产总额不超过5 000万元等三个条件的企业。

(7)此次新政策对原来就是小型微利企业的纳税人有影响吗?

答:有影响,而且是利好。假设纳税人2019年符合新的小型微利企业条件,应纳税所得额和2018年一样,根据现行政策规定,纳税人的实际税负将从原来10%降到5%,税负比原来降低一半;如果纳税人的效益越来越好,年度应纳税所得额超过100万元了,按照原来的规定是不能再享受优惠政策的,但现在只要不超过300万元,仍然可以享受优惠政策。

(8) "小型微利企业"和"小微企业"两者之间有什么不同?

答:"小微企业"是一个习惯性叫法,并没有严格意义上的界定,目前所说的"小微企业"是和"大中企业"相对来讲的。如果要找一个比较接近的解释,那就是工信部、国家统计局、发展改革委和财政部于 2011 年 6 月发布的《中小企业划型标准》,根据企业从业人员、营业收入、资产总额等指标,将 16 个行业的中小企业划分为中型、小型、微型三种类型,小微企业可以理解为其中的小型企业和微型企业。而"小型微利企业"的出处是企业所得税法及其实施条例,指的是符合税法规定条件的特定企业,其特点不只体现在"小型"上,还要求"微利",主要用于企业所得税优惠政策方面。

经过几次政策变化,小型微利企业标准不断提高,范围不断扩大。有数据显示,今年小型微利企业标准提高以后,符合小型微利企业条件的企业占所有企业所得税纳税人的比重约为 95%,也就是说,95% 的企业都是企业所得税上的"小型微利企业"。

(9) 工业企业和其他企业的小型微利企业标准一样吗?

答:原有政策对工业企业和其他企业的从业人数、资产总额两项指标分别设置了条件,2019年新出台的政策对资产总额和从业人数指标不再区分工业企业和其他企业。因此,目前工业企业和其他企业的小型微利企业标准是一样的,即年应纳税所得额上限都是 300 万元,资产总额上限都是 5 000 万元、从业人数上限都是 300 人。

(10) 从事国家非限制和禁止行业的小型微利企业可享受优惠政策,如何判断企业从事的行业是否属于国家限制和禁止行业?

答:国家限制和禁止行业可参照《产业结构调整指导目录(2011 年本)(2013 年修订)》规定的限制类和淘汰类和《外商投资产业指导目录(2017 年修订)》中规定的限制外商投资产业目录、禁止外商投资产业目录列举的产业加以判断。

(11) 个体工商户、个人独资企业、合伙企业可以享受小型微利企业普惠性所得税减免政策吗?

答:根据《企业所得税法》第一条规定,"在中华人民共和国境内,企业和其他取得收入的组织为企业所得税的纳税人""个人独资企业、合伙企业不适用本法"。因此,个体工商户、个人独资企业以及合伙企业不是企业所得税的纳税义务人,也就不能享受小型微利企业普惠性所得税减免政策。

(12) 非居民企业可以享受小型微利企业所得税优惠政策吗?

答:根据《国家税务总局关于非居民企业不享受小型微利企业所得税优惠政策问题的通知》(国税函〔2008〕650 号)规定,仅就来源于我国所得负有我国纳税义务的非居民企业,不适用小型微利企业所得税优惠政策。

(13) 亏损企业能否享受小型微利企业所得税优惠政策?

答:企业所得税对企业的"净所得"征税,只有盈利企业才会产生纳税义务。因此,小型微利企业所得税优惠政策,无论是减低税率政策还是减半征税政策,都是针对盈利企业而言的。对于亏损的小型微利企业,当期无需缴纳企业所得税,其亏损可以在以后纳税年度结转弥补。

(14) 小型微利企业应纳税所得额是否包括查补以前年度的应纳税所得额?

答:小型微利企业年应纳税所得额针对的是本年度,不包括以前年度的收入。查补以前年度的应纳税所得额,应相应调整对应年度的所得税申报,如不涉及弥补亏损等事项,对当年的申报不产生影响。

(15) 假设某企业 2019 年度的应纳税所得额是 280 万元,在享受小型微利企业所得税优惠政策后,当年需缴纳的企业所得税是 28 万元吗?

答:不是,比这更少。根据现行政策规定,年度应纳税所得额超过 100 万元的,需要分段计算。具体是:100 万元以下的部分,需要缴纳 5 万元(100×5%),100 万元至 280 万元的部分,需要缴纳 18 万元[(280−100)×10%],加在一起当年需要缴纳的企业所得税为 23 万元,而不是用 280 万元直接乘以 10% 来计算。所以,当年应纳税所得额 280 万元时,仅缴纳 23 万元税款,而不是 28 万元。

(16) 一家年应纳税所得额 320 万元的企业,其应纳税所得额 300 万元以内的部分,可以减免税款吗？

答：不能。根据现行政策规定，小型微利企业是指从事国家非限制和禁止行业，且同时符合年度应纳税所得额不超过 300 万元、从业人数不超过 300 人、资产总额不超过 5 000 万元等三个条件的企业。企业应纳税所得额已经超过 300 万元，不符合小型微利企业条件，不能享受小型微利企业所得税优惠政策。

（17）资产总额、从业人员如何计算？

答：根据《财政部　税务总局关于实施小微企业普惠性税收减免政策的通知》（财税〔2019〕13号）规定，从业人数和资产总额指标，应按企业全年的季度平均值确定。具体计算公式如下：

$$季度平均值＝（季初值＋季末值）÷2$$
$$全年季度平均值＝全年各季度平均值之和÷4$$

年度中间开业或者终止经营活动的，以其实际经营期作为一个纳税年度确定上述相关指标。

（18）小型微利企业的从业人数，包括与企业建立劳动关系的职工人数和企业接受的劳务派遣用工人数。那么劳务派遣单位的从业人数中，是否含已派出人员？

答：鉴于劳务派遣用工人数已经计入了用人单位的从业人数，本着合理性原则，在判断劳务派遣公司是否符合小型微利企业条件时，可不再将劳务派出人员重复计入本公司的从业人数。

（19）企业所得税汇总纳税的企业，小型微利企业标准中的从业人数、资产总额是否包括分支机构的相应部分？

答：现行企业所得税实行法人税制，企业应以法人为主体，计算从业人数、资产总额等指标，即汇总纳税企业的从业人数、资产总额包括分支机构的相应部分。

（20）企业从业人数波动较大，各个时间点从业人数可能都不一致，如何确定从业人数是不是符合小型微利企业条件？

答：按照《财政部　税务总局关于实施小微企业普惠性税收减免政策的通知》（财税〔2019〕13号）规定，从业人数应按企业全年的季度平均值确定。具体计算公式如下：季度平均值＝（季初值＋季末值）÷2，全年季度平均值＝全年各季度平均值之和÷4。年度中间开业或者终止经营活动的，以其实际经营期作为一个纳税年度确定上述相关指标。企业可根据上述公式，计算得出全年季度平均值，并以此判断从业人数是否符合条件。

（21）年中设立的公司，8 月取得营业执照，11 月开始有营业收入。请问小型微利企业按规定计算资产总额和从业人数时，财税〔2019〕13 号文件规定的"年度中间开业或者终止经营活动的，以其实际经营期作为一个纳税年度确定上述相关指标"中的"实际经营期"应该从何时起算？是 8～12月，还是 11～12 月？

答：企业实际经营期的起始时间应为营业执照上注明的成立日期。

（22）企业享受小型微利企业所得税优惠政策，是否受征收方式的限定？

答：从 2014 年开始，符合规定条件的企业享受小型微利企业所得税优惠政策时，不再受企业所得税征收方式的限定，也就是说，无论企业所得税实行查账征收方式还是核定征收方式的企业，只要符合条件，均可以享受小型微利企业所得税优惠政策。

（23）实行核定应纳所得税额征收方式的企业如何享受小型微利企业普惠性所得税减免政策？

答：与实行查账征收方式和实行核定应税所得率征收方式的企业通过填报纳税申报表计算享受税收优惠不同，实行核定应纳所得税额征收方式的企业，由主管税务机关根据小型微利企业普惠性所得税减免政策的条件与企业的情况进行判断，符合条件的，由主管税务机关按照程序调整企业的应纳所得税额。相关调整情况，主管税务机关应当及时告知企业。

（24）年度中间判断为小型微利企业的，预缴期限如何确定？

答：为了推进办税便利化改革，从 2016 年 4 月开始，小型微利企业统一实行按季度预缴企业所得税。因此,如果按月度预缴企业所得税的企业,在年度中间 4 月、7 月、10 月的纳税申报期进行预缴申报时,按照规定判断为小型微利企业的,自下一个申报期起,其纳税期限将统一调整为按季度预缴。同时,为了避免年度内频繁调整纳税期限,《国家税务总局关于实施小型微利企业普惠性所得税减免政策有关问题的公告》(国家税务总局公告 2019 年第 2 号)规定,一经调整为按季度预缴,当年度内不再变更。

(25)2018 年度企业所得税汇算清缴可以享受财税〔2019〕13 号文件规定的小型微利企业所得税优惠政策吗?

答:《财政部　税务总局关于实施小微企业普惠性税收减免政策的通知》(财税〔2019〕13 号)的执行期限为 2019 年 1 月 1 日至 2021 年 12 月 31 日,即财税〔2019〕13 号文件规定的小型微利企业所得税优惠政策适用于 2019 年至 2021 年纳税年度,企业在 2018 年度汇算清缴时仍适用原有的税收优惠政策,自 2019 年度预缴申报起才可以享受财税〔2019〕13 号文件规定的小型微利企业所得税优惠政策。

(26)小型微利企业要享受普惠性所得税减免政策,需要准备哪些留存备查资料?

答:根据《企业所得税优惠事项管理目录(2017 年版)》(国家税务总局公告 2018 年第 23 号附件)规定,小型微利企业享受优惠政策,需准备以下资料留存备查:

① 所从事行业不属于限制和禁止行业的说明。

② 从业人数的情况。

③ 资产总额的情况。

(27)如果小型微利企业由于对政策理解的原因,不知道国家有优惠政策,那么年度结束后,是否还有机会享受这项优惠?

答:税务总局近期已对金税三期系统和网上申报软件进行升级,企业在填报申报表时将部分实现自动识别、自动计算、自动填报、自动成表等智能化功能,帮助企业正确判断政策适用性,力争实现符合条件的小型微利企业在预缴申报时应享尽享优惠政策。假如符合条件的小型微利企业,在年度中间预缴时由于各种原因没有享受优惠,在年度终了汇算清缴时,税务机关将根据企业申报情况,再次提醒企业可以享受小型微利企业税收优惠政策,小型微利企业仍可享受相关优惠政策。

(28)一家创业投资企业于 2017 年 3 月投资了一家从业人数为 260 人,资产总额为 4 000 万元,年销售收入 1 000 万元的初创科技型企业,在 2019 年度能否享受创业投资企业税收优惠政策?

答:《财政部　税务总局关于实施小微企业普惠性税收减免政策的通知》(财税〔2019〕13 号)明确 2019 年 1 月 1 日前 2 年内发生的投资,自 2019 年 1 月 1 日起投资满 2 年且符合财税〔2019〕13 号文件规定和《财政部　税务总局关于创业投资企业和天使投资个人有关税收政策的通知》(财税〔2018〕55 号)规定的其他条件的,可以适用财税〔2018〕55 号文件规定的税收政策。问题中的投资时间是 2017 年 3 月,属于 2019 年 1 月 1 日前 2 年内发生的投资,如符合财税〔2019〕13 号文件和财税〔2018〕55 号文件规定的其他条件,可以自 2019 年度开始享受创业投资企业税收优惠政策。

(29)财税〔2019〕13 号文件的执行期限为 2019 年 1 月 1 日至 2021 年 12 月 31 日,但创业投资企业税收优惠政策所明确的投资时间和享受优惠时间不一致,执行期限是指投资时间还是指享受优惠时间?

答:为避免产生执行期限是指投资时间还是指享受优惠时间的歧义,让更多的投资可以享受到优惠政策,《财政部　税务总局关于实施小微企业普惠性税收减免政策的通知》(财税〔2019〕13 号)特意写入了衔接性条款,简言之,无论是投资时间,还是享受优惠时间,只要有一个时间在政策执行期限内的,均可以享受该项税收优惠政策。

(30)初创科技型企业和小型微利企业的从业人数和资产总额标准是一样的,这两个指标的计算方法也是一样的吗?

答：初创科技型企业和小型微利企业的从业人数和资产总额指标的计算方法不一样。初创科技型企业从业人数和资产总额指标，按照企业接受投资前连续 12 个月的平均数计算，不足 12 个月的，按实际月数平均计算。小型微利企业从业人数和资产总额按照企业全年的季度平均值确定。

（31）创业投资企业和天使投资个人税收优惠政策中初创科技型企业的条件是什么？

答：按照《财政部　税务总局关于创业投资企业和天使投资个人有关税收政策的通知》（财税〔2018〕55 号）和《财政部　税务总局关于实施小微企业普惠性税收减免政策的通知》（财税〔2019〕13 号）规定，初创科技型企业需同时符合以下条件：

① 在中国境内（不包括港、澳、台地区）注册成立、实行查账征收的居民企业。

② 接受投资时，从业人数不超过 300 人，其中具有大学本科以上学历的从业人数不低于 30%；资产总额和年销售收入均不超过 5 000 万元。

③ 接受投资时设立时间不超过 5 年（60 个月）。

④ 接受投资时以及接受投资后 2 年内未在境内外证券交易所上市。

⑤ 接受投资当年及下一纳税年度，研发费用总额占成本费用支出的比例不低于 20%。

十、地方税种和相关附加减征政策

我公司运营一个污水治理项目，从 2016 年开始享受节能环保项目所得"三免三减半"的优惠，2019 年进入项目所得减半期，请问 2019 年是否可以享受小型微利企业所得税优惠政策？

答：就企业运营的项目而言，如该项目同时符合项目所得减免和小型微利企业所得税优惠政策条件，可以选择享受其中最优惠的一项政策。你公司 2019 年可以选择享受小型微利企业所得税优惠政策，同时放弃该项目可享受的节能环保项目所得减半征税优惠。

十一、小型微利企业预缴

（1）按月度预缴企业所得税的企业，在当年度 4 月份预缴申报时，符合小型微利企业条件，按规定调整为按季度预缴申报。请问，次年度所得税预缴申报期限怎么执行？是默认继续按月预缴申报，还是如企业不自行提出申请，则一直按照按季度预缴申报？

答：企业本年度调整为按季度预缴申报后，次年度及以后年度原则上继续默认为按季度预缴申报。

（2）按月度预缴申报企业所得税的企业按规定调整为季度预缴申报的，是否需要企业单独提出申请，还是自行改为按季度预缴申报即可？

答：根据企业所得税法实施条例的有关规定，企业所得税分月或者分季预缴，由税务机关具体核定。纳税人在 4、7、10 月申报时，符合小型微利企业条件的，系统将提示按季预征。申报期结束后，主管税务机关将根据申报情况筛查需要调整纳税期限的纳税人，并联系纳税人办理调整事项；纳税人也可联系主管税务机关进行调整。

（3）"按月度预缴企业所得税的企业，在当年度 4 月、7 月、10 月预缴申报时，如果按照本公告第三条规定判断符合小型微利企业条件的，下一个预缴申报期起调整为按季度预缴申报，一经调整，当年度内不再变更。"请问申报期限调整需要纳税人联系主管税务机关重新做税种认定吗？还是由税务机关或者系统直接修改？一年度结束后纳税人需要调整申报方式的，是否直接告知主管税务机关即可？

答：根据企业所得税法实施条例的有关规定，企业所得税分月或者分季预缴，由税务机关具体核定。纳税人在 4、7、10 月申报时，符合小型微利企业条件的，系统将提示按季预征，以后预征将主动调整为按季预征。年度结束后，如上一年度为小微企业，将继续按季预征；如不是小微企业，原则上在小微企业扩大优惠力度期限内，不再调整纳税期限。

（4）根据第四条"当年度此前期间因不符合小型微利企业条件而多预缴的企业所得税税款，可在以后季度应预缴的企业所得税税款中抵减。"请问：纳税人可以选择退税吗？

答：根据《企业所得税汇算清缴管理办法》和国家税务总局公告2019年第2号的相关规定，当年度此前期间因不符合小型微利企业条件而预缴的企业所得税税款，可在以后季度应预缴的企业所得税税款中抵减，不足抵减的在汇算清缴时按有关规定办理退税，或者经纳税人同意后抵缴其下一年度应缴企业所得税税款。

（5）企业所得税预缴申报表的填报有什么注意事项？

答：为落实小型微利企业普惠性所得税减免政策，税务总局对《中华人民共和国企业所得税月（季）度预缴纳税申报表（A类，2018年版）》等部分表单样式及填报说明进行了修订，增加了从业人数、资产总额等数据项，并将升级优化税收征管系统，力争帮助企业精准享受优惠政策。在填报预缴申报表时，以下两个方面应当重点关注：一是关注"应纳税所得额"和"减免所得税额"两个项目的填报。"应纳税所得额"是判断企业是否符合小型微利企业条件和分档适用"减半再减半""减半征税"等不同政策的最主要指标，这个行次一定要确保填写无误。"减免所得税额"是指企业享受普惠性所得税减免政策的减免所得税金额，这个行次体现了企业享受税收优惠的直接成效。企业所得税实行核定应纳所得税额征收企业，如果符合小型微利企业条件的，其税收减免不通过填报纳税申报表的方式实现，而是通过直接调减定额的方式实现。但是，这些企业应在纳税申报表中根据税务机关核定时的情况，正确选择填报"小型微利企业"项目。二是关注预缴申报表中新增"按季度填报信息"部分有关项目的填报。"按季度填报信息"整合了除应纳税所得额以外的小型微利企业条件指标，其数据填报质量直接关系着小型微利企业判断结果的准确与否。因此，所有企业均需要准确填写该部分内容。对于查账征收企业和核定应税所得率征收的企业，按季度预缴的，应在申报预缴当季度税款时，填报"按季度填报信息"的全部项目；按月度预缴的，仅在申报预缴当季度最后一个月的税款时，填报"按季度填报信息"的全部项目。"按季度填报信息"中的"小型微利企业"项目，是对企业是否为小型微利企业的判断结果的展示。除企业所得税实行核定应纳所得税额征收方式的企业外，其他企业需要根据本期及以前各期纳税申报表中的"从业人数""资产总额"等项目的填报情况，结合本期纳税人申报表中"应纳税所得额"和"国家限制或禁止行业"的填报情况进行综合判断。

（6）小型微利企业在预缴时可以享受优惠吗？

答：从2014年开始，符合条件的小型微利企业，在预缴时就可以享受税收优惠政策，年度结束后，再统一汇算清缴，多退少补。上述规定一直没有改变。

（7）预缴企业所得税时，如何判断是否符合小型微利企业条件？

答：从2019年度开始，在预缴企业所得税时，企业可直接按当年度截至本期末的资产总额、从业人数、应纳税所得额等情况判断是否为小型微利企业，与此前需要结合企业上一个纳税年度是否为小型微利企业的情况进行判断相比，方法更简单、确定性更强。具体而言，资产总额、从业人数指标比照《财政部 税务总局关于实施小微企业普惠性税收减免政策的通知》（财税〔2019〕13号）第二条中"全年季度平均值"的计算公式，计算截至本期申报所属期末的季度平均值；年度应纳税所得额指标暂按截至本期申报所属期末不超过300万元的标准判断。

（8）企业预缴时享受了小型微利企业所得税优惠，汇算清缴时发现不符合小型微利企业条件的怎么办？

答：《国家税务总局关于实施小型微利企业普惠性所得税减免政策有关问题的公告》（国家税务总局公告2019年第2号）已经做出了明确规定，只要企业在预缴时符合小型微利企业条件，预缴时均可以预先享受优惠政策。但是，由于小型微利企业判断条件，如资产总额、从业人员、应纳税所得额等是年度性指标，需要按照企业全年情况进行判断。因此，企业在汇算清缴时需要准确计算相关指标并进行判断，符合条件的企业可以继续享受税收优惠政策，不符合条件的企业，停止享受优惠，正常进行汇算清缴即可。

（9）按月预缴企业所得税的企业如何调整为按季度预缴？

答：根据企业所得税法实施条例有关规定，企业所得税分月或者分季预缴，由税务机关具体核定。纳税人在4、7、10月申报时，符合小型微利企业条件的，系统将提示按季预征。申报期结束后，主管税务机关将根据申报情况筛查需要调整纳税期限的纳税人，并联系纳税人办理调整事项；纳税人也可联系主管税务机关进行调整。年度结束后，原则上在小型微利企业扩大优惠力度期限内，不再调整纳税期限。

（10）按月度预缴企业所得税的企业，在当年度4月份预缴申报时，符合小型微利企业条件，按规定调整为按季度预缴申报。请问，次年度所得税预缴申报期限怎么执行？是默认继续按月预缴申报，还是若企业不自行提出申请，则一直按照按季度预缴申报？

答：企业本年度调整为按季度预缴申报后，次年度及以后年度原则上继续默认为按季度预缴申报。

（11）年度中间符合小型微利企业条件的，之前多预缴的税款如何处理？

答：根据《国家税务总局关于实施小型微利企业普惠性所得税减免政策有关问题的公告》（国家税务总局公告2019年第2号）规定，原不符合小型微利企业条件的企业，在年度中间预缴企业所得税时，按本公告第三条规定判断符合小型微利企业条件的，应按照截至本期申报所属期末累计情况计算享受小型微利企业所得税减免政策。当年度此前期间因不符合小型微利企业条件而多预缴的企业所得税税款，可在以后季度应预缴的企业所得税税款中抵减。因此，之前季度多预缴的税款应在以后季度应预缴的企业所得税税款中抵减，不足抵减的在汇算清缴时按有关规定办理退税，或者抵缴其下一年度应缴企业所得税税款。

（12）汇总纳税企业上一季度不符合小型微利企业条件，已由分支机构就地预缴分摊税款，本季度按现有规定符合小型微利企业条件，上季度已就地分摊预缴的企业所得税如何处理？

答：汇总纳税企业如果上季度不符合小型微利企业条件，本季度符合条件，其总机构和二级分支机构多预缴的税款，根据《国家税务总局关于实施小型微利企业普惠性所得税减免政策有关问题的公告》（国家税务总局公告2019年第2号）规定，可在以后季度应预缴的企业所得税税款中抵减。

（13）跨地区经营企业2018年不是小型微利企业，2019年符合小型微利企业条件，在外地的二级分支机构还需要就地分摊预缴企业所得税吗？

答：根据《跨地区经营汇总纳税企业所得税征收管理办法》（国家税务总局公告2012年第57号发布）第五条规定，上年度认定为小型微利企业的跨地区经营企业，其二级分支机构不就地分摊缴纳企业所得税。这里是指本年度小型微利企业预缴时，如果上年度也是小型微利企业的，本年度二级分支机构可以不就地预缴。因此，小型微利企业二级分支机构是否就地预缴，依据的条件是上年度是否也是小型微利企业。如果是，其二级分支机构不就地预缴；如果不是，其二级分支机构需要就地预缴。

（14）修订后的预缴纳税申报表增加了"按季度填报信息"部分，按月度预缴的企业是否需要每月填报这部分内容？

答：预缴纳税申报表中"按季度填报信息"部分的所有项目均按季度填报，月度预缴不需要每月填报。按月申报的纳税人，在预缴申报当季度最后一个月份企业所得税时进行填报。如在4月份征期申报3月的税款时，才需要填报这部分信息，而在其他月份申报时，是不需要填报的。

（15）新修订的预缴申报表要求填写"资产总额""从业人数"的季初值、季末值，而并非是季度平均值，主要出于什么考虑？

答：将小型微利企业条件中的"资产总额""从业人数"等需要计算的指标细化为"季初资产总额（万元）""季末资产总额（万元）""季初从业人数""季末从业人数"项目，主要是考虑尽量减轻企业自行计算的负担。一般来说，"资产总额""从业人数"的季初值、季末值是企业在会计核算、人员管理等日常生产经营活动中既有的数据,直接填列可以免去企业为享受税收优惠而特别计算的工作量、也避免出现计算错误。

(16)符合小型微利企业条件的查账征收企业和核定应税所得率征收的企业,在填报修订后的预缴申报表时需要注意什么?

答:为落实小型微利企业普惠性所得税减免政策,税务总局对《中华人民共和国企业所得税月(季)度预缴纳税申报表(A类,2018年版)》等部分表单样式及填报说明,以及《中华人民共和国企业所得税月(季)度预缴纳税申报表(B类,2018年版)》进行了修订,增加了从业人数、资产总额等数据项,并将升级优化税收征管系统,力争帮助企业精准享受优惠政策。在填报预缴申报表时,以下两个方面应当重点关注:

一是关注"应纳税所得额"和"减免所得税额"两个项目的填报。"应纳税所得额"是判断企业是否符合小型微利企业条件和分档适用"减半再减半""减半征税"等不同政策的最主要指标,这个行次一定要确保填写无误。"减免所得税额"是指企业享受普惠性所得税减免政策的减免所得税金额,这个行次体现了企业享受税收优惠的直接成效。

二是关注预缴申报表中新增"按季度填报信息"部分有关项目的填报。"按季度填报信息"整合了除应纳税所得额以外的小型微利企业条件指标,其数据填报质量直接关系着小型微利企业判断结果的准确与否。按季度预缴的,应在申报预缴当季度税款时,填报"按季度填报信息"的全部项目;按月度预缴的,仅在申报预缴当季度最后一个月的税款时,填报"按季度填报信息"的全部项目。

(17)符合小型微利企业条件的核定应纳税额征收的企业,在填报修订后的预缴申报表时需要注意什么?

答:企业所得税实行核定应纳税额征收的企业,如果符合小型微利企业条件的,其税收减免不通过填报纳税申报表的方式实现,而是通过直接调减定额的方式实现。但是,这些企业应在纳税申报表中根据税务机关核定时的情况,正确选择填报"小型微利企业"项目。

(18)如何理解小型微利企业普惠性所得税减免政策中的"应纳税所得额"与《中华人民共和国企业所得税月(季)度预缴纳税申报表(A类)》中的"实际利润额"概念?

答:在企业所得税中,"实际利润额"与"应纳税所得额"有各自定义。

《中华人民共和国企业所得税法》第五条规定,"企业每一纳税年度的收入总额,减除不征税收入、免税收入、各项扣除以及允许弥补的以前年度亏损后的余额,为应纳税所得额。"因此,"应纳税所得额"首先是一个年度概念,主要在企业年度汇算清缴申报时使用。

《中华人民共和国企业所得税法实施条例》第一百二十八条规定,"企业根据企业所得税法第五十四条规定分月或分季预缴企业所得税时,应当按照月度或者季度的实际利润额预缴"。因此,"实际利润额"概念主要在按照实际利润额预缴的企业在预缴申报时使用。

第二章　增值税减税优惠政策与应用指引

政策依据：

> 《国家税务总局关于做好2019年深化增值税改革工作的通知》（税总发〔2019〕32号）；
>
> 《财政部　税务总局　海关总署关于深化增值税改革有关政策的公告》（财政部　税务总局　海关总署公告2019年第39号）；
>
> 《国家税务总局关于深化增值税改革有关事项的公告》（国家税务总局公告2019年第14号）；
>
> 《国家税务总局关于调整增值税纳税申报有关事项的公告》（国家税务总局公告2019年第15号）；
>
> 《国家税务总局关于发布出口退税率文库2019B版的通知》（税总函〔2019〕82号）；
>
> 《国家税务总局办公厅关于印发〈2019年深化增值税改革纳税服务工作方案〉的通知》（税总办发〔2019〕34号）；
>
> 《国家税务总局关于做好2019年深化增值税改革第一阶段"开好票"相关工作的通知》（税总函〔2019〕81号）；
>
> 《国家税务总局关于进一步做好减税降费政策落实工作的通知》（税总发〔2019〕54号）；
>
> 《国家税务总局关于办理增值税期末留抵税额退税有关事项的公告》（国家税务总局公告2019年第20号）。

第一节　2019增值税减税政策概述

一、国家税务总局关于做好2019年深化增值税改革工作的通知（税总发〔2019〕32号）

深化增值税改革是2019年实施更大规模减税降费的"重头戏"，是减轻企业负担、激发市场活力的重大举措，是完善税制、优化收入分配格局的重要改革，是宏观政策支持稳增长、保就业、调结构的重大抉择。增值税减税要确保主要行业税负明显降低、部分行业税负有所降低、所有行业税负只减不增。针对实施中部分行业由于进项税抵扣减少可能引起税负上升，通过增加抵扣等"打补丁"措施妥善解决。

一、提高认识，加强领导，汇集改革合力	二、突出重点，有序推进，做实改革举措	三、压实责任，严明纪律，确保改革成效
（一）提高政治站位 （二）加强组织领导 （三）严格工作标准 （四）坚持协调联动	（五）夯实征管基础 （六）深入培训辅导 （七）优化纳税服务 （八）抓好宣传引导	（九）严肃工作纪律 （十）统筹督查检查 （十一）深化效应分析 （十二）注重示范带动

（一）2019年深化增值税改革纳税服务工作方案（税总办发〔2019〕34号）

聚焦降低增值税税率等各项改革措施，全面精准做实宣传辅导，精简办理手续，从快解决问题，过硬成效检验，全力实现宣传辅导100%全覆盖、可验证，红利账单100%有推送，有效做到政策明、流程清、手续简、成果显，以便利高效的纳税服务促进纳税人更好享受深化增值税改革政策红利,切实增强纳税人获得感。

（一）宣传辅导要"实",增强政策知晓度	11. 缩减等待时间。
1. 统一宣传辅导口径。	12. 推进线上办税。
2. 扩展宣传辅导渠道。	13. 加强办税辅导。
3. 拓宽宣传辅导范围。	（三）问题解决要"快",提升政策执行力
4. 切实开展精准辅导。	14. 及时收集纳税人对深化增值税改革政策方面的需求。
5. 充实宣传辅导产品。	15. 加快深化增值税改革信息直报。
6. 做实内部人员培训。	16. 快速响应纳税人诉求意见。
7. 发挥涉税中介正向作用。	17. 提速处理纳税人对深化增值税改革纳税服务投诉。
（二）手续办理要"简",提高办税便捷性	（四）成效检验要"硬",确保实在获得感
8. 简化流程资料。	18. 强化纳税服务成效评议。
9. 减少办税次数。	19. 开展纳税人满意度调查。
10. 降低申报失误。	20. 防控税务代理风险。

（二）做好 2019 年深化增值税改革第一阶段"开好票"相关工作（税总函〔2019〕81 号）

一、积极开展业务学习培训	四、督促做好税控技术服务	七、提前排查系统运行风险
二、扎实推进政策宣传辅导	五、切实加强服务单位监管	八、跟踪监控发票开具情况
三、抓紧完成开票软件升级	六、同步实现关联系统对接	九、建立健全问题响应机制

（三）做好 2019 年深化增值税改革第二阶段"报好税"相关工作（税总函〔2019〕108 号）

一、扎实开展业务培训	四、提前制定应急预案	七、做好出口退税工作
二、细致做好宣传辅导	五、建立快速响应机制	八、夯实申报数据基础
三、按期完成系统改造	六、有序组织纳税申报	九、积极防控税收风险

二、2019 增值税减税核心问题

（一）降低税率

增值税一般纳税人发生增值税应税销售行为或者进口货物,原适用 16% 税率的,税率调整为 13%;原适用 10% 税率的,税率调整为 9%。

与降税率相适应调整购进农产品的扣除率,其中纳税人购进用于生产或者委托加工 13% 税率货物的农产品,按照 10% 的扣除率计算进项税额。同时调整出口退税率和境外旅客购物离境退税率。

（二）扩大抵扣

停止执行纳税人取得不动产或者不动产在建工程的进项税额分 2 年抵扣政策。

纳税人购进国内旅客运输服务,其进项税额允许从销项税额中抵扣。

（三）加计抵减

自 2019 年 4 月 1 日至 2021 年 12 月 31 日,允许四项服务行业纳税人按照当期可抵扣进项税额加计 10%,抵减应纳税额。这一政策被简称为加计抵减政策。

适用加计抵减的四项服务是指提供邮政服务、电信服务、现代服务、生活服务取得的销售额占全部销售额的比重超过 50% 的纳税人。

纳税人应按照当期可抵扣进项税额的 10% 计提当期加计抵减额。按照现行规定不得从销项税额中抵扣的进项税额,不得计提加计抵减额。

（四）留抵退税

自 2019 年 4 月 1 日起,试行增值税期末留抵税额退税制度。符合条件的纳税人,可以向主管税务机关申请退还增量留抵税额。增量留抵税额,是指与 2019 年 3 月底相比新增加的期末留抵税额。

通过实施以上措施,确保主要行业税负明显降低,确保部分行业税负有所降低,确保所有行业税负只减不增。

（一）《财政部 税务总局 海关总署关于深化增值税改革有关政策的公告》（财政部 税务总局 海关总署公告 2019 年第 39 号）

1. 增值税一般纳税人(以下称纳税人)发生增值税应税销售行为或者进口货物,原适用 16% 税率的,税率调整为 13%;原适用 10% 税率的,税率调整为 9%。

2. 纳税人购进农产品,原适用 10% 扣除率的,扣除率调整为 9%。纳税人购进用于生产或者委托加工 13% 税率货物的农产品,按照 10% 的扣除率计算进项税额。

3. 原适用 16％税率且出口退税率为 16％的出口货物劳务,出口退税率调整为 13％;原适用 10％税率且出口退税率为 10％的出口货物、跨境应税行为,出口退税率调整为 9％。

2019 年 6 月 30 日前(含 2019 年 4 月 1 日前),纳税人出口前款所涉货物劳务、发生前款所涉跨境应税行为,适用增值税免退税办法的,购进时已按调整前税率征收增值税的,执行调整前的出口退税率,购进时已按调整后税率征收增值税的,执行调整后的出口退税率;适用增值税免抵退税办法的,执行调整前的出口退税率,在计算免抵退税时,适用税率低于出口退税率的,适用税率与出口退税率之差视为零参与免抵退税计算。

出口退税率的执行时间及出口货物劳务、发生跨境应税行为的时间,按照以下规定执行:报关出口的货物劳务(保税区及经保税区出口除外),以海关出口报关单上注明的出口日期为准;非报关出口的货物劳务、跨境应税行为,以出口发票或普通发票的开具时间为准;保税区及经保税区出口的货物,以货物离境时海关出具的出境货物备案清单上注明的出口日期为准。

4. 适用 13％税率的境外旅客购物离境退税物品,退税率为 11％;适用 9％税率的境外旅客购物离境退税物品,退税率为 8％。

2019 年 6 月 30 日前,按调整前税率征收增值税的,执行调整前的退税率;按调整后税率征收增值税的,执行调整后的退税率。

退税率的执行时间,以退税物品增值税普通发票的开具日期为准。

5. 自 2019 年 4 月 1 日起,《营业税改征增值税试点有关事项的规定》(财税〔2016〕36 号印发)第一条第(四)项第 1 点、第二条第(一)项第 1 点停止执行,纳税人取得不动产或者不动产在建工程的进项税额不再分 2 年抵扣。此前按照上述规定尚未抵扣完毕的待抵扣进项税额,可自 2019 年 4 月税款所属期起从销项税额中抵扣。

6. 纳税人购进国内旅客运输服务,其进项税额允许从销项税额中抵扣。

(1)纳税人未取得增值税专用发票的,暂按照以下规定确定进项税额:

① 取得增值税电子普通发票的,为发票上注明的税额;

② 取得注明旅客身份信息的航空运输电子客票行程单的,为按照下列公式计算进项税额:

$$航空旅客运输进项税额＝(票价＋燃油附加费)÷(1＋9％)×9％$$

③ 取得注明旅客身份信息的铁路车票的,为按照下列公式计算的进项税额:

$$铁路旅客运输进项税额＝票面金额÷(1＋9％)×9％$$

④ 取得注明旅客身份信息的公路、水路等其他客票的,按照下列公式计算进项税额:

公路、水路等其他旅客运输进项税额＝票面金额÷(1＋3％)×3％

(2)《营业税改征增值税试点实施办法》(财税〔2016〕36 号印发)第二十七条第(六)项和《营业税改征增值税试点有关事项的规定》(财税〔2016〕36 号印发)第二条第(一)项第 5 点中"购进的旅客运输服务、贷款服务、餐饮服务、居民日常服务和娱乐服务"修改为"购进的贷款服务、餐饮服务、居民日常服务和娱乐服务"。

7. 自 2019 年 4 月 1 日至 2021 年 12 月 31 日,允许生产、生活性服务业纳税人按照当期可抵扣进项税额加计 10％,抵减应纳税额(以下称加计抵减政策)。

(1)本公告所称生产、生活性服务业纳税人,是指提供邮政服务、电信服务、现代服务、生活服务(以下称四项服务)取得的销售额占全部销售额的比重超过 50％的纳税人。四项服务的具体范围按照《销售服务、无形资产、不动产注释》(财税〔2016〕36 号印发)执行。

2019 年 3 月 31 日前设立的纳税人,自 2018 年 4 月至 2019 年 3 月期间的销售额(经营期不满 12 个月的,按照实际经营期的销售额)符合上述规定条件的,自 2019 年 4 月 1 日起适用加计抵减政策。

2019 年 4 月 1 日后设立的纳税人,自设立之日起 3 个月的销售额符合上述规定条件的,自登记为一般纳税人之日起适用加计抵减政策。

纳税人确定适用加计抵减政策后,当年内不再调整,以后年度是否适用,根据上年度销售额计算确定。

纳税人可计提但未计提的加计抵减额,可在确定适用加计抵减政策当期一并计提。

(2)纳税人应按照当期可抵扣进项税额的10%计提当期加计抵减额。按照现行规定不得从销项税额中抵扣的进项税额,不得计提加计抵减额;已计提加计抵减额的进项税额,按规定作进项税额转出的,应在进项税额转出当期,相应调减加计抵减额。计算公式如下:

$$当期计提加计抵减额 = 当期可抵扣进项税额 \times 10\%$$

$$当期可抵减加计抵减额 = 上期末加计抵减额余额 + 当期计提加计抵减额 - 当期调减加计抵减额$$

(3)纳税人应按照现行规定计算一般计税方法下的应纳税额(以下称抵减前的应纳税额)后,区分以下情形加计抵减:

① 抵减前的应纳税额等于零的,当期可抵减加计抵减额全部结转下期抵减。

② 抵减前的应纳税额大于零,且大于当期可抵减加计抵减额的,当期可抵减加计抵减额全额从抵减前的应纳税额中抵减。

③ 抵减前的应纳税额大于零,且小于或等于当期可抵减加计抵减额的,以当期可抵减加计抵减额抵减应纳税额至零。未抵减完的当期可抵减加计抵减额,结转下期继续抵减。

(4)纳税人出口货物劳务、发生跨境应税行为不适用加计抵减政策,其对应的进项税额不得计提加计抵减额。

纳税人兼营出口货物劳务、发生跨境应税行为且无法划分不得计提加计抵减额的进项税额,按照以下公式计算:

$$不得计提加计抵减额的进项税额 = 当期无法划分的全部进项税额 \times \frac{当期出口货物劳务和发生跨境应税行为的销售额}{当期全部销售额}$$

(5)纳税人应单独核算加计抵减额的计提、抵减、调减、结余等变动情况。骗取适用加计抵减政策或虚增加计抵减额的,按照《中华人民共和国税收征收管理法》等有关规定处理。

(6)加计抵减政策执行到期后,纳税人不再计提加计抵减额,结余的加计抵减额停止抵减。

8.自2019年4月1日起,试行增值税期末留抵税额退税制度。

(1)同时符合以下条件的纳税人,可以向主管税务机关申请退还增量留抵税额:

① 自2019年4月税款所属期起,连续六个月(按季纳税的,连续两个季度)增量留抵税额均大于零,且第六个月增量留抵税额不低于50万元。

② 纳税信用等级为A级或者B级。

③ 申请退税前36个月未发生骗取留抵退税、出口退税或虚开增值税专用发票情形的。

④ 申请退税前36个月未因偷税被税务机关处罚两次及以上的。

⑤ 自2019年4月1日起未享受即征即退、先征后返(退)政策的。

(2)本公告所称增量留抵税额,是指与2019年3月底相比新增加的期末留抵税额。

(3)纳税人当期允许退还的增量留抵税额,按照以下公式计算:

$$允许退还的增量留抵税额 = 增量留抵税额 \times 进项构成比例 \times 60\%$$

进项构成比例,为2019年4月至申请退税前一税款所属期内已抵扣的增值税专用发票(含税控机动车销售统一发票)、海关进口增值税专用缴款书、解缴税款完税凭证注明的增值税额占同期全部已抵扣进项税额的比重。

(4)纳税人应在增值税纳税申报期内,向主管税务机关申请退还留抵税额。

(5)纳税人出口货物劳务、发生跨境应税行为,适用免抵退税办法的,办理免抵退税后,仍符合本公告规定条件的,可以申请退还留抵税额;适用免退税办法的,相关进项税额不得用于退还留抵税额。

(6)纳税人取得退还的留抵税额后,应相应调减当期留抵税额。按照本条规定再次满足退税条件的,可以继续向主管税务机关申请退还留抵税额,但本条第(一)项第1点规定的连续期间,不得重复计算。

(7)以虚增进项、虚假申报或其他欺骗手段,骗取留抵退税款的,由税务机关追缴其骗取的退税款,并按照《中华人民共和国税收征收管理法》等有关规定处理。

(8)退还的增量留抵税额中央、地方分担机制另行通知。

9.本公告自2019年4月1日起执行。

(二)《关于深化增值税改革有关事项的公告》(国家税务总局公告2019年第14号)

政策规定	政策解读
一、增值税一般纳税人(以下称纳税人)在增值税税率调整前已按原16%、10%适用税率开具的增值税发票,发生销售折让、中止或者退回等情形需要开具红字发票的,按照原适用税率开具红字发票;开票有误需要重新开具的,先按照原适用税率开具红字发票后,再重新开具正确的蓝字发票。 二、纳税人在增值税税率调整前未开具增值税发票的增值税应税销售行为,需要补开增值税发票的,应当按照原适用税率补开。 三、增值税发票税控开票软件税率栏次默认显示调整后税率,纳税人发生本公告第一条、第二条所列情形的,可以手工选择原适用税率开具增值税发票。 四、税务总局在增值税发票税控开票软件中更新了《商品和服务税收分类编码表》,纳税人应当按照更新后的《商品和服务税收分类编码表》开具增值税发票。 五、纳税人应当及时完成增值税发票税控开票软件升级和自身业务系统调整。 六、已抵扣进项税额的不动产,发生非正常损失,或者改变用途,专用于简易计税方法计税项目、免征增值税项目、集体福利或者个人消费的,按照下列公式计算不得抵扣的进项税额,并从当期进项税额中扣减: $$不得抵扣的\atop 进项税额 = {已抵扣进\atop 项税额} \times {不动产\atop 净值率}$$ $$不动产\atop 净值率 = \left({不动产\atop 净值} \div {不动产\atop 原值}\right) \times 100\%$$ 七、按照规定不得抵扣进项税额的不动产,发生用途改变,用于允许抵扣进项税额项目的,按照下列公式在改变用途的次月计算可抵扣进项税额。 $$可抵扣\atop 进项税额 = {增值税扣税凭证注明\atop 或计算的进项税额} \times {不动产\atop 净值率}$$	一、公告出台背景。 《财政部　税务总局　海关总署关于深化增值税改革有关政策的公告》(财政部　税务总局　海关总署公告2019年第39号,以下简称39号公告)出台后,纳税人开具发票衔接、不动产一次性抵扣、适用加计抵减政策所需填报资料等问题,需要进一步明确,因此出台该公告。 二、2019年4月1日降低增值税税率政策实施后,纳税人发生销售折让、中止或者退回等情形的,如何开具红字发票及蓝字发票? 本公告第一条明确,增值税一般纳税人在增值税税率调整前已按原16%、10%适用税率开具的增值税发票,发生销售折让、中止或者退回等情形需要开具红字发票的,按照原适用税率开具红字发票;开票有误需要重新开具的,先按照原适用税率开具红字发票后,再重新开具正确的蓝字发票。 需要说明的是,如纳税人此前已按原17%、11%适用税率开具了增值税发票,发生销售折让、中止或者退回等情形需要开具红字发票的,应按照《国家税务总局关于统一小规模纳税人标准等若干增值税问题的公告》(国家税务总局公告2018年第18号,以下简称18号公告)相关规定执行。 三、2019年4月1日降低增值税税率政策实施后,纳税人需要补开增值税发票的,如何处理? 本公告第二条明确,纳税人在增值税税率调整前未开具增值税发票的增值税应税销售行为,需要补开增值税发票的,应当按照原16%、10%适用税率补开。 需要说明的是,如果纳税人还存在2018年税率调整前未开具增值税发票的应税销售行为,需要补开增值税发票的,可根据18号公告相关规定,按照原17%、11%适用税率补开。 四、自2019年4月1日起,纳税人购入不动产,持有期间用途发生改变的,进项税额应如何处理? 本公告第六条明确,已抵扣进项税额的不动产,发生非正常损失,或者改变用途,专用于简易计税方法计税项目、免征增值税项目、集体福利或者个人消费的,按照下列公式计算不得抵扣的进项税额,并从当期进项税额中扣减: 不得抵扣的进项税额 = 已抵扣进项税额 × 不动产净值率 $$不动产\atop 净值率 = \left({不动产\atop 净值} \div {不动产\atop 原值}\right) \times 100\%$$ 本公告第七条明确,按照规定不得抵扣进项税额的不动产,发生用途改变,用于允许抵扣进项税额项目的,按照下列公式在改变用途的次月计算可抵扣进项税额。 $$可抵扣\atop 进项税额 = {增值税扣税凭证注明\atop 或计算的进项税额} \times {不动产\atop 净值率}$$

政策规定	政策解读
八、按照《财政部 税务总局 海关总署关于深化增值税改革有关政策的公告》（财政部 税务总局 海关总署公告 2019 年第 39 号）规定，适用加计抵减政策的生产、生活性服务业纳税人，应在年度首次确认适用加计抵减政策时，通过电子税务局（或前往办税服务厅）提交《适用加计抵减政策的声明》（见附件）。适用加计抵减政策的纳税人，同时兼营邮政服务、电信服务、现代服务、生活服务的，应按照四项服务中收入占比最高的业务在《适用加计抵减政策的声明》中勾选确定所属行业。 九、本公告自 2019 年 4 月 1 日起施行。《不动产进项税额分期抵扣暂行办法》（国家税务总局公告 2016 年第 15 号发布）同时废止。 附件：适用加计抵减政策的声明（如下）	五、此次税率调整，适用加计抵减政策的纳税人，需要提供什么资料？ 本公告第八条明确，按照 39 号公告规定，适用加计抵减政策的生产、生活性服务业纳税人，应在年度首次确认适用加计抵减政策时，通过电子税务局（或前往办税服务厅）提交《适用加计抵减政策的声明》。适用加计抵减政策的纳税人，同时兼营邮政服务、电信服务、现代服务、生活服务的，应按照四项服务中收入占比最高的业务在《适用加计抵减政策的声明》中勾选确定所属行业。 需要说明的是，按照 39 号公告规定，纳税人确定适用加计抵减政策，以后年度是否继续适用，需要根据上年度销售额计算确定。已经提交《适用加计抵减政策的声明》并享受加计抵减政策的纳税人，在 2020 年、2021 年，是否继续适用，应分别根据其 2019 年、2020 年销售额确定，如果符合规定，需再次提交《适用加计抵减政策的声明》。

适用加计抵减政策的声明

纳税人名称：

纳税人识别号（统一社会信用代码）：

本纳税人符合《财政部 税务总局 海关总署关于深化增值税改革有关政策的公告》（财政部 税务总局 海关总署公告 2019 年第 39 号）规定，确定适用加计抵减政策。行业属于（请从下表勾选，只能选择其一）：

行业	选项
邮政服务业	
电信服务业	—
其中：1. 基础电信业	
2. 增值电信业	
现代服务业	—
其中：1. 研发和技术服务业	
2. 信息技术服务业	
3. 文化创意服务业	
4. 物流辅助服务	
5. 有形动产租赁服务业	
6. 鉴证咨询服务业	
7. 广播影视服务	
生活服务业	—
其中：1. 文化艺术业	
2. 体育业	
3. 教育	
4. 卫生	
5. 旅游业	
6. 娱乐业	
7. 餐饮业	

（续表）

行业	选项
8. 住宿业	
9. 居民服务业	
10. 社会工作	
11. 公共设施管理业	
12. 不动产出租	
13. 商务服务业	
14. 专业技术服务业	
15. 代理业	
16. 其他生活服务业	

本纳税人用于判断是否符合加计抵减政策条件的销售额占比计算期为____年____月至____年____月，此期间提供邮政服务、电信服务、现代服务、生活服务销售额合计____元，全部销售额____元，占比为____%。

以上声明根据实际经营情况做出，我确定它是真实的、准确的、完整的。

年 月 日

（纳税人签章）

（三）《关于调整增值税纳税申报有关事项的公告》（国家税务总局公告 2019 年第 15 号）

政策规定	政策解读
一、根据国务院关于深化增值税改革的决定，修订并重新发布《增值税纳税申报表（一般纳税人适用）》《增值税纳税申报表附列资料（一）》《增值税纳税申报表附列资料（二）》《增值税纳税申报表附列资料（三）》《增值税纳税申报表附列资料（四）》。 二、截至 2019 年 3 月税款所属期，《国家税务总局关于全面推开营业税改征增值税试点后增值税纳税申报有关事项的公告》（国家税务总局公告 2016 年第 13 号）附件 1 中《增值税纳税申报表附列资料（五）》第 6 栏"期末待抵扣不动产进项税额"的期末余额，可以自本公告施行后结转填入《增值税纳税申报表附列资料（二）》第 8b 栏"其他"。 三、本公告施行后，纳税人申报适用 16%、10% 等原增值税税率应税项目时，按照申报表调整前后的对应关系，分别填写相关栏次。 四、修订后的《增值税纳税申报表（一般纳税人适用）》及其附列资料见附件 1，相关填写说明见附件 2（略）。 五、本公告自 2019 年 5 月 1 日起施行，国家税务总局公告 2016 年第 13 号附件 1 中《增值税纳税申报表附列资料（五）》《国家税务总局关于营业税改征增值税部分试点纳税人增值税纳税申报有关事项调整的公告》（国家税务总局公告 2016 年第 30 号）、《国家税务总局关于调整增值税纳税申报有关事项的公告》（国家税务总局公告 2017 年第 19 号）、《国家税务总局关于调整增值税纳税申报有关事项的公告》（国家税务总局公告 2018 年第 17 号）同时废止。	一、增值税纳税申报表调整情况 （一）调整部分申报表附列资料表式内容。 一是将原《增值税纳税申报表附列资料（一）》中的第 1 栏、第 2 栏项目名称分别调整为"13% 税率的货物及加工修理修配劳务"和"13% 税率的服务、不动产和无形资产"；删除第 3 栏"13% 税率"；第 4a 栏、第 4b 栏序号分别调整为第 3 栏、第 4 栏，项目名称分别调整为"9% 税率的货物及加工修理修配劳务"和"9% 税率的服务、不动产和无形资产"。 二是将原《增值税纳税申报表附列资料（二）》[以下简称《附列资料（二）》]中的第 10 栏项目名称调整为"（四）本期用于抵扣的旅客运输服务扣税凭证"；第 12 栏"当期申报抵扣进项税额合计"计算公式调整为"12=1+4+11"。 三是将原《增值税纳税申报表附列资料（三）》中的第 1 栏、第 2 栏项目名称分别调整为"13% 税率的项目"和"9% 税率的项目"。 四是在原《增值税纳税申报表附列资料（四）》表式内容中，增加"二、加计抵减情况"相关栏次。 （二）废止部分申报表附列资料。 一是废止原《增值税纳税申报表附列资料（五）》[以下简称《附列资料（五）》]。 二是废止原《营改增税负分析测算明细表》。 纳税人自 2019 年 5 月 1 日起无需填报上述两张附表。 二、本公告施行后需注意的事项 （一）纳税人申报适用 16%、10% 等原增值税税率应税项目时，按照申报表调整前后的对应关系，分别填写相关栏次。 （二）截至 2019 年 3 月税款所属期，《附列资料（五）》第 6 栏"期末待抵扣不动产进项税额"的期末余额，可以自本公告施行后结转填入《附列资料（二）》第 8b 栏"其他"。

（四）《国家税务总局关于发布出口退税率文库 2019B 版的通知》（税总函〔2019〕82 号）

根据《财政部 税务总局 海关总署关于深化增值税改革有关政策的公告》（财政部 税务总局 海关总署公告 2019 年第 39 号）有关退税率调整的规定，国家税务总局编制了 2019B 版出口退税率文库（以下简称"文库"）。现将有关事项通知如下：	一、文库放置在国家税务总局可控 FTP 系统"程序发布"目录下，请各地及时下载，并在出口退税审核系统进行文库升级。各地应及时将文库发放给出口企业。 二、各地要严格执行出口退税率。严禁擅自改变出口退税率，一经发现，要追究相关人员责任。 三、对执行中发现的问题，请及时报告国家税务总局（货物和劳务税司）。

第二节　增值税类型、特点及优惠方式

增值税（Value Added Tax，VAT），是以货物、劳务和服务在生产经营活动中产生的增值额为课税对象征收的一种流转税。按照我国现行增值税法的规定，增值税是以纳税人在我国境内销售货物或者加工、修理修配劳务（以下简称劳务），销售服务、不动产和无形资产（以下统称为应税销售行为）的增值额和进口货物的金额为计税依据而课征的一种流转税。

一、增值税类型

按增值额的内容、外购固定资产扣除要求的不同，增值税可以分为生产型增值税、收入型增值税和消费型增值税三种类型。

生产型增值税	收入型增值税	消费型增值税
在计算增值额时，销售收入中只允许扣除购买的原材料等劳动对象的消耗部分，不允许扣除购进固定资产（包括动产和不动产）价款或其折旧，计税依据相当于工资、利息、租金、利润和折旧额之和。从整个社会来看，形成的增值额大体相当于国内生产总值额（GDP），故称为生产型增值税。	在计算增值额时，销售收入中既要扣除劳动对象的消耗部分，又要扣除固定资产（包括动产和不动产）投资价值的折旧部分，金额相当于工资、利息、租金和利润之和。从整个社会来看，形成的增值额相当于国民收入（NI），故称为收入型增值税。	在计算增值额时，销售收入中既要扣除劳动对象消耗部分，还要扣除本期购进的全部固定资产（包括动产和不动产）的金额。这种类型的增值税对所有外购项目，即非本企业新创造的价值都实行彻底的购进扣税法，因此，它最能体现增值税的计税原理，是最典型的增值税。从整个社会来看，作为计税依据的增值额相当于全部消费品的价值，不包括原材料、固定资产等投资品价值，故称为消费型增值税。
不允许扣除固定资产价款	允许扣除固定资产折旧费	允许一次扣除固定资产价款

从财政收入着眼，生产型增值税的短期效应最大，收入型增值税次之，消费型增值税最小。从激励投资着眼，则次序相反。西方国家多采用消费型，发展中国家多采用生产型。

2009 年 1 月 1 日，我国生产型增值税部分向消费型增值税转型，2016 年 5 月 1 日，营改增全覆盖后，我国增值税已转变为典型的消费型增值税。

二、增值税的特点和优点

特点（"四性"）	优　点
1. 不重复征税，具有中性税收的特征——税收中性； 2. 逐环节征税，逐环节扣税，最终消费者承担全部税款——税负转嫁性； 3. 税基广阔，具有征收的普遍性和连续性。	1. 有利于平衡税负，促进公平竞争。 2. 既便于对出口商品退税，又可避免对进口商品征收不足。 3. 确保财政收入的稳定性、及时性。（因为课税范围广泛、征收普遍连续） 4. 在税收征管上可以相互制约，交叉审计。

增值税之所以能够在世界上众多国家推行，就是因为其可以有效防止商品在流转过程中的重复征税问题，并使其备保持税收中性、普遍征收、税收负担由最终消费者承担、实行税款抵扣、比例税率、价外征收等特点。

三、增值税减免税主要形式

1. 直接免税，就是对某些货物、劳务或服务直接免征增值税，纳税人不必缴纳。纳税人用于免征增值税项目的购进货物、应税劳务或者应税服务，进项税额不得抵扣，销售免税货物、劳务或服务不得开具增值税专用发票。

2. 减征税款，按应征税款的一定比例征收（如销售旧货和物品），还有按一定金额直接扣减（如购买增值税税控系统专用设备）。

3. 税务部门即征即退，指税务部门即征即退是指由税务部门先足额征收增值税，再将已征的全部或部分增值税税款由税务部门定期退还给纳税人。纳税人可以开具增值税专用发票，并照常计算销项税额、进项税额和应纳税额。

4. 财政部门先征后退（返），指税务机关正常将增值税征收入库，然后由财政机关按税收政策规定审核并将已征税款全部或部分退还给纳税人。纳税人可以开具增值税专用发票，并照常计算销项税额、进项税额和应纳税额。无论是有关文件中明确"税收返还"，还是"财政返还"，都采取先按统一税收规定征税，后按原征税科目退税的办法。（〔1994〕财预字第 55 号）

四、增值税优惠实行备案管理

符合增值税优惠条件的纳税人，如需享受相应税收优惠，应向主管税务机关申请办理增值税优惠备案。纳税人享受备案类减免税的，应当按规定进行纳税申报。纳税人享受减免税到期的，应当停止享受减免税，按照规定进行纳税申报。纳税人享受减免税的情形发生变化时，应当及时向税务机关报告。

五、享受减免税分别核算规定（《增值税暂行条例》第十六条、《营业税改征增值税试点实施办法》第四十一条）

纳税人兼营免税、减税项目的，应当分别核算免税、减税项目的销售额；未分别核算销售额的，不得免税、减税。

六、放弃免税、减税的处理

财税〔2016〕36 号附件 1	财税〔2007〕127 号
第四十八条 纳税人发生应税行为适用免税、减税规定的，可以放弃免税、减税，依照本办法的规定缴纳增值税。放弃免税、减税后，36 个月内不得再申请免税、减税。 纳税人发生应税行为同时适用免税和零税率规定的，纳税人可以选择适用免税或者零税率。	（一）生产和销售免征增值税货物或劳务的纳税人要求放弃免税权，应当以书面形式提交放弃免税权声明，报主管税务机关备案。纳税人自提交备案资料的次月起，按照现行有关规定计算缴纳增值税。 （二）放弃免税权的纳税人符合一般纳税人认定条件尚未认定为增值税一般纳税人的，应当按现行规定认定为增值税一般纳税人，其销售的货物或劳务可开具增值税专用发票。 （三）纳税人一经放弃免税权，其生产销售的全部增值税应税货物或劳务均应按照适用税率征税，不得选择某一免税项目放弃免税权，也不得根据不同的销售对象选择部分货物或劳务放弃免税权。 （五）纳税人在免税期内购进用于免税项目的货物或者应税劳务所取得的增值税扣税凭证，一律不得抵扣。

1. 增值税纳税人申请放弃免税（减税）权的，应向主管税务机关报送《增值税纳税人放弃免税（减税）权备案登记表》予以备案，声明放弃免税（减税）权，并承诺 36 个月内不再申请增值税免税（减税）。

2. 放弃减免税权的增值税一般纳税人发生应税行为，可以按规定开具增值税专用发票。

3. 纳税人一经放弃减免税权，其发生的全部应税行为均应按照适用税率或征收率征税，不得选择某一减免税项目放弃减免税权，也不得根据不同的对象选择部分应税行为放弃减免税权。

4. 纳税人购进专用于免税项目的货物、加工修理修配劳务、应税服务、无形资产或者不动产取得的增值税扣税凭证，一律不得抵扣。

5. 纳税人一经放弃免税权，其生产销售的全部增值税应税货物或劳务均应按照适用税率征税，不得选择某一免税项目放弃免税权，也不得根据不同的销售对象选择部分货物或劳务放弃免税权。

6. 对于税务机关、财政监察专员办事机构、审计机关等执法机关根据税法有关规定查补的增值税等各项税款，必须全部收缴入库，均不得执行由财政和税务机关给予返还的优惠政策。（财税字〔1998〕80 号）

七、风险防范（财税〔2013〕112 号）

（一）增值税纳税人发生虚开增值税专用发票或者其他增值税扣税凭证、骗取国家出口退税款行为（以下简称增值税违法行为），被税务机关行政处罚或审判机关刑事处罚的，其销售的货物、提供的应税劳务和营业税改征增值税应税服务（以下统称货物劳务服务）执行以下政策：	1. 享受增值税即征即退或者先征后退优惠政策的纳税人，自税务机关行政处罚决定或审判机关判决或裁定生效的次月起 36 个月内，暂停其享受上述增值税优惠政策。纳税人自恢复享受增值税优惠政策之月起 36 个月内再次发生增值税违法行为的，自税务机关行政处罚决定或审判机关判决或裁定生效的次月起停止其享受增值税即征即退或者先征后退优惠政策。 2. 本通知所称虚开增值税专用发票或其他增值税扣税凭证，是指有为他人虚开、为自己虚开、让他人为自己虚开、介绍他人虚开增值税专用发票或其他增值税扣税凭证行为之一的，但纳税人善意取得虚开增值税专用发票或其他增值税扣税凭证的除外。

第三节　增值税起征点与小微企业免税

一、增值税起征点

　　纳税人销售额未达到国务院财政、税务主管部门规定的增值税起征点的，免征增值税；达到起征点的，全额计算缴纳增值税。增值税起征点仅适用于个人，包括个体工商户和其他个人，但不适用于登记为一般纳税人的个体工商户。即增值税起征点仅适用于按照小规模纳税人纳税的个体工商户和其他个人。这一政策不仅涉及增值税问题，还涉及国家税务总局公告 2018 年第 28 号文件中，关于从事小额零星经营业务的个人界定问题。

　　详细内容见第一章"小微企业普惠性减税降费政策与应用指引"。

二、小微企业免征增值税

　　增值税小微企业是指免税符合标准的小规模纳税人。

（一）政策变迁

政策规定	管理规定
一、财税〔2013〕52 号：自 2013 年 8 月 1 日起，对增值税小规模纳税人中月销售额不超过 2 万元的企业或非企业性单位，暂免征收增值税。 　　二、财税〔2014〕71 号：自 2014 年 10 月 1 日起至 2015 年 12 月 31 日，对月销售额 2 万元（含本数，下同）至 3 万元的增值税小规模纳税人，免征增值税。 　　三、财税〔2015〕96 号：将财税〔2014〕71 号规定的增值税和营业税政策继续执行至 2017 年 12 月 31 日。 　　四、财税〔2017〕76 号：自 2018 年 1 月 1 日至 2020 年 12 月 31 日，继续对月销售额 2 万元（含本数）至 3 万元的增值税小规模纳税人，免征增值税。 　　五、财税〔2019〕13 号第一条：2019 年 1 月 1 日至 2021 年 12 月 31 日，对月销售额 10 万元以下（含本数）的增值税小规模纳税人，免征增值税。	一、国家税务总局公告 2016 年第 23 号 　　第六条　（二）增值税小规模纳税人应分别核算销售货物，提供加工、修理修配劳务的销售额，和销售服务、无形资产的销售额。增值税小规模纳税人销售货物，提供加工、修理修配劳务月销售额不超过 3 万元（按季纳税 9 万元），销售服务、无形资产月销售额不超过 3 万元（按季纳税 9 万元）的，自 2016 年 5 月 1 日起至 2017 年 12 月 31 日，可分别享受小微企业暂免征收增值税优惠政策。 　　（三）按季纳税申报的增值税小规模纳税人，实际经营期不足一个季度的，以实际经营月份计算当期可享受小微企业免征增值税政策的销售额度。 　　（四）〔条款废止〕其他个人采取预收款形式出租不动产，取得的预收租金收入，可在预收款对应的租赁期内平均分摊，分摊后的月租金收入不超过 3 万元的，可享受小微企业免征增值税优惠政策。 　　二、国家税务总局公告 2017 年第 52 号【文件废止】 　　增值税小规模纳税人应分别核算销售货物或者加工、修理修配劳务的销售额和销售服务、无形资产的销售额。增值税小规模纳税人销售货物或者加工、修理修配劳务月销售额不超过 3 万元（按季纳税 9 万元），销售服务、无形资产月销售额不超过 3 万元（按季纳税 9 万元）的，自 2018 年 1 月 1 日起至 2020 年 12 月 31 日，可分别享受小微企业暂免征收增值税优惠政策。 　　三、国家税务总局公告 2016 年第 26 号【条款已不适用】 　　第三条　按照现行规定，适用增值税差额征收政策的增值税小规模纳税人，以差额前的销售额确定是否可以享受 3 万元（按季纳税 9 万元）以下免征增值税政策。 　　四、国家税务总局公告 2019 年第 4 号 　　适用于 2019 年 1 月 1 日至 2021 年 12 月 31 日，对月销售额 10 万元以下（含本数）免征增值税的小规模纳税人征管规定。

（二）小微企业免征增值税征管规定（国家税务总局公告 2019 年第 4 号）

第一条 小规模纳税人发生增值税应税销售行为，合计月销售额未超过 10 万元（以 1 个季度为 1 个纳税期的，季度销售额未超过 30 万元，下同）的，免征增值税。

小规模纳税人发生增值税应税销售行为，合计月销售额超过 10 万元，但扣除本期发生的销售不动产的销售额后未超过 10 万元的，其销售货物、劳务、服务、无形资产取得的销售额免征增值税。

第二条 适用增值税差额征税政策的小规模纳税人，以差额后的销售额确定是否可以享受本公告规定的免征增值税政策。

《增值税纳税申报表（小规模纳税人适用）》中的"免税销售额"相关栏次，填写差额后的销售额。

第三条 按固定期限纳税的小规模纳税人可以选择以 1 个月或 1 个季度为纳税期限，一经选择，一个会计年度内不得变更。

第四条 《中华人民共和国增值税暂行条例实施细则》第九条所称的其他个人，采取一次性收取租金形式出租不动产取得的租金收入，可在对应的租赁期内平均分摊，分摊后的月租金收入未超过 10 万元的，免征增值税。

第五条 转登记日前连续 12 个月（以 1 个月为 1 个纳税期）或者连续 4 个季度（以 1 个季度为 1 个纳税期）累计销售额未超过 500 万元的一般纳税人，在 2019 年 12 月 31 日前，可选择转登记为小规模纳税人。

一般纳税人转登记为小规模纳税人的其他事宜，按照《国家税务总局关于统一小规模纳税人标准等若干增值税问题的公告》（国家税务总局公告 2018 年第 18 号）、《国家税务总局关于统一小规模纳税人标准有关出口退（免）税问题的公告》（国家税务总局公告 2018 年第 20 号）的相关规定执行。

第六条 按照现行规定应当预缴增值税税款的小规模纳税人，凡在预缴地实现的月销售额未超过 10 万元的，当期无需预缴税款。本公告下发前已预缴税款的，可以向预缴地主管税务机关申请退还。

第七条 小规模纳税人中的单位和个体工商户销售不动产，应按其纳税期、本公告第六条以及其他现行政策规定确定是否预缴增值税；其他个人销售不动产，继续按照现行规定征免增值税。

第八条 小规模纳税人月销售额未超过 10 万元的，当期因开具增值税专用发票已经缴纳的税款，在增值税专用发票全部联次追回或者按规定开具红字专用发票后，可以向主管税务机关申请退还。

第九条 小规模纳税人 2019 年 1 月份销售额未超过 10 万元（以 1 个季度为 1 个纳税期的，2019 年第一季度销售额未超过 30 万元），但当期因代开普通发票已经缴纳的税款，可以在办理纳税申报时向主管税务机关申请退还。

第十条 小规模纳税人月销售额超过 10 万元的，使用增值税发票管理系统开具增值税普通发票、机动车销售统一发票、增值税电子普通发票。

已经使用增值税发票管理系统的小规模纳税人，月销售额未超过 10 万元的，可以继续使用现有税控设备开具发票；已经自行开具增值税专用发票的，可以继续自行开具增值税专用发票，并就开具增值税专用发票的销售额计算缴纳增值税。

第十一条 本公告自 2019 年 1 月 1 日起施行。《国家税务总局关于全面推开营业税改征增值税试点有关税收征收管理事项的公告》（国家税务总局公告 2016 年第 23 号）第三条第二项和第六条第四项、《国家税务总局关于明确营改增试点若干征管问题的公告》（国家税务总局公告 2016 年第 26 号）第三条、《国家税务总局关于营改增试点若干征管问题的公告》（国家税务总局公告 2016 年第 53 号）第二条和《国家税务总局关于小微企业免征增值税有关问题的公告》（国家税务总局公告 2017 年第 52 号）同时废止。

详细内容见第一章"小微企业普惠性减税降费政策与应用指引"。

第四节 增值税低税率优惠

一、增值税税率基本政策

《增值税暂行条例》、财税〔2018〕32 号	财政部 税务总局 海关总署公告 2019 年第 39 号
第二条 增值税税率： （一）纳税人销售货物、劳务、有形动产租赁服务或者进口货物，除本条第二项、第四项、第五项另有规定外，税率为 16%。 （二）纳税人销售交通运输、邮政、基础电信、建筑、不动产租赁服务，销售不动产，转让土地使用权，销售或者进口下列货物，税率为 10%：	第一条 增值税一般纳税人（以下称纳税人）发生增值税应税销售行为或者进口货物，原适用 16% 税率的，税率调整为 13%；原适用 10% 税率的，税率调整为 9%。 第二条 纳税人购进农产品，原适用 10% 扣除率的，扣除率调整为 9%。纳税人购进用于生产或者委托加工 13% 税率货物的农产品，按照 10% 的扣除率计算进项税额。 第三条 原适用 16% 税率且出口退税率为 16% 的出口货物劳务，出口退税率调整为 13%；原适用 10% 税率且出口退税率为 10% 的出口货物、跨境应税行为，出口退税率调整为 9%。

（续表）

《增值税暂行条例》、财税〔2018〕32 号	财政部　税务总局　海关总署公告 2019 年第 39 号
1. 粮食等农产品、食用植物油、食用盐； 　　2. 自来水、暖气、冷气、热水、煤气、石油液化气、天然气、二甲醚、沼气、居民用煤炭制品； 　　3. 图书、报纸、杂志、音像制品、电子出版物； 　　4. 饲料、化肥、农药、农机、农膜； 　　5. 国务院规定的其他货物。 　　（三）纳税人销售服务、无形资产，除本条第一项、第二项、第五项另有规定外，税率为 6％。 　　（四）纳税人出口货物，税率为零；但是，国务院另有规定的除外。 　　（五）境内单位和个人跨境销售国务院规定范围内的服务、无形资产，税率为零。 　　税率的调整，由国务院决定。 　　第三条　纳税人兼营不同税率的项目，应当分别核算不同税率项目的销售额；未分别核算销售额的，从高适用税率。	2019 年 6 月 30 日前（含 2019 年 4 月 1 日前），纳税人出口前款所涉货物劳务、发生前款所涉跨境应税行为，适用增值税免退税办法的，购进时已按调整前税率征收增值税的，执行调整前的出口退税率，购进时已按调整后税率征收增值税的，执行调整后的出口退税率；适用增值税免抵退税办法的，执行调整前的出口退税率，在计算免抵退税时，适用税率低于出口退税率的，适用税率与出口退税率之差视为零参与免抵退税计算。 　　出口退税率的执行时间及出口货物劳务、发生跨境应税行为的时间，按照以下规定执行：报关出口的货物劳务（保税区及经保税区出口除外），以海关出口报关单上注明的出口日期为准；非报关出口的货物劳务、跨境应税行为，以出口发票或普通发票的开具时间为准；保税区及经保税区出口的货物，以货物离境时海关出具的出境货物备案清单上注明的出口日期为准。 　　第四条　适用 13％ 税率的境外旅客购物离境退税物品，退税率为 11％；适用 9％ 税率的境外旅客购物离境退税物品，退税率为 8％。 　　2019 年 6 月 30 日前，按调整前税率征收增值税的，执行调整前的退税率；按调整后税率征收增值税的，执行调整后的退税率。 　　退税率的执行时间，以退税物品增值税普通发票的开具日期为准。

　　“从 4 月 1 日起”调整税率的理解：所谓“从 4 月 1 日起”，指的是纳税义务发生时间在 4 月 1 日之前的，一律适用原来 16％、10％ 的税率纳税，按照原税率开具发票；相反，凡是纳税义务发生时间在 4 月 1 日之后的，则适用调整后的 13％、9％ 的新税率纳税，按照新税率开具发票。

　　现行增值税纳税义务发生时间是如何规定，根据《中华人民共和国增值税暂行条例（2017 年修订）》《中华人民共和国增值税暂行条例实施细则（2011 年修订）》及《财政部　国家税务总局关于全面推开营业税改征增值税试点的通知》（财税〔2016〕36 号）等文件进行判定。

（一）2019 年 4 月 1 日后的税率（征收率）结构

	税率或征收率	使用范围
税率（一般纳税人）	基本税率为 13％（2018 年 4 月 30 日前为 17％，2018 年 5 月 1 日至 2019 年 3 月 31 日为 16％）	销售或进口货物（另有列举的货物除外）；提供应税劳务；提供有形动产租赁服务。
	税率 9％（2017 年 6 月 30 日前为 13％，2017 年 7 月 1 日至 2018 年 4 月 30 日为 11％，2018 年 5 月 1 日至 2019 年 3 月 31 日为 10％）	销售或进口税法列举的五类货物。 1. 粮食等农产品、食用植物油、食用盐。 2. 自来水、暖气、冷气、热水、煤气、石油液化气、天然气、二甲醚、沼气、居民用煤炭制品。 3. 图书、报纸、杂志、音像制品、电子出版物。 4. 饲料、化肥、农药、农机、农膜。 5. 国务院规定的其他货物。
	税率 9％	提供交通运输、邮政、基础电信、建筑、不动产租赁服务，销售不动产，转让土地使用权。
	税率 6％	提供现代服务（租赁除外）、增值电信、金融、生活服务；销售无形资产（不含土地使用权）。
	0	出口货物、列举的跨境应税服务。

（续表）

	税率或征收率	使用范围
征收率	3%	小规模纳税人法定征收率。
	5%	小规模纳税人和一般纳税人特定货物和应税服务项目（不动产、土地、劳务派遣、公路等）。
	特殊 3%减按 2%；5%减按 1.5%	销售自己使用过的固定资产、旧货，按照 3%征收率减按 2%征收；个人出租住房，按照 5%的征收率减按 1.5%计算应纳税额。

（二）"从 4 月 1 日起"，指的是纳税义务发生时间

所谓"从 4 月 1 日起"，指的是纳税义务发生时间。凡是纳税义务发生时间在 4 月 1 日之前的，一律适用原来 16%、10%的税率纳税，按照原税率开具发票；相反，凡是纳税义务发生时间在 4 月 1 日之后的，则适用调整后的 13%、9%的新税率纳税，按照新税率开具发票。根据《中华人民共和国增值税暂行条例（2017 年修订）》《中华人民共和国增值税暂行条例实施细则（2011 年修订）》及《财政部国家税务总局关于全面推开营业税改征增值税试点的通知》（财税〔2016〕36 号）等文件进行判定。

纳税人发生应税销售行为的纳税义务发生时间在 3 月 31 日之前的，按照原适用税率开具发票；纳税人发生应税销售行为的纳税义务发生时间在 4 月 1 日之后的，按照调整以后的税率开具发票。

如果纳税义务发生时间在 3 月 31 日之前，未能及时开具发票的，应先将该笔收入作为"未开具发票"销售额申报缴纳增值税，在 4 月 1 日以后可按原适用税率补开增值税发票；如果纳税义务发生时间在 4 月 1 日之后，却按照原适用税率开具发票的，在收回已按原适用税率开具增值税发票的所有联次并作废或冲红后，可按照调整以后的税率开具正确的增值税发票。对纳税人未按纳税义务发生时间申报缴纳增值税，未按规定开具增值税发票的情形，税务机关将根据《中华人民共和国征收管理法》和《中华人民共和国发票管理办法》的相关规定进行处理。

如果开具发票时不按规定选择税率，由税务机关责令限期改正，可以处 1 万元以下的罚款；有违法所得的予以没收。对违反发票管理法规情节严重构成犯罪的，税务机关应当依法移送司法机关处理。（《中华人民共和国税收征收管理法》第三十二条、《中华人民共和国发票管理办法》第三十五条）

1. 纳税义务发生时间

《中华人民共和国增值税暂行条例》	《中华人民共和国增值税暂行条例实施细则》	财税〔2016〕36 号附件 1
第十九条　增值税纳税义务发生时间： （一）发生应税销售行为，为收讫销售款项或者取得索取销售款项凭据的当天；先开具发票的，为开具发票的当天。	第三十八条　条例第十九条第一款第（一）项规定的收讫销售款项或者取得索取销售款项凭据的当天，按销售结算方式的不同，具体为： （一）采取直接收款方式销售货物，不论货物是否发出，均为收到销售款或者取得索取销售款凭据的当天； （二）采取托收承付和委托银行收款方式销售货物，为发出货物并办妥托收手续的当天；	第四十五条　增值税纳税义务、扣缴义务发生时间为： （一）纳税人发生应税行为并收讫销售款项或者取得索取销售款项凭据的当天；先开具发票的，为开具发票的当天。收讫销售款项，是指纳税人销售服务、无形资产、不动产过程中或者完成后收到款项。取得索取销售款项凭据的当天，是指书面合同确定的付款日期；未签订书面合同或者书面合同未确定付款日期的，为服务、无形资产转让完成的当天或者不动产权属变更的当天。

（续表）

《中华人民共和国增值税暂行条例》	《中华人民共和国增值税暂行条例实施细则》	财税〔2016〕36号附件1
（二）进口货物，为报关进口的当天。 增值税扣缴义务发生时间为纳税人增值税纳税义务发生的当天。	（三）采取赊销和分期收款方式销售货物，为书面合同约定的收款日期的当天，无书面合同的或者书面合同没有约定收款日期的，为货物发出的当天； （四）采取预收货款方式销售货物，为货物发出的当天，但生产销售生产工期超过12个月的大型机械设备、船舶、飞机等货物，为收到预收款或者书面合同约定的收款日期的当天； （五）委托其他纳税人代销货物，为收到代销单位的代销清单或者收到全部或者部分货款的当天。未收到代销清单及货款的，为发出代销货物满180天的当天； （六）销售应税劳务，为提供劳务同时收讫销售款或者取得索取销售款的凭据的当天； （七）纳税人发生本细则第四条第（三）项至第（八）项所列视同销售货物行为，为货物移送的当天。	（二）纳税人提供建筑服务、租赁服务采取预收款方式的，其纳税义务发生时间为收到预收款的当天。〔注：《财政部 税务总局关于建筑服务等营改增试点政策的通知》（财税〔2017〕58号）第二条：《营业税改征增值税试点实施办法》（财税〔2016〕36号印发）第四十五条第（二）项修改为"纳税人提供租赁服务采取预收款方式的，其纳税义务发生时间为收到预收款的当天"。〕 （三）纳税人从事金融商品转让的，为金融商品所有权转移的当天。 （四）纳税人发生本办法第十四条规定情形的，其纳税义务发生时间为服务、无形资产转让完成的当天或者不动产权属变更的当天。 （五）增值税扣缴义务发生时间为纳税人增值税纳税义务发生的当天。

2. 六种常见结算方式举例说明

（1）采取直接收款方式销售货物，如在3月31日之前收到销售款或者取得索取销售款凭据，不论货物是否发出，均按照原适用税率开具发票；如在4月1日之后收到销售款或者取得索取销售款凭据，按照调整以后的税率开具发票。 （2）采取赊销和分期收款方式销售货物，如书面合同约定的收款日期在3月31日之前的，按照原适用税率开具发票；如书面合同约定的收款日期在4月1日之后，按照调整以后的税率开具发票。 （3）纳税人采取预收货款方式销售货物，如在3月31日前发出货物，应按照原适用税率开具发票；如在4月1日后发出货物，则按照调整以后的税率开具发票。	（4）提供加工、修理修配劳务，如在3月31日之前收到销售款或者取得索取销售款凭据，按照原适用税率开具发票；如在4月1日之后收到销售款或者取得索取销售款凭据，按照调整以后的税率开具发票。 （5）提供应税服务，如在3月31日之前收到销售款或者取得索取销售款凭据的，按照原适用税率开具发票；如在4月1日之后收到销售款或者取得索取销售款凭据，按照调整以后的税率开具发票。 （6）采用预收款方式提供租赁服务的，如在3月31日之前收到预收款，按照原适用税率开具发票；如在4月1日之后收到预收款，按照调整以后的税率开具发票。

【例2-1】 一家商贸企业，2019年3月签订货物销售合同，合同约定3月20日发货，3月25日收款。实际上，纳税人按照合同约定3月20日发货后，3月25日取得了货款收款凭证，但到4月5日才实际收到货款。按照规定，该纳税人取得索取销售款项凭据的当天是3月25日，纳税义务发生时间在4月1日之前，应适用原税率。

再以此例延伸，如纳税人并没有签订合同，实际业务就是3月20日发货，4月5日收到货款。政策规定，采取直接收款方式销售货物的，不论货物是否发出，纳税义务发生时间为收到销售款或者取得索取销售款项凭据的当天。则按照规定，该例中，纳税人4月5日收到货款，纳税义务发生时间在4月1日之后，应适用新的税率。

（三）开具增值税发票衔接问题

国家税务总局公告2018年第18号	国家税务总局公告2019年第14号
第九条 一般纳税人在增值税税率调整前已按原适用税率开具的增值税发票，发生销售折让、中止或者退回等情形需要开具红字发票的，按照原适用税率开具红字发票；开票有误需要重新开具的，先按照原适用税率开具红字发票后，再重新开具正确的蓝字发票。	第一条 增值税一般纳税人（以下称纳税人）在增值税税率调整前已按原16%、10%适用税率开具的增值税发票，发生销售折让、中止或者退回等情形需要开具红字发票的，按照原适用税率开具红字发票；开票有误需要重新开具的，先按照原适用税率开具红字发票后，再重新开具正确的蓝字发票。

（续表）

国家税务总局公告 2018 年第 18 号	国家税务总局公告 2019 年第 14 号
一般纳税人在增值税税率调整前未开具增值税发票的增值税应税销售行为,需要补开增值税发票的,应当按照原适用税率补开。	第二条:纳税人在增值税税率调整前未开具增值税发票的增值税应税销售行为,需要补开增值税发票的,应当按照原适用税率补开。
增值税发票税控开票软件税率栏次默认显示调整后税率,一般纳税人发生上述行为可以手工选择原适用税率开具增值税发票。	第三条:增值税发票税控开票软件税率栏次默认显示调整后税率,纳税人发生本公告第一条、第二条所列情形的,可以手工选择原适用税率开具增值税发票。

按照上述规定,如果纳税人确实有补开发票需要(比如之前已经按照规定缴纳了税款,但没有开具发票,或者发生开票有误,需要重新换开的),可以开具原来的 17%、16%、11%、10%税率的发票,并不是 4 月 1 日之后只能开具新税率的发票。

2019 年 4 月 1 日后按 16%(或 17%)、10%(或 11%)原适用税率开具发票的情形

4 月 1 日前	4 月 1 日后	
已开票	发生销售折让、中止或者退回、应税服务中止	按 16%、10%原适用税率开具红字发票,再重新开具正确的蓝字发票
纳税义务已发生,未开票已申报	补开发票	按 16%、10%原适用税率开具
纳税义务已发生,未开票未申报	补开发票	按 16%、10%原适用税率开具,存在滞纳金或罚款风险
纳税义务未发生,未开票未申报	开发票	应按 13%、9%新适用税率开具
		强制按 16%、10%原适用税率开具
		受票方:不能抵扣进项和税前扣除等
		开票方:存在罚款和虚开发票等风险

(四) 2019 年 4 月 1 日增值税税率调整问题

1. 2019 年 4 月 1 日降低增值税税率政策实施后,纳税人发生销售折让、中止或者退回等情形的,如何开具红字发票及蓝字发票?

答:国家税务总局公告 2019 年第 14 号第一条明确,增值税一般纳税人在增值税税率调整前已按原 16%、10%适用税率开具的增值税发票,发生销售折让、中止或者退回等情形需要开具红字发票的,按照原适用税率开具红字发票;开票有误需要重新开具的,先按照原适用税率开具红字发票后,再重新开具正确的蓝字发票。

需要说明的是,如纳税人此前已按原 17%、11%适用税率开具了增值税发票,发生销售折让、中止或者退回等情形需要开具红字发票的,应按照《国家税务总局关于统一小规模纳税人标准等若干增值税问题的公告》(国家税务总局公告 2018 年第 18 号,以下简称 18 号公告)相关规定执行。

2. 2019 年 4 月 1 日降低增值税税率政策实施后,纳税人需要补开增值税发票的,如何处理?

答:国家税务总局公告 2019 年第 14 号第二条明确,纳税人在增值税税率调整前未开具增值税发票的增值税应税销售行为,需要补开增值税发票的,应当按照原 16%、10%适用税率补开。

需要说明的是,如果纳税人还存在 2018 年税率调整前未开具增值税发票的应税销售行为,需要补开增值税发票的,可根据 18 号公告相关规定,按照原 17%、11%适用税率补开。

3. 我司建筑服务是简易计税项目,在税率调整后如果补开发票,也是要按照 10%的税率补开吗?

答:简易计税的建筑服务,并不受此次税率调整的影响,如果需要补开发票,无论何时,还是按照简易计税项目的征收率进行补开。

4. 我们是一家建筑企业,我们之前签的一些建筑合同工期都好几年,之前都是分期收款,也都是按照 10%的税率开了发票,请问 4 月 1 日以后再收款和开发票是按 10%开还是 9%开?

答:税率的适用是与纳税义务发生时间完全一致的,发票的开具也一样。有些建筑合同可能会跨越 4 月 1 日税率调整这一时间点,但是,不影响纳税义务发生的确定。即纳税义务发生在 4 月 1 日前的,按照原税率计税并开票;纳税义务发生在 4 月 1 日以后的,按照调整后的税率计税并开票。

因此,你单位如果是在 4 月 1 日以后提供的建筑服务,即便合同是在 4 月 1 日前签订的,也应该按照 9%的税率计税并按照 9%的税率开具发票。也就是说同一份合同,可能出现开出两种税率的发票。

5. 一般纳税人 4 月 1 后取得的原适用税率增值税抵扣凭证还能抵扣吗?

答:一般纳税人 4 月 1 日之后取得的按原适用税率开具的符合抵扣规定的增值税发票或海关进口增值税专用缴款书,仍然可以在开具之日起 360 日内选择确认或申请稽核比对。

二、适用 9％增值税税率货物范围

农产品税率变化：2017 年 7 月 1 日以前,农产品的增值税税率为 13％;2017 年 7 月 1 日～2018 年 4 月 30 日,农产品的增值税税率为 11％;自 2018 年 5 月 1 日,农产品的增值税适用税率调整为 10％,自 2019 年 4 月 1 日,农产品的增值税适用税率调整为 9％。

财税〔2017〕37 号	财税〔2017〕37 号附件 1：《适用 11％(现 9％)增值税税率货物范围注释》
自 2017 年 7 月 1 日起,简并增值税税率结构,取消 13％的增值税税率。 (1) 纳税人销售或者进口下列货物,税率为 11％: 农产品(含粮食)、自来水、暖气、石油液化气、天然气、食用植物油、冷气、热水、煤气、居民用煤炭制品、食用盐、农机、饲料、农药、农膜、化肥、沼气、二甲醚、图书、报纸、杂志、音像制品、电子出版物。 上述货物的具体范围见本通知附件 1。	(1) 农产品 农产品,是指种植业、养殖业、林业、牧业、水产业生产的各种植物、动物的初级产品。具体征税范围暂继续按照《农业产品征税范围注释》(财税字〔1995〕52 号)及现行相关规定执行,并包括挂面、干姜、姜黄、玉米胚芽、动物骨粒,按照《食品安全国家标准—巴氏杀菌乳》(GB19645—2010)生产的巴氏杀菌乳,按照《食品安全国家标准—灭菌乳》(GB25190—2010)生产的灭菌乳。 (2) 食用植物油、自来水、暖气、冷气、热水、煤气、石油液化气、天然气、沼气、居民用煤炭制品、图书、报纸、杂志、化肥、农药、农机、农膜。 上述货物的具体征税范围暂继续按照《增值税部分货物征税范围注释》(国税发〔1993〕151 号)及现行相关规定执行,并包括棕榈油、棉籽油、茴油、毛椰子油、核桃油、橄榄油、花椒油、杏仁油、葡萄籽油、牡丹籽油、由石油伴生气加工压缩而成的石油液化气、西气东输项目上游中外合作开采天然气、中小学课本配套产品(包括各种纸制品或图片)、国内印刷企业承印的经新闻出版主管部门批准印目采用国际标准书号编序的境外图书、农用水泵、农用柴油机、不带动力的手扶拖拉机、三轮农用运输车、密集型烤房设备、频振式杀虫灯、自动虫情测报灯、粘虫板、卷帘机、农用挖掘机、养鸡设备系列、养猪设备系列产品、动物尸体降解处理机、蔬菜清洗机。 (3) 饲料 饲料,是指用于动物饲养的产品或其加工品。具体征税范围按照《国家税务总局关于修订"饲料"注释及加强饲料征免增值税管理问题的通知》(国税发〔1999〕39 号)执行,并包括豆粕、宠物饲料、饲用鱼油、矿物质微量元素舔砖、饲料级磷酸二氢钙产品。 (4) 音像制品 音像制品,是指正式出版的录有内容的录音带、录像带、唱片、激光唱盘和激光视盘。 (5) 电子出版物 电子出版物,是指以数字代码方式,使用计算机应用程序,将图文声像等内容信息编辑加工后存储在具有确定的物理形态的磁、光、电等介质上,通过内嵌在计算机、手机、电子阅读设备、电子显示设备、数字音/视频播放设备、电子游戏机、导航仪以及其他具有类似功能的设备上读取使用,具有交互功能,用以表达思想、普及知识和积累文化的大众传播媒体。载体形态和格式主要包括只读光盘(CD 只读光盘 CD—ROM、交互式光盘 CD—I、照片光盘 Photo—CD、高密度只读光盘 DVD—ROM、蓝光只读光盘 HD—DVD ROM 和 BD ROM)、一次写入式光盘(一次写入 CD 光盘 CD—R、一次写入高密度光盘 DVD—R、一次写入蓝光光盘 HD—DVD/R,BD—R)、可擦写光盘(可擦写 CD 光盘 CD—RW、可擦写高密度光盘 DVD—RW、可擦写蓝光光盘 HDDVD—RW 和 BD—RW、磁光盘 MO)、软磁盘(FD)、硬磁盘(HD)、集成电路卡(CF 卡、MD 卡、SM 卡、MMC 卡、RR—MMC 卡、MS 卡、SD 卡、XD 卡、T—Flash 卡、记忆棒)和各种存储芯片。 (6) 二甲醚 二甲醚,是指化学分子式为 CH_3OCH_3,常温常压下为具有轻微醚香味,易燃、无毒、无腐蚀性的气体。 (7) 食用盐 食用盐,是指符合《食用盐》(GB/T 5461—2016)和《食用盐卫生标准》(GB2721—2003)两项国家标准的食用盐。

申报审核：适用 9％低税率的货物,大体可分为两类：一类是初级产品,如农产品,矿产品,属于增值税链条的始端,基本没有进项税额抵扣,故适用低税率;另一类是终端消费品,如粮食、水、暖气、盐等,属于增值税链条的末端,为降低增值税的累退性效应,各国普遍对此类货物设置低税率。增值税适用税率 10％的货物采用列举法进行明确,特别需要注意的是没有出现"等"字眼,也就是说采用的是完全列举,不在列举范围内的不适用 9％税率。

(一)《农业产品征税范围注释》(财税字〔1995〕52号)

政策规定	备　注
农业产品是指种植业、养殖业、林业、牧业、水产业生产的各种植物、动物的初级产品。农业产品的征税范围包括：	农产品的征税范围为正列举,凡不在农产品列举范围之内的,不得按照农产品适用税率9%征收增值税,而应按照一般货物的适用税率13%计算缴纳增值税。
1.植物类 　　植物类包括人工种植和天然生长的各种植物的初级产品。具体征税范围为：	(1)玉米胚芽属于《农业产品征税范围注释》中初级农产品的范围,适用13%
(1)粮食 　　粮食是指各种主食食科植物果实的总称。本货物的征税范围包括小麦、稻谷、玉米、高粱、谷子和其他杂粮(如：大麦、燕麦等),以及经碾磨、脱壳等工艺加工后的粮食(如：面粉、米、玉米面、渣等)。 　　切面、饺子皮、馄饨皮、面皮、米粉等粮食复制品,也属于本货物的征税范围。 　　以粮食为原料加工的速冻食品、方便面、副食品和各种熟食品,不属于本货物的征税范围。	(2019年4月1日后为9%)的增值税税率；玉米浆、玉米皮、玉米纤维(又称喷浆玉米皮)和玉米蛋白粉不属于初级农产品,也不属于《关于饲料产品免征增值税问题的通知》(财税〔2001〕121号)中免税饲料的范围,适用17%(2019年4月1日后为13%)的增值税税率。(国家税务总局公告2012年第11号)
(2)蔬菜 　　蔬菜是指可作副食的草本、木本植物的总称。本货物的征税范围包括各种蔬菜、菌类植物和少数可作副食的木本植物。 　　经晾晒、冷藏、冷冻、包装、脱水等工序加工的蔬菜、腌菜、咸菜、酱菜和盐渍蔬菜等,也属于本货物的征税范围。 　　各种蔬菜罐头(罐头是指以金属罐、玻璃瓶和其他材料包装,经排气密封的各种食品。下同)不属于本货物的征税范围。	(2)皂脚不属于食用植物油,也不属于农业产品的范围,应按照17%(2019年4月1日后为13%)的税率征收增值税。(国家税务总局公告2011年第20号)
(3)烟叶 　　烟叶是指各种烟草的叶片和经过简单加工的叶片。本货物的征税范围包括晒烟叶、晾烟叶和初烤烟叶。 　　①晒烟叶。是指利用太阳能露天晒制的烟叶。 　　②晾烟叶。是指在晾房内自然干燥的烟叶。 　　③初烤烟叶。是指烟草种植者直接烤制的烟叶。不包括专业复烤厂烤制的复烤烟叶。	(3)天然燕窝是动物的分泌物,属于农产品征税范围,税率为11%(2019年4月1日后为9%)。
(4)茶叶 　　茶叶是指从茶树上采摘下来的鲜叶和嫩芽(即茶青),以及经吹干、揉拌、发酵、烘干等工序初制的茶。本货物的征税范围包括各种毛茶(如红毛茶、绿毛茶、乌龙毛茶、白毛茶、黑毛茶等)。 　　精制茶、边销茶及掺兑各种药物的茶和茶饮料,不属于本货物的征税范围。	(4)经排气密封包装的咸蛋应按17%(2019年4月1日后为13%)征收增值税,除此之外销售盒装咸蛋适用税率为11%(2019年4月1日后为9%)。
(5)园艺植物 　　园艺植物是指可供食用的果实,如水果、果干(如荔枝干、桂圆干、葡萄干等)、干果、果仁、果用瓜(如甜瓜、西瓜、哈密瓜等),以及胡椒、花椒、大料、咖啡豆等。 　　经冷冻、冷藏、包装等工序加工的园艺植物,也属于本货物的征税范围。 　　各种水果罐头、果脯、蜜饯、炒制的果仁、坚果、碾磨后的园艺植物(如胡椒粉、花椒粉等),不属于本货物的征税范围。	(5)豆腐皮、豆腐干,从生产过程看,经过磨浆、过滤、加热、结膜、捞制、成皮、包装等工艺流程,不属于农业产品的征税范围,应按17%(2019年4月1日后为13%)的税率征收增值税。(国税函〔2005〕944号)
(6)药用植物 　　药用植物是指用作中药原药的各种植物的根、茎、皮、叶、花、果实等。 　　利用上述药用植物加工制成的片、丝、块、段中药饮片,也属于本货物的征税范围。 　　中成药不属于本货物的征税范围。	(6)干姜、姜黄属于农产品。(国家税务总局公告2010年第9号)
(7)油料植物 　　油料植物是指主要用作榨取油脂的各种植物的根、茎、叶、果实、花或者胚芽组织等初级产品,如菜子(包括芥菜子)、花生、大豆、葵花子、蓖麻子、芝麻子、胡麻子、茶子、桐子、橄榄仁、棕榈仁、棉籽等。 　　提取芳香油的芳香油料植物,也属于本货物的征税范围。	

（续表）

政策规定	备　注
（8）纤维植物 纤维植物是指利用其纤维作纺织、造纸原料或者绳索的植物，如棉（包括籽棉、皮棉、絮棉）、大麻、黄麻、槿麻、苎麻、苘麻、亚麻、罗布麻、蕉麻、剑麻等。 棉短绒和麻纤维经脱胶后的精干（洗）麻也属于本货物的征税范围。	（7）花店使用包装纸将康乃馨包装后销售，属于销售外购的初级农产品，适用11%（2019年4月1日后为9%）税率。 （8）复合胶是以新鲜橡胶液为主要原料，经过压片、造粒、烤干等工序加工生产的橡胶制品。因此，复合胶不属于《农业产品征税范围注释》（财税字〔1995〕52号）规定的"天然橡胶"产品，适用增值税税率应为17%（2019年4月1日后为13%）。（国税函〔2009〕453号） （9）按照《食品安全国家标准—巴氏杀菌乳》（GB19645—2010）生产的巴氏杀菌乳和按照《食品安全国家标准—灭菌乳》（GB25190—2010）生产的灭菌乳，均属于初级农业产品，可依照《农业产品征收范围注释》中的鲜奶按13%（2019年4月1日后为9%）的税率征收增值税；按照《食品安全国家标准—调制乳》（GB25191—2010）生产的调制乳，不属于初级农业产品，应按照17%（2019年4月1日后为13%）税率征收增值税。（国家税务总局公告2011年第38号） （10）人发不属于《农业产品征税范围注释》（财税字〔1995〕52号）规定的农业产品范围，应适用17%（2019年4月1日后为13%）的增值税税率。（国税函〔2009〕625号）
（9）糖料植物 糖料植物是指主要用作制糖的各种植物，如甘蔗、甜菜等。	
（10）林业产品 林业产品是指乔木、灌木和竹类植物，以及天然树脂、天然橡胶。林业产品的征税范围包括： ① 原木。是指将砍伐倒的乔木去其枝芽，梢头或者皮的乔木、灌木，以及锯成一定长度的木段。锯材不属于本货物的征税范围。 ② 原竹。是指将砍倒的竹去其枝、梢或者叶的竹类植物，以及锯成一定长度的竹段。 ③ 天然树脂。是指木科植物的分泌物，包括生漆、树脂和树胶，如松脂、桃胶、樱胶、阿拉伯胶、古巴胶和天然橡胶（包括乳胶和干胶）等。 ④ 其他林业产品。是指除上述列举林业产品以外的其他各种林业产品，如竹笋、笋干、棕竹、棕榈衣、树枝、树叶、树皮、藤条等。 盐水竹笋也属于本货物的征税范围。竹笋罐头不属于本货物的征税范围。	
（11）其他植物 其他植物是指除上述列举植物以外的其他各种人工种植和野生的植物，如树苗、花卉、植物种子、植物叶子、草、麦秸、豆类、薯类、藻类植物等。 干花、干草、薯干、干制的藻类植物，农业产品的下脚料等，也属于本货物的征税范围。	
2. 动物类 动物类包括人工养殖和天然生长的各种动物的初级产品。具体征税范围为：	
（1）水产品 水产品是指人工放养和人工捕捞的鱼、虾、蟹、鳖、贝类、棘皮类、软体类、腔肠类、海兽类动物。本货物的征税范围包括鱼、虾、蟹、鳖、贝类、棘皮类、软体类、腔肠类、海兽类、鱼苗（卵）、虾苗、蟹苗、贝苗（秧），以及经冷冻、冷藏、盐渍等防腐处理和包装的水产品。 干制的鱼、虾、蟹、贝类、棘皮类、软体类、腔肠类，如干鱼、干虾、干虾仁、干贝等，以及未加工成工艺品的贝壳、珍珠，也属于本货物的征税范围。 熟制的水产品和各类水产品的罐头，不属于本货物的征税范围。	
（2）畜牧产品 畜牧产品是指人工饲养、繁殖取得和捕获的各种畜禽。本货物的征税范围包括： ① 兽类、禽类和爬行类动物，如牛、马、猪、羊、鸡、鸭等。 ② 兽类、禽类和爬行类动物的肉产品，包括整块或者分割的鲜肉、冷藏或者冷冻肉、盐渍肉、兽类、禽类和爬行类动物的内脏、头、尾、蹄等组织。 各种兽类、禽类和爬行类动物的肉类生制品，如腊肉、腌肉、熏肉等，也属于本货物的征税范围。 各种肉类罐头、肉类熟制品，不属于本货物的征税范围。 ③ 蛋类产品。是指各种禽类动物和爬行类动物的卵，包括鲜蛋、冷藏蛋。 经加工的咸蛋、松花蛋、腌制的蛋等，也属于本货物的征税范围。 各种蛋类的罐头不属于本货物的征税范围。 ④ 鲜奶。是指各种哺乳类动物的乳汁和经净化、杀菌等加工工序生产的乳汁。 按照《食品安全国家标准—巴氏杀菌乳》（GB19645—2010）生产的巴氏杀菌乳和按照《食品安全国家标准—灭菌乳》（GB25190—2010）生产的灭菌乳，均属于初级农业产品，可依照《农业产品征收范围注释》中的鲜奶按农产品税率征收增值税。按照《食品安全国家标准—调制乳》（GB25191—2010）生产的调制乳，不属于初级农业产品，应按照货物适用税率征收增值税。 用鲜奶加工的各种奶制品，如酸奶、奶酪、奶油等，不属于本货物的征税范围。	

（续表）

政策规定	备　注
（3）动物皮张 　　动物皮张是指从各种动物（兽类、禽类和爬行类动物）身上直接剥取的、未经鞣制的生皮、生皮张。 　　将生皮、生皮张用清水、盐水或者防腐药水浸泡、刮里、脱毛、晒干或者熏干，未经鞣制的，也属于本货物的征税范围。	（11）大清盐为矿物石盐结晶体，不属于药用植物，不可以免征增值税。
（4）动物毛绒 　　动物毛绒是指未经洗净的各种动物的毛发、绒发和羽毛。 　　洗净毛、洗净绒等不属于本货物的征税范围。	
（5）其他动物组织 　　其他动物组织是指上述列举以外的兽类、禽类、爬行类动物的其他组织，以及昆虫类动物。 　　① 蚕茧。包括鲜茧和干茧，以及蚕蛹。 　　② 天然蜂蜜。是指采集的未经加工的天然蜂蜜、鲜蜂王浆等。 　　③ 动物树脂。如虫胶等。 　　④ 其他动物组织。如动物骨、壳、兽角、动物血液、动物分泌物、蚕种、人工合成牛胚胎等。	

申报审核：

（1）"农业生产者销售的自产农业产品"是指直接从事植物的种植、收割和动物的饲养、捕捞的单位和个人销售的注释所列的自产农业产品；对上述单位和个人销售的外购的农业产品，以及单位和个人外购农业产品生产、加工后销售的仍然属于注释所列的农业产品，不属于免税的范围，应当按照规定税率征收增值税。

（2）农业生产者没有要求必须是农户或农民专业合作社，其他类型的单位如符合上述文件规定的条件，也属于农业生产者，销售自产的农产品可以免征增值税。

（3）农产品涉及农产品进项税额抵扣，要注意区分外购货物是否属于农产品的，如淀粉、肉类水产类等熟制品、炒制的果仁坚果、碾磨后的园艺植物，均不属于适用9%农产品征税范围。

（二）食用植物油

国税发〔1993〕151号	其他规定
植物油是从植物根、茎、叶、果实、花或胚芽组织中加工提取的油脂。 　　食用植物油仅指：芝麻油、花生油、豆油、菜籽油、米糠油、葵花籽油、棉籽油、玉米胚油、茶油、胡麻油，以及以上述油为原料生产的混合油。	棕榈油、棉籽油按照食用植物油13%的税率征收增值税。（财税〔1994〕26号） 　　核桃油按照食用植物油13%的税率征收增值税。（国税函〔2009〕455号） 　　橄榄油按照食用植物油13%的税率征收增值税。（国税函〔2010〕144号） 　　花椒油按照食用植物油13%的税率征收增值税。（国家税务总局公告2011年第33号） 　　自2014年6月1日起，杏仁油、葡萄籽油适用13%税率。（国家税务总局公告2014年第22号） 　　皂脚是碱炼动植物油脂时的副产品，不能食用，主要用作化学工业原料。因此，皂脚不属于食用植物油，应按照17%的税率征收增值税。（国家税务总局公告2011年第20号） 　　肉桂油、桉油、香茅油不属于农业产品的范围，适用增值税税率为17%。（国家税务总局公告2010年第5号） 　　环氧大豆油、氢化植物油不属于食用植物油的范围，应适用17%的增值税税率。环氧大豆油是将大豆油滴加双氧水后经过环氧反应、水洗、减压脱水等工序后形成的产品。氢化植物油是将普通植物油在一定温度和压力下经过加氢、催化等工序后形成的产品。（国家税务总局公告2011年第43号） 　　自2015年2月1日起，牡丹籽油适用13%的增值税税率。牡丹籽油是以丹凤牡丹和紫斑牡丹的籽仁为原料，经压榨、脱色、脱臭等工艺制成的产品。（国家税务总局公告2014年第75号）

　　根据财税〔2018〕32号文件规定，2018年5月1日后，17%税率调整为16%，11%税率调整为10%。根据财税〔2019〕号文件规定，2019年4月1日后，16%税率调整为13%，10%税率调整为9%。

（三）自来水（国税发〔1993〕151 号）

自来水是指自来水公司及工矿企业经抽取、过滤、沉淀、消毒等工序加工后，通过供水系统向用户供应的水。

农业灌溉用水、引水工程输送的水等，不属于本货物的范围。

（四）暖气、热水（国税发〔1993〕151 号）

暖气、热水是指利用各种燃料（如煤、石油、其他各种气体或固体、液体燃料）和电能将水加热，使之生成的气体和热水，以及开发自然热能，如开发地热资源或用太阳能生产的暖气、热气、热水。

利用工业余热生产、回收的暖气、热气和热水也属于本货物的范围。

（五）冷气（国税发〔1993〕151 号）

冷气是指为了调节室内温度，利用制冷设备生产的，并通过供风系统向用户提供的低温气体。

（六）煤气（国税发〔1993〕151 号）

煤气是指由煤、焦炭、半焦和重油等经干馏或汽化等生产过程所得气体产物的总称。煤气的范围包括：

1. 焦炉煤气：是指煤在炼焦炉中进行干馏所产生的煤气。

2. 发生炉煤气：是指用空气（或氧气）和少量的蒸气将煤或焦炭、半焦，在煤气发生炉中进行汽化所产生的煤气、混合煤气、水煤气、单水煤气、双水煤气等。

3. 液化煤气：是指压缩成液体的煤气。

（七）石油液化气（国税发〔1993〕151 号）

石油液化气是指由石油加工过程中所产生的低分子量的烃类炼厂气经压缩成的液体。主要成分是丙烷、丁烷、丁烯等。

（八）天然气（国税发〔1993〕151 号）

天然气是蕴藏在地层内的碳氢化合物可燃气体。主要含有甲烷、乙烷等低分子烷烃和丙烷、丁烷、戊烷及其他重质气态烃类。

天然气包括气田天然气、油田天然气、煤矿天然气和其他天然气。

（九）沼气（国税发〔1993〕151 号）

沼气，主要成分为甲烷，由植物残体在与空气隔绝的条件下经自然分解而成，沼气主要作燃料。本货物的范围包括：天然沼气和人工生产的沼气。

（十）居民用煤炭制品（国税发〔1993〕151 号）

居民用煤炭制品是指煤球、煤饼、蜂窝煤和引火炭。工业煤炭不属于本货物的范围。

（十一）图书、报纸、杂志

国税发〔1993〕151 号	国家税务总局公告 2013 年第 10 号
图书、报纸、杂志是采用印刷工艺，按照文字、图画和线条原稿印刷成的纸制品。本货物的范围包括： 　　1. 图书。是指由国家新闻出版署批准的出版单位出版，采用国际标准书号编序的书籍，以及图片。 　　2. 报纸。是指经国家新闻出版署批准，在各省、自治区、直辖市新闻出版部门登记，具有国内统一刊号（CN）的报纸。 　　3. 杂志。是指经国家新闻出版署批准，在省、自治区、直辖市新闻出版管理部门登记，具有国内统一刊号（CN）的刊物。	自 2013 年 4 月 1 日起，国内印刷企业承印的经新闻出版主管部门批准印刷且采用国际标准书号编序的境外图书，适用 13%的增值税税率（2018 年 5 月 1 日后为 10%）。
申报审核：教材配套产品与中小学课本辅助使用，包括各种纸制品或图片，是课本的必要组成部分。对纳税人生产销售的与中小学课本相配套的教材配套产品（包括各种纸制品或图片），应按照税目"图书"13%（2018 年 5 月 1 日后为 10%）的增值税税率征税。（国税函〔2006〕770 号）	

（十二）饲料

国税发〔1993〕151 号	财税字〔1996〕74 号
饲料是指用于动物饲养的产品或其加工品。本货物的范围包括： 1. 单一饲料：指作饲料用的某一种动物、植物、微生物产品或其加工品。 2. 混合饲料：指采用简单方法，将两种以上的单一饲料混合到一起的饲料。 3. 配合饲料：指根据不同的饲养对象、饲养对象的不同生长发育阶段对各种营养成分的不同需要量，采用科学的方法，将不同的饲料按一定的比例配合到一起，并均匀地搅拌，制成一定料型的饲料。 直接用于动物饲养的粮食、饲料添加剂不属于本货物的范围。	骨粉、鱼粉按"饲料"征收增值税。

（十三）化肥

国税发〔1993〕151 号	财税〔2015〕90 号
化肥是指经化学和机械加工制成的各种化学肥料。 化肥的范围包括： 1. 化学氮肥。主要品种有尿素和硫酸铵、硝酸铵、碳酸氢铵、氯化铵、石灰氮、氨水等。 2. 磷肥。主要品种有磷矿粉、过磷酸钙（包括普通过磷酸钙和重过磷酸钙两种）、钙镁磷肥、钢渣磷肥等。 3. 钾肥。主要品种有硫酸钾、氯化钾等。 4. 复合肥料。是用化学方法合成或混配制成含有氮、磷、钾中的两种或两种以上的营养元素的肥料。含有两种的称二元复合肥，含有三种的称三元复合肥料，也有含三种元素和某些其他元素的叫多元复合肥料。主要产品有硝酸磷肥、磷酸铵、磷酸二氢钾肥、钙镁磷钾肥、磷酸一铵、磷粉二铵、氮磷钾复合肥等。 5. 微量元素肥。是指含有一种或多种植物生长所必需的，但需要量又极少的营养元素的肥料，如硼肥、锰肥、锌肥、铜肥、钼肥等。 6. 其他肥。是指上述列举以外的其他化学肥料。	为优化农业生产投入结构，促进农业可持续发展，经国务院批准，化肥增值税优惠政策停止执行。现就有关政策明确如下： 1. 自 2015 年 9 月 1 日起，对纳税人销售和进口化肥统一按 13％税率征收国内环节和进口环节增值税。钾肥增值税先征后返政策同时停止执行。 2. 化肥的具体范围，仍然按照《增值税部分货物征税范围注释》（国税发〔1993〕151 号）的规定执行。进口环节恢复征收增值税的化肥税号见附件（略）。 3.《关于若干农业生产资料征免增值税政策的通知》（财税〔2001〕113 号）第一条第 2 项和第 4 项"化肥"的规定、《关于进口化肥税收政策问题的通知》（财税〔2002〕44 号）、《关于钾肥增值税有关问题的通知》（财税〔2004〕197 号）、《关于暂免征收尿素产品增值税的通知》（财税〔2005〕87 号）、《关于免征磷酸二铵增值税的通知》（财税〔2007〕171 号）自 2015 年 9 月 1 日起停止执行。

根据财税〔2017〕37 号文件规定，2017 年 7 月 1 日后，13％税率调整为 11％。根据财税〔2018〕32 号文件规定，2018 年 5 月 1 日后，11％税率调整为 10％。根据财税〔2019〕号文件规定，2019 年 5 月 1 日后，10％税率调整为 9％。

（十四）农药

国税发〔1993〕151 号	国税发〔1995〕192 号
农药是指用于农林业防治病虫害、除草及调节植物生长的药剂。农药包括农药原药和农药制剂，如杀虫剂、杀菌剂、除草剂、植物生长调节剂、植物性农药、微生物农药、卫生用药、其他农药原药、制剂等。	第四条　关于日用'卫生用药'的适用税率问题 用于人类日常生活的各种类型包装的日用卫生用药（如卫生杀虫剂、驱虫剂、驱蚊剂、蚊香、消毒剂等），不属于增值税'农药'的范围，应按 17％的税率征税。

申报审核：根据财税〔2018〕32 号文件规定，2018 年 5 月 1 日后，17％税率调整为 16％。根据财税〔2019〕号文件规定，2019 年 5 月 1 日后，10％税率调整为 9％。

（十五）农膜（国税发〔1993〕151 号）

农膜是指用于农业生产的各种地膜、大棚膜。

（十六）农机

国税发〔1993〕151 号	其他"农机"规定
农机是指用于农业生产（包括林业、牧业、副业、渔业）的各种机器和机械化和半机械化农具，以及小农具。农机的范围包括： 1. 拖拉机。是以内燃机为驱动牵引机具从事作业和运载物资的机械。包括轮拖拉机、履带拖拉机、手扶拖拉机、机耕船。 2. 土壤耕整机械。是对土壤进行耕翻整理的机械。包括机引犁、机引耙、旋耕机、镇压器、联合整地器、合壤器、其他土壤耕整机械。 3. 农田基本建设机械。是指从事农田基本建设的专用机械。包括开沟筑埂机、开沟铺管机、铲抛机、平地机、其他农田基本建设机械。 4. 种植机械。是指将农作物种子或秧苗移植到适于作物生长的苗床机械。包括播种机、水稻插秧机、栽植机、地膜覆盖机、复式播种机、秧苗准备机械。 5. 植物保护和管理机械。是指农作物在生长过程中的管理、施肥、防治病虫害的机械。包括机动喷粉机、喷雾机（器）、弥雾喷粉机、修剪机、中耕除草机、播种中耕机、培土机具、施肥机。 6. 收获机械。是指收获各种农作物的机械。包括粮谷、棉花、薯类、甜菜、甘蔗、茶叶、油料等收获机。 7. 场上作业机械。是指对粮食作物进行脱粒、清选、烘干的机械设备。包括各种脱粒机、清选机、粮谷干燥机、种子精选机。 8. 排灌机械。是指用于农牧业排水、灌溉的各种机械设备。包括喷灌机、半机械化提水机具、打井机。 9. 农副产品加工机械。是指对农副产品进行初加工，加工后的产品仍属农副产品的机械。包括茶叶机械、剥壳机械、棉花加工机械（包括棉花打包机）、食用菌机械（培养木耳、蘑菇等）、小型粮谷机械。 以农副产品为原料加工工业产品的机械，不属于本货物的范围。 10. 农业运输机械。是指农业生产过程中所需的各种运输机械。包括人力车（不包括三轮运货车）、畜力车和拖拉机挂车。 农用汽车不属于本货物的范围。翻斗车是一种特殊的料斗可倾翻的短途输送物料的车辆，不属于农用机械范围。 11. 畜牧业机械。是指畜牧业生产中所需的各种机械。包括草原建设机械、牧业收获机械、饲料加工机械、畜禽饲养机械、畜产品采集机械。 12. 渔业机械。是指捕捞、养殖水产品所用的机械。包括捕捞机械、增氧机、饵料机。 机动渔船不属于本货物的范围。 13. 林业机械。是指用于林业的种植、育林的机械。包括清理机械、育林机械、树苗栽植机械。 森林砍伐机械、集材机械不属于本货物征收范围。 14. 小农具。包括畜力犁、畜力耙、锄头和镰刀等农具。 农机零部件不属于本货物的征收范围。	1. 农用水泵、农用柴油机按农机产品依 13% 的税率征收增值税。农用水泵是指主要用于农业生产的水泵，包括农村水井用泵、农田作业面潜水泵、农用轻便离心泵、与喷灌机配套的喷灌自吸泵。其他水泵不属于农机产品征税范围。农用柴油机是指主要配套于农田拖拉机、田间作业机具、农副产品加工机械以及排灌机械，以柴油为燃料，油缸数在 3 缸以下（含 3 缸）的往复式内燃动力机械。4 缸以上（含 4 缸）柴油机不属于农机产品征税范围。（财税字〔1994〕60 号） 2. 不带动力的手扶拖拉机（也称"手扶拖拉机底盘"）和三轮农用运输车（指以单缸柴油机为动力装置的三个车轮的农用运输车辆）属于"农机"，应按有关"农机"的增值税政策规定征免增值税。（财税〔2002〕89 号） 3. 自 2012 年 4 月 1 日起，密集型烤房设备、频振式杀虫灯、自动虫情测报灯、粘虫板属于农机范围，应适用 13% 增值税税率。（国家税务总局公告 2012 年第 10 号） 4. 自 2012 年 8 月 1 日起，卷帘机属于《国家税务总局关于印发〈增值税部分货物征税范围注释〉的通知》（国税发〔1993〕151 号）规定的农机范围，应适用 13% 的增值税税率。卷帘机指用于农业温室、大棚，以电机驱动，对保温被或草帘进行自动卷放的机械设备，一般由电机、变速箱、联轴器、卷轴、悬臂、控制装置等部分组成。（国家税务总局公告 2012 年第 29 号） 5. 自 2014 年 4 月 1 日起，农用挖掘机、养鸡设备系列、养猪设备系列产品属于农机，适用 13% 增值税税率。（国家税务总局公告 2014 年第 12 号） 农用挖掘机是指型式和相关参数符合《农用挖掘机质量评价技术规范》（NY/T1774—2009）要求，用于农田水利建设和小型土方工程作业的挖掘机械，包括拖拉机挖掘机组和专用动力挖掘机。拖拉机挖掘机组是指挖掘装置安装在轮式拖拉机三点悬挂架上，且以轮式拖拉机为动力的挖掘机械；专用动力挖掘机指挖掘装置回转角度小于 270°，以专用动力和行走装置组成的挖掘机械。 养鸡设备系列包括喂料设备（系统）、送料设备（系统）、刮粪清粪设备、集蛋分蛋装置（系统）、鸡只生产性能测定设备（系统）、产品标示鸡脚环、孵化机、小鸡保温装置、环境控制设备（鸡只）等。 养猪设备系列包括猪只群养管理设备（系统）、猪只生产性能测定设备（系统）、自动喂养系统、刮粪清粪设备、定位栏、分娩栏、保育栏（含仔猪保温装置）、环境控制设备（猪）等。 6. 自 2015 年 12 月 1 日起，动物尸体降解处理机、蔬菜清洗机属于农机，适用 13% 增值税税率。（国家税务总局公告 2015 年第 72 号） 动物尸体降解处理机是指采用生物降解技术将病死畜禽尸体处理成粉状有机肥原料，实现无害化处理的设备。 蔬菜清洗机是指用于农副产品加工生产的采用喷淋清洗、毛刷清洗、气泡清洗、淹没水射流清洗技术对完整或鲜切蔬菜进行清洗，以去除蔬菜表面污物、微生物及农药残留的设备。 7. 拖拉机底盘属于农机零部件，不属于农机产品。（国税函〔2001〕248 号） 8. 成都金凤液氮容器有限公司生产的液氮容器，是以液氮（−196℃）为制冷剂，主要用于畜牧、医疗、科研部门对家畜冷冻精液及疫苗、细胞、微生物等的长期超低温储存和运输，也可用于国防、科研、机械、医疗、电子、冶金、能源等部门，不属于农机的征税范围，应按 17% 的税率征收增值税。（国税函〔2005〕944 号）

（十七）音像制品（财税〔2017〕37 号附件 1）

音像制品，是指正式出版的录有内容的录音带、录像带、唱片、激光唱盘和激光视盘。

（十八）电子出版物（财税〔2017〕37 号附件 1）

电子出版物，是指以数字代码方式，使用计算机应用程序，将图文声像等内容信息编辑加工后存储在具有确定的物理形态的磁、光、电等介质上，通过内嵌在计算机、手机、电子阅读设备、电子显示设备、数字音/视频播放设备、电子游戏机、导航仪以及其他具有类似功能的设备上读取使用，具有交互功能，用以表达思想、普及知识和积累文化的大众传播媒体。

载体形态和格式主要包括只读光盘（CD 只读光盘 CD—ROM、交互式光盘 CD—I、照片光盘 Photo—CD、高密度只读光盘 DVD—ROM、蓝光只读光盘 HD—DVD ROM 和 BD ROM）、一次写入式光盘（一次写入 CD 光盘 CD—R、一次写入高密度光盘 DVD—R、一次写入蓝光光盘 HD—DVD/R，BD—R）、可擦写光盘（可擦写 CD 光盘 CD—RW、可擦写高密度光盘 DVD—RW、可擦写蓝光光盘 HDDVD—RW 和 BD—RW、磁光盘 MO）、软磁盘（FD）、硬磁盘（HD）、集成电路卡（CF 卡、MD 卡、SM 卡、MMC 卡、RR—MMC 卡、MS 卡、SD 卡、XD 卡、T—Flash 卡、记忆棒）和各种存储芯片。

（十九）二甲醚（财税〔2017〕37 号附件 1）

二甲醚，是指化学分子式为 CH_3OCH_3，常温常压下为具有轻微醚香味，易燃、无毒、无腐蚀性的气体。

（二十）食用盐（财税〔2017〕37 号附件 1）

食用盐，是指符合《食用盐》（GB/T 5461—2016）和《食用盐卫生标准》（GB2721—2003）两项国家标准的食用盐。

三、调整后（2019 年 4 月 1 日）的增值税税率、征收率

纳税人	具体范围				税率
销售货物	销售或者进口货物（另有列举的货物除外）；提供加工、修理修配劳务。				13％
	财税〔2017〕37 号附件 1《适用 11％（2018 年 5 月 1 日后为 10％）增值税税率货物范围注释》列举的货物。				9％
一般纳税人	销售服务	交通运输服务	陆路运输服务	铁路运输服务	9％
				其他陆路运输服务	
			水路运输服务	（含）程租业务	
				（含）期租业务	
			航空运输服务	（含）航空运输的湿租业务	
			管道运输服务		
			无运输工具承运业务		
		邮政服务	邮政普遍服务		9％
			邮政特殊服务		
			其他邮政服务（邮品销售、邮政代理）		
		电信服务	基础电信服务		9％
			增值电信服务		6％
		建筑服务	工程服务	工程服务	9％
			安装服务	安装服务	
			修缮服务	修缮服务	
			装饰服务	装饰服务	
			其他建筑服务	其他建筑服务	

纳税人			具体范围			税率
一般纳税人	销售服务	金融服务	贷款服务	贷款		6%
				融资性售后回租		
			直接收费金融服务			
			保险服务	人身保险服务		
				财产保险服务		
			金融商品转让	金融商品转让		
				其他金融商品转让		
		现代服务	研发和技术服务	研发服务		6%
				合同能源管理服务		
				工程勘察勘探服务		
				专业技术服务		
			信息技术服务	软件服务		6%
				电路设计及测试服务		
				信息系统服务		
				业务流程管理服务		
				信息系统增值服务		
			文化创意服务	设计服务		6%
				知识产权服务		
				广告服务		
				会议展览服务		
			物流辅助服务	航空服务	航空地面服务	6%
					通用航空服务	
				港口码头服务		
				货运客运场站服务		
				打捞救助服务		
				装卸搬运服务		
				仓储服务		
				收派服务	收件服务	
					分拣服务	
					派送服务	
			租赁服务	融资租赁服务	有形动产融资租赁服务	13%
					不动产融资租赁服务	9%
				经营租赁服务	有形动产经营租赁服务	13%
					不动产经营租赁服务	9%
			鉴证咨询服务	认证服务		6%
				鉴证服务		
				咨询服务		
			广播影视服务	广播影视节目（作品）制作服务		6%
				广播影视节目（作品）发行服务		
				广播影视节目（作品）播映服务		
			商务辅助服务	企业管理服务		6%
				经纪代理服务	货物运输代理服务	
					代理报关服务	
				人力资源服务		
				安全保护服务		
			其他现代服务	其他现代服务		6%

（续表）

纳税人	具体范围				税率
一般纳税人	销售服务	生活服务	文化体育服务	文化服务	6%
				体育服务	
			教育医疗服务	教育服务（学历教育服务）	
				教育服务（非学历教育服务）	
				教育服务（教育辅助服务）	
				医疗服务	
			旅游娱乐服务	旅游服务	
				娱乐服务	
			餐饮住宿服务	餐饮服务	
				住宿服务	
			居民日常服务		
			其他生活服务		
	销售无形资产	技术	专利技术		6%
			非专利技术		
		商标			
		著作权			
		商誉			
		其他权益性无形资产			
		自然资源使用权	海域使用权、探矿权、采矿权、取水权、其他自然资源使用权		
			土地使用权		9%
	销售无形资产	建筑物			9%
		构建物			
小规模纳税人	包括原增值税纳税人和营改增纳税人，从事货物销售，提供增值税加工、修理修配劳务，以及营改增各项应税服务。				征收率3%
	包括原增值税纳税人和营改增纳税人，转让、出租不动产和无形资产；劳务派遣适用简易计税差额征收。				征收率5%

四、退税率

出口退税	退税率
原适用16%税率且出口退税率为16%的出口货物	13%
原适用10%税率且出口退税率为10%的出口货物、跨境应税行为	9%
其他退税率，按国家税务总局发布的出口货物劳务退税率文库执行	

免退税企业：（2019年6月30日）前出口的货物、销售的跨境应税行为，购进时已按调整前税率征收增值税的，执行调整前的出口税率；购进时已按调整后税率征收增值税的，执行调整后的出口退税率。

免抵退企业：（2019年6月30日）前出口的货物、销售的跨境应税行为，执行调整前的出口退税率。

离境退税：适用13%税率的境外旅客购物离境退税物品，退税率为11%；适用9%税率的境外旅客购物离境退税物品，退税率为8%。2019年6月30日前，按调整前税率征收增值税的，执行调整前的退税率；按调整后税率征收增值税的，执行调整后的退税率。

第五节　增值税不征税项目

一、增值税应税行为应具备的条件

确定一项经济行为是否需要缴纳增值税,根据《营业税改征增值税试点实施办法》(以下称《试点实施办法》),除另有规定外,一般应同时具备以下四个条件:

1. 应税行为是发生在中华人民共和国境内。
2. 应税行为是属于《销售服务、无形资产、不动产注释》范围内的业务活动。

3. 应税服务是为他人提供的。
4. 应税行为是有偿的。

二、非经营活动不征增值税

财税〔2016〕36 号附件 1	解　　读
第十条　销售服务、无形资产或者不动产,是指有偿提供服务、有偿转让无形资产或者不动产,但属于下列非经营活动的情形除外: (一)行政单位收取的同时满足以下条件的政府性基金或者行政事业性收费。 1. 由国务院或者财政部批准设立的政府性基金,由国务院或者省级人民政府及其财政、价格主管部门批准设立的行政事业性收费。 2. 收取时开具省级以上(含省级)财政部门监(印)制的财政票据。 3. 所收款项全额上缴财政。 (二)单位或者个体工商户聘用的员工为本单位或者雇主提供取得工资的服务。 (三)单位或者个体工商户为聘用的员工提供服务。 (四)财政部和国家税务总局规定的其他情形。	1. 纳税人只有发生有偿提供应税服务才能征收增值税。 2. 非经营活动即使是有偿的,也不征收增值税,包括四种情形: (1)行政单位收取的同时满足条件的政府性基金或者行政事业性收费。 (2)单位或者个体工商户聘用的员工为本单位或者雇主提供取得工资的服务,虽然发生有偿行为但不属于增值税的征收范围。 (3)单位或者个体工商户为聘用的员工提供服务。例如:单位提供班车接送本单位职工上下班。 (4)财政部和国家税务总局规定的其他情形。

财税〔2016〕68 号	财税〔2017〕90 号
第五条　各党派、共青团、工会、妇联、中科协、青联、台联、侨联收取党费、团费、会费,以及政府间国际组织收取会费,属于非经营活动,不征收增值税。	第八条　自 2016 年 5 月 1 日起,社会团体收取的会费,免征增值税。本通知下发前已征的增值税,可抵减以后月份应缴纳的增值税,或办理退税。 社会团体,是指依照国家有关法律法规设立或登记并取得《社会团体法人登记证书》的非营利法人。会费,是指社会团体在国家法律法规、政策许可的范围内,依照社团章程的规定,收取的个人会员、单位会员和团体会员的会费。 社会团体开展经营服务性活动取得的其他收入,一律照章缴纳增值税。

财税〔2017〕90 号与财税〔2016〕68 号是一个并列关系,财税〔2017〕90 号的实施不会也没有废止财税〔2016〕68 号第五条。财税〔2016〕68 号将规定的特殊社会团体界定为非经营活动,不征收增值税;而财税〔2017〕90 号规定的社会团体应为普通社团法人,会员费收入免征增值税。企业缴纳给不征税社团法人的会费取得收据即可入账,缴纳给免税社团法人的会费需凭取得的免税发票入账。

(1)对各党派、共青团、工会、妇联、中科协、青联、台联、侨联,以及政府间国际组织,并不属于财税〔2017〕90 号通知所规定的社会团体范围。因此,这些组织收取的会费属于非经营活动,依然适用〔2016〕68 号,不征收增值税。需要注意的是,全国工商联是中国共产党领导的以非公有制企业和非公有制经济人士为主体,具有统战性、经济性、民间性有机统一特征的人民团体和商会组织,不在列举范围。

(2)对依照国家有关法律法规设立或登记并取得《社会团体法人登记证书》的非营利法人的社会团体收取的会费免征增值税。需要注意的是,基层工会按照规定申请取得的是《工会法人资格证书》,不符合财税〔2017〕90 号对社会团体的定义,也适用财税〔2016〕68 号通知的不征收增值税政策。

(3)不征收增值税不需要到税务机关办理备案。免征增值税需要到税务机关办理备案。另外,对于不符合上述规定的有关团体收取的会费(如一些私人俱乐部等)应该征收增值税。

（一）行政单位收取的满足条件的政府性基金或者行政事业性收费

政府性基金	行政事业性收费
《政府性基金管理暂行办法》（财综〔2010〕80号）规定：政府性基金，是指各级人民政府及其所属部门根据法律、行政法规和中共中央、国务院文件规定，为支持特定公共基础设施建设和公共事业发展，向公民、法人和其他组织无偿征收的具有专项用途的财政资金。 本条规定的属于非经营活动的政府性基金，必须是国务院或财政部批准设立的政府性基金。例如：铁路建设基金、民航发展基金、地方教育附加、文化事业建设费等。	《行政事业性收费标准管理暂行办法》（发改价格〔2006〕532号）规定：行政事业性收费，是指国家机关、事业单位、代行政府职能的社会团体及其他组织根据法律法规等有关规定，依照国务院规定程序批准，在实施社会公共管理，以及在向公民、法人提供特定公共服务过程中，向特定对象收取的费用。 本条规定的属于非经营活动的行政事业性收费，必须是由国务院或者省级人民政府及其财政、价格主管部门批准设立的行政事业性收费。例如：机动车号牌工本费、商标注册收费、银行业监管费、房屋所有权登记费等。
政府性基金和行政事业性收费的收取主体包括国务院所属部门、地方政府及政府部门、事业单位和代行政府职能的社会团体，行政单位收取政府性基金和行政事业性收费的行为是政府行为，属于非经营活动，无须纳入增值税征税范围；而行政单位以外的单位收取政府性基金和行政事业性收费的行为，应纳入税收管理范围，但同时考虑到其收费行为是代行政府职能，因此应给予免税的政策，具体免税条款体现在《营业税改征增值税试点过渡政策的规定》（以下称《试点过渡政策的规定》）第一条第（十三）项"行政单位之外的其他单位收取的符合《营改增试点实施办法》第十条规定条件的政府性基金和行政事业性收费"。	

（二）员工为本单位或者雇主提供的非经营活动

1. 只有单位或个体经营者聘用的员工为本单位或者雇主提供取得工资的服务才属于非经营活动，不缴纳增值税，非本单位或个体经营者聘用的员工为本单位或者雇主提供的服务，属于应税行为，应照章缴纳增值税。	2. 员工为本单位或者雇主提供的服务不需要缴纳增值税，应限定为其提供的职务性服务，即取得工资范围内的服务。员工向用人单位或雇主提供与工作（职务）无关的服务，凡属于《销售服务、无形资产、不动产注释》范围的，应当照章征收增值税。例如：单位聘用的驾驶员为本单位职工开班车赚取工资，此项交通服务属于非经营活动。但是，员工将自己的房屋出租给本单位使用收取房租、员工利用自己的交通工具为本单位运输货物收取运费、员工将自有资金贷给本单位使用收取利息等非账务性服务，都不属于非经营活动，应照章征税。

（三）单位或者个体工商户为聘用的员工提供服务

单位或者个体工商户为聘用的员工提供的服务属于自我服务，不是为他人服务的，因而属于非经营活动，企业为聘用的员工提供的所有服务均属于非经营活动，不征收增值税。如餐饮企业为员工无偿提供的餐饮服务，企业无偿借款给本公司员工等。单位或者个体工商户为聘用的员工提供服务的过程中，发生的增值税允许正常抵扣，不需要进项税额转出。

第二条 关于向内部人员提供免费通话问题：根据《营业税改征增值税试点实施办法》第十条相关规定，单位为员工提供应税服务，属于非营业活动中提供的应税服务，不应对这部分服务视同销售征收增值税。［《国家税务总局稽查局关于营改增专项稽查工作的函》（税总稽便函〔2015〕174号）］

三、不征收增值税项目

（一）营改增不征收增值税项目（财税〔2016〕36号附件2第一条）

政策规定	政策解读
1. 根据国家指令无偿提供的铁路运输服务、航空运输服务，属于《营业税改征增值税试点实施办法》（以下简称《试点实施办法》）第十四条规定的用于公益事业的服务。 2. 存款利息。 3. 被保险人获得的保险赔付。	1. 用于公益事业的服务不视同销售，不征收增值税。 2. 存款利息是指按照《中华人民共和国商业银行法》的规定，经国务院银行业监督管理机构审查批准，具有吸收公众存款业务的金融机构支付的存款利息。延续营业税税目注释"金融保险业"中存款行为不征税的规定。

（续表）

政策规定	政策解读
4. 房地产主管部门或者其指定机构、公积金管理中心、开发企业以及物业管理单位代收的住宅专项维修资金。 5. 在资产重组过程中，通过合并、分立、出售、置换等方式，将全部或者部分实物资产以及与其相关联的债权、负债和劳动力一并转让给其他单位和个人，其中涉及的不动产、土地使用权转让行为。	3. 被保险人获得的保险赔付，并非被保险人发生应税行为取得的收入，因此，不属于增值税征税范围。 4. 延续了《国家税务总局关于住房专项维修基金征免营业税问题的通知》（国税发〔2004〕69号）政策。 5. 延续《国家税务总局关于纳税人资产重组有关营业税问题的公告》（国家税务总局公告2011年第51号）的政策。

2017年12月1日起，原对城镇公共供水用水户在基本水价（自来水价格）外征收水资源费的试点省份，在水资源费改税试点期间，按照不增加城镇公共供水企业负担的原则，城镇公共供水企业缴纳的水资源税所对应的水费收入，不计征增值税，按"不征税自来水"项目开具增值税普通发票。（国家税务总局公告2017年第47号）

存款利息不征收增值税。纳税人吸收存款支出的利息不能差额扣除或抵扣进项税额；金融同业往来利息免征增值税，纳税人支付同业往来的利息支出不能抵扣进项税额。

（二）不征收增值税的部分货物

1. 基本建设单位和从事建筑安装业务的企业附设的工厂、车间生产的水泥预制构件、其他构件或建筑材料，用于本单位或本企业的建筑工程的，应在移送使用时征收增值税。但对其在建筑现场制造的预制构件，凡直接用于本单位或本企业建筑工程的，不征收增值税。（国税发〔1993〕154号）

2. 供应或开采未经加工的天然水（如水库供应农业灌溉用水，工厂自采地下水用于生产），不征收增值税。（国税发〔1993〕154号）

3. 对国家管理部门行使其管理职能，发放的执照、牌照和有关证书等取得的工本费收入，不征收增值税。（国税函〔1995〕288号）

4. 纳税人在资产重组过程中，通过合并、分立、出售、置换等方式，将全部或者部分实物资产以及与其相关联的债权、负债和劳动力一并转让给其他单位和个人，不属于增值税的征税范围，其中涉及的货物转让，不征收增值税。（国家税务总局公告2011年第13号）

自2013年12月1日起，纳税人在资产重组过程中，通过合并、分立、出售、置换等方式，将全部或者部分实物资产以及与其相关联的债权、负债经多次转让后，最终的受让方与劳动力接收方为同一单位和个人的，仍适用《国家税务总局关于纳税人资产重组有关增值税问题的公告》（国家税务总局公告2011年第13号）的相关规定，其中货物的多次转让行为均不征收增值税。资产的出让方需将资产重组方案等文件资料报其主管税务机关。（国家税务总局公告2013年第66号）

在企业重组过程中，企业通过合并、分立、出售、置换等方式，将全部或者部分实物资产以及与其相关联的债权、负债、劳动力，一并转让给其他单位和个人，其中涉及的货物、不动产、土地使用权转让行为，符合规定的，不征收增值税。（财税〔2016〕125号）

5. 融资性售后回租业务中承租方出售资产的行为，不属于增值税征收范围，不征收增值税。（国家税务总局公告2010年第13号）

6. 纳税人取得的中央财政补贴，不属于增值税应税收入，不征收增值税。（国家税务总局公告2013年第3号）

7. 各燃油电厂从政府财政专户取得的发电补贴不属于规定的价外费用，不计入应税销售额，不征收增值税。（国税函〔2006〕1235号）

8. 对统一核算，且经税务机关批准汇总缴纳增值税的成品油销售单位跨县市调配成品油的，不征收增值税。（国家税务总局令第2号）

9. 单用途卡发卡企业或者售卡企业销售单用途卡，或者接受单用途卡持卡人充值取得的预收资金，不缴纳增值税。

支付机构销售多用途卡取得的等值人民币资金，或者接受多用途卡持卡人充值取得的充值资金，不缴纳增值税。（国家税务总局公告2016年第53号）

10. 对增值税纳税人收取的会员费收入不征收增值税。（财税〔2005〕165号第十三条）

营改增后，会员费应按照销售"无形资产—其他权益性无形资产—会员权"缴纳增值税。（财税〔2016〕36号）

11. 纳税人销售软件产品并随同销售一并收取的软件安装费、维护费、培训费等收入，应按照增值税混合销售的有关规定征收增值税，并可享受软件产品增值税即征即退政策。（财税〔2005〕165号第十一条第二款）

12. 卫生防疫站调拨生物制品和药械，属于销售货物行为，应当按照现行税收法规的法规征收增值税。对卫生防疫站调拨或发放的由政府财政负担的免费防疫苗不征收增值税。（国税函〔1999〕191号）

第六节 增值税简易计税减税

一、简易计税方法政策规定

《中华人民共和国增值税暂行条例》第十一条	《营业税改征增值税试点实施办法》第三十四条
小规模纳税人发生应税销售行为,实行按照销售额和征收率计算应纳税额的简易办法,并不得抵扣进项税额。应纳税额计算公式: $$应纳税额＝销售额×征收率$$ 小规模纳税人的标准由国务院财政、税务主管部门规定。	简易计税方法的应纳税额,是指按照销售额和增值税征收率计算的增值税额,不得抵扣进项税额。应纳税额计算公式: $$应纳税额＝销售额×征收率$$
采取简易计税方法计算应纳税额时,不得抵扣进项税额。销售额为不含税销售额,征收率为3%,特定情况5%。小规模纳税人一律采用简易计税方法计税;一般纳税人提供的特定应税服务可以选择适用简易计税方法,并要按要求备案。	

二、销售货物可简易计税的特定项目

根据《财政部　国家税务总局关于简并增值税征收率政策的通知》(财税〔2014〕57号)规定,自2014年7月1日起简并增值税征收率,将6%和4%的增值税征收率统一调整为3%。

政策规定	政策依据
1. 增值税一般纳税人销售自产的下列货物,可选择按照简易办法依照3%征收率计算缴纳增值税 (1) 县级及县级以下小型水力发电单位生产的电力。小型水力发电单位,是指各类投资主体建设的装机容量为5万千瓦以下(含5万千瓦)的小型水力发电单位。 (2) 建筑用和生产建筑材料所用的砂、土、石料。 (3) 以自己采掘的砂、土、石料或其他矿物连续生产的砖、瓦、石灰(不含黏土实心砖、瓦)。 (4) 用微生物、微生物代谢产物、动物毒素、人或动物的血液或组织制成的生物制品。 (5) 自来水。对属于增值税一般纳税人的自来水公司销售自来水按简易办法依照3%征收率缴纳增值税,不得抵扣其购进自来水取得增值税扣税凭证上注明的增值税税款。(水资源税改革试点地区,原计征增值税的自来水水费部分,继续按3%计征增值税;水资源费平移为水资源税部分,在货物劳务名称栏填开"不征税自来水") (6) 商品混凝土(仅限于以水泥为原料生产的水泥混凝土)。 增值税一般纳税人选择简易办法计算缴纳增值税后,36个月内不得变更。 2. 增值税一般纳税人销售货物属于下列情形之一的,暂按简易办法依照3%征收率计算缴纳增值税 (1) 寄售商店代销寄售物品(包括居民个人寄售的物品在内)。 (2) 典当业销售死当物品。	《国家税务总局关于部分货物适用增值税低税率和简易办法征收增值税政策的通知》(财税〔2009〕9号) 《关于简并增值税征收率政策的通知》(财税〔2014〕57号)
3. 属于增值税一般纳税人的单采血浆站销售非临床用人体血液 属于增值税一般纳税人的单采血浆站销售非临床用人体血液,可以按照简易办法依照3%征收率计算应纳税额,但不得对外开具增值税专用发票;也可以按照销项税额抵扣进项税额的办法依照增值税适用税率计算应纳税额。	国税函〔2009〕456号

（续表）

政策规定	政策依据
4. 属于增值税一般纳税人的药品经营企业销售生物制品 　　自 2012 年 7 月 1 日起，属于增值税一般纳税人的药品经营企业销售生物制品，可以选择简易办法按照生物制品销售额和 3％ 的征收率计算缴纳增值税，选择后 36 个月内不得变更计税方法。 　　药品经营企业，是指取得(食品)药品监督管理部门颁发的《药品经营许可证》，获准从事生物制品经营的药品批发企业和药品零售企业。	国家税务总局公告〔2012〕年第 20 号
5. 属于增值税一般纳税人的兽用药品经营企业销售兽用生物制品 　　自 2016 年 4 月 1 日起，属于增值税一般纳税人的兽用药品经营企业销售兽用生物制品，可以选择简易办法按照兽用生物制品销售额和 3％ 的征收率计算缴纳增值税。选择后 36 个月内不得变更计税方法。 　　兽用药品经营企业，是指取得兽医行政管理部门颁发的《兽药经营许可证》，获准从事兽用生物制品经营的兽用药品批发和零售企业。	国家税务总局公告〔2016〕年第 8 号
6. 对卫生防疫站调拨生物制品和药械 　　对卫生防疫站调拨生物制品和药械，可按照小规模商业企业 3％ 的增值税征收率征收增值税。对卫生防疫站调拨或发放的由政府财政负担的免费防疫苗不征收增值税。	国税函〔1999〕191 号
7. 拍卖行取得的拍卖收入 　　对拍卖行受托拍卖增值税应税货物，向买方收取的全部价款和价外费用，应当按照 3％ 的征收率征收增值税。	国税发〔1999〕40 号
8. 光伏发电户销售电力产品 　　光伏发电项目发电户销售电力产品，按照税法规定应缴纳增值税的，可由国家电网公司所属企业按照增值税简易计税办法计算并代征增值税税款，同时开具普通发票；按照税法规定可享受免征增值税政策的，可由国家电网公司所属企业直接开具普通发票。	国家税务总局公告〔2014〕年第 32 号
9. 抗癌药品 　　自 2018 年 5 月 1 日起，增值税一般纳税人生产销售和批发、零售抗癌药品，可选择按照简易办法依照 3％ 征收率计算缴纳增值税。上述纳税人选择简易办法计算缴纳增值税后，36 个月内不得变更。纳税人应单独核算抗癌药品的销售额。未单独核算的，不得适用本通知第一条规定的简易征收政策。 　　抗癌药品，是指经国家药品监督管理部门批准注册的抗癌制剂及原料药。抗癌药品清单(第一批)。抗癌药品范围实行动态调整，由财政部、海关总署、税务总局、国家药品监督管理局根据变化情况适时明确。	财税〔2018〕47 号
10. 罕见病药品 　　自 2019 年 3 月 1 日起，增值税一般纳税人生产销售和批发、零售罕见病药品，可选择按照简易办法依照 3％ 征收率计算缴纳增值税。上述纳税人选择简易办法计算缴纳增值税后，36 个月内不得变更。对进口罕见病药品，减按 3％ 征收进口环节增值税。纳税人应单独核算罕见病药品的销售额。未单独核算的，不得适用本通知第一条规定的简易征收政策。 　　罕见病药品，是指经国家药品监督管理部门批准注册的罕见病药品制剂及原料药。罕见病药品清单(第一批)见附件。罕见病药品范围实行动态调整，由财政部、海关总署、税务总局、药监局根据变化情况适时明确。	财税〔2019〕24 号

　　《财政部　海关总署　税务总局　药监局关于罕见病药品增值税政策的通知》(财税〔2019〕24 号)规定，自 2019 年 3 月 1 日起，增值税一般纳税人生产销售和批发、零售罕见病药品，可选择按照简易办法依照 3％ 征收率计算缴纳增值税。纳税人经营多种罕见病药品，在选择简易计税时，是需要对多种药品同时选择简易计税，还是可以对其中某种罕见病药品选择简易计税？

　　答：为充分保障纳税人权益，使纳税人能根据自身经营情况做出最优选择，当纳税人同时经营多种罕见病药品时，可以只对其中某一个或多个产品选择简易计税。如某药品企业同时生产 A、B 两种罕见病药品，经过计算，企业对 A 药品选择简易计税较为有利，但 B 药品适用一般计税办法税负更低，则企业可以仅对 A 药品选择简易计税。(总局深化增值税改革即问即答之六)

三、一般纳税人销售固定资产和旧货

政策依据：

《财政部 国家税务总局关于全国实施增值税转型改革若干问题的通知》（财税〔2008〕170号）；

《国家税务总局关于增值税简易征收政策有关管理问题的通知》（国税函〔2009〕90号）；

《财政部 国家税务总局关于部分货物适用增值税低税率和简易办法征收增值税政策的通知》（财税〔2009〕9号）；

《财政部 国家税务总局关于简并增值税征收率政策的通知》（财税〔2014〕57号）；

《国家税务总局关于一般纳税人销售自己使用过的固定资产增值税有关问题的公告》（国家税务总局公告2012年第1号）；

《财政部 国家税务总局关于将铁路运输和邮政业纳入营业税改征增值税试点的通知》（财税〔2013〕106号）；

《国家税务总局关于简并增值税征收率有关问题的公告》（国家税务总局公告2014年第36号）；

《国家税务总局关于营业税改征增值税试点期间有关增值税问题的公告》（国家税务总局公告2015年第90号）；

《财政部 国家税务总局关于全面推开营业税改征增值税试点的通知》（财税〔2016〕36号）；

《财政部 税务总局关于调整增值税税率的通知》（财税〔2018〕32号）。

（一）政策规定

财税〔2014〕57号	财税〔2009〕9号	财税〔2008〕170号
第一条 《财政部 税务总局关于部分货物适用增值税低税率和简易办法征收增值税政策的通知》（财税〔2009〕9号）第二条第（一）项和第（二）项中"按照简易办法依照4%征收率减半征收增值税"调整为"按照简易办法依照3%征收率减按2%征收增值税"。	第二条 下列按简易办法征收增值税的优惠政策继续执行，不得抵扣进项税额： 1. 纳税人销售自己使用过的物品，按下列政策执行： （1）一般纳税人销售自己使用过的属于条例第十条规定不得抵扣且未抵扣进项税额的固定资产，按简易办法依4%征收率减半征收增值税。 （2）小规模纳税人（除其他个人外，下同）销售自己使用过的固定资产，减按2%征收率征收增值税。 小规模纳税人销售自己使用过的除固定资产以外的物品，应按3%的征收率征收增值税。 2. 纳税人销售旧货，按照简易办法依照4%征收率减半征收增值税。 所称旧货，是指进入二次流通的具有部分使用价值的货物（含旧汽车、旧摩托车和旧游艇），但不包括自己使用过的物品。	第四条 自2009年1月1日起，纳税人销售自己使用过的固定资产（以下简称已使用过的固定资产），应区分不同情形征收增值税： （一）销售自己使用过的2009年1月1日以后购进或者自制的固定资产，按照适用税率征收增值税； （二）2008年12月31日以前未纳入扩大增值税抵扣范围试点的纳税人，销售自己使用过的2008年12月31日以前购进或者自制的固定资产，按照3%征收率减按2%征收增值税； （三）2008年12月31日以前已纳入扩大增值税抵扣范围试点的纳税人，销售自己使用过的在本地区扩大增值税抵扣范围试点以前购进或者自制的固定资产，按照3%征收率减按2%征收增值税；销售自己使用过的在本地区扩大增值税抵扣范围试点以后购进或者自制的固定资产，按照适用税率征收增值税。 本通知所称已使用过的固定资产，是指纳税人根据财务会计制度已经计提折旧的固定资产。

一般纳税人销售自己使用过的除固定资产以外的物品，应当按照适用税率征收增值税。小规模纳税人（除其他个人外，下同）销售自己使用过的固定资产，减按2％征收率征收增值税。小规模纳税人销售自己使用过的除固定资产以外的物品，应按3％的征收率征收增值税。

纳税人销售自己使用过的固定资产，适用简易办法依照3％征收率，应开具普通发票，不得开具增值税专用发票。（国税函〔2009〕90号）

纳税人销售自己使用过的固定资产，适用简易办法依照3％征收率减按2％征收增值税政策的，可以放弃减税，按照简易办法依照3％征收率缴纳增值税，并可以开具增值税专用发票。（国家税务总局公告2015年第90号）

财税〔2009〕9号所称自己使用过的固定资产，是指纳税人根据财务会计制度已经计提折旧的机器设备等动产，不包括房屋、建筑物。

销售使用过的房屋、建筑物，根据《纳税人提供不动产经营租赁服务增值税征收管理暂行办法》（国家税务总局公告2016年第16号）进行涉税处理，简易计税按5％，一般计税按10％计算销项税额。

一般纳税人销售古玩和古旧字画属于销售旧货，可以按照3％减按2％简易办法征。

纯营改增一般纳税人在营改增之前取得的固定资产，在之后使用后销售的，视为旧货政策处理，即可以适用按照3％征收率减按2％征收的简易计税办法。但是，既然视为旧货处理政策，就不得通过放弃减税来开具增值税专用发票。

一般纳税人固定资产已在会计中按照报废处理，转让时按废品出售的，适用16％税率征收增值税。《中华人民共和国增值税暂行条例》第十五条第（七）项销售的自己使用过的物品免税，自己使用过的物品是指其他个人使用过的物品。

（二）销售固定资产和旧货的税务处理

分　类	税务处理
销售使用过的、已抵扣进项税额的固定资产	按适用税率征收增值税 销项税额＝含税售价/（1＋适用税率）×适用税率
销售使用过的、不得抵扣且未抵扣进项税额的固定资产	按3％征收率减按2％征收增值税 应纳税额＝含税售价/（1＋3％）×2％可以放弃减税
销售自己使用过除固定资产外的物品	按适用税率（适用税率）征税

四、营改增应税行为一般纳税人可简易计税的特定项目

营改增后，仅限于建筑、房地产、尚未执行完毕的老有形动产租赁合同和老融资租赁合同、资管产品管理人运营资管产品，可以按项目选择简易计税，其他均需按业务分类全部实行简易计税，不得选择其中的某一货物或某一销售对象选择实行简易计税。

（一）3％征收率的营改增特定项目

政策规定	政策依据
1. 公共交通运输服务。 公共交通运输服务，包括轮客渡、公交客运、地铁、城市轻轨、出租车、长途客运、班车。 班车，是指按固定路线、固定时间运营并在固定站点停靠的运送旅客的陆路运输服务。 〔公共交通不包括铁路（高铁）、航空、游轮、邮轮；出租车属于公共交通，包括滴滴快车等共享出行模式用车。〕 2. 经认定的动漫企业。 经认定的动漫企业为开发动漫产品提供的动漫脚本编撰、形象设计、背景设计、动画设计、分镜、动画制作、摄制、描线、上色、画面合成、配音、配乐、音效合成、剪辑、字幕制作、压缩转码（面向网络动漫、手机动漫格式适配）服务，以及在境内转让动漫版权（包括动漫品牌、形象或者内容的授权及再授权）。 动漫企业和自主开发、生产动漫产品的认定标准和认定程序，按照《动漫企业认定管理办法（试行）》（文市发〔2008〕51号）的规定执行。 3. 电影放映服务、仓储服务、装卸搬运服务、收派服务和文化体育服务。 电影集团公司（含成员企业）在农村取得的电影放映收入，免征增值税。一般纳税人提供的城市电影放映服务，可以按现行政策规定，选择按照简易计税办法计算缴纳增值税。（财税〔2019〕17号第一条） 4. 以纳入营改增试点之日前取得的有形动产为标的物提供的经营租赁服务。 5. 在纳入营改增试点之日前签订的尚未执行完毕的有形动产租赁合同。 6. 公路经营企业中的一般纳税人收取试点前开工的高速公路的车辆通行费，可以选择适用简易计税方法，减按3％的征收率计算应纳税额。 试点前开工的高速公路，是指相关施工许可证明上注明的合同开工日期在2016年4月30日前的高速公路。	财税〔2016〕36号附件2

（续表）

政策规定	政策依据
7. 非学历教育服务。 一般纳税人提供非学历教育服务,可以选择适用简易计税方法按照3%征收率计算应纳税额。	财税〔2016〕68号
8. 教育辅助服务。 一般纳税人提供教育辅助服务,可以选择简易计税方法按照3%征收率计算缴纳增值税。 教育辅助服务,包括教育测评、考试、招生等服务。	财税〔2016〕140号
9. 非企业性单位中的一般纳税人提供的研发和技术服务、信息技术服务、鉴证咨询服务,以及销售技术、著作权等无形资产,可以选择简易计税方法按照3%征收率计算缴纳增值税。 非企业性单位中的一般纳税人提供《营业税改征增值税试点过渡政策的规定》(财税〔2016〕36号)第一条第(二十六)款中的"技术转让、技术开发和与之相关的技术咨询、技术服务",可以参照上述规定,选择简易计税方法按照3%征收率计算缴纳增值税。	财税〔2016〕140号
10. 物业管理服务中收取的自来水水费。 提供物业管理服务的纳税人,向服务接受方收取的自来水水费,以扣除其对外支付的自来水水费后的余额为销售额,按照简易计税方法依3%的征收率计算缴纳增值税。	国家税务总局公告2016年第54号
11. 自2016年1月1日至2018年12月31日,对中国农业发展银行总行及其各分支机构提供涉农贷款取得的利息收入。	财税〔2016〕39号
12. 农村信用社、村镇银行、农村资金互助社、由银行业机构全资发起设立的贷款公司、法人机构在县(县级市、区、旗)及县以下地区的农村合作银行和农村商业银行提供金融服务收入。 村镇银行,是指经中国银行业监督管理委员会依据有关法律、法规批准,由境内外金融机构、境内非金融机构企业法人、境内自然人出资,在农村地区设立的主要为当地农民、农业和农村经济发展提供金融服务的银行业金融机构。 农村资金互助社,是指经银行业监督管理机构批准,由乡(镇)、行政村农民和农村小企业自愿入股组成,为社员提供存款、贷款、结算等业务的社区互助性银行业金融机构。 由银行业机构全资发起设立的贷款公司,是指经中国银行业监督管理委员会依据有关法律、法规批准,由境内商业银行或农村合作银行在农村地区设立的专门为县域农民、农业和农村经济发展提供贷款服务的非银行业金融机构。 县(县级市、区、旗),不包括直辖市和地级市所辖城区。	财税〔2016〕46号
13. 对中国农业银行纳入"三农金融事业部"改革试点的各省、自治区、直辖市、计划单列市分行下辖的县域支行和新疆生产建设兵团分行下辖的县域支行(也称县事业部)提供农户贷款、农村企业和农村各类组织贷款(具体贷款业务清单见附件)取得的利息收入,可以选择适用简易计税方法按照3%的征收率计算缴纳增值税。 农户贷款,是指金融机构发放给农户的贷款,但不包括按照《过渡政策的规定》第一条第(十九)项规定的免征增值税的农户小额贷款。 农村企业和农村各类组织贷款,是指金融机构发放给注册在农村地区的企业及各类组织的贷款。	
14. 自2018年7月1日至2020年12月31日,对中国邮政储蓄银行纳入"三农金融事业部"改革的各省、自治区、直辖市、计划单列市分行下辖的县域支行,提供农户贷款、农村企业和农村各类组织贷款(具体贷款业务清单见附件)取得的利息收入,可以选择适用简易计税方法按照3%的征收率计算缴纳增值税。	财税〔2018〕97号

（续表）

政策规定	政策依据
15. 一般纳税人以清包工方式提供的建筑服务,可以选择适用简易计税方法计税。 以清包工方式提供建筑服务,是指施工方不采购建筑工程所需的材料或只采购辅助材料,并收取人工费、管理费或者其他费用的建筑服务。 16. 一般纳税人为甲供工程提供的建筑服务,可以选择适用简易计税方法计税。 甲供工程,是指全部或部分设备、材料、动力由工程发包方自行采购的建筑工程。 注:（1）水和电属于建筑工程中的材料与动力,发包方提供水电符合财税〔2016〕36 号文件规定的甲供工程。 （2）工程中的搅拌机、脚手架、挖掘机是由甲方提供的,建筑用的材料均由乙方购买,这种甲供设备均可以作为施工方选择简易计税的条件。 （3）图纸既不属于设备也不属于材料和动力,所以建筑工程甲方提供图纸不属于 36 号文件规定的甲供工程,不得以此选择简易计税。 （4）发包方租赁设备不属于甲供工程的范围。 17. 一般纳税人为建筑工程老项目提供的建筑服务,可以选择适用简易计税方法计税。 建筑工程老项目,是指: （1）《建筑工程施工许可证》注明的合同开工日期在 2016 年 4 月 30 日前的建筑工程项目。 （2）未取得《建筑工程施工许可证》的,建筑工程承包合同注明的开工日期在 2016 年 4 月 30 日前的建筑工程项目。 注:① 为加强对建筑活动的监督管理,维护建筑市场秩序,保证建筑工程的质量和安全,根据《中华人民共和国建筑法》规定,在中华人民共和国境内从事各类房屋建筑及其附属设施的建造、装修装饰和与其配套的线路、管道、设备的安装,以及城镇市政基础设施工程的施工,建设单位在开工前应当按规定,向工程所在地的县级以上人民政府建设行政主管部门申请领取《建筑工程施工许可证》。工程投资额在 30 万元以下或者建筑面积在 300 平方米以下的建筑工程,可以不申请办理《建筑工程施工许可证》。省、自治区、直辖市人民政府建设行政主管部门可以根据当地的实际情况,对限额进行调整,并报国务院建设行政主管部门备案。按照国务院规定的权限和程序批准开工报告的建筑工程,不再领取《建筑工程施工许可证》。[《建筑工程施工许可管理办法》第二条（住房和城建部令第 18 号）] ② 建筑工程承包合同中约定以开工令上注明的日期为开工时间的,该开工令与合同具有同等法律效力,开工令上注明开工日期在 2016 年 4 月 30 日前的,可以作为选择简易计税方法计税的依据。 18. 一般纳税人跨县(市)提供建筑服务,选择适用简易计税方法计税的,应以取得的全部价款和价外费用扣除支付的分包款后的余额为销售额,按照 3% 的征收率计算缴纳税额。	财税〔2016〕36 号附件 2：一(七)
19. 一般纳税人销售自产机器设备的同时提供安装服务,应分别核算机器设备和安装服务的销售额,安装服务可以按照甲供工程适用简易计税方法计税。 一般纳税人销售外购机器设备的同时提供安装服务,如果已经按照兼营的有关规定,分别核算机器设备和安装服务的销售额,安装服务可以按照甲供工程选择适用简易计税方法计税。	国家税务总局公告 2018 年第 42 号第六条
20. 建筑工程总承包单位为房屋建筑的地基与基础、主体结构提供工程服务,建设单位自行采购全部或部分钢材、混凝土、砌体材料、预制构件的,适用简易计税方法计税。	财税〔2017〕58 号
21. 资管产品管理人(以下称管理人)运营资管产品过程中发生的增值税应税行为(以下称资管产品运营业务),暂适用简易计税方法,按照 3% 的征收率缴纳增值税。	财税〔2017〕56 号
申报审核:上述适用 3% 简易计税的项目,可以自行开具增值税专用发票。	

1. 营改增后特殊的混合销售

国家税务总局公告 2017 年第 11 号	政策解读
第一条　自 2017 年 5 月 1 日起,纳税人销售活动板房、机器设备、钢结构件等自产货物的同时提供建筑、安装服务,不属于《营业税改征增值税试点实施办法》(财税〔2016〕36 号文件印发)第四十条规定的混合销售,应分别核算货物和建筑服务的销售额,分别适用不同的税率或者征收率。	该政策平移了《增值税条例实施细则》第六条规定,贯彻的是减税降税负精神。 "自产货物＋建筑、安装服务"模式符合并属于混合销售行为,2017 年第 11 号公告只是明确在增值税的处理上,不属于财税〔2016〕36 号文件中一并合计征收增值税的情形,明确作为特殊的混合销售行为,分别核算、分别适用税率或者征收率。 自 2018 年 7 月 25 日起,销售机器设备的同时提供建筑、安装服务,按国家税务总局公告 2018 年第 42 号文件执行。具体见下述内容。

(1) 适用范围。国家税务总局公告 2017 年第 11 号仅提到"销售活动板房、机器设备、钢结构件等自产货物","等"字具体包括什么,按照"同类业务同口径适用政策"原则,此处的"等",应指"等外",包括且不限于门窗、玻璃幕墙等其他自产货物,如农业生产者,种植并销售苗木、草皮,同时提供绿化服务,对其取得的绿化服务可以按照建筑服务缴纳增值税等。但水泥、沙子等安装用料不应适用本条规定,销售外购货物的同时提供建筑、安装服务也不能适用该政策。同时,"自产货物＋安装、建筑服务"的前提,不包括"销售货物＋技术服务"的情形等延伸。该政策需购销双方税务机关口径一致,否则会出现销货方认可而购货方不予认可(得不到抵扣)的尴尬局面。

(2) 如何界定"自产"货物。可参照国家税务总局公告 2011 年第 23 号的规定,"纳税人销售自产货物同时提供建筑业劳务,应向建筑业劳务发生地(异地)主管地方税务机关提供其机构所在地主管国家税务机关出具的本纳税人属于从事货物生产的单位或个人的证明。建筑业劳务发生地主管地方税务机关根据纳税人持有的证明,按本公告有关规定计算征收营业税。"另外,自产和委托加工是两种不同性质的交易安排,在增值税处理上,委托加工不属于资产范围。

(3)"应分别核算纳税"的理解。该条款使用了"应"的字样,理解为此种模式必须分别核算销售额,分别使用不同税率或征收率纳税。而不能选择全部适用销售货物或全部适用建筑业计征增值税。分别适用不同的税率或者征收率。按照营改增中建筑业的原则,老项目、甲供工程和清包工可选择 3%,新项目应选择 11%。

(4)"未分别核算纳税"应如何处理。第一种理解,对划分不清的兼营行为,按照财税〔2016〕36 号文件,从高适用税率或征收率;第二种理解,按照国家税务总局公告 2011 年第 23 号文件,未分别核算的,由主管税务机关分别核定其货物的销售额和建筑业劳务的营业额。

(5) 简易计税问题。纳税人销售自产货物的同时提供建筑、安装服务,应分别核算销售货物和提供建筑、安装服务的销售额,分别适用不同的税率或者征收率,对纳税人销售自产货物并提供建筑服务的,其提供的建筑服务取得的收入可以按照甲供工程的相关规定计算缴纳增值税。

2. 机器设备的安装与维护(国家税务总局公告 2018 年第 42 号)

政策规定	政策解读
第六条　一般纳税人销售自产机器设备的同时提供安装服务,应分别核算机器设备和安装服务的销售额,安装服务可以按照甲供工程选择适用简易计税方法计税。 一般纳税人销售外购机器设备的同时提供安装服务,如果已经按照兼营的有关规定,分别核算机器设备和安装服务的销售额,安装服务可以按照甲供工程选择适用简易计税方法计税。 纳税人对安装运行后的机器设备提供的维护保养服务,按照"其他现代服务"缴纳增值税。	纳税人销售机器设备同时提供安装服务,包括以下两种情形: (一) 纳税人销售自产机器设备的同时提供安装服务 按照现行规定,这种情况下纳税人应分别核算机器设备和安装服务的销售额。机器设备销售给甲方后,又交给机器设备销售企业负责安装,可以将此机器设备视为"甲供"的机器设备,机器设备销售企业提供的安装服务也可视为为甲供工程提供的安装服务,可以选择适用简易计税方法计税。 (二) 纳税人销售外购机器设备的同时提供安装服务 这种情形下又分两种情况:一是纳税人未分别核算机器设备和安装服务的销售额,那么应按照混合销售的有关规定,确定其适用税目和税率;二是纳税人已按照兼营的有关规定,分别核算机器设备和安装服务的销售额,同样可以将此机器设备视为"甲供"的机器设备,将纳税人提供的安装服务视为为甲供工程提供的安装服务,选择适用简易计税方法计税。

建设单位要对机器设备会计上做单独的会计核算。机器设备的范围,参照《建设工程计价设备材料划分标准》(GB/T 50531—2009)(住房和建设部公告第 387 号)。

机器设备价款明显偏低的,可按规定进行计税销售额的调整;对比同期同样或同类机器设备的安装服务价款,选择简易计税的价款明显高于其他计税方式价款的,属于计税依据偏低,可按规定予以调整或按申报不实予以处理。

项目	安装服务		后续维护保养
	一般计税	简易计税（甲供材）	
自产设备带安装	10%	3%	6%
外购设备带安装 兼营	10%	3%	6%
外购设备带安装 混合销售	16%或10%		6%

《建设工程计价设备材料划分标准》（GB/T 50531—2009）

设备：经过加工制造，由多种部件按各自用途组成独特结构，具有生产加工、动力、传送、储存、运输、科研、容量及能量传递或转换等功能的机器、容器和成套装置等。设备应按生产和生活使用目的分为工艺设备和建筑设备；应按是否定型生产分为标准设备和非标准设备。

建筑设备：房屋建筑及其配套的附属工程中电气、采暖、通风空调、给排水、通信及建筑智能等为房屋功能服务的设备。 工艺设备：为工业、交通等生产性建设项目服务的各类固定和移动设备。	标准设备：按国家或行业规定的产品标准进行批量生产并形成系列的设备。 非标准设备：没有国家或行业标准。非批量生产的，一般要进行专门设计、由设备制造厂家特别制造或施工企业在工厂或施工现场进行加工制作的特殊设备。

对于难以统一确定组成范围或成套范围的某些设备，应以制造厂的文件及供货范围为准。凡是设备制造厂的文件上列出的清单项目，且实际供应的应属于设备范围。在划分设备与材料时，应根据其供货范围、特性等情况，以及本标准对设备、材料的定义分别确定，不应仅依据物品的品名而划分。

（二）5%征收率的营改增特定项目

政策规定	政策依据
1．选择差额征税的劳务派遣 一般纳税人和小规模纳税人均可以取得的全部价款和价外费用，扣除代用工单位支付给劳务派遣员工的工资、福利和为其办理社会保险及住房公积金后的余额为销售额。 选择差额纳税的一般纳税人，向用工单位收取用于支付给劳务派遣员工工资、福利和为其办理社会保险及住房公积金的费用，不得开具增值税专用发票，可以开具普通发票。 2．收费公路通行费 一般纳税人收取试点前开工的一级公路、二级公路、桥、闸通行费，可以选择适用简易计税方法，按照5%的征收率计算缴纳增值税。 试点前开工，是指相关施工许可证注明的合同开工日期在2016年4月30日前。 3．选择差额纳税的人力资源外包服务 纳税人提供人力资源外包服务，按照经纪代理服务缴纳增值税，其销售额不包括受客户单位委托代为向客户单位员工发放的工资和代理缴纳的社会保险、住房公积金。向委托方收取并代为发放的工资和代理缴纳的社会保险、住房公积金，不得开具增值税专用发票，可以开具普通发票。 一般纳税人提供人力资源外包服务，可以选择适用简易计税方法，按照5%的征收率计算缴纳增值税。 4．老土地使用权出租 纳税人以经营租赁方式将土地出租给他人使用，按照不动产经营租赁服务缴纳增值税。 纳税人转让2016年4月30日前取得的土地使用权，可以选择适用简易计税方法，以取得的全部价款和价外费用减去取得该土地使用权的原价后的余额为销售额，按照5%的征收率计算缴纳增值税。 5．老不动产融资租赁合同 一般纳税人2016年4月30日前签订的不动产融资租赁合同，或以2016年4月30日前取得的不动产提供的融资租赁服务，可以选择适用简易计税方法，按照5%的征收率计算缴纳增值税。	财税〔2016〕47号

（续表）

政策规定	政策依据
6. 选择差额征税的安全保护服务 纳税人提供安全保护服务，比照劳务派遣服务政策执行。	财税〔2016〕68 号
7. 选择差额征税的供武装守护押运服务 纳税人提供武装守护押运服务，按照"安全保护服务"缴纳增值税。	财税〔2016〕140 号
8. 销售不动产 （1）一般纳税人销售其 2016 年 4 月 30 日前取得（不含自建）的不动产，在不动产所在地 5％差额预缴，向机构所在地主管税务机关 5％差额申报。 （2）一般纳税人销售其 2016 年 4 月 30 日前自建的不动产，在不动产所在地 5％全额预缴，向机构所在地主管税务机关 5％全额申报。 （3）房地产开发企业中的一般纳税人，销售自行开发的房地产老项目，可以选择适用简易计税方法按照 5％的征收率全额计税。	财税〔2016〕36 号附件 2：一（八）
9. 老不动产经营租赁服务 一般纳税人出租其 2016 年 4 月 30 日前取得的不动产，可以选择适用简易计税方法，在不动产所在地 5％预缴，向机构所在地主管税务机关 5％申报。	财税〔2016〕36 号附件 2：一（九）
10. 房地产开发企业不动产经营租赁服务 房地产开发企业中的一般纳税人，出租自行开发的房地产老项目，可以选择适用简易计税方法，在不动产所在地 5％预缴，向机构所在地主管税务机关 5％申报。 房地产开发企业中的一般纳税人，出租其 2016 年 5 月 1 日后自行开发的与机构所在地不在同一县（市）的房地产项目，应按照 3％预征率在不动产所在地预缴税款后，向机构所在地主管税务机关按照 11％（2016 年 5 月 1 日后 10％）进行纳税申报。	财税〔2016〕68 号
上述适用 5％简易计税的项目，除财政部国家税务总局明确规定不得开具专用发票的以外，其他未做禁止性规定的，可以自行开具或申请税务机关代开增值税专用发票。房地产开发企业同一房地产项目只能选择适用一种计税方法。	

五、简易计税项目备案

（一）一般简易计税项目备案

1. 备案时间

对试点一般纳税人选择简易计税方法的，应在选择按照简易计税方法缴纳增值税的首个纳税申报阶段办理备案（2016 年 5 月 1 日起新纳入试点的纳税人可自 5 月 1 日起办理简易计税备案）。

2. 简易计税具体事项及备案资料

选择简易计税方法的试点一般纳税人在备案时需报送以下资料：

（1）《增值税一般纳税人简易征收备案表》。

（2）选择简易计税的应税行为符合条件的证明材料，或者企业符合条件的证明材料。

3. 管理要求

（1）在总局未下发新表样之前，暂使用原《增值税一般纳税人简易征收备案表》。表中未注明的简易征收项目，在"备案事项—其他"位置填写具体的备案项目。

（2）一般纳税人发生财政部和国家税务总局规定的特定应税行为，可以选择适用简易计税方法计税，但一经选择，36 个月内不得变更。

（3）增值税一般纳税人兼有销售货物、提供加工修理修配劳务或者应税行为的，凡未规定可以选择按照简易计税方法计算缴纳增值税的，其全部销售额应一并按照一般计税方法计算缴纳增值税。

（4）房地产项目、建筑服务项目可以按不同项目分别选择简易计税方法和一般计税方法。同一项目，只能采取一种方式。按照合同项目进行备案，分项目选择适用计税方法的应税行为仅限于上述两项，其他应税行为暂不适用。

选择简易计税方法的建筑业、房地产开发企业一般纳税人，需按照合同项目进行备案，涉及多个合同项目的，可汇总备案，填报《一般纳税人选择简易计税方法备案清单》。纳税人不需要再提供合同复印件，但应将相关合同留存备查。在首次备案以后发生的新增合同项目，需按次进行备案（可汇总备案），报送上述备案资料。

其他根据操作指南要求需提供合同的项目，比照房地产、建筑企业上述操作执行，涉及合同较多的，可由纳税人自行提供合同清单（不统一规定表样），连同其他备案资料一并报送税务机关。已提供合同清单的纳税人，不需要再提供合同复印件，但应将相关合同留存备查。

（5）原增值税一般纳税人选择简易征收计算缴纳增值税，比照上述试点一般纳税人备案规定办理。备案时需填写《增值税一般纳税人简易征收备案表》，连同相关备案资料一并提交主管税务机关。

（续表）

申报审核：一般纳税人选择简易计税方法的，一经选择，36个月内不得变更，该规定属于约束性条款，防止随意更换计税方法以达到少缴税款的目的，但并不意味着一般纳税人简易计税方法的有效期只有36个月。因此，在纳税人办理选择简易计税方法备案后，在36个月内不得变更，超过36个月的，若纳税人未撤销备案的，仍按简易计税方法计税，不需要重新办理备案。一般纳税人按规定有多个项目可以选择简易计税方式的，可以按不同项目分别选择计税方式。选择适用简易计税办法时，按业务种类进行备案申请。

（二）建筑业简易计税项目备案（国家税务总局公告2017年第43号）

政策规定	政策解读
1. 增值税一般纳税人（以下称"纳税人"）提供建筑服务，按规定适用或选择适用简易计税方法计税的，实行一次备案制。 2. 纳税人应在按简易计税方法首次办理纳税申报前，向机构所在地主管税务机关办理备案手续，并提交以下资料： （1）为建筑工程老项目提供的建筑服务，办理备案手续时应提交《建筑工程施工许可证》（复印件）或建筑工程承包合同（复印件）； （2）为甲供工程提供的建筑服务、以清包工方式提供的建筑服务，办理备案手续时应提交建筑工程承包合同（复印件）。 3. 纳税人备案后提供其他适用或选择适用简易计税方法的建筑服务，不再备案。纳税人应按照本公告第二条规定的资料范围，完整保留其他适用或选择适用简易计税方法建筑服务的资料备查，否则该建筑服务不得适用简易计税方法计税。 税务机关在后续管理中发现纳税人不能提供相关资料的，对少缴的税款应予追缴，并依照《中华人民共和国税收征收管理法》及其实施细则的有关规定处理。 4. 纳税人跨县（市）提供建筑服务适用或选择适用简易计税方法计税的，应按上述规定向机构所在地主管税务机关备案，建筑服务发生地主管税务机关无需备案。 5. 本公告自2018年1月1日起施行。	1. 备案时间：第一次按照规定需要办理简易计税方法计税申报之前，即必须先备案，才能申报简易计税。 2. 备案频率：只需要备案一次就可以，以后不需要再备案。一次备案，终身受益。 3. 对于符合异地提供建筑服务规定的，无需向服务发生地备案。异地按规定预缴时，不需要进行简易计税方法的备案，直接申报即可。 4. 建筑工程总承包单位为房屋建筑的地基与基础、主体结构提供工程服务，建设单位自行采购全部或部分钢材、混凝土、砌体材料、预制构件的建筑服务项目。属于特殊的甲供工程情形，可以参照甲供工程，提交建筑工程承包合同（复印件）进行备案。 5. 虽然在向税务机关按照规定备案后，不再重复备案。但是，对于之后无论是直接适用还是选择适用，凡是最后采用简易计税的建筑服务项目，都必须按照备案中列举的资料范围完整保留备查。

（三）增值税一般纳税人选择简易计税方法计算缴纳增值税备案报送资料

序号	材料名称	数量	备注
1	《增值税一般纳税人简易征收备案表》	2份	
以下为条件报送资料			
	一般纳税人选择简易办法征收备案事项说明	1份	
	选择简易征收的产品、服务符合条件的证明材料，或者企业符合条件的证明材料	1份	

（1）一般纳税人选择适用简易计税方法计税的，一经选择，36个月内不得变更。

（2）纳税人兼营销售货物、劳务、服务、无形资产或者不动产，适用不同税率或者征收率的，应当分别核算适用不同税率或者征收率的销售额；未分别核算的，从高适用税率。

（3）专用于简易计税方法计税项目、免征增值税项目，集体福利或者个人消费的进项税额不得从销项税额中抵扣。

第七节 差额征税减税

一、增值税应税行为差额销售额的确定

根据《财政部 国家税务总局关于全面推开营业税改征增值税试点的通知》(财税〔2016〕36号)等相关政策规定,营改增差额征税是指营业税改征增值税应税服务的纳税人,在中华人民共和国境内吸收服务、无形资产或者不动产时,以其取得的全部价款和价外费用减去按规定可扣除的价款后的余额为销售额的征税方法。虽然全行业纳入了增值税的征收范围,但是目前仍然有无法通过抵扣机制避免重复征税的情况存在,因此,营改增试点期间,继续引入了差额征税的办法,以解决纳税人税收负担增加的问题。从销售额中扣除部分金额后计算销项税额,相当于购入时抵扣了进项税额。目前,属于差额确定销售额的项目如下:

1. 金融商品转让(财税〔2016〕36号)
2. 经纪代理服务(财税〔2016〕36号)
3. 融资租赁服务(财税〔2016〕36号)
4. 航空运输服务(财税〔2016〕36号)
5. 客运场站服务(财税〔2016〕36号)
6. 旅游服务(财税〔2016〕36号)
7. 适用简易计税方法的建筑服务(财税〔2016〕36号)
8. 房地产开发一般计税项目(财税〔2016〕36号)
9. 转让二手房(财税〔2016〕36号)
10. 劳务派遣服务(财税〔2016〕47号)
11. 安全保护服务(财税〔2016〕68号)
12. 武装守押运服务(财税〔2016〕140号)
13. 人力资源外包服务(财税〔2016〕47号)
14. 转让老土地使用权(财税〔2016〕47号)
15. 物业管理服务中收取自来水水费(国家税务总局公告2016年第54号)
16. 教辅单位为境外单位提供境内考试服务(国家税务总局公告2016年第69号)
17. 签证代理服务(国家税务总局公告2016年第69号)
18. 电信企业为公益性机构接受捐款(财税〔2016〕39号)
19. 中国证券登记结算公司结算费(财税〔2016〕39号)
20. 代理进口按规定免征进口增值税的货物(国家税务总局公告2016年第69号)
21. 航空运输销售代理企业提供境外航段机票代理服务(财税〔2017〕90号)
22. 航空运输销售代理企业提供境内机票代理服务(国家税务总局公告2018年第42号)

$$\begin{array}{l}\text{一般纳税人}\\\text{计税销售额}\end{array}=\left(\begin{array}{l}\text{取得的全部含税价}\\\text{款和价外费用}\end{array}-\begin{array}{l}\text{支付给其他单位或}\\\text{个人的含税价款}\end{array}\right)\div\left(1+\begin{array}{l}\text{对应征税应税服务适用的}\\\text{增值税税率或征收率}\end{array}\right)$$

$$\begin{array}{l}\text{小规模纳税人}\\\text{计税销售额}\end{array}=\left(\begin{array}{l}\text{取得的全部含税}\\\text{价款和价外费用}\end{array}-\begin{array}{l}\text{支付给其他单位或}\\\text{个人的含税价款}\end{array}\right)\div(1+\text{征收率})$$

自2019年1月1日起,适用增值税差额征税政策的小规模纳税人,以差额后的销售额确定是否可以享受月销售额未超过10万元(以1个季度为1个纳税期的,季度销售额未超过30万元)免征增值税的优惠政策。(国家税务总局公告2019年第4号)

部分营改增项目实行差额征税政策,打破了增值税链条的闭环管理,给差额征税企业带来了较大税收风险。

二、差额征税项目

(一)金融商品转让

财税〔2016〕36号附件2第一条	财税〔2016〕140号
第三:销售额 …… 3. 金融商品转让,按照卖出价扣除买入价后的余额为销售额。 转让金融商品出现的正负差,按盈亏相抵后的余额为销售额。若相抵后出现负差,可结转下一纳税期与下期转让金融商品销售额相抵,但年末时仍出现负差的,不得转入下一个会计年度。 金融商品的买入价,可以选择按照加权平均法或者移动加权平均法进行核算,选择后36个月内不得变更。 金融商品转让,不得开具增值税专用发票。	第五条 纳税人2016年1~4月份转让金融商品出现的负差,可结转下一纳税期,与2016年5~12月份转让金融商品销售额相抵。(财税〔2016〕140号)
申报审核:不得扣除买卖交易中的其他税费。	

（二）经纪代理服务（财税〔2016〕36号附件2）

政策规定	政策解读	发票开具情形
附件2《营业税改征增值税试点有关事项的规定》（以下简称为《有关事项规定》）一（三）销售额 4.经纪代理服务，以取得的全部价款和价外费用，扣除向委托方收取并代为支付的政府性基金或者行政事业性收费后的余额为销售额。向委托方收取的政府性基金或者行政事业性收费，不得开具增值税专用发票。	代收的政府性基金或行政事业性收费，本身即非代理服务销售，不属于价外费用。以委托方名义开具发票代委托方收取的款项不属于价外费用。	方式一：通过增值税发票管理新系统中正常开票功能，以取得的全部价款和价外费用，扣除向委托方收取并代为支付的政府性基金或者行政事业性收费后的余额依6%的税率开具增值税专用发票；代为支付的费用依6%的税率开具增值税普通发票。 方式二：通过增值税发票管理新系统中正常开票功能，以取得的全部价款和价外费用，依6%的税率全额开具增值税普通发票。

申报审核：经纪代理服务允许扣除的行政事业性收费应以省级以上（含省级）财政部门监（印）制的财政票据为合法有效凭证，国外支付的行政事业性收费不得差额扣除。差额扣除部分为非增值税应税项目，不包含增值税，所以只能就含税部分开专票。

（三）融资租赁和融资性售后回租业务（财税〔2016〕36号附件2）

经中国人民银行、商务部、银监会批准	融资性售后回租服务	以收取的全部价款和价外费用（不含本金），扣除对外支付的借款利息（包括外汇借款和人民币借款利息）、发行债券利息后的余额为销售额。
	其他融资租赁服务	以收取的全部价款和价外费用，扣除支付的借款利息（包括外汇借款和人民币借款利息）、发行债券利息、车辆购置税后的余额为销售额。
	试点纳税人根据2016年4月30日前签订的有形动产融资性售后回租合同，在合同到期前提供的有形动产融资性售后回租服务，可继续按照有形动产融资租赁服务缴纳增值税。	
商务部授权的省级商务主管部门和开发区批准	2016年5月1日以后实收资本达到1.7亿元的，可参照以上规则实行。	

项目	税目	收入	扣除	发票开具
融资性售后回租	金融服务—贷款服务（6%）	全部价款及价外用（不含本金）	借款利息、发行债券利息	收取的总价款包含了贷款利息，允许开具专票
融资租赁	现代服务—租赁服务（13%或9%）	全部价款及价外用	借款利息、发行债券利息、车辆购置税	虽可以开专票但没有意义

（四）航空运输服务（财税〔2016〕36号附件2）

政策规定	发票开具情形
附件2《有关事项规定》一（三）销售额 6.航空运输企业的销售额，不包括代收的机场建设费和代售其他航空运输企业客票而代收转付的价款。	《航空运输电子客票行程单》纳入税务发票管理范围。（国税发〔2008〕54号）

(五) 客运场站服务(财税〔2016〕36 号附件 2)

政策规定	政策解读	发票开具情形
附件 2《有关事项规定》一(三)销售额 7.试点纳税人中的一般纳税人(以下称一般纳税人)提供客运场站服务,以其取得的全部价款和价外费用,扣除支付给承运方运费后的余额为销售额。	差额征税后,其从承运方取得的增值税专用发票注明的增值税,不得抵扣。	旅客运输都不能抵扣进项税额,可以全额开具普通发票。

申报审核:该项目简易计税仅适用一般纳税人企业。

(六) 旅游服务(财税〔2016〕36 号附件 2)

政策规定	政策解读	发票开具情形
附件 2《有关事项规定》一(三)销售额 8.试点纳税人提供旅游服务,可以选择以取得的全部价款和价外费用,扣除向旅游服务购买方收取并支付给其他单位或者个人的住宿费、餐饮费、交通费、签证费、门票费和支付给其他接团旅游企业的旅游费用后的余额为销售额。 选择上述办法计算销售额的试点纳税人,向旅游服务购买方收取并支付的上述费用,不得开具增值税专用发票,可以开具普通发票。	旅游服务可以选择按差额确定为销售额,旅游服务公司可根据客户需要灵活选择,不适用"一经选择,36 个月不能变更"要求。	① 选择差额征税 方式一:以取得的全部价款和价外费用,扣除向旅游服务购买方收取并支付给其他单位或者个人的住宿费、餐饮费、交通费、签证费、门票费和支付给其他接团旅游企业的旅游费用后的余额依 6% 的税率开具增值税专用发票;向旅游服务购买方收取并支付给其他单位或者个人的住宿费、餐饮费、交通费、签证费、门票费和支付给其他接团旅游企业的旅游费用依 6% 的税率开具增值税普通发票。 方式二:以取得的全部价款和价外费用依 6% 的税率全额开具增值税普通发票。 ② 选择全额征税 通过增值税发票管理新系统中正常开票功能,以取得的全部价款和价外费用依 6% 的税率全额开具增值税发票。

申报审核:纳税人提供旅游服务,将火车票、飞机票等交通费发票原件交付给旅游服务购买方而无法收回的,以交通费发票复印件作为差额扣除凭证。(国家税务总局公告 2016 年第 69 号第九条)

(七) 适用简易计税方法的建筑服务(财税〔2016〕36 号附件 2)

政策规定	政策解读	发票开具情形
附件 2《有关事项规定》一(三)销售额 9.试点纳税人(一般纳税人/小规模纳税人)提供建筑服务适用简易计税方法的,以取得的全部价款和价外费用扣除支付的分包款后的余额为销售额。	适用简易计税方法计税的建筑服务包括: ① 一般纳税人以清包工方式提供的建筑服务。 ② 一般纳税人为甲供工程提供的建筑服务。 ③ 一般纳税人为建筑工程老项目提供的建筑服务。 ④ 符合条件的机器设备安装按照甲供工程简易计税。 ⑤规定情形下的房屋建筑地基与基础和主体工程服务适用简易计税方法计税。(财税〔2017〕58 号)	全额开票,差额预缴,差额申报。 分包方就所承包项目向总包方开票,总包方按规定全额向发包方开具增值税专用发票或普通发票。

申报审核:建筑服务只有适用简易计税方法的才能差额纳税。一般纳税人提供建筑服务,适用一般计税方法计税的,按现行规定需要预缴增值税时,纳税人应以取得的预收款(全部价款和价外费用)扣除支付的分包款后的余额,适用 2% 的预征率计算预缴税款,向建筑服务发生地或机构所在地的税务机关预缴税款。扣除的分包款也是应税的,所以可以全额开票。

(八) 房地产开发企业一般计税项目(财税〔2016〕36 号、国家税务总局公告 2016 年第 18 号)

政策规定	政策解读	发票开具情形
附件2《有关事项规定》一(三)销售额 10.房地产开发企业中的一般纳税人销售其开发的房地产项目(选择简易计税方法的房地产老项目除外),以取得的全部价款和价外费用,扣除受让土地时向政府部门支付的土地价款后的余额为销售额。 房地产老项目,是指《建筑工程施工许可证》注明的合同开工日期在2016年4月30日前的房地产项目。 财税〔2016〕140号补充规定: 所述"向政府部门支付的土地价款",包括土地受让人向政府部门支付的征地和拆迁补偿费用、土地前期开发费用和土地出让收益等。在取得土地时向其他单位或个人支付的拆迁补偿费用也允许在计算销售额时扣除。	对于适用一般计税方法缴纳增值税的房地产项目,在确定销售额时可以扣除支付给政府部门的土地价款、拆迁补偿费用等。 本条规定不适用于适用简易计税方法计税的房地产项目,即一般纳税人销售房地产老项目选择适用简易计税方法的,以及小规模纳税人销售房地产项目,在确定销售额时,均不得扣除支付给政府部门的土地价款。	全额10%专票或普票。 房地产企业购买的土地虽然不包含增值税,但政策的思路是把政府的土地出让金当成含税处理,故而房地产企业可以全额开专票。

申报审核:
① 房地产项目(选择简易计税方法的房地产老项目除外)
在《增值税纳税申报表附列资料(一)》中,按增值税发票开具金额、税额填入第4a行"10%税率(2018年4月30日前为11%)"第1和第2列、第3和第4列的"销售额""销项(应纳)税额";将受让土地时向政府部门支付的土地价款填入第4行第12列"服务、不动产和无形资产扣除项目本期实际扣除金额"。

在《增值税纳税申报表附列资料(三)》中,按增值税发票价税合计填入第2行"10%税率(2018年4月30日前为11%)的项目"第1列"本期服务、不动产和无形资产价税合计额(免税销售额)";将受让土地时向政府部门支付的土地价款填入第6行第3列"本期发生额"栏次。

② 房地产老项目适用简易计税方法计税
在《增值税纳税申报表附列资料(一)》中,按增值税发票开具金额、税额填入第9b行"5%征收率的服务、不动产和无形资产"第1和第2列、第3和第4列的"销售额""销项(应纳)税额"。

(九)销售不动产(二手房) [财税〔2016〕36号附件2一(八)、国家税务总局公告2016年第14号]

政策规定	发票开具情形
1.一般纳税人销售其2016年4月30日前取得的不动产(不含自建),适用一般计税方法计税的,以取得的全部价款和价外费用为销售额计算应纳税额。上述纳税人应以取得的全部价款和价外费用减去该项不动产购置原价或者取得不动产时的作价后的余额,按照5%的预征率向不动产所在地的主管税务机关预缴增值税,向机构所在地主管税务机关进行纳税申报。	5%差额预缴、10%全额申报;开具一张全额10%专用发票或普通发票。(2018年4月30日前为11%)
2.一般纳税人销售其2016年4月30日前取得(不含自建)的不动产,可以选择适应简易计税方法,以全部收入减去该项不动产购置原价或者取得不动产时的作价后的余额,按照5%的预征率向不动产所在地主管税务机关预缴税款,向机构所在地主管税务机关进行纳税申报。	5%差额预缴、5%差额申报;差额开具5%专用发票或普通发票。
3.一般纳税人销售其2016年5月1日后取得(不含自建)的不动产,应适用一般计税方法,以取得的全部价款和价外费用为销售额计算应纳税额。纳税人应以取得的全部价款和价外费用减去该项不动产购置原价或者取得不动产时的作价后的余额,按照5%的预征率向不动产所在地主管税务机关预缴税款,向机构所在地主管税务机关进行纳税申报。	5%差额预缴、10%全额申报;开具一张全额10%专用发票或普通发票。(2018年4月30日前为11%)
4.小规模纳税人销售其取得(不含自建)的不动产(不含个体工商户销售购买的住房和其他个人销售不动产),应以取得的全部价款和价外费用减去该项不动产购置原价或者取得不动产时的作价后的余额为销售额,按照5%的征收率计算应纳税额。纳税人应按照上述计税方法在不动产所在地预缴税款后,向机构所在地主管税务机关进行纳税申报。	5%差额预缴、5%差额申报;可以自行差额具开5%普通发票,也可以差额代开5%专用发票。

政策规定	发票开具情形
5. 其他个人销售其取得（不含自建）的不动产（不含其购买的住房），应以取得的全部价款和价外费用减去该项不动产购置原价或者取得不动产时的作价后的余额为销售额，按照 5% 的征收率向不动产所在地主管税务机关申报缴纳增值税。	5% 差额申报，差额代开一张专用发票或普通发票。
6. 北京市、上海市、广州市和深圳市，个体工商户和个人销售购买的住房，将购买不足 2 年的住房对外销售的，按照 5% 的征收率全额缴纳增值税；将购买 2 年以上（含 2 年）的非普通住房对外销售的，以销售收入减去购买住房价款后的差额按照 5% 的征收率缴纳增值税；个人将购买 2 年以上（含 2 年）的普通住房对外销售的，免征增值税。	不足 2 年的住房对外销售，5% 全额申报，代开 5% 全额专用发票或普通发票； 京沪广深 2 年以上非普通住房，5% 差额申报，差额代开一张专用发票或普通发票。

（十）劳务派遣服务（财税〔2016〕47 号第一条）

政策规定	发票开具情形
劳务派遣服务，是指劳务派遣公司为了满足用工单位对于各类灵活用工的需求，将员工派遣至用工单位，接受用工单位管理并为其工作的服务。 1. 一般纳税人提供劳务派遣服务，可以选择差额纳税，以取得的全部价款和价外费用，扣除代用工单位支付给劳务派遣员工的工资、福利和为其办理社会保险及住房公积金后的余额为销售额，按照简易计税方法依 5% 的征收率计算缴纳增值税。 2. 小规模纳税人提供劳务派遣服务，可以选择差额纳税，以取得的全部价款和价外费用，扣除代用工单位支付给劳务派遣员工的工资、福利和为其办理社会保险及住房公积金后的余额为销售额，按照简易计税方法依 5% 的征收率计算缴纳增值税。 选择差额纳税的纳税人，向用工单位收取用于支付给劳务派遣员工工资、福利和为其办理社会保险及住房公积金的费用，不得开具增值税专用发票，可以开具普通发票。	1. 一般纳税人：可以开两张发票，一张 5% 增值税专用发票，一张增值税普通发票；也可以一张增值税普通发票；也可以一张 6% 全额增值税专用发票。 2. 小规模纳税人：可以开两张发票，一张 5% 增值税专用发票，一张增值税普通发票；也可以一张增值税普通发票；也可以代开一张 3% 全额增值税专用发票。
申报审核：对于劳务派遣、人力资源外包等服务，有简易计税方法时，是不是分项目享受的呢？原则上是可以按照不同项目选择简易计税方法。税务总局没有明确，各省规定不一，实际工作中应遵从各地税务机关规定。	

（十一）安全保护服务（财税〔2016〕68 号）

政策规定	发票开具情形
第四条　纳税人提供安全保护服务，比照劳务派遣服务政策执行。 安全保护服务，是指提供保护人身安全和财产安全，维护社会治安等的业务活动。包括场所住宅保安、特种保安、安全系统监控以及其他安保服务。 1. 一般纳税人提供安全保护服务，可以选择差额纳税，以取得的全部价款和价外费用，扣除代用工单位支付给劳务派遣员工的工资、福利和为其办理社会保险及住房公积金后的余额为销售额，按照简易计税方法依 5% 的征收率计算缴纳增值税。 2. 小规模纳税人提供安全保护服务，可以选择差额纳税，以取得的全部价款和价外费用，扣除代用工单位支付给劳务派遣员工的工资、福利和为其办理社会保险及住房公积金后的余额为销售额，按照简易计税方法依 5% 的征收率计算缴纳增值税。 选择差额纳税的纳税人，向用工单位收取用于支付给安全保护员工工资、福利和为其办理社会保险及住房公积金的费用，不得开具增值税专用发票，可以开具普通发票。	1. 一般纳税人：可以开两张发票，一张 5% 增值税专用发票，一张增值税普通发票；也可以一张增值税普通发票；也可以一张 6% 全额增值税专用发票。 2. 小规模纳税人：可以开两张发票，一张 5% 增值税专用发票，一张增值税普通发票；也可以一张增值税普通发票；也可以一张 3% 全额增值税专用发票。

（十二）武装守护押运服务（财税〔2016〕140 号）

政策规定	发票开具情形
第十四条　纳税人提供武装守护押运服务，按照"安全保护服务"缴纳增值税 1. 一般纳税人提供武装守护押运服务，可以选择差额纳税，以取得的全部价款和价外费用，扣除代用工单位支付给劳务派遣员工的工资、福利和为其办理社会保险及住房公积金后的余额为销售额，按照简易计税方法依 5％ 的征收率计算缴纳增值税。 2. 小规模纳税人提供武装守护押运服务，可以选择差额纳税，以取得的全部价款和价外费用，扣除代用工单位支付给劳务派遣员工的工资、福利和为其办理社会保险及住房公积金后的余额为销售额，按照简易计税方法依 5％ 的征收率计算缴纳增值税。 选择差额纳税的纳税人，向用工单位收取用于支付给武装守护押运员工工资、福利和为其办理社会保险及住房公积金的费用，不得开具增值税专用发票，可以开具普通发票。	1. 一般纳税人：可以开两张发票，一张 5％ 增值税专用发票，一张增值税普通发票；也可以一张增值税普通发票；也可以一张 6％ 全额增值税专用发票。 2. 小规模纳税人：可以开两张发票，一张 5％ 增值税专用发票，一张增值税普通发票；也可以一张增值税普通发票；也可以一张 3％ 全额增值税专用发票。

（十三）人力资源外包服务（财税〔2016〕47 号第三条）

政策规定	发票开具情形
第三条　（一）纳税人（一般纳税人/小规模纳税人）提供人力资源外包服务，按照经纪代理服务缴纳增值税，其销售额不包括受客户单位委托代为向客户单位员工发放的工资和代理缴纳的社会保险、住房公积金。向委托方收取并代为发放的工资和代理缴纳的社会保险、住房公积金，不得开具增值税专用发票，可以开具普通发票。 一般纳税人提供人力资源外包服务，可以选择适用简易计税方法，按照 5％ 的征收率计算缴纳增值税。	① 两张发票：只就纯粹代费开具 6％ 专用发票，剩余部分开具普通发票。 ② 全额一张普通发票。

销售额不包含代用工单位支付给外派员工的工资和为其办理社会保险及住房公积金。不包含部分不含税，所以不允许开专票。

（十四）转让老土地使用权（财税〔2016〕47 号第三条）

政策规定	发票开具情形
三、（二）纳税人（一般纳税人/小规模纳税人）转让 2016 年 4 月 30 日前取得的土地使用权，可以选择适用简易计税方法，以取得的全部价款和价外费用减去取得该土地使用权的原价后的余额为销售额，按照 5％ 的征收率计算缴纳增值税。	5％ 差额预缴、5％ 差额申报；可以开 5％ 全额专用发票。

（十五）物业管理服务中收取自来水水费（国家税务总局公告 2016 年第 54 号）

政策规定	发票开具情形
提供物业管理服务的纳税人（一般纳税人/小规模纳税人），向服务接受方收取的自来水水费，以扣除其对外支付的自来水水费后的余额为销售额，按照简易计税方法依 3％ 的征收率计算缴纳增值税。	全额开具 3％ 发票，可以是增值税 3％ 专用发票，申报时凭支付自来水费的发票扣除差额，进项税额不得抵扣。

原《物业管理条例》第二十四条规定："国家提倡建设单位按照房地产开发与物业管理相分离的原则，通过招投标的方式选聘具有相应资质的物业服务企业。住宅物业的建设单位，应当通过招投标的方式选聘具有相应资质的物业服务企业；投标人少于 3 个或者住宅规模较小的，经物业所在地的区、县人民政府房地产行政主管部门批准，可以采用协议方式选聘具有相应资质的物业服务企业。"（根据 2018 年 3 月 19 日《国务院关于修改和废止部分行政法规的决定》第三次修订，删去了该条中的"具有相应资质的"规定）

$$应纳税额＝（收取的自来水水费含税－对外支付的自来水水费含税）/（1＋3％）×3％$$

其中，收取的自来水水费和对外支付的自来水水费均为含税价。

（十六）教辅单位为境外单位提供境内考试服务（国家税务总局公告 2016 年第 69 号）

政策规定	发票开具情形
六、境外单位通过教育部考试中心及其直属单位在境内开展考试,教育部考试中心及其直属单位应以取得的考试费收入扣除支付给境外单位考试费后的余额为销售额,按提供"教育辅助服务"缴纳增值税;就代为收取并支付给境外单位的考试费统一扣缴增值税。教育部考试中心及其直属单位代为收取并支付给境外单位的考试费,不得开具增值税专用发票,可以开具增值税普通发票。	① 两张发票:支付给境外单位的考试费开具普通发票,剩余部分可开具 6% 专用发票。 ② 全额开具一张普通发票。

（十七）签证代理服务（国家税务总局公告 2016 年第 69 号）

政策规定	发票开具情形
七、纳税人提供签证代理服务,以取得的全部价款和价外费用,扣除向服务接受方收取并代为支付给外交部和外国驻华使(领)馆的签证费、认证费后的余额为销售额。向服务接受方收取并代为支付的签证费、认证费,不得开具增值税专用发票,可以开具增值税普通发票。	① 两张发票:代为支付的签证费、认证费开具普通发票,剩余部分可开具 6% 专用发票。 ② 全额一张普通发票。

（十八）电信企业为公益性机构接受捐款（财税〔2016〕39 号第 1 条）

政策规定	发票开具情形
中国移动通信集团公司、中国联合网络通信集团有限公司、中国电信集团公司及其成员单位通过手机短信公益特服号为公益性机构接受捐款,以其取得的全部价款和价外费用,扣除支付给公益性机构捐款后的余额为销售额。其接受的捐款,不得开具增值税专用发票。	① 两张发票:接受的捐款开具普通发票,剩余部分可开具专用发票。 ② 全额开具一张普通发票。

（十九）中国证券登记结算公司结算费（财税〔2016〕39 号）

政策规定	发票开具情形
二、中国证券登记结算公司的销售额,不包括以下资金项目:按规定提取的证券结算风险基金;代收代付的证券公司资金交收违约垫付资金利息;结算过程中代收代付的资金交收违约罚息。	① 扣除项目开具普通发票,剩余部分可开具专用发票。 ② 全额开具一张普通发票。

（二十）代理进口按规定免征进口增值税的货物（国家税务总局公告 2016 年第 69 号）

政策规定	政策解读
八、纳税人代理进口按规定免征进口增值税的货物,其销售额不包括向委托方收取并代为支付的货款。向委托方收取并代为支付的款项,不得开具增值税专用发票,可以开具增值税普通发票。	本条解决了代理进口货款处理的问题,允许代收代付的货款不作为价外费用,不包括在销售额之中。这部分代付货款只可以开具普通发票。纳税申报时比照差额征税申报处理。

（二十一）航空运输销售代理企业提供境外航段机票代理服务（财税〔2017〕90 号）

政策规定	发票开具情形
三、自 2018 年 1 月 1 日起,航空运输销售代理企业提供境外航段机票代理服务,以取得的全部价款和价外费用,扣除向客户收取并支付给其他单位或者个人的境外航段机票结算款和相关费用后的余额为销售额。其中,支付给境内单位或者个人的款项,以发票或行程单为合法有效凭证;支付给境外单位或者个人的款项,以签收单据为合法有效凭证,税务机关对签收单据有疑义的,可以要求其提供境外公证机构的确认证明。 航空运输销售代理企业,是指根据《航空运输销售代理资质认可办法》取得中国航空运输协会颁发的"航空运输销售代理业务资质认可证书",接受中国航空运输企业或通航中国的外国航空运输企业委托,依照双方签订的委托销售代理合同提供代理服务的企业。	全额开票,差额申报。

（二十二）航空运输销售代理企业提供境内机票代理服务（国家税务总局公告 2018 年第 42 号）

政策规定	发票开具情形
二、航空运输销售代理企业提供境内机票代理服务,以取得的全部价款和价外费用,扣除向客户收取并支付给航空运输企业或其他航空运输销售代理企业的境内机票净结算款和相关费用后的余额为销售额。其中,支付给航空运输企业的款项,以国际航空运输协会(IATA)开账与结算计划(BSP)对账单或航空运输企业的签收单据为合法有效凭证;支付给其他航空运输销售代理企业的款项,以代理企业间的签收单据为合法有效凭证。	航空运输销售代理企业就取得的全部价款和价外费用,向购买方开具行程单,或开具增值税普通发票。

三、差额扣税凭证规范

（一）差额扣税凭证一般规范（财税〔2016〕36 号附件 2）

政策规定	政策解读
《有关事项规定》一(三)销售额 11 　试点纳税人按照上述规定从全部价款和价外费用中扣除的价款,应当取得符合法律、行政法规和国家税务总局规定的有效凭证。否则,不得扣除。 　上述凭证是指: 　(1) 支付给境内单位或者个人的款项,以发票为合法有效凭证。 　(2) 支付给境外单位或者个人的款项,以该单位或者个人的签收单据为合法有效凭证,税务机关对签收单据有疑议的,可以要求其提供境外公证机构的确认证明。 　(3) 缴纳的税款,以完税凭证为合法有效凭证。 　(4) 扣除的政府性基金、行政事业性收费或者向政府支付的土地价款,以省级以上(含省级)财政部门监(印)制的财政票据为合法有效凭证。 　(5) 国家税务总局规定的其他凭证。 　纳税人取得的上述凭证属于增值税扣税凭证的,其进项税额不得从销项税额中抵扣。	明确不得一票两用,如果某一增值税扣税凭证用于差额确定销售额时的销售额扣除凭证,则该增值税扣税凭证不得再作为进项税额的抵扣凭证。

（二）差额扣税凭证具体规定

扣除项目	政策依据	具体规定
① 建筑业扣除分包款的凭证	国家税务总局公告 2016 年第 17 号	第六条　纳税人按照上述规定从取得的全部价款和价外费用中扣除支付的分包款,应当取得符合法律、行政法规和国家税务总局规定的合法有效凭证,否则不得扣除。 　上述凭证是指: 　(1) 从分包方取得的 2016 年 4 月 30 日前开具的建筑业营业税发票。 　上述建筑业营业税发票在 2016 年 6 月 30 日前可作为预缴税款的扣除凭证。 　(2) 从分包方取得的 2016 年 5 月 1 日后开具的,备注栏注明建筑服务发生地所在县(市、区)、项目名称的增值税发票。 　(3) 国家税务总局规定的其他凭证。
② 转让不动产差额扣除凭证	国家税务总局公告 2016 年第 73 号	第一条　纳税人转让不动产,按照有关规定差额缴纳增值税的,如因丢失等原因无法提供取得不动产时的发票,可向税务机关提供其他能证明契税计税金额的完税凭证等资料,进行差额扣除。 　第二条　纳税人以契税计税金额进行差额扣除的,按照下列公式计算增值税应纳税额: 　(一) 2016 年 4 月 30 日及以前缴纳契税的 $$\text{增值税应纳税额}=\left[\frac{\text{全部交易价格}}{\text{(含增值税)}}-\frac{\text{契税计税金额}}{\text{(含营业税)}}\right]\div(1+5\%)\times5\%$$ 　(二) 2016 年 5 月 1 日及以后缴纳契税的 $$\text{增值税应纳税额}=\left[\frac{\text{全部交易价格}}{\text{(含增值税)}}\div(1+5\%)-\frac{\text{契税计税金额}}{\text{(不含增值税)}}\right]\times5\%$$ 　第三条　纳税人同时保留取得不动产时的发票和其他能证明契税计税金额的完税凭证等资料的,应当凭发票进行差额扣除。

扣除项目	政策依据	具体规定
③ 提供旅游服务	国家税务总局公告 2016 年第 69 号	第九条　纳税人提供旅游服务，将火车票、飞机票等交通费发票原件交付给旅游服务购买方而无法收回的，以交通费发票复印件作为差额扣除凭证。

四、差额征税开票实务（国家税务总局公告 2016 年第 23 号第四条）

按照现行政策规定适用差额征税办法缴纳增值税，且不得全额开具增值税发票的（财政部、税务总局另有规定的除外），纳税人自行开具或者税务机关代开增值税发票时，通过新系统中差额征税开票功能，录入含税销售额（或含税评估额）和扣除额，系统自动计算税额和不含税金额，备注栏自动打印"差额征税"字样，发票开具不应与其他应税行为混开。

开票方式 1	开票方式 2	开票方式 3
通过增值税发票管理新系统差额开票功能，选择差额开票方式开具一张专用发票。 该功能主要针对必须开具一张专用发票，且销项税中有一部分是不允许抵扣的情况，如果收票方坚持要一票结算，可以使用该功能。如：转让不动产。 在理解和操作中须把握一条原则：明确规定扣除部分不得开具增值税专用发票的，如果开具增值税专用发票时，必须差额开票把扣除部分给"差额"掉。	通过增值税发票管理新系统中正常开票功能，开具两张发票。扣除部分开具一张普通发票，不得开具专用发票；余额部分开具一张增值税专用发票。虽然多开一张发票，但是开票准确，申报简便。 例如，经纪代理服务、旅游服务、劳务派遣、融资租赁和融资性售后回租业务等服务。	通过增值税发票管理新系统中正常开票功能，开具一张增值税普通发票。 如果收票方完全不需要进行抵扣，那么此时只需要开具一张全额、全税的增值税普通发票即可。下一步差额的扣除，都可以通过附表三结转至附表一。

申报审核：实务中差额开具专用发票的情形，主要限定两项业务：一是销售取得（不含自建）的不动产，适用（或选择适用）简易计税方法；二是京沪广深的个人，将购买 2 年以上（含 2 年）的非普通住房对外销售。这两项业务，可选择差额征税功能开票，也可以全额开普票。其他差额征税项目，如果文件规定扣除项目不得开具专用发票的，可开具两张发票，不得开具专票的扣除部分开具普票，余额部分开具专票，也可以全额开具普票。凡文件未标明不得开具增值税专用发票情形的，均为可以全额开具且全额计算销项税额的发票，不必通过差额征税模块开具。无论选择其中哪一种，均要保证增值税的应纳税额和可抵扣的进项税额是一致的。

（一）正常开票的差额征税项目（全额开票，差额申报）

1. 中国证券登记结算公司的销售额。不包括以下资金项目：按规定提取的证券结算风险基金；代收代付的证券公司资金交收违约垫付资金利息；结算过程中代收代付的资金交收违约罚息。（财税〔2016〕39 号）

2. 建筑服务预缴以及建筑服务简易计税可扣除支付的分包款。（财税〔2016〕36 号文附件 2）

3. 房地产销售，一般计税可扣除当期允许扣除的土地价款。（财税〔2016〕36 号文附件 2）

4. 符合规定的试点纳税人提供融资租赁服务，以取得的全部价款和价外费用，扣除支付的借款利息（包括外汇借款和人民币借款利息）、发行债券利息和车辆购置税后的余额为销售额。（财税〔2016〕36 号文附件 2）

5. 符合规定的试点纳税人提供融资性售后回租服务，以取得的全部价款和价外费用（不含本金），扣除对外支付的借款利息（包括外汇借款和人民币借款利息）、发行债券利息后的余额作为销售额。（财税〔2016〕36 号文附件 2）

6. 提供物业管理服务的纳税人，向服务接受方收取的自来水水费，以扣除其对外支付的自来水水费后的余额为销售额，按照简易计税方法依 3% 的征收率计算缴纳增值税。（国家税务总局公告 2016 年 54 号）

（续表）

7. 纳税人转让 2016 年 4 月 30 日前取得的土地使用权，可以选择适用简易计税方法，以取得的全部价款和价外费用减去取得该土地使用权的原价后的余额为销售额，按照 5% 的征收率计算缴纳增值税。（财税〔2016〕47 号） 8. 自 2018 年 1 月 1 日起，航空运输销售代理企业提供境外航段机票代理服务，以取得的全部价款和价外费用，扣除向客户收取并支付给其他单位或者个人的境外航段机票结算款和相关费用后的余额为销售额。（财税〔2017〕90 号）	9. 试点纳税人中的一般纳税人提供客运场站服务，以其取得的全部价款和价外费用，扣除支付给承运方运费后的余额为销售额。（财税〔2016〕36 号文附件 2） 10. 航空运输企业的销售额，不包括代收的机场建设费和代售其他航空运输企业客票而代收转付的价款。（财税〔2016〕36 号文附件 2）

【例 2-2】 2019 年 4 月，A 公司将一项工程发包给 B 公司，工程造价 1 000 万元。B 公司把其中的 200 万元分包给 C 公司，B 公司采取简易计税，B 公司收到工程款 1 000 万元，开具发票上的税额为 1 000÷1.03×3%＝29.12（万元），差额纳税＝（1 000－200）÷1.03×3%＝23.3（万元），A 公司取得发票的进项税额为 29.12 万元。

会计处理（单位：万元）	纳税申报
1. B 公司收到款项，全额开票 借：银行存款　　　　　　　　　　1 000 　　贷：工程结算　　　　　　　　970.88 　　　　应交税费——简易计税（970.88×3%） 　　　　　　　　　　　　　　　　29.12 2. 取得分包发票，差额纳税 借：工程施工——合同成本　　　194.18 　　应交税费——简易计税　　　　5.82 　　贷：银行存款　　　　　　　　　200 B 公司差额纳税＝29.12－5.82＝23.3（万元）	通过服务、不动产和无形资产扣除项目的填写实现差额纳税。 　　1. 填写附表三《服务、不动产和无形资产扣除项目明细》第 3 列本期发生额填 200 万元。 　　2. 填写附表一《销售明细表》，第 12 列服务、不动产和无形资产扣除项目本期实际扣除金额填 200 万元，扣除后含税销售额 800 万元，销项"应纳税额"23.3 万元。 　　3. 填写主表，简易计税办法计算的应纳税额 23.3 万元，应纳税额合计 23.3 万元。

（二）不得开具增值税专用发票（差额开票、差额申报）

销售方差额纳税，购买方差额抵扣税款，体现了销售方征多少增值税，购买方抵多少增值税的原理。对于不允许开具专用发票的扣除项目，开具普通发票，扣除后的差额部分开具专用发票。或直接全额开具一张普通发票。不允许开具专用发票的扣除项目如下表：

1. 经纪代理服务，以取得的全部价款和价外费用，扣除向委托方收取并代为支付的政府性基金或者行政事业性收费后的余额为销售额。向委托方收取的政府性基金或者行政事业性收费，不得开具增值税专用发票。（财税〔2016〕36 号文附件 2）理解：代付款发票由收款单位开具。 2. 试点纳税人提供有形动产融资性售后回租服务，向承租方收取的有形动产价款本金，不得开具增值税专用发票，可以开具普通发票。（财税〔2016〕36 号文附件 2）理解：承租方购进有形动产时已抵扣，出租时不征增值税，如果回租时开具增值税专用发票，会造成重复抵扣。 3. 旅游服务，可以选择以取得的全部价款和价外费用，扣除向旅游服务购买方收取并支付给其他单位或者个人的住宿费、餐饮费、交通费、签证费、门票费和支付给其他接团旅游企业的旅游费用后的余额为销售额。向旅游服务购买方收取并支付的上述费用，不得开具增值税专用发票，可以开具普通发票。（财税〔2016〕36 号文附件 2）理解：代付款发票由收款单位或个人开具。 4. 纳税人提供劳务派遣服务，可以选择差额纳税，以取得的全部价款和价外费用，扣除代用工单位支付给劳务派遣员工的工资、福利和为其办理社会保险及住房公积金后的余额为销售额，按照简易计税方法依 5% 的征收率计算缴纳增值税。选择差额纳税的纳税人，向用工单位收取用于支付给劳务派遣员工工资、福利和为其办理社会保险及住房公积金的费用，不得开具增值税专用发票，可以开具普通发票。（财税〔2016〕47 号）	5. 安保服务包括场所住宅保安、特种保安、安全系统监控、提供武装守护押运服务以及其他安保服务。纳税人提供安全保护服务，比照劳务派遣服务政策执行。（财税〔2016〕68 号） 6. 纳税人提供人力资源外包服务，按照经纪代理服务缴纳增值税，其销售额不包括受客户单位委托代为向客户单位员工发放的工资和代理缴纳的社会保险、住房公积金。向委托方收取并代为发放的工资和代理缴纳的社会保险、住房公积金，不得开具增值税专用发票，可以开具普通发票。（财税〔2016〕47 号） 7. 中国移动通信集团公司、中国联合网络通信集团有限公司、中国电信集团公司及其成员单位通过手机短信公益特服号为公益性机构接受捐款，以其取得的全部价款和价外费用，扣除支付给公益性机构捐款后的余额为销售额。其接受的捐款，不得开具增值税专用发票。（财税〔2016〕39 号）

（续表）

8. 纳税人提供签证代理服务，以取得的全部价款和价外费用，扣除向服务接受方收取并代为支付给外交部和外国驻华使（领）馆的签证费、认证费后的余额为销售额。向服务接受方收取并代为支付的签证费、认证费，不得开具增值税专用发票，可以开具增值税普通发票。（国家税务总局公告 2016 年第 69 号） 9. 纳税人代理进口按规定免征进口增值税的货物，其销售额向委托方收取并代为支付的货款。向委托方收取并代为支付的款项，不得开具增值税专用发票，可以开具增值税普通发票。（国家税务总局公告 2016 年第 69 号）	10. 境外单位通过教育部考试中心及其直属单位在境内开展考试，教育部考试中心及其直属单位提供的教育辅助服务，以取得的考试费收入扣除支付给境外单位考试费后的余额为销售额，就代为收取并支付给境外单位的考试费统一扣缴增值税。教育部考试中心及其直属单位代为收取并支付给境外单位的考试费，不得开具增值税专用发票，可以开具增值税普通发票。（国家税务总局公告 2016 年第 69 号） 11. 金融商品转让，按照卖出价扣除买入价后的余额为销售额，不得开具增值税专用发票。金融商品转让，不得开具增值税专用发票。（财税〔2016〕36 号文附件 2）理解：购买方不凭票抵扣，可根据"卖出价－买入价"差额征税。 12. 纳税人销售取得（不含自建）的不动产，适用（或选择适用）简易计税方法的，以取得的全部价款和价外费用减去该项不动产置原价或者取得不动产时的作价后的余额为销售额，按照 5% 的征收率计算应纳税额。（财税〔2016〕36 号文附件 2）

以上第 12 项可选择差额征税功能开票，也可以全额开普票。

1 至 11 项，建议不使用"差额开票"功能开票，理由是国家税务总局货劳司 2016 年 10 月 14 日回复旅游服务业差额征税政策：选择差额征税政策的业务如需开具增值税专用发票，开具两张发票：差额部分开具增值税普通发票，非差额部分开具增值税专用发票；开具增值税普通发票，即全额开具普通发票即可，两种方式均不使用"差额开票"功能。

依据国家税务总局公告 2016 年第 23 号文件规定：按照现行政策规定适用差额征税办法缴纳增值税，且不得全额开具增值税发票的（财政部、税务总局另有规定的除外），纳税人自行开具或者税务机关代开增值税发票时，通过新系统中差额征税开票功能，录入含税销售额（或含税评估额）和扣除额，系统自动计算税额和不含税金额，备注栏自动打印"差额征税"字样，发票不得与其他应税行为混开。

【例 2-3】　2019 年 4 月，某一般纳税人 C 提供劳务派遣服务选择适用差额征税，含税销售额 100 万元，扣除额 80 万元，征收率 5%。不得开具专用发票，是指扣除额 80 万元部分不得开具，企业有两种开票方式，第一种是开一张 100 万元的普通发票，申报时扣除差额 80 万元；第二种是开一张 80 万元的普通发票和一张 20 万元的专用发票（金额 19.05 万元，税额 0.95 万元，税率 5%），申报时扣除差额。这种方法下销售方差额纳税（100－80）÷1.05×5%＝0.95（万元），购买方差额扣抵税款 0.95 万元。

五、差额征税的账务处理

（一）采用总额法核算

增值税会计处理规定	财政部解读
1. 企业发生相关成本费用允许扣减销售额的账务处理。按现行增值税制度规定企业发生相关成本费用允许扣减销售额的，发生成本费用时，按应付或实际支付的金额，借记"主营业务成本""存货""工程施工"等科目，贷记"应付账款""应付票据""银行存款"等科目。待取得合规增值税扣税凭证且纳税义务发生时，按照允许抵扣的税额，借记"应交税费——应交增值税（销项税额抵减）"或"应交税费——简易计税"科目（小规模纳税人应借记"应交税费——应交增值税"科目），贷记"主营业务成本""存货""工程施工"等科目。	五、关于企业发生相关成本费用允许扣减销售额的账务处理中涉及的存货类科目 《财政部关于印发〈增值税会计处理规定〉的通知》第二（三）1 项中，企业发生相关成本费用按现行增值税制度规定允许扣减销售额的，在发生成本费用时，按应付或实际支付的金额，借记"主营业务成本""存货""工程施工"等科目，贷记"应付账款""应付票据""银行存款"等科目。其中，"存货"类的科目具体包括"材料采购""原材料""库存商品""开发成本"等科目，企业应根据本单位业务的实际情况予以确定。

<table>
<tr><td>

借：主营业务成本/存货/工程施工
　　贷：应付账款/应付票据/银行存款
借：应交税费——应交增值税（销项税额
　　抵减）
　　应交税费——简易计税
　　应交税费——应交增值税
　　贷：主营业务成本/存货/工程施工等

</td><td>

　　其中,销项税额抵减额＝按规定允许服务、不动产和无形资产扣除项目本期实际扣除金额÷（100％＋税率或征收率）×税率或征收率,税率是提供应税行为适用的税率。
　　（1）一般纳税人采用一般计税方法的项目增值税差额征税,记入"应交税费——应交增值税（销项税额抵减）"科目;
　　（2）一般纳税人采用简易计税方法的项目增值税差额征税,记入"应交税费—简易计税"科目;
　　（3）小规模纳税人增值税差额征税项目,记入"应交税费——应交增值税"科目。

</td></tr>
</table>

　　注意：建筑企业预缴税款时,以取得的全部价款和价外费用扣除支付的分包款后的余额按规定的预征率计算应预缴税款,这时"扣除支付的分包款"不属于营改增差额征税核算,预缴税款应全额在"应交税费—预交增值税"科目核算。

【例 2-4】 某企业是从事旅游服务的一般纳税人,选择差额征税方式,销售额按总额法计入,2019 年 4 月共取得旅游收入 53 万元,其中包含向其他单位支付的住宿费 12.36 万元、餐饮费 51 500 元、交通费 30 900 元、门票费 11.2 万元。开具增值税专用发票注明金额为 20 万元,税额为 12 000 元,开具增值税普通发票 31.8 万元,不考虑其他情况。

<table>
<tr><td>

借：银行存款　　　　　　　　　　530 000
　　贷：主营业务收入　　　　　　　　500 000
　　　　应交税费——应交增值税（销项税额）
　　　　　　　　　　　　　　　　　　30 000
借：主营业务成本　　　　　　　　318 000
　　贷：银行存款　　　　　　　　　　318 000
借：应交税费——应交增值税（销项税额抵减）
　　　　　　　　　　　　　　　　　18 000
　　贷：主营业务成本——住宿费等　　18 000

</td><td>

　　本案例中,不管扣除项目"住宿费 12.36 万元、餐饮费 5.15 万元、交通费 3.09 万元、门票费 11.20 万元"适用的是税率还是征收率,计算"销项税额抵减"时都按照旅游服务适用的税率 6％计算。

</td></tr>
</table>

（二）采用净额法核算

在收入采用净额法确认的情况下,按照增值税有关规定确定的销售额计算增值税销项税额并计入"应交税费——应交增值税（销项税额）"。

【例 2-5】 某客运场站为增值税一般纳税人,为客运公司提供客源组织、售票、检票、发车、运费结算等服务。该企业采用差额征税的方式,以其取得的全部价款和价外费用,扣除支付给承运方运费后的余额为销售额。2019 年 4 月,该企业向旅客收取车票款项 530 000 元,应向客运公司支付 477 000 元,剩下的 53 000 元中,50 000 元作为销售额,3 000 元为增值税销项税额。根据该项经济业务,企业可作如下账务处理：

<table>
<tr><td>

借：银行存款　　　　530 000
　　贷：应付账款　　　　477 000
　　　　主营业务收入　　50 000
　　　　应交税费——应交增值税（销项税额）
　　　　　　　　　　　　3 000

</td><td>

　　这个例题既反映了增值税中的差额征收,差额征收增值税的销售额是（530 000－477 000）/1.06＝50 000（元）,对应的销项税额是 50 000×6％＝3 000（元）。该例题假设客运场站属于销售代理人,而不是主要责任人来处理的,因此仅将客运场站最终取得的差额收入相当于手续费收入作为会计收入,也就是不含税的 5 000 元。如果客运场站属于主要责任人,则其可将全部 530 000 确认为主营业务收入和销项税额;将支付出去的 477 000 元确认为主营业务成本和销项税额抵减。

</td></tr>
</table>

第八节 进项税额扩抵减税

一、不动产两年抵扣政策改为一次性抵扣

财政部 税务总局 海关总署公告 2019 年第 39 号	国家税务总局公告 2019 年第 14 号	国家税务总局公告 2019 年第 15 号
五、自 2019 年 4 月 1 日起,《营业税改征增值税试点有关事项的规定》(财税〔2016〕36 号印发)第一条第(四)项第 1 点、第二条第(一)项第 1 点停止执行,纳税人取得不动产或者不动产在建工程的进项税额不再分 2 年抵扣。此前按照上述规定尚未抵扣完毕的待抵扣进项税额,可自 2019 年 4 月税款所属期起从销项税额中抵扣。	六、已抵扣进项税额的不动产,发生非正常损失,或者改变用途,专用于简易计税方法计税项目、免征增值税项目、集体福利或者个人消费的,按照下列公式计算不得抵扣的进项税额,并从当期进项税额中扣减: $$\text{不得抵扣的进项税额} = \text{已抵扣进项税额} \times \text{不动产净值率}$$ $$\text{不动产净值率} = \left(\text{不动产净值} \div \text{不动产原值} \right) \times 100\%$$ 七、按照规定不得抵扣进项税额的不动产,发生用途改变,用于允许抵扣进项税额项目的,按照下列公式在改变用途的次月计算可抵扣进项税额。 $$\text{可抵扣进项税额} = \text{增值税扣税凭证注明或计算的进项税额} \times \text{不动产净值率}$$ 九、本公告自 2019 年 4 月 1 日起施行。《不动产进项税额分期抵扣暂行办法》(国家税务总局公告 2016 年第 15 号发布)同时废止。	二、截至 2019 年 3 月税款所属期,《国家税务总局关于全面推开营业税改征增值税试点后增值税纳税申报有关事项的公告》(国家税务总局公告 2016 年第 13 号)附件 1 中《增值税纳税申报表附列资料(五)》第 6 栏"期末待抵扣不动产进项税额"的期末余额,可以本公告施行后结转填入《增值税纳税申报表附列资料(二)》第 8b 栏"其他"。 五、本公告自 2019 年 5 月 1 日起施行,国家税务总局公告 2016 年第 13 号附件 1 中《增值税纳税申报表附列资料(五)》废止。

不动产一次性抵扣政策需要掌握两个关键点:

一是政策执行起始日。自 2019 年 4 月 1 日起,原先没有抵扣完毕的不动产待抵扣进项税额,可以从 4 月份税款所属期销项税额中抵扣,即将原记入"应交税费——待抵扣进项税额"科目的 40% 部分,在 4 月份转入"应交税费——应交增值税(进项税额)"科目,填入 2019 年 4 月税款所属期的《增值税纳税申报表附列资料(二)》第 8b 栏"其他",在 5 月份申报期申报。自 2019 年 4 月 1 日起纳税人取得不动产或者不动产在建工程的进项税额不再分 2 年抵扣。其会计处理是:

借:应交税费——应交增值税(进项税额)
　贷:应交税费——待抵扣进项税额(不动产)

二是抵扣后又转出如何确定金额。如果从 2019 年 4 月 1 日起,进项税已经抵扣了的不动产,又发生了不能抵扣进项税的情形,也就是非正常损失、专用于简易计税、免税项目、集体福利和个人消费,这时应该计算不得抵扣的进项税额。

(一) 不动产一次性抵扣的政策

政策规定	注意事项
1. 2019 年 4 月 1 日后购入的不动产,纳税人可在购进当期,一次性予以抵扣。 2. 2019 年 4 月 1 日前购入的不动产,还没有抵扣的进项税额的 40% 部分,从 2019 年 4 月所属期开始,允许全部从销项税额中抵扣。	1. "自 2019 年 4 月税款所属期起从销项税额中抵扣",一般情况下,纳税人从自身税款缴纳、资金占用角度考虑,在 2019 年 4 月所属期就应该将待抵扣部分转入进项税额。但是,如果发生个别纳税人 4 月以后要求转入的,也是允许的。 2. 纳税人将待抵扣的不动产进项税额转入抵扣时,需要一次性全部转入,不得分次转入。

（二）不动产进项税额转进转出

政策规定	注意事项
1. 已抵扣进项税额的不动产，如果发生非正常损失，或者改变用途，专用于简易计税方法计税项目、免征增值税项目、集体福利或者个人消费的，按照公式计算不得抵扣的进项税额，并从当期进项税额中扣减。 2. 按照规定不得抵扣进项税额的不动产，发生用途改变，用于允许抵扣进项税额项目的，按照公式在改变用途的次月计算可抵扣进项税额。	1. 不动产进项税额转进转出，都是按照不动产净值率计算，不动产净值率是不动产净值与不动产原值的比，不动产净值、原值与企业会计核算应保持一致。 2. 不动产发生用途改变，进项税额转进转出的时间有所不同。需要转出的，是在发生的当期转出；需要转入的，是在发生的下期转入。

【例 2-6】 2019 年 7 月，一个 1 000 万元的不动产改变了用途，专门用于了集体福利，用了 5 年，现在净值是 750 万元，原先已抵扣过 110 万元的进项税。

不得抵扣的进项税额 $= 110 \times (750 \div 1\,000) = 82.5$（万元），这 82.5 万元就需要做进项税额转出。

1. 我单位 2019 年 1 月购入一层写字楼，取得增值税专用发票，当前尚有购入写字楼的不动产进项税额 40% 未抵扣，我单位能否在 2019 年 4 月所属期抵扣剩余的 30%，在 5 月所属期抵扣剩余的 10%？

答：不可以。纳税人在 2019 年 3 月 31 日前尚未抵扣的不动产进项税额的 40%，自 2019 年 4 月所属期起，只能一次性转入进项税额进行抵扣。

2. 我单位 2019 年 4 月对原有厂房进行修缮改造，增加不动产原值超过 50%，为本次修缮购进的材料、设备、中央空调等进项税额，还需要分两年抵扣吗？

答：不需要，自 2019 年 4 月 1 日起，增值税一般纳税人取得不动产的进项税额不再分两年抵扣。

3. 纳税人因前期购买不动产尚未抵扣完毕的待抵扣进项税额，在 2019 年 4 月 1 日以后转入抵扣时，是否可以计算加计抵减额？

答：按照财政部 税务总局 海关总署公告 2019 年第 39 号（简称"39 号公告"）定，纳税人取得不动产尚未抵扣完毕的待抵扣进项税额，可自 2019 年 4 月税款所属期起从销项税额中抵扣。对于该部分进项税额，适用加计抵减政策的纳税人，可在转入抵扣的当期，计算加计抵减额。

二、购进国内旅客运输服务纳入抵扣范围

财政部 税务总局 海关总署公告 2019 年第 39 号	国家税务总局公告 2019 年第 15 号
六、纳税人购进国内旅客运输服务，其进项税额允许从销项税额中抵扣。 （一）纳税人未取得增值税专用发票的，暂按照以下规定确定进项税额： 1. 取得增值税电子普通发票的，为发票上注明的税额。 2. 取得注明旅客身份信息的航空运输电子客票行程单的，为按照下列公式计算进项税额： $$\text{航空旅客运输进项税额} = (\text{票价} + \text{燃油附加费}) \div (1 + 9\%) \times 9\%$$ 3. 取得注明旅客身份信息的铁路车票的，为按照下列公式计算的进项税额： $$\text{铁路旅客运输进项税额} = \text{票面金额} \div (1 + 9\%) \times 9\%$$ 4. 取得注明旅客身份信息的公路、水路等其他客票的，按照下列公式计算进项税额： $$\text{公路、水路等其他旅客运输进项税额} = \text{票面金额} \div (1 + 3\%) \times 3\%$$ （二）《营业税改征增值税试点实施办法》（财税〔2016〕36 号印发）第二十七条第（六）项和《营业税改征增值税试点有关事项的规定》（财税〔2016〕36 号印发）第二条第（一）项第 5 点中"购进的旅客运输服务、贷款服务、餐饮服务、居民日常服务和娱乐服务"修改为"购进的贷款服务、餐饮服务、居民日常服务和娱乐服务"。	《增值税纳税申报表（一般纳税人适用）》及其附列资料填写说明： 纳税人购进国内旅客运输服务，取得增值税专用发票，按规定可抵扣的进项税额，在申报时填写在《增值税纳税申报表附列资料（二）》[简称《附列资料（二）》]"（一）认证相符的增值税专用发票"对应栏次中。 纳税人购进国内旅客运输服务，取得增值税电子普通发票或注明旅客身份信息的航空、铁路等票据，按规定可抵扣的进项税额，在申报时填写在《增值税纳税申报表附列资料（二）》第 8b 栏"其他"中。 11. 第 10 栏"（四）本期用于抵扣的旅客运输服务扣税凭证"：反映按规定本期购进旅客运输服务，所取得的扣税凭证上注明或按规定计算的金额和税额。 本栏次包括第 1 栏中按规定本期允许抵扣的购进旅客运输服务取得的增值税专用发票和第 4 栏中按规定本期允许抵扣的购进旅客运输服务取得的其他扣税凭证。本栏"金额""税额"≥0。

为便于实际征管操作，该公告区分不同的运输方式设置不同的扣税凭证和可抵扣进项的计算方法。和其他进项税抵扣一样，旅客运输最基本的扣税凭证还是增值税专用发票。因此，如果纳税人相应取得了增值税专用发票，直接凭专票抵扣。在未取得专票的情况下，需要分以下情况来分别处理：

第一种情况，是凭电子普票据实抵扣。也就是说，如果纳税人取得增值税电子普通发票，可以直接凭发票上注明的税额进行抵扣。目前，部分航空公司已经开始推行了电子普票。

第二种情况，航空和铁路凭客票按9％税率抵扣。考虑到航空和铁路客运已全部采取实名制购票，客票样式也都是全国统一的，航空运输是电子客票行程单，铁路运输是铁路车票，而且航空、铁路旅客运输企业集约化程度高，规模大，基本上都是按照一般计税方法计税的，因此，针对航空和铁路这类征管基础好、风险相对低且可抵扣进项税确定的，以客票上注明的价款按照9％税率计算抵扣。

第三种情况，其他客运按3％计算抵扣。除航空、铁路客票以外，包括公路、水路在内的其他旅客运输，客票式样种类繁多、样式不统一，也基本没有集中统一的客票电子信息。目前仅有一小部分客票已采取实名购票并可以从客票上获取旅客身份信息。更重要的一点是，以公路、水路运输单位，既有一般纳税人，又有小规模纳税人，一般纳税人中还有一部分提供公共运输服务可以选择简易计税。因此，受票方仅凭拿到的客票，无法得知开票方如何交的税，自己可以扣多少。在这种现实情况下，为防范风险，先对其他客运统一暂按3％抵扣，待下一步将相关客运票证纳入增值税发票管理系统之后，再实现凭增值税发票据实抵扣。

（一）需要明确的问题

1. 只有国内旅客运输服务才可以抵扣进项税。国际运输适用零税率或免税，上环节运输企业提供的国际运输未缴纳增值税，也就不存在下环节进项抵扣的问题。

2. 除增值税专用发票和电子普通发票外，其他的旅客运输扣税凭证，都必须是注明旅客身份信息的票证才可以计算抵扣进项税，纳税人手写无效。抵扣凭证可以是增值税电子普通发票、注明旅客身份的航空运输电子客票行程单、铁路车票、公路和水路客票。这些凭证注意必须是注明旅客身份的票据，如果没有注明身份，不能作为抵扣凭证。由于部分客票票面样式不统一，票面记载旅客身份信息的内容也不尽相同，实际操作中，只要是通过实名制购票方式购买，并注明旅客姓名或身份证件号码的，就属于按规定注明旅客身份信息的票证，可以计算抵扣进项税额。39号公告规定的可抵扣进项税额的普通发票仅为增值税电子普通发票，对于企业取得的增值税电子普通发票，其抬头还应是公司抬头。因此，取得的纸质增值税普通发票不能抵扣进项税额。一般纳税人取得符合规定的通行费电子发票后，应当自开具之日起360日内登录本省（区、市）增值税发票选择确认平台，查询、选择用于申报抵扣的通行费电子发票信息。企业通过网约车平台取得的打车票可以选择纸质车票，也可以选择电子车票，但就目前的政策来看，如果取得网约车平台开具的纸质增值税发票不能抵扣进项税额。由于出租车票没有旅客个人信息，因此不能抵扣进项税额。如果取得的是充值的"不征税"增值税电子普通发票，发票上没有税额，也就不能抵扣进项税额。

3. 航空运输的电子客票行程单上的价款是分项列示的，包括票价、燃油附加费和民航发展基金。因民航发展基金属于政府性基金，不计入航空企业的销售收入。因此计算抵扣的基础是票价加燃油附加费。

4. 除扣税凭证和进项税计算方法的特殊规定外，对于旅客运输的进项税抵扣原则，需要符合现行增值税进项抵扣的基本规定。比如用于免税、简易计税的不得抵扣；用于集体福利、个人消费、非正常损失等情形的不得抵扣等等。

5. 对于旅客运输服务的抵扣，应该遵循"谁的人、谁抵扣，谁用工、谁抵扣"的原则。与本单位建立了合法用工关系的个人发生的旅客运输费用，属于可以抵扣的范围。对于劳务派遣的用工形式，劳务派遣人员发生的旅客运输费用，应由用工单位抵扣进项税额，而不是劳务派遣单位抵扣。

（二）旅客运输抵扣凭证种类

抵扣凭证种类	进项税额抵扣计算
增值税专用发票	发票上注明的税额
增值税电子普通发票	发票上注明的税额
注明旅客身份信息的航空运输电子客票行程单	（票价＋燃油附加费）÷（1＋9％）×9％
注明旅客身份信息的铁路车票	票面金额÷（1＋9％）×9％
注明旅客身份信息的公路、水路等其他客票	票面金额÷（1＋3％）×3％

一般纳税人取得符合规定的通行费电子发票后，应当自开具之日起360日内登录本省（区、市）增值税发票选择确认平台，查询、选择用于申报抵扣的通行费电子发票信息。如果取得的是充值的"不征税"增值税电子普通发票，发票上没有税额，也就不能抵扣进项税额。现行政策未对除增值税专用发票和电子普通发票以外的国内旅客运输服务凭证设定抵扣期限。

（三）抵扣时点

政策规定	把握"购进"时点
自 2019 年 4 月 1 日起，纳税人购进国内旅客运输服务，其进项税额允许从销项税额中抵扣。	以"购进服务"的付款时点吗？以相关票据的开具时点吗？以"旅客"报销的时点吗？ 以上时点都不准确。应该以提供国内旅客运输服务增值税纳税义务发生时间，来界定"购进"时点。也即是：作为国内旅客运输服务的销售方，销售的国内旅客运输服务增值税纳税义务时间发生在 4 月 1 日及以后的，购进方取得的相应发票及其他有效凭证，可抵扣进项。

（四）申报表填报要求

抵扣申报	统计申报
1. 纳税人购进国内旅客运输服务，取得增值税专用发票的，按规定可抵扣的进项税额在申报时填写在申报表《附列资料（二）》第 1 栏"认证相符的增值税专用发票"相应栏次中。 2. 纳税人购进国内旅客运输服务，未取得增值税专用发票的，以增值税电子普通发票注明的税额，或凭注明旅客身份信息的航空、铁路、公路、水路等票据，按政策规定计算的可抵扣进项税额，填写在申报表《附列资料（二）》第 8b 栏"其他"中申报抵扣。	为做好深化增值税改革相关政策效应的统计分析工作，申报表《附列资料（二）》中第 10 栏"（四）本期用于抵扣的旅客运输服务扣税凭证"，专用于旅客运输服务两项政策效应的统计分析。 纳税人申报的旅客运输服务，无论是取得增值税专用发票还是其他扣除凭证，都要在《附列资料（二）》第 10 栏"（四）本期用于抵扣的旅客运输服务扣税凭证"中进行统计，该栏次数据不会汇总至第 12 栏次"当期申报抵扣进项税额合计"中。 其中《附列资料（二）》第 10 栏"（四）本期用于抵扣的旅客运输服务扣税凭证"：反映按规定本期购进旅客运输服务，所取得的扣税凭证上注明或按规定计算的金额和税额。 本栏次包括第 1 栏中按规定本期允许抵扣的购进旅客运输服务取得的增值税专用发票和第 4 栏中按规定本期允许抵扣的购进旅客运输服务取得的其他扣税凭证。本栏"金额""税额"≥0。

（五）航空机票抵扣事项

1. 国际航空机票进项税额的处理

直飞机票	经停机票	联程机票
只有国内旅客运输才可以抵扣进项税额，国际运输适用零税率或免税，相应地，购买国际旅客运输服务不能抵扣进项税额。	全程不能抵扣进项。	对于国内转机部分的机票可以抵扣进项，对于国际段的机票则不能抵扣进项。

2. 机票抵扣时点的确认

机票上注明的时点有两个：一个是填开日期，一个是航班日期。按照财税〔2016〕36 号文的规定："第四十五条（一）纳税人发生应税行为并收讫销售款项或者取得索取销售款项凭据的当天；先开具发票的，为开具发票的当天。收讫销售款项，是指纳税人销售服务、无形资产、不动产过程中或者完成后收到款项。取得索取销售款项凭据的当天，是指书面合同确定的付款日期；未签订书面合同或者书面合同未确定付款日期的，为服务、无形资产转让完成的当天或者不动产权属变更的当天。"	对于填开日期晚于航班日期的，因航班日，航空公司已经提供运输服务并收讫销售款项，因此，航空公司的纳税义务发生时间为"航班日期"。 对于填开日期早于航班日期的，因行程单不是增值税发票，不适用"先开具发票的为开具发票的当天"，因此，航空公司的纳税义务发生时间为提供服务的当天，也即"航班日期"。 综上，对于取得的行程单，确认其能否抵扣进项税额，应以"航班日期"为准，而不是以"填开日期"。

航空运输电子客票行程单一定要去查询真伪，查询网址：http://www.caac.gov.cn/INDEX/HLFW/DZKPYZ/（中国民用航空局网站首页中部"电子客票验真"）。不需要勾选认证，也就是没有 360 日限制。

3. 登机牌不能单独作为抵扣凭证

39 号公告规定：取得注明旅客身份信息的航空运输电子客票行程单的，可以抵扣进项。因此，仅仅取得登机牌的不能抵扣进项税额。 机票报销的管理建议：登机牌＋行程单 由于目前机票可以退票，且部分航空公司不收回原机票。导致企业在报销时，仅凭行程单无法判别乘客是否实际购买旅客运输服务。	建议公司在报销机票时，除了要求员工提供行程单外，还要提供登机牌，以防退票再报销的情况。当然，也有不少航空公司要求退票必须提供原行程单，如东航等，也可以减少这种情况的发生。

4. 进项税额不计民航基金、改签费

航空运输的电子客票行程单上的价款是分项列示的,包括票价、燃油附加费和民航发展基金。因民航发展基金属于政府性基金,不计入航空企业的销售收入。因此计算抵扣的基础是票价加燃油附加费。

《商品和服务税收分类编码表》中,不征税项目类别下编码6130000000000000000为"代收民航发展基金"。航空公司在提供国内旅客运输服务时代收的民航发展基金,可以选择该编码开具增值税电子普通发票。

CNY代表人民币;CN代表"民航发展基金";YQ代表"燃油附加费"。可以抵减的金额为(票价+燃油附加费)÷(1+9%)×9%。

根据39公告规定,航空旅客运输服务计算进项可抵扣税额仅包含票价和燃油附加费,允许抵扣进项税额的国内旅客运输服务凭证,除增值税专用发票外,只限于增值税电子普通发票,和注明旅客身份信息的航空运输电子客票行程单、铁路车票、公路、水路等其他客票。不包括增值税普通发票。因此,纳税人取得飞机票改签费增值税普通发票不得抵扣进项税额。

5. OPEN机票不能抵扣进项税额

"OK"票是指有具体的起飞时间,并确定好了座位的机票;"OPEN"票则是相对"OK"机票而言的,往返票回程不定日期为OPEN票,回程机票上标记为OPEN字样。

由于OPEN机票没有乘坐日期,因此,乘客没有实际购买该项服务,不能抵扣进项。

因此,在实际报销时,应将OPEN机票换为带日期的机票再凭登机牌才能抵扣进项。

6. 旅行社或网上代订机票取得的普通发票不能抵扣进项税额

企业通过旅行社或网上订票平台购买机票,取得的为增值税普通发票,发票上税收编码属于"旅游服务",税率栏为6%或×××的差额征税发票,不属于旅客运输服务,不属于合规的抵扣凭证,不能抵扣进项税额。

但如果取得增值税专用发票的,仍可以以发票上注明的税额抵扣进项。

(六) 火车票补票、退票不能抵扣进项税额

对于乘客购进的火车票由于退票发生的退票费用,由于铁路公司未对乘客提供运输服务,因此,取得的退票凭证不能抵扣进项。

对于乘客因越站乘车等情形的补票行为取得的补票凭证,对于铁路公司来说,取得的属于价外费用,应按照提供"旅客运输服务"缴纳增值税。但由于凭证上并未记载乘客信息,因此,也不能抵扣进项。

【例2-7】 2019年4月,职工小王出差,电子行程单上的票价和燃油附加费一共是1 090元,火车票545元,公路票103元。报销后,本月小王出差可抵扣的进项税是多少元?

可抵扣的进项税=1 090÷(1+9%)×9%+545÷(1+9%)×9%+103÷(1+3%)×3%=138(元)。

(七) 问题答疑

1. 我公司位于北京,某员工3月28日乘高铁出差至山东,4月2日返程,取得了注明该员工身份信息、乘车日期分别为3月28日和4月2日的两张高铁车票。请问我公司可以将上述旅客运输费用纳入抵扣吗?

答:《财政部 税务总局 海关总署关于深化增值税改革有关政策的公告》(财政部 税务总局 海关总署公告2019年第39号,以下简称"39号公告")规定,自4月1日起,增值税一般纳税人购进国内旅客运输服务,其进项税额允许从销项税额中抵扣。因此,你公司取得的4月2日高铁车票,可计算抵扣进项税额,3月28日的高铁车票则不能计算抵扣。

2. 增值税一般纳税人购进国际旅客运输服务,能否抵扣进项税额?

答:不能。纳税人提供国际旅客运输服务,适用增值税零税率或免税政策。相应地,购买国际旅客运输服务不能抵扣进项税额。

财税〔2016〕36号文件规定国际运输服务,是指:

(1)在境内载运旅客或者货物出境。(比如:北京飞到洛杉矶、香港、澳门、台湾)

(2)在境外载运旅客或者货物入境。(比如:洛杉矶、香港、澳门、台湾飞到上海)

(3)在境外载运旅客或者货物。(比如:巴黎飞到伦敦)

国家税务总局公告 2016 年第 29 号规定，纳税人发生的与香港、澳门、台湾有关的应税行为，参照本办法（属于以下情形的国际运输服务免征增值税）执行。

3. 增值税一般纳税人购进国内旅客运输服务取得航空运输电子客票行程单的，如何计算进项税额？

答：取得注明旅客身份信息的航空运输电子客票行程单的，按照下列公式计算进项税额：

$$航空旅客运输进项税额＝（票价＋燃油附加费）÷（1＋9\%）×9\%$$

客票上的字母含义：CN 代表"民航发展基金"（不属于计算抵扣进项税额的基数）；YQ 代表"燃油附加费"。

4. 我公司因员工出差计划取消，支付给航空代理公司退票费，并取得了 6% 税率的增值税专用发票。请问，我公司可以抵扣该笔进项税额吗？

答：按照现行政策规定，航空代理公司收取的退票费，属于现代服务业的征税范围，应按照 6% 税率计算缴纳增值税。你公司因公务支付的退票费，属于可抵扣的进项税范围，其增值税专用发票上注明的税额，可以从销项税额中抵扣。

根据国家税务总局公告 2018 年第 28 号规定，支付给航空代理公司退票费没有取得发票，不能在企业所得税税前扣除。

5. 某单位取得的长途客运手撕客票能否抵扣进项税额？

答：按照 39 号公告规定，一般纳税人购进国内旅客运输服务，除取得增值税专用发票和增值税电子普通发票外，需凭注明旅客身份信息的航空运输电子客票行程单、铁路车票以及公路、水路等其他客票抵扣进项税额，未注明旅客身份信息的其他票证（手写无效），暂不允许作为扣税凭证。因此纳税人不能凭长途客运手撕票抵扣进项税额。

6. 请问纳税人为非雇员（如客户、邀请讲课专家等存在业务合作关系的人员）支付的旅客运输费用，能否抵扣进项税额？

答：39 号公告规定，增值税一般纳税人购进国内旅客运输服务，其进项税额允许从销项税额中抵扣。这里指的是与本单位建立了合法用工关系的雇员，所发生的国内旅客运输费用允许抵扣其进项税额。纳税人如果为非雇员支付的旅客运输费用，不能纳入抵扣范围。需要注意的是，上述允许抵扣的进项税额，应用于生产经营所需，如属于集体福利或者个人消费，其进项税额不得从销项税额中抵扣。

7. 符合条件的一般纳税人购进国内旅客运输服务能否加计 10% 抵减纳税人一般计税方法计算的应纳税额？

答：总的来看，只要是在国内环节，可计算加计的进项税额，既不限于接受四项服务取得的进项税额，也不限于提供四项服务对应的进项税额，只要纳税人按照一般规定正常可以抵扣的进项税额，包括农产品加计抵扣的进项税额、不动产一次性抵扣后结转的此前尚未抵扣的 40% 部分进项税额、旅客运输计算抵扣的进项税额等等，都是可以计算加计的。

8. 增值税一般纳税人购进旅客运输服务未取得增值税专用发票，计算抵扣所形成的留抵税额可以申请退税吗？

答：从设计原理看，留抵退税对应的发票应为增值税专用发票（含税控机动车销售统一发票）、海关进口增值税专用缴款书以及解缴税款完税凭证，也就是说旅客运输服务计算抵扣的部分并不在退税的范围之内，但由于退税采用公式计算，因而上述进项税额并非直接排除在留抵退税的范围之外，而是通过增加分母比重的形式进行了排除。

三、继续实行农产品加计抵扣政策

《增值税暂行条例》第八条第（三）项	财税〔2016〕36 号附件 1 第二十五条第（三）项	财税〔2008〕81 号
购进农产品，除取得增值税专用发票或者海关进口增值税专用缴款书外，按照农产品收购发票或者销售发票上注明的农产品买价和 11% 的扣除率计算的进项税额。进项税额计算公式：进项税额＝买价×扣除率。	购进农产品，除取得增值税专用发票或者海关进口增值税专用缴款书外，按照农产品收购发票或者销售发票上注明的农产品买价和 13% 的扣除率计算的进项税额，准予从销项税额中抵扣。	一、对农民专业合作社销售本社成员生产的农业产品，视同农业生产者销售自产农业产品免征增值税。 二、自 2008 年 7 月 1 日起，增值税一般纳税人从农民专业合作社购进的免税农业产品，可按 13% 的抵扣率计算抵扣增值税进项税额。

农产品的扣除率要按国家政策的变化进行相应调整：1994 年至 2017 年 6 月 30 日为 13%；2017 年 7 月 1 日至 2018 年 4 月 30 日为 11%；2018 年 5 月 1 日至 2019 年 4 月 30 为 10%；2019 年 4 月 1 日后为 9%。

（一）农产品购进扣除

1. 一般纳税人购进农产品进项税额扣除具体政策

财税〔2017〕37 号	财税〔2018〕32 号	39 号公告
二、纳税人购进农产品，2017 年 7 月 1 日起，按下列规定抵扣进项税额： （一）除本条第（二）项规定外，纳税人购进农产品，取得一般纳税人开具的增值税专用发票或海关进口增值税专用缴款书的，以增值税专用发票或海关进口增值税专用缴款书上注明的增值税额为进项税额；从按照简易计税方法依照 3％征收率计算缴纳增值税的小规模纳税人取得增值税专用发票的，以增值税专用发票上注明的金额和 11％的扣除率计算进项税额；取得（开具）农产品销售发票或收购发票的，以农产品销售发票或收购发票上注明的农产品买价和 11％的扣除率计算进项税额。	二、纳税人购进农产品，原适用 11％扣除率的，扣除率调整为 10％。 三、纳税人购进用于生产销售或委托加工 16％税率货物的农产品，按照 12％的扣除率计算进项税额。 六、本通知自 2018 年 5 月 1 日起执行。	二、自 2019 年 4 月 1 日起，纳税人购进农产品，原适用 10％扣除率的，扣除率调整为 9％。纳税人购进用于生产或者委托加工 13％税率货物的农产品，按照 10％的扣除率计算进项税额。

申报审核：

自 2009 年 1 月 1 日起，烟叶收购单位收购烟叶时按照国家有关规定以现金形式直接补贴烟农的生产投入补贴（以下简称价外补贴），属于农产品买价，为"价款"的一部分。烟叶收购单位，应将价外补贴与烟叶收购价格在同一张农产品收购发票或者销售发票上分别注明，否则，价外补贴不得计算增值税进项税额进行抵扣。（财税〔2011〕21 号）

自 2017 年起连续三年，农产品适用税率实现三连降，从 13％税率下调至 9％，每次税率下调，农产品扣除率也相应进行了调整。农产品的扣除率要按国家政策的变化进行相应调整，1994 年至 2017 年 6 月 30 日为 13％；2017 年 7 月 1 日至 2018 年 4 月 30 日为 11％；2018 年 5 月 1 日至 2019 年 3 月 31 日为 10％；2019 年 4 月 1 日后为 9％。

农产品税率的频繁调整，纳税人购进农产品抵扣如何变化，大家比较关注。财税〔2018〕32 号和财政部税务总局　海关总署公告 2019 年第 39 号文件中，都有两条对此做出了规定。一条是普遍性规定，伴随税率调整，纳税人购进农产品扣除率同步从 11％调整为 10％，又从 10％调整为 9％；还有一条是特殊规定，明确纳税人从 2018 年 5 月 1 日起，购进用于生产销售或委托加工 16％税率货物的农产品，按照 12％的扣除率计算进项税额，从 2019 年 4 月 1 日起用于生产销售或委托加工 13％税率货物的农产品，按照 10％的扣除率计算进项税额。也就是说，2018 年 5 月 1 日税率调整前，购进农产品可以按照 11％、13％扣除，税率调整后，按照 10％、12％扣除；2019 年 4 月 1 日税率调整前，购进农产品可以按照 10％、12％扣除，税率调整后，按照 9％、10％扣除。农产品抵扣问题，总的思路和精神还是参考 2017 年简并税率时下发的财税〔2017〕37 号文件执行。农产品深加工行业进项税差由 4％减少为 3％，销项税率与扣除率的差减少，相应的应纳税额也会减少。应纳税额减少了，企业的利润就会增加，这对农产品深加工行业是个利好。

1）一般扣除

财税〔2017〕37 号	政策解读
二、纳税人购进农产品，2017 年 7 月 1 日起，按下列规定抵扣进项税额： （一）除本条第（二）项规定外，纳税人购进农产品，取得一般纳税人开具的增值税专用发票或海关进口增值税专用缴款书的，以增值税专用发票或海关进口增值税专用缴款书上注明的增值税额为进项税额；从按照简易计税方法依照 3％征收率计算缴纳增值税的小规模纳税人取得增值税专用发票的，以增值税专用发票上注明的金额和 11％的扣除率计算进项税额；取得（开具）农产品销售发票或收购发票的，以农产品销售发票或收购发票上注明的农产品买价和 11％的扣除率计算进项税额。	该项是明确购入农产品进项税额抵扣几种情形处理： 1. 取得一般纳税人开具增值税专用发票或关进口增值税专用缴款书的，应按上述扣税凭据上注明的增值税额为进项税额； 2. 取得小规模纳税人依据简易计税按照 3％征收率开具的增值税专用发票的（目前这类农产品专用发票均由税务局代开），则以增值税专用发票上注明的金额和 11％的扣除率计算进项税额； 3. 取得农业生产者销售自产农产品适用免征增值税政策而开具的农产品销售发票（普通发票）或纳税人自行开具收购发票的，则以上述发票上注明的农产品买价和 11％的扣除率计算进项税额。 农产品销售发票的重新定义见本条第（六）项。

申报审核：2018 年 5 月 1 日起，11％的扣除率调整为 10％；2019 年 4 月 1 日起，10％的扣除率调整为 9％。财税〔2017〕37 号文件之后，不允许流通环节小规模纳税人开具的普通发票按照扣除率计算进项税额，只有专用发票才可以。

2）加计扣除

财税〔2017〕37 号	国家税务总局公告 2017 年第 19 号	财政部 税务总局 海关总署公告 2019 年第 39 号
二、纳税人购进农产品,按下列规定抵扣进项税额: (二)营业税改征增值税试点期间,纳税人购进用于生产销售或委托受托加工 17％税率货物的农产品维持原扣除力度不变。 (五)纳税人购进农产品既用于生产销售或委托受托加工 17％税率货物又用于生产销售其他货物服务的,应当分别核算用于生产销售或委托受托加工 17％税率货物和其他货物服务的农产品进项税额。未分别核算的,统一以增值税专用发票或海关进口增值税专用缴款书上注明的增值税额为进项税额,或以农产品收购发票或销售发票上注明的农产品买价和 11％的扣除率计算进项税额。	"维持原扣除力度不变",是指在现有扣除力度(11％)的基础上,再进行加计扣除。加计扣除农产品进项税额＝当期生产领用农产品已按 11％税率(扣除率)抵扣税额÷11％×(13％－11％)。	二、纳税人购进农产品,原适用 10％扣除率的,扣除率调整为 9％。纳税人购进用于生产或者委托加工 13％税率货物的农产品,按照 10％的扣除率计算进项税额。

① 参与加计扣除的必须是用于生产销售或委托受托加工 13％税率货物的购进农产品。纳税人在购进农产品时,应按照农产品抵扣的一般规定,按照 9％计算抵扣进项税额。

② 加计扣除的时间是生产领用环节,而不是购进环节。购进环节无法确认使用对象,也就无法确认是否加计扣除。在领用农产品环节,如果农产品用于生产或者委托加工 13％税率货物,则再加计 1％进项税额。2019 年 4 月 1 日增值税税率调整降低以后,该公式相应调整为:加计扣除农产品进项税额＝当期生产领用农产品已按 9％税率(扣除率)抵扣税额÷9％×(10％－9％)

③ 加计扣除 1％的账务处理如下:

借:生产成本
　　应交税费——应交增值税——进项税额(农产品加计扣除)
　　贷:原材料——农产品

④ 加计扣除 1％的进项税额填写在附表二第 8a 栏反映。

时间	税率	加计抵扣率	生产或委托加工税率	政策依据
1994 年 1 月 1 日至 2017 年 6 月 30 日	13％	0	17％、13％	《增值税暂行条例》
2017 年 7 月 1 日至 2018 年 4 月 30 日	11％	13％	17％	财税〔2017〕37 号
2018 年 5 月 1 日至 2019 年 3 月 31 日	10％	12％	16％	财税〔2018〕32 号
2019 年 4 月 1 日起	9％	10％	13％	财政部 税务总局 海关总署公告 2019 年第 39 号

2. 农产品扣除凭证

1）可抵扣凭证与不可抵扣凭证

可抵扣进项税额的凭证	不得抵扣进项税额的凭证
① 增值税专用发票或海关进口增值税专用缴款书 ② 农产品收购发票或销售发票 农产品收购发票与销售发票票面都是农业生产者销售自产农产品,区别在于收购发票是买方开具,发票左上角打印"收购"两字。 销售发票是指农业生产者销售自产农产品适用免征增值税政策(详见:农产品的增值税和企业所得税优惠梳理)而开具的普通发票,由卖方开具,不打印"收购"两字,主要有农场、农村合作社销售农产品时开具和农业生产者个人销售自产农产品,到税务机关代开的免税普通发票。	① 批发、零售环节纳税人销售免税农产品开具的免税发票 (a)免征蔬菜(财税〔2011〕137 号) (b)部分免税鲜活肉蛋产品(财税〔2012〕75 号) ② 小规模纳税人开具的增值税普通发票

2）农产品销售发票

财税〔2017〕37 号	财税〔2012〕75 号
二、纳税人购进农产品，按下列规定抵扣进项税额： （六）《中华人民共和国增值税暂行条例》第八条第二款第(三)项和本通知所称销售发票，是指农业生产者销售自产农产品适用免征增值税政策而开具的普通发票。	三、【本条款废止】《中华人民共和国增值税暂行条例》第八条所列准予从销项税额中扣除的进项税额的第(三)项所称的"销售发票"，是指小规模纳税人销售农产品依照 3% 征收率按简易办法计算缴纳增值税而自行开具或委托税务机关代开的普通发票。

申报审核：

① 该项是对可自行计算进项抵扣发票种类的明确，开具这类发票对象应同时具备两个条件，即农业生产者与自产农产品，如林场销售自育苗木，享受增值税免税而开出普通发票，2019 年 4 月 1 日后，取得方可依据 9% 或 10% 的税率，自行计算进项税额。新规定把农产品销售发票完全进行了重新定义，与财税〔2012〕75 号可以说完全不同，明确了多项争议。

② 三种特殊情况：一是放弃自产农产品免税优惠；二是放弃流通环节免税优惠；三是放弃小微企业增值税优惠。三种情况下，均需通过税务部门代开的 3% 税率的增值税专用发票来抵扣，其中前两种情况 36 个月内放弃免税不得变更。

③ 取得农业合作社购进的免税农业产品，可凭农业合作社开具的增值税普通发票上的金额按 9%（2019 年 4 月 1 日后）的扣除率抵扣增值税进项税额。

3）从批发、零售环节购进免税农产品

财税〔2017〕37 号	政策解读
二、纳税人购进农产品，按下列规定抵扣进项税额： （四）纳税人从批发、零售环节购进适用免征增值税政策的蔬菜、部分鲜活肉蛋而取得的普通发票，不得作为计算抵扣进项税额的凭证。	本项其实就是废除了财税〔2012〕75 号中 3% 普票按 13% 抵扣的规定，而是要专票才能抵扣。

4）农产品免税发票

目前，能开具六种农产品免税发票： 一是农业生产者销售自产初级农产品（《中华人民共和国增值税暂行条例》第十五条）； 二是农民专业合作社销售本社成员生产的农业产品（财税〔2008〕81 号）； 三是制种企业在特定生产经营模式下，生产销售种子（国家税务总局公告 2010 年第 17 号）；	四是从事蔬菜批发、零售的纳税人销售的蔬菜（财税〔2011〕137 号）； 五是从事农产品批发、零售的纳税人销售部分鲜活肉蛋产品（财税〔2012〕75 号）； 六是采取"公司＋农户"经营模式销售畜禽（国家税务总局公告 2013 年第 8 号）。

六种可开具农产品免税发票的情形中，第一、二、三、六种均视为农业生产者销售自产的农产品，取得这四种免税发票，可以按农产品销售发票计算抵扣进项税。而取得第四、五种情况的免税发票，不能计算抵扣进项税。

5）农产品收购发票

农产品收购发票，纳税人只能是向农业生产者个人购买自产农产品这种业务才能开具；如果向从事农业生产的自然人以外的单位和个人购进农产品，应向对方索取增值税专用发票或普通发票，不能自行开具农产品收购发票。	一般纳税人如果需要开具农产品收购发票，需要向当地税务主管部门申请领购，经过批准后才能开具。一般来说，需要向税务机关就本公司的生产经营情况做出说明，比如企业的类型（属于购销企业还是生产企业）、注册资金、流动资金、经营的主要产品（或商品）、经营场所；生产型企业的年设计生产能力、主要原材料品种；购买农产品品种、购销计划、收购及销售渠道、相关的仓储设施或设备等。

纳税人应按规定妥善保管向从事农业生产的自然人收购自产农产品业务相关的原始凭证以备查验，如从事农业生产的自然人的身份证复印件、收购农产品的过磅单、入库单、收付款凭证等。许多纳税人对此重视不够，时常出现身份证信息错误、遗失，以及弄虚作假的行为，在税务机关进行检查时，如果企业无法提供相应的材料，会被认定为不真实的交易行为，面临虚开发票的风险。

6) 2019 年 4 月 1 日后,农产品抵扣归纳

抵扣凭证	取得发票来源	进项税额		
		用于生产销售或委托受托加工 13% 税率货物	用于生产销售其他货物服务	既用于生产销售或委托受托加工 13% 税率货物又用于生产销售其他货物服务,未分别核算
增值税专用发票或海关进口增值税专用缴款书	一般纳税人开具	金额×10%	金额×9%	金额×9%
	小规模纳税人开具	金额×10%	金额×9%	金额×3%
农产品销售发票或收购发票(仅限于农业生产者销售自产农产品)	不区分	买价×10%	买价×9%	买价×9%

① 三项普遍规定:

一是收到一般纳税人开具的增值税专用发票或海关专用缴款书,按发票上的税额抵扣;因为农产品 2019 年 4 月 1 日以后的税率是 9%,所以这个发票上的税额,等于金额×9%。

二是从小规模纳税人购进农产品,取得 3% 征收率的增值税专用发票。从 2019 年 4 月 1 日,按票面金额和 9% 的扣除率计算抵扣进项税。三是从农业生产者手中购进农产品,按收购发票和销售发票,注明的买价和 9% 扣除率计算进项税。

② 两项特殊规定:

一是如果企业能分别核算,购进的农产品确实是用于生产 13% 税率的货物的,在领用当期加计扣除 1% 的进项税,也就等于实际扣除率是 10%。

二是如果企业未分别核算,购进得农产品既用于了 13% 的货物,又用于了其他货物服务,这时除了不能享受加计扣除,而且从小规模纳税人取得的 3% 的专票,也只能按照 3% 抵扣,不能按照票面金额和 9% 的扣除率计算抵扣进项税。

3. 农产品加计扣除范围及计算

1) 适用农产品加计扣除的范围

按照规定,10% 扣除率仅限于纳税人生产或者委托加工 13% 税率货物所购进的农产品。	按照核定扣除管理办法规定,适用核定扣除政策的纳税人购进的农产品,扣除率为销售货物的适用税率。

2) 维持原扣除力度不变

财税〔2017〕37 号	政策解读
二、纳税人购进农产品,按下列规定抵扣进项税额: (二)营业税改征增值税试点期间,纳税人购进用于生产销售或委托受托加工 17% 税率货物的农产品维持原扣除力度不变。	2017 年 4 月 19 日的国务院常务会议定,对农产品深加工企业购入农产品维持原扣除力度不变,避免因进项抵扣减少而增加税负。因为农产品深加工后再销售基本上都是 17% 税率,所以文件中就将农产品深加工明确为"购进用于生产销售或委托受托加工 17% 税率货物的农产品"。 根据国家税务总局公告 2017 年第 19 号规定,"维持原扣除力度不变",是指在现有扣除力度(11%)的基础上,再进行加计扣除。 加计扣除农产品进项税额＝当期生产领用农产品已按 11% 税率(扣除率)抵扣税额÷11%×(13%−11%)

3) 维持原扣除力度不变(深加工)分别核算要求

财税〔2017〕37 号	政策解读
二、纳税人购进农产品,按下列规定抵扣进项税额: (五)纳税人购进农产品既用于生产销售或委托受托加工 17% 税率货物又用于生产销售其他货物服务的,应当分别核算用于生产销售或委托受托加工 17% 税率货物和其他货物服务的农产品进项税额。未分别核算的,统一以增值税专用发票或海关进口增值税专用缴款书上注明的增值税额为进项税额,或以农产品收购发票或销售发票上注明的农产品买价和 11% 的扣除率计算进项税额。	1. 对于购进农产品既用于生产销售或委托受托加工 17% 税率货物又用于生产销售其他货物服务的纳税人,应当分别核算用于生产销售或委托受托加工 17% 税率货物和其他货物服务的农产品进项税额。 2. 具体核算方式上,纳税人在购进农产品时,即分别核算用于"生产销售或委托受托加工 17% 税率货物"和"生产销售其他货物服务"的农产品数量,对于用于 17% 货物的农产品,纳税人实行核定扣除的,仍按原扣除办法进行扣除;用于其他货物服务的,按 11% 扣除率进行扣除。 3. 未分别核算的,统一以增值税专用发票或海关进口增值税专用缴款书上注明的增值税额为进项税额,或以农产品收购发票或销售发票上注明的农产品买价和 11% 的扣除率计算进项税额。(注意:未分别核算情况下,若增值税专用发票上注明的征收率为 3%,也按 3% 对应的税额抵扣,不再按 11% 扣除率计算抵扣。)

（续表）

申报审核：按照财税〔2018〕32号规定，2018年5月1日后，17%税率调整为16%；生产16%税率货物的外购农产品的扣除率调整为12%。按照财政部　税务总局　海关总署公告2019年第39号规定，2019年4月1日后，16%税率调整为13%；生产13%税率货物的外购农产品的扣除率调整为10%。未分别核算的，同样不得加计扣除。

4）2018年5月1日后农产品深加工企业购进农产品按照12%扣除

2017年7月，增值税税率实施"四并三"改革，农产品税率下调后，为了解决农产品深加工企业可能出现的税负上升问题，给予这部分企业维持扣除力度不变的过渡措施，也就是在11%扣除率的基础上加计了2个点，按照13%扣除率计算进项税额，征扣税率差保持在4个百分点（销项17%，进项13%）。

2018年5月1日税率调整，农产品深加工企业产成品适用税率由17%下调至16%，国家总体考虑是征税率下调，退税率、扣除率均应同步下调，这样有利于下一步规范增值税制度、减少税收风险。因此将其扣除率也同步下调一个点，确定为12%。和税率调整前相比，农产品深加工企业购进农产品加计扣除的力度是一样的，只是在10%的基础上加计2个百分点。

$$加计扣除农产品进项税额 = \frac{当期生产领用农产品已按}{10\%税率（扣除率）抵扣税额} \div 10\% \times (12\% - 10\%)$$

申报审核：12%扣除率的适用范围，仅限于纳税人生产16%税率货物购进的农产品，农产品流通企业或者产成品适用税率是10%的企业，不在加计扣除政策范围内，要按照10%扣除率计算进项税额。

可以享受加计扣除政策的票据有三种类型：

一是农产品收购发票或者销售发票，这里的销售发票必须是农业生产者销售自产农产品适用免税政策开具的普通发票；

二是取得一般纳税人开具的增值税专用发票或海关进口增值税专用缴款书；

三是从按照3%征收率缴纳增值税的小规模纳税人处取得的增值税专用发票。

需要说明的是，取得批发零售环节纳税人销售免税农产品开具的免税发票，以及小规模纳税人开具的增值税普通发票，均不得计算抵扣进项税额。

5）2019年4月1日后农产品深加工企业购进农产品按照10%扣除

与2017年"四并三"改革时一样，纳税人在购进农产品时，应按照农产品抵扣的一般规定，按照9%计算抵扣进项税额。在领用农产品环节，如果农产品用于生产或者委托加工13%税率货物，则再加计1%进项税额。要实现"纳税人购进用于生产或者委托加工13%税率货物的农产品，按照10%的扣除率计算进项税额"，不能直接按10%计算，仍应该分别计算：先按9%计算抵扣后，当期生产领用农产品再通过8a栏"加计扣除农产品进项税额"计算抵扣1%。

① 取得一般纳税人开具的增值税专用发票（或海关进口增值税专用缴款书）的，以票面增值税额（税率9%）为进项税额，填入《增值税纳税申报表附列资料（二）》（本期进项税额明细）1～3栏（或第5栏"海关进口增值税专用缴款书"）的"税额"栏，加计部分按"当期生产领用农产品已按9%税率（扣除率）抵扣税额÷9%×（10%－9%）"计算税额填入第8a栏"加计扣除农产品进项税额""税额"栏，不填写"份数""金额"；

② 取得小规模纳税人开具的增值税专用发票的，以增值税专用发票上注明的金额×9%计算进项税额，填入第6栏"农产品收购发票或者销售发票"的"税额"栏，加计部分按"当期生产领用农产品已按9%税率（扣除率）抵扣税额÷9%×（10%－9%）"计算税额填入第8a栏"加计扣除农产品进项税额""税额"栏，不填写"份数""金额"。

虽然此时不按票面税率抵扣，但一定要及时进行认证，因为如果该种专用发票对应的农产品无法分清用途的，需要填入1～3栏的"税额"栏，必须要认证；

③ 取得销售发票或收购发票的，以农产品销售发票或收购发票上注明的农产品买价×9%计算进项税额，填入第6栏"农产品收购发票或者销售发票"的"税额"栏，加计部分按"当期生产领用农产品已按9%税率（扣除率）抵扣税额÷9%×（10%－9%）"计算税额填入第8a栏"加计扣除农产品进项税额"的"税额"栏，不填写"份数""金额"。

实行农产品增值税进项税额核定扣除的企业，根据财税〔2012〕38号附件1《农产品增值税进项税额核定扣除试点实施办法》规定，扣除率为销售货物的适用税率。即：纳税义务发生时间从4月1日起的，原适用16%税率的，税率调整为13%；原适用10%税率的，税率调整为9%。不存在加计扣除的问题。

4. 购进农产品抵扣的会计处理

（1）从增值税一般纳税人处购进农产品，依法取得增值税专用发票的，购进时：

借：原材料——××农产品
　　应交税费——应交增值税（进项税额）
　　贷：银行存款

注意：按照票面金额和税额填写，认证（勾选）后在申报表附表二第1、2、3栏反映。

（2）从小规模纳税人购进农产品，取得3%专用发票，则购进时先按照票面金额10%计算出进项税额，并操作如下：

借：原材料——××农产品
　　应交税费——应交增值税（进项税额）
　　贷：银行存款

注意：总金额是价税合计数，进项税额按照计算得出后填写，并在附表二第6栏反映。

（3）纳税人将购进的农产品用于生产销售或委托受托加工于深加工税率货物时，按照规定计算准予加计扣除进项税额，在领用时可以按如下处理：

借：生产成本
　　应交税费——应交增值税（进项税额——农产品加计扣除）
　　贷：原材料——××农产品

注意：必须是分别核算的，加计扣除按差额计算后得出进项税额填写，并在附表二第8a栏反映。

农产品加计扣除进项税额单独核算尝试办法——"收购环节归集，期末计算比率，领用环节核算"

以购进农产品为原料进行深加工（销售货物适用16%税率），维持原扣除力度不变的前提条件是购进农产品的进项税额需单独核算，如何进行单独核算需要会计创新处理，下面介绍一种"收购环节归集，期末计算比率，领用环节核算"的尝试办法，供纳税人借鉴使用。

（1）在购进环节全部计算加计扣除金额

在农产品购进环节，根据本次农产品购进金额，无论将来用于深加工还是初加工，一并计算加计扣除金额。设置"待加计进项税额"明细科目，用于核算留待下步加计扣除进项税额。本科目按照外购农产品类别设置。

（2）按照移动加权平均核算"加计进项税比率"

按照加权移动平均法，月末一次计算"加计进项税比率"，根据"待加计进项税额"期末余额、农产品期初余额、本期增加等计算加计进项税比率。

"加计进项税比率"＝期末分摊前"待加计进项税额"科目余额÷（农产品科目期初余额＋本期增加农产品金额）

（3）月末根据农产品用途计算应分摊加计进项税额

月末，根据发出农产品用途，对"待加计进项税额"进行处理。用于深加工农产品，根据发出农产品价值和"加计进项税比率"计算加计扣除税额，在当期申报抵扣。对于用于初加工的，根据发出农产品价值和"加计进项税比率"计算加计扣除税额，分别冲减"待加计进项税额"和"营业外收入"科目。

发出农产品对应待加计进项税额＝发出农产品价值×加计进项税比率

5. 2019年4月1日后农产品购进扣除实务

（1）增值税一般纳税人购进农产品，取得流通环节小规模纳税人开具的增值税普通发票，不得计算抵扣进项税额。

（2）增值税一般纳税人从批发、零售环节购进适用免征增值税政策的蔬菜（财税〔2011〕137号）、部分免税鲜活肉蛋产品（财税〔2012〕75号）而取得的普通发票，不得作为计算抵扣进项税额的凭证。

（3）从按照简易计税方法依照3%征收率计算缴纳增值税的小规模纳税人取得增值税普通发票，不得抵扣进项税额。

（4）取得的海关进口增值税专用缴款书：先稽核比对，比对相符再抵扣（应交增值税——待抵扣进项税额）。

（5）取得农产品销售发票：农业种植、养殖公司等销售免税自产农产品开具的普通发票；农业合作社销售自产农产品开具的普通发票等。

（6）开具的收购发票：农业生产者销售自产农产品，收购发票是买方开具，发票左上角印"收购"两字。

（7）生活服务业纳税人同时兼营农产品深加工，能否同时适用农产品加计扣除以及加计抵减政策？

提供生活服务的销售额占全部销售额的比重超过50%的纳税人，可以适用加计抵减政策。该纳税人如果同时兼营农产品深加工业务，其购进用于生产或者委托加工13%税率货物的农产品，可按照10%扣除率计算进项税额，并可同时适用加计抵减政策。

（8）纳税人购进用于生产销售或委托受托加工13%税率货物的农产品：加计扣除时，一定注意是在生产领用环节，但是有的企业取得发票的时候就加计扣除是错误的。《增值税纳税申报表附列资料（二）》8a栏"加计扣除农产品进项税额"。

（9）取得（开具）农产品销售发票或收购发票和小规模纳税人处购进农产品时取得增值税专用发票（不用勾选认证，如认证要做进项税额转出）情况填写在第6栏"农产品收购发票或者销售发票"。

（10）从小规模纳税人处购进农产品时取得增值税专用发票（勾选认证），但未分别核算用于生产销售13%税率货物和其他货物服务，填写在第1栏"认证相符的增值税专用发票"中第2栏的"其中：本期认证相符且本期申报抵扣"。

【例2-8】 甲企业向农业合作社收购牛尾生产洗净毛(13%税率),取得农产品销售发票,金额98 784元,则总的可以抵扣的进项税额为98 784×10%=9 878.40元。本月全部领用。

(1) 采购时:	(2) 领用时加计扣除:

借:原材料——牛尾 89 893.44
  应交税费——应交增值税(进项税额)
       8 890.56
   贷:应付账款 98 784
	公式:加计扣除农产品进项税额=当期生产领用农产品
	已按票面税率(扣除率)抵扣税额÷票面税率(扣除率)×
	1%。=8 890.56÷9%×1%=987.84
	借:生产成本 88 905.60
	  应交税费——应交增值税(进项税额)987.84
	   贷:原材料 89 893.44

问题答疑:

1. 生活服务业纳税人同时兼营农产品深加工,能否同时适用农产品加计扣除以及加计抵减政策?

答:按照《财政部 税务总局 海关总署关于深化增值税改革有关政策的公告》(财政部 税务总局 海关总署公告2019年第39号)的规定,提供生活服务的销售额占全部销售额的比重超过50%的纳税人,可以适用加计抵减政策。该纳税人如果同时兼营农产品深加工业务,其购进用于生产或者委托加工13%税率货物的农产品,可按照10%扣除率计算进项税额,并可同时适用加计抵减政策。

2. 增值税一般纳税人购进农产品既用于生产销售或委托受托加工13%税率货物又用于生产销售其他货物服务的,是否需要分别核算?

答:需要分别核算。未分别核算的,统一以增值税专用发票或海关进口增值税专用缴款书上注明的增值税额为进项税额,或以农产品收购发票或销售发票上注明的农产品买价和9%的扣除率计算进项税额。

3. 农产品核定扣除的纳税人,扣除率是否也要按照10%计算抵扣进项税额?

答:核定扣除的纳税人购进农产品,仍按照核定扣除管理办法规定,以销定进,扣除率为销售货物的适用税率。

4. 纳税人2019年3月31日前购进农产品已按10%扣除率扣除,2019年4月领用时用于生产或委托加工13%税率的货物,能否加计抵扣?如果能,可加计扣除比例是2%还是1%?

答:2019年4月1日以后,纳税人领用农产品用于生产或委托加工13%税率的货物,统一按照1%加计抵扣,不再区分所购进农产品是在4月1日前还是4月1日后。

(二) 一般纳税人购进农产品核定扣除

政策依据:

> 《财政部 国家税务总局关于在部分行业试行农产品增值税进项税额核定扣除办法的通知》(财税〔2012〕38号);
>
> 《财政部 国家税务总局关于扩大农产品增值税进项税额核定扣除试点行业范围的通知》(财税〔2013〕57号);
>
> 《国家税务总局关于在部分行业试行农产品增值税进项税额核定扣除办法有关问题的公告》(国家税务总局公告2012年第35号);
>
> 《国家税务总局关于明确营改增试点若干征管问题的公告》(国家税务总局公告2016年第26号);
>
> 《财政部 国家税务总局关于简并增值税税率有关政策的通知》(财税〔2017〕37号)。

1. 以购进农产品为原料生产货物(财税〔2012〕38号附件1第四条第一款)

投入产出法	成本法	参照法
参照国家标准、行业标准(包括行业公认标准和行业平均耗用值)确定销售单位数量货物耗用外购农产品的数量(以下称农产品单耗数量)。	依据试点纳税人年度会计核算资料,计算确定耗用农产品的外购金额占生产成本的比例(以下称农产品耗用率)。当期允许抵扣农产品增值税进项税额依据当期主营业务成本、农产品耗用率以及扣除率计算。	新办的试点纳税人或试点纳税人新增产品的,试点纳税人可参照所属行业或者生产结构相近的

投入产出法	成本法	参照法
当期允许抵扣农产品增值税进项税额＝当期农产品耗用数量×农产品平均购买单价×扣除率/（1＋扣除率） 其中，当期农产品耗用数量＝当期销售货物数量（不含采购除农产品以外的半成品生产的货物数量）×农产品单耗数量 对以单一农产品原料生产多种货物或者多种农产品原料生产多种货物的，在核算当期农产品耗用数量和平均购买单价时，应依据合理的方法归集和分配。 平均购买单价是指购买农产品期末平均买价，不包括买价之外单独支付的运费和入库前的整理费用。期末平均买价计算公式： 期末平均买价＝（期初库存农产品数量×期初平均买价＋当期购进农产品数量×当期买价）/（期初库存农产品数量＋当期购进农产品数量） 如果期初没有库存农产品，当期也未购进农产品的，农产品"期末平均买价"以该农产品上期期末平均买价计算；上期期末仍无农产品买价的依此类推。	当期允许抵扣农产品增值税进项税额＝当期主营业务成本×农产品耗用率×扣除率/（1＋扣除率） 其中，农产品耗用率＝上年投入生产的农产品外购金额/上年生产成本 按照"成本法"的有关规定核定试点纳税人农产品增值税进项税额时，"主营业务成本""生产成本"中不包括其未耗用农产品的产品的成本。 农产品外购金额（含税）不包括不构成货物实体的农产品（包括包装物、辅助材料、燃料、低值易耗品等）和在购进农产品之外单独支付的运费、入库前的整理费用以及委托加工产品支付的委托加工费用。 对以单一农产品原料生产多种货物或者多种农产品原料生产多种货物的，在核算当期主营业务成本以及核定农产品耗用率时，试点纳税人应依据合理的方法进行归集和分配。 农产品耗用率由试点纳税人向主管税务机关申请核定。 年度终了，主管税务机关应根据试点纳税人本年实际对当年已抵扣的农产品增值税进项税额进行纳税调整，重新核定当年的农产品耗用率，并作为下一年度的农产品耗用率。 适用"成本法"的试点纳税人需要重新核定农产品耗用率的，各市税务局应于1月15日前上报省税务局批准。	其他试点纳税人确定农产品单耗数量或者农产品耗用率。次年，试点纳税人向主管税务机关申请核定当期的农产品单耗数量或者农产品耗用率，并据此计算确定当年允许抵扣的农产品增值税进项税额，同时对上一年增值税进项税额进行调整。核定的进项税额超过实际抵扣增值税进项税额的，其差额部分可以结转下期继续抵扣；核定的进项税额低于实际抵扣增值税进项税额的，其差额部分应按现行增值税的有关规定将进项税额做转出处理。

只有按规定取得（或开具）合法有效凭证，才能核定扣除进项税额。上述扣除率为销售货物的适用税率，例如用鲜奶生产出了奶酪，则公式中的扣除率是奶酪的税率16%（2018年5月1日前为17%），如果用鲜奶生产出来巴氏杀菌乳，则公式中的扣除率是鲜奶的税率10%（2018年4月30日前为11%）。凡试点纳税人已按规定进行增值税纳税申报的，准予计入销售数量或者主营业务成本实行核定扣除农产品增值税进项税额。试点纳税人应当按照本办法第四条的规定准确计算当期允许抵扣农产品增值税进项税额，并从相关科目转入"应交税费-应交增值税（进项税额）"科目。未能准确计算的，由主管税务机关核定。

【例 2-9】 某纺织厂系增值税一般纳税人，以外购皮棉为原料生产棉纱，2019年5月8日，自某商贸小规模纳税人处收购皮棉200吨，取得对方代开的增值税专用发票1张，金额80万元，税额2.4万元，款项尚未支付。该企业皮棉无期初库存，当月对外直接销售皮棉90吨，每吨含税售价4 400元，假定当地税务机关核定的损耗率为5%。

1. 购进时：

    借：原材料   824 000

      贷：应付账款   824 000

2. 销售时：

    借：应收账款   396 000

      贷：其他业务收入   363 302.75

        应交税费——应交增值税（销项税额）   32 697.25

    皮棉期末平均购买单价为824 000÷200＝4 120（元/吨）。

核定扣除的进项税额＝当期销售农产品数量÷（1－损耗率）×农产品平均购买单价×9%÷（1＋9%）＝90÷（1－5%）×4 120÷（1＋9%）×9%＝32 227.91（元）

    借：其他业务成本90÷（1－5%）÷（1＋9%）×4 120＝358 087.88

      应交税费——应交增值税（进项税额）32 227.91

      贷：原材料   390 315.79

    应纳税额＝4 400×90×9%－32 227.91＝3 412.09（元）。

2. 购进农产品直接销售（财税〔2012〕38 号附件 1 第四条第二款）

购进农产品直接销售的,农产品增值税进项税额按照以下方法核定扣除:	$当期允许抵扣农产品增值税进项税额 = \dfrac{当期销售农产品数量}{1-损耗率} \times \dfrac{农产品平均购买单价 \times 9\%}{1+9\%}$ $损耗率 = \dfrac{损耗数量}{购进数量}$

3. 购进农产品用于生产经营且不构成货物实体（财税〔2012〕38 号附件 1 第四条第三款）

购进农产品用于生产经营且不构成货物实体的(包括包装物、辅助材料、燃料、低值易耗品等),增值税进项税额按照以下方法核定扣除: $当期允许抵扣农产品增值税进项税额 = \dfrac{当期销售产品数量}{1-损耗率} \times 农产品平均购买单价 \times \dfrac{扣除率}{1+扣除率}$ $损耗率 = \dfrac{损耗数量}{购进数量}$	2019 年 4 月 1 日后,用于生产销售或委托受托加工 13% 税率货物时,扣除率为 10%;购进农产品用于生产销售或委托受托加工 9% 税率货物时,扣除率为 9%。

4. 纳税申报

根据《国家税务总局关于在部分行业试行农产品增值税进项税额核定扣除办法有关问题的公告》（国家税务总局公告 2012 年第 35 号）第七条规定:试点纳税人纳税申报时,应将《农产品核定扣除增值税进项税额计算表(汇总表)》中"当期允许抵扣农产品增值税进项税额"合计数填入《增值税纳税申报表附列资料(表二)》第 6 栏的"税额"栏,不填写第 6 栏"份数"和"金额"数据。

(三) 加计抵减政策

生活服务业纳税人同时兼营农产品深加工,可以同时适用农产品加计扣除以及加计抵减政策。

按照《财政部　税务总局　海关总署关于深化增值税改革有关政策的公告》（财政部　税务总局　海关总署公告 2019 年第 39 号）的规定,提供生活服务的销售额占全部销售额的比重超过 50% 的纳税人,可以适用加计抵减政策。该纳税人如果同时兼营农产品深加工业务,其购进用于生产或者委托加工 13% 税率货物的农产品,可按照 10% 扣除率计算进项税额,并可同时适用加计抵减政策。

【例 2-10】　某公司系一般纳税人,主营业务为植物养护,兼营奶制品生产,农产品进项抵扣实行核定扣除,该企业 2018 年 4 月至 2019 年 3 月期间的植物养护销售额占全部销售额的比重超过 50%。2019 年 4 月购进原乳 10 000 元用于生产酸奶,当月已全部领用。当期其他一般计税项目取得允许抵扣的进项税额合计 2 000 元。

由于农产品用于深加工,进项税额允许按照 10% 扣除率计算抵扣 1 000 元。其他允许抵扣的进项税额 2 000 元。甲公司可以计算加计抵减的进项税额基数是 3 000 元,允许加计抵减应纳税额 300 元。

(四) 农产品抵扣风险防控

1. 从批发、零售环节小规模纳税人购进农产品没有索取增值税专用发票,没有扣税凭证,导致无法抵扣进项税额。

2. 从批发、零售环节小规模纳税人购进农产品取得税务机关代开的增值税专用发票,在进行增值税纳税申报时按发票上注明的税额(3% 征收率对应的增值税额)填列增值税纳税申报表(一般纳税人适用)及其附列资料(二)第 1 栏和第 2 栏,导致少抵扣进项税额。

3. 从批发、零售环节小规模纳税人购进农产品取得普通发票抵扣了进项税额。

(1) 从批发、零售环节纳税人购进免税蔬菜。

(2) 从批发、零售环节纳税人处购进免税鲜活肉蛋产品。

4. 向已办理税务登记的农业生产者购买农产品与从批发零售环节购买农产品未分开核算。建议取得农业生产者开具的普通发票,在备注栏内或具体农产品名称后注明"农业生产者自产",以免难以区分。

5. 2019 年 4 月 1 日以前收购的农产品,4 月 1 日以后用于生产或委托加工 13% 税率的货物,错误地按照 2% 加计扣除。

对于 4 月 1 日以后领用农产品用于生产或委托加工 13% 税率的货物,不论 4 月 1 日以前收购还是 4 月 1 日之后收购,应统一按照 1% 加计扣除。

6. 购进农产品既用于生产销售或委托受托加工 13% 税率货物又用于生产销售其他货物或服务的,未分别核算用于生产销售或委托受托加工 13% 税率货物和其他货物或服务的农产品进项税额。未分别核算的,企业必须统一以增值税专用发票或海关进口增值税专用缴款书上注明的增值税额为进项税额,或以农产品收购发票或销售发票上注明的农产品买价和 9% 的扣除率计算进项税额。

7. 未按规定开具农产品收购发票。 （1）从非农业生产者处购买的农产品开具了农产品收购发票，存在不予抵扣进项税额的风险。 （2）发生了交易，但人为操纵农产品收购数量或价格，造成不缴或少缴税款，存在行政处罚甚至被认定为虚开发票的风险。	（3）未发生交易，虚开农产品收购发票。 对于虚开农产品发票的，存在进行行政处罚，依法追究刑事责任的风险。 《中华人民共和国发票管理办法》第三十七条规定，虚开发票的，由税务机关没收违法所得；虚开金额在1万元以下的，可以并处5万元以下的罚款；虚开金额超过1万元的，并处5万元以上50万元以下的罚款；构成犯罪的，依法追究刑事责任。

第九节　增值税减免税优惠

一、《增值税暂行条例》规定的免税项目

《增值税暂行条例》 （国务院令第691号）	《增值税暂行条例实施细则》 （财政部国家税务总局第50号令）
第十五条　下列项目免征增值税： （一）农业生产者销售的自产农产品。 （二）避孕药品和用具。 （三）古旧图书。 （四）直接用于科学研究、科学试验和教学的进口仪器、设备。 （五）外国政府、国际组织无偿援助的进口物资和设备。 （六）由残疾人的组织直接进口供残疾人专用的物品。 （七）销售的自己使用过的物品。 除前款规定外，增值税的免税、减税项目由国务院规定。任何地区、部门均不得规定免税、减税项目。 第十六条　纳税人兼营免税、减税项目的，应当分别核算免税、减税项目的销售额；未分别核算销售额的，不得免税、减税。	第三十五条　条例第十五条规定的部分免税项目的范围，限定如下： （一）第一款第（一）项所称农业，是指种植业、养殖业、林业、牧业、水产业。 农业生产者，包括从事农业生产的单位和个人。 农产品，是指初级农产品，具体范围由财政部、国家税务总局确定。 （二）第一款第（三）项所称古旧图书，是指向社会收购的古书和旧书。 （三）第一款第（七）项所称自己使用过的物品，是指其他个人自己使用过的物品。

纳税人销售货物或者应税服务适用免税规定的，可以放弃免税，依照规定缴纳增值税。放弃免税后，36个月内不得再申请免税。

（一）农业生产者销售的自产农产品免税政策

财税〔2009〕9号	财税字〔1995〕52号	国税函〔2005〕56号
农产品，是指种植业、养殖业、林业、牧业、水产业生产的各种植物、动物的初级产品。具体征税范围暂继续按照财税字〔1995〕52号的文件名全称为《财政部国家税务总局关于印发〈农业产品征税范围注释〉的通知》及现行相关规定执行。	一、农业生产者销售的自产农业产品，是指直接从事植物的种植、收割和动物的饲养、捕捞的单位和个人销售的注释所列的自产农业产品；对上述单位和个人销售的外购的农业产品，以及单位和个人外购农业产品生产、加工后销售的仍然属于注释所列的农业产品，不属于免税的范围，应当按照规定税率征收增值税。 二、农业生产者用自产的茶青再经筛分、风选、拣剔、碎块、干燥、匀堆等工序精制而成的精制茶，不得按照农业生产者销售的自产农业产品免税的规定执行，应当按照规定的税率征税。	对于农民个人按照竹器企业提供样品规格，自产或购买竹、芒、藤、木条等，再通过手工简单编织成竹制或竹芒藤柳混合坯具的，属于自产农业初级产品，应当免征销售环节增值税。收购坯具的竹器企业可以凭开具的农产品收购凭证计算进项税额抵扣。

申报审核：直接从事植物的种植、收割和动物的饲养、捕捞的单位和个人销售的自产农业产品，免征增值税；对上述单位和个人外购后再转售的，不免增值税。农业生产者，包括从事农业生产的单值和个人。农业，是指种植业、养殖业、林业、牧业、水产业。农业生产者，包括从事农业生产的单位和个人。农产品，是指初级农产品，具体范围由财税字〔1995〕52号的文件名全称为《财政部　国家税务总局关于印发〈农业产品征税范围注释〉的通知》确定，详细内容见本章第四节《增值税低税率优惠》。

1. 农民专业合作社及"公司＋农户"回收再销售畜禽免税

农民专业合作社免税政策 （财税〔2008〕81 号）	"公司＋农户"经营模式免税政策 （国家税务总局公告 2013 年第 8 号）
2008 年 7 月 1 日起，对农民专业合作社销售本社成员生产的农业产品，视同农业生产者销售自产农业产品免征增值税；增值税一般纳税人从农民专业合作社购进的免税农业产品，可按 13％的扣除率计算抵扣增值税进项税额；对农民专业合作社向本社成员销售的农膜、种子、种苗、农药、农机，免征增值税。 　　自 2017 年 7 月 1 日起，扣除率调整为 11％。（财税〔2017〕37 号） 　　自 2018 年 5 月 1 日起，扣除率调整为 11％。（财税〔2018〕32 号）	自 2013 年 4 月 1 日起，纳税人采取"公司＋农户"的经营模式从农户手中回收再销售畜禽产品，属于农业生产者销售自产农产品，应根据现行增值税的有关规定免征增值税。 　　需注意两点： 　　一是所称"公司＋农户"经营模式销售畜禽是指公司与农户签订委托养殖合同，向农户提供畜禽苗、饲料、兽药及疫苗等（所有权属于公司），农户饲养畜禽苗至成品后交付公司回收，公司将回收的成品畜禽用于销售。 　　二是所称"畜禽"是指属于《农业产品征税范围注释》（财税字〔1995〕52 号）文件中规定的农业产品。

2. 粮食和食用植物油

1）免税政策

财税字〔1999〕198 号（失效条款已删除）	其他免税规定
一、国有粮食购销企业必须按顺价原则销售粮食。对承担粮食收储任务的国有粮食购销企业销售的粮食免征增值税。 　　二、对其他粮食企业经营粮食，除下列项目免征增值税外，一律征收增值税。 　　（一）军队用粮：指凭军用粮票和军粮供应证按军供价供应中国人民解放军和中国人民武装警察部队的粮食。 　　（二）救灾救济粮：指经县（含）以上人民政府批准，凭救灾救济粮食（证）按规定的销售价格向需救助的灾民供应的粮食。 　　（三）水库移民口粮：指经县（含）以上人民政府批准，凭水库移民口粮票（证）按规定的销售价格供应给水库移民的粮食。 　　三、对销售食用植物油业务，除政府储备食用植物油的销售继续免征增值税外，一律照章征收增值税。 　　四、对粮油加工业务，一律照章征收增值税。 　　五、享受免税优惠的企业，应定期进行免税申报，违反者取消其免税资格。 　　粮食部门应向同级税务局提供军队用粮、救灾救济粮、水库移民口粮的单位、供应数量等有关资料。 　　六、属于增值税一般纳税人的生产、经营单位从国有粮食购销企业购进的免税粮食，可依据购销企业开具的销售发票注明的销售额按 13％的扣除率（2017 年 7 月 1 日后降为 11％，2018 年 5 月 1 日后将为 10％）计算抵扣进项税额；购进的免税食用植物油，不得计算抵扣进项税额。	2014 年 5 月 1 日起，增值税免税政策适用范围由粮食扩大到粮食和大豆，并可对免税业务开具增值税专用发票。（财税〔2014〕38 号） 　　对粮食部门经营的退耕还林还草补助粮，凡符合国家规定标准的，比照"救灾救济粮"免征增值税。（国税发〔2001〕131 号） 　　对中国华粮物流集团公司及其直属企业 2009 年 1 月 1 日后销售粮食的业务，符合财税字〔1999〕198 号有关规定的，继续免征增值税。（税总函〔2013〕506 号）

2）发票开具

国税函〔1999〕560 号	国税明电〔1999〕10 号
凡享受免征增值税的国有粮食购销企业，均按增值税一般纳税人认定，并进行纳税申报、日常检查及有关增值税专用发票的各项管理。	一、享受免税优惠的国有粮食购销企业可继续使用增值税专用发票。 　　二、自 1999 年 8 月 1 日起，凡国有粮食购销企业销售粮食，暂一律开具增值税专用发票。 　　三、国有粮食购销企业开具增值税专用发票时，应当比照非免税货物开具增值税专用发票，企业记账销售额为"价税合计"数。 　　四、属于一般纳税人的生产、经营单位从国有粮食购销企业购进的免税粮食，可依照国有粮食购销企业开具的增值税专用发票注明的税额抵扣进项税额。

（续表）

自 2002 年 6 月 1 日起,对中国储备粮总公司及各分公司所属的政府储备食用植物油承储企业,按照国家指令计划销售的政府储备食用植物油免征增值税,允许其开具增值税专用发票并纳入增值税防伪税控系统管理。（国税函〔2002〕531 号）

《关于纳税人销售国家临时存储粮食发票开具有关问题的批复》（税总函〔2015〕448 号,【全文废止】）	《关于纳税人销售国家临时存储粮食发票开具有关问题的批复》（税总函〔2017〕422 号）
吉林省国家税务局：你局《关于非国有粮食收储企业承担国家政策性粮食收储业务增值税问题的请示》（吉国税发〔2015〕21 号）收悉。请示中反映,受中国储备粮管理总公司（以下简称"中储粮"）直属企业委托,并在中国农业发展银行（以下简称"农发行"）直接承贷国家临时存储粮食（含大豆,下同）贷款的非中储粮直属企业,按照中储粮要求,通过粮食批发市场或网上公开竞价方式销售国家临时存储粮食,回笼货款汇划到中储粮在农发行总行营业部开立的回笼货款存款专户上,最后通过中储粮直属企业将国家临时存储粮食收储成本划拨至非中储粮直属企业。鉴于以上情况,现就纳税人在上述交易方式下的发票开具问题批复如下： ① 中储粮直属企业应按照国家临时存储粮食的成交金额向购买方开具增值税发票。 ② 非中储粮直属企业应按照中储粮直属企业划拨的国家临时存储粮食收储成本金额,向中储粮直属企业开具增值税发票。	内蒙古自治区国家税务局：你局《关于中储粮总公司明确临储粮拍卖增值税发票开具有关事宜的请示》（内国税发〔2017〕71 号）收悉。由于部分国家临储粮的拍卖成交价格低于库存成本,承担国家临时储粮任务并直接承贷贷款的非中储粮直属企业,实际收到的货款小于库存成本,无法根据税总函〔2015〕448 号的规定,按库存成本金额给中储粮直属企业开具增值税发票。鉴于以上情况,现就纳税人销售国家临储粮（含大豆,下同）增值税发票开具有关问题批复如下： 一、对于低于库存成本销售的国家临储粮,非中储粮直属企业应按照成交金额向中储粮直属企业开具增值税发票；对于高于（或等于）库存成本销售的国家临储粮,非中储粮直属企业应按照库存成本金额向中储粮直属企业开具增值税发票。 二、中储粮直属企业应按照国家临储粮的成交金额向购买方开具增值税发票。 此前已发生未处理的,按本批复规定执行。自 2017 年 10 月 9 日起,税总函〔2015〕448 号废止。

申报审核：国有粮食购销企业销售储备粮食和储备植物油虽均属于免税货物,但在开具发票方面规定不同：免税粮食可开具增值税专用发票,但免税植物油能否开具增值税专用发票,则要分销售对象,只有中国储备粮管理总公司及各分公司所属的政府储备食用植物油承储企业,按照国家指令计划销售的政府储备食用植物油,允许其开具增值税专用发票,其他企业享受免税只能开具普通发票。

3）国有粮食购销企业销售粮食备案管理（国家税务总局公告 2015 年第 42 号）

承担粮食收储任务的国有粮食购销企业销售粮食享受免征增值税优惠政策时,其涉及的审核确定工作程序取消,改为备案管理。

1. 享受免征增值税优惠政策的国有粮食购销企业（以下统称纳税人）,按以下规定,分别向所在地县（市）税务局及同级粮食管理部门备案,对备案资料的真实性和合法性承担责任： （1）纳税人应在享受税收优惠政策的首个纳税申报期内,将备案材料送所在地县（市）税务局及同级粮食管理部门备案。 （2）纳税人在符合减免税条件期间内,备案资料内容不发生变化的,可进行一次性备案。 （3）纳税人提交的备案资料内容发生变化,如仍符合免税规定,应在发生变化的次月纳税申报期内,向所在地县（市）税务局及同级粮食管理部门进行变更备案。如不再符合免税规定,应当停止享受免税,按照规定进行纳税申报。	2. 纳税人提交的备案资料包括以下内容： （1）免税的项目、依据、范围、期限等。 （2）免税依据的相关法律、法规、规章和规范性文件要求报送的材料。 3. 所在地县（市）税务局及同级粮食管理部门对纳税人提供的备案材料的完整性进行审核,不改变纳税人真实申报的责任。 4. 本公告施行前,纳税人享受免征增值税优惠政策已经履行了相关审核确定程序的,可不再办理资料备案。但本公告施行后,纳税人免税条件、内容发生改变的,则应按本公告规定,重新办理享受优惠政策备案手续。

3. 边销茶免税（财税〔2016〕73 号）

政策规定	申报审核
称边销茶,是指以黑毛茶、老青茶、红茶末、绿茶为主要原料,经过发酵、蒸制、加压或者压碎、炒制,专门销往边疆少数民族地区的紧压茶、方包茶(马茶)。 　　2018 年 12 月 31 日前,对边销茶生产企业销售自产的边销茶及经销企业销售的边销茶免征增值税。同时规定,纳税人销售享受增值税免税政策的边销茶,如果已向购买方开具了增值税专用发票,应将专用发票追回后方可申请办理免税。凡使用增值税专用发票无法追回的,一律照章征收增值税,不予免税。	(1) 是否属于边销茶范围; 　　(2) 是否是列名生产企业销售自产的边销茶; 　　(3) 是否开具了专用发票; 　　(4) 是否符合专供范围(注意:不是特供); 　　(5) 边销茶是属于特殊的茶制品,不是茶叶种类; 　　(6) 边销茶与边境小额贸易是不同的概念。

4. 特定制种行业增值税免税政策（国家税务总局公告 2010 年第 17 号）

　　自 2010 年 12 月 1 日起,制种企业在下列生产经营模式下生产销售种子,属于农业生产者销售自产农业产品,应根据《中华人民共和国增值税暂行条例》有关规定免征增值税。

一、制种企业利用自有土地或承租土地,雇佣农户或雇工进行种子繁育,再经烘干、脱粒、风筛等深加工后销售种子。	二、制种企业提供亲本种子委托农户繁育并从农户手中收回,再经烘干、脱粒、风筛等深加工后销售种子。

5. 进口种子种源增值税优惠政策（财关税〔2016〕64 号）

　　经国务院批准,2016 年 1 月 1 日至 2020 年 12 月 31 日,继续对进口种子(苗)、种畜(禽)、鱼种(苗)和种用野生动植物种源(以下简称种子种源)免征进口环节增值税(以下简称免税)。

(二) 古旧图书

　　古旧图书是指向社会收购的古书和旧书。

(三) 直接用于科学研究、科学试验和教学的进口仪器、设备

1. "十三五"期间支持科技创新进口税收政策（财关税〔2016〕70 号）

　　一、2016 年 1 月 1 日至 2020 年 12 月 31 日,对科学研究机构、技术开发机构、学校等单位进口国内不能生产或者性能不能满足需要的科学研究、科技开发和教学用品,免征进口关税和进口环节增值税、消费税;对出版物进口单位为科研院所、学校进口用于科研、教学的图书、资料等,免征进口环节增值税。

　　二、本通知第一条中科学研究机构、技术开发机构、学校和出版物进口单位等是指:

　　(一) 国务院部委、直属机构和省、自治区、直辖市、计划单列市所属从事科学研究工作的各类科研院所。

　　(二) 国家承认学历的实施专科及以上高等学历教育的高等学校。

　　(三) 国家发展改革委会同财政部、海关总署和国家税务总局核定的国家工程研究中心;国家发展改革委会同财政部、海关总署、国家税务总局和科技部核定的企业技术中心。

　　(四) 科技部会同财政部、海关总署和国家税务总局核定的:1.科技体制改革过程中转制为企业和进入企业的主要从事科学研究和技术开发工作的机构;2.国家重点实验室及企业国家重点实验室;3.国家工程技术研究中心。

　　(五) 科技部会同民政部核定或者各省、自治区、直辖市、计划单列市及新疆生产建设兵团科技主管部门会同同级民政部门核定的科技类民办非企业单位。

　　(六) 工业和信息化部会同财政部、海关总署、国家税务总局核定的国家中小企业公共服务示范平台(技术类)。

　　(七) 各省、自治区、直辖市、计划单列市及新疆生产建设兵团商务主管部门会同同级财政、税务部门和外资研发中心所在地直属海关核定的外资研发中心。

　　(八) 国家新闻出版广电总局批准的下列具有出版物进口许可的出版物进口单位:中国图书进出口(集团)总公司及其具有独立法人资格的子公司、中国经济图书进出口公司、中国教育图书进出口有限公司、北京中科进出口有限责任公司、中国科技资料进出口总公司、中国国际图书贸易集团有限公司。

　　(九) 财政部会同有关部门核定的其他科学研究机构、技术开发机构、学校。

　　三、本通知第一条所述科学研究机构、技术开发机构、学校等单位进口国内不能生产或者性能不能满足需要的科学研究、科技开发和教学用品免税清单(含出版物进口单位为科研院所、学校进口用于科研、教学的图书、资料等),由财政部会同海关总署、国家税务总局制定并另行发布。

（续表）

四、财政部会同有关部门根据科学研究、科技开发和教学用品需求变化及国内生产发展等情况,适时对第三条进口科学研究、科技开发和教学用品免税清单进行调整。

五、本通知有关的政策管理办法由财政部会同有关部门另行发布。

六、经海关审核同意,科学研究机构、技术开发机构、学校可将免税进口的科学研究、科技开发和教学用品用于其他单位的科学研究、科技开发和教学活动。

对纳入国家网络管理平台统一管理、符合本通知规定的免税进口的科学仪器设备,在符合监管条件的前提下,准予用于其他单位科学研究、科技开发和教学活动。具体管理办法由科技部会同海关总署等有关部门另行制定并发布。

经海关审核同意,医院类高等学校、专业和科学研究机构以科学研究或教学为目的,可将免税进口的医疗检测、分析仪器及其附件用于其附属、所属医院的临床活动,或用于开展临床实验所需依托的其分立前附属、所属医院的临床活动。其中,大中型医疗检测、分析仪器,限每所医院每5年每种1台。

七、违反本通知规定,将免税进口的科学研究、科技开发和教学用品擅自转让、移作他用或者进行其他处置的,按照有关规定处罚,有关进口单位在1年内不得享受本通知规定的进口税收政策;依法被追究刑事责任的,有关进口单位在3年内不得享受本通知规定的进口税收政策。

2. 重大技术装备进口税收政策（财关税〔2018〕42号）

一、《国家支持发展的重大技术装备和产品目录（2018年修订）》（财关税〔2018〕42号附件1,以下简称附件1）和《重大技术装备和产品进口关键零部件、原材料商品目录（2018年修订）》（见财关税〔2018〕42号附录2,以下简称附件2）自2019年1月1日起执行,符合规定条件的国内企业为生产本通知附件1所列装备或产品而确有必要进口附件2所列商品,免征关税和进口环节增值税。附件1、2中列明执行年限的,有关装备、产品、零部件、原材料免税执行期限截止到该年度12月31日。

根据国内产业发展情况,自2019年1月1日起,取消百万千瓦级核电机组（二代改进型核电机组）等装备的免税政策,生产制造相关装备和产品的企业2019年度预拨免税进口额度相应取消。

二、《进口不予免税的重大技术装备和产品目录（2018年修订）》（见财关税〔2018〕42号附件3,以下简称附件3）自2019年1月1日起执行。对2019年1月1日以后（含1月1日）批准的按照或比照《国务院关于调整进口设备税收政策的通知》（国发〔1997〕37号）有关规定享受进口税收优惠政策的下列项目和企业,进口附件3所列自用设备以及按照合同随上述设备进口的技术及配套件、备件,一律照章征收进口税收:

（一）国家鼓励发展的国内投资项目和外商投资项目;

（二）外国政府贷款和国际金融组织贷款项目;

（三）由外商提供不作价进口设备的加工贸易企业;

（四）中西部地区外商投资优势产业项目;

（五）《海关总署关于进一步鼓励外商投资有关进口税收政策的通知》（署税〔1999〕791号）规定的外商投资企业和外商投资设立的研究中心利用自有资金进行技术改造项目。

为保证《进口不予免税的重大技术装备和产品目录（2018年修订）》调整前已批准的上述项目顺利实施,对2018年12月31日前（含12月31日）批准的上述项目和企业在2019年6月30日前（含6月30日）进口设备,继续按照《财政部 发展改革委 工业和信息化部 海关总署 税务总局 能源局关于调整重大技术装备进口税收政策有关目录的通知》（财关税〔2017〕39号）附件3和《财政部 国家发展改革委 海关总署 国家税务总局关于调整〈国内投资项目不予免税的进口商品目录〉的公告》（财政部 国家发展改革委 海关总署 国家税务总局2012年第83号）执行。

自2019年7月1日起对上述项目和企业进口《进口不予免税的重大技术装备和产品目录（2018年修订）》中所列设备,一律照章征收进口税收。为保证政策执行的统一性,对有关项目和企业进口商品需对照《进口不予免税的重大技术装备和产品目录（2018年修订）》和《国内投资项目不予免税的进口商品目录（2012年调整）》审核征免税的,《进口不予免税的重大技术装备和产品目录（2018年修订）》与《国内投资项目不予免税的进口商品目录（2012年调整）》所列商品名称相同,或仅在《进口不予免税的重大技术装备和产品目录（2018年修订）》中列名的商品,一律以《进口不予免税的重大技术装备和产品目录（2018年修订）》所列商品及其技术规格指标为准。

三、自2019年1月1日起,《财政部 发展改革委 工业和信息化部 海关总署 税务总局 能源局关于调整重大技术装备进口税收政策有关目录的通知》（财关税〔2017〕39号）予以废止。

附件（见财关税〔2018〕42号附件）:

1. 国家支持发展的重大技术装备和产品目录（2018年修订）。

2. 重大技术装备和产品进口关键零部件、原材料商品目录（2018年修订）。

3. 进口不予免税的重大技术装备和产品目录（2018年修订）。

（四）外国政府、国际组织无偿援助的进口物资和设备

署税发〔2005〕398号	财税〔2002〕2号
外国政府、国际组织无偿赠送及我国履行国际条约法规进口物资的减免税，包括减免关税、进口环节增值税和消费税。	经国务院批准，自2001年8月1日起，对外国政府和国际组织无偿援助项目在国内采购的货物免征增值税，同时允许销售免税货物的单位，将免税货物的进项税额在其他内销货物的销项税额中抵扣。

（五）销售的自己使用过的物品
自己使用过的物品是指其他个人使用过的物品。

二、销售货物、劳务增值税减免税优惠

（一）蔬菜和部分鲜活肉蛋产品流通环节免征增值税
1. 免征蔬菜流通环节增值税（财税〔2011〕137号）

自2012年1月1日起，对从事蔬菜批发、零售的纳税人销售的蔬菜免征增值税。

蔬菜是指可作副食的草本、木本植物，包括各种蔬菜、菌类植物和少数可作副食的木本植物。免税蔬菜采用列举法，共221种，参照《蔬菜主要品种目录》(见财税〔2011〕137号附件)执行。 经挑选、清洗、切分、晾晒、包装、脱水、冷藏、冷冻等工序加工的蔬菜，属于本通知所述蔬菜的范围(简单加工享受税收优惠)。	各种蔬菜罐头不属于本通知所述蔬菜的范围。蔬菜罐头是指蔬菜经处理、装罐、密封、杀菌或无菌包装而制成的食品。

纳税人既销售蔬菜又销售其他增值税应税货物的，应分别核算蔬菜和其他增值税应税货物的销售额；未分别核算的，不得享受蔬菜增值税免税政策。销售真空包装的蔬菜不得免征流通环节增值税。

2. 免征部分鲜活肉蛋产品流通环节增值税

财税〔2012〕75号	税总货便函〔2013〕11号
自2012年10月1日起，免征部分鲜活肉蛋产品流通环节增值税。 一、对从事农产品批发、零售的纳税人销售的部分鲜活肉蛋产品免征增值税。 免征增值税的鲜活肉产品，是指猪、牛、羊、鸡、鸭、鹅及其整块或者分割的鲜肉、冷藏或者冷冻肉，内脏、头、尾、骨、蹄、翅、爪等组织。 免征增值税的鲜活蛋产品，是指鸡蛋、鸭蛋、鹅蛋，包括鲜蛋、冷藏蛋以及对其进行破壳分离的蛋液、蛋黄和蛋壳。 上述产品中不包括《中华人民共和国野生动物保护法》所规定的国家珍贵、濒危野生动物及其鲜活肉类、蛋类产品。 二、从事农产品批发、零售的纳税人既销售本通知第一条规定的部分鲜活肉蛋产品又销售其他增值税应税货物的，应分别核算上述鲜活肉蛋产品和其他增值税应税货物的销售额；未分别核算的，不得享受部分鲜活肉蛋产品增值税免税政策。	一、各地要严格落实财税〔2012〕75号文件的规定，执行鲜活肉蛋产品流通环节免税政策。纳税人申请放弃享受免税的，应按现行增值税规定计算征收增值税，并允许开具增值税专用发票。 二、各地应严格按照出口退税率文库中标明的出口退税税率和现行审核退税的规定，为出口企业准确及时办理鲜活肉蛋产品的出口退税。

纳税人销售进口的鲜活猪肉，同样可以享受流通环节免征增值税优惠。
采用列举法，但品种较少：仅包括猪、牛、羊、鸡、鸭、鹅、鸡蛋、鸭蛋、鹅蛋。
注意：分割卖(比如，猪头、鹅爪甚至蛋液蛋黄蛋壳)、冻着卖(冷冻冷藏)都可以免税，但烧熟了再卖就不免。另外，仅限于三种家畜、三种家禽及它们下的蛋可免，其他的不免，比如鹌鹑和鹌鹑蛋。

（二）免税饲料范围

政策依据：

> 《财政部　国家税务总局关于饲料产品免征增值税问题的通知》（财税〔2001〕121 号）；
>
> 《财政部　国家税务总局关于豆粕等粕类产品征免增值税政策的通知》（财税〔2001〕30 号）；
>
> 《国家税务总局关于部分饲料产品征免增值税政策问题的批复》（国税函〔2009〕324 号）；
>
> 《国家税务总局关于饲料级磷酸二氢钙产品增值税政策问题的通知》（国税函〔2007〕10 号）；
>
> 《国家税务总局关于印发〈增值税部分货物征税范围注释〉的通知》（国税发〔1993〕151 号）第十二条；
>
> 《国家税务总局关于取消 20 项税务证明事项的公告》（国家税务总局公告 2018 年第 65 号）。

政策规定：

单一大宗饲料	混合饲料	配合饲料	复合预混料	浓缩饲料
指以一种动物、植物、微生物或矿物质为来源的产品或其副产品。其范围仅限于糠麸、酒糟、鱼粉、草饲料、饲料级磷酸氢钙及除豆粕以外的菜子粕、棉子粕、向日葵粕、花生粕等粕类产品。	指由两种以上单一大宗饲料、粮食、粮食副产品及饲料添加剂按照一定比例配置，其中单一大宗饲料、粮食及粮食副产品的参兑比例不低于95％的饲料。	指根据不同的饲养对象，饲养对象的不同生长发育阶段的营养需要，将多种饲料原料按饲料配方经工业生产后，形成的能满足饲养动物全部营养需要（除水分外）的饲料。	指能够按照国家有关饲料产品的标准要求量，全面提供动物饲养相应阶段所需微量元素（4 种或以上）、维生素（8 种或以上），由微量元素、维生素、氨基酸和非营养性添加剂中任何两类或两类以上的组分与载体或稀释剂按一定比例配置的均匀混合物。	指由蛋白质、复合预混料及矿物质等按一定比例配制的均匀混合物。

自 2001 年 8 月 1 日起，免税饲料主要包括：单一大宗饲料、混合饲料、配合饲料、复合预混料、浓缩饲料。对免税范围内的饲料产品，在生产、批发、零售等所有国内环节都免征增值税。（财税〔2001〕121 号）

骨粉属于免税饲料。（财税〔1996〕74 号）

饲用鱼油属于免税饲料。（国税函〔2003〕1395 号）

豆粕属于征收增值税的饲料产品，除豆粕以外的其他粕类饲料产品，均免征增值税。（国税函〔2010〕75 号）

自 2003 年 1 月 1 日起，对饲用鱼油产品按照"单一大宗饲料"免予征收增值税。饲用鱼油是鱼粉生产过程中的副产品，主要用于水产养殖和肉鸡饲养，属于单一大宗饲料。（国税函〔2003〕1395 号）

自 2007 年 1 月 1 日起，对饲料级磷酸二氢钙产品可按照现行"单一大宗饲料"的增值税政策规定，免征增值税。（国税函〔2007〕10 号）

自 2013 年 9 月 1 日起，精料补充料属于"配合饲料"范畴，免征增值税。精料补充料是指为补充草食动物的营养，将多种饲料和饲料添加剂按照一定比例配制的饲料。（国家税务总局公告 2013 年第 46 号）

自 2010 年 1 月 1 日起，豆粕属于征收增值税的饲料产品，除豆粕以外的其他粕类饲料产品，均免征增值税。（国税函〔2010〕75 号）

矿物质微量元素舔砖，是以四种以上微量元素、非营养性添加剂和载体为原料，经高压浓缩制成的块状预混物，可供牛、羊等牲畜直接食用，应按照"饲料"免征增值税。（国税函〔2005〕1127 号）

膨化血粉、膨化肉粉、水解羽毛粉不属于现行增值税优惠政策所定义的单一大宗饲料产品，应对其照章征收增值税。（国税发〔1999〕39 号）

用于动物饲养的粮食、饲料添加剂不属于免税饲料。（国税函发〔1997〕424 号）

宠物饲料不属于免征增值税的饲料。（国税函〔2002〕812 号）

膨化血粉、膨化肉粉、水解羽毛粉不属于现行增值税优惠政策所定义的单一大宗饲料产品，应对其照章征收增值税。（国税函〔2009〕324 号）

序号	证明名称	证明用途	取消后的办理方式
1	饲料产品合格证明。（国家税务总局公告 2018 年第 65 号）	符合免税条件的饲料生产企业办理饲料产品免征增值税优惠备案时，需提供有计量认证资质的饲料质量检测机构（名单由省税局确认）出具的饲料产品合格证明。	不再提交。享受免征增值税优惠政策的饲料产品应当符合行业主管部门明确的产品质量标准。主管税务机关应加强后续管理，必要时可委托第三方检测机构对产品质量进行检测，一经发现不符合免税条件的，应及时纠正并依法处理。

（三）农业生产增值税征免政策

1. 对化肥恢复征收增值税

政策规定 （财税〔2015〕90号、财税〔2015〕97号）	管理要求 （国家税务总局公告2015年第64号）
（1）自2015年9月1日起，对纳税人销售和进口化肥统一按13％税率征收国内环节和进口环节增值税。钾肥增值税先征后返政策同时停止执行。 化肥的具体范围，仍然按照《国家税务总局关于印发〈增值税部分货物征税范围注释〉的通知》（国税发〔1993〕151号）的规定执行。进口环节恢复征收增值税的化肥税号见附件。 （2）自2015年9月1日起至2016年6月30日，对增值税一般纳税人销售的库存化肥，允许选择按照简易计税方法依照3％征收率征收增值税。 （3）化肥属于取消出口退（免）税的货物，仍按照财税〔2012〕39号文件规定，其出口视同内销征收增值税。出口日期，以出口货物报关单（出口退税专用）上注明的出口日期为准。 （4）纳税人应当单独核算库存化肥的销售额，未单独核算的，不得适用简易计税方法。 （5）库存化肥，是指纳税人2015年8月31日前生产或购进的尚未销售的化肥。	（1）2015年9月30日前，纳税人应将库存化肥品种、数量等资料向主管税务机关备案。 纳税人按期办理增值税纳税申报时，需随同纳税申报表向税务机关提交库存化肥销售情况的有关说明材料，详细列明本期销售库存化肥的品种、数量、发票开具份数、发票号码、发票代码、销售额、增值税税额等情况。 （2）主管税务机关应建立库存化肥税收管理台账，按品种设立明细账目，记录纳税人库存化肥销售及结余数量的变化。 纳税人2016年7月1日后销售的库存化肥，一律按适用税率缴纳增值税。 （3）主管税务机关应加强化肥恢复征收增值税后的税收管理，结合增值税发票及纳税申报数据，开展库存化肥销售、结余、报税的分析比对工作。

2. 有机类肥料仍然免征增值税

财税〔2008〕56号	国家税务总局公告2015年第86号
自2008年6月1日起，纳税人生产销售和批发、零售有机肥产品免征增值税。 享受上述免税政策的有机肥产品是指有机肥料、有机—无机复混肥料和生物有机肥。 （1）有机肥料 指来源于植物和（或）动物，施于土壤以提供植物营养为主要功能的含碳物料。 （2）有机—无机复混肥料 指由有机和无机肥料混合和（或）化合制成的含有一定量有机肥料的复混肥料。 （3）生物有机肥 指特定功能微生物与主要以动植物残体（如禽畜粪便、农作物秸秆等）为来源并经无害化处理、腐熟的有机物料复合而成的一类兼具微生物肥料和有机肥效应的肥料。	自2016年1月1日起，《财政部 国家税务总局关于有机肥产品免征增值税的通知》（财税〔2008〕56号）规定享受增值税免税政策的有机肥产品中，有机肥料按《有机肥料》（NY525—2012）标准执行，有机—无机复混肥料按《有机-无机复混肥料》（GB18877—2009）标准执行，生物有机肥按《生物有机肥》（NY884—2012）标准执行。不符合上述标准的有机肥产品，不得享受财税〔2008〕56号文件规定的增值税免税政策。上述有机肥产品的国家标准、行业标准，如在执行过程中有更新、替换，统一按最新的国家标准、行业标准执行。

1）备案必报资料

序号	资料名称	原件/复印件	份数	备注
1	《纳税人减免税备案登记表》	原件	2	
2	肥料登记证	复印件	1	
3	污染物排放地环境保护部门确定的该纳税人应予执行的污染物排放标准	原件	1	原件核对后退还
4	污染物排放地环境保护部门出具的该纳税人的污染物排放符合污染物排放标准的证明材料	原件	1	原件核对后退还

2）生产有机肥产品的纳税人需报送

序号	资料名称	原件/复印件	份数	备注
1	肥料登记证	原件	1	原件核对后退还
2	有机肥产品质量技术检测合格报告	原件	1	原件核对后退还
3	省级农业行政主管部门办理备案的证明	复印件	1	在省、自治区、直辖市外销售有机肥产品的纳税人提供

3）批发、零售有机肥产品的纳税人需报送

序号	资料名称	原件/复印件	份数	备注
1	省级农业行政主管部门办理备案的证明	原件	1	原件核对后退还
2	生产企业的肥料登记证	复印件	1	
3	生产企业提供的产品质量技术检验合格报告	原件	1	原件核对后退还
4	农业行政主管部门办理备案的证明	复印件	1	
5	省级农业行政主管部门办理备案的证明	复印件	1	在省、自治区、直辖市外销售有机肥产品的纳税人提供

4）已开展环保核查的行业

序号	资料名称	原件/复印件	份数	备注
1	环境保护部门发布的符合环保法律法规要求的企业名单公告	原件	1	

3. 其他农业生产

（1）自 2007 年 7 月 1 日起，纳税人生产销售和批发、零售滴灌带和滴灌管产品免征增值税。（财税〔2007〕83 号）

（2）批发和零售的种子、种苗、农药、农机。（财税〔2001〕113 号）

（3）农膜。（财税〔2001〕113 号）

（4）农业机耕、排灌、病虫害防治、植物保护、农牧保险以及相关技术培训业务，家禽、牲畜、水生动物的配种和疾病防治。（财税〔2016〕36 号文件，以下简称 36 号文件附件 3）

（5）将土地使用权转让给农业生产者用于农业生产。（36 号文件附件 3）

（6）纳税人采取转包、出租、互换、转让、入股等方式将承包地流转给农业生产者用于农业生产，免征增值税。（财税〔2017〕58 号）

（四）黄金、白银、钻石、金币

1. 对中国金币总公司出口的金银币免征增值税。（财税字〔1994〕49 号）

2. 对生产黄金和白银免征增值税以及对配售黄金和白银增值税即征即退的政策。（财税明电〔1996〕1 号）

3. 黄金生产和经营单位销售黄金（不包括以下品种：成色为 AU9999、AU9995、AU999、AU995；规格为 50 克、100 克、1 公斤、3 公斤、12.5 公斤的黄金，以下简称标准黄金）和黄金矿砂（含伴生金），免征增值税；进口黄金（含标准黄金）和黄金矿砂免征进口环节增值税。（财税〔2002〕142 号）

4. 国内开采或加工的钻石，通过钻交所销售的，在国内销售环节免征增值税，可凭核准单开具普通发票；不通过钻交所销售的，在国内销售环节照章征收增值税，并可按规定开具专用发票。（国税发〔2006〕131 号）

（五）水电暖增值税征免政策

1. 供热企业（财税〔2016〕94 号）

供热企业是指热力产品生产企业和热力产品经营企业。热力产品生产企业包括专业供热企业、兼营供热企业和自供热单位。"三北"地区供热企业（以下简称供热企业）增值税、房产税、城镇土地使用税政策通知如下：

一、自 2016 年 1 月 1 日至 2018 年供暖期结束，对供热企业向居民个人（以下统称居民）供热而取得的采暖费收入免征增值税。

向居民供热而取得的采暖费收入，包括供热企业直接向居民收取的、通过其他单位向居民收取的和由单位代居民缴纳的采暖费。

免征增值税的采暖费收入，应当按照《中华人民共和国增值税暂行条例》第十六条的规定单独核算。通过热力产品经营企业向居民供热的热力产品生产企业，应当根据热力产品经营企业实际从居民取得的采暖费收入占该经营企业采暖费总收入的比例确定免税收入比例。

本条所称供暖期，是指当年下半年供暖开始至次年上半年供暖结束的期间。

二、自 2016 年 1 月 1 日至 2018 年 12 月 31 日，对向居民供热而收取采暖费的供热企业，为居民供热所使用的厂房及土地免征房产税、城镇土地使用税；对供热企业其他厂房及土地，应当按规定征收房产税、城镇土地使用税。

对专业供热企业，按其向居民供热取得的采暖费收入占全部采暖费收入的比例计算免征的房产税、城镇土地使用税。

对兼营供热企业，视其供热所使用的厂房及土地与其他生产经营活动所使用的厂房及土地是否可以区分，按照不同方法计算免征的房产税、城镇土地使用税。可以区分的，对其供热所使用厂房及土地，按向居民供热取得的采暖费收入占全部采暖费收入的比例计算减免税。难以区分的，对其全部厂房及土地，按向居民供热取得的采暖费收入占其营业收入的比例计算减免税。

对自供热单位，按向居民供热建筑面积占总供热建筑面积的比例计算免征供热所使用的厂房及土地的房产税、城镇土地使用税。

申报审核：供暖企业对居民供暖取得的收入可以免征增值税、房产税、城镇土地使用税，但所得税方面没有优惠政策。供热企业享受免税要备案；单独核算是享受免税的前提；用于免税项目的进项税额要转出；对无法划分的进项，要按公式计算转出。

2019 年 1 月 1 日起，供热企业办理为居民供热所使用的厂房免征房产税备案时，不再提交主管部门出具的供热企业的认定材料和房屋产权证明，改为纳税人自行留存备查。（国家税务总局公告 2018 年第 65 号）

【例 2-11】　捷能供热公司，增值税一般纳税人。2018 年度 11 月收取居民取暖费 339 万元，商业取暖费 231 万元，入网费 41.2 万元（入网合同约定，入网工程所用电力由甲方负责），以上收入均为含税。取得煤炭增值税专用发票，注明税额 16 万元，取得电费专用发票，注明税额 3.2 万元。增值税期初无留抵。根据以上业务及数据，如何做出涉税处理及依据，并计算 2018 年 11 月增值税应纳税额。

入网费可以选择简易计税，应提增值税 $41.2 \div 1.03 \times 3\% = 1.2$（万元）。

本月销项税额 $= 231 \div (1 + 10\%) \times 10\% = 21$（万元）。

本月抵扣进项税额 $= 16 + 3.2 = 19.2$（万元）。

本月进项税额转出 $= 19.2 \times 339 \div (339 + 231) = 11.42$（万元）（注：本月发生的煤炭和电力的进项，未用于入网工程，所以入网费不参与计算）。

本月应纳的增值税 $= 21 - 19.2 + 11.42 + 1.2 = 14.42$（万元）。

2. 供水企业

水资源费（税）不征增值税	污水处理费免征增值税
原对城镇公共供水用水户在基本水价（自来水价格）外征收水资源费的试点省份，在水资源费改税试点期间，按照不增加城镇公共供水企业负担的原则，城镇公共供水企业缴纳的水资源税所对应的水费收入，不计征增值税，按"不征税自来水"项目开具增值税普通发票。（国家税务总局公告 2017 年第 47 号） "未发生销售行为的不征税项目"指用于纳税人收取款项但未发生销售货物、应税劳务、服务、无形资产或不动产的情形。开具发票时使用"未发生销售行为的不征税项目"编码，发票税率栏应填写"不征税"，不得开具增值税专用发票。（国家税务总局公告 2016 年第 53 号第九条第十一款） 水资源费（税）使用"未发生销售行为的不征税项目"编码开具发票，这部分不征税收入不属于增值税优惠范围，不能放弃也无需备案，发票税率栏应填写"不征税"，不得开具增值税专用发票，也无需进行增值税纳税申报。	自 2001 年 7 月 1 日起收取污水处理费免征增值税。（财税〔2001〕97 号） 是否适用免税优惠政策，纳税人可根据自身情况选择。如果选择适用免税优惠政策，应按照税收优惠管理的相关要求，向主管税务机关进行免税备案，只能开具普通发票，发票税率一栏填"免税"，在增值税纳税申报的同时填报《增值税减免税申报明细表》；也可以依据《增值税暂行条例实施细则》第三十六条规定，声明放弃适用免税优惠政策（放弃免税后，36 个月内不得再申请免税），依照《增值税暂行条例》的规定缴纳增值税，这样也可开具增值税专用发票并作增值税纳税申报。

（续表）

申报审核：增值税不征收入与免征收入虽然都不需要缴纳增值税，但两者开具发票时对分类编码和税率的选择及是否作纳税申报完全不同。

3. 其他政策

| （1）收取电价时一并向用户收取的农村电网维护费（包括低压线路损耗和维护费以及电工经费）免征增值税。（国税函〔2009〕591号） | （2）对饮水工程运营管理单位向农村居民提供生活用水取得的自来水销售收入，免征增值税。对于既向城镇居民供水，又向农村居民供水的饮水工程运营管理单位，依据向农村居民供水收入占总供水收入的比例免征增值税。（财税〔2016〕19号） |

（六）影视

财教〔2014〕56号	财税〔2017〕35号
对电影制片企业销售电影拷贝（含数字拷贝）、转让版权取得的收入，电影发行企业取得的电影发行收入，电影放映企业在农村的电影放映收入，自2014年1月1日至2018年12月31日免征增值税。一般纳税人提供的城市电影放映服务，可以按现行政策规定，选择按照简易计税办法计算缴纳增值税。	2017年1月1日至2019年12月31日，对广播电视运营服务企业收取的有线数字电视基本收视维护费和农村有线电视基本收视费，免征增值税。

（七）修理修配劳务

| 1. 飞机修理（财税〔2000〕102号）
自2000年1月1日起，对飞机维修劳务增值税实际税负超过6％的部分即征即退。
2. 飞机维修企业的国外飞机维修业务（国家税务总局公告2011年第5号）
自2011年2月15日起，对承揽国内、国外航空公司飞机维修业务的企业（以下简称飞机维修企业）所从事的国外航空公司飞机维修业务，实行免征本环节增值税应纳税额、直接退还相应增值税进项税额的办法。
飞机维修企业应分别核算国内、国外飞机维修业务的进项税额；未分别核算或者未准确核算进项税额的，由主管税务机关进行核定。造成多退税款的，予以追回；涉及违法犯罪的，按有关法律法规规定处理。 | 3. 铁路货车修理（财税〔2001〕54号）
自2001年1月1日起，对铁路系统内部单位为本系统修理货车的业务免征增值税。
"铁路系统内部单位"包括中国南方、北方机车车辆工业集团公司所属企业，其为铁路系统修理铁路货车的业务免征增值税。 |

（八）熊猫普制金币免征增值税

财税〔2012〕97号	国家税务总局公告2013年第6号
经国务院批准，自2012年1月1日起，对符合条件的纳税人销售的熊猫普制金币免征增值税。 熊猫普制金币是指由黄金制成并同时符合以下条件的法定货币： 1. 由中国人民银行发行； 2. 生产质量为普制； 3. 正面主体图案为天坛祈年殿，并刊国名、年号。背面主体图案为熊猫，并刊面额、规格及成色。规格包括1盎司、1/2盎司、1/4盎司、1/10盎司和1/20盎司，对应面额分别为500元、200元、100元、50元、20元。黄金成色为99.9％。	二、下列纳税人销售熊猫普制金币免征增值税： （一）中国人民银行下属中国金币总公司（以下简称金币公司）及其控股子公司。 （二）经中国银行业监督管理委员会批准，允许开办个人黄金买卖业务的金融机构。 （三）经金币公司批准，获得"中国熊猫普制金币授权经销商"资格，并通过金币交易系统销售熊猫普制金币的纳税人。 第一批符合条件的纳税人名单附后。 三、免征增值税的熊猫普制金币是指2012年（含）以后发行的熊猫普制金币。 四、纳税人既销售免税的熊猫普制金币又销售其他增值税应税货物的，应分别核算免税的熊猫普制金币和其他增值税应税货物的销售额；未分别核算的，不得享受熊猫普制金币增值税免税政策。销售熊猫普制金币免税收入不得开具增值税专用发票。

（续表）

申报审核：申请享受熊猫普制金币增值税优惠政策的纳税人，应按规定向主管税务机关办理免税备案手续。国家税务总局不定期公告符合免税条件的纳税人名单和不符合免税条件的纳税人退出名单，不符合条件的纳税人销售熊猫普制金币，不再免征增值税。

（九）转让企业全部产权涉及的应税货物转让不征收增值税

国家税务总局公告 2011 年第 13 号	国家税务总局公告 2013 年第 66 号
自 2011 年 3 月 1 日起，纳税人在资产重组过程中，通过合并、分立、出售、置换等方式，将全部或者部分实物资产以及与其相关联的债权、负债和劳动力一并转让给其他单位和个人，不属于增值税的征税范围，其中涉及的货物转让不征收增值税。	自 2013 年 12 月 1 日起，纳税人在资产重组过程中，通过合并、分立、出售、置换等方式，将全部或者部分实物资产以及与其相关联的债权、负债经多次转让后，最终的受让方与劳动力接收方为同一单位和个人的，其中货物的多次转让行为均不征收增值税。资产的出让方需将资产重组方案等文件资料报其主管税务机关。

申报审核：自 2013 年 1 月 1 日起，增值税一般纳税人（以下称"原纳税人"）在资产重组过程中，将全部资产、负债和劳动力一并转让给其他增值税一般纳税人（以下称"新纳税人"），并按程序办理注销税务登记的，其在办理注销登记前尚未抵扣的进项税额可结转至新纳税人处继续抵扣。

原纳税人主管税务机关应认真核查纳税人资产重组相关资料，核实原纳税人在办理注销税务登记前尚未抵扣的进项税额，填写《增值税一般纳税人资产重组进项留抵税额转移单》一式三份。新纳税人主管税务机关应将原纳税人主管税务机关传递来的《增值税一般纳税人资产重组进项留抵税额转移单》与纳税人报送资料进行认真核对，对原纳税人尚未抵扣的进项税额，在确认无误后，允许新纳税人继续申报抵扣。

（十）文化体育

1. 古旧图书免征增值税。（《增值税暂行条例》第十五条）
2. 自 2018 年 1 月 1 日起至 2020 年 12 月 31 日，免征图书批发、零售环节增值税。（财税〔2018〕53 号第二条）
3. 校办企业生产的应税货物，凡用于本校教学、科研方面的，经严格审核确认后，免征增值税。（财税〔2000〕92 号）
4. 自 2018 年 1 月 1 日起至 2020 年 12 月 31 日，对科普单位的门票收入，以及县级及以上党政部门和科协开展科普活动的门票收入免征增值税。（财税〔2018〕53 号）
5. 托儿所、幼儿园提供的保育和教育服务，免征增值税。（财税〔2016〕36 号附件 3）
6. 符合条件的学历教育免征增值税。（财税〔2016〕36 号附件 3）
7. 学生勤工俭学提供的服务收入，符合条件的免征增值税。（财税〔2016〕36 号附件 3）
8. 政府举办的职业学校设立的企业，符合条件的收入免征增值税。（财税〔2016〕36 号附件 3）
9. 对按照国家规定的收费标准向学生收取的高校学生公寓住宿费收入在营改增试点期间免征增值税。对高校学生食堂为高校师生提供餐饮服务取得的收入，在营改增试点期间免征增值税。（财税〔2016〕82 号）
10. 门票收入免征增值税。（财税〔2016〕36 号附件 3）
11. 对武汉军运会执行委员会符合条件的收入免征增值税。（财税〔2018〕119 号）
12. 对北京冬奥会、冬残奥会符合条件的收入免征增值税。（财税〔2017〕60 号、财税〔2019〕6 号）
13. 符合条件的中外合作办学，提供学历教育服务取得的收入免征增值税。（国家税务总局公告 2018 年第 42 号）
14. 福利彩票、体育彩票的发行收入免征增值税优惠。（财税〔2016〕36 号附件 3）
15. 进口图书、报刊资料免征增值税。（财关税〔2016〕70 号）

（十一）销售残疾人专用规定物品（财税字〔1994〕第 60 号第二条）

供残疾人专用的假肢、轮椅、矫型器（包括上肢矫型器、下肢矫型器、脊椎侧弯矫型器），免征增值税。

(十二) 军队、军工系统

财税字〔1994〕11号	其他规定
一、增值税 (一) 军队系统(包括人民武装警察部队) 1. 军队系统的下列企事业单位,可以按本法规享受税收优惠照顾: (1) 军需工厂(指纳入总后勤部统一管理,由总后勤部授予代号经国家税务总局审查核实的企业化工厂); (2) 军马场; (3) 军办农场(林厂、茶厂); (4) 军办厂矿; (5) 军队院校、医院、科研文化单位、物资供销、仓库、修理等事业单位。 2. 军队系统各单位生产、销售、供应的应税货物应当按法规征收增值税。但为部队生产的武器及其零配件、弹药、军训器材、部队装备(指人被装、军械装备、马装具,下同),免征增值税。军需工厂、物资供销单位生产、销售、调拨给公安系统和国家安全系统的民警服装,免征增值税;对外销售的,按法规征收增值税。供军内使用的应与对外销售的分开核算,否则,按对外销售征税。 3. 军需工厂之间为生产军品而互相协作的产品免征增值税。 4. 军队系统各单位从事加工、修理修配武器及其零配件、弹药、军训器材、部队装备的业务收入,免征增值税。 (二) 军工系统(指电子工业部、中国核工业总公司、中国航天工业总公司、中国航空工业总公司、中国兵器工业总公司、中国船舶工业总公司)。 1. 军工系统所属军事工厂(包括科研单位)生产销售的应税货物应当按法规征收增值税。但对列入军工主管部门军品生产计划并按照军品作价原则销售给军队、人民武装警察部队和军事工厂的军品,免征增值税。 2. 军事工厂生产销售给公安系统、司法系统和国家安全系统的武器装备免征增值税。 3. 军事工厂之间为了生产军品而相互提供货物以及为了制造军品相互提供的专用非标准设备、工具、模具、量具等免征增值税;对军工系统以外销售的,按法规征收增值税。 (三) 除军工、军队系统企业以外的一般工业企业生产的军品,只对枪、炮、雷、弹、军用舰艇、飞机、坦克、雷达、电台、舰艇用柴油机、各种炮用瞄准具和瞄准镜,一律在总装企业就总装成品免征增值税。 (四) 军队、军工系统各单位经总后勤部和国防科工委批准进口的专用设备、仪器仪表及其零配件,免征进口环节增值税;军队、军工系统各单位进口其他货物,应按法规征收进口环节增值税。 军队、军工系统各单位将进口的免税货物转售给军队、军工系统以外的,应按法规征收增值税。 (五)【条款失效】军品以及军队系统各单位出口军需工厂生产或军需部门调拨的货物,在生产环节免征增值税,出口不再退税。 二、关于消费税 (一) 军队、军工系统所属企业生产、委托加工和进口消费税应税产品,无论供军队内部使用还是对外销售,都应按法规征收消费税。 (二) 军品以及军队系统所属企业出口军需工厂生产的应税产品在生产环节免征消费税,出口不再退税。	军队物资供应机构在军队系统(包括军队各级机关、部队、院校、医院、科研文化单位、干休所、仓库、供应站、企业化工厂、军办厂矿、农场、马场、招待所等各类单位)内部调拨供应物资,原则上使用军队的物资调拨计价单,军队内部调拨供应物资免征增值税。其中调拨供应给军队企业化工厂、军办厂矿等单位的生产用物资,购货方要求开具增值税专用发票的,可予开具增值税专用发票,但开具增值税专用发票的销售收入均应按规定缴纳增值税。(国税发〔1994〕121号第二条) 军队系统所属企业生产并按军品作价原则作价在军队系统内部调拨或销售的钢材、木材、水泥、煤炭、营具、药品、锅炉、缝纫机械免征增值税。对外销售的一律照章征收增值税。(财税字〔1997〕135号) 对公安部定点警服生产厂生产销售的人民警察制式服装、警用标志(以下简称"警察服装"),自1995年7月1日起免征增值税。(财税字〔1995〕59号第十二条) 军队空余房产租赁收入免征增值税。(财税〔2016〕36号附件3)

(十三) 扶贫货物捐赠免征增值税

政策依据:

《财政部 税务总局 国务院扶贫关于扶贫货物捐赠免征增值税政策的公告》(财政部 税务总局 国务院扶贫办公告2019年第55号);

《财政部 税务总局 国务院扶贫关于企业扶贫捐赠所得税税前扣除政策的公告》(财政部 税务总局 国务院扶贫办公告2019年第49号)。

财政部　税务总局　国务院扶贫办公告 2019 年第 55 号	财政部　税务总局　国务院扶贫办公告 2019 年第 49 号
一、自 2019 年 1 月 1 日至 2022 年 12 月 31 日，对单位或者个体工商户将自产、委托加工或购买的货物通过公益性社会组织、县级及以上人民政府及其组成部门和直属机构，或直接无偿捐赠给目标脱贫地区的单位和个人，免征增值税。在政策执行期限内，目标脱贫地区实现脱贫的，可继续适用上述政策。 　　"目标脱贫地区"包括 832 个国家扶贫开发工作重点县、集中连片特困地区县（新疆阿克苏地区 6 县 1 市享受片区政策）和建档立卡贫困村。 　　二、在 2015 年 1 月 1 日至 2018 年 12 月 31 日期间已发生的符合上述条件的扶贫货物捐赠，可追溯执行上述增值税政策。 　　三、在本公告发布之前已征收入库的按上述规定应予免征的增值税税款，可抵减纳税人以后月份应缴纳的增值税税款或者办理税款退库。已向购买方开具增值税专用发票的，应将专用发票追回后方可办理免税。无法追回专用发票的，不予免税。 　　四、各地扶贫办公室与税务部门要加强沟通，明确当地"目标脱贫地区"具体范围，确保政策落实落地。	一、自 2019 年 1 月 1 日至 2022 年 12 月 31 日，企业通过公益性社会组织或者县级（含县级）以上人民政府及其组成部门和直属机构，用于目标脱贫地区的扶贫捐赠支出，准予在计算企业所得税应纳税所得额时据实扣除。在政策执行期限内，目标脱贫地区实现脱贫的，可继续适用上述政策。 　　"目标脱贫地区"包括 832 个国家扶贫开发工作重点县、集中连片特困地区县（新疆阿克苏地区 6 县 1 市享受片区政策）和建档立卡贫困村。 　　二、企业同时发生扶贫捐赠支出和其他公益性捐赠支出，在计算公益性捐赠支出年度扣除限额时，符合上述条件的扶贫捐赠支出不计算在内。 　　三、企业在 2015 年 1 月 1 日至 2018 年 12 月 31 日期间已发生的符合上述条件的扶贫捐赠支出，尚未在计算企业所得税应纳税所得额时扣除的部分，可执行上述企业所得税政策。

三、销售服务增值税免税 40 项过渡项目（财税〔2016〕36 号附件 3）

（一）托儿所、幼儿园提供的保育和教育服务

政策规定	政策解读
托儿所、幼儿园，是指经县级以上教育部门审批成立、取得办园许可证的实施 0～6 岁学前教育的机构，包括公办和民办的托儿所、幼儿园、学前班、幼儿班、保育院、幼儿院。 　　公办托儿所、幼儿园免征增值税的收入是指，在省级财政部门和价格主管部门审核报省级人民政府批准的收费标准以内收取的教育费、保育费。 　　民办托儿所、幼儿园免征增值税的收入是指，在报经当地有关部门备案并公示的收费标准范围内收取的教育费、保育费。 　　超过规定收费标准的收费，以开办实验班、特色班和兴趣班等为由另外收取的费用以及与幼儿入园挂钩的赞助费、支教费等超过规定范围的收入，不属于免征增值税的收入。	本条延续了下列原营业税优惠政策相关规定。 　　一、根据《营业税暂行条例》第八条第（一）项规定，对托儿所、幼儿园提供的育养服务免征营业税。 　　二、根据《财政部　国家税务总局关于加强教育劳务营业税征收管理有关问题的通知》（财税〔2006〕3 号，以下称财税〔2006〕3 号文件）第二条规定平移到本条规定："（二）'提供养育服务'是指上述托儿所、幼儿园对其学员提供的保育和教育服务。"

　　申报审核：免征增值税的收入仅包括教育费和保育费，不包含伙食费等其他收入，与从事学历教育的学校完全不同，与从事学历教育的学校食堂提供餐饮服务取得的伙食费收入免征增值税。

备案事项

序号	资料名称	原件/复印件	份数	备注
1	《纳税人减免税备案登记表》	原件	2	
2	县级以上教育部门出具的办园许可证等证明材料	原件及复印件	1	原件核对后退还
3	物价主管部门核准收费的批准或备案材料	原件及复印件	1	原件核对后退还
4	取得收入的相关证明材料	原件及复印件	1	原件核对后退还

（二）养老机构提供的养老服务

政策规定	政策解读
养老机构，是指依照民政部《养老机构设立许可办法》（民政部令第48号）设立并依法办理登记的为老年人提供集中居住和照料服务的各类养老机构。 　　免税的养老机构，包括依照《中华人民共和国老年人权益保障法》依法办理登记，并向民政部门备案的为老年人提供集中居住和照料服务的各类养老机构。（财税〔2019〕20号第一条） 　　养老服务，是指上述养老机构按照民政部《养老机构管理办法》（民政部令第49号）的规定，为收住的老年人提供的生活照料、康复护理、精神慰藉、文化娱乐等服务。	本条延续了下列原营业税优惠政策相关规定： 　　一、《营业税暂行条例》第八条第（一）项规定，对养老院提供的育养服务免征营业税。 　　二、《财政部　国家税务总局关于支持文化服务出口等营业税政策的通知》（财税〔2014〕118号，以下称财税〔2014〕118号文件）第二条对养老机构提供的养老服务免征营业税政策。

备案事项

序号	资料名称	原件/复印件	份数	备注
1	《纳税人减免税备案登记表》	原件	2	
2	养老院提供民政部门核发的社会福利机构设置批准证书，其他养老院类的养老机构提供有关部门批准成立的文件或出具的从业认定证明	原件及复印件	1	原件核对后退还
3	取得收入的相关证明材料	原件及复印件	1	原件核对后退还

（三）残疾人福利机构提供的育养服务

政策规定	政策解读
对残疾人福利机构提供的育养服务免征增值税。	本条延续了《营业税暂行条例》第八条第（一）项的规定，对残疾人福利机构提供的育养服务免征营业税。

备案事项

序号	资料名称	原件/复印件	份数	备注
1	《纳税人减免税备案登记表》	原件	2	
2	社会福利机构设置批准证书	原件及复印件	1	原件核对后退还
3	取得收入的相关证明材料	原件及复印件	1	原件核对后退还

（四）婚姻介绍服务

政策规定	政策解读
对婚姻介绍服务免征增值税。	本条延续了《营业税暂行条例》第八条第（一）项的规定，对婚姻介绍服务免征营业税。

备案事项

序号	资料名称	原件/复印件	份数	备注
1	《纳税人减免税备案登记表》	原件	2	
2	婚姻介绍服务证明材料	原件及复印件	1	原件核对后退还
3	取得收入的相关证明材料	原件及复印件	1	原件核对后退还

（五）殡葬服务

政策规定	政策解读
殡葬服务，是指收费标准由各地价格主管部门会同有关部门核定，或者实行政府指导价管理的遗体接运（含抬尸、消毒）、遗体整容、遗体防腐、存放（含冷藏）、火化、骨灰寄存、吊唁设施设备租赁、墓穴租赁及管理等服务。	根据《营业税暂行条例》第八条第（一）项规定，对殡葬服务免征营业税，但在原营业税制下，并未对殡葬服务的范围做解释。 对殡葬服务免税的初衷，是对与老百姓基本生活紧密相关的服务项目予以免税。但是本来作为基本社会服务应该合理收费的某些项目，在某些追求奢华之风的群体的需求下，也提供偏离合理收费标准的增值服务。为了达到优惠政策的初衷，在营改增税制转换时，根据《国家发展改革委民政部关于进一步加强殡葬服务收费管理有关问题的指导意见》（发改价格〔2012〕673 号）规定，对殡葬服务可享受增值税免税政策做出了需合理定价的条件限制。

（六）残疾人员本人为社会提供的服务

政策规定	政策解读
残疾人员本人为社会提供的服务免征增值税。	本条延续了下列原营业税优惠政策相关规定。 1. 根据《营业税暂行条例》第八条第（二）项规定，对残疾人员个人提供的劳务，免征营业税。 2. 根据《营业税暂行条例实施细则》第二十二条第（一）款规定，《营业税暂行条例》第八条所称残疾人员个人提供的劳务，是指残疾人员本人为社会提供的劳务。

残疾人个人提供的加工、修理修配劳务，免征增值税。（财税字〔1994〕4 号）

备案事项

序号	资料名称	原件/复印件	份数	备注
1	《纳税人减免税备案登记表》	原件	2	
2	《中华人民共和国残疾人证》或《中华人民共和国残疾军人证（1 至 8 级）》	原件及复印件	1	原件核对后退还
3	劳务合同	原件及复印件	1	原件核对后退还
4	个人身份证明	原件及复印件	1	原件核对后退还

2019 年 3 月 8 日后，不再提交残疾人证明，改为纳税人自行留存备查。（国家税务总局令第 46 号）

（七）医疗机构提供的医疗服务

政策规定	政策解读
医疗机构，是指依据国务院《医疗机构管理条例》（国务院令第 149 号）及卫生部《医疗机构管理条例实施细则》（卫生部令第 35 号）的规定，经登记取得《医疗机构执业许可证》的机构，以及军队、武警部队各级各类医疗机构。具体包括：各级各类医院、门诊部（所）、社区卫生服务中心（站）、急救中心（站）、城乡卫生院、护理院（所）、疗养院、临床检验中心、各级政府及有关部门举办的卫生防疫站（疾病控制中心）、各种专科疾病防治站（所）、各级政府举办的妇幼保健所（站）、母婴保健机构、儿童保健机构、各级政府举办的血站（血液中心）等医疗机构。 本项所称的医疗服务，是指医疗机构按照不高于地（市）级以上价格主管部门会同同级卫生主管部门及其他相关部门制定的医疗服务指导价（包括政府指导价和按照规定由供需双方协商确定的价格等）为就医者提供《全国医疗服务价格项目规范》所列的各项服务，以及医疗机构向社会提供卫生防疫、卫生检疫的服务。 自 2019 年 2 月 1 日至 2020 年 12 月 31 日，医疗机构接受其他医疗机构委托，按照不高于地（市）级以上价格主管部门会同同级卫生主管部门及其他相关部门制定的医疗服务指导价（包括政府指导价和按照规定由供需双方协商确定的价格等），提供《全国医疗服务价格项目规范》所列的各项服务，可适用财税〔2016〕36 号文件第一条第（七）项规定的免征增值税政策。（财税〔2019〕20 号第二条）	根据《营业税暂行条例》第八条第三项规定，对医院、诊所和其他医疗机构提供的医疗服务免征营业税。但在原营业税制下，并未对医疗机构和医疗服务的范围做解释。本条根据现行有关法规及部门规章的规定，进行梳理后，对医疗机构、医疗服务进行了界定。

1. 营改增政策继续沿用《营业税暂行条例》的口径：医疗机构不区分营利性和非营利性；医疗机构包括疾病控制机构和妇幼保健机构等；医疗服务是指按照不高于医疗服务指导价格提供《全国医疗服务价格项目规范》所列的各项服务，以及医疗机构向社会提供卫生防疫、卫生检疫的服务。因此，无论是营利性医院还是非营利性医院，只要是按规定取得《医疗机构执行许可证》，并按照不高于主管部门制定的医疗服务指导价格提供的医疗服务，均免征增值税。

2.《国家发展改革委 卫生部 国家中医药管理局关于规范医疗服务价格管理及有关问题的通知》（发改价格〔2012〕1170 号）分为综合、诊断、治疗、康复、辅助操作和中医等类，具体包括综合医疗服务（包括医用材料器具、救护车、床位费）、病理学诊断、实验室诊断、影像学诊断、临床诊断、临床手术治疗、临床非手术治疗、临床物理治疗、康复医疗、辅助操作和中医医疗服务等。项目内涵中已包括该设备所使用的全部耗材；本规范除另有说明外，不含药品、临床用血。

（1）挂号费属于"一、综合医疗服务"中的"（一）一般医疗服务"的"1.诊察费"，包括"西医诊察费"和"中医辨证论治"收费项目。〔《全国医疗服务价格项目规范》〕因此，经登记取得《医疗机构执业许可证》的医疗机构按照不高于地(市)级以上价格主管部门会同同级卫生主管部门及其他相关部门制定的医疗服务指导价格，收取的挂号费，免征增值税。

（2）医疗检测机构对其他单位送来的样本提供医疗检测服务不属于向就医者提供的医疗检测服务，不能免征增值税。

备案事项

序号	资料名称	原件/复印件	份数	备注
1	《纳税人减免税备案登记表》	原件	2	
2	医疗机构执业许可证	原件及复印件	1	原件核对后退还
3	取得收入的相关证明材料	原件及复印件	1	原件核对后退还

2018 年 12 月 28 日起，医疗卫生机构在办理免征增值税优惠备案时，不再提交医疗机构执业许可证件。（国家税务总局公告 2018 年第 65 号）

医疗卫生行业其他增值税优惠政策

财税〔2000〕42 号	其他政策
医疗服务是指医疗服务机构对患者进行检查、诊断、治疗、康复和提供预防保健、接生、计划生育方面的服务，以及与这些服务有关的提供药品、医用材料器具、救护车、病房住宿和伙食的业务。 （1）关于非营利性医疗机构的税收政策 对非营利性医疗机构自产自用的制剂，免征增值税。 非营利性医疗机构的药房分离为独立的药品零售企业，应按规定征收各项税收。 （2）关于营利性医疗机构的税收政策 对营利性医疗机构取得的收入，按规定征收各项税收。但为了支持营利性医疗机构的发展，对营利性医疗机构取得的收入，直接用于改善医疗卫生条件的，自其取得执业登记之日起，3 年内对其自产自用的制剂免征增值税。 对营利性医疗机构的药房分离为独立的药品零售企业，应按规定征收各项税收。	（3）不按照国家法规的价格取得的卫生服务收入不免税（财税〔2016〕36 号附件 3） 从事非医疗服务取得的收入，如租赁收入、财产转让收入、培训收入、对外投资收入等应按法规征收各项税收。 （4）疾病控制机构和妇幼保健机构等的服务收入（财税〔2000〕42 号） 对疾病控制机构和妇幼保健机构等卫生机构按照国家规定的价格取得的卫生服务收入（含疫苗接种和调拨、销售收入），免征各项税收。不按照国家规定的价格取得的卫生服务收入不得享受这项政策。 （5）血站（财税〔1999〕264 号） 自 1999 年 11 月 1 日起，对血站供应给医疗机构的临床用血免征增值税。血站，是指根据《中华人民共和国献血法》的规定，由国务院或省级人民政府卫生行政部门批准的，从事采集、提供临床用血，不以营利为目的的公益性组织。 （6）供应非临床用血（国税函〔2009〕456 号） 属于增值税一般纳税人的单采血浆站销售非临床用人体血液，可以按照简易办法依照 3% 征收率计算应纳税额，但不得对外开具增值税专用发票；也可以按照销项税额抵扣进项税额的办法依照增值税适用税率计算应纳税额。 （7）国产抗艾滋病病毒药品（财税〔2016〕97 号） 自 2016 年 1 月 1 日至 2018 年 12 月 31 日，继续对国产抗艾滋病病毒药品免征生产环节和流通环节增值税（国产抗艾滋病病毒药物品种清单见该文件附件）。

（八）从事学历教育的学校提供的教育服务

财税〔2016〕36 号	财税〔2016〕82 号	国家税务总局公告 2018 年第 42 号
一、学历教育,是指受教育者经过国家教育考试或者国家规定的其他入学方式,进入国家有关部门批准的学校或者其他教育机构学习,获得国家承认的学历证书的教育形式。具体包括: （1）初等教育:普通小学、成人小学。 （2）初级中等教育:普通初中、职业初中、成人初中。 （3）高级中等教育:普通高中、成人高中和中等职业学校(包括普通中专、成人中专、职业高中、技工学校)。 （4）高等教育:普通本专科、成人本专科、网络本专科、研究生(博士、硕士)、高等教育自学考试、高等教育学历文凭考试。 二、从事学历教育的学校,是指: （1）普通学校。 （2）经地(市)级以上人民政府或者同级政府的教育行政部门批准成立、国家承认其学员学历的各类学校。 （3）经省级及以上人力资源社会保障行政部门批准成立的技工学校、高级技工学校。 （4）经省级人民政府批准成立的技师学院。 上述学校均包括符合规定的从事学历教育的民办学校,但不包括职业培训机构等国家不承认学历的教育机构。 三、提供教育服务免征增值税的收入,是指对列入规定招生计划的在籍学生提供学历教育服务取得的收入。具体包括:经有关部门审核批准并按规定标准收取的学费、住宿费、课本费、作业本费、考试报名费收入,以及学校食堂提供餐饮服务取得的伙食费收入。除此之外的收入,包括学校以各种名义收取的赞助费、择校费等,不属于免征增值税的范围。 学校食堂是指依照《学校食堂与学生集体用餐卫生管理规定》(教育部令第 14 号)管理的学校食堂。	一、自 2016 年 1 月 1 日至 2018 年 12 月 31 日,对高校学生公寓免征房产税;对与高校学生签订的高校学生公寓租赁合同,免征印花税。 二、对按照国家规定的收费标准向学生收取的高校学生公寓住宿费收入,自 2016 年 1 月 1 日至 2016 年 4 月 30 日,免征营业税;自 2016 年 5 月 1 日起,在营改增试点期间免征增值税。 三、对高校学生食堂为高校师生提供餐饮服务取得的收入,自 2016 年 1 月 1 日至 2016 年 4 月 30 日,免征营业税;自 2016 年 5 月 1 日起,在营改增试点期间免征增值税。 四、本通知所述"高校学生公寓",是指为高校学生提供住宿服务,按照国家规定的收费标准收取住宿费的学生公寓。 "高校学生食堂",是指依照《学校食堂与学生集体用餐卫生管理规定》(教育部令第 14 号)管理的高校学生食堂。 五、文到之日前,已征的按照本通知规定应予免征的房产税和印花税,分别从纳税人以后应缴纳的房产税和印花税中抵减或者予以退还;已征的应予免征的营业税,予以退还;已征的应予免征的增值税,可抵减纳税人以后月份应缴纳的增值税或予以退还。	一、境外教育机构与境内从事学历教育的学校开展中外合作办学,提供学历教育服务取得的收入免征增值税。中外合作办学,是指中外教育机构按照《中华人民共和国中外合作办学条例》(国务院令第 372 号)的有关规定,合作举办的以中国公民为主要招生对象的教育教学活动。上述"学历教育""从事学历教育的学校""提供学历教育服务取得的收入"的范围,按照《营业税改征增值税试点过渡政策的规定》(财税〔2016〕36 号文件附件 3)第一条第(八)项的有关规定执行。

1. 免税条件:先决条件为获得国家承认的学历证书(不分公办、民办);收费对象为招生计划内的在籍学生(计划外招生除外);收费标准为经审批并按标准收取的学费、住宿费、课本费、作业本费、考试报名费,学校食堂伙食费收入。共六项费用,且学校食堂是按教育部第 14 号令管理的(未审批的、超标准的部分除外)。

注意:国家承认的学历证书是免税的先决条件,不符合的全部征税;收费对象和收费标准中有部分不符合的,不符合部分征税。

2. 审核要点:以各种名义收取的赞助费、择校费等,不予免税;计划外招生的,不予免税。

3. 食堂:学校自办食堂、承包食堂和高校后勤社会化后专门为学生提供就餐服务的实体。《学校食堂与学生集体用餐卫生管理规定》(教育部卫生部令第 14 号)教育部令 14 号允许学校食堂承包经营,基本是对卫生和管理提出要求。也就是说,对税收管理没有实质意义(实际上,学校食堂不少是对外租赁场地经营,36 号文未予准确界定,有待明确)。

4. 一般纳税人提供非学历教育服务,可以选择适用简易计税方法按照 3% 征收率计算应纳税额。（财税〔2016〕68 号）

5. 校办企业生产的应税货物,凡用于本校教学、科研方面的,经严格审核确认后,免征增值税。（财税〔2000〕92 号）

6. 职业技能培训机构提供的培训服务不在免征增值税范围。

7. 中外合作办学者、中外合作办学机构的合法权益,受中国法律保护。中外合作办学机构依法享受国家规定的优惠政策,依法自主开展教育教学活动。（《中华人民共和国中外合作办学条例》第四条）

备案事项

序号	资料名称	原件/复印件	份数	备注
1	《纳税人减免税备案登记表》	原件	2	
2	物价主管部门核准收费的批准或备案材料	原件及复印件	1	原件核对后退还
3	普通学校办学许可证或经省政府(或教育行政部门)批准成立的文件或经市级及以上人力资源和社会保障部门批准成立的文件	原件及复印件	1	原件核对后退还
4	取得收入的相关证明材料	原件及复印件	1	原件核对后退还

(九) 学生勤工俭学提供的服务

政策规定	政策解读
对学生勤工俭学提供的劳务免征增值税。	本条延续了《营业税暂行条例》第八条第四项规定,对学生勤工俭学提供的劳务,免征营业税。

(十) 农业机耕、排灌、病虫害防治、植物保护、农牧保险以及相关技术培训业务,家禽、牲畜、水生动物的配种和疾病防治

政策规定	政策解读
农业机耕,是指在农业、林业、牧业中使用农业机械进行耕作(包括耕耘、种植、收割、脱粒、植物保护等)的业务;排灌,是指对农田进行灌溉或者排涝的业务;病虫害防治,是指从事农业、林业、牧业、渔业的病虫害测报和防治的业务;农牧保险,是指为种植业、养殖业、牧业种植和饲养的动植物提供保险的业务;相关技术培训,是指与农业机耕、排灌、病虫害防治、植物保护业务相关以及为使农民获得农牧保险知识的技术培训业务;家禽、牲畜、水生动物的配种和疾病防治业务的免税范围,包括与该项服务有关的提供药品和医疗用具的业务。	本条延续了下列原营业税优惠政策相关规定: 一、《营业税暂行条例》第八条第(五)项规定; 二、《营业税暂行条例实施细则》第二十二条第(三)项规定。

备案事项

序号	资料名称	原件/复印件	份数	备注
1	《纳税人减免税备案登记表》	原件	2	
2	开展相关业务合同、协议或相关业务证明材料	原件及复印件	1	原件核对后退还
3	取得收入的相关证明材料	原件及复印件	1	原件核对后退还

(十一) 纪念馆、博物馆、文化馆、文物保护单位管理机构、美术馆、展览馆、书画院、图书馆在自己的场所提供文化体育服务取得的第一道门票收入

政策规定	政策解读
纪念馆、博物馆、文化馆、文物保护单位管理机构、美术馆、展览馆、书画院、图书馆在自己的场所举办的属于文化体育业税目征税范围的文化体育服务,取得的第一道门票收入免征增值税。	本条延续了下列原营业税优惠政策相关规定: 一、《营业税暂行条例》第八条第(六)项规定; 二、《营业税暂行条例实施细则》第二十二条第(四)项规定,《营业税暂行条例》第八条所称纪念馆、博物馆、文化馆、文物保护单位管理机构、美术馆、展览馆、书画院、图书馆举办文化活动,是指这些单位在自己的场所举办的属于文化体育业税目征税范围的文化活动。其门票收入,是指销售第一道门票的收入。

(十二) 寺院、宫观、清真寺和教堂举办文化、宗教活动的门票收入

政策规定	政策解读
寺院、宫观、清真寺和教堂举办文化、宗教活动的门票收入免征增值税。	本条延续了下列原营业税优惠政策相关规定： 一、《营业税暂行条例》第八条第(六)项规定； 二、《营业税暂行条例实施细则》第二十二条第(四)项规定，《营业税暂行条例》第八条所称宗教场所举办文化、宗教活动的门票收入，是指寺院、宫观、清真寺和教堂举办文化、宗教活动销售门票的收入。

申报审核：以上所称寺庙、官观、清真寺和教堂必须是经宗教主管部门批准设立的。以上免征营业税的寺庙、宫观、清真寺和教堂举办文化、宗教活动的门票收入必须是由宗教活动场所的管理组织单位管理和使用。(国税函〔2003〕1270号)

(十三) 行政单位之外的其他单位收取的符合《营改增试点实施办法》第十条规定条件的政府性基金和行政事业性收费

政策规定	政策解读
《营业税改征增值税试点实施办法》第十条行政单位收取的同时满足以下条件的政府性基金或者行政事业性收费不征收增值税： 1. 由国务院或者财政部批准设立的政府性基金，由国务院或者省级人民政府及其财政、价格主管部门批准设立的行政事业性收费； 2. 收取时开具省级以上(含省级)财政部门监(印)制的财政票据； 3. 所收款项全额上缴财政。	在此次营改增试点的政策设计中，重新明确了政府性基金、行政事业性收费不征税的主体仅指行政单位。除行政单位以外的非企业性单位应为增值税的纳税人，但是考虑到政府性基金和行政事业性收费纳入财政体系管理的特殊性，且行政单位之外的其他单位的收费行为是代行政府职能，因此给予了增值税免税政策。

申报审核：不征收增值税其进项税额可以抵扣，免税项目其进项税额不可以抵扣。

备案事项

序号	资料名称	原件/复印件	份数	备注
1	《纳税人减免税备案登记表》	原件	2	
2	国务院、财政部，地方财政、价格主管部门批准设立收费或基金的文件	原件及复印件	1	原件核对后退还
3	所收款项已经全部上缴财政的缴款书	原件及复印件	1	原件核对后退还
4	已开具票据存根	原件及复印件	1	原件核对后退还

(十四) 个人转让著作权

政策规定	政策解读
个人转让著作权免征增值税。	本条平移了《财政部 国家税务总局关于将铁路运输和邮政业纳入营业税改征增值税试点的通知》(财税〔2013〕106号，以下简称财税〔2013〕106号文件)附件3第一条第(一)项的相关政策规定。

自1994年税制改革以来，个人转让著作权享受免征营业税优惠政策，营改增后继续免征增值税。《中华人民共和国著作权法》第二条规定，中国公民、法人或其他组织的作品，不论是否发表，依照本法享有著作权。该法第三条规定，本法所称的作品，包括以下列形式创作的文学、艺术和自然科学、社会科学、工程技术等作品，并列举了包括文字作品在内的9类作品。原营业税及营改增之后的增值税，对个人转让著作权的免税范围，均包括作者发表文字作品收取稿酬的行为，作者发表文字作品收取稿酬，营改增前免征营业税，营改增后免征增值税。

2018年12月28日起，纳税人办理个人转让著作权免征增值税优惠事项时，不再提交个人身份证明。

（十五）个人销售自建自用住房

政策规定	政策解读
对个人销售自建自用住房免征增值税。	本条延续了财税〔2013〕62号文件第二条规定，对个人销售自建自用住房，免征营业税。

备案事项

序号	资料名称	原件/复印件	份数	备注
1	《纳税人减免税备案登记表》	原件	2	
2	房管部门出具的自建证明材料	原件及复印件	1	原件核对后退还
3	房产产权证明	原件及复印件	1	原件核对后退还
4	个人身份证明	原件及复印件	1	原件核对后退还
5	出售住房合同及收入证明材料	原件及复印件	1	原件核对后退还

（十六）2018年12月31日前，公共租赁住房经营管理单位出租公共租赁住房

政策规定	政策解读
公共租赁住房，是指纳入省、自治区、直辖市、计划单列市人民政府及新疆生产建设兵团批准的公共租赁住房发展规划和年度计划，并按照《住房和城乡建设部 国家发展和改革委员会 财政部 国土资源部 中国人民银行 国家税务总局 中国银行业监督管理委员会关于加快发展公共租赁住房的指导意见》（建保〔2010〕87号）和市、县人民政府制定的具体管理办法进行管理的公共租赁住房。	本条延续了《财政部 国家税务总局关于公共租赁住房税收优惠政策的通知》（财税〔2015〕139号【全文失效】）规定，2018年12月31日前，对经营公共租赁住房所取得的租金收入，免征营业税。公共租赁住房经营管理单位应单独核算公共租赁住房租金收入，未单独核算的，不得享受免征营业税优惠政策。

备案事项

序号	资料名称	原件/复印件	份数	备注
1	《纳税人减免税备案登记表》	原件	2	
2	县级以上人民政府主办或确定为公共租赁住房经营管理单位的相关证明材料	原件及复印件	1	原件核对后退还
3	与住房保障对象签订的租赁合同	原件及复印件	1	原件核对后退还
4	县级以上人民政府出具的价格规范证明材料	原件及复印件	1	原件核对后退还

（十七）台湾航运公司、航空公司从事海峡两岸海上直航、空中直航业务在大陆取得的运输收入

政策规定	政策解读
台湾航运公司，是指取得交通运输部颁发的"台湾海峡两岸间水路运输许可证"且该许可证上注明的公司登记地址在台湾的航运公司。 台湾航空公司，是指取得中国民用航空局颁发的"经营许可"或者依据《海峡两岸空运协议》和《海峡两岸空运补充协议》规定，批准经营两岸旅客、货物和邮件不定期（包机）运输业务，且公司登记地址在台湾的航空公司。	本条平移了财税〔2013〕106号文件附件3第一条第（八）项的相关政策规定。

（十八）纳税人提供的直接或者间接国际货物运输代理服务

政策规定	政策解读
1. 纳税人提供直接或者间接国际货物运输代理服务，向委托方收取的全部国际货物运输代理服务收入，以及向国际运输承运人支付的国际运输费用，必须通过金融机构进行结算。 2. 纳税人为大陆与香港、澳门、台湾地区之间的货物运输提供的货物运输代理服务参照国际货物运输代理服务有关规定执行。 3. 委托方索取发票的，纳税人应当就国际货物运输代理服务收入向委托方全额开具增值税普通发票。	本条是对财税〔2013〕106 号文件和《国家税务总局 关于国际货物运输代理服务有关增值税问题的公告》（国家税务总局公告 2014 年第 42 号，以下称国家税务总局 2014 年第 42 号公告）政策的梳理整合和平移。 财税〔2013〕106 号文件附件 3 第一条第（十四）项规定，对试点纳税人提供的国际货物运输代理服务，免征增值税。①试点纳税人提供国际货物运输代理服务，向委托方收取的全部国际货物运输代理服务收入，以及向国际运输承运人支付的国际运输费用，必须通过金融机构进行结算。②试点纳税人为大陆与香港、澳门、台湾地区之间的货物运输提供的货物运输代理服务参照国际货物运输代理服务有关规定执行。③委托方索取发票的，试点纳税人应当就国际货物运输代理服务收入向委托方全额开具增值税普通发票。④本规定自 2013 年 8 月 1 日起执行。2013 年 8 月 1 日至本规定发布之日前，已开具增值税专用发票的，应将专用发票追回后方可适用本规定。 国家税务总局公告 2014 年第 42 号规定："一、试点纳税人通过其他代理人，间接为委托人办理货物的国际运输、从事国际运输的运输工具进出港口、联系安排引航、靠泊、装卸等货物和船舶代理相关业务手续，可按照财税〔2013〕106 号文件附件 3 第一条第（十四）项免征增值税。二、试点纳税人提供上述国际货物运输代理服务，向委托人收取的全部代理服务收入，以及向其他代理人支付的全部代理费用，必须通过金融机构进行结算。三、试点纳税人为大陆与香港、澳门、台湾地区之间的货物运输间接提供的货物运输代理服务，参照上述规定执行。"

（十九）符合条件的利息收入

1. 小额贷款利息收入、小微企业贷款利息收入； 2. 国家助学贷款利息； 3. 国债、地方政府债利息； 4. 人民银行对金融机构的贷款利息； 5. 受托发放的个人住房公积金贷款利息； 6. 外汇管理部门受托发放的外汇贷款利息；	7. 符合条件的统借统还利息收入； 8. 邮政企业为金融机构代办金融保险业务取得的代理收入； 9. 社保基金会、社保基金投资管理人及养老基金投资管理机构贷款服务收入； 10. 境外机构投资境内债券市场。

1. 小额贷款利息收入、小微企业贷款利息收入

1）小额贷款利息收入（财税〔2017〕77 号）

政策规定	政策解读
一、自 2017 年 12 月 1 日至 2019 年 12 月 31 日，对金融机构向农户、小型企业、微型企业及个体工商户发放小额贷款取得的利息收入，免征增值税。金融机构应将相关免税证明材料留存备查，单独核算符合免税条件的小额贷款利息收入，按现行规定向主管税务机构办理纳税申报；未单独核算的，不得免征增值税。《财政部 税务总局关于延续支持农村金融发展有关税收政策的通知》（财税〔2017〕44 号）第一条相应废止。 二、自 2018 年 1 月 1 日至 2020 年 12 月 31 日，对金融机构与小型企业、微型企业签订的借款合同免征印花税。 三、本通知所称农户，是指长期（一年以上）居住在乡镇（不包括城关镇）行政管理区域内的住户，还包括长期居住在城关镇所辖行政村范围内的住户和户口不在本地而在本地居住一年以上的住户，国有农场的职工。位于乡镇（不包括城关镇）行政管理区域内和在城关镇所辖行政村范围内的国有经济的机关、团体、学校、企事业单位的集体户；有本地户口，但举家外出谋生一年以上的住户，无论是否保留承包耕地均不属于农户。农户以户为统计单位，既可以从事农业生产经营，也可以从事非农业生产经营。农户贷款的判定应以贷款发放时的借款人是否属于农户为准。 本通知所称小型企业、微型企业，是指符合《中小企业划型标准规定》（工信部联企业〔2011〕300 号）的小型企业和微型企业。其中，资产总额和从业人员指标均以贷款发放时的实际状态确定；营业收入指标以贷款发放前 12 个自然月的累计数确定，不满 12 个自然月的，按照以下公式计算。 营业收入（年）＝企业实际存续期间营业收入÷企业实际存续月数×12 本通知所称小额贷款，是指单户授信小于 100 万元（含本数）的农户、小型企业、微型企业或个体工商户贷款；没有授信额度的，是指单户贷款合同金额且贷款余额在 100 万元（含本数）以下的贷款。	将《财政部 国家税务总局关于延续支持农村金融发展有关税收政策的通知》（财税〔2017〕44 号）第一条规定的贷款范围从农户扩大到小型企业、微型企业及个体工商户，将小额贷款单户授信额度从 10 万元，提高到 100 万元。

（续表）

申报审核：2017年12月1日以后新发放的贷款取得的利息收入可享受免税政策。无论是此前符合条件的存量贷款，还是新增加的增量贷款，只要这些贷款符合优惠条件即可享受。

备案事项

序号	资料名称	原件/复印件	份数	备注
1	《纳税人减免税备案登记表》	原件	2	
2	乡镇出具的农户居住证明	原件及复印件	1	原件核对后退还
3	金融机构与农户签订的小额贷款合同	原件及复印件	1	

2）小额贷款公司农户小额贷款利息收入（财税〔2017〕48号）

一、自2017年1月1日至2019年12月31日，对经省级金融管理部门（金融办、局等）批准成立的小额贷款公司取得的农户小额贷款利息收入，免征增值税。

二、自2017年1月1日至2019年12月31日，对经省级金融管理部门（金融办、局等）批准成立的小额贷款公司取得的农户小额贷款利息收入，在计算应纳税所得额时，按90%计入收入总额。

三、自2017年1月1日至2019年12月31日，对经省级金融管理部门（金融办、局等）批准成立的小额贷款公司按年末贷款余额的1%计提的贷款损失准备金准予在企业所得税前扣除。具体政策口径按照《财政部国家税务总局关于金融企业贷款损失准备金企业所得税前扣除有关政策的通知》（财税〔2015〕9号）执行。

四、本通知所称农户，是指长期（一年以上）居住在乡镇（不包括城关镇）行政管理区域内的住户，还包括长期居住在城关镇所辖行政村范围内的住户和户口不在本地而在本地居住一年以上的住户，国有农场的职工和农村个体工商户。位于乡镇（不包括城关镇）行政管理区域内和在城关镇所辖行政村范围内的国有经济的机关、团体、学校、企事业单位的集体户；有本地户口，但举家外出谋生一年以上的住户，无论是否保留承包耕地均不属于农户。农户以户为统计单位，既可以从事农业生产经营，也可以从事非农业生产经营。农户贷款的判定应以贷款发放时的承贷主体是否属于农户为准。

本通知所称小额贷款，是指单笔且该农户贷款余额总额在10万元（含本数）以下的贷款。

五、2017年1月1日至本通知印发之日前已征的应予免征的增值税，可抵减纳税人以后月份应缴纳的增值税或予以退还。

申报审核：小额贷款公司不属于"一行两会"批准成立的金融机构，未纳入金融机构监管范围，只是准金融机构，因对准金融机构属性定位分歧较大，无法适用金融机构相关税收优惠政策。但考虑到准金融机构中的小额贷款公司确实为"三农"和小微企业融资提供了便利，通过税收政策可以引导小额贷款公司更好地服务实体经济发展，因此，财税〔2017〕48号文件明确，对经省级金融管理部门（金融办、局等）批准成立的小额贷款公司，可以适用金融机构的农户小额贷款增值税等政策。

3）小微企业贷款利息收入（财税〔2018〕91号）

政策规定	政策解读
一、自2018年9月1日至2020年12月31日，对金融机构向小型企业、微型企业和个体工商户发放小额贷款取得的利息收入，免征增值税。金融机构可以选择以下两种方法之一适用免税： （一）对金融机构向小型企业、微型企业和个体工商户发放的，利率水平不高于人民银行同期贷款基准利率150%（含本数）的单笔小额贷款取得的利息收入，免征增值税；高于人民银行同期贷款基准利率150%的单笔小额贷款取得的利息收入，按照现行政策规定缴纳增值税。 （二）对金融机构向小型企业、微型企业和个体工商户发放单笔小额贷款取得的利息收入中，不高于该笔贷款按照人民银行同期贷款基准利率150%（含本数）计算的利息收入部分，免征增值税；超过部分按照现行政策规定缴纳增值税。 金融机构可按会计年度在以上两种方法之间选定其一作为该年的免税适用方法，一经选定，该会计年度内不得变更。	一、界定了小微企业的范围。 纳入贷款利息收入免征增值税范围的小微企业是指符合《中小企业划型标准规定》（工信部联企业〔2011〕300号）的小型企业和微型企业。既不同于增值税的小规模纳税人，也不同于企业所得税中的小型微利企业。该标准根据企业从业人员、营业收入、资产总额等指标，结合行业特点将中小企业划分为中型、小型、微型三种类型。其中，资产总额和从业人员指标均以贷款发放时的实际状态确定（这一点与小型微利企业的计算不同，小型微利企业是按照季度平均数计算）；营业收入指标以贷款发放前12个自然月的累计数确定，不满12个自然月的，换算为年营业收入＝企业实际存续期间营业收入÷企业实际存续月数×12。

（续表）

政策规定	政策解读
二、本通知所称金融机构，是指经人民银行、银保监会批准成立的已通过监管部门上一年度"两增两控"考核的机构（2018 年通过考核的机构名单以 2018 年上半年实现"两增两控"目标为准），以及经人民银行、银保监会、证监会批准成立的开发银行及政策性银行、外资银行和非银行业金融机构。"两增两控"是指单户授信总额 1 000 万元以下（含）小微企业贷款同比增速不低于各项贷款同比增速，有贷款余额的户数不低于上年同期水平，合理控制小微企业贷款资产质量水平和贷款综合成本（包括利率和贷款相关的银行服务收费）水平。金融机构完成"两增两控"情况，以银保监会及其派出机构考核结果为准。 三、本通知所称小型企业、微型企业，是指符合《中小企业划型标准规定》（工信部联企业〔2011〕300 号）的小型企业和微型企业。其中，资产总额和从业人员指标均以贷款发放时的实际状态确定；营业收入指标以贷款发放前 12 个自然月的累计数确定，不满 12 个自然月的，按照以下公式计算： $$营业收入（年）= \frac{企业实际存续期间营业收入}{企业实际存续月数} \times 12$$ 四、本通知所称小额贷款，是指单户授信小于 1 000 万元（含本数）的小型企业、微型企业或个体工商户贷款；没有授信额度的，是指单户贷款合同金额且贷款余额在 1 000 万元（含本数）以下的贷款。 五、金融机构应将相关免税证明材料留存备查，单独核算符合免税条件的小额贷款利息收入，按现行规定向主管税务机构办理纳税申报；未单独核算的，不得免征增值税。金融机构应依法依规享受增值税优惠政策，一经发现存在虚报或造假骗取本项税收优惠情形的，停止享受本通知有关增值税优惠政策。金融机构应持续跟踪贷款投向，确保贷款资金真正流向小型企业、微型企业和个体工商户，贷款的实际使用主体与申请主体一致。 六、银保监会按年组织开展免税政策执行情况督察，并将督察结果及时通报财政主管部门。鼓励金融机构发放小微企业信用贷款，减少抵押担保的中间环节，切实有效降低小微企业综合融资成本。各地税务部门要加强免税政策执行情况后续管理，对金融机构开展小微金融免税政策专项检查，发现问题的，按照现行税收法律法规进行处理，并将有关情况逐级上报国家税务总局（货物和劳务司）。财政部驻各地财政监察专员办要组织开展免税政策执行情况专项检查。 七、金融机构向小型企业、微型企业及个体工商户发放单户授信小于 100 万元（含本数），或者没有授信额度，单户贷款合同金额且贷款余额在 100 万元（含本数）以下的贷款取得的利息收入，可继续按照《财政部 税务总局关于支持小微企业融资有关税收政策的通知》（财税〔2017〕77 号）的规定免征增值税。	二、明确了小额贷款的额度。 小额贷款，是指单户授信小于 1 000 万元（含本数）的小型企业、微型企业或个体工商户贷款；没有授信额度的，是指单户贷款合同金额且贷款余额在 1 000 万元（含本数）以下的贷款。 三、明晰了税收优惠的选择。 自 2018 年 9 月 1 日至 2020 年 12 月 31 日，对金融机构向小型企业、微型企业和个体工商户发放小额贷款取得的利息收入，免征增值税。但金融机构可以选择以下两种免税方式，一经选定，该会计年度内不得变更。 （一）对金融机构向小微企业和个体工商户发放的，利率水平不高于人民银行同期贷款基准利率 150%（含本数）的单笔小额贷款取得的利息收入，免征增值税；高于人民银行同期贷款基准利率 150% 的单笔小额贷款取得的利息收入，按照现行政策规定缴纳增值税。 应注意：（1）150% 是起征点的规定，而非免征额。即符合条件的不高于人民银行同期贷款基准利率 150%（含本数）的贷款利息收入，免征增值税，超过 150% 部分的利息收入，按照规定全额缴纳增值税。 （2）以金融机构实际取得（收付实现制）的收入计算免征增值税，按合同约定计算但尚未取得的收入，暂不计算增值税。 （二）对金融机构向小型企业、微型企业和个体工商户发放单笔小额贷款取得的利息收入中，不高于该笔贷款按照人民银行同期贷款基准利率 150%（含本数）计算的利息收入部分，免征增值税；超过部分按照现行政策规定缴纳增值税。 应注意：（1）150% 是免征额的规定，而非起征点。即符合条件的不高于人民银行同期贷款基准利率 150%（含本数）的贷款利息收入，免征增值税，超过 150% 部分的利息收入，仅就超过部分缴纳增值税。 （2）以金融机构按规定计算（权责发生制）的利息收入，免征增值税，计算未实际取得的，亦应计算在利息收入之中。 （三）金融机构向小型企业、微型企业及个体工商户发放单户授信小于 100 万元（含本数），或者没有授信额度，单户贷款合同金额且贷款余额在 100 万元（含本数）以下的贷款取得的利息收入，可继续按照《财政部 税务总局关于支持小微企业融资有关税收政策的通知》（财税〔2017〕77 号）的规定免征增值税。 四、强化核算及后续管理。 金融机构应将相关免税证明材料留存备查，单独核算符合免税条件的小额贷款利息收入，按现行规定向主管税务机构办理纳税申报；未单独核算的，不得免征增值税。金融机构应依法依规享受增值税优惠政策，一经发现存在虚报或造假骗取本项税收优惠情形的，停止享受本通知有关增值税优惠政策。金融机构应持续跟踪贷款投向，确保贷款资金真正流向小型企业、微型企业和个体工商户，贷款的实际使用主体与申请主体一致。

（续表）

1. 与财税〔2017〕77 号比较，发放对象少了"农户"。

2. 免税主体，两类金融机构：（1）已通过监管部门上一年度"两增两控"考核的机构；（2）经批准成立的开发银行及政策性银行、外资银行和非银行业金融机构。而财税〔2017〕77 号的金融机构没有限制条件。"两增两控"以银保监会及其派出机构考核结果为准，税务机关又多了一个信息交换单位。

3. 免税证明资料有：（1）金融机构上一年度"两增两控"考核情况；（2）贷款的小型企业、微型企业的资产总额、从业人员和营业收入指标；（3）单户授信额度；（4）贷款合同；（5）单户贷款余额。

4. 贷款 100 万元以下的适用财税〔2017〕77 号，优惠条件更为宽松；贷款 1 000 万元以下的适用财税〔2018〕91 号，多了两个限制条件：部分金融机构要通过"两增两控"考核；单笔贷款利息不高于人民银行同期贷款基准利率 150%（含）。

5. 前期单户贷款合同金额且贷款余额在 100 万元以下的，金融机构适用了财税〔2017〕77 号税收优惠。如果该户前笔贷款未到期，又发放一笔贷款，贷款余额超过 100 万元未超过 1 000 万元，那么，金融机构这两笔贷款利息的税收优惠，都应适用财税〔2018〕91 号的规定。

2. 国家助学贷款利息

政策规定	政策解读
国家助学贷款利息收入免税。	本条延续了《关于进一步推进国家助学贷款业务发展的通知》（银发〔2001〕245 号）的规定，经国务院批准，免征国家助学贷款利息收入营业税。

备案事项

序号	资料名称	原件/复印件	份数	备注
1	《纳税人减免税备案登记表》	原件	2	
2	助学贷款台账、助学贷款合同	原件及复印件	1	原件核对后退还
3	《国家助学贷款利息明细表》	原件及复印件	1	原件核对后退还
4	学生本人身份证明	原件及复印件	1	原件核对后退还

3. 国债、地方政府债利息

政策规定	政策解读
国债、地方政府债利息收入免税。	本条关于国债利息免征增值税的规定，继续遵循《中华人民共和国国库券条例》第十二条"国库券的利息收入享受免税待遇"的原则。考虑到地方政府债与国债在性质和意义上具有一致性，因此也对地方政府债利息收入给予了增值税免税优惠。

4. 人民银行对金融机构的贷款利息

政策规定	政策解读
人民银行对金融机构的贷款利息收入免税。	本条延续了《国家税务总局关于人民银行贷款业务不征收营业税的具体范围的通知》（国税发〔1994〕88 号）的规定，对人民银行的贷款业务不征税，是指人民银行对金融机构的贷款业务，人民银行对企业贷款或委托金融机构贷款的业务应当征收营业税。

5. 受托发放的个人住房公积金贷款利息

政策规定	政策解读
住房公积金管理中心用住房公积金在指定的委托银行发放的个人住房贷款利息收入免税。	本条是对《国家税务总局关于住房公积金管理中心有关税收政策的通知》（财税〔2000〕94 号，以下称财税〔2000〕94 号文件）营业税政策的延续。 财税〔2000〕94 号文件规定，自 2000 年 9 月 1 日起，对住房公积金管理中心用住房公积金在指定的委托银行发放个人住房贷款取得的收入，免征营业税。

备案事项

序号	资料名称	原件/复印件	份数	备注
1	《纳税人减免税备案登记表》	原件	2	
2	与指定的委托银行签订的委托贷款协议	原件及复印件	1	原件核对后退还
3	该银行与个人签订住房贷款金额、利息收入清单	原件及复印件	1	

6. 外汇管理部门受托发放的外汇贷款利息

政策规定	政策解读
外汇管理部门在从事国家外汇储备经营过程中,委托金融机构发放的外汇贷款利息收入免税。	本条是对《关于对外汇管理部门委托贷款利息收入免征营业税的通知》(财税〔2000〕78号,以下称财税〔2000〕78号文件)营业税政策的延续。 财税〔2000〕78号文件规定,自2000年7月1日起,对外汇管理部门在从事国家外汇储备经营过程中,委托金融机构发放的外汇贷款利息收入免征营业税。

7. 符合条件的统借统还利息

1) 政策规定

财税〔2016〕36号附件3	财税〔2019〕20号
统借统还业务中,企业集团或企业集团中的核心企业以及集团所属财务公司按不高于支付给金融机构的借款利率水平或者支付的债券票面利率水平,向企业集团或者集团内下属单位收取的利息。 统借方向资金使用单位收取的利息,高于支付给金融机构借款利率水平或者支付的债券票面利率水平的,应全额缴纳增值税。 统借统还业务,是指: (1)企业集团或者企业集团中的核心企业向金融机构借款或对外发行债券取得资金后,将所借资金分拨给下属单位(包括独立核算单位和非独立核算单位,下同),并向下属单位收取用于归还金融机构或债券购买方本息的业务。 (2)企业集团向金融机构借款或对外发行债券取得资金后,由集团所属财务公司与企业集团或者集团内下属单位签订统借统还贷款合同并分拨资金,并向企业集团或者集团内下属单位收取本息,再转付企业集团,由企业集团统一归还金融机构或债券购买方的业务。	三、自2019年2月1日至2020年12月31日,对企业集团内单位(含企业集团)之间的资金无偿借贷行为,免征增值税。 五、本通知自发布之日(2019年2月2日)起执行。此前已发生未处理的事项,按本通知规定执行。

纳税人适用财税〔2019〕20号优惠仍需按照主管税务机关的要求履行有关手续。享受财税〔2019〕20号文件免征增值税的企业集团及集团内单位,须符合以下条件之一:

1. 已经企业集团核准登记,核发了《企业集团登记证》的;
2. 集团母公司通过国家企业信用信息公示系统,向社会公示的企业集团及其集团成员单位。

2) 无偿借贷资金和统借统还区别

	无偿借贷(财税〔2019〕20号)	统借统还(财税〔2016〕36号)
利息有偿无偿	利息无偿	利息有偿
资金来源	成员之间资金借贷不问资金来源	向金融机构借款或对外发行债券取得资金
资金流向	无管理程序和流程要求	有严格的资金借入、分拨使用、利息收取、利息偿还等管理程序和流程要求

3) 营改增后统借统还免税需同时满足4个条件

① 借款主体符合规定,只有企业集团或者企业集团中的核心企业对外取得资金,才能享受免税优惠。2018年8月31日前按照《企业集团登记管理暂行规定》成立的集团企业,取得《企业集团登记证》;自2018年9月1日起,在国家企业信用信息公示系统登记、公示的区冶集团。统借主体为集团公司或核心企业或集团内财务公司。

② 资金来源符合规定,资金来源于正规金融机构,包括银行借款或债券融资等外部债务型融资。

③ 使用主体符合规定,资金的最终使用方限定为集团内部企业。

④ 利率符合规定,统借方借出利率不得高于支付给金融机构的借款利率,即不得居中牟利。实务中,虽然合同利率不高于支付给金融机构的借款利率水平或支付的债券票面利率水平,但实际综合利率却高于,也不符合免税条件。

（续表）

① 若统借方向资金使用单位收取的利息,高于支付给金融机构借款利率水平或者支付的债券票面利率水平,应将其视为转贷业务,全额缴纳增值税。

② 资金池企业之间借贷:以利息分割单为准,在总借款的范围内借还款,利率不超标情况下,可以免增值税。

③ 统借统还业务免征增值税,应开具符合规定的免税增值税普通发票,分摊利息的成员单位应取得免税增值税普通发票作为税收票证。

4) 企业集团的界定

《企业集团登记管理暂行规定》（工商企字〔1998〕第 59 号）	国发〔2018〕28 号及国市监企注〔2018〕139 号
第五条　企业集团应当具备下列条件: （一）企业集团的母公司注册资本在 5 000 万元人民币以上,并至少拥有 5 家子公司; （二）母公司和其子公司的注册资本总和在 1 亿元人民币以上; （三）集团成员单位均具有法人资格。 国家试点企业集团还应符合国务院确定的试点企业集团条件。	取消企业集团核准登记。（国发〔2018〕28 号） 不再单独登记企业集团,不再核发《企业集团登记证》。（国市监企注〔2018〕139 号） 一是放宽名称使用条件。企业法人可以在名称中组织形式之前使用"集团"或者"(集团)"字样,该企业为企业集团的母公司。需要使用企业集团名称和简称的,母公司应当在申请企业名称登记时一并提出,并在章程中记载。各级工商和市场监管部门对企业集团成员企业的注册资本和数量不做审查。 二是强化企业集团信息公示。取消企业集团核准登记后,集团母公司应当将企业集团名称及集团成员信息通过国家企业信用信息公示系统的"集团母公司公示"栏目向社会公示,接受社会监督。国市监企注〔2018〕139 号通知下发前已经取得《企业集团登记证》的,可以不再公示。自 2018 年 9 月 1 日起,企业可以通过国家企业信用信息公示系统发布"营业执照作废声明",母公司可以申请在企业名称中使用"集团"字样,并通过国家企业信用信息公示系统向社会公示企业集团信息。

按照上述规定,只有符合下列条件之一的,才符合企业集团的界定:国市监企注〔2018〕139 号文发布前已经取得《企业集团登记证》;未取得《企业集团登记证》,但在国市监企注〔2018〕139 号文发布后通过国家企业信用信息公示系统向社会公示企业集团名称及集团成员信息。不满足上述条件的企业,不属于企业集团,其关联企业之间发生的资金无偿借贷行为,不能享受增值税免税优惠。实务中常见的非集团性质关联企业之间的资金无偿往来,就属于这种不能享受增值税免税的情况。

5) 备案事项

序号	资料名称	原件/复印件	份数	备注
1	《纳税人减免税备案登记表》	原件	2	
2	企业集团或者企业集团中的核心企业向金融机构借款合同	原件及复印件	1	原件核对后退还
3	集团所属财务公司与企业集团或者集团内下属单位签订的统借统还贷款合同	原件及复印件	1	原件核对后退还

【例 2-12】　某集团一般纳税人发生统借统还业务,按规定进行免征增值税备案,2018 年 3 月按照书面合同确定的付利息日期,向集团内下属单位收取 2018 年 1 季度利息 100 万元,并按规定开具增值税普通发票,则账务处理为(单位:万元):

借:应收账款　　　　　　　　　　　　　　　　　　　　　　　　　　　100
　　贷:其他业务收入　　　　　　　　　　　　　　　　　　　　　　　　　　100

8. 邮政企业为金融机构代办金融保险业务取得的代理收入（财税〔2016〕83 号）

三、自 2016 年 1 月 1 日起,中国邮政集团公司及其所属邮政企业为金融机构代办金融保险业务取得的代理收入,在营改增试点期间免征增值税。

9. 社保基金会、社保基金投资管理人及养老基金投资管理机构有关投资业务免税规定

财税〔2018〕94号	财税〔2018〕95号
现将全国社会保障基金理事会(以下简称社保基金会)管理的全国社会保障基金(以下简称社保基金)有关投资业务税收政策通知如下： 一、对社保基金会、社保基金投资管理人在运用社保基金投资过程中,提供贷款服务取得的全部利息及利息性质的收入和金融商品转让收入,免征增值税。 二、对社保基金会取得的直接股权投资收益、股权投资基金收益,作为企业所得税不征税收入。 三、对社保基金会、社保基金投资管理人管理的社保基金转让非上市公司股权,免征社保基金会、社保基金投资管理人应缴纳的印花税。 四、本通知自2018年9月10日起执行。通知发布前发生的社保基金有关投资业务,符合本通知规定且未缴纳相关税款的,按本通知执行;已缴纳的相关税款,不再退还。	现将全国社会保障基金理事会(以下简称社保基金会)受托投资的基本养老保险基金(以下简称养老金)有关投资业务税收政策通知如下： 一、对社保基金会及养老基金投资管理机构在国务院批准的投资范围内,运用养老基金投资过程中,提供贷款服务取得的全部利息及利息性质的收入和金融商品转让收入,免征增值税。 二、对社保基金会及养老基金投资管理机构在国务院批准的投资范围内,运用养老基金投资取得的归属于养老基金的投资收入,作为企业所得税不征税收入;对养老基金投资管理机构、养老基金托管机构从事养老基金管理活动取得的收入,依照税法规定征收企业所得税。 三、对社保基金会及养老基金投资管理机构运用养老基金买卖证券应缴纳的印花税实行先征后返;养老基金持有的证券,在养老基金证券账户之间的划拨过户,不属于印花税的征收范围,不征收印花税。对社保基金会及养老基金投资管理机构管理的养老基金转让非上市公司股权,免征社保基金会及养老基金投资管理机构应缴纳的印花税。 四、本通知自2018年9月20日起执行。本通知发布前发生的养老基金有关投资业务,符合本通知规定且未缴纳相关税款的,按本通知执行;已缴纳的相关税款,不再退还。

10. 境外机构投资境内债券市场免税规定

财税〔2018〕108号	中国人民银行公告〔2016〕第3号第一条
自2018年11月7日起至2021年11月6日止,对境外机构投资境内债券市场取得的债券利息收入暂免征收企业所得税和增值税。 上述暂免征收企业所得税的范围不包括境外机构在境内设立的机构、场所取得的与该机构、场所有实际联系的债券利息。	境外机构投资者,是指符合本公告要求,在中华人民共和国境外依法注册成立的商业银行、保险公司、证券公司、基金管理公司及其他资产管理机构等各类金融机构,上述金融机构依法合规面向客户发行的投资产品,以及养老基金、慈善基金、捐赠基金等中国人民银行认可的其他中长期机构投资者。

(二十) 被撤销金融机构以货物、不动产、无形资产、有价证券、票据等财产清偿债务

政策规定	政策解读
被撤销金融机构,是指经人民银行、银监会依法决定撤销的金融机构及其分设于各地的分支机构,包括被依法撤销的商业银行、信托投资公司、财务公司、金融租赁公司、城市信用社和农村信用社。除另有规定外,被撤销金融机构所属、附属企业,不享受被撤销金融机构增值税免税政策。	本条是《财政部 国家税务总局关于被撤销金融机构有关税收政策问题的通知》(财税〔2003〕141号)有关营业税政策的延续。 对被撤销金融机构财产用来清偿债务时,免征被撤销金融机构转让货物、不动产、无形资产、有价证券、票据等应缴纳的增值税、营业税、城市维护建设税、教育费附加和土地增值税。

(二十一) 保险公司免税收入

1. 保险公司开办的一年期以上人身保险产品取得的保费收入

财税〔2016〕36号	财税〔2019〕20号	政策解读
一年期以上人身保险,是指保险期间为一年期及以上返还本利的人寿保险、养老年金保险,以及保险期间为一年期及以上的健康保险和其他年金保险。	四、保险公司开办一年期以上返还性人身保险产品,按照以下规定执行：	本条是对《财政部 国家税务总局关于一年期以上返还性人身保险产品营业税免税政策的通知》(财税〔2015〕86号)有关营业税政策的延续和调整。

财税〔2016〕36 号	财税〔2019〕20 号	政策解读
人寿保险，是指以人的寿命为保险标的的人身保险。 　　养老年金保险，是指以养老保障为目的，以被保险人生存为给付保险金条件，并按约定的时间间隔分期给付生存保险金的人身保险。养老年金保险应当同时符合下列条件： 　　（1）保险合同约定给付被保险人生存保险金的年龄不得小于国家规定的退休年龄。 　　（2）相邻两次给付的时间间隔不得超过一年。 　　健康保险，是指以因健康原因导致损失为给付保险金条件的人身保险。 　　其他年金保险是指养老年金以外的年金保险。 　　上述免税政策实行备案管理，具体备案管理办法按照《国家税务总局关于一年期以上返还性人身保险产品免征营业税审批事项取消后有关管理问题的公告》（国家税务总局公告 2015 年第 65 号）规定执行。	（1）保险公司开办一年期以上返还性人身保险产品，在保险监管部门出具备案回执或批复文件前依法取得的保费收入，属于《关于一年期以上返还性人身保险产品营业税免税政策的通知》（财税〔2015〕86 号）第一条、《营业税改征增值税试点过渡政策的规定》（财税〔2016〕36 号印发）第一条第（二十一）项规定的保费收入。 　　（2）保险公司符合财税〔2015〕86 号第一条、第二条规定免税条件，且未列入财政部、税务总局发布的免征营业税名单的，可向主管税务机关办理备案手续。 　　（3）保险公司开办一年期以上返还性人身保险产品，在列入财政部和税务总局发布的免征营业税名单或办理免税备案手续后，此前已缴纳营业税中尚未抵减或退还的部分，可抵减以后月份应缴纳的增值税。	《国务院关于取消和调整一批行政审批项目等事项的决定》（国发〔2015〕11 号）取消了一年期以上返还性人身保险业务免征营业税审批事项。审批事项取消后有关备案管理问题，国家税务总局在《国家税务总局关于一年期以上返还性人身保险产品免征营业税审批事项取消后有关管理问题的公告》（国家税务总局公告 2015 年第 65 号）中进行了明确。

　　对个人购买符合规定的商业健康保险产品的支出，允许在当年（月）计算应纳税所得额时予以税前扣除，扣除限额为 2 400 元/年（200 元/月）。单位统一为员工购买符合规定的商业健康保险产品的支出，应分别计入员工个人工资薪金，视同个人购买，按上述限额予以扣除。2 400 元/年（200 元/月）的限额扣除为个人所得税法规定减除费用标准之外的扣除。

　　商业健康保险税收优惠政策的纳税人，是指取得工资薪金所得、连续性劳务报酬所得的个人，以及取得个体工商户生产经营所得、对企事业单位的承包承租经营所得的个体工商户业主、个人独资企业投资者、合伙企业合伙人和承包承租经营者。（财税〔2017〕39 号）

　　备案事项（国家税务总局公告 2015 年第 65 号）：

序号	资料名称	原件/复印件	份数	备注
1	《纳税人减免税备案登记表》	原件	2	
2.	保监会对保险产品的备案回执或批复文件	原件及复印件	1	原件核对后退还
3	保险产品的保险条款	原件及复印件	1	原件核对后退还
4	保险产品费率表	原件及复印件	1	原件核对后退还
5	主管税务机关要求提供的其他相关资料。			

　　《人身保险产品审批和备案管理办法》（保监会令〔2004〕6 号）第十八条规定，保险公司申报产品审批或者备案的，应当由其总公司向中国保监会提出。第二十二条规定，中国保监会应当自受理产品审批申请之日起 20 日内做出批准或者不予批准的决定。20 日内不能做出决定的，经中国保监会负责人批准，审批期限可以延长 10 日。中国保监会应当将延长期限的理由告知保险公司。

　　鉴于目前保监会的实际情况，开办符合免税条件保险产品的保险公司，可以使用保监会官网上公示的产品备案清单作为申请材料，办理免征增值税优惠备案。保险公司应在保险产品享受税收优惠政策的首个纳税申报期内，将备案资料送主管税务机关备案；在符合减免税条件期间，若保险产品的备案资料内容未发生变化，保险公司不需要再行备案；保险公司提交的备案资料内容发生变化，如仍符合减免税规定，应在发生变化的次月纳税申报期内，向主管税务机关进行变更备案；如不再符合减免税规定，应当停止享受免税，按照规定进行纳税申报。

　　2. 为出口货物提供的保险服务（财税〔2016〕36 号附件 4）

　　为出口货物提供的保险服务，包括出口货物保险和出口信用保险。

3. 农牧保险（财税〔2016〕36 号附件 3）

农牧保险，是指为种植业、养殖业、牧业种植和饲养的动植物提供保险的业务。

4. 再保险服务（财税〔2016〕68 号）

政策规定	政策解读
一、再保险服务 （一）境内保险公司向境外保险公司提供的完全在境外消费的再保险服务，免征增值税。 （二）试点纳税人提供再保险服务（境内保险公司向境外保险公司提供的再保险服务除外），实行与原保险服务一致的增值税政策。再保险合同对应多个原保险合同的，所有原保险合同均适用免征增值税政策时，该再保险合同适用免征增值税政策。否则，该再保险合同应按规定缴纳增值税。	原保险服务，是指保险分出方与投保人之间直接签订保险合同而建立保险关系的业务活动。 再保险服务，是指保险公司将其承担的保险业务，部分转移给其他保险公司的经营行为。

（二十二）符合条件的金融商品转让收入

1. 合格境外投资者（QFII）委托境内公司在我国从事证券买卖业务； 2. 香港市场投资者（包括单位和个人）通过沪港通、深港通买卖上交所、深交所上市 A 股取得的差价收入； 3. 对香港市场投资者（包括单位和个人）通过基金互认买卖内地基金份额；	4. 证券投资基金（封闭式证券投资基金，开放式证券投资基金）管理人运用基金买卖股票、债券； 5. 个人从事金融商品转让业务； 6. 人民币合格境外投资者和人民银行认可的境外机构从事证券买卖业务； 7. 社保基金会、社保基金投资管理人及养老基金投资管理机构金融商品转让收入。

1. 合格境外投资者（QFII）委托境内公司在我国从事证券买卖业务

政策规定	政策解读
对合格境外机构投资者（简称 QFII）委托境内公司在我国从事证券买卖业务取得的差价收入，以及经人民银行认可的境外机构投资银行间本币市场（货币市场、债券市场以及衍生品市场）取得的收入，免征增值税。	本条是《财政部 国家税务总局关于合格境外机构投资者营业税政策的通知》（财税〔2005〕155 号）有关营业税政策的延续。 财税〔2005〕155 号文件规定，对合格境外机构投资者（简称 QFII）委托境内公司在我国从事证券买卖业务取得的差价收入，免征营业税。

四、自 2016 年 5 月 1 日起，人民币合格境外投资者（RQFII）委托境内公司在我国从事证券买卖业务，以及经人民银行认可的境外机构投资银行间本币市场取得的收入属于《营业税改征增值税试点过渡政策的规定》（以下简称《过渡政策的规定》）第一条第（二十二）款所称的金融商品转让收入。银行间本币市场包括货币市场、债券市场以及衍生品市场。（财税〔2016〕70 号）

利息收入则需要按照"贷款服务"缴纳 6% 的增值税。2018 年 8 月 30 日，国务院常务会议确定，对境外机构投资境内债券市场取得的债券利息收入暂免征收企业所得税和增值税，政策期限暂定 3 年。

2. 香港市场投资者（包括单位和个人）通过沪港通、深港通买卖上交所、深交所上市 A 股取得的差价收入

政策规定	政策解读
对香港市场投资者（包括单位和个人）通过沪港通、深港通买卖上交所、深交所上市 A 股取得的差价收入，在营改增试点期间免征增值税。	本条一是《财政部 国家税务总局 证监会关于沪港股票市场交易互联互通机制试点有关税收政策的通知》（财税〔2014〕81 号）有关免征营业税政策的延续和调整；二是《财政部 国家税务总局 证监会关于深港股票市场交易互联互通机制试点有关税收政策的通知》（财税〔2016〕127 号）的补充。 财税〔2005〕155 号文件规定，对合格境外机构投资者（简称 QFII）委托境内公司在我国从事证券买卖业务取得的差价收入，免征营业税。财税〔2016〕127 号文件规定，对香港市场投资者（包括单位和个人）通过深港通买卖深交所上市 A 股取得的差价收入，在营改增试点期间免征增值税。

3. 对香港市场投资者（包括单位和个人）通过基金互认买卖内地基金份额

政策规定	政策解读
对香港市场投资者（包括单位和个人）通过基金互认买卖内地基金份额取得的差价收入，暂免征收增值税。	本条是《财政部 国家税务总局 证监会关于内地与香港基金互认有关税收政策的通知》（财税〔2015〕125 号）有关免征营业税政策的延续和调整。 财税〔2015〕125 号文件第三条第 1 项规定：对香港市场投资者（包括单位和个人）通过基金互认买卖内地基金份额取得的差价收入，暂免征收营业税。

4. 证券投资基金(封闭式证券投资基金,开放式证券投资基金)管理人运用基金买卖股票、债券

政策规定	政策解读
对证券投资基金(封闭式证券投资基金,开放式证券投资基金)管理人运用基金买卖股票、债券的差价收入,暂免征收增值税。	本条是《国家税务总局关于证券投资基金税收政策的通知》(财税〔2004〕78号)有关营业税政策的延续。 财税〔2004〕78号文件规定,自2004年1月1日起,对证券投资基金(封闭式证券投资基金,开放式证券投资基金)管理人运用基金买卖股票、债券的差价收入,继续免征营业税。
申报审核:私募基金不能享受证券投资基金(封闭式证券投资基金、开放式证券投资基金)免税政策。	

5. 个人从事金融商品转让业务

政策规定	政策解读
对个人(包括个体工商户及其他个人)从事外汇、有价证券、非货物期货和其他金融商品买卖业务取得的收入,暂免征收增值税。	本条是《财政部 国家税务总局关于个人金融商品买卖等营业税若干免税政策的通知》(财税〔2009〕111号)有关营业税政策的延续。 财税〔2009〕111号文件规定,对个人(包括个体工商户及其他个人)从事外汇、有价证券、非货物期货和其他金融商品买卖业务取得的收入暂免征收营业税。

6. 人民币合格境外投资者和人民银行认可的境外机构(财税〔2016〕70号第四条)

人民币合格境外投资者(RQFII)委托境内公司在我国从事证券买卖业务,属于《过渡政策的规定》第一条第(二十二)款所称的金融商品转让收入。	经人民银行认可的境外机构投资银行间本币市场取得的收入属于《过渡政策的规定》第一条第(二十二)款所称的金融商品转让收入。 银行间本币市场包括货币市场、债券市场以及衍生品市场。

7. 社保基金会、社保基金投资管理人及养老基金投资管理机构金融商品转让收入

财税〔2018〕94号	财税〔2018〕95号
现将全国社会保障基金理事会(以下简称社保基金会)管理的全国社会保障基金(以下简称社保基金)有关投资业务税收政策通知如下: 一、对社保基金会、社保基金投资管理人在运用社保基金投资过程中,提供贷款服务取得的全部利息及利息性质的收入和金融商品转让收入,免征增值税。	现将全国社会保障基金理事会(以下简称社保基金会)受托投资的基本养老保险基金(以下简称养老基金)有关投资业务税收政策通知如下: 一、对社保基金会及养老基金投资管理机构在国务院批准的投资范围内,运用养老基金投资过程中,提供贷款服务取得的全部利息及利息性质的收入和金融商品转让收入,免征增值税。

(二十三)金融同业往来利息收入

基本规定	补充规定
财税〔2016〕36号附件3 一、(二十三)金融同业往来利息收入 1. 金融机构与人民银行所发生的资金往来业务。包括人民银行对一般金融机构贷款,以及人民银行对商业银行的再贴现等。 2. 银行联行往来业务。同一银行系统内部不同行、处之间所发生的资金账务往来业务。	财税〔2016〕46号 一、金融机构开展下列业务取得的利息收入,属于财税〔2016〕36号附件3《过渡政策的规定》第一条第(二十三)项所称的金融同业往来利息收入: (一)质押式买入返售金融商品。 质押式买入返售金融商品,是指交易双方进行的以债券等金融商品为权利质押的一种短期资金融通业务。 (二)持有政策性金融债券。 政策性金融债券,是指开发性、政策性金融机构发行的债券。 财税〔2016〕70号 一、金融机构开展下列业务取得的利息收入,属于财税〔2016〕36号附件3《过渡政策的规定》第一条第(二十三)项所称的金融同业往来利息收入: (一)同业存款。 同业存款,是指金融机构之间开展的同业资金存入与存出业务,其中资金存入方仅为具有吸收存款资格的金融机构。 (二)同业借款。 同业借款,是指法律法规赋予此项业务范围的金融机构开展的同业资金借出和借入业务。此条款所称"法律法规赋予此项业务范围的金融机构"主要是指农村信用社之间以及在金融机构营业执照列示的业务范围中有反映为"向金融机构借款"业务的金融机构。

（续表）

基本规定	补充规定
3. 金融机构间的资金往来业务。是指经人民银行批准,进入全国银行间同业拆借市场的金融机构之间通过全国统一的同业拆借网络进行的短期(一年以下含一年)无担保资金融通行为。 4. 金融机构之间开展的转贴现业务。金融机构是指: (1) 银行:包括人民银行、商业银行、政策性银行。 (2) 信用合作社。 (3) 证券公司。 (4) 金融租赁公司、证券基金管理公司、财务公司、信托投资公司、证券投资基金。 (5) 保险公司。 (6) 其他经人民银行、银监会、证监会、保监会批准成立且经营金融保险业务的机构等。	(三) 同业代付。 同业代付,是指商业银行(受托方)接受金融机构(委托方)的委托向企业客户付款,委托方在约定还款日偿还代付款项本息的资金融通行为。 (四) 买断式买入返售金融商品。 买断式买入返售金融商品,是指金融商品持有人(正回购方)将债券等金融商品卖给债券购买方(逆回购方)的同时,交易双方约定在未来某一日期,正回购方再以约定价格从逆回购方买回相等数量同种债券等金融商品的交易行为。 (五) 持有金融债券。 金融债券,是指依法在中华人民共和国境内设立的金融机构法人在全国银行间和交易所债券市场发行的、按约定还本付息的有价证券。 (六) 同业存单。 同业存单,是指银行业存款类金融机构法人在全国银行间市场上发行的记账式定期存款凭证。 二、商业银行购买央行票据、与央行开展货币掉期和货币互存等业务属于《过渡政策的规定》第一条第(二十三)款第1项所称的金融机构与人民银行所发生的资金往来业务。 三、境内银行与其境外的总机构、母公司之间,以及境内银行与其境外的分支机构、全资子公司之间的资金往来业务属于财税〔2016〕36号附件3《过渡政策的规定》第一条第(二十三)项所称的银行联行往来业务。 (境内银行与境外其他银行不属于同一银行系统,不属于财税〔2016〕70号文件规定的同业代付范围,不能免征增值税。)
	财税〔2017〕58号 五、自2018年1月1日起,金融机构开展贴现、转贴现业务,以其实际持有票据期间取得的利息收入作为贷款服务销售额计算缴纳增值税。此前贴现机构已就贴现利息收入全额缴纳增值税的票据,转贴现机构转贴现利息收入继续免征增值税。 六、《营业税改征增值税试点过渡政策的规定》(财税〔2016〕36号印发)第一条第(二十三)项第4点自2018年1月1日起废止。
	国家税务总局公告2017年第30号 四、自2018年1月1日起,金融机构开展贴现、转贴现业务需要就贴现利息开具发票的,由贴现机构按照票据贴现利息全额向贴现人开具增值税普通发票,转贴现机构按照转贴现利息全额向贴现机构开具增值税普通发票。

私募基金不属财税〔2016〕36号规定的金融机构。私募基金公司的同业存单利息收入不属于金融同业往来利息收入,不得免征增值税。

(二十四) 符合条件的担保机构从事中小企业信用担保或者再担保业务取得的收入

财税〔2016〕36号附件3	财税〔2017〕90号
一、(二十四)同时符合下列条件的担保机构从事中小企业信用担保或者再担保业务取得的收入(不含信用评级、咨询、培训等收入)3年内免征增值税: 1. 已取得监管部门颁发的融资性担保机构经营许可证,依法登记注册为企(事)业法人,实收资本超过2000万元。 2. 平均年担保费率不超过银行同期贷款基准利率的50%。平均年担保费率=本期担保费收入/(期初担保余额＋本期增加担保金额)×100%。 3. 连续合规经营2年以上,资金主要用于担保业务,具备健全的内部管理制度和为中小企业提供担保的能力,经营业绩突出,对受保项目具有完善的事前评估、事中监控、事后追偿与处置机制。 4. 为中小企业提供的累计担保贷款占其两年累计担保业务总额的80%以上,单笔800万元以下的累计担保贷款额占其累计担保业务总额的50%以上。 5. 对单个受保企业提供的担保余额不超过担保机构实收资本总额的10%,且平均单笔担保责任金额最多不超过3000万元人民币。	六、自2018年1月1日至2019年12月31日,纳税人为农户、小型企业、微型企业及个体工商户借款、发行债券提供融资担保取得的担保费收入,以及为上述融资担保(以下称"原担保")提供再担保取得的再担保费收入,免征增值税。再担保合同对应多个原担保合同的,原担保合同应全部适用免征增值税政策。否则,再担保合同应按规定缴纳增值税。 纳税人应将相关免税证明材料留存备查,单独核算符合免税条件的融资担保费和再担保费收入,按现行规定向主管税务机关办理纳税申报;未单独核算的,不得免征增值税。 农户,是指长期(一年以上)居住在乡镇(不包括城关镇)行政管理区域内的住户,还包括长期居住在城关镇所辖行政村范围内的住户和户口不在本地而在本地居住一年以上的住户,国有农场的职工。位于乡镇(不包括城关镇)行政管理区域内和在城关镇所辖行政村范围内的国有经济的机关、团体、学校、企事业单位的集体户;有本地户口,但举家外出谋生一年以上的住户,无论是否保留承包耕地均不属于农户。农户以户为统计单位,既可以从事农业生产经营,也可以从事非农业生产经营。农户担保、再担保的判定应以原担保生效时的被担保人是否属于农户为准。

（续表）

财税〔2016〕36号附件3	财税〔2017〕90号
6. 担保责任余额不低于其净资产的3倍，且代偿率不超过2%。 担保机构免征增值税政策采取备案管理方式。符合条件的担保机构应到所在地县（市）主管税务机关和同级中小企业管理部门履行规定的备案手续，自完成备案手续之日起，享受3年免征增值税政策。3年免税期满后，符合条件的担保机构可按规定程序办理备案手续后继续享受该项政策。	小型企业、微型企业，是指符合《中小企业划型标准规定》（工信部联企业〔2011〕300号）的小型企业和微型企业。其中，资产总额和从业人员指标均以原担保生效时的实际状态确定；营业收入指标以原担保生效前12个自然月的累计数确定，不满12个自然月的，按照以下公式计算： $$营业收入（年）=\frac{企业实际存续期间营业收入}{企业实际存续月数}×12$$

财税〔2016〕36号附件3《营业税改征增值税试点过渡政策的规定》第一条第（二十四）款规定的中小企业信用担保增值税免税政策自2018年1月1日起停止执行。纳税人享受中小企业信用担保增值税免税政策在2017年12月31日前未满3年的，可以继续享受至3年期满为止。

自2018年1月1日至2019年12月31日，纳税人为农户、小型企业、微型企业及个体工商户借款、发行债券提供融资担保取得的担保费收入，以及为上述融资担保（以下称"原担保"）提供再担保取得的再担保费收入，免征增值税。这应该是《财政部　税务总局关于支持小微企业融资有关税收政策的通知》（财税〔2017〕77号）文件的延续。主要为推动改善小微企业缓解融资难、融资贵的配套措施。

（二十五）国家商品储备管理单位及其直属企业承担商品储备任务，从中央或者地方财政取得的利息补贴收入和价差补贴收入

政策规定	政策解读
国家商品储备管理单位及其直属企业，是指接受中央、省、市、县四级政府有关部门（或者政府指定管理单位）委托，承担粮（含大豆）、食用油、棉、糖、肉、盐（限于中央储备）等6种商品储备任务，并按有关政策收储、销售上述6种储备商品，取得财政储备经费或者补贴的商品储备企业。 利息补贴收入，是指国家商品储备管理单位及其直属企业因承担上述商品储备任务从金融机构贷款，并从中央或者地方财政取得的用于偿还贷款利息的贴息收入。价差补贴收入包括销售价差补贴收入和轮换价差补贴收入。 销售价差补贴收入，是指按照中央或者地方政府指令销售上述储备商品时，由于销售收入小于库存成本而从中央或者地方财政获得的全额价差补贴收入。轮换价差补贴收入，是指根据要求定期组织政策性储备商品轮换而从中央或者地方财政取得的商品新陈品质价差补贴收入。	本条是对财税〔2013〕62号文件有关营业税政策的延续和调整。 财税〔2013〕62号文件规定，自2011年1月1日起，对国家商品储备管理单位及其直属企业承担商品储备任务，从中央或地方财政取得的利息补贴收入以及价差补贴收入，不征收营业税。

（二十六）纳税人提供技术转让、技术开发和与之相关的技术咨询、技术服务

政策规定	政策解读
1. 技术转让、技术开发，是指《销售服务、无形资产、不动产注释》中"转让技术""研发服务"范围内的业务活动。技术咨询，是指就特定技术项目提供可行性论证、技术预测、专题技术调查、分析评价报告等业务活动。 与技术转让、技术开发相关的技术咨询、技术服务，是指转让方（或者受托方）根据技术转让或者开发合同的规定，为帮助受让方（或者委托方）掌握所转让（或者委托开发）的技术，而提供的技术咨询、技术服务业务，且这部分技术咨询、技术服务的价款与技术转让或者技术开发的价款应当在同一张发票上开具。 2. 备案程序。试点纳税人申请免征增值税时，须持技术转让、开发的书面合同，到纳税人所在地省级科技主管部门进行认定，并持有关的书面合同和科技主管部门审核意见证明文件报主管税务机关备查。	1. 本条是对财税〔2013〕106号文件附件3第一条第（四）项相关政策规定的平移。 2. 对"技术开发、技术转让"进行了定义，是指《销售服务、无形资产、不动产注释》中"转让技术""研发服务"范围内的业务活动。 3. 技术合同认定权限下放至设区市科技局的，税务部门可以将市级及以上科技主管部门的认定意见作为享受增值税优惠政策的备案资料。

备案事项

序号	资料名称	原件/复印件	份数	备注
1	《纳税人减免税备案登记表》	原件	2	
2	技术转让合同	原件及复印件	1	原件核对后退还
3	技术开发合同	原件及复印件		
4	科技主管部门审核意见证明文件	原件及复印件	1	原件核对后退还

（二十七）同时符合下列条件的合同能源管理服务

政策规定	政策解读
1. 节能服务公司实施合同能源管理项目相关技术,应当符合国家质量监督检验检疫总局和国家标准化管理委员会发布的《合同能源管理技术通则》(GB/T 24915—2010)规定的技术要求。 2. 节能服务公司与用能企业签订节能效益分享型合同,其合同格式和内容,符合《中华人民共和国合同法》和《合同能源管理技术通则》(GB/T 24915—2010)等规定。	本条是对财税〔2013〕106 号文件附件 3 第一条第（五）项相关政策规定的平移。

备案事项

序号	资料名称	原件/复印件	份数	备注
1	《纳税人减免税备案登记表》	原件	2	
2	《税务登记证》(副本)	复印件	1	
3	节能服务公司与用能企业签订节能效益分享型合同	原件及复印件	1	原件核对后退还
4	说明	原件	1	节能服务公司实施合同能源管理项目相关技术应符合国家质量监督检验检疫总局和国家标准化管理委员会发布的《合同能源管理技术通则》(GB/T 24915—2010)规定的技术要求的。
5	证明文件	原件及复印件	1	
6	鉴定报告	原件及复印件	1	

（二十八）2017 年 12 月 31 日前,科普单位的门票收入,以及县级及以上党政部门和科协开展科普活动的门票收入

政策规定	政策解读
科普单位,是指科技馆、自然博物馆,对公众开放的天文馆(站、台)、气象台(站)、地震台(站),以及高等院校、科研机构对公众开放的科普基地。 科普活动,是指利用各种传媒以浅显的、让公众易于理解、接受和参与的方式,向普通大众介绍自然科学和社会科学知识,推广科学技术的应用,倡导科学方法,传播科学思想、弘扬科学精神的活动。	本条是《财政部　国家税务总局关于延续宣传文化增值税和营业税优惠政策的通知》(财税〔2013〕87 号)有关营业税政策的延续。 根据财税〔2013〕87 号文件规定,自 2013 年 1 月 1 日起至 2017 年 12 月 31 日,对科普单位的门票收入,以及县(含县级市、区、旗)及县以上党政部门和科协开展的科普活动的门票收入免征营业税。 科普单位、科普活动和科普单位进口自用科普影视作品的认定仍按《科普税收优惠政策实施办法》(国科发政字〔2003〕416 号)的有关规定执行。

自 2018 年 1 月 1 日起至 2020 年 12 月 31 日,对科普单位的门票收入,以及县级及以上党政部门和科协开展科普活动的门票收入免征增值税。（财税〔2018〕53 号第三条）

（二十九）政府举办的从事学历教育的高等、中等和初等学校(不含下属单位),举办进修班、培训班取得的全部归该学校所有的收入

政策规定	政策解读
全部归该学校所有,是指举办进修班、培训班取得的全部收入进入该学校统一账户,并纳入预算全额上缴财政专户管理,同时由该学校对有关票据进行统一管理和开具。 举办进修班、培训班取得的收入进入该学校下属部门自行开设账户的,不予免征增值税。	本条是《财政部　国家税务总局关于教育税收政策的通知》(财税〔2004〕39 号）和财税〔2006〕3 号文件有关营业税政策的延续。

备案事项

序号	资料名称	原件/复印件	份数	备注
1	《纳税人减免税备案登记表》	原件	2	
2	经相关部门批准成立的证件	原件及复印件	1	原件核对后退还
3	预算外资金财政专户缴款书	原件及复印件	1	原件核对后退还
4	学校提供的统一账户证明材料	原件及复印件	1	原件核对后退还
5	举办进修班、培训班取得收入的相关证明材料	原件及复印件	1	原件核对后退还

（三十）政府举办的职业学校设立的企业符合条件的收入

政策规定	政策解读
政府举办的职业学校设立的主要为在校学生提供实习场所，并由学校出资自办、由学校负责经营管理、经营收入归学校所有的企业，从事《销售服务、无形资产或者不动产注释》中"现代服务"（不含融资租赁服务、广告服务和其他现代服务）、"生活服务"（不含文化体育服务、其他生活服务和桑拿、氧吧）业务活动取得的收入。	本条是对财税〔2004〕39号文件有关营业税政策的延续。 　　本条将免税业务范围更新为从事《销售服务、无形资产、不动产注释》中"现代服务"（不含融资租赁服务、广告服务和其他现代服务）、"生活服务"（不含文化体育服务、其他生活服务和桑拿、氧吧）业务活动。

备案事项

序号	资料名称	原件/复印件	份数	备注
1	《纳税人减免税备案登记表》	原件	2	
2	经相关部门批准成立的证件	件及复印件	1	原件核对后退还
3	职业学校取得相关收入情况证明材料	原件及复印件	1	原件核对后退还

（三十一）家政服务企业由员工制家政服务员提供家政服务取得的收入

政策规定	政策解读
家政服务企业，是指在企业营业执照的规定经营范围中包括家政服务内容的企业。 　　员工制家政服务员，是指同时符合下列3个条件的家政服务员： 　　1. 依法与家政服务企业签订半年及半年以上的劳动合同或者服务协议，且在该企业实际上岗工作。 　　2. 家政服务企业为其按月足额缴纳了企业所在地人民政府根据国家政策规定的基本养老保险、基本医疗保险、工伤保险、失业保险等社会保险。对已享受新型农村养老保险和新型农村合作医疗等社会保险或者下岗职工原单位继续为其缴纳社会保险的家政服务员，如果本人书面提出不再缴纳企业所在地人民政府根据国家政策规定的相应的社会保险，并出具其所在乡镇或者原单位开具的已缴纳相关保险的证明，可视同家政服务企业已为其按月足额缴纳了相应的社会保险。 　　3. 家政服务企业通过金融机构向其实际支付不低于企业所在地适用的经省级人民政府批准的最低工资标准的工资。	本条是对《财政部 国家税务总局关于员工制家政服务免征营业税的通知》（财税〔2011〕51号）、《财政部 国家税务总局关于员工制家政服务营业税政策的通知》（财税〔2016〕9号）有关营业税政策的延续。

（三十二）福利彩票、体育彩票的发行收入

政策规定	政策解读
福利、体育彩票取得的发行销售收入免征增值税	本条是《财政部 国家税务总局关于体育彩票发行收入税收问题的通知》（财税字〔1996〕77号）、《财政部 国家税务总局关于发行福利彩票有关税收问题的通知》（财税〔2002〕59号）、《财政部 国家税务总局关于营业税若干政策问题的通知》（财税〔2003〕16号）原有营业税政策的延续。 　　一、财税字〔1996〕77号文件规定，根据现行《营业税暂行条例》及其实施细则等有关规定，对体育彩票的发行收入不征营业税；对体育彩票代销单位代销体育彩票取得的手续费收入应按规定征收营业税。 　　二、财税〔2002〕59号文件规定，①福利彩票机构发行销售福利彩票取得的收入不征收营业税。对福利彩票机构以外的代销单位销售福利彩票取得的手续费收入应按规定征收营业税。②福利彩票机构发行销售福利彩票取得的收入，包括返还奖金、发行经费、公益金，暂免征收企业所得税。 　　三、财税〔2003〕16号文件明确，财税〔2002〕59号规定，"福利彩票机构发行销售福利彩票取得的收入不征收营业税"，其中的"福利彩票机构"包括福利彩票销售管理机构和与销售管理机构签有电脑福利彩票投注站代理销售协议书，并直接接受福利彩票销售管理机构的监督、管理的电脑福利彩票投注点。

　　福利、体育彩票取得的发行销售收入免征增值税，但代销单位代销福利、体育彩票取得的手续费收入应按规定征收增值税。

（三十三）军队空余房产租赁收入

政策规定	政策解读
对军队空余房产租赁收入，暂免征收增值税。	本条是对《财政部　国家税务总局关于暂免征收军队空余房产租赁收入营业税房产税的通知》（财税〔2004〕123号）有关营业税政策的延续。 财税〔2004〕123号文件规定，自2004年8月8日起，对军队空余房产租赁收入暂免征收营业税；暂免征收营业税的军队空余房产，在出租时必须悬挂《军队房地产租赁许可证》，以备查验。

（三十四）企业、行政事业单位按房改成本价、标准价出售住房取得的收入

政策规定	政策解读
为了配合国家住房制度改革，企业、行政事业单位按房改成本价、标准价出售住房取得的收入，暂免征收增值税。	本条是对财税〔2013〕62号文件有关营业税政策的延续。 财税〔2013〕62号文件规定，对企业、行政事业单位按房改成本价、标准价出售住房的收入，免征营业税。

（三十五）将土地使用权转让给农业生产者用于农业生产

政策规定	政策解读
将土地使用权转让给农业生产者用于农业生产，暂免征收增值税。	本条是对《财政部　国家税务总局关于对若干项目免征营业税的通知》（财税字〔1994〕2号）有关营业税政策的延续。 财税字〔1994〕2号文件规定，将土地使用权转让给农业生产者用于农业生产，免征营业税。

将土地使用权流转给农业生产者用于农业生产

财税〔2017〕58号	财税〔2017〕90号	财税〔2017〕55号
四、自2017年7月1日起，纳税人采取转包、出租、互换、转让、入股等方式将承包地流转给农业生产者用于农业生产，免征增值税。	四、自2016年5月1日至2017年6月30日，纳税人采取转包、出租、互换、转让、入股等方式将承包地流转给农业生产者用于农业生产，免征增值税。本通知下发前已征的增值税，可抵减以后月份应缴纳的增值税，或办理退税。	一、对进行股份合作制改革后的农村集体经济组织承受原集体经济组织的土地、房屋权属，免征契税。 二、对农村集体经济组织以及代行集体经济组织职能的村民委员会、村民小组进行清产核资收回集体资产而承受土地、房屋权属，免征契税。 对因农村集体经济组织以及代行集体经济组织职能的村民委员会、村民小组进行清产核资收回集体资产而签订的产权转移书据，免征印花税。 三、对农村集体土地所有权、宅基地和集体建设用地使用权及地上房屋确权登记，不征收契税。 四、本通知自2017年1月1日起执行。

（三十六）涉及家庭财产分割的个人无偿转让不动产、土地使用权

政策规定	政策解读
家庭财产分割，包括下列情形： ① 离婚财产分割； ② 无偿赠与配偶、父母、子女、祖父母、外祖父母、孙子女、外孙子女、兄弟姐妹； ③ 无偿赠与对其承担直接抚养或者赡养义务的抚养人或者赡养人； ④ 房屋产权所有人死亡，法定继承人、遗嘱继承人或者受遗赠人依法取得房屋产权。	本条是对《财政部　国家税务总局关于个人金融商品买卖等营业税若干免税政策的通知》（财税〔2009〕111号）有关营业税政策的延续，并对原文件中规定的可以免征营业税的情形统称为"家庭财产分割"。

《国家税务总局关于进一步简化和规范个人无偿赠与或受赠不动产免征营业税、个人所得税所需证明资料的公告》（国家税务总局公告2015年第75号）

一、纳税人在办理个人无偿赠与或受赠不动产免征营业税、个人所得税手续时,应报送《个人无偿赠与不动产登记表》、双方当事人的身份证明原件及复印件(继承或接受遗赠的,只须提供继承人或接受遗赠人的身份证明原件及复印件)、房屋所有权证原件及复印件。属于以下四类情形之一的,还应分别提交相应证明资料:

(一)离婚分割财产的,应当提交:

1.离婚协议或者人民法院判决书或者人民法院调解书的原件及复印件;

2.离婚证原件及复印件。

(二)亲属之间无偿赠与的,应当提交:

1.无偿赠与配偶的,提交结婚证原件及复印件;

2.无偿赠与父母、子女、祖父母、外祖父母、孙子女、外孙子女、兄弟姐妹的,提交户口簿或者出生证明或者人民法院判决书或者人民法院调解书或者其他部门(有资质的机构)出具的能够证明双方亲属关系的证明资料原件及复印件。

(三)无偿赠与非亲属抚养或赡养关系人的,应当提交:

人民法院判决书或者人民法院调解书或者乡镇政府或街道办事处出具的抚养(赡养)关系证明或者其他部门(有资质的机构)出具的能够证明双方抚养(赡养)关系的证明资料原件及复印件。

(四)继承或接受遗赠的,应当提交:

1.房屋产权所有人死亡证明原件及复印件;

2.经公证的能够证明有权继承或接受遗赠的证明资料原件及复印件。

二、税务机关应当认真核对上述资料,资料齐全并且填写正确的,在《个人无偿赠与不动产登记表》上签字盖章,留存《个人无偿赠与不动产登记表》复印件和有关证明资料复印件,原件退还纳税人,同时办理免税手续。

(三十七)土地所有者出让土地使用权和土地使用者将土地使用权归还给土地所有者

政策规定	政策解读
对土地所有者出让土地使用权和土地使用者将土地使用权归还给土地所有者的行为,暂免征收增值税。	本条是对《国家税务总局关于印发〈营业税税目注释(试行稿)〉的通知》[以下简称为《营业税税目注释(试行稿)》](国税发〔1993〕149 号)中无形资产税目注释的调整。 《营业税税目注释(试行稿)》中规定,对土地所有者出让土地使用权和土地使用者将土地使用权归还给土地所有者的行为,不征收营业税。 在此次营业税改征增值税试点政策设计时,考虑土地所有者出让土地使用权和土地使用者将土地使用权归还给土地所有者的行为,满足征收增值税的各个征税要素,不应排除在征税范围之外。但同时考虑到上述土地转让行为的特殊性,给予了增值税免税政策。

企业收到政府规划征地时的土地补偿款免征纳增值税。

(三十八)县级以上地方人民政府或自然资源行政主管部门出让、转让或收回自然资源使用权(不含土地使用权)

政策规定	政策解读
县级以上地方人民政府或自然资源行政主管部门出让、转让或收回自然资源使用权的行为,暂免征收增值税。	本条是《财政部 国家税务总局关于转让自然资源使用权营业税政策的通知》(财税〔2012〕6 号)有关营业税政策的调整。 财税〔2012〕6 号文件规定:县级以上地方人民政府或自然资源行政主管部门出让、转让或收回自然资源使用权的行为,不征收营业税。 与本章第(三十七)项所述情形相同,县级以上地方人民政府或自然资源行政主管部门出让、转让或收回自然资源使用权,满足征收增值税的各个征税要素,不能排除在征税范围之外,但考虑到上述自然资源转让行为的特殊性,也给予增值税免税优惠。 由于第(三十七)项已单独列明享受免税的土地使用权转让行为,本条明确享受增值税免税的自然资源使用权不含土地使用权。

（三十九）随军家属就业

政策规定	政策解读
1. 为安置随军家属就业而新开办的企业，自领取税务登记证之日起，其提供的应税服 3 年内免征增值税。 享受税收优惠政策的企业，随军家属必须占企业总人数的 60%（含）以上，并有军（含）以上政治和后勤机关出具的证明。 2. 从事个体经营的随军家属，自办理税务登记事项之日起，其提供的应税服务 3 年内免征增值税。 随军家属必须有师以上政治机关出具的可以表明其身份的证明。 按照上述规定，每一名随军家属可以享受一次免税政策。	本条平移了《财政部　国家税务总局关于随军家属就业有关税收政策的通知》（财税〔2000〕84 号）、财税〔2013〕106 号文件附件 3 第一条第（十）项的有关政策规定。 根据国务院简政放权的要求，取消了"税务部门应当进行相应的审查认定"和"主管税务机关在企业或个人享受免税期间，应当对此类企业进行年度检查，凡不符合条件的，取消其免税政策"的规定。

1. 为安置随军家属就业而新开办的企业备案事项

序号	资料名称	原件/复印件	份数	备注
1	《纳税人减免税备案登记表》	原件	2	
2	居民身份证	原件及复印件	1	原件核对后退还
3	师（含）以上政治机关出具的随军家属证明	原件及复印件	1	原件核对后退还
4	军（含）以上政治和后勤机关共同出具的加盖部队公章的"安置随军家属达到规定比例企业"证明材料	原件及复印件	1	原件核对后退还
5	减免税申请报告	原件	1	

2. 从事个体经营的随军家属备案事项

序号	资料名称	原件/复印件	份数	备注
1	《纳税人减免税备案登记表》	原件	2	
2	居民身份证	原件及复印件	1	原件核对后退还
3	师（含）以上政治机关出具的随军家属证明	原件及复印件	1	原件核对后退还

（四十）军队转业干部就业

政策规定	政策解读
1. 从事个体经营的军队转业干部，自领取税务登记证之日起，其提供的应税服务 3 年内免征增值税。 2. 为安置自主择业的军队转业干部就业而新开办的企业，凡安置自主择业的军队转业干部占企业总人数 60%（含）以上的，自领取税务登记证之日起，其提供的应税服务 3 年内免征增值税。 享受上述优惠政策的自主择业的军队转业干部必须持有师以上部队颁发的转业证件。	本条平移了《财政部　国家税务总局关于自主择业的军队转业干部有关税收政策问题的通知》（财税〔2003〕26 号）、财税〔2013〕106 号文件附件 3 第一条第（十一）项的有关政策规定。

四、销售应税服务增值税其他免税优惠

（一）特定企业增值税优惠（财税〔2016〕39 号）

一、中国移动通信集团公司、中国联合网络通信集团有限公司、中国电信集团公司及其成员单位通过手机短信公益特服号为公益性机构（名单见财税〔2016〕39 号附件 1）接受捐款，以其取得的全部价款和价外费用，扣除支付给公益性机构捐款后的余额为销售额。其接受的捐款，不得开具增值税专用发票。

二、中国证券登记结算公司的销售额，不包括以下资金项目：按规定提取的证券结算风险基金；代收代付的证券公司资金交收违约垫付资金利息；结算过程中代收代付的资金交收违约罚息。

三、中国农业发展银行总行及其各分支机构提供涉农贷款（具体涉农贷款业务清单见附件 2）取得的利息收入，可以选择适用简易计税方法按照 3% 的征收率计算缴纳增值税。

四、中国海洋石油总公司及所属单位海上自营油田开采的原油、天然气，停止按实物征收增值税，改为按照《增值税暂行条例》及其实施细则缴纳增值税。

五、美国 ABS 船级社在非营利宗旨不变、中国船级社在美国享受同等免税待遇的前提下，在中国境内提供的船检服务免征增值税。

六、青藏铁路公司提供的铁路运输服务免征增值税。

七、中国邮政集团公司及其所属邮政企业提供的邮政普遍服务和邮政特殊服务,免征增值税。

八、2016 年 12 月 31 日前,中和农信项目管理有限公司和中国扶贫基金会举办的农户自立服务社(中心)以及中和农信项目管理有限公司独资成立的小额贷款公司从事农户小额贷款取得的利息收入,免征增值税。

所称小额贷款,是指单笔且该农户贷款余额总额在 10 万元(含)以下的贷款。

所称农户,是指长期(一年以上)居住在乡镇(不包括城关镇)行政管理区域内的住户,还包括长期居住在城关镇所辖行政范围内的住户和户口不在本地而在本地居住一年以上的住户,国有农场的职工和农村个体工商户。位于乡镇(不包括城关镇)行政管理区域内和在城关镇所辖行政范围内的国有经济的机关、团体、学校、企事业单位的集体户;有本地户口,但举家外出谋生一年以上的住户,无论是否保留承包耕地均不属于农户。农户以户为统计单位,既可以从事农业生产经营,也可以从事非农业生产经营。农户贷款的判定应以贷款发放时的承贷主体是否属于农户为准。

九、中国信达资产管理股份有限公司、中国华融资产管理股份有限公司、中国长城资产管理公司和中国东方资产管理公司及各自经批准分设于各地的分支机构(以下称资产公司),在收购、承接和处置剩余政策性剥离不良资产和改制银行剥离不良资产过程中开展的以下业务,免征增值税:

(一)接受相关国有银行的不良债权,借款方以货物、不动产、无形资产、有价证券和票据等抵充贷款本息的,资产公司销售、转让该货物、不动产、无形资产、有价证券、票据以及利用该货物、不动产从事的融资租赁业务。

(二)接受相关国有银行的不良债权取得的利息。

(三)资产公司所属的投资咨询类公司,为本公司收购、承接、处置不良资产而提供的资产、项目评估和审计服务。

中国长城资产管理公司和中国东方资产管理公司如经国务院批准改制后,继承其权利、义务的主体及其分支机构处置剩余政策性剥离不良资产和改制银行剥离不良资产,比照上述政策执行。

上述政策性剥离不良资产,是指资产公司按照国务院规定的范围和额度,以账面价值进行收购的相关国有银行的不良资产。

上述改制银行剥离不良资产,是指资产公司按照《中国银行和中国建设银行改制过程中可疑类贷款处置管理办法》(财金〔2004〕53 号)、《中国工商银行改制过程中可疑类贷款处置管理办法》(银发〔2005〕148 号)规定及中国交通银行股份制改造时国务院确定的不良资产的范围和额度收购的不良资产。

上述处置不良资产,是指资产公司按照有关法律、行政法规,为使不良资产的价值得到实现而采取的债权转移的措施,具体包括运用出售、置换、资产重组、债转股、证券化等方法对贷款及其抵押品进行处置。

资产公司(含中国长城资产管理公司和中国东方资产管理公司如经国务院批准改制后继承其权利、义务的主体)除收购、承接、处置本通知规定的政策性剥离不良资产和改制银行剥离不良资产业务外,从事其他经营业务应一律依法纳税。

除另有规定者外,资产公司所属、附属企业,不得享受资产公司免征增值税的政策。

十、全国社会保障基金理事会、全国社会保障基金投资管理人运用全国社会保障基金买卖证券投资基金、股票、债券取得的金融商品转让收入,免征增值税。

十一、对下列国际航运保险业务免征增值税:

1. 注册在上海、天津的保险企业从事国际航运保险业务。

2. 注册在深圳市的保险企业向注册在前海深港现代服务业合作区的企业提供国际航运保险业务。

3. 注册在平潭的保险企业向注册在平潭的企业提供国际航运保险业务。

上述政策除已规定期限的外,其他均在营业税改征增值税试点期间执行。

本通知自 2016 年 5 月 1 日起执行。

(二)文化企业增值税优惠

财税〔2017〕35 号 【全文废止】	财税〔2019〕17 号
2017 年 1 月 1 日至 2019 年 12 月 31 日,对广播电视运营服务企业收取的有线数字电视基本收视维护费和农村有线电视基本收视费,免征增值税。	一、对电影主管部门(包括中央、省、地市及县级)按照各自职能权限批准从事电影制片、发行、放映的电影集团公司(含成员企业)、电影制片厂及其他电影企业取得的销售电影拷贝(含数字拷贝)收入、转让电影版权(包括转让和许可使用)收入、电影发行收入以及在农村取得的电影放映收入,免征增值税。一般纳税人提供的城市电影放映服务,可以按现行政策规定,选择按照简易计税办法计算缴纳增值税。 二、对广播电视运营服务企业收取的有线数字电视基本收视维护费和农村有线电视基本收视费,免征增值税。 三、本通知执行期限为 2019 年 1 月 1 日至 2023 年 12 月 31 日。

广电企业向用户收取的捆绑销售收入中，政府定价的基本收视维护费属于免征增值税的收入，自行定价的线电视增值业务服务和数字电视付费节目收费取得的收入应当申报缴纳增值税，不属于免征范围。对于免征和征税项目，应分别核算。如果广电企业将捆绑销售的数字电视付费节目费和数字电视基本收视维护费混合在一起，没有分别核算，享受着免征增值税的优惠。显然，这是错误的。

经认定的转制文化企业，办理免征增值税、房产税备案时，原需提供转制方案批复函；企业营业执照；核销事业编制、注销事业单位法人的证明；按企业办法参加社会保险制度的有关材料；相关部门对引入非公有资本和境外资本、变更资本结构的批准文件。2019 年 1 月 1 日起不再提交，改为纳税人自行留存备查。（国家税务总局令第 46 号）

（三）北京 2022 年冬奥会和冬残奥会

财税〔2017〕60 号	财税〔2019〕6 号
一、对北京 2022 年冬奥会和冬残奥会组织委员会（以下简称"北京冬奥组委"）实行以下税收政策。 （一）对北京冬奥组委取得的电视转播权销售分成收入、国际奥委会全球合作伙伴计划分成收入（实物和资金），免征应缴纳的增值税。 （二）对北京冬奥组委市场开发计划取得的国内外赞助收入、转让无形资产（如标志）特许权收入和销售门票收入，免征应缴纳的增值税。 （三）对北京冬奥组委取得的与中国集邮总公司合作发行纪念邮票收入、与中国人民银行合作发行纪念币收入，免征应缴纳的增值税。 （四）对北京冬奥组委取得的来源于广播、互联网、电视等媒体收入，免征应缴纳的增值税。 三、对北京 2022 年冬奥会、冬残奥会、测试赛参与者实行以下税收政策。 （二）企业根据赞助协议向北京冬奥组委免费提供的与北京 2022 年冬奥会、冬残奥会、测试赛有关的服务，免征增值税。免税清单由北京冬奥组委报财政部、税务总局确定。	根据财税〔2017〕60 号第三条第（二）款规定，现就冬奥会和冬残奥会企业赞助有关增值税政策明确如下： 一、对赞助企业及参与赞助的下属机构根据赞助协议及补充赞助协议向北京冬奥组委免费提供的，与北京 2022 年冬奥会、冬残奥会、测试赛有关的服务，免征增值税。 赞助企业及下属机构按照本通知所附《北京 2022 年冬奥会、冬残奥会、测试赛赞助企业及参与赞助的下属机构名单》（第一批）执行。 二、适用免征增值税政策的服务，仅限于赞助企业及下属机构与北京冬奥组委签订的赞助协议及补充赞助协议中列明的服务。 三、赞助企业及下属机构应对上述服务单独核算，未单独核算的，不得适用免税政策。 四、本通知自 2017 年 7 月 12 日起执行。按照本通知应予免征的增值税，凡在本通知下发以前已经征收入库的，从纳税人以后纳税期应缴纳的增值税税款中抵减。纳税人如果已经向购买方开具了增值税专用发票，应将专用发票追回后方可申请办理免税。凡专用发票无法追回的，一律照章征收增值税。

（四）科技企业孵化器

财税〔2016〕89 号	财税〔2018〕120 号
一、自 2016 年 1 月 1 日至 2018 年 12 月 31 日，对符合条件的孵化器自用以及无偿或通过出租等方式提供给孵化企业使用的房产、土地，免征房产税和城镇土地使用税；自 2016 年 1 月 1 日至 2016 年 4 月 30 日，对其向孵化企业出租场地、房屋以及提供孵化服务的收入，免征营业税；在营业税改征增值税试点期间，对其向孵化企业出租场地、房屋以及提供孵化服务的收入，免征增值税。 二、符合非营利组织条件的孵化器的收入，按照企业所得税法及其实施条例和有关税收政策规定享受企业所得税优惠政策。 三、享受本通知规定的房产税、城镇土地使用税以及营业税、增值税优惠政策的孵化器，应同时符合以下条件： （一）孵化器需符合国家级科技企业孵化器条件。国务院科技行政主管部门负责发布国家级科技企业孵化器名单。 （二）孵化器应将面向孵化企业出租场地、房屋以及提供孵化服务的业务收入在财务上单独核算。 （三）孵化器提供给孵化企业使用的场地面积（含公共服务场地）应占孵化器可自主支配场地面积的 75% 以上（含 75%）。孵化企业数量应占孵化器内企业总数量的 75% 以上（含 75%）。 公共服务场地是指孵化器提供给孵化企业共享的活动场所，包括公共餐厅、接待室、会议室、展示室、活动室、技术检测室和图书馆等非盈利性配套服务场地。	一、自 2019 年 1 月 1 日至 2021 年 12 月 31 日，对国家级、省级科技企业孵化器、大学科技园和国家备案众创空间自用以及无偿或通过出租等方式提供给在孵对象使用的房产、土地，免征房产税和城镇土地使用税；对其向在孵对象提供孵化服务取得的收入，免征增值税。 本通知所称孵化服务是指为在孵对象提供的经纪代理、经营租赁、研发和技术、信息技术、鉴证咨询服务。 二、国家级、省级科技企业孵化器、大学科技园和国家备案众创空间应当单独核算孵化服务收入。 三、国家级科技企业孵化器、大学科技园和国家备案众创空间认定和管理办法由国务院科技、教育部门另行发布；省级科技企业孵化器、大学科技园认定和管理办法由省级科技、教育部门另行发布。 本通知所称在孵对象是指符合前款认定和管理办法规定的孵化企业、创业团队和个人。

（续表）

财税〔2016〕89号	财税〔2018〕120号
四、本通知所称"孵化企业"应当同时符合以下条件： （一）企业注册地和主要研发、办公场所必须在孵化器的孵化场地内。 （二）新注册企业或申请进入孵化器前企业成立时间不超过2年。 （三）企业在孵化器内孵化的时间不超过48个月。纳入"创新人才推进计划"及"海外高层次人才引进计划"的人才或从事生物医药、集成电路设计、现代农业等特殊领域的创业企业，孵化时间不超过60个月。 （四）符合《中小企业划型标准规定》所规定的小型、微型企业划型标准。 （五）单一在孵企业入驻时使用的孵化场地面积不大于1 000平方米。从事航空航天等特殊领域的在孵企业，不大于3 000平方米。 （六）企业产品（服务）属于科学技术部、财政部、国家税务总局印发的《国家重点支持的高新技术领域》规定的范围。 五、本通知所称"孵化服务"是指为孵化企业提供的属于营业税"服务业"税目中"代理业""租赁业"和"其他服务业"中的咨询和技术服务范围内的服务，改征增值税后是指为孵化企业提供的"经纪代理""经营租赁""研发和技术""信息技术"和"鉴证咨询"等服务。 六、省级科技行政主管部门负责定期核实孵化器是否符合本通知规定的各项条件，并报国务院科技行政主管部门审核确认。国务院科技行政主管部门审核确认后向纳税人出具证明材料，列明用于孵化的房产和土地的地址、范围、面积等具体信息，并发送给国务院税务主管部门。 纳税人持相应证明材料向主管税务机关备案，主管税务机关按照《税收减免管理办法》等有关规定，以及国务院科技行政主管部门发布的符合本通知规定条件的孵化器名单信息，办理税收减免。	四、国家级、省级科技企业孵化器、大学科技园和国家备案众创空间应按规定申报享受免税政策，并将房产土地权属资料、房产原值资料、房产土地租赁合同、孵化协议等留存备查，税务部门依法加强后续管理。 2018年12月31日以前认定的国家级科技企业孵化器、大学科技园，自2019年1月1日起享受本通知规定的税收优惠政策。2019年1月1日以后认定的国家级、省级科技企业孵化器、大学科技园和国家备案众创空间，自认定之日次月起享受本通知规定的税收优惠政策。2019年1月1日以后被取消资格的，自取消资格之日次月起停止享受本通知规定的税收优惠政策。 五、科技、教育和税务部门应建立信息共享机制，及时共享国家级、省级科技企业孵化器、大学科技园和国家备案众创空间相关信息，加强协调配合，保障优惠政策落实到位。

科技企业孵化器（含众创空间等，以下简称孵化器）是以促进科技成果转化、培育科技企业和企业家精神为宗旨，提供物理空间、共享设施和专业化服务的科技创业服务机构，是国家创新体系的重要组成部分、创新创业人才的培养基地、大众创新创业的支撑平台。（国科发区〔2018〕300号）

国家大学科技园是以具有较强科研实力的大学为依托，将大学的综合智力资源优势与其他社会优势资源相结合，为推动高等学校产学研结合、技术转移和科技成果转化、高新技术企业孵化、战略性新兴产业培育、创新创业人才培养、服务区域经济提供支撑的平台和服务的机构。（国科发高〔2010〕628号）

纳税人办理科技企业孵化器、国家大学科技园按规定免征房产税、城镇土地使用税、增值税备案时，原需提供国务院科技、教育行政主管部门出具的证明材料。2019年1月1日起不再提交，通过政府部门间信息共享替代。（国家税务总局令第46号）

（五）其他个人销售住房（财税〔2016〕号附件3第五条）

京沪广深	其他地区
个人将购买不足2年的住房对外销售的，按照5%的征收率全额缴纳增值税；个人将购买2年以上（含2年）的非普通住房对外销售的，以销售收入减去购买住房价款后的差额按照5%的征收率缴纳增值税；个人将购买2年以上（含2年）的普通住房对外销售的，免征增值税。	个人将购买不足2年的住房对外销售的，按照5%的征收率全额缴纳增值税；个人将购买2年以上（含2年）的住房对外销售的，免征增值税。上述政策适用于北京市、上海市、广州市和深圳市之外的地区。

个人转让住房，因产权纠纷等原因未能及时取得房屋所有权证书（包括不动产权证书，下同），对于人民法院、仲裁委员会出具的法律文书确认个人购买住房的，法律文书的生效日期视同房屋所有权证书的注明时间，据以确定纳税人是否享受税收优惠政策。（国家税务总局公告2017年第8号）

（六）新疆国际大巴扎免税项目（财税〔2017〕36号）

自2017年1月1日至2019年12月31日，对新疆国际大巴扎物业服务有限公司和新疆国际大巴扎文化旅游产业有限公司从事与新疆国际大巴扎项目有关的营改增应税行为取得的收入，免征增值税。

五、增值税直接减免的会计处理

财会〔2016〕22 号	财税〔2008〕151 号	财会〔2017〕15 号
对于当期直接减免的增值税： 借：应交税费—— 应交增值税（减免税款） 　　贷：其他收益	企业取得的各类财政性资金，除属于国家投资和资金使用后要求归还本金的以外，均应计入企业当年收入总额。 　　财政性资金，是指企业取得的来源于政府及其有关部门的财政补助、补贴、贷款贴息，以及其他各类财政专项资金，包括直接减免的增值税和即征即退、先征后退、先征后返的各种税收，但不包括企业按规定取得的出口退税款。	根据《企业会计准则第16号——政府补助》：与企业日常活动相关的政府补助，应当按照经济业务实质，计入其他收益或冲减相关成本费用。

一般纳税人购买增值税税控系统专用设备支付的费用以及缴纳的技术维护费允许在增值税应纳税额中全额抵减的，按规定抵减的增值税应纳税额：

借：应交税费——应交增值税（减免税款）
　　贷：管理费用等

【例 2-13】 例析三种会计处理方式比较：某金融机构（一般纳税人）2018 年 3 月取得农户小额贷款利息收入 100 万元。按照《关于支持小微企业融资有关税收政策的通知》（财税〔2017〕77 号）规定，可以免征增值税。

方法一（单位：万元）	方法二（单位：万元）	方法三（单位：万元）
借：银行存款　　100.00 贷：主营业务收入100.00	借：银行存款　　　　100.00 　应交税费——应交增值税（减免税款）　　　　　　5.66 　贷：主营业务收入　100.00 　　应交税费——应交增值税（销项税额）　　　　5.66	借：银行存款　　　　100.00 　贷：主营业务收入　94.34 　　应交税费——应交增值税（销项税额）　　　　5.66 借：应交税费——应交增值税（减免税款）　　5.66 　贷：其他收益　　　5.66

比较分析：第一种方法的理由，增值税项目不得抵扣进项税额，也就没有必要再核算销项税额。第二种方法的弊端，减免税款不属于日常活动形成的，计入主营业务收入不符合会计准则规定。第三种方法的合理性：第一，清晰地核算了减免税款，符合财会〔2016〕22 号文件的会计规定；第二，符合《增值税减免税申报明细表》的填报规则；第三，直接减免的增值税属于财政性资金，计入企业当年收入总额，符合财税〔2008〕151 号文件的规定；第四，有利于企业所得税收入金额的计算，根据财税〔2017〕44 号第二条规定，对金融机构农户小额贷款的利息收入，在计算应纳税所得额时，按 90% 计入收入总额。案例中正确的收入总额为 90.57 万元（94.34×90%＋5.66），而非 90 万元（100×90%）。

第十节　增值税即征即退优惠

税务部门即征即退增值税政策，可以分为限额即征即退、超税负即征即退、按比例即征即退和特殊即征即退四种。

限额即征即退	超税负即征即退	按比例即征即退	特殊即征即退
1. 安置残疾人就业增值税即征即退。 2. 特殊教育校办企业增值税即征即退。	1. 软件产品增值税即征即退。 2. 管道运输服务增值税即征即退。 3. 飞机维修劳务增值税即征即退。 4. 有形动产融资租赁服务增值税即征即退。 5. 动漫企业增值税即征即退。	1. 资源综合利用产品及劳务增值税即征即退。 2. 新型墙体材料增值税即征即退。 3. 光伏发电增值税即征即退。 4. 风力发电增值税即征即退。	1. 黄金交易增值税即征即退。 2. 黄金期货交易增值税即征即退。 3. 铂金增值税即征即退。

一、重点群体创业就业增值税即征即退

（一）促进残疾人就业

财税〔2016〕52 号	国家税务总局公告 2016 年第 33 号
第一条　对安置残疾人的单位和个体工商户（以下称纳税人），实行由税务机关按纳税人安置残疾人的人数，限额即征即退增值税的办法。 　　安置的每位残疾人每月可退还的增值税具体限额，由县级以上税务机关根据纳税人所在区县（含县级市、旗，下同）适用的经省（含自治区、直辖市、计划单列市，下同）人民政府批准的月最低工资标准的 4 倍确定。 　　第二条　享受税收优惠政策的条件。 　　（一）纳税人（除盲人按摩机构外）月安置的残疾人占在职职工人数的比例不低于 25%（含 25%），并且安置的残疾人人数不少于 10 人（含 10 人）； 　　盲人按摩机构月安置的残疾人占在职职工人数的比例不低于 25%（含 25%），并且安置的残疾人人数不少于 5 人（含 5 人）。 　　（二）依法与安置的每位残疾人签订了一年以上（含一年）的劳动合同或服务协议。 　　（三）为安置的每位残疾人按月足额缴纳了基本养老保险、基本医疗保险、失业保险、工伤保险和生育保险等社会保险。 　　（四）通过银行等金融机构向安置的每位残疾人，按月支付了不低于纳税人所在区县适用的经省人民政府批准的月最低工资标准的工资。 　　第三条　《财政部　国家税务总局关于教育税收政策的通知》（财税〔2004〕39 号）第一条第 7 项规定的特殊教育学校举办的企业，只要符合本通知第二条第（一）项第一款规定的条件，即可享受本通知第一条规定的增值税优惠政策。这类企业在计算残疾人人数时可将在企业上岗工作的特殊教育学校的全日制在校学生计算在内，在计算企业在职职工人数时也要将上述学生计算在内。 　　第四条　纳税人中纳税信用等级为税务机关评定的 C 级或 D 级的，不得享受本通知第一条、第三条规定的政策。 　　第五条　纳税人按照纳税期限向主管税务机关申请退还增值税。本纳税期已交增值税额不足退还的，可在本纳税年度内以前纳税期已交增值税扣除已退增值税的余额中退还，仍不足退还的可结转本纳税年度内以后纳税期退还，但不得结转以后年度退还。纳税期限不为按月的，只能对其符合条件的月份退还增值税。 　　第六条　本通知第一条规定的增值税优惠政策仅适用于生产销售货物，提供加工、修理修配劳务，以及提供营改增现代服务和生活服务税目（不含文化体育服务和娱乐服务）范围的服务取得的收入之和，占其增值税收入的比例达到 50% 的纳税人，但不适用于上述纳税人直接销售外购货物（包括商品批发和零售）以及销售委托加工的货物取得的收入。 　　纳税人应当分别核算上述享受税收优惠政策和不得享受税收优惠政策业务的销售额，不能分别核算的，不得享受本通知规定的优惠政策。	一、首次申请备案制度 　　第三条　纳税人首次申请享受税收优惠政策，应向主管税务机关提供以下备案资料： 　　（一）《税务资格备案表》。 　　（二）安置的残疾人的《中华人民共和国残疾人证》或者《中华人民共和国残疾军人证（1 至 8 级）》复印件，注明与原件一致，并逐页加盖公章。安置精神残疾人的，提供精神残疾人同意就业的书面声明以及其法定监护人签字或印章的证明精神残疾人具有劳动条件和劳动意愿的书面材料。 　　（三）安置的残疾人的身份证明复印件，注明与原件一致，并逐页加盖公章。 　　第四条　主管税务机关受理备案后，应将全部《中华人民共和国残疾人证》或者《中华人民共和国残疾军人证（1 至 8 级）》信息以及所安置残疾人的身份证明信息录入征管系统。 　　二、申请退还增值税需报送的资料 　　第五条　纳税人提供的备案资料发生变化的，应于发生变化之日起 15 日内就变化情况向主管税务机关办理备案。 　　第六条　纳税人申请退还增值税时，需报送如下资料： 　　（一）《退（抵）税申请审批表》。 　　（二）《安置残疾人纳税人申请增值税退税声明》。 　　（三）当期为残疾人缴纳社会保险费凭证的复印件及由纳税人加盖公章确认的注明缴纳人员、缴纳金额、缴纳期间的明细表。 　　（四）当期由银行等金融机构或纳税人加盖公章的按月为残疾人支付工资的清单。 　　特殊教育学校举办的企业，申请退还增值税时，不提供资料（三）和资料（四）。 　　第七条　纳税人申请享受税收优惠政策，应对报送资料的真实性和合法性承担法律责任。主管税务机关对纳税人提供资料的完整性和增值税退税额计算的准确性进行审核。 　　三、办理退税 　　第八条　主管税务机关受理退税申请后，查询纳税人的纳税信用等级，对符合信用条件的，审核计算应退增值税额，并按规定办理退税。 　　第九条　纳税人本期应退增值税额按以下公式计算： $$\text{本期应退增值税额} = \text{本期所含月份每月应退增值税额之和}$$ $$\text{月应退增值税额} = \text{纳税人本月安置残疾人员人数} \times \text{本月月最低工资标准的 4 倍}$$ 　　月最低工资标准，是指纳税人所在区县（含县级市、旗）适用的经省（含自治区、直辖市、计划单列市）人民政府批准的月最低工资标准。 　　纳税人本期已缴增值税额小于本期应退税额不足退还的，可在本年度内以前纳税期已缴增值税额扣除已退增值税额的余额中退还，仍不足退还的可结转本年度内以后纳税期退还。年度已缴增值税额小于或等于年度应退税额的，退税额为年度已缴增值税额；年度已缴增值税额大于年度应退税额的，退税额为年度应退税额。年度已缴增值税额不足退还的，不得结转以后年度退还。

（续表）

财税〔2016〕52 号	国家税务总局公告 2016 年第 33 号
第七条 如果既适用促进残疾人就业增值税优惠政策，又适用重点群体、退役士兵、随军家属、军转干部等支持就业的增值税优惠政策的，纳税人可自行选择适用的优惠政策，但不能累加执行。一经选定，36 个月内不得变更。 第八条 残疾人个人提供的加工、修理修配劳务，免征增值税。 第九条 税务机关发现已享受本通知增值税优惠政策的纳税人，存在不符合本通知第二条、第三条规定条件，或者采用伪造或重复使用残疾人证、残疾军人证等手段骗取本通知规定的增值税优惠的，应将纳税人发生上述违法违规行为的纳税期内按本通知已享受到的退税全额追缴入库，并自发现当月起 36 个月内停止其享受本通知规定的各项税收优惠。 第十条 本通知有关定义。 （一）残疾人，是指法定劳动年龄内，持有《中华人民共和国残疾人证》或者《中华人民共和国残疾军人证（1 至 8 级）》的自然人，包括具有劳动条件和劳动意愿的精神残疾人。 （二）残疾人个人，是指自然人。 （三）在职职工人数，是指与纳税人建立劳动关系并依法签订劳动合同或者服务协议的雇员人数。 （四）特殊教育学校举办的企业，是指特殊教育学校主要为在校学生提供实习场所，并由学校出资自办、由学校负责经营管理、经营收入全部归学校所有的企业。 第十一条 本通知规定的增值税优惠政策的具体征收管理办法，由国家税务总局制定。 第十二条 本通知自 2016 年 5 月 1 日起执行，财税〔2007〕92 号、财税〔2013〕106 号附件 3 第二条第（二）项同时废止。纳税人 2016 年 5 月 1 日前执行财税〔2007〕92 号和财税〔2013〕106 号文件发生的应退未退的增值税余额，可按照本通知第五条规定执行。	第十条 纳税人新安置的残疾人从签订劳动合同并缴纳社会保险的次月起计算，其他职工从录用的次月起计算；安置的残疾人和其他职工减少的，从减少当月计算。 第十一条 主管税务机关应于每年 2 月底之前，在其网站或办税服务厅，将本地区上一年度享受安置残疾人增值税优惠政策的纳税人信息，按下列项目予以公示：纳税人名称、纳税人识别号、法人代表、计算退税的残疾人职工人次等。 第十二条 享受促进残疾人就业增值税优惠政策的纳税人，对能证明或印证符合政策规定条件的相关材料负有留存备查义务。纳税人在税务机关后续管理中不能提供相关材料的，不得继续享受优惠政策。税务机关应追缴其相应纳税期内已享受的增值税退税，并依照税收征管法及其实施细则的有关规定处理。 第十三条 各地税务机关要加强税收优惠政策落实情况的后续管理，对纳税人进行定期或不定期检查。检查发现纳税人不符合财税〔2016〕52 号文件规定的，按有关规定予以处理。 第十四条 本办法实施前已办理税收优惠资格备案的纳税人，主管税务机关应检查其已备案资料是否满足本办法第三条规定，残疾人信息是否已按第四条规定录入信息系统，如有缺失，应要求纳税人补充报送备案资料，补录信息。 第十五条 各省、自治区、直辖市和计划单列市税务局，应定期或不定期在征管系统中对残疾人信息进行比对，发现异常的，按相关规定处理。 第十六条 本办法自 2016 年 5 月 1 日起施行。

无论适用财税〔2007〕92 号文件还是财税〔2016〕52 号文件，如税务机关发现该企业存在"挂名未上岗"或其他情形导致不符合促进残疾人就业税收优惠政策适用条件的，应将其发生相应违法违规行为年度内实际享受到的减（退）税款全额追缴入库。（税总函〔2016〕609 号）

（1）最低工资标准：根据《最低工资规定》（劳动和社会保障部令第 21 号），最低工资标准是指劳动者在法定工作时间或依法签订的劳动合同约定的工作时间内提供了正常劳动的前提下，用人单位依法应支付的最低劳动报酬。最低工资标准还应考虑延长工作时间工资、特殊工作环境条件下的津贴等一系列因素。同时，财税〔2016〕52 号文件第二条第四款规定，通过银行等金融机构向安置的每位残疾人，按月支付了最低工资标准的工资。这一规定强调了工资实际支付结果，月最低工资标准只是作为一个数字标准。

（2）法定劳动年龄：《中华人民共和国劳动法》《国务院关于安置老弱病残干部的暂行办法》《国务院关于工人退休 退职的暂行办法》等相关法律法规规定，法定劳动年龄指年满 16 周岁至退休年龄，有劳动能力的中国公民。法定退休年龄指男年满 60 周岁，女工人年满 50 周岁，女干部年满 55 周岁。对于不在法定劳动年龄之内的残疾人，不得参与计算残疾职工占比和最低安置人数，也不得参与计算具体的退税限额。

（3）纳税信用等级：财税〔2016〕52 号文件第四条规定，纳税人中纳税信用等级为税务机关评定的 C 级或 D 级的，不得享受相关税收优惠政策。这一规定适用于纳税信用等级评定之后的政策管理，对于评定年度并不具有追溯性。比如，某促进残疾人就业企业于 2017 年 3 月 25 日被评定 2016 年度纳税信用等级为 C 级，则 2017 年 3 月 25 日之后不得进行退税申请，对于已经退还的 2016 年度税款不做追溯处理。对于新办纳税人以及其他未进行纳税信用等级评定的纳税人，不适用于该条款，不得因为没有纳税信用等级而不予退税。

（4）从民政福利企业购买货物用于出口的，出口企业可以凭取得的增值税专用发票申报退（免）税，而销货方民政福利企业也可凭销售发票享受即征即退政策。

（5）以劳务派遣形式就业的残疾人，属于劳务派遣单位的职工。劳务派遣单位可规定享受相关税收优惠政策。（国家税务总局公告 2015 年第 55 号）

（6）财税〔2016〕52 第七条和国家税务总局公告 2011 年第 61 号就残疾人就业增值税优惠政策是否可以同时享受多项增值税优惠政策问题做出的规定不同，笔者认为应以财税〔2016〕52 号政策为准。

安置残疾人单位既符合促进残疾人就业增值税优惠政策条件，又符合其他增值税优惠政策条件的，可同时享受多项增值税优惠政策，但年度申请退还增值税总额不得超过本年度内应纳增值税总额。（国家税务总局公告 2011 年第 61 号）

【例 2-14】 甲照明公司系增值税一般纳税人,2018 年 6 月在职职工 50 人,其中残疾人职工 15 名。假设符合享受增值税即征即退优惠条件,所在地月最低工资标准为 1 300 元。2018 年 6 月应纳增值税 8.1 万元,该笔税款在 7 月申报缴纳入库并在当月申请退还了 7.8 万元退税。2018 年 7 月不含税销售额 40 万元,当月无进项税额,税款在 2018 年 8 月申报缴纳入库,计算 8 月可申请退还的增值税额。

所属期 7 月已交税款=400 000×16%=64 000(元);	8 月可申请退还税额=64 000+3 000=67 000(元);
所属期 6 月已交未退税款=81 000－78 000=3 000(元);	所属期 7 月退税限额期末余额=78 000－67 000=11 000(元)。
所属期 7 月的退税限额=1 300×4×15=78 000(元);	

(二) 退役士兵创业就业

财税〔2017〕46 号	财税〔2019〕21 号
一、对自主就业退役士兵从事个体经营的,在 3 年内按每户每年 8 000 元为限额依次扣减其当年实际应缴纳的增值税、城市维护建设税、教育费附加、地方教育附加和个人所得税。限额标准最高可上浮 20%,各省、自治区、直辖市人民政府可根据本地区实际情况在此幅度内确定具体限额标准,并报财政部和税务总局备案。 　纳税人年度应缴纳税款小于上述扣减限额的,以其实际缴纳的税款为限;大于上述扣减限额的,以上述扣减限额为限。纳税人的实际经营期不足一年的,应当以实际月份换算其减免税限额。换算公式为:减免税限额=年度减免税限额÷12×实际经营月数。 　纳税人在享受税收优惠政策的当月,持《中国人民解放军义务兵退出现役证》或《中国人民解放军士官退出现役证》以及税务机关要求的相关材料向主管税务机关备案。 　二、对商贸企业、服务型企业、劳动就业服务企业中的加工型企业和街道社区具有加工性质的小型企业实体,在新增加的岗位中,当年新招用自主就业退役士兵,与其签订 1 年以上期限劳动合同并依法缴纳社会保险费的,在 3 年内按实际招用人数予以定额依次扣减增值税、城市维护建设税、教育费附加、地方教育附加和企业所得税优惠。定额标准为每人每年 4 000 元,最高可上浮 50%,各省、自治区、直辖市人民政府可根据本地区实际情况在此幅度内确定具体定额标准,并报财政部和税务总局备案。 　本条所称服务型企业是指从事《销售服务、无形资产、不动产注释》(《关于全面推开营业税改征增值税试点的通知》——财税〔2016〕36 号附件)中"不动产租赁服务""商务辅助服务"(不含货物运输代理和代理报关服务)、"生活服务"(不含文化体育服务)范围内业务活动的企业以及按照《民办非企业单位登记管理暂行条例》(国务院令第 251 号)登记成立的民办非企业单位。 　纳税人按企业招用人数和签订的劳动合同时间核定企业减免税总额,在核定减免税总额内每月依次扣减增值税、城市维护建设税、教育费附加和地方教育附加。纳税人实际应缴纳的增值税、城市维护建设税、教育费附加和地方教育附加小于核定减免税总额的,以实际应缴纳的增值税、城市维护建设税、教育费附加和地方教育附加为限;实际应缴纳的增值税、城市维护建设税、教育费附加和地方教育附加大于核定减免税总额的,以核定减免税总额为限。	一、自主就业退役士兵从事个体经营的,自办理个体工商户登记当月起,在 3 年(36 个月,下同)内按每户每年 12 000 元为限额依次扣减其当年实际应缴纳的增值税、城市维护建设税、教育费附加、地方教育附加和个人所得税。限额标准最高可上浮 20%,各省、自治区、直辖市人民政府可根据本地区实际情况在此幅度内确定具体限额标准。 　纳税人年度应缴纳税款小于上述扣减限额的,减免税额以其实际缴纳的税款为限;大于上述扣减限额的,以上述扣减限额为限。纳税人的实际经营期不足 1 年的,应当按月换算其减免税限额。换算公式为:减免税限额=年度减免税限额÷12×实际经营月数。城市维护建设税、教育费附加、地方教育附加的计税依据是享受本项税收优惠政策前的增值税应纳税额。 　二、企业招用自主就业退役士兵,与其签订 1 年以上期限劳动合同并依法缴纳社会保险费的,自签订劳动合同并缴纳社会保险当月起,在 3 年内按实际招用人数予以定额依次扣减增值税、城市维护建设税、教育费附加、地方教育附加和企业所得税优惠。定额标准为每人每年 6 000 元,最高可上浮 50%,各省、自治区、直辖市人民政府可根据本地区实际情况在此幅度内确定具体定额标准。 　企业按招用人数和签订的劳动合同时间核算企业减免税总额,在核算减免税总额内每月依次扣减增值税、城市维护建设税、教育费附加和地方教育附加。企业实际应缴纳的增值税、城市维护建设税、教育费附加和地方教育附加小于核算减免税总额的,以实际应缴纳的增值税、城市维护建设税、教育费附加和地方教育附加为限;实际应缴纳的增值税、城市维护建设税、教育费附加和地方教育附加大于核算减免税总额的,以核算减免税总额为限。 　纳税年度终了,如果企业实际减免的增值税、城市维护建设税、教育费附加和地方教育附加小于核算减免税总额,企业在企业所得税汇算清缴时以差额部分减免企业所得税。当年扣减不完的,不再结转以后年度扣减。 　自主就业退役士兵在企业工作不满 1 年的,应当按月换算减免税限额。计算公式为:企业核算减免税总额=$\sum$ 每名自主就业退役士兵本年度在本单位工作月份÷12×具体定额标准。 　城市维护建设税、教育费附加、地方教育附加的计税依据是享受本项税收优惠政策前的增值税应纳税额。

（续表）

财税〔2017〕46 号	财税〔2019〕21 号
纳税年度终了，如果企业实际减免的增值税、城市维护建设税、教育费附加和地方教育附加小于核定的减免税总额，企业在企业所得税汇算清缴时扣减企业所得税。当年扣减不完的，不再结转以后年度扣减。 计算公式为：企业减免税总额＝∑每名自主就业退役士兵本年度在本企业工作月份÷12×定额标准。 企业自招用自主就业退役士兵的次月起享受税收优惠政策，并于享受税收优惠政策的当月，持下列材料向主管税务机关备案：1.新招用自主就业退役士兵的《中国人民解放军义务兵退出现役证》或《中国人民解放军士官退出现役证》；2.企业与新招用自主就业退役士兵签订的劳动合同（副本），企业为职工缴纳的社会保险费记录；3.自主就业退役士兵本年度在企业工作时间表；4.主管税务机关要求的其他相关材料。 三、本通知所称自主就业退役士兵是指依照《退役士兵安置条例》（国务院、中央军委令第 608 号）的规定退出现役并按自主就业方式安置的退役士兵。 四、本通知的执行期限为 2017 年 1 月 1 日至 2019 年 12 月 31 日。本通知规定的税收优惠政策按照备案减免税管理，纳税人应向主管税务机关备案。税收优惠政策在 2019 年 12 月 31 日未享受满 3 年的，可继续享受至 3 年期满为止。 对《财政部 国家税务总局关于全面推开营业税改征增值税试点的通知》（财税〔2016〕36 号）附件 3 第三条第（一）项政策，纳税人在 2016 年 12 月 31 日未享受满 3 年的，可按现行政策继续享受至 3 年期满为止。 五、如果企业招用的自主就业退役士兵既适用本通知规定的税收优惠政策，又适用其他扶持就业的专项税收优惠政策，企业可选择适用最优惠的政策，但不能重复享受。	三、本通知所称自主就业退役士兵是指依照《退役士兵安置条例》（国务院 中央军委令第 608 号）的规定退出现役并按自主就业方式安置的退役士兵。 本通知所称企业是指属于增值税纳税人或企业所得税纳税人的企业等单位。 四、自主就业退役士兵从事个体经营的，在享受税收优惠政策进行纳税申报时，注明其退役军人身份，并将《中国人民解放军义务兵退出现役证》《中国人民解放军士官退出现役证》或《中国人民武装警察部队义务兵退出现役证》《中国人民武装警察部队士官退出现役证》留存备查。 企业招用自主就业退役士兵享受税收优惠政策的，将以下资料留存备查：1.招用自主就业退役士兵的《中国人民解放军义务兵退出现役证》《中国人民解放军士官退出现役证》或《中国人民武装警察部队义务兵退出现役证》《中国人民武装警察部队士官退出现役证》；2.企业与招用自主就业退役士兵签订的劳动合同（副本），为职工缴纳的社会保险费记录；3.自主就业退役士兵本年度在企业工作时间表（见财税〔2019〕21 号附件）。 五、企业招用自主就业退役士兵既可以适用本通知规定的税收优惠政策，又可以适用其他扶持就业专项税收优惠政策的，企业可以选择适用最优惠的政策，但不得重复享受。 六、本通知规定的税收政策执行期限为 2019 年 1 月 1 日至 2021 年 12 月 31 日。纳税人在 2021 年 12 月 31 日享受本通知规定税收优惠政策未满 3 年的，可继续享受至 3 年期满为止。《关于继续实施扶持自主就业退役士兵创业就业有关税收政策的通知》（财税〔2017〕46 号）自 2019 年 1 月 1 日起停止执行。 退役士兵以前年度已享受退役士兵创业就业税收优惠政策满 3 年的，不得再享受本通知规定的税收优惠政策；以前年度享受退役士兵创业就业税收优惠政策未满 3 年且符合本通知规定条件的，可按本通知规定享受优惠至 3 年期满。

自主就业退役士兵从事个体经营，以及企业招用自主就业退役士兵的，办理减免增值税、城市维护建设税、教育费附加、个人所得税备案时，原需提供退役士兵的《中国人民解放军义务兵退出现役证》或《中国人民解放军士官退出现役证》。2019 年 1 月 1 日起，不再提交，改为纳税人自行留存备查。（国家税务总局令第 46 号）

（三）重点群体创业就业

财税〔2017〕49 号（自 2019 年 1 月 1 日起停止执行）	财税〔2019〕22 号
一、对持《就业创业证》（注明"自主创业税收政策"或"毕业年度内自主创业税收政策"）或《就业失业登记证》（注明"自主创业税收政策"或附着《高校毕业生自主创业证》）的人员从事个体经营的，在 3 年内按每户每年 8 000 元为限额依次扣减其当年实际应缴纳的增值税、城市维护建设税、教育费附加、地方教育附加和个人所得税。限额标准最高可上浮 20%，各省、自治区、直辖市人民政府可根据本地区实际情况在此幅度内确定具体限额标准，并报财政部和税务总局备案。 纳税人年度应缴纳税款小于上述扣减限额的，以其实际缴纳的税款为限；大于上述扣减限额的，以上述扣减限额为限。	一、建档立卡贫困人口，持《就业创业证》（注明"自主创业税收政策"或"毕业年度内自主创业税收政策"）或《就业失业登记证》（注明"自主创业税收政策"）的人员，从事个体经营的，自办理个体工商户登记当月起，在 3 年（36 个月，下同）内按每户每年 12 000 元为限额依次扣减其当年实际应缴纳的增值税、城市维护建设税、教育费附加、地方教育附加和个人所得税。限额标准最高可上浮 20%，各省、自治区、直辖市人民政府可根据本地区实际情况在此幅度内确定具体限额标准。 纳税人年度应缴纳税款小于上述扣减限额的，减免税额以其实际缴纳的税款为限；大于上述扣减限额的，以上述扣减限额为限。

（续表）

财税〔2017〕49号（自2019年1月1日起停止执行）	财税〔2019〕22号
上述人员是指：1.在人力资源社会保障部门公共就业服务机构登记失业半年以上的人员；2.零就业家庭、享受城市居民最低生活保障家庭劳动年龄内的登记失业人员；3.毕业年度内高校毕业生。高校毕业生是指实施高等学历教育的普通高等学校、成人高等学校应届毕业的学生；毕业年度是指毕业所在自然年，即1月1日至12月31日。 　　二、对商贸企业、服务型企业、劳动就业服务企业中的加工型企业和街道社区具有加工性质的小型企业实体，在新增加的岗位中，当年新招用在人力资源社会保障部门公共就业服务机构登记失业半年以上且持《就业创业证》或《就业失业登记证》（注明"企业吸纳税收政策"）人员，与其签订1年以上期限劳动合同并依法缴纳社会保险费的，在3年内按实际招用人数予以定额依次扣减增值税、城市维护建设税、教育费附加、地方教育附加和企业所得税优惠。定额标准为每人每年4 000元，最高可上浮30%，各省、自治区、直辖市人民政府可根据本地区实际情况在此幅度内确定具体定额标准，并报财政部和税务总局备案。 　　按上述标准计算的税收扣减额应在企业当年实际应缴纳的增值税、城市维护建设税、教育费附加、地方教育附加和企业所得税税额中扣减，当年扣减不完的，不得结转下年使用。 　　本条所称服务型企业，是指从事《销售服务、无形资产、不动产注释》《财政部 国家税务总局关于全面推开营业税改征增值税试点的通知》——财税〔2016〕36号附件）中"不动产租赁服务""商务辅助服务"（不含货物运输代理和代理报关服务）"生活服务"（不含文化体育服务）范围内业务活动的企业以及按照《民办非企业单位登记管理暂行条例》（国务院令第251号）登记成立的民办非企业单位。 　　三、享受上述优惠政策的人员按以下规定申领《就业创业证》： 　　（一）按照《就业服务与就业管理规定》（人力资源社会保障部令第24号）第六十三条的规定，在法定劳动年龄内，有劳动能力，有就业要求，处于无业状态的城镇常住人员，在公共就业服务机构进行失业登记，申领《就业创业证》。对其中的零就业家庭、城市低保家庭的登记失业人员，公共就业服务机构应在其《就业创业证》上予以注明。 　　（二）毕业年度内高校毕业生在校期间凭学生证向公共就业服务机构按规定申领《就业创业证》，或委托所在高校就业指导中心向公共就业服务机构按规定代为其申领《就业创业证》；毕业年度内高校毕业生离校后直接向公共就业服务机构按规定申领《就业创业证》。 　　（三）上述人员申领相关凭证后，由就业和创业地人力资源社会保障部门对人员范围、就业失业状态、已享受政策情况进行核实，在《就业创业证》上注明"自主创业税收政策""毕业年度内自主创业税收政策"或"企业吸纳税收政策"字样，同时符合自主创业和企业吸纳税收政策条件的，可同时加注；主管税务机关在《就业创业证》上加盖戳记，注明减免税所属时间。 　　四、本通知的执行期限为2017年1月1日至2019年12月31日。本通知规定的税收优惠政策按照备案减免税管理，纳税人应向主管税务机关备案。税收优惠政策在2019年12月31日未享受满3年的，可继续享受至3年期满为止。 　　对《关于全面推开营业税改征增值税试点的通知》（财税〔2016〕36号）文件附件3第三条第（二）项政策，纳税人在2016年12月31日未享受满3年的，可按现行政策继续享受至3年期满为止。 　　五、本通知所述人员不得重复享受税收优惠政策，以前年度已享受扶持就业的专项税收优惠政策的人员不得再享受本通知规定的税收优惠政策。如果企业的就业人员既适用本通知规定的税收优惠政策，又适用其他扶持就业的专项税收优惠政策，企业可选择适用最优惠的政策，但不能重复享受。	上述人员具体包括：1.纳入全国扶贫开发信息系统的建档立卡贫困人口；2.在人力资源社会保障部门公共就业服务机构登记失业半年以上的人员；3.零就业家庭、享受城市居民最低生活保障家庭劳动年龄内的登记失业人员；4.毕业年度内高校毕业生。高校毕业生是指实施高等学历教育的普通高等学校、成人高等学校应届毕业的学生；毕业年度是指毕业所在自然年，即1月1日至12月31日。 　　二、企业招用建档立卡贫困人口，以及在人力资源社会保障部门公共就业服务机构登记失业半年以上且持《就业创业证》或《就业失业登记证》（注明"企业吸纳税收政策"）的人员，与其签订1年以上期限劳动合同并依法缴纳社会保险费的，自签订劳动合同并缴纳社会保险当月起，在3年内按实际招用人数予以定额依次扣减增值税、城市维护建设税、教育费附加、地方教育附加和企业所得税优惠。定额标准为每人每年6 000元，最高可上浮30%，各省、自治区、直辖市人民政府可根据本地区实际情况在此幅度内确定具体定额标准。城市维护建设税、教育费附加、地方教育附加的计税依据是享受本项税收优惠政策前的增值税应纳税额。 　　按上述标准计算的税收扣减额应在企业当年实际应缴纳的增值税、城市维护建设税、教育费附加、地方教育附加和企业所得税税额中扣减，当年扣减不完的，不得结转下年使用。 　　本通知所称企业是指属于增值税纳税人或企业所得税纳税人的企业等单位。 　　三、国务院扶贫办在每年1月15日前将建档立卡贫困人口名单及相关信息提供给人力资源社会保障部、税务总局，税务总局将相关信息转发给各省、自治区、直辖市税务部门。人力资源社会保障部门依托全国扶贫开发信息系统核实建档立卡贫困人口身份信息。 　　四、企业招用就业人员既可以适用本通知规定的税收优惠政策，又可以适用其他扶持就业专项税收优惠政策的，企业可以选择适用最优惠的政策，但不得重复享受。 　　五、本通知规定的税收政策执行期限为2019年1月1日至2021年12月31日。纳税人在2021年12月31日享受本通知规定税收优惠政策未满3年的，可继续享受至3年期满为止。《财政部 国家税务总局关于继续实施支持和促进重点群体创业就业有关税收政策的通知》（财税〔2017〕49号）自2019年1月1日起停止执行。 　　本通知所述人员，以前年度已享受重点群体创业就业税收优惠政策满3年的，不得再享受本通知规定的税收优惠政策；以前年度享受重点群体创业就业税收优惠政策未满3年且符合本通知规定条件的，可按本通知规定享受优惠至3年期满。

1. 纳税人不得重复享受重点群体创业就业优惠政策，即每人只能享受一次该项优惠政策，且计算每人享受税收优惠政策的期限最长不超过 3 年。

2. 企业招用建档立卡贫困人口、吸纳失业人员就业既适用财税〔2017〕49 号、财税〔2019〕22 号文件规定的税收优惠政策，又适用其他扶持就业的专项税收优惠政策，企业可选择适用最优惠的政策，不能重复享受。但是，如果企业同时符合享受小微企业、高新技术企业等非扶持就业的专项优惠政策条件的，不属于重复享受。

特殊人员创业就业增值税优惠

特殊人员对象	就业相关税收优惠	创业相关税收优惠	政策依据	
建档立卡贫困人口、在人力资源社会保障部门公共就业服务机构登记失业半年以上且持《就业创业证》（注明"自主创业税收政策"或"毕业年度内自主创业税收政策"）或《就业失业登记证》（注明"自主创业税收政策"）的人员。	1. 纳入全国扶贫开发信息系统的建档立卡贫困人口。 2. 在人力资源社会保障部门公共就业服务机构登记失业半年以上的人员。 3. 零就业家庭、享受城市居民最低生活保障家庭劳动年龄内的登记失业人员。 4. 毕业年度内高校毕业生。	企业招用与其签订 1 年以上期限劳动合同并依法缴纳社会保险费的，自签订劳动合同并缴纳社会保险当月起，在 3 年内按实际招用人数予以定额依次扣减增值税、城市维护建设税、教育费附加、地方教育附加和企业所得税优惠。定额标准为每人每年 6 000 元（原来为 4 000 元），最高可上浮 30%（退役军人最高可上浮 30%）。	从事个体经营的，自办理个体工商户登记当月起，在 3 年（36 个月，下同）内按每户每年 12 000 元（原来 8 000 元）为限额依次扣减其当年实际应缴纳的增值税、城市维护建设税、教育费附加、地方教育附加和个人所得税。限额标准最高可上浮 20%。 纳税人年度应缴税款小于上述扣减限额的，减免税额以其实际缴纳的税款为限；大于上述扣减限额的，以上述扣减限额为限。	财税〔2019〕22 号
自主就业退役士兵				财税〔2019〕21 号

（四）实施支持和促进重点群体创业就业有关税收政策具体操作（国家税务总局公告 2019 年第 10 号）

一、重点群体个体经营税收政策

（一）申请。

1. 建档立卡贫困人口从事个体经营的，向主管税务机关申报纳税时享受优惠。

2. 登记失业半年以上的人员，零就业家庭、享受城市居民最低生活保障家庭劳动年龄的登记失业人员，以及毕业年度内高校毕业生，可持《就业创业证》（或《就业失业登记证》，下同）、个体工商户登记执照（未完成"两证整合"的还须持《税务登记证》）向创业地县以上（含县级，下同）人力资源社会保障部门提出申请。县以上人力资源社会保障部门应当按照财税〔2019〕22 号文件的规定，核实其是否享受过重点群体创业就业税收优惠政策。对符合财税〔2019〕22 号文件规定条件的人员在《就业创业证》上注明"自主创业税收政策"或"毕业年度内自主创业税收政策"。

（二）税款减免顺序及额度。

重点群体从事个体经营的，按照财税〔2019〕22 号文件第一条的规定，在年度减免税限额内，依次扣减增值税、城市维护建设税、教育费附加、地方教育附加和个人所得税。城市维护建设税、教育费附加、地方教育附加的计税依据是享受本项税收优惠政策前的增值税应纳税额。

纳税人的实际经营期不足 1 年的，应当以实际月数换算其减免税限额。换算公式为：减免税限额＝年度减免税限额÷12×实际经营月数。

纳税人实际应缴纳的增值税、城市维护建设税、教育费附加、地方教育附加和个人所得税小于减免税限额的，以实际应缴纳的增值税、城市维护建设税、教育费附加、地方教育附加和个人所得税额为限；实际应缴纳的增值税、城市维护建设税、教育费附加、地方教育附加和个人所得税大于减免税限额的，以减免税限额为限。

（三）税收减免管理。

登记失业半年以上的人员，零就业家庭、城市低保家庭的登记失业人员，以及毕业年度内高校毕业生享受本项税收优惠的，由其留存《就业创业证》（注明"自主创业税收政策"或"毕业年度内自主创业税收政策"）备查，建档立卡贫困人口无需留存资料备查。

二、企业招用重点群体税收政策

（一）申请。

享受招用重点群体就业税收优惠政策的企业，持下列材料向县以上人力资源社会保障部门递交申请：

1. 招用人员持有的《就业创业证》(建档立卡贫困人口不需提供)。

2. 企业与招用重点群体签订的劳动合同(副本),企业依法为重点群体缴纳的社会保险记录。通过内部信息共享、数据比对等方式审核的地方,可不再要求企业提供缴纳社会保险记录。

县以上人力资源社会保障部门接到企业报送的材料后,重点核实以下情况:

1. 招用人员是否属于享受税收优惠政策的人员范围,以前是否已享受过重点群体创业就业税收优惠政策。

2. 企业是否与招用人员签订了1年以上期限劳动合同,并依法为招用人员缴纳社会保险。

核实后,对持有《就业创业证》的重点群体,在其《就业创业证》上注明"企业吸纳税收政策";对符合条件的企业核发《企业吸纳重点群体就业认定证明》。

招用人员发生变化的,应向人力资源社会保障部门办理变更申请。

本公告所称企业是指属于增值税纳税人或企业所得税纳税人的企业等单位。

(二)税款减免顺序及额度

1. 纳税人按本单位招用重点群体的人数及其实际工作月数核算本单位减免税总额,在减免税总额内每月依次扣减增值税、城市维护建设税、教育费附加和地方教育附加。城市维护建设税、教育费附加、地方教育附加的计税依据是享受本项税收优惠政策前的增值税应纳税额。

纳税人实际应缴纳的增值税、城市维护建设税、教育费附加和地方教育附加小于核算的减免税总额的,以实际应缴纳的增值税、城市维护建设税、教育费附加、地方教育附加为限;实际应缴纳的增值税、城市维护建设税、教育费附加和地方教育附加大于核算的减免税总额的,以核算的减免税总额为限。纳税年度终了,如果纳税人实际减免的增值税、城市维护建设税、教育费附加和地方教育附加小于核算的减免税总额,纳税人在企业所得税汇算清缴时,以差额部分扣减企业所得税。当年扣减不完的,不再结转以后年度扣减。

享受优惠政策当年,重点群体人员工作不满1年的,应当以实际月数换算其减免税总额。

$$减免税总额 = \sum 每名重点群体人员本年度在本企业工作月数 \div 12 \times 具体定额标准$$

2. 第2年及以后年度当年新招用人员,原招用人员及其工作时间按上述程序和办法执行。计算每名重点群体人员享受税收优惠政策的期限最长不超过36个月。

(三)税收减免管理。

企业招用重点群体享受本项优惠的,由企业留存以下材料备查:

1. 享受税收优惠政策的登记失业半年以上的人员,零就业家庭、城市低保家庭的登记失业人员,以及毕业年度内高校毕业生的《就业创业证》(注明"企业吸纳税收政策")。

2. 县以上人力资源社会保障部门核发的《企业吸纳重点群体就业认定证明》。

3. 《重点群体人员本年度实际工作时间表》(见国家税务总局公告2019年第10号附件)。

三、凭《就业创业证》享受上述优惠政策的人员,按以下规定申领《就业创业证》

(一)失业人员在常住地公共就业服务机构进行失业登记,申领《就业创业证》。对其中的零就业家庭、城市低保家庭的登记失业人员,公共就业服务机构应在其《就业创业证》上予以注明。

(二)毕业年度内高校毕业生在校期间凭学生证向公共就业服务机构申领《就业创业证》,或委托所在高校就业指导中心向公共就业服务机构代为申领《就业创业证》;毕业年度内高校毕业生离校后可凭毕业证直接向公共就业服务机构按规定申领《就业创业证》。

四、税收优惠政策管理

(一)严格各项凭证的审核发放。任何单位或个人不得伪造、涂改、转让、出租相关凭证,违者将依法予以惩处;对出借、转让《就业创业证》的人员,主管人力资源社会保障部门要收回其《就业创业证》并记录在案;对采取上述手段已经获取减免税的企业和个人,主管税务机关要追缴其减免的税款,并依法予以处理。

(二)《就业创业证》采用实名制,限持证者本人使用。创业人员从事个体经营的,《就业创业证》由本人保管;被用人单位招用的,享受税收优惠政策期间,证件由用人单位保管。《就业创业证》由人力资源社会保障部统一样式,各省、自治区、直辖市人力资源社会保障部门负责印制,作为审核劳动者就业失业状况和享受政策情况的有效凭证。

(三)《企业吸纳重点群体就业认定证明》由人力资源社会保障部统一样式,各省、自治区、直辖市人力资源社会保障部门统一印制,统一编号备案,相关信息由当地人力资源社会保障部门按需提供给税务部门。

(四)县以上人力资源社会保障、税务部门及扶贫办要建立劳动者就业信息交换和协查制度。人力资源社会保障部建立全国《就业创业证》查询系统(http://jyjc.mohrss.gov.cn),供各级人力资源社会保障、财政、税务部门查询《就业创业证》信息。国务院扶贫办建立全国统一的全国扶贫开发信息系统,供各级扶贫办、人力资源社会保障、财政、税务部门查询建档立卡贫困人口身份等相关信息。

(五)各级税务机关对《就业创业证》或建档立卡贫困人口身份有疑问的,可提请同级人力资源社会保障部门、扶贫办予以协查,同级人力资源社会保障部门、扶贫办应根据具体情况规定合理的工作时限,并在时限内将协查结果通报提请协查的税务机关。

五、本公告自2019年1月1日起施行。《国家税务总局 财政部 人力资源社会保障部 教育部 民政部关于继续实施支持和促进重点群体创业就业有关税收政策具体操作问题的公告》(国家税务总局公告2017年第27号)同时废止。

二、资源综合利用、新型墙体材料、清洁电力产品增值税即征即退

(一)资源综合利用产品和劳务（财税〔2015〕78号）

为进一步推动资源综合利用和节能减排,规范和优化增值税政策,自2015年7月1日起,国家对资源综合利用产品和劳务增值税优惠政策进行了整合和调整。

1. 享受优惠须同时符合条件

二、纳税人从事《资源综合利用产品和劳务增值税优惠目录》(以下简称《目录》)所列的资源综合利用项目,申请享受增值税即征即退政策,应同时符合下列条件:

(一)属于增值税一般纳税人。　　(四)综合利用的资源,属于环境保护部《国家
(二)销售综合利用产品和劳务,不属于国家发展改　危险废物名录》列明的危险废物的,应当取得省级
革委《产业结构调整指导目录》中的禁止类、限制类项目。　及以上环境保护部门颁发的《危险废物经营许可
(三)销售综合利用产品和劳务,不属于环境保护　证》,且许可经营范围包括该危险废物的利用。
部《环境保护综合名录》中的"高污染、高环境风险"产　　(五)纳税信用等级不属于税务机关评定的C
品或者重污染工艺。　级或D级。

申报审核:享受增值税即征即退政策的纳税人纳税信用等级不得为C级或D级。从评定结果公布为C级或D级的次月起开始取消退税资格。如经税务机关复评后,纳税信用等级恢复为A级或B级的,可继续享受增值税即征即退政策。

2. 影响享受优惠政策的因素

(1)纳税人在办理退税事宜时,未提供符合条件以及《目录》规定的技术标准和相关条件的书面声明材料或者出具虚假材料的,税务机关不得给予退税。　(3)已享受规定的增值税即征即退政策的纳税人,因违反税收、环境保护的法律法规受到处罚(警告或单次1万元以下罚款除外)的,自处罚决定下达的次月起36个月内,不得享受本通知规定的增值税即征即退政策。
(2)已享受规定的增值税即征即退政策的纳税人,自不符合条件次月起,不再享受本通知规定的增值税即征即退政策。　(4)纳税人应当单独核算适用增值税即征即退政策的综合利用产品和劳务的销售额和应纳税额。未单独核算的,不得享受本通知规定的增值税即征即退政策。

申报审核:

(1)纳税人生产的相关产品和劳务,应完全符合《资源综合利用产品和劳务增值税优惠目录》列举综合利用的资源名称、综合利用产品和劳务名称、技术标准和相关条件。

(2)纳税人对可享受资源综合利用产品或劳务,严格按照文件要求单独核算。

(3)纳税人对可享受即征即退的收入、销项税额、进项税额、应纳增值税等应在单独档次填报增值税申报表。

(4)当享受惠政策条件发生变化时,应及时、主动按规定调整,恢复正常缴纳税款。

(5)实行简易征收的一般纳税企业,生产符合财税〔2015〕78文件规定要求的产品,可享受资源综合利用产品增值税即征即退优惠。

3. 进项税额无法划分的处理（国家税务总局公告2011年第69号）

一、纳税人既有增值税即征即退、先征后退项目,也有出口等其他增值税应税项目的,增值税即征即退和先征后退项目不参与出口项目免抵退税计算。纳税人应分别核算增值税即征即退、先征后退项目和出口等其他增值税应税项目,分别申请享受增值税即征即退、先征后退和免抵退税政策。　二、用于增值税即征即退或者先征后退项目的进项税额无法划分的,按照下列公式计算:

$$\text{无法划分进项税额中用于增值税即征即退或者先征后退项目的部分} = \text{当月无法划分的全部进项税额} \times \frac{\text{当月增值税即征即退或者先征后退项目销售额}}{\text{当月全部销售额合计}}$$

4. 资源综合利用产品和劳务增值税优惠目录

类别	序号	综合利用的资源名称	综合利用产品和劳务名称	技术标准和相关条件	退税比例
一、共、伴生矿产资源	1.1	油母页岩	页岩油	产品原料95%以上来自所列资源。	70%
	1.2	煤炭开采过程中产生的煤层气(煤矿瓦斯)	电力	产品燃料95%以上来自所列资源。	100%
	1.3	油田采油过程中产生的油污泥(浮渣)	乳化油调和剂、防水卷材辅料产品	产品原料70%以上来自所列资源。	70%
二、废渣、废水(液)、废气	2.1	废渣	砖瓦(不含烧结普通砖)、砌块、陶粒、墙板、管材(管桩)、混凝土、砂浆、道路井盖、道路护栏、防火材料、耐火材料(镁铬砖除外)、保温材料、矿(岩)棉、微晶玻璃、U型玻璃	产品原料70%以上来自所列资源。	70%
	2.2	废渣	水泥、水泥熟料	1. 42.5及以上等级水泥的原料20%以上来自所列资源,其他水泥、水泥熟料的原料40%以上来自所列资源; 2. 纳税人符合《水泥工业大气污染物排放标准》(GB 4915—2013)规定的技术要求。	70%
	2.3	建(构)筑废物、煤矸石	建筑砂石骨料	1. 产品原料90%以上来自所列资源; 2. 产品以建(构)筑废物为原料的,符合《混凝土用再生粗骨料》(GB/T 25177—2010)或《混凝土和砂浆用再生细骨料》(GB/T 25176—2010)的技术要求;以煤矸石为原料的,符合《建设用砂》(GB/T 14684—2011)或《建设用卵石、碎石》(GB/T 14685—2011)规定的技术要求。	50%
	2.4	粉煤灰、煤矸石	氧化铝、活性硅酸钙、瓷绝缘子、煅烧高岭土	氧化铝、活性硅酸钙生产原料25%以上来自所列资源,瓷绝缘子生产原料中煤矸石所占比重30%以上,煅烧高岭土生产原料中煤矸石所占比重90%以上。	50%
	2.5	煤矸石、煤泥、石煤、油母页岩	电力、热力	1. 产品燃料60%以上来自所列资源; 2. 纳税人符合《火电厂大气污染物排放标准》(GB 13223—2011)和国家发展改革委、环境保护部、工业和信息化部《电力(燃煤发电企业)行业清洁生产评价指标体系》规定的技术要求。	50%

（续表）

类别	序号	综合利用的资源名称	综合利用产品和劳务名称	技术标准和相关条件	退税比例
二、废渣、废水（液）、废气	2.6	氧化铝赤泥、电石渣	氧化铁、氢氧化钠溶液、铝酸钠、铝酸三钙、脱硫剂	1. 产品原料90%以上来自所列资源； 2. 生产过程中不产生二次废渣。	50％
	2.7	废旧石墨	石墨异形件、石墨块、石墨粉、石墨增碳剂	1. 产品原料90%以上来自所列资源； 2. 纳税人符合《工业炉窑大气污染物排放标准》（GB 9078—1996）规定的技术要求。	50％
	2.8	垃圾以及利用垃圾发酵产生的沼气	电力、热力	1. 产品燃料80%以上来自所列资源； 2. 纳税人符合《火电厂大气污染物排放标准》（GB 13223—2011）或《生活垃圾焚烧污染控制标准》（GB 18485—2014）规定的技术要求。	100％
	2.9	退役军用发射药	涂料用硝化棉粉	产品原料90%以上来自所列资源。	50％
	2.10	废旧沥青混凝土	再生沥青混凝土	1. 产品原料30%以上来自所列资源； 2. 产品符合《再生沥青混凝土》（GB/T 25033—2010)规定的技术要求。	50％
	2.11	蔗渣	蔗渣浆、蔗渣刨花板和纸	1. 产品原料70%以上来自所列资源； 2. 生产蔗渣浆及各类纸的纳税人符合国家发展改革委、环境保护部、工业和信息化部《制浆造纸行业清洁生产评价指标体系》规定的技术要求。	50％
	2.12	废矿物油	润滑油基础油、汽油、柴油等工业油料	1. 产品原料90%以上来自所列资源； 2. 纳税人符合《废矿物油回收利用污染控制技术规范》（HJ 607—2011）规定的技术要求。	50％
	2.13	环己烷氧化废液	环氧环己烷、正戊醇、醇醚溶剂	1. 产品原料90%以上来自所列资源； 2. 纳税人必须通过ISO9000、ISO14000认证。	50％
	2.14	污水处理厂出水、工业排水（矿井水）、生活污水、垃圾处理厂渗透（滤）液等	再生水	1. 产品原料100%来自所列资源； 2. 产品符合《再生水水质标准》（SL 368—2006）规定的技术要求。	50％
	2.15	废弃酒糟和酿酒底锅水，淀粉、粉丝加工废液、废渣	蒸汽、活性炭、白碳黑、乳酸、乳酸钙、沼气、饲料、植物蛋白	产品原料80%以上来自所列资源。	70％

（续表）

类别	序号	综合利用的资源名称	综合利用产品和劳务名称	技术标准和相关条件	退税比例
二、废渣、废水（液）、废气	2.16	含油污水、有机废水、污水处理后产生的污泥，油田采油过程中产生的油污泥（浮渣），包括利用上述资源发酵产生的沼气	微生物蛋白、干化污泥、燃料、电力、热力	产品原料或燃料90%以上来自所列资源，其中利用油田采油过程中产生的油污泥（浮渣）生产燃料的，原料60%以上来自所列资源。	70%
	2.17	煤焦油、荒煤气（焦炉煤气）	柴油、石脑油	1.产品原料95%以上来自所列资源； 2.纳税人必须通过ISO9000、ISO14000认证。	50%
	2.18	燃煤发电厂及各类工业企业生产过程中产生的烟气、高硫天然气	石膏、硫酸、硫酸铵、硫磺	1.产品原料95%以上来自所列资源； 2.石膏的二水硫酸钙含量85%以上，硫酸的浓度15%以上，硫酸铵的总氮含量18%以上。	50%
	2.19	工业废气	高纯度二氧化碳、工业氢气、甲烷	1.产品原料95%以上来自所列资源； 2.高纯度二氧化碳产品符合（GB 10621—2006），工业氢气产品符合（GB/T 3634.1—2006），甲烷产品符合（HG/T 3633—1999）规定的技术要求。	70%
	2.20	工业生产过程中产生的余热、余压	电力、热力	产品原料100%来自所列资源。	100%
三、再生资源	3.1	废旧电池及其拆解物	金属及镍钴锰氢氧化物、镍钴锰酸锂、氯化钴	1.产品原料中95%以上利用上述资源； 2、镍钴锰氢氧化物符合《镍、钴、锰三元素复合氢氧化物》（GB/T 26300—2010）规定的技术要求。	30%
	3.2	废显（定）影液、废胶片、废像纸、废感光剂等废感光材料	银	1.产品原料95%以上来自所列资源； 2、纳税人必须通过ISO9000、ISO14000认证。	30%
	3.3	废旧电机、废旧电线电缆、废铝制易拉罐、报废汽车、报废摩托车、报废船舶、废旧电器电子产品、废旧太阳能光伏器件、废旧灯泡（管），及其拆解物	经冶炼、提纯生产的金属及合金（不包括铁及铁合金）	1.产品原料70%以上来自所列资源； 2.法律、法规或规章对相关废旧产品拆解规定了资质条件的，纳税人应当取得相应的资质。	30%
	3.4	废催化剂、电解废弃物、电镀废弃物、废旧线路板、烟尘灰、湿法泥、熔炼渣、线路板蚀刻废液、锡箔纸灰	经冶炼、提纯或化合生产的金属、合金及金属化合物（不包括铁及铁合金），冰晶石	1.产品原料70%以上来自所列资源； 2、纳税人必须通过ISO9000、ISO14000认证。	30%

（续表）

类别	序号	综合利用的资源名称	综合利用产品和劳务名称	技术标准和相关条件	退税比例
三、再生资源	3.5	报废汽车、报废摩托车、报废船舶、废旧电器电子产品、废旧农机具、报废机器设备、废旧生活用品、工业边角余料、建筑拆解物等产生或拆解出来的废钢铁	炼钢炉料	1. 产品原料95％以上来自所列资源； 2. 炼钢炉料符合《废钢铁》（GB 4223—2004）规定的技术要求； 3. 法律、法规或规章对相关废旧产品拆解规定了资质条件的，纳税人应当取得相应的资质； 4. 纳税人符合工业和信息化部《废钢铁加工行业准入条件》的相关规定； 5. 炼钢炉料的销售对象应为符合工业和信息化部《钢铁行业规范条件》或《铸造行业准入条件》并公告的钢铁企业或铸造企业。	30％
	3.6	稀土产品加工废料，废弃稀土产品及拆解物	稀土金属及稀土氧化物	1. 产品原料95％以上来自所列资源； 2. 纳税人符合国家发展改革委、环境保护部、工业和信息化部《稀土冶炼行业清洁生产评价指标体系》规定的技术要求。	30％
	3.7	废塑料、废旧聚氯乙烯（PVC）制品、废铝塑（纸铝、纸塑）复合纸包装材料	汽油、柴油、石油焦、碳黑、再生纸浆、铝粉、塑木（木塑）制品、（汽车、摩托车、家电、管材用）改性再生专用料、化纤用再生聚酯专用料、瓶用再生聚对苯二甲酸乙二醇酯（PET）树脂及再生塑料制品	1. 产品原料70％以上来自所列资源； 2. 化纤用再生聚酯专用料杂质含量低于0.5 mg/g，水分含量低于1％，瓶用再生聚对苯二甲酸乙二醇酯（PET）树脂乙醛质量分数小于等于1ug/g； 3. 纳税人必须通过ISO9000、ISO14000认证。	50％
	3.8	废纸、农作物秸秆	纸浆、秸秆浆和纸	1. 产品原料70％以上来自所列资源； 2. 废水排放符合《制浆造纸工业水污染物排放标准》（GB 3544—2008）规定的技术要求； 3. 纳税人符合《制浆造纸行业清洁生产评价指标体系》规定的技术要求。 4. 纳税人必须通过ISO9000、ISO14000认证。	50％
	3.9	废旧轮胎、废橡胶制品	胶粉、翻新轮胎、再生橡胶	1. 产品原料95％以上来自所列资源； 2. 胶粉符合（GB/T 19208—2008)规定的技术要求；翻新轮胎符合（GB7037—2007）、（GB14646—2007）或（HG/T3979—2007)规定的技术要求；再生橡胶符合（GB/T 13460—2008）规定的技术要求； 3. 纳税人必须通过ISO9000、ISO14000认证。	50％

（续表）

类别	序号	综合利用的资源名称	综合利用产品和劳务名称	技术标准和相关条件	退税比例
三、再生资源	3.10	废弃天然纤维、化学纤维及其制品	纤维纱及织布、无纺布、毡、粘合剂及再生聚酯产品	产品原料90%以上来自所列资源。	50%
	3.11	人发	档发	产品原料90%以上来自所列资源。	70%
	3.12	废玻璃	玻璃熟料	1. 产品原料95%以上来自所列资源； 2. 产品符合《废玻璃分类》（SB/T 10900—2012）的技术要求； 3. 纳税人符合《废玻璃回收分拣技术规范》（SB/T11108—2014）规定的技术要求。	50%
四、农林剩余物及其他	4.1	餐厨垃圾、畜禽粪便、稻壳、花生壳、玉米芯、油茶壳、棉籽壳、三剩物、次小薪材、农作物秸秆、蔗渣，以及利用上述资源发酵产生的沼气	生物质压块、沼气等燃料，电力，热力	1. 产品原料或者燃料80%以上自所列资源； 2. 纳税人符合《锅炉大气污染物排放标准》（GB 13271—2014）、《火电厂大气污染物排放标准》（GB 13223—2011）或《生活垃圾焚烧污染控制标准》（GB 18485—2001）规定的技术要求。	100%
	4.2	三剩物、次小薪材、农作物秸秆、沙柳	纤维板、刨花板、细木工板、生物炭、活性炭、栲胶、水解酒精、纤维素、木质素、木糖、阿拉伯糖、糠醛、箱板纸	产品原料95%以上来自所列资源。	70%
	4.3	废弃动物油和植物油	生物柴油、工业级混合油	1. 产品原料70%以上来自所列资源； 2. 工业级混合油的销售对象须为化工企业。	70%
五、资源综合利用劳务	5.1	垃圾处理、污泥处理处置劳务			70%
	5.2	污水处理劳务		污水经加工处理后符合《城镇污水处理厂污染物排放标准》（GB 18918—2002）规定的技术要求或达到相应的国家或地方水污染物排放标准中的直接排放限值。	70%
	5.3	工业废气处理劳务		经治理、处理后符合《大气污染物综合排放标准》（GB 16297—1996）规定的技术要求或达到相应的国家或地方水污染物排放标准中的直接排放限值。	70%

5. 备注

1. 概念和定义

"纳税人"，是指从事表中所列的资源综合利用项目的增值税一般纳税人。

"废渣"，是指采矿选矿废渣、冶炼废渣、化工废渣和其他废渣。其中，采矿选矿废渣，是指在矿产资源开采加工过程中产生的煤矸石、粉末、粉尘和污泥；冶炼废渣，是指转炉渣、电炉渣、铁合金炉渣、氧化铝赤泥和有色金属灰渣，但不包括高炉水渣；化工废渣，是指硫铁矿渣、硫铁矿煅烧渣、硫酸渣、硫石膏、磷石膏、磷矿煅烧渣、含氰废渣、电石渣、磷肥渣、硫磺渣、碱渣、含钡废渣、铬渣、盐泥、总溶剂渣、黄磷渣、柠檬酸渣、脱硫石膏、氟石膏、钛石膏和废石膏模；其他废渣，是指粉煤灰、燃煤炉渣、江河（湖、海、渠）道淤泥、淤沙、建筑垃圾、废玻璃、污水处理厂处理污水产生的污泥。

"蔗渣"，是指以甘蔗为原料的制糖生产过程中产生的含纤维50%左右的固体废弃物。

"再生水"，是指对污水处理厂出水、工业排水（矿井水）、生活污水、垃圾处理厂渗透（滤）液等水源进行回收，经适当处理后达到一定水质标准，并在一定范围内重复利用的水资源。

"冶炼"，是指通过焙烧、熔炼、电解以及使用化学药剂等方法把原料中的金属提取出来，减少金属中所含的杂质或增加金属中某种成分，炼成所需要的金属。冶炼包括火法冶炼、湿法提取或电化学沉积。

"烟尘灰"，是指金属冶炼厂火法冶炼过程中，为保护环境经除尘器（塔）收集的粉灰状及泥状残料物。

"湿法泥"，是指湿法冶炼生产排出的污泥，经集中环保处置后产生的中和渣，且具有一定回收价值的污泥状废弃物。

"熔炼渣"，是指有色金属火法冶炼过程中，由于比重的差异，金属成分因比重大沉底形成金属锭，而比重较小的硅、铁、钙等化合物浮在金属表层形成的废渣。

"农作物秸秆"，是指农业生产过程中，收获了粮食作物（指稻谷、小麦、玉米、薯类等）、油料作物（指油菜籽、花生、大豆、葵花籽、芝麻籽、胡麻籽等）、棉花、麻类、糖料、烟叶、药材、花卉、蔬菜和水果以后残留的茎秆。

"三剩物"，是指采伐剩余物（指枝丫、树梢、树皮、树叶、树根及藤条、灌木等）、造材剩余物（指造材截头）和加工剩余物（指板皮、板条、木竹截头、锯沫、碎单板、木芯、刨花、木块、篾黄、边角余料等）。

"次小薪材"，是指次加工材［指材质低于针、阔叶树加工用原木最低等级但具有一定利用价值的次加工原木，按《次加工原木》（LY/T 1369—2011）标准执行］、小径材（指长度在2米以下或径级8厘米以下的小原木条、松木杆、脚手杆、杂木杆、短原木等）和薪材。

"垃圾"，是指城市生活垃圾、农作物秸秆、树皮废渣、污泥、合成革及化纤废弃物、病死畜禽等养殖废弃物等垃圾。

"垃圾处理"，是指运用填埋、焚烧、综合处理和回收利用等形式，对垃圾进行减量化、资源化和无害化处理处置的业务。

"污水处理"，是指将污水（包括城镇污水和工业废水）处理后达到《城镇污水处理厂污染物排放标准》（GB 18918—2002），或达到相应的国家或地方水污染物排放标准中的直接排放限值的业务。其中，城镇污水是指城镇居民生活污水，机关、学校、医院、商业服务机构及各种公共设施排水，以及允许排入城镇污水收集系统的工业废水和初期雨水。工业废水是指工业生产过程中产生的，不允许排入城镇污水收集系统的废水和废液。

"污泥处理处置"，是指对污水处理后产生的污泥进行稳定化、减量化和无害化处理处置的业务。

2. 综合利用的资源比例计算方式

（1）综合利用的资源占生产原料或者燃料的比重，以重量比例计算。其中，水泥、水泥熟料原料中掺兑废渣的比重，按以下方法计算：

① 对经生料烧制和熟料研磨阶段生产的水泥，其掺兑废渣比例计算公式为：掺兑废渣比例＝（生料烧制阶段掺兑废渣数量＋熟料研磨阶段掺兑废渣数量）÷（除废渣以外的生料数量＋生料烧制和熟料研磨阶段掺兑废渣数量＋其他材料数量）×100%；

② 对外购水泥熟料采用研磨工艺生产的水泥，其掺兑废渣比例计算公式为：掺兑废渣比例＝熟料研磨阶段掺兑废渣数量÷（熟料数量＋熟料研磨阶段掺兑废渣数量＋其他材料数量）×100%；

③ 对生料烧制的水泥熟料，其掺兑废渣比例计算公式为：掺兑废渣比例＝生料烧制阶段掺兑废渣数量÷（除废渣以外的生料数量＋生料烧制阶段掺兑废渣数量＋其他材料数量）×100%。

（2）综合利用的资源为余热、余压的，按其占生产电力、热力消耗的能源比例计算。

3. 表中所列综合利用产品，应当符合相应的国家或行业标准。既有国家标准又有行业标准的，应当符合相对高的标准；没有国家标准或行业标准的，应当符合按规定向质量技术监督部门备案的企业标准。

表中所列各类国家标准、行业标准，如在执行过程中有更新、替换，统一按最新的国家标准、行业标准执行。

4. 表中所称"以上"均含本数。

（二）新型墙体材料（财税〔2015〕73号）

自2015年7月1日起，对纳税人销售自产的列入本通知所附《享受增值税即征即退政策的新型墙体材料目录》（以下简称《目录》）的新型墙体材料，实行增值税即征即退50%的政策。

1. 享受优惠须同时符合条件

二、纳税人销售自产的《目录》所列新型墙体材料,申请享受增值税优惠政策时,应同时符合下列条件:

(一)销售自产的新型墙体材料,不属于国家发展和改革委员会《产业结构调整指导目录》中的禁止类、限制类项目。	(二)销售自产的新型墙体材料,不属于环境保护部《环境保护综合名录》中的"高污染、高环境风险"产品或者重污染工艺。 (三)纳税信用等级不属于税务机关评定的 C 级或 D 级。

(1)纳税人在办理退税事宜时,未提供符合条件以及《目录》规定的技术标准和相关条件的书面声明材料或者出具虚假材料的,税务机关不得给予退税。

(2)已享受规定的增值税即征即退政策的纳税人,自不符合条件次月起,不再享受本通知规定的增值税即征即退政策。

(3)纳税人应当单独核算享受本通知规定的增值税即征即退政策的新型墙体材料的销售额和应纳税额。未按规定单独核算的,不得享受本通知规定的增值税即征即退政策。

(4)已享受本通知规定的增值税即征即退政策的纳税人,因违反税收、环境保护的法律法规受到处罚(警告或单次 1 万元以下罚款除外),自处罚决定下达的次月起 36 个月内,不得享受本通知规定的增值税即征即退政策。

(5)享受增值税即征即退政策的纳税人纳税信用等级不得为 C 级或 D 级。从评定结果公布为 C 级或 D 级的次月起开始取消退税资格。如经税务机关复评后,纳税信用等级恢复为 A 级或 B 级的,可继续享受增值税即征即退政策。

2. 享受增值税即征即退政策的新型墙体材料目录

一、砖类	二、砌块类	三、板材类
(一)非粘土烧结多孔砖(符合 GB 13544—2011 技术要求)和非粘土烧结空心砖(符合 GB 13545—2014 技术要求)。 (二)承重混凝土多孔砖(符合 GB 25779—2010 技术要求)和非承重混凝土空心砖(符合 GB/T 24492—2009 技术要求)。 (三)蒸压粉煤灰多孔砖(符合 GB 26541—2011 技术要求)、蒸压泡沫混凝土砖(符合 GB/T 29062—2012 技术要求)。 (四)烧结多孔砖(仅限西部地区,符合 GB 13544—2011 技术要求)和烧结空心砖(仅限西部地区,符合 GB 13545—2014 技术要求)。	(一)普通混凝土小型空心砌块(符合 GB/T 8239—2014 技术要求)。 (二)轻集料混凝土小型空心砌块(符合 GB/T 15229—2011 技术要求)。 (三)烧结空心砌块(以煤矸石、江河湖淤泥、建筑垃圾、页岩为原料,符合 GB 13545—2014 技术要求)和烧结多孔砌块(以页岩、煤矸石、粉煤灰、江河湖淤泥及其他固体废弃物为原料,符合 GB 13544—2011 技术要求)。 (四)蒸压加气混凝土砌块(符合 GB 11968—2006 技术要求)、蒸压泡沫混凝土砌块(符合 GB/T 29062—2012 技术要求)。 (五)石膏砌块(以脱硫石膏、磷石膏等化学石膏为原料,符合 JC/T 698—2010 技术要求)。 (六)粉煤灰混凝土小型空心砌块(符合 JC/T 862—2008 技术要求)。	(一)蒸压加气混凝土板(符合 GB 15762—2008 技术要求)。 (二)建筑用轻质隔墙条板(符合 GB/T 23451—2009 技术要求)和建筑隔墙用保温条板(符合 GB/T 23450—2009 技术要求)。 (三)外墙外保温系统用钢丝网架模塑聚苯乙烯板(符合 GB 26540—2011 技术要求)。 (四)石膏空心条板(符合 JC/T 829—2010 技术要求)。 (五)玻璃纤维增强水泥轻质多孔隔墙条板(简称 GRC 板,符合 GB/T 19631—2005 技术要求)。 (六)建筑用金属面绝热夹芯板(符合 GB/T 23932—2009 技术要求)。 (七)建筑平板。其中:纸面石膏板(符合 GB/T 9775—2008 技术要求)、纤维增强硅酸钙板(符合 JC/T 564.1—2008、JC/T 564.2—2008 技术要求)、纤维增强低碱度水泥建筑平板(符合 JC/T 626—2008 技术要求)、维纶纤维增强水泥平板(符合 JC/T 671—2008 技术要求)、纤维水泥平板(符合 JC/T 412.1—2006、JC/T 412.2—2006 技术要求)。

(三)清洁电力产品

财税〔2013〕66 号、财税〔2016〕81 号	财税〔2015〕74 号
自 2013 年 10 月 1 日至 2018 年 12 月 31 日,对纳税人销售自产的利用太阳能生产的电力产品,实行增值税即征即退 50% 的政策。文到之日前,已征的按本通知规定应予退还的增值税,可抵减纳税人以后月份应缴纳的增值税或予以退还。	自 2015 年 7 月 1 日起,对纳税人销售自产的利用风力生产的电力产品,实行增值税即征即退 50% 的政策。

三、软件产品增值税即征即退（财税〔2011〕100 号）

（一）软件产品的界定（财税〔2011〕100 号第二条）

"软件产品"指信息处理程序及相关文档和数据。软件产品包括计算机软件产品、信息系统和嵌入式软件产品。	嵌入式软件产品是指嵌入在计算机硬件、机器设备中并随其一并销售，构成计算机硬件、机器设备组成部分的软件产品。

（二）退税资格申请审批管理

财税〔2011〕100 号第三条	国发〔2015〕11 号
符合下列条件的软件产品，经主管税务机关审核批准，可以享受本办法规定的增值税即征即退优惠政策： （一）取得省级软件产业主管部门认可的软件检测机构出具的检测证明材料（以下简称检测证明）； （二）取得软件产业主管部门颁发的《软件产品登记证书》或著作权行政管理部门颁发的《计算机软件著作权登记证书》（以下将该两证书简称为"登记证书"）。 纳税人应于取得证书后向主管税务机关申请享受税收优惠资格，并提供即征即退资格认定申请资料。 （一）《税务认定审批确认表》； （二）软件产业主管部门认可的软件检测机构出具的检测证明材料原件及其复印件； （三）软件产业主管部门颁发的《软件产品登记证书》或著作权行政管理部门颁发的《计算机软件著作权登记证书》原件及其复印件； （四）税务机关要求的其他资料。 以上由纳税人提供的资料需加盖企业公章，并注明"复印件与原件一致"字样。 主管税务机关受理纳税人申请资料，经审核无误后，于 20 个工作日内完成审批，并及时通知纳税人享受即征即退优惠政策。	自 2015 年 2 月起，取消软件企业和集成电路企业认定及产品的登记备案，目前软件产业主管部门已不再颁发《软件产品登记证书》。

不再颁发《软件产品登记证书》后，纳税人凭《计算机软件著作权登记证书》和检测证明材料，并自《计算机软件著作权登记证书》注明软件开发完成之日起，即可向主管税务机关申请享受软件产品增值税即征即退政策。因此，企业销售未取得《计算机软件著作权登记证书》的软件产品，不可以享受增值税即征即退优惠政策。

（三）软件产品增值税优惠政策（财税〔2011〕100 号、财税〔2016〕36 号）

政策规定	政策解读
1. 增值税一般纳税人销售其自行开发生产的软件产品，按 17％税率征收增值税后，对其增值税实际税负超过 3％的部分实行即征即退政策。 2. 增值税一般纳税人将进口软件产品进行本地化改造后对外销售，其销售的软件产品可享受本条第一款规定的增值税即征即退政策。 3. 纳税人受托开发软件产品，属于信息技术服务下的软件服务。	（1）自行开发生产的软件产品是指实际组织、进行开发工作，提供工作条件以完成软件开发，并拥有软件著作权或所有权的软件开发者（包括单位和个人）自行生产的软件产品。 单位或者个人自己开发并自用的软件以及委托他人开发的自用专用软件不适用本办法。 （2）本地化改造是指对进口软件产品进行重新设计、改进、转换等，单纯对进口软件产品进行汉字化处理不包括在内。 （3）纳税人销售自行开发生产的软件产品并随同销售一并收取的软件安装费、维护费、培训费等收入，应按照增值税混合销售的有关规定征收增值税，并可享受软件产品增值税即征即退政策。 （4）对软件产品交付使用后，按期或按次收取的维护、技术服务费、培训费等按信息技术服务征收增值税。

对属于增值税一般纳税人的动漫企业销售其自主开发生产的动漫软件，17％的税率征收增值税后，对其增值税实际税负超 3％的部分，实行即征即退政策。动漫软件出口免征增值税。上述动漫软件，按照财税〔2011〕100 号文件中软件产品相关规定执行。（财税〔2013〕98 号）

纳税人销售软件产品并随同销售一并收取的软件安装费、维护费、培训费等收入，应按照增值税混合销售的有关规定征收增值税，并可享受软件产品增值税即征即退政策。（财税〔2005〕165 号第十一条第二款）

（四）软件产品增值税即征即退税额的计算

软件产品增值税即征即退税额的计算方法	嵌入式软件产品增值税即征即退税额的计算
即征即退税额＝当期软件产品增值税应纳税额－当期软件产品销售额×3％ 当期软件产品增值税应纳税额＝当期软件产品销项税额－当期软件产品可抵扣进项税额 当期软件产品销项税额＝当期软件产品销售额×17％	1. 嵌入式软件产品增值税即征即退的计算方法： $$\text{即征即退税额} = \text{当期嵌入式软件产品增值税应纳税额} - \text{当期嵌入式软件产品销售额} \times 3\%$$ $$\text{当期嵌入式软件产品增值税应纳税额} = \text{当期嵌入式软件产品销项税额} - \text{当期嵌入式软件产品可抵扣进项税额}$$ $$\text{当期嵌入式软件产品销项税额} = \text{当期嵌入式软件产品销售额} \times 17\%$$ 2. 当期嵌入式软件产品销售额的计算公式： $$\text{当期嵌入式软件产品销售额} = \text{当期嵌入式软件产品与计算机硬件、机器设备销售额合计} - \text{当期计算机硬件、机器设备销售额}$$ 计算机硬件、机器设备销售额按照下列顺序确定： (1) 按纳税人最近同期同类货物的平均销售价格计算确定； (2) 按其他纳税人最近同期同类货物的平均销售价格计算确定； (3) 按计算机硬件、机器设备组成计税价格计算确定。 计算机硬件、机器设备组成计税价格＝计算机硬件、机器设备成本×(1＋10％)。 对增值税一般纳税人随同计算机硬件、机器设备一并销售嵌入式软件产品，如果适用本通知规定按照组成计税价格计算确定计算机硬件、机器设备销售额的，应当分别核算嵌入式软件产品与计算机硬件、机器设备部分的成本。凡未分别核算或者核算不清的，不得享受本通知规定的增值税政策。

（1）增值税一般纳税人在销售软件产品的同时销售其他货物或者应税劳务的，应单独核算软件产品的进项税额，对于无法划分的进项税额（如水、电等共同消耗，难以直接划分的进项税额），应按照实际成本或销售收入比例确定软件产品应分摊的进项税额；对专用于软件产品开发生产设备及工具的进项税额，不得进行分摊。

（2）对于嵌入式软件产品享受超税负退税的销售额应根据公式计算而得，无论是否存在购买软件免费赠送硬件情况，均不允许将其全部销售额作为享受超税负退税的软件部分销售额。

（3）计算嵌入式软件产品计算机硬件、机器设备销售额时，组成计税价格中的计算机硬件、机器设备成本是指：

属于外购的计算机硬件、机器设备，不再进行加工和生产的，其成本为实际采购成本（如需简单安装，则包括加工费）；

属于自制或加工的计算机硬件、机器设备，其成本为制造成本，包括：产品耗用的原材料、辅助材料及其对应的加工费；硬件成本对应分摊的制造费用。包括工人工资、生产用固定资产折旧、生产用低值易耗品摊销及水、电费摊销等。

【例 2-15】 甲科技有限公司属于增值税一般纳税人，是一家从事集机电产品开发于一体的研究机构（以下简称甲公司）。2018 年 6 月 1 日，甲公司开发的高端液晶转速显示表软件（简称液晶表 V1.0）和高端传感型无刷电机控制器系统（简称无刷控制器 V1.0），取得了国家版权局颁发的《计算机软件著作权登记证书》。2018 年 8 月 9 日，取得省经济和信息化委员会颁发的《软件产品登记证书》，有效期均为 5 年。

2018 年 8 月，甲公司产品销售收入 500 万元（均不含税，下同），包括无软件设备销售收入 280 万元；含嵌入式软件产品设备销售收入 220 万元，其中液晶表 1.3 万只，销售收入 55 万元，无刷控制器 1 000 只，销售收入 165 万元。8 月缴纳增值税 40 万元。

1. 计算增值税退税

（1）确定计算机硬件、机器设备销售额

甲公司开发的两类嵌入式软件产品，其设备不能直接对外销售，也无其他可供参照市场价格，只能与软件嵌入后方可对外出售，所以，应按上述第三条规定计算确定设备销售额。8 月液晶表、无刷控制器设备"库存商品"明细账反映，单位产品成本分别为 8 元/只、400 元/只。液晶表设备销售金额为 13 000×8×(1＋10％)＝114 400（元），无刷控制器设备销售金额为 1 000×400×(1＋10％)＝440 000（元）。合计销售额＝440 000＋114 400＝554 400（元）。

(续表)

（2）计算当期嵌入式软件产品销售额

当期嵌入式软件产品销售额＝当期嵌入式软件产品与设备销售额合计－当期机器设备销售额＝2 200 000－554 400＝1 645 600（元）。

（3）当期嵌入式软件产品可抵扣进项税额

查阅甲公司 2018 年 8 月增值税抵扣联发票，其中：购进专用于软件开发的计算机及配套设备 4 台，不含税价款 20 000 元；软件检测测试设备 3 台，不含税价款 30 000 元。合计进项税额＝50 000×16％＝8 000（元）。

本期生产全部产品耗用水电费用，其进项税金 18 000 元，按销售收入的比例分摊进项税。

当期嵌入式软件产品可抵扣进项税额＝8 000＋18 000×1 645 600÷5 000 000＝8 500＋5 924.16＝13 924.16（元）。

（4）计算当期嵌入式产品应退增值税

① 嵌入式软件产品增值税应纳税额＝1 645 600×16％－13 924.16＝263 296－13 924.16＝249 371.84（元）。

② 嵌入式软件产品应退增值税额＝249 371.84－1 645 600×3％＝249 371.84－49 368＝200 003.84（元）。

2. 会计处理

借：银行存款　　　　　　　　　　　　　　　　　　　　　　　　　200 003.84

　　贷：其他收益　　　　　　　　　　　　　　　　　　　　　　　　200 003.84

（五）动漫产业增值税政策（财税〔2018〕38 号）

一、自 2018 年 1 月 1 日至 2018 年 4 月 30 日，对动漫企业增值税一般纳税人销售其自主开发生产的动漫软件，按照 17％的税率征收增值税后，对其增值税实际税负超过 3％的部分，实行即征即退政策。

二、自 2018 年 5 月 1 日至 2020 年 12 月 31 日，对动漫企业增值税一般纳税人销售其自主开发生产的动漫软件，按照 16％的税率征收增值税后，对其增值税实际税负超过 3％的部分，实行即征即退政策。

三、动漫软件出口免征增值税。

四、动漫软件，按照《财政部 国家税务总局关于软件产品增值税政策的通知》（财税〔2011〕100 号）中软件产品相关规定执行。

动漫企业和自主开发、生产动漫产品的认定标准和认定程序，按照《文化部 财政部 国家税务总局关于印发〈动漫企业认定管理办法（试行）〉的通知》（文市发〔2008〕51 号）的规定执行。

五、《财政部 国家税务总局关于动漫产业增值税和营业税政策的通知》（财税〔2013〕98 号）到期停止执行。

四、有形动产融资租赁和融资性售后回租服务（财税〔2016〕36 号）

政策规定	政策解读
经人民银行、银监会或者商务部批准从事融资租赁业务的试点纳税人中的一般纳税人，提供有形动产融资租赁服务和有形动产融资性售后回租服务，对其增值税实际税负超过 3％的部分实行增值税即征即退政策。 商务部授权的省级商务主管部门和国家经济技术开发区批准的从事融资租赁业务和融资性售后回租业务的试点纳税人中的一般纳税人，2016 年 5 月 1 日后实收资本达到 1.7 亿元的，从达到标准的当月起按照上述规定执行；2016 年 5 月 1 日后实收资本未达到 1.7 亿元但注册资本达到 1.7 亿元的，在 2016 年 7 月 31 日前仍可按照上述规定执行，2016 年 8 月 1 日后开展的有形动产融资租赁业务和有形动产融资性售后回租业务不得按照上述规定执行。 本规定所称增值税实际税负，是指纳税人当期提供应税服务实际缴纳的增值税额占纳税人当期提供应税服务取得的全部价款和价外费用的比例。	本条基本平移了财税〔2013〕106 号文件附件 3 第二条第（四）项相关政策规定，但发生了如下变化： 1. 取消了原政策对融资性售后回租即征即退政策的时间限制。 2. 对纳税人的注册资本金额要求调整为实收资本金额要求，并对未达标的纳税人规定了 3 个月的过渡期。 3. 融资性售后回租虽然作为"贷款服务"征收增值税，但仍可按照上述规定享受即征即退增值税政策，但仅限于有形动产的融资性售后回租业务。

1. 备案必报资料

序号	资料名称	原件/复印件	份数	备注
1	《退（抵）税申请审批表》	原件	3	
2	退税申请报告	原件	2	列明基本情况、退税理由、依据、范围、期限、已缴金额、应退金额等
3	《中华人民共和国税收缴款书（银行经收专用）》或《中华人民共和国税收完税证明》	原件及复印件	1	
4	书面声明材料	原件	1	声明符合优惠政策规定的相关条件

2. 已进行税收优惠资格备案的内容发生变化的

序号	资料名称	原件/复印件	份数	备注
1	有形动产融资租赁服务业务合同	原件及复印件	1	
2	中国人民银行、银监会、商务部及授权部门批准经营融资租赁业务证明	原件及复印件	1	
	2019年3月8日后,不再提交,改为纳税人自行留存备查。(国家税务总局令第46号)			

3. 取消"批准经营融资租赁业务证明"(国家税务总局令第46号)

序号	证明名称	证明用途	取消后的办理方式
8	批准经营融资租赁业务证明	经人民银行等部门批准从事融资租赁业务的试点纳税人中的一般纳税人,办理其提供有形动产融资租赁服务和有形动产融资性售后回租服务,对其增值税实际税负超过3%的部分实行增值税即征即退备案时,需提供人民银行等部门批准经营融资租赁业务证明。	不再提交。改为纳税人自行留存备查。

五、管道运输服务

政策规定	政策解读
一般纳税人提供管道运输服务,对其增值税实际税负超过3%的部分实行增值税即征即退政策。 　　本规定所称增值税实际税负,是指纳税人当期提供应税服务实际缴纳的增值税额占纳税人当期提供应税服务取得的全部价款和价外费用的比例。	本条是对财税〔2013〕106号文件附件3第二条第(三)项有关政策规定的平移。 　　取消了2015年12月31日前的时间限制。

1. 备案资料

序号	资料名称	原件/复印件	份数	备注
1	《退(抵)税申请审批表》	原件	3	
2	退税申请报告	原件	2	列明基本情况、退税理由、依据、范围、期限、已缴金额、应退金额等
3	《中华人民共和国税收缴款书(银行经收专用)》或《中华人民共和国税收完税证明》	原件及复印件	1	
4	书面声明材料	原件	1	声明符合优惠政策规定的相关条件

2. 已进行税收优惠资格备案的内容发生变化的

序号	资料名称	原件/复印件	份数	备注
1	管道运输服务业务合同	原件及复印件	1	

第十一节　增值税先征后返优惠

一、宣传文化行业(财税〔2018〕53号)

　　一、自2018年1月1日起至2020年12月31日,执行下列增值税先征后退政策。

　　(一)对下列出版物在出版环节执行增值税100%先征后退的政策:

　　1.中国共产党和各民主党派的各级组织的机关报纸和机关期刊;各级人大、政协、政府、工会、共青团、妇联、残联、科协的机关报纸和机关期刊,新华社的机关报纸和机关期刊,军事部门的机关报纸和机关期刊。

　　上述各级组织不含其所属部门。机关报纸和机关期刊增值税先征后退范围掌握在一个单位一份报纸和一份期刊以内。

　　2.专为少年儿童出版发行的报纸和期刊,中小学的学生课本。

　　3.专为老年人出版发行的报纸和期刊。

（续表）

4. 少数民族文字出版物。

5. 盲文图书和盲文期刊。

6. 经批准在内蒙古、广西、西藏、宁夏、新疆五个自治区内注册的出版单位出版的出版物。

7. 列入本通知附件1的图书、报纸和期刊。

（二）对下列出版物在出版环节执行增值税先征后退50%的政策：

1. 各类图书、期刊、音像制品、电子出版物，但本通知第一条第（一）项规定执行增值税100%先征后退的出版物除外。

2. 列入本通知附件2的报纸。

（三）对下列印刷、制作业务执行增值税100%先征后退的政策：

1. 对少数民族文字出版物的印刷或制作业务。

2. 列入本通知附件3的新疆维吾尔自治区印刷企业的印刷业务。

四、享受本通知第一条第（一）项、第（二）项规定的增值税先征后退政策的纳税人，必须是具有相关出版物出版许可证的出版单位（含以"租型"方式取得专有出版权进行出版物印刷发行的出版单位）。承担省级及以上出版行政主管部门指定出版、发行任务的单位，因进行重组改制等原因尚未办理出版、发行许可证变更的单位，经财政部驻各地财政监察专员办事处（以下简称财政监察专员办事处）商省级出版行政主管部门核准，可以享受相应的增值税先征后退政策。

纳税人应将享受上述税收优惠政策的出版物在财务上实行单独核算，不进行单独核算的不得享受本通知规定的优惠政策。违规出版物、多次出现违规的出版单位及图书批发零售单位不得享受本通知规定的优惠政策，上述违规出版物、出版单位及图书批发零售单位的具体名单由省级及以上出版行政主管部门及时通知相应财政监察专员办事处和主管税务机关。

五、已按软件产品享受增值税退税政策的电子出版物不得再按本通知申请增值税先征后退政策。

六、本通知规定的各项增值税先征后退政策由财政监察专员办事处根据财政部、国家税务总局、中国人民银行《关于税制改革中对某些企业实行"先征后退"有关预算管理问题的暂行规定的通知》〔（94）财预字第55号〕的规定办理。

七、本通知的有关定义

（一）本通知所述"出版物"，是指根据国务院出版行政主管部门的有关规定出版的图书、报纸、期刊、音像制品和电子出版物。所述图书、报纸和期刊，包括随同图书、报纸、期刊销售并难以分离的光盘、软盘和磁带等信息载体。

（二）图书、报纸、期刊（即杂志）的范围，仍然按照《增值税部分货物征税范围注释》（国税发〔1993〕151号）的规定执行；音像制品、电子出版物的范围，按照《关于简并增值税税率有关政策的通知》（财税〔2017〕37号）的规定执行。

（三）本通知所述"专为少年儿童出版发行的报纸和期刊"，是指以初中及初中以下少年儿童为主要对象的报纸和期刊。

（四）本通知所述"中小学的学生课本"，是指普通中小学学生课本和中等职业教育课本。普通中小学学生课本是指根据教育部中、小学教学大纲的要求，由经国务院出版行政主管部门批准的教科书出版、发行资质的单位提供的中、小学学生上课使用的正式课本，具体操作时按国家和省级教育行政部门每年春、秋两季下达的"中小学教学用书目录"中所列的"课本"的范围掌握；中等职业教育课本是指经国家和省级教育、人力资源社会保障行政部门审定，供中等专业学校、职业高中和成人专业学校学生使用的课本，具体操作时按国家和省级教育、人力资源社会保障行政部门每年下达的教学用书目录认定。中小学的学生课本不包括各种形式的教学参考书、图册、自读课本、课外读物、练习册以及其他各类辅助性教材和辅导读物。

（五）本通知所述"专为老年人出版发行的报纸和期刊"，是指以老年人为主要对象的报纸和期刊，具体范围详见本通知附件4。

（六）本通知第一条第（一）项和第（二）项规定的图书包括"租型"出版的图书。

八、本通知自2018年1月1日起执行。《财政部 国家税务总局关于延续宣传文化增值税和营业税优惠政策的通知》（2013年1月1日至2017年12月31日执行）（财税〔2013〕87号）同时废止。

按照本通知第二条和第三条规定应予免征的增值税，凡在接到本通知以前已经征收入库的，可抵减纳税人以后月份应缴纳的增值税税款或者办理税款退库。纳税人如果已向购买方开具了增值税专用发票，应将专用发票追回后方可申请办理免税。凡专用发票无法追回的，一律照章征收增值税。

二、核电行业（财税〔2008〕38号）

1. 核力发电企业生产销售电力产品，自核电机组正式商业投产次月起15个年度内，统一实行增值税先征后退政策，返还比例分三个阶段逐级递减。具体返还比例为：

（1）自正式商业投产次月起5个年度内，返还比例为已入库税款的75%；

（2）自正式商业投产次月起的第6至第10个年度内，返还比例为已入库税款的70%；

（3）自正式商业投产次月起的第11至第15个年度内，返还比例为已入库税款的55%；

（4）自正式商业投产次月起满15个年度以后，不再实行增值税先征后退政策。

（续表）

2. 核力发电企业采用按核电机组分别核算增值税退税额的办法,企业应分别核算核电机组电力产品的销售额,未分别核算或不能准确核算的,不得享受增值税先征后退政策。单台核电机组增值税退税额可以按以下公式计算: 单台核电机组增值税退税额=(单台核电机组电力产品销售额÷核力发电企业电力产品销售额合计)×核力发电企业实际缴纳增值税税额×退税比例。	3. 原已享受增值税先征后退政策但该政策已于 2007 年内到期的核力发电企业,自该政策执行到期后次月起按上述统一政策核定剩余年度相应的返还比例;对 2007 年内新投产的核力发电企业,自核电机组正式商业投产日期的次月起按上述统一政策执行。

自 2008 年 1 月 1 日起,核力发电企业取得的增值税退税款,专项用于还本付息,不征收企业所得税。

三、内资研发机构和外资研发中心采购国产设备(财税〔2016〕121 号)

内资研发机构和外资研发中心适用范围	外资研发中心应具备的条件
一、适用采购国产设备全额退还增值税政策的内资研发机构和外资研发中心包括: (一)科技部会同财政部、海关总署和国家税务总局核定的科技体制改革过程中转制为企业和进入企业的主要从事科学研究和技术开发工作的机构。 (二)国家发展改革委会同财政部、海关总署和国家税务总局核定的国家工程研究中心。 (三)国家发展改革委会同财政部、海关总署、国家税务总局和科技部核定的企业技术中心。 (四)科技部会同财政部、海关总署和国家税务总局核定的国家重点实验室和国家工程技术研究中心。 (五)国务院部委、直属机构和省、自治区、直辖市、计划单列市所属专门从事科学研究工作的各类科研院所。 (六)国家承认学历的实施专科及以上高等学历教育的高等学校。 (七)符合本通知第二条规定的外资研发中心。 (八)财政部会同国务院有关部门核定的其他科学研究机构、技术开发机构和学校。	二、外资研发中心,根据其设立时间,应分别满足下列条件: (一)2009 年 9 月 30 日及其之前设立的外资研发中心,应同时满足下列条件: 1. 研发费用标准:(1)对外资研发中心,作为独立法人的,其投资总额不低于 500 万美元;作为公司内设部门或分公司的非独立法人的,其研发总投入不低于 500 万美元;(2)企业研发经费年支出额不低于 1 000 万元。 2. 专职研究与试验发展人员不低于 90 人。 3. 设立以来累计购置的设备原值不低于 1 000 万元。 (二)2009 年 10 月 1 日及其之后设立的外资研发中心,应同时满足下列条件: 1. 研发费用标准:作为独立法人的,其投资总额不低于 800 万美元;作为公司内设部门或分公司的非独立法人的,其研发总投入不低于 800 万美元。 2. 专职研究与试验发展人员不低于 150 人。 3. 设立以来累计购置的设备原值不低于 2 000 万元。 外资研发中心须经商务主管部门会同有关部门按照上述条件进行资格审核认定。具体审核认定办法见本通知附件 1。在 2015 年 12 月 31 日(含)以前,已取得退税资格未满 2 年暂不需要进行资格复审的、按规定已复审合格的外资研发中心,在 2015 年 12 月 31 日享受退税未满 2 年的,可继续享受至 2 年期满。 经认定的外资研发中心,因自身条件变化不再符合退税资格的认定条件或发生涉税违法行为的,不得享受退税政策。

四、本通知的有关定义。

(一)本通知所述"投资总额",是指外商投资企业批准证书或设立、变更备案回执所载明的金额。

(二)本通知所述"研发总投入",是指外商投资企业专门为设立和建设本研发中心而投入的资产,包括即将投入并签订购置合同的资产(应提交已采购资产清单和即将采购资产的合同清单)。

(三)本通知所述"研发经费年支出额",是指近两个会计年度研发经费年均支出额;不足两个完整会计年度的,可按外资研发中心设立以来任意连续 12 个月的实际研发经费支出额计算;现金与实物资产投入应不低于 60%。

(四)本通知所述"专职研究与试验发展人员",是指企业科技活动人员中专职从事基础研究、应用研究和试验发展三类项目活动的人员,包括直接参加上述三类项目活动的人员以及相关专职科技管理人员和为项目提供资料文献、材料供应、设备的直接服务人员,上述人员须与外资研发中心或其所在外商投资企业签订 1 年以上劳动合同,以外资研发中心提交申请的前一日人数为准。

(五)本通知所述"设备",是指为科学研究、教学和科技开发提供必要条件的实验设备、装置和器械。在计算累计购置的设备原值时,应将进口设备和采购国产设备的原值一并计入,包括已签订购置合同并于当年内交货的设备(应提交购置合同清单及交货期限),上述设备应属于本通知《科技开发、科学研究和教学设备清单》所列设备(见附件 2)。对执行中国产设备范围存在异议的,由主管税务机关逐级上报国家税务总局商财政部核定。

五、本通知规定的税收政策执行期限为 2016 年 1 月 1 日至 2018 年 12 月 31 日,具体从内资研发机构和外资研发中心取得退税资格的次月 1 日起执行。

研发机构已退税的国产设备,自增值税发票开具之日起 3 年内,设备所有权转移或移作他用的,研发机构须按照下列计算公式,向主管税务机关补缴已退税款。(国家税务总局公告 2017 年第 5 号第十六条)

应补税款＝增值税发票上注明的金额×(设备折余价值÷设备原值)×增值税适用税率

设备折余价值＝设备原值－累计已提折旧

设备原值和已提折旧按照企业所得税法的有关规定计算。

四、集成电路重大项目企业采购设备（财税〔2011〕107 号）

准予退还的购进设备留抵税额的计算	退还购进设备留抵税额的申请和审批
企业当期购进设备进项税额大于当期增值税纳税申报表"期末留抵税额"的,当期准予退还的购进设备留抵税额为期末留抵税额;企业当期购进设备进项税额小于当期增值税纳税申报表"期末留抵税额"的,当期准予退还的购进设备留抵税额为当期购进设备进项税额。 当期购进设备进项税额,是指企业取得的按照现行规定允许在当期抵扣的增值税专用发票或海关进口增值税专用缴款书(限于 2009 年 1 月 1 日及以后开具的)上注明的增值税额。	1. 企业应于每月申报期结束后 10 个工作日内向主管税务机关申请退还购进设备留抵税额。 　　主管税务机关接到企业申请后,应审核企业提供的增值税专用发票或海关进口增值税专用缴款书是否符合现行政策规定,其注明的设备名称与企业实际购进的设备是否一致,申请退还的购进设备留抵税额是否正确。审核无误后,由县(区、市)级主管税务机关审批。 　　2. 企业收到退税款项的当月,应将退税额从增值税进项税额中转出。未转出的,按照《税收征收管理法》有关规定承担相应法律责任。 　　3. 企业首次申请退还购进设备留抵税额时,可将 2009 年以来形成的购进设备留抵税额,按照上述规定一次性申请退还。

五、煤层气（财税〔2007〕16 号）

自 2007 年 1 月 1 日起,对煤层气抽采企业的增值税一般纳税人抽采销售煤层气实行增值税先征后退政策。 先征后退税款由企业专项用于煤层气技术的研究和扩大再生产,不征收企业所得税。	煤层气是指赋存于煤层及其围岩中与煤炭资源伴生的非常规天然气,也称煤矿瓦斯。 煤层气抽采企业应将享受增值税先征后退政策的业务和其他业务分别核算,不能分别准确核算的,不得享受增值税先征后退政策。

六、利用石脑油和燃料油生产乙烯芳烃类产品（财税〔2014〕17 号）

自 2014 年 3 月 1 日起,对外购用于生产乙烯、芳烃类化工产品(以下称特定化工产品)的石脑油、燃料油(以下称 2 类油品),且使用 2 类油品生产特定化工产品的产量占本企业用石脑油、燃料油生产各类产品总量的 50%(含)以上的企业,其外购 2 类油品的价格中消费税部分对应的增值税额,予以退还。 $$\frac{予以退还的}{增值税额}=\frac{已缴纳消费税的}{2\,类油品数量}\times\frac{2\,类油品消费}{税单位税额}\times17\%$$	上述企业在 2014 年 2 月 28 日前形成的增值税期末留抵税额,可在不超过其购进 2 类油品的价格中消费税部分对应的增值税的规模下,申请一次性退还。 　　2 类油品的价格中消费税部分对应的增值税,根据国家对 2 类油品开征消费税以来企业购进的已缴纳消费税的 2 类油品数量和消费税单位税额计算。 　　增值税期末留抵税额,根据主管税务机关认可的增值税纳税申报表的金额计算。

企业收到退税款项的当月,应将退税额从增值税进项税额中转出,未按规定转出的,按《中华人民共和国税收征收管理法》有关规定承担相应法律责任。

七、大型客机和新支线飞机期末留抵税额退还（财税〔2016〕141 号）

一、对纳税人从事大型客机、大型客机发动机研制项目而形成的增值税期末留抵税额予以退还。

本条所称大型客机,是指空载重量大于 45 吨的民用客机。本条所称大型客机发动机,是指起飞推力大于 14 000 公斤的民用客机发动机。

二、对纳税人生产销售新支线飞机暂减按 5% 征收增值税,并对其因生产销售新支线飞机而形成的增值税期末留抵税额予以退还。

本条所称新支线飞机,是指空载重量大于 25 吨且小于 45 吨、座位数量少于 130 个的民用客机。

三、纳税人符合本通知第一、二条规定的增值税期末留抵税额,可在初次申请退税时予以一次性退还。

四、纳税人收到退税款项的当月,应将退税额从增值税进项税额中转出。未按规定转出的,按《中华人民共和国税收征收管理法》有关规定承担相应法律责任。

五、退还的增值税税额由中央和地方按照现行增值税分享比例共同负担。

六、本通知的执行期限为 2015 年 1 月 1 日至 2018 年 12 月 31 日。

第十二节　增值税加计抵减优惠

一、加计抵减操作办法

财政部　税务总局　海关总署公告 2019 年第 39 号(以下简称为 39 号公告)	国家税务总局公告 2019 年第 14 号
七、自 2019 年 4 月 1 日至 2021 年 12 月 31 日,允许生产、生活性服务业纳税人按照当期可抵扣进项税额加计 10%,抵减应纳税额(以下称加计抵减政策)。	八、按照《财政部　税务总局　海关总署关于深化增值税改革有关政策的公告》(财政部　税务总局　海关总署公告 2019 年第 39 号)规定,适用加计抵减政策的生产、生活性服务业纳税人,应在年度首次确认适用加计抵减政策时,通过电子税务局(或前往办税服务厅)提交《适用加计抵减政策的声明》(见本公告附件)。适用加计抵减政策的纳税人,同时兼营邮政服务、电信服务、现代服务、生活服务的,应按照四项服务中收入占比最高的业务在《适用加计抵减政策的声明》中勾选确定所属行业。

39 号公告第一条明确,增值税一般纳税人发生增值税应税销售行为或者进口货物,原适用 16% 税率的,税率调整为 13%;原适用 10% 税率的,税率调整为 9%。处于第三产业的服务业,依然执行 6% 的增值税税率。由于上游第一、二产业的增值税税率的下调,直接导致第三产业的可抵扣进项的减少,减税效应在第三产业形成增值税减税的反效应。所以,在该公告的第七条明确:自 2019 年 4 月 1 日至 2021 年 12 月 31 日,允许生产、生活性服务业纳税人按照当期可抵扣进项税额加计 10%,抵减应纳税额(以下称加计抵减政策)。增值税的加计抵减政策,应时而生。加计抵减的实质是一项税收优惠,它是为有效降低适用 6% 税率的生产、生活性服务业纳税人税收负担而出台的一项临时性优惠政策。为确保这项全新的政策落地生根、切实生效,税务部门按"简明易行好操作"原则的要求,设计了一套操作办法,简单来讲,就是"宽口径、年度定、可追溯、易操作"。

(1)宽口径。就是按最大口径明确了加计抵减政策。一方面,只要一般纳税人在规定期限内,其提供的邮政服务、电信服务、现代服务和生活服务的销售额合计数,占全部销售额的比重超过一半,即可享受加计抵减政策;另一方面,只要纳税人符合条件,其国内环节所有可抵扣的进项税额均可按 10% 比例进行加计抵减,而不用细化区分其进项构成。

(2)年度定。为了尽可能减少纳税人的办税负担,避免频繁判定享受条件,政策明确加计抵减政策按年度适用,只要纳税人符合规定,当年内无需调整,均可享受加计抵减政策。

(3)可追溯。考虑到加计抵减政策是一项全新的优惠政策,纳税人相对陌生,还需要逐步适应,因此,对于满足条件,但因各种原因未及时计提加计抵减额的纳税人,允许其补充计提,用于抵减以后期间的应纳增值税额。

(4)易操作。为了最大限度方便纳税人,在优惠政策的实现方式上,我们采用了"三自"模式,即由纳税人"自主判断、自主申报、自主享受",避免因纳税人数量较多、审核时间长而造成政策延迟落地,保证纳税人及时充分享受改革红利。

纳税人享受加计抵减政策,不需要任何审批,纳税人自己选择适当方式,线上或线下向主管税务机关提交《适用加计抵减政策的声明》(简称为《声明》)即可,《声明》中的基本信息均由税收征管系统自动填写,纳税人仅需勾选、填写 4 项内容(即所属行业、判定销售额占比的时间段、四项服务销售额、全部销售额)。《声明》信息录入成功后,申报纳税系统将自动开放"加计抵减模块",纳税人自行计算填报加计抵减额,申报纳税系统将根据申报表内部勾稽关系,自动计算抵减当期应纳税额。

二、《声明》享受

国家税务总局公告 2019 年第 14 号第八条明确,按照 39 号公告规定,适用加计抵减政策的生产、生活性服务业纳税人,应在年度首次确认适用加计抵减政策时,通过电子税务局(或前往办税服务厅)提交《适用加计抵减政策的声明》。适用加计抵减政策的纳税人,同时兼营邮政服务、电信服务、现代服务、生活服务的,应按照四项服务中收入占比最高的业务在《适用加计抵减政策的声明》中勾选确定所属行业。	需要说明的是,按照 39 号公告规定,纳税人确定适用加计抵减政策,以后年度是否继续适用,需要根据上年度销售额计算确定。已经提交《适用加计抵减政策的声明》并享受加计抵减政策的纳税人,在 2020 年、2021 年,是否继续适用,应分别根据其 2019 年、2020 年销售额确定,如果符合规定,需再次提交《适用加计抵减政策的声明》。

加计抵减政策本质上属于税收优惠,应由纳税人自主判断、自主申报、自主享受。这样可以保证纳税人及时享受政策红利,避免因户数多、审核时间长而造成政策延迟落地。同时,为帮助纳税人准确适用加计抵减政策,对于申请享受加计抵减政策的纳税人,需要就适用政策做出声明,并在年度首次确认适用时,提交《适用加计抵减政策的声明》,完成《声明》后,即可自主申报适用加计抵减政策。

为提醒纳税人，当纳税人进入增值税申报界面时，系统将提示纳税人加计抵减政策具体规定，并告知纳税人如果符合政策规定条件，可以通过填写《适用加计抵减政策的声明》，来确认适用加计抵减政策。该提示功能每年至少提示一次，即 2019 年 5 月、2020 年 2 月和 2021 年 2 月征期，纳税人首次进入申报模块时，系统自动弹出提示信息。在其他征期月份，纳税人可以通过勾选"不再提示"标识，屏蔽该提示信息。

（一）《声明》的主要内容

1. 纳税人名称和纳税人识别号。

2. 纳税人需要自行判断并勾选其所属行业。如果兼营四项服务，应按照四项服务中收入占比最高的业务进行勾选。举例说明：某纳税人 2018 年 4 月至 2019 年 3 月期间的全部销售额中，货物占比 45%，信息技术服务占比 30%，代理服务占比 25%。由于信息技术服务和代理服务的销售额占全部销售额的比重为 55%，因此，该纳税人可在 2019 年适用加计抵减政策；同时，由于信息技术服务销售额占比最高，因此，纳税人在《声明》中应勾选"信息技术服务业"相应栏次。

3.《声明》还包括纳税人判断适用加计抵减政策的销售额计算区间，以及相对应的销售额和占比。

由于加计抵减政策是按年适用的，因此，2019 年提交《声明》并享受加计抵减政策的纳税人，如果在以后年度仍可适用的话，需要按年度再次提交新的《声明》，并在完成新的《声明》后，享受当年的加计抵减政策。需要注意的是，并未要求纳税人必须在每个年度的第一个申报期就提交《声明》，纳税人可以补充提交《声明》，并适用加计抵减政策。

（二）《声明》格式

适用加计抵减政策的声明

纳税人名称：

纳税人识别号（统一社会信用代码）：

本纳税人符合《财政部 税务总局 海关总署关于深化增值税改革有关政策的公告》（财政部 税务总局 海关总署公告 2019 年第 39 号）规定，确定适用加计抵减政策。行业属于（请从下表勾选，只能选择其一）：

行　　　　业	选　　项
邮政服务业	
电信服务业	—
其中：1. 基础电信业	
2. 增值电信业	
现代服务业	—
其中：1. 研发和技术服务业	
2. 信息技术服务业	
3. 文化创意服务业	
4. 物流辅助服务	
5. 有形动产租赁服务业	
6. 鉴证咨询服务业	
7. 广播影视服务	
生活服务业	—
其中：1. 文化艺术业	
2. 体育业	
3. 教育	
4. 卫生	
5. 旅游业	
6. 娱乐业	
7. 餐饮业	
8. 住宿业	
9. 居民服务业	
10. 社会工作	
11. 公共设施管理业	
12. 不动产出租	
13. 商务服务业	
14. 专业技术服务业	

（续表）

行　　业	选　　项
15. 代理业	
16. 其他生活服务业	

本纳税人用于判断是否符合加计抵减政策条件的销售额占比计算期为　　年　　月至　　年　　月,此期间提供邮政服务、电信服务、现代服务、生活服务销售额合计　　元,全部销售额　　元,占比为　　％。

以上声明根据实际经营情况做出,我确定它是真实的、准确的、完整的。

　　　　年　　月　　日

（纳税人签章）

三、加计抵减具体政策及实务操作

（一）加计抵减具体政策（财政部　税务总局　海关总署公告 2019 年第 39 号）

七、自 2019 年 4 月 1 日至 2021 年 12 月 31 日,允许生产、生活性服务业纳税人按照当期可抵扣进项税额加计 10％,抵减应纳税额（以下称加计抵减政策）。

（一）本公告所称生产、生活性服务业纳税人,是指提供邮政服务、电信服务、现代服务、生活服务（以下称四项服务）取得的销售额占全部销售额的比重超过 50％的纳税人。四项服务的具体范围按照《销售服务、无形资产、不动产注释》（财税〔2016〕36 号印发）执行。

2019 年 3 月 31 日前设立的纳税人,自 2018 年 4 月至 2019 年 3 月期间的销售额（经营期不满 12 个月的,按照实际经营期的销售额）符合上述规定条件的,自 2019 年 4 月 1 日起适用加计抵减政策。

2019 年 4 月 1 日后设立的纳税人,自设立之日起 3 个月的销售额符合上述规定条件的,自登记为一般纳税人之日起适用加计抵减政策。

纳税人确定适用加计抵减政策后,当年内不再调整,以后年度是否适用,根据上年度销售额计算确定。

纳税人可计提但未计提的加计抵减额,可在确定适用加计抵减政策当期一并计提。

（二）纳税人应按照当期可抵扣进项税额的 10％计提当期加计抵减额。按照现行规定不得从销项税额中抵扣的进项税额,不得计提加计抵减额;已计提加计抵减额的进项税额,按规定作进项税额转出的,应在进项税额转出当期,相应调减加计抵减额。计算公式如下:

$$当期计提加计抵减额 = 当期可抵扣进项税额 × 10％$$

$$\begin{array}{c}当期可抵减\\加计抵减额\end{array} = \begin{array}{c}上期末加计\\抵减额余额\end{array} + \begin{array}{c}当期计提\\加计抵减额\end{array} - \begin{array}{c}当期调减加\\计抵减额\end{array}$$

（三）纳税人应按照现行规定计算一般计税方法下的应纳税额（以下称抵减前的应纳税额）后,区分以下情形加计抵减:

1. 抵减前的应纳税额等于零的,当期可抵减加计抵减额全部结转下期抵减;

2. 抵减前的应纳税额大于零,且大于当期可抵减加计抵减额的,当期可抵减加计抵减额全额从抵减前的应纳税额中抵减;

3. 抵减前的应纳税额大于零,且小于或等于当期可抵减加计抵减额的,以当期可抵减加计抵减额抵减应纳税额至零。未抵减完的当期可抵减加计抵减额,结转下期继续抵减。

（四）纳税人出口货物劳务、发生跨境应税行为不适用加计抵减政策,其对应的进项税额不得计提加计抵减额。

纳税人兼营出口货物劳务、发生跨境应税行为且无法划分不得计提加计抵减额的进项税额,按照以下公式计算:

$$\begin{array}{c}不得计提加计\\抵减额的进项税额\end{array} = \begin{array}{c}当期无法划分的\\全部进项税额\end{array} × \frac{当期出口货物劳务和发生跨境应税行为的销售额}{当期全部销售额}$$

（五）纳税人应单独核算加计抵减额的计提、抵减、调减、结余等变动情况。骗取适用加计抵减政策或虚增加计抵减额的,按照《中华人民共和国税收征收管理法》等有关规定处理。

（六）加计抵减政策执行到期后,纳税人不再计提加计抵减额,结余的加计抵减额停止抵减。

符合条件的从事生产、生活服务业一般纳税人按照当期可抵扣进项税额加计 10％,用于抵减应纳税额。增值税加计抵减政策执行期限是 2019 年 4 月 1 日至 2021 年 12 月 31 日,这里的执行期限是指税款所属期。

加计抵减政策是按照一般纳税人当期可抵扣的进项税额的 10％计算,只有增值税一般纳税人才可以享受增值税加计抵减政策,小规模纳税人不可以享受增值税加计抵减政策。加计抵减额只可以抵减一般计税方法下的应纳税额,增值税一般纳税人有简易计税方法的应纳税额,不可以从加计抵减额中抵减。

按照现行规定不得从销项税额中抵扣的进项税额,不得计提加计抵减额。已计提加计抵减额的进项税额,如果发生了进项税额转出,则纳税人应在进项税额转出当期,相应调减加计抵减额。

按照 39 号公告规定,纳税人取得不动产尚未抵扣完毕的待抵扣进项税额,可自 2019 年 4 月税款所属期起从销项税额中抵扣。对于该部分进项税额,适用加计抵减政策的纳税人,可在转入抵扣的当期,计算加计抵减额。

"纳税人可计提但未计提的加计抵减额,可在确定适用加计抵减政策当期一并计提",为简化核算,纳税人应在确定适用加计抵减政策的当期一次性将可计提但未计提的加计抵减额一并计提,不再调整以前的申报表。举例说明:新设立的符合条件的纳税人可能会存在这种情况,如某纳税人 2019 年 4 月设立,2019 年 5 月登记为一般纳税人,2019 年 6 月若符合条件,可以确定适用加计抵减政策,6 月份一并计提 5～6 月份的加计抵减额。

（二）加计抵减政策的适用主体

行业范围	四项销售额和比重的确定
提供邮政服务、电信服务、现代服务、生活服务等四项应税服务，并且取得的四项服务的销售额占全部销售额的比重超过50％的适用增值税一般计税方法的纳税人。四项服务的具体范围按照《销售服务、无形资产、不动产注释》（财税〔2016〕36号印发）执行。	2019年3月31日前设立的纳税人，自2018年4月至2019年3月期间的销售额（经营期不满12个月的，按照实际经营期的销售额）符合上述规定条件的，自2019年4月1日起适用加计抵减政策。 2019年4月1日后设立的纳税人，自设立之日起3个月的销售额符合上述规定条件的，自登记为一般纳税人之日起适用加计抵减政策。 纳税人确定适用加计抵减政策后，当年内不再调整，以后年度是否适用，根据上年度销售额计算确定。

按照财税39号公告的规定，判断适用加计抵减政策的具体标准是：以邮政服务、电信服务、现代服务和生活服务（以下称四项服务）销售额占纳税人全部销售额的比重是否超过50％来确定，如果四项服务销售额占比超过50％，则可以适用加计抵减政策。在执行过程中，需要注意以下问题：

第一，加计抵减政策只适用于一般纳税人。小规模纳税人即使四项服务销售额占比超过50％，也不能适用加计抵减政策。

第二，四项服务销售额是指四项服务销售额的合计数。享受范围包括有形动产租赁服务业和不动产租赁，不是所有的6％的行业都适用，比如金融服务、无形资产中适用6％的。不在《适用加计抵减政策的声明》的"其中"的项目中，只要属于四项服务也能享受加计抵减政策。

第三，关于销售额占比的计算区间，应对今年4月1日之前和4月1日之后设立的新老纳税人分别处理。4月1日前成立的纳税人，以2018年4月至2019年3月之间四项服务销售额比重是否超过50％判断，经营期不满12个月的，以实际经营期的销售额计算；4月1日以后成立的纳税人，由于成立当期暂无销售额，无法直接以销售额判断，因此，成立后的前3个月暂不适用加计抵减政策，待满3个月，再以这3个月的销售额比重是否超过50％判断，如超过50％，可以自第4个月开始适用加计抵减政策，此前未计提加计抵减额的3个月，可按规定补充计提加计抵减额。

需要注意的是，虽然加计抵减政策只适用于一般纳税人，但在确定主营业务时参与计算的销售额，不仅指纳税人在登记为一般纳税人以后的销售额，其在小规模纳税人期间的销售额也是可以参与计算的。举例说明：某纳税人于2018年1月成立，2018年9月登记为一般纳税人，在计算四项服务销售额占比时，自2018年4月开始计算。还有一种情况，某些新成立的纳税人，可能成立后的前3个月未开展生产经营，如果前3个月的销售额均为0，则在当年内自纳税人形成销售额的当月起往后计算3个月来判断当年是否适用加计抵减政策。

第四，加计抵减政策按年适用、按年动态调整。一旦确定适用与否，当年不再调整。到了下一年度，纳税人需要以上年度四项服务销售额占比来重新确定该年度能否适用。这里的年度是指会计年度，而不是连续12个月的概念。

第五，考虑到加计抵减政策是一项全新的优惠政策，纳税人还需要一个逐步适应的过程。因此，如果纳税人满足加计抵减条件，但因各种原因并未及时计提加计抵减额，允许纳税人在此后补充计提，补充计提的加计抵减额不再追溯抵减和调整前期的应纳税额，但可抵减以后期间的应纳税额。

1. 享受增值税加计10％抵减的行业税目注释

一级明细	二级明细	具体内容
一、邮政服务		邮政服务，是指中国邮政集团公司及其所属邮政企业提供邮件寄递、邮政汇兑和机要通信等邮政基本服务的业务活动。包括邮政普遍服务、邮政特殊服务和其他邮政服务。
	邮政普遍服务	邮政普遍服务，是指函件、包裹等邮件寄递，以及邮票发行、报刊发行和邮政汇兑等业务活动。 函件，是指信函、印刷品、邮资封片卡、无名址函件和邮政小包等。 包裹，是指按照封装上的名址递送给特定个人或者单位的独立封装的物品，其重量不超过五十千克，任何一边的尺寸不超过一百五十厘米，长、宽、高合计不超过三百厘米。
	邮政特殊服务	邮政特殊服务，是指义务兵平常信函、机要通信、盲人读物和革命烈士遗物的寄递等业务活动。
	其他邮政服务	其他邮政服务，是指邮册等邮品销售、邮政代理等业务活动。

（续表）

一级明细	二级明细		具体内容
二、电信服务			电信服务,是指利用有线、无线的电磁系统或者光电系统等各种通信网络资源,提供语音通话服务,传送、发射、接收或者应用图像、短信等电子数据和信息的业务活动。包括基础电信服务和增值电信服务。
	基础电信服务		基础电信服务,是指利用固网、移动网、卫星、互联网,提供语音通话服务的业务活动,以及出租或者出售带宽、波长等网络元素的业务活动。
	值电信服务		增值电信服务,是指利用固网、移动网、卫星、互联网、有线电视网络,提供短信和彩信服务、电子数据和信息的传输及应用服务、互联网接入服务等业务活动。 卫星电视信号落地转接服务,按照增值电信服务缴纳增值税。
三、现代服务			现代服务,是指围绕制造业、文化产业、现代物流产业等提供技术性、知识性服务的业务活动。包括研发和技术服务、信息技术服务、文化创意服务、物流辅助服务、租赁服务、鉴证咨询服务、广播影视服务、商务辅助服务和其他现代服务。
	研发和技术服务		研发和技术服务,包括研发服务、合同能源管理服务、工程勘察勘探服务、专业技术服务。
		研发服务	研发服务,也称技术开发服务,是指就新技术、新产品、新工艺或者新材料及其系统进行研究与试验开发的业务活动。
		合同能源管理服务	合同能源管理服务,是指节能服务公司与用能单位以契约形式约定节能目标,节能服务公司提供必要的服务,用能单位以节能效果支付节能服务公司投入及其合理报酬的业务活动。
		工程勘察勘探服务	工程勘察勘探服务,是指在采矿、工程施工前后,对地形、地质构造、地下资源蕴藏情况进行实地调查的业务活动。
		专业技术服务	专业技术服务,是指气象服务、地震服务、海洋服务、测绘服务、城市规划、环境与生态监测服务等专项技术服务。
	信息技术服务		信息技术服务,是指利用计算机、通信网络等技术对信息进行生产、收集、处理、加工、存储、运输、检索和利用,并提供信息服务的业务活动。包括软件服务、电路设计及测试服务、信息系统服务、业务流程管理服务和信息系统增值服务。
		软件服务	软件服务,是指提供软件开发服务、软件维护服务、软件测试服务的业务活动。
		电路设计及测试服务	电路设计及测试服务,是指提供集成电路和电子电路产品设计、测试及相关技术支持服务的业务活动。
		信息系统服务	信息系统服务,是指提供信息系统集成、网络管理、网站内容维护、桌面管理与维护、信息系统应用、基础信息技术管理平台整合、信息技术基础设施管理、数据中心、托管中心、信息安全服务、在线杀毒、虚拟主机等业务活动。包括网站对非自有的网络游戏提供的网络运营服务。
		业务流程管理服务	业务流程管理服务,是指依托信息技术提供的人力资源管理、财务经济管理、审计管理、税务管理、物流信息管理、经营信息管理和呼叫中心等服务的活动。
		信息系统增值服务	信息系统增值服务,是指利用信息系统资源为用户附加提供的信息技术服务。包括数据处理、分析和整合、数据库管理、数据备份、数据存储、容灾服务、电子商务平台等。

（续表）

一级明细	二级明细		具体内容
三、现代服务	文化创意服务		文化创意服务，包括设计服务、知识产权服务、广告服务和会议展览服务。
		设计服务	设计服务，是指把计划、规划、设想通过文字、语言、图画、声音、视觉等形式传递出来的业务活动。包括工业设计、内部管理设计、业务运作设计、供应链设计、造型设计、服装设计、环境设计、平面设计、包装设计、动漫设计、网游设计、展示设计、网站设计、机械设计、工程设计、广告设计、创意策划、文印晒图等。
		知识产权服务	知识产权服务，是指处理知识产权事务的业务活动。包括对专利、商标、著作权、软件、集成电路布图设计的登记、鉴定、评估、认证、检索服务。
		广告服务	广告服务，是指利用图书、报纸、杂志、广播、电视、电影、幻灯、路牌、招贴、橱窗、霓虹灯、灯箱、互联网等各种形式为客户的商品、经营服务项目、文体节目或者通告、声明等委托事项进行宣传和提供相关服务的业务活动。包括广告代理和广告的发布、播映、宣传、展示等。
		会议展览服务	会议展览服务，是指为商品流通、促销、展示、经贸洽谈、民间交流、企业沟通、国际往来等举办或者组织安排的各类展览和会议的业务活动。
	物流辅助服务		物流辅助服务，包括航空服务、港口码头服务、货运客运场站服务、打捞救助服务、装卸搬运服务、仓储服务和收派服务。
		航空服务	航空服务，包括航空地面服务和通用航空服务。 航空地面服务，是指航空公司、飞机场、民航管理局、航站等向在境内航行或者在境内机场停留的境内外飞机或者其他飞行器提供的导航等劳务性地面服务的业务活动。包括旅客安全检查服务、停机坪管理服务、机场候机厅管理服务、飞机清洗消毒服务、空中飞行管理服务、飞机起降服务、飞行通讯服务、地面信号服务、飞机安全服务、飞机跑道管理服务、空中交通管理服务等。 通用航空服务，是指为专业工作提供飞行服务的业务活动，包括航空摄影、航空培训、航空测量、航空勘探、航空护林、航空吊挂播洒、航空降雨、航空气象探测、航空海洋监测、航空科学实验等。
		港口码头服务	港口码头服务，是指港务船舶调度服务、船舶通讯服务、航道管理服务、航道疏浚服务、灯塔管理服务、航标管理服务、船舶引航服务、理货服务、系解缆服务、停泊和移泊服务、海上船舶溢油清除服务、水上交通管理服务、船只专业清洗消毒检测服务和防止船只漏油服务等为船只提供服务的业务活动。 港口设施经营人收取的港口设施保安费按照港口码头服务缴纳增值税。
		货运客运场站服务	货运客运场站服务，是指货运客运场站提供货物配载服务、运输组织服务、中转换乘服务、车辆调度服务、票务服务、货物打包整理、铁路线路使用服务、加挂铁路客车服务、铁路行包专列发送服务、铁路到达和中转服务、铁路车辆编解服务、车辆挂运服务、铁路接触网服务、铁路机车牵引服务等业务活动。
		打捞救助服务	是指提供船舶人员救助、船舶财产救助、水上救助和沉船沉物打捞服务的业务活动。
		装卸搬运服务	是指使用装卸搬运工具或者人力、畜力将货物在运输工具之间、装卸现场之间或者运输工具与装卸现场之间进行装卸和搬运的业务活动。
		装卸搬运服务	是指利用仓库、货场或者其他场所代客贮放、保管货物的业务活动。
		装卸搬运服务	是指接受寄件人委托，在承诺的时限内完成函件和包裹的收件、分拣、派送服务的业务活动。 收件服务，是指从寄件人收取函件和包裹，并运送到服务提供方同城的集散中心的业务活动。 分拣服务，是指服务提供方在其集散中心对函件和包裹进行归类、分发的业务活动。 派送服务，是指服务提供方从其集散中心将函件和包裹送达同城的收件人的业务活动。

（续表）

一级明细	二级明细		具体内容
三、现代服务	租赁服务		租赁服务,包括融资租赁服务和经营租赁服务。
		装卸搬运服务	融资租赁服务,是指具有融资性质和所有权转移特点的租赁活动。即出租人根据承租人所要求的规格、型号、性能等条件购入有形动产或者不动产租赁给承租人,合同期内租赁物所有权属于出租人,承租人只拥有使用权,合同期满付清价金后,承租人有权按照残值购入租赁物,以拥有其所有权。不论出租人是否将租赁物销售给承租人,均属于融资租赁。 按照标的物的不同,融资租赁服务可分为有形动产融资租赁服务和不动产融资租赁服务。 融资性售后回租不按照本税目缴纳增值税。
		经营租赁服务	经营租赁服务,是指在约定时间内将有形动产或者不动产转让他人使用且租赁物所有权不变更的业务活动。 按照标的物的不同,经营租赁服务可分为有形动产经营租赁服务和不动产经营租赁服务。 将建筑物、构筑物等不动产或者飞机、车辆等有形动产的广告位出租给其他单位或者个人用于发布广告,按照经营租赁服务缴纳增值税。 车辆停放服务、道路通行服务(包括过路费、过桥费、过闸费等)等按照不动产经营租赁服务缴纳增值税。 水路运输的光租业务、航空运输的干租业务,属于经营租赁。 光租业务,是指运输企业将船舶在约定的时间内出租给他人使用,不配备操作人员,不承担运输过程中发生的各项费用,只收取固定租赁费的业务活动。 干租业务,是指航空运输企业将飞机在约定的时间内出租给他人使用,不配备机组人员,不承担运输过程中发生的各项费用,只收取固定租赁费的业务活动。
	鉴证咨询服务		鉴证咨询服务,包括认证服务、鉴证服务和咨询服务。
		认证服务	是指具有专业资质的单位利用检测、检验、计量等技术,证明产品、服务、管理体系符合相关技术规范、相关技术规范的强制性要求或者标准的业务活动。
		鉴证服务	是指具有专业资质的单位受托对相关事项进行鉴证,发表具有证明力的意见的业务活动。包括会计鉴证、税务鉴证、法律鉴证、职业技能鉴定、工程造价鉴证、工程监理、资产评估、环境评估、房地产土地评估、建筑图纸审核、医疗事故鉴定等。
		咨询服务	是指提供信息、建议、策划、顾问等服务的活动。包括金融、软件、技术、财务、税收、法律、内部管理、业务运作、流程管理、健康等方面的咨询。 翻译服务和市场调查服务按照咨询服务缴纳增值税。
	广播影视服务		广播影视服务,包括广播影视节目(作品)的制作服务、发行服务和播映(含放映,下同)服务。
		广播影视节目(作品)制作服务	是指进行专题(特别节目)、专栏、综艺、体育、动画片、广播剧、电视剧、电影等广播影视节目和作品制作的服务。具体包括与广播影视节目和作品相关的策划、采编、拍摄、录音、音视频文字图片素材制作、场景布置、后期的剪辑、翻译(编译)、字幕制作、片头、片尾、片花制作、特效制作、影片修复、编目和确权等业务活动。
		广播影视节目(作品)发行服务	是指以分账、买断、委托等方式,向影院、电台、电视台、网站等单位和个人发行广播影视节目(作品)以及转让体育赛事等活动的报道及播映权的业务活动。
		广播影视节目(作品)播映服务	是指在影院、剧院、录像厅及其他场所播映广播影视节目(作品),以及通过电台、电视台、卫星通信、互联网、有线电视等无线或者有线装置播映广播影视节目(作品)的业务活动。

（续表）

一级明细	二级明细		具体内容
三、现代服务	商务辅助服务		商务辅助服务,包括企业管理服务、经纪代理服务、人力资源服务、安全保护服务。
		企业管理服务	是指提供总部管理、投资与资产管理、市场管理、物业管理、日常综合管理等服务的业务活动。
		经纪代理服务	经纪代理服务,是指各类经纪、中介、代理服务。包括金融代理、知识产权代理、货物运输代理、代理报关、法律代理、房地产中介、职业中介、婚姻中介、代理记账、拍卖等。 货物运输代理服务,是指接受货物收货人、发货人、船舶所有人、船舶承租人或者船舶经营人的委托,以委托人的名义,为委托人办理货物运输、装卸、仓储和船舶进出港口、引航、靠泊等相关手续的业务活动。 代理报关服务,是指接受进出口货物的收、发货人委托,代为办理报关手续的业务活动。
		人力资源服务	是指提供公共就业、劳务派遣、人才委托招聘、劳动力外包等服务的业务活动。
		安全保护服务	是指提供保护人身安全和财产安全,维护社会治安等的业务活动。包括场所住宅保安、特种保安、安全系统监控以及其他安保服务。
	其他现代服务		其他现代服务,是指除研发和技术服务、信息技术服务、文化创意服务、物流辅助服务、租赁服务、鉴证咨询服务、广播影视服务和商务辅助服务以外的现代服务。
四、生活服务	文化体育服务		是指为满足城乡居民日常生活需求提供的各类服务活动。包括文化体育服务、教育医疗服务、旅游娱乐服务、餐饮住宿服务、居民日常服务和其他生活服务。
			文化体育服务,包括文化服务和体育服务。
		文化服务	是指为满足社会公众文化生活需求提供的各种服务。包括:文艺创作、文艺表演、文化比赛,图书馆的图书和资料借阅,档案馆的档案管理,文物及非物质遗产保护,组织举办宗教活动、科技活动、文化活动,提供游览场所。
		体育服务	是指组织举办体育比赛、体育表演、体育活动,以及提供体育训练、体育指导、体育管理的业务活动。
	教育医疗服务		包括教育服务和医疗服务。
		教育服务	是指提供学历教育服务、非学历教育服务、教育辅助服务的业务活动。 学历教育服务,是指根据教育行政管理部门确定或者认可的招生和教学计划组织教学,并颁发相应学历证书的业务活动。包括初等教育、初级中等教育、高级中等教育、高等教育等。 非学历教育服务,包括学前教育、各类培训、演讲、讲座、报告会等。 教育辅助服务,包括教育测评、考试、招生等服务。
		医疗服务	是指提供医学检查、诊断、治疗、康复、预防、保健、接生、计划生育、防疫服务等方面的服务,以及与这些服务有关的提供药品、医用材料器具、救护车、病房住宿和伙食的业务。
	旅游娱乐服务		旅游娱乐服务,包括旅游服务和娱乐服务。
		旅游服务	是指根据旅游者的要求,组织安排交通、游览、住宿、餐饮、购物、文娱、商务等服务的业务活动。
		娱乐服务	是指为娱乐活动同时提供场所和服务的业务。 具体包括:歌厅、舞厅、夜总会、酒吧、台球、高尔夫球、保龄球、游艺(包括射击、狩猎、跑马、游戏机、蹦极、卡丁车、热气球、动力伞、射箭、飞镖)。

（续表）

一级明细	二级明细		具体内容
四、生活服务	餐饮住宿服务		餐饮住宿服务,包括餐饮服务和住宿服务。
		餐饮服务	是指通过同时提供饮食和饮食场所的方式为消费者提供饮食消费服务的业务活动。
		住宿服务	是指提供住宿场所及配套服务等的活动。包括宾馆、旅馆、旅社、度假村和其他经营性住宿场所提供的住宿服务。
	居民日常服务		居民日常服务,是指主要为满足居民个人及其家庭日常生活需求提供的服务,包括市容市政管理、家政、婚庆、养老、殡葬、照料和护理、救助救济、美容美发、按摩、桑拿、氧吧、足疗、沐浴、洗染、摄影扩印等服务。
	其他生活服务		是指除文化体育服务、教育医疗服务、旅游娱乐服务、餐饮住宿服务和居民日常服务之外的生活服务。

2. 销售额口径

（1）"四项服务销售额",是指四项服务销售额的合计数。因此兼营四项服务的纳税人,应以四项服务合计销售额占全部销售额的比重是否超过50%,判断其是否可以适用加计抵减政策。

（2）在计算销售占比时,销售额中既包括申报销售额,也包括稽查查补销售额、纳税评估销售额;既包括一般计税销售额,也包括按照简易计税方法计税的销售额;既包括应税销售额,也包括免税销售额和出口销售额;既包括一般项目的销售额,也包括即征即退项目的销售额。例如某纳税人在计算销售额占比的时间段内,国内货物销售额为100万元,出口研发服务销售额为20万元,国内四项服务销售额90万元,应按照（20+90）/(20＋90＋100)来进行计算占比。因该纳税人四项服务销售额占全部销售额的比重超过50%,按照规定,可以享受加计抵减政策。但需要说明的是,按照39号公告规定,纳税人出口货物劳务、发生跨境应税行为不适用加计抵减政策,其对应的进项税额不得计提加计抵减额。

（3）应按照差额后的销售额参与计算。如果纳税人提供服务,按照规定可以享受差额计税政策,应以差额后的销售额计算缴纳增值税。例如,某纳税人在计算销售额占比时,货物销售额为2万元,提供四项服务差额前的全部价款和价外费用共20万元,差额后的销售额为4万元。则应按照4/(2＋4)来进行计算占比。因该纳税人四项服务销售额占全部销售额的比重超过50%,按照规定,可以享受加计抵减政策。

（4）这里的"比重超过50%"不含本数。如果四项服务取得的销售额占全部销售额的比重小于或者正好等于50%的纳税人,不属于生产、生活性服务业纳税人,不能享受加计抵减政策。

在计算判断是否属于四项服务行业纳税人时的销售额口径为包括规定的判断期间的小规模纳税人时期的销售额,及包括出口销售额,有差额征税项目的则按照差额之后的销售额计算。比例必须是大于50%,不包括50%。

问题:总局即问即答中明确,稽查查补销售额和纳税评估调整销售额参与计算四项服务的比重。如果某企业2019年10月份被查补(评估)出所属期2018年10月的销售额100万,该100万是否可以作为2019年10月份的销售额参与计算四项服务销售额的占比?

解答:稽查查补销售额和纳税评估调整销售额应作为查补税款申报当月(或当季)的销售额参与计算四项服务销售额的比重。该例中,企业在2019年10月份被查补(评估)的100万应作为申报查补(评估)税款当月的销售额参与四项服务销售额的计算。（总局深化增值税改革即问即答之七）

3. 判断的计算区间

一般性规定	特殊情形处理
关于销售额占比的计算区间,应对今年4月1日之前和4月1日之后设立的新老纳税人分别处理。	新办纳税人在登记之日起3个月内有销售的,无论是否实际满3个月均按3个月计算;3个月内均没有销售的,则从开始发生销售的月份起连续3个月计算。原登记纳税人在新政策实施之前没有销售的,则从开始有销售之月起连续3个月的销售计算。 （1）在2019年3月31日后新成立的纳税人,如果前3个月的销售额均为0,则在当年内自纳税人形成销售额的当月起往后计算3个月来判断当年是否适用加计抵减政策。

一般性规定	特殊情形处理
4月1日前成立的纳税人，以2018年4月至2019年3月之间四项服务销售额比重是否超过50%判断，经营期不满12个月的，以实际经营期的销售额计算；4月1日以后成立的纳税人，由于成立当期暂无销售额，无法直接以销售额判断，因此，成立后的前3个月暂不适用加计抵减政策，待满3个月，再以这3个月的销售额比重是否超过50%判断，如超过50%，可以自第4个月开始适用加计抵减政策，此前未计提加计抵减额的3个月，可按规定补充计提加计抵减额。 　　虽然加计抵减政策只适用于一般纳税人，但在确定主营业务时参与计算的销售额，不仅指纳税人在登记为一般纳税人以后的销售额，其在小规模纳税人期间的销售额也是可以参与计算的。如某纳税人于2018年1月成立，2018年9月登记为一般纳税人，在计算四项服务销售额占比时，自2018年4月开始计算。	（2）在2019年4月1日以后设立的纳税人，但设立后三个月内，仅其中一个月有销售收入，按照自设立之日起3个月的销售额计算判断销售额占比。假设某纳税人2019年5月设立，但其5月、7月均无销售额，其6月四项服务销售额为100万，货物销售额为30万元。在该例中，应按照5～7月累计销售情况进行判断，即以100÷（100＋30）计算。因该纳税人四项服务销售额占全部销售额的比重超过50%，按照规定，可以享受加计抵减政策。 　　（3）在2019年4月1日以后设立的纳税人，但设立后三个月内均无销售收入，以其取得销售额起三个月的销售情况进行判断。假设某纳税人2019年5月设立，但其5月、6月、7月均无销售额，其8月四项服务销售额为100万，9月销售额为零，10月货物销售额为30万元。在该例中，应按照8～10月累计销售情况进行判断，即以100÷（100＋30）计算。因该纳税人四项服务销售额占全部销售额的比重超过50%，按照规定，可以享受加计抵减政策。 　　（4）对2019年3月31日前设立、但尚未取得销售收入的纳税人，以其今后首次取得销售收入起连续三个月的销售情况进行判断。假设某纳税人2019年1月设立，但在2019年5月才取得第一笔收入，其5月取得货物销售额30万元，6月销售额为零，7月提供四项服务销售额100万元。在该例中，应按纳税人5～7月的销售额情况进行判断，即以100÷（100＋30）计算。因该纳税人四项服务销售额占全部销售额的比重超过50%，按照规定，可以享受加计抵减政策。

　　"纳税人确定适用加计抵减政策后，当年内不再调整"，具体是指增值税一般纳税人确定适用加计抵减政策后，一个自然年度内不再调整。下一个自然年度，再按照上一年的实际情况重新计算确定是否适用加计抵减政策。这里的年度是指会计年度，而不是连续12个月的概念。纳税人可计提但未计提的加计抵减额，可在确定适用加计抵减政策当期一并计提。

（三）加计抵减应纳税额具体公式

计　提	抵　减
1.纳税人应按照当期可抵扣进项税额的10%计提当期加计抵减额。 　　按照现行规定不得从销项税额中抵扣的进项税额，不得计提加计抵减额；已计提加计抵减额的进项税额，按规定作进项税额转出的，应在进项税额转出当期，相应调减加计抵减额。 　　2.计提加计抵减额基数。 　　（1）只有当期可抵扣进项税额才能计提加计抵减额。 　　（2）按照现行规定不得从销项税额中抵扣的进项税额，不可以计提加计抵减额 　　（3）已计提加计抵减额的进项税额，如果发生了进项税额转出，则纳税人应在进项税额转出当期，相应调减加计抵减额。 　　（4）增值税一般纳税人有简易计税方法的应纳税额，不可以从加计抵减额中抵减。加计抵减额只可以抵减一般计税方法下的应纳税额。 　　可计算加计的进项税额，既不限于接受四项服务取得的进项税额，也不限于提供四项服务对应的进项税额，只要纳税人按照一般规定正常可以抵扣的进项税额，包括农产品加计抵扣的进项税额、不动产一次性抵扣后结转的此前尚未抵扣的40%部分进项税额、旅客运输计算抵扣的进项税额等等，都是可以计算加计的。 　　3.计算公式： $$当期计提加计抵减额 = 当期可抵扣进项税额 \times 10\%$$ $$当期可抵减加计抵减额 = 上期末加计抵减额余额 + 当期计提加计抵减额 - 当期调减加计抵减额$$ 　　纳税人可计提但未计提的加计抵减额，可在确定适用加计抵减政策当期一并计提。	加计抵减额只能用于抵减一般计税方法计算的应纳税额。 　　1.增值税一般纳税人当期应纳税额大于零时，就可以用加计抵减额抵减当期应纳税额，当期未抵减完的，结转下期继续抵减。 　　如果应纳税额比当期可抵减加计抵减额大，所有的当期可抵减加计抵减额在当期全部抵减完毕，纳税人以抵减后的余额计算缴纳增值税； 　　如果应纳税额比当期可抵减加计抵减额小，当期应纳税额被抵减至0，未抵减完的加计抵减额余额，可以结转下期继续抵减。 　　2.增值税一般纳税人如果当期应纳税额等于零，则当期计提的加计抵减额全部结转下期继续抵减。此时，加计抵减额不会对期末留抵税额造成影响。 　　3.一般纳税人如果有简易计税项目，其不参与上述应纳税额的计算。

1. 关于加计抵减的计算

（1）加计抵减额不是进项税额。加计抵减额必须与进项税额分开核算，这两个概念一定不能混淆。这样处理的目的是，维持进项税额的正常核算，进而实现留抵税额真实准确，以免造成多退出口退税和留抵退税。

（2）加计抵减政策仅适用于国内环节，这也是遵循了 WTO 公平贸易原则，防止引发出口补贴的质疑而做出的政策安排。因此，关于计提加计抵减额的基础，也就是计算公式中的"当期可抵扣进项税额"，是剔除出口业务对应的进项税额的。总的来看，只要是在国内环节，可计算加计的进项税额，既不限于接受四项服务取得的进项税额，也不限于提供四项服务对应的进项税额，只要纳税人按照一般规定正常可以抵扣的进项税额，包括农产品加计抵扣的进项税额、不动产一次性抵扣后结转的此前尚未抵扣的 40% 部分进项税额、旅客运输计算抵扣的进项税额等等，都是可以计算加计的。但是，如果纳税人既有内销业务，又有出口业务，则出口业务对应的进项税额都不能计提加计抵减额。需要特别说明的是，目前，既有适用退税政策的出口货物服务，也有适用征税政策的出口货物服务，在计提加计抵减额时，无论是退税的还是征税的出口货物服务，对应的进项税额都不能计提加计抵减额。具体的操作原则是，出口和内销的进项税额能够分开核算的，出口直接对应的进项税额不得加计；对于出口与内销无法划分的进项税额，则应按照 39 号公告中的计算公式，以出口和内销的销售额比例分劈进项税额，出口对应的进项税额部分不得加计抵减。

（3）纳税人抵扣的进项税额，都相应计提了加计抵减额。同理，如果发生进项税额转出，那么，在进项税额转出的同时，此前相应计提的加计抵减额也要同步调减。

④ 加计抵减额独立于进项税额和留抵税额，且随着纳税人逐期计提、调减、抵减、结转等相应发生变动，因此，享受加计抵减政策的纳税人需要准确核算加计抵减额的变动情况。

2. 关于加计抵减额的抵减方法

加计抵减额只能用于抵减一般计税方法计算的应纳税额，这是加计抵减的基本原则。加计抵减额抵减应纳税额需要分两步：

第一步，纳税人先按照一般规定，以销项税额减去进项税额的余额算出一般计税方法下的应纳税额。

第二步，区分不同情形分别处理：第一种情形，如果第一步计算出的应纳税额为 0，则当期无需再抵减，所有的加计抵减额可以直接结转到下期抵减。第二种情形，如果第一步计算出的应纳税额大于 0，则当期可以进行抵减。在抵减时，需要将应纳税额和可抵减加计抵减额比大小。如果应纳税额比当期可抵减加计抵减额大，所有的当期可抵减加计抵减额在当期全部抵减完毕，纳税人以抵减后的余额计算缴纳增值税；如果应纳税额比当期可抵减加计抵减额小，当期应纳税额被抵减至 0，未抵减完的加计抵减额余额，可以结转下期继续抵减。

【例 2-16】 某服务业一般纳税人，适用加计抵减政策。2019 年 6 月，一般计税项目销项税额为 120 万元，进项税额 100 万元，上期留抵税额 10 万元，上期结转的加计抵减额余额 5 万元；简易计税项目销售额 100 万元（不含税价），征收率 3%。此外无其他涉税事项。

一般计税项目：抵减前的应纳税额＝120－100－10＝10（万元）
当期可抵减加计抵减额＝100×10%＋5＝15（万元）
抵减后的应纳税额＝10－10＝0（万元）
加计抵减额余额＝15－10＝5（万元）

简易计税项目：应纳税额＝100×3%＝3（万元）
应纳税额合计：一般计税项目应纳税额＋简易计税项目应纳税额＝0＋3＝3（万元）

3. 关于加计抵减政策执行期限问题

加计抵减政策作为一项阶段性税收优惠，执行期限为 2019 年 4 月 1 日至 2021 年 12 月 31 日。政策执行到期后，纳税人不再计提加计抵减额，结余的加计抵减额停止抵减。这里的"加计抵减政策执行到期"指的是 2021 年 12 月 31 日。也就是说，只要是在 2021 年底前，纳税人结余的加计抵减额是可以连续抵减的。

加计抵减政策执行到期前纳税人注销，结余的加计抵减额同样适用上述规定，不再进行相应处理。需要说明的是，此处加计抵减额的结余，包括正数也包括负数。

【例 2-17】 某一般纳税人 2019 年适用加计抵减政策，截至 2019 年底，加计抵减额余额为 10 万元。如果 2020 年不再适用加计抵减政策，则 2020 年该纳税人不得再计提加计抵减额，但是，2019 年未抵减完的 10 万元，是允许该一般纳税人在 2020 至 2021 年度继续抵减的。这一原则也体现在一般纳税人转小规模纳税人的情形。

【例 2-18】 某适用加计抵减政策的纳税人 2019 年 7 月从一般纳税人转为小规模纳税人,转登记前加计抵减额余额为 10 万元。转成小规模纳税人后,由于小规模纳税人不适用加计抵减政策,因此,10 万元余额不得用于抵减小规模纳税人期间的应纳税额。2019 年 11 月,该纳税人又登记为一般纳税人,自纳税人再次登记成为一般纳税人之日起,此前未抵减完的 10 万元可继续抵减其按一般计税方法计算的应纳税额。

（四）加计抵减管理要求

不得加计抵减的情形	加计抵减的管理
纳税人出口货物劳务、发生跨境应税行为不适用加计抵减政策,其对应的进项税额不得计提加计抵减。具体的操作原则是:出口和内销的进项税额能够分开核算的,出口直接对应的进项税额不得加计;对于纳税人兼营出口货物劳务、发生跨境应税行为且无法划分不得计提加计抵减额的进项税额,按照以下公式计算: 不得计提加计抵减额的进项税额 ＝ 当期无法划分的全部进项税额 × 当期出口货物劳务和发生跨境应税行为的销售额 ÷ 当期全部销售额 　　如果前期已经抵扣的进项,也参与加计抵减了,以后期间,发生已经抵扣的进项税转出,应当在进项税额转出的当期,相应调减加计抵减额。	纳税人应单独核算加计抵减额的计提、抵减、调减、结余等变动情况。骗取适用加计抵减政策或虚增加计抵减额的,按照《中华人民共和国税收征收管理法》等有关规定处理。加计抵减政策执行到期后,纳税人不再计提加计抵减额,结余的加计抵减额停止抵减。

四、加计抵减会计处理

根据财会〔2017〕15 号《企业会计准则第 16 号——政府补助》,此次政策规定的抵减应纳税额属于与企业经营相关,应当适用政府补助准则予以规范,计入"其他收益"。同时,新设会计科目"应交税费——增值税加计抵减"台账(格式见下面例题)。

根据财政部会计司关于《关于深化增值税改革有关政策的公告》适用《增值税会计处理规定》有关问题的解读:生产、生活性服务业纳税人取得资产或接受劳务时,应当按照《增值税会计处理规定》的相关规定对增值税相关业务进行会计处理;实际缴纳增值税时,按应纳税额借记"应交税费——未交增值税"等科目,按实际纳税金额贷记"银行存款"科目,按加计抵减的金额贷记"其他收益"科目。

【例 2-19】 甲公司符合加计抵减增值税政策规定,2019 年 4 月份销项税额 10.5 万元,进项税额 10 万元,当期计提加计抵减金额 1 万元。月底,销项税额减进项税额为 0.5 万元,当月计提加计抵减额 1 万元可以用于实际抵减 0.5 万元,期末余额 0.5 万元就是加计抵减结余金额。

加计抵减台账

纳税人识别号:

税款所属期	进项税额		已计提额		期末可计提额
	本月数	累计数	本月数	累计数	
1	2	3	4	5	6
2019 年 4 月	100 000	100 000	10 000	10 000	5 000

月末结转应交增值税:	实际抵减时:
借:应交税费——应交增值税(转出未交增值税) 　　　　　　　　　　　　　　　　　　5 000 　　贷:应交税费——未交增值税　　5 000	借:应交税费——未交增值税 　　　　　　　　　　　　　　　　5 000 　　贷:其他收益　　　　　　　5 000

【例 2-20】 承[例 2-19],2019 年 5 月,甲公司进项税额 20 万元,销项税额 25 万元,不考虑加计抵减应交增值税 5 万元。上月加计抵减余额 0.5 万元转到当月,本月可以计提 2 万元加计抵减,可抵减总金额 2.5 万元当月可全部抵减,抵减后应交增值税＝25－20－2.5＝2.5(万元)。

加计抵减台账

纳税人识别号：

税款所属期	进项税额		已计提额		期末可计提额
	本月数	累计数	本月数	累计数	
1	2	3	4	5	6
2019 年 5 月	200 000	300 000	20 000	25 000	25 000

月末结转应交增值税：

　　借：应交税费——应交增值税（转出未交增值税）

　　　　　　　　　　　　　　　　　　　　50 000

　　　贷：应交税费——未交增值税　　　50 000

实际抵减并缴纳增值税时：

　　借：应交税费——未交增值税　　50 000

　　　贷：银行存款　　　　　　　　25 000

　　　　　其他收益　　　　　　　　25 000

第十三节　增值税留抵退税

一、增值税留抵税额

　　留抵税额是指在期末核算一般纳税人的应纳增值税税额时，如果本期的进项税额大于本期的销项税额，就会产生一个差额，这个差额就是期末留抵税额，是纳税人已缴纳但未抵扣完的进项税额。这部分差额可以放到下期继续抵扣增值税销项税额，没有抵扣期限。期末留抵税额的计算公式为：

　　期末留抵税额＝上期留抵税额＋本期进项税额－本期销项税额，若＜0，则期末留抵税额为 0。

（一）留抵税额的作用

1. 如有留抵税额产生，则本期不缴纳增值税。期末留抵税额可以抵减下期销项税额。 2. 可以抵减纳税人以前产生的欠税和滞纳金。	3. 作为生产型出口企业计算免抵退额的重要指标。 （1）当期期末留抵税额≤当期免抵退税额时 　　　当期应退税额＝当期期末留抵税额 　　　当期免抵税额＝当期免抵退税额－当期应退税额 （2）当期期末留抵税额＞当期免抵退税额时 　　　当期应退税额＝当期免抵退税额 　　　当期免抵税额＝0

（二）留抵税额抵顶欠税

1. 增值税留抵税额抵缴一般纳税人拖欠纳税检查应补缴的增值税税款的处理

增值税一般纳税人用进项留抵税额抵减增值税欠税问题（国税发〔2004〕112 号）	关于增值税进项留抵税额抵减增值税欠税有关处理事项的通知（国税函〔2004〕1197 号）
一、对纳税人因销项税额小于进项税额而产生期末留抵税额的，应以期末留抵税额抵减增值税欠税。 　　二、纳税人发生用进项留抵税额抵减增值税欠税时，按以下方法进行会计处理： 　　（一）增值税欠税税额大于期末留抵税额，按期末留抵税额红字借记"应交税费——应交增值税（进项税额）"科目，贷记"应交税费——未交增值税"科目。 　　（二）若增值税欠税税额小于期末留抵税额，按增值税欠税税额红字借记"应交税费——应交增值税（进项税额）"科目，贷记"应交税费—未交增值税"科目。 　　三、为了满足纳税人用留抵税额抵减增值税欠税的需要，将《增值税一般纳税人纳税申报办法》（国税发〔2003〕53 号）《增值税纳税申报表》（主表）相关栏次的填报口径作如下调整：	一、关于税务文书的填开。 　　当纳税人既有增值税留抵税额，又欠缴增值税而需要抵减的，应由县（含）以上税务机关填开《增值税进项留抵税额抵减增值税欠税通知书》（以下简称《通知书》，式样见本通知附件）一式两份，纳税人、主管税务机关各一份。 　　二、关于抵减金额的确定。 　　抵减欠缴税款时，应按欠税发生时间逐笔抵扣，先发生的先抵。抵缴的欠税包含呆账税金及欠税滞纳金。确定实际抵减金额时，按填开《通知书》的日期作为截止期，计算欠缴税款的应缴未

增值税一般纳税人用进项留抵税额抵减增值税欠税问题（国税发〔2004〕112 号）	关于增值税进项留抵税额抵减增值税欠税有关处理事项的通知（国税函〔2004〕1197 号）
（一）第 13 项"上期留抵税额"栏数据，为纳税人前一申报期的"期末留抵税额"减去抵减欠税额后的余额数，该数据应与"应交税费——应交增值税"明细科目借方月初余额一致。 　　（二）第 25 项"期初未缴税额（多缴为负数）"栏数据，为纳税人前一申报期的"期末未缴税额（多缴为负数）"减去抵减欠税额后的余额数。	缴滞纳金金额，应缴未缴滞纳金金额加欠税金额为欠缴总额。若欠缴总额大于期末留抵税额，实际抵减金额应等于期末留抵税额，并按配比方法计算抵减的欠税和滞纳金；若欠缴总额小于期末留抵税额，实际抵减金额应等于欠缴总额。

2. 留抵税额抵顶查补税款欠税（国税函〔2005〕169 号）

　　增值税一般纳税人拖欠纳税检查应补缴的增值税税款，如果纳税人有进项留抵税额，可按照《国家税务总局关于增值税一般纳税人用进项留抵税额抵减增值税欠税问题的通知》（国税发〔2004〕112 号）的规定，用增值税留抵税额抵减查补税款欠税。

　　【例 2-21】 A 企业 2019 年 7 月期末累计欠税 100 万元，期末累计留抵 52 万元，8 月初根据税务部门《增值税进项留抵税额抵减增值税欠税通知书》，以期末留抵 52 万元抵减增值税欠税。假设截至通知发出日，欠税应加收滞纳金金额 4 万元。

<table>
<tr><td>

　　根据规定，欠缴总额 104 万元，由于欠缴总额大于期末留抵税额，实际抵减金额应等于期末留抵税额，并按配比方法计算抵减的欠税 50 万元（100×52÷104），抵减滞纳金 2 万元（4×52÷104）。注意，如欠税是多次发生的，则应按欠税发生时间逐笔抵扣，先发生的先抵扣。

　　会计处理如下：

借：应交税费——应交增值税（进项税额）　　 −520 000
　　营业外支出　　　　　　　　　　　　　　　　20 000
　贷：应交税费——未交增值税　　　　　　　 −500 000

</td><td>

　　8 月申报填列：

　　（1）增值税纳税申报表附列资料（二）（本期进项税额明细）第 21 栏"上期留抵税额抵减欠税"金额 52 万元。

　　（2）增值税纳税申报表主表第 14 栏"进项税额转出"52 万元，第 31 栏"①本期缴纳欠缴税款"填列留抵额抵减的增值税欠税额 50 万元。

</td></tr>
</table>

二、2018 增值税留抵退税（财税〔2018〕70 号）

　　一、退还期末留抵税额的行业企业范围

　　退还增值税期末留抵税额的行业包括装备制造等先进制造业、研发等现代服务业和电网企业，具体范围如下：

　　（一）装备制造等先进制造业和研发等现代服务业。

　　按照国民经济行业分类，装备制造等先进制造业和研发等现代服务业包括专用设备制造业、研究和试验发展等 18 个大类行业，详见本通知附件《2018 年退还增值税期末留抵税额行业目录》。纳税人所属行业根据税务登记的国民经济行业确定，并优先选择以下范围内的纳税人：

　　1.《中国制造 2025》明确的新一代信息技术、高档数控机床和机器人、航空航天装备、海洋工程装备及高技术船舶、先进轨道交通装备、节能与新能源汽车、电力装备、农业机械装备、新材料、生物医药及高性能医疗器械等 10 个重点领域。

　　2. 高新技术企业、技术先进型服务企业和科技型中小企业。

　　（二）电网企业。

　　取得电力业务许可证（输电类、供电类）的全部电网企业。

　　二、退还期末留抵税额的纳税人条件

　　退还期末留抵税额纳税人的纳税信用等级为 A 级或 B 级。

　　三、退还期末留抵税额的计算

　　纳税人向主管税务机关申请退还期末留抵税额，当期退还的期末留抵税额，以纳税人申请退税上期的期末留抵税额和退还比例计算，并以纳税人 2017 年底期末留抵税额为上限。具体如下：

　　（一）可退还的期末留抵税额＝纳税人申请退税上期的期末留抵税额×退还比例。

　　退还比例按下列方法计算：

　　1. 2014 年 12 月 31 日前（含）办理税务登记的纳税人，退还比例为 2015 年、2016 年和 2017 年三个年度已抵扣的增值税专用发票、海关进口增值税专用缴款书、解缴税款完税凭证注明的增值税额占同期全部已抵扣进项税额的比重。

　　2. 2015 年 1 月 1 日后（含）办理税务登记的纳税人，退还比例为实际经营期间内已抵扣的增值税专用发票、海关进口增值税专用缴款书、解缴税款完税凭证注明的增值税额占同期全部已抵扣进项税额的比重。

　　（二）当可退还的期末留抵税额不超过 2017 年底期末留抵税额时，当期退还的期末留抵税额为可退还的期末留抵税额。当可退还的期末留抵税额超过 2017 年底期末留抵税额时，当期退还的期末留抵税额为 2017 年底期末留抵税额。

　　四、2018 年 9 月 30 日前完成退还期末留抵税额工作。

三、期末留抵税额退税制度试行

政策依据：

《财政部　税务总局　海关总署关于深化增值税改革有关政策的公告》（财政部　税务总局　海关总署公告2019年第39号）；

《国家税务总局关于办理增值税期末留抵税额退税有关事项的公告》（国家税务总局公告2019年第20号）。

（一）政策规定及解读（财政部　税务总局　海关总署公告2019年第39号）

政策规定	政策解读
八、自2019年4月1日起，试行增值税期末留抵税额退税制度。 （一）同时符合以下条件的纳税人，可以向主管税务机关申请退还增量留抵税额： 1. 自2019年4月税款所属期起，连续六个月（按季纳税的，连续两个季度）增量留抵税额均大于零，且第六个月增量留抵税额不低于50万元。 2. 纳税信用等级为A级或者B级。 3. 申请退税前36个月未发生骗取留抵退税、出口退税或虚开增值税专用发票情形的。 4. 申请退税前36个月未因偷税被税务机关处罚两次及以上的。 5. 自2019年4月1日起未享受即征即退、先征后返（退）政策的。 （二）本公告所称增量留抵税额，是指与2019年3月底相比新增加的期末留抵税额。 （三）纳税人当期允许退还的增量留抵税额，按照以下公式计算： 允许退还的增量留抵税额＝增量留抵税额×进项构成比例×60% 进项构成比例，为2019年4月至申请退税前一税款所属期内已抵扣的增值税专用发票（含税控机动车销售统一发票）、海关进口增值税专用缴款书、解缴税款完税凭证注明的增值税额占同期全部已抵扣进项税额的比重。 （四）纳税人应在增值税纳税申报期内，向主管税务机关申请退还留抵税额。 （五）纳税人出口货物劳务、发生跨境应税行为，适用免抵退税办法的，办理免抵退税后，仍符合本公告规定条件的，可以申请退还留抵税额；适用免退税办法的，相关进项税额不得用于退还留抵税额。 （六）纳税人取得退还的留抵税额后，应相应调减当期留抵税额。按照本条规定再次满足退税条件的，可以继续向主管税务机关申请退还留抵税额，但本条第（一）项第1点规定的连续期间，不得重复计算。 （七）以虚增进项、虚假申报或其他欺骗手段，骗取留抵退税款的，由税务机关追缴其骗取的退税款，并按照《中华人民共和国税收征收管理法》等有关规定处理。 （八）退还的增量留抵税额中央、地方分担机制另行通知。	1. 与2018年相比，本次留抵退税，是全面试行留抵退税制度，不再区分行业，只要增值税一般纳税人符合规定的条件，都可以申请退还增值税增量留抵税额。 2. 本次退税只针对增量部分给予退税，增量留抵税额，是指与2019年3月底相比新增加的期末留抵税额。对增量部分给予退税，一方面是基于鼓励企业扩大再生产的考虑；另一方面是基于财政可承受能力的考虑，若一次性将存量和增量的留抵税额全部退税，财政短期内不可承受。因而这次只对增量部分实施留抵退税，存量部分视情况逐步消化。 2019年4月1日以后一次性转入的待抵扣部分的不动产进项税额，在当期形成留抵税额的，可用于计算增量留抵税额。 3. 2019年4月1日以后新设立的纳税人，2019年3月底的留抵税额为0，因此其增量留抵税额即当期的期末留抵税额。 4. 增值税一般纳税人取得退还的留抵税额后，又产生新的留抵，要重新按照退税资格条件进行判断。特别要注意的是，"连续六个月增量留抵税额均大于零"的条件中"连续六个月"是不可重复计算的，即此前已申请退还"连续六个月"的计算期间，不能再次计算，也就是纳税人一个会计年度中，申请退税最多两次。 5. 即使是增量的留抵税额，还需要具体看看进项税构成比例，并且最多只能是能扣60%。

增值税一般纳税人取得退还的留抵税额后，应相应调减当期留抵税额，并在申报表和会计核算中予以反映。

1. 关于退税条件（国家税务总局公告2019年第20号）

政策规定	政策解读
一、同时符合以下条件（以下称符合留抵退税条件）的纳税人，可以向主管税务机关申请退还增量留抵税额：	第一，将纳税人2019年3月底的留抵税额时点数固定设为存量留抵，纳税人连续6个月计算区间内每个月的增量留抵，都是和2019年3月底的留抵比新增加的留抵税额。

政策规定	政策解读
（一）自 2019 年 4 月税款所属期起，连续 6 个月（按季纳税的，连续两个季度）增量留抵税额均大于零，且第 6 个月增量留抵税额不低于 50 万元； （二）纳税信用等级为 A 级或者 B 级； （三）申请退税前 36 个月未发生骗取留抵退税、出口退税或虚开增值税专用发票情形的； （四）申请退税前 36 个月未因偷税被税务机关处罚两次及以上的； （五）自 2019 年 4 月 1 日起未享受即征即退、先征后返（退）政策的。 增量留抵税额，是指与 2019 年 3 月底相比新增加的期末留抵税额。	第二，由于 2019 年的改革措施是从 4 月 1 号开始的，为避免引起歧义，财税 39 号公告中规定的"从 4 月税款所属期起连续 6 个月"的具体含义，是只能从 4 月往后算 6 个月，而不能往前倒算。也就是说，最早满足连续 6 个月的情形，是 2019 年 4 月至 9 月的连续 6 个月。还有一点需要注意的是，连续 6 个月并不一定从今年 4 月开始算，纳税人可以从 4 月以后的任何一个月开始计算连续 6 个月，比如 5 月到 10 月，6 月到 11 月等等。 第三，前面说到的都是按月纳税的纳税人，按季纳税的纳税人执行口径也一样，只不过计算区间不是连续 6 个月，而是连续 2 个季度。 除了退税门槛这一条件外，为了鼓励纳税人诚信纳税和防范退税风险，还设置了另外 4 个退税条件：一是将退税主体限定在纳税信用等级为 A 级和 B 级的纳税人，这也是 2018 年留抵退税条件的延续；二是纳税人在申请退税前 36 个月内不能有骗取留抵退税、出口退税或虚开增值税专用发票行为；三是不能因偷税被税务机关处罚两次及以上；四是 2019 年 4 月 1 日以后没有享受过即征即退、先征后返或先征后退政策的纳税人，才可以申请留抵退税。相关条件中对违反税收法律法规的纳税人不予退税，也是惩恶扬善的体现。需要注意的是，出于防范退税风险的考虑，未享受过即征即退、先征后返或先征后退政策的这项条件是按照纳税主体而不是按照即征即退项目来限制的。也就是说，只要享受过这些优惠政策的纳税人，其一般项目的留抵也是不允许退税的。

设定连续 6 个月增量留抵税额大于零，且第 6 个月增量留抵税额不低于 50 万元作为退税条件，主要是基于退税效率和成本效益的考虑，连续 6 个月增量留抵税额大于零，说明增值税一般纳税人常态化存在留抵税额，单靠自身生产经营难以在短期内消化，因而有必要给予退税；不低于 50 万元，是给退税数额设置的门槛，低于这个标准给予退税，会影响行政效率，也会增加纳税人的办税负担。

《中华人民共和国刑法》第二百零一条第四款规定："有第一款行为，经税务机关依法下达追缴通知后，补缴应纳税款，缴纳滞纳金，已受行政处罚的，不予追究刑事责任；但是，五年内因逃避缴纳税款受过刑事处罚或者被税务机关给予二次以上行政处罚的除外。"也就是说偷税行为"首罚不刑""两罚入刑"，留抵退税按照刑法标准做了规范，限定申请退税前 36 个月未因偷税被税务机关处罚两次及以上。

2. 关于退税额计算（国家税务总局公告 2019 年第 20 号）

政策规定	政策解读
二、纳税人当期允许退还的增量留抵税额，按照以下公式计算： $$\text{允许退还的增量留抵税额} = \text{增量留抵税额} \times \text{进项构成比例} \times 60\%$$ 进项构成比例，为 2019 年 4 月至申请退税前一税款所属期内已抵扣的增值税专用发票（含税控机动车销售统一发票）、海关进口增值税专用缴款书、解缴税款完税凭证注明的增值税额占同期全部已抵扣进项税额的比重。	在增量留抵税额的基础上，首先，需要考虑进项构成比例。这与 2018 年一次性留抵退税计算退税额的原则是一致的，取数区间是以 2019 年 4 月 1 日起至申请退税前这一段时间内已抵扣的专用发票、海关进口增值税专用缴款书和完税凭证三种票对应进项占全部进项的比重来计算。然后，在此基础上叠加了一个 60% 的退还比例。 计算进项构成比例时，需要将上述发票汇总后计算所占的比重。

3. 纳税人留抵退税的申请办理

1）申请退税的时间（国家税务总局公告 2019 年第 20 号）

政策规定	政策解读
三、纳税人申请办理留抵退税，应于符合留抵退税条件的次月起，在增值税纳税申报期（以下称申报期）内，完成本期增值税纳税申报后，通过电子税务局或办税服务厅提交《退（抵）税申请表》。	要求纳税人在纳税申报期内提出退税申请，一方面，是考虑了留抵退税申请和增值税纳税申报的衔接，这样可以简并纳税人跑税务局的次数，减轻纳税人负担；另一方面，也是考虑到和出口退税制度的衔接问题。留抵税额是个时点数，会随着增值税一般纳税人每一期的申报情况发生变化，因而提交留抵退税申请必须在申报期内提出申请并完成，以免对退税数额计算和后续核算产生影响。

提交《退（抵）税申请表》是在符合留抵退税条件的次月起（并不是必须在次月纳税申报期内完成），在增值税纳税申报期内完成。提交的步骤是先完成本期增值税纳税申报后，再提交申请表。提交途径是通过电子税务局或办税服务厅提交《退（抵）税申请表》。

(1)《退(抵)税申请表》：

《退(抵)税申请表》

金额单位：元至角分

申请人名称			纳税人□　扣缴义务人□		
纳税人名称			统一社会信用代码(纳税人识别号)		
联系人姓名			联系电话		
申请退税类型			汇算结算退税□　误收退税□　留抵退税□		

一、汇算结算、误收税款退税

原完税情况	税种	品目名称	税款所属时期	税票号码	实缴金额
	合计(小写)				
申请退税金额(小写)					

二、留抵退税

申请退税前 36 个月未发生骗取留抵退税、出口退税或虚开增值税专用发票情形	是□　否□
申请退税前 36 个月未因偷税被税务机关处罚两次及以上	是□　否□
自 2019 年 4 月 1 日起未享受即征即退、先征后返(退)政策	是□　否□
出口货物劳务、发生跨境应税行为,适用免抵退税办法	是□　否□
连续六个月(按季纳税的,连续两个季度)增量留抵税额均大于零的起止时间	年　月至　年　月
本期已申报免抵退税应退税额	
2019 年 4 月至申请退税前一税款所属期已抵扣的增值税专用发票(含税控机动车销售统一发票)注明的增值税额	
2019 年 4 月至申请退税前一税款所属期已抵扣的海关进口增值税专用缴款书注明的增值税额	
2019 年 4 月至申请退税前一税款所属期已抵扣的解缴税款完税凭证注明的增值税额	
2019 年 4 月至申请退税前一税款所属期全部已抵扣的进项税额	
本期申请退还的增量留抵税额	

退税申请理由	经办人：　　　　　　(公章) 　　　　　　　　　　年　　月　　日		
授权声明	如果你已委托代理人申请,请填写下列资料： 　　为代理相关税务事宜,现授权 (地址) 为本纳税人的代理申请人,任何与本申请有关的往来文件,都可寄于此人。 授权人签章：	申请人声明	本申请表是根据国家税收法律法规及相关规定填写的,我确定它是真实的、可靠的、完整的。 申请人签章：

以下由税务机关填写

受理情况	受理人： 　　年　　月　　日

核实部门意见： 　退还方式：退库□　　抵扣欠税□ 　退税类型：汇算结算退税□　误收退税□　留抵退税□ 　退税发起方式：纳税人自行申请□　税务机关发现并通知□ 　退(抵)税金额： 　经办人：　　　　负责人： 　　　　　　　　　　　年　　月　　日	税务机关负责人意见： 　　签字 　　年　　月　　日(公章)

（2）《退（抵）税申请表》填表说明：

一、本表适用于办理汇算结算、误收税款退税、留抵退税。

二、纳税人退税账户与原缴税账户不一致的，须另行提交资料，并经税务机关确认。

三、本表一式四联，纳税人一联、税务机关三联。

四、申请人名称：填写纳税人或扣缴义务人名称。如申请留抵退税，应填写纳税人名称。

五、申请人身份：选择"纳税人"或"扣缴义务人"。如申请留抵退税，应选择"纳税人"。

六、纳税人名称：填写税务登记证所载纳税人的全称。

七、统一社会信用代码（纳税人识别号）：填写纳税人统一社会信用代码或税务机关统一核发的税务登记证号码。

八、联系人名称：填写联系人姓名。

九、联系电话：填写联系人固定电话号码或手机号码。

十、申请退税类型：选择"汇算结算退税""误收退税"或"留抵退税"。

十一、原完税情况：填写与汇算结算和误收税款退税相关信息。分税种、品目名称、税款所属时期、税票号码、实缴金额等项目，填写申请办理退税的已入库信息，上述信息应与完税费（缴款）凭证复印件、完税费（缴款）凭证原件或完税电子信息一致。

十二、申请退税金额：填写与汇算结算和误收税款退税相关的申请退（抵）税的金额，应小于等于原完税情况实缴金额合计。

十三、申请退税前36个月未发生骗取留抵退税、出口退税或虚增增值税专用发票情形，申请退税前36个月未因偷税被税务机关处罚两次及以上，自2019年4月1日起未享受即征即退、先征后返（退）政策，出口货物劳务、发生跨境应税行为，适用免抵退税办法：根据实际情况，选择"是"或"否"。

十四、连续六个月（按季纳税的，连续两个季度）增量留抵税额均大于零的起止时间：填写纳税人自2019年4月税款所属期起，连续六个月（按季纳税的，连续两个季度）增量留抵税额均大于零，且第六个月增量留抵税额不低于50万元的起止时间。

十五、本期已申报免抵退税应退税额：填写享受免抵退税政策的纳税人本期申请退还的免抵退税额。

十六、2019年4月至申请退税前一税款所属期已抵扣的增值税专用发票（含税控机动车销售统一发票）注明的增值税额：填写纳税人对应属期抵扣的增值税专用发票（含税控机动车销售统一发票）注明的增值税额；纳税人取得不动产或者不动产在建工程的进项税额不再分2年抵扣后一次性转入的进项税额，视同取得增值税专用发票抵扣的进项税额，也填入本项。

十七、2019年4月至申请退税前一税款所属期已抵扣的海关进口增值税专用缴款书注明的增值税额：填写纳税人对应属期抵扣的海关进口增值税专用缴款书注明的增值税额。

十八、2019年4月至申请退税前一税款所属期已抵扣的解缴税款完税凭证注明的增值税额：填写纳税人对应属期抵扣的解缴税款完税凭证注明的增值税额。

十九、2019年4月至申请退税前一税款所属期全部已抵扣的进项税额：填写纳税人对应属期全部已抵扣进项税额。

二十、本期申请退还的增量留抵税额：填写纳税人按照增量留抵税额×进项构成比例×60%计算后的本期申请退还的增量留抵税额。

进项构成比例＝［2019年4月至申请退税前一税款所属期已抵扣的增值税专用发票（含税控机动车销售统一发票）注明的增值税额＋2019年4月至申请退税前一税款所属期已抵扣的海关进口增值税专用缴款书注明的增值税额＋2019年4月至申请退税前一税款所属期已抵扣的解缴税款完税凭证注明的增值税额］÷2019年4月至申请退税前一税款所属期全部已抵扣的进项税额

二十一、退税申请理由：简要概述退税申请理由，如果本次退税账户与原缴税账户不一致，需在此说明，并须另行提交资料，经税务机关登记确认。

二十二、受理情况：填写核对接受纳税人、扣缴义务人资料的情况。

二十三、退还方式：申请汇算结算或误收税款退还的，退还方式可以单选或多选，对于有欠税的纳税人，一般情况应选择"抵扣欠税"，对于选择"抵扣欠税"情况，可以取消该选择，将全部申请退税的金额，以"退库"方式办理。

申请留抵退税的，可同时选择"退库"和"抵扣欠税"。如果纳税人既有增值税欠税，又有期末留抵税额，按照《国家税务总局关于办理增值税期末留抵税额退税有关事项的公告》（国家税务总局公告2019年第20号）第九条第三项规定，以最近一期增值税纳税申报表期末留抵税额，抵减增值税欠税后的余额确定允许退还的增量留抵税额。

二十四、退税类型：税务机关依据纳税人申请事项，选择"汇算结算退税""误收退税"或"留抵退税"。

二十五、退税发起方式：纳税人申请汇算结算或误收税款退税的，税务机关选择"纳税人自行申请"或"税务机关发现并通知"；纳税人申请留抵退税的，税务机关选择"纳税人自行申请"。

二十六、退（抵）税金额：填写税务机关核准后的退（抵）税额。

2）留抵退税和出口退税的衔接（国家税务总局公告2019年第20号）

政策规定	政策解读
四、纳税人出口货物劳务、发生跨境应税行为，适用免抵退税办法的，可以在同一申报期内，既申报免抵退税又申请办理留抵退税。	增值税一般纳税人出口货物劳务、发生跨境应税行为，适用免抵退税办法的，办理免抵退税后，仍符合留抵退税规定条件的，可以申请退还留抵税额，也就是说要按照"先免抵退税，后留抵退税"的原则进行判断；同时，适用免退税办法的，相关进项税额不得用于退还留抵税额。

（续表）

政策规定	政策解读
五、申请办理留抵退税的纳税人，出口货物劳务、跨境应税行为适用免抵退税办法的，应当按期申报免抵退税。当期可申报免抵退税的出口销售额为零的，应办理免抵退税零申报。 六、纳税人既申报免抵退税又申请办理留抵退税的，税务机关应先办理免抵退税。办理免抵退税后，纳税人仍符合留抵退税条件的，再办理留抵退税。	当纳税人既有内销业务，又有出口业务时，出口退税和留抵退税制度需要进行有效衔接。具体来说，对于适用免抵退税办法的生产企业，办理退税的顺序是，先办理出口业务的免抵退税，待免抵退税完成后，还有期末留抵税额且符合留抵退税条件的，可以再申请办理留抵退税。如果是适用免退税办法的外贸企业，由于其进项税额要求内销和出口分别核算，出口退税退的是出口货物的进项税额。因此，应将这类纳税人的出口和内销分开处理，其出口业务对应的所有进项税额均不得用于留抵退税；内销业务的留抵税额如果符合留抵退税条件，可就其内销业务按规定申请留抵退税。

对于适用免抵退税办法的生产企业，办理退税的顺序是：先办理出口业务的免抵退税，待免抵退税完成后，还有期末留抵税额且符合留抵退税条件的，可以再申请办理留抵退税，两项业务在同一个申报期内完成。如果可申报免抵退税的出口销售额为零的，应先办理免抵退税零申报后再申请办理留抵退税。

4. 税务机关审核确认（国家税务总局公告 2019 年第 20 号）

1）税务机关办理留抵退税原则

政策规定	政策解读
七、税务机关按照"窗口受理、内部流转、限时办结、窗口出件"的原则办理留抵退税。 税务机关对纳税人是否符合留抵退税条件、当期允许退还的增量留抵税额等进行审核确认，并将审核结果告知纳税人。	在办理留抵退税过程中，税务机关对纳税人是否符合留抵退税条件、当期可退还增量留抵税额等进行审核确认，并区分不同情形进行处理： 1. 准予办理留抵退税。对于符合退税条件，且不存在公告所列情形的，税务机关应在一定期限内完成审核，并向纳税人出具准予留抵退税的《税务事项通知书》。 2. 暂停（终止）办理留抵退税。对于符合退税条件，但纳税人存在增值税涉税风险疑点，或存在未处理的相关涉税事项等情形的，明确先暂停为其办理留抵退税。 （1）如果风险疑点排除且相关事项处理完毕，仍符合留抵退税条件的，税务机关继续为其办理留抵退税； （2）如果风险疑点排除且相关事项处理完毕后，不再符合留抵退税条件的，税务机关不予办理留抵退税； （3）如果在进行风险排查时，发现纳税人涉嫌增值税重大税收违法的，终止为其办理留抵退税。在税务机关对纳税人涉嫌增值税重大税收违法问题核实处理完毕后，纳税人仍符合留抵退税条件的，可重新申请办理留抵退税。 3. 不予办理留抵退税。经税务机关审核，对不符合留抵退税条件的纳税人，不予办理留抵退税，并向纳税人出具不予留抵退税的《税务事项通知书》。

2）税务机关审核完成时间

政策规定	政策解读
八、纳税人符合留抵退税条件且不存在本公告第十二条所列情形的，税务机关应自受理留抵退税申请之日起 10 个工作日内完成审核，并向纳税人出具准予留抵退税的《税务事项通知书》。 纳税人发生本公告第九条第二项所列情形的，上述 10 个工作日，自免抵退税应退税额核准之日起计算。	税务机关审核留抵退税申请的时限为自受理留抵退税申请之日起 10 个工作日内完成。需要注意的是申请要求在申报期内提交，但并不代表审核要在申报期内完成。如果提交申请较迟，完成审核的时间可能会在当月纳税申报期结束后，甚至可能会跨月。

3）特殊情形留抵退税的审核

政策规定	政策解读
九、纳税人在办理留抵退税期间发生下列情形的，按照以下规定确定允许退还的增量留抵税额：	1. 留抵税额发生变化的，如：某企业 2019 年 4～9 月符合留抵退税相关条件，但是企业于 2019 年 12 月才提出退税申请。期间由于税务稽查查补的原因，对留抵税额进行了调整，导致 2019 年 9 月期末留抵税额也发生了变化。那么就按最近一期也就是 2019 年 11 月的《增值税纳税申报表（一般纳税人适用）》期末留抵税额来确定允许退还的增量留抵税额。

（续表）

政策规定	政策解读
（一）因纳税申报、稽查查补和评估调整等原因，造成期末留抵税额发生变化的，按最近一期《增值税纳税申报表（一般纳税人适用）》期末留抵税额确定允许退还的增量留抵税额。 （二）纳税人在同一申报期既申报免抵退税又申请办理留抵退税的，或者在纳税人申请办理留抵退税时存在尚未经税务机关核准的免抵退税应退税额的，应待税务机关核准免抵退税应退税额后，按最近一期《增值税纳税申报表（一般纳税人适用）》期末留抵税额，扣减税务机关核准的免抵退税应退税额后的余额确定允许退还的增量留抵税额。 税务机关核准的免抵退税应退税额，是指税务机关当期已核准，但纳税人尚未在《增值税纳税申报表（一般纳税人适用）》第15栏"免、抵、退应退税额"中填报的免抵退税应退税额。 （三）纳税人既有增值税欠税，又有期末留抵税额的，按最近一期《增值税纳税申报表（一般纳税人适用）》期末留抵税额，抵减增值税欠税后的余额确定允许退还的增量留抵税额。	2.既申报免抵退税又申请办理留抵退税的，应等待税务机关核准免抵退税应退税额后，按最近一期《增值税纳税申报表（一般纳税人适用）》期末留抵税额，扣减税务机关核准的免抵退税应退税额后的余额确定允许退还的增量留抵税额。如：某企业2019年4~9月符合留抵退税相关条件，企业于2019年10月申报期既申报了免抵退税又申请办理留抵退税，原本应该是以2019年9月期末的留抵税额确定允许退还的增量留抵税额的，现在只能等待税务机关核准免抵退税应退税额后再确定允许退还的增量留抵税额。如果税务机关于2019年11月才核准免抵退税应退税额，那么就按最近一期也就是2019年10月的《增值税纳税申报表（一般纳税人适用）》期末留抵税额，扣减税务机关核准的免抵退税应退税额后的余额确定允许退还的增量留抵税额。 3.纳税人申请办理留抵退税时存在尚未经税务机关核准的免抵退税应退税额的，应等待税务机关核准免抵退税应退税额后，按最近一期《增值税纳税申报表（一般纳税人适用）》期末留抵税额，扣减税务机关核准的免抵退税应退税额后的余额确定允许退还的增量留抵税额。如：2019年10月申报期内申请办理留抵退税时存在尚未经税务机关核准的免抵退税应退税额的，如果税务机关于2019年11月才核准免抵退税应退税额，那么就按最近一期也就是2019年10月的《增值税纳税申报表（一般纳税人适用）》期末留抵税额，扣减税务机关核准的免抵退税应退税额后的余额确定允许退还的增量留抵税额。 4."欠缴增值税、又有留抵税额处理"同时存在的情形，如：某企业2019年4~9月符合留抵退税相关条件，原本应该是以2019年9月期末的留抵税额确定允许退还的增量留抵税额的，但是企业于2019年12月才提出退税申请。期间，该企业于2019年10月发生欠税10万元，2019年11月进项税金大于销项税金，产生留抵税额70万元，那么2019年12月审核退税申请是时就可以按规定用2019年11月份的留抵税额抵减2019年10月欠税后的余额60万元确定允许退还的增量留抵税额。

4）核准留抵退税期，免抵退税应退税额和免抵税额的计算

政策规定	政策解读
十、在纳税人办理增值税纳税申报和免抵退税申报后、税务机关核准其免抵退税应退税额前，核准其前期留抵退税的，以最近一期《增值税纳税申报表（一般纳税人适用）》期末留抵税额，扣减税务机关核准的留抵退税后的余额，计算当期免抵退税应退税额和免抵税额。 税务机关核准的留抵退税额，是指税务机关当期已核准，但纳税人尚未在《增值税纳税申报表附列资料（二）（本期进项税额明细）》第22栏"上期留抵税额退税"填报的留抵退税额。	如：某企业2019年4~9月符合留抵退税相关条件，企业于2019年10月22日才提出退税申请。该企业于2019年11月3日完成了2019年10月的增值税纳税申报和免抵退税申报，税务机关于2019年11月4日核准了其留抵退税额。则该企业应以最近一期即2019年10月《增值税纳税申报表（一般纳税人适用）》期末留抵税额，扣减税务机关核准的留抵退税额后的余额，计算当期免抵退税应退税额和免抵税额。

5）不予留抵退税审核时限

政策规定	政策解读
十一、纳税人不符合留抵退税条件的，不予留抵退税。税务机关应自受理留抵退税申请之日起10个工作日内完成审核，并向纳税人出具不予留抵退税的《税务事项通知书》。	税务机关审核留抵退税申请的时限为自受理留抵退税申请之日起10个工作日内完成。如果纳税人不符合留抵退税条件的，不予留抵退税，税务机关应自受理留抵退税申请之日起10个工作日内完成审核，并向纳税人出具不予留抵退税的《税务事项通知书》。

6）暂停办理留抵退税情形

政策规定	政策解读
十二、税务机关在办理留抵退税期间，发现符合留抵退税条件的纳税人存在以下情形，暂停为其办理留抵退税： （一）存在增值税涉税风险疑点的。 （二）被税务稽查立案且未结案的。 （三）增值税申报比对异常未处理的。 （四）取得增值税异常扣税凭证未处理的。 （五）国家税务总局规定的其他情形。	列举情形是暂停办理留抵退税，不是终止办理留抵退税情形，待相关事项处理完毕后，纳税人仍符合留抵退税条件的，税务机关继续为其办理留抵退税；纳税人不再符合留抵退税条件的，不予留抵退税。

7）暂停办理留抵退税情形排除后的处理

政策规定	政策解读
十三、本公告第十二条列举的增值税涉税风险疑点等情形已排除，且相关事项处理完毕后，按以下规定办理： （一）纳税人仍符合留抵退税条件的，税务机关继续为其办理留抵退税，并自增值税涉税风险疑点等情形排除且相关事项处理完毕之日起 5 个工作日内完成审核，向纳税人出具准予留抵退税的《税务事项通知书》。 （二）纳税人不再符合留抵退税条件的，不予留抵退税。税务机关应自增值税涉税风险疑点等情形排除且相关事项处理完毕之日起 5 个工作日内完成审核，向纳税人出具不予留抵退税的《税务事项通知书》。 税务机关对发现的增值税涉税风险疑点进行排查的具体处理时间，由各省（自治区、直辖市和计划单列市）税务局确定。	1. 增值税涉税风险疑点等情形已排除，且相关事项处理完毕后，纳税人仍符合留抵退税条件的，税务机关继续为其办理留抵退税，审核完毕后向纳税人出具准予留抵退税的《税务事项通知书》；纳税人不再符合留抵退税条件的，不予留抵退税，审核完毕后向纳税人出具不予留抵退税的《税务事项通知书》。 2. 对于留抵退税申请审核的时限是应自增值税涉税风险疑点等情形排除且相关事项处理完毕之日起 5 个工作日。 3. 发现的增值税涉税风险疑点进行排查的具体处理时间由各省（自治区、直辖市和计划单列市）税务局确定。

8）涉嫌增值税重大税收违法行为的核查处理

政策规定	政策解读
十四、税务机关对增值税涉税风险疑点进行排查时，发现纳税人涉嫌骗取出口退税、虚开增值税专用发票等增值税重大税收违法行为的，终止为其办理留抵退税，并自做出终止办理留抵退税决定之日起 5 个工作日内，向纳税人出具终止办理留抵退税的《税务事项通知书》。 税务机关对纳税人涉嫌增值税重大税收违法行为核查处理完毕后，纳税人仍符合留抵退税条件的，可按照本公告的规定重新申请办理留抵退税。	税务机关对增值税涉税风险疑点进行排查时，发现纳税人涉嫌骗取出口退税、虚开增值税专用发票等增值税重大税收违法行为的，终止为其办理留抵退税，也就是不再为其办理留抵退税相关事宜。但是如果税务机关对纳税人涉嫌增值税重大税收违法行为核查处理完毕后，纳税人仍符合留抵退税条件的，可按照本公告的规定重新申请办理留抵退税。

5. 退税后续操作（国家税务总局公告 2019 年第 20 号）

政策规定	政策解读
十五、纳税人应在收到税务机关准予留抵退税的《税务事项通知书》当期，以税务机关核准的允许退还的增量留抵税额冲减期末留抵税额，并在办理增值税纳税申报时，相应填写《增值税纳税申报表附列资料（二）（本期进项税额明细）》第 22 栏"上期留抵税额退税"。	如：某企业 2019 年 4～9 月符合留抵退税相关条件，企业于 2019 年 11 月 15 日才提出退税申请。税务机关于 2019 年 11 月 22 日核准了其留抵退税额，企业于同日收到税务机关准予留抵退税的《税务事项通知书》，则该企业应在 2019 年 11 月以税务机关核准的允许退还的增量留抵税额冲减期末留抵税额，相应在 2019 年 12 月纳税申报期填写在 2019 年 11 月《增值税纳税申报表附列资料（二）（本期进项税额明细）》第 22 栏"上期留抵税额退税"。 纳税人取得退税款后，应及时减少留抵税额，否则，会造成重复退税。在完成退税后，如果纳税人要再次申请留抵退税，连续 6 个月计算区间，是不能和上一次申请退税的计算区间重复的。在收到退还增值税期末留抵税额时： 借：银行存款 　贷：应交税费——应交增值税（进项税额转出）

对实行增值税期末留抵退税的纳税人，允许其从城市维护建设税、教育费附加和地方教育附加的计税（征）依据中扣除退还的增值税税额。（财税〔2018〕80 号）

6. 骗取留抵退税（国家税务总局公告 2019 年第 20 号）

十六、纳税人以虚增进项、虚假申报或其他欺骗手段骗取留抵退税的，由税务机关追缴其骗取的退税款，并按照《中华人民共和国税收征收管理法》等有关规定处理。	十七、本公告自 2019 年 5 月 1 日起施行。

【例 2-22】　某企业 2019 年 3 月底存量留抵 50 万元，4～9 月的留抵税额分别为 60、55、80、70、90 和 100 万元，4～9 月全部凭增值税专用发票抵扣进项。由于纳税人连续 6 个月都有增量留抵税额，且 9 月增量留抵税额为 50 万元。如果该企业也同时满足其他四项退税条件，则在 10 月份纳税申报期时可向主管税务机关申请退还留抵税额 30 万元（50×100％×60％）。如果该企业 10 月收到了 30 万元退税款，则该企业 10 月的留抵税额就应从 100 万元调减为 70 万元（100－30＝70）。此后，纳税人可将 10 月份作为起始月，再往后连续计算 6 个月来看增量留抵税额的情况，如再次满足退税条件，可继续按规定申请留抵退税。

目前，税务总局正在着手制定全国统一的留抵退税操作规程，拟建立明确的工作流程和岗位制约机制，对留抵退税流程以及后续管理等做出规范，通过税收征管系统，实现纳税人退税申请、受理、审核、退税额确认、退库等留抵退税全流程后台监控。

【例 2-23】　丙公司 2019 年 3 月底的留抵税额是 100 万元，2019 年 9 月留抵税额是 180 万元，假设丙满足可以申请退税的 5 个条件，该公司 4 月到 9 月申报抵扣的进项税额是 500 万。但这 500 万的进项税有加计抵减的进项税，也有农产品计算、旅客运输抵扣的进项税，属于已抵扣的增值税专用发票、海关进口增值税专用缴款书、解缴税款完税凭证注明的增值税额是 400 万。

允许退还的增量留抵税额＝（180－100）×（400÷500）×60％＝38.4（万元）。

丙企业退还了 38.4 万后，9 月底留抵税额就变成了 180－38.4 万＝141.6（万元），再过六个月，也就是 2020 年 3 月底如果条件再次满足，还可以再次申请退税。

【例 2-24】　丁公司为一般纳税人，2015 年成立，同年被认定为增值税一般纳税人。增值税按月申报，纳税信用等级为 A 级，无出口业务。2019 年 3 月期末留抵为 10 万元，2019 年 4～9 月增值税申报情况如下（单位：万元）：

月份	销项税额	进项税额	上期留抵税额	应纳税额	期末留抵税额
3					10
4	100	300	10		210
5	120	96	210		186
6	70	56	186		172
7	130	104	172		146
8	190	152	146		108
9	200	160	108		68

该企业每月增量留抵均大于零，第 6 个月增量留抵税额为 68－10＝58（万元），信用等级为 A 级，符合第一、第二项条件，假设它同时符合后三项条件，因此可以向主管税务机关申请退还增量留抵税额。

该企业 2019 年 4 月至 2019 年 9 月已抵扣的增值税专用发票（含税控机动车销售统一发票）、海关进口增值税专用缴款书、解缴税款完税凭证注明的增值税额为 781.2 万元，同期全部已抵扣进项税额为 868 万元，则退还比例＝781.2/868＝90％。

增量留抵税额＝2019 年 9 月期末留抵税额 68 万元－2019 年 3 月期末留抵税额 10 万元＝58 万元。

该企业允许退还的增量留抵税额＝58×90％×60％＝31.32（万元）。

该企业应在 2019 年 10 月增值税纳税申报期内，向主管税务机关申请退还留抵税额。

该企业取得退还的留抵税额后，应相应调减当期留抵税额，2019 年 9 月的期末留抵由 68 万元变为 68－31.32＝36.68（万元）。

借：银行存款　　　　　　　　　　　　　313 200
　　贷：应交税费——应交增值税（进项税额转出）　313 200

假设该企业 2019 年 10 月，11 月，12 月，2020 年 1 月，2 月，3 月连续 6 个月增量留抵均大于零，且第六个月即 2020 年 3 月增量留抵税额不低于 50 万元，该企业如果同时符合其他条件，则再次满足退税条件，可以继续向主管税务机关申请退还留抵税额，但需要注意：一是计算连续期间时不能把 2019 年 4～9 月算上；二是如果以虚增进项、虚假申报或其他欺骗手段，骗取留抵退税款的，由税务机关追缴其骗取的退税款，并按照《中华人民共和国税收征收管理法》等有关规定处理。

(二) 问题答疑

1. 加计抵减额可以申请留抵退税吗?

答:加计抵减政策属于税收优惠,按照纳税人可抵扣的进项税额的 10% 计算,用于抵减纳税人的应纳税额。但加计抵减并不是纳税人的进项税额,从加计抵减额的形成机制来看,加计抵减不会形成留抵税额,因而也不能申请留抵退税。

2. 增值税一般纳税人购进旅客运输服务未取得增值税专用发票,计算抵扣所形成的留抵税额可以申请退税吗?

答:从设计原理看,留抵退税对应的发票应为增值税专用发票(含税控机动车销售统一发票)、海关进口增值税专用缴款书以及解缴税款完税凭证,也就是说旅客运输服务计算抵扣的部分并不在退税的范围之内,但由于退税采用公式计算,因而上述进项税额并非直接排除在留抵退税的范围之外,而是通过增加分母比重的形式进行了排除。

3. 未抵减完的加计抵减额,能否申请留抵退税?

答:不可以。加计抵减政策属于税收优惠,按照一般纳税人当期可抵扣进项税额的 10%,虚拟计算出一个额度,用于抵减一般计税方法下的应纳税额。加计抵减额并不是纳税人的进项税额,不计入留抵税额。未抵减完的当期可抵减加计抵减额,可结转下期继续抵减,不能申请留抵退税。

四、增值税留抵税额特殊情形下的处理

(一) 一般纳税人转登记小规模纳税人尚未申报抵扣或留抵进项税额的处理(国家税务总局公告 2018 年第 18 号)

政策规定	政策解读
四、转登记纳税人尚未申报抵扣的进项税额以及转登记日当期的期末留抵税额,计入"应交税费——待抵扣进项税额"核算。 尚未申报抵扣的进项税额计入"应交税费——待抵扣进项税额"时: (一) 转登记日当期已经取得的增值税专用发票、机动车销售统一发票、收费公路通行费增值税电子普通发票,已经通过增值税发票选择确认平台进行选择确认或认证后稽核比对相符;经稽核比对异常的,应当按照现行规定进行核查处理。已经取得的海关进口增值税专用缴款书,经稽核比对相符的,应当自行下载《海关进口增值税专用缴款书稽核结果通知书》;经稽核比对异常的,应当按照现行规定进行核查处理。 (二) 转登记日当期尚未取得的增值税专用发票、机动车销售统一发票、收费公路通行费增值税电子普通发票,转登记纳税人在取得上述发票以后,应当持税控设备,由主管税务机关通过增值税发票选择确认平台(税务局端)为其办理选择确认。尚未取得的海关进口增值税专用缴款书,转登记纳税人在取得以后,经稽核比对相符的,应当由主管税务机关通过稽核系统为其下载《海关进口增值税专用缴款书稽核结果通知书》;经稽核比对异常的,应当按照现行规定进行核查处理。	通常情况下,大家可能认为,未抵扣的进项税应该做进项税转出处理,直接调增企业的成本费用。这样做虽然简单,但是存在较多的问题: 一是,未抵扣的进项税是企业的权益,转入成本费用也就意味着不能再进行抵扣,对企业不利。 二是,转登记纳税人在今后可能还会对转登记前的业务进行调整,包括退货、折扣等,也包括稽查补税、自查补税等,都需要将未抵扣的进项税纳入计算,以更大程度地维护纳税人的权益。 三是,一些出口企业还需要将未抵扣的进项税申请退税。 因此,继续核算未抵扣的进项税是有必要的。 如何核算未抵扣的进项税,有几种方案可供选择。比如,可以要求纳税人设立台账进行管理,按月报送税务机关;也可以调整申报表,增加相关栏次要求纳税人按月填报。但是这两种方案都会增加纳税人的核算负担,不是最优的选择。税务总局最终确定,转登记纳税人尚未申报抵扣的进项税,以及转登记日当期的期末留抵税额,计入"应交税费——待抵扣进项税额"科目核算,暂挂账处理,这样做,既可满足需要,又简便易行,不增加纳税人负担。 需要注意的是,随着转登记纳税人对转登记前的业务进行调整,未抵扣的进项税将是一个动态变化的数据,纳税人应准确核算,税务机关也应做好辅导,重点关注,共同防范涉税风险。

(二) 经营地点迁移后原留抵税额的抵扣(国家税务总局公告 2011 年第 71 号)

1. 增值税一般纳税人(以下简称纳税人)因住所、经营地点变动后仍继续经营,按照相关规定,在工商行政管理部门作变更登记处理,但因涉及改变税务登记机关,需要办理注销税务登记并重新办理税务登记的,在迁达地重新办理税务登记后,其增值税一般纳税人资格予以保留,办理注销税务登记前尚未抵扣的进项税额允许继续抵扣。 2. 迁出地主管税务机关应认真核实纳税人在办理注销税务登记前尚未抵扣的进项税额,填写《增值税一般纳税人迁移进项税额转移单》一式三份,迁出地主管税务机关留存一份,交纳税人一份,传递迁达地主管税务机关一份。	3. 迁达地主管税务机关应将迁出地主管税务机关传递过来的《增值税一般纳税人迁移进项税额转移单》与纳税人报送资料进行认真核对,对其迁移前尚未抵扣的进项税额,在确认无误后,允许纳税人继续申报抵扣。 4. 本公告自 2012 年 1 月 1 日起执行。此前已经发生的事项,不再调整。

（三）资产重组中增值税留抵税额（国家税务总局公告 2012 年第 55 号）

1. 增值税一般纳税人（以下称"原纳税人"）在资产重组过程中，将全部资产、负债和劳动力一并转让给其他增值税一般纳税人（以下称"新纳税人"），并按程序办理注销税务登记的，其在办理注销登记前尚未抵扣的进项税额可结转至新纳税人处继续抵扣。

2. 原纳税人主管税务机关应认真核查纳税人资产重组相关资料，核实原纳税人在办理注销税务登记前尚未抵扣的进项税额，填写《增值税一般纳税人资产重组进项留抵税额转移单》。《增值税一般纳税人资产重组进项留抵税额转移单》一式三份，原纳税人主管税务机关留存一份，交纳税人一份，传递新纳税人主管税务机关一份。

3. 新纳税人主管税务机关应将原纳税人主管税务机关传递来的《增值税一般纳税人资产重组进项留抵税额转移单》与纳税人报送资料进行认真核对，对原纳税人尚未抵扣的进项税额，在确认无误后，允许新纳税人继续申报抵扣。

（四）清算注销时增值税留抵税额处理

财税〔2005〕165 号第六条	《中华人民共和国企业所得税法实施条例》第三十一条
一般纳税人注销或被取消辅导期一般纳税人资格，转为小规模纳税人时，其存货不作进项税额转出处理，其留抵税额也不予以退税。	企业发生的除企业所得税和允许抵扣的增值税以外的各项税金及其附加，准予在计算应纳税所得额时扣除。

申报审核：虽然一般纳税人注销时留抵的增值税进项税额不予以退税，但在计算应纳税所得额时是准予扣除的。

第十四节　跨境应税行为零税率与免税

一、增值税零税率

《增值税暂行条例》	《营业税改征增值税试点实施办法》
第二条　增值税税率： （四）纳税人出口货物，税率为零；但是，国务院另有规定的除外。 （五）境内单位和个人跨境销售国务院规定范围内的服务、无形资产，税率为零。	第十五条　增值税税率： （四）境内单位和个人发生的跨境应税行为，税率为零。具体范围由财政部和国家税务总局另行规定。

申报审核：税法规定的零税率不同于免税，免税往往指在某一环节免税，而零税率是指整体税负为零，意味着出口环节免税且退还以前纳税环节的已纳税额，这就是所谓的"出口退税"。境内的单位和个人销售适用增值税零税率的服务或无形资产的，可以放弃适用增值税零税率，选择免税或按规定缴纳增值税。放弃适用增值税零税率后，36 个月内不得再申请适用增值税零税率。（财税〔2016〕36 号附件 4）

二、出口货物、劳务和跨境应税行为退（免）税

（一）适用增值税退（免）税政策的范围
1. 出口货物、劳务退免税范围

出口货物退（免）税的企业范围	根据出口货物劳务的性质划分为三种情况：出口企业、其他单位、修理修配单位。
退（免）税的出口货物劳务的范围	根据企业出口贸易的性质划分：出口货物、视同出口货物。

结合上述两种情况，适用增值税退（免）税政策的出口货物劳务范围有三种：1. 出口企业出口货物；2. 出口企业或其他单位视同出口货物；3. 出口企业对外提供加工修理修配劳务。

1）出口企业出口货物（财税〔2012〕39 号第一条第一项）

① 出口企业。

出口企业，是指依法办理工商登记、税务登记、对外贸易经营者备案登记，自营或委托出口货物的单位或个体工商户，以及依法办理工商登记、税务登记但未办理对外贸易经营者备案登记，委托出口货物的生产企业。出口企业分为两种类型：

（续表）

生产企业	外贸企业
生产企业，是指具有生产能力（包括加工修理修配能力）的单位或个体工商户。	不具有生产能力的出口企业，包括营改增企业。

② 出口货物。

出口货物，是指向海关报关后实际离境并销售给境外单位或个人的货物，分为自营出口货物和委托出口货物两类。办理出口退税的出口货物必须同时具备四个条件：

第一，准予办理出口退免税的货物，必须是出口属于增值税、消费税征税范围并已征了税的货物。（出口发票、消费税缴款书、增值税纳税申报表）

第二，出口货物必须是报关离境的货物（非贸易性质的出口货物，如捐赠品、不结汇的展品样品等不予退税）。（报关单、代理出口货物证明）

第三，必须是在财务上作销售处理的货物。（账）

第四，必须是收汇的货物。（收汇凭证）

登记条件			企业类型		出口的货物	退（免）税政策
工商登记	税务登记	对外贸易经营者备案登记				
有	有	有	各类单位或个体户	出口企业	自营或委托出口货物	免税并退税
有	有	无	生产企业		委托出口货物	
有	有	无	非生产单位	非出口企业	委托出口货物	免税

待遇：对满足规定条件的出口企业自营或委托出口的货物实施退（免）税；对不能满足规定条件的非出口企业委托出口的货物实施免税。

2）出口企业或其他单位视同出口货物（财税〔2012〕39号第一条第二项）

政策规定	政策解读
1. 出口企业对外援助、对外承包、境外投资的出口货物。 2. 出口企业经海关报关进入国家批准的出口加工区、保税物流园区、保税港区、综合保税区、珠澳跨境工业区（珠海园区）、中哈霍尔果斯国际边境合作中心（中方配套区域）、保税物流中心（B型）（以下统称特殊区域）并销售给特殊区域内单位或境外单位、个人的货物。 3. 免税品经营企业销售的货物〔国家规定不允许经营和限制出口的货物（见本通知附件1）、卷烟和超出免税品经营企业《企业法人营业执照》规定经营范围的货物除外〕。具体是指： （1）中国免税品（集团）有限责任公司向海关报关运入海关监管仓库，专供其经国家批准设立的统一经营、统一组织进货、统一制定零售价格、统一管理的免税店销售的货物。 （2）国家批准的除中国免税品（集团）有限责任公司外的免税品经营企业，向海关报关运入海关监管仓库，专供其所属的首都机场口岸海关隔离区内的免税店销售的货物。 （3）国家批准的除中国免税品（集团）有限责任公司外的免税品经营企业所属的上海虹桥、浦东机场海关隔离区内的免税店销售的货物。 4. 出口企业或其他单位销售给用于国际金融组织或外国政府贷款国际招标建设项目的中标机电产品（以下称中标机电产品）。上述中标机电产品，包括外国企业中标再分包给出口企业或其他单位的机电产品（贷款机构和中标机电产品的具体范围见本通知附件2）。 5.【条款废止】生产企业向海上石油天然气开采企业销售的自产的海洋工程结构物（海洋工程结构物和海上石油天然气开采企业的具体范围见本通知附件3）。 6. 出口企业或其他单位销售给国际运输企业用于国际运输工具上的货物。上述规定暂仅适用于外轮供应公司、远洋运输供应公司销售给外轮、远洋国轮的货物，国内航空供应公司生产销售给国内和国外航空公司国际航班的航空食品。	视同出口货物没有报关离境，不是销售给境外单位个人。 （1）按照规定不符合出口企业要求的其他企业、单位和个体工商户就统称为其他单位，如国内航空供应公司售销给国内和国外航空公司国际航班的航空食品，销售给特殊区域内生企业生产耗用且不向海关报关而输入的水、电、气（汽）等。 （2）视同出口货物分为报关出口销售未实际离境的货物、报关出口的特殊货物和未报关出口在国内销售的货物三类。 ① 报关出口销售未实际离境的货物。如报关出口销售到出口加工区、保税港区等海关特殊监管区域的货物。 ② 报关出口的特殊货物。如出口企业对外援助、对外承包、境外投资等货物。 ③ 非报关出口在国内销售的货物。销售给用于国际金融组织或外国政府贷款国际招标建设项目的中标机电产品、销售给国际运输企业用于国际运输工具上的货物等。

（续表）

政策规定	政策解读
7. 出口企业或其他单位销售给特殊区域内生产企业生产耗用且不向海关报关而输入特殊区域的水（包括蒸汽）、电力、燃气（以下称输入特殊区域的水电气）。 除本通知及财政部和国家税务总局另有规定外，视同出口货物适用出口货物的各项规定。	（3）出口企业销售给以下七类海关特殊监管区域内单位的货物办理退税，统称特殊区域：出口加工区、保税物流园区、保税港区、综合保税区、珠澳跨境工业区（珠海园区）、中哈霍尔果斯国际边境合作中心（中方配套区域）、保税物流中心（B型）。

申报审核：[《出口退（免）税管理工作规范（2.0版）》第36条]

（1）向海关报关进入特殊区域并销售给特殊区域内生产企业生产耗用的列名原材料，核对出口货物报关单的标记唛码及备注栏有《海关特殊监管区域不征收出口关税及退税货物审批表》编号。

（2）销售中标机电产品的，核对销售机电产品的普通发票（生产企业提供）、购进货物的增值税专用发票或海关进口增值税专用缴款书（外贸企业提供）记载的货物名称、计量单位、数量与中标证明通知书、供货合同、发货单与收货清单上记载的设备名称、计量单位、数量相符。

申报退税的机电产品，如果属于《外商投资项目不予免税的进口商品目录》范围，按照规定不予退税。

（3）销售给海上石油天然气开采企业的海洋工程结构物，核对销售的海洋工程结构物与合同记载货物名称相符；申报表备注栏填写的购货企业名称与普通发票、购销合同上记载的购货企业名称相符。

（4）销售给外轮、远洋国轮的货物，核对购进货物的增值税专用发票、海关进口增值税专用缴款书与出口发票的货物名称、计量单位、数量相符；出口发票经外轮、远洋国轮船长签名。

（5）生产并销售给国内和国外航空公司国际航班的航空食品，核对企业配餐合同与送货清单上记载的货物名称、计量单位、数量、金额相符；送货清单有国际航班乘务长签名；配餐计划表与送货清单上记载的航班号相符；航班号为国际航班。

（6）对外提供加工修理修配劳务，核对以下内容：

① 出口货物报关单、对外修理修配合同、出口发票的货物名称、计量单位、数量、金额相符。

② 对飞机维修企业，核对《增值税纳税申报表》申报的国外飞机维修业务的进项税额；同时，核对维修工作单、出口货物报关单、出口发票的货物名称、计量单位、数量、金额相符。

③ 对外修理修配的船舶，核对出口货物报关单标记唛码及备注栏的被修理船舶名称与修理修配合同上的修理船舶名称相符。

（7）生产企业出口的视同自产货物以及列名生产企业出口的非自产货物，属于消费税应税消费品的，核对以下内容：

① 用消费税专用缴款书或分割单、海关进口消费税专用缴款书申报退税的，其货物名称、计量单位、数量与出口货物报关单的相关内容相符。

② 委托加工收回的应税消费品，其代扣代收税款凭证上记载的货物名称、计量单位与企业申报的数据相符。

（8）出口已使用过的设备，审核设备进项税额有主管税务机关征税部门出具的进项税额未抵扣证明；计税依据与《出口已使用过的设备退税申报表》中的折余价值一致。

（9）为国外（地区）企业的飞机（船舶）提供航线维护（航次维修）的，核对维修单据有航班机长或外轮船长签字；《生产企业出口货物免、抵、退税申报明细表》备注栏的国外（地区）企业名称、航班号（船名）与维修合同、出口发票、国外（地区）企业的航班机长或外轮船长签字确认的维修单据相符；发票上的企业名称与维修单据上的企业名称相符。

（10）用于境外投资的出口货物，核对出口企业提供的商务部及其授权单位批准其在境外投资的文件副本。

（11）对外承包工程项目的出口货物，核对出口企业提供的对外承包工程合同；属于分包的，提供分包合同（协议），由承接分包的出口企业申请退（免）税。

（12）输入特殊区域的水电气，核对《购进自用货物退税申报表》上的付款凭证号码与支付水、电、气费用的银行结算凭证号一致；银行结算凭证复印件与原件一致。

（13）通过保税区仓储企业报关离境的出口货物，核对出口货物备案清单的出口日期未超过规定的退（免）税申报期限；备案清单的商品代码、商品名称、计量单位、数量、金额等内容与出口货物报关单相关内容相符。

（14）研发机构采购国产设备退税，核对需要发函调查的情形。

① 国家不允许经营和限制出口的货物（财税〔2012〕39号附件1）。

| 1.《中华人民共和国禁止出境物品表》（海关总署令 1993 第 43 号）所列的货物。
2.《卫生部 对外经贸经济合作部 海关总署关于进一步加强人体血液 组织器官管理有关问题的通知》（卫药发〔1996〕第 27 号）规定的血液和血液制品、人体组织和器官（包括胎儿）以及利用人体组织和器官（包括胎儿）加工生产的制剂。
3. 商务部会同有关部门公布的《禁止出口货物目录》所列的货物。
4.《濒危野生动物国际贸易公约》所列的附录一、二、三级的动物、动物产品和植物、植物产品。 | 5. 林业部、农业部发布的《国家重点保护野生动物名录》所列的一、二级保护的野生动物及货物。
6. 国家食品药品监督管理局、公安部、卫生部发布的《精神药品管制品种目录》《麻醉药品管制品种目录》所列的货物。
7. 国家环保总局、海关总署发布的《中华人民共和国禁止或严格限制的有毒化学品目录》所列的货物。 |

② 贷款机构和中标机电产品的具体范围（财税〔2012〕39 号附件 2）。

| 一、贷款机构的具体范围
　　包括 32 家国际金融组织或外国政府贷款国别（机构），纳入外国政府贷款范围的德国贷款包括德国促进贷款；美国进出口银行的贷款指主权担保贷款。 | 二、中标机电产品的具体范围
　　海关出口货物税则号第 84～90 章所列的货物，但不包括海关总署发布的《外商投资项目不予免税的进口商品目录》所列的货物。 |

3）出口企业对外提供加工修理修配劳务（财税〔2012〕39 号第一条第三项）

| （三）出口企业对外提供加工修理修配劳务
　　对外提供加工修理修配劳务，是指对进境复出口货物或从事国际运输的运输工具进行的加工修理修配。 |

4）出口至保税区的货物（国家税务总局公告 2012 年第 24 号）

| 　　运入保税区的货物，如果属于出口企业销售给境外单位、个人，境外单位、个人将其存放在保税区内的仓储企业，离境时由仓储企业办理报关手续，海关在其全部离境后，签发进入保税区的出口货物报关单的，保税区外的生产企业和外贸企业申报退（免）税时，除分别提供本办法第四、五条规定的资料外，还须提供仓储企业的出境货物备案清单。 | 　　确定申报退（免）税期限的出口日期以最后一批出境货物备案清单上的出口日期为准。 |

2. 跨境应税服务的退（免）税适用范围（财税〔2016〕36 号附件 4 第一条）

一、中华人民共和国境内（以下称境内）的单位和个人销售的下列服务和无形资产，适用增值税零税率：	
（一）国际运输服务 国际运输服务，是指： 1. 在境内载运旅客或者货物出境。 2. 在境外载运旅客或者货物入境。 3. 在境外载运旅客或者货物。 （二）航天运输服务 （三）向境外单位提供的完全在境外消费的下列服务： 1. 研发服务。 2. 合同能源管理服务。	3. 设计服务。 4. 广播影视节目（作品）的制作和发行服务。 5. 软件服务。 6. 电路设计及测试服务。 7. 信息系统服务。 8. 业务流程管理服务。 9. 离岸服务外包业务。 10. 转让技术。 （四）财政部和国家税务总局规定的其他服务

　　增值税一般纳税人提供适用增值税零税率的应税服务，实行增值税退（免）税办法。该办法于 2014 年 1 月 1 日起实行。境内单位和个人发生的与香港、澳门、台湾有关的应税行为，视同跨境应税行为。

适用零税率的租赁服务

业务类型	零税率的申请方
境内的单位或个人提供程租服务，如果租赁的交通工具用于国际运输服务和港澳台运输服务	出租方
境内的单位或个人向境内单位或个人提供期租、湿租服务，如果承租方利用租赁的交通工具向其他单位或个人提供国际运输服务和港澳台运输服务	承租方
境内的单位或个人向境外单位或个人提供期租、湿租服务	出租方
境内的单位或个人以无运输工具承运方式提供国际运输服务	境内实际承运人

1）国际运输服务

国际运输的界定	国际运输收入的确认
起点或终点在境外的运单、提单或客票等所对应的各航段或路段的运输服务,属于国际运输服务。 起点或终点在港澳台的运单、提单或客票等所对应的各航段或路段的运输服务,属于港澳台运输服务。 从境内载运旅客或货物至国内海关特殊监管区域及场所、从国内海关特殊监管区域及场所载运旅客或货物至国内其他地区或者国内海关特殊监管区域及场所,不属于增值税零税率运输服务适用范围。	（1）以铁路运输方式载运旅客的,为按照铁路合作组织清算规则清算后的实际运输收入。 （2）以铁路运输方式载运货物的,为按照铁路运输进款清算办法,对"发站"或"到站(局)"名称包含"境"字的货票上注明的运输费用以及直接相关的国际联运杂费清算后的实际运输收入。 （3）以航空运输方式载运货物或旅客的,如果国际运输或港澳台运输各航段由多个承运人承运的,为中国航空结算有限责任公司清算后的实际收入;如果国际运输或港澳台运输各航段由一个承运人承运的,为提供航空运输服务取得的收入。

① 国际运输服务应具备的资质(国家税务总局公告 2014 年第 11 号)。

（1）提供国际运输服务。 ① 以水路运输方式的,应提供《国际船舶运输经营许可证》; ② 以航空运输方式的,应提供经营范围包括"国际航空客货邮运输业务"的《公共航空运输企业经营许可证》或经营范围包括"公务飞行"的《通用航空经营许可证》; ③ 以公路运输方式的,应提供经营范围包括"国际运输"的《道路运输经营许可证》和《国际汽车运输行车许可证》; ④ 以铁路运输方式的,应提供经营范围包括"许可经营项目:铁路客货运输"的《企业法人营业执照》或其他具有提供铁路客货运输服务资质的证明材料。	（2）提供港澳台运输服务。 ① 以公路运输方式提供内地往返香港、澳门的交通运输服务的,应提供《道路运输经营许可证》及持《道路运输证》的直通港澳运输车辆的物权证明; ② 以水路运输方式提供内地往返香港、澳门交通运输服务的,应提供获得港澳线路运营证船舶的物权证明; ③ 以水路运输方式提供大陆往返台湾交通运输服务的应提供《台湾海峡两岸间水路运输许可证》及持《台湾海峡两岸间船舶营运证》船舶的物权证明; ④ 以航空运输方式提供港澳台运输服务的,应提供经营范围包括"国际、国内(含港澳)航空客货邮运输业务"的《公共航空运输企业经营许可证》或者经营范围包括"公务飞行"的《通用航空经营许可证》; ⑤ 以铁路运输方式提供内地往返香港的交通运输服务的,应提供经营范围包括"许可经营项目铁路客货运输"的《企业法人营业执照》或其他具有提供铁路客货运输服务资质的证明材料。	（3）采用程租、期租和湿租方式租赁交通运输工具用于国际运输服务和港澳台运输服务的,应提供程租、期租和湿租合同或协议。	（4）境内的单位和个人取得交通部门颁发的《国际班轮运输经营资格登记证》或加注国际客货运输的《水路运输许可证》,并以水路运输方式提供国际运输服务的,适用增值税零税率政策。

② 如何办理国际运输退免税申请?

提供国际运输服务、港澳台运输服务的,需填报《增值税零税率应税服务(国际运输/港澳台运输)免抵退税申报明细表》,并提供下列原始凭证的原件及复印件:

① 以水路运输、航空运输、公路运输方式的,提供增值税零税率应税服务的载货、载客舱单或其他能够反映收入原始构成的单据凭证。以航空运输方式且国际运输和港澳台运输各航段由多个承运人承运的,还需提供《航空国际运输收入清算账单申报明细表》。

② 以铁路运输方式的,客运的提供增值税零税率应税服务的国际客运联运票据、铁路合作组织清算函件及《铁路国际客运收入清算函件申报明细表》;货运的提供铁路进款资金清算机构出具的《国际铁路货运进款清算通知单》,启运地的铁路运输企业还应提供国际铁路联运单,以及"发站"或"到站(局)"名称包含"境"字的货票。

③ 采用程租、期租、湿租服务方式租赁交通运输工具从事国际运输服务和港澳台运输服务的,还应提供程租、期租、湿租的合同或协议复印件。向境外单位和个人提供期租、湿租服务,按规定由出租方申报退(免)税的,可不提供第(一)项原始凭证。

上述①、②项原始凭证(不包括《航空国际运输收入清算账单申报明细表》和《铁路国际客运收入清算函件申报明细表》),经主管税务机关批准,增值税零税率应税服务提供者可只提供电子数据,原始凭证留存备查。

2）航天运输服务

航天运输服务应具备的资质	如何办理国际运输退免税申请？
提供航天运输服务的，应提供经营范围包括"商业卫星发射服务"的《企业法人营业执照》或其他具有提供商业卫星发射服务资质的证明材料。	提供航天运输服务的，需填报《增值税零税率应税服务（航天运输）免抵退税申报明细表》，并提供下列资料及原始凭证的原件及复印件： （1）签订的提供航天运输服务的合同； （2）从与之签订航天运输服务合同的单位取得收入的收款凭证； （3）《提供航天运输服务收讫营业款明细清单》。

3）向境外单位提供的完全在境外消费的服务

上述项目源自财税〔2013〕106 号文件、《财政部　国家税务总局关于影视等出口服务适用增值税零税率政策的通知》（财税〔2015〕118 号）等相关政策规定，增加了"完全在境外消费"的限制条件。

① "完全在境外消费"的含义。

财税〔2016〕36 号附件 4	政策理解
七、本规定所称完全在境外消费，是指： （一）服务的实际接受方在境外，且与境内的货物和不动产无关。 （二）无形资产完全在境外使用，且与境内的货物和不动产无关。 （三）财政部和国家税务总局规定的其他情形。	完全在境外消费，应按照以下两个方面掌握： 1. 完全在境外消费的服务，是指服务的实际接受方在境外，且与境内的货物和不动产无关。例如，境内 A 咨询公司与美国 B 集团签订法律咨询合同，如果实际是为 B 集团在我国境内的子公司提供的法律咨询，则该咨询服务不属于完全在境外消费的咨询服务。 2. 完全在境外消费的无形资产，是指无形资产完全在境外使用，且与境内的货物和不动产无关。例如，境内 C 公司向印度 D 公司转让一项有关高铁轨道铺设的专利技术，用于 D 司在印度建设的高铁项目，则该专利技术属于完全在境外消费的无形资产。

② 离岸服务外包业务。

离岸服务外包业务，包括信息技术外包服务（ITO）、技术性业务流程外包服务（BPO）、技术性知识流程外包服务（KPO），其所涉及的具体业务活动，按照《销售服务、无形资产、不动产注释》相对应的业务活动执行。

类　别			适用范围
信息技术外包服务（ITO）	软件研发及外包	软件研发及开发服务	用于金融、政府、教育、制造业、零售、服务、能源、物流、交通、媒体、电信、公共事业和医疗卫生等部门和企业，为用户的运营/生产/供应链/客户关系/人力资源和财务管理、计算机辅助设计/工程等业务进行软件开发，包括定制软件开发，嵌入式软件、套装软件开发，系统软件开发、软件测试等。
		软件技术服务	软件咨询、维护、培训、测试等技术性服务。
	信息技术研发服务外包	集成电路和电子电路设计	集成电路和电子电路产品设计以及相关技术支持服务等。
		测试平台	为软件、集成电路和电子电路的开发运用提供测试平台。
	信息系统运营维护外包	信息系统运营和维护服务	客户内部信息系统集成、网络管理、桌面管理与维护服务；信息工程、地理信息系统、远程维护等信息系统应用服务。
		基础信息技术服务	基础信息技术管理平台整合、IT 基础设施管理、数据中心、托管中心、安全服务、通讯服务等基础信息技术服务。
技术性业务流程外包服务（BPO）	企业业务流程设计服务		为客户企业提供内部管理、业务运作等流程设计服务。
	企业内部管理服务		为客户企业提供后台管理、人力资源管理、财务、审计与税务管理、金融支付服务、医疗数据及其他内部管理业务的数据分析、数据挖掘、数据管理、数据使用的服务；承接客户专业数据处理、分析和整合服务。
	企业运营服务		为客户企业提供技术研发服务、为企业经营、销售、产品售后服务提供的应用客户分析、数据库管理等服务。主要包括金融服务业务、政务与教育业务、制造业务和生命科学、零售和批发与运输业务、卫生保健业务、通讯与公共事业业务、呼叫中心、电子商务平台等。
	企业供应链管理服务		为客户提供采购、物流的整体方案设计及数据库服务。
技术性知识流程外包服务（KPO）			知识产权研究、医药和生物技术研发和测试、产品技术研发、工业设计、分析学和数据挖掘、动漫及网游设计研发、教育课件研发、工程设计等领域。

3. 增值税出口退税率

出口货物、劳务增值税退税率 （财税〔2012〕39 号第三条）	跨境应税行为增值税退税率 （财税〔2016〕36 号附件 4）
（一）退税率的一般规定 　　除财政部和国家税务总局根据国务院决定而明确的增值税出口退税率（以下称退税率）外，出口货物的退税率为其适用税率。服务和无形资产的退税率为其按照《增值税暂行条例》规定适用的增值税税率。 　　国家税务总局根据上述规定将退税率通过出口货物劳务退税率文库予以发布，供征纳双方执行。退税率有调整的，除另有规定外，其执行时间以货物（包括被加工修理修配的货物）出口货物报关单（出口退税专用）上注明的出口日期为准。 　　（二）退税率的特殊规定 　　1. 外贸企业购进按简易办法征税的出口货物、从小规模纳税人购进的出口货物，其退税率分别为简易办法实际执行的征收率、小规模纳税人征收率。上述出口货物取得增值税专用发票的，退税率按照增值税专用发票上的税率和出口货物退税率孰低的原则确定。 　　2. 出口企业委托加工修理修配货物，其加工修理修配费用的退税率，为出口货物的退税率。 　　3. 中标机电产品、出口企业向海关报关进入特殊区域销售给特殊区域内生产企业生产耗用的列名原材料（以下称列名原材料）、输入特殊区域的水电气，其退税率为适用税率。如果国家调整列名原材料的退税率，列名原材料应当自调整之日起按调整后的退税率执行。	四、服务和无形资产的退税率为其按照《试点实施办法》第十五条第（一）至（三）项规定适用的增值税税率。实行退（免）税办法的服务和无形资产，如果主管税务机关认定出口价格偏高的，有权按照核定的出口价格计算退（免）税，核定的出口价格低于外贸企业购进价格的，低于部分对应的进项税额不予退税，转入成本。 　　五、境内的单位和个人销售适用增值税零税率的服务或无形资产的，可以放弃适用增值税零税率，选择免税或按规定缴纳增值税。放弃适用增值税零税率后，36 个月内不得再申请适用增值税零税率。

1）2019 年 4 月 1 日退税率调整（财政部　税务总局　海关总署公告 2019 年第 39 号）

政策规定	政策解读
三、原适用 16% 税率且出口退税率为 16% 的出口货物劳务，出口退税率调整为 13%；原适用 10% 税率且出口退税率为 10% 的出口货物、跨境应税行为，出口退税率调整为 9%。 　　2019 年 6 月 30 日前（含 2019 年 4 月 1 日前），纳税人出口前款所涉货物劳务、发生前款所涉跨境应税行为，适用增值税免退税办法的，购进时已按调整前税率征收增值税的，执行调整前的出口退税率，购进时已按调整后税率征收增值税的，执行调整后的出口退税率；适用增值税免抵退税办法的，执行调整前的出口退税率，在计算免抵退税时，适用税率低于出口退税率的，适用税率与出口退税率之差视为零参与免抵退税计算。 　　出口退税率的执行时间及出口货物劳务、发生跨境应税行为的时间，按照以下规定执行：报关出口的货物劳务（保税区及经保税区出口除外），以海关出口报关单上注明的出口日期为准；非报关出口的货物劳务、跨境应税行为，以出口发票或普通发票的开具时间为准；保税区及经保税区出口的货物，以货物离境时海关出具的出境货物备案清单上注明的出口日期为准。 　　四、适用 13% 税率的境外旅客购物离境退税物品，退税率为 11%；适用 9% 税率的境外旅客购物离境退税物品，退税率为 8%。 　　2019 年 6 月 30 日前，按调整前税率征收增值税的，执行调整前的退税率；按调整后税率征收增值税的，执行调整后的退税率。 　　退税率的执行时间，以退税物品增值税普通发票的开具日期为准。	目前，我国针对出口货物劳务、发生跨境应税行为（以下称出口货物服务）设定的退税率有两种：一种是退税率与适用税率一致的；另一种是退税率小于适用税率的。此次出口退税的率调整，仅涉及征退税率一致的出口货物服务。对于原退税率小于适用税率的，此次不作调整出口退税率。 　　根据 2019 年的深化增值税改革方案，自 4 月 1 日起，增值税税率 16% 的下调为 13%；10% 的下调为 9%。配合增值税税率调整，自 2019 年 4 月 1 日起，原征税率和退税率均为 16% 的出口货物服务，退税率调整为 13%；原征税率和退税率均为 10% 的出口货物服务，退税率调整为 9%。2019 年 4 月 1 日出口退税率的调整，仅限于原适用 16% 征税率且退税率为 16% 的，本次调整为 13%；原适用 10% 征税率且退税率为 10% 的，本次调整为 9%。其余的商品或服务退税率没有调整。这里所说的"4 月 1 日"指的是货物服务的出口时间，并非出口企业在国内采购货物取得的增值税专用发票的开具时间。

　　根据《财政部　税务总局　海关总署关于深化增值税改革有关政策的公告》（财政部　税务总局　海关总署公告 2019 年第 39 号）有关退税率调整的规定，国家税务总局编制了 2019B 版出口退税率文库（以下简称"文库"）。文库放置在国家税务总局可控 FTP 系统"程序发布"目录下，请各地及时下载，并在出口退税审核系统进行文库升级。（税总函〔2019〕82 号）

　　2）退税率执行时间和出口时间的确定

　　出口退税率的执行时间应按照下列原则确认：一是报关出口（不含保税区出口）的，以海关出口报关单上注明的出口日期为准；二是保税区及经保税区出口的，以离境时海关出具的出境货物备案清单上注明的出口日期为准;三是非报关出口的,以出口发票或普通发票的开具时间为准。

货物服务的出口时间,也按照上述原则确定。

【例 2-25】 外贸企业 A 于 2019 年 3 月 15 日购进一批货物,取得国内供货企业为其开具的税率为 16%的增值税专用发票;4 月 15 日,又购进一批货物,取得国内供货企业为其开具的税率为 13%的增值税专用发票;4 月 30 日,A 将上述两批货物出口,出口货物报关单上注明的出口日期为 4 月 30 日。对于这种情况,应如何确定两批出口货物退税率?

3 月 15 日购进的出口货物,已按调整前 16%的税率征收增值税,应执行调整前 16%的退税率。

4 月 15 日购进的出口货物,按照调整后 13%的税率征收增值税,应执行调整后 13%的退税率。

【例 2-26】 生产企业 A 于 2019 年 3 月 15 日购进一批原材料,取得国内供货企业为其开具的税率为 16%的增值税专用发票;4 月 15 日,又购进一批原材料,取得国内供货企业为其开具的税率为 13%的增值税专用发票;上述两批原材料均用于生产某种出口货物。4 月 30 日,A 将该货物出口,出口货物报关单上注明的出口日期为 4 月 30 日。对于这种情况,应如何确定出口货物退税率?

应统一按照调整前 16%的退税率计算退税额。

3) 出口退税过渡政策

过渡政策是针对此次调整出口退税率的出口货物服务,对于此次不调整出口退税率的货物服务,不涉及过渡政策问题。过渡政策区分不同的退税方式而不同:

2019 年 6 月 30 日前(含 4 月 1 日前)出口适用增值税免退税办法的货物服务(原征退税率均为 16%或 10%的),购进时已按调整前的 16%(10%)税率征收增值税的,继续按照 16%(10%)的退税率退税;购进时按调整后的 13%(9%)税率征收增值税的,执行 13%(9%)的退税率。自 2019 年 7 月 1 日起,出口上述货物服务,购进时已按 16%、13%税率征收增值税的,执行 13%的退税率;购进时已按 10%、9%税率征收增值税的,执行 9%的退税率。	2019 年 6 月 30 日前(含 4 月 1 日前)出口适用增值税免抵退税办法的货物服务(原征退税率均为 16%或 10%的),继续执行 16%(10%)的退税率。这里要说明一下,按照这个过渡政策,在过渡期内,生产企业可能出现购入 13%(9%)税率的货物,出口时适用 16%(10%)的退税率,按照有关计算公式计算免抵退税额时,适用税率减去退税率的差为负数的,要视为零来参与计算免抵退税额。自 2019 年 7 月 1 日起,出口上述货物服务,执行调整后的 13%(9%)的退税率。 这里要单独说明一下的是,39 号公告第三条第二款在表述过渡期政策时,在"2019 年 6 月 30 日前"之后有个"(含 4 月 1 日前)"。按照这一规定,如果一家外贸企业 4 月 1 日前报关出口了一批适用税率 16%(10%)的货物,4 月 1 日之后取得 13%(9%)的增值税专用发票,应按照 13%(9%)的退税率办理退税;取得 16%(10%)的增值税专用发票,应执行 16%(10%)的退税率。如果一家生产企业 4 月 1 日前报关出口了一批适用税率 16%(10%)的货物,应执行 16%(10%)的退税率。

在 2019 年 6 月 30 前,分为两种情况:如果是外贸,执行出口免退税。原来购进的商品征率是 16%,退税率还是 16%;购进的征率是 13%,退税率就是 13%。如果是生产型的,执行免抵退税。在 2019 年 6 月 30 日之前出口的,一律按照 16%退税。原因是他们的进项无法跟出口一一对应,这样简便处理。退税率的执行时间以退税物品增值税发票上的开具日为准。

缓冲期内,适用增值税免退税办法的[指不具有生产能力的出口企业(即外贸企业)或其他单位出口货物、劳务和外贸企业外购服务和无形资产出口的],按规定取得调整前(后)税率的抵扣凭证,就按调整前(后)出口退税率退税;缓冲期内,适用增值税免抵退税办法的(指生产企业出口自产货物和视同自产货物及对外提供加工修理修配劳务,以及列名的生产企业出口非自产货物;适用一般计税方法的零税率应税行为提供者发生零税率应税行为;外贸企业直接出口服务或自行研发的无形资产出口的),执行调整前的出口退税率,在计算免抵退税时,适用税率低于出口退税率的,适用税率与出口退税率之差视为零参与免抵退税计算——比如:取得调整后为 13%税率的抵扣凭证,"缓冲期"内由于仍可按原退税率 16%退税,而此时征税与退税之差为负数,无法按常规计算"当期免抵退不得免征和抵扣税额",所以索性当零处理。

---

1. 某外贸企业于 2019 年 3 月 15 日购进一批货物(原征退税率均为 16%),取得税率 16%的增值税专用发票。4 月 15 日,又购进一批货物,取得税率为 13%的增值税专用发票。7 月 15 日,该企业将上述货物出口,出口货物报关单上注明的出口日期为 7 月 15 日。该批出口货物适用什么退税率?

答:根据 39 号公告规定,自 2019 年 4 月 1 日起,原适用 16%税率且出口退税率为 16%的出口货物,出口退税率调整为 13%。2019 年 6 月 30 日前(含 2019 年 4 月 1 日前),纳税人出口上述货物,适用增值税免退税办法的,购进时已按调整前税率征收增值税的,执行调整前的出口退税率,购进时已按调整后税率征收增值税的,执行调整后的出口退税率。按照上述规定,因该批货物出口日期在 6 月 30 日之后,过渡期已经结束,应统一适用 13%的退税率。

4）退税率执行时间和出口时间的确定

出口退税率的执行时间应按照下列原则确认：一是报关出口（不含保税区出口）的，以海关出口报关单上注明的出口日期为准；二是保税区及经保税区出口的，以离境时海关出具的出境货物备案清单上注明的出口日期为准；三是非报关出口的，以出口发票或普通发票的开具时间为准。

货物服务的出口时间，也按照上述原则确定。

5）适用免退办法出口退税率的确定规则（2019年4月1日起）

出口货物、劳务、跨境应税行为	出口日期	开票日期	发票信息	退税率
原税率16%且退税率为16%的	≤2019.6.30	≤2019.3.31	16%	16%
		≥2019.4.01	16%	16%
			13%	13%
	≥2019.7.01	≤2019.3.31	16%	13%
		≥2019.4.01	16%	13%
			13%	13%
原税率16%且退税率为13%的		/		13%
原税率16%且退税率为10%的				10%
原税率16%且退税率为6%的				6%
原税率10%且退税率为10%的	≤2019.6.30	≤2019.3.31	10%	10%
		≥2019.4.01	10%	10%
			9%	9%
	≥2019.7.01	≤2019.3.31	10%	9%
		≥2019.4.01	10%	9%
			9%	9%
原税率10%且退税率为6%的		/		6%

【例2-27】　外贸企业A于2019年3月15日购进一批货物，取得国内供货企业为其开具的税率为16%的增值税专用发票；4月15日，又购进一批货物，取得国内供货企业为其开具的税率为13%的增值税专用发票；4月30日，A将上述两批货物出口，出口货物报关单上注明的出口日期为4月30日。对于这种情况，应如何确定两批出口货物退税率？

3月15日购进的出口货物，已按调整前16%的税率征收增值税，应执行调整前16%的退税率。 　　4月15日购进的出口货物，按照调整后13%的税率征收增值税，应执行调整后13%的退税率。	出口退税率的执行时间及出口货物劳务、发生跨境应税行为的时间按以下规定执行： 　　① 报关出口的货物劳务（保税区及经保税区出口除外），以海关出口报关单上注明的出口日期为准； 　　② 保税区及经保税区出口的货物，以货物离境时海关出具的出境货物备案清单上注明的出口日期为准； 　　③ 非报关出口的货物劳务、跨境应税行为，以出口发票或者普通发票的开具时间为准。

4. 离境退税物品退税率的调整

2015年，为促进旅游业发展，国务院决定在全国符合条件的地区实施境外旅客购物离境退税政策。截至目前，实施离境退税政策的省（市）已经有26个。为贯彻落实国务院决定，财政部和国家税务总局分别发布了相关政策文件和管理办法，其中规定，适用税率为17%和13%的，离境退税物品的退税率统一为11%。 　　2017年和2018年，增值税税率进行了两次调整，退税物品的适用税率从17%和13%分别调整到16%和10%，但是，离境退税物品的退税率未做调整，仍然统一为11%。	根据2019年的深化增值税改革方案，增值税税率由16%和10%分别调整为13%和9%。为配合税率调整，我们相应调整了离境退税物品的退税率，针对适用税率为9%的物品，增加了8%的退税率，其他物品，仍维持11%的退税率。也就是说，自2019年4月1日起，将退税物品的退税率由原11%一档调整为11%和8%两档，适用税率为13%的退税物品，退税率为11%；适用税率为9%的退税物品，退税率为8%。

在2019年6月30前，如果购进的货物，征税率为16%和10%的，退税率11%；征税率为13%的，退税率为11%；征税率为9%，退税率为8%。早前，2019年7月1日起，征税率为16%和13%的，退税率为11%；征税率为10%和9%的，退税率为8%。

1）过渡政策

为了最大限度保证境外旅客权益,退税率调整设置了 3 个月的过渡期。过渡期内,境外旅客购买的退税物品,如果已经按照调整前税率征收增值税的,仍然按照调整前 11% 的退税率计算退税。具体来说,境外旅客购买退税物品,如果取得的增值税普通发票是 2019 年 6 月 30 日前(含)开具的,发票上注明税率为 16%、13% 和 10% 的,退税率均为 11%;发票上注明的税率为 9% 的,退税率为 8%。如果取得的增值税普通发票是 2019 年 7 月 1 日以后(含)开具的,发票上注明税率为 16%、13% 的,执行 11% 的退税率;发票上注明的税率为 10%、9% 的,执行 8% 的退税率。	需要说明的是,根据《国家税务总局关于深化增值税改革有关事项的公告》(国家税务总局公告 2019 年第 14 号)的规定,如果退税商店在增值税率调整前发生的销售,未开具增值税发票,在 4 月 1 日后需要补开的,应按照原适用税率 16% 或者 10% 补开。因此,4 月 1 日后还可能会有退税商店开具 16% 或者 10% 的增值税普通发票。

在 2019 年 6 月 30 前,如果购进的货物,征税率为 16% 和 10% 的,退税率 11%;征税率为 13% 的,退税率为 11%;征税率为 9%,退税率为 8%。早前,2019 年 7 月 1 日起,征税率为 16% 和 13% 的,退税率为 11%;征税率为 10% 和 9% 的,退税率为 8%。

2）退税率的执行时间

离境退税物品退税率的执行时间,以境外旅客购买退税物品取得的增值税普通发票开具日期为准。

【例 2-28】 某境外旅客 3 月 20 日到我国游玩,3 月 21 日在北京某退税商店购买了一只皮箱和一批中药饮片,取得了退税商店当天为其开具的增值税普通发票及相应退税申请单,发票上注明皮箱税率 16%、中药饮片税率 10%。4 月 21 日又购买了一批中药饮片,取得发票上注明的税率为 9%。4 月 25 日,该境外旅客从北京首都机场离境。在为该旅客办理离境退税时,应如何计算确定其退税额?

该旅客 3 月 21 日购买的皮箱和中药饮片,应统一按照 11% 的退税率计算退税额,4 月 21 日购买的中药饮片,应按照 8% 的退税率计算退税额。

(二) 适用增值税免税政策的出口货物劳务(财税〔2012〕39 号第六条)

对符合下列条件的出口货物劳务,除适用本通知第七条规定外,按下列规定实行免征增值税(以下称增值税免税)政策:

1. 出口企业或其他单位出口规定的货物,具体是指: (1) 增值税小规模纳税人出口的货物。 (2) 避孕药品和用具,古旧图书。 (3) 软件产品。其具体范围是指海关税则号前四位为"9803"的货物。 (4) 含黄金、铂金成分的货物,钻石及其饰品。其具体范围见本通知附件 7。 (5) 国家计划内出口的卷烟。其具体范围见本通知附件 8。 (6) 已使用过的设备。其具体范围是指购进时未取得增值税专用发票、海关进口增值税专用缴款书但其他相关单证齐全的已使用过的设备。 (7) 非出口企业委托出口的货物。 (8) 非列名生产企业出口的非视同自产货物。 (9) 农业生产者自产农产品〔农产品的具体范围按照《农业产品征税范围注释》(财税〔1995〕52 号)的规定执行〕。 (10) 油画、花生果仁、黑大豆等财政部和国家税务总局规定的出口免税的货物。 (11) 外贸企业取得普通发票、废旧物资收购凭证、农产品收购发票、政府非税收入票据的货物。 (12) 来料加工复出口的货物。 (13) 特殊区域内的企业出口的特殊区域内的货物。 (14) 以人民币现金作为结算方式的边境地区出口企业从所在省(自治区)的边境口岸出口到接壤国家的一般贸易和边境小额贸易出口货物。 (15) 以旅游购物贸易方式报关出口的货物。	2. 出口企业或其他单位视同出口的下列货物劳务: (1) 国家批准设立的免税店销售的免税货物〔包括进口免税货物和已实现退(免)税的货物〕。 (2) 特殊区域内的企业为境外的单位或个人提供加工修理修配劳务。 (3) 同一特殊区域、不同特殊区域内的企业之间销售特殊区域内的货物。	3. 出口企业或其他单位未按规定申报或未补齐增值税退(免)税凭证的出口货物劳务。具体是指: (1) 未在国家税务总局规定的期限内申报增值税退(免)税的出口货物劳务。 (2) 未在规定期限内申报开具《代理出口货物证明》的出口货物劳务。 (3) 已申报增值税退(免)税,却未在国家税务总局规定的期限内向税务机关补齐增值税退(免)税凭证的出口货物劳务。 对于适用增值税免税政策的出口货物劳务,出口企业或其他单位可以依照现行增值税有关规定放弃免税,并依照本通知第七条的规定缴纳增值税。

（续表）

　　申报审核：对于适用增值税免税政策的出口货物和劳务，出口企业或其他单位可以依照现行增值税有关规定放弃免税，并依照财税〔2012〕39号文件第七条"适用增值税免税政策的出口货物和劳务"的规定缴纳增值税。

1. 出口免税货物劳务包括特定企业、特定货物和特定行为

特定的企业	特定的货物	特定的行为
（1）增值税小规模纳税人出口的货物。 （2）非出口企业委托出口的货物。 （3）非列名生产企业出口的非视同自产货物。 （4）特殊区域内的企业出口的特殊区域内的货物。 （5）国家批准设立的免税店销售的免税货物。 （6）特殊区域内的企业为境外的单位或个人提供加工修理修配劳务。 （7）同一特殊区域、不同特殊区域内的企业之间销售特殊区域内的货物。	（1）农业生产者自产农产品。 （2）避孕药品和用具，古旧图书。 （3）软件产品。 （4）含黄金、铂金成分的货物，钻石及其饰品。 （5）国家计划内出口的卷烟。 （6）油画、花生果仁、黑大豆等财政部和国家税务总局规定的出口免税的货物。 （7）来料加工复出口的货物。 （8）以人民币现金作为结算方式的境小额贸易出口货物。 （9）以旅游购物贸易方式报关出口的货物。 （10）提供境外的工程勘察勘探服务等跨境服务。	（1）未在国家税务总局规定的期限内申报增值税退（免）税的出口货物劳务。 （2）未在规定期限内申报开具《代理出口货物证明》的出口货物劳务。 （3）未在期限内收汇的出口货物劳务。 （4）外贸企业取得普通发票、农产品收购发票、政府非税收入票据的货物。 （5）已使用过的设备。其具体范围是指购进时未取得增值税扣税凭证但其他相关单证齐全的已使用过的设备。

2. 国家计划内出口的卷烟的具体范围（财税〔2012〕39号附件8）

　　1. 有出口经营权的卷烟生产企业（具体范围是指湖南中烟工业公司、浙江中烟工业公司、河南中烟工业公司、贵州中烟工业公司、湖北中烟工业公司、陕西中烟工业公司、安徽中烟工业公司）按国家批准的免税出口卷烟计划（以下简称出口卷烟计划）自营出口的自产卷烟。

　　2. 卷烟生产企业按出口卷烟计划委托卷烟出口企业（具体范围是指深圳烟草进出口有限公司、中国烟草辽宁进出口公司、中国烟草黑龙江进出口有限责任公司）出口的自产卷烟；北京卷烟厂按出口卷烟计划委托中国烟草上海进出口有限责任公司出口的自产"中南海"牌卷烟。

　　3. 口岸国际隔离区免税店销售的卷烟。

　　4. 卷烟出口企业（具体范围是指中国烟草上海进出口有限责任公司、中国烟草广东进出口公司、中国烟草山东进出口有限公司、云南烟草国际有限公司、川渝中烟工业公司、福建中烟工业公司）按出口卷烟计划出口的外购卷烟。

3. 市场采购贸易方式出口货物免税（国家税务总局公告2015年第89号）

　　第二条　本办法所称市场采购贸易方式出口货物，是指经国家批准的专业市场集聚区内的市场经营户（以下简称市场经营户）自营或委托从事市场采购贸易经营的单位（以下简称市场采购贸易经营者），按照海关总署规定的市场采购贸易监管办法办理通关手续，并纳入涵盖市场采购贸易各方经营主体和贸易全流程的市场采购贸易综合管理系统管理的货物（国家规定不适用市场采购贸易方式出口的商品除外）。

　　第三条　市场经营户自营或委托市场采购贸易经营者以市场采购贸易方式出口的货物免征增值税。

　　市场采购贸易方式，是指在经认定的市场集聚区内采购商品，单票报关单商品货值15万美元（含15万美元）以下，并由符合条件的经营者在海关指定口岸办理出口商品通关手续的贸易方式。市场采购贸易方式起源于浙江义乌，主要解决无法提供增值税发票的小商品出口问题。目前，商务部等八部门（商务部、发改委、财政部、海关总署、国家税务总局、国家工商总局、质检总局、国家外汇局）分三批，共八个市场纳入市场采购贸易方式试点单位。

4. 免（抵）退税改为免税（财税〔2013〕112号）

　　一、增值税纳税人发生虚开增值税专用发票或者其他增值税扣税凭证、骗取国家出口退税款行为（以下简称增值税违法行为），被税务机关行政处罚或审判机关刑事处罚的，其销售的货物、提供的应税劳务和营业税改征增值税应税服务（以下统称货物劳务服务）执行以下政策：

205

（二）出口企业或其他单位发生增值税违法行为对应的出口货物劳务服务，视同内销，按规定征收增值税（骗取出口退税的按查处骗税的规定处理）。出口企业或其他单位在本通知生效后发生2次增值税违法行为的，自税务机关行政处罚决定或审判机关判决或裁定生效之日的次日起，其出口的所有适用出口退（免）税政策的货物劳务服务，一律改为适用增值税免税政策。纳税人如果已被停止出口退税权的，适用增值税免税政策的起始时间为停止出口退税权期满后的次日。

（四）本通知所称虚开增值税专用发票或其他增值税扣税凭证，是指有为他人虚开、为自己虚开、让他人为自己虚开、介绍他人虚开增值税专用发票或其他增值税扣税凭证行为之一的，但纳税人善意取得虚开增值税专用发票或其他增值税扣税凭证的除外。

二、出口企业购进货物的供货纳税人有属于办理税务登记2年内被税务机关认定为非正常户或被认定为增值税一般纳税人2年内注销税务登记，且符合下列情形之一的，自主管其出口退税的税务机关书面通知之日起，在24个月内出口的适用增值税退（免）税政策的货物劳务服务，改为适用增值税免税政策。

（一）外贸企业使用上述供货纳税人开具的增值税专用发票申报出口退税，在连续12个月内达到200万元以上（含本数，下同）的，或使用上述供货纳税人开具的增值税专用发票，连续12个月内申报退税额占该期间全部申报退税额30%以上的。

（二）生产企业在连续12个月内申报出口退税额达到200万元以上，且从上述供货纳税人取得的增值税专用发票税额达到200万元以上或占该期间全部进项税额30%以上的。

（三）外贸企业连续12个月内使用3户以上上述供货纳税人开具的增值税专用发票申报退税，且占该期间全部供货纳税人户数20%以上的。

（四）生产企业连续12个月内有3户以上上述供货纳税人，且占该期间全部供货纳税人户数20%以上的。

本条所称"连续12个月内"，外贸企业自使用上述供货纳税人开具的增值税专用发票申报退税的当月开始计算，生产企业自从上述供货纳税人取得的增值税专用发票认证当月开始计算。

本通知生效前已出口的上述供货纳税人的货物，出口企业可联系供货纳税人，由供货纳税人举证其销售的货物真实、纳税正常的证明材料，经供货纳税人的主管税务机关盖章认可，并在2014年7月底前按国家税务总局的函调管理办法回函后，税务机关可按规定办理退（免）税，在此之前，没有提供举证材料或举证材料没有被供货纳税人主管税务机关盖章认可并回函的，实行增值税免税政策。

四、被停止出口退税权的纳税人在停止出口退税权期间，如果变更《税务登记证》纳税人名称或法定代表人担任新成立企业的法定代表人的企业，在被停止出口退税权的纳税人停止出口退税权期间出口的货物劳务服务，实行增值税征税政策。

五、出口企业或其他单位出口的适用增值税退（免）税政策的货物劳务服务，如果货物劳务服务的国内收购价格或出口价格明显偏高且无正当理由的，该出口货物劳务服务适用增值税免税政策。主管税务机关按照下列方法确定货物劳务服务价格是否偏高：

（一）按照该企业最近时期购进或出口同类货物劳务服务的平均价格确定。

（二）按照其他企业最近时期购进或出口同类货物劳务服务的平均价格确定。

（三）按照组成计税价格确定。组成计税价格的公式为：

$$组成计税价格＝成本×（1＋成本利润率）$$

成本利润率由国家税务总局统一确定并公布。

六、出口企业或其他单位存在下列情况之一的，其出口适用增值税退（免）税政策的货物劳务服务，一律适用增值税免税政策：

（一）法定代表人不知道本人是法定代表人的。

（二）法定代表人为无民事行为能力人或限制民事行为能力人的。

（三）跨境应属行为免税适用范围（财税〔2016〕36号附件4）

二、境内的单位和个人销售的下列服务和无形资产免征增值税，但财政部和国家税务总局规定适用增值税零税率的除外：

（一）下列服务：

1. 工程项目在境外的建筑服务。

2. 工程项目在境外的工程监理服务。

3. 工程、矿产资源在境外的工程勘察勘探服务。

4. 会议展览地点在境外的会议展览服务。

5. 存储地点在境外的仓储服务。

6. 标的物在境外使用的有形动产租赁服务。

7. 在境外提供的广播影视节目（作品）的播映服务。

8. 在境外提供的文化体育服务、教育医疗服务、旅游服务。

（二）为出口货物提供的邮政服务、收派服务、保险服务。

为出口货物提供的保险服务，包括出口货物保险和出口信用保险。

（三）向境外单位提供的完全在境外消费的下列服务和无形资产：

1. 电信服务。

2. 知识产权服务。

3. 物流辅助服务（仓储服务、收派服务除外）。

4. 鉴证咨询服务。

5. 专业技术服务。

6. 商务辅助服务。

7. 广告投放地在境外的广告服务。

8. 无形资产。

（四）以无运输工具承运方式提供的国际运输服务。

（五）为境外单位之间的货币资金融通及其他金融业务提供的直接收费金融服务，且该服务与境内的货物、无形资产和不动产无关。

（六）财政部和国家税务总局规定的其他服务。

三、按照国家有关规定应取得相关资质的国际运输服务项目，纳税人取得相关资质的，适用增值税零税率政策，未取得的，适用增值税免税政策。

境内的单位或个人提供程租服务，如果租赁的交通工具用于国际运输服务和港澳台运输服务，由出租方按规定申请适用增值税零税率。

境内的单位和个人向境内单位或个人提供期租、湿租服务，如果承租方利用租赁的交通工具向其他单位或个人提供国际运输服务和港澳台运输服务，由承租方适用增值税零税率。境内的单位或个人向境外单位或个人提供期租、湿租服务，由出租方适用增值税零税率。

境内单位和个人以无运输工具承运方式提供的国际运输服务，由境内实际承运人适用增值税零税率；无运输工具承运业务的经营者适用增值税免税政策。

《跨境应税行为增值税免税管理办法》（国家税务总局公告2016年第29号）	
第二条　下列跨境应税行为免征增值税：	
（一）工程项目在境外的建筑服务	工程总承包方和工程分包方为施工地点在境外的工程项目提供的建筑服务，均属于工程项目在境外的建筑服务。
（二）工程项目在境外的工程监理服务	
（三）工程、矿产资源在境外的工程勘察勘探服务	
（四）会议展览地点在境外的会议展览服务	为客户参加在境外举办的会议、展览而提供的组织安排服务，属于会议展览地点在境外的会议展览服务。
（五）存储地点在境外的仓储服务	
（六）标的物在境外使用的有形动产租赁服务	
（七）在境外提供的广播影视节目（作品）的播映服务	在境外提供的广播影视节目（作品）播映服务，是指在境外的影院、剧院、录像厅及其他场所播映广播影视节目（作品）。 通过境内的电台、电视台、卫星通信、互联网、有线电视等无线或者有线装置向境外播映广播影视节目（作品），不属于在境外提供的广播影视节目（作品）播映服务。
（八）在境外提供的文化体育服务、教育医疗服务、旅游服务	在境外提供的文化体育服务和教育医疗服务，是指纳税人在境外现场提供的文化体育服务和教育医疗服务。 为参加在境外举办的科技活动、文化活动、文化演出、文化比赛、体育比赛、体育表演、体育活动而提供的组织安排服务，属于在境外提供的文化体育服务。 通过境内的电台、电视台、卫星通信、互联网、有线电视等媒体向境外单位或个人提供的文化体育服务或教育医疗服务，不属于在境外提供的文化体育服务、教育医疗服务。

（续表）

（九）为出口货物提供的邮政服务、收派服务、保险服务	1. 为出口货物提供的邮政服务，是指： （1）寄递函件、包裹等邮件出境。 （2）向境外发行邮票。 （3）出口邮册等邮品。 2. 为出口货物提供的收派服务，是指为出境的函件、包裹提供的收件、分拣、派送服务。 纳税人为出口货物提供收派服务，免税销售额为其向寄件人收取的全部价款和价外费用。 3. 为出口货物提供的保险服务，包括出口货物保险和出口信用保险。
（十）向境外单位销售的完全在境外消费的电信服务	纳税人向境外单位或者个人提供的电信服务，通过境外电信单位结算费用的，服务接受方为境外电信单位，属于完全在境外消费的电信服务。
（十一）向境外单位销售的完全在境外消费的知识产权服务	服务实际接受方为境内单位或者个人的知识产权服务，不属于完全在境外消费的知识产权服务。
（十二）向境外单位销售的完全在境外消费的物流辅助服务（仓储服务、收派服务除外）	境外单位从事国际运输和港澳台运输业务经停我国机场、码头、车站、领空、内河、海域时，纳税人向其提供的航空地面服务、港口码头服务、货运客运站场服务、打捞救助服务、装卸搬运服务，属于完全在境外消费的物流辅助服务。
（十三）向境外单位销售的完全在境外消费的鉴证咨询服务	下列情形不属于完全在境外消费的鉴证咨询服务： 1. 服务的实际接受方为境内单位或者个人。 2. 对境内的货物或不动产进行的认证服务、鉴证服务和咨询服务。
（十四）向境外单位销售的完全在境外消费的专业技术服务	下列情形不属于完全在境外消费的专业技术服务： 1. 服务的实际接受方为境内单位或者个人。 2. 对境内的天气情况、地震情况、海洋情况、环境和生态情况进行的气象服务、地震服务、海洋服务、环境和生态监测服务。 3. 为境内的地形地貌、地质构造、水文、矿藏等进行的测绘服务。 4. 为境内的城、乡、镇提供的城市规划服务。
（十五）向境外单位销售的完全在境外消费的商务辅助服务	1. 纳税人向境外单位提供的代理报关服务和货物运输代理服务，属于完全在境外消费的代理报关服务和货物运输代理服务。 2. 纳税人向境外单位提供的外派海员服务，属于完全在境外消费的人力资源服务。外派海员服务，是指境内单位派出属于本单位员工的海员，为境外单位在境外提供的船舶驾驶和船舶管理等服务。 3. 纳税人以对外劳务合作方式，向境外单位提供的完全在境外发生的人力资源服务，属于完全在境外消费的人力资源服务。对外劳务合作，是指境内单位与境外单位签订劳务合作合同，按照合同约定组织和协助中国公民赴境外工作的活动。 4. 下列情形不属于完全在境外消费的商务辅助服务： （1）服务的实际接受方为境内单位或者个人。 （2）对境内不动产的投资与资产管理服务、物业管理服务、房地产中介服务。 （3）拍卖境内货物或不动产过程中提供的经纪代理服务。 （4）为境内货物或不动产的物权纠纷提供的法律代理服务。 （5）为境内货物或不动产提供的安全保护服务。
（十六）向境外单位销售的广告投放地在境外的广告服务	广告投放地在境外的广告服务，是指为在境外发布的广告提供的广告服务。

（续表）

（十七）向境外单位销售的完全在境外消费的无形资产（技术除外）	下列情形不属于向境外单位销售的完全在境外消费的无形资产： 1. 无形资产未完全在境外使用。 2. 所转让的自然资源使用权与境内自然资源相关。 3. 所转让的基础设施资产经营权、公共事业特许权与境内货物或不动产相关。 4. 向境外单位转让在境内销售货物、应税劳务、服务、无形资产或不动产的配额、经营权、经销权、分销权、代理权。
（十八）为境外提供的直接收费金融服务	为境外单位之间的货币资金融通及其他金融业务提供的直接收费金融服务，且该服务与境内的货物、无形资产和不动产无关。 为境外单位之间、境外单位和个人之间的外币、人民币资金往来提供的资金清算、资金结算、金融支付、账户管理服务，属于为境外单位之间的货币资金融通及其他金融业务提供的直接收费金融服务。
（十九）属于以下情形的国际运输服务	1. 以无运输工具承运方式提供的国际运输服务。 2. 以水路运输方式提供国际运输服务但未取得《国际船舶运输经营许可证》的。 3. 以公路运输方式提供国际运输服务但未取得《道路运输经营许可证》或者《国际汽车运输行车许可证》，或者《道路运输经营许可证》的经营范围未包括"国际运输"的。 4. 以航空运输方式提供国际运输服务但未取得《公共航空运输企业经营许可证》，或者其经营范围未包括"国际航空客货邮运输业务"的。 5. 以航空运输方式提供国际运输服务但未持有《通用航空经营许可证》，或者其经营范围未包括"公务飞行"的。
（二十）符合零税率政策但适用简易计税方法或声明放弃适用零税率选择免税的下列应税行为	1. 国际运输服务。 2. 航天运输服务。 3. 向境外单位提供的完全在境外消费的下列服务： （1）研发服务。 （2）合同能源管理服务。 （3）设计服务。 （4）广播影视节目（作品）的制作和发行服务。 （5）软件服务。 （6）电路设计及测试服务。 （7）信息系统服务。 （8）业务流程管理服务。 （9）离岸服务外包业务。 4. 向境外单位转让完全在境外消费的技术。

第三条　纳税人向国内海关特殊监管区域内的单位或者个人销售服务、无形资产，不属于跨境应税行为，应照章征收增值税。

第四条　2016年4月30日前签订的合同，符合《财政部　国家税务总局关于将铁路运输和邮政业纳入营业税改征增值税试点的通知》（财税〔2013〕106号）附件4和《财政部　国家税务总局关于影视等出口服务适用增值税零税率政策的通知》（财税〔2015〕118号）规定的免税政策条件的，在合同到期前可以继续享受免税政策。

（四）出口退税率调整及离境退税政策问题解答

1. 此次深化增值税改革，出口退税率做了哪些调整？此次出口退税率调整后，退税率有几个档次？

答：16％、10％两档增值税税率下调后，出口退税率也做了相应调整，即原适用16％税率且出口退税率为16％的出口货物劳务，出口退税率调整为13％；原适用10％税率且出口退税率为10％的出口货物、跨境应税行为，出口退税率调整为9％。除上述调整外，其他退税率保持不变。本次出口退税率调整后，退税率档次由改革前的16％、13％、10％、6％、0％调整为13％、10％、9％、6％、0％，仍保持五档。

2. 调整后的出口退税率什么时间开始执行？是否设置了过渡期？

答：出口退税率调整自2019年4月1日起执行。为给出口企业消化前期购进的货物、原材料等库存留出时间，此次出口退税率调整设置了3个月的过渡期，即2019年6月30日前，企业出口货物劳务、发生跨境应税行为，可根据具体的情形适用相应的过渡期规定，过渡期后再统一按调整后的退税率执行。

3. 某货物原增值税适用税率为 16％、出口退税率为 13％，4 月 1 日后退税率会调整吗？

答：本次改革，除"原适用 16％税率且出口退税率为 16％的出口货物劳务"及"原适用 10％税率且出口退税率为 10％的出口货物、跨境应税行为"外，其他货物劳务、跨境应税行为的出口退税率保持不变。因此，原"增值税适用税率为 16％、出口退税率为 13％"的货物，改革后适用税率降至 13％，出口退税率仍保持 13％不变。

4. 适用增值税免退税办法的出口企业，在 2019 年 6 月 30 日前出口涉及退税率调整的货物劳务，以及发生涉及退税率调整的跨境应税行为，出口退税率如何适用？

答：适用增值税免退税办法的出口企业，在 2019 年 6 月 30 日前（含 2019 年 4 月 1 日前）出口涉及退税率调整的货物劳务，以及发生涉及退税率调整的跨境应税行为，购进时已按调整前税率征收增值税的，执行调整前的出口退税率；购进时已按调整后税率征收增值税的，执行调整后的出口退税率。

5. 适用增值税免抵退税办法的出口企业，在 2019 年 6 月 30 日前出口涉及退税率调整的货物劳务，以及发生涉及退税率调整的跨境应税行为，适用什么出口退税率？

答：适用增值税免抵退税办法的出口企业，在 2019 年 6 月 30 日前出口涉及退税率调整的货物劳务，以及发生涉及退税率调整的跨境应税行为，执行调整前的出口退税率。

6. 某外贸企业在 2019 年 4 月 1 日前购进一批原征 16％退 16％的货物，但在 2019 年 6 月 30 日后才报关出口，适用什么出口退税率？

答：2019 年 6 月 30 日后，统一执行调整后的出口退税率，因此，该批出口货物适用 13％的退税率。

7. 外贸企业在 4 月 1 日前将涉及退税率调整的货物报关出口，4 月 1 日后取得按调整后税率开具的购进货物增值税专用发票，适用什么出口退税率？

答：外贸企业在 4 月 1 日前报关出口的货物，4 月 1 日后取得按调整后开具的购进货物增值税专用发票，在办理退税时，适用调整后的退税率。

8. 某外贸企业在 2019 年 3 月 25 日报关出口了一批货物（征退税率均为 16％），出口货物报关单上注明的出口日期为 3 月 25 日。该企业 4 月 5 日取得国内供货企业为其开具的税率为 13％的增值税专用发票？请问该批出口货物适用什么退税率？退税物品退税率的执行时间，是以增值税普通发票的开具日期为准，还是以离境退税申请单的开单日期为准？

答：按照现行政策规定，2019 年 6 月 30 日前（含 2019 年 4 月 1 日前），纳税人出口适用增值税免退税办法的货物，购进时已按调整前税率征收增值税的，执行调整前的出口退税率，购进时已按调整后税率征收增值税的，执行调整后的出口退税率。该企业 4 月 5 日取得国内供货企业为其开具的税率为 13％的增值税专用发票，按照上述规定，应适用 13％的退税率。退税物品退税率的执行时间，以增值税普通发票的开具日期为准。

9. 过渡期内适用增值税免抵退税办法的企业出口货物劳务、发生跨境应税行为，怎么解决在计算免抵退时出现的适用税率小于出口退税率的问题？

答：过渡期内适用免抵退税办法的企业出口货物劳务、发生跨境应税行为，在计算免抵退税时，适用税率低于出口退税率的，适用税率与出口退税率之差视为零参与免抵退税计算。

10. 调整出口退税率的执行时间按什么确定？

答：调整出口退税率的执行时间及出口货物劳务、发生跨境应税行为的时间按以下规定执行：报关出口的货物劳务（保税区及经保税区出口除外），以海关出口报关单上注明的出口日期为准；非报关出口的货物劳务、跨境应税行为，以出口发票或普通发票的开具时间为准；保税区及经保税区出口的货物，以货物离境时海关出具的出境货物备案清单上注明的出口日期为准。

11. 什么是离境退税政策？

答：离境退税政策，是指境外旅客在离境口岸离境时，对其在退税商店购买的退税物品退还增值税的政策。

这里的"境外旅客"，是指在我国境内连续居住不超过 183 天的外国人和港澳台同胞。"离境口岸"，是指实施离境退税政策的地区正式对外开放并设有退税代理机构的口岸，包括航空口岸、水运口岸和陆地口岸。"退税物品"，是指由境外旅客本人在退税商店购买且符合退税条件的个人物品，但不包括下列物品：(1)《中华人民共和国禁止、限制进出境物品表》所列的禁止、限制出境物品；(2)退税商店销售的适用增值税免税政策的物品；(3)财政部、海关总署、国家税务总局规定的其他物品。

12. 哪些地区可以实施离境退税政策？

答：全国符合条件的地区，经财政部、海关总署、税务总局备案后，均可实施离境退税政策。截至目前，实施离境退税政策的地区共有 26 个，包括北京、上海、天津、安徽、福建、四川、厦门、辽宁、青岛、深圳、江苏、云南、陕西、广东、黑龙江、山东、新疆、河南、宁夏、湖南、甘肃、海南、重庆、河北、广西、江西。

13. 拟实施离境退税政策的地区需符合哪些条件？

答：实施离境退税政策的地区需符合以下条件：(1)该地区省级人民政府同意实施离境退税政策，提交实施方案，自行负担必要的费用支出，并为海关、税务监管提供相关条件；(2)该地区能够建立有效的部门联合工作机制，在省级人民政府统一领导下，由财政部门会同海关、税务等有关部门共同协调推进，确保本地区工作平稳有序开展；(3)使用国家税务总局商海关总署确定的跨部门、跨地区的互联互通的离境退税信息管理系统；(4)符合财政部、海关总署和国家税务总局要求的其他条件。

14. 拟实施离境退税政策的地区如何向财政部、海关总署、税务总局备案？

答：符合上述条件的地区，应由省级人民政府将包括拟实施日期、离境口岸、退税代理机构、办理退税场所、退税手续费负担机制、退税商店选择情况和离境退税信息管理系统试运行等情况的离境退税政策实施方案报财政部、海关总署和国家税务总局备案，备案后该地区即可实施离境退税政策。

15. 境外旅客购物申请离境退税需符合哪些条件？

答：(1)同一境外旅客同一日在同一退税商店购买的退税物品金额达到 500 元人民币；(2)退税物品尚未启用或消费；(3)离境日距退税物品购买日不超过 90 天；(4)所购退税物品由境外旅客本人随身携带或随行托运出境。

16. 境外旅客如何申请办理离境退税？

答：境外旅客购物离境退税的办理流程可分为旅客购物申请开单开票、海关验核确认、代理机构审核退税三个环节。

具体来说：(1)旅客购物申请开单开票：境外旅客在退税商店购买退税物品后，需要申请退税的，应当向退税商店索取境外旅客购物离境退税申请单和销售发票；(2)海关验核确认：境外旅客在离境口岸离境时，应当主动持退税物品、退税申请单、退税物品销售发票向海关申报并接受海关监管。海关验核无误后，在境外旅客购物离境退税申请单上签章；(3)代理机构审核退税：境外旅客凭护照等本人有效身份证件、海关验核签章的退税申请单、退税物品销售发票向设在办理境外旅客离境手续的离境口岸隔离区内的退税代理机构申请办理退税。退税代理机构对相关信息审核无误后，为境外旅客办理退税。

17. 2019 年深化增值税改革中，离境退税政策做了哪些调整？

答：根据今年深化增值税改革方案，增值税税率由 16% 和 10% 分别调整为 13% 和 9%。为配合税率调整，离境退税物品的退税率相应调整，针对适用税率为 9% 的物品，增加了 8% 的退税率，其他物品，仍维持11% 的退税率。也就是说，自 2019 年 4 月 1 日起，将退税物品的退税率由原 11% 一档调整为 11% 和 8% 两档，适用税率为 13% 的退税物品，退税率为 11%；适用税率为 9% 的退税物品，退税率为 8%。同时，为了最大限度保证境外旅客权益，退税率调整设置了 3 个月的过渡期。过渡期内，境外旅客购买的退税物品，如果已经按照调整前税率征收增值税的，仍然按照调整前 11% 的退税率计算退税。

18. 如何确定本次离境退税物品退税率调整的执行时间？

答：退税物品退税率执行时间，以境外旅客购买退税物品取得的增值税普通发票开具日期为准。

19. 某境外旅客 3 月 20 日到我国游玩，3 月 21 日在北京某退税商店购买了一只皮箱，取得了退税商店当天为其开具的增值税普通发票及相应退税申请单，发票上注明皮箱税率 16%。4 月 25 日，该境外旅客离境，在为该旅客办理离境退税时，应使用哪档退税率计算皮箱退税额？

答：应按照 11% 的退税率计算。

20. 某境外旅客 3 月 20 日到我国游玩，3 月 21 日在北京某退税商店购买了一批中药饮片，取得了退税商店当天为其开具的增值税普通发票及相应退税申请单，发票上注明税率 10%。4 月 25 日，该境外旅客离境，在为该旅客办理离境退税时，应使用哪档退税率计算中药饮片退税额？

答：按照过渡期内，境外旅客购买的退税物品，如果已经按照调整前税率征收增值税的，仍然执行调整前退税率的原则，应使用 11% 的退税率计算中药饮片的退税额。

第十五节　优化增值税发票服务

政策依据：

《国家税务总局关于进一步做好纳税人增值税发票领用等工作的通知》(税总函〔2019〕64 号)；

《国家税务总局关于小规模纳税人免征增值税政策有关征管问题的公告》(国家税务总局公告 2019 年第 4 号)；

《国家税务总局关于扩大小规模纳税人自行开具增值税专用发票试点范围等事项的公告》(国家税务总局公告 2019 年第 8 号)；

《国家税务总局关于调整增值税专用发票防伪措施有关事项的公告》(国家税务总局公告 2019 年第 9 号)；

《国家税务总局关于深化增值税改革有关事项的公告》(国家税务总局公告 2019 年第 14 号)。

一、便捷增值税发票领用（税总函〔2019〕64 号）

为了贯彻落实党中央、国务院关于支持民营经济发展的决策部署，深化税务系统"放管服"改革，优化税收营商环境，进一步做好纳税人增值税发票（以下简称"发票"）领用等工作，现就有关事项通知如下：

（一）合理满足纳税人发票使用需求

各级税务机关不得简单按照纳税人所有制性质、所处行业、所在区域等因素，对纳税人领用发票进行不合理限制。要根据纳税人税收风险程度、纳税信用级别和实际经营情况，合理确定发票领用数量和最高开票限额，及时做好发票发放工作，保障纳税人正常生产经营。纳税人因实际经营情况发生变化提出增加发票领用数量和最高开票限额，经依法依规审核未发现异常的，主管税务机关要及时为纳税人办理"增版""增量"。对纳税人增值税异常扣税凭证要依法依规进行认定和处理，除存在购销严重背离、虚假纳税申报、税务约谈两次无故不到等涉嫌虚开发票的情形外，不得限制纳税人开具发票。对于已经由税务机关按照政策规定和流程解除非正常户的纳税人，主管税务机关应当在 2 个工作日内恢复其税控系统开票功能，保障纳税人正常开具发票。

（二）积极推进发票领用分类分级管理

对于税收风险程度较低的纳税人，按需供应发票；对于税收风险程度中等的纳税人，正常供应发票，加强事中事后监管；对于税收风险程度较高的纳税人，严格控制其发票领用数量和最高开票限额，并加强事中事后监管。国家税务总局各省、自治区、直辖市和计划单列市税务局（以下简称"各省区市税务局"）应积极探索依托信息技术手段，通过科学设置预警监控指标，有效识别纳税人税收风险程度，并且据此开展发票领用分类分级管理工作。

对于纳税信用 A 级的纳税人，按需供应发票，可以一次领取不超过 3 个月的发票用量。纳税信用 B 级的纳税人可以一次领取不超过 2 个月的发票用量。以上两类纳税人生产经营情况发生变化需要调整发票用量的，按照规定及时办理。

（三）提示提醒纳税人发票使用风险

纳税人在办理实名认证时，主管税务机关应及时对其法定代表人（业主、负责人）进行税法宣传，提示发票使用中存在的涉税风险，提醒发票违法违规需要承担的法律责任。税务总局结合部分地区相关工作经验，编制了《发票使用风险提示提醒样例》，各级税务机关可以以此为参考，创新开展相关工作。

（四）全面推行发票网上申领

进一步扩大发票网上申领适用范围，已经实现办税人员实名信息采集和验证的纳税人，可以自愿选择使用网上申领方式领用发票。在全面推行发票网上申领的同时，各级税务机关要注重做好发票领用风险防控和发票物流配送衔接，确保发票网上申领简便易用、风险可控、安全可靠。

（五）及时解决纳税人反映的问题

对于纳税人提出的发票领用问题和相关诉求，各级税务机关要严格落实首问责任制，及时进行回应和处理。对于纳税人的投诉和举报，各级税务机关要予以高度重视，及时开展核查处理。

（六）有序做好发票库存管理

各级税务机关要科学编制发票印制计划，既要保证纳税人使用需要，又要避免库存过多增加管理成本。要密切监控发票库存情况，主动做好辖区内发票的入库、调拨、发放等工作。要加强与发票印制单位的沟通协调，确保已经下达印制计划的发票保质、保量、按期配送到位。

（七）运用内控平台规范发票管理服务行为

各级税务机关要按照增值税发票管理风险内部控制制度的相关要求做好内部控制工作，及早防范风险、化解风险。注重防控在发票领用中设置不合理限制、刁难纳税人等发票服务方面的内部管理风险，优化业务流程、完善管理软件内控功能，充分利用税务系统内部控制监督平台等科技手段加强监控，不断规范发票管理服务行为。

（八）持续开展政策宣传和操作辅导

各级税务机关要利用办税服务厅、税务网站、微信微博等渠道，主动开展政策宣传，引导纳税人快速办理发票领用手续，规范纳税人发票开具行为。要督促税控服务单位做好对纳税人的培训辅导，通过现场培训、在线培训等形式，帮助纳税人熟练掌握税控系统领票和开票操作，不断提高纳税人领票和开票效率。

各省区市税务局可以在现行政策框架下，结合本地实际情况，进一步创新发票服务和管理举措，为纳税人领用发票提供更多便利。

二、扩大小规模纳税人自行开具增值税专用发票试点范围（国家税务总局公告 2019 年第 8 号）

将小规模纳税人自行开具增值税专用发票试点范围由住宿业、鉴证咨询业、建筑业、工业、信息传输、软件和信息技术服务业，扩大至租赁和商务服务业、科学研究和技术服务业、居民服务、修理和其他服务业。上述 8 个行业小规模纳税人（以下称"试点纳税人"）发生增值税应税行为，需要开具增值税专用发票的，可以自愿使用增值税发票管理系统自行开具。

试点纳税人销售其取得的不动产，需要开具增值税专用发票的，应当按照有关规定向税务机关申请代开。

试点纳税人应当就开具增值税专用发票的销售额计算增值税应纳税额，并在规定的纳税申报期内向主管税务机关申报缴纳。在填写增值税纳税申报表时，应当将当期开具增值税专用发票的销售额，按照 3% 和 5% 的征收率，分别填写在《增值税纳税申报表》（小规模纳税人适用）第 2 栏和第 5 栏"税务机关代开的增值税专用发票不含税销售额"的"本期数"相应栏次中。

三、扩大取消增值税发票认证的纳税人范围（国家税务总局公告 2019 年第 8 号）

将取消增值税发票认证的纳税人范围扩大至全部一般纳税人。一般纳税人取得增值税发票（包括增值税专用发票、机动车销售统一发票、收费公路通行费增值税电子普通发票，下同）后，可以自愿使用增值税发票选择确认平台查询、选择用于申报抵扣、出口退税或者代办退税的增值税发票信息。

四、调整增值税专用发票防伪措施（国家税务总局公告 2019 年第 9 号）

2019 年 2 月 3 日起，取消光角变色圆环纤维、造纸防伪线等防伪措施，继续保留防伪油墨颜色擦可变、专用异型号码、复合信息防伪等防伪措施。

税务机关库存和纳税人尚未使用的增值税专用发票可以继续使用。

（一）防伪油墨颜色擦可变

防伪效果	鉴别方法
发票各联次左上方的发票代码使用防伪油墨印制，油墨印记在外力摩擦作用下可以发生颜色变化，产生红色擦痕（如下图所示）。 发票代码图案原色　　原色摩擦可产生红色擦痕 6100191160　　　　6100191160	使用白纸摩擦票面的发票代码区域，在白纸表面以及发票代码的摩擦区域均会产生红色擦痕。

（二）专用异型号码

防伪效果	鉴别方法
发票各联次右上方的发票号码为专用异型号码，字体为专用异型变化字体（如下图所示）。 9876543210	直观目视识别。

（三）复合信息防伪

防伪效果	鉴别方法
发票的记账联、抵扣联和发票联票面具有复合信息防伪特征。	使用复合信息防伪特征检验仪检测（如下图所示），对通过检测的发票，检验仪自动发出复合信息防伪特征验证通过的语音提示。

五、税率调整后增值税发票开具和开票软件升级

（一）税率调整后增值税发票开具

国家税务总局公告 2019 年第 14 号	说　明
一、增值税一般纳税人（以下称纳税人）在增值税税率调整前已按原 16％、10％适用税率开具的增值税发票，发生销售折让、中止或者退回等情形需要开具红字发票的，按照原适用税率开具红字发票；开票有误需要重新开具的，先按照原适用税率开具红字发票后，再重新开具正确的蓝字发票。 二、纳税人在增值税税率调整前未开具增值税发票的增值税应税销售行为，需要补开增值税发票的，应当按照原适用税率补开。 三、增值税发票税控开票软件税率栏次默认显示调整后税率，纳税人发生本公告第一条、第二条所列情形的，可以手工选择原适用税率开具增值税发票。	（一）关于国家税务总局公告 2019 年第 14 号（以下简称 14 号公告）第一条的说明 　　如果纳税人此前已按原 17％、11％适用税率开具了增值税发票，发生销售折让、中止或者退回等情形需要开具红字发票的，应按照《国家税务总局关于统一小规模纳税人标准等若干增值税问题的公告》（国家税务总局公告 2018 年第 18 号，以下称 18 号公告）相关规定执行。 　　简单来说，纳税人在开具红字发票时，原来发票按什么税率开具，红字发票就按什么税率开具。 　　（二）关于 14 号公告第二条的说明 　　需要说明的是，如果纳税人还存在 2018 年税率调整前未开具增值税发票的应税销售行为，需要补开增值税发票的，可根据 18 号公告相关规定，按照原 17％、11％适用税率补开。 　　（三）关于 14 号公告第三条的说明 　　需要说明的是，各地税务机关要对纳税人发票开具情况进行动态监控和分析研判。在 2019 年 4 月 1 日之前，要重点监控纳税人错用新税率开具发票的情况。例如，纳税人因对政策理解有误，错误开具 13％税率的发票，各地税务机关要及时予以纠正。在 4 月 1 日之后，要重点监控纳税人错用旧税率开具发票的情况。对于大量开具原适用税率发票或者大量红冲、作废原适用税率发票等情形，及时分析研判，开展有针对性的服务和管理工作。

（二）税率调整后开票软件升级

国家税务总局公告 2019 年第 14 号	说　明
四、税务总局在增值税发票税控开票软件中更新了《商品和服务税收分类编码表》，纳税人应当按照更新后的《商品和服务税收分类编码表》开具增值税发票。 五、纳税人应当及时完成增值税发票税控开票软件升级和自身业务系统调整。	（一）关于 14 号公告第四条的说明 　　针对此次税率调整情况，税务总局对《商品和服务税收分类编码表》中的对应税率进行了配套调整。纳税人在完成税控开票软件升级时，能够同步完成《商品和服务税收分类编码表》更新操作。 　　税控开票软件对新版《商品和服务税收分类编码表》的启用时点进行了控制。4 月 1 日零时前，纳税人只能按照此次改革调整前的税率开具发票；4 月 1 日零时后，纳税人才可以按照调整后的税率开具发票。 　　（二）关于 14 号公告第五条的说明 　　此次深化增值税改革，包括"开好票""报好税""算好账""服好务""完善好"等攻坚战役。"开好票"是各项改革措施落地生效的重要前提，为便于各地税务机关准确掌握开票软件升级工作口径，税务总局于 3 月 24 日发布了《关于税控开票软件升级工作有关事项的通知》（税总货便函〔2019〕51 号），进一步明确了升级范围、升级方式和升级要求。各地税务机关要严格按照通知要求，做好开票软件升级工作。

（三）问题答疑

1. 本次税率调整，我可以采取哪种方式升级税控开票软件？

答：为便利纳税人及时升级税控开票软件，税务机关提供了多种渠道供纳税人选择。一是在线升级，纳税人只要在互联网连接状态下登录税控开票软件，系统会自动提示升级，只要根据提示即可完成升级操作；二是自行下载升级，纳税人可以在税务机关或者税控服务单位的官方网站上自行下载开票软件升级包；三是点对点辅导升级，如果纳税人属于不具备互联网连接条件的特定纳税人或者在线升级过程中遇到问题，可以主动联系税控服务单位享受点对点升级辅导服务。

2. 我完成税控开票软件升级后，可以立即开具调整后税率的增值税发票吗？

答：纳税人完成税控开票软件升级后，在 4 月 1 日之后才能选择调整后税率开具增值税发票。

3. 我是增值税一般纳税人，2019 年 3 月份发生增值税销售行为，但尚未开具增值税发票，请问我在 4 月 1 日后如需补开发票，应当按照调整前税率还是调整后税率开具发票？

答：一般纳税人在增值税税率调整前未开具增值税发票的增值税应税销售行为，需要在4月1日之后补开增值税发票的，应当按照原适用税率补开。

4. 我是增值税一般纳税人，2019年3月底发生增值税销售行为，并开具增值税专用发票。4月3日，购买方告知，需要将货物退回，此时，我方尚未将增值税专用发票交付给购买方。请问我应当如何开具发票？

答：一般纳税人在增值税税率调整前已按原适用税率开具的增值税发票，因发生销售折让、中止或者退回等情形需要开具红字发票的，如果购买方尚未用于申报抵扣，销售方可以在购买方将发票联及抵扣联退回后，在增值税发票管理系统中填开并上传《开具红字增值税专用发票信息表》，并按照调整前税率开具红字发票。

5. 我是一名可以享受加计抵减政策的鉴证咨询业一般纳税人，请问在4月1日后，我认证进项增值税专用发票的操作流程有没有变化？

答：没有任何变化，您可以按照现有流程扫描认证纸质发票或者在增值税发票选择确认平台进行勾选确认。

6. 我单位取得了一张票面税率栏次填写错误的增值税普通发票，应该如何处理？

答：按照《中华人民共和国发票管理办法》规定，"不符合规定的发票，不得作为财务报销凭证，任何单位和个人有权拒收"。因此，您可将已取得的发票联次退回销售方，并要求销售方重新为您开具正确的发票。

7. 我在完成税控开票软件升级后，可以立即开具调整后税率的增值税发票吗？

答：增值税发票税控开票软件对调整后税率的启用时点进行了自动控制。4月1日零时前，纳税人只能选择调整前的税率开具发票；4月1日零时后，才可以选择调整后的税率开具发票。

8. 我是一名增值税一般纳税人，2019年3月份在销售适用16％税率货物时，错误选择13％税率开具了增值税发票。请问，我应当如何处理？

答：您应当及时在税控开票软件中作废发票或按规定开具红字发票后，重新按照正确税率开具发票。

9. 我是一名通过第三方电子发票平台开具增值税电子普通发票的纳税人，请问我应当如何确保4月1日后开具调整后税率的发票？

答：您应当及时联系第三方电子发票平台服务提供商或平台开发商对电子发票开具系统进行升级完善，确保4月1日起能够按照调整后税率开具增值税电子普通发票。

10. 升级成功了，版本已经是v2.0.29 190318，为何税收分类编码版本不是32.0？如果现在就升级了，还能开出税率是16％的专票吗？

答：税收分类编码到4月1日电脑联网会更新到32.0版本。现在升级，不影响开具16％的发票。4月1号前发生的业务还可以开具16％的税率。

11. 升级成功，为何没有新税率呢？

答：税率需要到4月1日才有变化。

12. 这次只是针对一般纳税人吗？小规模纳税人是不是不需要有什么操作？

答：本次主要是针对一般纳税人，但小规模纳税人也建议升级到最新版本软件。

13. 税率调整，开票软件版本升级方式？

答：一般用户可以采取自动升级方式和手工升级方式。

14. 版本升级后，原来的商品编码库，是否需要重新赋码？

答：不需要重新赋码，开票软件升级之后，时间到达4月1日零时，重新进入开票软件，系统会自动将16％税率更新为13％、10％税率更新为9％。

15. 开票软件升级之后，如果升级之前企业自建的商品编码对应的税收分类编码与新版税收分类编码表的编码号是否有变化？

答：开票软件升级之后，如果升级之前企业自建的商品编码对应的税收分类编码与新版税收分类编码表的编码号没有变化，4月1日之后系统会自动将16％和10％税率分别更新为13％和9％税率。

16. 开票软件已升级，4月1日之后是否还可以开具16％和10％税率的发票？

答：对于4月1日之前发行的并生效的一般纳税人，开票软件升级之后，还可以使用16％和10％税率开具红字发票和蓝字发票。对于4月1日之后生效的一般纳税人，无法使用16％和10％税率。

17. 开票软件升级最新版之后，是否能直接开出13％和9％税率的发票？

答：4月1日之前不能开出13％和9％税率的发票。

18. 税率16％、10％调整13％、9％后一般纳税人的开票如何处理？

答：一般纳税人在增值税税率调整前已按原适用税率开具的增值税发票，发生销售折让、中止或者退回等情形需要开具红字发票的，按照原适用税率开具红字发票；开票有误需要重新开具的，先按原适用税率开具红字发票后，再重新开具正确的蓝字发票。一般纳税人在增值税税率调整前未开具增值税发票的增值税应税销售行为，需要补开增值税发票的，应当按照原适用税率补开。

19. 2019 年 4 月 1 日后，如何按规定开具 16%、10% 的发票？

答：增值税发票税控开票软件税率栏次默认显示调整后税率，一般纳税人发生上述行为可以手工选择原适用税率开具增值税发票。

20. 2019 年 4 月 1 日后，按照原适用税率补开发票的，怎么进行申报？

答：申报表调整后，纳税人申报适用 16%、11% 等原增值税税率应税项目时，按照申报表调整前后的对应关系，分别填写相关栏次。

21. 新办小规模纳税人是否可以使用增值税发票管理系统自行开具增值税普通发票？

答：新办小规模纳税人需要自行开具增值税普通发票的，因未申报无法判断是否享受普惠性免征增值税政策的，根据纳税人申请，可以使用增值税发票管理系统自行开具增值税普通发票。

第十六节　增值税纳税申报表优化

一、普惠性免征增值税小规模纳税人报表填写

（一）适用普惠性免征增值税政策的小规模纳税人

适用普惠性免征增值税政策小规模纳税人，若月销售额未超过 10 万元，在纳税申报时，销售额应填写在《增值税纳税申报表（小规模纳税人适用）》主表的"免税销售额"相关栏次。	1. 纳税人登记注册类型为"个体经营"的，填写主表第 9 栏"免税销售额"和第 11 栏"未达起征点销售额"； 2. 纳税人登记注册类型不为"个体经营"的，填写主表第 9 栏"免税销售额"和第 10 栏"小微企业免税销售额"； 3. 主表第 10 栏和第 11 栏不能同时填报。

（二）适用差额征税政策的小规模纳税人

1. 适用差额征税政策的小规模纳税人，不符合普惠性免征增值税条件的，在纳税申报时，《增值税纳税申报表（小规模纳税人适用）》主表第 1 栏、第 4 栏的"服务、不动产和无形资产"列填写差额后的销售额，即当期发生差额扣除的，主表第 1 栏第 2 列应等于附列资料第 8 栏；主表第 4 栏第 2 列应等于附列资料第 16 栏。	2. 适用差额征税政策的小规模纳税人，符合普惠性免征增值税条件的，在纳税申报时，《增值税纳税申报表（小规模纳税人适用）》主表的第 9 栏"服务、不动产和无形资产"列应填写差额后的销售额，附列资料第 8 栏、第 16 栏的值相应与主表第 9 栏、第 10 栏或第 11 栏保持一致。	3. 出口服务、无形资产免税销售额，适用差额征税政策的，申报表主表第 13 栏"服务、不动产和无形资产"列填写扣除之后的销售额。

【例 2-29】　某劳务派遣公司，属于按月申报的小规模纳税人，选择适用差额扣除政策。2019 年 1 月份取得劳务派遣服务 100.5 万元，当期代用工单位支付给劳务派遣员工的工资、福利和为其办理社会保险及住房公积金合计 90 万元。如 2019 年 1 月未发生其他销售行为，无结转扣除额。如何进行申报？

该小规模纳税人 2019 年 2 月进行增值税申报时，本期取得的全部劳务派遣收入 100.5 万元填入附列资料第 13 栏，本期发生的扣除额 90 万元填入附列资料第 14 栏，扣除后的含税销售额 10.5 万元填入附列资料第 15 栏，扣除后的不含税销售额 10 万元填入附列资料第 16 栏。同时，将扣除后的 10 万元填入主表第 9 栏"免税销售额""服务、不动产和无形资产"列和第 10 栏"小微企业免税销售额""服务、不动产和无形资产"列。	将 5 000 元填入第 17 栏"本期免税额""服务、不动产和无形资产"列和第 18 栏"其中：小微企业免税额""服务、不动产和无形资产"列。

二、增值税纳税申报表调整内容

为落实深化增值税改革工作,进一步优化纳税服务,减轻纳税人负担,按照"满足政策实施需要,方便信息系统实现"的原则,对增值税一般纳税人申报表及其附列资料进行了适当调整。

1. 增值税申报表主表栏次维持不变,仅对第19栏"应纳税额"的填写口径进行了调整。适用加计抵减政策的纳税人,若当期有可从应纳税额中抵减的加计抵减额,以抵减后的应纳税额进行填报。具体公式如下:

主表第19栏"一般项目"列"本月数"=第11栏"销项税额""一般项目"列"本月数"-第18栏"实际抵扣税额""一般项目"列"本月数"-"实际抵减额"。

主表第19栏"即征即退项目"列"本月数"=第11栏"销项税额""即征即退项目"列"本月数"-第18栏"实际抵扣税额""即征即退项目"列"本月数"-"实际抵减额"。

其他纳税人仍按表中公式"19=11-18"填写。

2. 将原《增值税纳税申报表附列资料(一)》中的第1栏、第2栏项目名称分别调整为"13%税率的货物及加工修理修配劳务"和"13%税率的服务、不动产和无形资产";删除第3栏"13%税率";第4a栏、第4b栏序号分别调整为第3栏、第4栏,项目名称分别调整为"9%税率的货物及加工修理修配劳务"和"9%税率的服务、不动产和无形资产"。

3. 将原《增值税纳税申报表附列资料(二)》[以下简称《附列资料(二)》]中的第10栏项目名称调整为"(四)本期用于抵扣的旅客运输服务扣税凭证";第12栏"当期申报抵扣进项税额合计"计算公式调整为"12=1+4+11"。

4. 将原《增值税纳税申报表附列资料(三)》中的第1栏、第2栏项目名称分别调整为"13%税率的项目"和"9%税率的项目"。

5. 在原《增值税纳税申报表附列资料(四)》[以下简称《附列资料(四)》]表式内容中,增加"二、加计抵减情况"相关栏次。

6. 废止原《增值税纳税申报表附列资料(五)》和《营改增税负分析测算明细表》。纳税人自2019年5月1日起无需填报上述两张附表。

《增值税纳税申报表附列资料(二)》(本期进项税额明细)里有专门的第9、10栏,填写本期用于购建不动产的扣税凭证和本期用于抵扣的旅客运输服务扣税凭证的,但这个第9、第10栏是反映这两项增值税抵扣政策效应结果的,属于统计性的栏次。如果是购进旅客运输服务计算抵扣的进项税额要填到8b"其他"栏内;如果是2019年3月31日结余的不动产期末待抵扣不动产进项税额的期末余额,也应当一次性填到8b"其他"栏内。这一栏才是参与当期进项税计算的栏次。

(一)新增值税申报表发布施行后需注意的事项

纳税人申报适用16%、10%等原增值税税率应税项目时,按照申报表调整前后的对应关系,分别填写相关栏次。

截至2019年3月税款所属期,《附列资料(五)》第6栏"期末待抵扣不动产进项税额"的期末余额,可以自本公告施行后结转填入《附列资料(二)》第8b栏"其他"。

(二)《附列资料(二)》填报注意事项

1. 不动产一次性抵扣填报

自2019年4月1日起,纳税人取得不动产或者不动产在建工程的进项税额可一次性抵扣,申报时填写在申报表《附列资料(二)》中相应栏次。

截至2019年3月税款所属期,原《增值税纳税申报表附列资料(五)》第6栏"期末待抵扣不动产进项税额"的期末余额,可以自2019年4月税款所属期起结转填入申报表《附列资料(二)》第8b栏"其他"。

2. 旅客运输服务填报

纳税人购进国内旅客运输服务,取得增值税专用发票的,按规定可抵扣的进项税额在申报时填写在申报表《附列资料(二)》专用发票相应栏次中。

纳税人购进国内旅客运输服务,未取得增值税专用发票的,以增值税电子普通发票注明的税额,或凭注明旅客身份信息的航空、铁路、公路、水路等票据,按政策规定计算的可抵扣进项税额,填写在申报表《附列资料(二)》第8b栏"其他"中申报抵扣。

3. 务必准确填报第9栏和第10栏

为做好深化增值税改革相关政策效应的统计分析工作,申报表《附列资料(二)》中第9栏"(三)本期用于购建不动产的扣税凭证"、第10栏"(四)本期用于抵扣的旅客运输服务扣税凭证",分别专用于不动产一次性抵扣、旅客运输服务两项政策效应的统计分析。请各地税务机关务必做好对纳税人填报辅导工作,确保上述两栏次填报数据准确。

三、加计抵减的申报方法及案例

（一）适用加计抵减政策声明

适用加计抵减政策的生产、生活性服务业纳税人,应在年度首次确认适用加计抵减政策时,通过电子税务局(或前往办税服务厅)提交《适用加计抵减政策的声明》(以下简称声明)。提交声明基本流程如下:

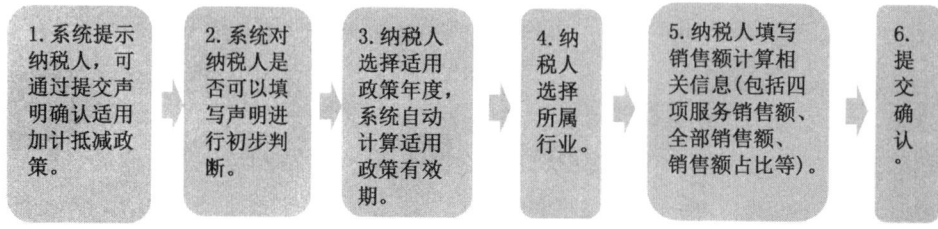

1. 填写声明的提示功能(该功能仅限电子税务局)

当纳税人进入增值税申报界面时,系统将提示纳税人加计抵减政策具体规定,并告知纳税人如果符合政策规定条件,可以通过填写《适用加计抵减政策的声明》,来确认适用加计抵减政策。该提示功能每年至少提示一次,即 2019 年 5 月、2020 年 2 月和 2021 年 2 月征期,纳税人首次进入申报模块时,系统自动弹出提示信息。在其他征期月份,纳税人可以通过勾选"不再提示"标识,屏蔽该提示信息。

2. 系统初步判断纳税人是否可以填写声明

在纳税人填写声明之前,系统先根据以下规则对纳税人是否可以填写声明进行初步判断。

(1) 2019 年 3 月 31 日之前设立的纳税人,属于一般纳税人的,可以填写声明。	(2) 2019 年 4 月 1 日后设立的纳税人,经营期满 3 个月,且为一般纳税人的,可以填写声明。

3. 小规模纳税人及经营期不足 3 个月的纳税人不得填写

【例 2-30】 2019 年 4 月 20 日设立的一般纳税人,在 2019 年 6 月 30 日前,不能填写声明。7 月 1 日以后,可以填写声明。

4. 确定适用政策年度及有效期起止

(1) 确定适用政策年度	(2) 系统自动计算适用政策有效期起止
纳税人在填写声明时,需先选择适用政策年度。纳税人可选年度为 2019 年、2020 年、2021 年,且每次只能选择一个年度。可选年度应满足以下要求: ① 不晚于当前年度。 ② 不早于一般纳税人有效期起的年度。 ③ 年度内实际经营月份大于 2 个月。 ④ 同一年度不重复提交。	系统根据纳税人选择的适用政策年度和相关条件,来自动判断并显示适用政策有效期起和有效期止。有效期起止根据以下规则计算: ① 有效期起一般应为 2019 年 4 月 1 日或 2020、2021 年的 1 月 1 日。其中在适用政策年度内新设立的纳税人,有效期起不应早于一般纳税人有效期起。 ② 有效期止一般应为适用政策年度的 12 月 31 日。 ③ 年末新设立纳税人,跨年确认适用加计抵减政策时,适用政策有效期起与一般纳税人有效期起一致,可能早于适用政策年度的 1 月 1 日,这时有效期长度可能超过 12 个月,最长不会超过 14 个月。

【例 2-31】 纳税人 2019 年 2 月设立,一般纳税人有效期起为 2019 年 2 月 1 日,选择适用政策年度为 2019 年,则适用政策有效期起止为 2019 年 4 月 1 日至 2019 年 12 月 31 日。

【例 2-32】 纳税人 2019 年 5 月设立,一般纳税人有效期起为 2019 年 6 月 1 日,选择适用政策年度为 2019 年,则适用政策有效期起止为 2019 年 6 月 1 日至 2019 年 12 月 31 日。

【例 2-33】 纳税人 2019 年 11 月设立,一般纳税人有效期起为 2019 年 11 月 1 日,适用政策年度不能选择 2019 年。当选择适用政策年度为 2020 年时,适用政策有效期起止为 2019 年 11 月 1 日至 2020 年 12 月 31 日。

5. 纳税人选择所属行业

所属行业由纳税人自行选择,纳税人只能选择其中一个行业(或小行业),所选行业有下一级小行业的,需选择至最末一级行业。

6. 纳税人填写销售额计算相关信息

(1)系统可自动计算填写计算期起和计算期止,同时允许纳税人修改。	(2)纳税人自行填写邮政服务、电信服务、现代服务、生活服务销售额合计××元,全部销售额××元,四项服务销售额占比由系统自动计算。

7. 提交确认

纳税人完成相关信息填写后,可以点"提交",相关信息通过校验后,系统根据已填写的信息生成《适用加计抵减政策的声明》,由纳税人进行确认,纳税人提交后不能再修改。

8. 税务机关维护功能

税务机关可以在核心征管系统中对纳税人适用加计抵减政策信息进行维护,可维护的项目包括:适用政策有效期起和有效期止,纳税人所属行业。税务机关可以作废纳税人声明记录,可以查询到纳税人提交的相关信息和历史维护信息。

(二)加计抵减的申报方法及案例

适用加计抵减政策的生产、生活性服务业纳税人,当期按照规定可计提、调减、抵减的加计抵减额,在申报时填写在申报表《附列资料(四)》加计抵减相关栏次。

1. 报表格式

增值税申报表附列资料(四)

(税额抵减情况表)

税款所属时间:　　年　　月　　日至　　年　　月　　日

序号	加计抵减项目	期初余额	本期发生额	本期调减额	本期可抵减额	本期实际抵减额	期末余额
		1	2	3	4＝1＋2－3	5	6＝4－5
6	一般项目加计抵减额计算						
7	即征即退项目加计抵减额计算						
8	合计						

2. 填报注意事项

(1)对应税款所属期,纳税人在系统中具有有效期内声明时,可填报《附列资料(四)》"二、加计抵减情况"相关栏次。

(2)不能填报的纳税人,若需要填写,则系统提示:如果符合加计抵减政策条件,请先提交《适用加计抵减政策的声明》。

(3)小规模纳税人不得填写《附列资料(四)》"二、加计抵减情况"相关栏次。

【例 2-34】 某企业适用加计抵减政策,2019 年 4 月税款所属期可抵扣进项税额合计 10 万元,按政策规定当期可加计抵减的税额为 1 万元,应填写在申报表《附列资料(四)》第 2 列"本期发生额"中。

情形一:若当期"期初余额"和"本期调减额"均为 0 元,且当期申报表主表第 19 栏原计算的应纳税额(主表第 11 栏－第 18 栏)为 2 万元,则"本期实际抵减额"为 1 万元,"期末余额"为 0 元。

二、加计抵减情况（情形一）

序号	加计抵减项目	期初余额	本期发生额	本期调减额	本期可抵减额	本期实际抵减额	期末余额
		1	2	3	4＝1＋2－3	5	6＝4－5
6	一般项目加计抵减额计算	0	10 000	0	10 000	10 000	0
7	即征即退项目加计抵减额计算						
8	合计	0	10 000	0	10 000	10 000	0

情形二：若当期"期初余额"和"本期调减额"均为 0 元，但当期申报表主表第 19 栏原计算的应纳税额（主表第 11 栏－第 18 栏）为 0.8 万元，则"本期实际抵减额"为 0.8 万元，"期末余额"为 0.2 万元，申报表主表第 19 栏填写 0 元。

二、加计抵减情况（情形二）

序号	加计抵减项目	期初余额	本期发生额	本期调减额	本期可抵减额	本期实际抵减额	期末余额
		1	2	3	4＝1＋2－3	5	6＝4－5
6	一般项目加计抵减额计算	0	10 000	0	10 000	8 000	2 000
7	即征即退项目加计抵减额计算						
8	合计	0	10 000	0	10 000	8 000	2 000

情形三：若 2019 年 5 月税款所属期，纳税人发生进项税额转出 2 万元，且未发生可抵扣进项税额，当期"期初余额"为 0 元，"本期调减额"为 0.2 万元，"本期可抵减额"经计算为－0.2 万元，则当期申报表主表第 19 栏按照计算公式"19＝11－18"填写，"本期实际抵减额"为 0 元，"期末余额"为－0.2 万元。

二、加计抵减情况（情形二）

序号	加计抵减项目	期初余额	本期发生额	本期调减额	本期可抵减额	本期实际抵减额	期末余额
		1	2	3	4＝1＋2－3	5	6＝4－5
6	一般项目加计抵减额计算	0	0	2 000	－2 000	0	－2 000
7	即征即退项目加计抵减额计算					0	
8	合计	0	0	2 000	－2 000	8 000	－2 000

四、申报比对规则调整

（一）新增票表比对规则

针对加计抵减政策，系统新增了加计抵减台账，以控制《附列资料（四）》中当期可计提的加计抵减额。

1. 比对规则

本期申报表《附列资料（四）》第 8 行"本期发生额"列≤本期申报表《附列资料（二）》第 12 栏"税额"10％＋《加计抵减台账》上期第 6 栏"期末可计提额"。

2. 加计抵减台账

系统对已经确认适用加计抵减政策的纳税人，逐户建立台账，并自动提取、计算纳税人在适用加计抵减政策标识有效期内的相关数据，台账格式如下。

加计抵减台账

纳税人识别号：

税款所属期	进项税额		已计提额		期末可计提额
	本月数	累计数	本月数	累计数	
1	2	3	4	5	6

第1栏税款所属期：取纳税人在适用加计抵减政策标识期内有效申报记录的税款所属期；

第2栏进项税额本月数：取纳税人对应税款所属期，有效申报记录中《附列资料（二）》第12栏"税额"数据；

第3栏进项税额累计数：为截至当期税款所属期，累计发生的进项税额；

第4栏已计提额本月数：取纳税人对应税款所属期，有效申报记录中《附列资料（四）》第8行第2栏"本期发生额"数据；

第5栏已计提额累计数：为截至当期税款所属期，累计发生的计提额；

第6栏期末可计提额：为纳税人截至当期税款所属期期末的可计提额，计算公式为 $6 = 3 \times 10\% - 5$。

（二）《附列资料（二）》参数型票表比对规则

待抵扣的不动产进项税额，一次性转入《附列资料（二）》第8b栏"其他"中，各省税务局要注意对相应申报比对规则的参数进行检查，以防纳税人在转入不动产待抵扣进项税额时，集中出现比对不符。

五、问题答疑

1. 适用加计抵减政策的纳税人，怎么申报加计抵减额？

答：适用加计抵减政策的生产、生活服务业纳税人，当期按照规定可计提、调减、抵减的加计抵减额，在申报时填写在《增值税纳税申报表附列资料（四）》"二、加计抵减情况"相关栏次。

2. 纳税人当期按照规定调减加计抵减额，形成了负数怎么申报？

答：适用加计抵减政策的生产、生活服务业纳税人，当期发生了进项税额转出，按规定调减加计抵减额后，形成的可抵减额负数，应填写在《增值税纳税申报表附列资料（四）》"二、加计抵减情况"第4列"本期可抵减额"中，通过表中公式运算，可抵减额负数计入当期"期末余额"栏中。

3. 不动产实行一次性抵扣政策后，截至2019年3月税款所属期待抵扣不动产进项税额，怎样进行申报？

答：按照规定，截至2019年3月税款所属期，《增值税纳税申报表附列资料（五）》第6栏"期末待抵扣不动产进项税额"的期末余额，可以自2019年4月税款所属期结转填入《增值税纳税申报表附列资料（二）》第8b栏"其他"中。

4. 纳税人购进国内旅客运输服务，取得增值税专用发票，按规定可抵扣的进项税额怎么申报？

答：纳税人购进国内旅客运输服务，取得增值税专用发票，按规定可抵扣的进项税额，在申报时填写在《增值税纳税申报表附列资料（二）》"（一）认证相符的增值税专用发票"对应栏次中。

5. 纳税人购进国内旅客运输服务，取得增值税电子普通发票或注明旅客身份信息的航空、铁路等票据，按规定可抵扣的进项税额怎么申报？

答：纳税人购进国内旅客运输服务，取得增值税电子普通发票或注明旅客身份信息的航空、铁路等票据，按规定可抵扣的进项税额，在申报时填写在《增值税纳税申报表附列资料（二）》第8b栏"其他"中。

6. 2019年5月1日起，增值税一般纳税人在办理纳税申报时，需要填报哪几张表？

答：为进一步优化纳税服务，减轻纳税人负担，税务总局对增值税一般纳税人申报资料进行了简化，自2019年5月1日起，一般纳税人在办理纳税申报时，只需要填报"一主表四附表"，即申报表主表和附列资料（一）、（二）、（三）、（四）。《增值税纳税申报表附列资料（五）》《营改增税负分析测算明细表》不再需要填报。

7. 适用加计抵减政策的纳税人，以前税款所属期可计提但未计提的加计抵减额，怎样进行申报？

答：适用加计抵减政策的生产、生活服务业纳税人，可计提但未计提的加计抵减额，可在确定适用加计抵减政策当期一并计提，在申报时填写在《增值税纳税申报表附列资料（四）》"二、加计抵减情况"第2列"本期发生额"中。

第三章　企业所得税优惠政策与应用指引

第一节　企业所得税优惠管理

政策依据：

《中华人民共和国企业所得税法》（以下简称为《企业所得税法》）及《中华人民共和国企业所得税法实施条例》（以下简称为《企业所得税法实施条例》）；

《国家税务总局关于发布修订后的〈企业所得税优惠政策事项办理办法〉的公告》（国家税务总局公告 2018 年第 23 号）；

《减免税政策代码目录》（国家税务总局公告 2015 年第 73 号）；

《国家税务总局关于税务行政审批制度改革若干问题的意见》（税总发〔2014〕107 号）。

一、居民企业所得税优惠政策事项

优惠原则方向 （《企业所得税法》）	优惠事项 （国家税务总局公告 2018 年第 23 号）
第二十五条　国家对重点扶持和鼓励发展的产业和项目，给予企业所得税优惠。	第二条　企业所得税优惠政策事项（以下简称"优惠事项"）是指企业所得税法规定的优惠事项，以及国务院和民族自治地方根据企业所得税法授权制定的企业所得税优惠事项。包括免税收入、减计收入、加计扣除、加速折旧、所得减免、抵扣应纳税所得额、减低税率、税额抵免等。 第三条　优惠事项的名称、政策概述、主要政策依据、主要留存备查资料、享受优惠时间、后续管理要求等，见本公告附件《企业所得税优惠事项管理目录（2017 年版）》（以下简称《目录》）。《目录》由税务总局编制、更新。

《企业所得税优惠事项管理目录（2017 年版）》共列举了 69 项企业所得税优惠政策，其中 11 项属于汇缴享受企业所得税优惠政策，1 项"固定资产或购入软件等可以加速折旧或摊销"则规定为"税会处理一致的，预缴享受；税会处理不一致的，汇缴享受"，其余 57 项属于预缴享受。

（一）免税收入

1. 国债利息收入 2. 符合条件的居民企业之间的股息、红利等权益性投资收益 3. 符合条件的非营利组织的收入（含科技企业孵化器、国家大学科技园）	4. 其他专项优惠 （1）中国清洁发展机制基金取得的收入 （2）投资者从证券投资基金分配中取得的收入 （3）取得的地方政府债券利息所得或收入 （4）中国保险保障基金有限责任公司取得的保险保障基金等收入 （5）中国奥委会取得北京冬奥组委支付的收入 （6）中国残奥委会取得北京冬奥组委分期支付的收入 （7）其他

（二）减计收入

1. 综合利用资源生产产品取得的收入 2. 金融、保险等机构取得的涉农利息、保费减计收入 （1）金融机构取得的涉农贷款利息收入	（2）保险机构取得的涉农保费收入 （3）小额贷款公司取得的农户小额贷款利息收入 3. 取得的中国铁路建设债券利息收入

（三）加计扣除

1. 开发新技术、新产品、新工艺发生的研究开发费用加计扣除 2. 科技型中小企业研究开发费用税前加计扣除	3. 企业为获得创新性、创意性、突破性的产品进行创意设计活动而发生的相关费用加计扣除 4. 安置残疾人员所支付的工资加计扣除 5. 其他

（四）所得减免

1. 农、林、牧、渔业项目所得减免

（1）免税所得额	（2）减半征税项目
① 蔬菜、谷物、薯类、油料、豆类、棉花、麻类、糖料、水果、坚果的种植 ② 农作物新品种的选育 ③ 中药材的种植 ④ 林木的培育和种植 ⑤ 牲畜、家禽的饲养 ⑥ 林产品的采集 ⑦ 灌溉、农产品初加工、兽医、农技推广、农机作业和维修等农、林、牧、渔服务业项目 ⑧ 远洋捕捞 ⑨ 其他	① 花卉、茶以及其他饮料作物和香料作物的种植 ② 海水养殖、内陆养殖 ③ 其他

2. 国家重点扶持的公共基础设施项目所得减免	3. 符合条件的环境保护、节能节水项目所得减免	4. 符合条件的技术转让所得减免	5. 其他专项优惠项目
（1）港口码头项目 （2）机场项目 （3）铁路项目 （4）公路项目 （5）城市公共交通项目 （6）电力项目 （7）水利项目 （8）其他项目	（1）公共污水处理项目 （2）公共垃圾处理项目 （3）沼气综合开发利用项目 （4）节能减排技术改造项目 （5）海水淡化项目 （6）其他项目	（1）居民企业技术转让所得不超过 500 万元部分 （2）居民企业技术转让所得超过 500 万元部分	（1）实施清洁发展机制项目 （2）符合条件的节能服务公司实施合同能源管理项目 （3）其他

（五）创业投资企业抵扣应纳税所得额

1. 创业投资企业直接投资按投资额一定比例抵扣应纳税所得额	2. 通过有限合伙制创业投资企业投资按一定比例抵扣分得的应纳税所得额

（六）减免所得税额（减低税率）

1. 符合条件的小型微利企业 2. 国家需要重点扶持的高新技术企业 3. 经济特区和上海浦东新区新设立的高新技术企业 4. 受灾地区农村信用社 5. 动漫企业自主开发、生产动漫产品 6. 符合条件的集成电路生产企业、设计企业、软件企业 7. 经营性文化事业单位转制为企业 8. 符合条件的生产和装配伤残人员专门用品企业 9. 技术先进型服务企业 10. 服务贸易类技术先进型服务企业	11. 设在西部地区的鼓励类产业企业 12. 新疆困难地区新办企业 13. 新疆喀什、霍尔果斯特殊经济开发区新办企业 14. 广东横琴、福建平潭、深圳前海等地区的鼓励类产业企业 15. 北京冬奥组委、北京冬奥会测试赛事组委会 16. 支持和促进重点群体创业就业企业 17. 扶持自主就业退役士兵创业就业企业 18. 民族自治地方对属于地方分享的部分减征或免征 19. 其他

（七）专用设备投资额抵免所得税额

1. 环境保护专用设备投资额抵免税额	2. 节能节水专用设备投资额抵免税额	3. 安全生产专用设备投资额抵免的税额	4. 其他专用设备投资额抵免的税额
（1）水污染治理专用设备 （2）大气污染防治专用设备 （3）固体废物处置专用设备 （4）环境监测专用仪器仪表 （5）清洁生产专用设备	（1）节能专用设备 （2）节水专用设备	（1）煤矿安全生产专用设备 （2）非煤矿山安全生产专用设备 （3）危险化学品安全生产专用设备 （4）烟花爆竹行业安全生产专用设备	

（续表）

1. 环境保护专用设备投资额抵免税额	2. 节能节水专用设备投资额抵免税额	3. 安全生产专用设备投资额抵免的税额	4. 其他专用设备投资额抵免的税额
		(5) 公路行业安全生产专用设备 (6) 铁路行业安全生产专用设备 (7) 民航行业安全生产专用设备 (8) 应急救援专用设备	

（八）加速折旧或摊销

1. 符合条件的固定资产加速折旧 2. 企业单位购进软件缩短折旧或摊销年限	3. 集成电路生产企业生产性设备缩短折旧年限

二、享受企业所得税税收优惠项目的管理

政策依据：

《企业所得税优惠政策事项办理办法》（以下简称《办法》）（国家税务总局公告 2018 年第 23 号）。

（一）优惠事项办理方式

政策规定	政策解读
第四条　企业享受优惠事项采取"自行判别、申报享受、相关资料留存备查"的办理方式。企业应当根据经营情况以及相关税收规定自行判断是否符合优惠事项规定的条件，符合条件的可以按照《目录》列示的时间自行计算减免税额，并通过填报企业所得税纳税申报表享受税收优惠。同时，按照本办法的规定归集和留存相关资料备查。 　　第十一条　税务机关应当严格按照本办法规定的方式管理优惠事项，严禁擅自改变优惠事项的管理方式。	自 2008 年起，企业所得税优惠逐步实现备案管理，极大地方便了纳税人。原税收优惠管理制度要求，企业没有向税务机关备案，则不得享受税收优惠。《国家税务总局关于税务行政审批制度改革若干问题的意见》（税总发〔2014〕107 号）第四条第十一款规定，实施备案管理的事项，纳税人等行政相对人应当按照规定向税务机关报送备案材料，税务机关应当将其作为加强后续管理的资料，但不得以纳税人等行政相对人没有按照规定备案为由，剥夺或者限制其依法享有的权利、获得的利益、取得的资格或者可以从事的活动。根据规定，企业虽然没有备案，但不能剥夺企业享受税收优惠的权利，企业补充备案，仍可以享受税收优惠。 　　2015 年，税务总局根据"放管服"改革要求，发布了《企业所得税优惠政策事项办理办法》（国家税务总局公告 2015 年第 76 号发布）【根据国家税务总局公告 2018 年第 23 号文件中《企业所得税优惠政策事项办理办法》第十五条规定：本办法适用于 2017 年度企业所得税汇算清缴及以后年度企业所得税优惠事项办理工作。《国家税务总局关于发布〈企业所得税优惠政策事项办理办法〉的公告》（国家税务总局公告 2015 年第 76 号）同时废止。】，全面取消对企业所得税优惠事项的审批管理，一律实行备案管理。该办法通过简化办税流程、精简涉税资料、统一管理要求，为企业能够及时、精准享受到所得税优惠政策创造了条件、提供了便利。 　　为进一步优化税收环境，国家税务总局公告 2018 年第 23 号全面取消所得税优惠备案管理，实行纳税人"自行判别、申报享受、相关资料留存备查"的办理方式，真正实行了纳税人自我判断、自留备查、自负风险的"三自"管理，企业在年度纳税申报及享受优惠事项前无需再履行备案手续、报送《企业所得税优惠事项备案表》《汇总纳税企业分支机构已备案优惠事项清单》和享受优惠所需要的相关资料，原备案资料全部作为留存备查资料，保留在企业，以备税务机关后续核查时根据需要提供。"以表代备"或"以报代备"，是利好也是责任，对税企双方都提出了更高要求和挑战。

　　申报审核：《企业所得税优惠政策事项办理办法》适用于 2017 年度企业所得税汇算清缴及以后年度企业所得税优惠事项办理工作，《办法》所称企业包括居民企业和在中国境内设立机构、场所的非居民企业。

（二）留存备查资料管理

政策规定	政策解读
第五条　本办法所称留存备查资料是指与企业享受优惠事项有关的合同、协议、凭证、证书、文件、账册、说明等资料。留存备查资料分为主要留存备查资料和其他留存备查资料两类。主要留存备查资料由企业按照《目录》列示的资料清单准备，其他留存备查资料由企业根据享受优惠事项情况自行补充准备。 　　第六条　企业享受优惠事项的，应当在完成年度汇算清缴后，将留存备查资料归集齐全并整理完成，以备税务机关核查。 　　第七条　企业同时享受多项优惠事项或者享受的优惠事项按照规定分项目进行核算的，应当按照优惠事项或者项目分别归集留存备查资料。 　　第八条　设有非法人分支机构的居民企业以及实行汇总纳税的非居民企业机构、场所享受优惠事项的，由居民企业的总机构以及汇总纳税的主要机构、场所负责统一归集并留存备查资料。分支机构以及被汇总纳税的非居民企业机构、场所按照规定可独立享受优惠事项的，由分支机构以及被汇总纳税的非居民企业机构、场所负责归集并留存备查资料，同时分支机构以及被汇总纳税的非居民企业机构、场所应在当完成年度汇算清缴后将留存的备查资料清单送总机构以及汇总纳税的主要机构、场所汇总。	留存备查资料用于证实企业是否符合相关优惠事项规定的条件。由于企业情况不同，留存备查资料难以全部列示，因此《办法》将留存备查资料分为主要留存备查资料和其他留存备查资料。企业应当按照《目录》列示的清单归集和整理主要留存备查资料，其他留存备查资料则由企业根据享受优惠事项的情况自行归集，以助于税务机关在后续管理时能够做出准确判断。 　　由于我国企业所得税实行法人所得税制，因此跨地区经营汇总纳税企业享受优惠事项的，应当由总机构负责统一归集并留存相关备查资料，但是分支机构按照规定可以独立享受优惠事项的，则由分支机构负责归集并留存相关备查资料。如：设在西部地区的鼓励类产业企业减按15%的税率征收企业所得税优惠事项，当设在西部地区的分支机构符合规定条件而享受优惠事项的，由该分支机构负责归集并留存相关备查资料，并同时将其留存备查资料的清单提供总机构汇总。 　　留存备查资料是企业自行判断是否符合相关优惠事项规定条件的直接依据，企业应当在年度纳税申报前全面归集、整理并认真研判。在本企业完成汇算清缴后，留存备查资料应当归集和整理完毕，以备税务机关核查。第六条规定确定了归集整理留存备查资料的时间要求：只有开始时间——在完成年度汇算清缴后，而没有截止时间，由于归集整理留存备查资料的目的是"以备税务机关核查"，因此，留存备查资料在完成年度汇算清缴后，最迟税务机关核查前，归集齐全并整理完成。 　　企业留存备查资料应从企业享受优惠事项当年的企业所得税汇算清缴期结束次日起保留10年。

（三）企业的权利义务和法律责任

政策规定	政策解读
第九条　企业对优惠事项留存备查资料的真实性、合法性承担法律责任。 　　第十条　企业留存备查资料应从企业享受优惠事项当年的企业所得税汇算清缴期结束次日起保留10年。	企业可以根据经营情况自行判断是否符合相关优惠事项规定的条件，在符合条件的情况下，企业可以自行按照《目录》中列示的"享受优惠时间"自预缴申报时开始享受或者在年度纳税申报时享受优惠事项。 　　在享受优惠事项后，企业有义务提供留存备查资料，并对留存备查资料的真实性与合法性负责。如果企业未能按照税务机关的要求提供留存备查资料，或者提供的留存备查资料与实际生产经营情况、财务核算情况、相关技术领域、产业、目录、资格证书等不符不能证实其符合优惠事项规定的条件的，或者存在弄虚作假情况的，税务机关将依法追缴其已享受的企业所得税优惠。

（四）后续管理要求

政策规定	政策解读
第十二条　企业享受优惠事项后，税务机关将适时开展后续管理。在后续管理时，企业应当根据税务机关管理服务的需要，按照规定的期限和方式提供留存备查资料，以证实享受优惠事项符合条件。其中，享受集成电路生产企业、集成电路设计企业、软件企业、国家规划布局内的重点软件企业和集成电路设计企业等优惠事项的企业，应当在完成年度汇算清缴后，按照《目录》"后续管理要求"项目中列示的清单向	为加强管理，《办法》规定税务机关将对企业享受优惠事项开展后续管理，企业应当予以配合并按照税务机关规定的期限和方式提供留存备查资料。其中，按照《财政部　国家税务总局　发展改革委　工业和信息化部关于软件和集成电路产业企业所得税优惠政策有关问题的通知》（财税〔2016〕49号）的有关规定，享受《目录》第30至31项、第45至53项、第56至57项软件和集成电路产业优惠

政策规定	政策解读
税务机关提交资料。 第十三条　企业享受优惠事项后发现其不符合优惠事项规定条件的,应当依法及时自行调整并补缴税款及滞纳金。 第十四条　企业未能按照税务机关要求提供留存备查资料,或者提供的留存备查资料与实际生产经营情况、财务核算情况、相关技术领域、产业、目录、资格证书等不符,无法证实符合优惠事项规定条件的,或者存在弄虚作假情况的,税务机关将依法追缴其已享受的企业所得税优惠,并按照税收征管法等相关规定处理。	事项的,企业应当在汇算清缴后按照《目录》"后续管理要求"项目中列示的资料清单向税务部门提交资料,提交资料时间不得超过本年度汇算清缴期。如:企业享受《目录》第 45 项优惠事项(新办集成电路设计企业减免企业所得税),在 2019 年 4 月 30 日完成 2018 年度企业所得税纳税申报和缴纳税款,其应在 4 月 30 日同步将留存备查资料归集和整理完毕,并在 2019 年 5 月 31 日前按照第 45 项优惠事项"后续管理要求"项目中列示的资料清单向税务机关提交相关资料。

（五）分别核算、单独计算所得的要求（《中华人民共和国企业所得税法实施条例》第一百零二条）

政策规定	政策解读
企业同时从事适用不同企业所得税待遇的项目的,其优惠项目应当单独计算所得,并合理分摊企业的期间费用;没有单独计算的,不得享受企业所得税优惠。	纳税人同时从事减免项目与非减免项目的,应分别核算,独立计算减免项目的计税依据以及减免税额度。不能分别核算的,不能享受减免税;核算不清的,由税务机关按有关规定核定。

　　企业完全可能同时从事适用不同企业所得税待遇的项目。为了保证企业所得税优惠政策真正落到国家鼓励发展、需要税收扶持的项目上,本条规定对优惠项目应单独进行核算。单独进行核算,是指对该优惠项目有关的收入、成本、费用应单独核算,向税务机关提供单独的生产、财务核算资料,并计算相应的应纳税所得额和应纳税额,而对于不享受企业所得税优惠的项目,则另行计算其应纳税所得额。

三、企业所得税优惠过渡优惠政策及叠加享受

政策依据：

　　《企业所得税法》及《企业所得税法实施条例》;

　　《国务院关于实施企业所得税过渡优惠政策的通知》(国发〔2007〕39 号);

　　《财政部　国家税务总局关于执行企业所得税优惠政策若干问题的通知》(财税〔2009〕69 号);

　　《国家税务总局关于深入实施西部大开发战略有关企业所得税问题的公告》(国家税务总局公告 2012 年第 12 号);

　　《国家税务总局关于进一步明确企业所得税过渡期优惠政策执行口径问题的通知》(国税函〔2010〕157 号)。

（一）企业所得税过渡优惠政策

国务院关于实施企业所得税过渡优惠政策的通知(国发〔2007〕39 号)	国务院关于经济特区和上海浦东新区新设立高新技术企业实行过渡性税收优惠的通知(国发〔2007〕40 号)
一、新税法公布前批准设立的企业税收优惠过渡办法 　　企业按照原税收法律、行政法规和具有行政法规效力文件规定享受的企业所得税优惠政策,按以下办法实施过渡: 　　自 2008 年 1 月 1 日起,原享受低税率优惠政策的企业,在新税法施行后 5 年内逐步过渡到法定税率。其中:享受企业所得税 15% 税率的企业,2008 年按 18% 税率执行,2009 年按 20% 税率执行,2010 年按 22% 税率执行,2011 年按 24% 税率执行,2012 年按 25% 税率执行;原执行 24% 税率的企业,2008 年起按 25% 税率执行。	根据《中华人民共和国企业所得税法》第五十七条的有关规定,国务院决定对法律设置的发展对外经济合作和技术交流的特定地区内,以及国务院已规定执行上述地区特殊政策的地区内新设立的国家需要重点扶持的高新技术企业,实行过渡性税收优惠。现就有关问题通知如下: 　　一、法律设置的发展对外经济合作和技术交流的特定地区,是指深圳、珠海、汕头、厦门和海南经济特区;国务院已规定执行上述地区特殊政策的地区,是指上海浦东新区。

国务院关于实施企业所得税过渡优惠政策的通知（国发〔2007〕39号）	国务院关于经济特区和上海浦东新区新设立高新技术企业实行过渡性税收优惠的通知（国发〔2007〕40号）
自2008年1月1日起，原享受企业所得税"两免三减半""五免五减半"等定期减免税优惠的企业，新税法施行后继续按原税收法律、行政法规及相关文件规定的优惠办法及年限享受至期满为止，但因未获利而尚未享受税收优惠的，其优惠期限只从2008年度起计算。 【根据国家税务部局国税办函〔2010〕611号《关于富士康科技集团有关涉税诉求问题的函》的意见，在2008年《企业所得税法》实施后，原《财税〔2002〕56号文》中规定的按增资项目未享受完的"二免三减半"税收优惠政策不属于国发〔2007〕39号文公布的《实施企业所得税过渡优惠政策表》的内容，不享受过渡优惠政策。】 享受上述过渡优惠政策的企业，是指2007年3月16日以前经工商等登记管理机关登记设立的企业；实施过渡优惠政策的项目和范围按《实施企业所得税过渡优惠政策表》执行。 二、继续执行西部大开发税收优惠政策。 根据国务院实施西部大开发有关文件精神，财政部、税务总局和海关总署联合下发的《财政部 国家税务总局 海关总署关于西部大开发税收优惠政策问题的通知》（财税〔2001〕202号）中规定的西部大开发企业所得税优惠政策继续执行。 三、实施企业税收过渡优惠政策的其他规定。 享受企业所得税过渡优惠政策的企业，应按照新税法和实施条例中有关收入和扣除的规定计算应纳税所得额，并按本通知第一部分规定计算享受税收优惠。 企业所得税过渡优惠政策与新税法及实施条例规定的优惠政策存在交叉的，由企业选择最优惠的政策执行，不得叠加享受，且一经选择，不得改变。	二、对经济特区和上海浦东新区内在2008年1月1日（含）之后完成登记注册的国家需要重点扶持的高新技术企业（以下简称新设高新技术企业），在经济特区和上海浦东新区内取得的所得，自取得第一笔生产经营收入所属纳税年度起，第一年至第二年免征企业所得税，第三年至第五年按照25%的法定税率减半征收企业所得税。 国家需要重点扶持的高新技术企业，是指拥有核心自主知识产权，同时符合《中华人民共和国企业所得税法实施条例》第九十三条规定的条件，并按照《高新技术企业认定管理办法》认定的高新技术企业。 三、经济特区和上海浦东新区内新设高新技术企业同时在经济特区和上海浦东新区以外的地区从事生产经营的，应当单独计算其在经济特区和上海浦东新区内取得的所得，并合理分摊企业的期间费用；没有单独计算的，不得享受企业所得税优惠。 四、经济特区和上海浦东新区内新设高新技术企业在按照本通知的规定享受过渡性税收优惠期间，由于复审或抽查不合格而不再具有高新技术企业资格的，从其不再具有高新技术企业资格年度起，停止享受过渡性税收优惠；以后再次被认定为高新技术企业的，不得继续享受或者重新享受过渡性税收优惠。 五、本通知自2008年1月1日起执行。

（二）企业所得税优惠叠加享受问题

财税〔2008〕1号	财税〔2009〕69号	国家税务总局公告2012年第12号
根据《中华人民共和国企业所得税法》第三十六条的规定，经国务院批准，现将有关企业所得税优惠政策问题通知如下： 一、关于鼓励软件产业和集成电路产业发展的优惠政策。 （十）自2008年1月1日起至2010年底，对集成电路生产企业、封装企业的投资者，以其取得的缴纳企业所得税后的利润，直接投资于本企业增加注册资本，或作为资本投资开办其他集成电路生产企业、封装企业，经营期不少于5年的，按40%的比例退还其再投资部分已缴纳的企业所得税税款。再投资不满5年撤出该项投资的，追缴已退的企业所得税税款。	一、执行《国务院关于实施企业所得税过渡优惠政策的通知》（国发〔2007〕39号）规定的过渡优惠政策及西部大开发优惠政策的企业，在定期减免税的减半期内，可以按照企业适用税率计算的应纳税额减半征税。其他各类情形的定期减免税，均应按照企业所得税25%的法定税率计算的应纳税额减半征税。	五、根据《财政部 国家税务总局关于执行企业所得税优惠政策若干问题的通知》（财税〔2009〕69号）第一条及第二条的规定，企业既符合西部大开发15%优惠税率条件，又符合《企业所得税法》及其实施条例和国务院规定的各项税收优惠条件的，可以同时享受。在涉及定期减免税的减半期内，可以按照企业适用税率计算的应纳税额减半征税。 六、在优惠地区内外分别设有机构的企业享受西部大开发优惠税率问题

（续表）

财税〔2008〕1号	财税〔2009〕69号	国家税务总局公告2012年第12号
自2008年1月1日起至2010年底,对国内外经济组织作为投资者,以其在境内取得的缴纳企业所得税后的利润,作为资本投资于西部地区开办集成电路生产企业、封装企业或软件产品生产企业,经营期不少于5年的,按80%的比例退还其再投资部分已缴纳的企业所得税税款。再投资不满5年撤出该项投资的,追缴已退的企业所得税税款。 　　二、关于鼓励证券投资基金发展的优惠政策。 　　(一)对证券投资基金从证券市场中取得的收入,包括买卖股票、债券的差价收入,股权的股息、红利收入,债券的利息收入及其他收入,暂不征收企业所得税。 　　(二)对投资者从证券投资基金分配中取得的收入,暂不征收企业所得税。 　　(三)对证券投资基金管理人运用基金买卖股票、债券的差价收入,暂不征收企业所得税。 　　三、关于其他有关行业、企业的优惠政策。 　　为保证部分行业、企业税收优惠政策执行的连续性,对原有关就业再就业、奥运会和世博会、社会公益、债转股、清产核资、重组、改制、转制等企业改革,涉农和国家储备,其他单项优惠政策共6类定期企业所得税优惠政策,自2008年1月1日起,继续按原优惠政策规定的办法和时间执行到期。 　　四、关于外国投资者从外商投资企业取得利润的优惠政策。 　　2008年1月1日之前外商投资企业形成的累积未分配利润,在2008年以后分配给外国投资者的,免征企业所得税;2008年及以后年度外商投资企业新增利润分配给外国投资者的,依法缴纳企业所得税。 　　五、除《中华人民共和国企业所得税法》《中华人民共和国企业所得税法实施条例》《国务院关于实施企业所得税过渡优惠政策的通知》(国发〔2007〕39号)、《国务院关于经济特区和上海浦东新区新设立高新技术企业实行过渡性税收优惠的通知》(国发〔2007〕40号)及本通知规定的优惠政策以外,2008年1月1日之前实施的其他企业所得税优惠政策一律废止。各地区、各部门一律不得越权制定企业所得税的优惠政策。	二、《国务院关于实施企业所得税过渡优惠政策的通知》(国发〔2007〕39号)第三条所称不得叠加享受,且一经选择,不得改变的税收优惠情形,限于企业所得税过渡优惠政策与企业所得税法及其实施条例中规定的定期减免税和减低税率类的税收优惠。 　　企业所得税法及其实施条例中规定的各项税收优惠,凡企业符合规定条件的,可以同时享受。 　　三、企业在享受过渡税收优惠过程中发生合并、分立、重组等情形的,按照《财政部 国家税务总局关于企业重组业务企业所得税处理若干问题的通知》(财税〔2009〕59号)的统一规定执行。 　　四、2008年1月1日以后,居民企业之间分配属于2007年度及以前年度的累积未分配利润而形成的股息、红利等权益性投资收益,均应按照企业所得税法第二十六条及实施条例第十七条、第八十三条的规定处理。 　　五、企业在2007年3月16日之前设立的分支机构单独依据原内、外资企业所得税法的优惠规定已享受有关税收优惠的,凡符合《国务院关于实施企业所得税过渡优惠政策的通知》(国发〔2007〕39号)所列政策条件的,该分支机构可以单独享受国发〔2007〕39号规定的企业所得税过渡优惠政策。	(一)总机构设在西部大开发税收优惠地区的企业,仅就设在优惠地区的总机构和分支机构(不含优惠地区外设立的二级分支机构在优惠地区内设立的三级以下分支机构)的所得确定适用15%优惠税率。在确定该企业是否符合优惠条件时,以该企业设在优惠地区的总机构和分支机构的主营业务是否符合《西部地区鼓励类产业目录》及其主营业务收入占其收入总额的比重加以确定,不考虑该企业设在优惠地区以外分支机构的因素。该企业应纳所得税额的计算和所得税缴纳,按照《国家税务总局关于印发〈跨地区经营汇总纳税企业所得税征收管理暂行办法〉的通知》(国税发〔2008〕28号)第十六条和《国家税务总局关于跨地区经营汇总纳税企业所得税征收管理若干问题的通知》(国税函〔2009〕221号)第二条的规定执行。有关审核、备案手续向总机构主管税务机关申请办理。 　　(二)总机构设在西部大开发税收优惠地区外的企业,其在优惠地区内设立的分支机构(不含仅在优惠地区内设立的三级以下分支机构),仅就该分支机构所得确定适用15%优惠税率。在确定该分支机构是否符合优惠条件时,仅以该分支机构的主营业务是否符合《西部地区鼓励类产业目录》及其主营业务收入占其收入总额的比重加以确定。该企业应纳所得税额的计算和所得税缴纳,按照国税发〔2008〕28号第十六条和国税函〔2009〕221号第二条的规定执行。有关审核、备案手续向分支机构主管税务机关申请办理,分支机构主管税务机关需将该分支机构享受西部大开发税收优惠情况及时函告总机构所在地主管税务机关。

（三）不得叠加享受的情形和可以叠加享受的情形

不得叠加享受的情形	可以叠加享受的情形
1. 企业所得税过渡优惠政策与企业所得税法及其实施条例中规定的定期减免税和减低税率类的税收优惠，不得叠加享受，且一经选择，不得改变的税收优惠。（财税〔2009〕69 号、国发〔2007〕39 号） 2. 企业处于清算期间已经无法正常生产经营，不符合持续经营假设，根据税收优惠的立法目的和宗旨不应当享受优惠税率，同时，企业清算时应当以整个清算期作为一个纳税年度。由此可见，企业清算期无法享受任何税收优惠政策，自然也就不存在税收优惠叠加享受的问题。	1. 对于一般企业而言，企业所得税过渡优惠政策与企业所得税法及其实施条例中规定的定期减免税和减低税率类的税收优惠，不得叠加享受。但是，对于符合西部大开发战略条件的企业，15％的低税率优惠和定期减免税的减半期优惠可以叠加享受，不受财税〔2009〕69 号第二条规定限制。（国家税务总局公告 2012 年第 12 号、财税〔2009〕69 号） 2. 科技型中小企业所得税优惠：近年推出的科技型中小企业所得税优惠政策等文件，均属于依据企业所得税法制定的企业所得税专项优惠政策，可叠加享受企业所得税优惠政策。（财税〔2009〕69 号） 3. 自 2018 年 1 月 1 日至 2020 年 12 月 31 日，符合条件的小型微利企业，无论采取查账征收方式还是核定征收方式，其年应纳税所得额低于 100 万元（含 100 万元，下同）的，均可以享受财税〔2018〕77 号文件规定的所得减按 50％计入应纳税所得额，按 20％的税率计算缴纳企业所得税的政策（以下简称"减半征税政策"）。（国家税务总局公告 2018 年第 40 号）

（四）居民企业选择适用税率及减半征税的具体界定（国税函〔2010〕157 号第一条）

（一）居民企业被认定为高新技术企业，同时又处于国发〔2007〕39 号文件第一条第三款规定享受企业所得税"两免三减半""五免五减半"等定期减免税优惠过渡期的，该居民企业的所得税适用税率可以选择依照过渡期适用税率并适用减半征税至期满，或者选择适用高新技术企业的 15％税率，但不能享受 15％税率的减半征税。 （二）居民企业被认定为高新技术企业，同时又符合软件生产企业和集成电路生产企业定期减半征收企业所得税优惠条件的，该居民企业的所得税适用税率可以选择适用高新技术企业的 15％税率，也可以选择依照 25％的法定税率减半征税，但不能享受 15％税率的减半征税。	（三）居民企业取得《企业所得税法实施条例》第 86 条、第 87 条、第 88 条和第 90 条规定可减半征收企业所得税的所得，是指居民企业应就该部分所得单独核算并依照 25％的法定税率减半缴纳企业所得税。 （四）高新技术企业减低税率优惠属于变更适用条件的延续政策而未列入过渡政策，因此，凡居民企业经税务机关核准 2007 年度及以前享受高新技术企业或新技术企业所得税优惠，2008 年及以后年度未被认定为高新技术企业的，自 2008 年起不得适用高新技术企业的 15％税率，也不适用国发〔2007〕39 号文件第一条第二款规定的过渡税率，而应自 2008 年度起适用 25％的法定税率。

四、税收优惠明细表体系（2017 年版，2018 年修订）

2017 年版（2018 年修订）申报表将税收优惠体系脱离纳税调整体系，并自成体系。在税收优惠计算时，按优惠方式不同，以应纳税所得额为界，分为前段优惠（税基优惠）与后段优惠（税额优惠）分别计算填列，优惠方式的不同是确定优惠数据在何处计算展现的依据。固定资产加速折旧和无形资产加计摊销表不在税收优惠明细表，放在纳税调整明细表。税收优惠明细表设有 5 张一级附表、4 张二级附表，未设汇总表。

一级附表	二级附表
A107010 免税、减计收入及加计扣除优惠明细表	A107011 符合条件的居民企业之间的股息、红利等权益性投资收益优惠明细表
	A107012 研发费用加计扣除优惠明细表
A107020 所得减免优惠明细表	
A107030 抵扣应纳税所得额明细表	

（续表）

一级附表	二级附表
A107040 减免所得税优惠明细表	A107041 高新技术企业优惠情况及明细表
	A107041 软件、集成电路企业优惠情况及明细表
A107050 税额抵免优惠明细表	

纳税人应根据自身情况，选择相应的附表填报。

第二节　不征税收入

一、企业所得税法对不征税收入的界定

《企业所得税法》第七条	《企业所得税法实施条例》第二十六条
收入总额中的下列收入为不征税收入： （一）财政拨款； （二）依法收取并纳入财政管理的行政事业性收费、政府性基金； （三）国务院规定的其他不征税收入。	《企业所得税法》第七条第一项所称财政拨款，是指各级人民政府对纳入预算管理的事业单位、社会团体等组织拨付的财政资金，但国务院和国务院财政、税务主管部门另有规定的除外。 《企业所得税法》第七条第二项所称行政事业性收费，是指依照法律法规等有关规定，按照国务院规定程序批准，在实施社会公共管理，以及在向公民、法人或者其他组织提供特定公共服务过程中，向特定对象收取并纳入财政管理的费用。 《企业所得税法》第七条第二项所称政府性基金，是指企业依照法律、行政法规等有关规定，代政府收取的具有专项用途的财政资金。 《企业所得税法》第七条第三项所称国务院规定的其他不征税收入，是指企业取得的，由国务院财政、税务主管部门规定专项用途并经国务院批准的财政性资金。

税法中规定的"不征税收入"概念，不属于税收优惠的范畴，这些收入不属于营利性活动带来的经济利益，是专门从事特定目的的收入，这些收入从企业所得税原理上讲应永久不列为征税范围的收入范畴。而免税收入是纳税人应税收入的重要组成部分，只是国家为了实现某些经济和社会目标，在特定时期或对特定项目取得的经济利益给予的税收优惠照顾。

（1）财政拨款需要具备的条件：一是主体为各级人民政府；二是拨款对象为纳入预算管理的事业单位、社会团体等组织，关键在于"纳入预算管理"；三拨款为财政资金，列入预算支出的。企业实际收到的财政拨款中的财政补贴和税收返还等，按照现行会计准则的规定，属于政府补助的范畴，被排除在税法所谓的"财政拨款"之外，计入收入总额，除企业取得的所得税返还（退税）和出口退税的增值税进项外，一般作为应税收入征收企业所得税。

（2）把行政事业性收费和政府性基金为不征税收入，主要基于以下考虑：一是行政事业性收费和政府性基金的组织或机构一般是承担行政性职能或从事公共事务的，不以营利为目的，一般不作为应税收入的主体；二是行政事业性收费和政府性基金一般通过财政的"收支两条线"管理，封闭运行，对其征税没有实际意义。

依据《违反行政事业性收费和罚没收入收支两条线管理规定行政处分暂行规定》（国务院令第 281 号），行政事业性收费主要具备的条件：一是依照法律法规等有关规定，并按照国务院规定程序批准；二是以实施社会公共管理为目的，并在向公民、法人或其他组织提供特定公共服务过程中收取的；三是向特定对象收取，即收取对象只限于直接从该公共服务中受益的特定群体；四是纳入财政管理，即执行收支两条线管理，收费上缴国库，不得坐支坐支。

依据《违反行政事业性收费和罚没收入收支两条线管理规定行政处分暂行规定》（国务院令第 281 号），政府性基金主要具备的条件：一是有法律、行政法规等有关规定作为依据；二是企业代政府收取的；三是具有专项用途；四是性质为财政资金，即上缴国库，纳入预算管理。

政府性基金和行政事业性收费都属于非税收入，所不同的是行政事业性收费是企业提供公共服务的补偿，属于先支出后收入；而政府性基金则是企业为用于某项事业而收取的，属于先收入后支出。

（3）其他不征税收入需要具备两方面的条件：一是在设定主体上，应当经国务院批准，由国务院财政、税务主管部门规定，实践中通常是由国务院财政、税务主管部门制订，报国务院批准后执行。二是属于具有专项用途的财政性资金。

二、不征税收入的具体政策

财税〔2008〕151 号文件对财政拨款、行政事业性收费、政府性基金作为不征税收入进行了规定,财税〔2011〕70 号文件是对财税〔2008〕151 号文件的补充,是仅针对企业取得财政性资金进行的规定。

(一) 企业取得的各类财政性资金

企业取得的各类财政性资金,除属于国家投资和资金使用后要求归还本金的以外,均应计入企业当年收入总额。

财政性资金,是指企业取得的来源于政府及其有关部门的财政补助、补贴、贷款贴息,以及其他各类财政专项资金,包括直接减免的增值税和即征即退、先征后退、先征后返的各种税收,但不包括企业按规定取得的出口退税款。

对企业收取的由财政部、国家税务总局规定专项用途并经国务院批准的财政性资金,准予作为不征税收入,在计算应纳税所得额时从收入总额中减除;未上缴财政的部分,不得从收入总额中减除。

《政府补助准则》应用指南	财税〔2008〕151 号	国家税务总局公告 2014 年第 29 号
政府资本性投入不属于政府补助。政府拨入的投资补助等专项拨款中,国家相关文件规定作为"资本公积"处理的,也属于资本性投入的性质。政府的资本性投入无论采用何种形式,均不属于政府补助。	国家投资,是指国家以投资者身份投入企业,并按有关规定相应增加企业实收资本(股本)的直接投资。	县级以上人民政府(包括政府有关部门,下同)将国有资产明确以股权投资方式投入企业,企业应作为国家资本金(包括资本公积)处理。该项资产如为非货币性资产,应按政府确定的接收价值确定计税基础。

差异分析:财税〔2008〕151 号文件规定,只有增加实收资本才属于国家投资,否则就属于应税收入或不征税收入,而政府补助准则指南则认为,国家相关文件规定作为"资本公积"处理的,也属于资本性投入的性质。国家税务总局公告 2014 年第 29 号在 151 号文件的基础上进一步明确,作为国家资本金(包括资本公积),均不属于应税收入,作为接受投资处理,但注意"资本公积"的明细科目应选用"资本溢价"明细科目。

(二) 企业收取或缴纳的各种基金、收费

企业收取的各种基金、收费	企业缴纳的各种基金、收费
企业收取的各种基金、收费,应计入企业当年收入总额。但对企业依照法律、法规及国务院有关规定收取并上缴财政的政府性基金和行政事业性收费,准予作为不征税收入,于上缴财政的当年在计算应纳税所得额时从收入总额中减除;未上缴财政的部分,不得从收入总额中减除。	企业按照规定缴纳的、由国务院或财政部批准设立的政府性基金以及由国务院和省、自治区、直辖市人民政府及其财政、价格主管部门批准设立的行政事业性收费,准予在计算应纳税所得额时扣除。

(三) 不征税收入的具体条件

自 2008 年 1 月 1 日起,对企业从县级以上各级人民政府财政部门及其他部门取得的应计入收入总额的财政性资金,凡同时符合以三个下条件的,可以作为不征税收入,在计算应纳税所得额时从收入总额中减除:第一:企业能够提供规定资金专项用途的资金拨付文件;第二:财政部门或其他拨付资金的政府部门对该资金有专门的资金管理办法或具体管理要求;第三:企业对该资金以及以该资金发生的支出单独进行核算。

"资金拨付文件"	"具体使用要求"	"单独核算"
应是县级以上政府财政部门及其他部门下发的带有文号的文件(合同和协议不属于该范畴),文件中必须规定了该资金的专项用途,明确资金使用的具体项目。	应该理解为县级以上政府财政部门或其他拨付资金的政府管理部门在相关的文件中,应该有对该项资金具体使用的监督和管理要求。	应为企业将该资金以及该资金形成的支出单独设置明细账或明细科目进行核算,清晰地反映收入及支出的核算情况。

申报审核:财税〔2008〕151 号和财税〔2011〕70 文件未将非货币性资产纳入"不征税收入"范围,但根据国家税务总局公告 2014 年 29 号规定,如果符合 70 号文件规定的三个条件,非货币性资产也可以纳入"不征税收入"的范围。

（四）企业财政性资金作为不征税收入申报后的后续处理要求

收入方面	扣除方面	优惠方面
企业将财政性资金作不征税收入处理后，在5年（60个月）内未发生支出且未缴回财政或其他拨付资金的政府部门的部分，应重新计入取得该资金第6年的收入总额，该项申报应在汇算清缴时进行。重新计入收入总额的财政性资金发生的支出，允许在计算应纳税所得额时扣除。	① 企业不征税收入用于支出所形成的费用，不得在计算应纳税所得额时扣除；企业的不征税收入用于支出所形成的资产，其计算的折旧、摊销不得在计算应纳税所得额时扣除。（《企业所得税法实施条例》第28条） 不征税收入用于支出所形成的费用不能享受研发费用加计扣除的优惠政策。企业需根据自身实际情况，做出最有利的选择。不征税收入形成的资产发生的资产损失不得在税前扣除，企业无需履行与资产损失有关的备案手续。 企业取得的各项免税收入所对应的各项成本费用，除另有规定者外，可以在计算企业应纳税所得额时扣除。 ② 企业不征税收入不能作为计算业务招待费、广告费和业务宣传费扣除限额的计算基数。	2014年版申报表中，参照财税〔2010〕81号、财税〔2013〕13号文件的附件，对上述收入和扣除表述进行了修改，在A107014《研发费用加计扣除优惠明细表》中，将第11列明确为"减：作为不征税收入处理的财政性资金用于研发的部分"，因此，2014年度以后取得政府补助收入等财政性资金作为应税收入申报的，可以享受加计扣除优惠政策。

三、不征税收入的个别政策

（一）社保基金会、社保基金投资管理人及养老基金投资管理机构有关投资业务

财税〔2018〕94号	财税〔2018〕95号
现将全国社会保障基金理事会（以下简称社保基金会）管理的全国社会保障基金（以下简称社保基金）有关投资业务税收政策通知如下： 一、对社保基金会、社保基金投资管理人在运用社保基金投资过程中，提供贷款服务取得的全部利息及利息性质的收入和金融商品转让收入，免征增值税。 二、对社保基金取得的直接股权投资收益、股权投资基金收益，作为企业所得税不征税收入。 三、对社保基金会、社保基金投资管理人管理的社保基金转让非上市公司股权，免征社保基金会、社保基金投资管理人应缴纳的印花税。 四、本通知自2018年9月10日起执行。通知发布前发生的社保基金有关投资业务，符合本通知规定且未缴纳相关税款的，按本通知执行；已缴纳的相关税款，不再退还。	现将全国社会保障基金理事会（以下简称社保基金会）受托投资的基本养老保险基金（以下简称养老基金）有关投资业务税收政策通知如下： 一、对社保基金会及养老基金投资管理机构在国务院批准的投资范围内，运用养老基金投资过程中，提供贷款服务取得的全部利息及利息性质的收入和金融商品转让收入，免征增值税。 二、对社保基金会及养老基金投资管理机构在国务院批准的投资范围内，运用养老基金投资取得的归属于养老基金的投资收入，作为企业所得税不征税收入；对养老基金投资管理机构、养老基金托管机构从事养老基金管理活动取得的收入，依照税法规定征收企业所得税。 三、对社保基金会及养老基金投资管理机构运用养老基金买卖证券应缴纳的印花税实行先征后返；养老基金持有的证券，在养老基金证券账户之间的划拨过户，不属于印花税的征收范围，不征收印花税。对社保基金会及养老基金投资管理机构管理的养老基金转让非上市公司股权，免征社保基金会及养老基金投资管理机构应缴纳的印花税。 四、本通知自2018年9月20日起执行。本通知发布前发生的养老基金有关投资业务，符合本通知规定且未缴纳相关税款的，按本通知执行；已缴纳的相关税款，不再退还。

（二）废弃电器电子产品处理基金补贴

政策依据：

《废弃电器电子产品回收处理管理条例》（国务院令第551号）；

《废弃电器电子产品处理基金征收使用管理办法》（财综〔2012〕34号）；

《财政部 国家税务总局关于进一步明确废弃电器电子产品处理基金征收产品范围的通知》（财综〔2012〕80号）；

《国家税务总局关于发布〈废弃电器电子产品处理基金征收管理规定〉的公告》（国家税务总局公告2012年第41号）；

《废弃电器电子产品处理目录（2014年版）》（发改委 环保部 工业和信息化部 财政部 海关总署 国税总局联合公告2015年第5号）；

《国家发展和改革委员会等关于印发废弃电器电子产品处理目录(2014年版)释义的通知》(发改办环资〔2016〕1050号);

《国家税务总局关于修订〈废弃电器电子产品处理基金申报表〉的公告》(国家税务总局公告2015年第62号)。

财综〔2012〕34号	国家税务总局公告2012年第41号
依据《废弃电器电子产品回收处理管理条例》(国务院令第551号)和《废弃电器电子产品处理资格许可管理办法》(环境保护部令第13号)的规定取得废弃电器电子产品处理资格的企业(以下简称处理企业),对列入《废弃电器电子产品处理目录》的废弃电器电子产品进行处理,可以申请基金补贴。基金补贴标准为:电视机85元/台、电冰箱80元/台、洗衣机35元/台、房间空调器35元/台、微型计算机85元/台。 财综〔2012〕80号明确了纳入基金征收范围的电视机、电冰箱、洗衣机、房间空调器、微型计算机的具体范围。	在中华人民共和国境内生产《财政部 环境保护部 国家发展改革委 工业和信息化部 海关总署 国家税务总局关于印发〈废弃电器电子产品处理基金征收使用管理办法〉的通知》(财综〔2012〕34号,以下简称《办法》)所规定的电器电子产品的生产者,为基金缴纳义务人。 按照国务院第551号令和《办法》规定,目前纳入基金征收范围的电器电子产品包括电视机、电冰箱、洗衣机、房间空调器和微型计算机共五类产品,对这五类产品的生产者征收基金。鉴于出口的电器电子产品无需在国内回收处理,规定电器电子产品生产者生产用于出口的电器电子产品免征基金。为了避免重复征收,规定对购进者收回委托加工电器电子产品已缴纳基金的,可从应征基金产品销售数量中扣除。 基金实行按季申报,从量定额计征,征收标准为:电视机13元/台、电冰箱12元/台、洗衣机7元/台、房间空调器7元/台、微型计算机10元/台。 使用税收票证进行基金的征缴。

(三)符合条件的棚户区改造资金补助

财综〔2015〕57号	财税〔2013〕65号
四、积极稳妥做好城市棚户区改造政府购买服务工作。 (一)多渠道筹集城市棚户区改造资金。按照"省级负总责,市县抓落实、中央适当补助"的原则,中央和省级财政根据各地区财政困难状况、城市棚户区改造任务完成情况给予适当补助,市县财政部门要按照国家规定筹集城市棚户区改造资金。 五、落实城市棚户区改造涉及的税费优惠政策。 (一)落实免收各项收费基金优惠政策。对城市棚户区改造项目,按照财政部规定免收防空地下室易地建设费、白蚁防治费、城市基础设施配套费、散装水泥专项资金、新型墙体材料专项基金、教育费附加、地方教育附加、城镇公用事业附加等各项行政事业性收费和政府性基金。同时,按规定免收省级出台的各项行政事业性收费。 (二)落实免收土地出让收入政策。对城市棚户区改造中的安置住房建设用地实行划拨方式供应,除依法支付土地补偿费、拆迁补偿费外,一律免缴土地出让收入。 (三)落实税收减免政策。对城市棚户区改造项目涉及的城镇土地使用税、印花税、土地增值税、契税、个人所得税等,按照《财政部 国家税务总局关于棚户区改造有关税收政策的通知》(财税〔2013〕101号)规定执行。 六、推广实施城市棚户区改造项目贷款贴息。 为引导和鼓励社会资本参与城市棚户区改造工作,各地区要认真落实财政部印发的《城镇保障性安	一、企业参与政府统一组织的工矿(含中央下放煤矿)棚户区改造、林区棚户区改造、垦区危房改造并同时符合一定条件的棚户区改造支出,准予在企业所得税前扣除。 二、本通知所称同时符合一定条件的棚户区改造支出,是指同时满足以下条件的棚户区改造支出: (一)棚户区位于远离城镇、交通不便,市政公用、教育医疗等社会公共服务缺乏城镇依托的独立矿区、林区或垦区。 (二)该独立矿区、林区或垦区不具备商业性房地产开发条件。 (三)棚户区市政排水、给水、供电、供暖、供气、垃圾处理、绿化、消防等市政服务或公共配套设施不齐全。 (四)棚户区房屋集中连片户数不低于50户,其中,实际在该棚户区居住且在本地区无其他住房的职工(含离退休职工)户数占总户数的比例不低于75%。 (五)棚户区房屋按照《房屋完损等级评定标准》和《危险房屋鉴定标准》评定属于危险房屋、严重损坏房屋的套内面积不低于该片棚户区建筑面积的25%。 (六)棚户区改造已纳入地方政府保障性安居工程建设规划和年度计划,并由地方政府牵头按照保障性住房标准组织实施;异地建设的,原棚户区土地由地方政府统一规划使用或者按规定实行土地复垦、生态恢复。

（续表）

财综〔2015〕57 号	财税〔2013〕65 号
居工程贷款贴息办法》（财综〔2014〕76 号），对符合条件的城市棚户区改造项目贷款予以一定比例和一定期限的利息补贴。贴息资金来源为各级财政预算安排用于城市棚户区改造的资金。贴息利率以中国人民银行公布的同期贷款基准利率为准，原则上不超过 2 个百分点。贴息期限按项目建设、收购周期内实际贷款期限确定。	三、在企业所得税年度纳税申报时，企业应向主管税务机关提供其棚户区改造支出同时符合本通知第二条规定条件的书面说明材料。 四、本通知自 2013 年 1 月 1 日起施行。

（四）国有资产无偿划入（国家税务总局公告 2014 年第 29 号）

政策规定	政策解读
1. 企业接收政府投资资产的企业所得税处理 县级以上人民政府（包括政府有关部门，下同）将国有资产明确以股权投资方式投入企业，企业应作为国家资本金（包括资本公积）处理。该项资产如为非货币性资产，应按政府确定的接收价值确定计税基础。	县级以上人民政府及其有关部门将国有资产作为股权投资划入企业，属于政策性划转（投资）行为，按现行企业所得税规定，不属于收入范畴，因此，企业应将其作为国家资本金（资本公积）进行企业所得税处理。另外，由于该项资产价值通常由政府在划转时直接确定，因此，该项资产的计税基础可以按其实际接收价值确定。
2. 企业接收政府指定用途资产的企业所得税处理 县级以上人民政府将国有资产无偿划入企业，凡指定专门用途并按《财政部 国家税务总局关于专项用途财政性资金企业所得税处理问题的通知》（财税〔2011〕70 号）规定进行管理的，企业可作为不征税收入进行企业所得税处理。其中，该项资产属于非货币性资产的，应按政府确定的接收价值计算不征税收入。	县级以上人民政府及其有关部门将国有资产无偿划入企业，凡划出单位或业务监管部门指定了专门用途，且企业已按财税〔2011〕70 号文件规定进行了管理，就具备了财政性资金性质，因此，根据《企业所得税法》第七条规定，可以作为不征税收入进行税务处理。其中，无偿划入资产属于非货币性资产的，应按该项资产实际接收价值确定不征税收入。
3. 企业接收政府无偿划入资产的企业所得税处理 企业无偿接受县级以上人民政府无偿划入资产，属于上述 1、2 项以外情形的（税法另有规定除外），应按政府确定的接收价值计入当期收入总额计算缴纳企业所得税。政府没有确定接收价值的，按资产的公允价值计算确定应税收入。	现行企业所得税法将企业收入总额分为免税收入、不征税收入和应税收入三类，显然，该项收入如果不属于免税收入或不征税收入，就应当属于应税收入。

企业接收政府划入资产税务处理原则，可以概括为"一个注意，两个突破，三种处理"。

一个注意，是指要注意该条款只适用于县级以上人民政府划入资产，不涉及企业间的无偿划转；

两个突破，一是将国家投资由增加"实收资本"扩大到"资本公积"，二是将有专项用途的财政性资金可以作为不征税收入的范围，由单纯的货币资金扩大到非货币性资产；

三种处理是指，企业接受政府划资产，区别不同情况，按照接受投资（不属于纳税范围）、不征税收入、征税收入三种情形来进行税务处理。要注意的是，政府部门将资产租给企业，不属于划入资产。

（五）财政资金孳生的银行存款利息收入（财税〔2009〕122 号）

根据现有规定，除非营利组织的不征税收入孳生的银行存款利息收入为免税收入外，财政资金无论是否作为不征税收入处理，其孳生的银行存款利息收入为应税收入。

四、不征税收入管理问题

财税〔2011〕70 号第三条	国家税务总局公告 2012 年第 15 号
对企业作不征税收入处理后，在 5 年（60 个月）内未发生支出且未缴回财政部门或其他拨付资金的政府部门的部分，做	企业取得的不征税收入，凡未按照财税〔2011〕70 号规定进行管理的，应作为企业应税收入计入应纳税所得额，依法缴纳企业所得税。

（续表）

财税〔2011〕70号第三条	国家税务总局公告2012年第15号
好相应台账的登记工作,做到后续监管,以监督企业对未使用部分是否计入取得该资金第六年的应税收入总额。	

　　同时符合税〔2011〕70号三个条件的,可以作为不征税收入,也可以作为应税收入;未同时符合三个条件的,不能作为不征税收入,只能作为应税收入。对于未按照财税〔2011〕70号规定进行管理作为应税收入处理的财政性资金,其发生的支出可以从税前扣除。如支出符合研究开发费加计扣除的范围,可以享受研究开发费加计扣除的税收优惠。2017年版(2018年修订)申报表A107014《研发费用加计扣除优惠明细表》,出于鼓励研发投入的目的,决定企业可以放弃不征税收入待遇,从而享受加计扣除的税收待遇。

第三节　免税、减计收入及加计扣除

一、免税收入优惠项目

《企业所得税法》	《企业所得税法实施条例》
第二十六条　企业的下列收入为免税收入: (一)国债利息收入; (二)符合条件的居民企业之间的股息、红利等权益性投资收益; (三)在中国境内设立机构、场所的非居民企业从居民企业取得与该机构、场所有实际联系的股息、红利等权益性投资收益; (四)符合条件的非营利组织的收入。	第八十二条　《企业所得税法》第二十六条第(一)项所称国债利息收入,是指企业持有国务院财政部门发行的国债取得的利息收入。 第八十三条　《企业所得税法》第二十六条第(二)项所称符合条件的居民企业之间的股息、红利等权益性投资收益,是指居民企业直接投资于其他居民企业取得的投资收益。《企业所得税法》第二十六条第(二)项和第(三)项所称股息、红利等权益性投资收益,不包括连续持有居民企业公开发行并上市流通的股票不足12个月取得的投资收益。 第八十四条　《企业所得税法》第二十六条第(四)项所称符合条件的非营利组织,是指同时符合下列条件的组织: (一)依法履行非营利组织登记手续; (二)从事公益性或者非营利性活动; (三)取得的收入除用于与该组织有关的、合理的支出外,全部用于登记核定或者章程规定的公益性或者非营利性事业; (四)财产及其孳息不用于分配; (五)按照登记核定或者章程规定,该组织注销后的剩余财产用于公益性或者非营利性目的,或者由登记管理机关转赠给与该组织性质、宗旨相同的组织,并向社会公告; (六)投入人对投入该组织的财产不保留或者享有任何财产权利; (七)工作人员工资福利开支控制在规定的比例内,不变相分配该组织的财产。 　　前款规定的非营利组织的认定管理办法由国务院财政、税务主管部门会同国务院有关部门制定。 第八十五条　《企业所得税法》第二十六条第(四)项所称符合条件的非营利组织的收入,不包括非营利组织从事营利性活动取得的收入,但国务院财政、税务主管部门另有规定的除外。

　　所得税的计税对象是所得额,一般不宜采用对收入直接予以免税的方式,除非要体现特别的政策取向和扶持。由于企业所得税法采用的是完全列举,因此,除《企业所得税法》列举的四项内容以外,不应存在其他的免税收入。免税收入是对收入的优惠,其免税收入对应的成本费用可在所得税前扣除。免税收入之间以及和其他优惠形式叠加享受。企业取得的免税收入,基本上是特指从指定部门取得的收入,以及税后分配的投资收益,由于不包括销售、转让等经营性收入,不会产生上游免税下游作成本费用的情况,因此一般也不会产生关联企业间避税空间。

　　免税收入形成的费用、折旧可以税前扣除。举例:国债利息收入用来买汽车的折旧,可以税前扣除;用财政拨款买来的卡车,不能提折旧税前扣除(配比原则)。

（一）国债利息收入免税

1. 国债利息收入所得税免税政策

《企业所得税法》第二十六条	《企业所得税法实施条例》第八十二条
企业取得的国债利息收入为免税收入。	国债利息收入，是指企业持有国务院财政部门发行的国债取得的利息收入。

国债专指财政部代表中央政府发行的国家公债。国债市场分为两个层次，一是国债发行市场，也称一级市场；二是国债流通市场，也称为二级市场。企业购买国债，不管是一级市场还是二级市场购买其利息收入均享受免税优惠。但对于企业在二级市场转让国债获得的收入，还需作为转让财产收入计算缴纳企业所得税。

2. 国债利息收入的所得税处理（国家税务总局公告 2011 年第 36 号）

国债利息收入时间确认	国债利息收入计算	国债利息收入所得税免税问题
国债利息收入应以国债发行时约定应付利息的日期确认；转让国债，应在国债转让收入确认时确认利息收入的实现。	企业到期前转让国债，或者从非发行者投资购买的国债，其持有期间尚未兑付的国债利息收入，按以下公式计算确定： 国债利息收入 ＝ 国债金额×（适用年利率÷365）×持有天数 上述公式中的"国债金额"，按国债发行面值或发行价格确定；"适用年利率"按国债票面年利率或折合年收益率确定；如企业不同时间多次购买同一品种国债的，"持有天数"可按平均持有天数计算确定。	企业从发行者直接投资购买的国债持有至到期，其从发行者取得的国债利息收入，全额免征企业所得税。 其持有期间按照公式：国债利息收入 ＝ 国债金额×（适用年利率÷365）×持有天数，计算确定尚未兑付的国债利息收入，免征企业所得税。

从以上规定来看，企业购买的自行持有期间的国债未兑付的利息收入免企业所得税。当然，购买的自行持有至到期的国债兑付的利息收入也免企业所得税。同时注意，企业购买国债的利息收入免征企业所得税专指企业购买国内的国债而不是购买国外的国债利息收入。如果企业持有期间约定应收利息的日期获得不属于本企业持有期间的国债利息，不是该企业的国债利息收入，而是出售者的国债利息收入，应作为应收项目冲减投资成本。

3. 国债转让收入的所得税处理（国家税务总局公告 2011 年第 36 号）

国债转让收入时间确认	国债转让收益（损失）计算
（1）企业转让国债应在转让国债合同、协议生效的日期，或者国债移交时确认转让收入的实现。 （2）企业投资购买国债，到期兑付的，应在国债发行时约定的应付利息的日期，确认国债转让收入的实现。	企业转让或到期兑付国债取得的价款，减除其购买国债成本，并扣除其持有期间按照本公告第一条计算的国债利息收入以及交易过程中相关税费后的余额，为企业转让国债收益（损失）。 转让国债所得（损失）＝国债转让价款－购买该国债成本－持有期间应得的利息－转让过程中的相关税费

国债转让收益（损失）征税问题：根据《企业所得税法实施条例》第十六条规定，企业转让国债，应作为转让财产，其取得的收益（损失）应作为企业应纳税所得额计算纳税。

4. 国债成本的确定及计算方法（国家税务总局公告 2011 年第 36 号）

通过支付现金方式取得的国债，以买入价和支付的相关税费为成本；	通过支付现金以外的方式取得的国债，以该资产的公允价值和支付的相关税费为成本。

国债成本的计算方法：企业在不同时间购买同一品种国债的，其转让时的成本计算方法，可在先进先出法、加权平均法、个别计价法中选用一种。计价方法一经选用，不得随意改变。

5. 优惠事项管理（国家税务总局公告 2018 年第 23 号）

序号	主要留存备查资料	享受优惠时间	后续管理要求
1	1. 国债净价交易交割单； 2. 购买、转让国债的证明，包括持有时间、票面金额、利率等相关材料； 3. 应收利息（投资收益）科目明细账或按月汇总表； 4. 减免税计算过程的说明。	预缴享受	由省税务机关（含计划单列市税务机关）规定。

【例 3-1】 甲企业投资购买 A 国债，2018 年 1 月 1 日购买面值 1 000 万元、2 月 1 日购买面值 300 万元、3 月 1 日购买面值 2 000 万元，2018 年 5 月 1 日转让面值 1 500 万元 A 国债，取得 2 000 万元收入，支付手续费 50 万元；2018 年 6 月 1 日将剩余面值 1 800 万元 A 国债全部转让，转让价格为 2 000 万元，发生转让手续费 50 万元。A 国债票面年利率 4%，到期时间为 2020 年 10 月 30 日。

2018 年 5 月 1 日转让的面值 1 500 万元的国债	2018 年 6 月 1 日转让的面值 1 800 万元的国债
持有天数＝（121＋90＋61）÷3＝91（天）（按简单平均法计算） 转让成本＝1 000＋300＋200＝1 500（万元） 国债利息收入＝国债金额×（适用年利率÷365）×持有天数＝1 500×（4%÷365）×91＝14.96（万元） 国债转让收入＝企业转让或到期兑付国债取得的价款－购买国债成本－国债利息收入－交易过程中相关税费＝2 000－1 500－14.96－50＝435.04（万元）	持有天数＝92 天 转让成本＝1 800 万元 国债利息收入＝国债金额×（适用年利率÷365）×持有天数＝1 800×（4%÷365）×92＝18.15（万元） 国债转让收入＝企业转让或到期兑付国债取得的价款－购买国债成本－国债利息收入－交易过程中相关税费＝2 000－1 800－18.15－50＝131.85（万元） 33.11（14.96＋18.15）万元利息收入予以免税，566.89 万元的转让收益需作为企业应纳税所得额计算纳税。33.11 万元填报在 A107010《免税、减计收入及加计扣除优惠明细表》第 2 行"（一）国债利息收入免征企业所得税"。

（二）符合条件的居民企业之间的股息、红利等权益性投资收益免税

《企业所得税法》	《企业所得税法实施条例》	国税函〔2010〕79 号
第三条 居民企业应当就其来源于中国境内、境外的所得缴纳企业所得税。 若对来自国外的股息红利所得已经在当地实际缴纳了所得，可根据《企业所得税法》第二十三、二十四条规定，进行税额抵免。 对于居民企业股东取得的来自符合条件的居民企业之间的股息、红利等权益性投资收益，根据《企业所得税法》第二十六条规定，免征企业所得税。	第十七条 企业所得税法第六条第（四）项所称股息、红利等权益性投资收益，是指企业因权益性投资从被投资方取得的收入。 股息、红利等权益性投资收益，除国务院财政、税务主管部门另有规定外，按照被投资方做出利润分配决定的日期确认收入的实现。 第八十三条 《企业所得税法》第二十六条第（二）项所称符合条件的居民企业之间的股息、红利等权益性投资收益，是指居民企业直接投资于其他居民企业取得的投资收益。《企业所得税法》第二十六条第（二）项和第（三）项所称股息、红利等权益性投资收益，不包括连续持有居民企业公开发行并上市流通的股票不足 12 个月取得的投资收益。	第四条 关于股息、红利等权益性投资收益收入确认问题 企业权益性投资取得股息、红利等收入，应以被投资企业股东会或股东大会做出利润分配或转股决定的日期，确定收入的实现。 被投资企业将股权（票）溢价所形成的资本公积转为股本的，不作为投资方企业的股息、红利收入，投资方企业也不得增加该项长期投资的计税基础。

由于股息、红利是从被投资企业税后利润中分配的，如果将股息、红利全额并入投资企业的应税收入中征收企业所得税，会出现对同一经济来源所得的重复征税。因此，消除企业间股息、红利的重复征税是防止税收政策扭曲、保持税收中性的必然要求，也是各国的普遍做法。

1. 居民企业之间的股息、红利等权益性投资收益免税，需要具备两个条件：第一，仅限于居民企业直接投资于其他居民企业取得的投资收益；第二，不包括连续持有居民企业公开发行并上市流通的股票不足 12 个月而取得的权益性投资收益。非居民企业从居民企业取得的股息、红利等权益性投资收益免税，也需要具备以下两个条件：第一，非居民企业从居民企业取得的股息、红利等权益性投资收益，需要与其在境内设立的机构、场所有实际联系；第二，非居民企业从居民企业取得的与其所设机构、场所有实际联系的股

息、红利等权益性投资收益,能够享受免税优惠的,也不包括连续持有居民企业公开发行并上市流通的股票不足 12 个月而取得的权益性投资收益。因居民企业间股息红利免税强调的是直接投资,通过合伙企业投资分回的股息红利能否免税,实务中大部分税务机关不予认可。通过其他企业代持股分得股息红利,税务机关更倾向于形式重于实质,判断为不属于直接投资取得的股息红利。

2. 符合条件的投资收益仅指股息、红利等权益性投资收益。(正常做法是,持有不到 12 个月的当年做应税所得申报,下一纳税年度持有时间超过 12 个月时再做免税收入处理。个别地方允许的另一种做法是,只要是没有转让,持有期间的股息、红利可暂作为免税收入处理,若企业持有时间不足 12 个月将流通股票转让,则补征企业所得税。)股利收益要求企业提供证券交易机构的股票买卖交割单、长期股权投资协议、会计核算方式等资料。税务机关在评估时不仅关注是否符合免税收入的条件,还特别强调免税股息红利仅适用于直接投资。企业通过二级市场买卖股票差价的所得属于财产转让收入,不属于股息红利所得,不属于免税收入。证券公司等投资人股票买卖频繁,通常按照先进先出法,以持股人身份确定持有时间是否超过 12 个月。对不符合免税条件的投资收益征税时不再还原为税前所得,对于免税的股息红利也不需要区分投资前还是投资后形成的。

3. 对于企业分得的股票股利或实物股利,在确认免税同时,也要确认相应的计税基础,这样的免税才是真正意义上的免税。基于公司法已认同不按投资比例分红的约定,2017 年新所得税年度申报表修改后,国家税务总局公告 2017 年第 54 号明确了未按投资比例分得的股息红利也可享受免税待遇。

4. 企业参与房地产项目的合作开发,项目未成立独立的法人公司,实际上企业不占有股权或股份,严格意义上不属于权益性投资。但国税发〔2009〕31 号文件对此做出了特殊规定,对合作协议、合同中约定分配利润的,视同权益投资业务,投资方取得项目的营业利润视同股息红利处理。

5. 企业投资于新三板挂牌企业所取得的股息红利,符合《企业所得税法》第二十六条第二项及《企业所得税法实施条例》第八十三条规定的,可以作为免税收入,享受税收优惠。国发〔2013〕49 号文也非常明确地定性:挂牌公司依法纳入非上市公众公司监管,股东人数可以超过 200 人。实施条例也非常明确,受到 12 个月约束的前提是被投资企业属于公开发行并上市流通。新三板股票属于定向发行也未上市流通。法人企业投资于新三板挂牌公司,其取得的股息红利不受免税收入条件中不足 12 个月条件的影响。

6. 如果企业需要办理股息红利免税备案时,需要在股息红利决议日期的年度进行备案。而在企业真正收到股利的当期,进行会计处理,同时根据以前年度的备案资料,填写在会计处理当年的所得税汇算清缴表中的 A107011 表中,重点关注“被投资企业做出利润分配或转股决定时间、依决定归属于本公司的股息、红利等权益性投资收益金额”两项,减免当期的应纳税所得额。象只作利润分配方案,但并不实际作现金分红的情形,对于分配方无影响,但执行新准则后,对于投资方就会产生影响。法定公积金转为资本时,所留存的该项公积金不得少于转增前公司注册资本的 25%。[《中华人民共和国公司法(2014)》第一百六十八条]

【例 3-2】 A 企业 2018 年以 1 000 万元投资注册 B 企业,占 B 企业 30% 股份,2018 年 1 月 31 日经股东会决议,B 企业将可分配利润 300 万元对全体股东进行分配,归属于 A 企业的权益性投资收益金额为 90 万元。

A 企业 2010 年以 1 000 万元投资 C 企业,占 C 企业 30% 股份,2018 年 C 企业进行清算,清算时 C 企业未分配利润和盈余公积 3 000 万元,A 企业分得 C 企业清算剩余财产现金 2 500 万元。

A 企业 2010 年以 1 000 万元投资 D 企业,占 D 企业 30% 股份,2018 年经股东大会决议撤资。截至撤资时,D 企业累积留存收益为 3 000 万元,其中 A 企业按照份额享有 900 万元。A 企业撤资时分得一栋物业,账面价值为 2 000 万元,评估市价为 2 500 万元。

会计处理(单位:万元)	企业所得税处理
(1) A 企业确认 B 企业投资收益时: 　借:应收股利——B 企业　　　90 　　　贷:投资收益　　　　　　　90 (2) C 企业进行清算,A 企业确认投资收益时: 　借:银行存款——C 企业　　2 500 　　　贷:投资收益　　　　　　1 500 　　　　　长期股权投资——C 企业 　　　　　　　　　　　　　1 000	(1) A 企业分得 B 企业股息红利,直接确认投资收益 90 万元,此部分为免税收入。 (2) C 企业清算,A 企业首先根据被投资企业 C 企业累计留存收益 3 000 万元按投资比例确认股息红利 900 万元,此部分为免税收入,再按照分回剩余财产 2 500 万元剔除投资收益 900 万元的余额 1 600 万元,与投资成本比较,确认投资所得为 600 万元,此部分为应税所得。 (3) 从 D 企业撤资,D 企业要对分出物业做视同销售处理,确认利润 500 万元,增加税后利润为 $500 \times (1-25\%) = 375$(万元)。

（续表）

会计处理（单位：万元）	企业所得税处理
（3）A 企业从 D 企业撤资，确认投资收益时： 借：固定资产　　　　　2 500 　贷：投资收益　　　　　1 500 　　　长期股权投资——D 企业　　　　　　　　　1 000	① A 企业享有累计留存收益部分为 3 375 × 30％＝1 012.5（万元）。 ② A 企业剔除投资成本后金额＝2 500－1 000＝1 500（万元）。 ③ A 企业应确认股息所得＝3 375×30％＝1 012.5（万元），此部分为免税收入。 ④ A 企业股权撤资所得＝1 500－1 012.5＝487.5（万元），此部分为应税所得。

（三）符合条件的非营利组织的收入免税

政策依据：

> 《企业所得税法》及《企业所得税法实施条例》；
> 《财政部　国家税务总局关于非营利组织免税资格认定管理有关问题的通知》（财税〔2009〕123 号）（有效期：2012 年 12 月 31 日—2018 年 1 月 1 日）；
> 《国家税务总局关于非营利组织免税资格认定管理有关问题的通知》（财税〔2014〕13号）（有效期：2013 年 1 月 1 日—2017 年 12 月 31 日）；
> 《财政部　国家税务总局关于非营利组织免税资格认定管理有关问题的通知》（财税〔2018〕13 号）（有效期：2018 年 1 月 1 日开始执行）。

1. 免税政策

《企业所得税法》	《企业所得税法实施条例》
第二十六条 企业的下列收入为免税收入： （四）符合条件的非营利组织的收入。	第八十四条　《企业所得税法》第二十六条第（四）项所称符合条件的非营利组织，是指同时符合下列条件的组织： （一）依法履行非营利组织登记手续。 （二）从事公益性或者非营利性活动。 （三）取得的收入除用于与该组织有关的、合理的支出外，全部用于登记核定或者章程规定的公益性或者非营利性事业。 （四）财产及其孳息不用于分配。 （五）按照登记核定或者章程规定，该组织注销后的剩余财产用于公益性或者非营利性目的，或者由登记管理机关转赠给与该组织性质、宗旨相同的组织，并向社会公告。 （六）投入人对投入该组织的财产不保留或者享有任何财产权利。 （七）工作人员工资福利开支控制在规定的比例内，不变相分配该组织的财产。 前款规定的非营利组织的认定管理办法由国务院财政、税务主管部门会同国务院有关部门制定。 第八十五条　《企业所得税法》第二十六条第（四）项所称符合条件的非营利组织的收入，不包括非营利组织从事营利性活动取得的收入，但国务院财政、税务主管部门另有规定的除外。

　　1. 非营利组织享受免税优惠必须同时具备七个条件，包括成立第（一）项条件，第（二）项行为要件，第（三）、（四）、（五）、（六）、（七）项财产管理要件。

　　2. 非营利与非盈利：非营利性机构并不意味着不能盈利。它们可以有盈利，即可以产生利润；只是盈利（利润）不能分配股东、投资者，利润必须用于非营利性组织的自身运作，包括分配职工工资福利。非营利性机构注销后的剩余财产，需用于公益性或者非营利性目的，或者由登记管理机关采取转赠给与该组织性质、宗旨相同的组织，不得分配股东、投资者。

2. 非营利组织的认定（财税〔2018〕13号）

认定条件	认定程序
一、依据本通知认定的符合条件的非营利组织，必须同时满足以下条件： （一）依照国家有关法律法规设立或登记的事业单位、社会团体、基金会、社会服务机构、宗教活动场所、宗教院校以及财政部、税务总局认定的其他非营利组织； （注：《中华人民共和国民法总则》第八十七条将非营利法人分为事业单位、社会团体、基金会、社会服务机构等四类；《中华人民共和国慈善法》第八条将慈善组织分为基金会、社会团体、社会服务机构等三类，本条将原"民办非企业单位"的表述改为"社会服务机构"，和其他法律契合。增加了"宗教院校"，将宗教团体举办的培养宗教教职人员和其他宗教专门人才的全日制院校纳入税收优惠范围。） （二）从事公益性或者非营利性活动； （三）取得的收入除用于与该组织有关的、合理的支出外，全部用于登记核定或者章程规定的公益性或者非营利性事业； （四）财产及其孳息不用于分配，但不包括合理的工资薪金支出； （五）按照登记核定或者章程规定，该组织注销后的剩余财产用于公益性或者非营利性目的，或者由登记管理机关采取转赠给与该组织性质、宗旨相同的组织等处置方式，并向社会公告； （六）投入人对投入该组织的财产不保留或者享有任何财产权利，本款所称投入人是指除各级人民政府及其部门外的法人、自然人和其他组织； （七）工作人员工资福利开支控制在规定的比例内，不变相分配该组织的财产，其中：工作人员平均工资薪金水平不得超过税务登记所在地的地市级（含市级）以上地区的同行业同类组织平均工资水平的两倍，工作人员福利按照国家有关规定执行； （注：原规定"工作人员工资福利开支控制在规定的比例内，不变相分配该组织的财产，其中：工作人员平均工资薪金水平不得超过上年度税务登记所在地人均工资水平的两倍，工作人员福利按照国家有关规定执行；" 本款和原规定有较大的变化。对用于衡量非营利组织工资水平的"平均工资"做出进一步的明确。一是对"平均工资"的所在地做出进一步明确："地市级（含地市级）以上地区"，原规定"税务登记所在地"，实际执行中容易出现分歧。二是增加了"同行业同类组织"的规定，应该是按照事业单位、社会团体、基金会、社会服务机构、宗教活动场所、宗教院校细分比对。但统计部门是否能公布如此细化的"同行业同类组织"平均工资是一个问	二、经省级（含省级）以上登记管理机关批准设立或登记的非营利组织，凡符合规定条件的，应向其所在地省级税务主管机关提出免税资格申请，并提供本通知规定的相关材料；经地市级或县级登记管理机关批准设立或登记的非营利组织，凡符合规定条件的，分别向其所在地的地市级或县级税务主管机关提出免税资格申请，并提供本通知规定的相关材料。 财政、税务部门按照上述管理权限，对非营利组织享受免税的资格联合进行审核确认，并定期予以公布。 三、申请享受免税资格的非营利组织，需报送以下材料： （一）申请报告； （二）事业单位、社会团体、基金会、社会服务机构的组织章程或宗教活动场所、宗教院校的管理制度； （三）非营利组织注册登记证件的复印件； （四）上一年度的资金来源及使用情况、公益活动和非营利活动的明细情况； （五）上一年度的工资薪金情况专项报告，包括薪酬制度、工作人员整体平均工资薪金水平、工资福利占总支出比例、重要人员工资薪金信息（至少包括工资薪金水平排名前10的人员）； （注：本条为新增条款。之前一直是各地主管财政、税务部门要求提供的其他材料管理，经过十年的实践，财政部国家税务总局认为有必要将工资薪金情况专项报告作为一项法定材料管理。内容方面也做了延伸，除了证明工作人员整体平均工资薪金水平控制在"税务登记所在地的地市级（含地市级）以上地区的同行业同类组织平均工资水平的两倍"以内之外，还要说明工资福利占总支出比例，甚至要求披露至少包括但不限于工资薪金水平排名前10的人员情况。这一项材料是非营利组织没有通过支付工资薪金对财产进行分配和变相分配行为的重要证明文件。） （六）具有资质的中介机构鉴证的上一年度财务报表和审计报告； （七）登记管理机关出具的事业单位、社会团体、基金会、社会服务机构、宗教活动场所、宗教院校上一年度符合相关法律法规和国家政策的事业发展情况或非营利活动的材料； （八）财政、税务部门要求提供的其他材料。 当年新设立或登记的非营利组织需提供本条第（一）项至第（三）项规定的材料及本条第（四）项、第（五）项规定的申请当年的材料，不需提供本条第（六）项、第（七）项规定的材料。 （注：本条款一是简化了新设非营利组织申请时的资料，包括免除提供上年度审计报告和上年度报告结论，因为新设非营利组织确实没有这两项材料；二是新设非营利组织申请时因没有上年度的历史数据，因此要求申请人提交的材料以申请当年的数据为准。） 四、非营利组织免税优惠资格的有效期为五年。非营利组织应在免税优惠资格期满后六个月内提出复审申请，不提出复审申请或复审不合格的，其享受免税优惠的资格到期自动失效。 非营利组织免税资格复审，按照初次申请免税优惠资

（续表）

认定条件	认定程序
题。） （八）对取得的应纳税收入及其有关的成本、费用、损失应与免税收入及其有关的成本、费用、损失分别核算。	格的规定办理。（注：原规定是免税优惠资格期满前三个月内提交申请，比如有效期为 2013—2017 年，按照原规定应该在 2017 年 10 月 1 日至 12 月 31 日之间申请复审，而复审通过后下一个有效期应该是 2017—2021 年，中间有一年是重叠的。将复审期限设定为期满后六个月内有利于复审工作的顺利进行。）

并非经民政等部门登记的社会团体就自然获取免税资格。财税〔2018〕13 号将财税〔2014〕13 号第三条申请材料进行了修改。

财税〔2014〕13 号和财税〔2018〕13 号将财税〔2009〕123 号中的符合条件的非营利组织活动范围主要在中国境内的条款删除，即按照我国有关法律法规设立或登记的非营利组织即使活动范围在境外，只要符合其他几项条件，也可以被认定为非营利组织享受免税优惠。

财税〔2018〕13 号将财税〔2014〕13 号第一条第（八）项删除，除当年新设立或登记的事业单位、社会团体、基金会及民办非企业单位外，事业单位、社会团体、基金会及民办非企业单位申请前年度的检查结论为"合格"。

符合非营利组织条件的孵化器的收入，按照企业所得税法及其实施条例和有关税收政策规定享受企业所得税优惠政策。（财税〔2016〕89 号）

符合非营利组织条件的大学科技园的收入，按照企业所得税法及其实施条例和有关税收政策规定享受企业所得税优惠政策。（财税〔2016〕98 号）

3. 免税资格的取得与取消（财税〔2018〕13 号）

免税资格的取得	免税资格的取消
五、非营利组织必须按照《中华人民共和国税收征收管理法》及《中华人民共和国税收征收管理法实施细则》等有关规定，办理税务登记，按期进行纳税申报。取得免税资格的非营利组织应按照规定向主管税务机关办理免税手续，免税条件发生变化的，应当自发生变化之日起十五日内向主管税务机关报告；不再符合免税条件的，应当依法履行纳税义务；未依法纳税的，主管税务机关应当予以追缴。取得免税资格的非营利组织注销时，剩余财产处置违反本通知第一条第五项规定的，主管税务机关应追缴其应纳企业所得税款。 有关部门在日常管理过程中，发现非营利组织享受优惠年度不符合本通知规定的免税条件的，应提请核准该非营利组织免税资格的财政、税务部门，由其进行复核。 核准非营利组织免税资格的财政、税务部门根据本通知规定的管理权限，对非营利组织的免税优惠资格进行复核，复核不合格的，相应年度不得享受税收优惠政策。	六、已认定的享受免税优惠政策的非营利组织有下述情形之一的，应自该情形发生年度起取消其资格： （一）登记管理机关在后续管理中发现非营利组织不符合相关法律法规和国家政策的； （二）在申请认定过程中提供虚假信息的； （三）纳税信用等级为税务部门评定的 C 级或 D 级的； （四）通过关联交易或非关联交易和服务活动，变相转移、隐匿、分配该组织财产的； （五）被登记管理机关列入严重违法失信名单的； （六）从事非法政治活动的。 因上述第（一）项至第（五）项规定的情形被取消免税优惠资格的非营利组织，财政、税务部门自其被取消资格的次年起一年内不再受理该组织的认定申请；因上述第（六）项规定的情形被取消免税优惠资格的非营利组织，财政、税务部门将不再受理该组织的认定申请。 被取消免税优惠资格的非营利组织，应当依法履行纳税义务；未依法纳税的，主管税务机关应当自其存在取消免税优惠资格情形的当年起予以追缴。

1. 取得免税资格并不意味着在免税资格有效期就一定能享受税收优惠，非营利组织在免税资格有效期内的每一个纳税年度，仍然需要保持免税资格的所有条件，当年符合《企业所得税法》及其实施条例和有关规定免税条件的收入，免予征收企业所得税；当年不符合免税条件的收入，照章征收企业所得税。

2. 调整了取消资格的情形：

（1）明确了取消是从发生该情形的年度起取消，而非整个有效期都取消。比如某基金会免税资格有效期为 2018—2022 年，2021 年纳税信用等级被评定为 C 级，免税资格自 2021 年起被取消，剩余期限不能享受相关的税收优惠。

（2）强化了征信在免税资格的地位。相比原规定，增加了上述第（三）和第（五）款，均属于征信范畴的。享受独有的免税税收优惠，必然要求非营利组织有更规范行为，从另一个角度看，可以理解为用财税政策促

（续表）

免税资格的取得	免税资格的取消

进征信体系的建设和发展。

3. 违法违纪处理（财税〔2018〕13号第七条）

各级财政、税务部门及其工作人员在认定非营利组织免税资格工作中，存在违法违纪行为的，按照《公务员法》《行政监察法》等国家有关规定追究相应责任；涉嫌犯罪的，移送司法机关处理。

4. 非营利组织免税收入范围（财税〔2009〕122号）

一、非营利组织的下列收入为免税收入： （一）接受其他单位或者个人捐赠的收入； （二）除《中华人民共和国企业所得税法》第七条规定的财政拨款以外的其他政府补助收入，但不包括因政府购买服务取得的收入；	（三）按照省级以上民政、财政部门规定收取的会费； （四）不征税收入和免税收入孳生的银行存款利息收入； （五）财政部、国家税务总局规定的其他收入。

《企业所得税法》第二十六条第（四）项所称符合条件的非营利组织的收入，不包括非营利组织从事营利性活动取得的收入，但国务院财政、税务主管部门另有规定的除外。（《企业所得税法实施条例》第85条）

目前，仅明确认定后的非营利组织的不征税收入及免税收入孳生的银行存款利息收入为免税收入，其他企业的不征税收入及免税收入的孳生的利息收入按税收规定确认收入。非营利性组织为政府机构或其他部门提供培训服务收取的费用，属于提供营利性活动取得的收入，不属于企业所得税免税收入，应按规定缴纳企业所得税。

5. 优惠事项管理（国家税务总局公告2018年第23号）

序号	主要留存备查资料	享受优惠时间	后续管理要求
6	1. 非营利组织免税资格有效认定文件或其他相关证明； 2. 非营利组织认定资料； 3. 当年资金来源及使用情况、公益活动和非营利活动的明细情况； 4. 当年工资薪金情况专项报告，包括薪酬制度、工作人员整体平均工资薪金水平、工资福利占总支出比例、重要人员工资薪金信息（至少包括工资薪金水平排名前10的人员）； 5. 当年财务报表； 6. 登记管理机关出具的事业单位、社会团体、基金会、社会服务机构、宗教活动场所、宗教院校当年符合相关法律法规和国家政策的事业发展情况或非营利活动的材料； 7. 应纳税收入及其有关的成本、费用、损失，与免税收入及其有关的成本、费用、损失分别核算的情况说明； 8. 取得各类免税收入的情况说明； 9. 各类免税收入的凭证。	预缴享受	由省税务机关（含计划单列市税务机关）规定。

6. 科技企业孵化器

财税〔2016〕89号	财税〔2018〕120号
一、自2016年1月1日至2018年12月31日，对符合条件的孵化器自用以及无偿或通过出租等方式提供给孵化企业使用的房产、土地，免征房产税和城镇土地使用税；自2016年1月1日至2016年4月30日，对其向孵化企业出租场地、房屋以及提供孵	一、自2019年1月1日至2021年12月31日，对国家级、省级科技企业孵化器、大学科技园和国家备案众创空间自用以及无偿或通过出租等方式提供给在孵对象使用的房产、土地，免征房产税和城镇土地使用税；对其向在孵对象提供孵化服务取得的收入，免征增值税。 本通知所称孵化服务是指为在孵对象提供的经纪代理、经营租赁、研发和技术、信息技术、鉴证咨询服务。 二、国家级、省级科技企业孵化器、大学科技园和国家备案众创空间应当单独核算孵化服务收入。 三、国家级科技企业孵化器、大学科技园和国家备案众创空间认定和管理办法由国务院科技、教育部门另行发布；省级科技企业孵化器、大学科技园

（续表）

财税〔2016〕89 号	财税〔2018〕120 号
化服务的收入,免征营业税;在营业税改征增值税试点期间,对其向孵化企业出租场地、房屋以及提供孵化服务的收入,免征增值税。 　　二、符合非营利组织条件的孵化器的收入,按照企业所得税法及其实施条例和有关税收政策规定享受企业所得税优惠政策。	认定和管理办法由省级科技、教育部门另行发布。 　　本通知所称在孵对象是指符合前款认定和管理办法规定的孵化企业、创业团队和个人。 　　四、国家级、省级科技企业孵化器、大学科技园和国家备案众创空间应按规定申报享受免税政策,并将房产土地权属资料、房产原值资料、房产土地租赁合同、孵化协议等留存备查,税务部门依法加强后续管理。 　　2018 年 12 月 31 日以前认定的国家级科技企业孵化器、大学科技园,自 2019 年 1 月 1 日起享受本通知规定的税收优惠政策。2019 年 1 月 1 日以后认定的国家级、省级科技企业孵化器、大学科技园和国家备案众创空间,自认定之日次月起享受本通知规定的税收优惠政策。2019 年 1 月 1 日以后被取消资格的,自取消资格之日次月起停止享受本通知规定的税收优惠政策。

享受以上免征房产税和土地使用税、增值税的具体要求如下:

　　① 应当单独核算孵化服务收入。这意味着孵化器等机构除了孵化服务如果还提供其他服务如酒店、餐饮等业务时,应该将孵化服务单独设立收入类别明细核算,无法区分或者区分不清的,不能享受优惠。

　　② 享受的范围是经国家、省认定或备案的科技企业孵化器、大学科技园和众创空间。如果没有经过认定、备案,即使名称叫做孵化器、大学科技园、重创空间,也不能享受相关税收优惠。

　　③ 向在孵对象提供的房产、提供的孵化服务免税。如果使用房产的对象不是在孵对象,提供经纪代理、经营租赁、研发和技术、信息技术、鉴证咨询服务的对象不是在孵对象,同样不可以享受免税。

　　④ 享受免税政策必须按规定申报,同时将房产土地权属资料、房产原值资料、房产土地租赁合同、孵化协议等留存备查,税务部门时候监督。这意味着不申报、不备查,无法直接享受免税政策,并且在经营活动中也要遵循相关政策要求,后续发现不符合政策要求,税务机关有权依法查处。

7. 国家大学科技园（以下简称科技园）

财税〔2016〕89 号	财税〔2018〕120 号
一、自 2016 年 1 月 1 日至 2018 年 12 月 31 日,对符合条件的科技园自用以及无偿或通过出租等方式提供给孵化企业使用的房产、土地,免征房产税和城镇土地使用税;自 2016 年 1 月 1 日至 2016 年 4 月 30 日,对其向孵化企业出租场地、房屋以及提供孵化服务的收入,免征营业税;在营业税改征增值税试点期间,对其向孵化企业出租场地、房屋以及提供孵化服务的收入,免征增值税。 　　二、符合非营利组织条件的科技园的收入,按照企业所得税法及其实施条例和有关税收政策规定享受企业所得税优惠政策。	一、自 2019 年 1 月 1 日至 2021 年 12 月 31 日,对国家级、省级科技企业孵化器、大学科技园和国家备案众创空间自用以及无偿或通过出租等方式提供给在孵对象使用的房产、土地,免征房产税和城镇土地使用税;对其向在孵对象提供孵化服务取得的收入,免征增值税。 　　本通知所称孵化服务是指为在孵对象提供的经纪代理、经营租赁、研发和技术、信息技术、鉴证咨询服务。 　　二、国家级、省级科技企业孵化器、大学科技园和国家备案众创空间应当单独核算孵化服务收入。

享受以上免征房产税和土地使用税、增值税的具体要求见上述科技企业孵化器部分。

（四）其他专项优惠汇缴申报审核

1. 中国清洁发展机制基金取得的收入免税（财税〔2009〕30 号）

1）清洁基金免税收入范围

经国务院批准,2007 年 1 月 1 日起,清洁基金取得的下列收入,免征企业所得税::

① CDM 项目温室气体减排量转让收入上缴国家的部分; ② 国际金融组织赠款收入;	③ 基金资金的存款利息收入、购买国债的利息收入; ④ 国内外机构、组织和个人的捐赠收入。

2）CDM 项目扣除优惠

CDM 项目实施企业按照《清洁发展机制项目运行管理办法》（发展改革委　科技部　外交部　财政部令第 37 号）的规定,将温室气体减排量的转让收入,按照以下比例上缴给国家的部分,准予在计算应纳税所得额时扣除。

（续表）

| ① 氢氟碳化物（HFC）和全氟碳化物（PFC）类项目，为温室气体减排量转让收入的 65%；
② 氧化亚氮（N$_2$O）类项目，为温室气体减排量转让收入的 30%； | ③《清洁发展机制项目运行管理办法》第四条规定的重点领域以及植树造林项目等类清洁发展机制项目，为温室气体减排量转让收入的 2%。 |

3）优惠事项管理（国家税务总局公告 2018 年第 23 号）

序号	主要留存备查资料	享受优惠时间	后续管理要求
10	由省税务机关规定。	预缴享受	由省税务机关规定。

2. 证券投资基金从证券市场中取得的收入免税（财税〔2008〕1 号）

政策规定	申报审核
对证券投资基金从证券市场中取得的收入，包括买卖股票、债券的差价收入，股权的股息、红利收入，债券的利息收入及其他收入，暂不征收企业所得税。	适用主体：证券投资基金。实际工作中，证券投资基金并未办理税务登记，实际上无法纳入企业所得税年度申报。2017 年版申报表取消了 2014 年版 A107010 第 7 行"2、证券投资基金从证券市场取得的收入"，实际上无需填报。

3. 投资者从证券投资基金分配中取得的收入免税（财税〔2008〕1 号）

1）投资者从证券投资基金分配中取得的收入免税范围

政策规定	申报审核
对投资者从证券投资基金分配中取得的收入，暂不征收企业所得税。	企业作为投资主体，直接购买证券投资基金所取得的分配收入暂不征收企业所得税。 投资者从证券投资基金分配取得的收入，在证券投资基金做出利润分配的日期确认收入。投资者在购入证券投资基金之前已经宣告分派的红利等收入，买家在实际收到时不应作为投资收益，更不能就此部分红利享受免税优惠。 委托理财公司在委托理财过程中购买证券投资基金产品，不是以直接投资方式购买证券投资基金，委托理财收到的分红不可以免税。 企业因转让证券投资基金，而取得的差价收入不得免税。

对证券投资基金管理人运用基金买卖股票、债券的差价收入，暂不征收企业所得税。2017 年版报表不再填报该项目。

2）优惠事项管理（国家税务总局公告 2018 年第 23 号）

序号	主要留存备查资料	享受优惠时间	后续管理要求
9	1. 购买证券投资基金记账凭证； 2. 证券投资基金分配公告； 3. 免税的分配收入明细账及按月汇总表。	预缴享受	由省税务机关（含计划单列市税务机关）规定。

4. 取得的地方政府债券利息所得或收入免税（财税〔2011〕76 号、财税〔2013〕5 号）

对企业和个人取得的 2009 年、2010 年和 2011 年发行的地方政府债券利息所得，免征企业所得税和个人所得税。对企业和个人取得的 2012 年及以后年度发行的地方政府债券利息收入，免征企业所得税和个人所得税。地方政府债券是指经国务院批准同意，以省、自治区、直辖市、计划单列市政府为发行和偿还主体的债券。该项优惠主要从备案程序和备案资料完整性上进行审核。

5. 保险保障基金公司取得的保险保障基金等收入免税（财税〔2018〕41 号）

1）政策规定

| 一、对中国保险保障基金有限责任公司（以下简称保险保障基金公司）根据《保险保障基金管理办法》取得的下列收入，免征企业所得税： | 二、对保险保障基金公司下列应税凭证，免征印花税：
1. 新设立的资金账簿；
2. 在对保险公司进行风险处置和破产救助过程中签订的产权转移书据； |

1. 境内保险公司依法缴纳的保险保障基金； 2. 依法从撤销或破产保险公司清算财产中获得的受偿收入和向有关责任方追偿所得，以及依法从保险公司风险处置中获得的财产转让所得； 3. 接受捐赠收入； 4. 银行存款利息收入； 5. 购买政府债券、中央银行、中央企业和中央级金融机构发行债券的利息收入； 6. 国务院批准的其他资金运用取得的收入。	3. 在对保险公司进行风险处置过程中与中国人民银行签订的再贷款合同； 4. 以保险保障基金自有财产和接收的受偿资产与保险公司签订的财产保险合同。 对与保险保障基金公司签订上述产权转移书据或应税合同的其他当事人照章征收印花税。 三、本通知自 2018 年 1 月 1 日起至 2020 年 12 月 31 日止执行。《财政部 国家税务总局关于保险保障基金有关税收政策问题的通知》（财税〔2016〕10 号）同时废止。

2）优惠事项管理（国家税务总局公告 2018 年第 23 号）

序号	主要留存备查资料	享受优惠时间	后续管理要求
11	由省税务机关规定。	预缴享受	由省税务机关规定。

6. 对北京冬奥组委免征应缴纳的企业所得税（财税〔2017〕60 号）

一、对北京 2022 年冬奥会和冬残奥会组织委员会（以下简称"北京冬奥组委"）实行以下税收政策。

（一）对北京冬奥组委取得的电视转播权销售分成收入、国际奥委会全球合作伙伴计划分成收入（实物和资金），免征应缴纳的增值税。

（二）对北京冬奥组委市场开发计划取得的国内外赞助收入、转让无形资产（如标志）特许权收入和销售门票收入，免征应缴纳的增值税。

（三）对北京冬奥组委取得的与中国集邮总公司合作发行纪念邮票收入、与中国人民银行合作发行纪念币收入，免征应缴纳的增值税。

（四）对北京冬奥组委取得的来源于广播、互联网、电视等媒体收入，免征应缴纳的增值税。

（五）对外国政府和国际组织无偿捐赠用于北京 2022 年冬奥会的进口物资，免征进口关税和进口环节增值税。

（六）对以一般贸易方式进口，用于北京 2022 年冬奥会的体育场馆建设所需设备中与体育场馆设施固定不可分离的设备以及直接用于北京 2022 年冬奥会比赛用的消耗品，免征关税和进口环节增值税。享受免税政策的奥运会体育场馆建设进口设备及比赛用消耗品的范围、数量清单由北京冬奥组委汇总后报财政部商有关部门审核确定。

（七）对北京冬奥组委进口的其他特需物资，包括：国际奥委会或国际单项体育组织指定的，国内不能生产或性能不能满足需要的体育器材、医疗检测设备、安全保障设备、交通通讯设备、技术设备，在运动会期间按暂准进口货物规定办理，运动会结束后留用或做变卖处理的，按有关规定办理正式进口手续，并照章缴纳进口税收，其中进口汽车以不低于新车 90% 的价格估价征税。上述暂准进口的商品范围、数量清单由北京冬奥组委汇总后报财政部商有关部门审核确定。

（八）对北京冬奥组委再销售所获捐赠物品和赛后出让资产取得收入，免征应缴纳的增值税、消费税和土地增值税。免征北京冬奥组委向分支机构划拨所获赞助物资应缴纳的增值税，北京冬奥组委向主管税务机关提供"分支机构"范围的证明文件，办理减免税备案。

（九）对北京冬奥组委使用的营业账簿和签订的各类合同等应税凭证，免征北京冬奥组委应缴纳的印花税。

（十）对北京冬奥组委免征应缴纳的车船税和新购车辆应缴纳的车辆购置税。

（十一）对北京冬奥组委免征应缴纳的企业所得税。

（十二）对北京冬奥组委托加工生产的高档化妆品免征应缴纳的消费税。

具体管理办法由税务总局另行规定。

（十三）对国际奥委会、国际单项体育组织和其他社会团体等从国外邮寄进口且不流入国内市场的、与北京 2022 年冬奥会有关的文件、书籍、音像、光盘，在合理数量范围内免征关税和进口环节增值税。合理数量的具体标准由海关总署确定。对奥运会场馆建设所需进口的模型、图纸、图板、电子文件光盘、设计说明及缩印本等规划设计方案，免征关税和进口环节增值税。

（十四）对北京冬奥组委取得的餐饮服务、住宿、租赁、介绍服务和收费卡收入，免征应缴纳的增值税。

（十五）对北京 2022 年冬奥会场馆及其配套设施建设占用耕地，免征耕地占用税。

（十六）根据中国奥委会、主办城市、国际奥委会签订的《北京 2022 年冬季奥林匹克运动会主办城市合同》（以下简称《主办城市合同》）规定，北京冬奥组委全面负责和组织举办北京 2022 年冬残奥会，其取得的北京 2022 年冬残奥会收入及其发生的涉税支出比照执行北京 2022 年冬奥会的税收政策。

二、对国际奥委会、中国奥委会、国际残疾人奥林匹克委员会、中国残奥委员会、北京冬奥会测试赛赛事组委会实行以下税收政策。

（一）对国际奥委会取得的与北京 2022 年冬奥会有关的收入免征增值税、消费税、企业所得税。

（二）对国际奥委会、中国奥委会签订的与北京 2022 年冬奥会有关的各类合同，免征国际奥委会和中国奥委会应缴纳的印花税。

（三）对国际奥委会取得的国际性广播电视组织转来的中国境内电视台购买北京 2022 年冬奥会转播权款项，免征应缴纳的增值税。

（四）对按中国奥委会、主办城市签订的《联合市场开发计划协议》和中国奥委会、主办城市、国际奥委会签订的《主办城市合同》规定，中国奥委会取得的由北京冬奥组委分期支付的收入、按比例支付的盈余分成收入免征增值税、消费税和企业所得税。

（五）对国际残奥委会取得的与北京 2022 年冬残奥会有关的收入免征增值税、消费税、企业所得税和印花税。

（六）对中国残奥委会根据《联合市场开发计划协议》取得的由北京冬奥组委分期支付的收入免征增值税、消费税、企业所得税和印花税。

（七）北京冬奥会测试赛赛事组委会取得的收入及发生的涉税支出比照执行北京冬奥组委的税收政策。

三、对北京 2022 年冬奥会、冬残奥会、测试赛参与者实行以下税收政策。

（一）对企业、社会组织和团体赞助、捐赠北京 2022 年冬奥会、冬残奥会、测试赛的资金、物资、服务支出，在计算企业应纳税所得额时予以全额扣除。

（二）企业根据赞助协议向北京冬奥组委免费提供的与北京 2022 年冬奥会、冬残奥会、测试赛有关的服务，免征增值税。免税清单由北京冬奥组委报财政部、税务总局确定。

［对赞助企业及参与赞助的下属机构根据赞助协议及补充赞助协议向北京冬奥组委免费提供的、与北京 2022 年冬奥会、冬残奥会、测试赛有关的服务，免征增值税。适用免征增值税政策的服务，仅限于赞助企业及下属机构与北京冬奥组委签订的赞助协议及补充赞助协议中列明的服务。赞助企业及下属机构应对上述服务单独核算，未单独核算的，不得适用免税政策。（财税〔2019〕6 号）］

（三）个人捐赠北京 2022 年冬奥会、冬残奥会、测试赛的资金和物资支出可在计算个人应纳税所得额时予以全额扣除。

（四）对财产所有人将财产（物品）捐赠给北京冬奥组委所书立的产权转移书据免征应缴纳的印花税。

（五）对受北京冬奥组委邀请的，在北京 2022 年冬奥会、冬残奥会、测试赛期间临时来华，从事奥运相关工作的外籍顾问以及裁判员等外籍技术官员取得的由北京冬奥组委、测试赛赛事组委会支付的劳务报酬免征增值税和个人所得税。

（六）对在北京 2022 年冬奥会、冬残奥会、测试赛期间裁判员等中方技术官员取得的由北京冬奥组委、测试赛赛事组委会支付的劳务报酬，免征应缴纳的增值税。

（七）对于参赛运动员因北京 2022 年冬奥会、冬残奥会、测试赛比赛获得的奖金和其他奖赏收入，按现行税收法律法规的有关规定征免应缴纳的个人所得税。

（八）在北京 2022 年冬奥会场馆（场地）建设、试运营、测试赛及冬奥会及冬残奥会期间，对用于北京 2022 年冬奥会场馆（场地）建设、运维的水资源，免征应缴纳的水资源税。

（九）免征北京 2022 年冬奥会、冬残奥会、测试赛参与者向北京冬奥组委无偿提供服务和无偿转让无形资产的增值税。

四、本通知自发布之日（2017 年 7 月 12 日）起执行。

7. 免税收入对应成本费用的扣除（国税函〔2010〕79 号）

企业取得的各项免税收入所对应的各项成本费用，除另有规定者外，可以在计算企业应纳税所得额时扣除。

二、减计收入优惠项目

(一) 综合利用资源生产产品减按 90% 计入收入总额

政策依据:

《企业所得税法》第三十三条、《企业所得税法实施条例》第九十九条;

《国家鼓励的资源综合利用认定管理办法》(发改环资〔2006〕1864 号);

《财政部　国家税务总局关于执行资源综合利用企业所得税优惠目录有关问题的通知》(财税〔2008〕47 号);

《财政部　国家税务总局　国家发展改革委关于公布资源综合利用企业所得税优惠目录(2008 年版)的通知》(财税〔2008〕117 号);

《国家税务总局关于资源综合利用企业所得税优惠管理问题的通知》(国税函〔2009〕185 号,【全文废止】);

《关于资源综合利用有关企业所得税优惠问题的批复》(国税函〔2009〕567 号)。

1. 优惠政策规定

《企业所得税法》第三十三条	《企业所得税法实施条例》第九十九条
企业综合利用资源,生产符合国家产业政策规定的产品所取得的收入,可以在计算应纳税所得额时减计收入。	《企业所得税法》第三十三条所称减计收入,是指企业以《资源综合利用企业所得税优惠目录》规定的资源作为主要原材料,生产国家非限制和禁止并符合国家和行业相关标准的产品取得的收入,减按 90% 计入收入总额。 前款所称原材料占生产产品材料的比例不得低于《资源综合利用企业所得税优惠目录》规定的标准。

资源综合利用主要包括:在矿产资源开采过程中对共生、伴生矿进行综合开发与合理利用;对生产过程中产生的废渣、废液(水)、废气、余热、余压等进行回收和合理利用;对社会生产和消费过程中产生的各种废旧物资进行回收和再生利用。

利用电石渣生产水泥的企业,经国家循环经济主管部门认定后,可享受国家资源综合利用税收优惠政策。(发改办环资〔2008〕981 号)

企业自 2008 年 1 月 1 日起,经资源综合利用主管部门按《资源综合利用企业所得税优惠目录》(以下简称为《目录》)规定认定的生产资源综合利用产品的企业(不包括仅对资源综合利用工艺和技术进行认定的企业),取得《资源综合利用认定证书》,以《资源综合利用企业所得税优惠目录(2008 年版)》中所列资源为主要原材料,且原材料占生产材料比例不得低于《目录》规定的标准,生产国家非限制和禁止并符合国家和行业相关标准的产品取得的收入,减按 90% 计入收入总额。包括:

(1) 利用共生、伴生矿产资源生产规定产品:以煤系共生、伴生矿产资源、瓦斯作为原材料,生产高岭岩、铝矾土、膨润土、电力、热力及燃气并符合相关技术标准的产品所取得的收入减计 10% 部分的数额。	(2) 利用废水(液)、废气、废渣生产规定产品:以《资源综合利用企业所得税优惠目录》第 2 至 9 项列举的原材料,生产相对应的符合相关技术标准的产品所取得的收入减计 10% 部分的数额。	(3) 利用再生资源生产规定产品:以《资源综合利用企业所得税优惠目录》第 10 至 16 项列举的原材料,生产相对应的符合相关技术标准的产品所取得的收入减计 10% 部分的数额。

企业资源综合利用产品的认定程序,按《国家鼓励的资源综合利用认定管理办法》(发改环资〔2006〕1864 号)的规定执行。2008 年 1 月 1 日之前经资源综合利用主管部门认定取得《资源综合利用认定证书》的企业,应重新办理认定并取得《资源综合利用认定证书》,方可申请享受资源综合利用企业所得税优惠。

《资源综合利用认定证书》是纳税人到税务机关申请资源综合利用减免税的必要条件。企业资源综合利用产品的认定程序,按《国家发展改革委　财政部　国家税务总局关于印发〈国家鼓励的资源综合利用认定管理办法〉的通知》(发改环资〔2006〕1864 号)的规定执行。凡未取得认定证书的企业,一律不得办理税收减免手续。资源综合利用企业的资格有效期为 2 年。资源综合利用企业生产的产品是否符合规定,应当按照《资源综合利用证书》上注明的比率确定。

企业同时从事其他项目而取得的非资源综合利用收入,应与资源综合利用收入分开核算,没有分开核算的,不得享受优惠政策。享受资源综合利用企业所得税优惠的企业因经营状况发生变化而不符合《目录》规定的条件的,应自发生变化之日起 15 个工作日内向主管税务机关报告,并停止享受资源综合利用企业所得税优惠。

2.《资源综合利用企业所得税优惠目录(2008年版)》

《资源综合利用企业所得税优惠目录(2008年版)》

类别	序号	综合利用的资源	生产的产品	技术标准
一、共生、伴生矿产资源	1	煤系共生、伴生矿产资源、瓦斯	高岭岩、铝矾土、膨润土,电力、热力及燃气	1. 产品原料100%来自所列资源; 2. 煤炭开发中的废弃物; 3. 产品符合国家和行业标准。
二、废水(液)、废气、废渣	2	煤矸石、石煤、粉煤灰、采矿和选矿废渣、冶炼废渣、工业炉渣、脱硫石膏、磷石膏、江河(渠)道的清淤(淤沙)、风积沙、建筑垃圾、生活垃圾焚烧余渣、化工废渣、工业废渣	砖(瓦)、砌块、墙板类产品、石膏类制品以及商品粉煤灰	产品原料70%以上来自所列资源。
	3	转炉渣、电炉渣、铁合金炉渣、氧化铝赤泥、化工废渣、工业废渣	铁、铁合金料、精矿粉、稀土	产品原料100%来自所列资源。
	4	化工、纺织、造纸工业废液及废渣	银、盐、锌、纤维、碱、羊毛脂、聚乙烯醇、硫化纳、亚硫酸钠、硫氰酸钠、硝酸、铁盐、铬盐、木素磺酸盐、乙酸、乙二酸、乙酸钠、盐酸、粘合剂、酒精、香兰素、饮料酵母、肥料、甘油、乙氰	产品原料70%以上来自所列资源。
	5	制盐液(苦卤)及硼酸废液	氯化钾、硝酸甲、溴素、氯化镁、氢氧化镁、无水硝、石膏、硫酸镁、硫酸钾、肥料	产品原料70%以上来自所列资源。
	6	工矿废水、城市污水	再生水	1. 产品原料100%来自所列资源; 2. 达到国家有关标准。
	7	废生物质油、废弃润滑油	生物柴油及工业油料	产品原料100%来自所列资源。
	8	焦炉煤气、化工、石油(炼油)化工废气、发酵废气、火炬气、炭黑尾气	硫磺、硫酸、磷铵、硫铵、脱硫石膏、可燃气、轻烃、氢气、硫酸亚铁、有色金属、二氧化碳、干冰、甲醇、合成氨	
	9	转炉煤气、高炉煤气、火炬气以及除焦炉煤气以外的工业炉气、工业过程中的余热、余压	电力、热力	
三、再生资源	10	废旧电池、电子电器产品	金属(包括稀贵金属)、非金属	产品原料100%来自所列资源。
	11	废感光材料、废灯泡(管)	有色(稀贵)金属及其产品	产品原料100%来自所列资源。

（续表）

类别	序号	综合利用的资源	生产的产品	技术标准
	12	锯末、树皮、枝丫材	人造及其制品	1. 符合产品标准； 2. 产品原料 100% 来自所列资源。
	13	废塑料	塑料制品	产品原料 100% 来自所列资源
三、再生资源	14	废、旧轮胎	翻新轮胎、胶粉	1. 产品符合 GB9037 和 GB14646 标准； 2. 产品原料 100% 来自所列资源； 3. 符合 GB/T 19208 等标准规定的性能指标。
	15	废弃天然纤维；化学纤维及其制品	造纸原料、纤维纱及织物、无纺布、毡、粘合剂、再生聚酯	产品原料 100% 来自所列资源。
	16	农作物秸秆及壳皮（包括粮食作物秸秆、农业经济作物秸秆、粮食壳皮、玉米芯）	代木产品，电力、热力及燃气	产品原料 70% 以上来自所列资源。

3. 优惠事项管理（国家税务总局公告 2018 年第 23 号）

序号	主要留存备查资料	享受优惠时间	后续管理要求
15	1. 企业实际资源综合利用情况（包括综合利用的资源、技术标准、产品名称等）的说明； 2. 综合利用资源生产产品取得的收入核算情况说明。	预缴享受	由省税务机关（含计划单列市税务机关）规定。

（二）金融、保险等机构取得的涉农利息、保费收入减按 90% 计入收入总额

政策依据：

> 《企业所得税法》及《企业所得税法实施条例》；
> 《财政部 国家税务总局关于延续支持农村金融发展有关税收政策的通知》（财税〔2017〕44 号）；
> 《财政部 国家税务总局关于小额贷款公司有关税收政策的通知》（财税〔2017〕48 号）；
> 《财政部 国家税务总局关于支持小微企业融资有关税收政策的通知》（财税〔2017〕77 号）。

1. 金融机构取得的涉农贷款利息收入、保险机构取得的涉农保费收入

1）税收优惠政策

财税〔2017〕44 号	财税〔2017〕77 号	财税〔2017〕90 号
一、【条款废止】自 2017 年 1 月 1 日至 2019 年 12 月 31 日，对金融机构农户小额贷款的利息收入，免征增值税。 二、自 2017 年 1 月 1 日至 2019 年 12 月 31 日，对金融机构农户小额贷款的利息收入，在计算应纳税所得额时，按 90% 计入收入总额。	一、自 2017 年 12 月 1 日至 2019 年 12 月 31 日，对金融机构向农户、小型企业、微型企业及个体工商户发放小额贷款取得的利息收入，免征增值税。金融机构应将相关免税证明材料留存备查，单独核算符合免税条件的小额贷款利息收入，按现行规定向主管税务机构办理纳税申报；未	六、自 2018 年 1 月 1 日至 2019 年 12 月 31 日，纳税人为农户、小型企业、微型企业及个体工商户借款、发行债券提供融资担保取得的担保费收入，以及为上述融资担保（以下称"原担保"）提供再担保取得的再担保费收入，免征增值税。再担保合同对应多个原担保合同的，原担保合同应全部适用免征增值税政策。否则，

（续表）

财税〔2017〕44 号	财税〔2017〕77 号	财税〔2017〕90 号
三、自 2017 年 1 月 1 日至 2019 年 12 月 31 日，对保险公司为种植业、养殖业提供保险业务取得的保费收入，在计算应纳税所得额时，按 90% 计入收入总额。 四、本通知所称农户，是指长期（一年以上）居住在乡镇（不包括城关镇）行政管理区域内的住户，还包括长期居住在城关镇所辖行政村范围内的住户和户口不在本地而在本地居住一年以上的住户，国有农场的职工和农村个体工商户。位于乡镇（不包括城关镇）行政管理区域内和在城关镇所辖行政村范围内的国有经济的机关、团体、学校、企事业单位的集体户；有本地户口，但举家外出谋生一年以上的住户，无论是否保留承包耕地均不属于农户。农户以户为统计单位，既可以从事农业生产经营，也可以从事非农业生产经营。农户贷款的判定应以贷款发放时的承贷主体是否属于农户为准。 本通知所称小额贷款，是指单笔且该农户贷款余额总额在 10 万元（含本数）以下的贷款。 本通知所称保费收入，是指原保险保费收入加上分保费收入减去分出保费后的余额。 五、金融机构应对符合条件的农户小额贷款利息收入进行单独核算，不能单独核算的不得适用本通知第一条、第二条规定的优惠政策。 六、本通知印发之日前已征的增值税，可抵减纳税人以后月份应缴纳的增值税或予以退还。	单独核算的，不得免征增值税。《财政部 国家税务总局关于延续支持农村金融发展有关税收政策的通知》（财税〔2017〕44 号）第一条相应废止。 二、自 2018 年 1 月 1 日至 2020 年 12 月 31 日，对金融机构与小型企业、微型企业签订的借款合同免征印花税。 三、本通知所称农户，是指长期（一年以上）居住在乡镇（不包括城关镇）行政管理区域内的住户，还包括长期居住在城关镇所辖行政村范围内的住户和户口不在本地而在本地居住一年以上的住户，国有农场的职工。位于乡镇（不包括城关镇）行政管理区域内和在城关镇所辖行政村范围内的国有经济的机关、团体、学校、企事业单位的集体户；有本地户口，但举家外出谋生一年以上的住户，无论是否保留承包耕地均不属于农户。农户以户为统计单位，既可以从事农业生产经营，也可以从事非农业生产经营。农户贷款的判定应以贷款发放时的借款人是否属于农户为准。 本通知所称小型企业、微型企业，是指符合《中小企业划型标准规定》（工信部联企业〔2011〕300 号）的小型企业和微型企业。其中，资产总额和从业人员指标均以贷款发放时的实际状态确定；营业收入指标以贷款发放前 12 个自然月的累计数确定，不满 12 个自然月的，按照以下公式计算： 营业收入（年）＝企业实际存续期间营业收入/企业实际存续月数×12 本通知所称小额贷款，是指单户授信小于 100 万元（含本数）的农户、小型企业、微型企业或个体工商户贷款；没有授信额度的，是指单户贷款合同金额且贷款余额在 100 万元（含本数）以下的贷款。	再担保合同应按规定缴纳增值税。 纳税人应将相关免税证明材料留存备查，单独核算符合免税条件的融资担保费和再担保费收入，按现行规定向主管税务机关办理纳税申报；未单独核算的，不得免征增值税。 农户，是指长期（一年以上）居住在乡镇（不包括城关镇）行政管理区域内的住户，还包括长期居住在城关镇所辖行政村范围内的住户和户口不在本地而在本地居住一年以上的住户，国有农场的职工。位于乡镇（不包括城关镇）行政管理区域内和在城关镇所辖行政村范围内的国有经济的机关、团体、学校、企事业单位的集体户；有本地户口，但举家外出谋生一年以上的住户，无论是否保留承包耕地均不属于农户。农户以户为统计单位，既可以从事农业生产经营，也可以从事非农业生产经营。农户担保、再担保的判定应以原担保生效时的被担保人是否属于农户为准。 小型企业、微型企业，是指符合《中小企业划型标准规定》（工信部联企业〔2011〕300 号）的小型企业和微型企业。其中，资产总额和从业人员指标均以原担保生效时的实际状态确定；营业收入指标以原担保生效前 12 个自然月的累计数确定，不满 12 个自然月的，按照以下公式计算： 营业收入（年）＝企业实际存续期间营业收入/企业实际存续月数×12 《财政部 国家税务总局关于全面推开营业税改征增值税试点的通知》（财税〔2016〕36 号）附件 3《营业税改征增值税试点过渡政策的规定》第一条第（二十四）款规定的中小企业信用担保增值税免税政策自 2018 年 1 月 1 日起停止执行。纳税人享受中小企业信用担保增值税免税政策在 2017 年 12 月 31 日前未满 3 年的，可以继续享受至 3 年期满为止。

2）优惠事项管理（国家税务总局公告 2018 年第 23 号）

序号	主要留存备查资料	享受优惠时间	后续管理要求
16	1. 相关利息收入的核算情况说明； 2. 相关贷款合同。	预缴享受	由省税务机关（含计划单列市税务机关）规定。
17	1. 相关保费收入的核算情况说明； 2. 相关保险合同。	预缴享受	由省税务机关（含计划单列市税务机关）规定。

2. 小额贷款公司取得的农户小额贷款利息收入

1) 税收优惠政策（财税〔2017〕48号）

一、自2017年1月1日至2019年12月31日，对经省级金融管理部门（金融办、局等）批准成立的小额贷款公司取得的农户小额贷款利息收入，免征增值税。 二、自2017年1月1日至2019年12月31日，对经省级金融管理部门（金融办、局等）批准成立的小额贷款公司取得的农户小额贷款利息收入，在计算应纳税所得额时，按90%计入收入总额。 三、自2017年1月1日至2019年12月31日，对经省级金融管理部门（金融办、局等）批准成立的小额贷款公司按年末贷款余额的1%计提的贷款损失准备金准予在企业所得税税前扣除。具体政策口径按照《财政部　国家税务总局关于金融企业贷款损失准备金企业所得税税前扣除有关政策的通知》（财税〔2015〕9号）执行。	四、本通知所称农户，是指长期（一年以上）居住在乡镇（不包括城关镇）行政管理区域内的住户，还包括长期居住在城关镇所辖行政村范围内的住户和户口不在本地而在本地居住一年以上的住户，国有农场的职工和农村个体工商户。位于乡镇（不包括城关镇）行政管理区域内和在城关镇所辖行政村范围内的国有经济的机关、团体、学校、企事业单位的集体户；有本地户口，但举家外出谋生一年以上的住户，无论是否保留承包耕地均不属于农户。农户以户为统计单位，既可以从事农业生产经营，也可以从事非农业生产经营。农户贷款的判定应以贷款发放时的承贷主体是否属于农户为准。 　　本通知所称小额贷款，是指单笔且该农户贷款余额总额在10万元（含本数）以下的贷款。 五、2017年1月1日至本通知印发之日前已征的应予免征的增值税，可抵减纳税人以后月份应缴纳的增值税或予以退还。

2) 优惠事项管理（国家税务总局公告2018年第23号）

序号	主要留存备查资料	享受优惠时间	后续管理要求
18	1. 相关利息收入的核算情况说明； 2. 相关贷款合同； 3. 省级金融管理部门（金融办、局等）出具的小额贷款公司准入资格文件。	预缴享受	由省税务机关（含计划单列市税务机关）规定。

（三）取得的中国铁路建设债券利息收入减半征收企业所得税

政策依据	减半优惠期间
财税〔2011〕99号	2011—2013年
财税〔2014〕2号	2014—2015年
财税〔2016〕30号	2016—2018年
财政部　税务总局公告2019年第57号	2019—2023年

　　企业取得的中国铁路建设债券利息收入减半征收企业所得税，铁路债券是指以中国铁路总公司为发行和偿还主体的债券，包括中国铁路建设债券、中期票据、短期融资券等债务融资工具。如果是企业投资者中途转让的，持有期间的利息不能作为减半作为免税收入。

三、一般企业研发费用加计扣除优惠

（一）研发活动的界定

1. 研发活动要素及内涵

研发活动要素	内涵
（1）有明确创新目标	企业研发活动的目标包括知识创新、技术改进、产品开发和服务改进等，即通过研发活动形成前所未有且具有价值的客体。
（2）有系统组织形式	企业研发活动以项目、课题等方式组织进行，活动围绕着具体的目标，有一定的期限，有较为确定的人、财、物等支持，因此是有边界的和可度量的。
（3）有较强创造性	研发活动的结果是不能完全事先预期的，具有较大的不确定性，有一定的风险并存在失败的可能。

2. 研发活动及具体形式

类型	研发活动		非研发活动
	主要目的	具体形式	
应用性研究	主要是为解决实际应用中的问题，或寻找已有知识的实际应用途径，而开展的理论研究和实验探索。其目的是获取新知识，包括改良材料、产品、装置、工艺过程或服务。	包括辨别基础性研究成果的可应用性，或者研究出一套使企业能够完成预先设定的发展目标的新方案等。	纯粹以获取更多知识为目的，无明确应用目标的基础性、探索性研究和预研等。
试验性开发	主要针对某一特定的实际应用目的，通常是为了生产新材料、新产品、新设备、开发新程序、新系统和新服务，而进行的试制、小试、中试等试验性探索。	原型样机设计、制造、测试，设计新工艺所需要的专用设备和架构，对新产品和新工艺的构思、开发和制造等。	常规测试、为生产工艺而进行的设计、试生产等。
实质性改进	利用从研究或实际经验中获得的知识，对已产生或建立的新产品、新设备、新程序和新系统进行进一步研发、设计和工程化等改良活动，使其质量、水平或效率获得显著提升而进行的系统性的研发工作。	生产机械和工具的改良、生产工艺和质量控制工艺的改变、新方法和标准的开发、新产品或新工艺转到生产部门后，仍存在需要解决的技术问题，其中有一些可能需要进行进一步的研发工作等。	产品化后的相关技术支撑环节。

3. 企业所得税对研发活动的界定（财税〔2015〕119 号）

研发活动	创意设计活动
一、研发活动及研发费用归集范围 研发活动，是指企业为获得科学与技术新知识，创造性运用科学技术新知识，或实质性改进技术、产品（服务）、工艺而持续进行的具有明确目标的系统性活动。	二、特别事项的处理 4. 企业为获得创新性、创意性、突破性的产品进行创意设计活动而发生的相关费用，可按照本通知规定进行税前加计扣除。 创意设计活动是指多媒体软件、动漫游戏软件开发、数字动漫、游戏设计制作、房屋建筑工程设计（绿色建筑评价标准为三星）、风景园林工程专项设计、工业设计、多媒体设计、动漫及衍生产品设计、模型设计等。

申报审核：产品的创意设计活动视同研发，其费用可加计扣除。财税〔2015〕119 号文件虽将"创意设计活动"纳入到了享受加计扣除优惠政策的范畴，但并不意味着此类"创意设计活动"就是研发活动。

（二）研发费用加计扣除政策规定

主要政策依据：

《企业所得税法》及《企业所得税法实施条例》；

《财政部　国家税务总局　科技部关于完善研究开发费用税前加计扣除政策的通知》（财税〔2015〕119 号）；

《国家税务总局关于企业研究开发费用税前加计扣除政策有关问题的公告》（国家税务总局公告 2015 年第 97 号）；

《国家税务总局关于进一步做好企业研究开发费用税前加计扣除政策贯彻落实工作的通知》（税总函〔2016〕685 号）；

《科技部　财政部　国家税务总局关于进一步做好企业研发费用加计扣除政策落实工作的通知》（国科发政〔2017〕211 号）；

《国家税务总局　科技部关于加强企业研发费用税前加计扣除政策贯彻落实工作的通知》（税总发〔2017〕106 号）；

《国家税务总局关于研发费用税前加计扣除归集范围有关问题的公告》（国家税务总局公告 2017 年第 40 号）；

《研发费用加计扣除政策执行指引（1.0 版）》（国家税务总局所得税司）；

《关于企业委托境外研究开发费用税前加计扣除有关政策问题的通知》（财税〔2018〕64 号）；

《财政部　税务总局　科技部关于提高研究开发费用税前加计扣除比例的通知》（财税〔2018〕99 号）；

《国家税务总局关于发布修订后的〈企业所得税优惠政策事项办理办法〉的公告》（国家税务总局公告 2018 年第 23 号）。

1. 研究开发费加计扣除税收优惠政策

政策依据	重要事项	实施时间
财企〔2007〕194 号	研发费用的财务管理口径及会计方面对研发活动的界定。	2007.9.4 至今
国科发火〔2016〕195 号	研发费用归集的高新技术企业认定口径。	2016.1.1 起
《企业所得税法》第三十条第一项	开发新技术、新产品、新工艺发生的研究开发费用可以在计算应纳税所得额时加计扣除。	2008.1.1 至今
《企业所得税法实施条例》第95 条	企业为开发新技术、新产品、新工艺发生的研究开发费用，未形成无形资产计入当期损益的，在按照规定据实扣除的基础上，按照研究开发费用的 50%加计扣除；形成无形资产的，按照无形资产成本的 150%摊销。	2008.1.1—2017.12.31
国税发〔2008〕116 号（失效）	有关研发费加计扣除第一个总局规范性文件。	2008.1.1—2015.12.31
财税〔2013〕170 号（失效）	加计扣除试点政策推广到全国。	2013.1.1—2015.12.31
财税〔2015〕119 号	放宽研发活动范围，大幅减少研发费用加计扣除口径与高新技术企业认定研发费用归集口径的差异，并首次明确负面清单制度。明确企业为获得创新性、创意性、突破性的产品进行创意设计活动而发生的相关费用，可按照规定进行税前加计扣除。	2016.1.1 起
国家税务总局公告 2015 年第 97 号	明确财税〔2015〕119 号文政策执行口径，简化研发费用在税务处理中的归集、核算及备案管理，进一步降低企业享受优惠的门槛。	2016.1.1 起
财税〔2017〕134 号、国科发政〔2017〕115 号、总局公告2017 年第 18 号	将科技型中小企业享受研发费用加计扣除比例由 50%提高到 75%。	2017.1.1—2019.12.31
国家税务总局公告 2017 年第 40 号	聚焦研发费用归集范围，完善和明确了部分研发费用掌握口径。	2017.1.1 起
财税〔2018〕64 号	取消企业委托境外研发费用不得加计扣除限制。	2018.1.1 起
财税〔2018〕99 号	提高了企业研究开发费用税前加计扣除比例，未形成无形资产计入当期损益的，在按照规定据实扣除的基础上，按照研究开发费用的 75%加计扣除；形成无形资产的，按照无形资产成本的 175%摊销。	2018.1.1—2020.12.31

与直接减免税相比，直接减免税政策一般都有严格的限制条件和执行期限，而加计扣除的对象是企业的某些具体支出项目，在这些项目上支出越多，得到的优惠越大，因此加计扣除对于鼓励企业加大对某些项目的支出更有针对性，故目前世界各国普遍采用加计扣除方式作为鼓励企业加大某些方面投入的手段。

1）对研发支出要区分费用化和资本化处理方式

财税〔2015〕119 号	财税〔2018〕99 号
企业开展研发活动中实际发生的研发费用，未形成无形资产计入当期损益的，在按规定据实扣除的基础上，按照本年度实际发生额的 50%，从本年度应纳税所得额中扣除；形成无形资产的，按照无形资产成本的 150%在税前摊销。	企业开展研发活动中实际发生的研发费用，未形成无形资产计入当期损益的，在按规定据实扣除的基础上，在 2018 年 1 月 1 日至 2020 年 12 月 31 日期间，再按照实际发生额的 75%在税前加计扣除；形成无形资产的，在上述期间按照无形资产成本的 175%在税前摊销。

申报审核：企业的研发支出以是否形成无形资产为标准，划分为费用化和资本化两种方式加计扣除。两种方式准予税前扣除的总额是一样的。研发支出的核算无论是计入当期损益还是形成无形资产，可加计扣除的研发费用都应属于财税〔2015〕119 号文件及国家税务总局公告 2015 年第 97 号、国家税务总局公告 2017 年第 40 号规定的范围，同时应符合法律、行政法规和财税部门税前扣除的相关规定，即不得税前扣除的项目也不得加计扣除。对于研发支出形成无形资产的，其摊销年限应符合企业所得税法实施条例规定，除法律法规另有规定或合同约定外，摊销年限不得低于 10 年。

实务中，有些企业认为研发支出费用化可以提前享受研发费加计扣除的减税效果，或担心研发费用加计扣除比例未来会下降，若资本化，以后均匀加计扣除时将吃亏。对此，企业不应人为调节研发费用的核算方法。一方面，费用化虽可提前享受研发费加计扣除效果，但以前年度已经费用化的只享受 50％的加计扣除，现在加计 75％的减税红利无法享受。另一方面，从前述研发费用加计扣除政策的发展可以看出，国家支持创新的力度是持续的，未来优惠政策的延续是大概率事件，甚至可能进一步提高加计扣除比例。因此，企业应按照会计准则和税法的规定，据实核算、归集研发费用，合理合规选择研发费资本化时点，据实享受研发费加计扣除政策。

2）2018 年 1 月 1 日至 2020 年 12 月 31 日期间按照无形资产成本的 175％税前摊销的情形

① 2017 年 12 月 31 日前研发活动已完成，并且在 2017 年 12 月 31 日前形成无形资产，需要在 2018 年 1 月 1 日至 2020 年 12 月 31 日期间摊销的（若在 2017 年 12 月 31 日前已经摊销完毕，则不适用优惠）。	② 2017 年 12 月 31 日前已经开展研发活动，但在 2018 年 1 月 1 日至 2020 年 12 月 31 日期间完成并形成无形资产（若在 2021 年 1 月 1 日后形成无形资产，则不适用优惠），需要在 2018 年 1 月 1 日至 2020 年 12 月 31 日期间摊销的。	③ 2018 年 1 月 1 日至 2020 年 12 月 31 日期间开展研发活动，并在 2018 年 1 月 1 日至 2020 年 12 月 31 日期间完成并形成无形资产（若在 2021 年 1 月 1 日后形成无形资产，则不适用优惠），需要在 2018 年 1 月 1 日至 2020 年 12 月 31 日期间摊销的。
满足条件的无形资产均可在 2018 年 1 月 1 日～2020 年 12 月 31 日期间的摊销按 175％在税前扣除，不仅是在 2018 年 1 月 1 日～2020 年 12 月 31 日期间形成的无形资产。		

3）研发费用加计扣除可以与其他企业所得税优惠事项叠加享受

国家税务总局公告 2015 年第 76 号【全文废止】	财税〔2009〕69 号
企业所得税事项包括免税收入、减计收入、加计扣除、加速折旧、所得减免、抵扣应纳税所得额、减低税率、税额抵免、民族自治地方分享部分减免等。	企业所得税法及其实施条例中规定的各项税收优惠，凡企业符合规定条件的，可以同时享受。因此，企业既符合享受研发费用加计扣除政策条件，又符合享受其他优惠政策条件的，可以同时享受有关优惠政策。

2. 享受研究开发费加计扣除优惠政策企业的资格

1）享受主体

财税〔2015〕119 号第五条第 1 点	财税〔2015〕119 号第五条第 4 点
会计核算健全、实行查账征收并能够准确归集研发费用的居民企业。	企业符合本通知规定的研发费用加计扣除条件而在 2016 年 1 月 1 日以后未及时享受该项税收优惠的，可以追溯享受并履行备案手续，追溯期限最长为 3 年。

2）是否属于可以享受研发费加计扣除政策的对象的判断：负面清单行业的企业不能享受研发费用加计扣除政策

财税〔2015〕119 号第四条	2015 年第 97 号公告
6 个不适用研发费用加计扣除政策的行业：烟草制造业、住宿和餐饮业、批发和零售业、房地产业、租赁和商务服务业、娱乐业。上述行业以《国民经济行业分类与代码（GB/4754—2017）》为准，并随之更新。	四、不适用加计扣除政策行业的判定 《财政部 国家税务总局 科技部关于完善研究开发费用税前加计扣除政策的通知》（财税〔2015〕119 号，以下简称《通知》）中不适用税前加计扣除政策行业的企业，是指以《通知》所列行业业务为主营业务，其研发费用发生当年的主营业务收入占企业按税法第六条规定计算的收入总额减除不征税收入和投资收益的余额 50％（不含）以上的企业。

（续表）

（1）非居民企业不得加计扣除；核定征收企业不得加计扣除；"不适用加计扣除政策的行业"是对不得享受加计扣除政策行业的完全列举，即列举之外行业的相关企业，若符合其他条件均可按规定享受加计扣除政策，是"非此即彼"的关系。列举的7个行业企业主营业务收入占50%（含）以下的，可按规定备案申报享受加计扣除政策。上述行业以《国民经济行业分类与代码（GB/4754—2017）》为准，并随之更新。科技型中小企业研发费用加计扣除也应适用该范围。

（2）收入总额按企业所得税法第六条的规定计算。从收入总额中减除的投资收益包括税法规定的股息、红利等权益性投资收益以及股权转让所得。收入总额减除不征税收入和投资收益，保证列举行业不受其他因素影响。企业从事多项上述行业业务的，在主营业务判定时，应根据企业当年取得的上述行业业务收入汇总确定，具体金额可根据企业收入明细账中对应的上述行业业务收入合计数确认。在计算收入总额时，应注意收入总额的完整性和准确性，税收上确认的收入总额不能简单等同于会计收入，重点关注税会收入确认差异及调整情况。计算收入占比时，原则上按年确定。

（3）年度申报时，年度申报表之《企业基础信息表》"102所属行业明细代码"不能填错，否则不能享受加计扣除优惠。

3）是否属于可以享受研发费加计扣除政策的活动的判断：七类一般的知识性、技术性活动不适用加计扣除政策

财税〔2015〕119号第一条	政策解读
（二）下列活动不适用税前加计扣除政策： 1. 企业产品（服务）的常规性升级。 2. 对某项科研成果的直接应用，如直接采用公开的新工艺、材料、装置、产品、服务或知识等。 3. 企业在商品化后为顾客提供的技术支持活动。 4. 对现存产品、服务、技术、材料或工艺流程进行的重复或简单改变。 5. 市场调查研究、效率调查或管理研究。 6. 作为工业（服务）流程环节或常规的质量控制、测试分析、维修维护。 7. 社会科学、艺术或人文学方面的研究。	上述所列举的7类活动，仅是采取反列举的方法，对什么活动属于研发活动所做的有助于理解和把握的说明，并不意味着上述7类活动以外的活动都属于研发活动。企业开展的可适用研发费用加计扣除政策的活动，必须符合财税〔2015〕119号文件有关研发活动的基本定义等相关条件。 对于这七种负面清单，有一些比较模糊，很容易引发税企争议，这就需要企业做好将研发项目能够证明不属于负面清单所列的活动的依据。这样的证明需要从项目的开始做起，绝不能事中或者事后来找证据进行补充。建议企业做好几点： 1. 有明确的研发机构（可以不单设），制定研发的有关管理制度。 2. 有年度研发计划，提出具体的研发项目或者方向。 3. 立项申请。要注意立项的名称，对于真实符合条件的，立项名称应该远离负面清单中的字眼。比如说："对＊＊流水线的技术改造""增加＊＊产品强度的研发"等。 4. 立项、可行性研究报告论证和布置落实研发的决议文件或者会议纪要。 5. 研发结果的报告材料。对研发成果的成功报告或者研发失败的报告及终止研发的说明材料。 6. 创意设计活动很大程度上有非物理化形态的特殊性，更需要有相关的材料来证明其真实性。

"不适用加计扣除的活动"是对不得享受加计扣除政策活动的不完全列举，并非指列举之外的活动都是符合政策条件的研发活动，而仅仅是对"研发活动"范畴的辅助说明，在判定企业从事活动是否可适用加计扣除政策时，应根据财税〔2015〕119号有关研发活动的基本定义进行判断。

4）研发费用能否准确归集的判断（国家税务总局公告2015年第97号，以下简称为97号公告）

五、核算要求：企业应按照国家财务会计制度要求，对研发支出进行会计处理。研发项目立项时应设置研发支出辅助账，由企业留存备查；年末汇总分析填报研发支出辅助账汇总表，并在报送《年度财务会计报告》的同时随附注一并报送主管税务机关。

（续表）

企业如果没有按照规定设置并记录辅助账,将不得享受加计扣除的税收优惠。研发支出辅助账、研发支出辅助账、汇总表应参照 97 号公告样式编制。 ① 自主研发"研发支出"辅助账; ② 委托研发"研发支出"辅助账; ③ 合作研发"研发支出"辅助账; ④ 集中研发"研发支出"辅助账; ⑤ "研发支出"辅助账汇总表; ⑥ 研发项目可加计扣除研究开发费用情况归集表。	比如:2018 年,某科技公司立项研发活动项目 22 个,研发金额达到 900 多万元,但该企业在财务上仅仅在材料零用环节注明研发使用领料,后续没有任何的核算,既没有设立辅账,更没有专账核算,因此在所得税后续审核中被税务机关全额从加计扣除中剔除而被取消享受资格。

从 2017 年汇算清缴起,按照国家税务总局公告 2018 年第 23 号规定,无须报送"研发支出"的辅助账、汇总表和归集表,其中的"研发支出"的辅助账、汇总表,改由企业留存备查;归集表既不留存也无需报送。

3. 异议研发项目鉴定

财税〔2015〕119 号	国科发政〔2017〕211 号
税务机关对企业享受加计扣除优惠的研发项目有异议的,可以转请地市级(含)以上科技行政主管部门出具鉴定意见,科技部门应及时回复意见。企业承担省部级(含)以上科研项目的,以及以前年度已鉴定的跨年度研发项目,不再需要鉴定。	二、事中异议项目鉴定 1. 税务部门对企业享受加计扣除优惠的研发项目有异议的,应及时通过县(区)级科技部门将项目资料送地市级(含)以上科技部门进行鉴定;由省直接管理的县/市,可直接由县级科技部门进行鉴定(以下统称"鉴定部门")。 2. 鉴定部门在收到税务部门的鉴定需求后,应及时组织专家进行鉴定,并在规定时间内通过原渠道将鉴定意见反馈税务部门。鉴定时,应由 3 名以上相关领域的产业、技术、管理等专家参加。 3. 税务部门对鉴定部门的鉴定意见有异议的,可转请省级人民政府科技行政管理部门出具鉴定意见。 4. 对企业承担的省部级(含)以上科研项目,以及以前年度已鉴定的跨年度研发项目,税务部门不再要求进行鉴定。 三、事后核查异议项目鉴定 税务部门在对企业享受的研发费用加计扣除优惠开展事后核查中,对企业研发项目有异议的,可按照本通知第二条的规定送科技部门鉴定。

开展企业研发项目鉴定,不得向企业收取任何费用,所需要的工作经费应纳入部门经费预算给予保障。

4. 加计扣除研究开发费用的内容（财税〔2015〕119 号第一条第一项）

1. 人员人工费用。 直接从事研发活动人员的工资薪金、基本养老保险费、基本医疗保险费、失业保险费、工伤保险费、生育保险费和住房公积金,以及外聘研发人员的劳务费用。 2. 直接投入费用。 (1) 研发活动直接消耗的材料、燃料和动力费用。 (2) 用于中间试验和产品试制的模具、工艺装备开发及制造费,不构成固定资产的样品、样机及一般测试手段购置费,试制产品的检验费。 (3) 用于研发活动的仪器、设备的运行维护、调整、检验、维修等费用,以及通过经营租赁方式租入的用于研发活动的仪器、设备租赁费。 3. 折旧费用。 用于研发活动的仪器、设备的折旧费。	4. 无形资产摊销。 用于研发活动的软件、专利权、非专利技术(包括许可证、专有技术、设计和计算方法等)的摊销费用。 5. 新产品设计费、新工艺规程制定费、新药研制的临床试验费、勘探开发技术的现场试验费。 6. 其他相关费用。 与研发活动直接相关的其他费用,如技术图书资料费、资料翻译费、专家咨询费、高新科技研发保险费,研发成果的检索、分析、评议、论证、鉴定、评审、评估、验收费用,知识产权的申请费、注册费、代理费,差旅费、会议费等。此项费用总额不得超过可加计扣除研发费用总额的 10%。 7. 财政部和国家税务总局规定的其他费用。

国税发〔2008〕116 号和财税〔2013〕70 号文件规定的研发费用范围中强调了"专门"二字,如"专门用于研发活动的""专门用于中间试验和产品试制的"等,非专门用于研发的情况不能加计扣除。财税〔2015〕119 号文件取消了"专门"二字,明确企业生产经营和研发共用的设备、软件、模具等也可以加计扣除。

国家税务总局公告 2015 年第 97 号	国家税务总局公告 2017 年第 40 号
一、研究开发人员范围【条款废止】 企业直接从事研发活动人员包括研究人员、技术人员、辅助人员。研究人员是指主要从事研究开发项目的专业人员；技术人员是指具有工程技术、自然科学和生命科学中一个或一个以上领域的技术知识和经验，在研究人员指导下参与研发工作的人员；辅助人员是指参与研究开发活动的技工。 企业外聘研发人员是指与本企业签订劳务用工协议（合同）和临时聘用的研究人员、技术人员、辅助人员。 二、研发费用归集 （一）加速折旧费用的归集【条款废止】。 企业用于研发活动的仪器、设备，符合税法规定且选择加速折旧优惠政策的，在享受研发费用税前加计扣除时，就已经进行会计处理计算的折旧、费用的部分加计扣除，但不得超过按税法规定计算的金额。 （二）多用途对象费用的归集【条款废止】。 企业从事研发活动的人员和用于研发活动的仪器、设备、无形资产，同时从事或用于非研发活动的，应对其人员活动及仪器设备、无形资产使用情况做必要记录，并将其实际发生的相关费用按实际工时占比等合理方法在研发费用和生产经营费用间分配，未分配的不得加计扣除。 （三）其他相关费用的归集与限额计算。 企业在一个纳税年度内进行多项研发活动的，应按照不同研发项目分别归集可加计扣除的研发费用。在计算每个项目其他相关费用的限额时应当按照以下公式计算： 其他相关费用限额＝《财政部 国家税务总局科技部关于完善研究开发费用税前加计扣除政策的通知》（财税〔2015〕119 号，以下简称《通知》）第一条第一项允许加计扣除的研发费用中的第 1 项至第 5 项的费用之和×10%/（1−10%）。 当其他相关费用实际发生数小于限额时，按实际发生数计算税前加计扣除数额；当其他相关费用实际发生数大于限额时，按限额计算税前加计扣除数额。	一、人员人工费用 指直接从事研发活动人员的工资薪金、基本养老保险费、基本医疗保险费、失业保险费、工伤保险费、生育保险费和住房公积金，以及外聘研发人员的劳务费用。 （一）直接从事研发活动人员包括研究人员、技术人员、辅助人员。研究人员是指主要从事研究开发项目的专业人员；技术人员是指具有工程技术、自然科学和生命科学中一个或一个以上领域的技术知识和经验，在研究人员指导下参与研发工作的人员；辅助人员是指参与研究开发活动的技工。外聘研发人员是指与本企业或劳务派遣企业签订劳务用工协议（合同）和临时聘用的研究人员、技术人员、辅助人员。 接受劳务派遣的企业按照协议（合同）约定支付给劳务派遣企业，且由劳务派遣企业实际支付给外聘研发人员的工资薪金等费用，属于外聘研发人员的劳务费用。 （二）工资薪金包括按规定可以在税前扣除的对研发人员股权激励的支出。 （三）直接从事研发活动的人员、外聘研发人员同时从事非研发活动的，企业应对其人员活动情况做必要记录，并将其实际发生的相关费用按实际工时占比等合理方法在研发费用和生产经营费用间分配，未分配的不得加计扣除。 二、直接投入费用 指研发活动直接消耗的材料、燃料和动力费用；用于中间试验和产品试制的模具、工艺装备开发及制造费，不构成固定资产的样品、样机及一般测试手段购置费，试制产品的检验费；用于研发活动的仪器、设备的运行维护、调整、检验、维修等费用，以及通过经营租赁方式租入的用于研发活动的仪器、设备租赁费。 （一）以经营租赁方式租入的用于研发活动的仪器、设备，同时用于非研发活动的，企业应对其仪器设备使用情况做必要记录，并将其实际发生的租赁费按实际工时占比等合理方法在研发费用和生产经营费用间分配，未分配的不得加计扣除。 （二）企业研发活动直接形成产品或作为组成部分形成的产品对外销售的，研发费用中对应的材料费用不得加计扣除。 产品销售与对应的材料费用发生在不同纳税年度且材料费用已计入研发费用的，可在销售当年以对应的材料费用发生额直接冲减当年的研发费用，不足冲减的，结转以后年度继续冲减。 三、折旧费用 指用于研发活动的仪器、设备的折旧费。 （一）用于研发活动的仪器、设备，同时用于非研发活动的，企业应对其仪器设备使用情况做必要记录，并将其实际发生的折旧费按实际工时占比等合理方法在研发费用和生产经营费用间分配，未分配的不得加计扣除。 （二）企业用于研发活动的仪器、设备，符合税法规定且选择加速折旧优惠政策的，在享受研发费用税前加计扣除政策时，就税前扣除的折旧部分计算加计扣除。 四、无形资产摊销费用 指用于研发活动的软件、专利权、非专利技术（包括许可证、专有技术、设计和计算方法等）的摊销费用。 （一）用于研发活动的无形资产，同时用于非研发活动的，企业应对其无形资产使用情况做必要记录，并将其实际发生的摊销费按实际工时占比等合理方法在研发费用和生产经营费用间分配，未分配的不得加计扣除。 （二）用于研发活动的无形资产，符合税法规定且选择缩短摊销年限的，在享受研发费用税前加计扣除政策时，就税前扣除的摊销

国家税务总局公告 2015 年第 97 号	国家税务总局公告 2017 年第 40 号
（四）特殊收入的扣减【条款废止】。 企业在计算加计扣除的研发费用时，应扣减已按《通知》规定归集计入研发费用，但在当期取得的研发过程中形成的下脚料、残次品、中间试制品等特殊收入；不足扣减的，允许加计扣除的研发费用按零计算。 企业研发活动直接形成产品或作为组成部分形成的产品对外销售的，研发费用中对应的材料费用不得加计扣除。 （五）财政性资金的处理。 企业取得作为不征税收入处理的财政性资金用于研发活动所形成的费用或无形资产，不得计算加计扣除或摊销。 （六）不允许加计扣除的费用。 法律、行政法规和国务院财税主管部门规定不允许企业所得税前扣除的费用和支出项目不得计算加计扣除。 已计入无形资产但不属于《通知》中允许加计扣除研发费用范围的，企业摊销时不得计算加计扣除。	部分计算加计扣除。 五、新产品设计费、新工艺规程制定费、新药研制的临床试验费、勘探开发技术的现场试验费 指企业在新产品设计、新工艺规程制定、新药研制的临床试验、勘探开发技术的现场试验过程中发生的与开展该项活动有关的各类费用。 六、其他相关费用 指与研发活动直接相关的其他费用，如技术图书资料费、资料翻译费、专家咨询费、高新科技研发保险费、研发成果的检索、分析、评议、论证、鉴定、评审、评估、验收费用，知识产权的申请费、注册费、代理费、差旅费、会议费，职工福利费、补充养老保险费、补充医疗保险费。 此类费用总额不得超过可加计扣除研发费用总额的 10%。 七、其他事项 （一）企业取得的政府补助，会计处理时采用直接冲减研发费用方法且税务处理时未将其确认为应税收入的，应按冲减后的余额计算加计扣除金额。 （二）企业取得研发过程中形成的下脚料、残次品、中间试制品等特殊收入，在计算确认收入当年的加计扣除研发费用时，应从已归集研发费用中扣减该特殊收入，不足扣减的，加计扣除研发费用按零计算。 （三）企业开展研发活动中实际发生的研发费用形成无形资产的，其资本化的时点与会计处理保持一致。 （四）失败的研发活动所发生的研发费用可享受税前加计扣除政策。 （五）国家税务总局公告 2015 年第 97 号第三条所称"研发活动发生费用"是指委托方实际支付给受托方的费用。无论委托方是否享受研发费用税前加计扣除政策，受托方均不得加计扣除。 委托方委托关联方开展研发活动的，受托方需向委托方提供研发过程中实际发生的研发项目费用支出明细情况。 八、执行时间和适用对象 本公告适用于 2017 年度及以后年度汇算清缴。以前年度已经进行税务处理的不再调整。涉及追溯享受优惠政策情形的，按照本公告的规定执行。科技型中小企业研发费用加计扣除事项按照本公告执行。

（1）接受劳务派遣的企业按照协议（合同）约定支付给劳务派遣企业，且由劳务派遣企业实际支付给外聘研发人员的工资薪金等费用，属于外聘研发人员的劳务费用。企业外聘的研发人员，协议约定由劳务派遣公司支付工资薪金等费用的，凭劳务公司开具的发票上注明的金额加计扣除，不需要区分发票金额中多少是人工费用，多少是劳务派遣公司的其他费用或利润。

（2）工资薪金包括按规定可以在税前扣除的对研发人员股权激励的支出，即符合条件的对研发人员股权激励支出属于可加计扣除范围。需要强调的是享受加计扣除的股权激励支出需要符合《国家税务总局关于我国居民企业实行股权激励计划有关企业所得税处理问题的公告》（国家税务总局公告 2012 年第 18 号）规定的条件。

（3）人员人工费用、直接投入费用、折旧费用、无形资产摊销费用等多用途对象费用，按照各科目研发工时占比等方法进行分配，未分配不得加计扣除。企业应当在日常的经营管理中严格区分生产用和研发用，编制领料单和审批单进行辅助核算。研发费用分配比例随意是企业中比较常见的问题，例如折旧费用与长期待摊费用、无形资产摊销费用、直接投入、人员人工等均会涉及此类问题。若企业单纯的核定某一百分比作为分配比例而没有相应的依据作为支撑，很难通过检查，而审批单的设置能较好的说明分配比例的设定，为研发费用再分配提供较强的数据支撑。

（4）研发活动直接形成产品或作为组成部分形成的产品对外销售的特殊处理：生产单机、单品的企业，研发活动直接形成产品或作为组成部分形成的产品对外销售，产品所耗用的料、工、费全部计入研发费用加计扣除不符合政策鼓励本意。考虑到材料费用占比较大且易于计量，企业研发活动直接形成产品或作为组成部分形成的产品对外销售的,研发费用中对应的材料费用不得加计扣除。产品销售与对应的材料费用发生在不同纳税年度且材料费用已计入研发费用的,可在销售当年以对应的材料费用发生额直接冲减当年的研发费用,不足冲减的,结转以后年度继续冲减。

(5)特殊收入应减可加计扣除的研发费用:企业开展研发活动中实际发生的研发费用可按规定享受加计扣除政策,实务中常有已归集计入研发费用,但在当期取得的研发过程中形成的下脚料、残次品、中间试制品等特殊收入,此类收入均为与研发活动直接相关的收入,应冲减对应的可加计扣除的研发费用。为简便操作,企业取得研发过程中形成的下脚料、残次品、中间试制品等特殊收入,在计算确认收入当年的加计扣除研发费用时,应从已归集研发费用中扣减该特殊收入,不足扣减的,加计扣除研发费用按零计算。

(6)叠加享受加速折旧和加计扣除政策:保留国家税务总局公告2015年第97号有关仪器、设备的折旧费口径和多用途仪器、设备折旧费用归集要求,进一步调整加速折旧费用的归集方法。国家税务总局公告2015年第97号明确加速折旧费享受加计扣除政策为会计、税收折旧孰小原则,该计算方法复杂,为提高政策的可操作性,国家税务总局公告2017年第40号将加速折旧费用的归集方法调整为就税前扣除的折旧部分计算加计扣除,税会有差异的,就税前扣除的折旧部分计算加计扣除。例如:某企业购进研发用仪器设备(价值60万元),按照会计规定折旧年限为10年,按照税法加速折旧的规定,年限为6年,此时,根据旧的规定,企业当年可以加计扣除的额度为$60÷10=6$万元,但根据新规,当年度可以进行加计扣除的部分为$60÷6=10$万元。

可以在企业所得税前加计扣除的折旧费用,既可以是来源于专门用于研发活动的专用的仪器、设备,也可以来源于同时用于研发活动和非研发活动的仪器、设备。满足加速折旧条件的研发仪器、设备,不仅可以依法享受一次性列支或是加速折旧政策优惠,还可以同时享受研发设备的加计扣除。具体包括:一是所有企业的专用于研发活动的仪器、设备,自2014年1月1日起都可以依法加速折旧;二是"生物药品制造业、专用设备制造业、铁路、船舶、航空航天和其他运输设备制造业、计算机、通信和其他电子设备制造业、仪器仪表制造业、信息传输、软件和信息技术服务业等"6大行业,以及轻工、纺织、机械、汽车四个领域重点行业105个中小类别行业中的小型微利企业研发活动的仪器、设备,不受"专门用于研发"的条件限制,其新购进的研发和生产经营共用的仪器、设备,分别自2014年1月1日和2015年1月1日起,可以依法加速折旧;三是所有企业在2018年1月1日至2020年12月31日期间新购进的设备、器具,单位价值不超过500万元的,一次性计入当期成本费用。

对于上述三类可以加速折旧的研发设备以外,如在2018年1月1日至2020年12月31日期间,六大行业、四个领域小型微利企业范围以外,企业新购进的用研发活动的"生产与研发共用的设备",单位价值超过500万元的,就不能加速折旧。但是在企业所得税申报中,就是归属于研发活动的折旧费用部分,仍然可以"按照本年度实际发生额的"规定比例,从本年度应纳税所得额中加计扣除。

企业选择加速折旧优惠政策时,其资产的税务处理可与会计处理不一致,企业需要特别关注会计处理与税务处理差异,及时做好纳税调整,避免在企业所得税纳税申报(预缴、年报)时出现重复扣除的情况。对于企业采取加速折旧的仪器、设备,在折旧期限内转让给其他单位和个人的,也需要就其当期未纳税调整折旧和未折旧净值进行纳税调整。

(7)企业外购的软件作为无形资产管理的可以适当缩短摊销年限(财税〔2012〕27号),国家税务总局公告2017年第40号明确了无形资产缩短摊销年限的折旧归集方法,与固定资产加速折旧的归集方法保持一致,就税前扣除的摊销部分计算加计扣除。会计上使用寿命不确定的无形资产不进行摊销,税收上无形资产摊销年限一般不得少于10年,税会有差异的,就税前扣除的摊销部分计算加计扣除。

(8)明确新产品设计费、新工艺规程制定费、新药研制的临床试验费、勘探开发技术的现场试验费,指企业在新产品设计、新工艺规程制定、新药研制的临床试验、勘探开发技术的现场试验过程中发生的与开展该项活动有关的各类费用。

(9)国家税务总局公告2017年第40号在财税〔2015〕119号列举的费用基础上,明确其他相关费用还包括职工福利费、补充养老保险费、补充医疗保险费,这三项费用的增加体现了政策对于劳动保护制度完善企业的鼓励。

其他相关费用的计算仍采用国家税务总局公告2015年第97号的计算公式,其他相关费用限额=《通知》第一条第一项允许加计扣除的研发费用中的第1项至第5项的费用之和×10%/(1-10%)。当其他相关费用实际发生数小于限额时,按实际发生数计算税前加计扣除数额;当其他相关费用实际发生数大于限额时,按限额计算税前加计扣除数额。

(10)财政性资金用于研发形成的研发费用应区别处理:财政部对《企业会计准则第16号——政府补助》进行了修订,修订后的准则在总额法的基础上,新增了净额法,将政府补助作为相关成本费用扣减。按照企业所得税法的规定,企业取得的政府补助应确认为收入,计入收入总额。净额法产生了税会差异。企业在税收上将政府补助确认为应税收入,同时增加研发费用, 加计扣除应以税前扣除的研发费用为基数。

但企业未进行相应调整的，税前扣除的研发费用与会计的扣除金额相同，应以会计上冲减后的余额计算加计扣除金额。比如，某企业 2018 年发生研发支出 200 万元，取得政府补助 50 万元，当年会计上的研发费用为 150 万元，未进行相应的纳税调整，则税前加计扣除金额为 $150 \times 75\% = 112.5$ 万元。

（11）明确企业开展研发活动中实际发生的研发费用形成无形资产的，其开始资本化的时点与会计处理保持一致。

按照《企业会计准则第 6 号——无形资产》的规定，企业内部研发项目研究阶段的支出，应当于发生时计入当期损益；开发阶段的支出，同时符合规定条件的，才能确认为无形资产。

企业无法对研究阶段和开发阶段进行准确划分的研发项目，应将发生的研发支出全部费用化处理，计入当期损益。

（12）已计入无形资产但不属于《通知》中允许加计扣除研发费用范围的，企业摊销时不得计算加计扣除。

无形资产的成本仅指会计上归集的按税法口径允许加计扣除的成本，而不是全部会计成本。

（13）明确失败的研发活动所发生的研发费用可享受加计扣除政策。一是企业的研发活动具有一定的风险和不可预测性，既可能成功也可能失败，政策是对研发活动予以鼓励，并非单纯强调结果；二是失败的研发活动也并不是毫无价值，在一般情况下的"失败"是指没有取得预期的结果，但可以取得其他有价值的成果；三是许多研发项目的执行是跨年度的，在研发项目执行当年，其发生的研发费用就可以享受加计扣除，不是在项目执行完成并取得最终结果以后才申请加计扣除。

（14）明确盈利企业和亏损企业都可以享受加计扣除政策。

5. 研发形式及享受加计扣除的主体

1）自主研究开发

条件	加计扣除要求
自主研发是指企业依靠自己的资源、技术、人力，依靠自己的意志，独立研究，并在研发项目的主要方面拥有独立的知识产权。	该研发方式的政策申请主体是开展研发活动的企业本身。

2）委托研究开发

① 委托境内研究开发。

条件	财税〔2015〕119 号	国家税务总局公告 2015 年第 97 号	国家税务总局公告 2017 年第 40 号
委托研发是指被委托人基于他人委托而开发的项目。委托人以支付报酬的形式获得被委托人的研发成果的所有权或使用权。	二、特别事项的处理。 1. 企业委托外部机构或个人进行研发活动所发生的费用，按照费用实际发生额的 80% 计入委托方研发费用并计算加计扣除，受托方不得再进行加计扣除。委托外部研究开发费用实际发生额应按照独立交易原则确定。 委托方与受托方存在关联关系的，受托方应向委托方提供研发项目费用支出明细情况。 【条款废止】企业委托境外机构或个人进行研发活动所发生的费用，不得加计扣除。	三、委托研发。 企业委托外部机构或个人开展研发活动发生的费用，可按规定税前扣除；加计扣除时按照研发活动发生费用的 80% 作为加计扣除基数。委托个人研发的，应凭个人出具的发票等合法有效凭证在税前加计扣除。 【条款废止】企业委托境外研发所发生的费用不得加计扣除，其中受托研发的境外机构是指依照外国和地区（含港澳台）法律成立的企业和其他取得收入的组织。受托研发的境外个人是指外籍（含港澳台）个人。	七（五）国家税务总局公告 2015 年第 97 号第三条所称"研发活动发生费用"是指委托方实际支付给受托方的费用。无论委托方是否享受研发费用税前加计扣除政策，受托方均不得加计扣除。 委托方委托关联方开展研发活动的，受托方需向委托方提供研发过程中实际发生的研发项目费用支出明细情况。

国税发〔2008〕116 号【已废止】第六条第二款规定，对委托开发的项目，受托方应向委托方提供该研发项目的费用支出明细情况，否则，该委托开发项目的费用支出不得实行加计扣除。财税〔2015〕119 号文件第二条第一款规定，委托方与受托方存在关联关系的，受托方应向委托方提供研发项目费用支出明细情况；若不存在关联关系，则不必再提供该研发项目的费用支出明细情况。2016—2017 年度汇算清缴时，企业委

（续表）

托境外机构或个人进行研发活动所发生的费用，不得加计扣除。其中受托研发的境外机构是指依照外国和地区（含港澳台）法律成立的企业和其他取得收入的组织。受托研发的境外个人是指外籍（含港澳台）个人。根据国家税务总局公告2015年第97号留存备查资料要求，委托研发的合同需经科技主管部门登记，未申请认定登记和未予登记的技术合同，不得享受研发费用加计扣除优惠政策。

各级税务部门和科技部门要简化管理方式，优化操作流程，确保政策落地。优化委托研发与合作研发项目合同登记管理方式，坚持"实质重于形式"的原则。凡研发项目合同具备技术合同登记的实质性要素，仅在形式上与技术合同示范文本存在差异的，也应予以登记，不得要求企业重新按照技术合同示范文本进行修改报送。（税总发〔2017〕106号）

② 委托境外研究开发。（财税〔2018〕64号）

政策规定	政策解读
一、委托境外进行研发活动所发生的费用，按照费用实际发生额的80%计入委托方的委托境外研发费用。委托境外研发费用不超过境内符合条件的研发费用三分之二的部分，可以按规定在企业所得税前加计扣除。 上述费用实际发生额应按照独立交易原则确定。委托方与受托方存在关联关系的，受托方应向委托方提供研发项目费用支出明细情况。 二、委托境外进行研发活动应签订技术开发合同，并由委托方到科技行政主管部门进行登记。相关事项按技术合同认定登记管理办法及技术合同认定规则执行。 三、企业应在年度申报享受优惠时，按照《国家税务总局关于发布修订后的〈企业所得税优惠政策事项办理办法〉的公告》（国家税务总局公告2018年第23号）的规定办理有关手续，并留存备查以下资料： （一）企业委托研发项目计划书和企业有权部门立项的决议文件； （二）委托研究开发专门机构或项目组的编制情况和研发人员名单； （三）经科技行政主管部门登记的委托境外研发合同； （四）"研发支出"辅助账及汇总表； （五）委托境外研发银行支付凭证和受托方开具的收款凭据； （六）当年委托研发项目的进展情况等资料。 企业如果已取得地市级（含）以上科技行政主管部门出具的鉴定意见，应作为资料留存备查。 四、企业对委托境外研发费用以及留存备查资料的真实性、合法性承担法律责任。 五、委托境外研发费用加计扣除其他政策口径和管理要求按照财税〔2015〕119号、财税〔2017〕34号、国家税务总局公告2015年第97号等文件规定执行。 六、本通知所称委托境外进行研发活动不包括委托境外个人进行的研发活动。 七、本通知自2018年1月1日起执行。财税〔2015〕119号文件第二条中"企业委托境外机构或个人进行研发活动所发生的费用，不得加计扣除"的规定同时废止。	1. 2018年1月1日前发生的委托境外研发费用不得加计扣除，财税〔2015〕119号文件第二条中"企业委托境外机构或个人进行研发活动所发生的费用，不得加计扣除"。 2. 2018年1月1日起发生的委托境外除个人以外的研发费用按照本通知进行加计扣除。 3. 委托境外机构发生研发费加计扣除条件： （1）必须签订合同并且合同； （2）合同经科技行政主管部门进行登记； （3）取得委托研究开发专门机构或项目组的编制情况和研发人员名单； （4）款项支付需为银行支付并且取得收款凭证； （5）受托方为关联方的需取得研发项目费用支出明细情况。 4. 委托境外机构发生研发费加计扣除基数计算： （1）按照发生额的80%计入委托方委托境外研发费用； （2）委托方委托境外研发费用不得超过委托方境内符合条件研发费用2/3。

财税〔2018〕64号文规定，委托方与受托方存在关联关系的，受托方应向委托方提供研发项目费用支出明细情况。研发费用实际发生额应按照独立交易原则确定。早在《国家税务总局关于发布〈特别纳税调查调整及相互协商程序管理办法〉的公告》（国家税务总局公告2017年第6号）中就曾强调，向关联方对外支付服务费需要满足"真实性""受益性"，定价应符合独立交易原则。无法满足这些条件的服务费不得在所得税前列支抵扣。建议企业提前准备证明委托研发活动"真实性"的文档支持佐证，并关注委托研发活动的"受益性"。同时，应制定合理的委托研发定价政策，比如类比市场公平交易价格确定，或根据委托研发费用的合理完全成本加成确定。

③ 委托研发合同。

对委托研发的项目,委托方应与受托方签订委托开发合同。其中,委托境内机构或个人研发的合同由受托方于科技主管部门进行登记,委托境外进行研发活动由委托方于科技行政主管部门登记。未申请认定登记和未予登记的技术合同,不得享受研发费用税前加计扣除的优惠政策。	合同可参照《科学技术部关于印发〈技术合同示范文本〉的通知》(国科发政字〔2001〕244 号)之附件 1《技术开发(委托)合同》(样式)编制,但凡企业研发项目合同具备技术合同登记的实质性要素,仅在形式上与技术合同示范文本存在差异的,也应予以登记,不得要求企业重新按照技术合同示范文本进行修改报送。

3) 合作研究开发(财税〔2015〕119 号、国家税务总局公告 2015 年第 97 号)

条件	加计扣除要求	合作研发合同
合作研发是指立项企业通过契约的形式与其他企业共同对项目的某一关键领域分别投入资金、技术、人力,共同参与产生智力成果的创作活动,共同完成研发项目。	企业共同合作开发的项目,由合作各方就自身实际承担的研发费用分别计算加计扣除。	合作研发合同可参照《科学技术部关于印发〈技术合同示范文本〉的通知》(国科发政字〔2001〕244 号)之附件 2《技术开发(合作)合同》(样式)编制,但凡企业研发项目合同具备技术合同登记的实质性要素,仅在形式上与技术合同示范文本存在差异的,也应予以登记,不得要求企业重新按照技术合同示范文本进行修改报送。
		涉及与外省市企业以及境外企业合作开发的情况,合作开发协议或者合同中一定要明确合作各方的权利义务和成果归属,作为享受税收研发费用加计扣除的依据和无形资产成果管理摊销的重要判断标准。

申报审核:根据国家税务总局公告 2015 年第 97 号留存备查资料要求,合作研发的合同需经科技主管部门登记,未申请认定登记和未予登记的技术合同,不得享受研发费用加计扣除优惠政策。

各级税务部门和科技部门要简化管理方式,优化操作流程,确保政策落地。优化委托研发与合作研发项目合同登记管理方式,坚持"实质重于形式"的原则。凡研发项目合同具备技术合同登记的实质性要素,仅在形式上与技术合同示范文本存在差异的,也应予以登记,不得要求企业重新按照技术合同示范文本进行修改报送。(税总发〔2017〕106 号)

4) 集团集中研究开发(财税〔2015〕119 号、国家税务总局公告 2015 年第 97 号)

条件	加计扣除要求
集中研发是指集团企业根据生产经营和科技开发的实际情况,对技术要求高、投资数额大、单个企业难以独立承担,或者研发力量集中在集团公司、由其统筹管理集团研发活动的研发项目进行集中研发。	集中研发在收益成员企业间合理分摊加计扣除。企业集团根据生产经营和科技开发的实际情况,对集中研发项目按照财税〔2015〕119 号文规定归集的可加计扣除的研发费用,按照权利和义务相一致、费用支出和收益分享相配比的原则,合理确定研发费用的分摊方法,在受益成员企业间进行分摊,由相关成员企业分别计算加计扣除。

企业集团集中开发的研发费用分摊需要关注关联申报:

企业集团根据生产经营和科技开发的实际情况,对集中研发项目按照财税〔2015〕119 号文件规定归集的可加计扣除的研发费用,按照权利和义务相一致、费用支出和收益分享相配比的原则,合理确定研发费用的分摊方法,在受益成员企业间进行分摊,由相关成员企业分别计算加计扣除。

企业集团应将集中研发项目的协议或合同、集中研发项目研发费用决算表,集中研发项目费用分摊明细情况表和实际分享收益比例等资料提供给相关成员企业。协议或合同应明确参与各方在该研发项目中的权利和义务、费用分摊方法等内容。集团在分摊研发费用时,须开发票给成员企业并收取研发费用。成员企业真正负担了研发费并凭发票在税前扣除并加计扣除。如不能提供集中研究开发项目的决算表及分摊表等关键资料,研究开发费用不得加计扣除。

根据《国家税务总局关于完善关联申报和同期资料管理有关事项的公告》(国家税务总局公告 2016 年第 42 号)的规定,企业集团开发、应用无形资产及确定无形资产所有权归属的整体战略,包括主要研发机构所在地和研发管理活动发生地及其主要功能、风险、资产和人员情况等应在主体文档中披露。

5）享受研发费用加计扣除的研发项目无需事先通过科技部门鉴定或立项

自 2016 年 1 月 1 日起,企业申报享受研发费用加计扣除优惠,无需事前通过科技部门鉴定。 企业自主研发的项目,需经过企业有权部门审核立项。也就是说,不需经过科技部门和税务部门进行立项备案,只需企业内部有决策权的部门,如董事会等做出决议即可。政府及相关部门支持的重点项目,根据政府部门立项管理的相关要求,需科技部门备案的特殊情况除外,但税务部门对自主研发项目没有登记的硬性要求。	委托研发及合作研发的项目立项则需要科技部门登记。《科学技术部财政部国家税务总局关于印发〈技术合同认定登记管理办法〉的通知》(国科发政字〔2000〕63 号)第六条规定:未申请认定登记和未予登记的技术合同,不得享受国家对有关促进科技成果转化规定的税收、信贷和奖励等方面的优惠政策;国家税务总局公告 2015 年 97 号规定,委托及合作研发的,需提供经科技行政主管部门登记的委托、合作研究开发项目的合同留存备查。因此,经科技行政主管部门登记的委托、合作研发项目合同是享受研发费用加计扣除的要件之一。

6. 研发费用加计扣除形成亏损的处理

国税函〔2009〕98 号	税会差异
企业技术开发费加计扣除部分已形成企业年度亏损,可以用以后年度所得弥补,但结转年限最长不得超过 5 年。	加计扣除属于税法与会计核算不一致所产生的一项可抵减永久性差异。

结论:亏损企业也可以享受技术开发费用加计扣除的税收优惠政策。

建议:企业即使正常经营活动产生亏损,也应积极申请加计扣除,这样可以抵减以后年度更多的应纳税所得额,从而减轻以后年度的所得税负担。

（三）研发费用加计扣除征管要求

财税〔2015〕119 号	税总函〔2016〕685 号
五、管理事项及征管要求 1. 本通知适用于会计核算健全、实行查账征收并能够准确归集研发费用的居民企业。 2. 企业研发费用各项目的实际发生额归集不准确、汇总额计算不准确的,税务机关有权对其税前扣除额或加计扣除额进行合理调整。 3. 税务机关对企业享受加计扣除优惠的研发项目有异议的,可以转请地市级(含)以上科技行政主管部门出具鉴定意见,科技部门应及时回复意见。企业承担省部级(含)以上科研项目的,以及以前年度已鉴定的跨年度研发项目,不再需要鉴定。 4. 企业符合本通知规定的研发费用加计扣除条件而在 2016 年 1 月 1 日以后未及时享受该项税收优惠的,可以追溯享受并履行备案手续,追溯期限最长为 3 年。 5. 税务部门应加强研发费用加计扣除优惠政策的后续管理,定期开展核查,年度核查面不得低于 20%。	一、既往涉税问题不影响加计扣除(正确处理税务核查与企业享受研究费用加计扣除优惠政策的关系) 税总函〔2016〕685 号第四条明确要求,"各级税务机关在落实加计扣除优惠政策时,应以核实企业享受 2016 年度优惠的有关情况为基准,原则上不核实以前年度有关情况。如企业以前年度存在或发现存在涉税问题,应按相关规定另行处理,不得影响企业享受 2016 年度加计扣除优惠政策"。 二、再次强调"3 年"追溯享受期 税总函〔2016〕685 号第四条再次强调,"如企业 2016 年度未及时申报享受加计扣除优惠政策,可在以后 3 年内追溯享受"。 三、税务机关应在 10 日内"解决"企业诉求 税总函〔2016〕685 号文件规定,"对纳税人反映的相关问题和投诉,各级税务机关应当在接到问题和投诉后的 10 个工作日内予以解决"。

申报审核:

1. 根据财税〔2015〕119 号文件第五条第三项规定,科委鉴定不再作为前置性环节,由企业直接将申报资料提交税务机关,税务机关有异议可转请地市科技部门出具鉴定意见。企业应当规范研发项目的管理,通过设置完善的立项、预算、审批、决算等对研发项目进行全程管理;准备完善的备案及留存备查资料。

2. 税总函〔2016〕685 号文件并没有对研发费用加计扣除享受的实体、程序做出新的规定,而应严格按照财税〔2015〕119 号文件执行。财税〔2015〕119 号文件虽然减少了审核程序,扩大了费用范围,但同时规定税务机关加强该项优惠政策的优惠管理,并明确年度核查面不得低于 20%。因此,企业应当从完善研发项目管理、合理准确归集研发费用和设置研发费用辅助账等方面增强风险防范意识,提高危机化解能力。

（四）研发费用加计扣除优惠管理

1. 自行判断

企业年度纳税申报时，根据研发支出辅助账汇总表填报研发项目可加计扣除研发费用情况归集表，在年度纳税申报时随申报表一并报送。

2. 一般企业研发费用加计扣除优惠管理（国家税务总局公告 2018 年第 23 号）

主要留存备查资料	上传科技部门鉴定所需资料
（1）自主、委托、合作研究开发项目计划书和企业有权部门关于自主、委托、合作研究开发项目立项的决议文件； （2）自主、委托、合作研究开发专门机构或项目组的编制情况和研发人员名单； （3）经科技行政主管部门登记的委托、合作研究开发项目的合同； （4）从事研发活动的人员（包括外聘人员）和用于研发活动的仪器、设备、无形资产的费用分配说明（包括工作使用情况记录及费用分配计算证据材料）； （5）集中研发项目研发费决算表、集中研发项目费用分摊明细情况表和实际分享收益比例等资料； （6）"研发支出"辅助账及汇总表； （7）企业如果已取得地市级（含）以上科技行政主管部门出具的鉴定意见，应作为资料留存备查。 若企业委托境外进行研发活动的，还应将以下资料留存备查： （1）委托境外研发银行支付凭证和受托方开具的收款凭据； （2）当年委托研发项目的进展情况等资料。	（1）、（2）、（3）项与留存备查资料一致。 （4）支撑证明材料（企业根据项目情况选择提供）： ① 在其他部门立项的研究开发项目的立项证明文件。 ② 项目（阶段）测试报告。 ③ 项目（阶段）研究成果证明、项目样品试制报告、新产品检测报告。 ④ 知识产权证明。 ⑤ 高新技术产品、重点新产品证明。 ⑥ 临床研究进展报告、临床研究批件、新药证书。 ⑦ 新工艺实质性改进的对比证明数据，产品性能指标或行业标准、行业先进水平的说明。 ⑧ 其他证明材料。

3. 创意设计活动而发生的相关费用加计扣除（国家税务总局公告 2018 年第 23 号）

序号	主要留存备查资料	享受优惠时间	后续管理要求
21	1. 创意设计活动相关合同； 2. 创意设计活动相关费用核算情况的说明。	汇缴享受	由省税务机关（含计划单列市税务机关）规定。

4. 后续管理与核查（国家税务总局公告 2015 年第 97 号）

税务机关应加强对享受研发费用加计扣除优惠企业的后续管理和监督检查。每年汇算清缴期结束后应开展核查，核查面不得低于享受该优惠企业户数的 20%。	省级税务机关可根据实际情况制订具体核查办法或工作措施。

四、科技型中小企业研发费用加计扣除

政策依据：

《财政部 国家税务总局 科技部关于提高科技型中小企业研究开发费用税前加计扣除比例的通知》（财税〔2017〕34 号）；

《科技部 财政部 国家税务总局关于印发〈科技型中小企业评价办法〉的通知》（国科发政〔2017〕115 号）；

《国家税务总局关于提高科技型中小企业研究开发费用税前加计扣除比例有关问题的公告》（国家税务总局公告 2017 年第 18 号）；

《关于印发〈科技型中小企业评价工作指引（试行）的通知》（国科火字〔2017〕144 号）；

《科技部 国家税务总局关于做好科技型中小企业评价工作有关事项的通知》（国科发政〔2018〕11 号）。

(一) 政策规定

财税〔2017〕34 号	国家税务总局公告 2017 年第 18 号
一、科技型中小企业开展研发活动中实际发生的研发费用,未形成无形资产计入当期损益的,在按规定据实扣除的基础上,在 2017 年 1 月 1 日至 2019 年 12 月 31 日期间,再按照实际发生额的 75% 在税前加计扣除;形成无形资产的,在上述期间按照无形资产成本的 175% 在税前摊销。 二、科技型中小企业享受研发费用税前加计扣除政策的其他政策口径按照《财政部 国家税务总局 科技部关于完善研究开发费用税前加计扣除政策的通知》(财税〔2015〕119 号)规定执行。	一、科技型中小企业开展研发活动实际发生的研发费用,在 2019 年 12 月 31 日以前形成的无形资产,在 2017 年 1 月 1 日至 2019 年 12 月 31 日期间发生的摊销费用,可适用《财政部 税务总局 科技部关于提高科技型中小企业研究开发费用税前加计扣除比例的通知》(财税〔2017〕34 号,以下简称《通知》)规定的优惠政策。 六、本公告适用于 2017—2019 年度企业所得税汇算清缴。

科技型中小企业资格不需要审批,企业享受上述优惠须取得省级科技管理部门赋予的科技型中小企业入库登记编号。企业在汇算清缴期内按规定取得科技型中小企业登记编号的,其汇算清缴年度可享受上述优惠政策。企业按规定更新信息后不再符合条件的,其汇算清缴年度不得享受上述优惠政策。

无形资产摊销执行口径:国家税务总局公告 2017 年第 18 号将享受此项政策的无形资产界定为 2019 年 12 月 31 日以前形成的无形资产,既包括 2017 年 1 月 1 日至 2019 年 12 月 31 日期间形成的无形资产,也包括在 2017 年以前年度形成的、在上述期间进行摊销的无形资产。

(二) 科技型中小企业 (国科发政〔2017〕115 号第二条)

科技型中小企业是指依托一定数量的科技人员从事科学技术研究开发活动,取得自主知识产权并将其转化为高新技术产品或服务,从而实现可持续发展的中小企业。

(三) 科技型中小企业的确认或评价 (国科火字〔2017〕144 号)

科技部火炬高技术产业开发中心(以下简称"火炬中心")承担全国科技型中小企业评价工作的组织协调与服务监督的日常工作,负责指导、协调各地区科技型中小企业评价组织工作;承担科技型中小企业评价工作机构备案管理;负责"全国科技型中小企业信息服务平台"(以下简称"服务平台")和"全国科技型中小企业信息库"(以下简称"信息库")建设。

科技型中小企业评价工作实行网络化管理,评价工作在"服务平台"上的"全国科技型中小企业评价工作系统"(以下简称"评价工作系统",网址:www.innofund.gov.cn)中进行。企业认为符合条件的,可自愿在科技型中小企业服务平台上注册登记企业基本信息,在线填报,信息完整,条件符合,省级科技主管部门在服务平台上公示 10 个工作日,赋予企业入库登记编号,登记编号实行年度动态管理,有效期为通过公示之日起—次年 3 月 31 日前,已入库企业在次年 3 月底前对信息进行更新,符合要求的获取新一年度的编号。

(四) 后续管理 (国科发政〔2017〕115 号)

更新	撤销	抽查
第十二条 已入库企业应在每年 3 月底前通过服务平台对《科技型中小企业信息表》中的信息进行更新,并对本企业是否仍符合科技型中小企业条件进行自主评价,仍符合条件的,由省级科技管理部门按本办法第十条和第十一条规定程序办理。 第十三条 已入库企业发生更名或与第二章规定的条件有关的重大变化的,应在三个月内通过服务平台填报变化情况。	第十四条 已入库企业有下列行为之一的,由省级科技管理部门撤销其行为发生年度登记编号并在服务平台上公告: (一) 企业发生重大变化,不再符合第二章规定条件的; (二) 存在严重弄虚作假行为的; (三) 发生科研严重失信行为的; (四) 发生重大安全、重大质量事故或有严重环境违法行为的; (五) 被列入经营异常名录和严重违法失信企业名单的; (六) 未按期更新《科技型中小企业信息表》信息的。	第十五条 科技部根据工作需要对省级科技管理部门管理工作进行监督检查。省级科技管理部门对已入库企业进行抽查,对经抽查或审核企业确认不符合条件的,由省级科技管理部门按照第十四条规定处理。

（续表）

申报审核：科技型中小企业资格不需要审批；科技型中小企业是否符合条件，主要依据其上一年度数据进行判断，因此，科技型中小企业经公示并取得入库登记编号说明其上一年度符合科技型中小企业的条件；编号跨年度失效。

（五）享受税收优惠的管理规定

国家税务总局公告 2017 年第 18 号	国科发火〔2018〕11 号
二、企业在汇算清缴期内按照《科技部 财政部 国家税务总局关于印发〈科技型中小企业评价办法〉的通知》（国科发政〔2017〕115 号，以下简称《评价办法》）第十条、第十一条、第十二条规定取得科技型中小企业登记编号的，其汇算清缴年度可享受《财政部 税务总局科技部关于提高科技型中小企业研究开发费用税前加计扣除比例的通知》（财税〔2017〕34 号，以下简称《通知》）规定的优惠政策。企业按《评价办法》第十二条规定更新信息后不再符合条件的，其汇算清缴年度不得享受《通知》规定的优惠政策。 三、科技型中小企业办理税收优惠备案时，应将按照《评价办法》取得的相应年度登记编号填入《企业所得税优惠事项备案表》"具有相关资格的批准文件（证书）及文号（编号）"栏次。 四、因不符合科技型中小企业条件而被科技部门撤销登记编号的企业，相应年度不得享受《通知》规定的优惠政策，已享受的应补缴相应年度的税款。 五、科技型中小企业享受研发费用税前加计扣除政策的其他政策口径和管理事项仍按照《国家税务总局关于企业研究开发费用税前加计扣除政策有关问题的公告》（国家税务总局公告 2015 年第 97 号）和《国家税务总局关于发布〈企业所得税优惠政策事项办理办法〉的公告》（国家税务总局公告 2015 年第 76 号）执行。	一、各省级科技管理部门要组织好企业注册信息、自评信息的形式审查及科技型中小企业入库公示、公告工作，省级科技管理部门 6 月 30 日前应完成 5 月 31 日前提交自评信息（补正自评信息的按补正提交日期）的科技型中小企业入库公告，保障符合条件的企业及时入库并享受优惠政策。 二、各省级科技管理部门应按企业成立日期和提交自评信息日期，在科技型中小企业入库登记编号（以下简称登记编号）上进行标识。入库年度之前成立且 5 月 31 日前提交自评信息的，其登记编号第 11 位（左数，以下相同）为 0；入库年度之前成立但 6 月 1 日（含）以后提交自评信息的，其登记编号第 11 位为 A；入库年度当年成立的，其登记编号第 11 位为 B。入库登记编号第 11 位为 0 的企业，可在上年度汇算清缴中享受提高科技型中小企业税前研发费用加计扣除比例政策。 三、省级科技管理部门应及时将科技型中小企业入库登记信息（包括企业名称、统一社会信用代码、注册地、入库登记编号、入库日期等）发送给省级税务部门。 四、各级税务部门要与科技部门密切配合，及时掌握企业参与评价工作进展，摸清符合科技型中小企业评价标准的纳税人基数和分布情况，通过各种方式为企业提供政策辅导，帮助取得登记编号企业及时享受政策，切实加大提高科技型中小企业研究开发费用税前加计扣除比例政策落实力度。 五、汇算清缴工作结束后，省级税务部门应及时将实际享受提高科技型中小企业研究开发费用税前加计扣除比例政策的企业信息（包括名称、统一社会信用代码、入库登记编号、研发加计扣除额等）与省级科技管理部门进行共享。

享受提高研发费加计扣除比例政策的企业必须是科技型中小企业，是否符合科技型中小企业条件主要看其是否取得入库编号。

1. 入库登记编号第 11 位为 0 的企业，可在上年度汇算清缴中享受提高科技型中小企业研发费用加计扣除比例政策（科技型中小企业 75％加计扣除政策）。企业按规定更新信息后不再符合条件的，其汇算清缴年度不得享受科技型中小企业 75％加计扣除政策。

2. 科技型中小企业申报享受科技型中小企业 75％加计扣除政策时，应将按照《评价办法》取得的相应年度登记编号填入《企业所得税年度纳税申报表（A 类，2017 年版）》之表 A107012《研发费用加计扣除优惠明细表》中"科技型中小企业登记编号"栏次。

3. 因不符合科技型中小企业条件而被科技部门撤销登记编号的企业，相应年度不得享受科技型中小企业 75％加计扣除政策，已享受的应补缴相应年度的税款。

1. 优惠管理（国家税务总局公告 2018 年第 23 号）

序号	主要留存备查资料	享受优惠时间	后续管理要求
22	1. 自主、委托、合作研究开发项目计划书和企业有权部门关于自主、委托、合作研究开发项目立项的决议文件； 2. 自主、委托、合作研究开发专门机构或项目组的编制情况和研发人员名单； 3. 经科技行政主管部门登记的委托、合作研究开发项目的合同； 4. 从事研发活动的人员（包括外聘人员）和用于研发活动的仪器、设备、无形资产的费用分配说明（包括工作使用情况记录及费用分配计算证据材料）； 5. 集中研发项目研发费决算表、集中研发项目费用分摊明细情况表和实际分享收益比例等资料； 6. "研发支出"辅助账及汇总表； 7. 企业已取得的地市级（含）以上科技行政主管部门出具的鉴定意见； 8. 科技型中小企业取得的入库登记编号证明资料。	汇缴享受	由省税务机关（含计划单列市税务机关）规定。

2. 负面清单

按照财税〔2015〕119 号文件的规定，烟草制造业、住宿和餐饮业、批发和零售业、房地产业、租赁和商业服务业、娱乐业以及财政部和国家税务总局规定的其他行业不适用研发费用加计扣除政策，因此上述行业的科技型中小企业也不得享受提高研发费用加计扣除比例优惠。

3. 排除账证不全不能准确核算的企业

按照财税〔2015〕119 号文件的规定，研发费用加计扣除政策适用于会计核算健全、实行查账征收并能够准确归集研发费用的居民企业，因此，核定征收的科技型中小企业不能享受提高研发费加计扣除比例优惠政策。

4. 要求设立辅助账

科技型中小企业应按照国家财务会计制度要求，对研发支出进行会计处理。研发项目立项时应设置研发支出辅助账，由企业留存备查；年末汇总分析填报研发支出辅助账汇总表，并在报送《年度财务会计报告》的同时随附注一并报送主管税务机关。研发支出辅助账、研发支出辅助账汇总表的样式与其他企业一致，具体可参照本节一般企业研发费用辅助账格式。

五、助力残疾人就业的税收优惠政策

残疾人员工资加计扣除

《企业所得税法》	《企业所得税法实施条例》	财税〔2009〕70 号
第三十条第 2 项　企业安置残疾人员及国家鼓励安置的其他就业人员所支付的工资，可以在计算应纳税所得额时加计扣除。	第九十六条　企业安置残疾人员所支付的工资的加计扣除，是指企业安置残疾人员的，在按照支付给残疾职工工资据实扣除的基础上，按照支付给残疾职工工资的 100％ 加计扣除。残疾人员的范围适用《中华人民共和国残疾人保障法》的有关规定。	第一条　企业安置残疾人员的，在按照支付给残疾职工工资据实扣除的基础上，可以在计算应纳税所得额时按照支付给残疾职工工资的 100％ 加计扣除。 企业就支付给残疾职工的工资，在进行企业所得税预缴申报时，允许据实计算扣除；在年度终了进行企业所得税年度申报和汇算清缴时，再依照本条第一款的规定计算加计扣除。 第二条　残疾人员的范围适用《中华人民共和国残疾人保障法》的有关规定。
根据《中华人民共和国残疾人保障法》第二条的规定，残疾人是指在心理、生理、人体结构上，某种组织、功能丧失或者不正常，全部或者部分丧失以正常方式从事某种活动能力的人。残疾人包括视力残疾、听力残疾、言语残疾、肢体残疾、智力残疾、精神残疾、多重残疾和其他残疾的人。残疾标准由国务院规定。		

1. 企业享受安置残疾职工工资100%加计扣除应同时具备如下条件（财税〔2009〕70号）

政策规定	申报审核
三、企业享受安置残疾职工工资100%加计扣除应同时具备如下条件： 　（一）依法与安置的每位残疾人签订了1年以上（含1年）的劳动合同或服务协议，并且安置的每位残疾人在企业实际上岗工作； 　（二）为安置的每位残疾人按月足额缴纳了企业所在区县人民政府根据国家政策规定的基本养老保险、基本医疗保险、失业保险和工伤保险等社会保险； 　（三）定期通过银行等金融机构向安置的每位残疾人实际支付了不低于企业所在区县适用的经省级人民政府批准的最低工资标准的工资； 　（四）具备安置残疾人上岗工作的基本设施。	1. "依法与安置的每位残疾人签订了一年以上（含一年）的劳动合同或服务协议"中的"劳动合同或服务协议"，包括全日制工资发放形式和非全日制工资发放形式劳动合同或服务协议。安置残疾人单位聘用非全日制用工的残疾人，与其签订符合法律法规规定的劳动合同或服务协议，并且安置该残疾人在单位实际上岗工作的，可按照"通知"的规定，享受增值税优惠政策。（国家税务总局公告2013年第73号） 　企业应对报送资料的真实性和合法性负责。如果税务机关发现该企业存在"挂名未上岗"或其他情形导致不符合促进残疾人就业税收优惠政策适用条件的，应将其发生相应违法违规行为为年度内实际享受到的减（退）税款全额追缴入库。（税总函〔2016〕609号） 　2. 对没有给残疾职工缴纳社会保险费的，不能享受工资加计扣除的优惠。"基本养老保险"和"基本医疗保险"是指"职工基本养老保险"和"职工基本医疗保险"，不含"城镇居民社会养老保险""新型农村社会养老保险""城镇居民基本医疗保险"和"新型农村合作医疗"。（国家税务总局公告2013年第78号） 　安置残疾人的机关事业单位以及由机关事业单位改制后的企业，为残疾人缴纳的机关事业单位养老保险，属于基本养老保险范畴。（国家税务总公告2015年第55号） 　3. 自2015年9月1日起以劳务派遣形式就业的残疾人，属于劳务派遣单位的职工。安置残疾人的机关事业单位以及由机关事业单位改制后的企业，为残疾人缴纳的机关事业单位养老保险，属于《财政部　国家税务总局关于促进残疾人就业税收优惠政策的通知》第五条第（三）款规定的"基本养老保险"范畴，可按规定享受相关税收优惠政策。（国家税务总局公告2015年第55号）

2. 优惠事项管理（国家税务总局公告2018年第23号）

序号	主要留存备查资料	享受优惠时间	后续管理要求
23	1. 为安置的每位残疾人按月足额缴纳了企业所在区县人民政府根据国家政策规定的基本养老保险、基本医疗保险、失业保险和工伤保险等社会保险证明资料； 　2. 通过非现金方式支付工资薪酬的证明； 　3. 安置残疾职工名单及其《残疾人证》或《残疾军人证》； 　4. 与残疾人员签订的劳动合同或服务协议。	汇缴享受	由省税务机关（含计划单列市税务机关）规定。

第四节　所得减免

一、基本政策规定

《企业所得税法》二十七条	《企业所得税法实施条例》第一百零二条
企业的下列所得，可以免征、减征企业所得税： 　（一）从事农、林、牧、渔业项目的所得； 　（二）从事国家重点扶持的公共基础设施项目投资经营的所得； 　（三）从事符合条件的环境保护、节能节水项目的所得； 　（四）符合条件的技术转让所得； 　（五）本法第三条第三款规定的所得。	企业同时从事适用不同企业所得税待遇的项目的，其优惠项目应当单独计算所得，并合理分摊企业的期间费用；没有单独计算的，不得享受企业所得税优惠。

　居民企业取得《企业所得税法实施条例》第八十六条、第八十七条、第八十八条和第九十条规定可减半征收企业所得税的所得，是指居民企业应就该部分所得单独核算并依照25%的法定税率减半缴纳企业所得税。〔国税函〔2010〕157号）第一条第（三）项〕

项目所得额 ＝ 项目收入－项目成本－相关税费－应分摊的期间费用＋纳税调整额

这个享受减免所得计算的过程，其实就是一个汇算清缴的调整过程。因此，这个项目所得额并不是会计上的所得额，而是税务上的所得额。

纳税人同时从事减免项目与非减免项目的，应分别核算，独立计算减免项目的计税依据以及减免税额度。不能分别核算的，不能享受减免税。核算不清的，由税务机关按合理方法核定；纳税人同时从事适用不同企业所得税待遇的项目的，其优惠项目应当单独计算所得，并合理分摊企业的期间费用，没有单独计算的，不得享受企业所得税优惠。

《企业所得税法》采用法人税制，《企业所得税法实施条例》要求各算各的应纳税所得额，相当于一个分公司独立核算的概念，但各算各的应纳税所得额并不能代表打破了法人所得税框架。已废止的国税函〔2010〕148 号文件规定："对企业取得的免税收入、减计收入以及减征、免征所得额项目，不得弥补当期及以前年度应税项目亏损；当期形成亏损的减征、免征所得额项目，也不得用当期和以后纳税年度应税项目所得抵补"，传统的两条线处理，各算各的税，各补各的亏，实际上已突破了法人所得税的概念。2017 年版申报表（国家税务总局公告 2017 年第 54 号）填报口径明确，主表第 19 行"纳税调整后所得"为负数的，不填报 A107020《所得减免优惠明细表》，使得应税项目与免税项目可以相互弥补亏损。

二、农、林、牧、渔业项目所得减免

政策依据：

《企业所得税税法》第二十七条、《企业所得税法实施条例》第八十六条；

《国家税务总局关于贯彻落实从事农、林、牧、渔业项目企业所得税优惠政策有关事项的通知》（国税函〔2008〕850 号）；

《关于发布享受企业所得税优惠政策的农产品初加工范围（试行）的通知（2008 年版）》（财税〔2008〕149 号）；

《关于黑龙江垦区国有农场土地承包费缴纳企业所得税问题的批复》（国税函〔2009〕779 号）；

《国家税务总局关于"公司＋农户"经营模式企业所得税优惠问题的公告》（国家税务总局公告 2010 年第 2 号）；

《国家税务总局关于享受企业所得税优惠的农产品初加工有关范围的补充通知》（财税〔2011〕26 号）；

《国家税务总局关于实施农林牧渔业项目企业所得税优惠问题的公告》（国家税务总局公告 2011 年第 48 号）。

（一）享受优惠的条件（国家税务总局公告 2011 年第 48 号）

1. 企业从事享受税收优惠的农、林、牧、渔业项目，除另有规定外，参照《国民经济行业分类》（GB/T 4754—2002）的规定标准执行。

2. 农产品初加工范围符合财政部、国家税务总局规定。

3. 企业同时从事适用不同企业所得税政策规定项目的，应分别核算，单独计算优惠项目的计税依据及优惠数额；分别核算不清的，可由主管税务机关按照比例分摊法或其他合理方法进行核定。

4. 企业购买农产品后直接进行销售的贸易活动产生的所得，不能享受农、林、牧、渔业项目的税收优惠政策。

5. 企业从事农、林、牧、渔业项目，凡属于《产业结构调整指导目录（2011 年版）》（国家发展和改革委员会令第 9 号）中限制和淘汰类的项目，不得享受《企业所得税法实施条例》第 86 条规定的优惠政策。

2017 年新版《国民经济行业分类》（GB/T 4754—2017）取代了《国民经济行业分类》（GB/T 4754—2002），判断企业从事的养殖项目是否可以享受税收优惠，应参照《国民经济行业分类》（GB/T 4754—2017）。如《国民经济行业分类》（GB/T 4754—2017）已将"0313 猪的饲养"列入"031 牲畜饲养"项目下，将"0391 兔的饲养"列入"039 其他牲畜业"项目下。

（二）具体优惠政策

1. 企业从事下列农、林、牧、渔项目的所得减免所得税（《企业所得税实施条例》第八十六条）

（1）企业从事下列项目的所得，免征企业所得税：

《企业所得税法实施条例》第八十六条第一款	国家税务总局公告 2011 年第 48 号
① 蔬菜、谷物、薯类、油料、豆类、棉花、麻类、糖料、水果、坚果的种植（但不包括生水果和坚果等的采集）。 ② 农作物新品种的选育。	① 企业从事农作物新品种选育的免税所得，是指企业对农作物进行品种和育种材料选育形成的成果，以及由这些成果形成的种子（苗）等繁殖材料的生产、初加工、销售一体化取得的所得。

《企业所得税法实施条例》第八十六条第一款	国家税务总局公告 2011 年第 48 号
③ 中药材的种植（但不包括用于杀虫和杀菌目的植物的种植）。 ④ 林木的培育和种植。 ⑤ 牲畜、家禽的饲养（但不包括鸟类的饲养和其他珍禽如山鸡、孔雀等的饲养）。 ⑥ 林产品的采集（但不包括咖啡、可可等饮料作物的采集）。 ⑦ 灌溉、农产品初加工、兽医、农技推广、农机作业和维修等农林牧渔服务业项目（农、林、牧、渔服务业项目不包括水利工程的建设、水利工程的管理；兽医服务不包括对动物的检疫）。 ⑧ 远洋捕捞。	② 企业从事林木的培育和种植的免税所得，是指企业对树木、竹子的育种和育苗、抚育和管理以及规模造林活动取得的所得，包括企业通过拍卖或收购方式取得林木所有权并经过一定的生长周期，对林木进行再培育取得的所得。 ③ 猪、兔的饲养，按"牲畜、家禽的饲养"项目处理；饲养牲畜、家禽产生的分泌物、排泄物，按"牲畜、家禽的饲养"项目处理。 ④ 对取得农业部颁发的"远洋渔业企业资格证书"并在有效期内的远洋渔业企业，从事远洋捕捞业务取得的所得免征企业所得税。 ⑤ 企业对外购茶叶进行筛选、分装、包装后进行销售的所得，不享受农产品初加工的优惠政策。

　　企业从事农、林、牧、渔业项目，凡属于《产业结构调整指导目录（2011 年版）》（国家发展和改革委员会令第 9 号）中限制和淘汰类的项目，不得享受实施条例第八十六条规定的优惠政策。

　　（2）企业从事下列项目的所得，减半征收企业所得税：

《企业所得税法实施条例》第八十六条第二款	国家税务总局公告 2011 年第 48 号
① 花卉、茶以及其他饮料作物和香料作物的种植。 ② 海水养殖、内陆养殖。	① 观赏性作物的种植，按"花卉、茶及其他饮料作物和香料作物的种植"项目处理。 ② "牲畜、家禽的饲养"以外的生物养殖项目，按"海水养殖、内陆养殖"项目处理。 ③ 企业从事实施条例第 86 条第（二）项适用企业所得税减半优惠的种植、养殖项目，并直接进行初加工且符合农产品初加工目录范围的，企业应合理划分不同项目的各项成本、费用支出，分别核算种植、养殖项目和初加工项目的所得，并各按适用的政策享受税收优惠。

　　企业从事农、林、牧、渔业项目，凡属于《产业结构调整指导目录（2011 年版）》（国家发展和改革委员会令第 9 号）中限制和淘汰类的项目，不得享受实施条例第八十六条规定的优惠政策。

　　（3）购入农产品进行再种植、养殖的税务处理（国家税务总局公告 2011 年第 48 号）：

政策规定	政策解读
企业将购入的农、林、牧、渔产品，在自有或租用的场地进行育肥、育秧等再种植、养殖，经过一定的生长周期，使其生物形态发生变化，且并非由于本环节对农产品进行加工而明显增加了产品的使用价值，可视为农产品的种植、养殖项目享受相应的税收优惠。 主管税务机关对企业进行农产品的再种植、养殖是否符合上述条件难以确定的，可要求企业提供县级以上农、林、牧、渔业政府主管部门的确认意见。	对什么是再种植、养殖，经过多长的生长周期等公告没有明确，但公告本款的规定可以减少或避免税企双方在税收执法中引起的争议。 由于所涉及的种植、养殖品种种类不同，其生长周期也会长短不一，需要差别化对待。因此，国家税务总局在相关规定中没有对"一定的生长周期"划定统一标准。在具体操作掌握中，应主要依据生物形态是否发生显著变化或其使用价值是否明显增加等因素，来确定其是否符合"一定生长周期"的要求。

　　（4）优惠项目分别核算规定（国家税务总局 2011 年第 48 号公告）：

企业从事《企业所得税法实施条例》第八十六条第（二）项适用企业所得税减半优惠的种植、养殖项目，并直接进行初加工且符合农产品初加工目录范围的，企业应合理划分不同项目的各项成本、费用支出，分别核算种植、养殖项目和初加工项目的所得，并各按适用的政策享受税收优惠。	企业同时从事适用不同企业所得税政策规定项目的，应分别核算，单独计算优惠项目的计税依据及优惠数额；分别核算不清的，可由主管税务机关按照比例分摊法或其他合理方法进行核定。

2. 国有农场从家庭农场承包户以"土地承包费"形式取得的从事农、林、牧、渔业生产的收入（国税函〔2009〕779号）

黑龙江垦区国有农场实行以家庭承包经营为基础、统分结合的双层经营体制。国有农场作为法人单位,将所拥有的土地发包给农场职工经营,农场职工以家庭为单位成为家庭承包户,属于农场内部非法人组织。农场对家庭承包户实施农业生产经营和企业行政的统一管理,统一为农场职工上交养老、医疗、失业、工伤、生育五项社会保险和农业保险费;家庭承包户按内部合同规定承包,就其农、林、牧、渔业生产取得的收入,以土地承包费名义向农场上缴。	上述承包形式属于农场内部承包经营的形式,黑龙江垦区国有农场从家庭农场承包户以"土地承包费"形式取得的从事农、林、牧、渔业生产的收入,属于农场"从事农、林、牧、渔业项目"的所得,可以适用《企业所得税法》第二十七条及《企业所得税法实施条例》第八十六条规定的企业所得税优惠政策。

3. "公司＋农户"经营模式享受税收优惠

国家税务总局公告2010年第2号	国家税务总局公告2013年第8号
自2010年1月1日起,以"公司＋农户"经营模式从事农、林、牧、渔业项目生产的企业,可以按照《企业所得税法实施条例》第86条的有关规定,享受减免企业所得税优惠政策。	自2013年4月1日起,纳税人采取"公司＋农户"经营模式从事畜禽饲养,即公司与农户签订委托养殖合同,向农户提供畜禽苗、饲料、兽药及疫苗等(所有权属于公司),农户饲养畜禽苗至成品后交付公司回收,公司将回收的成品畜禽用于销售模式下,纳税人回收再销售畜禽,属于农业生产者销售自产农产品免征增值税。

4. 委托受托农产品初加工享受税收优惠

国家税务总局公告2011年第48号	政策解读
企业根据委托合同,受托对符合财税〔2008〕149号和财税〔2011〕26号规定的农产品进行初加工服务,其所收取的加工费,可以按照农产品初加工的免税项目处理。 企业委托其他企业或个人从事《企业所得税法实施条例》第八十六条规定农、林、牧、渔业项目取得的所得,可享受相应的税收优惠政策。 企业受托从事《企业所得税法实施条例》第八十六条规定农、林、牧、渔业项目取得的收入,比照委托方享受相应的税收优惠政策。	公告将农产品初加工拓展到"农产品进行初加工服务"项目,将对农产品初加工"收取的加工费"纳入免税范围免征企业所得税。

5. 享受企业所得税优惠政策的农产品初加工范围(2008年版)（财税〔2008〕149号、财税〔2011〕26号、〔2011〕48号公告）

农产品的初加工是指对农产品一次性的不涉及农产品内在成分改变的加工。		
一、种植业类	(一)粮食初加工	1. 小麦初加工。通过对小麦进行清理、配麦、磨粉、筛理、分级、包装等简单加工处理,制成的小麦面粉、各种专用粉及麸皮、麦糠、麦仁。
		2. 稻米初加工。通过对稻谷进行清理、脱壳、碾米(或不碾米)、烘干、分级、包装等简单加工处理,制成的成品粮及其初制品,具体包括大米、蒸谷米、稻糠(砻糠、米糠和统糠)。
		3. 玉米初加工。通过对玉米籽粒进行清理、浸泡、粉碎、分离、脱水、干燥、分级、包装等简单加工处理,生产的玉米粉、玉米碴、玉米片等;鲜嫩玉米经筛选、脱皮、洗涤、速冻、分级、包装等简单加工处理,生产的鲜食玉米(速冻粘玉米、甜玉米、花色玉米、玉米籽粒)。
		4. 薯类初加工。通过对马铃薯、甘薯等薯类进行清洗、去皮、磋磨、切制、干燥、冷冻、分级、包装等简单加工处理,制成薯类初级制品。具体包括:薯粉、薯片、薯条及变性淀粉以外的薯类淀粉。 ＊薯类淀粉生产企业需达到国家环保标准,且年产量在一万吨以上。
		5. 食用豆类初加工。通过对大豆、绿豆、红小豆等食用豆类进行清理去杂、浸洗、晾晒、分级、包装等简单加工处理,制成的豆面粉、黄豆芽、绿豆芽。
		6. 其他类粮食初加工。通过对燕麦、荞麦、高粱、谷子、麦、糯米、青稞、芝麻、核桃等杂粮进行清理去杂、脱壳、烘干、磨粉、轧片、冷却、包装等简单加工处理,制成的燕麦米、燕麦粉、燕麦麸皮、燕麦片、荞麦米、荞麦面、小米、小米面、高粱米、高粱面、大麦芽、糯米粉、青稞粉、芝麻粉、核桃粉。

（续表）

一、种植业类	（二）林木产品初加工：通过将伐倒的乔木、竹（含活立木、竹）去枝、去梢、去皮、去叶、锯段等简单加工处理，制成的原木、原竹、锯材。		
	（三）园艺植物初加工	1.蔬菜初加工	（1）将新鲜蔬菜通过清洗、挑选、切割、预冷、分级、包装等简单加工处理，制成净菜、切割蔬菜。
			（2）利用冷藏设施，将新鲜蔬菜通过低温贮藏，以备淡季供应的速冻蔬菜，如速冻茄果类、叶类、豆类、瓜类、葱蒜类、柿子椒、蒜苔。
			（3）将植物的根、茎、叶、花、果、种子和食用菌通过干等简单加工处理，制成的初制干菜，如黄花菜、玉兰片、萝卜干、冬菜、梅干菜、木耳、香菇、平菇。 ＊以蔬菜为原料制作的各类蔬菜罐头（罐头是指以金属罐玻璃瓶、经排气密封的各种食品。下同）及碾磨后的园艺植物（胡椒粉、花椒粉等）不属于初加工范围。
		2.水果初加工。通过对新鲜水果（含各类山野果、番茄）清洗、脱壳、切块（片）、分类、储藏保鲜、速冻、干燥、分级、包装等简单加工处理，制成的各类水果、果干、原浆果汁、果仁、坚果。	
		3.花卉及观赏植物初加工。通过对观赏用、绿化及其他各种用途的花卉及植物进行保鲜、储藏、烘干、分级、包装等简单加工处理，制成的各类鲜、干花。	
	（四）油料植物加工：通过对菜籽、花生、大豆、葵花籽、蓖麻籽、芝麻、胡麻籽、茶子、桐子、棉籽、红花籽及米糠、玉米胚芽、小麦胚芽等粮食的副产品等，进行清理、热炒、磨坯、榨油（搅油、墩油）、浸出等简单加工处理，制成的植物毛油和饼粕等副产品。具体包括菜籽油、花生油、豆油、葵花油、蓖麻籽油、芝麻油、胡麻籽油、茶子油、桐子油、棉籽油、红花油、米糠油以及油料饼粕、豆饼、棉籽饼。 "油料植物初加工"工序包括"冷却、过滤"等。（2011年第48号公告） ＊精炼植物油不属于初加工范围。		
	（五）糖料植物初加工：通过对各种糖料植物，如甘蔗、甜菜、甜菊（又名甜叶菊）等，进行清洗、切割、压榨等简单加工处理，制成的制糖初级原料产品。		
	（六）茶叶初加工：通过对茶树上采摘下来的鲜叶和嫩芽进行杀青（萎凋、摇青）、揉捻、发酵、烘干、分级、包装等简单加工处理，制成的初制毛茶。 "糖料植物初加工"工序包括"过滤、吸附、解析、碳脱、浓缩、干燥"等。（2011年第48号公告） ＊精制茶、边销茶、紧压茶和掺兑各种药物的茶及茶饮料不属于初加工范围。		
	（七）药用植物初加工：通过对各种药用植物的根、茎、皮、叶、花、果实、种子等，进行挑选、整理、捆扎、清洗、晾晒、切碎、蒸煮、炒制等简单加工处理，制成的片、丝、块、段等中药材。 ＊加工的各类中成药不属于初加工范围。		
	（八）纤维植物初加工	1.棉花初加工。通过轧花、剥绒等脱绒工序简单加工处理，制成的皮棉、短绒、棉籽。	
		2.麻类初加工。通过对各种麻类作物（大麻、黄麻、槿麻、苎麻、苘麻、亚麻、罗布麻、蕉麻、剑麻、芦苇等）进行脱胶、抽丝等简单加工处理，制成的干（洗）麻、纱条、丝、绳。	
		3.蚕茧初加工。通过烘干、杀蛹、缫丝、煮剥、拉丝等简单加工处理，制成的蚕（包括蚕茧）、蛹、生丝（包括厂丝）、丝棉。	
	（九）热带、南亚热带作物初加工：通过对热带、南亚热带作物去除杂质、脱水、干燥、分级、包装等简单加工处理，制成的工业初级原料。具体包括：天然橡胶生胶和天然浓缩胶乳、生咖啡豆、胡椒籽、肉桂油、桉油、香茅油、木薯淀粉、木薯干片、坚果。		
二、畜牧业类	（一）畜禽类初加工	1.肉类初加工。通过对畜禽类动物（包括各类牲畜、家禽和人工驯养、繁殖的野生动物以及其他经济动物）宰杀、去头、去蹄、去皮、去内脏、分割、切块或切片、冷藏或冷冻、分级、包装等简单加工处理，制成的分割肉、保鲜肉、冷藏肉、冷冻肉、绞肉、肉块、肉片、肉丁、火腿等风干肉、猪牛羊杂骨。	
		2.蛋类初加工。通过对鲜蛋进行清洗、干燥、分级、包装、冷藏等简单加工处理，制成的各种分级、包装的鲜蛋、冷藏蛋。	
		3.奶类初加工。通过对鲜奶进行净化、均质、杀菌或灭菌、灌装等简单加工处理，制成的巴氏杀菌奶、超高温灭菌奶。	

二、畜牧业类	（一）畜禽类初加工	4. 皮类初加工。通过对畜禽类动物皮张剥取、浸泡、刮里、晾干或熏干等简单加工处理,制成的生皮、生皮张。
		5. 毛类初加工。通过对畜禽类动物毛、绒或羽绒分级、去杂、清洗等简单加工处理,制成的洗净毛、洗净绒或羽绒。
		6. 蜂产品初加工。通过去杂、过滤、浓缩、熔化、磨碎、冷冻简单加工处理,制成的蜂蜜、蜂蜡、蜂胶、蜂花粉。 ＊肉类罐头、肉类熟制品、蛋类罐头、各类酸奶、奶酪、奶油、王浆粉、各种蜂产品口服液、胶囊不属于初加工范围。
	（二）饲料类初加工	1. 植物类饲料初加工。通过碾磨、破碎、压榨、干燥、酿制、发酵等简单加工处理,制成的糠麸、饼粕、糟渣、树叶粉。
		2. 动物类饲料初加工。通过破碎、烘干、制粉等简单加工处理,制成的鱼粉、虾粉、骨粉、肉粉、血粉、羽毛粉、乳清粉。
		3. 添加剂类初加工。通过粉碎、发酵、干燥等简单加工处理,制成的矿石粉、饲用酵母。
	（三）牧草类初加工:通过对牧草、牧草种籽、农作物秸秆等,进行收割、打捆、粉碎、压块、成粒、分选、青贮、氨化、微化等简单加工处理,制成的干草、草捆、草粉、草块或草饼、草颗粒、牧草种籽以及草皮、秸秆粉(块、粒)。	
三、渔业类	（一）水生动物初加工:将水产动物(鱼、虾、蟹、鳖、贝、棘皮类、软体类、腔肠类、两栖类、海兽类动物等)整体或去头、去鳞(皮、壳)、去内脏、去骨(刺)、擂溃或切块、切片,经冰鲜、冷冻、冷藏等保鲜防腐处理、包装等简单加工处理,制成的水产动物初制品。 ＊熟制的水产品和各类水产品的罐头以及调味烤制的水产食品不属于初加工范围。	
	（二）水生植物初加工:将水生植物(海带、裙带菜、紫菜、龙须菜、麒麟菜、江篱、浒苔、羊栖菜、莼菜等)整体或去根、去边梢、切段,经热烫、冷冻、冷藏等保鲜防腐处理、包装等简单加工处理的初制品,以及整体或去根、去边梢、切段,经晾晒、干燥(脱水)、包装、粉碎等简单加工处理的初制品。 ＊罐装(包括软罐)产品不属于初加工范围。	

（三）优惠事项管理（国家税务总局公告 2018 年第 23 号）

序号	主要留存备查资料	享受优惠时间	后续管理要求
24	1. 企业从事相关业务取得的资格证书或证明资料,包括有效期内的远洋渔业企业资格证书、从事农作物新品种选育的认定证书、动物防疫条件合格证、林木种子生产经营许可证、兽医的资格证明等; 2. 与农户签订的委托养殖合同("公司＋农户"经营模式的企业); 3. 与家庭承包户签订的内部承包合同(国有农场实行内部家庭承包经营); 4. 农产品初加工项目及工艺流程说明(两个或两个以上的分项目说明); 5. 同时从事适用不同企业所得税待遇项目的,每年度单独计算减免税项目所得的计算过程及其相关账册,期间费用合理分摊的依据和标准; 6. 生产场地证明资料,包括土地使用权证、租用合同等; 7. 企业委托或受托其他企业或个人从事符合规定的农林牧渔业项目的委托合同、受托合同、支出明细等证明材料。	预缴享受	由省税务机关(含计划单列市税务机关)规定。

【例 3-3】 甲企业从事蔬菜、花卉种植,2018 年实现蔬菜种植收入 240 万元,花卉种植收入 60 万元。企业对两项种植项目合理划分不同项目的成本,发生相应的成本分别为 170 万元和 40 万元,未发生相关税费,全年发生管理费用 40 万元,销售费用 20 万元,企业选择按照收入比例分摊相关费用,无其他纳税调整项目。

（1）蔬菜种植项目所得享受免征企业所得税	（2）花卉种植项目所得享受减半征收企业所得税
① 项目收入为 240 万元； ② 项目成本为 170 万元； ③ 应分摊期间费用为 240×（40＋20）÷（240＋60）＝48 万元； ④ 项目所得额为 240－170 －48＝22 万元； ⑤ 项目减免所得额为 22 万元。	① 项目收入为 60 万元； ② 项目成本为 40 万元； ③ 应分摊期间费用为 60×（40＋20）÷（240＋60）＝12 万元； ④ 项目所得额为 60－40－12＝8 万元； ⑤ 项目减免所得额为 8×50％＝4 万元。

三、公共基础设施项目定期减免所得额

政策依据：

《企业所得税税法》第二十七条、《企业所得税法实施条例》第八十七条、八十九条；

《财政部 国家税务总局关于执行公共基础设施项目企业所得税优惠目录有关问题的通知》（财税〔2008〕46 号）；

《关于公布公共基础设施项目企业所得税优惠目录(2008 年版)的通知》（财税〔2008〕116 号）；

《财政部 国家税务总局 国家发展改革委关于实施国家重点扶持的公共基础设施项目企业所得税优惠问题的通知》（国税发〔2009〕80 号）；

《财政部 国家税务总局关于公共基础设施项目和环境保护节能节水项目企业所得税优惠政策问题的通知》（财税〔2012〕10 号）；

《财政部 税务总局关于继续实行农村饮水安全工程税收优惠政策的公告》（财政部 税务总局公告 2019 年第 67 号）；

《国家税务总局关于电网企业电网新建项目享受所得税优惠政策问题的公告》（国家税务总局公告 2013 年第 26 号）；

《财政部 国家税务总局关于公共基础设施项目享受企业所得税优惠政策问题的补充通知》（财税〔2014〕55 号）。

（一）政策规定

1.“三免三减半”优惠政策

《企业所得税法实施条例》	具体规定
第八十七条 《企业所得税法》第二十七条第（二）项所称国家重点扶持的公共基础设施项目，是指《公共基础设施项目企业所得税优惠目录》规定的港口码头、机场、铁路、公路、城市公共交通、电力、水利等项目。 　　企业从事前款规定的国家重点扶持的公共基础设施项目的投资经营的所得，自项目取得第一笔生产经营收入所属纳税年度起，第一年至第三年免征企业所得税，第四年至第六年减半征收企业所得税。 　　企业承包经营、承包建设和内部自建自用本条规定的项目，不得享受本条规定的企业所得税优惠。 　　第八十九条 依照本条例第八十七条和第八十八条规定享受减免税优惠的项目，在减免税期限内转让的，受让方自受让之日起，可以在剩余期限内享受规定的减免税优惠；减免税期限届满后转让的，受让方不得就该项目重复享受减免税优惠。	1. 财税〔2008〕46 号文件规定的国家重点扶持的公共基础设施项目，是指 2008 年 1 月 1 日后经批准的项目；财税〔2012〕10 号文件扩大到 2007 年 12 月 31 日前已经批准的公共基础设施项目。 　　2. 承包经营，是指与从事该项目经营的法人主体相独立的另一法人经营主体，通过承包该项目的经营管理而取得劳务性收益的经营活动。承包建设，是指与从事该项目经营的法人主体相独立的另一法人经营主体，通过承包该项目的工程建设而取得建筑劳务收益的经营活动。内部自建自用，是指项目的建设仅作为本企业主体经营业务的设施，满足本企业自身的生产经营活动需要，而不属于向他人提供公共服务业务的公共基础设施建设项目。 　　3. 企业在减免税期限内转让所享受的减免税优惠的项目，受让方续经营该项目的，可自受让之日起，在剩余优惠期限内享受规定的减免税优惠；减免税期限届满后转让的，受让方不得就该项目重复享受减免税优惠。

　　能够享受优惠的国家重点扶持的公共基础设施项目范围，采取列举的办法，在《公共基础设施项目企业所得税优惠目录》中具体规定。优惠的起始点从原来的“从开始获利年度”改为“自项目取得第一笔生产经营收入所属纳税年度”起。承包经营、承包建设和内部自建只是属于单纯的施工建设，并不负责投资，对扩大公共基础设施规模没有直接关系，不得享受本条规定的企业所得税优惠。

企业投资经营符合《公共基础设施项目企业所得税优惠目录》规定条件和标准的公共基础设施项目，采用一次核准、分批次（如码头、泊位、航站楼、跑道、路段、发电机组等）建设的，凡同时符合以下条件的，可按每一批次为单位计算所得，并享受企业所得税"三免三减半"优惠：①不同批次在空间上相互独立；②每一批次自身具备取得收入的功能；③以每一批次为单位进行会计核算，单独计算所得，并合理分摊期间费用。（财税〔2014〕55 号）

企业同时从事不在《公共基础设施项目企业所得税优惠目录》范围的生产经营项目取得的所得，应与享受优惠的公共基础设施项目经营所得分开核算，并合理分摊企业的期间共同费用；没有单独核算的，不得享受上述企业所得税优惠。（国税发〔2009〕80 号第六条）

《企业所得税法实施条例》第八十七条所规定的税收优惠的，是项目而不是企业，只要该项目仍然处在税收优惠期内，则受让企业可以就该项目继续享受优惠，但是有一个限制，就是只能从受让方受让之日起，在剩余期限内享受优惠。

2.《公共基础设施项目企业所得税优惠目录(2008 年版)》

《公共基础设施项目企业所得税优惠目录(2008 年版)》

序号	类别	项目	范围、条件及技术标准
1	港口码头	码头、泊位、通航建筑物新建项目	由省级以上政府投资主管部门核准的沿海港口万吨级及以上泊位、内河千吨级及以上泊位、滚装泊位、内河航运枢纽新建项目
2	机场	民用机场新建项目	由国务院核准的民用机场新建项目，包括民用机场迁建、军航机场军民合用改造项目
3	铁路	铁路新线建设项目	由省级以上政府投资主管部门或国务院行业主管部门核准的客运专线、城际轨道交通和Ⅲ级及以上铁路建设项目
4		既有线路改造项目	由省级以上政府投资主管部门或国务院行业主管部门核准的铁路电气化改造、增建二线项目以及其他改造投入达到项目固定资产账面原值 75％以上的改造项目
5	公路	公路新建项目	由省级以上政府投资主管部门核准的一级以上的公路建设项目
6	城市公共交通	城市快速轨道交通新建项目	由国务院核准的城市地铁、轻轨新建项目
7	电力	水力发电新建项目（包括控制性水利枢纽工程）	由国务院投资主管部门核准的在主要河流上新建的水电项目，总装机容量在 25 万千瓦及以上的新建水电项目，以及抽水蓄能电站项目
8		核电站新建项目	由国务院核准的核电站新建项目
9		电网（输变电设施新建项目）	由国务院投资主管部门核准的 330 kV 及以上跨省及长度超过 200 kM 的交流输变电新建项目，500 kV 及以上直流输变电新建项目；由省级以上政府投资主管部门核准的革命老区、老少边穷地区电网新建工程项目；农网输变电新建项目
10		风力发电新建项目	由政府投资主管部门核准的风力发电新建项目
11		海洋能发电新建项目	由省级以上政府投资主管部门核准的海洋能发电新建项目
12		太阳能发电新建项目	由政府投资主管部门核准的太阳能发电新建项目
13		地热发电新建项目	由政府投资主管部门核准的地热发电新建项目
14	水利	灌区配套设施及农业节水灌溉工程新建项目	由政府投资主管部门核准的灌区水源工程、灌排系统工程、节水工程
15		地表水水源工程新建项目	由政府投资主管部门核准的水库、塘堰、水窖及配套工程
16		调水工程新建项目	由政府投资主管部门核准的取水、输水、配水工程

序号	类别	项目	范围、条件及技术标准
17	水利	农村人畜饮水工程新建项目	由政府投资主管部门核准的农村人畜饮水工程中取水、输配水、净化水、配水工程
18		牧区水利工程新建项目	由政府投资主管部门核准的牧区水利工程中的取水、输配水、节水灌溉及配套工程

3. 第一笔生产经营收入的界定

第一笔生产经营收入，是指公共基础设施项目建成并投入运营（包括试运营）后所取得的第一笔主营业务收入。

从事《公共基础设施项目企业所得税优惠目录》范围项目投资的居民企业应于从该项目取得的第一笔生产经营收入后15日内向主管税务机关备案并报送如下材料后，方可享受有关企业所得税优惠：

（1）有权部门对公共基础设施项目立项批准文件；	（4）企业经营该项目的第一笔收入证明，包括发票购领簿及免税项目开出的第一张发票复印件；
（2）公共基础设施项目竣工（验收）证明；	（5）项目权属变动证明（优惠期转让的）；
（3）减免税项目所得核算明细账、期间费用分摊表；	（6）税务机关要求提供的其他材料，如《税收优惠事项备案报告表》等。

4. 饮水工程新建项目投资经营所得"三免三减半"（财政部　税务总局公告 2019 年第 67 号）

一、对饮水工程运营管理单位为建设饮水工程而承受土地使用权，免征契税。

二、对饮水工程运营管理单位为建设饮水工程取得土地使用权而签订的产权转移书据，以及与施工单位签订的建设工程承包合同免征印花税。

三、对饮水工程运营管理单位自用的生产、办公用房产、土地，免征房产税、城镇土地使用税。

四、对饮水工程运营管理单位向农村居民提供生活用水取得的自来水销售收入，免征增值税。

五、对饮水工程运营管理单位从事《公共基础设施项目企业所得税优惠目录》规定的饮水工程新建项目投资经营的所得，自项目取得第一笔生产经营收入所属纳税年度起，第一年至第三年免征企业所得税，第四年至第六年减半征收企业所得税。

六、本文所称饮水工程，是指为农村居民提供生活用水而建设的供水工程设施。本文所称饮水工程运营管理单位，是指负责饮水工程运营管理的自来水公司、供水公司、供水（总）站（厂、中心）、村集体、农民用水合作组织等单位。

对于既向城镇居民供水，又向农村居民供水的饮水工程运营管理单位，依据向农村居民供水收入占总供水收入的比例免征增值税；依据向农村居民供水量占总供水量的比例免征契税、印花税、房产税和城镇土地使用税。无法提供具体比例或所提供数据不实的，不得享受上述税收优惠政策。

七、符合上述条件的饮水工程运营管理单位自行申报享受减免税优惠，相关材料留存备查。

八、上述政策（第五条除外）自 2019 年 1 月 1 日至 2020 年 12 月 31 日执行。

5. 电网新建项目所得"三免三减半"（国家税务总局公告 2013 年第 26 号）

自 2013 年 1 月 1 日起，居民企业从事符合《公共基础设施项目企业所得税优惠目录（2008 年版）》规定条件和标准的电网（输变电设施）的新建项目，可依法享受"三免三减半"的企业所得税优惠政策。基于企业电网新建项目的核算特点，暂以资产比例法，即以企业新增输变电固定资产原值占企业总输变电固定资产原值的比例，合理计算电网新建项目的应纳税所得额，并据此享受"三免三减半"的企业所得税优惠政策。

（1）对于企业能独立核算收入的 330 kV 以上跨省及长度超过 200 kM 的交流输变电新建项目和 500 kV 以上直流输变电新建项目，应在项目投运后，按该项目营业收入、营业成本等单独计算其应纳税所得额；该项目应分摊的期间费用，可按照企业期间费用与分摊比例计算确定。计算公式为：

应分摊的期间费用＝企业期间费用×分摊比例

第一年分摊比例＝该项目输变电资产原值/

（2）对于企业符合优惠条件但不能独立核算收入的其他新建输变电项目，可先依照企业所得税法及相关规定计算出企业的应纳税所得额，再按照项目投运后的新增输变电固定资产原值占企业总输变电固定资产原值的比例，计算得出该新建项目减免的应纳税所得额。享受减免的应纳税所得额计算公式为：

当年减免的应纳税所得额＝当年企业应纳税所得额×减免比例

减免比例＝［当年新增输变电资产原值/（当年企业期初总输变电资产原值＋当年企业期末总输变电资产

〔（当年企业期初总输变电资产原值＋当年企业期末总输变电资产原值）/2〕×（当年取得第一笔生产经营收入至当年底的月份数/12） 　　第二年及以后年度分摊比例＝该项目输变电资产原值/〔（当年企业期初总输变电资产原值＋当年企业期末总输变电资产原值）/2〕	原值）/2〕×1/2＋（符合税法规定、享受到第二年和第三年输变电资产原值之和）/〔（当年企业期初总输变电资产原值＋当年企业期末总输变电资产原值）/2〕＋〔（符合税法规定、享受到第四年至第六年输变电资产原值之和）/（当年企业期初总输变电资产原值＋当年企业期末总输变电资产原值）/2〕×1/2

　　依照本公告规定享受有关企业所得税优惠的电网企业，应对其符合税法规定的电网新增输变电资产按年建立台账，并将相关资产的竣工决算报告和相关项目政府核准文件的复印件于次年3月31日前报当地主管税务机关备案。

　　根据《国家税务总局关于公布已取消的22项税务非行政许可审批事项的公告》（国家税务总局公告2015年第58号）规定，取消"电网企业新建项目分摊期间费用的核准"，实行事后备案管理。

（二）优惠事项管理（国家税务总局公告2018年第23号）

序号	主要留存备查资料	享受优惠时间	后续管理要求
25	1. 有关部门批准该项目文件； 　　2. 公共基础设施项目建成并投入运行后取得的第一笔生产经营收入凭证（原始凭证及账务处理凭证）； 　　3. 公共基础设施项目完工验收报告； 　　4. 项目权属变动情况及转让方已享受优惠情况的说明及证明资料（优惠期间项目权属发生变动的）； 　　5. 公共基础设施项目所得分项核算资料，以及合理分摊期间共同费用的核算资料； 　　6. 符合《公共基础设施项目企业所得税优惠目录》规定范围、条件和标准的情况说明及证据资料。	预缴享受	由省税务机关（含计划单列市税务机关）规定。

四、环境保护、节能节水项目定期减免所得额

政策依据：

> 　　《企业所得税法》第二十七条、《企业所得税法实施条例》第八十八条；
>
> 　　《财政部　国家税务总局　国家发展改革委关于公布环境保护节能节水项目企业所得税优惠目录（试行）》（财税〔2009〕166号）；
>
> 　　《财政部　国家税务总局关于公共基础设施项目和环境保护节能节水项目企业所得税优惠政策问题的通知》（财税〔2012〕10号）；
>
> 　　《关于垃圾填埋沼气发电列入环境保护、节能节水项目企业所得税优惠目录（试行）的通知》（财税〔2016〕131号）。

（一）政策规定

《企业所得税法实施条例》	财税〔2012〕10号
第八十八条　《企业所得税法》第二十七条第（三）项所称符合条件的环境保护、节能节水项目，包括公共污水处理、公共垃圾处理、沼气综合开发利用、节能减排技术改造、海水淡化等。项目的具体条件和范围由国务院财政、税务主管部门商国务院有关部门制订，报国务院批准后公布施行。 　　企业从事前款规定的符合条件的环境保护、节能节水项目的所得，自项目取得第一笔生产经营收入所属纳税年度起，第一年至第三年免征企业所得税，第四年至第六年减半征收企业所得税。 　　第八十九条　依照本条例第八十八条规定享受减免税优惠的项目，在减免税期限内转让的，受让方自受让之	企业从事符合从事符合《环境保护、节能节水项目企业所得税优惠目录》规定：于2007年12月31日前已经批准的环境保护、节能节水项目的所得，可在该项目取得第一笔生产经营收入所属纳税年度起，按新税法规定计算的企业所得税"三免三减半"优惠期间内，自2008年1月1日起享受其剩余年限的减免企业所得税优惠。 　　如企业既符合享受上述税收优惠政策的条件，又符合享受《国务院关于实施企业所得税过渡优惠政策的通知》（国发〔2007〕39号）第一条规定的企业所得税过渡优惠政策的条件，由企业选择最优惠的政策执行，不得叠加享受。

《企业所得税法实施条例》	财税〔2012〕10 号
日起,可以在剩余期限内享受规定的减免税优惠;减免税期限届满后转让的,受让方不得就该项目重复享受减免税优惠。	

符合条件的环境保护、节能节水项目共涉及五个方面内容：

1. 公共污水处理	包括城镇污水处理项目、工业废水处理项目。
2. 公共垃圾处理	包括生活垃圾处理、工业垃圾处理、电子垃圾处理、建筑垃圾处理、医疗垃圾处理、农村垃圾处理等。
3. 沼气综合开发利用	是指将沼气、沼液、沼渣(简称三沼)运用到生产的过程,包括畜禽养殖场和养殖小区沼气工程项目。
4. 节能减排技术改造	节能减排技术改造项目,就是对现有的企业生产经营项目,通过加大资金投入、设备机械改造等方式,减少能耗和污染物排放,提高单位能源产出量,实现清洁生产的改造项目。包括既有高能耗建筑节能改造项目;既有建筑太阳能光热、光电建筑一体化技术或浅层地能热泵技术改造项目;既有居住建筑供热计量及节能改造项目;工业锅炉、工业窑炉节能技术改造项目;电机系统节能、能量系统优化技术改造项目;煤炭工业复合式干法选煤技术改造项目;钢铁行业干式除尘技术改造项目;有色金属行业干式除尘净化技术改造项目;燃煤电厂烟气脱硫技术改造项目。
5. 海水淡化	海水淡化,即是企业从事的利用海水脱盐生产淡水的工程。包括用作工业、生活用水的海水淡化项目和用作海岛军民饮用水的海水淡化项目。

对环境保护领域失信生产经营单位开展联合惩戒:存在超过污染物排放标准或者超过重点污染物排放总量控制指标排放污染物等违法行为的,按照财政部、国家税务总局相关规定,停止执行已经享受的环境保护项目企业所得税优惠。(发改财金〔2016〕1580 号)

《企业所得税法实施条例》第八十八条所规定的税收优惠的,是项目而不是企业,只要该项目仍然处在税收优惠期内,则受让企业可以就该项目继续享受优惠,但是有一个限制,就是只能从受让方受让之日起,在剩余期限内享受优惠。

(二)《环境保护、节能节水项目企业所得税优惠目录(试行)》

序号	类别	项目	条件
一、	公共污水处理	城镇污水处理项目	1. 根据全国城镇污水处理设施建设规划等全国性规划设立; 2. 专门从事城镇污水的收集、贮存、运输、处置以及污泥处置(含符合国家产业政策和准入条件的水泥窑协同处置); 3. 根据国家规定获得污水处理特许经营权,或符合环境保护行政主管部门规定的生活污水类污染治理设施运营资质条件; 4. 项目设计、施工和运行管理人员具备国家相应职业资格; 5. 项目按照国家法律法规要求,通过相关验收; 6. 项目经设区的市或者市级以上环境保护行政主管部门总量核查; 7. 排放水符合国家及地方规定的水污染物排放标准和重点水污染物排放总量控制指标; 8. 国务院财政、税务主管部门规定的其他条件。
		工业废水处理项目	1. 根据全国重点流域水污染防治规划等全国性规划设立,但按照国家规定作为企业必备配套设施的自用的污水处理项目除外; 2. 专门从事工业污水的收集、贮存、运输、处置以及污泥处置(含符合国家产业政策和准入条件的水泥窑协同处置); 3. 符合环境保护行政主管部门规定的工业废水类污染治理设施运营资质条件; 4. 项目设计、施工和运行管理人员具备国家相应职业资格; 5. 项目按照国家法律法规要求,通过相关验收; 6. 项目经设区的市或者市级以上环境保护行政主管部门总量核查; 7. 排放水符合国家及地方规定的水污染物排放标准和重点水污染物排放总量控制指标; 8. 国务院财政、税务主管部门规定的其他条件。

（续表）

序号	类别	项目	条件
二、	公共垃圾处理	生活垃圾处理项目	1. 根据全国城镇垃圾处理设施建设规划等全国性规划设立； 2. 专门从事生活垃圾的收集、贮存、运输、处置； 3. 采用符合国家规定标准的卫生填埋、焚烧、热解、堆肥、水泥窑协同处置等工艺，其中：水泥窑协同处置要符合国家产业政策和准入条件； 4. 根据国家规定获得垃圾处理特许经营权，或符合环境保护行政主管部门规定的生活垃圾类污染治理设施运营资质条件； 5. 项目设计、施工和运行管理人员具备国家相应职业资格； 6. 按照国家法律法规要求，通过相关验收； 7. 项目经设区的市或者市级以上环境保护行政主管部门总量核查； 8. 国务院财政、税务主管部门规定的其他条件。
		工业固体废物处理项目 危险废物处理项目	1. 根据全国危险废物处置设施建设规划等全国性规划设立，但按照国家规定作为企业必备配套设施的自用的废弃物处理项目除外； 2. 专门从事工业固体废物或危险废物的收集、贮存、运输、处置； 3. 采用符合国家规定标准的卫生填埋、焚烧、热解、堆肥、水泥窑协同处置等工艺，其中：水泥窑协同处置要符合国家产业政策和准入条件； 4. 工业固体废物处理项目符合环境保护行政主管部门规定的工业固体废物类污染治理设施运营资质条件，危险废物处理项目取得县级以上人民政府环境保护行政主管部门颁发的危险废物经营许可证； 5. 项目设计、施工和运行管理人员具备国家相应职业资格； 6. 按照国家法律法规要求，通过相关验收； 7. 项目经设区的市或者市级以上环境保护行政主管部门总量核查； 8. 国务院财政、税务主管部门规定的其他条件。
三、	沼气综合开发利用	畜禽养殖场和养殖小区沼气工程项目 垃圾填埋沼气发电项目 （自2016年1月1日起，减免性质代码：04061004）（财税〔2016〕131号）	1. 单体装置容积不小于300立方米，年平均日产沼气量不低于300立方米/天，且符合国家有关沼气工程技术规范的项目； 2. 废水排放、废渣处置、沼气利用符合国家和地方有关标准，不产生二次污染； 3. 项目包括完整的发酵原料的预处理设施、沼渣和沼液的综合利用或进一步处理系统，沼气净化、储存、输配和利用系统； 4. 项目设计、施工和运行管理人员具备国家相应职业资格； 5. 项目按照国家法律法规要求，通过相关验收； 6. 国务院财政、税务主管部门规定的其他条件。
四、	节能减排技术改造	（一）既有高能耗建筑节能改造项目 （二）既有建筑太阳能光热、光电建筑一体化技术或浅层地能热泵技术改造项目	1. 具有独立法人资质，且注册资金不低于100万元的节能减排技术服务公司以合同能源管理的形式，通过以节省能源费用或节能量来支付项目成本的节能减排技术改造项目； 2. 项目应符合国家产业政策，并达到国家有关节能和环境标准； 3. 经建筑能效测评机构检测，既有高能耗建筑节能改造和北方既有居住建筑供热计量及节能改造达到现行节能强制性标准要求，既有建筑太阳能光热、光电建筑一体化技术或浅层地能热泵技术改造后达到现行国家有关标准要求； 4. 经省级节能节水主管部门验收，工业锅炉、工业窑炉技术改造和电机系统节能、能量系统优化技术改造项目年节能量折算后不小于1000吨标准煤，煤炭工业复式干法选煤技术改造、钢铁行业干式除尘技术改造和有色金属行业干式除尘净化技术改造项目年节水量不小于200万立方米； 5. 项目应纳税所得额的计算应符合独立交易原则； 6. 国务院财政、税务主管部门规定的其他条件。

（续表）

序号	类别	项目	条件
四、	节能减排技术改造	（三）既有居住建筑供热计量及节能改造项目	
		（四）工业锅炉、工业窑炉节能技术改造项目	
		（五）电机系统节能、能量系统优化技术改造项目	
		（六）煤炭工业复合式干法选煤技术改造项目	
		（七）钢铁行业干式除尘技术改造项目	
		（八）有色金属行业干式除尘净化技术改造项目	
		（九）燃煤电厂烟气脱硫技术改造项目	1. 按照国家有关法律法规设立的，具有独立法人资质，且注册资金不低于 500 万元的专门从事脱硫服务的公司从事的符合规定的脱硫技术改造项目； 2. 改造后，采用干法或半干法脱硫的项目脱硫效率应高于 85%，采用湿法或其他方法脱硫的项目脱硫效率应高于 98%； 3. 项目改造后经国家有关部门评估，综合效益良好； 4. 设施能够稳定运行，达到环境保护行政主管部门对二氧化硫的排放总量及浓度控制要求； 5. 项目应纳税所得额的计算应符合独立交易原则； 6. 国务院财政、税务主管部门规定的其他条件。
五、	海水淡化	用作工业、生活用水的海水淡化项目	1. 符合《海水利用专项规划》中规定的发展重点以及区域布局等要求； 2. 规模不小于淡水产量 10 000 吨/日； 3. 热法海水淡化项目的物能消耗指标为吨水耗电量小于 1.8 千瓦时/吨、造水比大于 8，膜法海水淡化项目的能耗指标为吨水耗电量小于 4.0 千瓦时/吨； 4. 国务院财政、税务主管部门规定的其他条件。
		用作海岛军民饮用水的海水淡化项目	1. 符合《海水利用专项规划》中规定的发展重点以及区域布局等要求； 2. 热法海水淡化项目的物能消耗指标为吨水耗电量小于 1.8 千瓦时/吨、造水比大于 8，膜法海水淡化项目的能耗指标为吨水耗电量小于 4.0 千瓦时/吨； 3. 国务院财政、税务主管部门规定的其他条件。

（三）优惠事项管理（国家税务总局公告 2018 年第 23 号）

序号	主要留存备查资料	享受优惠时间	后续管理要求
25	1. 有关部门批准该项目文件； 2. 公共基础设施项目建成并投入运行后取得的第一笔生产经营收入凭证（原始凭证及账务处理凭证）； 3. 公共基础设施项目完工验收报告； 4. 项目权属变动情况及转让方已享受优惠情况的说明及证明资料（优惠期间项目权属发生变动的）； 5. 公共基础设施项目所得分项目核算资料，以及合理分摊期间共同费用的核算资料； 6. 符合《公共基础设施项目企业所得税优惠目录》规定范围、条件和标准的情况说明及证据资料。	预缴享受	由省税务机关（含计划单列市 税 务 机 关）规定。

五、符合条件的技术转让所得免征、减征所得税

政策依据：

> 《企业所得税法》第二十七条、《企业所得税法实施条例》第九十条；
>
> 《国家税务总局关于技术转让所得减免企业所得税有关问题的通知》（国税函〔2009〕212 号）；
>
> 《财政部　国家税务总局关于居民企业技术转让有关企业所得税政策问题的通知》（财税〔2010〕111 号）；
>
> 《国家税务总局关于技术转让所得减免企业所得税有关问题的公告》（国家税务总局公告 2013 年第 62 号）；
>
> 《财政部　国家税务总局关于将国家自主创新示范区有关税收试点政策推广到全国范围实施的通知》（财税〔2015〕116 号）；
>
> 《国家税务总局关于技术转让所得企业所得税有关问题的公告》（国家税务总局公告 2015 年第 82 号）。

（一）政策规定

企业所得税	增值税（财税〔2016〕36 号附件 3）
一、《企业所得税法》第二十七条 企业的下列所得，可以免征、减征企业所得税： （四）符合条件的技术转让所得； 二、《企业所得税法实施条例》第九十条 　　企业所得税法第二十七条第（四）项所称符合条件的技术转让所得免征、减征企业所得税，是指一个纳税年度内，居民企业技术转让所得不超过 500 万元的部分，免征企业所得税；超过 500 万元的部分，减半征收企业所得税。 三、国税函〔2009〕212 号 　　第一条　根据企业所得税法第二十七条第（四）项规定，享受减免企业所得税优惠的技术转让应符合以下条件： 　　（一）享受优惠的技术转让主体是企业所得税法规定的居民企业； 　　（二）技术转让属于财政部、国家税务总局规定的范围； 　　（三）境内技术转让经省级以上科技部门认定； 　　（四）向境外转让技术经省级以上商务部门认定； 　　（五）国务院税务主管部门规定的其他条件。	一（二十六）纳税人提供技术转让、技术开发和与之相关的技术咨询、技术服务。 　　1. 技术转让、技术开发，是指《销售服务、无形资产、不动产注释》中"转让技术""研发服务"范围内的业务活动。技术咨询，是指就特定技术项目提供可行性论证、技术预测、专题技术调查、分析评价报告等业务活动。 　　与技术转让、技术开发相关的技术咨询、技术服务，是指转让方（或者受托方）根据技术转让或开发合同的规定，为帮助受让方（或者委托方）掌握所转让（或者委托开发）的技术，而提供的技术咨询、技术服务业务，且这部分技术咨询、技术服务的价款与技术转让或者技术开发的价款应当在同一张发票上开具。 　　2. 备案程序。试点纳税人申请免征增值税时，须持技术转让、开发的书面合同，到纳税人所在地省级科技主管部门进行认定，并持有关的书面合同和科技主管部门审核意见证明文件报主管税务机关备查。

居民企业一个纳税年度内技术转让所得的总和，而不管享受减免税优惠的转让所得是通过几次技术转让行为所获取的，只要居民企业技术转让所得总和在一个纳税年度内不到 500 万元的，这部分所得全部免税；超过 500 万元的部分，减半征收企业所得税。

1. 技术转让的范围和标准（财税〔2010〕111 号）

技术转让的范围	技术转让的标准
一、技术转让的范围包括居民企业转让专利技术、计算机软件著作权、集成电路布图设计权、植物新品种、生物医药新品种，以及财政部和国家税务总局确定的其他技术。 其中：专利技术，是指法律授予独占权的发明、实用新型和非简单改变产品图案的外观设计。 二、技术转让，是指居民企业转让其拥有符合本通知第一条规定技术的所有权或 5 年以上（含 5 年）全球独占许可使用权的行为。 四、居民企业从直接或间接持有股权之和达到 100% 的关联方取得的技术转让所得，不享受技术转让减免企业所得税优惠政策。	三、技术转让应签订技术转让合同。其中，境内的技术转让须经省级以上（含省级）科技部门认定登记，跨境的技术转让须经省级以上（含省级）商务部门认定登记，涉及财政经费支持产生技术的转让，需省级以上（含省级）科技部门审批。 居民企业技术出口应由有关部门按照商务部 科技部发布的《中国禁止出口限制出口技术目录》（商务部、科技部令 2008 年第 12 号）进行审查。居民企业取得禁止出口和限制出口技术转让所得，不享受技术转让减免企业所得税优惠政策。 〔《中华人民共和国合同法》（以下简称为《合同法》）规定，技术转让合同包括专利权转让合同、专利申请权转让合同、专利实施许可合同和技术秘密转让合同〕

技术转让的范围（财税〔2015〕116 号）	技术转让的标准（国家税务总局公告 2015 年第 82 号）
二、关于技术转让所得企业所得税政策。 1. 自 2015 年 10 月 1 日起，全国范围内的居民企业转让 5 年以上非独占许可使用权取得的技术转让所得，纳入享受企业所得税优惠的技术转让所得范围。居民企业的年度技术转让所得不超过 500 万元的部分，免征企业所得税；超过 500 万元的部分，减半征收企业所得税。 2. 本通知所称技术，包括专利（含国防专利）、计算机软件著作权、集成电路布图设计专有权、植物新品种权、生物医药新品种，以及财政部和国家税务总局确定的其他技术。其中，专利是指法律授予独占权的发明、实用新型以及非简单改变产品图案和形状的外观设计。	二、企业转让符合条件的 5 年以上非独占许可使用权的技术，限于其拥有所有权的技术。技术所有权的权属由国务院行政主管部门确定。其中，专利由国家知识产权局确定权属；国防专利由总装备部确定权属；计算机软件著作权由国家版权局确定权属；集成电路布图设计专有权由国家知识产权局确定权属；植物新品种权由农业部确定权属；生物医药新品种由国家食品药品监督管理总局确定权属。

科技部门在出具合同认定证明的同时，出具了合同认定信息表，在信息表中分别注明了合同的性质和类型。在实际工作中，除了审查技术合同的实质内容，还可以通过审查技术信息表，或者从国家专利局等政府网站审查卖方技术证书等途径核实技术转让的性质。此外，企业发生的技术转让可以到科技部门进行技术合同认定，但并非所有技术转让或者所有经科技部门认定的技术转让合同都可以享受企业所得税优惠。

2. 技术转让所得的计算

国税函〔2009〕212 号	2013 年第 62 号公告	国家税务局公告 2015 年第 82 号
二、符合条件的技术转让所得应按以下方法计算： 技术转让所得 = 技术转让收入－技术转让成本－相关税费 技术转让收入是指当事人履行技术转让合同后获得的价款，不包括销售或转让设备、仪器、零部件、原材料等非技术性收入。不属于与技术转让项目密不可分的技术咨询、技术服务、技术培训等收入，不得计入技术转让收入。 技术转让成本是指转让的无形资产的净值，即该无形资产的计税基础减除在资产使用期间按照规定计算的摊销扣除额后的余额。 相关税费是指技术转让过程中实	一、2013 年 11月 1 日起，可以计入技术转让收入的技术咨询、技术服务、技术培训收入，是指转让方为使受让方掌握所转让的技术投入使用、实现产业化而提供的必要的技术咨询、技术服务、技术培训所产生的收入，并应同时符合以下条件： （一）在技术转让合同中约定的与该	三、符合条件的 5 年以上非独占许可使用权技术转让所得应按以下方法计算： 技术转让所得 = 技术转让收入 － 无形资产摊销费用 － 相关税费 － 应分摊期间费用 技术转让收入是指转让方履行技术转让合同后获得的价款，不包括销售或转让设备、仪器、零部件、原材料等非技术性收入。不属于与技术转让项目密不可分的技术咨询、服务、培训等收入，不得计入技术转让收入。技术许可使用权转让收入，应按转让协议约定的许可使用权人应付许可使用权使用费的日期确认收入的实现。 无形资产摊销费用是指该无形资产

国税函〔2009〕212 号	2013 年第 62 号公告	国家税务局公告 2015 年第 82 号
际发生的有关税费，包括除企业所得税和允许抵扣的增值税以外的各项税金及其附加、合同签订费用、律师费等相关费用及其他支出。 三、享受技术转让所得减免企业所得税优惠的企业，应单独计算技术转让所得，并合理分摊企业的期间费用；没有单独计算的，不得享受技术转让所得企业所得税优惠。	技术转让相关的技术咨询、技术服务、技术培训； （二）技术咨询、技术服务、技术培训收入与该技术转让项目收入一并收取价款。	按税法规定当年计算摊销的费用。涉及自用和对外许可使用的，应按照受益原则合理划分。 相关税费是指技术转让过程中实际发生的有关税费，包括除企业所得税和允许抵扣的增值税以外的各项税金及其附加、合同签订费用、律师费等相关费用。 应分摊期间费用（不含无形资产摊销费用和相关税费）是指技术转让按照当年销售收入占比分摊的期间费用。

申报审核：减半征收企业所得税的所得是指居民企业应就该部分所得单独核算并依照25%的法定税率减半缴纳企业所得税。（国税函〔2010〕157 号）

3. 没有资格享受技术转让所得减免企业所得税的情形

财税〔2010〕111 号	国税函〔2009〕212 号第三条
（1）居民企业从直接或间接持有股权之和达到100%的关联方取得的技术转让所得，不享受技术转让减免企业所得税优惠政策。 （2）居民企业取得禁止出口和限制出口的技术转让所得不可以享受技术转让所得减免企业所得税的优惠政策。	享受技术转让所得减免企业所得税优惠的企业，应单独计算技术转让所得，并合理分摊企业的期间费用；没有单独计算的，不得享受技术转让所得企业所得税优惠。

（二）优惠事项管理（国家税务总局公告 2018 年第 23 号）

序号	主要留存备查资料	享受优惠时间	后续管理要求
27	1. 所转让的技术产权证明。 2. 企业发生境内技术转让： （1）技术转让合同（副本）； （2）技术合同登记证明； （3）技术转让所得归集、分摊、计算的相关资料； （4）实际缴纳相关税费的证明资料。 3. 企业向境外转让技术： （1）技术出口合同（副本）； （2）技术出口合同登记证书或技术出口许可证； （3）技术出口合同数据表； （4）技术转让所得归集、分摊、计算的相关资料； （5）实际缴纳相关税费的证明资料； （6）有关部门按照商务部、科技部发布的《中国禁止出口限制出口技术目录》出具的审查意见。 4. 转让技术所有权的，其成本费用情况；转让使用权的，其无形资产费用摊销情况。 5. 技术转让年度，转让双方股权关联情况。	预缴享受	由省税务机关（含计划单列市税务机关）规定。

六、实施清洁机制发展项目所得减免

（一）清洁机制发展项目（CDM 项目）所得"三免三减半"（财税〔2009〕30 号）

对企业实施的将温室气体减排量转让收入的65%上缴给国家的 HFC 和 PFC 类 CDM 项目，以及将温室气体减排量转让收入的30%上缴给国家的 N_2O 类 CDM 项目，其实施该类 CDM 项目的所得，自项目取得第一笔减排量转让收入所属纳税年度起，第一年至第三年免征企业所得税，第四年至第六年减半征收企业所得税。	企业实施 CDM 项目的所得，是指企业实施 CDM 项目取得的温室气体减排量转让收入扣除上缴国家的部分，再扣除企业实施 CDM 项目发生的相关成本、费用后的净所得。

（续表）

企业应单独核算其享受优惠的 CDM 项目的所得,并合理分摊有关期间费用,没有单独核算的,不得享受上述企业所得税优惠政策。

（二）优惠事项管理（国家税务总局公告 2018 年第 23 号）

序号	主要留存备查资料	享受优惠时间	后续管理要求
28	1. 清洁发展机制项目立项有关文件; 2. 企业将温室气体减排量转让的 HFC 和 PFC 类 CDM 项目,及将温室气体减排量转让的 N_2O 类 CDM 项目的证明材料; 3. 将温室气体减排量转让收入上缴给国家的证明资料; 4. 清洁发展机制项目第一笔减排量转让收入凭证(原始凭证及账务处理凭证); 5. 清洁发展机制项目所得单独核算资料,以及合理分摊期间共同费用的核算资料。	预缴享受	由省税务机关(含计划单列市税务机关)规定。

七、合同能源管理项目所得减免

政策依据:

《企业所得税法》第二十七条;《企业所得税法实施条例》第八十八条、第八十九条;

《财政部 国家税务总局 国家发展改革委关于公布环境保护节能节水项目企业所得税优惠目录(试行)》(财税〔2009〕166 号);

《国务院办公厅转发发展改革委等部门关于加快推进合同能源管理促进节能服务产业发展意见的通知》(国办发〔2010〕25 号);

《财政部 国家税务总局关于促进节能服务产业发展增值税、营业税和企业所得税政策问题的通知》(财税〔2010〕110 号);

《国家税务总局 国家发展改革委关于落实节能服务企业合同能源管理项目企业所得税优惠政策有关征收管理问题的公告》(国家税务总局 国家发展改革委公告 2013 年第 77 号)。

（一）合同能源管理项目确认

节能服务,也叫合同能源管理 EMC,是一种新的节能产业推广模式,在发达国家已普遍推行,该模式由节能服务公司与用能大户签订合同,对后者的用能设施免费加以改造,用能方不但不需投入,而且还能从改造后节约的能源中得到分成。而节能服务公司的先期投入,则从后期节能费用的分成中得到回报。所以,EMC 公司需要有强大的资金、技术实力,也特别需要政策的支持。自 2011 年 1 月 1 日起执行的财税〔2010〕110 号文件,与前期财政部关于加大对 EMC 项目的贷款等金融支持的通知相比,不但对 EMC 公司而且对用能户的税收给予了很大力度的政策优惠。

合同能源管理项目确认由国家发展改革委、财政部公布的第三方节能量审核机构负责,并出具《合同能源管理项目情况确认表》,或者由政府节能主管部门出具合同能源管理项目确认意见。第三方机构在合同能源管理项目确认过程中应严格按照国家有关要求认真审核把关,确保审核结果客观、真实。对在审核过程中把关不严、弄虚作假的第三方机构,一经查实,将取消其审核资质,并按相关法律规定追究责任。

由省以下发改委公布的第三方节能量审计机构出具的《合同能源管理项目情况确认表》税务机关不予认可。

（二）税收优惠政策

财税〔2010〕110 号、财税〔2016〕36 号	国家税务总局公告 2013 年第 77 号
一、关于增值税、营业税政策问题。 　（一）对符合条件的节能服务公司实施合同能源管理项目,取得的营业税应税收入,暂免征收营业税。 　（二）节能服务公司实施符合条件的合同能源管理项目,将项目中的增值税应税货物转让给用能企业,暂免征收增值税。	一、对实施节能效益分享型合同能源管理项目(以下简称项目)的节能服务企业,凡实行查账征收所得税的居民企业并符合企业所得税法和本公告有关规定的,该项目可享受财税〔2010〕110 号规定的企业所得税"三免三减半"优惠政策。如节能

财税〔2010〕110号、财税〔2016〕36号	国家税务总局公告2013年第77号
（三）合同能源管理服务是"研发和设计服务"税目下的子细目，属于"营改增"现代服务业范畴，税率为6％。 合同能源管理服务，是指节能服务公司与用能单位以契约形式约定节能目标，节能服务公司提供必要的服务，用能单位以节能效果支付节能服务公司投入及其合理报酬的业务活动。 根据财税〔2016〕36号之附件3，符合条件的节能服务公司实施合同能源管理项目中提供的应税服务免征增值税。条件有两项：1. 节能服务公司实施合同能源管理项目相关技术，应当符合国家质量监督检验检疫总局和国家标准化管理委员会发布的《合同能源管理技术通则》（GB/T 24915—2010）规定的技术要求；2. 节能服务公司与用能企业签订节能效益分享型合同，其合同格式和内容，符合《中华人民共和国合同法》和《合同能源管理技术通则》（GB/T 24915—2010）等规定。 二、关于企业所得税政策问题。 （一）对符合条件的节能服务公司实施合同能源管理项目，符合企业所得税税法有关规定的，自项目取得第一笔生产经营收入所属纳税年度起，第一年至第三年免征企业所得税，第四年至第六年按照25％的法定税率减半征收企业所得税。 （二）对符合条件的节能服务公司，以及与其签订节能效益分享型合同的用能企业，实施合同能源管理项目有关资产的企业所得税税务处理按以下规定执行： 1. 用能企业按照能源管理合同实际支付给节能服务公司的合理支出，均可以在计算当期应纳税所得额时扣除，不再区分服务费用和资产价款进行税务处理； 2. 能源管理合同期满后，节能服务公司转让给用能企业的因实施合同能源管理项目形成的资产，按折旧或摊销期满的资产进行税务处理，用能企业从节能服务公司接受有关资产的计税基础也应按折旧或摊销期满的资产进行税务处理； 3. 能源管理合同期满后，节能服务公司与用能企业办理有关资产的权属转移时，用能企业已支付的资产价款，不再另行计入节能服务公司的收入。	服务企业的分享型合同约定的效益分享期短于6年的，按实际分享期享受优惠。 二、节能服务企业享受"三免三减半"项目的优惠期限，应连续计算。对在优惠期限内转让所享受优惠的项目给其他符合条件的节能服务企业，受让企业承续经营该项目的，可自项目受让之日起，在剩余期限内享受规定的优惠；优惠期限届满后转让的，受让企业不得就该项目重复享受优惠。 三、节能服务企业投资项目所发生的支出，应按税法规定作资本化或费用化处理。形成的固定资产或无形资产，应按合同约定的效益分享期计提折旧或摊销。 节能服务企业应分别核算各项目的成本费用支出额。对在合同约定的效益分享期内发生的期间费用划分不清的，应合理进行分摊，期间费用的分摊应按照项目投资额和销售（营业）收入额两个因素计算分摊比例，两个因素的权重各为50％。 四、节能服务企业、节能效益分享型能源管理合同和合同能源管理项目应符合财税〔2010〕110号第二条第（三）项所规定的条件。 五、享受企业所得税优惠政策的项目应属于《财政部 国家税务总局 国家发展改革委关于公布环境保护节能节水项目企业所得税优惠目录（试行）的通知》（财税〔2009〕166号）规定的节能减排技术改造项目，包括余热余压利用、绿色照明等节能效益分享型合同能源管理项目。

（三）节能服务企业享受税收优惠政策应具备的条件

1. 具有独立法人资格，注册资金不低于100万元，且能够单独提供用能状况诊断、节能项目设计、融资、改造（包括施工、设备安装、调试、验收等）、运行管理、人员培训等服务的专业化节能服务公司； 2. 节能服务公司实施合同能源管理项目相关技术应符合国家质量监督检验检疫总局和国家标准化管理委员会发布的《合同能源管理技术通则》（GB/T 24915—2010）规定的技术要求； 3. 节能服务公司与用能企业签订《节能效益分享型》合同（不包括节能量保证型、能源费用托管型、融资租赁型、混合型等类型的合同），其合同格式和内容，符合《合同法》和国家质量监督检验检疫总局和国家标准化管理委员会发布的《合同能源管理技术通则》（GB/T 24915—2010）等规定；	4. 节能服务公司实施合同能源管理的项目符合《关于公布环境保护节能节水项目企业所得税优惠目录（试行）的通知》（财税〔2009〕166号）"4.节能减排技术改造"类中第一项至第八项规定的项目和条件； 5. 节能服务公司投资额不低于实施合同能源管理项目投资总额的70％； 6. 节能服务公司拥有匹配的专职技术人员和合同能源管理人才，具有保障项目顺利实施和稳定运行的能力。

节能服务公司同时从事适用不同税收政策待遇项目的，其享受税收优惠项目应当单独计算收入、扣除，并合理分摊企业的期间费用；没有单独计算的，不得享受税收优惠政策。（财税〔2010〕110号第六条）

（四）优惠事项管理（国家税务总局公告 2018 年第 23 号）

序号	主要留存备查资料	享受优惠时间	后续管理要求
29	1. 能源管理合同； 2. 国家发展改革委、财政部公布的第三方机构出具的合同能源管理项目情况确认表，或者政府节能主管部门出具的合同能源管理项目确认意见； 3. 项目转让合同、项目原享受优惠的备案文件（项目发生转让的，受让节能服务企业）； 4. 合同能源管理项目取得第一笔生产经营收入凭证（原始凭证及账务处理凭证）； 5. 合同能源管理项目应纳税所得额计算表； 6. 合同能源管理项目所得单独核算资料，以及合理分摊期间共同费用的核算资料。	预缴享受	由省税务机关（含计划单列市税务机关）规定。

第五节　抵扣应纳税所得额

政策依据：

《企业所得税法》第三十一条及《企业所得税法实施条例》第九十七条；

《外商投资创业投资企业管理规定》（商务部等 5 部委令 2003 年第 2 号）；

《创业投资企业管理暂行办法》（国家发展和改革委员会等 10 部委令 2005 年第 39 号）；

《国家税务总局关于实施创业投资企业所得税优惠问题的通知》（国税发〔2009〕87 号）；

《财政部　国家税务总局关于执行企业所得税优惠政策若干问题的通知》（财税〔2009〕69 号）；

《财政部　国家税务总局关于将国家自主创新示范区有关税收试点政策推广到全国范围实施的通知》（财税〔2015〕116 号）；

《国家税务总局关于有限合伙制创业投资企业法人合伙人企业所得税有关问题的公告》（国家税务总局公告 2015 年第 81 号）；

《国家税务总局关于创业投资企业和天使投资个人税收试点政策有关问题的公告》（国家税务总局公告 2017 年第 20 号）；

《财政部　税务总局关于创业投资企业和天使投资个人有关税收政策的通知》（财税〔2018〕55 号）；

《财政部　税务总局关于实施小微企业普惠性税收减免政策的通知》（财税〔2019〕13 号）。

一、政策规定

（一）一般性政策规定

《企业所得税法》第三十一条	《企业所得税法实施条例》第九十七条
创业投资企业从事国家需要重点扶持和鼓励的创业投资，可以按投资额的一定比例抵扣应纳税所得额。	企业所得税法第三十一条所称抵扣应纳税所得额，是指创业投资企业采取股权投资方式投资于未上市的中小高新技术企业 2 年以上的，可以按照其投资额的 70% 在股权持有满 2 年的当年抵扣该创业投资企业的应纳税所得额；当年不足抵扣的，可以在以后纳税年度结转抵扣。

申报审核：创业投资企业享受企业所得税优惠的投资类型和条件：创业投资企业采取股权投资方式投资，创业投资于未上市的中小高新技术企业 2 年以上。对创业投资企业实行按投资额的一定比例抵扣应纳税所得额的优惠办法，属于间接税收优惠，可以引导社会资金更多投资于中小高新技术企业。按照企业所得税的基本原理，企业的对外投资额不得在税前扣除，因此允许企业按照投资额的一定比例抵扣应纳税所得额，实际上也是一种加计扣除优惠。

（二）创业投资企业

概念	要求
创业投资是指职业金融家投入到新兴的、迅速发展的、有巨大竞争力的企业中的一种权益资本（Equity Capital）。经济合作和发展组织（OECD）则将创业投资定义为，凡是以高科技与知识为基础、生产与经营技术密集的创新产品或服务的投资。目前，我国创业投资企业是指依照《创业投资企业管理暂行办法》（国家发展和改革委员会等10部委令2005年第39号）和《外商投资创业投资企业管理规定》（商务部等5部委令2003年第2号）在中华人民共和国境内设立的专门从事创业投资活动的处于创建或重建过程中的成长性企业或其他经济组织。	该类企业可以以全额资产对外投资，但仅限于投资未上市企业，且对单个企业的投资不得超过创业投资企业总资产的20%。国家鼓励创业投资企业发展并引导其增加对中小企业特别是中小高新技术企业的投资。 不含已经在公开市场上市的企业进行股权投资，以期所投资的企业发育成熟或相对成熟后主要通过股权上市转让、股权协议转让、被投资企业回购等途径获得资本增值收益的投资方式。 创业投资是指向创业企业进行股权投资，以期所投资创业企业发育成熟或相对成熟后主要通过股权转让获得资本增值收益的投资方式。

（三）公司制创业投资企业所得税抵免（国税发〔2009〕87号）

创业投资企业采取股权投资方式，投资于未上市的中小高新技术企业2年（24个月）以上，凡符合以下条件的，可按照其投资额的70%在股权持有期满2年的当年抵扣该创业投资企业的应纳税所得额；当年不足抵扣的，可以在以后纳税年度结转抵扣：

1. 经营范围符合《创业投资企业管理暂行办法》（以下简称为《暂行办法》）规定，且工商登记为"创业投资有限责任公司""创业投资股份有限公司"等专业性法人创业投资企业。 2. 按照《暂行办法》规定的条件和程序完成备案，经备案管理部门年度检查核实，投资运作符合《暂行办法》的有关规定。	3. 创业投资企业投资的中小高新技术企业，除应按照《高新技术企业认定管理办法》（国科发火〔2008〕172号）、《高新技术企业认定管理工作指引》（国科发火〔2008〕362号）的规定，通过高新技术企业认定以外，还应符合职工人数不超过500人，年销售（营业）额不超过2亿元、资产总额不超过2亿元的条件。 2007年底前按原有规定取得高新技术企业资格的中小高新技术企业，且在2008年继续符合新的高新技术企业标准的，向其投资满24个月的计算，可自创业投资企业实际向其投资的时间起计算。 4. 财政部、国家税务总局规定的其他条件。

投资当年，被投资企业已经取得高新技术企业证书，但超过中小高新技术企业标准，不能享受投资抵免。中小企业接受创业投资之后，经认定符合高新技术企业标准的，应自其被认定为高新技术企业的年度起，计算创业投资企业的投资期限。该期限内中小企业接受创业投资后，企业规模超过中小企业标准，但仍符合高新技术企业标准的，不影响创业投资企业享受有关税收优惠。因此，企业应在"长期股权投资""可供出售金融资产"等相关会计科目明细账中严格区分享受税收优惠的股权投资额与不享受税收优惠的股权投资额。

（四）有限合伙制创业投资企业法人合伙人所得税政策

财税〔2015〕116号	国家税务总局公告2015年第81号
一、关于有限合伙制创业投资企业法人合伙人企业所得税政策。 1. 自2015年10月1日起，全国范围内的有限合伙制创业投资企业采取股权投资方式投资于未上市的中小高新技术企业满2年（24个月）的，该有限合伙制创业投资企业的法人合伙人可按照其对未上市中小高新技术企业投资	一、有限合伙制创业投资企业是指依照《中华人民共和国合伙企业法》《创业投资企业管理暂行办法》（国家发展和改革委员会令第39号）和《外商投资创业投资企业管理规定》（外经贸部 科技部 工商总局 税务总局 外汇管理局令2003年第2号）设立的专门从事创业投资活动的有限合伙企业。 二、有限合伙制创业投资企业的法人合伙人，是指依照《中华人民共和国企业所得税法》及其实施条例以及相关规定，实行查账征收企业所得税的居民企业。 三、有限合伙制创业投资企业采取股权投资方式投资于未上市的中小高新技术企业满2年（24个月，下同）的，其法人合伙人可按照对未上市中小高新技术企业投资额的70%抵扣该法人合伙人从该有限合伙制创业投资企业分得的应纳税所得额，当年不足抵扣的，可以在以后纳税年度结转抵扣。 所称满2年是指2015年10月1日起，有限合伙制创业投资企业投资于未上市中小高新技术企业的实缴投资满2年，同时，法人合伙人对该有限合伙制创业投资企业的实缴出资也应满2年。

（续表）

财税〔2015〕116 号	国家税务总局公告 2015 年第 81 号
额的 70%抵扣该法人合伙人从该有限合伙制创业投资企业分得的应纳税所得额，当年不足抵扣的，可以在以后纳税年度结转抵扣。 2. 有限合伙制创业投资企业的法人合伙人对未上市中小高新技术企业的投资额，按照有限合伙制创业投资企业对中小高新技术企业的投资额和合伙协议约定的法人合伙人占有限合伙制创业投资企业的出资比例计算确定。	如果法人合伙人投资于多个符合条件的有限合伙制创业投资企业，可合并计算其可抵扣的投资额和应分得的应纳税所得额。当年不足抵扣的，可结转以后纳税年度继续抵扣；当年抵扣后有结余的，应按照企业所得税法的规定计算缴纳企业所得税。 　　四、有限合伙制创业投资企业的法人合伙人对未上市中小高新技术企业的投资额，按照有限合伙制创业投资企业对中小高新技术企业的投资额和合伙协议约定的法人合伙人占有限合伙制创业投资企业的出资比例计算确定。其中，有限合伙制创业投资企业对中小高新技术企业的投资额按实缴投资额计算；法人合伙人占有限合伙制创业投资企业的出资比例按法人合伙人对有限合伙制创业投资企业的实缴出资额占该有限合伙制创业投资企业的全部实缴出资额的比例计算。 　　五、有限合伙制创业投资企业应纳税所得额的确定及分配，按照《财政部 国家税务总局关于合伙企业合伙人所得税问题的通知》（财税〔2008〕159 号）相关规定执行。 　　六、有限合伙制创业投资企业法人合伙人符合享受优惠条件的，应在符合条件的年度终了后 3 个月内向其主管税务机关报送《有限合伙制创业投资企业法人合伙人应纳税所得额分配情况明细表》。

（五）创业投资企业和天使投资个人税收政策

财税〔2018〕55 号	财税〔2019〕13 号	国家税务总局公告 2018 年第 43 号
一、税收政策内容。 　　（一）公司制创业投资企业采取股权投资方式直接投资于种子期、初创期科技型企业（以下简称初创科技型企业）满 2 年（24 个月，下同）的，可以按照投资额的 70%在股权持有满 2 年的当年抵扣该公司制创业投资企业的应纳税所得额；当年不足抵扣的，可以在以后纳税年度结转抵扣。 　　（二）有限合伙制创业投资企业（以下简称合伙创投企业）采取股权投资方式直接投资于初创科技型企业满 2 年的，该合伙创投企业的合伙人分别按以下方式处理： 　　1. 法人合伙人可以按照对初创科技型企业投资额的 70%抵扣法人合伙人从合伙创投企业分得的所得；当年不足抵扣的，可以在以后纳税年度结转抵扣。 　　2. 个人合伙人可以按照对初创科技型企业投资额的 70%抵扣个人合伙人从合伙创投企业分得的经营所得；当年不足抵扣的，可以在以后纳税年度结转抵扣。 　　（三）天使投资个人采取股权投资方式直接投资于初创科技型企业满 2 年的，可以按照投资额的 70%抵扣转让该初创科技型企业股权取得的应纳税所得额；当期不足抵扣的，可以在以后取得转让该	五、《财政部 税务总局关于创业投资企业和天使投资个人有关税收政策的通知》（财税〔2018〕55 号）第二条第（一）项关于初创科技型企业条件中的"从业人数不超过 200 人"调整为"从业人数不超过 300 人"，"资产总额和年销售收入均不超过 3 000 万元"调整为"资产总额和年销售收入均不超过 5 000 万元"。 　　2019 年 1 月 1 日至 2021 年 12 月 31 日期间发生的投资，投资满 2 年且符合本通知规定和财税〔2018〕55 号文件规定的其他条件的，可以适用财税〔2018〕55 号文件规定的税收政策。 　　2019 年 1 月 1 日前 2 年内发生的投资，自 2019 年 1 月 1 日起投资满 2 年且符合本通知规定和财税〔2018〕55 号文件规定	一、相关政策执行口径。 　　（一）《财政部 税务总局关于创业投资企业和天使投资个人有关税收政策的通知》（财税〔2018〕55 号，以下简称《通知》）一条所称满 2 年是指公司制创业投资企业（以下简称"公司制创投企业"）、有限合伙制创业投资企业（以下简称"合伙创投企业"）和天使投资个人投资于种子期、初创期科技型企业（以下简称"初创科技型企业"）的实缴投资满 2 年，投资时间从初创科技型企业接受投资并完成工商变更登记的日期算起。 　　（二）《通知》第二条第（一）项所称研发费用总额占成本费用支出的比例，是指企业接受投资当年及下一纳税年度的研发费用总额合计占同期成本费用总额合计的比例。 　　例如：某公司制创投企业于 2018 年 5 月投资初创科技型企业，假设其他条件均符合文件规定，初创科技型企业 2018 年发生研发费用 100 万元，成本费用 1 000 万元，2018 年研发费用占比 10%，低于 20%；2019 年发生研发费用 500 万元，成本费用 1 000 万元，2019 年研发费用占比 50%，高于 20%。如果要求投资当年及下一年分别满足研发费用占比高于 20%的条件，则该公司制创投企业不能享受税收优惠政策。但按照《公告》明确的口径，投资当年及下一年初创科技型企业研发费用平均占比为 30%〔（100＋500）/（1 000＋1 000）〕，该公司制创投企业可以享受税收优惠政策。 　　（三）《通知》第三条第（三）项所称出资比例，按投资满 2 年当年年末各合伙人对合伙

财税〔2018〕55号	财税〔2019〕13号	国家税务总局公告2018年第43号
初创科技型企业股权的应纳税所得额时结转抵扣。 　天使投资个人投资多个初创科技型企业的，对其中办理注销清算的初创科技型企业，天使投资个人对其投资额的70%尚未抵扣完的，可自注销清算之日起36个月内抵扣天使投资个人转让其他初创科技型企业股权取得的应纳税所得额。 　二、相关政策条件。 　（一）本通知所称初创科技型企业，应同时符合以下条件： 　1.在中国境内（不包括港、澳、台地区）注册成立、实行查账征收的居民企业。 　2.接受投资时，从业人数不超过200人，其中具有大学本科以上学历的从业人数不低于30%；资产总额和年销售收入均不超过3 000万元。 　3.接受投资时设立时间不超过5年（60个月）。 　4.接受投资时以及接受投资后2年内未在境内外证券交易所上市。 　5.接受投资当年及下一纳税年度，研发费用总额占成本费用支出的比例不低于20%。 　（二）享受本通知规定税收政策的创业投资企业，应同时符合以下条件： 　1.在中国境内（不含港、澳、台地区）注册成立、实行查账征收的居民企业或合伙创投企业，且不属于被投资初创科技型企业的发起人。 　2.符合《创业投资企业管理暂行办法》（发展改革委等10部门令第39号）规定或者《私募投资基金监督管理暂行办法》（证监会令第105号）关于创业投资基金的特别规定，按照上述规定完成备案且规范运作。 　3.投资后2年内，创业投资企业及其关联方持有被投资初创科技型企业的股权比例合计应低于50%。 　（三）享受本通知规定的税收政策的天使投资个人，应同时符合以下条件： 　1.不属于被投资初创科技型企业的发起人、雇员或其亲属（包	的其他条件的，可以适用财税〔2018〕55号文件规定的税收政策。 　（初创科技型企业和小型微利企业的从业人数和资产总额指标的计算方法不一样。初创科技型企业从业人数和资产总额指标，按照企业接受投资前连续12个月的平均数计算，不足12个月的，按实际月数平均计算。小型微利企业从业人数和资产总额按照企业全年的季度平均值确定。）	创投企业的实缴出资额占所有合伙人全部实缴出资额的比例计算。 　（四）《通知》所称从业人数及资产总额指标，按照初创科技型企业接受投资前连续12个月的平均数计算，不足12个月的，按实际月数平均计算。具体计算公式如下： 　月平均数＝（月初数＋月末数）÷2 　接受投资前连续12个月平均数＝接受投资前连续12个月平均数之和÷12 　（五）法人合伙人投资于多个符合条件的合伙创投企业，可合并计算其可抵扣的投资额和分得的所得。当年不足抵扣的，可结转以后纳税年度继续抵扣；当年抵扣后有结余的，应按照企业所得税法的规定计算缴纳企业所得税。 　所称符合条件的合伙创投企业既包括符合《通知》规定条件的合伙创投企业，也包括符合《国家税务总局关于有限合伙制创业投资企业法人合伙人企业所得税有关问题的公告》（国家税务总局公告2015年第81号）规定条件的合伙创投企业。 　二、办理程序和资料。 　（一）企业所得税。 　1.公司制创投企业和合伙创投企业法人合伙人在年度申报享受优惠时，按照《国家税务总局关于发布修订后的〈企业所得税优惠政策事项办理办法〉的公告》（国家税务总局公告2018年第23号）的规定办理有关手续。 　2.合伙创投企业的法人合伙人符合享受优惠条件的，合伙创投企业应在投资初创科技型企业满2年的年度以及分配所得的年度终了后及时向法人合伙人提供《合伙创投企业法人合伙人所得分配情况明细表》。 　（二）个人所得税。 　1.合伙创投企业个人合伙人。 　（1）合伙创投企业的个人合伙人符合享受优惠条件的，合伙创投企业应在投资初创科技型企业满2年的年度终了后3个月内，向合伙创投企业主管税务机关办理备案手续，备案时应报送《合伙创投企业个人所得税投资抵扣备案表》，同时将有关资料留存备查（备查资料同公司制创投企业）。合伙企业多次投资同一初创科技型企业的，应按年度分别备案。 　（2）合伙创投企业应在投资初创科技型企业满2年后的每个年度终了后3个月内，向合伙创投企业主管税务机关报送《合伙创投企业个人所得税投资抵扣情况表》。 　（3）个人合伙人在个人所得税年度申报时，应将当年允许抵扣的投资额填至《个人所得税生产经营所得纳税申报表（B表）》"允许扣除的其他费用"栏，并同时标明"投资抵扣"字样。

财税〔2018〕55号	财税〔2019〕13号	国家税务总局公告2018年第43号
括配偶、父母、子女、祖父母、外祖父母、孙子女、外孙子女、兄弟姐妹，下同），且与被投资初创科技型企业不存在劳务派遣等关系。 2. 投资后2年内，本人及其亲属持有被投资初创科技型企业股权比例合计应低于50%。 （四）享受本通知规定的税收政策的投资，仅限于通过向被投资初创科技型企业直接支付现金方式取得的股权投资，不包括受让其他股东的存量股权。 三、管理事项及管理要求 （一）本通知所称研发费用口径，按照《财政部 国家税务总局 科技部关于完善研究开发费用税前加计扣除政策的通知》（财税〔2015〕119号）等规定执行。 （二）本通知所称从业人数，包括与企业建立劳动关系的职工人员及企业接受的劳务派遣人员。从业人数和资产总额指标，按照企业接受投资前连续12个月的平均数计算，不足12个月的，按实际月数平均计算。 本通知所称销售收入，包括主营业务收入与其他业务收入；年销售收入指标，按照企业接受投资前连续12个月的累计数计算，不足12个月的，按实际月数累计计算。 本通知所称成本费用，包括主营业务成本、其他业务成本、销售费用、管理费用、财务费用。 （三）本通知所称投资额，按照创业投资企业或天使投资个人对初创科技型企业的实缴投资额确定。 合伙创投企业的合伙人对初创科技型企业的投资额，按照合伙创投企业对初创科技型企业的实缴投资额和合伙协议约定的合伙人占合伙创投企业的出资比例计算确定。合伙人从合伙创投企业分得的所得，按照《财政部 国家税务总局关于合伙企业合伙人所得税问题的通知》（财税〔2008〕159号）规定计算。 （四）天使投资个人、公司制创业投资企业、合伙创投企业、合伙创投企业法人合伙人、被投资初创科技型企业应按规定办理优惠手续。		2. 天使投资个人。 （1）投资抵扣备案。 天使投资个人应在投资初创科技型企业满24个月的次月15日内，与初创科技型企业共同向初创科技型企业主管税务机关办理备案手续。备案时应报送《天使投资个人所得税投资抵扣备案表》。被投资企业符合初创科技型企业条件的有关资料留存企业备查，备查资料包括初创科技型企业接受现金投资时的投资合同（协议）、章程、实际出资的相关证明材料，以及被投资企业符合初创科技型企业条件的有关资料。多次投资同一初创科技型企业的，应分次备案。 （2）投资抵扣申报。 ① 天使投资个人转让未上市的初创科技型企业股权，按照《通知》规定享受投资抵扣税收优惠时，应于股权转让次月15日内，向主管税务机关报送《天使投资个人所得税投资抵扣情况表》。同时，天使投资个人还应一并提供投资初创科技型企业后税务机关受理的《天使投资个人所得税投资抵扣备案表》。 其中，天使投资个人转让初创科技型企业股权需同时抵扣前36个月内投资其他注销清算初创科技型企业尚未抵扣完毕的投资额的，申报时应一并提供注销清算企业主管税务机关受理并注明注销清算等情况的《天使投资个人所得税投资抵扣备案表》，以及前期享受投资抵扣政策后税务机关受理的《天使投资个人所得税投资抵扣情况表》。 接受投资的初创科技型企业，应在天使投资个人转让股权纳税申报时，向扣缴义务人提供相关信息。 ② 天使投资个人投资初创科技型企业满足投资抵扣税收优惠条件后，初创科技型企业在上海证券交易所、深圳证券交易所上市的，天使投资个人在转让初创科技型企业股票时，有尚未抵扣完毕的投资额的，应向证券机构所在地主管税务机关办理限售股转让税款清算，抵扣尚未抵扣完毕的投资额。清算时，应提供投资初创科技型企业后税务机关受理的《天使投资个人所得税投资抵扣备案表》和《天使投资个人所得税投资抵扣情况表》。 （3）被投资企业发生个人股东变动或者个人股东所持股权变动的，应在次月15日内向主管税务机关报送含有股东变动信息的《个人所得税基础信息表（A表）》。对天使投资个人，应在备注栏标明"天使投资个人"字样。 （4）天使投资个人转让股权时，扣缴义务人、天使投资个人应将当年允许抵扣的投资额填至《扣缴个人所得税报告表》或《个人所

（续表）

财税〔2018〕55 号	财税〔2019〕13 号	国家税务总局公告 2018 年第 43 号
（五）初创科技型企业接受天使投资个人投资满 2 年，在上海证券交易所、深圳证券交易所上市的，天使投资个人转让该企业股票时，按照现行限售股有关规定执行，其尚未抵扣的投资额，在税款清算时一并计算抵扣。 　（六）享受本通知规定的税收政策的纳税人，其主管税务机关对被投资企业是否符合初创科技型企业条件有异议的，可以转请被投资企业主管税务机关提供相关材料。对纳税人提供虚假资料，违规享受税收政策的，应按税收征管法相关规定处理，并将其列入失信纳税人名单，按规定实施联合惩戒措施。 　四、执行时间。 　本通知规定的天使投资个人所得税政策自 2018 年 7 月 1 日起执行，其他各项政策自 2018 年 1 月 1 日起执行。执行日期前 2 年内发生的投资，在执行日期后投资满 2 年，且符合本通知规定的其他条件的，可以适用本通知规定的税收政策。 　《财政部　税务总局关于创业投资企业和天使投资个人有关税收试点政策的通知》（财税〔2017〕38 号）自 2018 年 7 月 1 日起废止，符合试点政策条件的投资额可按本通知的规定继续抵扣。		得税自行纳税申报表（A 表）》"税前扣除项目"的"其他"栏，并同时标明"投资抵扣"字样。 　（5）天使投资个人投资的初创科技型企业注销清算的，应及时持《天使投资个人所得税投资抵扣备案表》到主管税务机关办理情况登记。 　三、其他事项。 　（一）税务机关在公司制创投企业、合伙创投企业合伙人享受优惠政策后续管理中，对初创科技型企业是否符合规定条件有异议的，可以转请初创科技型企业主管税务机关提供相关资料，主管税务机关应积极配合。 　（二）创业投资企业、合伙创投企业合伙人、天使投资个人、初创科技型企业提供虚假情况，故意隐瞒已投资抵扣情况或采取其他手段骗取投资抵扣，不缴或者少缴应纳税款的，按税收征管法有关规定处理。 　四、施行时间。 　本公告天使投资个人所得税有关规定自 2018 年 7 月 1 日起施行，其他所得税规定自 2018 年 1 月 1 日起施行。施行日期前 2 年内发生的投资，适用《通知》规定的税收政策的，按本公告规定执行。

财税〔2019〕13 号将享受创业投资税收优惠的被投资对象范围进行了调整，调整后的政策的执行期限为 2019 年 1 月 1 日—2021 年 12 月 31 日。为避免产生执行期限是指投资时间还是指享受优惠时间的歧义，让更多的投资可以享受到优惠政策，现行政策写入了衔接性条款，明确无论是投资时间，还是享受优惠时间，只要有一个时间在政策执行期限内的，均可以享受该项税收优惠政策。

1. 优惠办法及适用条件

	公司制创业投资企业	有限合伙制创业投资企业		天使投资个人
		法人合伙人	个人合伙人	
税收优惠	投资满 2 年（24 个月，下同），可按投资额的 70% 在股权持有满 2 年的当年抵扣公司应纳税所得额；当年不足抵扣的，结转以后年度抵扣。	投资满 2 年，可按投资额的 70% 抵扣法人合伙人从合伙创投企业分得的所得；当年不足抵扣的，结转以后年度抵扣。	投资满 2 年，可按投资额的 70% 抵扣个人合伙人从该合伙创投企业分得的经营所得；当年不足抵扣的，结转以后年度抵扣。	投资满 2 年，可按投资额的 70% 抵扣转让该被投资企业股权取得的应纳税所得额；当期不足抵扣的，结转以后取得股权转让所得时抵扣。在试点地区投资多个初创科技型企业的，对其中办理注销清算，天使投资个人对其投资额的 70% 尚未抵扣完的，可自注销清算之日起 36 个月内抵扣天使投资个人转让其他初创科技型企业股权取得的应纳税所得额。

	公司制创业 投资企业	有限合伙制创业投资企业		天使投资个人
		法人合伙人	个人合伙人	
创业投资企业及天使个人适用优惠政策需符合的条件	1. 在中国境内(不含港、澳、台地区)注册成立、实行查账征收。 2. 不属于被投资初创科技型企业的发起人,必须以增资方式投入。 3. 根据《创业投资企业管理暂行办法》《私募投资基金监督管理暂行办法》进行备案。 4. 投资后2年内,创业投资企业及其关联方持有被投资初创科技型企业的股权比例合计低于50%。			1. 不属于被投资初创科技型企业的发起人、雇员或其亲属,无劳务派遣关系。 2. 投资后2年内,本人及其亲属持有被投资初创科技型企业股权比例合计应低于50%。 3. 被投资的初创科技型企业须注册于试点地区。
初创科技型企业需符合的条件	1. 在中国境内(不包括港、澳、台地区)注册成立、实行查账征收的居民企业。 2. 接受投资时,从业人数不超过200人,其中具有大学本科以上学历的从业人数不低于30%;资产总额和年销售收入均不超过3 000万元(从业人数、资产总额的计算均为接受投资前连续12个月的平均数,不足12个月的,按实际月数平均计算。)。 3. 接受投资时设立时间不超过60个月。 4. 接受投资时以及接受投资后2年内未在境内外证券交易所上市。 5. 接受投资当年及下一纳税年度,研发费用总额合计占同期成本费用总额合计的比例不低于20%。			
投资形式	增资(不含设立、受让股权、可转债、过桥贷款、债券等方式)			
出资方式	现金			
实施范围	全国			

2. 具体内容解读

1)"投资满2年"的确定

投资满2年是指公司制或有限合伙制创投企业、天使投资个人实缴投资初创科技型企业满2年。对于合伙人或合伙人数变动的情况,无论新的合伙人持有合伙企业份额是否满2年,均不影响新合伙人享受税收优惠。	例如,A合伙企业于2017年1月1日投资B初创科技型企业,2018年3月1日,新合伙人入伙,至2019年1月1日,合伙A对B企业投资满2年,新合伙人可享受投资抵扣税收优惠。

2)"投资额"的计算

公司制创投企业和天使投资个人的投资额是指公司制创投企业与天使投资个人对初创科技型企业的实缴投资额; 有限合伙创投企业的法人合伙人和个人合伙人的投资额=有限合伙创投企业对初创科技型企业的实缴投资额×投资满2年当年年末各合伙人对有限合伙创投的实缴出资比例。 对于合伙企业的合伙人或合伙人数变动的情况下,仅限于合伙企业对初创科技型企业投资满2年的当年年末的合伙人适用,并按照当年年末的各合伙人实缴出资比例计算投资额。投资满2年年末之后进入的合伙人,在有限合伙创投下一次投资满2年年末时计算抵扣额度。	例如,有限合伙创投企业A原有合伙人甲、乙、丙,2017年9月1日,A企业投资初创科技型企业B,2018年11月3日,丁受让合伙人甲的全部出资份额成为A的合伙人,2019年9月1日,A投资B满2年,2019年10月1日,戊以增资的方式入伙A企业,2020年1月5日,申以增资的方式入伙A企业,A企业在2020年3月31日之前进行个人合伙人投资抵扣备案时,仅就2019年12月31日的合伙人乙、丙、丁、戊的实缴出资比例计算这四位合伙人的投资抵扣额度。

3)可用于抵扣的所得范围

① 公司制创投企业可用于抵扣的所得范围为:投资满2年的当年及以后年度的应纳税所得额。	③ 有限合伙创投企业的法人合伙人可用于抵扣的所得范围为:投资满2年的当年及以后年度通过该合伙创投企业实现的应纳税所得额(不仅包括合伙创投企业转让初创型科技企业股权取得的所得,还包括该合伙创投企业的其他股权转让所得、股息红利所得等)。法人合伙人投资多家有限合伙创投

（续表）

② 天使投资个人可用于抵扣的所得范围为：投资满 2 年的当年及以后年度转让该初创科技型企业股权取得的应纳税所得额（不含股息红利所得）。	企业（含投资于未上市的中小高新技术企业的有限合伙制创投企业）的，可以合并计算通过各合伙企业实现的应纳税所得额与抵扣额。 　　有限合伙创投企业的个人合伙人可用于抵扣的所得范围为：投资满 2 年的当年及以后年度通过该有限合伙创投企业实现的经营所得（不含股息红利所得），不仅包括合伙创投企业转让该初创型科技企业的股权取得的所得，还包括该合伙创投企业的其他股权转让所得等。个人合伙人投资多家有限合伙创投企业的，不得跨企业计算抵扣额。 　　法人合伙人通过合伙创投企业实现的所得、个人合伙人通过合伙创投企业实现的经营所得，无论合伙企业是否实际分配，均需按照财税〔2008〕159 号文件规定的分配比例计算各合伙人的应纳税所得额。

【例 3-4】　某合伙创投企业 2016 年 9 月 1 日投资于 A 初创科技型企业 500 万元，截至 2018 年 9 月 1 日，该投资符合投资抵扣税收优惠相关条件（假设无其他符合投资抵扣税收优惠的投资）。张某是该合伙创投企业的个人合伙人，2018 年 12 月 31 日，张某对该合伙创投企业实缴出资 300 万元，占全部合伙人实缴出资比例的 5%。该合伙创投企业 2018 年度实现经营所得 200 万元，对张某的分配比例为 3%。张某 2018 年度实际抵扣投资额是多少？

根据财税〔2018〕55 号规定，有限合伙制创业投资企业采取股权投资方式直接投资于初创科技型企业满 2 年的，该合伙创投企业的合伙人分别按以下方式处理：	
法人合伙人可以按照对初创科技型企业投资额的 70% 抵扣法人合伙人从合伙创投企业分得的所得；当年不足抵扣的，可以在以后纳税年度结转抵扣。该合伙创投企业截至 2018 年末，符合投资抵扣条件的投资共 500 万元，因此可抵扣投资额 = 500 万元 × 70% = 350（万元）。	个人合伙人可以按照对初创科技型企业投资额的 70% 抵扣个人合伙人从合伙创投企业分得的经营所得；当年不足抵扣的，可以在以后纳税年度结转抵扣。张某对合伙创投企业的出资比例为 5%，张某可抵扣投资额 = 350 万元 × 5% = 17.5（万元）。2018 年度张某自合伙创投企业分得的经营所得 = 200 万元 × 3% = 6（万元）< 17.5 万元，因此，张某 2018 年实际抵扣投资额为 6 万元，还有 11.5 万元（17.5 万元 − 6 万元）结转以后年度抵扣。

二、优惠事项管理（国家税务总局公告 2018 年第 23 号）

（一）投资于未上市的中小高新技术企业的创业投资企业按投资额的一定比例抵扣应纳税所得额

序号	主要留存备查资料	享受优惠时间	后续管理要求
32	1. 发展改革或证监部门出具的符合创业投资企业条件的年度证明材料； 2. 中小高新技术企业投资合同（协议）、章程、实际出资等相关材料； 3. 由省、自治区、直辖市和计划单列市高新技术企业认定管理机构出具的中小高新技术企业有效的高新技术企业证书复印件（注明"与原件一致"，并加盖公章）； 4. 中小高新技术企业基本情况〔包括企业职工人数、年销售（营业）额、资产总额、未上市等〕说明。	汇缴享受	由省税务机关（含计划单列市税务机关）规定。

（二）投资于种子期、初创期科技型企业的创业投资企业按投资额的一定比例抵扣应纳税所得额

序号	主要留存备查资料	享受优惠时间	后续管理要求
33	1. 发展改革或证监部门出具的符合创业投资企业条件的年度证明材料； 2. 初创科技型企业接受现金投资时的投资合同（协议）、章程、实际出资的相关证明材料；	汇缴享受	由省税务机关（含计划单列市税务机关）规定。

（续表）

序号	主要留存备查资料	享受优惠时间	后续管理要求
	3. 创业投资企业与其关联方持有初创科技型企业的股权比例的说明； 4. 被投资企业符合初创科技型企业条件的有关资料： （1）接受投资时从业人数、资产总额、年销售收入和大学本科以上学历的从业人数比例的情况说明； （2）接受投资时设立时间不超过 5 年的证明材料； （3）接受投资时以及接受投资后 2 年内未在境内外证券交易所上市情况说明； （4）研发费用总额占成本费用总额比例的情况说明。		

（三）投资于未上市的中小高新技术企业的有限合伙制创业投资企业法人合伙人按投资额的一定比例抵扣应纳税所得额

序号	主要留存备查资料	享受优惠时间	后续管理要求
34	1. 发展改革或证监部门出具的符合创业投资企业条件的年度证明材料； 2. 中小高新技术企业投资合同（协议）、章程、实际出资等相关材料； 3. 省、自治区、直辖市和计划单列市高新技术企业认定管理机构出具的中小高新技术企业有效的高新技术企业证书复印件（注明"与原件一致"，并加盖公章）； 4. 中小高新技术企业基本情况〔包括企业职工人数、年销售（营业）额、资产总额、未上市等〕说明； 5. 法人合伙人应纳税所得额抵扣情况明细表； 6. 有限合伙制创业投资企业法人合伙人应纳税所得额分配情况明细表。	汇缴享受	由省税务机关（含计划单列市税务机关）规定。

（四）投资于种子期、初创期科技型企业的有限合伙制创业投资企业法人合伙人

序号	主要留存备查资料	享受优惠时间	后续管理要求
35	1. 发展改革或证监部门出具的符合创业投资企业条件的年度证明材料； 2. 初创科技型企业接受现金投资时的投资合同（协议）、章程、实际出资的相关证明材料； 3. 创业投资企业与其关联方持有初创科技型企业的股权比例的说明； 4. 被投资企业符合初创科技型企业条件的有关资料： （1）接受投资时从业人数、资产总额、年销售收入和大学本科以上学历的从业人数比例的情况说明； （2）接受投资时设立时间不超过 5 年的证明材料； （3）接受投资时以及接受投资后 2 年内未在境内外证券交易所上市情况说明； （4）接受投资当年及下一纳税年度研发费用总额占成本费用总额比例的情况说明； 5. 法人合伙人投资于合伙创投企业的出资时间、出资金额、出资比例及分配比例的相关证明材料、合伙创投企业主管税务机关受理后的《合伙创投企业法人合伙人所得分配情况明细表》。	汇缴享受	由省税务机关（含计划单列市税务机关）规定。

第六节　减免所得税

一、符合条件的小型微利企业减免所得税

(一) 国家实行有利于小型微型企业发展的税收政策

2017 年 9 月 1 日第十二届全国人民代表大会常务委员会第二十九次会议修订的《中小企业促进法》，其中第十一条规定：国家实行有利于小型微型企业发展的税收政策，对符合条件的小型微型企业按照规定实行缓征、减征、免征企业所得税、增值税等措施，简化税收征管程序，减轻小型微型企业税收负担。

(二) 小型微利企业所得税优惠

1. 享受优惠小型微利企业的范围

国家税务总局公告 2015 年第 61 号	国税函〔2008〕650 号
符合规定条件的小型微利企业，无论采取查账征收还是核定征收方式（含定率征收、定额征收），均可享受小型微利企业优惠。	非居民企业不能享受小型微利企业优惠。

合伙企业、个人独资企业不适用企业所得税优惠政策。至于合伙企业中的缴纳企业所得税的法人和其他组织合伙人，如符合财税〔2019〕13 号文件第二条的规定，则可以享受小型微利企业的企业所得税优惠政策。

根据国家税务总局公告 2017 年第 23 号文件第八条：《国家税务总局关于贯彻落实进一步扩大小型微利企业减半征收企业所得税范围有关问题的公告》（国家税务总局公告 2015 年第 61 号）在 2016 年度企业所得税汇算清缴结束后废止。

2. 小型微利企业所得税优惠政策

《企业所得税法》	财税〔2018〕77 号【2019 年 1 月 1 日后废止】	财税〔2019〕13 号
第二十八条符合条件的小型微利企业，减按 20% 的税率征收企业所得税。	自 2018 年 1 月 1 日至 2020 年 12 月 31 日，将小型微利企业的年应纳税所得额上限由 50 万元提高至 100 万元，对年应纳税所得额低于 100 万元（含 100 万元）的小型微利企业，其所得减按 50% 计入应纳税所得额，按 20% 的税率缴纳企业所得税。	2019 年 1 月 1 日至 2021 年 12 月 31 日，对小型微利企业年应纳税所得额不超过 100 万元的部分，减按 25% 计入应纳税所得额，按 20% 的税率缴纳企业所得税；对年应纳税所得额超过 100 万元但不超过 300 万元的部分，减按 50% 计入应纳税所得额，按 20% 的税率缴纳企业所得税。
即税率为 20%，减征 5%	即税负（税率）为 10%，减征 15%。	即税负（税率）分别为 5%、10%，分别减征 20%、15%。

详细内容见第一章《小微企业减税降费普惠政策与运用指引》。

二、国家需要重点扶持的高新技术企业低税率优惠

政策依据：

> 《企业所得税法》第二十八条、《企业所得税法实施条例》第九十三条；
> 《高新技术企业认定管理办法》（国科发火〔2016〕32 号）；
> 《高新技术企业认定管理工作指引(2016 年版)》（国科发火〔2016〕195 号）；
> 《国务院关于经济特区和上海浦东新区新设立高新技术企业实行过渡性税收优惠的通知》（国发〔2007〕40 号）；
> 《财政部　国家税务总局关于贯彻落实国务院关于实施企业所得税过渡优惠政策有关问题的通知》（财税〔2008〕21 号）；
> 《高新技术企业认定专项鉴证业务规则(试行)》（中税协发〔2017〕004 号）；
> 《国家税务总局关于实施高新技术企业所得税优惠政策有关问题的公告》（国家税务总局公告 2017 年第 24 号）。

（一）优惠政策规定

1. 减免税优惠政策

《企业所得税法》及《企业所得税法实施条例》	国科发火〔2016〕32 号
《企业所得税法》第二十八条　国家需要重点扶持的高新技术企业，减按 15% 的税率征收企业所得税。 《企业所得税法实施条例》第九十三条　企业所得税法第二十八条第二款所称国家需要重点扶持的高新技术企业，是指拥有核心自主知识产权，并同时符合下列条件的企业： （一）产品（服务）属于《国家重点支持的高新技术领域》规定的范围； （二）研究开发费用占销售收入的比例不低于规定比例； （三）高新技术产品（服务）收入占企业总收入的比例不低于规定比例； （四）科技人员占企业职工总数的比例不低于规定比例； （五）高新技术企业认定管理办法规定的其他条件。 《国家重点支持的高新技术领域》和高新技术企业认定管理办法由国务院科技、财政、税务主管部门商国务院有关部门制订，报国务院批准后公布施行。	第二条　国家需要重点扶持的认定合格的高新技术企业，自认定批准的有效期当年开始，减按 15% 税率征收企业所得税。 高新技术企业，是指在《国家重点支持的高新技术领域》内，持续进行研究开发与技术成果转化，形成企业核心自主知识产权，并以此为基础开展经营活动，在中国境内（不包括港、澳、台地区）注册的居民企业。 第九条　通过认定的高新技术企业，其资格自颁发证书之日起有效期为 3 年。 第十条　企业获得高新技术企业资格后，自高新技术企业证书颁发之日所在年度起享受税收优惠，到主管税务机关申报（而非申请）享受企业所得税优惠。

2. 优惠税率的确定

境内所得适用税率的确定 （国税函〔2010〕157 号）	境外所得适用税率的确定 （财税〔2011〕47 号）
居民企业被认定为高新技术企业，同时享受"两免三减半""五免五减半"等定期减免税优惠过渡期的，该居民企业的所得税适用税率可以选择依照过渡期适用税率并适用减半征税至期满，或者选择适用高新技术企业的 15% 税率，但不能享受 15% 税率的减半征税。 被认定为高新技术企业，同时又符合软件生产企业和集成电路生产企业定期减半征收企业所得税优惠条件的，该居民企业的所得税适用税率可以选择适用高新技术企业的 15% 税率，也可以选择依照 25% 的法定税率减半征税，但不能享受 15% 税率的减半征税。 居民企业取得中华人民共和国企业所得税法实施条例第八十六条、第八十七条、第八十八条和第九十条规定可减半征收企业所得税的所得，是指居民企业应就该部分所得单独核算并依照 25% 的法定税率减半缴纳企业所得税。 凡居民企业经税务机关核准 2007 年度及以前享受高新技术企业或新技术企业所得税优惠，2008 年及以后年度未被认定为高新技术企业的，自 2008 年起不得适用高新技术企业的 15% 税率、国发〔2007〕39 号文件第一条第二款规定的过渡税率，而应自 2008 年度起适用 25% 的法定税率。	自 2010 年 1 月 1 日起，以境内、境外全部生产经营活动有关的研究开发费用总额、总收入、销售收入总额、高新技术产品（服务）收入等指标申请并经认定的高新技术企业，其来源于境外的所得可以享受高新技术企业所得税优惠政策，即对其来源于境外所得可以按照 15% 的优惠税率缴纳企业所得税，在计算境外抵免限额时，可按照 15% 的优惠税率计算境内外应纳税总额。上述高新技术企业境外所得税收抵免的其他事项，仍按照财税〔2009〕125 号文件的有关规定执行。

（二）国家重点支持的高新技术领域（国科发火〔2016〕32 号附件）

国科发火〔2016〕32 号附件	与国科发火〔2008〕172 号第 11 条对比分析
（1）电子信息 （2）生物与新医药 （3）航空航天 （4）新材料 （5）高技术服务 （6）新能源与节能 （7）资源与环境 （8）先进制造与自动化	新规继续以附件的形式发布最新《国家重点支持的高新技术领域》，保持了"八大领域"，第八项由"高新技术改造传统产业"调整为"先进制造与自动化"，更加精准和明确。与原技术领域相比，主要有三个方面的变化： 一是扩充服务业支撑技术。如新增"检验检测认证技术""现代体育服务支撑技术""智慧城市服务支撑技术"等行业特征明显的内容，并对"研发与设计服务""信息技术服务""文化创意产业支撑技术""电子商务与现代物流技术"等技术领域进行了补充。

国科发火〔2016〕32 号附件	与国科发火〔2008〕172 号第 11 条对比分析
	二是增加相关领域新技术，淘汰落后技术。如新增"增材制造技术""石墨烯制备与应用技术""重大自然灾害监测、预警和应急处置关键技术""新能源汽车试验测试及基础设施技术"等先进技术，并排除了落后的产业技术与产品内容。 三是增强内容的规范性和技术特点。突出领域的关键技术要求，尽可能去除产业类、产品化描述，加强领域间的协调，避免重复和遗漏，表述上更加准确、精炼、规范、专业。

（三）认定条件（国科发火〔2016〕32 号）

第十一条 认定为高新技术企业须同时满足以下条件：

（一）企业申请认定时须注册成立一年以上。

（二）企业通过自主研发、受让、受赠、并购等方式，获得对其主要产品（服务）在技术上发挥核心支持作用的知识产权的所有权。

（三）对企业主要产品（服务）发挥核心支持作用的技术属于《国家重点支持的高新技术领域》规定的范围。

（四）企业从事研发和相关技术创新活动的科技人员占企业当年职工总数的比例不低于 10%。

（五）企业近三个会计年度（实际经营期不满三年的按实际经营时间计算，下同）的研究开发费用总额占同期销售收入总额的比例符合如下要求：

1. 最近一年销售收入小于 5 000 万元（含）的企业，比例不低于 5%；

2. 最近一年销售收入在 5 000 万元至 2 亿元（含）的企业，比例不低于 4%；

3. 最近一年销售收入在 2 亿元以上的企业，比例不低于 3%。

其中，企业在中国境内发生的研究开发费用总额占全部研究开发费用总额的比例不低于 60%。

（六）近一年高新技术产品（服务）收入占企业同期总收入的比例不低于 60%。

（七）企业创新能力评价应达到相应要求。

（八）企业申请认定前一年内未发生重大安全、重大质量事故或严重环境违法行为。

最明显的变化是对中小型企业放宽了比例要求，最近一年销售收入小于 5 000 万元（含）的企业研发费用总额占同期销售收入总额的比例由 6% 调整为 5%。

1. 年限（国科发火〔2016〕195 号第三条）

《高新技术企业认定管理办法》（国科发火〔2016〕32 号，以下称《认定办法》）第十一条"须注册成立一年以上"是指企业须注册成立 365 个日历天数以上。	"当年""最近一年""近一年"都是指企业申报前 1 个会计年度；"近三个会计年度"是指企业申报前的连续 3 个会计年度（不含申报年）；"申请认定前一年内"是指申请前的 365 天之内（含申报年）。

2. 知识产权（国科发火〔2016〕195 号第三条）

（1）高新技术企业认定所指的知识产权须在中国境内授权或审批审定，并在中国法律的有效保护期内。知识产权权属人应为申请企业。

（2）不具备知识产权的企业不能认定为高新技术企业。

（3）高新技术企业认定中，对企业知识产权情况采用分类评价方式，其中：发明专利（含国防专利）、植物新品种、国家级农作物品种、国家新药、国家一级中药保护品种、集成电路布图设计专有权等按Ⅰ类评价；实用新型专利、外观设计专利、软件著作权等（不含商标）按Ⅱ类评价。

（4）按Ⅱ类评价的知识产权在申请高新技术企业时，仅限使用一次。

（5）在申请高新技术企业及高新技术企业资格存续期内，知识产权有多个权属人时，只能由一个权属人在申请时使用。

（6）申请认定时专利的有效性以企业申请认定前获得授权证书或授权通知书并能提供缴费收据为准。

（7）发明、实用新型、外观设计、集成电路布图设计专有权可在国家知识产权局网站（http://www.sipo.gov.cn）查询专利标记和专利号；国防专利须提供国家知识产权局授予的国防专利证书；植物新品种可在农业部植物新品种保护办公室网站（http://www.cnpvp.cn）和国家林业局植物新品种保护办公室网站（http://www.cnpvp.net）查询；国家级农作物品种是指农业部国家农作物品种审定委员会审定公告的农作物品种；国家新药须提供国家食品药品监督管理局签发的新药证书；国家一级中药保护品种须提供国家食品药品监督管理局签发的中药保护品种证书；软件著作权可在国家版权局中国版权保护中心网站（http://www.ccopyright.com.cn）查询软件著作权标记（亦称版权标记）。

申报审核：新规强调了认定高新技术企业的前提，即应具备知识产权，对于不具备知识产权的企业不能认定为高新技术企业。相较于旧指引，新指引扩大了知识产权的范围，并对知识产权进行了分类：

（1）范围方面，新规剔除了全球独占许可，纳入了国家级农作物新品种、国家新药、国家一级中药保护品种。

（2）层次方面，新规对于列举的知识产权类型进行了Ⅰ类和Ⅱ类的区分，例如发明专利、植物新品种、国家级农作物品种、国家新药、国家一级中药保护品种、集成电路布图设计专有权等按Ⅰ类评价；实用新型专利、外观设计专利、软件著作权等（不含商标）按Ⅱ类评价。

（3）使用次数方面，明确Ⅱ类知识产权在申请高企资格时仅限使用一次。

（4）权属方面，明确知识产权有多个权属人时，在高企认定申请及资格存续期内只能由一个权属人在申请时使用。

（5）有效性证明方面，由单一以知识产权授权证书为准改变为以授权证书或授权通知书及缴费收据为准，解决了实际工作中知识产权授权证书取得时间较长的问题。

3. 高新技术产品（服务）与主要产品（服务）（国科发火〔2016〕195号第三条）

高新技术产品（服务）是指对其发挥核心支持作用的技术属于《国家重点支持的高新技术领域》规定范围的产品（服务）。	主要产品（服务）是指高新技术产品（服务）中，拥有在技术上发挥核心支持作用的知识产权的所有权，且收入之和在企业同期高新技术产品（服务）收入中超过50%的产品（服务）。

4. 高新技术产品（服务）收入占比（国科发火〔2016〕195号第三条）

高新技术产品（服务）收入占比是指高新技术产品（服务）收入与同期总收入的比值。

高新技术产品（服务）收入占企业同期总收入的比例不低于60%这个标准没有变。

（1）高新技术产品（服务）收入	（2）总收入
高新技术产品（服务）收入是指企业通过研发和相关技术创新活动，取得的产品（服务）收入与技术性收入的总和。对企业取得上述收入发挥核心支持作用的技术应属于《技术领域》规定的范围。其中，技术性收入包括： ① 技术转让收入：指企业技术创新成果通过技术贸易、技术转让所获得的收入； ② 技术服务收入：指企业利用自己的人力、物力和数据系统等为社会和本企业外的用户提供技术资料、技术咨询与市场评估、工程技术项目设计、数据处理、测试分析及其他类型的服务所获得的收入； ③ 接受委托研究开发收入：指企业承担社会各方面委托研究开发、中间试验及新产品开发所获得的收入。	总收入是指收入总额减去不征税收入。 收入总额与不征税收入按照《企业所得税法》及《企业所得税法实施条例》的规定计算。

申报审核：企业应正确计算高新技术产品（服务）收入，由具有资质并符合本《高新技术企业认定管理工作指引》（以下简称为《工作指引》）相关条件的中介机构进行专项审计或鉴证。一是税收上总收入不同于会计口径，比如处置固定资产会计确认的是净损益，而税收要算毛收入，利息收入会计冲减费用，税收计算收入；二是不征税收入是不折不扣的税收概念，千万不可贸然自行认定；三是更强调核心技术与高新技术收入的关系；四是技术服务收入有变化，比如"工程技术项目设计"这个新概念的引入，别看不起眼，影响可是很大。

5. 企业科技人员占比（国科发火〔2016〕195号第三条）

企业科技人员占比是企业科技人员数与职工总数的比值。

高新技术企业对人员原来是双比例要求，即"具有大学专科以上学历的科技人员占企业当年职工总数的30%以上，其中研发人员占企业当年职工总数的10%以上"，2016年以后调整为单比例"企业从事研发和相关技术创新活动的科技人员占企业当年职工总数的比例不低于10%"。

科技人员	职工总数	统计方法
企业科技人员是指直接从事研发和相关技术创新活动，以及专门从事上述活动的管理和提供直接	企业职工总数包括企业在职、兼职和临时聘用人员。在职人员可以通过企业是否签订了劳动合同或缴纳社会保险费来鉴	企业当年职工总数、科技人员数均按照全年月平均数计算。 月平均数＝（月初数＋月末数）÷2

（续表）

技术服务的，累计实际工作时间在 183 天以上的人员，包括在职、兼职和临时聘用人员。	别；对于在职、兼职和临时聘用人员，需在一个年度内累计直接从事研发和相关技术创新活动满 183 天，才可判定为科技人员。	全年月平均数＝全年各月平均数之和÷12 年度中间开业或者终止经营活动的，以其实际经营期作为一个纳税年度确定上述相关指标。

申报审核：一是很多高新技术企业再也不用为大专学历人员不够发愁了，但在《高新技术企业认定申请书》的人力资源情况表中要求申请企业填写人员学历和职称，不排除科技人员学历还是对企业的评价有一定影响；二是通过兼职、临时聘用人员等形式"共用"研发人员的企业，考勤、工资发放等证明实际工作 183 天以上的证据一定要备齐，防止出现类似福利企业只"挂名"不上岗的现象。

6. 企业研究开发费用占比（国科发火〔2016〕195 号第三条）

企业研究开发费用占比是企业近三个会计年度的研究开发费用总额占同期销售收入总额的比值。

最近一年销售收入小于 5 000 万元（含）的企业，比例不低于 5%；最近一年销售收入在 5 000 万元至 2 亿元（含）的企业，比例不低于 4%；最近一年销售收入在 2 亿元以上的企业，比例不低于 3%。

（1）企业研究开发活动确定	（2）研究开发费用的归集范围
研究开发活动是指，为获得科学与技术（不包括社会科学、艺术或人文学）新知识，创造性运用科学技术新知识，或实质性改进技术、产品（服务）、工艺而持续进行的具有明确目标的活动。不包括企业对产品（服务）的常规性升级或对某项科研成果直接应用等活动（如直接采用新的材料、装置、产品、服务、工艺或知识等）。 企业应按照研究开发活动的定义填写《高新技术企业认定申请书》中的"四、企业研究开发活动情况表"。 专家评价过程中可参考如下方法判断： ——行业标准判断法。若国家有关部门、全国（世界）性行业协会等具备相应资质的机构提供了测定科技"新知识""创造性运用科学技术新知识"或"具有实质性改进的技术、产品（服务）、工艺"等技术参数（标准），则优先按此参数（标准）来判断企业所进行项目是否为研究开发活动。 ——专家判断法。如果企业所在行业中没有发布公认的研发活动测度标准，则通过本行业专家进行判断。获得新知识、创造性运用新知识以及技术的实质改进，应当是取得被同行业专家认可的、有价值的创新成果，对本地区相关行业的技术进步具有推动作用。 ——目标或结果判定法。在采用行业标准判断法和专家判断法不易判断企业是否发生了研发活动时，以本方法作为辅助。重点了解研发活动的目的、创新性、投	① 人员人工费用 包括企业科技人员的工资薪金、基本养老保险费、基本医疗保险费、失业保险费、工伤保险费、生育保险费和住房公积金，以及外聘科技人员的劳务费用。 ② 直接投入费用 直接投入费用是指企业为实施研究开发活动而实际发生的相关支出。包括： ——直接消耗的材料、燃料和动力费用； ——用于中间试验和产品试制的模具、工艺装备开发及制造费，不构成固定资产的样品、样机及一般测试手段购置费，试制产品的检验费； ——用于研究开发活动的仪器、设备的运行维护、调整、检验、检测、维修等费用，以及通过经营租赁方式租入的用于研发活动的固定资产租赁费。 ③ 折旧费用与长期待摊费用 折旧费用是指用于研究开发活动的仪器、设备和在用建筑物的折旧费。 长期待摊费用是指研发设施的改建、改装、装修和修理过程中发生的长期待摊费用。 ④ 无形资产摊销费用 无形资产摊销费用是指用于研究开发活动的软件、知识产权、非专利技术（专有技术、许可证、设计和计算方法等）的摊销费用。 ⑤ 设计费用 设计费用是指为新产品和新工艺进行构思、开发和制造，进行工序、技术规范、规程制定、操作特性方面的设计等发生的费用。包括为获得创新性、创意性、突破性产品进行的创意设计活动发生的相关费用。 ⑥ 装备调试费用与试验费用 装备调试费用是指工装准备过程中研究开发活动所发生的费用，包括研制特殊、专用的生产机器，改变生产和质量控制程序，或制定新方法及标准等活动所发生的费用。 为大规模批量化和商业化生产所进行的常规性工装准备和工业工程发生的费用不能计入归集范围。 试验费用包括新药研制的临床试验费、勘探开发技术的现场试验费、田间试验费等。 ⑦ 委托外部研究开发费用 委托外部研究开发费用是指企业委托境内外其他机构或个人进行研究开发活动所发生的费用（研究开发活动成果为委托方企业拥有，且与该企业的主要经营业务紧密相关）。委托外部研究开发费用

入资源（预算），以及是否取得了最终成果或中间成果（如专利等知识产权或其他形式的科技成果）。	的实际发生额应按照独立交易原则确定，按照实际发生额的80%计入委托方研发费用总额。 ⑧ 其他费用 　　其他费用是指上述费用之外与研究开发活动直接相关的其他费用，包括技术图书资料费、资料翻译费、专家咨询费、高新科技研发保险费、研发成果的检索、论证、评审、鉴定、验收费用，知识产权的申请费、注册费、代理费、会议费、差旅费、通讯费等。此项费用一般不得超过研究开发总费用的20%，另有规定的除外。	
（3）企业在中国境内发生的研究开发费用	（4）企业研究开发费用归集办法	（5）销售收入
企业在中国境内发生的研究开发费用，是指企业内部研究开发活动实际支出的全部费用与委托境内其他机构或个人进行的研究开发活动所支出的费用之和，不包括委托境外机构或个人完成的研究开发活动所发生的费用。受托研发的境外机构是指依照外国和地区（含港澳台）法律成立的企业和其他取得收入的组织；受托研发的境外个人是指外籍（含港澳台）个人。	企业应正确归集研发费用，由具有资质并符合本《工作指引》相关条件的中介机构进行专项审计或鉴证。 　　企业的研究开发费用是以单个研发活动为基本单位分别进行测度并加总计算的。企业应对包括直接研究开发活动和可以计入的间接研究开发活动所发生的费用进行归集，并填写《高新技术企业认定申请书》中的"企业年度研究开发费用结构明细表"。 　　企业应按照"企业年度研究开发费用结构明细表"设置高新技术企业认定专用研究开发费用辅助核算账目，提供相关凭证及明细表，并按本《工作指引》要求进行核算。	销售收入为主营业务收入与其他业务收入之和。 　　主营业务收入与其他业务收入按照企业所得税年度纳税申报表的口径计算。

　　变化：研发费用中其他费用比例的限制由10%放宽到20%，明确"试验费用包括新药研制的临床试验费、勘探开发技术的现场试验费、田间试验费等。"对于相关行业有重大影响。
　　注意：研发费用比例不是和总收入比，而是和销售收入比，销售收入这次明确"为主营业务收入与其他业务收入之和。主营业务收入与其他业务收入按照企业所得税年度纳税申报表的口径计算。"而年度申报表中，这两个"收入"出现在《一般企业收入明细表》，填报的口径其实是没有经过调整的会计口径，比如是不包含"视同销售收入"的。

（四）税收优惠享受

国科发火〔2016〕195号	政策理解
四、享受税收优惠 　　1. 自认定当年起，企业可持"高新技术企业"证书及其复印件，按照《企业所得税法》及《企业所得税法实施条例》《中华人民共和国税收征收管理法》（以下称《税收征管法》）及《中华人民共和国税收征收管理法实施细则》（以下称《实施细则》）、《认定办法》和本《工作指引》等有关规定，到主管税务机关办理相关手续，享受税收优惠。 　　2. 未取得高新技术企业资格或不符合《企业所得税法》及《企业所得税法实施条例》《税收征管法》及《实施细则》，以及《认定办法》等有关规定条件的企业，不得享受高新技术企业税收优惠。 　　3. 高新技术企业资格期满当年内，在通过重新认定前，其企业所得税暂按15%的税率预缴，在年度汇算清缴前未取得高新技术企业资格的，应按规定补缴税款。	1. 新规明确了认定高新技术企业以后，需要到主管税务机关办理相关手续，才能享受税收优惠。 　　2. 新规明确了通过认定的高新技术企业，其资格自颁发证书之日起有效期为3年。高新技术企业资格期满当年内，在通过重新认定前，其企业所得税暂按15%的税率预缴，在年度汇算清缴前未取得高新技术企业资格的，应按规定补缴税款。这可以理解为如果年度汇算清缴之前未取得证书，则需按25%的法定企业所得税税率缴当年全年企业所得税。文中未明确，如果企业在年度汇算清缴之后才获得证书，如果有效期涵盖当年度，是否应予退税。一般情况下，可以推断是可以退税的，但具体情况可能要看执行和有没有后续补充法规。

　　其他优惠：
　　高新技术企业发生的职工教育经费支出，不超过工资薪金总额8%的部分，准予在计算企业所得税应纳税所得额时扣除；超过部分，准予在以后纳税年度结转扣除。（财税〔2015〕63号）
　　高新技术企业取得作为不征税收入处理的财政性资金用于研发活动形成的费用或无形资产摊销部分，不得在计算应纳税所得额时扣除。（财税〔2011〕70号）

（五）监督管理

国科发火〔2016〕32 号	国科发火〔2016〕195 号
第十五条 科技部、财政部、税务总局建立随机抽查和重点检查机制，加强对各地高新技术企业认定管理工作的监督检查。对存在问题的认定机构提出整改意见并限期改正，问题严重的给予通报批评，逾期不改的暂停其认定管理工作。 第十六条 对已认定的高新技术企业，有关部门在日常管理过程中发现其不符合认定条件的，应提请认定机构复核。复核后确认不符合认定条件的，由认定机构取消其高新技术企业资格，并通知税务机关追缴其不符合认定条件年度起已享受的税收优惠。 第十七条 高新技术企业发生更名或与认定条件有关的重大变化（如分立、合并、重组以及经营业务发生变化等）应在三个月内向认定机构报告。经认定机构审核符合认定条件的，其高新技术企业资格不变，对于企业更名的，重新核发认定证书，编号与有效期不变；不符合认定条件的，自更名或条件变化年度起取消其高新技术企业资格。 第十八条 跨认定机构管理区域整体迁移的高新技术企业，在其高新技术企业资格有效期内完成迁移的，其资格继续有效；跨认定机构管理区域部分搬迁的，由迁入地认定机构按照本办法重新认定。 第十九条 已认定的高新技术企业有下列行为之一的，由认定机构取消其高新技术企业资格： （一）在申请认定过程中存在严重弄虚作假行为的。 （二）发生重大安全、重大质量事故或有严重环境违法行为的。 （三）未按期报告与认定条件有关重大变化情况，或累计两年未填报年度发展情况报表的。 对被取消高新技术企业资格的企业，由认定机构通知税务机关按《税收征管法》及有关规定，追缴其自发生上述行为之日所属年度起已享受的高新技术企业税收优惠。 第二十条 参与高新技术企业认定工作的各类机构和人员对所承担的有关工作负有诚信、合规、保密义务。违反高新技术企业认定工作相关要求和纪律的，给予相应处理。	第五条 监督管理 （一）重点检查。 根据认定管理工作需要，科技部、财政部、税务总局按照《认定办法》的要求，可组织专家对各地高新技术企业认定管理工作进行重点检查，对存在问题的视情况给予相应处理。 （二）企业年报。 企业获得高新技术企业资格后，在其资格有效期内应每年5月底前通过"高新技术企业认定管理工作网"，报送上一年度知识产权、科技人员、研发费用、经营收入等年度发展情况报表；在同一高新技术企业资格有效期内，企业累计两年未按规定时限报送年度发展情况报表的，由认定机构取消其高新技术企业资格，在"高新技术企业认定管理工作网"上公告。 认定机构应提醒、督促企业及时填报年度发展情况报表，并协助企业处理填报过程中的相关问题。 （三）复核。 对已认定的高新技术企业，有关部门在日常管理过程中发现其不符合认定条件的，应以书面形式提请认定机构复核。复核后确认不符合认定条件的，由认定机构取消其高新技术企业资格，并通知税务机关追缴其不符合认定条件年度起已享受的税收优惠。 属于对是否符合《认定办法》第十一条［除（五）款外］、第十七条、第十八条和第十九条情况的企业，按《认定办法》规定办理；属于对是否符合《认定办法》第十一条（五）款产生异议的，应以问题所属年度和前两个会计年度（实际经营不满三年的按实际经营时间计算）的研究开发费用总额与同期销售收入总额之比是否符合《认定办法》第十一条（五）款规定进行复核。 （四）更名及重大变化事项。 高新技术企业发生名称变更或与认定条件有关的重大变化（如分立、合并、重组以及经营业务发生变化等），应在发生之日起三个月内向认定机构报告，在"高新技术企业认定管理工作网"上提交《高新技术企业名称变更申请表》，并将打印出的《高新技术企业名称变更申请表》与相关证明材料报认定机构，由认定机构负责审核企业是否仍符合高新技术企业条件。 企业仅发生名称变更，不涉及重大变化，符合高新技术企业认定条件的，由认定机构在本地区公示10个工作日，无异议的，由认定机构重新核发认定证书，编号与有效期不变，并在"高新技术企业认定管理工作网"上公告；有异议的或有重大变化的（无论名称变更与否），由认定机构按《认定办法》第十一条进行核实处理，不符合认定条件的，自更名或条件变化年度起取消其高新技术企业资格，并在"高新技术企业认定管理工作网"上公告。 （五）异地搬迁。 1. 《认定办法》第十八条中整体迁移是指符合《中华人民共和国公司登记管理条例》第二十九条所述情况。 2. 跨认定机构管理区域整体迁移的高新技术企业须向迁入地认定机构提交有效期内的《高新技术企业证书》及迁入地工商等登记管理机关核发的完成迁入的相关证明材料。 3. 完成整体迁移的，其高新技术企业资格和《高新技术企业证书》继续有效，编号与有效期不变。由迁入地认定机构给企业出具证明材料，并在"高新技术企业认定管理工作网"上公告。 （六）其他 1. 有《认定办法》第十九条所列三种行为之一的企业，自行为发生之日所属年度起取消其高新技术企业资格，并在"高新技术企业认定管理工作网"上公告。

（续表）

国科发火〔2016〕32 号	国科发火〔2016〕195 号
	2. 认定机构应依据有关部门根据相关法律法规出具的意见对"重大安全、重大质量事故或有严重环境违法行为"进行判定处理。 3. 已认定的高新技术企业，无论何种原因被取消高新技术企业资格的，当年不得再次申请高新技术企业认定。

新规将第四章标题"罚则"改为"监督管理"，体现了管理思路的改变，同时扩充了相关内容与具体规定。其背景是，在行政审批制度改革背景下，税收优惠管理在取消和下放行政审批的同时，更加强化后续的监管和法律责任，无疑对包括全国 7.9 万家高新技术企业，尤其以上市企业（信息公开、重点税源户）为代表的大型企业提出了更高的要求，同时也面临更高的风险。具体来看：

1. 明确了随机抽查与重点检查相结合的方式加强检查。从科技部等三部门联合检查组于 2014 年 3 月至 5 月重点检查反馈的情况来看，大企业主要在核心自主知识产权、研发费用归集、高新技术产品（服务）收入核算方面最容易出现问题，包括启迪桑德、中国西电、＊ST 海龙等多家上市公司被取消高新资格。

2.《高新技术企业认定管理办法》（国科发火〔2008〕172 号，已废止）第十五条规定，已认定的高新技术企业，有偷、骗税等行为的应取消其资格。《高新技术企业认定管理办法》（国科发火〔2016〕32 号）取消了该规定，偷税不再是取消高新技术企业资格的必然条件。高新企业出现"偷、骗税行为"应严格按照《税收征管法》等法律、法规进行处理。

3. 法定取消高新资格情形，增加情节考量因素。对"申请认定过程中存在弄虚作假行为的""质量事故""环境违法"增加"严重""重大"等限定词，更加公平、公正、合理。

4. 增加"未按期报告与认定条件有关重大变化情况"，或"累计两年未填报年度发展情况报表的"两种作为法定高新资格取消情形。重点提示：此为新规实施后，高新企业未来面临的重大风险，要求企业提高税务管理的合规性，并充分重视相关报告和备案法定义务的履行。

5. 取消"5 年不得申请高新资格"规定，未来，法定情形下企业被取消高新资格，将按照征管法等规定予以处理，体现了三部门"落实税收法定原则"，强化了税收法治。

6. 明确跨认定机构管理区域整体迁移的高新技术企业相关管理办法。

7. 新规明确，已认定的高新技术企业有下列行为之一的，由认定机构取消其高新技术企业资格：

① 在申请认定过程中存在严重弄虚作假行为的；

② 发生重大安全、重大质量事故或有严重环境违法行为的；

③ 未按期报告与认定条件有关重大变化情况，或累计两年未填报年度发展情况报表的。新指引强调，发生上述行为将自行为发生之日起所属年度起取消资格，则意味着自行为发生之日所属年度均不得享受企业所得税优惠税率。

另外，有关部门在日常管理过程中发现其不符合认定条件的，应以书面形式提请认定机构复核，复核后不符合认定条件的，由认定机构取消其资格。税务机关将追缴其不符合认定条件年度起已享受的税收优惠。根据新指引，高新技术企业无论何种原因被取消资格，当年不得再次申请高新技术企业认定，也就是说，次年仍可以申请。这相对于旧办法中 5 年内不得再次申请的规定，是较为宽松的做法。

（六）优惠事项管理

企业在获得高新技术企业资格后，不需经过税务机关审批，按照要求备案即可享受税收优惠。高新技术企业优惠属于每年都要备案的事项。

1. 实施高新技术企业所得税优惠政策管理规定（国家税务总局公告 2017 年第 24 号）

政策规定	政策解读
一、企业获得高新技术企业资格后，自高新技术企业证书注明的发证时间所在年度起申报享受税收优惠，并按规定向主管税务机关办理备案手续。 企业的高新技术企业资格期满当年，在通过重新认定前，其企业所得税暂按15％的税率预缴，在年底前仍未取得高新技术企业资格的，应按规定补缴相应期间的税款。 二、对取得高新技术企业资格且享受税收优惠的高新技术企业，税务部门如在日常管理过程中发现其在高新技术企业认定过程中或享受优惠期间不符合《认定办法》第十一条规定的认定条件的，应提请认定机构复核。	一、明确高新技术企业享受优惠的期间。 A 企业取得的高新技术企业证书上注明的发证时间为 2016 年 11 月 25 日，A 企业可自 2016 年度 1 月 1 日起连续 3 年享受高新技术企业税收优惠政策，即，享受高新技术企业税收优惠政策的年度为 2016、2017 和 2018 年。 B 企业的高新技术企业证书在 2019 年 8 月 20 日到期，在 2019 年季度预缴时企业仍可按高新技术企业 15％ 税率预缴。如果 A 企业在 2019 年年底前重新获得高新技术企业证书，其 2019 年度可继续享受税收优惠。如未重新获得

（续表）

政策规定	政策解读
复核后确认不符合认定条件的,由认定机构取消其高新技术企业资格,并通知税务机关追缴其证书有效期内自不符合认定条件年度起已享受的税收优惠。 　　三、享受税收优惠的高新技术企业,每年汇算清缴时应按照《企业所得税优惠政策事项办理办法》(国家税务总局公告2015年第76号)规定向税务机关提交企业所得税优惠事项备案表、高新技术企业资格证书履行备案手续,同时妥善保管以下资料留存备查: 　　1.高新技术企业资格证书; 　　2.高新技术企业认定资料; 　　3.知识产权相关材料; 　　4.年度主要产品(服务)发挥核心支持作用的技术属于《国家重点支持的高新技术领域》规定范围的说明,高新技术产品(服务)及对应收入资料; 　　5.年度职工和科技人员情况证明材料; 　　6.当年和前两个会计年度研发费用总额及占同期销售收入比例、研发费用管理资料以及研发费用辅助账,研发费用结构明细表(具体格式见《工作指引》附件2); 　　7.省税务机关规定的其他资料。 　　四、本公告适用于2017年度及以后年度企业所得税汇算清缴。2016年1月1日以后按《认定办法》认定的高新技术企业按本公告规定执行。2016年1月1日前按《科技部　财政部　国家税务总局关于印发〈高新技术企业认定管理办法〉的通知》(国科发火〔2008〕172号)认定的高新技术企业,仍按《国家税务总局关于实施高新技术企业所得税优惠有关问题的通知》(国税函〔2009〕203号)和国家税务总局公告2015年第76号的规定执行。	高新技术企业证书,则应按25%的税率补缴少缴的税款。 　　二、明确税务机关日常管理的范围、程序和追缴期限。 　　(一)明确后续管理范围 　　《认定办法》第十六条中所称"认定条件"是较为宽泛的概念,既包括高新技术企业认定时的条件,也包括享受税收优惠期间的条件。公告将税务机关后续管理的范围明确为高新技术企业认定过程中和享受优惠期间,统一了管理范围,明确了工作职责。 　　(二)调整后续管理程序 　　按照国税函〔2009〕203号文件的规定,税务部门发现高新技术企业不符合优惠条件的,可以追缴高新技术企业已减免的企业所得税税款,但不取消其高新技术企业资格。 　　(三)明确追缴期限 　　公告将《认定办法》第十六条中的追缴期限"不符合认定条件年度起"明确为"证书有效期内自不符合认定条件年度起",避免因为理解偏差导致扩大追缴期限。 　　三、明确高新技术企业优惠备案要求。 　　四、明确执行时间和衔接问题。 　　在一段时间内,按不同认定办法认定的高新技术企业还将同时存在,但认定条件、监督管理要求等并不一致。为公平、合理起见,公告明确了"老人老办法,新人新办法"的处理原则,以妥善解决新旧衔接问题。

2. 优惠事项管理(国家税务总局公告2018年第23号)

序号	主要留存备查资料	享受优惠时间	后续管理要求
37	1. 高新技术企业资格证书; 　　2. 高新技术企业认定资料; 　　3. 知识产权相关材料; 　　4. 年度主要产品(服务)发挥核心支持作用的技术属于《国家重点支持的高新技术领域》规定范围的说明,高新技术产品(服务)及对应收入资料; 　　5. 年度职工和科技人员情况证明材料; 　　6. 当年和前两个会计年度研发费用总额及占同期销售收入比例、研发费用管理资料以及研发费用辅助账,研发费用结构明细表。	预缴享受	由省税务机关(含计划单列市税务机关)规定。

三、动漫企业定期减免所得税

政策依据:

　　《财政部　国家税务总局关于扶持动漫产业发展有关税收政策问题的通知》(财税〔2009〕65号);
　　《动漫企业认定管理办法(试行)》(文市发〔2008〕51号);
　　《文化部　财政部　国家税务总局关于实施〈动漫企业认定管理办法(试行)〉有关问题的通知》(文产发〔2009〕18号);
　　《文化部　财政部　国家税务总局关于公布2015年通过认定动漫企业名单的通知》(文产函〔2016〕76号)。

（一）政策规定与报表填报（财税〔2009〕65号）

政策规定	报表填报
经认定的动漫企业自主开发、生产动漫产品，享受软件企业所得税优惠政策。即在2017年12月31日前自获利年度起，第一年至第二年免征所得税，第三年至第五年按照25％的法定税率减半征收所得税，并享受至期满为止。	经认定的动漫企业减免的所得税填报A107040表第5行"五、动漫企业自主开发、生产动漫产品定期减免企业所得税"，减免税金额根据表A100000第23行应纳税所得额计算的免征、减征企业所得税金额。

（二）优惠事项管理（国家税务总局公告2018年第23号）

序号	主要留存备查资料	享受优惠时间	后续管理要求
44	1. 动漫企业认定证明； 2. 动漫企业认定资料； 3. 动漫企业年审通过名单； 4. 获利年度情况说明。	预缴享受	由省税务机关（含计划单列市税务机关）规定。

四、软件、集成电路企业所得税优惠

（一）软件、集成电路企业所得税优惠政策

政策依据：

> 　　《财政部　国家税务总局关于企业所得税若干优惠政策的通知》（财税〔2008〕1号）；
>
> 　　《财政部　国家税务总局关于进一步鼓励软件产业和集成电路产业发展企业所得税政策的通知》（财税〔2012〕27号）；
>
> 　　《国家税务总局关于执行软件企业所得税优惠政策有关问题的公告》（国家税务总局公告2013年第43号）；
>
> 　　《财政部　国家税务总局　发展改革委　工业和信息化部关于进一步鼓励集成电路产业发展企业所得税政策的通知》（财税〔2015〕6号）；
>
> 　　《财政部　国家税务总局　发展改革委　工业和信息化部关于软件和集成电路产业企业所得税优惠政策有关问题的通知》（财税〔2016〕49号）；
>
> 　　《财政部　税务总局　国家发展改革委　工业和信息化部关于集成电路生产企业有关企业所得税政策问题的通知》（财税〔2018〕27号）；
>
> 　　《财政部　税务总局关于集成电路设计和软件产业企业所得税政策的公告》（财政部　税务总局公告2019年第68号）。

1. 集成电路生产企业

1）集成电路生产企业享受优惠条件（财税〔2016〕49号）

> 　　二、财税〔2012〕27号文件所称集成电路生产企业，是指以单片集成电路、多芯片集成电路、混合集成电路制造为主营业务并同时符合下列条件的企业：
>
> 　　（一）在中国境内（不包括港、澳、台地区）依法注册并在发展改革、工业和信息化部门备案的居民企业；
> 　　（二）汇算清缴年度具有劳动合同关系且具有大学专科以上学历职工人数占企业月平均职工总人数的比例不低于40％，其中研究开发人员占企业月平均职工总数的比例不低于20％；
> 　　（三）拥有核心关键技术，并以此为基础开展经营活动，且汇算清缴年度研究开发费用总额占企业销售（营业）收入（主营业务收入与其他业务收入之和，下同）总额的比例不低于5％；其中，企业在中国境内发生的研究开发费用金额占研究开发费用总额的比例不低于60％；
> 　　（四）汇算清缴年度集成电路制造销售（营业）收入占企业收入总额的比例不低于60％；
> 　　（五）具有保证产品生产的手段和能力，并获得有关资质认证（包括ISO质量体系认证）；
> 　　（六）汇算清缴年度未发生重大安全、重大质量事故或严重环境违法行为。

　　集成电路是芯片制造的基础。芯片广泛应用于计算机、移动通信终端以及国防军事等领域，是一个国家科学技术硬实力的体现。为了实现"中国制造2025"这一强国战略，通过给予税收优惠政策，减轻企业税负和资金压力，以更好地投入生产研发是大势所趋。

2）集成电路生产企业所得税优惠政策

类型	减免政策及方式（财税〔2012〕27 号）		减免政策及方式（财税〔2018〕27 号）	
（一）线宽小于 130 纳米			一、2018 年 1 月 1 日后投资新设的集成电路线宽小于 130 纳米，且经营期在 10 年以上的集成电路生产企业或项目，第一年至第二年免征企业所得税，第三年至第五年按照 25％的法定税率减半征收企业所得税，并享受至期满为止。	二免三减半
（二）线宽小于 0.8 微米（含）			二、2018 年 1 月 1 日后投资新设的集成电路线宽小于 65 纳米或投资额超过 150 亿元，且经营期在 15 年以上的集成电路生产企业或项目，第一年至第五年免征企业所得税，第六年至第十年按照 25％的法定税率减半征收企业所得税，并享受至期满为止。	五免五减半
			三、对于按照集成电路生产企业享受本通知第一条、第二条税收优惠政策的，优惠期自企业获利年度起计算；对于按照集成电路生产项目享受上述优惠的，优惠期自项目取得第一笔生产经营收入所属纳税年度起计算。 四、享受本通知第一条、第二条税收优惠政策的集成电路生产项目，其主体企业应符合集成电路生产企业条件，且能够对该项目单独进行会计核算、计算所得，并合理分摊期间费用。	
（三）线宽小于 0.8 微米（含）	一、集成电路线宽小于 0.8 微米（含）的集成电路生产企业，在 2017 年 12 月 31 日前自获利年度计算优惠期，第一年至第二年免征企业所得税，第三年至第五年按照 25％的法定税率减半征收企业所得税，并享受至期满为止。	二免三减半	六、2017 年 12 月 31 日前设立但未获利的集成电路线宽小于 0.8 微米（含）的集成电路生产企业，自获利年度起第一年至第二年免征企业所得税，第三年至第五年按照 25％的法定税率减半征收企业所得税，并享受至期满为止。	二免三减半
（四）线宽小于 0.25 微米	二、线宽小于 0.25 微米的集成电路生产企业，经营期在 15 年以上的，在 2017 年 12 月 31 日前自获利年度起计算优惠期，第一年至第五年免征企业所得税，第六年至第十年按照 25％的法定税率减半征收企业所得税，并享受至期满为止。	五免五减半	五、2017 年 12 月 31 日前设立但未获利的集成电路线宽小于 0.25 微米或投资额超过 80 亿元，且经营期在 15 年以上的集成电路生产企业，自获利年度起第一年至第五年免征企业所得税，第六年至第十年按照 25％的法定税率减半征收企业所得税，并享受至期满为止。	五免五减半
	线宽小于 0.25 微米的集成电路生产企业，经营期不到 15 年的。	15％税率		
（五）投资额超过 80 亿元	投资额超过 80 亿元的集成电路生产企业，经营期在 15 年以上的，在 2017 年 12 月 31 日前自获利年度起计算优惠期，第一年至第五年免征企业所得税，第六年至第十年按照 25％的法定税率减半征收企业所得税，并享受至期满为止。	五免五减半		
	投资额超过 80 亿元的集成电路生产企业，经营期不到 15 年的。	15％税率		

（续表）

类型	减免政策及方式（财税〔2012〕27号）	减免政策及方式（财税〔2018〕27号）
加速折旧或摊销	七、企业外购的软件，凡符合固定资产或无形资产确认条件的，可以按照固定资产或无形资产进行核算，其折旧或摊销年限可以适当缩短，最短可为2年（含）。 八、集成电路生产企业的生产设备，其折旧年限可以适当缩短，最短可为3年（含）。	

财税〔2018〕27号适用于集成电路生产企业，不适用于集成电路设计企业和软件企业（仍然按财税〔2012〕27号、财税〔2016〕49号等执行），优惠主体由生产企业扩展为生产企业或项目，不再要求经过认定。

享受财税〔2018〕27号税收优惠政策的集成电路生产企业的范围和条件，按照《财政部 国家税务总局 发展改革委 工业和信息化部关于软件和集成电路产业企业所得税优惠政策有关问题的通知》（财税〔2016〕49号）第二条执行；财税〔2016〕49号文件第二条第（二）项中"具有劳动合同关系"调整为"具有劳动合同关系或劳务派遣、聘用关系"，第（三）项中汇算清缴年度研究开发费用总额占企业销售（营业）收入总额（主营业务收入与其他业务收入之和）的比例由"不低于5%"调整为"不低于2%"，同时企业应持续加强研发活动，不断提高研发能力。（财税〔2018〕27号第七条）

集成电路生产企业或项目享受上述企业所得税优惠的有关管理问题，按照财税〔2016〕49号文件和税务总局关于办理企业所得税优惠政策事项的相关规定执行。（财税〔2018〕27号第八条）

以项目为基础享受税收优惠，集成电路生产企业需要同时符合以下3个条件：

（1）2018年1月1日后投资新设；

（2）集成电路线宽小于130纳米，且经营期在10年以上；或者集成电路线宽小于65纳米或投资额超过150亿元，且经营期在15年以上；

（3）集成电路生产项目的主体企业应符合集成电路生产企业条件，且能够对该项目单独进行会计核算、计算所得，并合理分摊期间费用。

3）优惠事项管理（国家税务总局公告2018年第23号）

① 线宽小于130纳米的集成电路生产项目的所得减免企业所得税。

序号	主要留存备查资料	享受优惠时间	后续管理要求
52	后续管理要求提交资料的留存件。	预缴享受	在汇算清缴期结束前向税务机关提交以下资料： 1. 在发展改革或工业和信息化部门立项的备案文件（应注明总投资额、工艺线宽标准）复印件以及企业取得的其他相关资质证书复印件等； 2. 企业职工人数、学历结构、研究开发人员情况及其占企业职工总数的比例说明，以及汇算清缴年度最后一个月社会保险缴纳证明等相关证明材料； 3. 加工集成电路产品主要列表及国家知识产权局（或国外知识产权相关主管机构）出具的企业自主开发或拥有的一至两份代表性知识产权（如专利、布图设计登记、软件著作权等）的证明材料； 4. 经具有资质的中介机构鉴证的企业财务会计报告（包括会计报表、会计报表附注和财务情况说明书）以及集成电路制造销售（营业）收入、研究开发费用、境内研究开发费用等情况说明； 5. 与主要客户签订的一至两份代表性销售合同复印件； 6. 保证产品质量的相关证明材料（如质量管理认证证书复印件等）。

② 线宽小于65纳米或投资额超过150亿元的集成电路生产项目的所得减免企业所得税。

序号	主要留存备查资料	享受优惠时间	后续管理要求
53	后续管理要求提交资料的留存件。	预缴享受	在汇算清缴期结束前向税务机关提交以下资料： 1. 在发展改革或工业和信息化部门立项的备案文件（应注明总投资额、工艺线宽标准）复印件以及企业取得的其他相关资质证书复印件等；

序号	主要留存备查资料	享受优惠时间	后续管理要求
			2．业职工人数、学历结构、研究开发人员情况及其占企业职工总数的比例说明，以及汇算清缴年度最后一个月社会保险缴纳证明等相关证明材料； 3．加工集成电路产品主要列表及国家知识产权局（或国外知识产权相关主管机构）出具的企业自主开发或拥有的一至两份代表性知识产权（如专利、布图设计登记、软件著作权等）的证明材料； 4．经具有资质的中介机构鉴证的企业财务会计报告（包括会计报表、会计报表附注和财务情况说明书）以及集成电路制造销售（营业）收入、研究开发费用、境内研究开发费用等情况说明； 5．与主要客户签订的一至两份代表性销售合同复印件； 6．保证产品质量的相关证明材料（如质量管理认证证书复印件等）。

③ 线宽小于 0.8 微米（含）。

序号	主要留存备查资料	享受优惠时间	后续管理要求
47	后续管理要求提交资料的留存件。	预缴享受	在汇算清缴期结束前向税务机关提交以下资料： 1．发展改革或工业和信息化部门立项的备案文件（应注明总投资额、工艺线宽标准）复印件以及企业取得的其他相关资质证书复印件等； 2．企业职工人数、学历结构、研究开发人员情况及其占企业职工总数的比例说明，以及汇算清缴年度最后一个月社会保险缴纳证明等相关证明材料； 3．加工集成电路产品主要列表及国家知识产权局（或国外知识产权相关主管机构）出具的企业自主开发或拥有的一至两份代表性知识产权（如专利、布图设计登记、软件著作权等）的证明材料； 4．经具有资质的中介机构鉴证的企业财务会计报告（包括会计报表、会计报表附注和财务情况说明书）以及集成电路制造销售（营业）收入、研究开发费用、境内研究开发费用等情况说明； 5．与主要客户签订的一至两份代表性销售合同复印件； 6．保证产品质量的相关证明材料（如质量管理认证证书复印件等）。

④ 线宽小于 0.25 微米。

序号	主要留存备查资料	享受优惠时间	后续管理要求
48	后续管理要求提交资料的留存件。	预缴享受	在汇算清缴期结束前向税务机关提交以下资料： 1．发展改革或工业和信息化部门立项的备案文件（应注明总投资额、工艺线宽标准）复印件以及企业取得的其他相关资质证书复印件等； 2．企业职工人数、学历结构、研究开发人员情况及其占企业职工总数的比例说明，以及汇算清缴年度最后一个月社会保险缴纳证明等相关证明材料； 3．加工集成电路产品主要列表及国家知识产权局（或国外知识产权相关主管机构）出具的企业自主开发或拥有的一至两份代表性知识产权（如专利、布图设计登记、软件著作权等）的证明材料； 4．经具有资质的中介机构鉴证的企业财务会计报告（包括会计报表、会计报表附注和财务情况说明书）以及集成电路制造销售（营业）收入、研究开发费用、境内研究开发费用等情况说明； 5．与主要客户签订的一至两份代表性销售合同复印件； 6．保证产品质量的相关证明材料（如质量管理认证证书复印件等）。

（续表）

序号	主要留存备查资料	享受优惠时间	后续管理要求
50	后续管理要求提交资料的留存件。	预缴享受	在汇算清缴期结束前向税务机关提交以下资料： 1. 在发展改革或工业和信息化部门立项的备案文件（应注明总投资额、工艺线宽标准）复印件以及企业取得的其他相关资质证书复印件等； 2. 企业职工人数、学历结构、研究开发人员情况及其占企业职工总数的比例说明，以及汇算清缴年度最后一个月社会保险缴纳证明等相关证明材料； 3. 加工集成电路产品主要列表及国家知识产权局（或国外知识产权相关主管机构）出具的企业自主开发或拥有的一至两份代表性知识产权（如专利、布图设计登记、软件著作权等）的证明材料； 4. 经具有资质的中介机构鉴证的企业财务会计报告（包括会计报表、会计报表附注和财务情况说明书）以及集成电路制造销售（营业）收入、研究开发费用、境内研究开发费用等情况说明； 5. 与主要客户签订的一至两份代表性销售合同复印件； 6. 保证产品质量的相关证明材料（如质量管理认证证书复印件等）。

⑤ 投资额超过 80 亿元。

序号	主要留存备查资料	享受优惠时间	后续管理要求
49	后续管理要求提交资料的留存件。	预缴享受	在汇算清缴期结束前向税务机关提交以下资料： 1. 在发展改革或工业和信息化部门立项的备案文件（应注明总投资额、工艺线宽标准）复印件以及企业取得的其他相关资质证书复印件等； 2. 企业职工人数、学历结构、研究开发人员情况及其占企业职工总数的比例说明，以及汇算清缴年度最后一个月社会保险缴纳证明等相关证明材料； 3. 加工集成电路产品主要列表及国家知识产权局（或国外知识产权相关主管机构）出具的企业自主开发或拥有的一至两份代表性知识产权（如专利、布图设计登记、软件著作权等）的证明材料； 4. 经具有资质的中介机构鉴证的企业财务会计报告（包括会计报表、会计报表附注和财务情况说明书）以及集成电路制造销售（营业）收入、研究开发费用、境内研究开发费用等情况说明； 5. 与主要客户签订的一至两份代表性销售合同复印件； 6. 保证产品质量的相关证明材料（如质量管理认证证书复印件等）。
51	后续管理要求提交资料的留存件。	预缴享受	在汇算清缴期结束前向税务机关提交以下资料： 1. 在发展改革或工业和信息化部门立项的备案文件（应注明总投资额、工艺线宽标准）复印件以及企业取得的其他相关资质证书复印件等； 2. 企业职工人数、学历结构、研究开发人员情况及其占企业职工总数的比例说明，以及汇算清缴年度最后一个月社会保险缴纳证明等相关证明材料； 3. 加工集成电路产品主要列表及国家知识产权局（或国外知识产权相关主管机构）出具的企业自主开发或拥有的一至两份代表性知识产权（如专利、布图设计登记、软件著作权等）的证明材料； 4. 经具有资质的中介机构鉴证的企业财务会计报告（包括会计报表、会计报表附注和财务情况说明书）以及集成电路制造销售（营业）收入、研究开发费用、境内研究开发费用等情况说明； 5. 与主要客户签订的一至两份代表性销售合同复印件； 6. 保证产品质量的相关证明材料（如质量管理认证证书复印件等）。

2. 集成电路设计企业

1）集成电路设计企业享受优惠条件（财税〔2016〕49 号）

三、财税〔2012〕27 号文件所称集成电路设计企业是指以集成电路设计为主营业务并同时符合下列条件的企业：

（一）在中国境内（不包括港、澳、台地区）依法注册的居民企业；	（四）汇算清缴年度集成电路设计销售（营业）收入占企业收入总额的比例不低于 60%，其中集成电路自主设计销售（营业）收入占企业收入总额的比例不低于 50%；
（二）汇算清缴年度具有劳动合同关系且具有大学专科以上学历的职工人数占企业月平均职工总人数的比例不低 40%，其中研究开发人员占企业月平均职工总数的比例不低于 20%；	（五）主营业务拥有自主知识产权；
（三）拥有核心关键技术，并以此为基础开展经营活动，且汇算清缴年度研究开发费用总额占企业销售（营业）收入总额的比例不低于 6%；其中，企业在中国境内发生的研究开发费用金额占研究开发费用总额的比例不低于 60%；	（六）具有与集成电路设计相适应的软硬件设施等开发环境（如 EDA 工具、服务器或工作站）；
	（七）汇算清缴年度未发生重大安全、重大质量事故或严重环境违法行为。

2）国家规划布局内重点集成电路设计企业（财税〔2016〕49 号）

五、财税〔2012〕27 号文件所称国家规划布局内重点集成电路设计企业除符合本通知第三条规定，还应至少符合下列条件中的一项：

（一）汇算清缴年度集成电路设计销售（营业）收入不低于 2 亿元，年应纳税所得额不低于 1 000 万元，研究开发人员占月平均职工总数的比例不低于 25%；	（二）在国家规定的重点集成电路设计领域内，汇算清缴年度集成电路设计销售（营业）收入不低于 2 000 万元，应纳税所得额不低于 250 万元，研究开发人员占月平均职工总数的比例不低于 35%，企业在中国境内发生的研发费用金额占研究开发费用总额的比例不低于 70%。

3）集成电路设计企业所得税优惠政策（财政部　税务总局公告 2019 年第 68 号）

类型	减免政策及方式	
（一）新办集成电路设计企业	1. 依法成立且符合条件的集成电路设计企业和软件企业，在 2018 年 12 月 31 日前自获利年度起计算优惠期，第一年至第二年免征企业所得税，第三年至第五年按照 25% 的法定税率减半征收企业所得税，并享受至期满为止。 2. 本公告第一条所称"符合条件"，是指符合《财政部　国家税务总局关于进一步鼓励软件产业和集成电路产业发展企业所得税政策的通知》（财税〔2012〕27 号）和《财政部　国家税务总局　发展改革委　工业和信息化部关于软件和集成电路产业企业所得税优惠政策有关问题的通知》（财税〔2016〕49 号）规定的条件。	二免三减半
（二）国家规划布局内集成电路设计重点企业	国家规划布局内的重点集成电路设计企业，如当年未享受免税优惠的，可减按 10% 税率征收企业所得税。	15% 税率

4）优惠事项管理（国家税务总局公告 2018 年第 23 号）

① 新办集成电路设计企业。

序号	主要留存备查资料	享受优惠时间	后续管理要求
45	后续管理要求提交资料的留存件。	预缴享受	在汇算清缴期结束前向税务机关提交以下资料： 1. 企业职工人数、学历结构、研究开发人员情况及其占企业职工总数的比例说明，以及汇算清缴年度最后一个月社会保险缴纳证明等相关证明材料； 2. 企业开发销售的主要集成电路产品列表，以及国家知识产权局（或国外知识产权相关主管机构）出具的企业自主开发或拥有的一至两份代表性知识产权（如专利、布图设计登记、软件著作权等）的证明材料； 3. 经具有资质的中介机构鉴证的企业财务会计报告（包括会

（续表）

序号	主要留存 备查资料	享受优惠时间	后续管理要求
			计报表、会计报表附注和财务情况说明书)以及集成电路设计销售（营业）收入、集成电路自主设计销售（营业）收入、研究开发费用、境内研究开发费用等情况表； 　　4. 第三方检测机构提供的集成电路产品测试报告或用户报告，以及与主要客户签订的一至两份代表性销售合同复印件； 　　5. 企业开发环境等相关证明材料。

② 国家规划布局内集成电路设计重点企业。

序号	主要留存 备查资料	享受优惠时间	后续管理要求
46	后续管理要求提交资料的留存件。	预缴享受	在汇算清缴期结束前向税务机关提交以下资料： 　　1. 企业职工人数、学历结构、研究开发人员情况及其占企业职工总数的比例说明，以及汇算清缴年度最后一个月社会保险缴纳证明等相关证明材料； 　　2. 企业开发销售的主要集成电路产品列表，以及国家知识产权局(或国外知识产权相关主管机构)出具的企业自主开发或拥有的一至两份代表性知识产权(如专利、布图设计登记、软件著作权等)的证明材料； 　　3. 经具有资质的中介机构鉴证的企业财务会计报告(包括会计报表、会计报表附注和财务情况说明书)以及集成电路设计销售（营业）收入、集成电路自主设计销售（营业）收入、研究开发费用、境内研究开发费用等情况表； 　　4. 第三方检测机构提供的集成电路产品测试报告或用户报告，以及与主要客户签订的一至两份代表性销售合同复印件； 　　5. 企业开发环境等相关证明材料； 　　6. 符合财税〔2016〕49号文件第五条规定的第二类条件的，应提供在国家规定的重点集成电路设计领域内销售（营业）情况说明。

3. 软件企业

1）软件企业享受优惠条件（财税〔2016〕49号）

四、财税〔2012〕27号文件所称软件企业是指以软件产品开发销售（营业）为主营业务并同时符合下列条件的企业：

（一）在中国境内（不包括港、澳、台地区）依法注册的居民企业；

（二）汇算清缴年度具有劳动合同关系且具有大学专科以上学历的职工人数占企业月平均职工总人数的比例不低于40%，其中研究开发人员占企业月平均职工总数的比例不低于20%；

（三）拥有核心关键技术，并以此为基础开展经营活动，且汇算清缴年度研究开发费用总额占企业销售（营业）收入总额的比例不低于6%；其中，企业在中国境内发生的研究开发费用金额占研究开发费用总额的比例不低于60%；

（四）汇算清缴年度软件产品开发销售（营业）收入占企业收入总额的比例不低于50%〔嵌入式软件产品和信息系统集成产品开发销售（营业）收入占企业收入总额的比例不低于40%〕，其中，软件产品自主开发销售（营业）收入占企业收入总额的比例不低于40%〔嵌入式软件产品和信息系统集成产品开发销售（营业）收入占企业收入总额的比例不低于30%〕；

（五）主营业务拥有自主知识产权；

（六）具有与软件开发相适应软硬件设施等开发环境（如合法的开发工具等）；

（七）汇算清缴年度未发生重大安全、重大质量事故或严重环境违法行为。

2）国家规划布局内重点软件企业（财税〔2016〕49号）

六、财税〔2012〕27号文件所称国家规划布局内重点软件企业是除符合本通知第四条规定，还应至少符合下列条件中的一项：

（一）汇算清缴年度软件产品开发销售（营业）收入不低于2亿元，应纳税所得额不低于1 000万元，研究开发人员占企业月平均职工总数的比例不低于25%；

（二）在国家规定的重点软件领域内，汇算清缴年度软件产品开发销售（营业）收入不低于5 000万元，应纳税所得额不低于250万元，研究开发人员占企业月平均职工总数的比例不低于25%，企业在中国境内发生的研究开发费用金额占研究开发费用总额的比例不低于70%；

（三）汇算清缴年度软件出口收入总额不低于800万美元，软件出口收入总额占本企业年度收入总额比例不低于50%，研究开发人员占企业月平均职工总数的比例不低于25%。

3）软件企业所得税优惠政策（财政部　税务总局公告2019年第68号）

类型	减免政策及方式	
（一）新办符合条件的软件企业	1. 依法成立且符合条件的集成电路设计企业，在2018年12月31日前自获利年度起计算优惠期，第一年至第二年免征企业所得税，第三年至第五年按照25%的法定税率减半征收企业所得税，并享受至期满为止。 2. 本公告第一条所称"符合条件"，是指符合《财政部　国家税务总局关于进一步鼓励软件产业和集成电路产业发展企业所得税政策的通知》（财税〔2012〕27号）和《财政部　国家税务总局　发展改革委　工业和信息化部关于软件和集成电路产业企业所得税优惠政策有关问题的通知》（财税〔2016〕49号）规定的条件。	二免三减半
（二）国家规划布局内重点软件企业	国家规划布局内的重点软件企业，如当年未享受免税优惠的，可减按10%税率征收企业所得税。	15%税率

4）优惠事项管理（国家税务总局公告2018年第23号）

① 新办符合条件的软件企业。

序号	主要留存备查资料	享受优惠时间	后续管理要求
56	后续管理要求提交资料的留存件。	预缴享受	在汇算清缴期结束前向税务机关提交以下资料： 1. 企业开发销售的主要软件产品列表或技术服务列表； 2. 主营业务为软件产品开发的企业，提供至少1个主要产品的软件著作权或专利权等自主知识产权的有效证明文件，以及第三方检测机构提供的软件产品测试报告；主营业务仅为技术服务的企业提供核心技术说明； 3. 企业职工人数、学历结构、研究开发人员及其占企业职工总数的比例说明，以及汇算清缴年度最后一个月社会保险缴纳证明等相关证明材料； 4. 经具有资质的中介机构鉴证的企业财务会计报告（包括会计报表、会计报表附注和财务情况说明书）以及软件产品开发销售（营业）收入、软件产品自主开发销售（营业）收入、研究开发费用、境内研究开发费用等情况说明； 5. 与主要客户签订的一至两份代表性的软件产品销售合同或技术服务合同复印件； 6. 企业开发环境相关证明材料。

② 国家规划布局内重点软件企业。

序号	主要留存备查资料	享受优惠时间	后续管理要求
57	后续管理要求提交资料的留存件。	预缴享受	在汇算清缴期结束前向税务机关提交以下资料： 1. 企业开发销售的主要软件产品列表或技术服务列表； 2. 主营业务为软件产品开发的企业，提供至少1个主要产品的软件著作权或专利权等自主知识产权的有效证明文件，以及第三方检测机构提供的软件产品测试报告；主营业务仅为技术服务的企业提供核心技术说明； 3. 企业职工人数、学历结构、研究开发人员及其占企业职工总数的比例说明，以及汇算清缴年度最后一个月社会保险缴纳证明等

（续表）

序号	主要留存备查资料	享受优惠时间	后续管理要求
57	后续管理要求提交资料的留存件。	预缴享受	相关证明材料； 4. 经具有资质的中介机构鉴证的企业财务会计报告（包括会计报表、会计报表附注和财务情况说明书）以及软件产品开发销售（营业）收入、软件产品自主开发销售（营业）收入、研究开发费用、境内研究开发费用等情况说明； 5. 与主要客户签订的一至两份代表性的软件产品销售合同或技术服务合同复印件； 6. 企业开发环境相关证明材料； 7. 符合财税〔2016〕49 号文件第六条规定的第二类条件的，应提供在国家规定的重点软件领域内销售（营业）情况说明； 8. 符合财税〔2016〕49 号文件第六条规定的第三类条件的，应提供商务主管部门核发的软件出口合同登记证书，以及有效出口合同和结汇证明等材料。

4. 集成电路封装、测试企业

1) 集成电路封装、测试企业享受优惠条件（财税〔2015〕6 号）

二、本通知所称符合条件的集成电路封装、测试企业，必须同时满足以下条件：

1. 2014 年 1 月 1 日后依法在中国境内成立的法人企业；

2. 签订劳动合同关系且具有大学专科以上学历的职工人数占企业当年月平均职工总人数的比例不低于 40%，其中，研究开发人员占企业当年月平均职工总数的比例不低于 20%；

3. 拥有核心关键技术，并以此为基础开展经营活动，且当年度的研究开发费用总额占企业销售（营业）收入（主营业务收入与其他业务收入之和，下同）总额的比例不低于 3.5%，其中，企业在中国境内发生的研究开发费用金额占研究开发费用总额的比例不低于 60%；

4. 集成电路封装、测试销售（营业）收入占企业收入总额的比例不低于 60%；

5. 具有保证产品生产的手段和能力，并获得有关资质认证（包括 150 质量体系认证、人力资源能力认证等）；

6. 具有与集成电路封装、测试相适应的经营场所、软硬件设施等基本条件。

2) 集成电路封装、测试企业所得税优惠政策（财税〔2012〕27 号）

类型	减免政策及方式	
符合条件的集成电路封装、测试企业	符合条件的集成电路封装、测试企业，在 2017 年（含 2017 年）前实现获利的，自获利年度起第一年至第二年免征企业所得税，第三年至第五年按照 25% 的法定税率减半征收企业所得税，并享受至期满为止；2017 年前未实现获利的，自 2017 年起计算优惠期，享受至期满为止。	二免三减半

3) 优惠事项管理（国家税务总局公告 2018 年第 23 号）

序号	主要留存备查资料	享受优惠时间	后续管理要求
54	省级相关部门根据发展改革委等部门规定办法出具的证明。	预缴享受	由省税务机关（含计划单列市税务机关）规定。

5. 集成电路关键专用材料和专用设备生产企业

1) 集成电路关键专用材料和专用设备生产企业享受优惠条件（财税〔2015〕6 号）

三、本通知所称符合条件的集成电路关键专用材料生产企业或集成电路专用设备生产企业，必须同时满足以下条件：

1. 2014 年 1 月 1 日后依法在中国境内成立的法人企业；

2. 签订劳动合同关系且具有大学专科以上学

4. 集成电路关键专用材料或专用设备销售收入占企业销售（营业）收入总额的比例不低于 30%；

5. 具有保证集成电路关键专用材料或专用设备

（续表）

历的职工人数占企业当年月平均职工总人数的比例不低于 40%，其中，研究开发人员占企业当年月平均职工总数的比例不低于 20%； 　　3. 拥有核心关键技术，并以此为基础开展经营活动，且当年度的研究开发费用总额占企业销售（营业）收入总额的比例不低于 5%，其中，企业在中国境内发生的研究开发费用金额占研究开发费用总额的比例不低于 60%；	产品生产的手段和能力，并获得有关资质认证（包括 150 质量体系认证、人力资源能力认证等）； 　　6. 具有与集成电路关键专用材料或专用设备生产相适应的经营场所、软硬件设施等基本条件。 　　集成电路关键专用材料或专用设备的范围，分别按照《集成电路关键专用材料企业所得税优惠目录》《集成电路专用设备企业所得税优惠目录》的规定执行。

2）集成电路关键专用材料和专用设备生产企业所得税优惠政策（财税〔2012〕27 号）

类型	减免政策及方式	
符合条件的集成电路关键专用材料和专用设备生产企业	符合条件的集成电路关键专用材料生产企业、集成电路专用设备生产企业，在 2017 年（含 2017 年）前实现获利的，自获利年度起第一年至第二年免征企业所得税，第三年至第五年按照 25% 的法定税率减半征收企业所得税，并享受至期满为止；2017 年前未实现获利的，自 2017 年起计算优惠期，享受至期满为止。	二免三减半

3）优惠事项管理（国家税务总局公告 2018 年第 23 号）

序号	主要留存备查资料	享受优惠时间	后续管理要求
55	省级相关部门根据发展改革委等部门规定办法出具的证明。	预缴享受	由省税务机关（含计划单列市税务机关）规定。

6. 软件企业与高新技术企业优惠叠加享受问题（国税函〔2010〕157 号第一条第二项）

　　居民企业被认定为高新技术企业，同时又符合软件生产企业和集成电路生产企业定期减半征收企业所得税优惠条件的，该居民企业的所得税适用税率可以选择适用高新技术企业的 15% 税率，也可以选择依照 25% 的法定税率减半征税，但不能享受 15% 税率的减半征税。

　　（二）税收优惠基本信息

　　当企业同时享受多种软件、集成电路企业优惠政策时，可根据实际情况填报"减免方式 1"和"减免方式 2"，并同时填报对应的"获利年度\开始计算优惠期年度 1"和"获利年度\开始计算优惠期年度 2"。

减免方式	获利年度\开始计算优惠期年度
纳税人根据《企业所得税年度纳税申报基础信息表》（A000000）"208 软件、集成电路企业类型"填报的企业类型和实际经营情况，从《软件、集成电路企业优惠方式代码表》"代码"列中选择相应代码，填入本项。在"110""120""210""220""300""400"六个代码中，纳税人仅可从中选择一项填列。	适用选择"二免三减半""五免五减半"定期减免类型的纳税人填报。其中，"开始计算优惠期年度"按照财税〔2012〕27 号、财税〔2015〕6 号、财税〔2018〕27 号等文件的相关规定确定。

软件、集成电路企业优惠方式代码表

代码	减免方式类型	软件、集成电路企业类型
110	企业二免三减半（免税）	110 集成电路生产企业［线宽小于 0.8 微米（含）的企业］
		140 集成电路生产企业（线宽小于 130 纳米的企业）
		150 集成电路生产企业（线宽小于 65 纳米或投资额超过 150 亿元的企业）
		210 集成电路设计企业（新办符合条件企业）
		311 软件企业（一般软件企业——新办符合条件企业）
		321 软件企业（嵌入式或信息系统集成软件——新办符合条件企业）

（续表）

代码	减免方式类型	软件、集成电路企业类型
110	企业二免三减半（免税）	400 集成电路封装测试企业
		500 集成电路关键专用材料生产企业
		600 集成电路专用设备生产企业
120	企业二免三减半（减半征收）	110 集成电路生产企业［线宽小于 0.8 微米（含）的企业］
		140 集成电路生产企业（线宽小于 130 纳米的企业）
		150 集成电路生产企业（线宽小于 65 纳米或投资额超过 150 亿元的企业）
		210 集成电路设计企业（新办符合条件企业）
		311 软件企业（一般软件企业——新办符合条件企业）
		321 软件企业（嵌入式或信息系统集成软件——新办符合条件企业）
		400 集成电路封装测试企业
		500 集成电路关键专用材料生产企业
		600 集成电路专用设备生产企业
210	企业五免五减半（免税）	120 集成电路生产企业（线宽小于 0.25 微米的企业）
		130 集成电路生产企业（投资额超过 80 亿元的企业）
220	企业五免五减半（减半征收）	120 集成电路生产企业（线宽小于 0.25 微米的企业）
		130 集成电路生产企业（投资额超过 80 亿元的企业）
300	企业减按 10% 税率征收企业所得税	220 集成电路设计企业（符合规模条件的重点集成电路设计企业）
		230 集成电路设计企业（符合领域的重点集成电路设计企业）
		312 软件企业（一般软件企业——符合规模条件的重点软件企业）
		313 软件企业（一般软件企业——符合领域条件的重点软件企业）
		314 软件企业（一般软件企业——符合出口条件的重点软件企业）
		322 软件企业（嵌入式或信息系统集成软件——符合规模条件的重点软件企业）
		323 软件企业（嵌入式或信息系统集成软件——符合领域条件的重点软件企业）
		324 软件企业（嵌入式或信息系统集成软件——符合出口条件的重点软件企业）
400	企业减按 15% 税率征收企业所得税	120 集成电路生产企业（线宽小于 0.25 微米的企业）
		130 集成电路生产企业（投资额超过 80 亿元的企业）
510	项目所得二免三减半（免税）	140 集成电路生产企业（线宽小于 130 纳米的企业）
520	项目所得二免三减半（减半征收）	140 集成电路生产企业（线宽小于 130 纳米的企业）
610	项目所得五免五减半（免税）	150 集成电路生产企业（线宽小于 65 纳米或投资额超过 150 亿元的企业）
620	项目所得五免五减半（减半征收）	150 集成电路生产企业（线宽小于 65 纳米或投资额超过 150 亿元的企业）

五、减免所得税其他专项优惠

(一)经营性文化事业单位转制企业免税优惠

1. 税收优惠政策

政策依据:

> 《国务院办公厅关于印发文化体制改革中经营性文化事业单位转制为企业和进一步支持文化企业发展两个规定的通知》(国办发〔2018〕124号);
>
> 《财政部　国家税务总局　中央宣传部关于继续实施文化体制改革中经营性文化事业单位转制为企业若干税收政策的通知》(财税〔2019〕16号);
>
> 《财政部　税务总局关于继续实施支持文化企业发展增值税政策的通知》(财税〔2019〕17号);
>
> 《财政部　税务总局关于从事污染防治的第三方企业所得税政策问题的公告》(财政部　税务总局　国家发展改革委　生态环境部公告2019年第60号)。

财税〔2019〕17号	财税〔2019〕16号	相关口径
一、对电影主管部门(包括中央、省、地市及县级)按照各自职能权限批准从事电影制片、发行、放映的电影集团公司(含成员企业)、电影制片厂及其他电影企业取得的销售电影拷贝(含数字拷贝)收入、转让电影版权(包括转让和许可使用)收入、电影发行收入以及在农村取得的电影放映收入,免征增值税。一般纳税人提供的城市电影放映服务,可以按现行政策规定,选择按照简易计税办法计算缴纳增值税。 二、对广播电视运营服务企业收取的有线数字电视基本收视维护费和农村有线电视基本收视费,免征增值税。 三、本通知执行期限为2019年1月1日至2023年12月31日。 文化企业按照本通知规定应予减免的增值税税款,在本通知下发以前已经征收入库的,可抵减以后纳税期应缴税款或办理退库。	2019年1月1日至2023年12月31日: (1)经营性文化事业单位转制为企业,自转制注册之日起五年内免征企业所得税。2018年12月31日之前已完成转制的企业,自2019年1月1日起可继续免征5年企业所得税。 (2)由财政部门拨付事业经费的文化单位转制为企业,自转制注册之日起五年内对其自用房产免征房产税。2018年12月31日之前已完成转制的企业,自2019年1月1日起对其自用房产可继续免征5年房产税。 (3)党报、党刊将其发行、印刷业务及相应的经营性资产剥离组建的文化企业,自注册之日起所取得的党报、党刊发行收入和印刷收入免征增值税。 (4)对经营性文化事业单位转制中资产评估增值、资产转让或划转涉及的企业所得税、增值税、城市维护建设税、契税、印花税等,符合现行规定的享受相应税收优惠政策。 本通知下发之前已经审核认定享受财税〔2014〕84号税收优惠政策的转制文化企业,可按本通知规定享受税收优惠政策。	"经营性文化事业单位",是指从事新闻出版、广播影视和文化艺术的事业单位。转制包括整体转制和剥离转制。其中,整体转制包括:(图书、音像、电子)出版社、非时政类报刊出版单位、新华书店、艺术院团、电影制片厂、电影(发行放映)公司、影剧院、重点新闻网站等整体转制为企业;剥离转制包括:新闻媒体中的广告、印刷、发行、传输网络等部分,以及影视剧等节目制作与销售机构,从事业体制中剥离出来转制为企业。 "转制注册之日",是指经营性文化事业单位转制为企业并进行企业法人登记之日。对于经营性文化事业单位转制前已进行企业法人登记,则按注销事业单位法人登记之日,或核销事业编制的批复之日(转制前未进行事业单位法人登记的)确定转制完成并享受本通知所规定的税收优惠政策。 "2018年12月31日之前已完成转制",是指经营性文化事业单位在2018年12月31日及以前已转制为企业、进行企业法人登记,并注销事业单位法人登记或批复核销事业编制(转制前未进行事业单位法人登记的)。

　　财税〔2014〕84号文件规定的"转制为企业的出版、发行单位处置库存呆滞出版物形成的损失,允许按照税收法律法规的规定在企业所得税前扣除。"自2019年1月1日起停止执行。

　　报表填报:经营性文化事业单位转制企业征企业所得税,填报A107040第17行"十七、经营性文化事业单位转制为企业的免征企业所得税",填报金额为根据表A100000第23行应纳税所得额计算的免征企业所得税金额。

2. 享受税收优惠政策的转制文化企业应同时符合以下条件

(1)根据相关部门的批复进行转制。	(4)已同在职职工全部签订劳动合同,按企业办法参加社会保险。
(2)转制文化企业已进行企业法人登记。	
(3)整体转制前已进行事业单位法人登记	(5)转制文化企业引入非公有资本和境外资本的,

（续表）

| 的,转制后已核销事业编制、注销事业单位法人;整体转制前未进行事业单位法人登记的,转制后已核销事业编制。 | 须符合国家法律法规和政策规定;变更资本结构依法应经批准的,需经行业主管部门和国有文化资产监管部门批准。 |

　　本政策适用于所有转制文化单位。中央所属转制文化企业的认定,由中央宣传部会同财政部、税务总局确定并发布名单;地方所属转制文化企业的认定,按照登记管理权限,由地方各级宣传部门会同同级财政、税务部门确定和发布名单,并按程序抄送中央宣传部、财政部和税务总局。

　　已认定发布的转制文化企业名称发生变更的,如果主营业务未发生变化,可持同级文化体制改革和发展工作领导小组办公室出具的同意变更函,到主管税务机关履行变更手续;如果主营业务发生变化,依照本条规定的条件重新认定。

3. 优惠事项管理（国家税务总局公告 2018 年第 23 号）

序号	主要留存备查资料	享受优惠时间	后续管理要求
58	1. 企业转制方案文件; 2. 有关部门对转制方案的批复文件; 3. 整体转制前已进行事业单位法人登记的,同级机构编制管理机关核销事业编制的证明,以及注销事业单位法人的证明; 4. 企业转制的工商登记情况; 5. 企业与职工签订的劳动合同; 6. 企业缴纳社会保险费记录; 7. 有关部门批准引入非公有资本、境外资本和变更资本结构的批准函; 8. 同级文化体制改革和发展工作领导小组办公室出具的同意变更函(已认定发布的转制文化企业名称变更,且主营业务未发生变化的)。	预缴享受	由省税务机关(含计划单列市税务机关)规定。 　　未经认定的转制文化企业或转制文化企业不符合本通知规定的,不得享受相关税收优惠政策。已享受优惠的,主管税务机关应追缴其已减免的税款。

（二）符合条件的生产和装配伤残人员专门用品企业免税优惠

1. 优惠政策（财税〔2011〕81 号、财税〔2016〕111 号）

优惠政策	报表填报
符合条件的居民企业,可在 2015 年底以前免征企业所得税。(财税〔2011〕81 号) 　　自 2016 年 1 月 1 日至 2020 年 12 月 31 日期间,对符合条件的居民企业,免征企业所得税。(财税〔2016〕111 号)	符合条件的生产和装配伤残人员专门用品的企业,免征的企业所得税在 A107040 第 18 行"十八、符合条件的生产和装配伤残人员专门用品企业免征企业所得税",填报金额为根据 A100000 表第 23 行应纳税所得额计算的免征企业所得税。

2. 免税条件（财税〔2016〕111 号）

(1) 生产和装配伤残人员专门用品,且在民政部发布的《中国伤残人员专门用品目录》范围之内。 　　(2) 以销售本企业生产或者装配的伤残人员专门用品为主,且所取得的年度伤残人员专门用品销售收入(不含出口取得的收入)占企业全部收入 60% 以上。 　　(3) 企业账证健全,能够准确、完整地向主管税务机关提供纳税资料,且本企业生产或者装配的伤残人员专门用品所取得的收入能够单独、准确核算。	(4) 企业拥有取得注册登记的假肢、矫形器(辅助器具)制作师执业资格证书的专业技术人员不得少于 1 人;其企业生产人员如超过 20 人,则其拥有取得注册登记的假肢、矫形器(辅助器具)制作师执业资格证书的专业技术人员不得少于全部生产人员的 1/6。 　　(5) 具有与业务相适应的测量取型、模型加工、接受腔成型、打磨、对线组装、功能训练等生产装配专用设备和工具。 　　(6) 具有独立的接待室、假肢或者矫形器(辅助器具)制作室和假肢功能训练室,使用面积不少于 115 平方米。

　　取消财税〔2011〕81 号规定的"企业取得注册登记的假肢、矫形器(辅助器具)制作师执业资格证书的专业技术人员每年须接受继续教育,制作师《执业资格证书》须通过年检"条件。

3. 优惠事项管理（国家税务总局公告 2018 年第 23 号）

序号	主要留存备查资料	享受优惠时间	后续管理要求
43	1. 生产和装配伤残人员专门用品，在民政部《中国伤残人员专门用品目录》范围之内的说明； 2. 伤残人员专门用品制作师名册、《执业资格证书》（假肢制作师、矫形器制作师）； 3. 企业的生产和装配条件以及帮助伤残人员康复的其他辅助条件的说明材料。	预缴享受	由省税务机关（含计划单列市税务机关）规定。

（三）技术先进型服务企业减免税优惠

1. 增值税优惠

1）优惠政策

财税〔2015〕118 号	财税〔2016〕36 号附件 4
离岸服务外包业务免征增值政策自 2015 年 12 月 1 日起停止执行，改为实行增值税零税率政策。 自 2014 年 1 月 1 日至 2018 年 12 月 31 日，试点纳税人提供的离岸服务外包业务免征增值税。（已废止的财税〔2013〕106 号附件 3）	境内单位和个人向境外单位提供的完全在境外消费的离岸服务外包业务，适用增值税零税率。
从事离岸服务外包业务，指企业根据境外单位与其签订的委托合同，由本企业或其直接转包的企业为境外提供信息技术外包服务（ITO）、技术性业务流程外包服务（BPO）或技术性知识流程外包服务（KPO），其所涉及的具体业务活动，按照《销售服务、无形资产、不动产注释》相对应的业务活动执行。	

2）合同认定

应向商务委员会申请离岸服务外包合同认定，主要步骤为：系统注册→录入合同信息→报送相关材料，企业需向商务委员会递交与该离岸服务外包合同相关的材料，如合同文本、与合同执行金额相对应的外汇收汇凭证等→审核确认，商务委员会审核并对该离岸服务外包合同予以确认，出具《离岸服务外包合同认定单》。

2. 企业所得税优惠

1）优惠政策规定（财税〔2017〕79 号）

优惠政策	技术先进型服务企业的条件
一、自 2017 年 1 月 1 日起，在全国范围内实行以下企业所得税优惠政策： 1. 对经认定的技术先进型服务企业，减按 15% 的税率征收企业所得税。 2. 经认定的技术先进型服务企业发生的职工教育经费支出，不超过工资薪金总额 8% 的部分准予在计算应纳税所得额时扣除；超过部分，准予在以后纳税年度结转扣除。	二、享受本通知第一条规定的企业所得税优惠政策的技术先进型服务企业必须同时符合以下条件： 1. 在中国境内（不包括港、澳、台地区）注册的法人企业。 2. 从事《技术先进型服务业务认定范围（试行）》中的一种或多种技术先进型服务业务，采用先进技术或具备较强的研发能力。 3. 具有大专以上学历的员工占企业职工总数的 50% 以上。 4. 从事《技术先进型服务业务认定范围（试行）》中的技术先进型服务业务取得的收入占企业当年总收入的 50% 以上。 5. 从事离岸服务外包业务取得的收入不低于企业当年总收入的 35%。 从事离岸服务外包业务取得的收入，是指企业根据境外单位与其签订的委托合同，由本企业或其直接转包的企业为境外单位提供《技术先进型服务业务认定范围（试行）》中所规定的信息技术外包服务（ITO）、技术性业务流程外包服务（BPO）和技术性知识流程外包服务（KPO），而从上述境外单位取得的收入。
技术先进型服务企业减免的所得税填报 A107040 表第 19 行"十九、技术先进型服务企业减按 15% 的税率征收企业所得税"，减免税金额根据 A100000 主表第 23 行应纳税所得额乘以 10% 的积填写。	

2）技术先进型服务企业的认定管理（财税〔2017〕79号）

三、技术先进型服务企业的认定管理

1. 省级科技部门会同本级商务、财政、税务和发展改革部门根据本通知规定制定本省（自治区、直辖市、计划单列市）技术先进型服务企业认定管理办法，并负责本地区技术先进型服务企业的认定管理工作。各省（自治区、直辖市、计划单列市）技术先进型服务企业认定管理办法应报科技部、商务部、财政部、税务总局和国家发展改革委备案。

2. 符合条件的技术先进型服务企业应向所在省级科技部门提出申请，由省级科技部门会同本级商务、财政、税务和发展改革部门联合评审后发文认定，并将认定企业名单及有关情况通过科技部"全国技术先进型服务企业业务办理管理平台"备案，科技部与商务部、财政部、税务总局和国家发展改革委共享备案信息。符合条件的技术先进型服务企业须在商务部"服务贸易统计监测管理信息系统（服务外包信息管理应用）"中填报企业基本信息，按时报送数据。

3. 经认定的技术先进型服务企业，持相关认定文件向所在地主管税务机关办理享受本通知第一条规定的企业所得税优惠政策事宜。享受企业所得税优惠的技术先进型服务企业条件发生变化的，应当自发生变化之日起15日内向主管税务机关报告；不再符合享受税收优惠条件的，应当依法履行纳税义务。主管税务机关在执行税收优惠政策过程中，发现企业不具备技术先进型服务企业资格的，应提请认定机构复核。复核后确认不符合认定条件的，应取消企业享受税收优惠政策的资格。

4. 省级科技、商务、财政、税务和发展改革部门对经认定并享受税收优惠政策的技术先进型服务企业应做好跟踪管理，对变更经营范围、合并、分立、转业、迁移的企业，如不再符合认定条件，应及时取消其享受税收优惠政策的资格。

5. 省级财政、税务、商务、科技和发展改革部门要认真贯彻落实本通知的各项规定，在认定工作中对内外资企业一视同仁，平等对待，切实做好沟通与协作工作。在政策实施过程中发现问题，要及时反映上报财政部、税务总局、商务部、科技部和国家发展改革委。

6. 省级科技、商务、财政、税务和发展改革部门及其工作人员在认定技术先进型服务企业工作中，存在违法违纪行为的，按照《公务员法》《行政监察法》等国家有关规定追究相应责任；涉嫌犯罪的，移送司法机关处理。

7. 本通知印发后，各地应按照本通知规定于2017年12月31日前出台本省（自治区、直辖市、计划单列市）技术先进型服务企业认定管理办法并据此开展认定工作。现有31个中国服务外包示范城市已认定的2017年度技术先进型服务企业继续有效。从2018年1月1日起，中国服务外包示范城市技术先进型服务企业认定管理工作依照所在省（自治区、直辖市、计划单列市）制定的管理办法实施。

3）技术先进型服务业务认定范围（财税〔2017〕79号附件）

类　别			适用范围
一、信息技术外包服务（ITO）	（一）软件研发及外包	软件研发及开发服务	用于金融、政府、教育、制造业、零售、服务、能源、物流、交通、媒体、电信、公共事业和医疗卫生等部门和企业，为用户的运营/生产/供应链/客户关系/人力资源和财务管理、计算机辅助设计/工程等业务进行软件开发，包括定制软件开发，嵌入式软件、套装软件开发，系统软件开发、软件测试等。
		软件技术服务	软件咨询、维护、培训、测试等技术性服务。
	（二）信息技术研发服务外包	集成电路和电子电路设计	集成电路和电子电路产品设计以及相关技术支持服务等。
		测试平台	为软件、集成电路和电子电路的开发运用提供测试平台。
	（三）信息系统运营维护外包	信息系统运营和维护服务	客户内部信息系统集成、网络管理、桌面管理与维护服务；信息工程、地理信息系统、远程维护等信息系统应用服务。
		基础信息技术服务	基础信息技术管理平台整合、IT基础设施管理、数据中心、托管中心、安全服务、通讯服务等基础信息技术服务。
二、技术性业务流程外包服务（BPO）	（一）企业业务流程设计服务		为客户企业提供内部管理、业务运作等流程设计服务。
	（二）企业内部管理服务		为客户企业提供后台管理、人力资源管理、财务、审计与税务管理、金融支付服务、医疗数据及其他内部管理业务的数据分析、数据挖掘、数据管理、数据使用的服务；承接客户专业数据处理、分析和整合服务。

（续表）

类 别		适用范围
二、技术性业务流程外包服务（BPO）	（三）企业运营服务	为客户企业提供技术研发服务、为企业经营、销售、产品售后服务提供的应用客户分析、数据库管理等服务。主要包括金融服务业务、政务与教育业务、制造业务和生命科学、零售和批发与运输业务、卫生保健业务、通讯与公共事业业务、呼叫中心、电子商务平台等。
	（四）企业供应链管理服务	为客户企业提供采购、物流的整体方案设计及数据库服务。
三、技术性知识流程外包服务（KPO）		知识产权研究、医药和生物技术研发和测试、产品技术研发、工业设计、分析学和数据挖掘、动漫及网游设计研发、教育课件研发、工程设计等领域。

4）优惠事项管理（国家税务总局公告2018年第23号）

序号	主要留存备查资料	享受优惠时间	后续管理要求
59	1. 技术先进型服务企业认定文件； 2. 技术先进型服务企业认定资料； 3. 优惠年度技术先进型服务业务收入总额、离岸服务外包业务收入总额占本企业当年收入总额比例情况说明； 4. 企业具有大专以上学历的员工占企业总职工总数比例情况说明。	预缴享受	由省税务机关（含计划单列市税务机关）规定。

（四）服务贸易创新发展试点地区符合条件的技术先进型服务企业减免税优惠

1. 优惠政策（财税〔2018〕44号）

优惠政策	报表填报
一、自2018年1月1日起，对经认定的技术先进型服务企业（服务贸易类），减按15%的税率征收企业所得税。 二、本通知所称技术先进型服务企业（服务贸易类）须符合的条件及认定管理事项，按照《财政部 税务总局 商务部 科技部 国家发展改革委关于将技术先进型服务企业所得税政策推广至全国实施的通知》（财税〔2017〕79号）的相关规定执行。其中，企业须满足的技术先进型服务业务领域范围按照本通知所附《技术先进型服务业务领域范围（服务贸易类）》执行。 三、省级科技部门应会同本级商务、财政、税务和发展改革部门及时将《技术先进型服务业务领域范围（服务贸易类）》增补入本地区技术先进型服务企业认定管理办法，并据此开展认定管理工作。省级人民政府财政、税务、商务、科技和发展改革部门应加强沟通与协作，发现新情况、新问题及时上报财政部、税务总局、商务部、科技部和国家发展改革委。 四、省级科技、商务、财政、税务和发展改革部门及其工作人员在认定技术先进型服务企业工作中，存在违法违纪行为的，按照《公务员法》《行政监察法》等国家有关规定追究相应责任；涉嫌犯罪的，移送司法机关处理。	A107040第20行"二十、服务贸易创新发展试点地区符合条件的技术先进型服务企业减按15%的税率征收企业所得税"，填报根据表A100000第23行应纳税所得额计算的减征所得税金额。

2. 技术先进型服务业务领域范围（服务贸易类）（财税〔2016〕122号）

类别	适用范围
一、计算机和信息服务	
1. 信息系统集成服务	系统集成咨询服务；系统集成工程服务；提供硬件设备现场组装、软件安装与调试及相关运营维护支撑服务；系统运营维护服务，包括系统运行检测监控、故障定位与排除、性能管理、优化升级等。
2. 数据服务	数据存储管理服务，提供数据规划、评估、审计、咨询、清洗、整理、应用服务，数据增值服务，提供其他未分类数据处理服务。

类别	适用范围
二、研究开发和技术服务	
3. 研究和实验开发服务	物理学、化学、生物学、基因学、工程学、医学、农业科学、环境科学、人类地理科学、经济学和人文科学等领域的研究和实验开发服务。
4. 工业设计服务	对产品的材料、结构、机理、形状、颜色和表面处理的设计与选择；对产品进行的综合设计服务，即产品外观的设计、机械结构和电路设计等服务。
5. 知识产权跨境许可与转让	以专利、版权、商标等为载体的技术贸易。知识产权跨境许可是指授权境外机构有偿使用专利、版权和商标等；知识产权跨境转让是指将专利、版权和商标等知识产权售卖给境外机构。
三、文化技术服务	
6. 文化产品数字制作及相关服务	采用数字技术对舞台剧目、音乐、美术、文物、非物质文化遗产、文献资源等文化内容以及各种出版物进行数字化转化和开发，为各种显示终端提供内容，以及采用数字技术传播、经营文化产品等相关服务。
7. 文化产品的对外翻译、配音及制作服务	将本国文化产品翻译或配音成其他国家语言，将其他国家文化产品翻译或配音成本国语言以及与其相关的制作服务。
四、中医药医疗服务	
8. 中医药医疗保健及相关服务	与中医药相关的远程医疗保健、教育培训、文化交流等服务

3. 优惠事项管理（国家税务总局公告 2018 年第 23 号）

序号	主要留存备查资料	享受优惠时间	后续管理要求
60	1. 技术先进型服务企业认定文件； 2. 技术先进型服务企业认定资料； 3. 优惠年度技术先进型服务业务收入总额、离岸服务外包业务收入总额占本企业当年收入总额比例情况说明； 4. 企业具有大专以上学历的员工占企业总职工总数比例情况说明。	预缴享受	由省税务机关（含计划单列市税务机关）规定。

（五）设在西部地区的鼓励类产业企业低税率优惠

政策依据：

《财政部　国家税务总局关于执行企业所得税优惠政策若干问题的通知》（财税〔2009〕69 号）；

《关于深入实施西部大开发战略有关税收政策问题的通知》（财税〔2011〕58 号）；

《国家税务总局关于深入实施西部大开发战略有关企业所得税问题的公告》（国家税务总局公告 2012 第 12 号）；

《西部地区鼓励类产业目录》（中华人民共和国国家发展和改革委员会令第 15 号）；

《财政部　国家税务总局关于赣州市执行西部大开发税收政策问题的通知》（财税〔2013〕4 号）；

《国家税务总局关于执行西部地区鼓励类产业目录有关企业所得税问题的公告》（国家税务总局公告 2015 第 14 号）。

1. 优惠政策

1）一般规定

财税〔2011〕58 号	国家税务总局公告 2012 年第 12 号	国家税务总局公告 2015 第 14 号
二、自 2011年 1 月 1 日至2020 年 12 月 31	自 2011 年1 月 1 日至2020 年 12 月	经国务院批准发布的《西部地区鼓励类产业目录》（中华人民共和国国家发展和改革委员会令第 15 号），自 2014 年 10 月 1 日起施行。对设在西部地区以《西部地区鼓励类产业目录》中新增鼓励类产业项目

（续表）

财税〔2011〕58 号	国家税务总局公告 2012 年第 12 号	国家税务总局公告 2015 第 14 号
日，对设在西部地区的鼓励类产业企业减按 15％ 的税率征收企业所得税。 上述鼓励类产业企业是指以《西部地区鼓励类产业目录》中规定的产业项目为主营业务，且其主营业务收入占企业收入总额 70％ 以上的企业。	31 日，对设在西部地区的鼓励类产业企业减按 15％ 的税率征收企业所得税。	为主营业务，且其当年度主营业务收入占企业收入总额 70％ 以上的企业，自 2014 年 10 月 1 日起，可减按 15％ 税率缴纳企业所得税。（即企业虽符合西部地区新增鼓励类目录，但由于《西部地区鼓励类产业目录》自 2014 年 10 月 1 日起施行，因此，不能追溯至 2011 年 1 月 1 日起执行。） 已按《国家税务总局关于深入实施西部大开发战略有关企业所得税问题的公告》（国家税务总局公告 2012 年第 12 号）第三条规定享受企业所得税优惠政策的企业，其主营业务如不再属于《西部地区鼓励类产业目录》中国家鼓励类产业项目的，自 2014 年 10 月 1 日起，停止执行减按 15％ 税率缴纳企业所得税。 凡对企业主营业务是否属于《西部地区鼓励类产业目录》中国家鼓励类产业项目难以界定的，税务机关可以要求企业提供省级（含副省级）发展改革部门或其授权部门出具的证明文件。证明文件需明确列示主营业务的具体项目及符合《西部地区鼓励类产业目录》中的对应条款项目。

1. 企业既符合西部大开发 15％ 优惠税率条件，又符合企业所得税法及其实施条例和国务院规定的各项税收优惠条件的，可以同时享受。在涉及定期减免税的减半期内，可以按照企业适用税率计算的应纳税额减半征收。（财税〔2009〕69 第一条、第二条）

2. 第 21 行"二十一、设在西部地区的鼓励类产业企业减按 15％ 的税率征收企业所得税"，根据表 A100000 第 23 行应纳税所得额计算的减征所得税金额填报。

2）区内外分别设有机构优惠税率的适用（国家税务总局公告 2012 年第 12 号）

总机构设在西部大开发税收优惠地区的企业，仅就设在优惠地区的总机构和分支机构（不含优惠地区外设立的二级分支机构在优惠地区内设立的三级以下分支机构）的所得确定适用 15％ 优惠税率。在确定该企业是否符合优惠条件时，以该企业设在优惠地区的总机构和分支机构的主营业务是否符合《西部地区鼓励类产业目录》及其主营业务收入占其收入总额的比重加以确定，不考虑该企业设在优惠地区以外分支机构的因素。该企业应纳所得税额的计算和所得税缴纳，按照《跨地区经营汇总纳税企业所得税征收管理暂行办法》（国家税务总局公告 2012 年第 57 号）相关规定执行。有关审核、备案手续向总机构主管税务机关申请办理。	总机构设在西部大开发税收优惠地区外的企业，其在优惠地区内设立的分支机构（不含仅在优惠地区内设立的三级以下分支机构），仅就该分支机构所得确定适用 15％ 优惠税率。在确定该分支机构是否符合优惠条件时，仅以该分支机构的主营业务是否符合《西部地区鼓励类产业目录》及其主营业务收入占其收入总额的比重加以确定。该企业应纳所得税额的计算和所得税缴纳，按照《跨地区经营汇总纳税企业所得税征收管理暂行办法》（国家税务总局公告 2012 年第 57 号）相关规定执行。有关审核、备案手续向分支机构主管税务机关申请办理，分支机构主管税务机关需将该分支机构享受西部大开发税收优惠情况及时函告总机构所在地主管税务机关。

2. 享受条件

国家税务总局公告 2012 第 12 号	财税〔2013〕4 号
鼓励类产业企业是指以《西部地区鼓励类产业目录》中规定的产业项目为主营业务，且其主营业务收入占企业收入总额 70％ 以上的企业。 对设在西部地区以《西部地区鼓励类产业目录》中规定的产业项目为主营业务，且其当年度主营业务收入占企业收入总额 70％ 以上的企业，根据国家税务总局公告 2016 年第 34 号文件，国家税务总局关于公布全文失效废止和部分条款废止的税收规范性文件目录的公告，废止第一条中"经企业申请，主管税务机关审核确认后，可减按 15％ 税率缴纳企业所得税。"	鼓励类产业的内资企业是指以《产业结构调整指导目录》中规定的鼓励类产业项目为主营业务，且其主营业务收入占企业收入总额 70％ 以上的企业。鼓励类产业的外商投资企业是指以《外商投资产业指导目录》中规定的鼓励类项目和《中西部地区外商投资优势产业目录》中规定的江西省产业项目为主营业务，且其主营业务收入占企业收入总额 70％ 以上的企业。

3. 西部地区的界定

本优惠所称西部地区,根据财税〔2011〕58号文件规定,包括重庆市、四川省、贵州省、云南省、西藏自治区、陕西省、甘肃省、宁夏回族自治区、青海省、新疆维吾尔自治区、新疆生产建设兵团、内蒙古自治区和广西壮族自治区。湖南省湘西土家族苗族自治州、湖北省恩施土家族苗族自治州、吉林省延边朝鲜族自治州,可以比照西部地区的税收政策执行。

4. 优惠事项管理(国家税务总局公告2018年第23号)

序号	主要留存备查资料	享受优惠时间	后续管理要求
63	1. 主营业务属于《西部地区鼓励类产业目录》中的具体项目的相关证明材料; 2. 符合目录的主营业务收入占企业收入总额70%以上的说明。	预缴享受	由省税务机关规定。

(六)新疆困难地区新办企业定期减免税

优惠政策(财税〔2011〕53号、财税〔2016〕85号)	报表填报
对在新疆困难地区新办的属于《新疆困难地区重点鼓励发展产业企业所得税优惠目录》范围内的企业,自取得第一笔生产经营收入所属纳税年度起,第一年至第二年免征企业所得税,第三年至第五年减半征收企业所得税。	符合条件的新疆困难地区新办企业,享受"二免三减半"优惠。减免税金额填报A107040第22行"二十二、新疆困难地区新办企业定期减免企业所得税",填报金额为根据A100000表第23行应纳税所得额计算的免征、减征企业所得税金额。

(七)新疆喀什、霍尔果斯特殊经济开发区新办企业定期免税

优惠政策(财税〔2011〕112号、财税〔2016〕85号)	报表填报(国家税务总局公告2016年第3号)【全文废止】
对在新疆喀什、霍尔果斯两个特殊经济开发区内新办的属于《新疆困难地区重点鼓励发展产业企业所得税优惠目录》范围内的企业,自取得第一笔生产经营收入所属纳税年度起,五年内免征企业所得税。	符合条件的企业,五年内免征企业所得税。减免税金额填报A107040第23行"二十三、新疆喀什、霍尔果斯特殊经济开发区新办企业定期免征企业所得税",填报金额为根据A100000表第23行应纳税所得额计算的免征企业所得税金额。

(八)广东横琴、福建平潭、深圳前海等地区的鼓励类产业企业减按15%税率优惠(财税〔2014〕26号)

(1)自2014年1月1日起至2020年12月31日,对设在横琴新区、平潭综合实验区和前海深港现代服务业合作区的鼓励类产业企业减按15%的税率征收企业所得税。上述鼓励类产业企业是指以所在区域《企业所得税优惠目录》中规定的产业项目为主营业务,且其主营业务收入占企业收入总额70%以上的企业。上述所称收入总额,是指《企业所得税法》第六条规定的收入总额。

(2)企业在优惠区域内、外分别设有机构的,仅就其设在优惠区域内的机构的所得确定适用15%的企业所得税优惠税率。在确定区域内机构是否符合优惠条件时,根据设在优惠区域内机构本身的有关指标是否符合上述(1)财税〔2014〕26号第一条规定的条件加以确定,不考虑设在优惠区域外机构的因素。

(3)企业既符合财税〔2014〕26号文件规定的减按15%税率征收企业所得税优惠条件,又符合企业所得税法及其实施条例和国务院规定的其他各项税收优惠条件的,可以同时享受;其中符合其他税率优惠条件的,可以选择最优惠的税率执行;涉及定期减免税的减半优惠的,应按照25%法定税率计算的应纳税额减半征收企业所得税。

(4)财税〔2014〕26号文件第一条所称横琴新区,是指国务院2009年8月批复的《横琴总体发展规划》规划的横琴岛范围;所称平潭综合实验区,是指国务院2011年11月批复的《平潭综合实验区总体发展规划》规划的平潭综合实验区范围;所称前海深港现代服务业合作区,是指国务院2010年8月批复的《前海深港现代服务业合作区总体发展规划》规划的前海深港现代服务业合作区范围。

(5)税务机关对企业主营业务是否属于《企业所得税优惠目录》难以界定的,可要求企业提供省级(含副省级)政府有关行政主管部门或其授权的下一级行政主管部门出具的证明文件。

符合条件的企业,减按15%税率征收企业所得税。减免税金额填报A107040第24行"二十四、广东横琴、福建平潭、深圳前海等地区的鼓励类产业企业减按15%税率征收企业所得税",填报金额为根据A100000表第23行应纳税所得额×10%的积。

（九）北京冬奥组委、北京冬奥会测试赛赛事组委会免税（财税〔2017〕60号）

一、对北京2022年冬奥会和冬残奥会组织委员会（以下简称"北京冬奥组委"）实行以下税收政策。

（一）对北京冬奥组委取得的电视转播权销售分成收入、国际奥委会全球合作伙伴计划分成收入（实物和资金），免征应缴纳的增值税。

（二）对北京冬奥组委市场开发计划取得的国内外赞助收入、转让无形资产（如标志）特许权收入和销售门票收入，免征应缴纳的增值税。

（三）对北京冬奥组委取得的与中国集邮总公司合作发行纪念邮票收入、与中国人民银行合作发行纪念币收入，免征应缴纳的增值税。

（四）对北京冬奥组委取得的来源于广播、互联网、电视等媒体收入，免征应缴纳的增值税。

（五）对外国政府和国际组织无偿捐赠用于北京2022年冬奥会的进口物资，免征进口关税和进口环节增值税。

（六）对以一般贸易方式进口，用于北京2022年冬奥会的体育场馆建设所需设备中与体育场馆设施固定不可分离的设备以及直接用于北京2022年冬奥会比赛用的消耗品，免征关税和进口环节增值税。享受免税政策的奥运会体育场馆建设进口设备及比赛用消耗品的范围、数量清单由北京冬奥组委汇总后报财政部商有关部门审核确定。

（七）对北京冬奥组委进口的其他特需物资，包括：国际奥委会或国际单项体育组织指定的、国内不能生产或性能不能满足需要的体育器材、医疗检测设备、安全保障设备、交通通讯设备、技术设备，在运动会期间按暂准进口货物规定办理，运动会结束后留用或做变卖处理的，按有关规定办理正式进口手续，并照章缴纳进口税收，其中进口汽车以不低于新车90%的价格估价征税。上述暂准进口的商品范围、数量清单由北京冬奥组委汇总后报财政部商有关部门审核确定。

（八）对北京冬奥组委再销售所获捐赠物品和赛后出让资产取得收入，免征应缴纳的增值税、消费税和土地增值税。免征北京冬奥组委向分支机构划拨所获赞助物资应缴纳的增值税，北京冬奥组委向主管税务机关提供"分支机构"范围的证明文件，办理减免税备案。

（九）对北京冬奥组委使用的营业账簿和签订的各类合同等应税凭证，免征北京冬奥组委应缴纳的印花税。

（十）对北京冬奥组委免征应缴纳的车船税和新购车辆应缴纳的车辆购置税。

（十一）对北京冬奥组委免征应缴纳的企业所得税。

（十二）对北京冬奥组委委托加工生产的高档化妆品免征应缴纳的消费税。具体管理办法由税务总局另行规定。

（十三）对国际奥委会、国际单项体育组织和其他社会团体等从国外邮寄进口且不流入国内市场的、与北京2022年冬奥会有关的文件、书籍、音像、光盘，在合理数量范围内免征关税和进口环节增值税。合理数量的具体标准由海关总署确定。对奥运会场馆建设所需进口的模型、图纸、图板、电子文件光盘、设计说明及缩印本等规划设计方案，免征关税和进口环节增值税。

（十四）对北京冬奥组委取得的餐饮服务、住宿、租赁、介绍服务和收费卡收入，免征应缴纳的增值税。

（十五）对北京2022年冬奥会场馆及其配套设施建设占用耕地，免征耕地占用税。

（十六）根据中国奥委会、主办城市、国际奥委会签订的《北京2022年冬季奥林匹克运动会主办城市合同》（以下简称《主办城市合同》）规定，北京冬奥组委全面负责和组织举办北京2022年冬残奥会，其取得的北京2022年冬残奥会收入及其发生的涉税支出比照执行北京2022年冬奥会的税收政策。

对北京2022年冬奥组委免征应缴纳的企业所得税，北京冬奥会测试赛赛事组委会取得的收入及发生的涉税支出比照执行北京冬奥组委的税收政策。免税金额填报A107040第25行"二十五、北京冬奥组委、北京冬奥会测试赛赛事组委会免征企业所得税"，本行填报北京冬奥组委、北京冬奥会测试赛赛事组委会根据表A100000第23行应纳税所得额计算的免征企业所得税金额。

（十）从事污染防治第三方防治企业减按15%的税率征收企业所得税（财政部 税务总局 国家发展改革委 生态环境部公告2019年第60号）

一、对符合条件的从事污染防治的第三方企业（以下称第三方防治企业）减按15%的税率征收企业所得税。

本公告所称第三方防治企业是指受排污企业或政府委托，负责环境污染治理设施（包括自动连续监测设施，下同）运营维护的企业。

二、本公告所称第三方防治企业应当同时符合以下条件：

（一）在中国境内（不包括港、澳、台地区）依法注册的居民企业；

（二）具有1年以上连续从事环境污染治理设施运营实践，且能够保证设施正常运行；

（三）具有至少5名从事本领域工作且具有环保相关专业中级及以上技术职称的技术人员，或者至少2名从事本领域工作且具有环保相关专业高级及以

三、第三方防治企业，自行判断其是否符合上述条件，符合条件的可以申报享受税收优惠，相关资料留存备查。税务部门依法开展后续管理过程中，可转请生态环境部门进行核查，生态环境部门可以委托专业机构开展相关核查

（续表）

	工作,具体办法由税务总局会同国家发展改革委、生态环境部制定。
上技术职称的技术人员; （四）从事环境保护设施运营服务的年度营业收入占总收入的比例不低于60%; （五）具备检验能力,拥有自有实验室,仪器配置可满足运行服务范围内常规污染物指标的检测需求; （六）保证其运营的环境保护设施正常运行,使污染物排放指标能够连续稳定达到国家或者地方规定的排放标准要求; （七）具有良好的纳税信用,近三年内纳税信用等级未被评定为C级或D级。	四、本公告执行期限自 2019 年 1 月 1 日起至 2021 年 12 月 31 日止。

六、减：项目所得额按法定税率减半征收企业所得税叠加享受减免税优惠

政策规定（国税函〔2010〕157 号）	申报审核
关于居民企业选择适用税率及减半征税的具体界定问题。居民企业取得《企业所得税法实施条例》第 86 条、第 87 条、第 88 条和第 90 条规定可减半征收企业所得税的所得,是指居民企业应就该部分所得单独核算并依照 25% 的法定税率减半缴纳企业所得税。	第 29 行"二十九、项目所得额按法定税率减半征收企业所得税叠加享受减免税优惠"：纳税人同时享受优惠税率和所得项目减半情形下,在填报本表低税率优惠时,所得项目按照优惠税率减半计算多享受优惠的部分。 企业从事农林牧渔业项目、国家重点扶持的公共基础设施项目、符合条件的环境保护、节能节水项目、符合条件的技术转让、集成电路生产项目、其他专项优惠等所得额应按法定税率 25% 减半征收,同时享受小型微利企业、高新技术企业、技术先进型服务企业、集成电路线生产企业、国家规划布局内重点软件企业和集成电路设计企业等优惠税率政策,由于申报表填报顺序,按优惠税率减半叠加享受减免税优惠部分,应在本行对该部分金额进行调整。本行应大于等于 0 且小于等于第 1＋2＋…＋20＋22＋…＋28 行的值。 计算公式：本行＝减半项目所得额×50%×（25%－优惠税率） ＝减半项目所得额×（12.5%－优惠税率÷2） 如果项目减免所得是 100% 减免,这一行次不需要处理,只有存在按 25% 减半的期间时,才需要考虑调整,填报本行。通过填报第 29 行,补缴叠加享受项目所得减税及定期减免税双重优惠的企业,按适用税率计算税款而少缴纳的部分。

七、扶持就业限额减征企业所得税

（一）优惠政策

政策依据：

《财政部 国家税务总局关于全面推开营业税改征增值税试点的通知》（财税〔2016〕36 号）;

《财政部 税务总局 人力资源社会保障部关于继续实施支持和促进重点群体创业就业有关税收政策的通知》（财税〔2017〕49 号）;

《财政部 税务总局关于进一步支持和促进重点群体创业就业有关税收政策的通知》（财税〔2019〕22 号）;

《财政部 国家税务总局 民政部关于继续实施扶持自主就业退役士兵创业就业有关税收政策的通知》（财税〔2017〕46 号,【依据财税〔2019〕21 号文件第六条规定本法规自 2019 年 1 月 1 日起停止执行】）;

《财政部 税务总局 退役军人部关于进一步扶持自主就业退役士兵创业就业有关税收政策的通知》（财税〔2019〕21 号）;

《国家税务总局 人力资源社会保障部 国务院扶贫办 教育部关于实施支持和促进重点群体创业就业有关税收政策具体操作问题的公告》（国家税务总局公告 2019 年第 10 号）。

1. 特殊人员创业就业税收优惠概要

特殊人员对象		就业相关税收优惠	创业相关税收优惠	政策依据
建档立卡贫困人口、在人力资源社会保障部门公共就业服务机构登记失业半年以上且持《就业创业证》(注明"自主创业税收政策"或"毕业年度内自主创业税收政策")或《就业失业登记证》(注明"自主创业税收政策")的人员	1. 纳入全国扶贫开发信息系统的建档立卡贫困人口; 2. 在人力资源社会保障部门公共就业服务机构登记失业半年以上的人员; 3. 零就业家庭、享受城市居民最低生活保障家庭劳动年龄内的登记失业人员; 4. 毕业年度内高校毕业生。	企业招用与其签订1年以上期限劳动合同并依法缴纳社会保险费的,自签订劳动合同并缴纳社会保险当月起,在3年内按实际招用人数予以定额依次扣减增值税、城市维护建设税、教育费附加、地方教育附加和企业所得税优惠。定额标准为每人每年6 000元(原来为4 000元),最高可上浮30%(退役军人最高可上浮30%)。	从事个体经营的,自办理个体工商户登记当月起,在3年(36个月,下同)内按每户每年12 000元(原来8 000元)为限额依次扣减其当年实际应缴纳的增值税、城市维护建设税、教育费附加、地方教育附加和个人所得税。限额标准最高可上浮20%。 纳税人年度应缴纳税款小于上述扣减限额的,减免税额以其实际缴纳的税款为限;大于上述扣减限额的,以上述扣减限额为限。	财税〔2019〕22号
自主就业退役士兵				财税〔2019〕21号

2. 支持和促进重点群体创业就业

财税〔2019〕22号	国家税务总局公告2019年第10号	政策解读
一、建档立卡贫困人口、持《就业创业证》(注明"自主创业税收政策"或"毕业年度内自主创业税收政策")或《就业失业登记证》(注明"自主创业税收政策")的人员,从事个体经营的,自办理个体工商户登记当月起,在3年(36个月,下同)内按每户每年12 000元为限额依次扣减其当年实际应缴纳的增值税、城市维护建设税、教育费附加、地方教育附加和个人所得税。限额标准最高可上浮20%,各省、自治区、直辖市人民政府可根据本地区实际情况在此幅度内确定具体限额标准。 纳税人年度应缴纳税款小于上述扣减限额的,减免税额以其实际缴纳的税款为限;大于上述扣减限额的,以上述扣减限额为限。 上述人员具体包括: 1. 纳入全国扶贫开发信息系统的建档立卡贫困人口; 2. 在人力资源社会保障部门公共就业服务机构登记失业半年以上的人员;3. 零就业家庭、享受城市居民最低	二、企业招用重点群体税收政策 (一)申请。 享受招用重点群体就业税收优惠政策的企业,持下列材料向县以上人力资源社会保障部门递交申请: 1. 招用人员持有的《就业创业证》(建档立卡贫困人口不需提供)。 2. 企业与招用重点群体签订的劳动合同(副本),企业依法为重点群体缴纳的社会保险记录。通过内部信息共享、数据比对等方式审核的地方,可不再要求企业提供缴纳社会保险记录。 县以上人力资源社会保障部门接到企业报送的材料后,重点核实以下情况: 1. 招用人员是否属于享受税收优惠政策的人员范围,以前是否已享受过重点群体创业就业税收优惠政策。 2. 企业是否与招用人员签订了1年以上期限劳动合同,并依法为招用人员缴纳社会保险。 核实后,对持有《就业创业证》的重点群体,在其《就业创业证》上注明"企业吸纳税收政策";对符合条件的企业核发《企业吸纳重点群体就业认定证明》。 招用人员发生变化的,应向人力资源社会保障部门办理变更申请。 本公告所称企业是指属于增值税纳税人或企业所得税纳税人的企业等单位。 (二)税款减免顺序及额度。 1. 纳税人按本单位招用重点群体的人数及其实际工作月数核算本单位减免税总额,在减免税总额内每月依次扣减增值税、城市维护建设税、教	一、调整和完善的内容: (一)提高扣减标准。将登记失业半年以上的人员,零就业家庭、享受城市居民最低生活保障家庭劳动年龄内的登记失业人员,高校毕业生,农村建档立卡贫困人口等重点群体从事个体经营扣减税款的标准由每户每年8 000元提高到每户每年12 000元。将企业招用重点群体人员扣减标准由每人每年4 000元提高到每人每年6 000元。 (二)取消行业限制。将享受优惠的招用重点群体就业企业的行业范围由商贸企业、服务型企业、劳动就业服务企业中的加工型企业和街道社区具有加工性质的小型企业实体,放宽到所有增值税纳税人或企业所得税纳税人的企业等单位,为各市场主体吸纳就业提供统一的税收政策。

财税〔2019〕22号	国家税务总局公告 2019 年第 10 号	政策解读
生活保障家庭劳动年龄内的登记失业人员；4. 毕业年度内高校毕业生。高校毕业生是指实施高等学历教育的普通高等学校、成人高等学校应届毕业的学生；毕业年度是指毕业所在自然年，即 1 月 1 日至 12 月 31 日。 二、企业招用建档立卡贫困人口，以及在人力资源社会保障部门公共就业服务机构登记失业半年以上且持《就业创业证》或《就业失业登记证》（注明"企业吸纳税收政策"）的人员，与其签订 1 年以上期限劳动合同并依法缴纳社会保险费的，自签订劳动合同并缴纳社会保险当月起，在 3 年内按实际招用人数予以定额依次扣减增值税、城市维护建设税、教育费附加、地方教育附加和企业所得税优惠。定额标准为每人每年 6 000 元，最高可上浮 30%，各省、自治区、直辖市人民政府可根据本地区实际情况在此幅度内确定具体定额标准。城市维护建设税、教育费附加、地方教育附加的计税依据是享受本项税收优惠政策前的增值税应纳税额。 按上述标准计算的税收扣减额应在企业当年实际应缴纳的增值税、城市维护建设税、教育费附加、地方教育附加和企业所得税税额中扣减，当年扣减不完的，不得结转下年使用。 本通知所称企业是指属于增值税纳税人或企业所得税纳税人的企业等单位。 三、国务院扶贫办在每年 1 月 15 日前将建档立卡贫困人口名单及相关信息提供给人力资源社会保障部、税务总局，税务总局将相关信息转发给各省、自治区、直辖市税务部门。人力资源社会保障部门依托全国扶贫开发信息系统核实建档立卡贫困人口身份信息。	育费附加和地方教育附加。城市维护建设税、教育费附加、地方教育附加的计税依据是享受本项税收优惠政策前的增值税应纳税额。 纳税人实际应缴纳的增值税、城市维护建设税、教育费附加和地方教育附加小于核算的减免税总额的，以实际应缴纳的增值税、城市维护建设税、教育费附加、地方教育附加为限；实际应缴纳的增值税、城市维护建设税、教育费附加和地方教育附加大于核算的减免税总额的，以核算的减免税总额为限。纳税年度终了，如果纳税人实际减免的增值税、城市维护建设税、教育费附加和地方教育附加小于核算的减免税总额，纳税人在企业所得税汇算清缴时，以差额部分扣减企业所得税。当年扣减不完的，不再结转以后年度扣减。 享受优惠政策当年，重点群体人员工作不满 1 年的，应当以实际月数换算其减免税总额。 减免税总额＝∑每名重点群体人员本年度在本企业工作月数÷12×具体定额标准 2. 第 2 年及以后年度当年新招用人员、原招用人员及其工作时间按上述程序和办法执行。计算每名重点群体人员享受税收优惠政策的期限最长不超过 36 个月。 （三）税收减免管理。 企业招用重点群体享受本项优惠的，由企业留存以下材料备查： 1. 享受税收优惠政策的登记失业半年以上的人员，零就业家庭、城市低保家庭的登记失业人员，以及毕业年度内高校毕业生的《就业创业证》（注明"企业吸纳税收政策"）。 2. 县以上人力资源社会保障部门核发的《企业吸纳重点群体就业认定证明》。 3.《重点群体人员本年度实际工作时间表》。 三、凭《就业创业证》享受上述优惠政策的人员，按以下规定申领《就业创业证》 （一）失业人员在常住地公共就业服务机构进行失业登记，申领《就业创业证》。对其中的零就业家庭、城市低保家庭的登记失业人员，公共就业服务机构应在其《就业创业证》上予以注明。 （二）毕业年度内高校毕业生在校期间凭学生证向公共就业服务机构申领《就业创业证》，或委托所在高校就业指导中心向公共就业服务机构代为申领《就业创业证》；毕业年度内高校毕业生离校后可凭毕业证直接向公共就业服务机构按规定申领《就业创业证》。 四、税收优惠政策管理 （一）严格各项凭证的审核发放。任何单位或个人不得伪造、涂改、转让、出租相关凭证，违者将依法予以惩处；对出借、转让《就业创业证》的人员，主管人力资源社会保障部门要收回其《就业创业证》并记录在案；对采取上述手段已经获取减免税的企业和个人，主管税务机关要追缴其已减免的税款，并依法予以处理。	二、享受优惠政策方式 《国家税务总局人力资源社会保障部国务院扶贫办教育部关于实施支持和促进重点群体创业就业有关税收政策具体操作问题的公告》（以下简称为《公告》）明确了个体经营和企业招用重点群体适用税收优惠政策的方式： （一）个体经营享受税收优惠。 建档立卡贫困人口从事个体经营的，自行申报纳税并享受税收优惠。 登记失业半年以上的人员，零就业家庭、城市低保家庭的登记失业人员，以及毕业年度内高校毕业生，可持《就业创业证》（或《就业失业登记证》，下同）、个体工商户登记执照（未完成"两证整合"的还须持《税务登记证》）向创业地县以上（含县级，下同）人力资源社会保障部门提出申请。符合条件的人员从事个体经营的，自行申报纳税并享受税收优惠。 （二）企业吸纳重点群体就业享受税收优惠。 享受招用重点群体就业税收优惠政策的企业，向县以上人力资源社会保障部门递交申请。人力资源社会保障部门经核实后，对持有《就业创业证》的重点群体，在其《就业创业证》上注明"企业吸纳税收政策"；对符合条件的企业核发《企业吸纳重点群体就业认定证明》。 符合条件的企业自行申报纳税并享受税收优惠。

财税〔2019〕22 号	国家税务总局公告 2019 年第 10 号	政策解读
四、企业招用就业人员既可以适用本通知规定的税收优惠政策，又可以适用其他扶持就业专项税收优惠政策的，企业可以选择适用最优惠的政策，但不得重复享受。 五、本通知规定的税收政策执行期限为 2019 年 1 月 1 日至 2021 年 12 月 31 日。纳税人在 2021 年 12 月 31 日享受本通知规定税收优惠政策未满 3 年的，可继续享受至 3 年期满为止。《财政部　税务总局　人力资源社会保障部关于继续实施支持和促进重点群体创业就业有关税收政策的通知》（财税〔2017〕49 号）自 2019 年 1 月 1 日起停止执行。 本通知所述人员，以前年度已享受重点群体创业就业税收优惠政策满 3 年的，不得再享受本通知规定的税收优惠政策；以前年度享受重点群体创业就业税收优惠政策未满 3 年且符合本通知规定条件的，可按本通知规定享受优惠至 3 年期满。	（二）《就业创业证》采用实名制，限持证者本人使用。创业人员从事个体经营的，《就业创业证》由本人保管；被用人单位招用的，享受税收优惠政策期间，证件由用人单位保管。《就业创业证》由人力资源社会保障部统一样式，各省、自治区、直辖市人力资源社会保障部门负责印制，作为审核劳动者就业失业状况和享受政策情况的有效凭证。 （三）《企业吸纳重点群体就业认定证明》由人力资源社会保障部统一样式，各省、自治区、直辖市人力资源社会保障部门统一印制、统一编号备案，相关信息由当地人力资源社会保障部门按需提供给税务部门。 （四）县以上人力资源社会保障、税务部门及扶贫办要建立劳动者就业信息交换和协查制度。人力资源社会保障部建立全国《就业创业证》查询系统（http://jyjc.mohrss.gov.cn），供各级人力资源社会保障、财政、税务部门查询《就业创业证》信息。国务院扶贫办建立全国统一的全国扶贫开发信息系统，供各级扶贫办、人力资源社会保障、财政、税务部门查询建档立卡贫困人口身份等相关信息。 （五）各级税务机关对《就业创业证》或建档立卡贫困人口身份有疑问的，可提请同级人力资源社会保障部门、扶贫办予以协查，同级人力资源社会保障部门、扶贫办应根据具体情况规定合理的工作时限，并在时限内将协查结果通报提请协查的税务机关。 五、本公告自 2019 年 1 月 1 日起施行。	三、管理方式 《公告》将优惠政策管理方式由备案改为备查： 建档立卡贫困人口从事个体经营享受优惠的，直接向主管税务机关申报纳税时享受优惠，无备查材料留存；登记失业半年以上的人员，零就业家庭、享受城市居民最低生活保障家庭劳动年龄内的登记失业人员，高校毕业生从事个体经营享受优惠的，留存《就业创业证》备查；招用重点群体就业的企业享受优惠的，留存《就业创业证》《企业吸纳重点群体就业认定证明》《重点群体人员本年度实际工作时间表》备查。

1. 纳税人不得重复享受重点群体创业就业优惠政策，即每人只能享受一次该项优惠政策，且计算每人享受税收优惠政策的期限最长不超过 3 年。

2. 企业招用建档立卡贫困人口、吸纳失业人员就业既适用财税〔2017〕49 号、财税〔2019〕22 号文件规定的税收优惠政策，又适用其他扶持就业的专项税收优惠政策，企业可选择适用最优惠的政策，不能重复享受。但是，如果企业同时符合享受小微企业、高新技术企业等非扶持就业的专项优惠政策条件的，不属于重复享受。

【例 3-5】　某生活服务型企业 2017 年 12 月招收符合条件的失业人员 20 人，2018 年 6 月新增 10 人。该省定额扣减标准为每人每年 5 200 元。核定该企业 2018 年税收扣减总额为：（20×12＋10×6）÷12×5 200＝130 000（元）。

假定该企业 2018 年合计应缴纳税费 141 120 元：增值税 126 000 元；城市维护建设税 8 820 元、教育费附加 3 780 元、地方教育附加 2 520 元。可享受的减免税金额即为核定的扣减总额 130 000 元，依次扣减 126 000 元、城市维护建设税 4 000 元。还应缴纳税费合计 11 120 元；城市维护建设税 4 820 元、教育费附加 3 780 元、地方教育附加 2 520 元。	假定该企业 2018 年应缴纳：增值税 100 000 元；城市维护建设税 7 000 元、教育费附加 3 000 元、地方教育附加 2 000 元，汇算清缴时应缴企业所得税 9 700 元。可享受的减免税额先以应缴的"流转税及附加"112 000 元（增值税 100 000 元、城市维护建设税 7 000 元、教育费附加 3 000 元、地方教育附加 2 000 元）为限，全部予以扣减；已扣减的 112 000 元与核定的可扣减税收总额 130 000 元尚有差额 18 000 元，汇算清缴时再将其应缴的企业所得税 9 700 元全额扣减；在依次扣减上述税费 121 700 元后，仍有差额 8 300 元没有扣减，则不得结转下年再扣减。

3. 扶持自主就业退役士兵创业就业（财税〔2019〕21号）

一、自主就业退役士兵从事个体经营的，自办理个体工商户登记当月起，在3年（36个月，下同）内按每户每年12 000元为限额依次扣减其当年实际应缴纳的增值税、城市维护建设税、教育费附加、地方教育附加和个人所得税。限额标准最高可上浮20%，各省、自治区、直辖市人民政府可根据本地区实际情况在此幅度内确定具体限额标准。

纳税人年度应缴纳税款小于上述扣减限额的，减免税额以其实际缴纳的税款为限；大于上述扣减限额的，以上述扣减限额为限。纳税人的实际经营期不足1年的，应当按月换算其减免税限额。换算公式为：减免税限额＝年度减免税限额÷12×实际经营月数。城市维护建设税、教育费附加、地方教育附加的计税依据是享受本项税收优惠政策前的增值税应纳税额。

二、企业招用自主就业退役士兵，与其签订1年以上期限劳动合同并依法缴纳社会保险费的，自签订劳动合同并缴纳社会保险当月起，在3年内按实际招用人数予以定额依次扣减增值税、城市维护建设税、教育费附加、地方教育附加和企业所得税优惠。定额标准为每人每年6 000元，最高可上浮50%，各省、自治区、直辖市人民政府可根据本地区实际情况在此幅度内确定具体定额标准。

企业按招用人数和签订的劳动合同时间核算企业减免税总额，在核算减免税总额内每月依次扣减增值税、城市维护建设税、教育费附加和地方教育附加。企业实际应缴纳的增值税、城市维护建设税、教育费附加和地方教育附加小于核算减免税总额的，以实际应缴纳的增值税、城市维护建设税、教育费附加和地方教育附加为限；实际应缴纳的增值税、城市维护建设税、教育费附加和地方教育附加大于核算减免税总额的，以核算减免税总额为限。

纳税年度终了，如果企业实际减免的增值税、城市维护建设税、教育费附加和地方教育附加小于核算减免税总额，企业在企业所得税汇算清缴时以差额部分扣减企业所得税。当年扣减不完的，不再结转以后年度扣减。

自主就业退役士兵在企业工作不满1年的，应当按月换算减免税限额。计算公式为：企业核算减免税总额＝Σ每名自主就业退役士兵本年度在本单位工作月份÷12×具体定额标准。

城市维护建设税、教育费附加、地方教育附加的计税依据是享受本项税收优惠政策前的增值税应纳税额。

三、本通知所称自主就业退役士兵是指依照《退役士兵安置条例》（国务院 中央军委令第608号）的规定退出现役并按自主就业方式安置的退役士兵。

本通知所称企业是指属于增值税纳税人或企业所得税纳税人的企业等单位。

四、自主就业退役士兵从事个体经营的，在享受税收优惠政策进行纳税申报时，注明其退役军人身份，并将《中国人民解放军义务兵退出现役证》《中国人民解放军士官退出现役证》或《中国人民武装警察部队义务兵退出现役证》《中国人民武装警察部队士官退出现役证》留存备查。

企业招用自主就业退役士兵享受税收优惠政策的，将以下资料留存备查：1.招用自主就业退役士兵的《中国人民解放军义务兵退出现役证》《中国人民解放军士官退出现役证》或《中国人民武装警察部队义务兵退出现役证》《中国人民武装警察部队士官退出现役证》；2.企业与招用自主就业退役士兵签订的劳动合同（副本），为职工缴纳的社会保险费记录；3.自主就业退役士兵本年度在企业工作时间表。

五、企业招用自主就业退役士兵既可以适用本通知规定的税收优惠政策，又可以适用其他扶持就业专项税收优惠政策的，企业可以选择适用最优惠的政策，但不得重复享受。

六、本通知规定的税收政策执行期限为2019年1月1日至2021年12月31日。纳税人在2021年12月31日享受本通知规定税收优惠政策未满3年的，可继续享受至3年期满为止。《财政部 税务总局 民政部关于继续实施扶持自主就业退役士兵创业就业有关税收政策的通知》（财税〔2017〕46号）自2019年1月1日起停止执行。

退役士兵以前年度已享受退役士兵创业就业税收优惠政策满3年的，不得再享受本通知规定的税收优惠政策；以前年度享受退役士兵创业就业税收优惠政策未满3年且符合本通知规定条件的，可按本通知规定享受优惠至3年期满。

4. 优惠事项管理（国家税务总局公告2018年第23号）

1）支持和促进重点群体创业就业限额减征优惠备案

序号	主要留存备查资料	享受优惠时间	后续管理要求
41	1. 县以上人力资源社会保障部门核发的《企业实体吸纳失业人员认定证明》《持〈就业创业证〉人员本年度实际工作时间表》； 2. 企业当年已享受增值税和附加税抵减税额优惠的证明资料。	汇缴享受	由省税务机关（含计划单列市税务机关）规定。

2）扶持自主就业退役士兵创业就业限额优惠备案

序号	主要留存备查资料	享受优惠时间	后续管理要求
42	1. 新招用自主就业退役士兵的《中国人民解放军义务兵退出现役证》或《中国人民解放军士官退出现役证》； 2. 企业当年已享受增值税和附加税抵减税额优惠的证明资料。	汇缴享受	由省税务机关（含计划单列市税务机关）规定。

八、民族自治地方企业所得税减免优惠

《企业所得税法》第二十九条	《企业所得税法实施条例》第九十四条
民族自治地方的自治机关对本民族自治地方的企业应缴纳的企业所得税中属于地方分享的部分，可以决定减征或者免征。自治州、自治县决定减征或者免征的，须报省、自治区、直辖市人民政府批准。	民族自治地方，是指依照《中华人民共和国民族区域自治法》的规定，实行民族区域自治的自治区、自治州、自治县。 　　对民族自治地方内国家限制和禁止行业的企业，不得减征或者免征企业所得税。

　　我国现行民族区域自治法第三十四条规定，"民族自治地方的自治机关在执行国家税法的时候，除应由国家统一审批的减免税收项目以外，对属于地方财政收入的某些需要从税收上加以照顾和鼓励的，可以实行减税或者免税。自治州、自治县决定减税或者免税，须报省、自治区、直辖市人民政府批准。"经省级民族自治地方权力机关批准，减征或者免征民族自治地方的企业缴纳的企业所得税中属于地方分享的企业所得税金额减征或者免征的金额，填报 A107040 第 31 行"民族自治地方的自治机关对本民族自治地方的企业应缴纳的企业所得税中属于地方分享的部分减征或免征"。

九、享受过渡期税收优惠定期减免企业所得税

《企业所得税法》第五十七条	国发〔2007〕39 号
本法公布前已经批准设立的企业，依照当时的税收法律、行政法规规定，享受低税率优惠的，按照国务院规定，可以在本法施行后五年内，逐步过渡到本法规定的税率；享受定期减免税优惠的，按照国务院规定，可以在本法施行后继续享受到期满为止，但因未获利而尚未享受优惠的，优惠期限从本法施行年度起计算。 　　法律设置的发展对外经济合作和技术交流的特定地区内，以及国务院已规定执行上述地区特殊政策的地区内新设立的国家需要重点扶持的高新技术企业，可以享受过渡性税收优惠，具体办法由国务院规定。 　　国家已确定的其他鼓励类企业，可以按照国务院规定享受减免税优惠。	一、新税法公布前批准设立的企业税收优惠过渡办法 　　企业按照原税收法律、行政法规和具有行政法规效力文件规定享受的企业所得税优惠政策，按以下办法实施过渡： 　　自 2008 年 1 月 1 日起，原享受低税率优惠政策的企业，在新税法施行后 5 年内逐步过渡到法定税率。其中：享受企业所得税 15% 税率的企业，2008 年按 18% 税率执行，2009 年按 20% 税率执行，2010 年按 22% 税率执行，2011 年按 24% 税率执行，2012 年按 25% 税率执行；原执行 24% 税率的企业，2008 年起按 25% 税率执行。 　　自 2008 年 1 月 1 日起，原享受企业所得税"两免三减半""五免五减半"等定期减免税优惠的企业，新税法施行后继续按原税收法律、行政法规及相关文件规定的优惠办法及年限享受至期满为止，但因未获利而尚未享受税收优惠的，其优惠期限从 2008 年度起计算。

第七节　专用设备投资额抵免

政策依据：

> 　　《企业所得税法》第三十四条、《企业所得税法实施条例》第一百条；
>
> 　　《财政部　国家税务总局　应急管理部关于印发〈安全生产专用设备企业所得税优惠目录（2018 年版）〉的通知》（财税〔2018〕84 号）；
>
> 　　《财政部　国家税务总局关于执行企业所得税优惠政策若干问题的通知》（财税〔2009〕69 号）；
>
> 　　《国家税务总局关于环境保护节能节水安全生产等专用设备投资抵免企业所得税有关问题的通知》（国税函〔2010〕256 号）；
>
> 　　《财政部　税务总局　国家发展改革委　工业和信息化部　环境保护部关于印发节能节水和环境保护专用设备企业所得税优惠目录（2017 年版）的通知》（财税〔2017〕71 号）。

一、优惠政策

(一) 税额抵免政策

《企业所得税法》	《企业所得税法实施条例》	财税〔2009〕69号	财税〔2008〕48号
第三十四条 企业购置用于环境保护、节能节水、安全生产等专用设备的投资额,可以按一定比例实行税额抵免。	第一百条 企业购置并实际使用《环境保护专用设备企业所得税优惠目录》《节能节水专用设备企业所得税优惠目录》和《安全生产专用设备企业所得税优惠目录》(以下简称《目录》)规定的环境保护、节能节水、安全生产等专用设备,该专用设备投资额的10%可以从企业当年的应纳税额中抵免;当年不足抵免的,可以在以后5个纳税年度结转抵免。	第十条 实施条例第一百条规定的购置并实际使用的环境保护、节能节水和安全生产专用设备,包括承租方企业以融资租赁方式租入的,并在融资租赁合同中约定租赁期届满时设备所有权转移给承租方企业,且符合规定条件的上述专用设备。凡融资租赁期届满后租赁设备所有权未转移至承租方企业的,承租方企业应停止享受抵免企业所得税优惠,并补缴已经抵免的企业所得税税款。	第一条 自2008年1月1日起,企业购置并实际使用《目录》规定的环境保护、节能节水、安全生产等专用设备,可以按专用设备投资额的10%抵免当年企业所得税应纳税额;企业当年应纳税额不足抵免的,可以向以后年度结转,但结转期不得超过5个纳税年度。

实行企业所得税税额抵免的设备范围是《目录》规定的环境保护、节能节水、安全生产等专用设备,并不再限于国产设备。享受企业所得税优惠的企业,应当实际购置并自身实际投入使用符合规定的专用设备。企业按购置上述设备投资额的一定比例抵免的税额,就属于税法第二十二条规定的计算应纳税额过程中可以减除的税收优惠抵免税额。

1. 环境保护和节能节水专用设备企业所得税优惠目录(2017年版)(财税〔2017〕71号)

环境保护专用设备企业所得税优惠目录 (2017年版)	节能节水专用设备企业所得税优惠目录 (2017年版)
《环境保护专用设备企业所得税优惠目录》(2017版)共分为六大类二十四项设备,相比2008版目录主要有以下变化: (1)新增设备19项,其中新增"电袋复合除尘器"应用领域为"燃煤发电行业除外的烟尘处理"; (2)删除设备14项,主要包括:大气污染防治设备中的湿法脱硫专用喷嘴、湿法脱硫专用除雾器等; (3)保留设备5项,但所涉及性能参数要求或应用领域等均有所变化,比如袋式除尘器,应用领域则由原来"发电机组、工业锅炉、工业窑炉除尘"修改为"燃煤发电行业除外的烟尘处理"。	《节能节水专用设备企业所得税优惠目录》(2017版)共分为两类三十二项设备,相比2008版目录主要有以下变化: (1)新增设备16项,主要包括:永磁同步电动机、多联式空调(热泵)机组、反渗透淡化装置等; (2)删除设备9项,主要包括:配电系统节电设备、能效等级1级的单元式空气调节机等; (3)保留设备20项,但在名称和分类上有所变化,最终2017版目录列示为16项。同时,目录中所保留设备的性能参数要求也有所变化,比如工业锅炉设备,在额定蒸发量上由原来"不小于0.7MW"修改为"应当大于7MW",同时,对其所参考执行标准也做了修改。

2. 目录的选择适用及政策规定(财税〔2017〕71号)

政策规定	政策理解
一、对企业购置并实际使用节能节水和环境保护专用设备享受企业所得税抵免优惠政策的适用目录进行适当调整,统一按《节能节水专用设备企业所得税优惠目录(2017年版)》《环境保护专用设备企业所得税优惠目录(2017年版)》执行。 二、按照国务院关于简化行政审批的要求,进一步优化优惠管理机制,实行企业自行申报并直接享受优惠、税务部门强化后续管理的机制。企业购置节能节水和环境保护专用设备,应自行判断是否符合税收优惠政策规定条件,按规定向税务部门履行企业所得税优惠备案手续后直接享受税收优惠,税务部	1. 明确2017版目录的实施时间可追溯至2017年1月1日,对于2017版和2008版新旧目录交叉重叠的期间,通知给予了一定的过渡安排,即允许2008年版目录继续执行至2017年9月30日,并且对于纳税人在2017年1月1日至2017年9月30日购置的专用设备,允许选择适用2008年版目录或2017版目录。 2. 判断适用2008年版目录或2017

政策规定	政策理解
门采取税收风险管理、稽查、纳税评估等方式强化后续管理。 三、建立部门协调配合机制，切实落实节能节水和环境保护专用设备税收抵免优惠政策。税务部门在执行税收优惠政策过程中，不能准确判定企业购置的专用设备是否符合相关技术指标等税收优惠政策规定条件的，可提请地市级（含）以上发展改革、工业和信息化、环境保护等部门，由其委托专业机构出具技术鉴定意见，相关部门应积极配合。对不符合税收优惠政策规定条件的，由税务机关按《税收征管法》及有关规定进行相应处理。 四、本通知所称税收优惠政策规定条件，是指《节能节水专用设备企业所得税优惠目录（2017年版）》和《环境保护专用设备企业所得税优惠目录（2017年版）》所规定的设备类别、设备名称、性能参数、应用领域和执行标准。 五、本通知自2017年1月1日起施行。《节能节水专用设备企业所得税优惠目录（2008年版）》和《环境保护专用设备企业所得税优惠目录（2008年版）》自2017年10月1日起废止。企业在2017年1月1日至2017年9月30日购置的专用设备符合2008年版优惠目录规定的，也可享受税收优惠。	版目录的标准是"购置时间（一般以发票开具时间作为设备购置时间）"，而不需考虑专用设备的实际投用时间或优惠备案时间。 3. 延续原来纳税人自行备案、直接享受优惠的基础上，赋予税务机关提请有关部门委托专业机构，针对专用设备是否符合目录相关技术指标等要求出具技术鉴定意见的权利。实质是对专用设备抵免企业所得税备案类税收优惠事项强化后续管理一个制度保障。一方面保证了税务机关在备案制度下形式审核责任的适度性，有效降低了税务机关的执法责任和风险；另一方面，该项制度安排在一定程度上恢复了该项税收优惠原来实行审批制度时在实质内容审查环节的严谨性。

3. 安全生产专用设备企业所得税优惠目录（2018年版）（财税〔2018〕84号）

政策规定	《目录》
一、对企业购置并实际使用安全生产专用设备享受企业所得税抵免优惠政策的适用目录进行适当调整，统一按《安全生产专用设备企业所得税优惠目录（2018年版）》执行。 二、企业购置安全生产专用设备，自行判断其是否符合税收优惠政策规定条件，自行申报享受税收优惠，相关资料留存备查，税务部门依法加强后续管理。 三、建立部门协调配合机制，切实落实安全生产专用设备税收抵免优惠政策。税务部门在执行税收优惠政策过程中，不能准确判定企业购置的专用设备是否符合相关技术指标等税收优惠政策规定条件的，可提请地方应急管理部门和驻地煤矿安全监察部门报请应急管理部，由应急管理部会同有关行业部门委托专业机构出具技术鉴定意见，相关部门应积极配合。对不符合税收优惠政策规定条件的，由税务部门按税收征收管理法及有关规定进行相应处理。 四、本通知所称税收优惠政策规定条件，是指2018年版优惠目录所规定的设备名称、性能参数和执行标准。 五、本通知自2018年1月1日起施行，《安全生产专用设备企业所得税优惠目录（2008年版）》同时废止。企业在2018年1月1日至2018年8月31日期间购置的安全生产专用设备，符合2008年版优惠目录规定的，仍可享受税收优惠。	煤矿、非煤矿山、石油及危险化学品、民爆及烟花爆竹、交通运输、电力、建筑施工、应急救援设备类八大类89项设备。表内安全设备按照行业列示，对于可在不同行业中通用的专用设备，不受该专用设备所处行业和所列应用领域的限制。 详细目录见文件规定。

（二）专用设备投资额的确定

财税〔2008〕48号	国税函〔2010〕256号
二、专用设备投资额，是指购买专用设备发票价税合计价格，但不包括按有关规定退还的增值税税款以及设备运输、安装和调试等费用。企业利用财政拨款购置专用设备的投资额，不得抵免企业应纳所得税额。	自2009年1月1日起，纳税人购进并实际使用环境保护、节能节水和安全生产专用设备并取得增值税专用发票的，在按照财税〔2008〕48号第二条规定进行税额抵免时，如增值税进项税额允许抵扣，其专用设备投资额不再包括增值税进项税额；如增值税进项税额不允许抵扣，其专用设备投资额应为增值税专用发票上注明的价税合计金额。企业购买专用设备取得普通发票的，其专用设备投资额为普通发票上注明的金额。

（三）当年应纳税额的确定（财税〔2008〕48号）

政策规定	政策理解
三、当年应纳税额,是指企业当年的应纳税所得额乘以适用税率,扣除依照企业所得税法和国务院有关税收优惠规定以及税收过渡优惠规定减征、免征税额后的余额。	这里应关注减免所得税与抵免所得税的顺序。企业如果同时存在减免所得税和抵免所得税优惠,应按先减免后抵免顺序处理,即如果应纳所得税额扣除减免所得税额后有余额,再抵免所得税额。

（四）资金来源与税额抵免（财税〔2008〕48号第四条）

企业利用自筹资金和银行贷款购置专用设备的投资额,可以按企业所得税法的规定抵免企业应纳所得税额;企业利用财政拨款购置专用设备的投资额,不得抵免企业应纳所得税额。

（五）设备转让出租优惠处理（财税〔2008〕48号第五条）

企业购置并实际投入适用、已开始享受税收优惠的专用设备,如从购置之日起5个纳税年度内转让、出租的,应在该专用设备停止使用当月停止享受企业所得税优惠,并补缴已经抵免的企业所得税税款。转让的受让方可以按照该专用设备投资额的10%抵免当年企业所得税应纳税额;当年应纳税额不足抵免的,可以在以后5个纳税年度结转抵免。

二、优惠事项管理（国家税务总局公告2018年第23号）

序号	主要留存备查资料	享受优惠时间	后续管理要求
66	1. 购买并自身投入使用的专用设备清单及发票; 2. 以融资租赁方式取得的专用设备的合同或协议; 3. 专用设备属于《环境保护专用设备企业所得税优惠目录》《节能节水专用设备企业所得税优惠目录》或《安全生产专用设备企业所得税优惠目录》中的具体项目的说明; 4. 专用设备实际投入使用时间的说明。	汇缴享受	由省税务机关（含计划单列市税务机关）规定。

第八节　加速折旧优惠

加速折旧是指在固定资产使用年限的初期提列较多的折旧。可以在固定资产的使用年限内早一些得到折旧费和减免税的税款。加速折旧,虽然它可在固定资产使用年限的初期提列较大的折旧,但由于折旧累计的总额不能超过固定资产的可折旧成本,所以,其总折旧额并不会比一般折旧高。折旧是企业的一项费用,折旧额越大,企业的应扣税所得越小,税负就越轻。从总数上按,加速折旧并不能减轻企业的税负,政府在税收上似乎也没损失什么。但是,由于后期企业所提的折旧额大大小于前期,故税负较重。对企业来说,虽然总税负未变,但税负前轻后重,有税收递延缴纳之利,亦同政府给予一笔无息贷款之效;对政府而言,在一定时期内,虽然来自这方面的总税收收入未变,但税收收入前少后多,有收入迟滞之弊。政府损失了一部分收入的"时间价值"。因此,这种方式同延期纳税方式一样,都是税收支出的特殊形式。

税法规定

《企业所得税法》	《企业所得税法实施条例》
第三十二条　企业的固定资产由于技术进步等原因,确需加速折旧的,可以缩短折旧年限或者采取加速折旧的方法。	第九十八条　企业所得税法第三十二条所称可以采取缩短折旧年限或者采取加速折旧的方法的固定资产,包括: （一）由于技术进步,产品更新换代较快的固定资产; （二）常年处于强震动、高腐蚀状态的固定资产。 采取缩短折旧年限方法的,最低折旧年限不得低于本条例第六十条规定折旧年限的6%;采取加速折旧方法的,可以采取双倍余额递减法或者年数总和法。

（续表）

《企业所得税法》	《企业所得税法实施条例》
	第五十九条　固定资产按照直线法计算的折旧,准予扣除。企业应当自固定资产投入使用月份的次月起计算折旧;停止使用的固定资产,应当自停止使用月份的次月起停止计算折旧。企业应当根据固定资产的性质和使用情况,合理确定固定资产的预计净残值。固定资产的预计净残值一经确定,不得变更。

财税〔2014〕75 号、财税〔2015〕106 号、财税〔2018〕54 号:符合规定的固定资产可以一次性进入成本费用。

(一) 加速折旧"旧"政

国税发〔2009〕81 号	财税〔2012〕27 号
企业拥有并用于生产经营的主要或关键的固定资产,由于以下原因确需加速折旧的,可以缩短折旧年限或者采取加速折旧的方法: (1) 由于技术进步,产品更新换代较快的。 (2) 常年处于强震动、高腐蚀状态的。 　　可以加速折旧的固定资产必须是企业拥有并用于生产经营的主要或关键的固定资产。采取缩短折旧年限方法的,最低折旧年限不得低于《实施条例》第六十条规定折旧年限的 60%;采取加速折旧方法的,可以采取双倍余额递减法或者年数总和法。	(1) 企业外购的软件,凡符合固定资产或无形资产确认条件的,可以按照固定资产或无形资产进行核算,其折旧或摊销年限可以适当缩短,最短可为 2 年(含)。 (2) 集成电路生产企业的生产设备,其折旧年限可以适当缩短,最短可为 3 年(含)。

(二) 加速折旧"新"政

1. 六大行业企业(财税〔2014〕75 号)

行业	条件	折旧政策
六大行业的企业	2014 年 1 月 1 日后新购进的固定资产(包括自行建造)	可缩短折旧年限或采取加速折旧的方法
六大行业的小型微利企业	2014 年 1 月 1 日后新购进的单位价值不超过 100 万元的研发和生产经营共用的仪器、设备	允许一次性计入当期成本费用在计算应纳税所得额时扣除,不再分年度计算折旧。
	2014 年 1 月 1 日后新购进的单位价值超过 100 万元的研发和生产经营共用的仪器、设备	可缩短折旧年限或采取加速折旧的方法

2. 四个领域重点行业企业(财税〔2015〕106 号)

行业	条件	折旧政策
四个领域重点行业的企业	2015 年 1 月 1 日后新购进的固定资产	可缩短折旧年限或采取加速折旧的方法
四个领域重点行业的小型微利企业	2015 年 1 月 1 日后新购进的单位价值不超过 100 万元的研发和生产经营共用的仪器、设备	允许一次性计入当期成本费用在计算应纳税所得额时扣除,不再分年度计算折旧。
	2015 年 1 月 1 日后新购进的单位价值超过 100 万元的研发和生产经营共用的仪器、设备	可缩短折旧年限或采取加速折旧的方法

3. 全部制造业企业(财政部　税务总局公告 2019 年第 66 号)

政策规定	政策解读
为支持制造业企业加快技术改造和设备更新,现就有关固定资产加速折旧政策公告如下:	固定资产加速折旧的优惠政策,之前有三个主要的文件:一是《财政部　国家税务总局关于完善固定资产加速折旧企业所得税政策的通知》(财税〔2014〕75 号),二是《财政部　国家

（续表）

政策规定	政策解读
一、自 2019 年 1 月 1 日起,适用《财政部 国家税务总局关于完善固定资产加速折旧企业所得税政策的通知》（财税〔2014〕75 号）和《财政部 国家税务总局关于进一步完善固定资产加速折旧企业所得税政策的通知》（财税〔2015〕106 号）规定固定资产加速折旧优惠的行业范围,扩大至全部制造业领域。 二、制造业按照国家统计局《国民经济行业分类与代码（GB/4754—2017）》确定。今后国家有关部门更新国民经济行业分类与代码,从其规定。 三、本公告发布前,制造业企业未享受固定资产加速折旧优惠的,可自本公告发布后在月（季）度预缴申报时享受优惠或在 2019 年度汇算清缴时享受优惠。	税务总局关于进一步完善固定资产加速折旧企业所得税政策的通知》（财税〔2015〕106 号）,三是《财政部 税务总局关于设备、器具扣除有关企业所得税政策的通知》（财税〔2018〕54 号）。 前两个文件的优惠针对部分行业,优惠内容分为两部分,特定金额以下一次性进费用,特定金额以上加速折旧。第三个文件基本上就覆盖了前两个文件一次性进费用的优惠,因为它是针对全行业的,对所有企业新购进的设备器具,只要单位价值不超过 500 万元的,都允许一次性计入当期成本费用。但对于单位价值超过 500 万的固定资产,按照财税〔2014〕75 号和财税〔2015〕106 号文件规定,还是只有文件中提到行业可以享受加速折旧,没有提到的行业则必须按企业所得税法规定的折旧年限计提折旧。财政部 税务总局公告 2019 年第 66 号出台扩展了加速折旧的行业范围,所有制造业企业均可按规定加速折旧。

4. 所有行业企业（财税〔2014〕75 号）

行业	条件	折旧政策
所有行业企业	2014 年 1 月 1 日后新购进的单位价值不超过 100 万元的专门用于研发的仪器、设备	允许一次性计入当期成本费用在计算应纳税所得额时扣除,不再分年度计算折旧
	2014 年 1 月 1 日后新购进的单位价值超过 100 万元的专门用于研发的仪器、设备	可缩短折旧年限或采取加速折旧的方法
所有行业企业	持有的单位价值不超过 5 000 元的固定资产	允许一次性计入当期成本费用在计算应纳税所得额时扣除,不再分年度计算折旧。企业在 2013 年 12 月 31 日前持有的单位价值不超过 5 000 元的固定资产,其折余价值部分,2014 年 1 月 1 日以后可以一次性在计算应纳税所得额时扣除。

5. 所有行业企业（财税〔2018〕54 号）

行业	条件	折旧政策
所有行业企业	2018 年 1 月 1 日至 2020 年 12 月 31 日期间新购进的设备器具（除房屋、建筑物以外的固定资产）,单位价值不超过 500 万元	允许一次性计入当期成本费用在计算应纳税所得额时扣除,不再分年度计算折旧。

6. 一次性计入当期成本费用在计算应纳税所得额时扣除的 4 种情形

（1）六大行业的小型微利企业 2014 年 1 月 1 日后新购进的研发和生产经营共用的仪器、设备,单位价值不超过 100 万元的; 四个领域重点行业的小型微利企业 2015 年 1 月 1 日后新购进的研发和生产经营共用的仪器、设备,单位价值不超过 100 万元的; （2）所有行业企业 2014 年 1 月 1 日后新购进的专门用于研发的仪器、设备,单位价值不超过 100 万元的;	（3）所有行业企业持有的单位价值不超过 5 000 元的固定资产; （4）企业在 2018 年 1 月 1 日至 2020 年 12 月 31 日期间新购进的设备、器具,单位价值不超过 500 万元的。
申报审核:允许符合条件的固定资产在企业购入当期一次性税前扣除,其实质上将企业发生的固定资产支出在当期费用化处理,不再通过分年度计算折旧的方式在税前扣除。企业研发完成,对外销售专用设备时,应按照销售收入全额计入当期应纳税所得额,但无需追回已享受的加速折旧优惠。	

（三）加速折旧"新"政要求和处理

1. 六大行业企业的范围和界定（国家税务总局公告 2014 年第 64 号）

六大行业的范围	六大行业的界定
（1）生物药品制造业； （2）专用设备制造业； （3）铁路、船舶、航空航天和其他运输设备制造业； （4）计算机、通信和其他电子设备制造业； （5）仪器仪表制造业； （6）信息传输、软件和信息技术服务业。	（1）六大行业按照国家统计局《国民经济行业分类与代码（GB/4754—2011）》确定。 （2）六大行业企业是指以上述行业业务为主营业务，其固定资产投入使用当年主营业务收入占企业收入总额 50%（不含）以上的企业。所称收入总额，是指企业所得税法第六条规定的收入总额。

2. 四个领域重点行业企业的范围和界定（国家税务总局公告 2015 年第 68 号）

四大领域重点行业的范围	四个领域重点行业的界定
四个领域重点行业按照财税〔2015〕106 号附件"轻工、纺织、机械、汽车四个领域重点行业范围"确定。今后国家有关部门更新国民经济行业分类与代码，从其规定。	四个领域重点行业企业是指以上述行业业务为主营业务，其固定资产投入使用当年的主营业务收入占企业收入总额 50%（不含）以上的企业。所称收入总额，是指企业所得税法第六条规定的收入总额。

3. 六大行业和四大领域"新"政要求和处理（国家税务总局公告 2014 年第 64 号、国家税务总局公告 2015 年第 68 号）

政策要求	企业所得税处理
（1）缩短折旧年限的，最低折旧年限不得低于《企业所得税法实施条例》第六十条规定折旧年限的 60%，企业购置已使用过的固定资产，其最低折旧年限不得低于实施条例规定的最低折旧年限减去已使用年限后剩余年限的 60%，最低折旧年限一经确定，一般不得变更；采取加速折旧方法的，可采取双倍余额递减法或者年数总和法，加速折旧方法一经确定，一般不得变更。 （2）用于研发活动的仪器、设备范围口径，按照国税发〔2015〕119 号规定执行。企业专门用于研发活动的仪器、设备已享受上述优惠政策的，在享受研发费加计扣除时，按照财税〔2015〕119 号的规定，就已经进行会计处理的折旧、费用等金额进行加计扣除。 （3）小型微利企业，是指《企业所得税法》第二十八条规定的小型微利企业。 （4）企业的固定资产既符合两个公告优惠政策条件，同时又符合《国家税务总局关于企业固定资产加速折旧所得税处理有关问题的通知》（国税发〔2009〕81 号）、《财政部 国家税务总局关于进一步鼓励软件产业和集成电路产业发展企业所得税政策的通知》（财税〔2012〕27 号）中相关加速折旧政策条件的，可由企业选择其中最优惠的政策执行，且一经选择，不得改变（不能叠加享受）。	（1）企业固定资产采取一次性税前扣除、缩短折旧年限或加速折旧方法的，预缴申报时，须同时报送《固定资产加速折旧（扣除）明细表》，年度申报时，实行事后备案管理，并按要求报送相关资料。企业应将购进固定资产的发票、记账凭证等有关凭证、凭据（购入已使用过的固定资产，应提供已使用年限的相关说明）等资料留存备查，并应建立台账，准确核算税法与会计差异情况。 （2）企业应将购进固定资产的发票、记账凭证等有关资料留存备查，并建立台账，准确反映税法与会计差异情况。 （3）主管税务机关应对享受固定资产加速折旧优惠政策的企业加强后续管理，对预缴申报时享受了优惠政策的企业，年终汇算清缴时应对企业全年主营业务收入占企业收入总额的比例进行重点审核。 （4）按照企业所得税法及其实施条例有关规定，企业根据自身生产经营需要，也可选择不实行加速折旧政策。（财税〔2015〕106 号） （5）企业 2015 年前 3 季度按本公告规定未能享受加速折旧优惠的，可将前 3 季度应享受的加速折旧部分，在 2015 年第 4 季度企业所得税预缴申报时享受，或者在 2015 年度企业所得税汇算清缴时统一享受。

（1）财税〔2014〕75 号文件规定了固定资产加速折旧的税务处理，企业固定资产折旧仍按会计规定处理。并根据国家税务总局 2014 年第 29 号公告第五条规定做纳税调整，即会计未采取"加速折旧"方法，税法可以加速折旧进行纳税调减。也就是说，企业会计处理上是否采取加速折旧方法，不影响企业享受加速折旧税收优惠政策，企业在享受加速折旧税收优惠政策时，不需要会计上也同时采取与税收上相同的折旧方法。

（2）加速折旧虽然是一项税收优惠，但只是形成暂时性差异，只能延迟纳税，不能减少纳税。如企业正处于"三免三减半"的免税期选择加速折旧就不适宜。享受税收优惠是纳税人的一项权利，纳税人可以自主选择是否享受优惠。为此，财税〔2015〕106号文件规定，企业根据自身生产经营需要，也可以选择不享受加速折旧优惠政策。

（3）根据国家税务总局公告2014年第64号第二条第三款的规定，尽管企业享受加速折旧政策时不需要进行会计处理，但对享受研发费加计扣除的折旧、费用等必须已经进行了相应的会计处理，所以，企业如果还需享受研发费加计扣除，则必须同时对加速折旧进行相应的会计处理，否则无法享受加计扣除优惠。小型微利企业研发和生产经营共用的仪器、设备所发生的折旧、费用等金额，不能享受研发费用加计扣除政策。

（4）企业研发完成后，对外销售该仪器和设备时，应依照销售收入全额计入当期应纳税所得额中，但无需追回已享受的加速折旧优惠。

（5）对小型微利企业当年购置固定资产已按照政策享受加速折旧优惠的，即使以后年度企业不再符合小型微利企业标准，该固定资产的折旧方法也不再调整。

（6）固定资产加速折旧企业所得税政策中的"固定资产"范围包括房屋、建筑物在内，只是房屋、建筑物不能享受一次性扣除。

4. 问题答疑

1. 企业固定资产加速折旧可以采用什么方法？

答：符合条件的固定资产可以采取缩短折旧年限方法，也可以采取其他加速折旧方法，其目的是使固定资产成本尽快回收，加快企业资金流转，引导企业加大投资。在实际操作中需注意以下几点：

第一，采取缩短折旧年限方法的，按照企业新购进的固定资产是否为已使用，分别实行两种不同的税务处理方法。国家税务总局公告2015年第68号（以下简称为68号公告）规定，企业购置的新固定资产，最低折旧年限不得低于企业所得税法实施条例规定的折旧年限的60%；企业购置已使用过的固定资产，其最低折旧年限不得低于企业所得税法实施条例规定的最低折旧年限减去已使用年限后剩余年限的60%。

第二，采取其他加速折旧方法的，企业也可以选择双倍余额递减法或年数总和法。双倍余额递减法和年数总和法，在《国家税务总局关于企业固定资产加速折旧所得税处理有关问题的通知》（国税发〔2009〕81号）作了明确规定，具体计算按照国税发〔2009〕81号文有关规定执行。

2. 符合条件的企业可否选择不实行加速折旧政策？

答：实行加速折旧政策后，有些纳税人可能会出现税前扣除的固定资产折旧费用与财务核算的固定资产折旧费用不同，产生复杂的纳税调整，加之一些固定资产核算期限长，会增加会计核算负担和遵从风险；还有些纳税人生产经营成果的反映，可能会受到一定影响，一些上市公司、企业集团等出于公司年度业绩披露或经营效益考核需要，选择实行加速折旧优惠政策的积极性也不高；此外，对亏损企业和享受定期减免税额的企业，选择实行加速折旧优惠政策意义不大。享受税收优惠是纳税人的一项权利，纳税人可以自主选择是否享受优惠。为此，《财政部 国家税务总局关于进一步完善固定资产加速折旧企业所得税政策的通知》（财税〔2015〕106号）规定，企业根据自身生产经营需要，也可选择不享受加速折旧优惠政策。

3. 如何判断企业是否属于制造业企业？

答：国家税务总局公告2014年第64号（以下简称为64号公告）明确：六大行业企业是指以上述行业业务为主营业务，其固定资产投入使用当年主营业务收入占企业收入总额50%（不含）以上的企业。所称收入总额，是指企业所得税法第六条规定的收入总额。

财政部 税务总局公告2019年第66号明确：制造业企业是指以上述行业业务为主营业务，其固定资产明确制造业按照国家统计局《国民经济行业分类与代码（GB/4754—2017）》确定。今后国家有关部门更新国民经济行业分类与代码，从其规定。

结合上述两个公告的，制造业企业是指以上述行业业务为主营业务，其固定资产投入使用当年主营业务收入占企业收入总额50%（不含）以上的企业。所称收入总额，是指企业所得税法第六条规定的收入总额。

4. 预缴时无法取得主营业务收入占收入总额的比重数据，是否可以享受固定资产加速折旧政策？

答：64号公告和68号公告明确，企业在预缴申报时，无法取得主营业务收入占收入总额的比重数据，可以由企业合理预估，先行享受，到年底时如果不符合规定比例，则在汇算清缴时一并进行纳税调整。根据《国家税务总局关于发布修订后的〈企业所得税优惠政策事项办理办法〉的公告》（国家税务总局公告2018年第23号）的《企业所得税优惠事项管理目录（2017年版）》规定，固定资产加速折旧或一次性扣除享受优惠时间是预缴享受。

5. 新购置并使用固定资产时，按主营业务收入占比确定企业所属行业，以后年度发生变化的，是否不能继续享受该项优惠政策？

答：根据 64 号公告和 68 号公告有关规定，在计算主营业务收入占比时应使用新购进的固定资产开始用于生产经营当年的数据。企业在生产经营过程中，主营业务收入占比可能会发生变化，为增强政策可操作性，以新购置并使用固定资产当年数据为标准，判断是否享受优惠政策。以后年度发生变化的，不影响企业享受优惠政策。

5. 设备、器具一次性扣除

国家税务总局公告 2018 年第 46 号	政策解读
一、企业在 2018 年 1 月 1 日至 2020 年 12 月 31 日期间新购进的设备、器具，单位价值不超过 500 万元的，允许一次性计入当期成本费用在计算应纳税所得额时扣除，不再分年度计算折旧（以下简称一次性税前扣除政策）。 （一）所称设备、器具，是指除房屋、建筑物以外的固定资产（以下简称固定资产）；所称购进，包括以货币形式购进或自行建造，其中以货币形式购进的固定资产包括购进的使用过的固定资产；以货币形式购进的固定资产，以购买价款和支付的相关税费以及直接归属于使该资产达到预定用途发生的其他支出确定单位价值，自行建造的固定资产，以竣工结算前发生的支出确定单位价值。 （二）固定资产购进时点按以下原则确认：以货币形式购进的固定资产，除采取分期付款或赊销方式购进外，按发票开具时间确认；以分期付款或赊销方式购进的固定资产，按固定资产到货时间确认；自行建造的固定资产，按竣工结算时间确认。 二、固定资产在投入使用月份的次月所属年度一次性税前扣除。 三、企业选择享受一次性税前扣除政策的，其资产的税务处理可与会计处理不一致。 四、企业根据自身生产经营核算需要，可自行选择享受一次性税前扣除政策。未选择享受一次性税前扣除政策的，以后年度不得再变更。 五、企业按照《国家税务总局关于发布修订后的〈企业所得税优惠政策事项办理办法〉的公告》（国家税务总局公告 2018 年第 23 号）的规定办理享受政策的相关手续，主要留存备查资料如下：	（一）明确设备、器具一次性税前扣除政策。 《财政部 税务总局关于设备器具扣除有关企业所得税政策的通知》（财税〔2018〕54 号，以下简称《通知》）规定，2018 年 1 月 1 日至 2020 年 12 月 31 日，企业新购进的单位价值不超过 500 万元的设备、器具可一次性在税前扣除。考虑到本次政策受惠面比较广，企业享受意愿强，为增强政策确定性，便于具体操作，《国家税务总局关于设备器具扣除有关企业所得税政策执行问题的公告》（以下简称《公告》）对有关执行口径进行了明确： 一是明确"购进"的概念。取得固定资产包括外购、自行建造、融资租入、捐赠、投资、非货币性资产交换、债务重组等多种方式。《公告》明确"购进"包括以货币形式购进或自行建造两种形式。将自行建造也纳入享受优惠的范围，主要是考虑到自行建造固定资产所使用的材料实际也是购进的，因此把自行建造的固定资产也看作是"购进"的。此外，"新购进"中的"新"字，只是区别于原已购进的固定资产，不是规定非要购进全新的固定资产，因此，《公告》明确以货币形式购进的固定资产包括企业购进的使用过的固定资产。 二是明确"单位价值"的计算方法。此前的政策文件中未对单位价值的计算方法进行明确。《通知》下发后，不少企业询问如何确定固定资产的单位价值，如是否包含安装费等。为统一政策执行口径，《公告》对单位价值的计算方法进行了明确。单位价值的计算方法与企业所得税法实施条例第五十八条规定的固定资产计税基础的计算方法保持一致，具体为：以货币形式购进的固定资产，以购买价款和支付的相关税费以及直接归属于使该资产达到预定用途发生的其他支出确定单位价值；自行建造的固定资产，以竣工结算前发生的支出确定单位价值。 三是明确购进时点的确定原则。设备、器具一次性税前扣除政策的执行时间为 2018 年 1 月 1 日至 2020 年 12 月 31 日，因此，需要依据设备、器具的购进时点确定其是否属于可享受优惠政策的范围。《公告》明确，以货币形式购进的固定资产，以发票开具时间确认购进时点，但考虑到分期付款可能会分批开具发票、赊销方式会在销售方取得货款后才开具发票的特殊情况，《公告》对这两种情况进行了例外规定，以固定资产到货时间确认购进时点。对于自行建造的固定资产，以竣工结算时间确认购进时点。 （二）明确一次性税前扣除的时点。 企业所得税法实施条例规定，企业应当自固定资产投入使用月份的次月起计算折旧。固定资产一次性税前扣除政策仅仅是固定资产税前扣除的一种特殊方式，因此，其税前扣除的时点应与固定资产计算折旧的处理原则保持一致。《公告》对此进行了相应规定。比如，某企业于 2018 年 12 月购进了一项单位价值为 300 万元的设备并于当月投入使用，则该设备可在 2019 年一次性税前扣除。 （三）明确固定资产税务处理可与会计处理不一致。 企业会计处理上是否采取一次性税前扣除方法，不影响企业享受一次性税前扣除政策，企业在享受一次性税前扣除政策时，不需要会计上也同时采取与税收上相同的折旧方法。 （四）明确企业可自主选择享受一次性税前扣除政策，但未选择的不得变更。

（续表）

国家税务总局公告 2018 年第 46 号	政策解读
（一）有关固定资产购进时点的资料（如以货币形式购进固定资产的发票，以分期付款或赊销方式购进固定资产的到货时间说明，自行建造固定资产的竣工决算情况说明等）。 （二）固定资产记账凭证。 （三）核算有关资产税务处理与会计处理差异的台账。	实行一次性税前扣除政策后，纳税人可能会由于税前扣除的固定资产与财务核算的固定资产折旧费用不同，而产生复杂的纳税调整问题，加之一些固定资产核算期限较长，也会增加会计核算负担和遵从风险。对于短期无法实现盈利的亏损企业而言，选择实行一次性税前扣除政策会进一步加大亏损，且由于税法规定的弥补期限的限制，该亏损可能无法得到弥补，实际上减少了税前扣除额。 　　此外，企业在定期减免税期间往往不会选择一次性税前扣除政策。考虑到享受税收优惠是纳税人的一项权利，纳税人可以自主选择是否享受优惠。因此，《公告》规定企业根据自身生产经营需要，可自行选择享受一次性税前扣除政策。为避免恶意套取税收优惠，《公告》明确企业未选择享受的，以后年度不得再变更。需要注意的是，以后年度不得再变更的规定是针对单个固定资产而言，单个固定资产未选择享受的，不影响其他固定资产选择享受一次性税前扣除政策。 　　（五）明确企业享受一次性税前扣除政策的管理要求。 　　为保证优惠政策的准确执行，《公告》明确按照《国家税务总局关于发布修订后的〈企业所得税优惠政策事项办理办法〉的公告》（国家税务总局公告 2018 年第 23 号）的规定办理有关手续。此外，在国家税务总局公告 2018 年第 23 号规定的"固定资产加速折旧或一次性扣除"优惠事项主要留存备查资料的基础上，对留存备查资料的相关内容进行了调整，具体为：有关固定资产购进时点的资料（如以货币形式购进固定资产的合同、发票，以分期付款或赊销方式购进固定资产的到货时间说明，自行建造固定资产的竣工决算情况说明等）、固定资产记账凭证、核算有关资产税务处理与会计处理差异的台账。 　　（六）明确单位价值超过 500 万元的固定资产税务处理。 　　为保证政策的完整性，公告明确单位价值超过 500 万元的固定资产，仍按照企业所得税法及其实施条例、财税〔2014〕75 号、财税〔2015〕106 号、国家税务总局公告 2014 年第 64 号和国家税务总局公告 2015 年第 68 号等相关规定执行。

　　对选择享受一次性税前扣除政策的企业，可在制定有关资产税务处理与会计处理差异台账时，详细设计涵盖资产名称、编号、原值、购置时间、折旧开始时间、折旧完成时间等有关栏目，并分年度统计折旧金额和纳税调整金额，达到既可让固定资产会计岗位在会计处理时及时完整填报，又便于税收会计岗位在进行年度企业所得税申报时准确地进行纳税调整。享受一次性税前扣除政策的设备、器具，发生提前报废、非货币性交易、无偿划转、有偿转让等特殊事项时，做好会计与税务处理，避免出现纳税调整不当的税收风险。

　　1. 企业在 2018 年 1 月 1 日至 2020 年 12 月 31 日期间新购进的设备、器具，单位价值不超过 500 万元的，允许一次性计入当期成本费用在计算应纳税所得额时扣除，这里的设备、器具具体范围是实施什么？

　　答：所称设备、器具，是指除房屋、建筑物以外的固定资产。

　　2. 购进的概念怎么理解？

　　答：购进，包括以货币形式购进或自行建造，其中以货币形式购进的固定资产包括购进的使用过的固定资产；不包括融资租入、捐赠、投资、非货币性资产交换、债务重组等方式。

　　注意：（1）取得固定资产包括外购、自行建造、融资租入、捐赠、投资、非货币性资产交换、债务重组等多种方式。《公告》明确"购进"包括以货币形式购进或自行建造两种形式。将自行建造也纳入享受优惠的范围，主要是考虑到自行建造固定资产所使用的材料实际也是购进的，因此把自行建造的固定资产也看作是"购进"的。

　　（2）"新购进"中的"新"字，只是区别于原已购进的固定资产，不是规定非要购进全新的固定资产，因此，《公告》明确以货币形式购进的固定资产包括企业购进的使用过的固定资产。

　　3. "单位价值不超过 500 万元的"中的"单位价值"怎么确定？

　　答：单位价值的计算方法与《企业所得税法实施条例》第五十八条规定的固定资产计税基础的计算方法保持一致：

　　（1）以货币形式购进的固定资产，以购买价款和支付的相关税费以及直接归属于使该资产达到预定用途发生的其他支出确定单位价值；

　　（2）自行建造的固定资产，以竣工结算前发生的支出确定单位价值。

4. 购进固定资产的时点如何确定？

答：设备、器具一次性税前扣除政策的执行时间为 2018 年 1 月 1 日至 2020 年 12 月 31 日，因此，需要依据设备、器具的购进时点确定其是否属于可享受优惠政策的范围。

（1）以货币形式购进的固定资产，除采取分期付款或赊销方式购进外，按发票开具时间确认；

（2）以分期付款或赊销方式购进的固定资产，按固定资产到货时间确认（考虑分期付款可能会分批开具发票，赊销方式会在销售方取得货款后才开具发票的特殊情况）；

（3）自行建造的固定资产，按竣工结算时间确认。

【案例 1】 甲公司 2017 年 12 月与某汽车销售乙公司签订一辆生产经营用车的采购合同，合同约定价款 80 万元，于汽车运达甲公司后 10 日内一次性付款。2018 年 1 月乙公司按合同约定将车辆运达甲公司并验收合格，向甲公司开具了增值税发票。甲公司按约定于 10 日后付款。甲公司采购的该车辆能否享受一次性税前扣除优惠？

解析：国家税务总局公告 2018 年第 46 号（以下简称为 46 号公告）第一条第（二）项规定："固定资产购进时点按以下原则确认：以货币形式购进的固定资产，除采取分期付款或赊销方式购进外，按发票开具时间确认。"在本案例中，甲公司采取的是以货币形式购进车辆，并且为一次性付款，不是分期付款或赊销方式购进。甲公司取得的增值税发票开票日期为 2018 年 1 月，因此满足"2018 年 1 月 1 日至 2020 年 12 月 31 日期间"规定，可以享受该项优惠政策。

【案例 2】 甲公司 2017 年 12 月与某汽车销售乙公司签订一辆生产经营用车的采购合同，合同约定价款 80 万元，于汽车运达甲公司 10 日后先付 50% 的款项，到货三个月后再付剩余的 50% 款项。2017 年 12 月 25 日乙公司按合同约定将车辆运达甲公司并验收合格，2018 年 1 月 5 日向甲公司开具了增值税发票。甲公司按约定于 10 日后付款 50%。甲公司采购的车辆能否享受一次性税前扣除优惠？

解析：46 号公告第一条第（二）项规定："固定资产购进时点按以下原则确认：以分期付款或赊销方式购进的固定资产，按固定资产到货时间确认。"在本案例中，甲公司采取的是以货币形式分期付款购进车辆，应按固定资产到货时间确认购进时点，即 2017 年 12 月，不可以享受该项优惠政策。

【案例 3】 2017 年 12 月，甲公司开始自行建造一台生产设备。2018 年 5 月 10 日，该设备达到预定可使用状态，甲公司于当日办理了竣工结算。自行建造过程中发生的工程物资成本、人工成本、缴纳的相关税费、应予资本化的借款费用以及应分摊的间接费用等建造该项设备达到预定可使用状态前所发生的必要支付累计 480 万元。甲公司自行建造的设备能否享受一次性税前扣除优惠？

解析：46 号公告第一条第（二）项规定："固定资产购进时点按以下原则确认：自行建造的固定资产，按竣工结算时间确认。"本案例中，甲公司设备采取自行建造方式且于 2018 年 5 月 10 日办理竣工结算，购进时点应确认为 2018 年 5 月，因此可以享受一次性税前扣除优惠。

5. "允许一次性计入当期成本费用在计算应纳税所得额时扣除"中当期的概念怎么理解？

答："当期"是指固定资产在投入使用月份的次月所属年度。企业所得税法实施条例规定，企业应当自固定资产投入使用月份的次月起计算折旧。固定资产一次性税前扣除政策仅仅是固定资产税前扣除的一种特殊方式，因此，其税前扣除的时点应与固定资产计算折旧的处理原则保持一致。公告对此进行了相应规定。比如，某企业于 2018 年 12 月购进了一项单位价值为 300 万元的设备并于当月投入使用，则该设备可在 2019 年一次性税前扣除。

6. 企业选择享受一次性税前扣除政策的，其资产的税务处理可与会计处理不一致，是否需要改变会计处理？

答：企业选择享受一次性税前扣除政策的，其资产的税务处理可与会计处理不一致。即：企业会计处理上是否采取一次性税前扣除方法，不影响企业享受一次性税前扣除政策，企业在享受一次性税前扣除政策时，不需要会计上也同时采取与税收上相同的折旧方法。

7. 企业按照规定办理享受政策的相关手续，需要留存备查哪些资料？

答：企业按照《国家税务总局关于发布修订后的〈企业所得税优惠政策事项办理办法〉的公告》（国家税务总局公告 2018 年第 23 号）的规定办理享受政策的相关手续，主要留存备查资料如下：

（1）有关固定资产购进时点的资料（如以货币形式购进固定资产的发票，以分期付款或赊销方式购进固定资产的到货时间说明，自行建造固定资产的竣工决算情况说明等）；

（2）固定资产记账凭证；

（3）核算有关资产税务处理与会计处理差异的台账。

8. 单位价值超过 500 万元的固定资产如何进行税前扣除？

答：单位价值超过 500 万元的固定资产，仍按照企业所得税法及其实施条例、《财政部 国家税务总局关于完善固定资产加速折旧企业所得税政策的通知》（财税〔2014〕75 号）、《财政部 国家税务总局关于进一步完善固定资产加速折旧企业所得税政策的通知》（财税〔2015〕106 号）、《国家税务总局关于固定资产加速折旧税收政策有关问题的公告》（国家税务总局公告 2014 年第 64 号）、《国家税务总局关于进一步完善固定资产加速折旧企业所得税政策有关问题的公告》（国家税务总局公告 2015 年第 68 号）等相关规定执行。

（四）优惠事项管理管理（国家税务总局公告 2018 年第 23 号）

1. 传统的加速折旧项目

序号	主要留存备查资料	享受优惠时间	后续管理要求
67	1. 固定资产的功能、预计使用年限短于规定计算折旧的最低年限的理由、证明资料及有关情况的说明； 2. 被替代的旧固定资产的功能、使用及处置等情况的说明； 3. 固定资产加速折旧拟采用的方法和折旧额的说明，外购软件拟缩短折旧或摊销年限情况的说明； 4. 集成电路生产企业证明材料； 5. 购入固定资产或软件的发票、记账凭证。	汇缴享受（税会处理一致的，预缴享受；税会处理不一致的，汇缴享受）	由省税务机关（含计划单列市税务机关）规定。

2. 新推广的加速折旧政策

序号	主要留存备查资料	享受优惠时间	后续管理要求
68	1. 企业属于重点行业、领域企业的说明材料〔以某重点行业业务为主营业务，固定资产投入使用当年主营业务收入占企业收入总额 50%（不含）以上〕； 2. 购进固定资产的发票、记账凭证（购入已使用过的固定资产，应提供已使用年限的相关说明）； 3. 核算有关资产税法与会计差异的台账。	预缴享受	由省税务机关（含计划单列市税务机关）规定。

（五）加速折旧优惠的理性选择

1. 加速折旧优惠的实质

从税收优惠的类型上来说，一次性税前扣除或者加速折旧政策，应属于递延纳税，而不是税收减免。对于企业而言，既可以采用保守的方式核算会计利润，也可以在税收上采用一次性扣除或者加速折旧的方式改善现金流，相当于国家提供了一笔无息贷款，等于政府以损失了一部分税收收入的"时间价值"为代价，换取减轻企业的资金压力，支持企业的发展。因此，加速折旧的税收优惠的实质主要是两种情形：

一是提前扣除，获得所得税延期缴纳的时间性优惠，在总体上没有所得税进而的整体优惠，但可以或者资金流动性的优惠，即相当于获得无息的阶段性资金使用优惠。

二是对于符合加计扣除的规定时，可以获得实质的加计扣除优惠，从而获得实质性的可以依法少缴所得税的优惠。

2. 加速折旧优惠政策的适用方法（总结）

适用情形	固定资产类型	用途	金额	税前扣除	原有资产
六大行业、四个领域	不限	不限	不限	加速折旧	不适用
六大行业、四个领域中的小型微利企业	仪器、设备	研发和生产经营共用	≤100 万元	一次性扣除	不适用
			>100 万元	加速折旧	
全部	仪器、设备	专门用于研发	≤100 万元	一次性扣除	不适用
			>100 万元	加速折旧	
全部	不限	不限	≤5 000 元	一次性扣除	适用
全部（2018 年 1 月 1 日至 2020 年 12 月 31 日）	设备、器具	不限	≤500 万元	一次性扣除	不适用

3. 加速折旧的理性选择

对于企业来说,固定资产折旧是否采用加速折旧办法是有选择权的,但是除特殊的规定情形外,一经选择是不得改变的。因此,企业在选择是否采用加速折旧时有必要考虑以下几种情形的分析:

(1) 加速折旧必须是对于在未享受加速折旧的情况下,有所得税计税所得额的,并且加速折旧额足以在税前足额扣除的,那么选择加速折旧自然是合算的。

(2) 对于固定资产购入年度,如果没有加速折旧可以处于微利状态,但加速折旧后可能导致所得税计税所得额小于零,但能够在以后的五年内足以弥补的,那么,企业可以考虑选择,但需要谨慎。

(3) 对于暂时企业处于起步期,若干年度内处于小型微利状态的,或者企业正在处于所得税税收优惠期间的,选择加速折旧的结果就可能会导致加速折旧部分也因为享受税收优惠而不能充分按照法定税率扣除,到优惠期结束后可能就自然减少了可以税前扣除的折旧,本质上就少享受了所得税税收优惠政策。当然,这里还有必要考虑获得的资金流的收益与减少税收优惠享受之间的权衡关系。

(4) 企业处于亏损弥补期限内的选择。如果企业暂时处于阶段性亏损期或者存在比较充足的待弥补亏损期,选择加速折旧后就可能出现在五年弥补亏损的期限内无法进行充分弥补的问题,如果超期后就不能再用于所得税税前弥补亏损,从而可能造成以后的税收损失。

(5) 企业因某种业绩体现需要,不适宜选择加速折旧。比如,企业为了贷款、融资(如股市)等需要,有必要体现经营业绩,以利于获取比暂时性少缴的税款更多的利益,这时,可以考虑放弃加速折旧的选择。企业也可以通过财务上不作加速处理,税收处理上作加速折旧的税会差异办法处理。

(6) 企业用于符合条件的研发活动的固定资产,如果企业处于盈利模式下,或者短期内预计可以获得高盈利的,对其采用加速折旧是有叠加的税收优惠好处的:按规定用于研发的固定资产的加速折旧也可以参与加计扣除,这是属于实质性好处,特别是对于符合条件的共用设备的加速折旧。需要注意的是:可以享受研发费加计扣除的加速折旧必须是在财务核算上也是进行加速折旧的,不可以进行税会差异核算。

总之,从本质上看,固定资产加速折旧的税收优惠政策,除用于研发项目可以获得实质性扣除优惠外,只是一种递延纳税的优惠,本质上仅仅是一种资金流的优惠,即相当于融资性优惠。企业在选择是否进行加速折旧时需要综合考虑多种因素,切不可轻易以为是税收优惠而选择。税务机关应该尊重企业的选择,不应该以落实税收优惠政策为名而强力推行,放手让企业自己选择为好。

当企业采用财务上不作加速折旧处理、所得税上作加速折旧处理的税会差异方式时,企业要做好备查账,特别是在会计岗位人员调动,办理交接时要交代清楚,以免发生重复税前扣除,引发税收风险。

(六) 加速折旧税务管理

为使政策及时落地,企业在预缴时就可以享受加速折旧政策。六大行业和四个领域重点行业的企业在预缴申报企业所得税时,由于无法取得主营业务收入占收入总额的比重数据,可以由企业合理预估,先行享受。到年底时如果不符合规定比例,则在汇算清缴时一并进行纳税调整。

依据《企业所得税税前扣除凭证管理办法》(国家税务总局公告2018年第28号)规定,允许扣除的折旧,其固定资产必须取得合法有效的凭据。但需注意,如增值税发票应于纳税年度汇算清缴期满后开具,则当年度折旧扣除无需取得发票。企业在汇算清缴期满前应取得而未取得税前扣除凭证(符合规定的发票及其他外部凭证),暂不允许税前扣除折旧,需作纳税调增处理;企业在汇算清缴期满后五年内自行取得补开或换开税前扣除凭证的,允许追补扣除;汇算清缴期满后税务机关发现企业应取得而未取得税前扣除凭证并告知企业限期补开、换开期限届满仍未取得的,折旧不得在税前扣除。

1. 固定资产或购入软件等可以加速折旧或摊销应留存资料

(1) 固定资产的功能、预计使用年限短于规定计算折旧的最低年限的理由、证明资料及有关情况的说明;

(2) 被替代的旧固定资产的功能、使用及处置等情况的说明;

(3) 固定资产加速折旧拟采用的方法和折旧额的说明,外购软件拟缩短折旧或摊销年限情况的说明;

(4) 集成电路生产企业证明材料;

(5) 购入固定资产或软件的发票、记账凭证。

2. 固定资产加速折旧或一次性扣除应留存资料:

(1) 企业属于重点行业、领域企业的说明材料[以某重点行业业务为主营业务,固定资产投入使用当年主营业务收入占企业收入总额50%(不含)以上];

(2) 购进固定资产的发票、记账凭证(购入已使用过的固定资产,应提供已使用年限的相关说明);

(3) 核算有关资产税法与会计差异的台账。

第九节　其他减税服务政策

一、优化纳税申报

（一）适应小微普惠政策，修改预缴申报表（国家税务总局公告 2019 年第 3 号）

小型微利企业所得税不再按月预缴	主要变化
一、统一实行按季度预缴。 　预缴企业所得税时，小型微利企业的资产总额、从业人数、年度应纳税所得额指标，暂按当年度截至本期申报所属期末的情况进行判断。按照规定判断为小型微利企业的，纳税期限将统一调整为按季度预缴。 　二、减免政策范围明确。 　无论企业所得税实行查账征收方式还是核定征收方式的企业，只要符合条件，均可以享受小型微利企业普惠性所得税减免政策。 　三、小型微利企业的判断方法简化。 　1. 从 2019 年度开始，在预缴企业所得税时，企业可直接按当年度截至本期末的资产总额、从业人数、应纳税所得额等情况判断是否为小型微利企业。 　2. 具体判断方法为：资产总额、从业人数指标比照"全年季度平均值"的计算公式，计算截至本期末的季度平均值；年应纳税所得额指标按截至本期末不超过 300 万元的标准判断。 　3. 全年季度平均值计算公式： 　季度平均值＝（季初值＋季末值）÷2 　全年季度平均值＝全年各季度平均值之和÷4 　年度中间开业或者终止经营活动的，以其实际经营期作为一个纳税年度确定上述相关指标。 　四、填表就能享受。 　2019 年 2 月 1 日起，小型微利企业在预缴和汇算清缴企业所得税时，通过填写纳税申报表相关内容，即可享受小型微利企业所得税减免政策，网报系统已实现自动识别、自动计算、自动成表、自动校验"四个自动"功能。 　五、原不符合小型微利企业条件的企业，在年度中间预缴企业所得税时，按本公告第三条规定判断符合小型微利企业条件的，应按照截至本期申报所属期末累计情况计算享受小型微利企业所得税减免政策。当年度此前期间因不符合小型微利企业条件而多预缴的企业所得税款，可以在以后季度应预缴的企业所得税款中抵减。 　六、按月申报的纳税人在 4 月、7 月、10 月申报时，符合小型微利企业条件的，征管系统将提示按季预征。申报期结束后，主管税务机关将根据申报情况筛查需要调整纳税期限的纳税人，并联系纳税人办理调整事项；纳税人也可主动联系主管税务机关进行调整。年度结束后，原则上在小型微利企业扩大优惠力度期限内，不再调整纳税期限。	一、设置"按季度填报信息"项目。 　《中华人民共和国企业所得税月（季）度预缴纳税申报表（A类）》（A200000）、《中华人民共和国企业所得税月（季）度预缴和年度纳税申报表（B类，2018 年版）》（B100000）中设置"按季度填报信息"项目。 　二、相关项目依据小型微利企业减税政策进行调整。 　1. 将《减免所得税优惠明细表》（A201030）第 1 行"一、符合条件的小型微利企业减免企业所得税"的填报说明修改为"填报享受小型微利企业普惠性所得税减免政策减免企业所得税的金额。本行填报根据本期《中华人民共和国企业所得税月（季）度预缴纳税申报表（A类）》（A200000）第 9 行计算的减免企业所得税的本年累计金额。" 　2. 将《企业所得税年度纳税申报基础信息表》（A000000）"109 小型微利企业"的填报说明修改为"纳税人符合小型微利企业普惠性所得税减免政策的，选择'是'，其他选择'否'。" 　3. 将《减免所得税优惠明细表》（A107040）第 1 行"一、符合条件的小型微利企业减免企业所得税"的填报说明修改为"填报享受小型微利企业普惠性所得税减免政策减免企业所得税的金额。本行填报根据本期《中华人民共和国企业所得税年度纳税申报表（A类）》（A100000）第 23 行计算的减免企业所得税的本年金额。" 　三、财务计算负担大减。 　1. 将小型微利企业条件中的"资产总额""从业人数"等需要计算的指标细化为"季初资产总额（万元）""季末资产总额（万元）""季初从业人数""季末从业人数"项目，由企业依据会计核算、人员管理等日常生产经营活动中既有的数据直接填列，无需再为享受税收优惠而特别计算。 　2. 进行电子申报的企业，征管系统将根据申报表相关数据，自动判断企业是否符合小型微利企业条件；符合条件的，系统还将进一步自动计算减免税金额，自动生成表 A201030，为企业减轻计算、填报负担。 　四、2019 年度及以后年度企业所得税预缴和汇算清缴纳税申报适用。

　取消《中华人民共和国企业所得税月（季）度预缴纳税申报表（A类，2015 年版）》及其附表中的"本期金额"列，只保留"累计金额"列。"不征税收入"不再放入优惠的有关表格中，在主表中单设一行。主表去掉了"以前年度多缴在本期抵缴"栏次，和年度申报表保持一致。去掉这行意思不是不能抵缴了，而是税务机关

完全能够在自己系统中反映出这个数字。

在填报预缴申报表时,以下两个方面应当重点关注:一是关注"应纳税所得额"和"减免所得税额"两个项目的填报。"应纳税所得额"是判断企业是否符合小型微利企业条件和分档适用"减半再减半""减半征税"等不同政策的最主要指标,这个行次一定要确保填写无误。"减免所得税额"是指企业享受普惠性所得税减免政策的减免所得税金额,这个行次体现了企业享受税收优惠的直接成效。

企业所得税实行核定应纳所得税额征收的企业,如果符合小型微利企业条件的,其税收减免不通过填报纳税申报表的方式实现,而是通过直接调减定额的方式实现。但是,这些企业应在纳税申报表中根据税务机关核定时的情况,正确选择填报"小型微利企业"项目。

二是关注预缴申报表中新增"按季度填报信息"部分有关项目的填报。"按季度填报信息"整合了除应纳税所得额以外的小型微利企业条件指标,其数据填报质量直接关系着小型微利企业判断结果的准确与否。因此,所有企业均需要准确填写该部分内容。对于查账征收企业和核定应税所得率征收的企业,按季度预缴的,应在申报预缴当季度税款时,填报"按季度填报信息"的全部项目;按月度预缴的,仅在申报预缴当季度最后一个月的税款时,填报"按季度填报信息"的全部项目。

"按季度填报信息"中的"小型微利企业"项目,是对企业是否为小型微利企业的判断结果的展示。除企业所得税实行核定应纳所得税额征收方式的企业外,其他企业需要根据本期及以前各期纳税申报表中的"从业人数""资产总额"等项目的填报情况,结合本期纳税人申报表中"应纳税所得额"和"国家限制或禁止行业"的填报情况进行综合判断。

(二) 配合新政策实施,修改年度纳税申报表(国家税务总局公告 2018 年第 57 号)

国家税务总局公告 2018 年第 57 号规定,对《中华人民共和国企业所得税年度纳税申报表(A类,2017 年版)》部分表单及填报说明进行修订,修订内容如下:

内容	项目
大幅修订的表单	1.《企业所得税年度纳税申报基础信息表》(A000000) 2.《资产损失税前扣除及纳税调整明细表》(A105090) 3.《企业所得税弥补亏损明细表》(A106000) 4.《境外分支机构弥补亏损明细表》(A108020)
局部调整的表单	1.《纳税调整项目明细表》(A105000) 2.《职工薪酬支出及纳税调整明细表》(A105050) 3.《资产折旧、摊销及纳税调整明细表》(A105080) 4.《免税、减计收入及加计扣除优惠明细表》(A107010) 5.《研发费用加计扣除优惠明细表》(A107012) 6.《所得减免优惠明细表》(A107020) 7.《减免所得税优惠明细表》(A107040) 8.《高新技术企业优惠情况及明细表》(A107041) 9.《软件、集成电路企业优惠情况及明细表》(A107042)
仅填报说明进行修订的表单	1.《中华人民共和国企业所得税年度纳税申报表(A 类)》(A100000) 2.《投资收益纳税调整明细表》(A105030) 3.《境外所得税收抵免明细表》(A108000)
其他内容优化	1. 封面 2.《企业所得税年度纳税申报表填报表单》

二、资产损失改为留存备查(国家税务总局公告 2018 年第 15 号)

政策规定	政策解读
一、企业向税务机关申报扣除资产损失,仅需填报企业所得税年度纳税申报表《资产损失税前扣除及纳税调整明细表》,不再报送资产损失相关资料。相关资料由企业留存备查。 二、企业应当完整保存资产损失相关资料,保	简化企业资产损失资料报送,是为了切实减轻企业办税负担。资产损失由向税务机关备案制改为由企业留存备查,程序简化,但是资产损失认定的相关条件未发生变化,企业依然要按照国家税务总局公告 2011 年第 25 号规定的各类资产损失的认定依

政策规定	政策解读
证资料的真实性、合法性。 　　三、本公告规定适用于 2017 年度及以后年度企业所得税汇算清缴。	据及材料清单准备好相关资料，保证资料的真实性、合法性，否则要承担《中华人民共和国税收征收管理法》等法律、行政法规规定的法律责任。

三、企业所得税税前扣除凭证规范得以明确（国家税务总局公告 2018 年第 28 号）

　　第二条　税前扣除凭证，是指居民企业和非居民企业在计算企业所得税应纳税所得额时，证明与取得收入有关的、合理的支出实际发生，并据以税前扣除的各类凭证。

　　第四条　税前扣除凭证在管理中遵循真实性、合法性、关联性原则。真实性是指税前扣除凭证反映的经济业务真实，且支出已经实际发生；合法性是指税前扣除凭证的形式、来源符合国家法律、法规等相关规定；关联性是指税前扣除凭证与其反映的支出相关联且有证明力。

　　第五条　企业发生支出，应取得税前扣除凭证，作为计算企业所得税应纳税所得额时扣除相关支出的依据。

　　第六条　企业应在当年度企业所得税法规定的汇算清缴期结束前取得税前扣除凭证。

　　第七条　企业应将与税前扣除凭证相关的资料，包括合同协议、支出依据、付款凭证等留存备查，以证实税前扣除凭证的真实性。

　　第八条　税前扣除凭证按照来源分为内部凭证和外部凭证。

　　内部凭证是指企业自制用于成本、费用、损失和其他支出核算的会计原始凭证。内部凭证的填制和使用应当符合国家会计法律、法规等相关规定。

　　外部凭证是指企业发生经营活动和其他事项时，从其他单位、个人取得的用于证明其支出发生的凭证，包括但不限于发票（包括纸质发票和电子发票）、财政票据、完税凭证、收款凭证、分割单等。

　　第九条　企业在境内发生的支出项目属于增值税应税项目（以下简称"应税项目"）的，对方为已办理税务登记的增值税纳税人，其支出以发票（包括按照规定由税务机关代开的发票）作为税前扣除凭证；对方为依法无需办理税务登记的单位或者从事小额零星经营业务的个人，其支出以税务机关代开的发票或者收款凭证及内部凭证作为税前扣除凭证，收款凭证应载明收款单位名称、个人姓名及身份证号、支出项目、收款金额等相关信息。

　　小额零星经营业务的判断标准是个人从事应税项目经营业务的销售额不超过增值税相关政策规定的起征点。

　　税务总局对应税项目开具发票另有规定的，以规定的发票或者票据作为税前扣除凭证。

　　第十二条　企业取得私自印制、伪造、变造、作废、开票方非法取得、虚开、填写不规范等不符合规定的发票（以下简称"不合规发票"），以及取得不符合国家法律、法规等相关规定的其他外部凭证（以下简称"不合规其他外部凭证"），不得作为税前扣除凭证。

　　第十三条　企业应当取得而未取得发票、其他外部凭证或者取得不合规发票、不合规其他外部凭证的，若支出真实且已实际发生，应当在当年度汇算清缴期结束前，要求对方补开、换开发票、其他外部凭证。补开、换开后的发票、其他外部凭证符合规定的，可以作为税前扣除凭证。

　　第十四条　企业在补开、换开发票、其他外部凭证过程中，因对方注销、撤销、依法被吊销营业执照、被税务机关认定为非正常户等特殊原因无法补开、换开发票、其他外部凭证的，可凭以下资料证实支出真实性后，其支出允许税前扣除：

　　（一）无法补开、换开发票、其他外部凭证原因的证明资料（包括工商注销、机构撤销、列入非正常经营户、破产公告等证明资料）；

　　（二）相关业务活动的合同或者协议；

　　（三）采用非现金方式支付的付款凭证；

　　（四）货物运输的证明资料；

　　（五）货物入库、出库内部凭证；

　　（六）企业会计核算记录以及其他资料。

　　前款第一项至第三项为必备资料。

　　第十五条　汇算清缴期结束后，税务机关发现企业应当取得而未取得发票、其他外部凭证或者取得不合规发票、不合规其他外部凭证并且告知企业的，企业应当自被告知之日起 60 日内补开、换开符合规定的发票、其他外部凭证。其中，因对方特殊原因无法补开、换开发票、其他外部凭证的，企业应当按照本办法第十四条的规定，自被告知之日起 60 日内提供可以证实其支出真实性的相关资料。

　　第十六条　企业在规定的期限未能补开、换开符合规定的发票、其他外部凭证，并且未能按照本办法第十四条的规定提供相关资料证实其支出真实性的，相应支出不得在发生年度税前扣除。

　　第十七条　除发生本办法第十五条规定的情形外，企业以前年度应当取得而未取得发票、其他外部凭证，且相应支出在该年度没有税前扣除的，在以后年度取得符合规定的发票、其他外部凭证或者按照本办法第十四条的规定提供可以证实其支出真实性的相关资料，相应支出可以追补至该支出发生年度税前扣除，但追补年限不得超过五年。

四、雇主责任保险可税前扣除（国家税务总局公告 2018 年第 52 号）

政策规定	政策解读
企业参加雇主责任险、公众责任险等责任保险，按照规定缴纳的保险费，准予在企业所得税税前扣除。 　　本公告适用于 2018 年度及以后年度企业所得税汇算清缴。	雇主责任险、公众责任险等责任保险是参加责任保险的企业出现保单中所列明的事故，需对第三者如损害赔偿责任时，由承保人代其履行赔偿责任的一种保险。由于企业参加雇主责任险、公众责任险等责任保险缴纳的保险费支出是企业实际发生的，《保险法》也规定财产保险业务包括责任保险，为此，根据《中华人民共和国企业所得税法》及其实施条例有关规定，《国家税务总局关于责任保险费企业所得税税前扣除有关问题的公告》明确，企业参加雇主责任险、公众责任险等责任保险，按照规定缴纳的保险费，准予在企业所得税前扣除。

　　另外，国家税务总局公告 2016 年第 80 号规定，企业职工因公出差乘坐交通工具发生的人身意外保险费支出，准予企业在计算应纳税所得额时扣除。

五、职工教育经费扣除比例提高至 8%（财税〔2018〕51 号）

　　财税〔2018〕51 号规定，自 2018 年 1 月 1 日起，所有企业发生的职工教育经费支出，不超过工资薪金总额 8% 的部分，准予在计算企业所得税应纳税所得额时扣除；超过部分，准予在以后纳税年度结转扣除。

六、公益性捐赠和扶贫捐赠

(一) 公益性捐赠支出扣除政策

政策依据：

> 《国务院关于修改部分行政法规的决定》（国务院令第 714 号）。

《企业所得税法实施条例》（旧）	《企业所得税法实施条例》（新）
第五十一条　企业所得税法第九条所称公益性捐赠，是指企业通过公益性社会团体或者县级以上人民政府及其部门，用于《公益事业捐赠法》规定的公益事业的捐赠。 　　第五十二条　本条例第五十一条所称公益性社会团体，是指同时符合下列条件的基金会、慈善组织等社会团体： 　　（一）依法登记，具有法人资格； 　　（二）以发展公益事业为宗旨，且不以营利为目的； 　　（三）全部资产及其增值为该法人所有； 　　（四）收益和营运结余主要用于符合该法人设立目的的事业； 　　（五）终止后的剩余财产不归属任何个人或者营利组织； 　　（六）不经营与其设立目的无关的业务； 　　（七）有健全的财务会计制度； 　　（八）捐赠者不以任何形式参与社会团体财产的分配； 　　（九）国务院财政、税务主管部门会同国务院民政部门等登记管理部门规定的其他条件。 　　第五十三条　企业发生的公益性捐赠支出，不超过年度利润总额 12% 的部分，准予扣除；超过年度利润总额 12% 的部分，准予结转以后 3 年内在计算应纳税所得额时扣除。 　　年度利润总额，是指企业依照国家统一会计制度的规定计算的年度会计利润。	第五十一条　企业所得税法第九条所称公益性捐赠，是指企业通过公益性社会组织或者县级以上人民政府及其部门，用于符合法律规定的慈善活动、公益事业的捐赠。 　　第五十二条　本条例第五十一条所称公益性社会组织，是指同时符合下列条件的慈善组织以及其他社会组织： 　　（一）依法登记，具有法人资格； 　　（二）以发展公益事业为宗旨，且不以营利为目的； 　　（三）全部资产及其增值为该法人所有； 　　（四）收益和营运结余主要用于符合该法人设立目的的事业； 　　（五）终止后的剩余财产不归属任何个人或者营利组织； 　　（六）不经营与其设立目的无关的业务； 　　（七）有健全的财务会计制度； 　　（八）捐赠者不以任何形式参与该法人财产的分配； 　　（九）国务院财政、税务主管部门会同国务院民政部门等登记管理部门规定的其他条件。" 　　第五十三条　企业当年发生以及以前年度结转的公益性捐赠支出，不超过年度利润总额 12% 的部分，准予扣除。 　　年度利润总额，是指企业依照国家统一会计制度的规定计算的年度会计利润。

（二）公益性捐赠支出可结转三年（财税〔2018〕15号）

财税〔2018〕15号规定：企业通过公益性社会组织或者县级（含县级）以上人民政府及其组成部门和直属机构，用于慈善活动、公益事业的捐赠支出，在年度利润总额12%以内的部分，准予在计算应纳税所得额时扣除；超过年度利润总额12%的部分，准予结转以后三年内在计算应纳税所得额时扣除，但结转年限自捐赠发生年度的次年起计算最长不得超过三年。	企业在对公益性捐赠支出计算扣除时，应先扣除以前年度结转的捐赠支出，再扣除当年发生的捐赠支出。

（三）扶贫捐赠财税处理

1. 政策规定

增值税处理（财政部　税务总局　国务院扶贫办公告2019年第55号）	所得税处理（财政部　税务总局　国务院扶贫办公告2019年第49号）
一、自2019年1月1日至2022年12月31日，对单位或者个体工商户将自产、委托加工或购买的货物通过公益性社会组织、县级及以上人民政府及其组成部门和直属机构，或直接无偿捐赠给目标脱贫地区的单位和个人，免征增值税。在政策执行期限内，目标脱贫地区实现脱贫的，可继续适用上述政策。 　　"目标脱贫地区"包括832个国家扶贫开发工作重点县、集中连片特困地区县（新疆阿克苏地区6县1市享受片区政策）和建档立卡贫困村。 　　二、在2015年1月1日至2018年12月31日期间已发生的符合上述条件的扶贫货物捐赠，可追溯执行上述增值税政策。 　　三、在本公告发布之前已征收入库的按上述规定应予免征的增值税税款，可抵减纳税人以后月份应缴纳的增值税税款或者办理税款退库。已向购买方开具增值税专用发票的，应将专用发票追回后方可办理免税。无法追回专用发票的，不予免税。 　　四、各地扶贫办公室与税务部门要加强沟通，明确当地"目标脱贫地区"具体范围，确保政策落实落地。	一、自2019年1月1日至2022年12月31日，企业通过公益性社会组织或者县级（含县级）以上人民政府及其组成部门和直属机构，用于目标脱贫地区的扶贫捐赠支出，准予在计算企业所得税应纳税所得额时据实扣除。在政策执行期限内，目标脱贫地区实现脱贫的，可继续适用上述政策。 　　"目标脱贫地区"包括832个国家扶贫开发工作重点县、集中连片特困地区县（新疆阿克苏地区6县1市享受片区政策）和建档立卡贫困村。 　　二、企业同时发生扶贫捐赠支出和其他公益性捐赠支出，在计算公益性捐赠支出年度扣除限额时，符合上述条件的扶贫捐赠支出不计算在内。 　　三、企业在2015年1月1日至2018年12月31日期间已发生的符合上述条件的扶贫捐赠支出，尚未在计算企业所得税应纳税所得额时扣除的部分，可执行上述企业所得税政策。

2. "两税"对比分析

一是税收优惠对象存在差异。可在企业所得税前据实扣除的扶贫捐赠支出的，是依法缴纳企业所得税的单位和组织。而扶贫捐赠免征增值税的对象限于单位或者个体工商户。 　　二是扶贫捐赠方式要求不同。可据实扣除的扶贫捐赠支出，只能是企业通过公益性社会组织或者县级（含县级）以上人民政府及其组成部门和直属机构的对外捐赠，直接捐赠给目标脱贫地区的捐赠支出不得税前扣除。而免征增值税的扶贫捐赠，可以是单位或者个体工商户通过公益性社会组织、县级及以上人民政府及其组成部门和直属机构进行的捐赠，也可以是直接无偿捐赠给目标脱贫地区的单位和个人。对于直接捐赠的，可以免征增值税，但企业所得税前不能据实扣除扶贫捐赠支出。 　　三是扶贫捐赠标的不同。可在企业所得税前据实扣除的扶贫捐赠支出，既可以是商品、货物，也可以是资产和服务，扶贫捐赠免征增值税的货物只能是纳税人自产的、委托加工或购买的货物。 　　扶贫捐赠增值税销项免税，那么对应的进项税额不能抵扣，需要做进项税额转出处理。	四是政策适用期限一致。自2019年1月1日至2022年12月31日，在政策执行期限内，目标脱贫地区实现脱贫的，仍然可以继续适用增值税和企业所得税优惠政策。对于单位或者个体工商户在2015年1月1日至2018年12月31日期间已发生的符合免征增值税条件的扶贫货物捐赠，可追溯执行上述增值税政策。对于企业在2015年1月1日至2018年12月31日期间已发生的符合据实扣除的扶贫捐赠支出，尚未在计算企业所得税应纳税所得额时扣除的部分（超过年度利润12%未扣除的部分），可予以扣除；当年已在计算企业所得税应纳税所得额时扣除的，不再予以调整。 　　五是免征增值税可追溯退费。单位或者个体工商户在2015年1月1日后已征收入库应予免征的增值税税款，可抵减纳税人以后月份应缴纳的增值税税款或者办理税款退库。已向购买方开具增值税专用发票的，应将专用发票追回后方可办理免税。无法追回专用发票的，不予免税。 　　六是"目标脱贫地区"一致。包括832个国家扶贫开发工作重点县、集中连片特困地区县（新疆阿克苏地区6县1市享受片区政策）和建档立卡贫困村。各地"目标脱贫地区"具体范围，由当地扶贫办公室明确。

3. 所得税处理要点

1. 企业同时发生扶贫捐赠支出和其他公益性捐赠支出时，符合条件的扶贫捐赠支出不计算在公益性捐赠支出的年度扣除限额内。

如，企业 2019 年度的利润总额为 100 万元，当年度发生符合条件的扶贫方面的公益性捐赠 15 万元，发生符合条件的教育方面的公益性捐赠 12 万元。则 2019 年度该企业的公益性捐赠支出税前扣除限额为 12 万元（100×12%），教育捐赠支出 12 万元在扣除限额内，可以全额扣除；扶贫捐赠无须考虑税前扣除限额，准予全额税前据实扣除。2019 年度，该企业的公益性捐赠支出共计 27 万元，均可在税前全额扣除。

2. "目标脱贫地区"包括 832 个国家扶贫开发工作重点县、集中连片特困地区县（新疆阿克苏地区 6 县 1 市享受片区政策）和建档立卡贫困村。目标脱贫地区的具体名单由县级以上政府的扶贫工作部门掌握。考虑到建档立卡贫困村数量众多，且实施动态管理，因此财政部　税务总局　国务院扶贫办公告 2019 年第 49 号（以下简称为 49 号公告）未附"目标脱贫地区"的具体名单，企业如有需要可向当地扶贫工作部门查阅或问问。

3. 企业月（季）度预缴申报时就能享受到扶贫捐赠支出所得税前据实扣除政策。

4. 扶贫捐赠支出所得税前据实扣除政策自 2019 年施行。2019 年度汇算清缴开始前，税务总局将统筹做好年度纳税申报表的修订和纳税申报系统升级工作，拟在《捐赠支出及纳税调整明细表》（A105070）表中"全额扣除的公益性捐赠"行次下单独增列一行，作为扶贫捐赠支出据实扣除的填报行次，以方便企业自行申报。

5. 企业在 2015 年 1 月 1 日至 2018 年 12 月 31 日期间，发生的尚未扣除的符合条件的扶贫捐赠支出，也可执行所得税前据实扣除政策。

为让企业尽快享受到政策红利，同时减轻企业申报填写负担，对企业在 2015 年 1 月 1 日至 2018 年 12 月 31 日期间，发生的尚未全额扣除的符合条件的扶贫捐赠支出，可在 2018 年度汇算清缴时，通过填写年度申报表的《纳税调整项目明细表》（A105000）"六、其他"行次第 4 列"调减金额"，实现全额扣除。可以比照如下示例申报扣除。

6. 企业发生对"目标脱贫地区"的捐赠支出时，应根据《公益事业捐赠票据使用管理暂行办法》（财综〔2010〕112 号）规定，及时要求开具方在公益事业捐赠票据中注明目标脱贫地区的具体名称，并妥善保管该票据。

【例 3-6】　某企业 2017 年共发生公益性捐赠支出 90 万元，其中符合条件的扶贫捐赠 50 万元，其他公益性捐赠 40 万元。当年利润总额 400 万元，则 2017 年度公益性捐赠税前扣除限额 48 万元（400×12%），当年税前扣除 48 万，其余 42 万元向 2018 年度结转。

2018 年度，该企业共发生公益性捐赠支出 120 万元，其中符合条件的扶贫捐赠 50 万元，其他公益性捐赠 70 万元。当年利润总额 500 万元。则 2018 年度公益性捐赠税前扣除限额 60 万元（500×12%）。

49 号公告下发后，该企业在 2018 年度汇算清缴申报时，对于 2017 年度结转到 2018 年度扣除的 42 万元公益性捐赠支出，在 2018 年度的公益性捐赠扣除限额 60 万元内，可以扣除，填写在《捐赠支出及纳税调整明细表》（A105070）"纳税调减金额"栏次 42 万元；2018 的公益性捐赠税前扣除限额还有 18 万元，则 2018 年发生公益性捐赠 120 万元中有 102 万元不能税前扣除金额，填写在《捐赠支出及纳税调整明细表》（A105070）"纳税调增金额"栏次 102 万元。

按照 49 号公告规定，2017 年、2018 年发生的符合条件的扶贫捐赠支出，未在计算企业所得税应纳税所得额时扣除的部分，可在 2018 年度汇算清缴时全额税前扣除。因此，对于 2018 年度的纳税调增金额 102 万元和纳税调减金额 42 万元需综合分析，将其中属于 2017 和 2018 发生的符合条件的扶贫捐赠支出而尚未得到全额扣除的部分，应通过填写年度申报表的《纳税调整项目明细表》（A105000）"六、其他"行次第 4 列"调减金额"，实现全额扣除。具体分析如下：

本着有利于纳税人充分享受政策红利的考虑，对于 2017 年度的其他公益性捐赠 40 万元，由于在当年限额扣除范围内，可在 2017 年度税前全额扣除，限额范围内的 8 万元可作为扶贫捐赠扣除，则 2017 年度尚有 42 万元的扶贫捐赠支出未全额税前扣除需结转到 2018 年。对于 2018 年发生的其他公益性捐赠 70 万元，有 60 万元在扣除限额内，超过扣除限额的 10 万元需结转以后年度扣除，而 2018 年发生的扶贫捐赠 50 万元未得到全额扣除。因此 2017 年度和 2018 年度共有 92 万元的扶贫捐赠支出尚未得到全额扣除，需填写年度申报表的《纳税调整项目明细表》（A105000）"六、其他"行次第 4 列"调减金额"栏次 92 万元，实现全额扣除。

【例 3-7】　某企业 2015 年发生扶贫捐赠 100 万元，其他公益性捐赠 50 万元，当年利润总额 1 000 万元。公益性捐赠税前扣除限额 120 万元（1 000×12%），当年税前扣除 120 万元。2016 年度、2017 年度、2018 年度该企业均未发生公益性捐赠支出。由于财税〔2018〕15 号文件规定，对 2016 年 9 月 1 日以后发生的公益性捐赠支出才准予结转以后三年内扣除，所以 2015 年度发生的公益性捐赠支出,超过税前扣除限额的扶贫捐赠支出 30 万元,无法在 2015 年度税前扣除,2016 年度、2017 年度申报时均无法税前扣除。

49 号公告下发后,该企业在 2018 年度汇算清缴时,对于 2015 年度的其他公益性捐赠 50 万元,由于在 2015 年度的扣除限额范围内,可在 2015 年度税前全额扣除,扣除限额范围内的其余 70 万元可作为扶贫捐赠扣除,则 2015 年度尚有 30 万元的扶贫捐赠支出未全额税前扣除。	此项金额,通过填写 2018 年度申报表的《纳税调整项目明细表》(A105000)"其他"行次第 4 列"调减金额"30 万元,实现全额扣除。

七、高新技术企业和科技型中小企业亏损结转年限延长至 10 年(财税〔2018〕76 号)

财税〔2018〕76 号	国家税务总局公告 2018 年第 45 号
自 2018 年 1 月 1 日起,当年具备高新技术企业或科技型中小企业资格(以下统称资格)的企业,其具备资格年度之前 5 个年度发生的尚未弥补完的亏损,准予结转以后年度弥补,最长结转年限由 5 年延长至 10 年。	当年具备资格的企业,其前 5 个年度无论是否具备资格,所发生的尚未弥补完的亏损结转年限均由 5 年延长至 10 年。2018 年具备资格的企业,无论 2013 年至 2017 年是否具备资格,其 2013 年至 2017 年发生的尚未弥补完的亏损,均准予结转以后年度弥补,最长结转年限为 10 年。 高新技术企业按照其取得的高新技术企业证书注明的有效期所属年度,确定其具备资格的年度。科技型中小企业按照其取得的科技型中小企业入库登记编号注明的年度,确定其具备资格的年度。

八、党组织工作经费不超过 1% 可扣除

组通字〔2014〕42 号	组通字〔2017〕38 号
根据《中华人民共和国公司法》"公司应当为党组织的活动提供必要条件"规定和中办发〔2012〕11 号文件"建立并落实税前列支制度"等要求,非公有制企业党组织工作经费纳入企业管理费列支,不超过职工年度工资薪金总额 1% 的部分,可以据实在企业所得税前扣除。	纳入管理费用的党组织工作经费,实际支出不超过职工年度工资薪金总额 1% 的部分,可以据实在企业所得税前扣除。年末如有结余,结转下一年度使用。累计结转超过上一年度职工工资总额 2% 的,当年不再从管理费用中安排。

九、工资薪金和福利费的扣除

企业发生的合理的工资薪金,只要在汇算清缴前支付,均可以税前扣除。(国家税务总局公告 2015 年第 34 号) 国税函〔2009〕3 号规定,属于国有性质的企业,其工资薪金,不得超过政府有关部门给予的限定数额;超过部分,不得计入企业工资薪金总额,也不得在计算企业应纳税所得额时扣除。 国家税务总局公告 2015 年第 34 号规定,企业接受外部劳务派遣用工所实际发生的费用,应分两种情况按规定在税前扣除:除按照协议(合同)约定直接支付给劳务派遣公司的费用,应作为劳务费支出;直接支付给员工个人的费用,应作为工资薪金支出和职工福利费支出。其中属于工资薪金支出的费用,准予计入企业工资薪金总额的基数,作为计算其他各项相关费用扣除的依据。 国家税务总局公告 2015 年第 34 号同时规定,列入企业员工工资薪金制度、固定与工资薪金一起发放的福利性补贴,符合《国家税务总局关于企业工资薪金及职工福利费扣除问题的通知》(国税函〔2009〕3 号)第一条规定的,可作为企业发生的工资薪金支出,按规定在税前扣除。	根据国税函〔2009〕3 号文规定,福利费的列支范围如下: 《企业所得税法实施条例》第四十条规定的企业职工福利费,包括以下内容: (一)尚未实行分离办社会职能的企业,其内设福利部门所发生的设备、设施和人员费用,包括职工食堂、职工浴室、理发室、医务所、托儿所、疗养院等集体福利部门的设备、设施及维修保养费用和福利部门工作人员的工资薪金、社会保险费、住房公积金、劳务费等。 (二)为职工卫生保健、生活、住房、交通等所发放的各项补贴和非货币性福利,包括企业向职工发放的因公外地就医费用、未实行医疗统筹企业职工医疗费用、职工供养直系亲属医疗补贴、供暖费补贴、职工防暑降温费、职工困难补贴、救济费、职工食堂经费补贴、职工交通补贴等。 (三)按照其他规定发生的其他职工福利费,包括丧葬补助费、抚恤费、安家费、探亲假路费等。 对于国税函〔2009〕3 号文中未明确列明,但是属于员工福利的支出,也应作为福利费支出,汇算清缴时应按照税收口径计算福利费是否超过工资总额的 14%。

十、永续债的所得税处理

（一）永续债及分类

所谓永续债，是指无固定期限资本债券，没有明确到期日，或期限非常长，理论上永久存续。为提高银行永续债（含无固定期限资本债券）的流动性，支持银行发行永续债补充资本，中国人民银行决定创设央行票据互换工具（Central Bank Bills Swap，CBS），公开市场业务一级交易商可以使用持有的合格银行发行的永续债从中国人民银行换入央行票据。同时，将主体评级不低于 AA 级的银行永续债纳入中国人民银行中期借贷便利（MLF）、定向中期借贷便利（TMLF）、常备借贷便利（SLF）和再贷款的合格担保品范围。

永续债是指经国家发展改革委员会、中国人民银行、中国银行保险监督管理委员会、中国证券监督管理委员会核准，或经中国银行间市场交易商协会注册、中国证券监督管理委员会授权的证券自律组织备案，依照法定程序发行，附赎回（续期）选择权或无明确到期日的债券，包括可续期企业债、可续期公司债、永续债务融资工具（含永续票据）、无固定期限资本债券等。

永续债种类	审批机关	交易场所
可续期企业债	发改委	银行间债券市场、沪深交易所
可续期公司债	证监会	沪深交易所
永续债务融资工具（含永续票据）	人民银行	银行间债券市场
无固定期限资本债券	银保监会	银行间债券市场

（二）会计处理（财会〔2019〕2 号）

一、关于总体要求

已执行 2017 年修订的《企业会计准则第 22 号——金融工具确认和计量》（以下简称第 22 号准则）（财会〔2017〕7 号）和《企业会计准则第 37 号——金融工具列报》（以下简称第 37 号准则）（财会〔2017〕14 号，以下统称新金融工具准则）的企业，应当按照新金融工具准则和本规定，对永续债进行会计处理。

仍执行 2006 年印发的第 22 号准则（财会〔2006〕3 号）和 2014 年修订的第 37 号准则（财会〔2014〕23 号，以下统称原金融工具准则）的企业，应当按照原金融工具准则和本规定，对永续债进行会计处理。

本规定适用于执行企业会计准则的企业依照国家相关规定在境内外发行的永续债和其他类似工具。

二、关于永续债发行方会计分类应当考虑的因素

永续债发行方在确定永续债的会计分类是权益工具还是金融负债（以下简称会计分类）时，应当根据第 37 号准则规定同时考虑下列因素：

（一）关于到期日。

永续债发行方在确定永续债会计分类时，应当以合同到期日等条款内含的经济实质为基础，谨慎判断是否能无条件地避免交付现金或其他金融资产的合同义务。当永续债合同其他条款未导致发行方承担交付现金或其他金融资产的合同义务时，发行方应当区分下列情况处理：

1. 永续债合同明确规定无固定到期日且持有方在任何情况下均无权要求发行方赎回该永续债或清算的，通常表明发行方没有交付现金或其他金融资产的合同义务。

2. 永续债合同未规定固定到期日且同时规定了未来赎回时间（即"初始期限"）的：

（1）当该初始期限仅约定为发行方清算日时，通常表明发行方没有交付现金或其他金融资产的合同义务。但清算确定将会发生且不受发行方控制，或者清算发生与否取决于该永续债持有方的，发行方仍具有交付现金或其他金融资产的合同义务。

三、关于永续债持有方会计分类的要求

除符合《企业会计准则第 2 号——长期股权投资》（财会〔2014〕14 号）规定适用该准则的外，永续债持有方应当区分下列情况对永续债进行会计处理：

（一）持有方已执行新金融工具准则。

持有方在判断持有的永续债是否属于权益工具投资时，应当遵循第 22 号准则和第 37 号准则的相关规定。对于属于权益工具投资的永续债，持有方应当按照第 22 号准则的规定将其分类为以公允价值计量且其变动计入当期损益的金融资产，或在符合条件时对非交易性权益工具投资初始指定为以公允价值计量且其变动计入其他综合收益。对于不属于权益工具投资的永续债，持有方应当按照该准则规定将其分类为以摊余成本计量的金融资产、以公允价值计量且其变动计入其他综合收益的金融资产，或以公允价值计量且其变动计入当期损益的金融资产。在判断永续债的合同现金流量特征时，持有方必须严格遵循第 22 号准则第十六条至第十九条的规定，谨慎考虑永续债中包含的选择权。

（二）持有方暂未执行新金融工

（2）当该初始期限不是发行方清算日且发行方能自主决定是否赎回永续债时，发行方应当谨慎分析自身是否能无条件地自主决定不行使赎回权。如不能，通常表明发行方有交付现金或其他金融资产的合同义务。

（二）关于清偿顺序。

永续债发行方在确定永续债会计分类时，应当考虑合同中关于清偿顺序的条款。当永续债合同其他条款未导致发行方承担交付现金或其他金融资产的合同义务时，发行方应当区分下列情况处理：

1. 合同规定发行方清算时永续债劣后于发行方发行的普通债券和其他债务的，通常表明发行方没有交付现金或其他金融资产的合同义务。

2. 合同规定发行方清算时永续债与发行方发行的普通债券和其他债务处于相同清偿顺序的，应当审慎考虑此清偿顺序是否会导致持有方对发行方承担交付现金或其他金融资产合同义务的预期，并据此确定其会计分类。

（三）关于利率跳升和间接义务。

永续债发行方在确定永续债会计分类时，应当考虑第 37 号准则第十条规定的"间接义务"。永续债合同规定没有固定到期日、同时规定了未来赎回时间、发行方有权自主决定未来是否赎回且如果发行方决定不赎回则永续债票息率上浮（即"利率跳升"或"票息递增"）的，发行方应当结合所处实际环境考虑该利率跳升条款是否构成交付现金或其他金融资产的合同义务。如果跳升次数有限、有最高票息限制（即"封顶"）且封顶利率未超过同期同行业同类型工具平均的利率水平，或者跳升总幅度较小且封顶利率未超过同期同行业同类型工具平均的利率水平，可能不构成间接义务；如果永续债合同条款虽然规定了票息封顶，但该封顶票息水平超过同期同行业同类型工具平均的利率水平，通常构成间接义务。

具准则。

持有方在判断持有的永续债属于权益工具投资还是债务工具投资时，应当遵循第 22 号准则和第 37 号准则的相关规定，通常应当与发行方对该永续债的会计分类原则保持一致。对于属于权益工具投资的永续债，持有方应当按照第 22 号准则的规定将其分类为以公允价值计量且其变动计入当期损益的金融资产，或可供出售金融资产（权益工具投资）等，符合第 22 号准则有关规定的还应当分拆相关的嵌入衍生工具。对于属于债务工具投资的永续债，持有方应当按照第 22 号准则规定将其分类为以公允价值计量且其变动计入当期损益的金融资产，或可供出售金融资产（债务工具投资）。

四、生效日期

本规定自发布之日起（2019 年 1 月 28 日）施行。

（三）所得税处理（财政部税务总局公告 2019 年第 64 号）

政策规定	政策解读
一、企业发行的永续债，可以适用股息、红利企业所得税政策，即：投资方取得的永续债利息收入属于股息、红利性质，按照现行企业所得税政策相关规定进行处理，其中，发行方和投资方均为居民企业的，永续债利息收入可以适用企业所得税法规定的居民企业之间的股息、红利等权益性投资收益免征企业所得税规定；同时发行方支付的永续债利息支出不得在企业所得税税前扣除。 二、企业发行符合规定条件的永续债，也可以按照债券利息适用企业所得税政策，即发行方支付的永续债利息支出准予在其企业所得税税前扣除；投资方取得的永续债利息收入应当依法纳税。 三、本公告第二条所称符合规定条件的永续债，是指符合下列条件中 5 条（含）以上的永续债： （一）被投资企业对该项投资具有还本义务； （二）有明确约定的利率和付息频率； （三）有一定的投资期限； （四）投资方对被投资企业净资产不拥有所有权； （五）投资方不参与被投资企业日常生产经营活动； （六）被投资企业可以赎回，或满足特定条件后可以赎回；	1. 永续债所得税处理的两种方法 （1）不附条件的作为股息处理（一般性处理）：融资方不得在税前扣除，投资方取得的利息收入享受股息免税优惠。 （2）符合条件的（财政部 税务总局公告 2019 年第 64 号第三条）作为利息处理（特殊性处理）：融资方准予扣除（按照国家税务总局 2018 年 28 号公告规定，企业所得税税前扣除必须要取得合法有效凭证），投资方需计入应税所得缴纳企业所得税。 （3）投融资双方的税务处理选择应一致，以防止"混合错配"。一经选择不得变更，以便于征管。 （4）发行方应当披露税务处理办法，即税务处理的选择权在于发行一方。披露的目的在于两点，其一投资方可以据此确定税务处理；其二，更重要的是，不同的处理影响投融资双方的融资成本和投资收益的计算。例如 A 企业平价发行永续债，票面利率 7%，税务处理作为股息；B 企业平价发行永续债，票面利率 8%，税务处理作为利息。则 A 企业债券的税后融资成本为 7%，税后投资收益亦 7%；B 企业债券的税后融资成本 6%〔8×（1−25%），不考虑税率优惠〕，投资收益亦 6%。 （5）允许存在税会差异，财会〔2019〕2 号更多地将永续债定性为"股"，财政部税务总局公告 2019 年第

（续表）

政策规定	政策解读
（七）被投资企业将该项投资计入负债； （八）该项投资不承担被投资企业股东同等的经营风险； （九）该项投资的清偿顺序位于被投资企业股东持有的股份之前。 　　四、企业发行永续债，应当将其适用的税收处理方法在证券交易所、银行间债券市场等发行市场的发行文件中向投资方予以披露。 　　五、发行永续债的企业对每一永续债产品的税收处理方法一经确定，不得变更。企业对永续债采取的税收处理办法与会计核算方式不一致的，发行方、投资方在进行税收处理时须做出相应纳税调整。 　　六、本公告所称永续债是指经国家发展改革委员会、中国人民银行、中国银行保险监督管理委员会、中国证券监督管理委员会核准，或经中国银行间市场交易商协会注册、中国证券监督管理委员会授权的证券自律组织备案，依照法定程序发行、附赎回（续期）选择权或无明确到期日的债券，包括可续期企业债、可续期公司债、永续债务融资工具（含永续票据）、无固定期限资本债券等。 　　七、本公告自 2019 年 1 月 1 日起施行。	64 号规定，企业对永续债采取的税收处理办法与会计核算方式不一致的，发行方、投资方在进行税收处理时须做出相应纳税调整。 　　2. 永续债增值税处理 　　是否永续债发行人在发行公告中选择按"股"处理，投资人就应该作为股息所得，不缴纳增值税。而如果永续债发行人在发行公告中选择按"债"处理，投资人就应该按利息处理，缴纳增值税（符合免税的除外，必须商业银行无固定期限资本债券可以视同金融债，按同业免税）。这个有待财政部、税总通过文件解读或其他问答中给予明确。 　　理论上来讲，一般永续债应当作为贷款服务缴纳增值税，无论企业所得税上作为股息还是利息。因为于投资人而言，就是债权投资，投资收益即资金的时间价值。《企业会计准则第 22 号——金融工具确认和计量》规定的非常精髓："该金融资产的合同条款规定，在特定日期产生的现金流量，仅为对本金和以未偿付本金金额为基础的利息的支付。"虽然债券"永续"，但可以在交易市场转让，其流动性与常规的债券投资并无两样，其投资价值与一般债券并无差异。如果认为不缴纳贷款服务增值税，将造成不公平待遇，违反"平等对待"原则。

第四章 个人所得税优惠政策与应用指引

新个税相关政策依据：

《中华人民共和国个人所得税法》(2018年修正,中华人民共和国主席令第九号,以下简称为《个人所得税法》)；

《中华人民共和国个人所得税法实施条例》(国务院令第707号,以下简称为《个人所得税法实施条例》)；

《个人所得税专项附加扣除暂行办法》(国发〔2018〕41号,以下简称《暂行办法》)；

《财政部 税务总局关于个人所得税法修改后有关优惠政策衔接问题的通知》(财税〔2018〕164号)；

《国家税务总局关于将个人所得税〈税收完税证明〉(文书式)调整为〈纳税记录〉有关事项的公告》(国家税务总局公告2018年第55号)；

《国家税务总局关于明确〈税收完税证明〉(文书式)开具管理有关事项的通知》(税总函〔2018〕628号)；

《国家税务总局关于自然人纳税人识别号有关事项的公告》(国家税务总局公告2018年第59号)；

《国家税务总局关于全面实施新个人所得税法若干征管衔接问题的公告》(国家税务总局公告2018年第56号)；

《个人所得税专项附加扣除操作办法(试行)》(国家税务总局公告2018年第60号,以下简称《操作办法》)；

《个人所得税扣缴申报管理办法(试行)》(国家税务总局公告2018年第61号)；

《国家税务总局关于个人所得税自行纳税申报有关问题的公告》(国家税务总局公告2018年第62号)；

《国家税务总局关于修订个人所得税申报表的公告》(国家税务总局公告2019年第7号)；

《财政部 税务总局关于在中国境内无住所的个人居住时间判定标准的公告》(财政部税务总局公告2019年第34号)；

《财政部 国家税务总局关于非居民个人和无住所居民个人有关个人所得税政策的公告》(财政部税务总局公告2019年第35号)。

第一节 新个人所得税法基本税制要素

一、纳税人和扣缴义务人

个人所得税法 (中华人民共和国主席令第九号)	个人所得税法实施条例 (中华人民共和国国务院令第707号)
第一条 在中国境内有住所,或者无住所而一个纳税年度内在中国境内居住累计满183天的个人,为居民个人。居民个人从中国境内和境外取得的所得,依照本法规定缴纳个人所得税。 在中国境内无住所又不居住,或者无住所而一个纳税年度内在中国境内居住累计不满183天的个人,为非居民个人。非居民个人从中国境内取得的所得,依照本法规定缴纳个人所得税。 纳税年度,自公历1月1日起至12月31日止。 第九条 个人所得税以所得人为纳税人,以支付所得的单位或者个人为扣缴义务人。	第二条 个人所得税法所称在中国境内有住所,是指因户籍、家庭、经济利益关系而在中国境内习惯性居住；所称从中国境内和境外取得的所得,分别是指来源于中国境内的所得和来源于中国境外的所得。

（续表）

新个人所得税法明确了纳税人识别号制度。自然人纳税人识别号,是自然人纳税人办理各类涉税事项的唯一代码标识。因此,纳税人在向缴义务人或者税务机关办理涉税事项时,均需提供纳税人识别号;纳税人在网上注册时,也需实名注册。（国家税务总局公告 2018 年第 59 号）

（一）纳税人分为居民个人与非居民个人

	居民个人	非居民个人
认定标准	1. 中国境内有住所 2. 中国境内无住所而一个纳税年度内在中国境内居住累计不满 183 天	1. 中国境内无住所又不居住 2. 中国境内无住所而一个纳税年度内在中国境内居住累计不满 183 天
纳税范围	中国境内及境外所得	中国境内所得
纳税期限	综合所得按纳税年度合并计算,其他所得分别计算个人所得税。	按月或按次分项计算个人所得税

（二）在中国境内无住所的个人居住时间判定标准（财政部税务总局公告 2019 年第 34 号）

政策规定	政策解读
一、无住所个人一个纳税年度在中国境内累计居住满 183 天的,如果此前六年在中国境内每年累计居住天数都满 183 天而且没有任何一年单次离境超过 30 天,该纳税年度来源于中国境内、境外所得应当缴纳个人所得税;如果此前六年的任一年在中国境内累计居住天数不满 183 天或者单次离境超过 30 天,该纳税年度来源于中国境外且由境外单位或者个人支付的所得,免予缴纳个人所得税。 前款所称此前六年,是指该纳税年度的前一年至前六年的连续六个年度,此前六年的起始年度自 2019 年(含)以后年度开始计算。 二、无住所个人一个纳税年度内在中国境内累计居住天数,按照个人在中国境内累计停留的天数计算。在中国境内停留的当天满 24 小时的,计入中国境内居住天数,在中国境内停留的当天不足 24 小时的,不计入中国境内居住天数。 三、本公告自 2019 年 1 月 1 日起施行。	在中国境内停留的当天满 24 小时的,计入境内居住天数;不足 24 小时的,不计入境内居住天数。 在境内居住累计满 183 天的年度连续"满六年"的起点,是自 2019 年(含)以后年度开始计算,2018 年(含)之前已经居住的年度一律"清零",不计算在内。按此规定,2024 年(含)之前,所有无住所个人在境内居住年限都不满六年,其取得境外支付的境外所得都能享受免税优惠。此外,自 2019 年起任一年度如果有单次离境超过 30 天的情形,此前连续年限"清零",重新计算。

（三）境内所得及境外所得豁免规定（《个人所得税法实施条例》）

境内所得确定	境外所得豁免规定
第三条 除国务院财政、税务主管部门另有规定外,下列所得,不论支付地点是否在中国境内,均为来源于中国境内的所得: （一）因任职、受雇、履约等在中国境内提供劳务取得的所得; （二）将财产出租给承租人在中国境内使用而取得的所得; （三）许可各种特许权在中国境内使用而取得的所得; （四）转让中国境内的不动产等财产或者在中国境内转让其他财产取得的所得; （五）从中国境内企业、事业单位、其他组织以及居民个人取得的利息、股息、红利所得。	第四条 在中国境内无住所的个人,在中国境内居住累计满 183 天的年度连续不满 6 年的,经向主管税务机关备案,其来源于中国境外且由境外单位或者个人支付的所得,免予缴纳个人所得税;在中国境内居住累计满 183 天的任一年度中有一次离境超过 30 天的,其在中国境内居住累计满 183 天的年度的连续年限重新起算。 第五条 在中国境内无住所的个人,在一个纳税年度内在中国境内居住累计不超过 90 天的,其来源于中国境内的所得,由境外雇主支付并且不由该雇主在中国境内的机构、场所负担的部分,免予缴纳个人所得税。

（四）扣缴义务人

个人所得税法 （中华人民共和国主席令第九号）	个人所得税法实施条例 （中华人民共和国国务院令第 707 号）
第九条 个人所得税以所得人为纳税人,以支付所得的单位或者个人为扣缴义务人。 纳税人有中国公民身份号码的,以中国公民身份号码为纳税人识别号;纳税人没有中国公民身份号码的,由税务机关赋予其纳税人识别号。扣缴义务人扣缴税款时,纳税人应当向扣缴义务人提供纳税人识别号。	第二十四条 扣缴义务人向个人支付应税款项时,应当依照个人所得税法规定预扣或者代扣税款,按时缴库,并专项记载备查。 前款所称支付,包括现金支付、汇拨支付、转账支付和以有价证券、实物以及其他形式的支付。

（续表）

个人所得税法 （中华人民共和国主席令第九号）	个人所得税法实施条例 （中华人民共和国国务院令第707号）
	自然人纳税人识别号,是自然人纳税人办理各类涉税事项的唯一代码标识。纳税人首次办理涉税事项时,应当向税务机关或者扣缴义务人出示有效身份证件,并报送相关基础信息。自然人纳税人办理纳税申报、税款缴纳、申请退税、开具完税凭证、纳税查询等涉税事项时应当向税务机关或扣缴义务人提供纳税人识别号。（国家税务总局公告2018年第59号）

二、征税对象

个人所得税法 （中华人民共和国主席令第九号）	个人所得税法实施条例 （中华人民共和国国务院令第707号）
第二条　下列各项个人所得,应当缴纳个人所得税: （一）工资、薪金所得。 （二）劳务报酬所得。 （三）稿酬所得。 （四）特许权使用费所得。 （五）经营所得。 （六）利息、股息、红利所得。 （七）财产租赁所得。 （八）财产转让所得。 （九）偶然所得。 　居民个人取得前款第一项至第四项所得（以下称综合所得）,按纳税年度合并计算个人所得税;非居民个人取得前款第一项至第四项所得,按月或者按次分项计算个人所得税。纳税人取得前款第五项至第九项所得,依照本法规定分别计算个人所得税。	第六条　个人所得税法规定的各项个人所得的范围: （一）工资、薪金所得,是指个人因任职或者受雇取得的工资、薪金、奖金、年终加薪、劳动分红、津贴、补贴以及与任职或者受雇有关的其他所得。 （二）劳务报酬所得,是指个人从事劳务取得的所得,包括从事设计、装潢、安装、制图、化验、测试、医疗、法律、会计、咨询、讲学、翻译、审稿、书画、雕刻、影视、录音、录像、演出、表演、广告、展览、技术服务、介绍服务、经纪服务、代办服务以及其他劳务取得的所得。 　工资、薪金所得与劳务报酬所得两者的主要区别在于,前者存在雇佣与被雇佣关系,后者则不存在这种关系。（国税发〔1994〕089号第十九条） （三）稿酬所得,是指个人因其作品以图书、报刊等形式出版、发表而取得的所得。 （四）特许权使用费所得,是指个人提供专利权、商标权、著作权、非专利技术以及其他特许权的使用权取得的所得;提供著作权的使用权取得的所得,不包括稿酬所得。 （五）经营所得,是指: 　1.个体工商户从事生产、经营活动取得的所得,个人独资企业投资人、合伙企业的个人合伙人来源于境内注册的个人独资企业、合伙企业生产、经营的所得; 　2.个人依法从事办学、医疗、咨询以及其他有偿服务活动取得的所得; 　3.个人对企业、事业单位承包经营、承租经营以及转包、转租取得的所得; 　4.个人从事其他生产、经营活动取得的所得。 （六）利息、股息、红利所得,是指个人拥有债权、股权等而取得的利息、股息、红利所得。 （七）财产租赁所得,是指个人出租不动产、机器设备、车船以及其他财产取得的所得。 （八）财产转让所得,是指个人转让有价证券、股权、合伙企业中的财产份额、不动产、机器设备、车船以及其他财产取得的所得。 （九）偶然所得,是指个人得奖、中奖、中彩以及其他偶然性质的所得。 　个人取得的所得,难以界定应纳税所得项目的,由国务院税务主管部门确定。

三、税率（《个人所得税法》第三条）

个人所得税的税率: （一）综合所得,适用3%至45%的超额累进税率（税率表附后）;	（二）经营所得,适用5%至35%的超额累进税率（税率表附后）; （三）利息、股息、红利所得,财产租赁所得,财产转让所得和偶然所得,适用比例税率,税率为20%。

（一）综合所得适用税率

级数	全年应纳税所得额	税率（%）
1	不超过 36 000 元的	3
2	超过 36 000 元至 144 000 元的部分	10
3	超过 144 000 元至 300 000 元的部分	20
4	超过 300 000 元至 420 000 元的部分	25
5	超过 420 000 元至 660 000 元的部分	30
6	超过 660 000 元至 960 000 元的部分	35
7	超过 960 000 元的部分	45

（注1：本表所称全年应纳税所得额是指依照本法第六条的规定，居民个人取得综合所得以每一纳税年度收入额减除费用六万元以及专项扣除、专项附加扣除和依法确定的其他扣除后的余额。

注2：非居民个人取得工资、薪金所得，劳务报酬所得，稿酬所得和特许权使用费所得，依照本表按月换算后计算应纳税额。）

（二）经营所得适用

级数	全年应纳税所得额	税率（%）
1	不超过 30 000 元的	5
2	超过 30 000 元至 90 000 元的部分	10
3	超过 90 000 元至 300 000 元的部分	20
4	超过 300 000 元至 500 000 元的部分	30
5	超过 500 000 元的部分	35

（注：本表所称全年应纳税所得额是指依照本法第六条的规定，以每一纳税年度的收入总额减除成本、费用以及损失后的余额。）

四、修订后的个人所得税申报表（国家税务总局公告 2019 年第 7 号）

申报表分类		适用范围	填报内容
《个人所得税基础信息表》	《个人所得税基础信息表（A 表）》	适用于扣缴义务人办理全员全额扣缴申报	填报支付所得的自然人纳税人的基础信息
	《个人所得税基础信息表（B 表）》	适用于自然人直接向税务机关办理涉税事项	填报其个人基础信息
《个人所得税扣缴申报表》		适用于扣缴义务人向居民个人或非居民个人支付各类应税所得扣缴个人所得税申报	居民个人取得工资、薪金所得，保险营销员、证券经纪人取得佣金收入，按照累计预扣法计算税款，填报当月和累计情况相应项目。 居民个人取得上述规定以外的所得或非居民个人取得应税所得时，填报当月（次）情况相应项目。
《个人所得税自行纳税申报表（A 表）》		适用于纳税人向税务机关按月或按次办理自行纳税申报，包括：居民个人取得综合所得以外的所得扣缴义务人未扣缴税款，非居民个人取得应税所得扣缴义务人未扣缴税款，非居民个人在中国境内从两处以上取得工资、薪金所得等。	
《个人所得税年度自行纳税申报表》		适用于居民个人取得境内综合所得汇算清缴申报。	

申报表分类		适用范围	填报内容
《个人所得税经营所得纳税申报表》	《个人所得税经营所得纳税申报表（A表）》		适用于个体工商户业主、个人独资企业投资者、合伙企业个人合伙人、承包承租经营者以及其他从事生产、经营活动的个人在中国境内取得经营所得，按查账征收办理预缴纳税申报，或者按核定征收办理纳税申报。
	《个人所得税经营所得纳税申报表（B表）》		适用于查账征收的个体工商户业主、个人独资企业投资者、合伙企业个人合伙人、承包承租经营者个人以及其他从事生产、经营活动的个人在中国境内取得经营所得的汇算清缴申报。
	《个人所得税经营所得纳税申报表（C表）》		适用于个体工商户业主、个人独资企业投资者、合伙企业个人合伙人、承包承租经营者个人以及其他从事生产、经营活动的个人在中国境内两处及以上取得经营所得，办理个人所得税的年度汇总纳税申报。
《合伙制创业投资企业单一投资基金核算方式备案表》			适用于创业投资企业（含创投基金，下同）选择按单一投资基金核算，按规定向主管税务机关进行核算类型备案。
《单一投资基金核算的合伙制创业投资企业个人所得税扣缴申报表》			适用于选择按单一投资基金核算的创业投资企业按规定办理年度股权转让所得扣缴申报。

第二节　个人所得税扣除项目

一、扣除项目

（一）基本扣除费用

基本减除费用，是最为基础的一项生计扣除，全员适用，考虑了个人基本生活支出情况，设置定额的扣除标准，并随着居民基本生活费用支出的变化而适时动态调整。

《个人所得税法》第六条：居民个人的综合所得，以每一纳税年度的收入额减除费用6万元。

（二）专项扣除

专项扣除，是对现行规定允许扣除的"三险一金"进行归纳后，新增加的一个概念。

《个人所得税法》第六条：本条第一款第一项规定的专项扣除，包括居民个人按照国家规定的范围和标准缴纳的基本养老保险、基本医疗保险、失业保险等社会保险费和住房公积金等。

（三）专项附加扣除

专项附加扣除，是在基本减除费用的基础之上，以国家税收和个人共同分担的方式，适度缓解个人在教育、医疗、住房等方面的支出压力。在施行综合和分类税制初期，专项附加扣除项目包括子女教育、继续教育、大病医疗、住房贷款利息或者住房租金、赡养老人等六项。

《个人所得税法实施条例》第二十八条：居民个人取得工资、薪金所得时，可以向扣缴义务人提供专项附加扣除有关信息，由扣缴义务人扣缴税款时减除专项附加扣除。纳税人同时从两处以上取得工资、薪金所得，并由扣缴义务人减除专项附加扣除的，对同一专项附加扣除项目，在一个纳税年度内只能选择从一处取得的所得中减除。

居民个人取得劳务报酬所得、稿酬所得、特许权使用费所得，应当在汇算清缴时向税务机关提供有关信息，减

（四）依法确定的其他扣除

依法确定的其他扣除，是指除上述基本减除费用、专项扣除、专项附加扣除之外，由国务院决定以扣除方式减少纳税的优惠政策规定。如商业健康险、税收递延型养老保险的支出（试点阶段，未全面实施）等。

《个人所得税法实施条例》第十三条：个人所得税法第六条第一款第一项所称依法确定的其他扣除，包括个人缴付符合国家规定的企业年金、职业年金，个人购买符合国家规定的商业健康保险、税收递延型商业养老保险的支出，以及国务院规定可以扣除的其他项目。

专项扣除、专项附加扣除和依法确定的其他扣除，以居民个人一个纳税年度的应纳税所得额为限额；一个纳税年度扣除不完的，不结转以后年度扣除。

（五）公益性捐赠扣除

《个人所得税法》第六条：个人将其所得对教育、扶贫、济困等公益慈善事业进行捐赠，捐赠额未超过纳税人申报的应纳税所得额30%的部分，可以从其应纳税所得额中扣除；国务院规定对公益慈善事业捐赠实行全额税前扣除的，从其规定。

《个人所得税法实施条例》第十九条：个人所得税法第六条第三款所称个人将其所得对教育、扶贫、济困等公益慈善事业进行捐赠，是指个人将其所得通过中国境内的公益性社会组织、国家机关向教育、扶贫、济困等公益慈善事业的捐赠；所称应纳税所得额，是指计算扣除捐

(续表)

除专项附加扣除。 　　《个人所得税法》第六条:应纳税所得额的计算:专项附加扣除,包括子女教育、继续教育、大病医疗、住房贷款利息或者住房租金、赡养老人等支出,具体范围、标准和实施步骤由国务院确定,并报全国人民代表大会常务委员会备案。	赠额之前的应纳税所得额。 　　公益捐赠扣除需同时符合以下条件:一是用于教育、扶贫、济困等公益慈善事业;二是通过中国境内的公益性社会组织、国家机关进行捐赠;三是扣除比例符合现行规定要求。 　　个人向受赠对象的直接捐赠支出,不得税前扣除。

二、专项扣除

　　《个人所得税法》第六条第一款第一项规定的专项扣除,包括居民个人按照国家规定的范围和标准缴纳的基本养老保险、基本医疗保险、失业保险等社会保险费和住房公积金等。

财税〔2006〕10号	建金管〔2005〕5号
企事业单位按照国家或省(自治区、直辖市)人民政府规定的缴费比例或办法实际缴付的基本养老保险费、基本医疗保险费和失业保险费,免征个人所得税;个人按照国家或省(自治区、直辖市)人民政府规定的缴费比例或办法实际缴付的基本养老保险费、基本医疗保险费和失业保险费,允许在个人应纳税所得额中扣除。个人实际领(支)取原提存的基本养老保险金、基本医疗保险金、失业保险金和住房公积金时,免征个人所得税。 　　企事业单位和个人超过规定的比例和标准缴付的基本养老保险费、基本医疗保险费和失业保险费,应将超过部分并入个人当期的工资、薪金收入,计征个人所得税。	单位和个人分别在不超过职工本人上一年度月平均工资12%的幅度内,其实际缴存的住房公积金,允许在个人应纳税所得额中扣除。单位和职工个人缴存住房公积金的月平均工资不得超过职工工作地所在设区城市上一年度职工月平均工资的3倍,具体标准按照各地有关规定执行。 　　单位和个人超过上述规定比例和标准缴付的住房公积金,应将超过部分并入个人当期的工资、薪金收入,计征个人所得税。

　　在计算住房公积金个人所得税税前扣除限额时,需要符合"不超过职工本人上一年度月平均工资12%的幅度"这个条件,即关注两个要素:一是缴存基数(本人上一年度月平均工资)和缴存比例(12%)都要符合标准,只要一个要素超出标准,那超出的公积金就不能在个人所得税税前扣除。另外,根据"单位和职工个人缴存住房公积金的月平均工资不得超过职工工作地所在设区城市上一年度职工月平均工资的3倍"规定,准予税前扣除的缴存基数,应以"本人上一年度实际月平均工资""职工工作地所在设区城市上一年度职工月平均工资的3倍""该职工实际缴纳的住房公积金数额"孰小原则确定。

三、专项附加扣除

政策依据:

> 　　《个人所得税专项附加扣除暂行办法》(以下简称《暂行办法》)(国发〔2018〕41号);
> 　　《个人所得税专项附加扣除操作办法(试行)》(以下简称《操作办法》)(国家税务总局公告2018年第60号)。

(一) 子女教育

扣除标准 (《暂行办法》第五条)	扣除方式 (《暂行办法》第六条)	享受扣除起止时间 (《操作办法》第三条)
纳税人的子女接受全日制学历教育和学前教育的相关支出,按照每个子女每月1 000元的标准定额扣除。	父母可以选择由其中一方按扣除标准的100%扣除,也可以选择由双方分别按扣除标准的50%扣除。扣除方式确定后,在一个纳税年度内不能变更。	学前教育阶段,为子女年满3周岁当月至小学入学前一月;学历教育,为子女接受全日制学历教育入学的当月至全日制学历教育结束的当月。 　　子女教育专项附加扣除起止时间的计算包含因病或其他非主观原因休学但学籍继续保留的休学期间,以及施教机构按规定组织实施的寒暑假等假期。

（续表）

纳税人享受子女教育专项附加扣除,应当填报配偶及子女的姓名、身份证件类型及号码、子女当前受教育阶段及起止时间、子女就读学校以及本人与配偶之间扣除分配比例等信息。留存备查资料包括:子女在境外接受教育的,应当留存境外学校录取通知书、留学签证等境外教育佐证资料。(《操作办法》第十二条)

（二）继续教育

扣除标准 (《暂行办法》第八条)	扣除方式 (《暂行办法》第九条)	享受扣除起止时间 (《操作办法》第三条)
纳税人在中国境内接受学历(学位)继续教育的支出,在学历(学位)教育期间按照每月 400 元定额扣除。同一学历(学位)继续教育的扣除期限不能超过 48 个月。纳税人接受技能人员职业资格继续教育、专业技术人员职业资格继续教育的支出,在取得相关证书的当年,按照 3 600 元定额扣除。	接受继续教育的纳税人一般已就业,故一般由本人扣除。例外的情形是,如果个人接受本科及以下学历(学位)继续教育,可以选择由其父母扣除,也可以选择由本人扣除。	学历(学位)继续教育,为入学的当月至学历(学位)继续教育结束的当月(同一学历(学位)继续教育的扣除期限最长不得超过 48 个月);技能人员职业资格继续教育、专业技术人员职业资格继续教育,为取得相关证书的当年。

纳税人享受继续教育专项附加扣除,接受学历(学位)继续教育的,应当填报教育起止时间、教育阶段等信息;接受技能人员或者专业技术人员职业资格继续教育的,应当填报证书名称、证书编号、发证机关、发证(批准)时间等信息。留存备查资料包括:纳税人接受技能人员职业资格继续教育、专业技术人员职业资格继续教育的,应当留存职业资格相关证书等资料。(《操作办法》第十三条)

（三）住房贷款利息

扣除标准 (《暂行办法》第十四条)	扣除方式 (《暂行办法》第十五条)	享受扣除起止时间 (《操作办法》第三条)
纳税人本人或者配偶单独或者共同使用商业银行或者住房公积金个人住房贷款为本人或其配偶购买中国境内住房,发生的首套住房贷款利息支出,在实际发生贷款利息的年度,按照每月 1 000 元的标准定额扣除,扣除期限最长不超过 240 个月。纳税人只能享受一次首套住房贷款的利息扣除。	经夫妻双方约定,可以选择由其中一方扣除,扣除方式一经确定,在一个纳税年度内不能变更;夫妻双方婚前分别购买住房发生的首套住房贷款,其贷款利息支出,婚后可以选择其中一套购买的住房,由购买方按扣除标准的 100% 扣除,也可以由夫妻双方对各自购买的住房分别按扣除标准的 50% 扣除,具体扣除方式在一个纳税年度内不能变更。	享受扣除的起止时间:为贷款合同约定开始还款的当月至贷款全部归还或贷款合同终止的当月,扣除期限最长不得超过 240 个月。

纳税人享受住房贷款利息专项附加扣除,应当填报住房权属信息、住房坐落地址、贷款方式、贷款银行、贷款合同编号、贷款期限、首次还款日期等信息;纳税人有配偶的,填写配偶姓名、身份证件类型及号码。留存备查资料包括:住房贷款合同、贷款还款支出凭证等资料。(《操作办法》第十四条)

非首套住房贷款利息支出,纳税人不得扣除,只能享受一套首套住房贷款利息扣除。

（四）住房租金

扣除标准 (《暂行办法》第十七条)	扣除方式 (《暂行办法》第十九条)	享受扣除起止时间 (《操作办法》第三条)
纳税人在主要工作城市没有自有住房而发生的住房租金支出,直辖市、省会(首府)城市、计划单列市以及国务院确定的其他城市,扣除标准为每月 1 500 元;市辖区户籍人口超过 100 万的城市,扣除标准为每月 1 100 元;市辖区户籍人口不超过 100 万的城市,扣除标准为每月 800 元。	住房租金支出由签订租赁住房合同的承租人扣除。	为租赁合同(协议)约定的房屋租赁期开始的当月至租赁期结束的当月。提前终止合同(协议)的,以实际租赁期限为准。

纳税人享受住房租金专项附加扣除，应当填报主要工作城市、租赁住房坐落地址、出租人姓名及身份证件类型和号码或者出租方单位名称及纳税人识别号（社会统一信用代码）、租赁起止时间等信息；纳税人有配偶的，填写配偶姓名、身份证件类型及号码。留存备查资料包括：住房租赁合同或协议等资料。（《操作办法》第十五条）

目前，国家税务总局个人所得税 App 做出微调，不再强制要求填写房屋出租人姓名、身份证号等信息，但仍需填写租赁房屋的详细地址。应当说，房东信息从"必填"到"选填"，充分表明税务部门为方便租客纳税申报的初衷，但并不必然意味着税务部门已对房屋出租人不再征缴税款，依法纳税是宪法规定的公民义务，谁都不能例外。

注意事项：纳税人的配偶在纳税人的主要工作城市有自有住房的，视同纳税人在主要工作城市有自有住房，不能享受住房租金扣除；夫妻双方主要工作城市相同的，只能由一方扣除住房租金支出；纳税人及其配偶在一个纳税年度内不能同时分别享受住房贷款利息和住房租金专项附加扣除。也就是说住房贷款利息与住房租金两项扣除政策只能享受其中一项，不能同时享有。（《暂行办法》第十七条、二十条）

（五）赡养老人

扣除标准 （《暂行办法》第二十二条、二十三条）	扣除方式 （《暂行办法》第二十二条）	享受扣除起止时间 （《操作办法》第三条）
纳税人赡养一位及以上被赡养人的赡养支出，纳税人为独生子女的，按照每月 2 000 元的标准定额扣除；纳税人为非独生子女的，由其与兄弟姐妹分摊每月 2 000 元的扣除额度，每人分摊的额度不能超过每月 1 000 元。被赡养人是指年满 60 岁的父母，以及子女均已去世的年满 60 岁的祖父母、外祖父母。	独生子女每月 2 000 元的标准定额扣除；非独生子女，赡养人均摊或者约定分摊，也可以由被赡养人指定分摊。	享受扣除的起止时间：为被赡养人年满 60 周岁的当月至赡养义务终止的年末。

纳税人享受赡养老人专项附加扣除，应当填报纳税人是否为独生子女、月扣除金额、被赡养人姓名及身份证件类型和号码、与纳税人关系；有共同赡养人的，需填报分摊方式、共同赡养人姓名及身份证件类型和号码等信息。留存备查资料包括：约定或指定分摊的书面分摊协议等资料。（《操作办法》第十六条）

（六）大病医疗

扣除标准 （《暂行办法》第十一条）	扣除方式 （《暂行办法》第十二条）	享受扣除起止时 （《操作办法》第三条）
在一个纳税年度内，纳税人发生的与基本医保相关的医药费用支出，扣除医保报销后个人负担（指医保目录范围内的自付部分）累计超过 15 000 元的部分，由纳税人在办理年度汇算清缴时，在 80 000 元限额内据实扣除。	纳税人发生的医药费用支出可以选择由本人或者其配偶扣除；未成年子女发生的医药费用支出可以选择由其父母一方扣除。	为医疗保障信息系统记录的医药费用实际支出的当年。

纳税人享受大病医疗专项附加扣除，应当填报患者姓名、身份证件类型及号码、与纳税人关系、与基本医保相关的医药费用总金额、医保目录范围内个人负担的自付金额等信息。留存备查资料包括：大病患者医药服务收费及医保报销相关票据原件或复印件，或者医疗保障部门出具的纳税年度医药费用清单等资料。（《操作办法》第十七条）

四、依法确定的其他扣除

（一）企业年金和职业年金
政策依据：

《财政部　人力资源社会保障部　国家税务总局关于企业年金职业年金个人所得税有关问题的通知》（财税〔2013〕103 号）；

《国家税务总局关于做好企业年金职业年金个人所得税征收管理工作的通知》（税总发〔2013〕143 号）；

《财政部　国家税务总局关于个人所得税法修改后有关优惠政策衔接问题的通知》（财税〔2018〕164 号）。

财税〔2013〕103 号	财税〔2018〕164 号
一、企业年金和职业年金缴费的个人所得税处理 1. 企业和事业单位(以下统称单位)根据国家有关政策规定的办法和标准,为在本单位任职或者受雇的全体职工缴付的企业年金或职业年金(以下统称年金)单位缴费部分,在计入个人账户时,个人暂不缴纳个人所得税。 2. 个人根据国家有关政策规定缴付的年金个人缴费部分,在不超过本人缴费工资计税基数的4%标准内的部分,暂从个人当期的应纳税所得额中扣除。 3. 超过本通知第一条第1项和第2项规定的标准缴付的年金单位缴费和个人缴费部分,应并入个人当期的工资、薪金所得,依法计征个人所得税。税款由建立年金的单位代扣代缴,并向主管税务机关申报解缴。 4. 企业年金个人缴费工资计税基数为本人上一年度月平均工资。月平均工资按国家统计局规定列入工资总额统计的项目计算。月平均工资超过职工工作地所在设区城市上一年度职工月平均工资300%以上的部分,不计入个人缴费工资计税基数。 职业年金个人缴费工资计税基数为职工岗位工资和薪级工资之和。职工岗位工资和薪级工资之和超过职工工作地所在设区城市上一年度职工月平均工资300%以上的部分,不计入个人缴费工资计税基数。	四、关于个人领取企业年金、职业年金的政策 个人达到国家规定的退休年龄,领取的企业年金、职业年金,符合《财政部 人力资源社会保障部 国家税务总局关于企业年金 职业年金个人所得税有关问题的通知》(财税〔2013〕103号)规定的,不并入综合所得,全额单独计算应纳税款。其中按月领取的,适用月度税率表计算纳税;按季领取的,平均分摊计入各月,按每月领取额适用月度税率表计算纳税;按年领取的,适用综合所得税率表计算纳税。 个人因出境定居而一次性领取的年金个人账户资金,或个人死亡后,其指定的受益人或法定继承人一次性领取的年金个人账户余额,适用综合所得税率表计算纳税。对个人除上述特殊原因外一次性领取年金个人账户资金或余额的,适用月度税率表计算纳税。

1. 税制改革后,单位和个人缴存企业年金、职业年金的税收政策没有变化,仍然按照《财政部 人力资源社会保障部 国家税务总局关于企业年金 职业年金个人所得税有关问题的通知》(财税〔2013〕103号)第一条的规定执行。无论是企业年金还是职业年金,按照现行政策规定,缴付年金时,员工可以在个人所得税税前部分扣除;在年金账户分配收益时,员工暂不缴纳个人所得税;员工在达到法定退休年龄及其他规定情况下领取时,应依法缴纳个人所得税。

2. 税制改革后,个人领取企业年金、职业年金待遇,按照财税〔2018〕164号第四条规定执行。个人达到国家规定的退休年龄,按规定领取的企业年金、职业年金,属于"工资薪金所得"。实施新税制后,个人领取的企业年金、职业年金待遇依法应当并入综合所得按年计税。为避免离退休人员办理汇算清缴带来的税收遵从负担,原则上平移原有计税方法,即对个人领取的企业年金、职业年金待遇由扣缴义务人扣缴税款,单独计算纳税,不计入综合所得,无需办理汇算清缴。实践中,对以下情况,分别处理:
(1) 按月领取的,适用月度税率表计算纳税;
(2) 按季领取的,平均分摊计入各月,按每月领取额适用月度税率表计算纳税;
(3) 按年领取的,适用综合所得税率表计算纳税;
(4) 个人因出境定居而一次性领取的年金,或者个人死亡后,其指定的受益人或法定继承人一次性领取的年金,适用综合所得税率表计算纳税。对个人除上述特殊原因外一次性领取年金个人账户资金或余额的,适用月度税率表计算纳税。

(二)商业健康保险

政策依据:

> 《财政部 税务总局 保监会关于将商业健康保险个人所得税试点政策推广到全国范围实施的通知》(财税〔2017〕39号);
>
> 《国家税务总局关于推广实施商业健康保险个人所得税政策有关征管问题的公告》(国家税务总局公告2017年第17号)。

财税〔2017〕39 号	国家税务总局公告 2017 年第 17 号
一、关于政策内容。 对个人购买符合规定的商业健康保险产品的支出,允许在当年(月)计算应纳税所得额时予以税前扣除,扣除限额为2 400元/年(200元/月)。单位统一为员工购买符合规定的商业健康保险产品的支出,应分别计入员工个人工资薪金,视同个人购买,按上述限额予以扣除。 2 400元/年(200元/月)的限额扣除为个人所得税法规定	一、取得工资薪金所得、连续性劳务报酬所得的个人,以及取得个体工商户的生产经营所得、对企事业单位的承包承租经营所得的个体工商户业主、个人独资企业投资者、合伙企业个人合伙人和承包承租经营者,对其购买符合规定的商业健康保险产品支出,可按照《财政部 税务总局

财税〔2017〕39 号	国家税务总局公告 2017 年第 17 号
减除费用标准之外的扣除。 二、关于适用对象。 　适用商业健康保险税收优惠政策的纳税人，是指取得工资薪金所得、连续性劳务报酬所得的个人，以及取得个体工商户生产经营所得、对企事业单位的承包承租经营所得的个体工商户业主、个人独资企业投资者、合伙企业合伙人和承包租经营者。 三、关于商业健康保险产品的规范和条件。 　符合规定的商业健康保险产品，是指保险公司参照个人税收优惠型健康保险产品指引框架及示范条款（见附件）开发的、符合下列条件的健康保险产品： 　（一）健康保险产品采取具有保障功能并设立有最低保证收益账户的万能险方式，包含医疗保险和个人账户积累两项责任。被保险人个人账户由其所投保的保险公司负责管理维护。 　（二）被保险人为 16 周岁以上、未满法定退休年龄的纳税人群。保险公司不得因被保险人既往病史拒保，并保证续保。 　（三）医疗保险保障责任范围包括被保险人医保所在地基本医疗保险基金支付范围内的自付费用及部分基本医疗保险基金支付范围外的费用，费用的报销范围、比例和额度由各保险公司根据具体产品特点自行确定。 　（四）同一款健康保险产品，可依据被保险人的不同情况，设置不同的保险金额，具体保险金额下限由保监会规定。 　（五）健康保险产品坚持"保本微利"原则，对医疗保险部分的简单赔付率低于规定比例的，保险公司要将实际赔付率与规定比例之间的差额部分返还到被保险人的个人账户。 　根据目标人群已有保障项目和保障需求的不同，符合规定的健康保险产品共有三类，分别适用于： 　1. 对公费医疗或基本医疗保险报销后个人负担的医疗费用有报销意愿的人群； 　2. 对公费医疗或基本医疗保险报销后个人负担的特定大额医疗费用有报销意愿的人群； 　3. 未参加公费医疗或基本医疗保险，对个人负担的医疗费用有报销意愿的人群。 　符合上述条件的个人税收优惠型健康保险产品，保险公司应按《保险法》规定程序上报保监会审批。 四、关于税收征管。 　（一）单位统一组织为员工购买或者单位和个人共同负担购买符合规定的商业健康保险产品，单位负担部分应当实名计入个人工资薪金明细清单，视同个人购买，并自购买产品次月起，在不超过 200 元/月的标准内按月扣除。一年内保费金额超过 2 400 元的部分，不得税前扣除。以后年度续保时，按上述规定执行。个人自行退保时，应及时告知扣缴单位。个人相关退保信息保险公司应及时传递给税务机关。 　（二）取得工资薪金所得或连续性劳务报酬所得的个人，自行购买符合规定的商业健康保险产品的，应当及时向代扣代缴单位提供保单凭证。扣缴单位自个人提交保单凭证的次月起，在不超过 200 元/月的标准内按月扣除。一年内保费金额超过 2 400 元的部分，不得税前扣除。以后年度续保时，按上述规定执行。个人自行退保时，应及时告知扣缴义务人。 　（三）个体工商户业主、企事业单位承包承租经营者、个人独资和合伙企业投资者自行购买符合条件的商业健康保险产品的，在不超过 2 400 元/年的标准内据实扣除。一年内保费金额超过 2 400 元的部分，不得税前扣除。以后年度续保时，按上述规定执行。	保监会关于将商业健康保险个人所得税试点政策推广到全国范围实施的通知》（财税〔2017〕39 号，以下简称《通知》规定标准在个人所得税前扣除。 二、《通知》所称取得连续性劳务报酬所得，是指个人连续 3 个月以上（含 3 个月）为同一单位提供劳务而取得的所得。 三、有扣缴义务人的个人自行购买、单位统一组织为员工购买或者单位和个人共同负担购买符合规定的商业健康保险产品，扣缴义务人在填报《扣缴个人所得税报告表》或《特定行业个人所得税年度申报表》时，应将当期扣除的个人购买商业健康保险支出金额填至申报表"税前扣除项目"的"其他"列中（需注明商业健康保险扣除金额），并同时填报《商业健康保险税前扣除情况明细表》。 　其中，个人自行购买符合规定的商业健康保险产品的，应及时向扣缴义务人提供保单凭证，扣缴义务人应当依法为其税前扣除，不得拒绝。个人从中国境内两处或者两处以上取得工资薪金所得，且自行购买商业健康保险的，只能选择在其中一处扣除。 　个人未续保或退保的，应于未续保或退保当月告知扣缴义务人终止商业健康保险税前扣除。 四、个体工商户业主、个人独资企业投资者、合伙企业个人合伙人和企事业单位承包承租经营者购买符合规定的商业健康保险产品支出，在年度申报填报《个人所得税生产经营所得纳税申报表（B 表）》、享受商业健康保险税前扣除政策时，应将商业健康保险税前扣除金额填至"允许扣除的其他费用"行（需注明商业健康保险扣除金额），并同时填报《商业健康保险税前扣除情况明细表》。 　实行核定征收的纳税人，应向主管税务机关报送《商业健康保险税前扣除情况明细表》，主管税务机关按程序相应调减其应纳税所得额或应纳税额。纳税人未续保或退保的，应当及时告知主管税务机关，终止商业健康保险税前扣除。 五、保险公司销售符合规定的商业健康保险产品，及时为购买保险的个人开具发票和保单凭证，并在保单凭证上注明税优识别码。个人购买商业健康保险未获得税优识别码的，其支出金额不得税前扣除。 六、本公告所称税优识别码，是指为确保税收优惠商业健康保险保单的唯一性、真实性和有效性，由商业健康保险信息平台按照"一人一单一码"的原则对投保人进行校验后，下发给保险公司，并在保单凭证上打印的数字识别码。 七、本公告自 2017 年 7 月 1 日起施行。

（三）税收递延型养老保险

政策依据：

> 《财政部 税务总局 人力资源社会保障部 中国银行保险监督管理委员会 证监会关于开展个人税收递延型商业养老保险试点的通知》（财税〔2018〕22号）；
>
> 《国家税务总局关于开展个人税收递延型商业养老保险试点有关征管问题的公告》（国家税务总局公告2018年第21号）。

财税〔2018〕22号	国家税务总局公告2018年第21号
一、关于试点政策 （一）试点地区及时间 自2018年5月1日起，在上海市、福建省（含厦门市）和苏州工业园区实施个人税收递延型商业养老保险试点。试点期限暂定一年。 （二）试点政策内容 对试点地区个人通过个人商业养老资金账户购买符合规定的商业养老保险产品的支出，允许在一定标准内税前扣除；计入个人商业养老资金账户的投资收益，暂不征收个人所得税；个人领取商业养老金时再征收个人所得税。具体规定如下： 1.个人缴费税前扣除标准 取得工资薪金、连续性劳务报酬所得的个人，其缴纳的保费准予在申报扣除当月计算应纳税所得额时予以限额据实扣除，扣除限额按照当月工资薪金、连续性劳务报酬收入的6%和1000元孰低办法确定。取得个体工商户生产经营所得、对企事业单位的承包承租经营所得的个体工商户业主、个人独资企业投资者、合伙企业自然人合伙人和承包承租经营者，其缴纳的保费准予在申报扣除当年计算应纳税所得额时予以限额据实扣除，扣除限额按照不超过当年应税收入的6%和12000元孰低办法确定。 2.账户资金收益暂不征税 计入个人商业养老资金账户的投资收益，在缴费期间暂不征收个人所得税。 3.个人领取商业养老金征税 个人达到国家规定的退休年龄时，可按月或按年领取商业养老金，领取期限原则上为终身或不少于15年。个人身故、发生保险合同约定的全残或罹患重大疾病的，可以一次性领取商业养老金。 对个人达到规定条件时领取的商业养老金收入，其中25%部分予以免税，其余75%部分按照10%的比例税率计算缴纳个人所得税，税款计入"其他所得"项目。 （三）试点政策适用对象 适用试点税收政策的纳税人，是指在试点地区取得工资薪金、连续性劳务报酬所得的个人，以及取得个体工商户生产经营所得、对企事业单位的承包承租经营所得的个体工商户业主、个人独资企业投资者、合伙企业自然人合伙人和承包承租经营者，其工资薪金、连续性劳务报酬的个人所得税缴纳单位，或者个体工商户、承包承租单位、个人独资企业、合伙企业的实际经营地均位于试点地区内。 取得连续性劳务报酬所得，是指纳税人连续6个月以上（含6个月）为同一单位提供劳务而取得的所得。 （四）试点期间个人商业养老资金账户和信息平台 1.个人商业养老资金账户是由纳税人指定的，用于归集税收递延型商业养老保险缴费、收益以及资金领取等的商业银行个人专用账户。该账户封闭运行，与居民身份证件绑定，具有唯一性。	一、缴费税前扣除环节 按照《财政部 税务总局 人力资源社会保障部 中国银行保险监督管理委员会 证监会关于开展个人税收递延型商业养老保险试点的通知》（财税〔2018〕22号，以下简称《通知》）规定，试点地区内可享受税延养老保险税前扣除优惠政策的个人，凭中国保险信息技术管理有限责任公司相关信息平台出具的《个人税收递延型商业养老保险扣除凭证》（以下简称"税延养老扣除凭证"），办理税前扣除。 （一）取得工资薪金所得、连续性劳务报酬所得的个人 取得工资薪金所得、连续性劳务报酬所得的个人，其购买符合规定商业养老保险产品的支出享受税前扣除优惠时，应及时将税延养老扣除凭证提供给扣缴单位。扣缴单位应当按照《通知》规定，在个人申报扣除当月计算扣除限额并办理税前扣除。扣缴单位在填报《扣缴个人所得税报告表》或《特定行业个人所得税年度申报表》时，应当将当期可扣除金额填至"税前扣除项目"或"年前扣除项目"栏"其他"列中（需注明税延养老保险），并同时填报《个人税收递延型商业养老保险税前扣除情况明细表》。 个人因未及时提供税延养老扣除凭证而造成往期未扣除的，扣缴单位可追补至应扣除月份扣除，并按《通知》规定重新计算应扣缴税款，在收到扣除凭证的当月办理抵扣或申请退税。个人缴费金额发生变化、未续保或退保的，应当及时告知扣缴义务人重新计算或终止税延养老保险税前扣除。除个人提供资料不全、信息不实等情形外，扣缴单位不得拒绝为纳税人办理税前扣除。 （二）取得个体工商户的生产经营所得、对企事业单位的承包承租经营所得的个人 取得个体工商户的生产经营所得、对企事业单位的承包承租经营所得的个体工商户业主、个人独资企业投资者、合伙企业自然人合伙人和承包承租经营者，其购买的符合规定的养老保险产品支出，在年度申报时，凭税延养老扣除凭

（续表）

财税〔2018〕22 号	国家税务总局公告 2018 年第 21 号
2. 试点期间使用中国保险信息技术管理有限责任公司建立的信息平台（以下简称"中保信平台"）。个人商业养老资金账户在中保信平台进行登记，校验其唯一性。个人商业养老资金账户变更银行须经中保信平台校验后，进行账户结转，每年允许结转一次。中保信平台与税务系统、商业保险机构和商业银行对接，提供账户管理、信息查询、税务稽核、外部监管等基础性服务。 　（五）试点期间商业养老保险产品及管理 　个人商业养老保险产品按稳健型产品为主、风险型产品为辅的原则选择，采取名录方式确定。试点期间的产品是指由保险公司开发，符合"收益稳健、长期锁定、终身领取、精算平衡"原则，满足参保人对养老账户资金安全性、收益性和长期性管理要求的商业养老保险产品。具体商业养老保险产品指引由中国银行保险监督管理委员会提出，商财政部、人社部、税务总局后发布。 　（六）试点期间税收征管 　1. 关于缴费税前扣除 　个人购买符合规定的商业养老保险产品、享受递延纳税优惠时，以中保信平台出具的税延养老扣除凭证为扣税凭据。取得工资、薪金所得和连续性劳务报酬所得的个人，应及时将相关凭证提供给扣缴单位。扣缴单位应按照本通知有关要求，认真落实个人税收递延型商业养老保险试点政策，为纳税人办理税前扣除有关事项。 　个人在试点地区范围内从两处或者两处以上取得所得的，只能选择在其中一处享受试点政策。 　2. 关于领取商业养老金时的税款征收。 　个人按规定领取商业养老金时，由保险公司代扣代缴其应缴的个人所得税。	证，在《通知》规定的扣除限额内据实扣除，并填报至《个人所得税生产经营所得纳税申报表（B 表）》的"允许扣除的其他费用"行（需注明税延养老保险），同时填报《个人税收递延型商业养老保险税前扣除情况明细表》。 　计算扣除限额时，个体工商户业主、个人独资企业投资者和承包承租经营者应税收入按照个体工商户、个人独资企业、承包承租的收入总额确定；合伙企业自然人合伙人应税收入按合伙企业收入总额乘以合伙人分配比例确定。 　实行核定征收的，应当向主管税务机关报送《个人税收递延型商业养老保险税前扣除情况明细表》和税延养老扣除凭证，主管税务机关按照程序相应调减其应纳税所得额或应纳税额。纳税人缴费金额发生变化、未续保或退保的，应当及时告知主管税务机关，重新核定应纳税所得额或应纳税额。 　二、领取商业养老金征税环节 　个人达到规定条件领取商业养老金时，保险公司按照《通知》规定代扣代缴"其他所得"项目（需注明税延养老保险）个人所得税，并在个人购买税延养老保险的机构所在地办理全员全额扣缴申报。 　三、施行时间 　本公告自 2018 年 5 月 1 日起施行。

第三节　个人所得税优惠及办理

一、个人所得税免税

个人所得税法 （中华人民共和国主席令第九号）	个人所得税法实施条例 （中华人民共和国国务院令第 707 号）
第四条　下列各项个人所得，免征个人所得税： 　（一）省级人民政府、国务院部委和中国人民解放军军以上单位，以及外国组织、国际组织颁发的科学、教育、技术、文化、卫生、体育、环境保护等方面的奖金； 　（二）国债和国家发行的金融债券利息； 　（三）按照国家统一规定发给的补贴、津贴； 　（四）福利费、抚恤金、救济金； 　（五）保险赔款； 　（六）军人的转业费、复员费、退役金； 　（七）按照国家统一规定发给干部、职工的安家费、退职费、基本养老金或者退休费、离休费、离休生活补助费； 　（八）依照有关法律规定应予免税的各国驻华使馆、领事馆的外交代表、领事官员和其他人员的所得； 　（九）中国政府参加的国际公约、签订的协议中	第九条　个人所得税法第四条第一款第二项所称国债利息，是指个人持有中华人民共和国财政部发行的债券而取得的利息；所称国家发行的金融债券利息，是指个人持有经国务院批准发行的金融债券而取得的利息。 　第十条　个人所得税法第四条第一款第三项所称按照国家统一规定发给的补贴、津贴，是指按照国务院规定发给的政府特殊津贴、院士津贴，以及国务院规定免予缴纳个人所得税的其他补贴、津贴。 　第十一条　个人所得税法第四条第一款第四项所称福利费，是指根据国家有关规定，从企业、事业单位、国家机关、社会组织提留的福利费或者工会经费中支付给个人的生活补助费；所称救济金，是指各级人民政府民政部门支付给个人的生活困难补助费。

（续表）

个人所得税法 （中华人民共和国主席令第九号）	个人所得税法实施条例 （中华人民共和国国务院令第707号）
规定免税的所得； （十）国务院规定的其他免税所得。 前款第十项免税规定，由国务院报全国人民代表大会常务委员会备案。	第十二条　个人所得税法第四条第一款第八项所称依照有关法律规定应予免税的各国驻华使馆、领事馆的外交代表、领事官员和其他人员的所得，是指依照《中华人民共和国外交特权与豁免条例》和《中华人民共和国领事特权与豁免条例》规定免税的所得。

二、个人所得税减税（《个人所得税法》第五条）

法条规定	法条解读
有下列情形之一的，可以减征个人所得税，具体幅度和期限，由省、自治区、直辖市人民政府规定，并报同级人民代表大会常务委员会备案： （一）残疾、孤老人员和烈属的所得； （二）因自然灾害遭受重大损失的。 国务院可以规定其他减税情形，报全国人民代表大会常务委员会备案。	全面落实税收法定原则，旧条例第十六条"个人所得税的减征的幅度和期限由省、自治区、直辖市人民政府规定"被删除，取而代之的是新个税法中"由省、自治区、直辖市人民政府规定，并报同级人大常委会备案。其他减税情形由国务院规定，报全国人大常委会备案。"

三、个人所得税优惠政策衔接

（一）全年一次性奖金（财税〔2018〕164号）

政策规定	国税发〔2005〕9号
一、关于全年一次性奖金、中央企业负责人年度绩效薪金延期兑现收入和任期奖励的政策。 （一）居民个人取得全年一次性奖金，符合《国家税务总局关于调整个人取得全年一次性奖金等计算征收个人所得税方法问题的通知》（国税发〔2005〕9号）规定的，在2021年12月31日前，不并入当年综合所得，以全年一次性奖金收入除以12个月得到的数额，按照本通知所附按月换算后的综合所得税率表（以下简称月度税率表），确定适用税率和速算扣除数，单独计算纳税。计算公式为： 　应纳税额＝全年一次性奖金收入×适用税率－速算扣除数 居民个人取得全年一次性奖金，也可以选择并入当年综合所得计算纳税。 自2022年1月1日起，居民个人取得全年一次性奖金，应并入当年综合所得计算缴纳个人所得税。 （二）中央企业负责人取得年度绩效薪金延期兑现收入和任期奖励，符合《国家税务总局关于中央企业负责人年度绩效薪金延期兑现收入和任期奖励征收个人所得税问题的通知》（国税发〔2007〕118号）规定的，在2021年12月31日前，参照本通知第一条第（一）项执行；2022年1月1日之后的政策另行明确。	一、全年一次性奖金是指行政机关、企事业单位等扣缴义务人根据其全年经济效益和对雇员全年工作业绩的综合考核情况，向雇员发放的一次性奖金。 上述一次性奖金也包括年终加薪、实行年薪制和绩效工资办法的单位根据考核情况兑现的年薪和绩效工资。 二、【条款废止】 三、在一个纳税年度内，对每一个纳税人，该计税办法只允许采用一次。 四、实行年薪制和绩效工资的单位，个人取得年终兑现的年薪和绩效工资按本通知执行。 五、雇员取得除全年一次性奖金以外的其他各种名目奖金，如半年奖、季度奖、加班奖、先进奖、考勤奖等，一律与当月工资、薪金收入合并，按税法规定缴纳个人所得税。

实务操作中，在进行个人所得税申报时，央企负责人绩效薪金延期兑现收入和任期奖励并没有单独的申报窗口，而是和全年一次性奖金共用一个申报窗口。如果一个央企既发放央企负责人绩效薪金延期兑现收入和任期奖励，也发全年一次性奖金且在不同的月份发放，可以分开各自单独进行申报，但是如果在同一个月份发放，则无法各自申报。

按月换算后的综合所得税率表

级数	全月应纳税所得额	税率(%)	速算扣除数
1	不超过 3 000 元的	3	0
2	超过 3 000 元至 12 000 元的部分	10	210
3	超过 12 000 元至 25 000 元的部分	20	1 410
4	超过 25 000 元至 35 000 元的部分	25	2 660
5	超过 35 000 元至 55 000 元的部分	30	4 410
6	超过 55 000 元至 80 000 元的部分	35	7 160
7	超过 80 000 元的部分	45	15 160

1. 年终奖陷阱

【例 4-1】 A 获得年终奖 36 000 元,B 获得年终奖 36 001 元,B 比 A 多 1 元。

A 适用 3% 档次税率,应纳税额 $=36\,000\times3\%-0=1\,080$(元),实际到手 $=36\,000-1\,080=34\,920$(元)。

B 适用 10% 档次税率,应纳税额 $=36\,001\times10\%-210=3\,390.1$ 元,实际到手 $=36\,001-3\,390.1=32\,610.9$(元)。

因为多发的 1 元,B 要多交 2 300 多元的个人所得税。

1)"一元效应"仍然存在

从全年一次性奖金个人所得税单独计税开始就出现了适用税率变档之间存在一个区间,奖金多发一点,缴纳个税之后的税后所得反而减少的现象,一直被称为"一元效应"。这次的变化居于基本的计税方法,依然存在这一现象。这并不是政策出现了问题,而是一个数学推理毛病,要消除这样的缺陷,政策就会变得复杂得多,没有必要。

如何正确把握这个区间呢?存在两种思路,一是在保证员工税后所得最大化的基础上保持微调奖金额度,让员工得到实惠;二是在保持员工税后所得不变的基础上企业寻找平衡节点,较多地少发奖金。对于两种思路的区间均可以采用基本的二元方程计算解决,可以精细到角分,也可以通过模板自动导入一次性奖金金额,检验出是否处于"坑"区;或者企业如何在不改变员工税后所得下少发点奖金。

2)函数表达式

年终奖数值	实际到手数值
0~36 000	$a\times0.97$
36 000~144 000	$a\times0.9+210$
144 000~300 000	$a\times0.8+1\,410$
300 000~420 000	$a\times0.75+2\,660$
420 000~660 000	$a\times0.7+4\,410$
660 000~960 000	$a\times0.65+7\,160$
>960 000	$a\times055+15\,160$

3)陷阱区间分布

陷阱区域	具体数值
3.6 万元附近	36 000~38 567
14.4 万元附近	14 400~160 500
30 万元附近	300 000~318 333
42 万元附近	420 000~447 500
66 万元附近	660 000~706 539
96 万元附近	960 000~1 120 000

2. 年终奖如何选择少缴税

(1) 当综合所得＜0 时，全年一次性奖金与综合所得合并计算，缴税最少。

【例 4-2】　A 先生 2019 年每月工资收入 8 000 元，个人承担的三险一金 2 000 元，专项附加扣除 3 000 元，无其他综合所得和扣除项目。2019 年 12 月发放全年一次性奖金 48 000 元。

单独计算	合并计算
不考虑年终奖，A 先生 2019 年综合所得应纳税额为零。 　年终奖按照财税〔2018〕164 号单独计算，应纳税额为 48 000×10%－210＝4 590(元)。 　合计纳税为 0＋4 590＝4 590(元)。	A 先生 2019 年综合所得为：8 000×12－2 000×12－3 000×12－60 000＋48 000＝24 000(元)。 　应纳税额为 24 000×3%＝720(元)。 　合并计算少交税 4 590－720＝3 870(元)。

(2) 当综合所得≥0 且综合所得与全年一次性奖金之和≤36 000 元时，年终奖单独算和并入综合所得算没有区别，无论二者怎么组合，总的应纳税额都不变。

【例 4-3】　B 先生 2019 年综合所得为 5 000 元，2019 年 12 月发放全年一次性奖金 30 000 元。

单独计算	合并计算
不考虑年终奖，钟先生 2019 年综合所得应纳税额为 5 000×3%＝150(元)。 　年终奖按照财税〔2018〕164 号单独计算，应纳税为 30 000×3%＝900(元)。 　合计纳税 150＋900＝1 050(元)。	B 先生 2019 年综合所得为：5 000＋30 000＝35 000(元)。 　应纳税额为：35 000×3%＝1 050(元)，与单独计算相同。

(3) 当综合所得≥0 且综合所得与全年一次性奖金之和＞36 000 元时，年终奖单独算和并入综合所得算差别较大，有时候单独算比合并算更优，有时候合并算比单独算更优，但是最优点一定是年终奖单独计算，且年终奖的最优金额顺次出现于 36 000 元、144 000 元、300 000 元、420 000 元和 660 000 元等五个临界点。

【例 4-4】　C 先生 2019 年综合所得为 200 000 元，2019 年 12 月发放年终奖 300 000 元。

单独计算	合并计算
不考虑年终奖，C 先生 2019 年综合所得应纳税额为 200 000×20%－16 920＝23 080(元)。 　年终奖按照财税〔2018〕164 号单独计算，应纳税额为 300 000×20%－1 410＝58 590(元)。 　合计纳税为：23 080＋58 590＝81 670(元)。	C 先生 2019 年综合所得为：200 000＋300 000＝500 000(元)。 　应纳税额为：500 000×30%－52 920＝97 080(元)，单独计算更优，节税 97 080－81 670＝15 410(元)。

【例 4-5】　接[例 4-4]，假定 C 先生 2019 年综合所得为 80 000 元，年终奖 420 000 元，则合并计算交税仍为 97 080 元，年终奖单独计税则发生变化：

单独计算	合并计算
不考虑年终奖，C 先生 2019 年综合所得应纳税额为 80 000×10%－2 520＝5 480(元)。 　年终奖按照财税〔2018〕164 号单独计算，应纳税额为 420 000×25%－2 660＝102 340(元)。 　合计纳税为：5 480＋102 340＝107 820(元)。	C 先生 2019 年综合所得为：80 000＋420 000＝500 000(元)。 　应纳税额为：500 000×30%－52 920＝97 080(元)，合并计算更优，节税 107 820－97 080＝10 740(元)。

　在 C 先生综合所得和年终奖为 500 000 元的情形下，最优点是年终奖 144 000 元，综合所得为 356 000 元，且年终奖单独计算，此时只需交税＝(356 000×25%－31 920)＋(144 000×10%－210)＝71 270(元)。

(二) 个人取得股权激励

1. 取得上市公司股权激励(财税〔2018〕164 号)

政策规定	政策解读
二、关于上市公司股权激励的政策 　　（一）居民个人取得股票期权、股票增值权、限制性股票、股权奖励等股权激励（以下简称股权激励），符合《财政部　国家税务总局关于个人股票期权所得征收个人所得税问题的通知》（财税〔2005〕35 号）、《财政部　国家税务总局关于股票增值权所得和限制性股票所得征收个人所得税有关问题的通知》（财税〔2009〕5 号）、《财政部　国家税务总局关于将国家自主创新示范区有关税收试点政策推广到全国范围实施的通知》（财税〔2015〕116 号）第四条、《财政部　国家税务总局关于完善股权激励和技术入股有关所得税政策的通知》（财税〔2016〕101 号）第四条第（一）项规定的相关条件的，在 2021 年 12 月 31 日前，不并入当年综合所得，全额单独适用综合所得税率表，计算纳税。计算公式为： 　　应纳税额＝股权激励收入×适用税率－速算扣除数 　　（二）居民个人一个纳税年度内取得两次以上（含两次）股权激励的，应合并按本通知第二条第（一）项规定计算纳税。 　　（三）2022 年 1 月 1 日之后的股权激励政策另行明确。	上市公司股权激励对象主要是公司高管和核心技术人员，通过股权激励方式，将个人利益与公司发展业绩"绑在一起"，让个人分享公司发展成果，增强对高管和核心技术人员的"向心力"。个人取得的上市公司股权激励所得，是个人任职受雇的一种报酬方式，属于工资薪金所得。 　　2005 年以来，财政部、税务总局先后印发多份政策文件，明确了个人取得上市公司股权激励所得的个人所得税政策。总体思路是将股权激励所得在不超过 12 个月（最多为 12 个月）的期限内分摊计税。 　　2019 年实施新税制后，为保证税收政策延续性，对股权激励所得的计税方法给予 3 年过渡期，在过渡期内，对上市公司股权激励所得的税收政策暂维持不变。 　　由于改革后综合所得的税率表为年度税率表，股权激励所得直接适用年度税率表，客观上相当于原来按 12 个月分摊计税的政策效果。因此，在过渡期内，个人取得上市公司股权激励所得，不并入当年综合所得，全额单独适用综合所得税率表，计算纳税。计算公式为： 　　应纳税额＝股权激励收入×适用税率－速算扣除数 　　公式中的上述股权激励收入，为减除行权成本后的收入余额。

　　股权激励，不像年终奖有选择权，而是必须按照单独的计算，不得并入综合所得，这和前面年终奖的可以选择不一样；同时，股权激励也没有先以 12 个月，然后再确定税率，而是直接确定税率。另外，如果年内有多次股权激励，要合并计算，将纳税年度内各次（项）股权激励所得合并，按照上述公式计算应纳税额，减去本年度此前股权激励所得已纳税额的差额，为本次（项）股权激励所得的应纳税额。最后，特别要注意的是，这里确定税率，是年综合所得税率，而不是按换算后到月的综合所得税率。

　　【例 4-6】　自然人 D 在 2019 年第一次取得股权激励收入是 6 万元，第二次股权激励收入为 12 万元。

第一次股权激励收入为 6 万元，在 36 000 到 144 000 之间，适用税率为 10%，应交个税＝60 000×10%－2 520＝3 480（元）；	第二次股权激励收入为 12 万元，先合并计算，即 12＋6＝18 万计算，税率为 20%，应纳税额＝180 000×20%－16 920＝19 080 元，因为前面已经交了 3 840 元，所以要补交＝19 080－3 480＝15 600（元）。

　　2. 取得非上市公司股权激励（财税〔2016〕101 号）

个人取得符合规定条件的非上市公司股权激励，经向税务机关备案，可以实行递延纳税，即员工在取得股权激励时暂不纳税，递延至转让该股权时纳税；股权转让时，按照股权转让收入减除股权取得成本以及合理税费后的差额，适用"财产转让所得"项目，按照 20% 的税率计算缴纳个人所得税。	享受递延纳税政策的，非上市公司股权激励须同时满足以下条件： 　　（1）属于境内居民企业的股权激励计划； 　　（2）股权激励计划经公司董事会、股东（大）会审议通过，未设股东（大）会的国有单位，经上级主管部门审核批准。 　　（3）激励标的应为境内居民企业的本公司股权，其中股权奖励的标的可以是技术成果投资入股到其他境内居民企业所取得的股权； 　　（4）激励对象应为公司董事会或股东（大）会决定的技术骨干和高级管理人员，激励对象人数累计不得超过本公司最近 6 个月在职职工平均人数的 30%； 　　（5）股票（权）期权自授予日起应持有满 3 年，且自行权日起持有满 1 年。限制性股票自授予日起应持有满 3 年，且解禁后持有满 1 年。股权奖励自获得奖励之日起应持有满 3 年； 　　（6）股票（权）期权自授予日至行权日的时间不得超过 10 年； 　　（7）实施股权奖励的公司及其奖励股权标的的公司所属行业均不属于《股权奖励税收优惠政策限制性行业目录》范围。 　　凡不符合上述递延纳税条件的，个人应在取得非上市公司股权激励时，参照上市公司股权激励政策执行。

（三）新三板个人所得税新规（财税〔2018〕137 号）

免税股票	征税股票
自 2018 年 11 月 1 日（含）起，对个人转让新三板挂牌公司非原始股取得的所得，暂免征收个人所得税。 　所谓的非原始股是指：个人在新三板挂牌公司挂牌后取得的股票，以及由上述股票孳生的送、转股。	个人转让新三板挂牌公司原始股取得的所得，按照"财产转让所得"，适用 20% 的比例税率征收个人所得税。 　所谓的原始股是指：个人在新三板挂牌公司挂牌前取得的股票，以及在该公司挂牌前和挂牌后由上述股票孳生的送、转股。

　2019 年 9 月 1 日之前，个人转让新三板挂牌公司原始股的个人所得税，征收管理办法按照现行股权转让所得有关规定执行，以股票受让方为扣缴义务人，由被投资企业所在地税务机关负责征收管理。自 2019 年 9 月 1 日（含）起，个人转让新三板挂牌公司原始股的个人所得税，以股票托管的证券机构为扣缴义务人，由股票托管的证券机构所在地主管税务机关负责征收管理。

　《国务院关于全国中小企业股份转让系统有关问题的决定》（国发〔2013〕49 号）第六条规定，国务院有关部门应当加强统筹协调，为中小微企业利用全国股份转让系统发展创造良好的制度环境。市场建设中涉及税收政策的，原则上比照上市公司投资者的税收政策处理。

（四）创业投资企业个人合伙人所得税（财税〔2019〕8 号）

　一、创投企业（含创投基金）可以选择按单一投资基金核算或者按创投企业年度所得整体核算两种方式之一，对其个人合伙人来源于创投企业的所得计算个人所得税应纳税额。

　本通知所称创投企业，是指符合《创业投资企业管理暂行办法》（发展改革委等 10 部门令第 39 号）或者《私募投资基金监督管理暂行办法》（证监会令第 105 号）关于创业投资企业（基金）的有关规定，并按照上述规定完成备案且规范运作的合伙制创业投资企业（基金）。

　二、创投企业选择按单一投资基金核算的，其个人合伙人从该基金应分得的股权转让所得和股息红利所得，按照 20% 税率计算缴纳个人所得税。

　创投企业选择按年度所得整体核算的，其个人合伙人应从创投企业取得的所得，按照"经营所得"项目、5%～35% 的超额累进税率计算缴纳个人所得税。

　三、单一投资基金核算，是指单一投资基金（包括不以基金名义设立的创投企业）在一个纳税年度内从不同创业投资项目取得的股权转让所得和股息红利所得按下述方法分别核算纳税：

　（一）股权转让所得。单个投资项目的股权转让所得，按年度股权转让收入扣除对应股权原值和转让环节合理费用后的余额计算，股权原值和转让环节合理费用的确定方法，参照股权转让所得个人所得税有关政策规定执行；单一投资基金的股权转让所得，按一个纳税年度内不同投资项目的所得和损失相互抵减后的余额计算，余额大于或等于零的，即确认为该基金的年度股权转让所得；余额小于零的，该基金年度股权转让所得按零计算且不能跨年结转。

　个人合伙人按照其应从基金年度股权转让所得中分得的份额计算其应纳税额，并由创投企业在次年 3 月 31 日前代扣代缴个人所得税。如符合《财政部　税务总局关于创业投资企业和天使投资个人有关税收政策的通知》（财税〔2018〕55 号）规定条件的，创投企业个人合伙人可以按照被转让项目对应投资额的 70% 抵扣其应从基金年度股权转让所得中分得的份额后再计算其应纳税额，当期不足抵扣的，不得向以后年度结转。

　（二）股息红利所得。单一投资基金的股息红利所得，以其来源于所投资项目分配的股息、红利收入以及其他固定收益类证券等收入的全额计算。

　个人合伙人按照其应从基金股息红利所得中分得的份额计算其应纳税额，并由创投企业按次代扣代缴个人所得税。

　（三）除前述可以扣除的成本、费用之外，单一投资基金发生的包括投资基金管理人的管理费和业绩报酬在内的其他支出，不得在核算时扣除。

　本条规定的单一投资基金核算方法仅适用于计算创投企业个人合伙人的应纳税额。

　四、创投企业年度所得整体核算，是指将创投企业以每一纳税年度的收入总额减除成本、费用以及损失后，计算应分配给个人合伙人的所得。如符合《关于创业投资企业和天使投资个人有关税收政策的通知》（财税〔2018〕55 号）规定条件的，创投企业个人合伙人可以按照被转让项目对应投资额的 70% 抵扣其可以从创投企业应分得的经营所得后再计算其应纳税额。年度核算亏损的，准予按有关规定向以后年度结转。

　按照"经营所得"项目计税的个人合伙人，没有综合所得的，可依法减除基本减除费用、专项扣除、专项附加扣除以及国务院确定的其他扣除。从多处取得经营所得的，应汇总计算个人所得税，只减除一次上述费用和扣除。

　五、创投企业选择按单一投资基金核算或按创投企业年度所得整体核算后，3 年内不能变更。

（续表）

　　六、创投企业选择按单一投资基金核算的,应当在按照本通知第一条规定完成备案的 30 日内,向主管税务机关进行核算方式备案;未按规定备案的,视同选择按创投企业年度所得整体核算。2019 年 1 月 1 日前已经完成备案的创投企业,选择按单一投资基金核算的,应当在 2019 年 3 月 1 日前向主管税务机关进行核算方式备案。创投企业选择一种核算方式满 3 年需要调整的,应当在满 3 年的次年 1 月 31 日前,重新向主管税务机关备案。

　　七、税务部门依法开展税收征管和后续管理工作,可转请发展改革部门、证券监督管理部门对创投企业及其所投项目否符合有关规定进行核查,发展改革部门、证券监督管理部门应当予以配合。

　　八、本通知执行期限为 2019 年 1 月 1 日起至 2023 年 12 月 31 日止。

（五）继续有效的个人所得税优惠政策涉及的文件目录（财政部税务总局公告 2018 年第 177 号）

序号	优惠政策文件名称	文号
1	财政部关于外国来华工作人员缴纳个人所得税问题的通知	(80)财税字第 189 号
2	财政部　国家税务总局关于个人所得税若干政策问题的通知	财税字〔1994〕020 号
3	财政部　国家税务总局关于西藏自治区贯彻施行《中华人民共和国个人所得税法》有关问题的批复	财税字〔1994〕021 号
4	国家税务总局关于印发《征收个人所得税若干问题的规定》的通知	国税发〔1994〕089 号
5	国家税务总局关于社会福利有奖募捐发行收入税收问题的通知	国税发〔1994〕127 号
6	国家税务总局关于曾宪梓教育基金会教师奖免征个人所得税的函	国税函发〔1994〕376 号
7	财政部　国家税务总局关于发给见义勇为者的奖金免征个人所得税问题的通知	财税字〔1995〕25 号
8	国家税务总局关于个人取得青苗补偿费收入征免个人所得税的批复	国税函发〔1995〕079 号
9	财政部　税务总局关于军队干部工资薪金收入征收个人所得税的通知	财税字〔1996〕14 号
10	财政部　国家税务总局关于西藏特殊津贴免征个人所得税的批复	财税字〔1996〕91 号
11	财政部　国家税务总局关于国际青少年消除贫困奖免征个人所得税的通知	财税字〔1997〕51 号
12	国家税务总局关于股份制企业转增股本和派发红股征免个人所得税的通知	国税发〔1997〕198 号
13	财政部　国家税务总局关于个人取得体育彩票中奖所得征免个人所得税问题的通知	财税字〔1998〕12 号
14	财政部　国家税务总局关于证券投资基金税收问题的通知	财税字〔1998〕55 号
15	财政部　国家税务总局关于个人转让股票所得继续暂免征收个人所得税的通知	财税字〔1998〕61 号
16	国家税务总局关于原城市信用社在转制为城市合作银行过程中个人股增值所得应纳个人所得税的批复	国税函〔1998〕289 号
17	国家税务总局关于"长江学者奖励计划"有关个人收入免征个人所得税的通知	国税函〔1998〕632 号
18	财政部　国家税务总局关于促进科技成果转化有关税收政策的通知	财税字〔1999〕45 号
19	国家税务总局关于个人所得税有关政策问题的通知	国税发〔1999〕58 号
20	国家税务总局关于促进科技成果转化有关个人所得税问题的通知	国税发〔1999〕125 号
21	财政部　国家税务总局关于住房公积金　医疗保险金　基本养老保险金　失业保险基金个人账户存款利息所得免征个人所得税的通知	财税字〔1999〕267 号
22	国家税务总局关于"特聘教授奖金"免征个人所得税的通知	国税函〔1999〕525 号
23	国家税务总局关于企业改组改制过程中个人取得的量化资产征收个人所得税问题的通知	国税发〔2000〕60 号

（续表）

序号	优惠政策文件名称	文号
24	财政部 国家税务总局关于随军家属就业有关税收政策的通知	财税〔2000〕84号
25	财政部 国家税务总局关于调整住房租赁市场税收政策的通知	财税〔2000〕125号
26	国家税务总局关于律师事务所从业人员取得收入征收个人所得税有关业务问题的通知	国税发〔2000〕149号
27	国家税务总局关于"长江小小科学家"奖金免征个人所得税的通知	国税函〔2000〕688号
28	国家税务总局关于《关于个人独资企业和合伙企业投资者征收个人所得税的规定》执行口径的通知	国税函〔2001〕84号
29	财政部 国家税务总局关于个人与用人单位解除劳动关系取得的一次性补偿收入征免个人所得税问题的通知	财税〔2001〕157号
30	财政部 国家税务总局关于开放式证券投资基金有关税收问题的通知（【之前标注废止，可否理解为个税部分条款仍然有效】）	财税〔2002〕128号
31	财政部 国家税务总局关于自主择业的军队转业干部有关税收政策问题的通知	财税〔2003〕26号
32	国家税务总局关于个人取得"母亲河（波司登）奖"奖金所得免征个人所得税问题的批复	国税函〔2003〕961号
33	财政部 国家税务总局关于外籍个人取得港澳地区住房等补贴征免个人所得税的通知	财税〔2004〕29号
34	财政部 国家税务总局关于农村税费改革试点地区有关个人所得税问题的通知	财税〔2004〕30号
35	财政部 国家税务总局关于教育税收政策的通知	财税〔2004〕39号
36	国家税务总局关于国际组织驻华机构外国政府驻华使领馆和驻华新闻机构雇员个人所得税征收方式的通知	国税函〔2004〕808号
37	财政部 国家税务总局关于城镇房屋拆迁有关税收政策的通知	财税〔2005〕45号
38	财政部 国家税务总局关于股权分置试点改革有关税收政策问题的通知	财税〔2005〕103号
39	财政部 国家税务总局关于基本养老保险费基本医疗保险费失业保险费住房公积金有关个人所得税政策的通知	财税〔2006〕10号
40	国家税务总局关于陈嘉庚科学奖获奖个人取得的奖金收入免征个人所得税的通知	国税函〔2006〕561号
41	财政部 国家税务总局关于单位低价向职工售房有关个人所得税问题的通知	财税〔2007〕13号
42	财政部 国家税务总局关于个人取得有奖发票奖金征免个人所得税问题的通知	财税〔2007〕34号
43	财政部 国家税务总局关于《建立亚洲开发银行协定》有关个人所得税问题的补充通知	财税〔2007〕93号
44	财政部 国家税务总局关于高级专家延长离休退休期间取得工资薪金所得有关个人所得税问题的通知	财税〔2008〕7号
45	财政部 国家税务总局关于生育津贴和生育医疗费有关个人所得税政策的通知	财税〔2008〕8号
46	财政部 国家税务总局关于廉租住房经济适用住房和住房租赁有关税收政策的通知	财税〔2008〕24号
47	财政部 国家税务总局关于认真落实抗震救灾及灾后重建税收政策问题的通知	财税〔2008〕62号
48	财政部 国家税务总局关于储蓄存款利息所得有关个人所得税政策的通知	财税〔2008〕132号

（续表）

序号	优惠政策文件名称	文号
49	财政部 国家税务总局关于证券市场个人投资者证券交易结算资金利息所得有关个人所得税政策的通知	财税〔2008〕140号
50	财政部 国家税务总局关于个人无偿受赠房屋有关个人所得税问题的通知	财税〔2009〕78号
51	国家税务总局关于明确个人所得税若干政策执行问题的通知	国税发〔2009〕121号
52	国家税务总局关于刘东生青年科学家奖和刘东生地球科学奖学金获奖者奖金免征个人所得税的通知	国税函〔2010〕74号
53	国家税务总局关于全国职工职业技能大赛奖金免征个人所得税的通知	国税函〔2010〕78号
54	财政部 国家税务总局关于个人独资企业和合伙企业投资者取得种植业 养殖业 饲养业 捕捞业所得有关个人所得税问题的批复	财税〔2010〕96号
55	国家税务总局关于中华宝钢环境优秀奖奖金免征个人所得税问题的通知	国税函〔2010〕130号
56	财政部 国家税务总局关于企业促销展业赠送礼品有关个人所得税问题的通知	财税〔2011〕50号
57	国家税务总局关于2011年度李四光地质科学奖奖金免征个人所得税的公告	国家税务总局公告2011年第68号
58	财政部 国家税务总局关于退役士兵退役金和经济补助免征个人所得税问题的通知	财税〔2011〕109号
59	国家税务总局关于第五届黄汲清青年地质科学技术奖奖金免征个人所得税问题的公告	国家税务总局公告2012年第4号
60	国家税务总局关于明天小小科学家奖金免征个人所得税问题的公告	国家税务总局公告2012年第28号
61	财政部 国家税务总局关于工伤职工取得的工伤保险待遇有关个人所得税政策的通知	财税〔2012〕40号
62	财政部 国家税务总局关于地方政府债券利息免征所得税问题的通知	财税〔2013〕5号
63	财政部 国家税务总局关于棚户区改造有关税收政策的通知	财税〔2013〕101号
64	关于企业年金职业年金个人所得税有关问题的通知	财税〔2013〕103号
65	财政部 国家税务总局关于广东横琴新区个人所得税优惠政策的通知	财税〔2014〕23号
66	财政部 国家税务总局关于福建平潭综合实验区个人所得税优惠政策的通知	财税〔2014〕24号
67	财政部 国家税务总局关于深圳前海深港现代服务业合作区个人所得税优惠政策的通知	财税〔2014〕25号
68	财政部 国家税务总局 证监会关于沪港股票市场交易互联互通机制试点有关税收政策的通知	财税〔2014〕81号
69	财政部 海关总署 国家税务总局关于支持鲁甸地震灾后恢复重建有关税收政策问题的通知	财税〔2015〕27号
70	财政部 国家税务总局关于个人非货币性资产投资有关个人所得税政策的通知	财税〔2015〕41号
71	财政部 国家税务总局 证监会关于上市公司股息红利差别化个人所得税政策有关问题的通知	财税〔2015〕101号
72	财政部 国家税务总局关于将国家自主创新示范区有关税收试点政策推广到全国范围实施的通知	财税〔2015〕116号
73	财政部 国家税务总局 证监会关于内地与香港基金互认有关税收政策的通知	财税〔2015〕125号
74	财政部 国家税务总局关于行政和解金有关税收政策问题的通知	财税〔2016〕100号

序号	优惠政策文件名称	文号
75	财政部　国家税务总局关于完善股权激励和技术入股有关所得税政策的通知	财税〔2016〕101号
76	财政部　国家税务总局　证监会关于深港股票市场交易互联互通机制试点有关税收政策的通知	财税〔2016〕127号
77	财政部　国家税务总局　民政部关于继续实施扶持自主就业退役士兵创业就业有关税收政策的通知	财税〔2017〕46号
78	财政部　税务总局　人力资源社会保障部关于继续实施支持和促进重点群体创业就业有关税收政策的通知	财税〔2017〕49号
79	财政部　税务总局　海关总署关于北京2022年冬奥会和冬残奥会税收政策的通知	财税〔2017〕60号
80	财政部　国家税务总局　证监会关于沪港股票市场交易互联互通机制试点有关税收政策的通知	财税〔2017〕78号
81	财政部　国家税务总局　证监会关于支持原油等货物期货市场对外开放税收政策的通知	财税〔2018〕21号
82	财政部　税务总局　人力资源社会保障部　中国银行保险监督管理委员会　证监会关于开展个人税收递延型商业养老保险试点的通知	财税〔2018〕22号
83	财政部　国家税务总局关于创业投资企业和天使投资个人有关税收政策的通知	财税〔2018〕55号
84	财政部　税务总局　科技部关于科技人员取得职务科技成果转化现金奖励有关个人所得税政策的通知	财税〔2018〕58号
85	财政部　税务总局关于易地扶贫搬迁税收优惠政策的通知	财税〔2018〕135号
86	财政部　国家税务总局　证监会于个人转让全国中小企业股份转让系统挂牌公司股票有关个人所得税政策的通知	财税〔2018〕137号
87	财政部　国家税务总局　证监会关于继续执行内地与香港基金互认有关个人所得税政策的通知	财税〔2018〕154号
88	财政部　税务总局关于个人所得税法修改后有关优惠政策衔接问题的通知	财税〔2018〕164号

四、个人所得税优惠核准

符合个人所得税优惠核准条件的纳税人，可在政策规定的减免税期限内向主管税务机关申请办理个人所得税优惠核准。

序号	减免项目名称（代码）	报送资料	政策依据
1	自然灾害受灾减免个人所得税优惠（05011601、05011605）	（1）《纳税人减免税申请核准表》。 （2）减免税申请报告（列明减免税理由、依据、范围、期限、数量、金额等）。 （3）个人身份证明原件。 （4）自然灾害损失证明材料原件及复印件。	《中华人民共和国个人税法税法》（中华人民共和国主席第九号） 《财政部　国家税务总局关于认真落实抗震救灾及灾后重建税收政策问题的通知》（财税〔2008〕62号）
2	残疾、孤老、烈属减征个人所得税优惠（05012710）	（1）《纳税人减免税申请核准表》。 （2）减免税申请报告（列明减免税理由、依据、范围、期限、数量、金额等）。 （3）个人身份证明原件。 （4）残疾、孤老、烈属的资格证明材料原件及复印件。	《中华人民共和国个人税法税法》（主中华人民共和国席令第九号）

纳税人在减免税书面核准决定未下达之前应按规定进行纳税申报。纳税人享受减免税的情形发生变化时，应当及时向税务机关报告，税务机关对纳税人的减免税资质进行重新审核。

五、个人所得税优惠备案

符合个人所得税备案优惠条件的纳税人，应向主管税务机关申请办理个人所得税优惠备案。

序号	减免项目名称及代码	报送资料	政策依据
1	个人转让5年以上唯一住房免征个人所得税(05011709)	（1）《纳税人减免税备案登记表》2份。 （2）双方当事人身份证明原件。 （3）房产证、契税完税凭证原件及复印件。 （4）原购房发票或其他合法有效凭证原件及复印件。 （5）售房合同或协议。 （6）家庭唯一生活用房证明材料。	《财政部 国家税务总局关于个人所得税若干政策问题的通知》（财税字〔1994〕20号） 《国家税务总局关于个人转让房屋有关税收征管问题的通知》（国税发〔2007〕33号第三条）
2	随军家属从事个体经营免征个人所得税(05011801)	（1）《纳税人减免税备案登记表》2份。 （2）师（含）以上政治机关开具的证明随军家属身份的相关材料复印件。 （3）取得收入的相关证明材料。	《财政部 国家税务总局关于随军家属就业有关税收政策的通知》（财税〔2000〕84号）
3	军转干部从事个体经营免征个人所得税(05011802)	（1）《纳税人减免税备案登记表》2份。 （2）师（含）以上部队颁发的转业证件复印件。 （3）取得收入的相关证明材料。	《财政部 国家税务总局关于自主择业的军队转业干部有关税收政策问题的通知》（财税〔2003〕26号）
4	退役士兵从事个体经营减免个人所得税(05011804)	（1）《纳税人减免税备案登记表》2份。 （2）退役士兵与民政部门签订的《退役士兵自谋职业协议书》、领取的《城镇退役士兵自谋职业证》复印件。 （3）《中国人民解放军义务兵退出现役证》或《中国人民解放军士官退出现役证》原件及复印件。 （4）取得收入的相关证明材料。	《财政部 税务总局 退役军人部关于进一步扶持自主就业退役士兵创业就业有关税收政策的通知》（财税〔2019〕21号）
5	失业人员从事个体经营减免个人所得税(05013610)	（1）《纳税人减免税备案登记表》2份。 （2）《就业创业证》或《就业失业登记证》复印件。 （3）身份证明原件及复印件。 （4）取得收入的相关证明材料。	《财政部 税务总局 人力资源社会保障部 国务院扶贫办关于进一步支持和促进重点群体创业就业有关税收政策的通知》（财税〔2019〕22号）
6	低保及零就业家庭从事个体经营减免个人所得税(05013611)	（1）《纳税人减免税备案登记表》2份。 （2）《就业创业证》或《就业失业登记证》复印件。 （3）身份证明原件及复印件。 （4）取得收入的相关证明材料。	《财政部 税务总局 人力资源社会保障部 国务院扶贫办关于进一步支持和促进重点群体创业就业有关税收政策的通知》（财税〔2019〕22号）
7	高校毕业生从事个体经营减免个人所得税(05013612)	（1）《纳税人减免税备案登记表》2份。 （2）《就业创业证》或《就业失业登记证》复印件。 （3）身份证明原件及复印件。 （4）取得收入的相关证明材料。	《财政部 税务总局 人力资源社会保障部 国务院扶贫办关于进一步支持和促进重点群体创业就业有关税收政策的通知》（财税〔2019〕22号）
8	取消农业税从事四业所得暂免征收个人所得税(05099901)	（1）《纳税人减免税备案登记表》2份。 （2）个人身份证明原件及复印件。 （3）从事四业所得证明材料原件及复印件。	《财政部 国家税务总局关于农村税费改革试点地区有关个人所得税问题的通知》（财税〔2004〕30号）

（续表）

序号	减免项目名称及代码	报送资料	政策依据
9	对外籍技术官员取得的由北京冬奥组委、测试赛赛事组委会支付的劳务报酬免征个人所得税（05102904）	《纳税人减免税备案登记表》2份。	《财政部 税务总局 海关总署关于北京2022年冬奥会和冬残奥会税收政策的通知》（财税〔2017〕60号）
10	个人无偿受赠或继承不动产个人所得税优惠（05129908）	(1)《个人无偿赠与不动产登记表》。 (2)双方当事人的身份证明原件。（继承或接受遗赠的，只须提供继承人或接受遗赠人的身份证明原件） (3)房屋所有权证原件及复印件。 (4)下列情形分别应再报送： 属于离婚分割财产的，提供离婚证原件及复印件、离婚协议或者人民法院判决书或者人民法院调解书原件及复印件； 属于无偿赠与配偶的，提供结婚证原件及复印件； 属于无偿赠与父母、子女、祖父母、外祖父母、孙子女、外孙子女、兄弟姐妹的，提供户口簿或者出生证明或者人民法院判决书或者人民法院调解书或者其他部门（有资质的机构）出具的能够证明双方亲属关系的证明资料原件及复印件； 属于无偿赠与非亲属抚养或赡养关系的，提供人民法院判决书或者人民法院调解书或者乡镇政府或街道办事处出具的抚养（赡养）关系证明或者其他部门（有资质的机构）出具的能够证明双方抚养（赡养）关系的证明资料原件及复印件； 属于继承或接受遗赠的，提供死亡证明原件及复印件、经公证的能够证明有权继承或接受遗赠的证明资料原件及复印件。	《财政部 国家税务总局关于个人无偿受赠房屋有关个人所得税问题的通知》（财税〔2009〕78号）
11	内地个人投资者通过沪港通投资香港联交所上市股票取得的转让差价所得，免征收个人所得税（05129999）	《纳税人减免税备案登记表》2份。	《财政部 税务总局 证监会关于继续执行沪港股票市场交易互联互通机制有关个人所得税政策的通知》（财税〔2017〕78号）

第五章 其他税种和附加优惠政策与应用指引

第一节 消费税优惠

政策依据：

> 《中华人民共和国消费税暂行条例》(国务院令第539号，以下简称《条例》)；
> 《中华人民共和国消费税暂行条例实施细则》(财政部国家税务总局令第51号)。

一、消费税税目税率表

税目(15个)	税目注释	税率
一、烟	凡是以烟叶为原料加工生产的产品，不论使用何种辅料，均属于本税目的征收范围。下设卷烟、雪茄烟、烟丝三个子目。	
1. 卷烟		
生产环节(含进口)		
(1) 甲类卷烟	每标准条(200支，下同)调拨价格在70元(不含增值税)以上(含70元)	56%加0.003元/支
(2) 乙类卷烟	每标准条调拨价格在70元(不含增值税)以下	36%加0.003元/支
批发环节(财税〔2015〕160号)	2015年5月10日起，将卷烟批发环节从价税税率由5%提高至11%，并按0.005元/支加征从量税。纳税人兼营卷烟批发和零售业务的，应当分别核算批发和零售环节的销售额、销售数量；未分别核算批发和零售环节销售额、销售数量的，按照全部销售额、销售数量计征批发环节消费税。 纳税人兼营卷烟批发和零售业务的，应当分别核算批发和零售环节的销售额、销售数量；未分别核算批发和零售环节销售额、销售数量的，按照全部销售额、销售数量计征批发环节消费税。	11%加0.005元/支
2. 雪茄烟	生产环节	36%
3. 烟丝	生产环节	30%
二、酒(生产环节)	下设白酒、黄酒、啤酒、其他酒四个子目。其他酒指除白酒、黄酒、啤酒以外，酒度在1度以上的各种酒。	
1. 白酒	白酒是指以高粱、玉米、大米、糯米、大麦、小麦、青稞等各种粮食为原料，经过糖化、发酵后，采用蒸馏方法酿制的白酒。	20%加0.5元/500克(或者500毫升)
2. 黄酒	黄酒分为干黄酒、半干黄酒、半甜黄酒、甜黄酒4类。黄酒的征收范围包括各种原料酿制的黄酒和酒度超过12度(含12度)的土甜酒。	240元/吨

税目（15个）	税目注释	税率
3. 啤酒	啤酒的征收范围包括各种包装和散装的啤酒。无醇啤酒比照啤酒征税。对啤酒源、菠萝啤酒应按啤酒征收消费税。"果啤"属于啤酒，应征消费税。（国税函〔2005〕333号）对饮食业、商业、娱乐业举办的啤酒屋（啤酒坊）利用啤酒生产设备生产的啤酒，应当征收消费税。（国税发〔1997〕84号）	
（1）甲类啤酒	每吨出厂价（含包装物及包装物押金，不包括重复使用的塑料周转箱的押金，下同）在3 000元（含3 000元，不含增值税，下同）以上的。	250元/吨
（2）乙类啤酒	每吨出厂价在3 000元以下的。	220元/吨
（3）娱乐业、饮食业自制的		250元/吨
4. 其他酒	调味料酒、酒精不再征收消费税。其他酒是指除白酒、黄酒、啤酒以外，酒度在1度以上的各种酒。调味料酒不征收消费税。（国税函〔2008〕742号）对以蒸馏酒或食用酒精为酒基，同时符合以下条件的配制酒，按消费税税率表"其他酒"税率征收消费税：①具有国家相关部门批准的国食健字或卫食健字文号；②酒精度低于38度（含）。以发酵酒为酒基，酒精度低于20度（含）的配制酒，按"其他酒"税率征收消费税。其他配制酒，按白酒税率征收消费税。其他配制酒，按白酒税率征收消费税。（国家税务总局公告2011年第53号）葡萄酒，属于"其他酒"子目。（国税发〔2006〕66号）酒精不再征收消费税。（财税〔2014〕93号）	10%
三、高档化妆品（生产环节）	自2016年10月1日起，取消对普通美容、修饰类化妆品征收消费税，将"化妆品"税目名称更名为"高档化妆品"。包括高档美容修饰类化妆品、高档护肤类化妆品和成套化妆品。高档美容修饰类化妆品和高档护肤类化妆品是指生产（进口）环节销售（完税）价格（不含增值税）在10元/毫升（克）或15元/片（张）及以上的美容、修饰类和护肤类化妆品。（财税〔2016〕103号）	15%
四、贵重首饰及珠宝玉石	包括各种金银珠宝首饰和经采掘、打磨、加工的各种珠宝玉石。下设"金、银、铂金首饰和钻石、钻石制品"和"其他贵重首饰和珠宝玉石"两个子目。对宝石坯应按规定征收消费税。	
1. 金银首饰、铂金首饰和钻石及钻石饰品	零售环节	5%
2. 其他贵重首饰和珠宝玉石	生产环节	10%
五、鞭炮、焰火（生产环节）	包括各种鞭炮、焰火。但体育上用的发令纸，鞭炮药引线，不按本税目征收。	15%
六、成品油（生产环节）	下设汽油、柴油、石脑油、溶剂油、航空煤油、润滑油、燃料油七个子目。从2009年1月1日起，对成品油生产企业在生产成品油过程中，作为燃料、动力及原料消耗掉的自产成品油，免征消费税。对用于其他用途或直接对外销售的成品油照章征收消费税。（财税〔2010〕98号）	

（续表）

税目（15个）	税目注释	税率
1. 汽油	汽油分为车用汽油和航空汽油。以汽油、汽油组分调和生产的甲醇汽油、乙醇汽油也属于本税目征收范围。	1.52元/升
2. 柴油	以柴油、柴油组分调和生产的生物柴油也属于本税目征收范围。从2009年1月1日起，对同时符合下列条件的纯生物柴油免征消费税：（1）生产原料中废弃的动物油和植物油用量所占比重不低于70%；（2）生产的纯生物柴油符合国家《柴油机燃料调和生物柴油（BD100）标准》。对不符合规定的生物柴油，或者以柴油、柴油组分调和生产的生物柴油照章征收消费税。（财税〔2010〕118号）	1.2元/升
3. 航空煤油	航空煤油也叫喷气燃料，是用原油或其他原料加工生产的用作喷气发动机和喷气推进系统燃料的各种轻质油。	1.2元/升（暂缓征收）
4. 石脑油	石脑油的征收范围包括除汽油、柴油、航空煤油、溶剂油以外的各种轻质油。非标汽油、重整生成油、拔头油、戊烷原料油、轻裂解料（减压柴油VGO和常压柴油AGO）、重裂解料、加氢裂化尾油、芳烃抽余油均属轻质油，属于石脑油征收范围。 除汽油、柴油、航空煤油、溶剂油外，以原油或其他原料加工生产的用于化工原料的各种轻质油均属于石脑油征收范围。凡在产品特性上符合《成品油消费税征收范围注释》规定的，无论取何种名称，都应征收消费税。（财税〔2008〕167号） 凡生产加工符合汽油、柴油、航空煤油、石脑油、溶剂油、润滑油、燃料油征税规定的产品，无论以何种名称对外销售或用于非连续生产应征消费税产品，均应按规定缴纳消费税。（国家税务总局公告2012年第47号、国家税务总局公告2013年第50号）	1.52元/升
5. 溶剂油	橡胶填充油、溶剂油原料，属于溶剂油征收范围。	1.52元/升
6. 润滑油	征收范围包括矿物性润滑油、矿物性润滑油基础油、植物性润滑油、动物性润滑油和化工原料合成润滑油。 润滑脂是润滑产品，属润滑油消费税征收范围，生产、加工润滑脂应当征收消费税。（国税函〔2009〕709号）	1.52元/升
7. 燃料油	蜡油、船用重油、常压重油、减压重油、180CTS燃料油、7号燃料油、糠醛油、工业燃料油、4—6号燃料油等油品的主要用途是作为燃料燃烧，属于燃料油征收范围。 自2012年11月1日起，催化料、焦化料属于燃料油的征收范围，应当征收消费税。（国家税务总局公告2012年第46号）	1.2元/升
七、摩托车（生产环节）	指最大设计车速超过50公里/小时，发动机气缸总工作容积超过50毫升，空车质量不超过400公斤的两轮和三轮机动车。本税目下设"气缸容量（排气量，下同）250毫升的摩托车"和"250毫升（不含）以上的摩托车"两个子目。 气缸容量在250毫升以下的，2014年12月1日起免征。	
1. 气缸容量250毫升的		3%
2. 气缸容量在250毫升（不含）以上的		10%

（续表）

税目(15 个)	税目注释	税率
八、小汽车	本税目下设乘用车、中轻型商用客车、超豪华小汽车三个子目。 　　对于购进乘用车或中轻型商用客车整车改装生产的汽车,应按规定征收消费税。 　　电动汽车不属于本税目征收范围。沙滩车、雪地车、卡丁车、高尔夫车不属于消费税征收范围,不征收消费税。企业购进货车或厢式货车改装生产的商务车、卫星通信车等专用汽车不属于消费税征税范围,不征收消费税。(国税函〔2008〕452 号)	
1. 乘用车		
(1) 气缸容量(排气量,下同)在 1.0 升(含 1.0 升)以下的(生产、进口环节)		1%
(2) 气缸容量在 1.0 升以上至 1.5 升(含 1.5 升)的(生产、进口环节)		3%
(3) 气缸容量在 1.5 升以上至 2.0 升(含 2.0 升)的(生产、进口环节)		5%
(4) 气缸容量在 2.0 升以上至 2.5 升(含 2.5 升)的(生产、进口环节)		9%
(5) 气缸容量在 2.5 升以上至 3.0 升(含 3.0 升)的(生产、进口环节)		12%
(6) 气缸容量在 3.0 升以上至 4.0 升(含 4.0 升)的(生产、进口环节)		25%
(7) 气缸容量在 4.0 升以上的(生产、进口环节)		40%
2. 中轻型商用客车(生产、进口环节)		5%
3. 超豪华小汽车:2016 年 12 月 1 日起,除按子税目 1 和子税目 2 的规定征收生产、进口环节消费税外,对每辆零售价格 130 万元(不含增值税)及以上的乘用车和中轻型商用客车加征零售环节消费税。(批发环节不需要缴纳消费税)(财税〔2016〕129 号、财关税〔2016〕63 号)		10%
九、高尔夫球及球具(生产环节)	指从事高尔夫球运动所需要的各种专用设备,包括高尔夫球、高尔夫球杆及高尔夫球包(袋)等。高尔夫球杆的杆头、杆身和握把属于本税目征收范围。	10%
十、高档手表(生产环节)	指销售价格(不含增值税)每只 10 000 元(含)以上的各类手表。	20%
十一、游艇(生产环节)	指长度大于 8 米小于 90 米,船体由玻璃钢、钢、铝合金、塑料等多种材料制作,内置发动机,可以在水上移动的水上浮载体。按照动力划分,游艇分为无动力艇、帆艇和机动艇。	10%
十二、木制一次性筷子(生产环节)	又称卫生筷子,包括各种规格的木制一次性筷子。未经打磨、倒角的木制一次性筷子属于本税目征税范围。	5%
十三、实木地板(生产环节)	指以木材为原料,经锯割、干燥、刨光、截断、开榫、涂漆等工序加工而成的块状或条状的地面装饰材料。包括各类规格的实木地板、实木指接地板、实木复合地板及用于装饰墙壁、天棚的侧端面为榫、槽的实木装饰板。未经涂饰的素板属于本税目征税范围。	5%
十四、电池(铅蓄电池)(生产环节)	自 2015 年 2 月 1 日起征收消费税,范围包括原电池、蓄电池、燃料电池、太阳能电池和其他电池。对无汞原电池、金属氢化物镍蓄电池(又称"氢镍电池"或"镍氢电池")、锂原电池、锂离子蓄电池、太阳能电池、燃料电池和全钒液流电池免征消费税。2015 年 12 月 31 日前对铅蓄电池缓征消费税;自 2016 年 1 月 1 日起,对铅蓄电池按 4% 税率征收消费税。(财税〔2015〕16 号)	4%

（续表）

税目（15个）	税目注释	税率
十五、涂料（生产环节）	自2015年2月1日起征收消费税，对施工状态下挥发性有机物含量低于420克/升（含）的涂料免征消费税。（财税〔2015〕16号）	4%

2014年12月1日起，取消汽车轮胎消费税。

二、消费税优惠项目

符合消费税优惠条件的纳税人，如需享受相应税收优惠，应向主管税务机关申请办理消费税优惠备案。

序号	减免项目名称（代码）	备案资料	政策依据
1	横琴、平潭区内企业销售货物免征消费税（02039901）	《纳税人减免税备案登记表》2份。	《财政部 海关总署 国家税务总局关于横琴 平潭开发有关增值税和消费税政策的通知》（财税〔2014〕51号）
2	节能环保电池免税（02061003）	（1）《纳税人减免税备案登记表》2份；（2）省级以上质量技术监督部门认定的检测机构出具的产品检测报告复印件。	《财政部 国家税务总局关于对电池 涂料征收消费税的通知》（财税〔2015〕16号）
3	节能环保涂料免税（02061004）	（1）《纳税人减免税备案登记表》2份；（2）省级以上质量技术监督部门认定的检测机构出具的产品检测报告复印件。	《财政部 国家税务总局关于对电池 涂料征收消费税的通知》（财税〔2015〕16号）
4	废动植物油生产纯生物柴油免税（02064001）	（1）《纳税人减免税备案登记表》2份；（2）有关部门资格证书、证明或检测报告复印件。	《财政部 国家税务总局关于对利用废弃的动植物油生产纯生物柴油免征消费税的通知》（财税〔2010〕118号）
5	用废矿物油生产的工业油料免税（02064003）	（1）《纳税人减免税备案登记表》2份；（2）产品质量检测报告原件及复印件；（3）不属于国家发展和改革委员会《产业结构调整指导目录》中的禁止类、非限制类项目和环境保护部《环境保护综合名录》中的"高污染、高环境风险"产品或者非重污染工艺的声明材料；（4）省级或以上环境保护部门颁发的《危险废物（综合）经营许可证》复印件，且该证件上核准生产经营范围应包括"利用"或"综合经营"字样；（5）生产经营范围为"综合经营"的纳税人，还应同时提供颁发《危险废物（综合）经营许可证》的环境保护部门出具的能证明其生产经营范围包括"利用"的材料；（6）《危险废物转移联单》（列明纳税人回收的废矿物油名称、特性、数量、接受日期等项目）。	《财政部 国家税务总局关于对废矿物油再生油品免征消费税的通知》（财税〔2013〕105号）
6	对北京冬奥组委、北京冬奥会测试赛赛事组委会赛后再销售物品和出让资产收入免征消费税（02102901）	《纳税人减免税备案登记表》2份。	《财政 税务总局 海关总署关于北京2022年冬奥会和冬残奥会税收政策的通知》（财税〔2017〕60号）

（续表）

序号	减免项目名称（代码）	备案资料	政策依据
7	对北京冬奥组委、北京冬奥会测试赛赛事组委会委托加工生产的高档化妆品免征消费税（02102902）	《纳税人减免税备案登记表》2份。	《财政部 税务总局 海关总署关于北京2022年冬奥会和冬残奥会税收政策的通知》（财税〔2017〕60号）
8	对国际奥委会取得的与北京2022年冬奥会有关的收入免征消费税（02102903）	《纳税人减免税备案登记表》2份。	《财政部 税务总局 海关总署关于北京2022年冬奥会和冬残奥会税收政策的通知》（财税〔2017〕60号）
9	对中国奥委会取得的由北京冬奥组委支付的收入免征消费税（02102904）	《纳税人减免税备案登记表》2份。	《财政部 税务总局 海关总署关于北京2022年冬奥会和冬残奥会税收政策的通知》（财税〔2017〕60号）
10	对国际残奥委会取得的与北京2022年冬残奥会有关的收入免征消费税（02102905）	《纳税人减免税备案登记表》2份。	《财政部 税务总局 海关总署关于北京2022年冬奥会和冬残奥会税收政策的通知》（财税〔2017〕60号）
11	对中国残奥委会取得的由北京冬奥组委分期支付的收入免征消费税（02102906）	《纳税人减免税备案登记表》2份。	《财政部 税务总局 海关总署关于北京2022年冬奥会和冬残奥会税收政策的通知》（财税〔2017〕60号）
12	生产成品油过程中消耗的自产成品油部分免税（02125204）	（1）《纳税人减免税备案登记表》2份； （2）成品油生产企业在生产成品油过程中，作为燃料、动力及原料消耗掉的自产成品油相关证明材料。	《财政部 国家税务总局关于对成品油生产企业生产自用油免征消费税的通知》（财税〔2010〕98号）
13	自产石脑油、燃料油生产乙烯、芳烃产品免税（02125205）	（1）《纳税人减免税备案登记表》2份； （2）《石脑油、燃料油消费税退（免）税资格备案表》； （3）省级或以上安全生产监督管理部门颁发的危险化学品《安全生产许可证》复印件； （4）石脑油、燃料油用于生产乙烯、芳烃类化工产品的工艺设计方案、装置工艺流程以及相关生产设备情况； （5）石脑油、燃料油用于生产乙烯、芳烃类化工产品的物料平衡图，要求标注每套生产装置的投入产出比例及年处理能力； （6）原料储罐、产成品储罐和产成品仓库的分布图、用途、储存容量的相关资料； （7）乙烯、芳烃类化工产品生产装置的全部流量计的安装位置图和计量方法说明，以及原材料密度的测量和计算方法说明； （8）上一年度用石脑油、燃料油生产乙烯、芳烃类化工产品的分品种的销售明细表。	《财政部 国家税务总局关于延续执行部分石脑油燃料油消费税政策的通知》（财税〔2011〕87号）

（续表）

序号	减免项目名称（代码）	备案资料	政策依据
14	用已税汽油生产的乙醇汽油免税（02125207）	（1）《纳税人减免税备案登记表》2份； （2）有关部门资格证书、证明或检测报告复印件。	《财政部 国家税务总局关于提高成品油消费税税率后相关成品油消费税政策的通知》（财税〔2008〕168号）

第二节 城市维护建设税和教育费附加优惠

政策依据：

> 《中华人民共和国城市维护建设税暂行条例》（国发〔1985〕19号，以下简称为《城市维护建设税暂行条例》）；
> 《国务院征收教育费附加的暂行规定》（国发〔1986〕50号，2011年修订）。

一、应交城市维护建设税和教育费附加

（一）纳税人、扣缴义务人

1. 纳税人是负有缴纳"两税"（增值税、消费税）义务的纳税人；	2. "两税"的代扣代缴、代收代缴义务人。

2010年12月1日起，外商投资企业缴纳。（财税〔2010〕103号）

（二）计税依据

《城市维护建设税暂行条例》	财税〔2005〕25号	财税〔2018〕80号	财税〔2017〕17号
纳税人实际缴纳的增值税、消费税，不包括加收的滞纳金和罚款。查补的"两税"应补缴城建税和教育费附加，但不包括"两税"的罚款和滞纳金。	经国家税务总局正式审核批准的当期免抵的增值税税额应计算城建税及教育费附加。（不是以企业申报的免抵税额日期为限，而是以国税局审核日期为限。）	自2018年7月27日起，对实行增值税期末留抵退税的纳税人，允许其从城市维护建设税、教育费附加和地方教育附加的计税（征）依据中扣除退还的增值税税额。	享受增值税期末留抵退税政策的集成电路企业，其退还的增值税期末留抵税额，应在城市维护建设税、教育费附加和地方教育附加的计税（征）依据中予以扣除。

1. 此次深化增值税改革中，增值税期末留抵退税涉及的城市维护建设税、教育费附加和地方教育附加如何计算？

答：此次深化增值税改革涉及增值税期末留抵退税也适用《财政部 税务总局关于增值税期末留抵退税有关城市维护建设税教育费附加和地方教育附加政策的通知》（财税〔2018〕80号）规定，即对实行增值税期末留抵退税的纳税人，允许其从城市维护建设税、教育费附加和地方教育附加的计税（征）依据中扣除退还的增值税税额。

（三）税（费）率（财税字〔1985〕69号）

城建税市区7%、县镇5%、其他1%。 代扣代缴以受托方税率为准；流动经营无固定场所，按经营地的适用税率；销售不动产、转产土地使用权应使用不动产所在地、土地所在地适用税率。（财税字〔1985〕143号） 开采海洋石油资源的中外合作油（气）田1%。 撤县建市后，纳税人所在地在市区的，城市维护建设税适用税率为7%；纳税人所在地在市区以外其他镇的，城市维护建设税适用税率仍为5%。（税总函〔2016〕280号）	教育费附加率为3%，2010年12月1日起，地方教育附加率为2%。（国发明电〔1994〕2号、财综〔2010〕98号）

（四）优惠事项

1. 城市维护建设税以"两税"税额为计税依据并同时征收，如果要免征或者减征"两税"也就要同时免征或者减征城市维护建设税。对于因减免税而需进行"两税"退库的，城市维护建设税也可同时退库。

2. 对"两税"实行先征后返、先征后退、即征即退的，除另有规定，一律不予退（返）还城建税和教育费附加。（财税〔2005〕72号）

3. 出口产品退还增值税、消费税的，不退还已纳的城市维护建设税和教育费附加。海关对进口产品代征的增值税、消费税，不征收城市维护建设税。

4. 为支持国家重大水利工程建设，对国家重大水利工程建设基金免征城市维护建设税和教育费附加。（财税〔2010〕44号）

5. 自2015年1月1日起至2017年12月31日，对按月纳税的月销售额或营业额不超过3万元（含3万元），以及按季纳税的季度销售额或营业额不超过9万元（含9万元）的缴纳义务人，免征教育费附加、地方教育附加、水利建设基金、文化事业建设费（该项规定适用于所有增值税纳税人）。（财税〔2014〕122号）

6. 从2016年2月1日起将教育费附加、地方教育附加、水利建设基金的免征范围由月销售额或营业额不超过3万元的缴纳义务人，扩大到不超过10万元（该项规定适用于所有增值税纳税人）。（财税〔2016〕12号）

7. 自主就业退役士兵从事个体经营的，自办理个体工商户登记当月起，在3年（36个月，下同）内按每户每年12 000元（最高可上浮20%）为限额依次扣减其当年实际应缴纳的增值税、城市维护建设税、教育费附加、地方教育附加和个人所得税。企业招用自主就业退役士兵，与其签订1年以上期限劳动合同并依法缴纳社会保险费的，自签订劳动合同并缴纳社会保险当月起，在3年内按实际招用人数予以定额（每年6 000元，最高可上浮50%）依次扣减增值税、城市维护建设税、教育费附加、地方教育附加和企业所得税优惠。（财税〔2019〕21号）

8. 建档立卡贫困人口、持《就业创业证》（注明"自主创业税收政策"或"毕业年度内自主创业税收政策"）或《就业失业登记证》（注明"自主创业税收政策"）的人员，从事个体经营的，自办理个体工商户登记当月起，在3年（36个月，下同）内按每户每年12 000元（最高可上浮20%）为限额依次扣减其当年实际应缴纳的增值税、城市维护建设税、教育费附加、地方教育附加和个人所得税。企业招用建档立卡贫困人口，以及在人力资源社会保障部门公共就业服务机构登记失业半年以上且持《就业创业证》或《就业失业登记证》（注明"企业吸纳税收政策"）的人员，与其签订1年以上期限劳动合同并依法缴纳社会保险费的，自签订劳动合同并缴纳社会保险当月起，在3年内按实际招用人数予以定额（每年6 000元，最高可上浮50%）依次扣减增值税、城市维护建设税、教育费附加、地方教育附加和企业所得税优惠。（财税〔2019〕22号）

9. 享受增值税期末留抵退税政策的集成电路企业，其退还的增值税期末留抵税额，应在城市维护建设税、教育费附加和地方教育附加的计税（征）依据中予以扣除。（财税〔2017〕17号）

10. 对被撤销金融机构财产用来清偿债务时，免征被撤销金融机构转让货物、不动产、无形资产、有价证券、票据等应缴纳的增值税、营业税、城市维护建设税、教育费附加和土地增值税。（财税〔2003〕141号）

二、城市维护建设税和教育费附加优惠项目

符合城市维护建设税优惠备案条件的纳税人，应向主管税务机关申请办理城市维护建设税优惠备案。

序号	减免项目名称（代码）	备案资料	政策依据
1	国家重大水利工程建设基金的城市维护建设税和教育费附加优惠（07064002）	（1）《纳税人减免税备案登记表》2份； （2）国家重大水利工程建设相关文件证明材料。	《财政部 国家税务总局关于免征国家重大水利工程建设基金的城市维护建设税和教育费附加的通知》（财税〔2010〕44号）
2	重点群体从事个体经营扣减城市维护建设税和教育费附加优惠（07129999）	（1）《纳税人减免税备案登记表》2份； （2）企业当年已享受增值税抵减税额优惠的证明资料。	《财政部 税务总局 退役军人部关于进一步扶持自主就业退役士兵创业就业有关税收政策的通知》（财税〔2019〕21号） 《财政部 税务总局 人力资源社会保障部 国务院扶贫办关于进一步支持和促进重点群体创业就业有关税收政策的通知》（财税〔2019〕22号）

（续表）

序号	减免项目名称（代码）	备案资料	政策依据
3.	按月纳税的月销售额或按季不超过30万元缴纳义务人免征城市维护建设税和教育费附加（61042802）	通过填报申报表及其附表履行优惠备案手续，无需报送其他资料。	《财政部　税务总局关于实施小微企业普惠性税收减免政策的通知》（财税〔2019〕13号）《财政部　税务总局关于扩大有关政府性基金免征范围的通知》（财税〔2016〕12号）

自主就业退役士兵从事个体经营，以及企业招用自主就业退役士兵的，办理减免增值税、城市维护建设税、教育费附加、个人所得税备案时，原需提供退役士兵的《中国人民解放军义务兵退出现役证》或《中国人民解放军士官退出现役证》。2019年1月1日起，不再提交。改为纳税人自行留存备查。（国家税务总局令第46号）

三、小规模纳税人减征城市维护建设税和教育费附加50%

财税〔2019〕13号	国家税务总局公告2019年第5号
三、由省、自治区、直辖市人民政府根据本地区实际情况，以及宏观调控需要确定，对增值税小规模纳税人可以在50%的税额幅度内减征资源税、城市维护建设税、房产税、城镇土地使用税、印花税（不含证券交易印花税）、耕地占用税和教育费附加、地方教育附加。 四、增值税小规模纳税人已依法享受资源税、城市维护建设税、房产税、城镇土地使用税、印花税、耕地占用税、教育费附加、地方教育附加其他优惠政策的，可叠加享受本通知第三条规定的优惠政策。	自2019年1月1日起： 一、关于申报表的修订。 　修订《城市维护建设税 教育费附加 地方教育附加纳税申报表》，增加增值税小规模纳税人减征优惠申报有关数据项目，相应修改有关填表说明。 二、关于纳税人类别变化时减征政策适用时间的确定。 缴纳城市维护建设税 教育费附加 地方教育附加的增值税一般纳税人按规定转登记为小规模纳税人的，自成为小规模纳税人的当月起适用减征优惠。增值税小规模纳税人按规定登记为一般纳税人的，自一般纳税人生效之日起不再适用减征优惠；增值税年应税销售额超过小规模纳税人标准应当登记为一般纳税人而未登记，经税务机关通知，逾期仍不办理登记的，自逾期次月起不再适用减征优惠。 三、关于减征优惠的办理方式。 纳税人自行申报享受减征优惠，不需额外提交资料。 四、关于纳税人未及时享受减征优惠的处理方式。 纳税人符合条件但未及时申报享受减征优惠的，可依法申请退税或者抵减以后纳税期的应纳税款。

在享受优惠的顺序上，本次减征优惠是在享受其他优惠的基础上再享受。原来适用比例减免或定额减免的，本次减征额计算的基数是应纳税额减除原有减免税额后的数额。

（一）城市维护建设税、教育费附加、地方教育附加纳税申报表（国家税务总局公告2019年第5号）

城市维护建设税 教育费附加 地方教育附加申报表

税款所属期限：自　　年　　月　　日　至　　年　　月　　日

纳税人识别号（统一社会信用代码）：□□□□□□□□□□□□□□□□□□

纳税人名称：　　　　　　　　　　　　　　　　　　　金额单位：人民币元（列至角分）

本期是否适用增值税小规模纳税人减征政策（减免性质代码_城市维护建设税：07049901，减免性质代码_教育费附加：61049901，减免性质代码_地方教育附加：99049901）	□是 □否	减征比例_城市维护建设税（%）	
		减征比例_教育费附加（%）	
		减征比例_地方教育附加（%）	

税（费）种	计税（费）依据					税率（征收率）	本期应纳税（费）额	本期减免税（费）额		本期增值税小规模纳税人减征额	本期已缴税（费）额	本期应补（退）税（费）额
	增值税		消费税	营业税	合计			减免性质代码	减免税（费）额			
	一般增值税	免抵税额										

（续表）

	1	2	33	44	5=1+2+3+4	6	7=5×6	8	9	10	11	12=7−9−10−11
城建税												
教育费附加												
地方教育附加												
—												
合计			—			—						

谨声明：本纳税申报表是根据国家税收法律法规及相关规定填报的，是真实的、可靠的、完整的。

纳税人（签章）：　　　　　　　　　年　月　日

经办人： 经办人身份证号： 代理机构签章： 代理机构统一社会信用代码：	受理人： 受理税务机关（章）： 受理日期：　　年　　月　　日

（二）报表填报

1. "纳税人识别号（统一社会信用代码）"，填报税务机关核发的纳税人识别号或有关部门核发的统一社会信用代码。"纳税人名称"，填报营业执照、税务登记证等证件载明的纳税人名称。

2. "本期是否适用增值税小规模纳税人减征政策（减免性质代码＿城市维护建设税：07049901，减免性质代码_教育费附加：61049901，减免性质代码_地方教育附加：99049901）"：纳税人自增值税一般纳税人按规定转登记为小规模纳税人的，自成为小规模纳税人的当月起适用减征优惠。增值税小规模纳税人按规定登记为一般纳税人的，自一般纳税人生效之日起不再适用减征优惠；增值税年应税销售额超过小规模纳税人标准应当登记为一般纳税人而未登记，经税务机关通知，逾期仍不办理登记的，自逾期次月起不再适用减征优惠。纳税人本期适用增值税小规模纳税人减征政策的，勾选"是"；否则，勾选"否"。

3. "减征比例（％）"，当地省级政府根据财税〔2019〕13号文件确定的减征比例，系统自动带出。

4. 第1栏"一般增值税"，填写本期缴纳的一般增值税税额。

5. 第2栏"免抵税额"，填写增值税免抵税额。

6. 第3栏"消费税"，填写本期缴纳的消费税税额。

7. 第4栏"营业税"，填写本期补缴以前年度的营业税税额，其附加不适用减征规定。

8. 第5栏"合计"，反映本期缴纳的增值税、消费税、营业税税额合计。

9. 第6栏"税率（征收率）"，填写城市维护建设税、教育费附加、地方教育附加的税率或征收率。

10. 第7栏"本期应纳税（费）额"，反映本期按适用税率（征收率）计算缴纳的应纳税额。计算公式为：7＝5×6。

11. 第8栏"减免性质代码"，该项按照国家税务总局制定下发的最新《减免税政策代码目录》中的最细项减免性质代码填写。有减免税情况的必填。

12. 第9栏"减免税（费）额"，反映本期减免的税额。

13. 第10栏"本期增值税小规模纳税人减征额"，反映符合条件的增值税小规模纳税人减征的税额。计算公式为：10＝（7−9）×减征比例。

14. 第11栏"本期已缴税（费）额"，填写本期应纳税（费）额中已经缴纳的部分。

15. 第12栏"本期应补（退）税额"，计算公式为：12＝7−9−10−11。

16. 本表一式两份，一份纳税人留存，一份税务机关留存。

四、预缴增值税后城建税不需清算补退

财税〔2016〕74 号	税总发〔2014〕17 号
2016 年 5 月 1 日起,纳税人跨地区提供建筑服务、销售和出租不动产的,应在建筑服务发生地、不动产所在地预缴增值税时,以预缴增值税税额为计税依据,并按预缴增值税所在地的城市维护建设税适用税率和教育费附加征收率就地计算缴纳城市维护建设税和教育费附加。 　预缴增值税的纳税人在其机构所在地申报缴纳增值税时,以其实际缴纳的增值税税额为计税依据,并按机构所在地的城市维护建设税适用税率和教育费附加征收率就地计算缴纳城市维护建设税和教育费附加。	中国铁路总公司的分支机构预征 1% 增值税所应缴纳的城市维护建设税和教育费附加,由中国铁路总公司按季向北京市国家税务局缴纳。

　申报审核:纳税人所在地与缴纳"两税"所在地城市维护建设税税率不一致的,以城市维护建设税实际纳税地的适用税率为准,无需回纳税人机构所在地办理补税或退税手续。附征的城市维护建设税、教育费附加、地方教育附加随缴纳增值税的地点确定纳税地点。随预交增值税缴纳的税金及附加,在缴纳当期可以扣除,在会计确认收入实际计提的期间予以转回做纳税调增,并按实际计提缴纳数予以扣除。

第三节　资源税优惠

政策依据:

《中华人民共和国资源税暂行条例》(国务院令第 139 号,以下简称《资源税暂行条例》);

《中华人民共和国资源税暂行条例实施细则》(财法字〔1993〕第 43 号,以下简称《细则》);

《煤炭资源税征收管理办法(试行)》(国家税务总局公告 2015 年第 51 号,【依据国家税务总局公告 2018 年第 13 号《国家税务总局关于发布〈资源税征收管理规程〉的公告》第二十六条规定,本法规自 2018 年 7 月 1 日起全文废止】);

《财政部　国家税务总局关于全面推进资源税改革的通知》(财税〔2016〕53 号);

《财政部　国家税务总局关于资源税改革具体政策问题的通知》(财税〔2016〕54 号);

《国家税务总局　国土资源部关于落实资源税改革优惠政策若干事项的公告》(国家税务总局　国土资源部公告 2017 年第 2 号);

《水资源税改革试点暂行办法》(财税〔2016〕55 号);

《扩大水资源税改革试点实施办法》(财税〔2017〕80 号);

《资源税纳税申报表》(国家税务总局公告 2016 年第 38 号);

《资源税征收管理规程》(国家税务总局公告 2018 第 13 号);

《国家税务总局关于增值税小规模纳税人地方税种和相关附加减征政策有关征管问题的公告》(国家税务总局公告 2019 年第 5 号)。

一、纳税人和扣缴义务人

纳税人	扣缴义务人
资源税的纳税人是指在中华人民共和国领域及管辖海域开采或者生产应税产品的单位和个人。(《资源税暂行条例》第一条) 　河北省和水资源税扩大试点的北京、山东等 9 个省(自治区、直辖市),利用取水工程或者设施直接从江河、湖泊(含水库)和地下取	收购未税矿产品的独立矿山、联合企业和其他单位为资源税扣缴义务人。 　独立矿山是指只有采矿或只有采矿和选矿并实行独立核算、自负盈亏的单位。作为独立矿山,其生产的原矿和精矿主要用于对外销售。联合企业是指采矿、选矿、冶炼(或加工)连续生产的企业或采矿、冶炼(或加工)连续生产的企业,其采矿单位一般是该企业的二级或二级以下的核算单位。其他收购未税矿产品的单位包括收购未税矿产品的非矿山企业、单位和个体户等。未税矿产品是指资源税纳

纳税人	扣缴义务人
用地表水、地下水的单位和个人，为水资源税纳税人。纳税人应按《中华人民共和国水法》《取水许可和水资源费征收管理条例》等规定申领取水许可证。 开采海洋或陆上油气资源的中外合作油气田，在 2011 年 11 月 1 日前已签订的合同继续缴纳矿区使用费，不缴纳资源税；自 2011 年 11 月 1 日起新签订的合同缴纳资源税，不再缴纳矿区使用费。开采海洋油气资源的自营油气田，自 2011 年 11 月 1 日起缴纳资源税，不再缴纳矿区使用费。（财税〔2014〕73 号）	税人在销售其矿产品时不能向扣缴义务人提供资源税管理证明的矿产品。"资源税管理证明"是证明销售的矿产品已缴纳资源税或已向当地税务机关办理纳税申报的有效凭证。 独立矿山、联合企业收购未税矿产品的，按照本单位应税产品税额、税率标准，依据收购的数量代扣代缴资源税；其他收购单位收购未税矿产品的，按照税务机关核定的应税产品税额、税率标准，依据收购的数量代扣代缴资源税。 开采海洋或陆上油气资源的中外合作油气田，按实物量计算缴纳资源税，以该油气田开采的原油、天然气扣除作业用量和损耗量之后的原油、天然气产量作为课税数量。中外合作油气田的资源税由作业者负责代扣，申报缴纳事宜由参与合作的中国石油公司负责办理。计征的原油、天然气资源税实物随同中外合作油气田的原油、天然气一并销售，按实际销售额（不含增值税）扣除其本身所发生的实际销售费用后入库。海上自营油气田比照上述规定执行。

开采销售规定范围内应税矿产品的单位和个人，在销售其矿产品时，应当向当地主管税务机关申请开具"资源税管理证明"，作为销售矿产品已申报纳税免予扣缴税款的依据。购货方（扣缴义务人）在收购矿产品时，应主动向销售方（纳税人）索要"资源税管理证明"，扣缴义务人据此不代扣资源税。

2019 年 3 月 8 日起，税务机关不再开具或索要资源税管理证明，并通过以下措施强化监管：

（1）进一步加强开采地源泉控管，对已纳入开采地正常税务管理或者在销售矿产品时开具增值税发票的纳税人，实行纳税人自主申报，不采用代扣代缴的征管方式。

（2）对于部分零散税源，确有必要的，可采用委托代征等替代管理方式。

（3）加强与矿产资源管理等部门的信息共享，加强资源税源头控管和风险防控。（国家税务总局令第 46 号）

二、资源税税目和税率（财税〔2016〕53 号）

资源税税目采取列举法，共设置原油、天然气、煤炭、其他非金属矿原矿、黑色金属矿原矿、有色金属矿原矿、盐、水资源 8 个大税目。

税目	包括的范围	特别提示
原油	天然原油	不包括人造石油。
煤炭	包括原煤和以未税原煤（自采原煤）加工的洗选煤	不包括已税原煤加工的洗选煤、其他煤炭制品。
金属矿	包含铁矿、金矿、铜矿、铝土矿、铅锌矿、镍矿、锡矿、钨、钼、未列举名称的其他金属矿产品原矿或精矿	纳税人在开采主矿产品过程中伴采的其他应税矿产品，凡未单独规定适用税额的（注意限定条件），一律按主矿产品或视同主矿产品征收资源税。
非金属矿	包含石墨、硅藻土、高岭土、萤石、石灰石、硫铁矿、磷矿、氯化钾、硫酸钾、井矿盐、湖盐、提取地下卤水晒制的盐、煤层（成）气、未列举名称的其他非金属矿产品	
海盐	氯化钠初级产品	
水资源	对水力发电和火力发电贯流式以外的取用水设置最低税额标准 水力发电和火力发电贯流式取用水	包括地表水和地下水，仅在部分省市试点。

自 2014 年 12 月 1 日起实施煤炭资源税改革，煤炭资源税由从量计征改为从价计征，并对征税范围进行了调整：将用于洗选的自采原煤，由按原煤征税调整为按未税原煤加工的洗选煤征税。但非自采的外购已税原煤加工的洗选煤不重复征收资源税。因此，纳税人同时以自采未税原煤和外购已税原煤加工洗选煤的，应当分别核算；未分别核算的，按自采未税原煤加工的洗选煤计算缴纳资源税。

资源税税目税率幅度表

序号	税目		征税对象	税率幅度
1	原油	天然原油		6%～10%
2	天然气	专门开采或者与原油同时开采的天然气		6%～10%
3	煤炭	原煤和以未税原煤加工的洗选煤		2%～10%
4	金属矿	稀土矿	轻稀土	地区差别税率（内蒙古为11.5%、四川为9.5%、山东为7.5%）
5			中重稀土	27%
6		钨矿		6.5%
7		钼矿		11%
8		铁矿	精矿	1%～6%
9		金矿	金锭	1%～4%
10		铜矿	精矿	2%～8%
11		铝土矿	原矿	3%～9%
12		铅锌矿	精矿	2%～6%
13		镍矿	精矿	2%～6%
14		锡矿	精矿	2%～6%
15		未列举名称的其他金属矿产品	原矿或精矿	税率不超过20%
16	非金属矿	石墨	精矿	3%～10%
17		硅藻土	精矿	1%～6%
18		高岭土	原矿	1%～6%
19		萤石	精矿	1%～6%
20		石灰石	原矿	1%～6%
21		硫铁矿	精矿	1%～6%
22		磷矿	原矿	3%～8%
23		氯化钾	精矿	3%～8%
24		硫酸钾	精矿	6%～12%
25		井矿盐	氯化钠初级产品	1%～6%
26		湖盐	氯化钠初级产品	1%～6%
27		提取地下卤水晒制的盐	氯化钠初级产品	3%～15%
28		煤层(成)气	原矿	1%～2%
29		粘土、砂石	原矿	每吨或立方米0.1元～5元
30		未列举名称的其他非金属矿产品	原矿或精矿	从量税率每吨或立方米不超过30元;从价税率不超过20%
31		海盐	氯化钠初级产品	1%～5%

(续表)

序号	税目		征税对象	税率幅度
32	水资源	对水力发电和火力发电贯流式以外的取用水设置最低税额标准		地表水平均不低于每立方米 0.4 元
				地下水平均不低于每立方米 1.5 元
		水力发电和火力发电贯流式取用水		每千瓦小时 0.005 元

备注：

1. 铝土矿包括耐火级矾土、研磨级矾土等高铝粘土。

2. 氯化钠初级产品是指井矿盐、湖盐原盐、提取地下卤水晒制的盐和海盐原盐，包括固体和液体形态的初级产品。

3. 海盐是指海水晒制的盐，不包括提取地下卤水晒制的盐。

4. 轻稀土按地区执行不同的适用税率，其中，内蒙古为 11.5%、四川为 9.5%、山东为 7.5%。

5. 纳税人开采或者生产不同税目应税产品的，应当分别核算不同税目应税产品的销售额或者销售数量；未分别核算或者不能准确提供不同税目应税产品的销售额或者销售数量的，从高适用税率。

三、水资源税（财税〔2016〕55 号、财税〔2017〕80 号）

（一）纳税人和征税对象

纳税人	征税对象
利用取水工程或者设施直接从江河、湖泊（含水库）和地下取用地表水、地下水的单位和个人，为水资源税纳税人。纳税人应按《中华人民共和国水法》《取水许可和水资源费征收管理条例》等规定申领取水许可证。 试点省份：河北、北京、天津市、山西、内蒙古、河南、山东、四川、陕西、宁夏。	水资源税的征税对象为地表水和地下水。地表水是陆地表面上动态水和静态水的总称，包括江、河、湖泊（含水库）等水资源。地下水是埋藏在地表以下各种形式的水资源。 下列情形，不缴纳水资源税：农村集体经济组织及其成员从本集体经济组织的水塘、水库中取用水的；家庭生活和零星散养、圈养畜禽饮用等少量取用水的；水利工程管理单位为配置或者调度水资源取水的；为保障矿井等地下工程施工安全和生产安全必须进行临时应急取用（排）水的；为消除对公共安全或者公共利益的危害临时应急取水的；为农业抗旱和维护生态与环境必须临时应急取水的。

（二）税额

税额的具体规定	税额确定的依据
试点省份的中央直属和跨省（区、市）水力发电取用水税额为每千瓦时 0.005 元。跨省（区、市）界河水电站水力发电取用水水资源税税额，与涉及的非试点省份水资源费征收标准不一致的，按较高一方标准执行。	除中央直属和跨省（区、市）水力发电取用水外，由试点省份省级人民政府统筹考虑本地区水资源状况、经济社会发展水平和水资源节约保护要求，在财税〔2017〕80 号所附《试点省份水资源税最低平均税额表》规定的最低平均税额基础上，分类确定具体适用税额。

（三）计征方法和计税依据

计征方法	计税依据
除水力发电和火力发电贯流式（不含循环式）冷却取用水水资源税应按照实际发电量计征外，水资	1. 水资源税实行从量计征的，其计税依据为纳税人的实际取用水量。 水资源税应纳税额的计算公式： $$应纳税额＝实际取用水量×适用税额$$ 城镇公共供水企业实际取用水量应当考虑合理损耗因素。 疏干排水的实际取用水量按照排水量确定。疏干排水是指在采矿和工程建设过程中破坏地下水层、发生地下涌水的活动。疏干排水应纳税额的计算公式： $$应纳税额＝排水量×适用税额$$

计征方法	计税依据
源税实行从量计征。	2. 水力发电和火力发电贯流式(不含循环式)冷却取用水水资源税应按照实际发电量计征。 水力发电和火力发电贯流式(不含循环式)冷却取用水应纳税额的计算公式为： $$应纳税额＝实际发电量×适用税额$$ 火力发电贯流式冷却取用水,是指火力发电企业从江河、湖泊(含水库)等水源取水,并对机组冷却后将水直接排入水源的取用水方式。火力发电循环式冷却取用水,是指火力发电企业从江河、湖泊(含水库)、地下等水源取水并引入自建冷却水塔,对机组冷却后返回冷却水塔循环利用的取用水方式。 适用税额,是指取水口所在地的适用税额。

四、资源税优惠政策

（一）减征免征

《资源税暂行条例》	财税〔2008〕62号
第六条　纳税人开采或者生产应税产品,自用于连续生产应税产品的,不缴纳资源税;自用于其他方面的,视同销售,依法缴纳资源税。 　第七条　有下列情形之一的,减征或者免征资源税： 　(1) 开采原油过程中用于加热、修井的原油,免税； 　(2) 纳税人开采或者生产应税产品过程中,因意外事故或者自然灾害等原因遭受重大损失的,由省、自治区、直辖市人民政府酌情决定减税或者免税； 　(3) 国务院规定的其他减税免税项目。 　第八条　纳税人的减税、免税项目,应当单独核算销售额或者销售数量；未单独核算或者不能准确提供销售额或者销售数量的,不予减税或者免税。	第五条　纳税人开采或者生产应税产品过程中,因地震灾害遭受重大损失的,由受灾地区省、自治区、直辖市人民政府决定减征或免征资源税。

1. 原油、天然气资源税优惠政策

财税〔2014〕73号	财税〔2018〕26号
自2014年12月1日起,原油、天然气资源税优惠政策调整如下： 1. 对油田范围内运输稠油过程中用于加热的原油、天然气免征资源税。 2. 对稠油、高凝油和高含硫天然气资源税减征40%。 3. 对三次采油资源税减征30%。 4. 对低丰度油气田资源税暂减征20%。 5. 对深水油气田资源税减征30%。 6. 原油、天然气资源税优惠政策的实施： 综合减征率＝∑(减税项目销售额×减征幅度×6%)÷总销售额 实际征收率＝6%－综合减征率 应纳税额＝总销售额×实际征收率 中国石油天然气集团公司和中国石油化工集团公司(以下简称中石油、中石化)陆上油气田企业的综合减征率和实际征收率由财政部和国家税务总局确定。	为促进页岩气开发利用,有效增加天然气供给,经国务院同意,自2018年4月1日至2021年3月31日,对页岩气资源税(按6%的规定税率)减征30%。

2. 煤炭资源税的税收优惠

财税〔2014〕72号	财税〔2016〕54号
四、关于税收优惠 　(一) 对衰竭期煤矿开采的煤炭,资源税减征30%。 　衰竭期煤矿,是指剩余可采储量下降到原设计可采储量的20%(含)以下,或者剩余	三、关于资源税优惠政策及管理 　(一) 对依法在建筑物下、铁路下、水体下通过充填开采方式采出的矿产资源,资源税减征50%。 　充填开采是指随着回采工作面的推进,向采空区或离层带等空间充填废石、尾矿、废渣、建筑废料以及专用充填合格材料等采出矿产品的开采方法。

（续表）

财税〔2014〕72 号	财税〔2016〕54 号
服务年限不超过 5 年的煤矿。 （二）对充填开采置换出来的煤炭，资源税减征 50%。 纳税人开采的煤炭，同时符合上述减税情形的，纳税人只能选择其中一项执行，不能叠加适用。	（二）对实际开采年限在 15 年以上的衰竭期矿山开采的矿产资源，资源税减征 30%。 衰竭期矿山是指剩余可采储量下降到原设计可采储量的 20%（含）以下或剩余服务年限不超过 5 年的矿山，以开采企业下属的单个矿山为单位确定。 （三）对鼓励利用的低品位矿、废石、尾矿、废渣、废水、废气等提取的矿产品，由省级人民政府根据实际情况确定是否给予减税或免税。

3. 进出口应税资源税退（免）资源税的规定

资源税仅对我国境内开采生产应税产品的单位和个人征收，进口应税矿产品和盐不征收资源税；对出口应税资源不免征或退还已纳的资源税。

4. 水资源税优惠（财税〔2017〕80 号第十五条）

下列情形，予以免征或者减征水资源税： （1）规定限额内的农业生产取用水，免征水资源税； （2）取用污水处理再生水，免征水资源税； （3）除接入城镇公共供水管网以外，军队、武警部队通过其他方式取用水的，免征水资源税；	（4）抽水蓄能发电取用水，免征水资源税； （5）采油排水经分离净化后在封闭管道回注的，免征水资源税； （6）财政部、税务总局规定的其他免征或者减征水资源税情形。

（二）资源税优惠项目

1. 资源税优惠核准

符合资源税优惠核准条件的纳税人，可在政策规定的减免税期限内向主管税务机关申请办理资源税优惠核准。

序号	减免项目名称（代码）	报送资料	政策依据
1	开采或生产应税产品过程中，因意外事故或自然灾害等原因遭受重大损失的，减征或免征资源税优惠（06011601、06129902）	1.《纳税人减免税申请核准表》。 2. 减免税申请报告（列明减免理由、依据、范围、期限、数量、金额等）。 3. 开采或生产应税产品过程中，因意外事故或自然灾害等原因遭受重大损失的证明材料。	《资源税暂行条例》（中华人民共和国国务院令第605 号） 《财政部 国家税务总局关于认真落实抗震救灾及灾后重建税收政策问题的通知》（财税〔2008〕62 号）

纳税人在减免税书面核准决定未下达之前应按规定进行纳税申报。纳税人享受减免税的情形发生变化时，应当及时向税务机关报告，税务机关对纳税人的减免税资质进行重新审核。

2. 资源税优惠备案

符合资源税优惠备案条件的纳税人，应向主管税务机关申请办理资源税优惠备案。

序号	减免项目名称（代码）	备案资料	政策依据
1	青藏铁路自采自用砂石等免征资源税（06033301）	（1）《纳税人减免税备案登记表》2 份； （2）自采自用砂、石等材料单独核算的相关证明材料。	《财政部 国家税务总局关于青藏铁路公司运营期间有关税收等政策问题的通知》（财税〔2007〕11 号）
2	衰竭期煤矿减征资源税（06064006）	（1）《纳税人减免税备案登记表》2 份； （2）衰竭期煤矿开采的相关证明材料。	《财政部 国家税务总局关于实施煤炭资源税改革的通知》（财税〔2014〕72 号）

（续表）

序号	减免项目名称(代码)	备案资料	政策依据
3	充填开采煤炭减征资源税(06064007)	(1)《纳税人减免税备案登记表》2份; (2)充填开采置换出来煤炭的相关证明材料。	《财政部 国家税务总局关于实施煤炭资源税改革的通知》(财税〔2014〕72号)
4	充填开采"三下"矿产减征资源税(06064009)	(1)《纳税人减免税备案登记表》2份; (2)在建筑物下、铁路下、水体下充填开采的相关证明材料。	《财政部 国家税务总局关于资源税改革具体政策问题的通知》(财税〔2016〕54号)
5	符合条件的衰竭期矿山减征资源税(06064010)	(1)《纳税人减免税备案登记表》2份; (2)衰竭期矿山资源的相关证明材料。	《财政部 国家税务总局关于资源税改革具体政策问题的通知》(财税〔2016〕54号)
6	对用于北京2022年冬奥会场馆的水资源免征水资源税(06102901)	《纳税人减免税备案登记表》2份。	《财政部 税务总局 海关总署关于北京2022年冬奥会和冬残奥会税收政策的通知》(财税〔2017〕60号)
7	用于运输稠油加热的油气免征资源税(06129904)	(1)《纳税人减免税备案登记表》; (2)用于运输稠油加热的相关证明材料。	《财政部 国家税务总局关于调整原油、天然气资源税有关政策的通知》(财税〔2014〕73号)
8	开采原油过程中用于加热、修井的原油免征资源税优惠(06129905)	(1)《纳税人减免税备案登记表》; (2)用于运输稠油加热的相关证明材料。	《中华人民共和国资源税暂行条例定》(中华人民共和国国务院令第605号)
9	陆上油气田资源税综合性减征(06129906)	(1)《纳税人减免税备案登记表》; (2)陆上油气田减税产品单独核算的相关证明材料。	《财政部 国家税务总局关于调整原油、天然气资源税有关政策的通知》(财税〔2014〕73号)
10	深水油气田资源税减征(06129909)	通过填报申报表及其附表履行优惠备案手续,无需报送其他资料。	《财政部 国家税务总局关于调整原油、天然气资源税有关政策的通知》(财税〔2014〕73号)
11	海上低丰度油气田资源税减征(06129911)	通过填报申报表及其附表履行优惠备案手续,无需报送其他资料。	《财政部 国家税务总局关于调整原油、天然气资源税有关政策的通知》(财税〔2014〕73号)
12	页岩气减征30%资源税优惠(06129912)	通过填报申报表及其附表履行优惠备案手续,无需报送其他资料。	《财政部 税务总局关于对页岩气减征资源税的通知》(财税〔2018〕26号)

(三) 小规模纳税人减征资源税 50%

财税〔2019〕13号	国家税务总局公告 2019 年第 5 号
由省、自治区、直辖市人民政府根据本地区实际情况,以及宏观调控需要确定,对增值税小规模纳税人可以在50%的税额幅度内减征资源税。本规定可和其他优惠政策叠加享受。 　　(在享受优惠的顺序	自2019年1月1日起: 　　一、关于申报表的修订 　　修订《资源税纳税申报表》,增加增值税小规模纳税人减征优惠申报有关数据项目,相应修改有关填表说明。 　　二、关于纳税人类别变化时减征政策适用时间的确定 　　缴纳资源税的增值税一般纳税人按规定转登记为小规模纳税人的,自成为小规模纳税人的当月起适用减征优惠。增值税小规模纳税人按规定登记为一般纳税人的,自一般纳税人生效之日起不再适用减征优惠;增值税年

（续表）

财税〔2019〕13 号	国家税务总局公告 2019 年第 5 号
上,本次减征优惠是在享受其他优惠的基础上再享受。原来适用比例减免或定额减免的,本次减征额计算的基数是应纳税额减除原有减免税额后的数额。）	应税销售额超过小规模纳税人标准应当登记为一般纳税人而未登记,经税务机关通知,逾期仍不办理登记的,自逾期次月起不再适用减征优惠。 三、关于减征优惠的办理方式 纳税人自行申报享受减征优惠,不需额外提交资料。 四、关于纳税人未及时享受减征优惠的处理方式 纳税人符合条件但未及时申报享受减征优惠的,可依法申请退税或者抵减以后纳税期的应纳税款。

1. 资源税纳税申报表（国家税务总局公告 2019 年第 5 号）

资源税纳税申报表

税款所属时间：自　　年　　月　　日至　　年　　月　　日

纳税人识别号（统一社会信用代码）：□□□□□□□□□□□□□□□□□□□□

纳税人名称：　　　　　　　　　　　　　　　　金额单位：人民币元（列至角分）

本期是否适用增值税小规模纳税人减征政策 （减免性质代码：06049901）						是□ 否□			减征比例（%）		
税目	子目	折算率或换算比	计量单位	计税销售量	计税销售额	适用税率	本期应纳税额	本期减免税额	本期增值税小规模纳税人减征额	本期已缴税额	本期应补（退）税额
1	2	3	4	5	6	7	8①＝6×7 8②＝5×7	9	10	11	12＝8－9－10－11
合计	—	—	—		—						

谨声明：本纳税申报表是根据国家税收法律法规及相关规定填报的,是真实的、可靠的、完整的。

纳税人（签章）：　　年　　月　　日

经办人： 经办人身份证号： 代理机构签章： 代理机构统一社会信用代码：	受理人： 受理税务机关（章）： 受理日期：　　年　　月　　日

2. 报表填报

1. 本表为资源税纳税申报表主表,适用于缴纳资源税的纳税人填报(另有规定者除外)。本表包括三个附表,分别为资源税纳税申报表附表(一)、附表(二)、附表(三),由开采或生产原矿类、精矿类税目的纳税人以及发生减免税事项的纳税人填写。除"本期已缴税额""本期是否适用增值税小规模纳税人减征政策(减免性质代码:06049901)"需要填写外,纳税人提交附表后,本表由系统自动生成,无需纳税人手工填写,仅需签章确认(特殊情况下需要手工先填写附表、再填写主表的例外)。

2. "纳税人识别号(统一社会信用代码)":填报税务机关核发的纳税人识别号或有关部门核发的统一社会信用代码。"纳税人名称":填报营业执照、税务登记证等证件载明的纳税人名称。"税款所属时间"是指纳税人申报的资源税应纳税额的所属时间,应填写具体的起止年、月、日。

3. "本期是否适用增值税小规模纳税人减征政策(减免性质代码:06049901)":纳税

人自增值税一般纳税人按规定转登记为小规模纳税人的，自成为小规模纳税人的当月起适用减征优惠。增值税小规模纳税人按规定登记为一般纳税人的，自一般纳税人生效之日起不再适用减征优惠；增值税年应税销售额超过小规模纳税人标准应当登记为一般纳税人而未登记，经税务机关通知，逾期仍不办理登记的，自逾期次月起不再适用减征优惠。纳税人本期适用增值税小规模纳税人减征政策的，勾选"是"；否则，勾选"否"。

4．"减征比例（％）"：填写当地省级政府根据财税〔2019〕13 号文件确定的减征比例，系统自动带出。

5．第 1 栏"税目"：是指规定的应税产品名称，多个税目的，可增加行次。第 2 栏"子目"：反映同一税目下适用税率、折算率或换算比不同的明细项目。子目名称由各省、自治区、直辖市、计划单列市税务机关根据本地区实际情况确定。

6．第 3 栏"折算率或换算比"：反映精矿销售额折算为原矿销售额或者原矿销售额换算为精矿销售额的比值。除煤炭折算率由纳税人所在省、自治区、直辖市财税部门或其授权地市级财税部门确定外，其他应税产品的折算率或换算比由当地省级财税部门确定。

7．第 4 栏"计量单位"：反映计税销售量的计量单位，如吨、立方米、千克等。

8．第 5 栏"计税销售量"：反映计征资源税的应税产品销售数量，包括应税产品实际销售和视同销售两部分。从价计征税目计税销售额对应的销售数量视为计税销售量自动导入到本栏。计税销售量即课税数量。

9．第 6 栏"计税销售额"：反映计征资源税的应税产品销售收入，包括应税产品实际销售和视同销售两部分。

10．第 7 栏"适用税率"：从价计征税目的适用税率为比例税率，如原油资源税率为 6％，即填 6％；从量计征税目的适用税率为定额税率，如某税目每立方米 3 元，即填 3。

11．第 8 栏"本期应纳税额"：反映本期按适用税率计算缴纳的应纳税额。从价计征税目应纳税额的计算公式为 8①＝6×7；从量计征税目应纳税额的计算公式为 8②＝5×7。

12．第 9 栏"本期减免税额"：反映本期减免的资源税税额。如不涉及减免税事项，纳税人不需填写附表（三），系统会将其"本期减免税额"默认为 0。

13．第 10 栏"本期增值税小规模纳税人减征额"：反映符合条件的小规模纳税人减征的资源税额，计算公式为 10＝（8－9）×减征比例。

14．第 11 栏"本期已缴税额"：填写本期应纳税额中已经缴纳的部分。

15．第 12 栏"本期应补（退）税额"：本期应补（退）税额＝本期应纳税额－本期减免税额－增值税小规模纳税人减征额－本期已缴税额。

16．中外合作及海上自营油气田按《国家税务总局关于发布〈中外合作及海上自营油气田资源税纳税申报表〉的公告》（国家税务总局公告 2012 年第 3 号）进行纳税申报。

17．本表一式两份，一份纳税人留存，一份税务机关留存。

第四节 环境保护税优惠

政策依据：

《中华人民共和国环境保护税法》（主席令第六十一号，以下简称为《环境保护税法》）；

《中华人民共和国环境保护税法实施条例》（国务院令 693 号，以下简称为《环境保护税法实施条例》）；

《关于发布计算污染物排放量的排污系数和物料衡算方法的公告》（环境保护部公告 2017 年第 81 号）；

《环境保护税纳税申报表》（国家税务总局公告〔2018〕7 号）；

《关于明确环境保护税应税污染物适用等有关问题的通知》（财税〔2018〕117 号）。

一、税收减免

《环境保护税法》	《环境保护税法实施条例》
第十二条　下列情形,暂予免征环境保护税: (一)农业生产(不包括规模化养殖)排放应税污染物的; (二)机动车、铁路机车、非道路移动机械、船舶和航空器等流动污染源排放应税污染物的; (三)依法设立的城乡污水集中处理、生活垃圾集中处理场所排放相应应税污染物,不超过国家和地方规定的排放标准的; (四)纳税人综合利用的固体废物,符合国家和地方环境保护标准的; (五)国务院批准免税的其他情形。 前款第五项免税规定,由国务院报全国人民代表大会常务委员会备案。 第十三条　纳税人排放应税大气污染物或者水污染物的浓度值低于国家和地方规定的污染物排放标准30%的,减按75%征收环境保护税。纳税人排放应税大气污染物或者水污染物的浓度值低于国家和地方规定的污染物排放标准百50%的,减按50%征收环境保护税。	第十条　环境保护税法第十三条所称应税大气污染物或者水污染物的浓度值,是指纳税人安装使用的污染物自动监测设备当月自动监测的应税大气污染物浓度值的小时平均值再平均所得数值或者应税水污染物浓度值的日平均值再平均所得数值,或者监测机构当月监测的应税大气污染物、水污染物浓度值的平均值。 依照环境保护税法第十三条的规定减征环境保护税的,前款规定的应税大气污染物浓度值的小时平均值或者应税水污染物浓度值的日平均值,以及监测机构当月每次监测的应税大气污染物、水污染物的浓度值,均不得超过国家和地方规定的污染物排放标准。 第十一条　依照环境保护税法第十三条的规定减征环境保护税的,应当对每一排放口排放的不同应税污染物分别计算。

　　《环境保护税法》第十二条规定的依法设立的城乡污水集中处理、生活垃圾集中处理场所纳税人享受免税的,应符合的条件有:一是纳税人主体是依法设立的城乡污水集中处理、生活垃圾集中处理场所;二是排放相应税污染物不超过国家和地方规定的排放标准。否则,应该按照环境保护税法第五条的规定缴纳环境保护税。

　　《环境保护税法》第十三条规定的纳税人享受应税大气污染物、水污染物减税的,应符合的条件有:一是纳税人主体是排放应税大气污染物或者水污染物的纳税人;二是排放应税大气污染物或者水污染物排放标准符合环境保护税法第十三条的规定;三是浓度值符合规定。

　　依法设立的生活垃圾焚烧发电厂、生活垃圾填埋场、生活垃圾堆肥厂,属于生活垃圾集中处理场所,其排放应税污染物不超过国家和地方规定的排放标准的,依法予以免征环境保护税。纳税人任何一个排放口排放应税大气污染物、水污染物的浓度值,以及没有排放口排放应税大气污染物的浓度值,超过国家和地方规定的污染物排放标准的,依法不予减征环境保护税。(财税〔2018〕117号第二条)

二、环境保护税优惠项目

　　符合环境保护税优惠备案条件的纳税人,应向主管税务机关申请办理环境保护税优惠备案。

序号	减免项目名称(代码)	备案资料	政策依据
1	农业生产(不包括规模化养殖)排放应税污染物的暂予免征环境保护税(16064001)	无需办理备案	《中华人民共和国环境保护法》(中华人民共和国主席令第六十一号) 《中华人民共和国环境保护税法实施条例》(中华人民共和国国务院令第693号) 《海洋工程环境保护税申报征收办法》(国家税务总局公告2017年第50号) 《环境保护税纳税申报表》(国家税务总局公告2018年第7号)
2	机动车、铁路机车、非道路移动机械、船舶和航空器等流动污染源排放 应税污染物的暂予免征环境保护税(16064002)	无需办理备案	
3	依法设立的城乡污水集中处理、生活垃圾集中处理场所排放相应应税污染物,不超过国家和地方规定的排放标准的暂予免征环境保护税(16064003)	通过填报申报表及其附表履行优惠备案手续,无需报送其他资料。	
4	纳税人综合利用的固体废物,符合国家和地方环境保护标准的暂予免征环境保护税(16064004)		
5	纳税人排放应税大气污染物或者水污染物的浓度值低于国家和地方规定的污染物排放标准30%的减征环境保护税(16064006)		
6	纳税人排放应税大气污染物或者水污染物的浓度值低于国家和地方规定的污染物排放标准50%的减征环境保护税(16064007)		

第五节　房产税优惠

政策依据：

《中华人民共和国房产税暂行条例》（国发〔1986〕90号，以下简称为《房产税暂行条例》）

一、法定优惠（《房产税暂行条例》第五条）

政策规定	政策解读
下列房产免纳房产税： 一、国家机关、人民团体、军队自用的房产； 二、由国家财政部门拨付事业经费的单位自用的房产； 三、宗教寺庙、公园、名胜古迹自用的房产； 四、个人所有非营业用的房产； 五、经财政部批准免税的其他房产。	1. 人民团体，是指经国务院授权的政府部门批准设立或登记备案并由国家拨付行政事业费的各种社会团体。（财税地字〔1986〕8号第三条） 自用的房产，是指这些单位本身的办公用房和公务用房。（财税地字〔1986〕8号第六条） 2. 对实行差额预算管理的事业单位，也属于是由国家财政部门拨付事业经费的单位，对其本身自用的房产免征房产税。（财税地字〔1986〕8号第四条） 事业单位自用的房产，是指这些单位本身的业务用房。（财税地字〔1986〕8号第六条） 3. 宗教寺庙自用的房产，是指举行宗教仪式等的房屋和宗教人员使用的生活用房。公园、名胜古迹自用的房产，是指供公共参观游览的房屋及其管理单位的办公用房。 上述3条免税单位的出租房产以及非业务使用的生产、营业用房，不属于免税范围。（财税地字〔1986〕8号第六条） 宗教寺庙、公园、名胜古迹中附设的营业单位，如影剧院、饮食部、茶社、照相馆等所使用的房产及出租的房产，应征收房产税。（财税地字〔1986〕8号第二十二条） 4. 个人所有非营业用的房产免征房产税，国务院批准的征税试点城市除外。 个人所有的非营业用房，不分面积多少，一律免征房产税。对个人拥有的营业用房或者出租的房产，不属于免税房产，应照章纳税。

二、经财政部批准免税的其他房产

1. 对个人所有的居住用房，不分面积多少，均免征房产税。（财税地字〔1986〕8号第十三条）

2. 企业办的各类学校、医院、托儿所、幼儿园自用的房产免税。（财税地字〔1986〕8号第十条）

3. 经有关部门鉴定，对毁损不堪居住的房屋和危险房屋，在停止使用后，可免征房产税。（财税地字〔1986〕8号第十六条）

4. 房屋大修停用在半年以上的，经纳税人申请，在大修期间可免征房产税。（财税地字〔1986〕8号第二十四条）

在房屋大修期间免征房产税免征税额由纳税人在申报缴纳房产税时自行计算扣除，并在申报表附表或备注栏作相应说明。

5. 凡是在基建工地为基建工地服务的各种工棚、材料棚、休息棚和办公室、食堂、茶炉房、汽车房等临时性房屋，不论是施工企业自行建造还是由基建单位出资建造交施工企业使用的，在施工期间，一律免征房产税。但是，如果在基建工程结束以后，施工企业将这种临时性房屋交还或者估价转让给基建单位的，应当从基建单位接收的次月起，依照规定征收房产税。（财税地字〔1986〕8号第二十一条）

6. 对房地产开发企业建造的商品房，在出售前不征收房产税。但对出售前房地产开发企业已使用或出租、出借的商品房应按规定征收房产税。（国税发〔2003〕89号）

7. 自2016年1月1日至2018年12月31日，对向居民供热而收取采暖费的供热企业，为居民供热所使用的厂房及土地免征房产税、城镇土地使用税；对供热企业其他厂房及土地，应当按规定征收房产税、城镇土地使用税。（财税〔2016〕94号）

8. 自2011年1月1日至2015年12月31日止，对饮水工程运营管理单位自用的生产、办公用房产、土地，免征房产税、城镇土地使用税。对饮水工程运营管理单位为建设饮水工程而承受土地使用权，免征契税。（财税〔2012〕30号）

9. 对按政府规定价格出租的公有住房和廉租住房，包括企业和自收自支事业单位向职工出租的单位自有住房；房管部门向居民出租的公有住房；落实私房政策中带户发还产权并以政府规定租金标准向居民出租的私有住房等，暂免征收房产税、营业税。（财税字〔2000〕125号）

按照公有住房管理或纳入县级以上政府廉租住房管理的单位自有住房暂免征收房产税、营业税。（财税〔2000〕125 号、财税〔2013〕94 号）

对公共租赁住房免征房产税。对经营公共租赁住房所取得的租金收入，免征营业税。公共租赁住房经营管理单位应单独核算公共租赁住房租金收入，未单独核算的，不得享受免征营业税、房产税优惠政策。（财税字〔2015〕139 号）

10. 自 2016 年 1 月 1 日至 2021 年 12 月 31 日，对农产品批发市场、农贸市场（包括自有和承租，下同）专门用于经营农产品的房产、土地，暂免征收房产税和城镇土地使用税。对同时经营其他产品的农产品批发市场和农贸市场使用的房产、土地，按其他产品与农产品交易场地面积的比例确定征免房产税和城镇土地使用税。农产品批发市场和农贸市场，是指经工商登记注册，供买卖双方进行农产品及其初加工品现货批发或零售交易的场所。农产品包括粮油、肉禽蛋、蔬菜、干鲜果品、水产品、调味品、棉麻、活畜、可食用的林产品以及由省、自治区、直辖市财税部门确定的其他可食用的农产品。享受上述税收优惠的房产、土地，是指农产品批发市场、农贸市场直接为农产品交易提供服务的房产、土地。农产品批发市场、农贸市场的行政办公区、生活区，以及商业餐饮娱乐等非直接为农产品交易提供服务的房产、土地，不属于本通知规定的优惠范围，应按规定征收房产税和城镇土地使用税。企业享受本通知规定的免税政策，应按规定进行免税申报，并将不动产权属证明、载有房产原值的相关材料、租赁协议、房产土地用途证明等资料留存备查。（财税〔2016〕1 号、财税〔2019〕12 号）

11. 对商品储备管理公司及其直属库承担商品储备业务自用的房产、土地，免征房产税、城镇土地使用税。（财税〔2013〕59 号）

12. 自 2016 年 1 月 1 日起，企业拥有并运营管理的大型体育场馆，其用于体育活动的房产、土地，减半征收房产税和城镇土地使用税。大型体育场馆的标准以及用于体育活动的界定按财税〔2015〕130 号文件执行。（财税〔2015〕130 号）

13. 2016 年 1 月 1 日至 2018 年 12 月 31 日，对饮水工程运营管理单位自用的生产办公用房产免征房产税。（财税〔2016〕19 号第三条）

14. 由财政部门拨付事业经费的文化单位转制为企业，自 2014 年 1 月 1 日起至 2018 年 12 月 31 日止，自转制注册之日（工商登记注册之日）起对其自用房产免征房产税。（财税〔2014〕84 号，【依据财税〔2019〕16 号《财政部　国家税务总局中央宣传部关于继续实施文化体制改革中经营性文化事业单位转制为企业若干税收政策的通知》第六条规定，本法规自 2019 年 1 月 1 日起全文废止】）

15. 对行使国家行政管理职能的中国人民银行总行（含国家外汇管理局）所属分支机构自用的房产，免征房产税。（国税函〔2001〕770 号）

依据国家税务总局　2016 年第 34 号公告，此条执行期限至 2016 年 5 月 26 日。

16. 老年服务机构自用的房产暂免征收房产税。老年服务机构是指专门为老年人提供生活照料、文化、护理、健身等多方面服务的福利性、非营利性的机构，主要包括：老年社会福利院、敬老院（养老院）、老年服务中心、老年公寓（含老年护理院、康复中心、托老所）等。（财税〔2000〕97 号）

17. 自 2018 年 10 月 1 日至 2020 年 12 月 31 日，对按照去产能和调结构政策要求停产停业、关闭的企业，自停产停业次月起，免征房产税。企业享受免税政策的期限累计不得超过两年。按照去产能和调结构政策要求停产停业、关闭的中央企业名单由国务院国有资产监督管理部门认定发布，其他企业名单由省、自治区、直辖市人民政府确定的去产能、调结构主管部门认定发布。认定部门应当及时将认定发布的企业名单（含停产停业、关闭时间）抄送同级财政和税务部门。企业享受本通知规定的免税政策，应按规定进行减免税申报，并将房产土地权属资料、房产原值资料等留存备查。（财税〔2018〕107 号）

18. 自 2019 年 1 月 1 日至 2021 年 12 月 31 日，对国家级、省级科技企业孵化器、大学科技园和国家备案众创空间自用以及无偿或通过出租等方式提供给在孵对象使用的房产、土地，免征房产税和城镇土地使用税。（财税〔2018〕120 号）

19. 自 2004 年 8 月 1 日起，对军队空余房产租赁收入暂免征收房产税；此前已征税款不予退还，未征税款不再补征。暂免征收房产税的军队空余房产，在出租时必须悬挂《军队房地产租赁许可证》，以备查验。（财税〔2004〕123 号）

20. 铁道部（现为中国铁路总公司）所属铁路运输企业自用的房产，继续免征房产税。铁道部（现为中国铁路总公司）所属铁路运输企业的范围包括：铁路局、铁路分局（包括客货站、编组站、车务、机务、工务、电务、水电、车辆、供电、列车、客运段）、中铁集装箱运输有限责任公司、中铁特货运输有限责任公司、中铁行包快递有限责任公司、中铁快运有限公司。地方铁路运输企业自用的房产，应缴纳的房产税比照铁道部（现为中国铁路总公司）所属铁路运输企业的政策执行。（财税〔2006〕17 号）

21. 自 2019 年 1 月 1 日至 2021 年 12 月 31 日，对高校学生公寓免征房产税。高校学生公寓，是指为高校学生提供住宿服务，按照国家规定的收费标准收取住宿费的学生公寓。企业享受本通知规定的免税政策，应按规定进行免税申报，并将不动产权属证明、载有房产原值的相关材料、房产用途证明、租赁合同等资料留存备查。（财税〔2019〕14 号）

三、房产税优惠项目核准与备案

（一）房产税优惠核准

序号	减免项目名称（代码）	报送资料	政策依据
1	企业纳税困难减免房产税（08019902）：符合房产税困难减免条件的纳税人，可在政策规定的减免税期限内向主管税务机关申请办理房产税优惠核准。	1.《纳税人减免税申请核准表》； 2. 减免税申请报告（列明减免税理由、依据、范围、期限、数量、金额 等）； 3. 房屋产权证明复印件； 4. 证明纳税人困难的相关材料； 5. 主管税务机关要求的其他资料。	《中华人民共和国房产税暂行条例》（国 发〔1986〕90号）

　　纳税人在减免税书面核准决定未下达之前应按规定进行纳税申报。纳税人享受减免税的情形发生变化时，应当及时向税务机关报告，税务 机关对纳税人的减免税资质进行重新审核。

（二）房产税优惠备案

　　符合房产税优惠备案条件的纳税人，应向主管税务机关申请办理房产税优惠备案。

序号	减免项目名称（代码）	备案资料	政策依据
1	地震毁损不堪和危险房屋免房产税（08011601）	（1）《纳税人减免税备案登记表》2 份； （2）房屋产权证明复印件； （3）证明房产原值的资料； （4）有关部门出具的鉴定或证明材料； （5）主管税务机关要求的其他资料。	《财政部 国家税务总局关于认真落实抗震救灾及灾后重建税收政策问题的通知》（财税〔2008〕62号）
2	按政府规定价格出租的公有住房和廉租住房免征房产税（08011701）	（1）《纳税人减免税备案登记表》2 份； （2）房屋产权证明等公有住房和廉租住房证明材料复印件； （3）租赁合同（协议）复印件； （4）主管税务机关要求的其他资料。	《财政部 国家税务总局关于调整住房租赁市场税收政策的通知》（财税〔2000〕125号） 《财政部 国家税务总局关于廉租住房 经济适用住房和住房租赁有关税收政策的通知》（财税〔2008〕24号）
3	公共租赁住房免征房产税（08011705）	（1）《纳税人减免税备案登记表》2 份； （2）房屋产权证复印件； （3）确认为公共租赁住房的证明材料； （4）主管税务机关要求的其他资料。	《财政部 国家税务总局关于公共租赁住房税收优惠政策的通知》（财税〔2015〕139号）
4	非营利性老年服务机构自用房产免征房产税（08012701）	（1）《纳税人减免税备案登记表》2 份； （2）房屋产权证明复印件； （3）证明房产原值的资料； （4）民政部门出具的资质认定复印件； （5）主管税务机关要求的其他资料。	《财政部 国家税务总局关于对老年服务机构有关税收政策问题的通知》（财税〔2000〕97号）
5	农产品批发市场农贸市场房产免征房产税（08019903）	（1）《纳税人减免税备案登记表》2 份； （2）房屋产权证明复印件； （3）证明房产原值的资料； （4）农产品批发市场和农贸市场经营主体的相关证明材料，对同时经营其 他产品的农产品批发市场和农贸市场，应提供面积比例专项说明； （5）主管税务机关要求的其他资料。	《财政部 税务总局关于继续实行农产品批发市场 农贸市场房产税 城镇土地使用税优惠政策的通知》（财税〔2019〕12号）

（续表）

序号	减免项目名称(代码)	备案资料	政策依据
6	非营利性科研机构自用的房产免征房产税(08021906)	(1)《纳税人减免税备案登记表》2份； (2)房屋产权证明复印件； (3)证明房产原值的资料； (4)非营利性科研机构执业登记证明复印件； (5)主管税务机关要求的其他资料。	《财政部 国家税务总局关于非营利性科研机构税收政策的通知》（财税〔2001〕5号）
7	科技园自用及提供孵化企业使用房产免征房产税(08021907)	(1)《纳税人减免税备案登记表》2份； (2)房屋产权证明复印件； (3)证明房产原值的资料； (4)教育部门出具的大学科技园资格证明材料； (5)大学科技园面向孵化企业出租场地、房屋以及提供孵化服务的业务收入在财务上单独核算的相关证明材料； (6)孵化企业相关证明材料、在孵化企业汇总表； (7)主管税务机关要求的其他资料。	《财政部 税务总局 科技部 教育部关于科技企业孵化器 大学科技园和众创空间税收政策的通知》（财税〔2018〕120号）
8	孵化器自用及提供孵化企业使用房产免征房产税(08021908)	(1)《纳税人减免税备案登记表》2份； (2)房屋产权证明复印件； (3)证明房产原值的资料； (4)科技部门出具的证明材料； (5)孵化器面向孵化企业出租场地、房屋以及提供孵化服务的业务收入在财务上单独核算的相关证明材料； (6)孵化企业相关证明材料、在孵化企业汇总表； (7)主管税务机关要求的其他资料。	《财政部 税务总局 科技部 教育部关于科技企业孵化器 大学科技园和众创空间税收政策的通知》（财税〔2018〕120号）
9	大型客机和大型客机发动机整机设计制造企业免征房产税(08021909)	(1)《纳税人减免税备案登记表》2份； (2)主管税务机关要求的其他资料。	《财政部 国家税务总局关于大型客机和大型客机发动机整机设计制造企业房产税 城镇土地使用税政策的通知》（财税〔2016〕133号）
10	转制科研机构的科研开发用房免征房产税(08022001)	(1)《纳税人减免税备案登记表》2份； (2)房屋产权证明复印件； (3)证明房产原值的资料； (4)转制方案批复函； (5)企业工商营业执照； (6)整体转制前已进行事业单位法人登记的,应提供同级机构编制管理机关核销事业编制、注销事业单位法人的证明； (7)同在职职工签订劳动合同、按企业办法参加社会保险制度的证明； (8)引入非公有资本和境外资本、变更资本结构的,需出具相关部门批准文件； (9)主管税务机关要求的其他资料。	《财政部 国家税务总局关于延长转制科研机构有关税收政策执行期限的通知》（财税〔2005〕14号）

（续表）

序号	减免项目名称（代码）	备案资料	政策依据
11	青藏铁路公司及所属单位自用房产免征房产税（08033301）	（1）《纳税人减免税备案登记表》2份； （2）房屋产权证明复印件； （3）证明房产原值的资料； （4）主管税务机关要求的其他资料。	《财政部 国家税务总局关于青藏铁路公司运营期间有关税收等政策问题的通知》（财税〔2007〕11号）
12	大秦公司完全按市场化运作前其自用房产免征房产税（08052401）	（1）《纳税人减免税备案登记表》2份； （2）房屋产权证明复印件； （3）证明房产原值的资料； （4）主管税务机关要求的其他资料。	《财政部 国家税务总局关于大秦铁路改制上市有关税收问题的通知》（财税〔2006〕32号）
13	天然林二期工程的专用房产免征房产税（08061002）	（1）《纳税人减免税备案登记表》2份； （2）房屋产权证明复印件； （3）证明房产原值的资料； （4）属于天然林二期工程实施企业和单位的认定资料； （5）主管税务机关要求的其他资料。	《财政部 国家税务总局关于天然林保护工程（二期）实施企业和单位房产税、城镇土地使用税政策的通知》（财税〔2011〕90号）
14	天然林二期工程森工企业闲置房产免征房产税（08061003）	（1）《纳税人减免税备案登记表》2份； （2）房屋产权证明复印件； （3）证明房产原值的资料； （4）属于天然林二期工程实施企业和单位的认定资料； （5）主管税务机关要求的其他资料。	《财政部 国家税务总局关于天然林保护工程（二期）实施企业和单位房产税、城镇土地使用税政策的通知》（财税〔2011〕90号）
15	为居民供热所使用的厂房免征房产税（08064002）	（1）《纳税人减免税备案登记表》2份； （2）房屋产权证明复印件； （3）证明房产原值的资料； （4）供热企业证明材料； （5）主管税务机关要求的其他资料。	《财政部 国家税务总局关于供热企业增值税 房产税 城镇土地使用税优惠政策的通知》（财税〔2016〕94号）
16	被撤销金融机构清算期间房地产免征房产税（08081501）	（1）《纳税人减免税备案登记表》2份； （2）房屋产权证明复印件； （3）证明房产原值的资料； （4）中国人民银行依法决定撤销的证明材料复印件； （5）财产处置协议复印件； （6）主管税务机关要求的其他资料。	《财政部 国家税务总局关于被撤销金融机构有关税收政策问题的通知》（财税〔2003〕141号）
17	东方资产管理公司接收港澳国际（集团）有限公司的房地产免征房产税（08083902）	（1）《纳税人减免税备案登记表》2份； （2）房屋产权证明复印件； （3）证明房产原值的资料； （4）处置不良资产合同或协议复印件； （5）主管税务机关要求的其他资料。	《财政部 国家税务总局关于中国东方资产管理公司处置港澳国际（集团）有限公司有关资产税收政策问题的通知》（财税〔2003〕212号）
18	四家金融资产管理公司及分支机构处置不良资产免征房产税（08083904）	（1）《纳税人减免税备案登记表》2份； （2）房屋产权证明复印件； （3）证明房产原值的资料； （4）处置不良资产合同或协议复印件； （5）主管税务机关要求的其他资料。	《财政部 国家税务总局关于中国信达资产管理股份有限公司等4家金融资产管理公司有关税收政策问题的通知》（财税〔2013〕56号）
19	农村饮水工程运营管理单位房产免征房产税（08092302）	（1）《纳税人减免税备案登记表》2份； （2）房屋产权证明复印件； （3）农村饮水工程运营相关证明资料原件及复印件； （4）主管税务机关要求的其他资料。	《财政部 国家税务总局关于继续实行农村饮水安全工程建设运营税收优惠政策的通知》（财税〔2016〕19号）

序号	减免项目名称(代码)	备案资料	政策依据
20	学校、托儿所、幼儿园自用的房产免征房产税(08101401)	（1）《纳税人减免税备案登记表》2 份； （2）房屋产权证明复印件； （3）证明房产原值的资料； （4）教育部门出具的教育行业资质证明复印件； （5）主管税务机关要求的其他资料。	《财政部 国家税务总局关于教育税收政策的通知》（财税〔2004〕39 号）
21	高校学生公寓免征房产税(08101406)	（1）《纳税人减免税备案登记表》2 份； （2）房屋产权证明复印件； （3）证明房产原值的资料； （4）学生公寓相关证明资料复印件； （5）主管税务机关要求的其他资料。	《财政部 税务总局关于高校学生公寓房产税印花税政策的通知》（财税〔2019〕14 号）
22	符合条件的体育场馆减免房产税(08102901)	（1）《纳税人减免税备案登记表》2 份； （2）房屋产权证明或其他证明纳税人使用房产的文件复印件； （3）确认为体育场馆的证明材料； （4）证明房产原值的资料； （5）主管税务机关要求的其他资料。	《财政部 国家税务总局关于体育场馆房产税和城镇土地使用税政策的通知》（财税〔2015〕130 号）
23	转制文化企业自用房产免征房产税(08103207)	（1）《纳税人减免税备案登记表》2 份； （2）房屋产权证明复印件； （3）证明房产原值的资料； （4）事业单位法人证书的注销手续复印件； （5）与在职职工签订劳动合同、按企业办法参加社会保险制度的证明 材料； （6）引入非公有资本和境外资本、变更资本结构的，出具相关部门的批准 件复印件； （7）注销后已变更的法人营业执照复印件； （8）上级主管部门批复的转制文件复印件。	《财政部 国家税务总局中宣部关于继续实施文化体制改革中经营性文化事业单位转制为企业若干税收政策的通知》（财税〔2014〕84 号）
24	铁路运输企业免征房产税(08121302、08121303、08121304)	（1）《纳税人减免税备案登记表》2 份； （2）房屋产权证明复印件； （3）证明房产原值的资料； （4）股改铁路运输企业应提供国务院批准股份制改革文件；合资铁路运输 公司应提供其公司章程、验资报告等资料。	财税〔2004〕36 号、财税〔2006〕17 号、财税〔2009〕132 号
25	商品储备业务自用房产免征房产税(08122603)	（1）《纳税人减免税备案登记表》2 份； （2）房屋产权证明复印件； （3）与政府有关部门签订的承担储备任务的书面委托合同、取得财政储备 经费或补贴的批复文件或相关凭证等相关证明资料复印件。	《财政部 国家税务总局关于部分国家储备商品有关税收政策的通知》（财税〔2016〕28 号）
26	血站自用的房产免征房产税(08123401)	（1）《纳税人减免税备案登记表》2 份； （2）房屋产权证明复印件； （3）证明房产原值的资料； （4）医疗执业注册登记证复印件。	《财政部 国家税务总局关于血站有关税收问题的通知》（财税字〔1999〕264 号）

序号	减免项目名称（代码）	备案资料	政策依据
27	非营利性医疗机构、疾病控制机构和妇幼保健机构等卫生机构自用的房产免征房产税（08123402）	（1）《纳税人减免税备案登记表》2 份； （2）房屋产权证明复印件； （3）证明房产原值的资料； （4）医疗执业注册登记证复印件。	《财政部 国家税务总局关于医疗卫生机构有关税收政策的通知》（财税〔2000〕42 号）
28	营利性医疗机构自用的房产，免征三年房产税（08123404）	（1）《纳税人减免税备案登记表》2 份； （2）房屋产权证明复印件； （3）证明房产原值的资料； （4）医疗执业注册登记证复印件。	《财政部 国家税务总局关于医疗卫生机构有关税收政策的通知》（财税〔2000〕42 号）
29	司法部门所属监狱等房产免征房产税（08125002）	（1）《纳税人减免税备案登记表》2 份； （2）房屋产权证明复印件； （3）证明房产原值的资料； （4）司法系统所属监狱等房产的证明材料。	《财政部 税务总局关于对司法部所属的劳改劳教单位征免房产税问题的通知》〔(87)财税地字第 021 号〕
30	毁损房屋和危险房屋免征房产税（08129903）	（1）《纳税人减免税备案登记表》2 份； （2）房屋产权证明复印件； （3）证明房产原值的资料； （4）房屋毁损鉴定证明材料。	《财政部 税务总局关于房产税若干具体问题的解释和暂行规定》〔(86)财税地字第 008 号〕
31	工商行政管理部门的集贸市场用房免征房产税（08129906）	（1）《纳税人减免税备案登记表》2 份； （2）房屋产权证明复印件； （3）证明房产原值的资料； （4）集贸市场经营主体的相关证明材料。	《财政部 税务总局关于房产税和车船使用税几个业务问题的解释与规定》〔(87)财税地字第 003 号〕
32	房管部门经租非营业用房免征房产税（08129907）	（1）《纳税人减免税备案登记表》2 份； （2）房屋产权证明复印件； （3）房屋租赁合同（协议）复印件； （4）经租居民用房相关证明材料。	《财政部 税务总局关于对房管部门经租的居民住房暂缓征收房产税的通知》〔(87)财税地字第 030 号〕
33	地下建筑减征房产税（08129913）	（1）《纳税人减免税备案登记表》2 份； （2）房屋产权证明复印件； （3）证明房产原值的资料； （4）证明房产用途的资料。	《财政部 国家税务总局关于具备房屋功能的地下建筑征收房产税的通知》（财税〔2005〕181 号）
34	基建工地临时性房屋免征房产税（08129916）	（1）《纳税人减免税备案登记表》2 份； （2）房屋产权证明复印件； （3）基建施工合同、临时房屋建造成本等证明材料。	《财政部 税务总局关于房产税若干具体问题的解释和暂行规定》〔(86)财税地字第 008 号〕
35	大修停用的房产免征房产税（08129916）	（1）《纳税人减免税备案登记表》2 份； （2）房屋产权证明复印件； （3）证明房产原值的资料； （4）房屋大修相关证明材料。	《财政部 税务总局关于房产税若干具体问题的解释和暂行规定》〔(86)财税地字第 008 号〕
36	企事业单位向个人出租住房房产税减按 4% 税率征收（08129917）	（1）《纳税人减免税备案登记表》2 份； （2）房屋产权证明复印件； （3）租赁合同（协议）原件及复印件。	《财政部 国家税务总局关于廉租住房经济适用住房和住房租赁有关税收政策的通知》（财税〔2008〕24 号）

1. 国家税务总局公告 2018 年第 65 号取消的备案证明事项

为贯彻落实党中央、国务院关于减证便民、优化服务的部署要求，根据《国务院办公厅关于做好证明事项清理工作的通知》（国办发〔2018〕47 号），按照《国家税务总局关于实施进一步支持和服务民营经济发展若干措施的通知》（税总发〔2018〕174 号）的安排，2018 年 12 月 28 日税务总局决定取消 20 项税务证明事项。涉及房产税备案的下列证明事项予以取消，不再提交，除第 5 项、第 6 项通过政府部门间信息共享或内部核查替代外，其他各项改为纳税人自行留存备查。

取消的税务证明事项目录（节选）

序号	证明名称	原证明用途
5	参加社会保险证明	5.1 转制科研机构办理科研开发自用房产免征房产税备案时，需提供按企业办法参加社会保险制度的证明。
6	工商营业执照	转制科研机构办理科研开发自用房产免征房产税备案时，需提供企业工商营业执照。
9	核销事业编制、注销事业单位法人的证明	9.1 转制科研机构办理科研开发自用房产免征房产税备案时，需提供核销事业编制、注销事业单位法人的证明。
10	决定撤销金融机构的证明	10.1 纳税人办理被撤销金融机构清算期间自有的或从债务方接收的房地产免征房产税备案时，需提供中国人民银行决定撤销该机构的证明材料。
11	单位性质证明	11.1 转制科研机构办理科研开发自用房产免征房产税备案时，需提供转制方案批复函。
		11.2 血站办理自用房产免征房产税备案时，需提供事业单位证明材料。
		11.3 纳税人办理学校、托儿所、幼儿园自用房产免征房产税备案时，需提供教育行业资质证明。
		11.4 纳税人办理国家机关、人民团体、军队以及由国家财政部门拨付事业经费的单位自用房产免征房产税备案时，需提供单位性质证明材料。
		11.5 企业办的各类医院办理自用房产免征房产税备案时，需提供单位性质证明材料。
		11.6 纳税人办理高校学生公寓免征房产税备案时，需提供高校资质证明。
		11.7 供热企业办理为居民供热所使用的厂房免征房产税备案时，需提供主管部门出具的供热企业的认定材料。
		11.8 纳税人办理股改铁路运输企业及合资铁路运输公司自用房产免征房产税备案时，需提供符合政策规定的股改铁路运输企业及合资铁路运输公司单位性质证明。
		11.9 纳税人办理监狱免征房产税备案时，需提供单位性质证明材料。
		11.10 农村饮水工程运营管理单位办理自用的生产、办公用房产免征房产税备案时，需提供农村饮水安全工程企业和单位的认定资料。
		11.11 纳税人办理集贸市场用房免征房产税备案时，需提供集贸市场经营主体的相关证明材料。
		11.12 纳税人办理农产品批发市场、农贸市场减免房产税备案时，需提供农产品批发市场和农贸市场经营主体的相关证明材料。

序号	证明名称	原证明用途
11	单位性质证明	11.13 福利性非营利性老年服务机构办理自用房产免征房产税备案时，需提供非营利性服务机构资质证明。
		11.14 非营利性科研机构办理自用房产免征房产税备案时，需提供非营利性科研机构执业登记证明。
		11.15 中国人民银行总行所属分支机构办理自用房产免征房产税备案时，需提供单位性质证明材料。
		11.16 纳税人办理天然林二期工程专用房产免征房产税备案时，需提供属于天然林二期工程实施企业和单位的认定资料。
12	医疗机构执业许可证	12.1 医疗卫生机构在办理免征增值税优惠备案时，需提供医疗机构执业许可证件。
		12.2 非营利性医疗机构、疾病控制机构和妇幼保健机构等卫生机构办理自用房产免征房产税备案时，需提供医疗机构执业许可证。
		12.3 营利性医疗机构办理自用房产 3 年内免征房产税备案时，需提供医疗机构执业许可证。
		12.4 血站办理自用房产免征房产税备案时，需提供医疗机构执业许可证。
		12.5 营利性医疗机构办理自用土地 3 年内免征城镇土地使用税备案时，需提供医疗机构执业许可证。
		12.6 血站办理自用土地免征城镇土地使用税备案时，需提供医疗机构执业许可证。
		12.7 非营利性医疗、疾病控制、妇幼保健机构等卫生机构办理自用土地免征城镇土地使用税备案时，需提供医疗机构执业许可证。
14	引入非公有资本和境外资本、变更资本结构的批准文件	转制科研机构引入非公有资本和境外资本、变更资本结构的，办理科研开发用房免征房产税备案时，需提供相关部门的批准文件。
15	房屋、土地权属证明	15.1 非营利性医疗机构、疾病控制机构和妇幼保健机构等卫生机构办理自用房产免征房产税备案时，需提供房屋产权证明。
		15.2 营利性医疗机构办理自用房产 3 年内免征房产税备案时，需提供房屋产权证明。
		15.3 血站办理自用房产免征房产税备案时，需提供房屋产权证明。
		15.4 纳税人办理学校、托儿所、幼儿园自用房产免征房产税备案时，需提供房屋产权证明。
		15.5 纳税人办理国家机关、人民团体、军队以及由国家财政部门拨付事业经费的单位自用房产免征房产税备案时，需提供房屋产权证明。
		15.6 企业办的各类医院办理自用房产免征房产税备案时，需提供房屋产权证明。
		15.7 纳税人办理高校学生公寓免征房产税备案时，需提供房屋产权证明。
		15.8 供热企业办理为居民供热所使用的厂房免征房产税备案时，需提供房屋产权证明。
		15.9 商品储备管理公司及其直属库办理商品储备业务自用房产免征房产税备案时，需提供房屋产权证明。
		15.10 纳税人办理铁路运输企业自用房产免征房产税备案时，需提供房屋产权证明。

序号	证明名称	原证明用途
15	房屋、土地权属证明	15.11 纳税人办理股改铁路运输企业及合资铁路运输公司自用房产免征房产税备案时,需提供房屋产权证明。
		15.12 青藏铁路公司及所属单位办理自用房产免征房产税备案时,需提供房屋产权证明。
		15.13 大秦公司办理自用房产免征房产税备案时,需提供房屋产权证明。
		15.14 纳税人办理监狱用房免征房产税备案时,需提供房屋产权证明。
		15.15 农村饮水工程运营管理单位办理自用的生产、办公用房产免征房产税备案时,需提供房屋产权证明。
		15.16 纳税人办理集贸市场用房免征房产税备案时,需提供房屋产权证明。
		15.17 纳税人办理农产品批发市场、农贸市场减免房产税备案时,需提供房屋产权证明。
		15.18 纳税人办理科技企业孵化器、国家大学科技园自用及提供给在孵对象使用的房产免征房产税备案时,需提供房屋产权证明。
		15.19 企事业单位办理向个人出租住房减按 4% 税率征收房产税时,需提供房屋产权证明。
		15.20 房管部门办理经租的居民用房免征房产税备案时,需提供房屋产权证明。
		15.21 纳税人办理公共租赁住房免征房产税备案时,需提供房屋产权证明。
		15.22 福利性非营利性老年服务机构办理自用房产免征房产税备案时,需提供房屋产权证明。
		15.23 非营利性科研机构办理自用房产免征房产税备案时,需提供房屋产权证明。
		15.24 纳税人将职工住宅全部产权出售给本单位职工,办理免征房产税备案时,需提供房屋产权证明。
		15.25 中国人民银行总行所属分支机构办理自用房产免征房产税备案时,需提供房屋产权证明。
		15.26 纳税人办理中国信达等 4 家金融资产管理公司处置不良资产免征房产税备案时,需提供房屋产权证明。
		15.27 纳税人办理被撤销金融机构清算期间自有的或从债务方接收的房地产免征房产税备案时,需提供房屋产权证明。
		15.28 纳税人办理处置港澳国际(集团)有限公司的有关资产免征房产税备案时,需提供房屋产权证明。
		15.29 纳税人办理毁损房屋和危险房屋免征房产税备案时,需提供房屋产权证明。
		15.30 纳税人办理地下建筑减征房产税备案时,需提供房屋产权证明。
		15.31 纳税人办理大修停用的房产免征房产税备案时,需提供房屋产权证明。
		15.32 纳税人办理天然林二期工程森工企业闲置房产免征房产税备案时,需提供房屋产权证明。

（续表）

序号	证明名称	原证明用途
15	房屋、土地权属证明	15.33 纳税人办理天然林二期工程的专用房产免征房产税备案时，需提供房屋产权证明。
		15.34 纳税人办理宗教寺庙、公园、名胜古迹自用房产免征房产税时，需提供房屋产权证明。
17	出租住房相关证明材料	17.1 房管部门办理经租的居民用房免征房产税备案时，需提供经租居民用房相关证明材料。
		17.2 纳税人办理公共租赁住房免征房产税备案时，需提供出租公共租赁住房相关证明材料。
20	取得财政储备经费或补贴的文件或凭证	20.1 商品储备管理公司及其直属库办理商品储备业务自用房产免征房产税备案时，需提供取得财政储备经费或补贴的批复文件或相关凭证。

2. 国家税务总局令第 46 号取消的税务证明事项

序号	证明名称	证明用途	取消后的办理方式
13	科技企业孵化器、大学科技园证明	纳税人办理科技企业孵化器、国家大学科技园按规定免征房产税、城镇土地使用税、增值税备案时，需提供国务院科技、教育行政主管部门出具的证明材料。	不再提交。通过政府部门间信息共享替代。
14	转制证明	经认定的转制文化企业，办理免征增值税、房产税备案时，需提供转制方案批复函；企业营业执照；核销事业编制、注销事业单位法人的证明；按企业办法参加社会保险制度的有关材料；相关部门对引入非公有资本和境外资本、变更资本结构的批准文件。	不再提交。改为纳税人自行留存备查。

四、增值税小规模纳税人减征优惠

财税〔2019〕13 号	国家税务总局公告 2019 年第 5 号
三、由省、自治区、直辖市人民政府根据本地区实际情况，以及宏观调控需要确定，对增值税小规模纳税人可以在 50% 的税额幅度内减征资源税、城市维护建设税、房产税、城镇土地使用税、印花税（不含证券交易印花税）、耕地占用税和教育费附加、地方教育附加。 四、增值税小规模纳税人已依法享受资源税、城市维护建设税、房产税、城镇土地使用税、印花税、耕地占用税、教育费附加、地方教育附加其他优惠政策的，可叠加享受本通知第三条规定的优惠政策。	自 2019 年 1 月 1 日起： 一、关于申报表的修订。 修订《房产税纳税申报表》，增加增值税小规模纳税人减征优惠申报有关数据项目，相应修改有关填表说明。 二、关于纳税人类别变化时减征政策适用时间的确定。 缴纳房产税的增值税一般纳税人按规定转登记为小规模纳税人的，自成为小规模纳税人的当月起适用减征优惠。增值税小规模纳税人按规定登记为一般纳税人的，自一般纳税人生效之日起不再适用减征优惠；增值税年应税销售额超过小规模纳税人标准应当登记为一般纳税人而未登记，经税务机关通知，逾期仍不办理登记的，自逾期次月起不再适用减征优惠。 三、关于减征优惠的办理方式。 纳税人自行申报享受减征优惠，不需额外提交资料。 四、关于纳税人未及时享受减征优惠的处理方式。 纳税人符合条件但未及时申报享受减征优惠的，可依法申请退税或者抵减以后纳税期的应纳税款。
在享受优惠的顺序上，本次减征优惠是在享受其他优惠的基础上再享受。原来适用比例减免或定额减免的，本次减征额计算的基数是应纳税额减除原有减免税额后的数额。	

（一）房产税纳税申报表（国家税务总局公告2019年第5号）

房产税纳税申报表

税款所属期：自　　年　　月　　日至　　年　　月　　日

纳税人识别号（统一社会信用代码）：□□□□□□□□□□□□□□□□□□

纳税人名称：　　　　　　　金额单位：人民币元（列至角分）；　　　　　面积单位：平方米

| 本期是否适用增值税小规模纳税人减征政策（减免性质代码08049901） | □是　□否 | 本期适用增值税小规模纳税人减征政策起始时间 | 年　　月 | 减征比例（％） |
| | | 本期适用增值税小规模纳税人减征政策终止时间 | 年　　月 | |

一、从价计征房产税

	房产编号	房产原值	其中：出租房产原值	计税比例	税率	所属期起	所属期止	本期应纳税额	本期减免税额	本期增值税小规模纳税人减征额	本期已缴税额	本期应补（退）税额
1	*											
2	*											
3												
…												
8												
9												
10	*											
合计	*	*	*	*	*	*	*					

二、从租计征房产税

	本期申报租金收入	税率	本期应纳税额	本期减免税额	本期增值税小规模纳税人减征额	本期已缴税额	本期应补（退）税额
1							
2							
3							
合计							

谨声明：本纳税申报表是根据国家税收法律法规及相关规定填报的，是真实的、可靠的、完整的。

纳税人（签章）：　　年　　月　　日

| 经办人：
经办人身份证号：
代理机构签章：
代理机构统一社会信用代码： | 受理人：
受理税务机关（章）：
受理日期：　　年　　月　　日 |

（二）报表填报口径

1. 本表适用于在中华人民共和国境内申报缴纳房产税的单位和个人。

2. 本表依据《中华人民共和国税收征收管理法》《中华人民共和国房产税暂行条例》制定，为房产税纳税申报表主表。本表包括现行使用的三个附表，附表一为《房产税减免税明细申报表》，附表二为《从价计征房产税税源明细表》、附表三为《从租计征房产税税源明细表》。首次申报或变更申报时纳税人提交《从价计征房产税税源明细表》和《从租计征房产税税源明细表》后，本表除"本期是否适用增值税小规模纳税人减征政策""本期适用增值税小规模纳税人减征政策起始时间"和"本期适用增值税小规模纳税人减征政策终止时间"外，其他数据项由系统自动生成。

3. 纳税人识别号（统一社会信用代码）：填报税务机关核发的纳税人识别号或有关部门核发的统一社会信用代码。

4. 纳税人名称：填报营业执照、税务登记证等证件载明的纳税人名称。

5. 本期是否适用增值税小规模纳税人减征政策（减免性质代码：08049901）：纳税人在税款所属期内有任意一个月份为增值税小规模纳税人的，勾选"是"；否则，勾选"否"。

6. 本期适用增值税小规模纳税人减征政策起始时间：如果税款所属期内纳税人一直为增值税小规模纳税人，填写税款所属期起始月份；如果税款所属期内纳税人由增值税一般纳税人转登记为增值税小规模纳税人，填写转登记为增值税小规模纳税人的月份。如，税款所属期为 2019 年 1 月至 6 月，某企业在 2019 年 2 月 11 日前为增值税一般纳税人，2 月 11 日转登记为增值税小规模纳税人，该企业本期适用增值税小规模纳税人减征政策起始日期为 2019 年 2 月，应在本栏填写"2019 年 2 月"。系统默认为税款所属期起始月份，纳税人可以修改。

7. 本期适用增值税小规模纳税人减征政策终止时间：如果税款所属期内纳税人一直为增值税小规模纳税人，填写税款所属期终止月份；如果税款所属期内纳税人由增值税小规模纳税人转登记为增值税一般纳税人，填写增值税一般纳税人生效之日所在的月份；经税务机关通知，逾期仍不办理增值税一般纳税人登记的，自逾期次月起不再适用减征优惠，填写逾期次月所在的月份。如，税款所属期为 2019 年 1 月至 6 月，某企业在 2019 年 5 月 1 日前为增值税小规模纳税人，5 月 1 日为一般纳税人的生效之日，该企业适用增值税小规模纳税人减征优惠终止日期为 2019 年 5 月，应在本栏填写"2019 年 5 月"。如果小规模纳税人状态没有发生变化，系统自动带出终止时间为税款所属期终止月，纳税人可以修改。

8. 减征比例（％）：当地省级政府根据财税〔2019〕13 号文件确定的减征比例，系统自动带出。

9. 房产编号＊：纳税人不必填写。由税务机关的管理系统赋予编号。

10. 房产原值：本项为《从价计征房产税税源明细表》相应数据项的汇总值。

11. 出租房产原值：本项为《从价计征房产税税源明细表》相应数据项的汇总值。

12. 计税比例：系统应当允许各地自行配置。配置好后，系统预设在表单中。

13. 税率：系统预设，无需纳税人填写，并允许各地自行配置。从价配置默认 1.2％，从租配置默认 12％。

14. 所属期起：税款所属期内税款所属的起始月份。起始月份不同的房产应当分行填写。默认为税款所属期的起始月份。但是，当《从价计征房产税税源明细表》中取得时间晚于税款所属期起始月份的，所属期起为"取得时间"的次月；《从价计征房产税税源明细表》中经核准的困难减免的起始月份晚于税款所属期起始月份的，所属期起为"经核准的困难减免的起始月份"；《从价计征房产税税源明细表》中变更类型选择信息项变更的，变更时间晚于税款所属期起始月份的，所属期起为"变更时间"。

15. 所属期止：税款所属期内税款所属的终止月份。终止月份不同的房产应当分行填写。默认为税款所属期的终止月份。但是，当《从价计征房产税税源明细表》中变更类型选择"纳税义务终止"的，变更时间早于税款所属期终止月份的，所属期止为"变更时间"；《从价计征房产税税源明细表》中"经核准的困难减免的终止月份"早于税款所属期终止月份的，所属期止为"经核准的困难减免的终止月份"。

16. 本期应纳税额、本期减免税额、本期增值税小规模纳税人减征额、本期应补（退）税额计算公式如下：

（1）本期增值税小规模纳税人减征额

本期增值税小规模纳税人减征额为税款所属期内适用增值税小规模纳税人减征优惠各月减征额的合计，增值税小规模纳税人月减征额＝（当月应纳税额－当月减免税额）×减征比例。

系统需逐月判断税款所属期内各个月份是否适用增值税小规模纳税人减征优惠，如果系统判断某月适用减征优惠，则减征比例为各省、自治区、直辖市人民政府确定的减征比例；如果系统判断某月不适用减征优惠，则减征比例为 0。

（2）从价计征房产税的

本期应纳税额＝∑（房产原值－出租房产原值）×计税比例×税率÷12×（所属期止月份－所属期起月份＋1）；

本期减免税额＝∑《从价计征房产税税源明细表》月减免税额×（所属期止月份－所属期起月份＋1）；

本期应补（退）税额＝本期应纳税额－本期减免税额－本期增值税小规模纳税人减征额－本期已缴税额。

（续表）

（3）从租计征房产税的

本期应纳税额＝∑本期应税租金收入×适用税率；

本期减免税额＝∑《从租计征房产税税源明细表》月减免税额×（所属期止月份－所属期起月份＋1）；

本期应补（退）税额＝本期应纳税额－本期减免税额－本期增值税小规模纳税人减征额－本期已缴税额。

17. 本表一式两份，一份纳税人留存，一份税务机关留存。

第六节　城镇土地使用税优惠

政策依据：

> 《中华人民共和国城镇土地使用税暂行条例》（国务院令483号修订，以下简称为《城镇土地使用税暂行条例》）

一、法定优惠（《城镇土地使用暂行条例》第六条）

下列土地免缴土地使用税：

（一）国家机关、人民团体、军队自用的土地。这部分土地是指这些单位本身的办公用地和公务用地。如国家机关、人民团体的办公楼用地，军队的训练场用地等。

（二）由国家财政部门拨付事业经费的单位自用的土地。这部分土地是指这些单位本身的业务用地。如学校的教学楼、操场、食堂等占用的土地。由国家财政部门拨付事业经费的单位，是指由国家财政部门拨付经费、实行全额预算管理或差额预算管理的事业单位。不包括实行自收自支、自负盈亏的事业单位。

（三）宗教寺庙、公园、名胜古迹自用的土地。宗教寺庙自用的土地，是指举行宗教仪式等的用地和寺庙内的宗教人员生活用地。公园、名胜古迹自用的土地，是指供公共参观游览的用地及其管理单位的办公用地。公园、名胜古迹中附设的营业单位如影剧院、饮食部、茶社、照相馆等使用的土地应征收土地使用税。

以上3条中所指单位的生产、经营用地和其他用地，不属于免税范围，应按规定缴纳土地使用税。

（四）市政街道、广场、绿化地带等公共用地。

（五）直接用于农、林、牧、渔业的生产用地地。这部分土地是指直接从事于种植、养殖、饲养的专业用地，不包括农副产品加工场地和生活、办公用地。

（六）经批准开山填海整治的土地和改造的废弃土地，从使用的月份起免缴土地使用税5年至10年。具体免税期限由各省、自治区、直辖市税务局在《城镇土地使用税暂行条例》规定的期限内自行确定，山东为10年。

（七）由财政部另行规定免税的能源、交通、水利设施用地和其他用地。

新征用的耕地自批准征用之日起1年内免征土地使用税；征用的非耕地，自批准征用次月起缴纳土地使用税。（《条例》第九条）

二、特定优惠

1. 企业办的学校、托儿所、幼儿园自用的土地，免征城镇土地使用税。（国税地字〔1988〕第015号【依据国家税务总局令第42号《国家税务总局关于公布失效废止的税务部门规章和税收规范性文件目录的决定》，本条款废止】）

2. 对非营利性医疗机构、疾病控制机构和妇幼保健机构等卫生机构自用的土地，免征城镇土地使用税。（财税〔2000〕42号）

3. 对行使国家行政管理职能的中国人民银行总行（含国家外汇管理局）所属分支机构自用的土地，免征城镇土地使用税。（国税函〔2001〕770号）

依据国家税务总局2016年第34号公告，此条执行期限至2016年5月26日。

4. 为了体现国家的产业政策，支持重点产业的发展，对石油、电力、煤炭等能源用地，民用港口、民航机场用地、铁路等交通用地和水利设施用地，三线调整企业、盐业、采石场、邮电等一些特殊用地划分了征免税界限和给予政策性减免税照顾。具体规定如下：

（1）石油天然气（含页岩气、煤层气）生产企业下列石油天然气生产建设用地暂免征收城镇土地使用税：

① 地质勘探、钻井、井下作业、油气田地面工程等施工临时用地；

② 企业厂区以外的铁路专用线、公路及输油（气、水）管道用地；

③ 油气长输管线用地。

在城市、县城、建制镇以外工矿区内的消防、防洪排涝、防风、防沙设施用地，暂免征收城镇土地使用税。（财税〔2015〕76 号）

（2）对企业的铁路专用线、公路等用地，除另有规定者外，在厂区（包括生产、办公及生活区）以外、与社会公用地段未加隔离的，暂免征收 城镇土地使用税。（国税地字〔1989〕第 140 号第十一条）

（3）对企业厂区（包括生产、办公及生活区）以外的公共绿化用地和 向社会开放的公园用地，暂免征收城镇土地使用税。（国税地字〔1989〕140 号）

（4）对盐场的盐滩、盐矿的矿井用地，暂免征收城镇土地使用税。（国税地字〔1989〕141 号）

（5）矿山的采矿场、排土场、尾矿库、炸药库的安全区，以及运矿运 岩公路、尾矿输送管道及回水系统用地，免征城镇土地使用税。对矿山企业采掘地下矿造成的塌陷地以及荒山占地，在未利用之前，暂免征收土地使用税。（国税地字〔1989〕122 号）

（6）对火电厂厂区围墙内的用地，均应照章征收土地使用税。对厂区围墙外的灰场、灰管、输油（气）管道、铁路专用线用地，免征土地使用税；厂区围墙外的其他用地，应照章征税。对供电部门的输电线路用地、变电站用地，免征城镇土地使用税。（国税地字〔1989〕13 号）

（7）对水利设施及共管护用地（如水库库区、大坝、堤防、灌渠、泵站等用地），免征土地使用税。（国税地字〔1989〕14 号）

（8）对中国海洋石油总公司及其所属公司，下列用地暂免征收城镇土地使用税：导管架、平台组块等海上结构物建造用地，码头用地，输油气 管线用地，通信天线用地，办公、生活区以外的公路、铁路专用线、机场用地。（国税油发〔1990〕3 号【依据财税〔2015〕76 号《财政部 国家税务总局关于石油天然气生产企业城镇土地使用税政策的通知》，本法规自 2015 年 7 月 1 日起全文废止】）

（9）对核工业总公司所属企业用地，对生产核系列产品的厂矿，为照顾其特殊情况，除生活区、办公区用地应依照规定征收外，其他用地暂免征收城镇土地使用税。（国税地字〔1989〕7 号）

（10）对交通部门港口的码头（即泊位，包括岸边码头、伸入水中的浮码头、堤岸、堤坝、战桥等）用地，免征城镇土地使用税。（国税地字〔1989〕123 号）

（11）对民航机场用地，机场飞行区（包括跑道、滑行道、停机坪、安 全带、夜航灯光区）用地、场内外通信导航设施用地和飞行区四周排水防 洪设施用地，免征城镇土地使用税；在机场道路中，场外道路用地免征城镇土地使用税。（国税地字〔1989〕32 号）

（12）对国家石油储备基地第一期项目建设过程中涉及的城镇土地使用税 予以免征。（财税〔2005〕23 号）

（13）从 2011 年 1 月 1 日至 2020 年 12 月 31 日，对天然林保护工程的土地免征城镇土地使用税。（财税〔2011〕90 号）

（14）自 2016 年 1 月 1 日至 2018 年 12 月 31 日，饮水工程运营管理单位自用的生产、办公用土地，免征城镇土地使用税。（财税〔2016〕19 号）

（15）对核电站的核岛、常规岛、辅助厂房和通信设施用地（不包括地下线路用地），生活、办公用地按规定征收城镇土地使用税，其他用地免征城镇土地使用税。对核电站应税土地在基建期内减半征收城镇土地使用税。（财税〔2007〕124 号）

（16）自 2019 年 1 月 1 日起至 2021 年 12 月 31 日止，对中国兵器工业集团公司和中国兵器装备集团公司所属专门生产枪炮弹、火炸药、引信、火工品的企业，除办公、生活区用地外，其他用地继续免征城镇土地使用税。企业享受本通知规定的免税政策，应按规定进行免税申报，并将不动产权属证明、土地用途证明等资料留存备查。（财税〔2019〕10 号）

5. 2016 年 1 月 1 日至 2018 年 12 月 31 日，对城市公交站场、道路客运站场、城市轨道交通系统运营用地，免征城镇土地使用税。（财税〔2016〕16 号）

6. 2016 年 1 月 1 日至 2021 年 12 月 31 日，对专门经营农产品的农产品 批发市场、农贸市场使用（包括自有和承租，下同）的房产、土地，暂免 征收城镇土地使用税。对同时经营其他产品的农产品批发市场和农贸市场使用的房产、土地,按其他产品与农产品交易场地面积的比例确定免征城镇土地使用税。(财税〔2016〕1 号、财税〔2019〕12 号)

7. 2017 年 1 月 1 日至 2019 年 12 月 31 日,对物流企业自有的(包括自用和出租)大宗商品仓储设施用地,减按所属土地等级适用税额标准的 50%计征城镇土地使用税。物流企业的办公、生活区用地及其他非直接从事 大宗商品仓储的用地,不属于优惠范围,应按规定征收城镇土地使用税。(财税〔2017〕33 号)

8. 对政府部门和企事业单位、社会团体以及个人等社会力量投资兴办的福利性、非营利性的老年服务机构自用土地,暂免城镇土地使用税。(财税〔2000〕97 号)

9. 在城镇土地使用税征收范围内经营采摘、观光农业的单位和个人,其直接用于采摘、观光的种植、养殖、饲养的土地,根据《城镇土地使用税暂行条例》第 6 条中"直接用于农、林、牧、渔业的生产用地"的规定,免征城镇土地使用税。(财税〔2006〕186 号文件第三条)

在城镇土地使用税征收范围内,利用林场土地兴建度假村等休闲娱乐场所的,其经营、办公和生活用地,应按规定征收城镇土地使用税。(财税〔2006〕186 号文件第四条)

10. 对在一个纳税年度内月平均实际安置残疾人就业人数占单位在职职工总数的比例高于 25%(含 25%)且实际安置残疾人人数高于 10 人(含 10 人)的单位,可减征或免征该年度城镇土地使用税。具体减免税比例及管理办法由省、自治区、直辖市财税主管部门确定。(财税〔2010〕121 号)

11. 对商品储备管理公司及其直属库承担商品储备业务自用的房产、土地,免征房产税、城镇土地使用税。(财税〔2013〕59 号)

12. 自 2016 年 1 月 1 日至 2018 年 12 月 31 日,对向居民供热而收取采暖费的供热企业,为居民供热所使用的厂房及土地免征房产税、城镇土地使用税;对供热企业其他厂房及土地,应当按规定征收房产税、城镇土地使用税。(财税〔2016〕94 号)

13. 对公共租赁住房建设期间用地及公共租赁住房建成后占地免征城镇土地使用税。在其他住房项目中配套建设公共租赁住房,依据政府部门出具的相关材料,按公共租赁住房建筑面积占总建筑面积的比例免征建设、管理公共租赁住房涉及的城镇土地使用税。(财税〔2015〕139 号)

14. 自 2016 年 1 月 1 日起,企业拥有并运营管理的大型体育场馆,其用于体育活动的房产、土地,减半征收房产税和城镇土地使用税。大型体育场馆的标准以及用于体育活动的界定按财税〔2015〕130 号文件执行。(财税〔2015〕130 号)

15. 除经批准开发建设经济适用房的用地外,对各类房地产开发用地一律不得减免城镇土地使用税。(国税发〔2004〕100 号)

对廉租住房、经济适用住房建设用地以及廉租住房经营管理单位按照政府规定价格、向规定保障对象出租的廉租住房用地,免征城镇土地使用税。开发商在经济适用住房、商品住房项目中配套建造廉租住房,在商品住房项目中配套建造经济适用住房,如能提供政府部门出具的相关材料,可按廉租住房、经济适用住房建筑面积占总建筑面积的比例免征开发商应缴纳的城镇土地使用税。(财税〔2008〕24 号)

对改造安置住房建设用地免征城镇土地使用税。对改造安置住房经营管理单位、开发商与改造安置住房相关的印花税以及购买安置住房的个人涉及的印花税予以免征。在商品住房等开发项目中配套建造安置住房的,依据政府部门出具的相关材料和拆迁安置补偿协议,按改造安置住房建筑面积占总建筑面积的比例免征城镇土地使用税、印花税。(财税〔2010〕42 号【依据财税〔2013〕101 号《财政部 国家税务总局关于棚户区改造有关税收政策的通知》第七条,本法规自 2013 年 7 月 4 日起全文废止】)

16. 自 2018 年 10 月 1 日至 2020 年 12 月 31 日,对按照去产能和调结构政策要求停产停业、关闭的企业,自停产停业次月起,免征城镇土地使用税。企业享受免税政策的期限累计不得超过两年。按照去产能和调结构政策要求停产停业、关闭的中央企业名单由国务院国有资产监督管理部门认定发布,其他企业名单由省、自治区、直辖市人民政府确定的去产能、调结构主管部门认定发布。认定部门应当及时将认定发布的企业名单(含停产停业、关闭时间)抄送同级财政和税务部门。企业享受本通知规定的免税政策,应按规定进行减免税申报,并将房产土地权属资料、房产原值资料等留存备查。(财税〔2018〕107 号)

17. 自 2019 年 1 月 1 日至 2021 年 12 月 31 日,对国家级、省级科技企业孵化器、大学科技园和国家备案众创空间自用以及无偿或通过出租等方式提供给在孵对象使用的房产、土地,免征房产税和城镇土地使用税。(财税〔2018〕120 号)

18. 对易地扶贫搬迁安置住房用地,免征城镇土地使用税。(财税〔2018〕135 号)

三、城镇土地使用税优惠项目核准与备案

(一) 城镇土地使用税优惠核准

序号	减免项目名称(代码)	报送资料	政策依据
1	纳税人困难性减免城镇土地使用税优惠(10129917、10011605):符合城镇土地使用税困难减免条件的纳税人,可在政策规定的减免税期限内向主管税务机关申请办理城镇土地使用税优惠核准。	1.《纳税人减免税申请核准表》。 2. 减免税申请报告(列明减免税理由、依据、范围、期限、数量、金额等)。 3. 土地使用权证明复印件。 4. 证明纳税人困难的相关材料。 5. 主管税务机关要求的其他资料。	《中华人民共和国城镇土地使用税暂行条例》(中华人民共和国国务院令第17号) 《财政部　国家税务总局关于认真落实抗震救灾及灾后重建税收政策问题的通知》(财税〔2008〕62号)

　　纳税人在减免税书面核准决定未下达之前应按规定进行纳税申报。纳税人享受减免税的情形发生变化时,应当及时向税务机关报告,税务机关对纳税人的减免税资质进行重新审核。

(二) 城镇土地使用税优惠备案

　　符合城镇土地使用税优惠备案条件的纳税人,应向主管税务机关申请办理房产税优惠备案。

序号	减免项目名称(代码)	备案资料	政策依据
1	棚户区改造安置住房建设用地免土地税(10011705)	(1)《纳税人减免税备案登记表》2份; (2) 土地使用权证明复印件; (3) 政府部门出具的棚户区改造安置住房建设用地证明材料; (4) 棚户区改造合同(协议)复印件。	《财政部　国家税务总局关于棚户区改造有关税收政策的通知》(财税〔2013〕101号)
2	公共租赁住房用地免土地税(10011707)	(1)《纳税人减免税备案登记表》2份; (2) 确认为公共租赁住房的证明材料; (3) 土地权属证书或其他证明纳税人使用土地的文件复印件。	《财政部　国家税务总局关于公共租赁住房税收优惠政策的通知》(财税〔2015〕139号)
3	安置残疾人就业单位用地减免土地税(10012701)	(1)《纳税人减免税备案登记表》2份; (2) 土地使用权证明复印件; (3) 安置的残疾职工名单(各月)及相应的《中华人民共和国残疾人证》或《中华人民共和国残疾军人证(1至8级)》原件及复印件; (4) 劳动合同或服务协议,工资发放及社会保险费缴纳清单(应注明全体职工的个人明细情况); (5) 职工名单,安置残疾人名单及岗位安排,符合安置比例及相关条件的用工情况说明。	《财政部　国家税务总局关于安置残疾人就业单位城镇土地使用税等政策的通知》(财税〔2010〕121号)
4	福利性非营利性老年服务机构土地免土地税(10012702)	(1)《纳税人减免税备案登记表》2份; (2) 土地使用权证明复印件; (3) 民政部门出具的资质认定复印件。	《财政部　国家税务总局关于对老年服务机构有关税收政策问题的通知》(财税〔2000〕97号)
5	农产品批发市场、农贸市场用地免土地税(10019902、10019905)	(1)《纳税人减免税备案登记表》2份; (2) 土地使用权证明复印件; (3) 农产品批发市场和农贸市场经营主体的相关证明,同时经营其他产品的农产品批发市场和农贸市场,应提供面积比例专项说明。	《关于土地使用税若干具体问题的补充规定》〔(89)国税地字第140号〕 《财政部　税务总局关于继续实行农产品批发市场农贸市场房产税城镇土地使用税优惠政策的通知》(财税〔2019〕12号)

（续表）

序号	减免项目名称（代码）	备案资料	政策依据
6	落实私房政策后的房屋用地减免土地税（10019903）	（1）《纳税人减免税备案登记表》2份； （2）土地使用权证明复印件； （3）有关部门出具的落实私房政策证明材料； （4）房屋租赁合同（协议）复印件。	《关于土地使用税若干具体问题的补充规定》[(89)国税地字第140号]
7	大宗商品仓储设施用地城镇土地使用税优惠（10019906）	（1）《纳税人减免税备案登记表》2份； （2）土地使用权证明复印件； （3）单位性质证明材料。	《财政部 国家税务总局关于继续实施物流企业大宗商品仓储设施用地城镇土地使用税优惠政策的通知》（财税〔2017〕33号）
8	非营利性科研机构自用土地免土地税（10021901）	（1）《纳税人减免税备案登记表》2份； （2）土地使用权证明复印件； （3）非营利性科研机构执业登记证明复印件。	《财政部 国家税务总局关于非营利性科研机构税收政策的通知》（财税〔2001〕5号）
9	科技园自用及提供孵化企业使用土地免土地税（10021907）	（1）《纳税人减免税备案登记表》2份； （2）土地使用权证明复印件； （3）教育部门出具的大学科技园资格证明材料； （4）大学科技园面向孵化企业出租场地、房屋以及提供孵化服务的业务收入在财务上单独核算的相关证明材料； （5）孵化企业相关证明材料、在孵化企业汇总表。	《财政部 税务总局 科技部 教育部关于科技企业孵化器 大学科技园和众创空间税收政策的通知》（财税〔2018〕120号）
10	孵化器自用及提供孵化企业使用土地免土地税（10021908）	（1）《纳税人减免税备案登记表》2份； （2）土地使用权证明复印件； （3）科技部门出具的证明材料； （4）孵化器面向孵化企业出租场地、房屋以及提供孵化服务的业务收入在财务上单独核算的相关证明材料； （5）孵化企业相关证明材料、在孵化企业汇总表。	《财政部 税务总局 科技部 教育部关于科技企业孵化器 大学科技园和众创空间税收政策的通知》（财税〔2018〕120号）
11	转制科研机构的科研开发自用土地免土地税（10022002）	（1）《纳税人减免税备案登记表》2份； （2）土地使用权证明复印件； （3）转制方案批复函； （4）企业工商营业执照； （5）整体转制前已进行事业单位法人登记的，应提供同级机构编制管理机关核销事业编制、注销事业单位法人的证明； （6）同在职职工签订劳动合同、按企业办法参加社会保险制度的证明； （7）引入非公有资本和境外资本、变更资本结构的，需出具相关部门批准文件。	《财政部 国家税务总局关于转制科研机构有关税收政策问题的通知》（财税〔2003〕137号）
12	青藏铁路公司及其所属单位自用土地免土地税（10033301）	（1）《纳税人减免税备案登记表》2份； （2）土地使用权证明复印件。	《财政部 国家税务总局关于青藏铁路公司运营期间有关税收等政策问题的通知》（财税〔2007〕11号）

（续表）

序号	减免项目名称(代码)	备案资料	政策依据
13	大秦公司市场化运作前其自用土地免土地税(10052401)	(1)《纳税人减免税备案登记表》2份； (2)土地使用权证明复印件。	《财政部 国家税务总局关于大秦铁路改制上市有关税收问题的通知》(财税〔2006〕32号)
14	广深公司承租广铁集团铁路运输用地免土地税(10052402)	(1)《纳税人减免税备案登记表》2份； (2)土地使用权证明复印件； (3)收购租赁合同及相关协议复印件。	《财政部 国家税务总局关于广深铁路股份有限公司改制上市和资产收购有关税收问题的通知》(财税〔2008〕12号)
15	企业搬迁原场地不使用的免土地税(10052403)	(1)《纳税人减免税备案登记表》2份； (2)土地使用权证明复印件； (3)有关部门对企业搬迁的批准文件或认定书复印件。	《关于土地使用税若干具体问题的补充规定》[(89)国税地字第140号]
16	企业厂区以外的公共绿化用地免土地税(0061001)	(1)《纳税人减免税备案登记表》2份； (2)土地使用权证明复印件； (3)企业公共绿化用地证明材料。	《关于土地使用税若干具体问题的补充规定》[(89)国税地字第140号]
17	天然林二期工程专用土地免土地税(10061002)	(1)《纳税人减免税备案登记表》2份； (2)专用土地的土地使用权证明复印件； (3)属于天然林二期工程实施企业和单位的认定资料。	《财政部 国家税务总局关于天然林保护工程(二期)实施企业和单位房产税、城镇土地使用税政策的通知》(财税〔2011〕90号)
18	天然林二期工程森工企业闲置土地免土地税(10061003)	(1)《纳税人减免税备案登记表》2份； (2)企业闲置土地的土地使用权证明复印件； (3)属于天然林二期工程实施企业和单位的认定资料。	
19	居民供热使用土地免土地税(10064003)	(1)《纳税人减免税备案登记表》2份； (2)专用土地的土地使用权证明复印件； (3)供热企业证明材料。	《财政部 国家税务总局关于供热企业增值税 房产税 城镇土地使用税优惠政策的通知》(财税〔2016〕94号)
20	电力行业部分用地免土地税(10064201)	(1)《纳税人减免税备案登记表》2份； (2)土地使用权证明复印件； (3)电力行业用地证明材料。	《国家税务局关于电力行业征免土地使用税问题的规定》[(89)国税地字第013号]
21	核工业总公司所属企业部分用地免土地税(10064202)	(1)《纳税人减免税备案登记表》2份； (2)土地使用权证明复印件； (3)单位性质证明材料。	《国家税务局关于对核工业总公司所属企业征免土地使用税问题的若干规定》[(89)国税地字第007号]
22	核电站部分用地减免土地税(10064203)	(1)《纳税人减免税备案登记表》2份； (2)土地使用权证明复印件； (3)单位性质证明材料。	《财政部 国家税务总局关于核电站用地征免城镇土地使用税的通知》(财税〔2007〕124号)
23	4家金融资产公司处置房地产免土地税（10083901、10083905）	(1)《纳税人减免税备案登记表》2份； (2)土地使用权证明复印件； (3)处置不良资产合同或协议复印件。	《财政部 国家税务总局关于中国信达等4家金融资产管理公司税收政策问题的通知》(财税〔2001〕10号)

（续表）

序号	减免项目名称（代码）	备案资料	政策依据
24	东方资产管理公司接收港澳国际（集团）有限公司资产的城镇土地使用税优惠（10083902）	（1）《纳税人减免税备案登记表》2 份； （2）土地使用权证明复印件； （3）处置不良资产合同或协议复印件。	《财政部 国家税务总局关于中国东方资产管理公司处置港澳国际（集团）有限公司有关资产税收政策问题的通知》（财税〔2003〕212 号）
25	被撤销金融机构清算期间自有的或从债务方接收的房地产（10083903）	（1）《纳税人减免税备案登记表》2 份； （2）土地使用权证明复印件； （3）中国人民银行撤销该机构的证明材料； （4）财产处置协议复印件。	《财政部 国家税务总局关于被撤销金融机构有关税收政策问题的通知》（财税〔2003〕141 号）
26	农村饮水工程运营管理单位自用土地免土地税（10092302）	（1）《纳税人减免税备案登记表》2 份； （2）土地使用权证明复印件； （3）农村饮水工程运营相关证明资料原件及复印件。	《财政部 国家税务总局关于继续实行农村饮水安全工程建设运营税收优惠政策的通知》（财税〔2016〕19 号）
27	学校、托儿所、幼儿园自用土地免土地税（10101401）	（1）《纳税人减免税备案登记表》2 份； （2）土地使用权证明复印件； （3）教育部门出具的教育行业资质证明复印件。	《财政部 国家税务总局关于教育税收政策的通知》（财税〔2004〕39 号）
28	符合条件的体育场馆减免城镇土地使用税（10102901）	（1）《纳税人减免税备案登记表》2 份； （2）土地权属证书或其他证明纳税人使用土地的文件复印件； （3）确认为体育场馆的证明材料。	《财政部 国家税务总局关于体育场馆房产税和城镇土地使用税政策的通知》（财税〔2015〕130 号）
29	航空航天公司专属用地免土地税（10120702）	（1）《纳税人减免税备案登记表》2 份； （2）土地权属证书或其他证明纳税人使用土地的文件复印件； （3）确认为中国航空、航天、船舶工业总公司所属军工企业单位性质证明 材料。	《财政部 国家税务总局关于对中国航空 航天 船舶工业总公司所属军工企业免征土地使用税的若干规定的通知》（财税字〔1995〕27 号）
30	铁道部所属铁路运输企业自用土地免土地税（10121301）	（1）《纳税人减免税备案登记表》2 份； （2）土地使用权证明复印件； （3）单位性质证明材料。	《财政部 国家税务总局关于调整铁路系统房产税城镇土地使用税政策的通知》（财税〔2003〕149 号）
31	地方铁路运输企业自用土地免土地税（10121303）	（1）《纳税人减免税备案登记表》2 份； （2）土地使用权证明复印件； （3）单位性质证明材料。	《财政部 国家税务总局关于明确免征房产税城镇土地使用税的铁路运输企业范围及有关问题的通知》（财税〔2004〕36 号）
32	港口的码头用地免土地税（10121304）	（1）《纳税人减免税备案登记表》2 份； （2）土地使用权证明复印件； （3）港口用地相关证明材料。	《国家税务局关于对交通部门的港口用地征免土地使用税问题的规定》〔(89)国税地字第 123 号〕
33	民航机场规定用地免土地税（10121305）	（1）《纳税人减免税备案登记表》2 份； （2）土地使用权证明复印件； （3）民航机场用地相关证明材料。	《国家税务局关于对民航机场用地征免土地使用税问题的规定》〔(89)国税地字第 032 号〕

（续表）

序号	减免项目名称（代码）	备案资料	政策依据
34	股改铁路运输企业及合资铁路运输公司自用的房产免土地税（10121306）	（1）《纳税人减免税备案登记表》2份； （2）土地使用权证明复印件； （3）单位性质证明材料。	《财政部 国家税务总局关于股改及合资铁路运输企业房产税、城镇土地使用税有关政策的通知》（财税〔2009〕132号）
35	厂区外未加隔离的企业铁路专用线用地免土地税（10121308）	（1）《纳税人减免税备案登记表》2份； （2）土地使用权证明复印件； （3）企业铁路专用线、公路用地证明材料。	《关于土地使用税若干具体问题的补充规定》〔（89）国税地字第140号〕
36	城市公交站场、道路客运站场的运营用地免土地税（10121309）	（1）《纳税人减免税备案登记表》2份； （2）土地权属证书或其他证明纳税人使用土地的文件复印件； （3）确认为城市公交站场、道路客运站场、城市轨道交通系统的有关证明 材料。	《财政部 国家税务总局关于对城市公交站场道路客运站场免征城镇土地使用税的通知》（财税〔2016〕16号）
37	商品储备管理公司及其直属库储备业务自用土地免土地税（10122605）	（1）《纳税人减免税备案登记表》2份； （2）土地权属证书或其他证明纳税人使用土地的文件复印件； （3）与政府有关部门签订的承担储备任务的书面委托合同、取得财政储备 经费或补贴的批复文件或相关凭证等确认为商品储备管理公司及其直属库的有 关证明材料复印件。	《财政部 国家税务总局关于部分国家储备商品有关税收政策的通知》（财税〔2016〕28号）
38	血站自用的土地免土地税（10123401）	（1）《纳税人减免税备案登记表》2份； （2）土地使用权证明复印件； （3）医疗执业注册登记证复印件。	《财政部 国家税务总局关于血站有关税收问题的通知》（财税字〔1999〕264号）
39	非营利性医疗、疾病控制、妇幼保健机构自用的土地免土地税（10123402）	（1）《纳税人减免税备案登记表》2份； （2）土地使用权证明复印件； （3）医疗执业注册登记证复印件。	《财政部 国家税务总局关于医疗卫生机构有关税收政策的通知》（财税〔2000〕42号）
40	营利性医疗机构自用的土地3年内免土地税（10123403）	（1）《纳税人减免税备案登记表》2份； （2）土地使用权证明复印件； （3）医疗执业注册登记证复印件。	《财政部 国家税务总局关于医疗卫生机构有关税收政策的通知》（财税〔2000〕42号）
41	免税单位无偿使用的土地免土地税（10125002）	（1）《纳税人减免税备案登记表》2份； （2）土地使用权证明复印件； （3）免税单位无偿使用证明材料。	《关于土地使用税若干具体问题的补充规定》〔（89）国税地字第140号〕
42	劳改劳教单位相关用地免土地税（10125003）	（1）《纳税人减免税备案登记表》2份； （2）土地使用权证明复印件； （3）司法系统所属的劳改单位的证明材料。	《国家税务局关于对司法部所属的劳改劳教单位征免土地使用税问题的规定》〔（89）国税地字第119号〕
43	地下建筑用地暂按50%征收免土地税（10129901）	（1）《纳税人减免税备案登记表》2份； （2）土地使用权证明复印件； （3）地下建筑用地相关证明材料。	《财政部 国家税务总局关于房产税城镇土地使用税有关问题的通知》（财税〔2009〕128号）

序号	减免项目名称（代码）	备案资料	政策依据
44	采摘观光的种植养殖土地免土地税（10129902）	（1）《纳税人减免税备案登记表》2 份； （2）土地使用权证明复印件； （3）采摘观光农业用地证明材料。	《财政部 国家税务总局关于房产税城镇土地使用税有关政策的通知》（财税〔2006〕186 号）
45	水利设施及其管护用地免土地税（10129906）	（1）《纳税人减免税备案登记表》2 份； （2）土地使用权证明复印件； （3）水利设施用地证明材料。	《国家税务局关于水利设施用地征免土地使用税问题的规定》〔（89）国税地字第 014 号〕
46	防火防爆防毒等安全用地免土地税（10129907）	（1）《纳税人减免税备案登记表》2 份； （2）土地使用权证明复印件； （3）有关部门出具的安全防范用地证明材料。	《关于土地使用税若干具体问题的补充规定》〔（89）国税地字第 140 号〕
47	矿山企业生产专用地免土地税（10129909）	（1）《纳税人减免税备案登记表》2 份； （2）土地使用权证明复印件； （3）单位性质证明材料。	《国家税务局关于对矿山企业征免土地使用税问题的通知》〔（89）国税地字第 122 号〕
48	煤炭企业规定用地免土地税（10129910）	（1）《纳税人减免税备案登记表》2 份； （2）土地使用权证明复印件； （3）单位性质证明材料。	《国家税务局关于对煤炭企业用地征免土地使用税问题的规定》〔（89）国税地字第 089 号〕
49	盐场的盐滩盐矿的矿井用地免土地税（10129911）	（1）《纳税人减免税备案登记表》2 份； （2）土地使用权证明复印件； （3）单位性质证明材料。	《国家税务局关于对盐场、盐矿征免城镇土地使用税问题的通知》〔（89）国税地字第 141 号〕
50	林业系统相关用地免土地税（10129913）	（1）《纳税人减免税备案登记表》2 份； （2）土地使用权证明复印件； （3）单位性质证明材料。	《国家税务局关于林业系统征免土地使用税问题的通知》（国税函发〔1991〕1404 号）
51	开山填海整治土地和改造废弃土地免土地税（10129918）	（1）《纳税人减免税备案登记表》2 份； （2）土地使用证、海域证等证明复印件； （3）开山填海整治或废弃土地改造前的图纸、图片及其他能够证明目标土地整治或改造前状态的证明材料； （4）国土资源部门批准占用滩涂、泽塘、山地等废弃土地的批复文件。	《城镇土地使用税暂行条例》（中华人民共和国国务院令第 483 号）
52	企业已售房改房占地免土地税（10129919）	（1）《纳税人减免税备案登记表》2 份； （2）土地使用权证明复印件； （3）房改房销售合同（协议）复印件。	《财政部 国家税务总局关于房改用地未办理土地使用权过户期间城镇土地使用税政策的通知》（财税〔2013〕44 号）
53	个人出租住房用地城镇土地使用税优惠（10129920）	（1）《纳税人减免税备案登记表》2 份； （2）房屋产权证明原件及复印件； （3）个人身份证件； （4）租赁合同（协议）原件及复印件。	《财政部 国家税务总局关于廉租住房 经济适用住房和住房租赁有关税收政策的通知》（财税〔2008〕24 号）

（续表）

序号	减免项目名称（代码）	备案资料	政策依据
54	企业的荒山、林地、湖泊等占地减半征收土地税（10129921）	（1）《纳税人减免税备案登记表》2份； （2）土地使用权证明复印件； （3）对企业范围内的荒山、林地、湖泊等占地，尚未利用的相关证明材料。	《财政部 国家税务总局关于企业范围内的荒山林地湖泊等占地城镇土地使用税有关政策的通知》（财税〔2014〕1号）
55	石油天然气生产企业部分用地免土地税（10129924）	（1）《纳税人减免税备案登记表》2份； （2）土地使用权证明复印件； （3）单位性质证明材料。	《财政部 国家税务总局关于石油天然气生产企业城镇土地使用税政策的通知》（财税〔2015〕76号）
56	接收港澳国际（集团）有限公司的房产（10021909）	《纳税人减免税备案登记表》2份。	《财政部 国家税务总局关于大型客机和大型客机发动机整机设计制造企业房产税 城镇土地使用税政策的通知》（财税〔2016〕133号）

1. 国家税务总局公告2018年第65号取消的备案证明事项

涉及城镇土地使用税备案的下列证明事项予以取消，不再提交，除第5项通过政府部门间信息共享或内部核查替代外，其他各项改为纳税人自行留存备查。

取消的税务证明事项目录（节选）

序号	证明名称	原证明用途
5	参加社会保险证明	5.2 转制科研机构办理科研开发自用土地免征城镇土地使用税备案时，需提供按企业办法参加社会保险制度的证明。
8	残疾人证明	安置残疾人就业单位办理减免城镇土地使用税备案时，需提供就业人员的残疾人证或残疾军人证。
9	核销事业编制、注销事业单位法人的证明	9.2 转制科研机构办理科研开发自用土地免征城镇土地使用税备案时，需提供核销事业编制、注销事业单位法人的证明。
10	决定撤销金融机构的证明	10.2 纳税人办理被撤销金融机构清算期间自有的或从债务方接收的房地产免征城镇土地使用税备案时，需提供中国人民银行决定撤销该机构的证明材料。
11	单位性质证明	11.17 转制科研机构办理科研开发自用土地免征城镇土地使用税备案时，需提供转制方案批复函。
		11.18 中国人民银行总行所属分支机构办理自用土地免征城镇土地使用税备案时，需提供单位性质证明材料。
		11.19 纳税人办理铁路运输企业自用土地免征城镇土地使用税备案时，需提供单位性质证明材料。
		11.20 纳税人办理地方铁路运输企业自用土地免征城镇土地使用税备案时，需提供符合政策规定的地方铁路运输企业单位性质证明。
		11.21 纳税人办理股改铁路运输企业及合资铁路运输公司自用土地免征城镇土地使用税备案时，需提供符合政策规定的股改铁路运输企业及合资铁路运输公司单位性质证明。
		11.22 纳税人办理天然林二期工程专用土地免征城镇土地使用税备案时，需提供属于天然林二期工程实施企业和单位的认定资料。

序号	证明名称	原证明用途
11	单位性质证明	11.23 石油天然气生产企业办理符合条件的用地免征城镇土地使用税备案时，需提供单位性质证明材料。
		11.24 纳税人办理国家石油储备基地项目用地免征城镇土地使用税备案时，需提供用地单位属于国家石油储备基地项目企业的资料。
		11.25 企业搬迁后，原有场地不使用的，办理免征城镇土地使用税备案时，需提供有关部门对企业搬迁的批准文件或认定书。
		11.26 纳税人办理林业系统相关用地免征城镇土地使用税备案时，需提供单位性质证明材料。
		11.27 农村饮水工程运营管理单位办理自用土地免征城镇土地使用税备案时，需提供农村饮水安全工程企业和单位的认定资料。
		11.28 纳税人办理集贸市场用地免征城镇土地使用税备案时，需提供集贸市场经营主体的相关证明。
		11.29 纳税人办理农产品批发市场、农贸市场减免城镇土地使用税备案时，需提供农产品批发市场和农贸市场经营主体的相关证明。
		11.30 矿山企业办理生产专用地免征城镇土地使用税备案时，需提供单位性质证明材料。
		11.31 建材企业办理采石场、排土场等用地免征城镇土地使用税备案时，需提供单位性质证明材料。
		11.32 纳税人办理盐场的盐滩盐矿的矿井用地免征城镇土地使用税备案时，需提供单位性质证明材料。
		11.33 纳税人办理学校、托儿所、幼儿园自用土地免征城镇土地使用税备案时，需提供教育行业资质证明。
		11.34 非营利性老年服务机构办理自用土地免征城镇土地使用税备案时，需提供非营利性服务机构资质证明。
		11.35 福利性非营利性科研机构办理自用土地免征城镇土地使用税备案时，需提供非营利性科研机构执业登记证明。
12	医疗机构执业许可证	12.5 营利性医疗机构办理自用土地 3 年内免征城镇土地使用税备案时，需提供医疗机构执业许可证。
		12.6 血站办理自用土地免征城镇土地使用税备案时，需提供医疗机构执业许可证。
		12.7 非营利性医疗、疾病控制、妇幼保健机构等卫生机构办理自用土地免征城镇土地使用税备案时，需提供医疗机构执业许可证。
13	海域使用权证明	纳税人办理开山填海整治土地免征城镇土地使用税备案时，需提供纳税人的海域使用权证明。
15	房屋、土地权属证明	15.35 转制科研机构办理科研开发自用土地免征城镇土地使用税备案时，需提供土地权属证明。
		15.36 中国人民银行总行所属分支机构办理自用土地免征城镇土地使用税备案时，需提供土地权属证明。
		15.37 纳税人办理铁路运输企业自用土地免征城镇土地使用税备案时，需提供土地权属证明。

序号	证明名称	原证明用途
15	房屋、土地权属证明	15.38 纳税人办理地方铁路运输企业自用土地免征城镇土地使用税备案时,需提供土地权属证明。
		15.39 纳税人办理股改铁路运输企业及合资铁路运输公司自用房产免征城镇土地使用税备案时,需提供土地权属证明。
		15.40 大秦公司办理自用土地免征城镇土地使用税备案时,需提供土地权属证明。
		15.41 青藏铁路公司及其所属单位办理自用土地免征城镇土地使用税备案时,需提供土地权属证明。
		15.42 广深公司承租广铁集团铁路运输用地办理免征城镇土地使用税备案时,需提供土地权属证明。
		15.43 纳税人办理天然林二期工程专用土地免征城镇土地使用税备案时,需提供土地权属证明。
		15.44 纳税人办理天然林二期工程森工企业闲置土地免征城镇土地使用税备案时,需提供土地权属证明。
		15.45 石油天然气生产企业办理符合条件的用地免征城镇土地使用税备案时,需提供土地权属证明。
		15.46 纳税人办理国家石油储备基地项目用地免征城镇土地使用税备案时,需提供土地权属证明。
		15.47 商品储备管理公司及其直属库办理商品储备业务自用土地免征城镇土地使用税备案时,需提供土地权属证明。
		15.48 物流企业办理大宗商品仓储设施用地减征城镇土地使用税备案时,需提供土地权属证明。
		15.49 纳税人办理城市公交站场、道路客运站场的运营用地免征城镇土地使用税备案时,需提供土地权属证明。
		15.50 纳税人办理民航机场规定用地免征城镇土地使用税备案时,需提供土地权属证明。
		15.51 纳税人办理港口的码头用地免征城镇土地使用税备案时,需提供土地权属证明。
		15.52 纳税人办理企业已售房改房占地免征城镇土地使用税备案时,需提供土地权属证明。
		15.53 纳税人办理企业厂区以外的公共绿化用地免征城镇土地使用税备案时,需提供土地权属证明。
		15.54 纳税人办理厂区外未加隔离的企业铁路专用线用地免征城镇土地使用税备案时,需提供土地权属证明。
		15.55 企业搬迁后,原有场地不使用的,办理免征城镇土地使用税备案时,需提供土地权属证明。
		15.56 纳税人办理林业系统相关用地免征城镇土地使用税备案时,需提供土地权属证明。
		15.57 纳税人办理采摘观光的种植养殖土地免征城镇土地使用税备案时,需提供土地权属证明。

序号	证明名称	原证明用途
15	房屋、土地权属证明	15.58 农村饮水工程运营管理单位办理自用土地免征城镇土地使用税备案时，需提供土地权属证明。
		15.59 纳税人办理农产品批发市场、农贸市场减免城镇土地使用税备案时，需提供土地权属证明。
		15.60 免税单位无偿使用土地办理免征城镇土地使用税备案时，需提供土地权属证明。
		15.61 纳税人办理落实私房政策后的出租房屋用地减免城镇土地使用税备案时，需提供土地权属证明。
		15.62 纳税人办理煤炭企业免征规定用途用地的城镇土地使用税备案时，需提供土地权属证明。
		15.63 矿山企业办理生产专用地免征城镇土地使用税备案时，需提供土地权属证明。
		15.64 建材企业办理采石场、排土场等用地免征城镇土地使用税备案时，需提供土地权属证明。
		15.65 纳税人办理盐场的盐滩盐矿的矿井用地免征城镇土地使用税备案时，需提供土地权属证明。
		15.66 纳税人办理经济适用住房建设用地及占地免征城镇土地使用税备案时，需提供土地权属证明。
		15.67 纳税人办理公共租赁住房用地免征城镇土地使用税备案时，需提供土地权属证明。
		15.68 纳税人办理棚户区改造安置住房建设用地免征城镇土地使用税备案时，需提供土地权属证明。
		15.69 纳税人办理科技企业孵化器、国家大学科技园自用及提供给在孵对象使用的土地免征城镇土地使用税备案时，需提供土地权属证明。
		15.70 纳税人办理水利设施及其管护用地免征城镇土地使用税备案时，需提供土地权属证明。
		15.71 供热企业办理为居民供热所使用的土地免征城镇土地使用税备案时，需提供土地权属证明。
		15.72 纳税人办理核工业企业部分用地免征城镇土地使用税备案时，需提供土地权属证明。
		15.73 纳税人办理核电站部分用地减免城镇土地使用税备案时，需提供土地权属证明。
		15.74 纳税人办理电力行业部分用地免征城镇土地使用税备案时，需提供土地权属证明。
		15.75 纳税人办理学校、托儿所、幼儿园自用土地免征城镇土地使用税备案时，需提供土地权属证明。
		15.76 福利性非营利性老年服务机构办理自用土地免征城镇土地使用税备案时，需提供土地权属证明。
		15.77 非营利性医疗、疾病控制、妇幼保健机构等卫生机构办理自用土地免征城镇土地使用税备案时，需提供土地权属证明。

（续表）

序号	证明名称	原证明用途
15	房屋、土地权属证明	15.78 营利性医疗机构办理自用土地3年内免征城镇土地使用税备案时，需提供土地权属证明。
		15.79 非营利性科研机构办理自用土地免征城镇土地使用税备案时，需提供土地权属证明。
		15.80 血站办理自用土地免征城镇土地使用税备案时，需提供土地权属证明。
		15.81 纳税人办理防火防爆防毒等安全防范用地免征城镇土地使用税备案时，需提供土地权属证明。
		15.82 纳税人办理地下建筑用地暂按50%征收城镇土地使用税备案时，需提供土地权属证明。
		15.83 纳税人办理被撤销金融机构清算期间自有的或从债务方接收的房地产免征城镇土地使用税备案时，需提供土地权属证明。
		15.84 纳税人办理中国信达等4家金融资产管理公司处置不良资产免征城镇土地使用税备案时，需提供土地权属证明。
		15.85 纳税人办理处置港澳国际（集团）有限公司的有关资产免征城镇土地使用税备案时，需提供土地权属证明。
		15.86 安置残疾人就业单位办理减免城镇土地使用税备案时，需提供土地权属证明。
		15.87 纳税人办理符合条件的体育场馆减免城镇土地使用税备案时，需提供土地权属证明。
		15.88 纳税人办理开山填海整治土地免征城镇土地使用税备案时，需提供土地权属证明。
		15.89 纳税人办理集贸市场用地免征城镇土地使用税备案时，需提供土地权属证明。
		15.90 纳税人办理直接用于农、林、牧、渔业的生产用地免征城镇土地使用税备案时，需提供土地权属证明。
		15.91 纳税人办理宗教寺庙、公园、名胜古迹自用土地免征城镇土地使用税备案时，需提供土地权属证明。
16	土地用途证明	16.1 物流企业办理大宗商品仓储设施用地减征城镇土地使用税备案时，需提供符合文件规定的大宗商品仓储设施用地的相关证明材料。
		16.2 纳税人办理民航机场规定用地免征城镇土地使用税备案时，需提供符合减免税政策规定的民航机场用地相关证明材料。
		16.3 纳税人办理港口的码头用地免征城镇土地使用税备案时，需提供符合减免税政策规定的港口的码头用地证明材料。
		16.4 纳税人办理企业厂区以外的公共绿化用地免征城镇土地使用税备案时，需提供符合减免税政策规定的企业公共绿化用地证明材料。
		16.5 纳税人办理厂区外未加隔离的企业铁路专用线用地免征城镇土地使用税备案时，需提供符合减免税政策规定的厂区外未加隔离的企业铁路专用线用地证明材料。
		16.6 纳税人办理采摘观光的种植养殖土地免征城镇土地使用税备案时，需提供采摘观光农业用地证明材料。

（续表）

序号	证明名称	原证明用途
16	土地用途证明	16.7 纳税人办理棚户区改造安置住房建设用地免征城镇土地使用税备案时，需提供棚户区改造安置住房建设用地证明材料。
		16.8 纳税人办理煤炭企业规定用途用地免征城镇土地使用税备案时，需提供用地性质证明材料。
		16.9 纳税人办理防火防爆防毒等安全防范用地免征城镇土地使用税备案时，需提供安全防范用地证明材料。
18	政府主办或确认为经济适用房、公共租赁住房的相关证明材料	18.1 纳税人办理经济适用住房建设用地及占地免征城镇土地使用税备案时，需提供确认为经济适用房的证明材料。
		18.2 纳税人办理公共租赁住房用地免征城镇土地使用税备案时，需提供确认为公共租赁住房的证明材料。
19	落实私房政策证明	纳税人办理落实私房政策后的出租房屋用地减免城镇土地使用税备案时，需提供落实私房政策证明材料。
20	取得财政储备经费或补贴的文件或凭证	20.2 商品储备管理公司及其直属库办理商品储备业务自用土地免征城镇土地使用税备案时，需提供取得财政储备经费或补贴的批复文件或相关凭证。

2. 国家税务总局令第 46 号取消的税务证明事项

序号	证明名称	证明用途	取消后的办理方式
13	科技企业孵化器、大学科技园证明	纳税人办理科技企业孵化器、国家大学科技园按规定免征房产税、城镇土地使用税、增值税备案时，需提供国务院科技、教育行政主管部门出具的证明材料。	不再提交。通过政府部门间信息共享替代。

四、小规模纳税人减征城镇土地使用税 50%

财税〔2019〕13 号	国家税务总局公告 2019 年第 5 号
三、由省、自治区、直辖市人民政府根据本地区实际情况，以及宏观调控需要确定，对增值税小规模纳税人可以在 50% 的税额幅度内减征资源税、城市维护建设税、房产税、城镇土地使用税、印花税（不含证券交易印花税）、耕地占用税和教育费附加、地方教育附加。 四、增值税小规模纳税人已依法享受资源税、城市维护建设税、房产税、城镇土地使用税、印花税、耕地占用税、教育费附加、地方教育附加其他优惠政策的，可叠加享受本通知第三条规定的优惠政策。	自 2019 年 1 月 1 日起： 一、关于申报表的修订。 修订《房产税纳税申报表》，增加增值税小规模纳税人减征优惠申报有关数据项目，相应修改有关填表说明。 二、关于纳税人类别变化时减征政策适用时间的确定。 缴纳房产税的增值税一般纳税人按规定转登记为小规模纳税人的，自成为小规模纳税人的当月起适用减征优惠。增值税小规模纳税人按规定登记为一般纳税人的，自一般纳税人生效之日起不再适用减征优惠；增值税年应税销售额超过小规模纳税人标准应当登记为一般纳税人而未登记，经税务机关通知，逾期仍不办理登记的，自逾期次月起不再适用减征优惠。 三、关于减征优惠的办理方式。 纳税人自行申报享受减征优惠，不需额外提交资料。 四、关于纳税人未及时享受减征优惠的处理方式。 纳税人符合条件但未及时申报享受减征优惠的，可依法申请退税或者抵减以后纳税期的应纳税款。

在享受优惠的顺序上，本次减征优惠是在享受其他优惠的基础上再享受。原来适用比例减免或定额减免的，本次减征额计算的基数是应纳税额减除原有减免税额后的数额。

（一）城镇土地使用税纳税申报表（国家税务总局公告 2019 年第 5 号）

城镇土地使用税纳税申报表

税款所属期:自 年 月 日至 年 月 日

纳税人识别号(统一社会信用代码):□□□□□□□□□□□□□□□□□□□□

纳税人名称: 金额单位:人民币元(列至角分);面积单位:平方米

| 本期是否适用增值税小规模纳税人减征政策(减免性质代码:10049901) | □是 □否 | 本期适用增值税小规模纳税人减征政策起始时间 | 年 月 | 减征比例 （%） |
| | | 本期适用增值税小规模纳税人减征政策终止时间 | 年 月 | |

| 联系人 | | 联系方式 | | | | | | | |

土地编号	宗地的地号	土地等级	税额标准	土地总面积	所属期起	所属期止	本期应纳税额	本期减免税额	本期增值税小规模纳税人减征额	本期已缴税额	本期应补(退)税额
*											
...											
*											
合计		*		*	*						

谨声明:本纳税申报表是根据国家税收法律法规及相关规定填报的,是真实的、可靠的、完整的。

纳税人(签章): 年 月 日

| 经办人: 经办人身份证号: 代理机构签章: 代理机构统一社会信用代码: | 受理人: 受理税务机关(章): 受理日期: 年 月 日 |

（二）报表填报

1. 本表适用于在中华人民共和国境内申报缴纳城镇土地使用税的单位和个人。

2. 本表为城镇土地使用税纳税申报表主表,依据《中华人民共和国税收征收管理法》《中华人民共和国城镇土地使用税暂行条例》制定。本表包括现行使用的两个附表,附表一为《城镇土地使用税减免税明细申报表》,附表二为《城镇土地使用税税源明细表》。首次申报或变更申报时纳税人提交《城镇土地使用税税源明细表》后,本表除"本期是否适用增值税小规模纳税人减征政策""本期适用增值税小规模纳税人减征政策起始时间"和"本期适用增值税小规模纳税人减征政策终止时间"外,其他数据项由系统自动生成。

3. 纳税人识别号(统一社会信用代码):填报税务机关核发的纳税人识别号或有关部门核发的统一社会信用代码。

4. 纳税人名称:填报营业执照、税务登记证等证件载明的纳税人名称。

5. 本期是否适用增值税小规模纳税人减征政策(减免性质代码:10049901):纳税人在税款所属期内有任意一个月份为增值税小规模纳税人的,勾选"是";否则,勾选"否"。

6. 本期适用增值税小规模纳税人减征政策起始时间:如果税款所属期内纳税人一直为增值税小规模纳税人,填写税款所属期起始月份;如果税款所属期内纳税人由增值税一般纳税人转登记为增值税小规模纳税人,填写转登记为增值税小规模纳税人的月份。如,税款所属期为 2019 年 1 月至 6 月,某企业在 2019 年 2 月 11 日前为增值税一般纳税人,2 月 11 日转登记为增值税小规模纳税人,该企业本期适用增值税小规模纳税人减征政策起始日期为 2019 年 2 月,应在本栏填写"2019 年 2 月"。系统默认为税款所属期起始月份,纳税人可以修改。

7. 本期适用增值税小规模纳税人减征政策终止时间:如果税款所属期内纳税人一直为增值税小规模纳税人,填写税款所属期终止月份;如果税款所属期内纳税人由增值税小规模纳税人转登记为增值税一般纳税人,填写增值税一般纳税人生效之日所在的月份;经税务机关通知,逾期仍不办理增值税一般纳税人登记的,自逾期次月起不再适用减征优惠,填写逾期次月所在的月份。如,税款所属期为 2019 年 1 月至 6 月,某企业在 2019 年 5 月 1 日前为增值税小规模纳税人,5 月 1 日为一般纳税人的生效之日,该企业适用增值税小规模纳税人减征优惠终止日期为 2019 年 5 月,应在本栏填写"2019 年 5 月"。如果小规模纳税人状态没有发生变化,系统自动带出终止时间为税款所属期终止月,纳税人可以修改。

8. 减征比例(%):当地省级政府根据财税〔2019〕13 号文件确定的减征比例,系统自动带出。

9. 土地编号 *:纳税人不必填写。由税务机关的管理系统赋予编号。

10. 宗地的地号:土地证件记载的地号。不同地号的土地应当分行填写。无地号的,不同的宗地也应当分行填写。

11. 土地等级(必填):根据本地区关于土地等级的有关规定,填写纳税人占用土地所属的土地的等级。不同土地等级的土地,应当按照各个土地等级汇总填写。

12. 税额标准:根据土地等级确定,可由税务机关系统自动带出。

13. 土地总面积(必填):此面积为全部面积,包括减免税面积。本项为《城镇土地使用税税源明细表》"占用土地面积"的汇总值。

14. 所属期起:税款所属期内税款所属的起始月份。起始月份不同的土地应当分行填写。默认为税款所属期的起始月份。但是,当《城镇土地使用税税源明细表》中土地取得时间晚于税款所属期起始月份的,所属期起为"取得时间"的次月;《城镇土地使用税税源明细表》中经核准的困难减免的起始月份晚于税款所属期起始月份的,所属期起为"经核准的困难减免的起始月份";《城镇土地使用税税源明细表》中变更类型选择信息项变更的,变更时间晚于税款所属期起始月份的,所属期起为"变更时间"。

15. 所属期止:税款所属期内税款所属的终止月份。终止月份不同的土地应当分行填写。默认为税款所属期的终止月份。但是,当《城镇土地使用税税源明细表》中变更类型选择"纳税义务终止"的,变更时间早于税款所属期终止月份的,所属期止为"变更时间";《城镇土地使用税税源明细表》中"经核准的困难减免的终止月份"早于税款所属期终止月份的,所属期止为"经核准的困难减免的终止月份"。

16. 本期应纳税额:根据《城镇土地使用税税源明细表》中有关数据项自动计算生成。本期应纳税额=∑占用土地面积×税额标准÷12×(所属期止月份－所属期起月份＋1)。

17. 本期增值税小规模纳税人减征额:为税款所属期内适用增值税小规模纳税人减征优惠各月减征额的合计,增值税小规模纳税人月减征额=(当月应纳税额－当月减免税额)×减征比例。

系统需逐月判断税款所属期内各个月份是否适用增值税小规模纳税人减征优惠,如果系统判断某月适用减征优惠,则减征比例为各省、自治区、直辖市人民政府确定的减征比例;如果系统判断某月不适用减征优惠,则减征比例为 0。

18. 本期减免税额=∑《城镇土地使用税税源明细表》月减免税额×(所属期止月份－所属期起月份＋1)。

19. 本期应补(退)税额=本期应纳税额－本期减免税额－本期增值税小规模纳税人减征额－本期已缴税额。

20. 本表一式两份,一份纳税人留存,一份税务机关留存。

第七节　耕地占用税优惠

政策依据:

《中华人民共和国耕地占用税法》(主席令 13 届第十八号,以下简称《耕地占用税法》,自 2019 年 9 月 1 日起施行。2007 年 12 月 1 日国务院公布的《中华人民共和国耕地占用税暂行条例》同时废止);

《中华人民共和国耕地占用税暂行条例》(中华人民共和国国务院令第 511 号,以下简称《耕地占用税暂行条例》);

《中华人民共和国耕地占用税暂行条例实施细则》(财政部国家税务总局令第 49 号,以下简称《耕地占用税暂行条例实施细则》);

《耕地占用税管理规程(试行)》(国家税务总局公告 2016 年第 2 号,以下简称《规程》)。

一、耕地占用税优惠政策

《耕地占用税法》	国家税务总局公告 2016 年第 2 号
第七条 军事设施、学校、幼儿园、社会福利机构、医疗机构占用耕地,免征耕地占用税。 铁路线路、公路线路、飞机场跑道、停机坪、港口、航道、水利工程占用耕地,减按每平方米二元的税额征收耕地占用税。 农村居民在规定用地标准以内占用耕地新建自用住宅,按照当地适用税额减半征收耕地占用税;其中农村居民经批准搬迁,新建自用住宅占用耕地不超过原宅基地面积的部分,免征耕地占用税。 农村烈士遗属、因公牺牲军人遗属、残疾军人以及符合农村最低生活保障条件的农村居民,在规定用地标准以内新建自用住宅,免征耕地占用税。 根据国民经济和社会发展的需要,国务院可以规定免征或者减征耕地占用税的其他情形,报全国人民代表大会常务委员会备案。 第八条 依照本法第七条第一款、第二款规定免征或者减征耕地占用税后,纳税人改变原占地用途,不再属于免征或者减征耕地占用税情形的,应当按照当地适用税额补缴耕地占用税。	第二十二条 以下占用土地行为不征收耕地占用税: (一)农田水利占用耕地的; (二)建设直接为农业生产服务的生产设施占用林地、牧草地、农田水利用地、养殖水面以及渔业水域滩涂等其他农用地的(不包括耕地); (三)农村居民经批准搬迁,原宅基地恢复耕种,凡新建住宅占用耕地不超过原宅基地面积的。 第四十条 按照《耕地占用税暂行条例》及其实施细则的规定,以下情形免征、减征耕地占用税: (二)学校、幼儿园、养老院、医院占用应税土地免征耕地占用税。 免税的学校,具体范围包括县级以上人民政府教育行政部门批准成立的大学、中学、小学、学历性职业教育学校以及特殊教育学校。由国务院人力资源社会保障行政部门,省、自治区、直辖市人民政府或其人力资源社会保障行政部门批准成立的技工院校。学校内经营性场所和教职工住房占用应税土地的,按照当地适用税额缴纳耕地占用税。 免税的幼儿园,具体范围限于县级以上人民政府教育行政部门登记注册或者备案的幼儿园内专门用于幼儿保育、教育的场所。 免税的养老院,具体范围限于经批准设立的养老机构内专门为老年人提供生活照顾的场所。 免税的医院,具体范围限于县级以上人民政府卫生行政部门批准设立的医院内专门用于提供医护服务的场所及其配套设施。医院内职工住房占用应税土地的,按照当地适用税额缴纳耕地占用税。 (三)铁路线路、公路线路、飞机场跑道、停机坪、港口、航道占用应税土地,减按每平方米 2 元的税额征收耕地占用税。 根据实际需要,国务院财政、税务主管部门商国务院有关部门并报国务院批准后,可以对前款规定的情形免征或者减征耕地占用税。 减税的铁路线路,具体范围限于铁路路基、桥梁、涵洞、隧道及其按照规定两侧留地。专用铁路和铁路专用线占用应税土地的,按照当地适用税额缴纳耕地占用税。 减税的公路线路,具体范围限于经批准建设的国道、省道、县道、乡道和属于农村公路的村道的主体工程以及两侧边沟或者截水沟。专用公路和城区内机动车道占用应税土地的,按照当地适用税额缴纳耕地占用税。 减税的飞机场跑道、停机坪,具体范围限于经批准建设的民用机场专门用于民用航空器起降、滑行、停放的场所。 减税的港口,具体范围限于经批准建设的港口内供船舶进出、停靠以及旅客上下、货物装卸的场所。 减税的航道,具体范围限于在江、河、湖泊、港湾等水域内供船舶安全航行的通道。

二、耕地占用税优惠备案

符合耕地占用税优惠条件的纳税人,应向主管税务机关申请办理耕地占用税优惠备案。

序号	减免项目名称(代码)	备案资料	政策依据
1	耕地占用税困难性减免(14019901)	(1)《纳税人减免税备案登记表》2 份; (2)县级人民政府批准的农村居民困难减免批复文件复印件; (3)申请人身份证明原件。	《中华人民共和国耕地占用税暂行条例》(中华人民共和国国务院令第 511 号)

序号	减免项目名称(代码)	备案资料	政策依据
2	农村宅基地减征耕地占用税(14092301)	（1）《纳税人减免税备案登记表》2份； （2）农村居民占用应税土地新建住宅的证明材料。	《中华人民共和国耕地占用税暂行条例》（中华人民共和国国务院令第511号）
3	学校、幼儿园、养老院、医院占用耕地免征耕地占用税（14101402，14123401）	（1）《纳税人减免税备案登记表》2份； （2）学校、幼儿园、养老院、医院占用应税土地的证明材料。	《中华人民共和国耕地占用税暂行条例》（中华人民共和国国务院令第511号）
4	对北京2022年冬奥会场馆及其配套设施建设占用耕地免征耕地占用税（同时适用于北京冬奥组委、北京冬奥会测试赛赛事组委会）(14102901)	《纳税人减免税备案登记表》2份。	《财政部 税务总局 海关总署关于北京2022年冬奥会和冬残奥会税收政策的通知》（财税〔2017〕60号）
5	军事设施占用耕地免征耕地占用税(14120701)	（1）《纳税人减免税备案登记表》2份； （2）军事设施占用应税土地的证明材料。	《中华人民共和国耕地占用税暂行条例》（中华人民共和国国务院令第511号）
6	交通运输设施占用耕地减征耕地占用税(14121301)	（1）《纳税人减免税备案登记表》2份； （2）铁路线路、公路线路、飞机场跑道、停机坪、港口、航道占用应税土地的证明材料。	《中华人民共和国耕地占用税暂行条例》（中华人民共和国国务院令第511号）
7	石油储备基地第一期项目免征耕地占用税(14122601)	《纳税人减免税备案登记表》2份。	《财政部 国家税务总局关于国家石油储备基地建设有关税收政策的通知》（财税〔2005〕23号）
8	石油储备基地第二期项目免征耕地占用税(14122602)	《纳税人减免税备案登记表》2份。	《财政部 国家税务总局关于国家石油储备基地有关税收政策的通知》（财税〔2011〕80号）

三、小规模纳税人减征耕地占用税50%

财税〔2019〕13号	国家税务总局公告2019年第5号
三、由省、自治区、直辖市人民政府根据本地区实际情况，以及宏观调控需要确定，对增值税小规模纳税人可以在50%的税额幅度内减征资源税、城市维护建设税、房产税、城镇土地使用税、印花税（不含证券交易印花税）、耕地占用税和教育费附加、地方教育附加。 四、增值税小规模纳税人已依法享受资源税、城市维护建设税、房产税、城镇土地使用税、印花税、耕地占用税、教育费附加、地方教育附加其他优惠政策的，可叠加享受本通知第三条规定的优惠政策。	自2019年1月1日起： 一、关于申报表的修订 修订《房产税纳税申报表》，增加增值税小规模纳税人减征优惠申报有关数据项目，相应修改有关填表说明。 二、关于纳税人类别变化时减征政策适用时间的确定 缴纳房产税的增值税一般纳税人按规定转登记为小规模纳税人的，自成为小规模纳税人的当月起适用减征优惠。增值税小规模纳税人按规定登记为一般纳税人的，自一般纳税人生效之日起不再适用减征优惠；增值税年应税销售额超过小规模纳税人标准应当登记为一般纳税人而未登记，经税务机关通知，逾期仍不办理登记的，自逾期次月起不再适用减征优惠。 三、关于减征优惠的办理方式 纳税人自行申报享受减征优惠，不需额外提交资料。 四、关于纳税人未及时享受减征优惠的处理方式 纳税人符合条件但未及时申报享受减征优惠的，可依法申请退税或者抵减以后纳税期的应纳税款。

在享受优惠的顺序上，本次减征优惠是在享受其他优惠的基础上再享受。原来适用比例减免或定额减免的，本次减征额计算的基数是应纳税额减除原有减免税额后的数额。

（一）耕地占用税纳税申报表（国家税务总局公告 2019 年第 5 号）

耕地占用税纳税申报表

税款所属期限：自　　年　　月　　日至　　年　　月　　日

纳税人识别号（统一社会信用代码）：□□□□□□□□□□□□□□□□□□

纳税人名称：　　　　　　　　　　　　　　　　　金额单位：人民币元（列至角分）

耕地占用信息	项目（批次）名称		批准占地部门		批准占地文号		批准日期	
	占地位置		占地用途		占地方式		占地日期	
	经批准占地面积		实际占地面积		经济开发区	□是 □否	税额提高比例（%）	
	本期是否适用增值税小规模纳税人减征政策（减免性质代码：14049901）		□是 □否		减征比例（%）			

计税信息	类别 / 项目	计税面积	其中：		适用税额	计征税额	减免性质代码	减税税额	免税税额	本期增值税小规模纳税人减征额	已缴税额	应缴税额
			减税面积	免税面积								
	总计											
	耕地（基本农田）											
	耕地（非基本农田）											
	园地											
	林地											
	牧草地											
	农田水利用地											
	养殖水面											
	渔业水域滩涂											
	草地											
	苇田											
	其他类型土地											

谨声明：本纳税申报表是根据国家税收法律法规及相关规定填报的，是真实的、可靠的、完整的。

纳税人（签章）：　　年　　月　　日

经办人： 经办人身份证号： 代理机构签章： 代理机构统一社会信用代码：	受理人： 受理税务机关（章）： 受理日期：　　年　　月　　日

（二）填报口径

1. 本表依据《中华人民共和国税收征收管理法》《中华人民共和国耕地占用税暂行条例》及其实施细则制定。

2. 本申报表适用于在中华人民共和国境内占用耕地建房或者从事非农业建设的单位和个人。纳税人应当在收到领取农用地转用审批文件通知之日起或占用耕地之日起30日内，填报耕地占用税纳税申报表，向土地所在地税务机关申报纳税。

3. 纳税人识别号（统一社会信用代码）：填报税务机关核发的纳税人识别号或有关部门核发的统一社会信用代码。

4. 纳税人名称：填报营业执照、税务登记证等证件载明的纳税人名称。

5. 耕地占用信息栏：

项目（批次）名称：按照政府农用地转用审批文件中标明的项目或批次名称填写。

批准占地部门、批准占地文号：属于批准占地的，填写有权审批农用地转用的政府名称及批准农用地转用文件的文号。

占地用途：经批准占地的，按照政府农用地转用审批文件中明确的土地储备、交通基础设施建设（其中铁路线路、公路线路、飞机场跑道、停机坪、港口、航道等适用2元/平方米税额占地项目必须在栏目中详细列明）、工业建设、商业建设、住宅建设、农村居民建房、军事设施、学校、幼儿园、医院、养老院和其他等项目分类填写；未经批准占地的，按照实际占地情况，区分交通基础设施建设、工业建设、商业建设、住宅建设、农村居民建房、军事设施、学校、幼儿园、医院、养老院和其他等项目分类填写。

批准日期：属于经批准占地的，填写政府农用地转用审批文件的批准日期。

占地日期：属于未经批准占地的，填写实际占地的日期。

占地位置：占用耕地所属的县、镇（乡）、村名称。

占地方式：按照按批次转用、单独选址转用、批准临时占地、未批先占填写。

经批准占地面积：指政府农用地转用审批文件中批准的农用地转用面积。

实际占地面积：包括经批准占用的耕地面积和未经批准占用的耕地面积。

经济开发区：占地位于经济特区、经济技术开发区和经济发达且人均耕地特别少的地区，适用税额提高的，勾选"是"；否则，勾选"否"。

税额提高比例：占地位于经济特区、经济技术开发区和经济发达且人均耕地特别少的地区，适用税额提高的，填写当地省级政府确定的具体税额提高比例。

本期是否适用增值税小规模纳税人减征政策（减免性质代码：14049901）：纳税人自增值税一般纳税人按规定转登记为小规模纳税人的，自成为小规模纳税人的当月起适用减征优惠。增值税小规模纳税人按规定登记为一般纳税人的，自一般纳税人生效之日起不再适用减征优惠；增值税年应税销售额超过小规模纳税人标准应当登记为一般纳税人而未登记，经税务机关通知，逾期仍不办理登记的，自逾期次月起不再适用减征优惠。纳税人本期适用增值税小规模纳税人减征政策的，勾选"是"；否则，勾选"否"。

减征比例（％）：当地省级政府根据财税〔2019〕13号文件确定的减征比例，系统自动带出。

6. 计税信息栏：按照占用耕地类别分别填写、分别计算，总计＝耕地（基本农田）＋耕地（非基本农田）＋园地＋林地＋牧草地＋农田水利用地＋养殖水面＋渔业水域滩涂＋草地＋苇田＋其他类型用地（面积、税额），应缴税额＝计征税额×（1＋税额提高比例）－减税税额－免税税额－增值税小规模纳税人减征额－已缴税额，计征税额＝计税面积×适用税额，减税面积、免税面积、减税税额、免税税额按照减免税备案信息直接填列。

适用税额：指该地类在当地适用的单位税额，此处不考虑经济特区、经济技术开发区和经济发达且人均耕地特别少适用税额提高的情况。

减免性质代码：该项按照国家税务总局制定下发的最新《减免税政策代码目录》中的最细项减免性质代码填写。有减免税情况的必填。

本期增值税小规模纳税人减征额：反映符合条件的增值税小规模纳税人按减征比例计算的减征额。减征额＝[计征税额×（1＋税额提高比例）－减税税额－免税税额]×减征比例

该表减免税相关信息应与《纳税人减免税备案登记表》信息保持一致。

如有同一土地类别下享受多条减免税政策的情况，请使用预留的空白行填写。

7. 本表一式两份，一份纳税人留存，一份税务机关留存。

第八节 车辆购置税优惠

政策依据:

《中华人民共和国车辆购置税法》(主席令13届第十九号,以下简称《车辆购置税法》,自2019年7月1日起施行,2000年10月22日国务院公布的《中华人民共和国车辆购置税暂行条例》同时废止。);

《中华人民共和国车辆购置税暂行条例》(国务院令第294号,以下简称《车辆购置税暂行条例》);

《车辆购置税征收管理办法》(国家税务总局令第38号,以下简称《办法》)。

一、车辆购置税优惠政策

《车辆购置税法》第九条	购置列入《新能源汽车车型目录》的新能源汽车免征车辆购置税(财政部 国家税务总局 工业和信息化部 科学技术部公告2017年第172号)	城市公交企业购置的公共汽电车辆免征车辆购置税(财税〔2016〕84号)	减半征收(财政部 税务总局 工业和信息化部公告2018年第69号)
下列车辆免征车辆购置税:(一)依照法律规定应当予以免税的外国驻华使馆、领事馆和国际组织驻华机构及其有关人员自用的车辆。(二)中国人民解放军和中国人民武装警察部队列入装备订货计划的车辆。(三)悬挂应急救援专用号牌的国家综合性消防救援车辆。(四)设有固定装置的非运输专用作业车辆。(五)城市公交企业购置的公共汽电车辆。根据国民经济和社会发展的需要,国务院可以规定减征或者其他免征车辆购置税的情形,报全国人民代表大会常务委员会备案。	一、为进一步支持新能源汽车的创新发展,自2018年1月1日至2020年12月31日,对购置的新能源汽车免征车辆购置税。二、对免征车辆购置税的新能源汽车,通过发布《免征车辆购置税的新能源汽车车型目录》(以下简称《目录》)实施管理。2017年12月31日之前已列入《目录》的新能源汽车,对其免征车辆购置税政策继续有效。三、2018年1月1日起列入《目录》的新能源汽车须同时符合以下条件:(一)获得许可在中国境内销售的纯电动汽车、插电式(含增程式)混合动力汽车、燃料电池汽车。(二)符合新能源汽车产品技术要求。(三)通过新能源汽车专项检测,达到新能源汽车产品专项检验标准。(四)新能源汽车生产企业或进口新能源汽车经销商(以下简称企业)在产品质量保证、产品一致性、售后服务、安全监测、动力电池回收利用等方面符合相关要求。	一、自2016年1月1日起至2020年12月31日止,对城市公交企业购置的公共汽电车辆免征车辆购置税。上述城市公交企业是指,由县级以上(含县级)人民政府交通运输主管部门认定的,依法取得城市公交经营资格,为公众提供公交出行服务的企业。上述公共汽电车辆是指,由县级以上(含县级)人民政府交通运输主管部门按照车辆实际经营范围和用途等界定的,在城市中按规定的线路、站点、票价和时刻表营运,供公众乘坐的经营性客运汽车和无轨电车。二、免税车辆因转让、改变用途等原因不再属于免税范围的,应按照《中华人民共和国车辆购置税暂行条例》第十五条的规定补缴车辆购置税。三、城市公交企业在办理车辆购置税纳税申报时,需向所在地主管税务机关提供所在地县级以上(含县级)交通运输主管部门出具的城市公交企业和公共汽电车辆认定证明,主管税务机关依据证明文件为企业办理免税手续。城市公交企业办理免税手续的截止日期为2021年3月31日,逾期不办理的,不予免税。四、2016年1月1日后城市公交企业购置的公共汽电车辆,在本通知下发前已缴纳车辆购置税的,主管税务机关按规定退还已征税款。	2018年7月1日至2021年6月30日,对购置挂车减半征收车辆购置税。

（续表）

纳税人将已征车辆购置税的车辆退回车辆生产企业或者销售企业的,可以向主管税务机关申请退还车辆购置税。退税额以已缴税款为基准,自缴纳税款之日至申请退税之日,每满一年扣减 10%。(《车辆购置税法》第十五条)

二、车辆购置税优惠备案

符合车辆购置税优惠条件的纳税人,如需享受相应税收优惠,在办理车辆购置税申报的同时,办理车辆购置税优惠备案。

序号	减免项目名称(代码)	备案资料	政策依据
1	防汛车辆 (13011603)	(1)《车辆购置税免(减)税申报表》2 份; (2)办理该税收优惠业务所需的其他资料。	《财政部 国家税务总局关于防汛专用等车辆免征车辆购置税的通知》(财税〔2001〕39 号)
2	城市公交企业购置公共汽电车辆 (13061003)	(1)《车辆购置税免(减)税申报表》2 份; (2)所在地县级以上(含县级)交通运输主管部门出具的城市公交企业和公共汽电车辆认定证明; (3)办理该税收优惠业务所需的其他资料。	《财政部 国家税务总局关于城市公交企业购置公共汽电车免征车辆购置税的通知》(财税〔2016〕84 号)
3	新能源车辆 (13061004)	(1)《车辆购置税免(减)税申报表》2 份; (2)办理该税收优惠业务所需的其他资料。	《财政部 税务总局工业和信息化部科技部关于免征新能源汽车车辆购置税的公告》(财政部公告 2017 年第 172 号)
4	农用三轮运输车(13099901)	(1)《车辆购置税免(减)税申报表》2 份; (2)办理该税收优惠业务所需的其他资料。	《财政部 国家税务总局关于农用三轮车免征车辆购置税的通知》(财税〔2004〕66 号)
5	对北京冬奥组委、北京冬奥会测试赛赛事组委会免征新购车辆的车辆购置税(13102901)	(1)《车辆购置税免(减)税申报表》2 份; (2)办理该税收优惠业务所需的其他资料。	《财政部 税务总局 海关总署关于北京 2022 年冬奥会和冬残奥会税收政策的通知》(财税〔2017〕60 号)
6	"母亲健康快车"项目专用车辆 (13120601)	(1)《车辆购置税免(减)税申报表》2 份; (2)车辆内观、外观彩色 5 寸照片 1 套; (3)中国妇女发展基金会随车配发的"母亲健康快车"专用车证; (4)办理该税收优惠业务所需的其他资料。	《财政部 税务总局关于下达 2017 年"母亲健康快车"项目流动医疗车免征车辆购置税指标的通知》(财税〔2017〕93 号)
7	中国人民解放军和中国人民武装警察部队列入军队武器装备订货计划的车辆(13120701)	(1)《车辆购置税免(减)税申报表》2 份; (2)订货计划的证明; (3)办理该税收优惠业务所需的其他资料。	《中华人民共和国车辆购置税法》

（续表）

序号	减免项目名称(代码)	备案资料	政策依据
8	森林消防车辆 (13125002)	(1)《车辆购置税免(减)税申报表》2 份； (2)办理该税收优惠业务所需的其他资料。	《财政部　国家税务总局关于防汛专用等车辆免征车辆购置税的通知》(财税〔2001〕39 号)
9	计划生育流动服务车(13129903)	(1)《车辆购置税免(减)税申报表》2 份； (2)车辆内观、外观彩色 5 寸照片； (3)国家人口和计划生育委员会配发的"计划生育流动服务车专用车证"及国家人口和计划生育委员会和国家发展改革委下发的"计划生育流动服务车项目分配方案"； (4)办理该税收优惠业务所需的其他资料。	《财政部　国家税务总局关于免征计划生育流动服务车车辆购置税的通知》(财税〔2010〕78 号)
10	外国驻华使馆、领事馆和国际组织驻华机构的车辆 (13129904)	(1)《车辆购置税免(减)税申报表》2 份； (2)机构证明； (3)办理该税收优惠业务所需的其他资料。	《中华人民共和国车辆购置税法》
11	来华专家购置车辆(13129909)	(1)《车辆购置税免(减)税申报表》2 份； (2)2017 年 3 月 31 日之前国家外国专家局或其授权单位核发的专家证，或者 2017 年 4 月 1 日之后国家外国专家局或其授权单位核发的 A 类和 B 类《外国人工作许可证》； (3)公安部门出具的境内居住证明； (4)本人护照； (5)办理该税收优惠业务所需的其他资料。	《财政部　国家税务总局关于防汛专用等车辆免征车辆购置税的通知》(财税〔2001〕39 号)
12	外交人员自用车辆(13129910)	(1)《车辆购置税免(减)税申报表》2 份； (2)外交部门出具的身份证明； (3)办理该税收优惠业务所需的其他资料。	《中华人民共和国车辆购置税法》
13	设有固定装置的非运输车辆(列入免税图册车辆) (13129911)	(1)《车辆购置税免(减)税申报表》2 份； (2)车辆内、外观彩色 5 寸照片； (3)办理该税收优惠业务所需的其他资料。	《中华人民共和国车辆购置税法》
14	留学人员购买车辆(13129912)	(1)《车辆购置税免(减)税申报表》2 份； (2)中华人民共和国驻留学人员学习所在国的大使馆或领事馆(中央人民政府驻香港联络办公室、中央人民政府驻澳门联络办公室)出具的留学证明； (3)本人护照； (4)海关核发的《中华人民共和国海关回国人员购买国产汽车准购单》； (5)办理该税收优惠业务所需的其他资料。	《财政部　国家税务总局关于防汛专用等车辆免征车辆购置税的通知》(财税〔2001〕39 号)

第九节　车船税优惠

政策依据:

《中华人民共和国车船税法》(中华人民共和国主席令第四十三号,以下简称《车船税法》);
《中华人民共和国车船税法实施条例》(国务院令第611号,以下简称《车船税法实施条例》)。

一、法定减免

《车船税法》	《车船税法实施条例》
第三条　下列车船免征车船税: (一)捕捞、养殖渔船(指在渔业船舶管理部门登记为捕捞船或者养殖船的船舶); (二)军队、武装警察部队专用的车船; (三)警用车船; (四)悬挂应急救援专用号牌的国家综合性消防救援车辆和国家综合性消防救援专用船舶(中华人民共和国主席令第29号增加); (五)依照法律规定应当予以免税的外国驻华使领馆、国际组织驻华代表机构及其有关人员的车船。	第七条　车船税法第三条第一项所称的捕捞、养殖渔船,是指在渔业船舶登记管理部门登记为捕捞船或者养殖船的船舶。 第八条　车船税法第三条第二项所称的军队、武装警察部队专用的车船,是指按照规定在军队、武装警察部队车船登记管理部门登记,并领取军队、武警牌照的车船。 第九条　车船税法第三条第三项所称的警用车船,是指公安机关、国家安全机关、监狱、劳动教养管理机关和人民法院、人民检察院领取警用牌照的车辆和执行警务的专用船舶。 第二十五条　按照规定缴纳船舶吨税的机动船舶,自车船税法实施之日起5年内免征车船税。 依法不需要在车船登记管理部门登记的机场、港口、铁路站场内部行驶或者作业的车船,自车船税法实施之日起5年内免征车船税。

《车船税法》	《车船税法实施条例》	财税〔2018〕74号
第四条　对节约能源、使用新能源的车船可以减征或者免征车船税;对受严重自然灾害影响纳税困难以及有其他特殊原因确需减税、免税的,可以减征或者免征车船税。具体办法由国务院规定,并报全国人民代表大会常务委员会备案。	第十条　节约能源、使用新能源的车船可以免征或者减半征收车船税。免征或者减半征收车船税的车船的范围,由国务院财政、税务主管部门商国务院有关部门制订,报国务院批准。 对受地震、洪涝等严重自然灾害影响纳税困难以及其他特殊原因确需减免税的车船,可以在一定期限内减征或者免征车船税。具体减免期限和数额由省、自治区、直辖市人民政府确定,报国务院备案。	一、对节能汽车,减半征收车船税。 (一)减半征收车船税的节能乘用车应同时符合以下标准: 1.获得许可在中国境内销售的排量为1.6升以下(含1.6升)的燃用汽油、柴油的乘用车(含非插电式混合动力、双燃料和两用燃料乘用车); 2.综合工况燃料消耗量应符合标准,具体要求。 (二)减半征收车船税的节能商用车应同时符合以下标准: 1.获得许可在中国境内销售的燃用天然气、汽油、柴油的轻型和重型商用车(含非插电式混合动力、双燃料和两用燃料轻型和重型商用车); 2.燃用汽油、柴油的轻型和重型商用车综合工况燃料消耗量应符合标准。 二、对新能源车船,免征车船税。 (一)免征车船税的新能源汽车是指纯电动商用车、插电式(含增程式)混合动力汽车、燃料电池商用车。纯电动乘用车和燃料电池乘用车不属于车船税征税范围,对其不征车船税。 (二)免征车船税的新能源汽车应同时符合以下标准: 1.获得许可在中国境内销售的纯电动商用车、插电式(含增程式)混合动力汽车、燃料电池商用车。 2.符合新能源汽车产品技术标准。 3.通过新能源汽车专项检测,符合新能源汽车标准。 4.新能源汽车生产企业或进口新能源汽车经销商在产品质量保证、产品一致性、售后服务、安全监测、动力电池回收利用等方面符合相关要求。

（续表）

《车船税法》	《车船税法实施条例》	财税〔2018〕74 号
		（三）免征车船税的新能源船舶应符合以下标准： 船舶的主推进动力装置为纯天然气发动机。发动机采用微量柴油引燃方式且引燃油热值占全部燃料总热值的比例不超过 5% 的，视同纯天然气发动机。 三、符合上述标准的节能、新能源汽车，由工业和信息化部、税务总局不定期联合发布《享受车船税减免优惠的节约能源使用新能源汽车车型目录》（以下简称《目录》）予以公告。 四、汽车生产企业或进口汽车经销商（以下简称汽车企业）可通过工业和信息化部节能与新能源汽车财税优惠目录申报管理系统，自愿提交节能车型报告、新能源车型报告，申请将其产品列入《目录》，并对申报资料的真实性负责。 工业和信息化部、税务总局委托工业和信息化部装备工业发展中心负责《目录》组织申报、宣传培训及具体技术审查、监督检查工作。工业和信息化部装备工业发展中心审查结果在工业和信息化部网站公示 5 个工作日，没有异议的，列入《目录》予以发布。对产品与申报材料不符、产品性能指标未达到标准或者汽车企业提供其他虚假信息，以及列入《目录》后 12 个月内无产量或进口量的车型，在工业和信息化部网站公示 5 个工作日，没有异议的，从《目录》中予以撤销。 五、船舶检验机构在核定检验船舶主推进动力装置时，对满足本通知新能源船舶标准的，在其船用产品证书上标注"纯天然气发动机"字段；在船舶建造检验时，对船舶主推进动力装置船用产品证书上标注有"纯天然气发动机"字段的，在其检验证书服务簿中标注"纯天然气动力船舶"字段。 对使用未标记"纯天然气发动机"字段主推进动力装置的船舶，船舶所有人或者管理人认为符合本通知新能源船舶标准的，在船舶年度检验时一并向船舶检验机构提出认定申请，同时提交支撑材料，并对提供信息的真实性负责。船舶检验机构通过审核材料和现场检验予以确认，符合本通知新能源船舶标准的，在船舶检验证书服务簿中标注"纯天然气动力船舶"字段。 纳税人凭标注"纯天然气动力船舶"字段的船舶检验证书享受车船税免税优惠。

自 2015 年 9 月 11 日起，对列入《目录》的节约能源汽车，减半征收车船税；对列入《目录》的使用新能源汽车，免征车船税。（财政部　国家税务总局　工业和信息化部公告 2015 年第 66 号）

根据《国务院办公厅关于国家综合消防救援车辆悬挂应急救援专用号牌有关事项的通知》（国办发〔2018〕114 号）规定，国家综合性消防救援车辆由部队号牌改挂应急救援专用号牌的，一次性免征改挂当年车船税。（财税〔2019〕18 号）

受严重自然灾害影响纳税困难的纳税人办理减免车船税时，原需提供纳税人遭受自然灾害影响纳税困难的相关证明材料。2019 年 3 月 8 日起，不再提交。税务机关根据实际需要可以采取告知承诺、主动核查、部门间信息共享等替代方式办理。纳税人办理节约能源、使用新能源的车船减免车船税备案时，不再提交购车单位或人员身份证明。不再提供捕捞、养殖船证明，不再提供车船产权证。（国家税务总局令第 46 号）

二、特定减免（《车船税法实施条例》）

第二十四条　临时入境的外国车船和香港特别行政区、澳门特别行政区、台湾地区的车船，不征收车船税。	第二十五条　按照规定缴纳船舶吨税的机动船舶，自车船税法实施之日起 5 年内免征车船税。 依法不需要在车船登记管理部门登记的机场、港口、铁路站场内部行驶或者作业的车船，自车船税法实施之日起 5 年内免征车船税。

三、车船税优惠备案

符合车船税优惠条件的纳税人,应向主管税务机关申请办理车船税优惠备案。

序号	减免项目名称(代码)	备案资料	政策依据
1	对受严重自然灾害影响纳税困难的,减免车船(12011601、12011602)	(1)《纳税人减免税备案登记表》2份; (2)单位及人员身份证明原件; (3)车船产权证(行驶证)复印件; (4)纳税人遭受自然灾害影响纳税困难相关证明材料。	《中华人民共和国车船税法》(中华人民共和国主席令第四十三号) 《财政部 国家税务总局关于认真落实抗震救灾及灾后重建税收政策问题的通知》(财税〔2008〕62号)
2	节约能源、使用新能源的车船减免车船税(12061001)	(1)《纳税人减免税备案登记表》2份; (2)购车单位或人员身份证明原件; (3)车船产权证(行驶证)复印件。	《中华人民共和国车船税法》(中华人民共和国主席令第四十三号)
3	捕捞、养殖渔船免征车船税(12099901)	(1)《纳税人减免税备案登记表》2份; (2)渔业船舶管理部门出具的捕捞、养殖船证明材料; (3)渔船产权证明材料复印件。	《中华人民共和国车船税法》(中华人民共和国主席令第四十三号)
4	对北京冬奥组委、北京冬奥会测试赛赛事组委会免征车船税(12102904)	《纳税人减免税备案登记表》2份。	《财政部 税务总局 海关总署关于北京2022年冬奥会和冬残奥会税收政策的通知》(财税〔2017〕60号)
5	军队、武警专用车船免征车船税(12120701)	(1)《纳税人减免税备案登记表》2份; (2)单位身份证明原件; (3)车船产权证(行驶证)复印件。	《中华人民共和国车船税法》(中华人民共和国主席令第四十三号)
6	对公共交通车船,农村居民拥有并主要在农村地区使用的摩托车、三轮汽车和低速载货汽车定期减征或者免征车船税(12121302)	(1)《纳税人减免税备案登记表》2份; (2)车船产权证(行驶证)复印件; (3)公交车船还应报送: ——公共交通经营许可证明材料复印件; ——单位及人员身份证明原件; (4)农村居民还应报送农村居民户籍证明复印件。	《中华人民共和国车船税法》(中华人民共和国主席令第四十三号)
7	外国驻华使领馆、国际组织驻华代表机构及其有关人员的车船免征车船税(12123101)	(1)《纳税人减免税备案登记表》2份; (2)单位及个人身份证明原件; (3)车船产权证(行驶证)复印件。	《中华人民共和国车船税法》(中华人民共和国主席令第四十三号)
8	警用车船免征车船税(12129999)	(1)《纳税人减免税备案登记表》2份; (2)单位身份证明原件; (3)车船产权证(行驶证)复印件。	《中华人民共和国车船税法》(中华人民共和国主席令第四十三号)

四、取消的税务证明事项(国家税务总局令第46号)

取消的税务证明事项目录(节选)

序号	证明名称	证明用途	取消后的办理方式
5	购车单位或人员身份证明	纳税人办理节约能源、使用新能源的车船减免车船税备案时,需提供购车单位或人员身份证明。	不再提交。
7	外交机构、人员身份证明	外国驻华使领馆、国际组织驻华代表机构及其有关人员办理其所有的车船免征车船税备案时,需提供单位及人员身份证明。	不再提交。
10	捕捞、养殖船证明	纳税人办理捕捞、养殖渔船免征车船税备案时,需提供由渔业船舶管理部门出具的捕捞、养殖船证明。	不再提交。
11	车船产权证	11.1 纳税人办理捕捞、养殖渔船免征车船税备案时,需提供渔船产权证明。	不再提交。
		11.2 纳税人办理军队、武警专用车船免征车船税备案时,需提供车船产权证。	不再提交。
		11.3 纳税人办理警用车船免征车船税备案时,需提供车船产权证。	不再提交。

第十节　印花税优惠

政策依据:

《中华人民共和国印花税暂行条例》(国务院令〔1988〕11号,以下简称《印花税暂行条例》);

《中华人民共和国印花税暂行条例施行细则》(财税字〔1988〕255号,以下简称为《印花税暂行条例施行细则》);

《印花税管理规程(试行)》(国家税务总局公告2016年第77号,以下称《规程》);

《财政部　税务总局关于对营业账簿减免印花税的通知》(财税〔2018〕50号)。

一、印花税税目税率表

类别	税目	计税依据、税率形式
一、合同或具有合同性质的凭证	1. 购销合同(财税〔2006〕162号):包括供应、预购、采购、购销结合及协作、调剂、补偿、易货等合同;还包括各出版单位与发行单位(不包括订阅单位和个人)之间订立的图书、报刊、音像征订凭证。 (1)对纳税人以电子形式签订的各类应税凭证按规定征收印花税。 (2)电网与用户之间签订的供用电合同不征收印花税。 (3)既有订单,又有购销合同情况下,只需就购销合同贴花,订单对外不再发生权利义务关系,仅用于企业内部备份存查,无需贴花。(国税地字〔1988〕25号) (4)在购销活动中,有时供需双方只填制订单,不再签订购销合同,此时订单作为当事人之间建立供需关系、明确供需双方责任的业务凭证,该订单具有合同性质,需按照规定贴花。(国税函〔1997〕505号) (5)继续使用已到期合同无需贴花。但如果合同所载内容和金额增加,或者就尚未履行完毕事项另签合同的,需要另行贴花。(《印花税暂行条例》)	1. 购销合同的计税依据为合同记载的购销金额(不得作任何扣除)税率0.3‰。 2. 调剂合同和易货合同,均应包括调剂、易货的全额。也就是各自提供货物金额之和。合同未列明金额的,应按合同所载购、销数量,依照国家牌价或者市场价格计算应纳税额。

类别	税目	计税依据、税率形式
一、合同或具有合同性质的凭证	（6）企业集团内部使用的凭证：具有合同性质的凭证，应按规定征收印花税。调拨单（或卡、书、表等），若只是具有合同性质的凭证，应按规定征收印花税。集团内部具有独立法人资格的各公司之间，总、分公司之间，以及内部物资、外贸等部门之间使用的调拨单（或卡、书、表等），若只是内部执行计划使用，不用于明确双方供需关系，据以供货和结算的，不属于印花税应税凭证，无需贴花。（国税函〔2009〕9号、国税发〔1991〕155号、国税函〔1997〕505号） 安利公司的生产基地（广州总部）向其各地专卖店铺调拨产品的供货环节，由于没有发生购销业务，不予征收印花税。（国税函〔2006〕749号） （7）如果是以物易物方式签订的购销合同，计税金额为合同所载的购、销金额合计数。 （8）电网与用户之间签订的供用电合同不属于印花税列举征税的凭证，不征收印花税。（财税〔2006〕162号） （9）印花税的征税对象是合同，或者具有合同性质的凭证。在商品购销活动中，直接通过电话、计算机联网订货，不使用书面凭证的，不需缴纳印花税。例如通过网络订书、购物等。（国税函〔1997〕505号【依据国家税务总局公告2011年第2号《国家税务总局关于公布全文失效废止部分条款失效废止的税收规范性文件目录的公告》，本条款已被财税〔2006〕162号废止】） （10）商品购销活动中，采用以货换货方式进行商品交易签订的合同应按合同所载的购、销合计金额征税。（国税发〔1991〕155号） （11）一般纳税人购销合同计算印花税时一般按不含增值税的金额计税贴花。合同中所载金额和增值税分开注明的，按不含增值税的合同金额确定计税依据，未分开注明的，以合同所载金额为计税依据。	3. 风险点：纳税人签订的购销合同或具有合同性质的凭证（包括供应、预购、采购、购销结合及协作、调剂、补偿、易货等合同），除另有规定外，在签订时未按购销金额依"购销合同"税目计税贴花。特别是调剂和易货合同，未包括调剂、易货的全额。
	2. 加工承揽合同：包括加工、定做、修缮、印刷、广告、测绘、测试等合同。 （1）修理合同属于"加工承揽合同"，但对于委托商店、门市部的零星修理而开具的修理单，无需贴花。（国税地字〔1988〕25号） （2）代理单位和委托方签订的委托代理合同，凡仅明确代理事项、权限和责任的，不属于应税凭证，无需贴花。（国税发〔1991〕155号） （3）如果是由受托方提供原材料的加工、定做合同，凡在合同中分别记载加工费金额与原材料金额的，加工费金额按"加工承揽合同"，原材料金额按"购销合同"计税，两项税额相加数，即为合同应贴印花；若合同中未分别记载，则就全部金额依照加工承揽合同计税贴花。 （4）如果由委托方提供原材料金额的，原材料不计税，计税依据为加工费和辅料。	加工承揽合同的计税依据是加工或承揽收入的金额按，税率0.5‰。
	3. 建设工程勘察设计合同：包括勘察、设计合同的总包合同、分包合同和转包合同。	计税依据为勘察、设计收取的费用税率0.5‰。
	4. 建筑安装工程承包合同：包括建筑、安装工程承包合同的总包合同、分包合同和转包合同。	计税依据为承包金额（不得剔除任何费用），税率为0.3‰。

（续表）

类别	税目	计税依据、税率形式
一、合同或具有合同性质的凭证	5. 财产租赁合同：包括租赁房屋、船舶、飞机、机动车辆、机械、器具、设备等等合同。 （1）企业和政府、上级主管部门签订的承包经营合同，以及企业内部实行的承包、租赁合同，不属于财产租赁合同，无需贴花。（国税地字〔1988〕25号） （2）土地租赁合同不属于应税凭证，无需贴花。 （3）财产租赁合同只是规定（月）天租金而不确定租期的，先定额5元贴花，待结算时按实际补贴印花。	计税依据为租赁金额。税率为额1‰。税额不足1元，按1元贴花。
	6. 货物运输合同：包括民用航空、铁路运输、海上运输、公路运输和联运合同。 （1）委托方和货运代理企业签订的委托代理合同，以及货运代理企业开给委托方的货物运输代理业专用发票，不属于印花税应税凭证，无需贴花。（国税发〔1991〕155号、国税发〔1990〕173号） （2）在货物托运业务中，承、托运双方需以运费结算凭证作为应税凭证，按照规定贴花。（国税发〔1990〕173号）。但对于托运快件行李、包裹业务，开具的托运单据暂免贴花。（国税地字〔1988〕25号） （3）对国内货运业务，凡实行联运的，在起运地统一结算全程运费的，应以全程运费为计税依据，由起运地运费结算双方缴纳印花税；凡分程结算运费的，应以分程运费作为计税依据。（国税发〔1990〕173号）	计税依据为取得的运输费金额（即运费收入，不包括所运货物的金额、装卸费和保险费等），税率为0.5‰。
	7. 仓储保管合同：包括仓储、保管合同。	按仓储保管费用1‰。
	8. 借款合同：银行及其他金融组织与借款人所签订的合同（包括融资租赁合同），不包括银行同业拆借合同。 （1）非金融性质的企业或个人之间签订的借款合同不需要缴纳印花税。企业和股东所签订的借款合同，如果双方都不属于金融机构，无需贴花。 （2）贴现业务并非是向银行借款，在贴现过程中不涉及印花税。但《山东省地方税务局关于票据贴现业务征收印花税问题的批复》（鲁地税函〔2005〕30号）规定，应按借款合同征收印花税。 （3）凡是一项信贷业务既签订借款合同，又一次或分次填开借据的，只以借款合同所载金额为计税依据计税贴花；凡是只填开借据并作为合同使用的，应以借据所载金额为计税依据计税贴花。（国税地字〔1988〕30号） （4）借贷双方签订的流动资金周转性借款合同，一般按年（期）签订，规定最高限额，借款人在规定的期限和最高限额内随借随还。为此，在签订流动资金周转借款合同时，应按合同规定的最高借款限额计税贴花。以后，只要在限额内随借随还，不再签新合同的，就不另贴印花。（国税地字〔1988〕30号） （5）对借款方以财产作抵押，与贷款方签订的抵押借款合同，属于资金信贷业务，借贷双方应按"借款合同"计税贴花。因借款方无力偿还借款而将抵押财产转移给贷款方，应就双方书立的产权转移书据，按"产权转移书据"计税贴花。（国税地字〔1988〕30号） （6）有些基本建设贷款，先按年度用款计划分年签订借款分合同，在最后一年按总概算签订借款总合同，总合同的借款金额中包括各分合同的借款金额。对这类基建借款合同，应按分合同分别贴花，最后签订的总合同，只就借款总额扣除分合同借款金额后的余额计税贴花。（国税地字〔1988〕30号） （7）对开展融资租赁业务签订的融资租赁合同（含融资性售后回租），统一按照其所载明的租金总额依照"借款合同"税目，按万分之零点五的税率计税贴花。在融资性售后回租业务中，对承租人、出租人因出售租赁资产及购回租赁资产所签订的合同，不征收印花税。（财税〔2015〕144号）	计税依据为借款金额，税率0.05‰。

类别	税目	计税依据、税率形式
一、合同或具有合同性质的凭证	9. 财产保险合同：包括财产、责任、保证、信用等保险合同。	计税依据为支付（收取）的保险费，不包括所保财产的金额，税率1‰。
	10. 技术合同：包括技术开发、转让、咨询、服务等合同。 （1）一般的法律、法规、会计、审计等方面的咨询不属于技术咨询，其所立合同不贴印花。（国税地字〔1989〕34号） （2）对各种职业培训、文化学习、职工业余教育等订立的合同，不属于技术培训合同，不贴印花税票。（国税地字〔1989〕34号） （3）工程监理合同并不属于"技术合同"税目中的技术咨询合同，无需贴花。	计税依据为合同所载金额（价款、报酬或使用费），税率0.3‰。 技术开发合同研究开发经费不作为计税依据。
二、书据	11. 产权转移书据： （1）包括财产所有权、版权、商标专用权、专利权、专有技术使用权共5项产权的转移书据。 （2）"财产所有权"转移书据的征税范围是：经政府管理机关登记注册的动产、不动产的所有权转移所立的书据，以及企业股权转让所立的书据。 （3）土地使用权出让合同、土地使用权转让合同、商品房销售合同按照产权转移书据征收印花税。（财税〔2006〕162号） （4）股权投资协议是投资各方在投资前签订的协议，只是一种投资的约定，不属于印花税征税范围，无需贴花。	计税依据为所载金额，税率0.5‰。 风险点：土地使用权出让合同、土地使用权转让合同未按照"产权转移书据"征收印花税。
三、账簿	12. 营业账簿（分为记载资金的账簿和其他账簿，包括日记账簿和各明细账簿）。 （1）对采用一级核算形式的单位，只就财会部门设置的账簿贴花；采用分级核算形式的，除财会部门的账簿应贴花之外，财会部门设置在其他部门和车间的明细分类账，亦应按规定贴花。 （2）车间、门市部、仓库设置的不属于会计核算范围或虽属会计核算范围，但不记载金额的登记簿、统计簿、台账等，不贴印花。 （3）凡"资金账簿"在次年度的实收资本和资本公积未增加的，对其不再计算贴花。以年度为准，年末比年初增加时贴花。其他营业账簿，计税依据为应税凭证件数。 （4）跨地区经营的分支机构，由各分支机构在其所在地缴纳。上级单位核拨资金的，记载资金的账簿按核拨的账面资金数额计税贴花；上级单位不核拨资金的，只就其他账簿按定额贴花。 （5）对会计核算采用单页表式记载资金活动情况，以表代账的，在未形成账簿（账册）前，暂不贴花，待装订成册时，按册贴花。 （6）企业发生合并、分立、联营等变更，若不需要重新进行法人登记，企业原有的已贴花资金账簿，贴花继续有效，无需重新贴花。（国税发〔1991〕155号） 企业发生兼并，并入单位的资产已按规定贴花的，接收单位无需对并入资产补贴花。（国税地字〔1988〕25号） （7）跨地区经营的总、分支机构，如果由总机构拨付资金给分支机构，所拨付的资金属于分支机构的自有资金，分支机构需就记载所拨付资金的营业账簿按照资金总额贴花，其他营业账簿则按件贴花。总机构只需就扣除所拨付资金后的余额贴花。如果总机构不拨付资金给分支机构，分支机构只需就其他营业账簿按件贴花五元。〔(88)国税地字第025号〕	记载资金的账簿，按实收资本和资本公积的合计0.5‰；其他账簿按件贴花5元。（国税发〔1994〕25号） 自2018年5月1日起，对按万分之五税率贴花的资金账簿减半征收印花税，对按件贴花5元的其他账簿免征印花税。（财税〔2018〕50号） 合伙企业没有注册资本的要求，其投资款一般在"合伙人资本"科目核算，不在"实收资本"和"资本公积"科目核算。因此，合伙企业的出资款不需要缴纳营业账簿印花税。

（续表）

类别	税目	计税依据、税率形式
三、账簿	（8）企业实行公司制改造，重新办理法人登记成立新企业，或者以合并或分立方式成立新企业，其新启用资金账簿记载的资金，只需就未贴花的部分和以后新增加的资金按规定贴花，原已贴花的部分可不再贴花。（财税〔2003〕183 号） （9）《企业会计准则第 30 号——财务报表列报（2014 年修订）》（财会〔2014〕7 号）增设"其他综合收益"一级科目，不再作为"资本公积"的明细科目，自 2014 年 7 月 1 日起开始执行，并做追溯调整。若纳税人未根据新准则进行账务调整，实际计入"资本公积"的金额会高于应计入金额，从而影响资金账簿印花税税额的计算。根据《关于资金账簿印花税问题的通知》（国税发〔1994〕025）的规定，纳税人应就"实收资本"和"资本公积"两项合计金额的增加部分缴纳资金账簿印花税。《企业会计准则第 30 号》执行后，纳税人应按调整后的 2015 年 1 月 1 日的"实收资本"和"资本公积"两项的合计金额确定增加部分作为 2014 年度资金账簿印花税的计税依据。对纳税人已在 2015 年 1 季度按照原会计准则确定的"资本公积"多申报缴纳 2014 年度资金账簿印花税的，纳税人可申请退税或在以后申报期予以抵税。	
四、证照	13. 权利、许可证照（包括：房屋产权证、工商营业执照、商标注册证、专利证、土地使用证，不包括税务登记证、卫生许可证等。） 对因各种原因更换营业执照正本的，视为新领营业执照正本，应按规定纳税。（国税地字〔1989〕113 号第 5 条）	按件贴花，每件 5 元。
五、其他	经财政部门确定征税的其他凭证。	

1. 根据《印花税暂行条例实施细则》第十条规定，印花税只对税目税率表中列举的凭证和经财政部确定征税的其他凭证征税。在税目、税率表中并未列举的，不用缴纳印花税。旅游合同、债务互抵合同等等不在条例所列举凭证的范畴之列，不需要缴纳印花税。

2. 根据《印花税暂行条例》规定，印花税的征税对象是合同，征税依据是合同所载金额，而不是根据实际业务的交易金额。如果已按规定贴花的合同在履行后，实际结算金额和合同所载金额不一致，不再补贴花，也不退税。（国税地字〔1988〕25 号）

3. 有些合同在签订时无法确定计税金额，如以下情况：

（1）技术转让合同中的转让收入，是按销售收入的一定比例收取或是按实现利润分成的。

（2）财产租赁合同只是规定了月（天）租金标准而无期限的。对于这类合同，可在签订时先按定额 5 元贴花，以后结算时再按实际金额计税，补贴印花。

4. 股权投资协议。

股权投资协议是投资各方在投资前签订的协议，只是一种投资的约定，不属于印花税征税范围，无需贴花。但是，以股权投资时，有两项行为，一是投资合同，不征；二是用于投资的股权发生了转让行为。分两种情况处理：

（1）以上市公司股权出资转让，不征。财税〔2010〕7 号，投资人以其持有的上市公司股权进行出资而发生的股权转让行为，不属于证券（股票）交易印花税的征税范围，不征收证券（股票）交易印花税。

（2）以非上市公司股权出资转让，应征。（国税发〔1991〕155 号），企业股权转让所立的书据。

5. 委托代理合同。

代理单位和委托方签订的委托代理合同，凡仅明确代理事项、权限和责任的，不属于应税凭证，无需贴花。（国税发〔1991〕155 号）

6. 三方合同中的担保人、鉴定人等非合同当事人不需要缴纳印花税。

作为购销合同、借款合同等的担保人、鉴定人、见证人而签订的三方合同，虽然购销合同、借款合同属于印花税应税凭证，但参与签订合同的担保人、鉴定人、见证人不是印花税纳税义务人，无需就所参与签订的合同贴花。

同一凭证，由两方或者两方以上当事人签订并各执一份的，应当由各方就所执的一份各自全额贴花。根据《印花税暂行条例实施细则》第十五条规定，所说的当事人，是指对凭证有直接权利义务关系的单位和个人，不包括保人、证人、鉴定人。（《印花税暂行条例》第八条）

7. 承包经营合同。

承包经营合同在印花税税目中并没有列举，不属于印花税应税凭证。企业和政府、上级主管部门签订的承包经营合同，以及企业内部实行的承包、租赁合同，不属于财产租赁合同，无需贴花。（国税地字〔1988〕25 号）

8. 证券交易印花税。

股份制企业向社会公开发行的股票，因购买、继承、赠与所书立的股权转让书据，均依书立时证券市场当日实际成交价格计算的金额，从 2007 年 5 月 30 日起，由立据双方当事人分别按 3‰的税率缴纳印花税（包括 A 股和 B 股）。

2008 年 4 月 23 日，财政部宣布证券交易印花税税率从 4 月 24 日起由 3‰下调至 1‰。从 2008 年 9 月 19 日起，证券交易印花税实行按出让方单边收取，对受让方不再征税。

在上海证券交易所、深圳证券交易所、全国中小企业股份转让系统买卖、继承、赠与优先股所书立的股权转让书据，均依书立时实际成交金额，由出让方按 1‰的税率计算缴纳证券（股票）交易印花税。

在全国中小企业股份转让系统买卖、继承、赠与股票所书立的股权转让书据，依书立时实际成交金额，由出让方按 1‰的税率计算缴纳证券（股票）交易印花税。

香港市场投资者通过沪港通买卖、继承、赠与上交所上市 A 股，按照内地现行税制规定缴纳证券（股票）交易印花税。内地投资者通过沪港通买卖、继承、赠与联交所上市股票，按照香港特别行政区现行税法规定缴纳印花税。

9. 经请示总局地方税司，"工程监理合同"不属于"技术合同"，也不属于《印花税暂行条例》第 2 条列举的征税范围。因此，工程监理单位承接监理业务而与建筑商签订的合同不征印花税。（深地税发〔2000〕91 号）

10. 企业改制。

企业因改制签订的产权转移书据免予贴花。企业改制之前签订但尚未履行完的各类印花税应税合同，若改制后只需变更执行主体，其余条款没有变动，则之前已贴花的不再重新贴花。（财税〔2003〕183 号）

11. 集团公司统一采购。

（1）集团公司统一采购模式下，如果集团公司仅仅是组织货源、进行价格谈判，统一代签购销合同的，由子公司直接与供货商收货、验货，并结算货款的，可由各子公司在接到合同文本时缴纳印花税，集团公司不需再缴纳印花税；

（2）如果集团公司统一与供货商签订合同后，集团公司向子公司供货、开具发票并结算货款的，集团公司在前述两道环节，均要缴纳印花税；

（3）母子公司之间，符合购销关系，有供货、结算行为的凭证，就不属于内部执行计划的凭证。

12. 印花税应税凭证的副本或者抄本。

《印花税暂行条例》第四条所说的已缴纳印花税的凭证的副本或者抄本免纳印花税，是指凭证的正式签署本已按规定缴纳了印花税，其副本或者抄本对外不发生权利义务关系，仅备存查的免贴印花。以副本或者抄本视同正本使用的，应另贴印花。（财税字〔1988〕第 255 号第 11 条）

什么是副本视同正本使用？ 纳税人的已缴纳印花税凭证的正本遗失或毁损，而以副本替代的，即为副本视同正本使用，应另贴印花。（国税地字〔1988〕第 25 号）

二、印花税法定优惠

《印花税暂行条例》	《印花税暂行条例施行细则》
第四条　下列凭证免纳印花税： （一）已缴纳印花税的凭证的副本或者抄本； （二）财产所有人将财产赠给政府、社会福利单位、学校所立的书据； （三）经财政部批准免税的其他凭证。	第十一条　条例第四条所说的已缴纳印花税的凭证的副本或者抄本免纳印花税，是指凭证的正式签署本已按规定缴纳了印花税，其副本或者抄本对外不发生权利义务关系，仅备存查的免贴印花。以副本或者抄本视同正本使用的，应另贴印花。 第十二条　条例第四条所说的社会福利单位，是指抚养孤老伤残的社会福利单位。 第十三条　根据条例第四条第（三）款规定，对下列凭证免纳印花税： （一）国家指定的收购部门与村民委员会、农民个人书立的农副产品收购合同； （二）无息、贴息贷款合同； （三）外国政府或者国际金融组织向我国政府及国家金融机构提供优惠贷款所书立的合同。

三、印花税其他免税规定

1. 农林牧渔业优惠政策

（1）国家指定的收购部门与村民委员会、农民个人书立的农副产品收购合同免纳印花税。（财税字〔1988〕255号）

（2）对农民专业合作社与本社成员签订的农业产品和农业生产资料购销合同，免征印花税。（财税〔2008〕81号）

（3）对农牧业保险合同免印花税。（国税地字〔1988〕37号）

2. 房地产、建筑业、住房租赁优惠政策

（1）对个人销售或购买住房暂免征收印花税。（财税〔2008〕137号）

（2）对经济适用住房经营管理单位与经济适用住房相关的印花税以及经济适用住房购买人涉及的印花税予以免征。开发商在商品住房项目中配套建造经济适用住房，如能提供政府部门出具的相关材料，可按经济适用住房建筑面积占总建筑面积的比例免征开发商应缴纳的印花税。（财税〔2008〕24号）

（3）对个人出租、承租住房签订的租赁合同，免征印花税。（财税〔2008〕24号）

（4）公共租赁住房经营管理单位建造公租房、购买住房作为公共租赁住房免征印花税。（财税〔2015〕139号）

（5）对公共租赁住房经营管理单位购买住房作为公共租赁住房，免征契税、印花税；对公共租赁住房租赁双方免征签订租赁协议涉及的印花税。（财税〔2014〕52号）

（6）对公共租赁住房经营管理单位免征建设、管理公共租赁住房涉及的印花税。在其他住房项目中配套建设公共租赁住房，依据政府部门出具的相关材料，按公共租赁住房建筑面积占总建筑面积的比例免征建设、管理公共租赁住房涉及的印花税。（财税〔2014〕52号）

3. 金融业优惠政策

（1）对无息、贴息贷款合同免征。（财税字〔1988〕第255号）

（2）对金融机构与小型企业、微型企业签订的借款合同免征印花税。（财税〔2017〕77号）

（3）在融资性售后回租业务中，对承租人、出租人因出售租赁资产及购回租赁资产所签订的合同，不征收印花税。（财税〔2015〕144号）

（4）自2018年5月1日起，对按0.5‰税率贴花的资金账簿减半征收印花税，对按件贴花5元的其他账簿免征印花税。（财税〔2018〕50号）

（5）同业拆借合同：符合条件的不贴印花。（国税发〔1988〕155号）

（6）信贷资产证券化免征印花税。（财税〔2006〕5号）

（7）证券投资者保护基金印花税。（财税〔2006〕104号）

① 对保护基金公司新设立的资金账簿免征印花税。

② 对保护基金公司与中国人民银行签订的再贷款合同、与证券公司行政清算机构签订的借款合同，免征印花税。

③ 对保护基金公司接收被处置证券公司财产签订的产权转移书据，免征印花税。

④ 对保护基金公司以保护基金自有财产和接收的受偿资产与保险公司签订的财产保险合同，免征印花税。

⑤ 对与保护基金公司签订上述应税合同或产权转移书据的其他当事人照章征收印花税。

（8）期货保障基金公司新设资金账簿、签订产权转移书据以及财产保险。（财税〔2013〕80号）

（9）对被撤销金融机构接收债权、清偿债务过程中签订的产权转移书据，免征印花税。（财税〔2003〕141号）

4. 国家建设、军事、抢险救灾

（1）对铁路、公路、航运、水路承运快件行李、包裹开具的托运单据，暂免贴印花。（国税地字〔1988〕25号）

（2）为新建铁路运输施工所需物料，使用工程临管线专用运费结算凭证，免纳印花税。（国税发〔1990〕173号）

（3）对商品储备管理公司及其直属库资金账簿免征印花税。（财税〔2013〕59号）

（4）对商品储备管理公司及其直属库承担商品储备业务过程中书立的购销合同免征印花税。（财税〔2013〕59号）

（5）军火武器合同免征印花税。（〔1990〕200号）

（6）军事物资运输。凡附有军事运输命令或使用专用的军事物资运费结算凭证，免纳印花税。（国税发〔1990〕173号）

（7）凡附有县级以上（含县级）人民政府抢险救灾物资运输证明文件的运费结算凭证，免纳印花税。（国税发〔1990〕173号）

5. 社会民生领域优惠政策

（1）对财产所有人将财产赠给学校所立的书据，免征印花税。（财税〔2004〕39 号）

（2）电网与用户之间签订的供用电合同。（财税〔2006〕162 号）

（3）图书、报纸、期刊以及音像制品的发行单位之间，以及发行单位与订阅单位或个人之间书立的征订凭证，暂免征印花税。（国税地字〔1989〕142 号）

（4）出版合同不属于印花税列举征税的凭证，不贴印花。（国税发〔1991〕155 号）

（5）对饮水工程运营管理单位为建设饮水工程取得土地使用权而签订的产权转移书据，以及与施工单位签订的建设工程承包合同免征印花税。（财税〔2016〕19 号）

（6）对易地扶贫搬迁项目实施主体（以下简称项目实施主体）取得用于建设安置住房的土地等符合规定的，免征印花税。（财税〔2018〕135 号）

（7）自 2019 年 1 月 1 日至 2021 年 12 月 31 日，对与高校学生签订的高校学生公寓租赁合同，免征印花税。高校学生公寓，是指为高校学生提供住宿服务，按照国家规定的收费标准收取住宿费的学生公寓。企业享受本通知规定的免税政策，应按规定进行免税申报，并将不动产权属证明、载有房产原值的相关材料、房产用途证明、租赁合同等资料留存备查。（财税〔2019〕14 号）

6. 企业改制

（1）对资产公司成立时设立的资金账簿免征印花税。（财税〔2001〕10 号）

（2）对资产公司收购、承接和处置不良资产，免征购销合同和产权转移书据应缴纳的印花税。（财税〔2001〕10 号）

（3）对企业改制、资产整合过程中涉及的印花税予以免征。（财税〔2003〕183 号）

（4）股权分置改革过程中因非流通股股东向流通股股东支付对价而发生的股权转让，暂免征收印花税。（财税〔2005〕103 号）

（5）对经营性文化事业单位转制中资产评估增值，资产转让或划转涉及的印花税，自 2014 年 1 月 1 日起至 2018 年 12 月 31 日止，符合现行规定的享受相应税收优惠政策。（财税〔2014〕84 号）

（6）对经国务院和省级人民政府决定或批准进行的国有（含国有控股）企业改组改制而发生的上市公司国有股权无偿转让行为，暂不征收证券（股票）交易印花税。（国税函〔2004〕941 号）

（7）对经国务院和省级人民政府决定或批准进行的国有（含国有控股）企业改组改制而发生的上市公司国有股权无偿转让行为，暂不征收证券（股票）交易印花税。（国税函〔2004〕941 号）

（8）经县级以上人民政府及企业主管部门批准改制的企业改制前签订但尚未履行完的各类应税合同，改制后需要变更执行主体的，对仅改变执行主体，其余条款未作变动且改制前已贴花的，不再贴花。（财税〔2003〕183 号）

（9）经县级以上人民政府及企业主管部门批准改制的企业因改制签订的产权转移书据免予贴花。（财税〔2003〕183 号）

7. 以下合同不需要缴纳印花税

（1）既有订单又有购销合同的，订单不贴花。（国税地字〔1988〕25 号）

（2）委托代理合同。（国税发〔1991〕第 155 号）

（3）货运代理企业和委托方签订的合同和开出的货物运输代理业专用发票。（国税发〔1991〕155 号、国税发〔1990〕173 号）

（4）承运快件行李、包裹开具的托运单据。（国税地字〔1988〕25 号）

（5）会计、审计合同。（国税地字〔1989〕34 号）

（6）企业集团内部使用的凭证。（国税函〔2009〕9 号、国税发〔1991〕155 号、国税函〔1997〕505 号）

（7）实际结算金额超过合同金额不需补贴花。（国税地字〔1988〕25 号）

四、印花税优惠备案

符合印花税优惠条件的纳税人，应向主管税务机关申请办理印花税优惠备案。

序号	减免项目名称（代码）	备案资料	政策依据
1	对个人销售或购买住房暂免征收印花税（09011701）	（1）《纳税人减免税备案登记表》2 份； （2）销售或购买住房的个人身份证明原件及复印件； （3）个人销售或购买住房合同的原件及复印件。	《财政部 国家税务总局关于调整房地产交易环节税收政策的通知》（财税〔2008〕137 号）

序号	减免项目名称(代码)	备案资料	政策依据
2	对廉租住房、经济适用住房经营管理单位与廉租住房、经济适用住房相关的印花税以及廉租住房承租人、经济适用住房购买人涉及的印花税予以免征(09011702)	(1)《纳税人减免税备案登记表》2份； (2)相关合同的原件及复印件； (3)廉租住房、经济适用住房相关证明材料原件及复印件。	《财政部 国家税务总局关于廉租住房经济适用住房和住房租赁有关税收政策的通知》(财税〔2008〕24号)
3	保障性住房免征印花税(09011704)	(1)《纳税人减免税备案登记表》2份； (2)政府部门出具的保障性住房相关证明材料； (3)购买保障性住房的个人身份证明原件。	《财政部 国家税务总局关于棚户区改造有关税收政策的通知》(财税〔2013〕101号)
4	对开发商建造廉租房和经济适用住房有关印花税予以免征(09011706)	(1)《纳税人减免税备案登记表》2份； (2)政府部门出具的建造廉租房和经济适用住。	《财政部 国家税务总局关于廉租住房经济适用住房和住房租赁有关税收政策的通知》(财税〔2008〕24号)
5	免征个人出租承租住房签订的租赁合同印花税(09011707)	(1)《纳税人减免税备案登记表》2份； (2)住房租赁合同(协议)原件及复印件； (3)租赁双方单位或个人身份证明原件及复印件。	《财政部 国家税务总局关于廉租住房经济适用住房和住房租赁有关税收政策的通知》(财税〔2008〕24号)
6	对公租房经营管理单位建造、管理公租房、购买住房作为公租房免征印花税(09011709)	(1)《纳税人减免税备案登记表》2份； (2)公共租赁住房经营管理单位相关证明复印件； (3)公共租赁住房租赁合同(协议)复印件； (4)租赁双方单位或个人身份证明原件。	《财政部 国家税务总局关于公共租赁住房税收优惠政策的通知》(财税〔2015〕139号)
7	对公共租赁住房双方免征租赁协议印花税(09011710)	(1)《纳税人减免税备案登记表》2份； (2)公共租赁住房经营管理单位相关证明复印件； (3)公共租赁住房租赁合同(协议)复印件； (4)租赁双方单位或个人身份证明原件。	《财政部 国家税务总局关于公共租赁住房税收优惠政策的通知》(财税〔2015〕139号)
8	房地产管理部门与个人订立的租房合同免征印花税(09012701)	(1)《纳税人减免税备案登记表》2份； (2)房地产管理部门相关证明复印件； (3)住房租赁合同(协议)； (4)租赁双方单位或个人身份证明原件。	《国家税务局关于印花税若干具体问题的规定》〔(88)国税地字第025号〕
9	铁路、公路、航运、水路承运快件行李、包裹开具的托运单据免征印花税(09012702)	《纳税人减免税备案登记表》2份。	《国家税务局关于印花税若干具体问题的规定》〔(88)国税地字第025号〕

（续表）

序号	减免项目名称（代码）	备案资料	政策依据
10	青藏铁路公司及其所属单位营业账簿免征印花税（09033301）	《纳税人减免税备案登记表》2份。	《财政部 国家税务总局关于青藏铁路公司运营期间有关税收等政策问题的通知》（财税〔2007〕11号）
11	金融机构与小微企业签订的借款合同免征印花税（09041503）	（1）《纳税人减免税备案登记表》2份； （2）借款人属于小型、微型企业的资质证明材料。	《财政部 税务总局关于支持小微企业融资有关税收政策的通知》（财税〔2017〕77号）
12	（1）中国邮政储蓄银行改制过程中印花税予以免征（09052401） （2）中国邮政集团公司邮政速递物流业务重组改制过程中印花税予以免征（09059901） （3）企业改制、重组过程中印花税予以免征（09059902） （4）外国银行分行改制为外商独资银行过程中免征印花税优惠（09081509）	（1）《纳税人减免税备案登记表》2份； （2）县级以上人民政府及企业主管部门改制批复文件原件及复印件。	《财政部 国家税务总局关于中国邮政储蓄银行改制上市有关税收政策的通知》（财税〔2013〕53号） 《财政部 国家税务总局关于明确中国邮政集团公司邮政速递物流业务重组改制过程中有关契税和印花税政策的通知》（财税〔2010〕92号） 《财政部 国家税务总局关于企业改制过程中有关印花税政策的通知》（财税〔2003〕183号） 《财政部 国家税务总局关于外国银行分行改制为外商独资银行有关税收问题的通知》（财税〔2007〕45号）
13	对中国铁路总公司改革过程中涉及的印花税进行减免（09052501）	《纳税人减免税备案登记表》2份。	《财政部 国家税务总局关于组建中国铁路总公司有关印花税政策的通知》（财税〔2015〕57号）
14	对企业改制、资产整合过程中涉及的所有产权转移书据及股权转让协议印花税予以免征（09059903）	（1）《纳税人减免税备案登记表》2份； （2）县级以上人民政府及企业主管部门改制批复文件复印件。	《财政部 国家税务总局关于中国联合网络通信集团有限公司转让CDMA网及其用户资产企业合并资产整合过程中涉及的增值税营业税印花税和土地增值税政策问题的通知》（财税〔2011〕13号）
15	对联通新时空移动通信有限公司接受中国联合网络通信集团固定通信资产增加资本金涉及的印花税予以免征（09059904）	（1）《纳税人减免税备案登记表》2份； （2）企业主管部门改制批复文件复印件。	《财政部 国家税务总局关于中国联合网络通信集团有限公司转让CDMA网及其用户资产企业合并资产整合过程中涉及的增值税营业税印花税和土地增值税政策问题的通知》（财税〔2011〕13号）
16	对2011年中国移动增加的资本公积、股权调整协议、盈余公积转增实收资本印花税予以免征（09059905）	（1）《纳税人减免税备案登记表》2份； （2）主管部门批复文件原件及复印件。	《财政部 国家税务总局关于中国移动集团股权结构调整及盈余公积转增实收资本有关印花税政策的通知》（财税〔2012〕62号）
17	买卖封闭式证券投资基金免征印花税（09081502）	（1）《纳税人减免税备案登记表》2份； （2）买卖封闭式证券投资基金相关合同原件及复印件。	《财政部 国家税务总局关于对买卖封闭式证券投资基金继续予以免征印花税的通知》（财税〔2004〕173号）

（续表）

序号	减免项目名称(代码)	备案资料	政策依据
18	股权分置改革过程中发生的股权转让免征印花税(09081503)	(1)《纳税人减免税备案登记表》2份； (2)股权转让相关合同原件及复印件。	《财政部 国家税务总局关于股权分置试点改革有关税收政策问题的通知》(财税〔2005〕103号)
19	国有股东向全国社会保障基金理事会转持国有股免征证券(股票)交易印花税(09081505)	《纳税人减免税备案登记表》2份。	《财政部 国家税务总局关于境内证券市场转持部分国有股充实全国社会保障基金有关证券(股票)交易印花税政策的通知》(财税〔2009〕103号)
20	信贷资产证券化免征印花税(09081510)	《纳税人减免税备案登记表》2份。	《财政部 国家税务总局关于信贷资产证券化有关税收政策问题的通知》(财税〔2006〕5号)
21	证券投资者保护基金免征印花税(09081512)	《纳税人减免税备案登记表》2份。	《财政部 国家税务总局关于证券投资者保护基金有关印花税政策的通知》(财税〔2006〕104号)
22	(1)无息、贴息贷款合同免征印花税优惠(09081515) (2)国家开发银行贴息贷款合同免征印花税优惠(09081504)	(1)《纳税人减免税备案登记表》2份； (2)合同的复印件； (3)合同书立双方的单位性质或个人身份证明原件。	《中华人民共和国印花税暂行条例实施细则》(财税字〔1988〕255号) 《财政部 国家税务总局关于国家开发银行缴纳印花税问题的复函》(财税字〔1995〕47号)
23	被撤销金融机构接收债权、清偿债务签订的产权转移书据免征印花税(09081516)	(1)《纳税人减免税备案登记表》2份； (2)中国人民银行撤销该金融机构及分设于各地分支机构的证明材料； (3)被撤销金融机构接收债权、清偿债务过程中签订的产权转移书据的复印件。	《财政部 国家税务总局关于被撤销金融机构有关税收政策问题的通知》(财税〔2003〕141号)
24	外国政府或者国际金融组织向我国政府及国家金融机构提供优惠贷款所书立的合同免征印花税(09081517)	(1)《纳税人减免税备案登记表》2份； (2)合同的复印件； (3)单位身份证明原件。	《中华人民共和国印花税暂行条例实施细则》(财税字〔1988〕255号)
25	国有商业银行划转给金融资产管理公司的资产免征印花税(09083901)	《纳税人减免税备案登记表》2份。	《财政部 国家税务总局关于4家资产管理公司接收资本金项下的资产在办理过户时有关税收政策问题的通知》(财税〔2003〕21号)
26	证券投资基金免征印花税(09083902)	《纳税人减免税备案登记表》2份。	《财政部 国家税务总局关于开放式证券投资基金有关税收问题的通知》(财税〔2002〕128号)
27	金融资产管理公司收购、承接、处置不良资产免征印花税(09083903)	《纳税人减免税备案登记表》2份。	《财政部 国家税务总局关于中国信达等4家金融资产管理公司税收政策问题的通知》(财税〔2001〕10号)

（续表）

序号	减免项目名称(代码)	备案资料	政策依据
28	农村信用社接受农村合作基金会财产产权转移书免征印花税(09083904)	(1)《纳税人减免税备案登记表》2份； (2)产权转移书据的原件及复印件。	《中国人民银行农业部 国家发展计划委员会 财政部 国家税务总局关于免缴农村信用社接收农村合作基金会财产产权过户税费的通知》(银发〔2000〕21号)
29	对中国信达资产管理股份有限公司、中国华融资产管理股份有限公司及其分支机构处置剩余政策性剥离不良资产以及出让上市公司股权免征印花税(09083906)	《纳税人减免税备案登记表》2份。	《财政部 国家税务总局关于中国信达资产管理股份有限公司等4家金融资产管理公司有关税收政策问题的通知》(财税〔2013〕56号)
30	对农民专业合作社与本社成员签订的农业产品和农业生产资料购销合同，免征印花税(09092301)	(1)《纳税人减免税备案登记表》2份； (2)合同的复印件； (3)农民专业合作社出具的本社成员证明材料； (4)合同书立双方的单位或个人身份证明原件。	《财政部 国家税务总局关于农民专业合作社有关税收政策的通知》(财税〔2008〕81号)
31	饮水工程运营管理单位为建设饮水工程取得土地使用权签订的产权转移书据，以及与施工单位签订的建设工程承包合同免征印花税(09092305)	(1)《纳税人减免税备案登记表》2份； (2)饮水工程运营管理单位为建设饮水工程取得土地使用权而签订的产权转移书据，以及与施工单位签订的建设工程承包合同的复印件； (3)农村饮水工程运营相关证明资料原件及复印件。	《财政部 国家税务总局关于继续实行农村饮水安全工程建设运营税收优惠政策的通知》(财税〔2016〕19号)
32	农村集体经济组织清产核资免征印花税(09092306)	《纳税人减免税备案登记表》2份。	《财政部 税务总局关于支持农村集体产权制度改革有关税收政策的通知》(财税〔2017〕55号)
33	对财产所有人将财产赠给学校所书立的书据免征印花税(09101401)	(1)《纳税人减免税备案登记表》2份； (2)合同的复印件； (3)合同书立双方的单位性质或个人身份证明原件。	《财政部 国家税务总局关于教育税收政策的通知》(财税〔2004〕39号)
34	高校学生公寓租赁合同免征印花税(09101405)	(1)《纳税人减免税备案登记表》2份； (2)合同的复印件； (3)学生公寓相关证明资料原件及复印件。	《财政部 税务总局关于高校学生公寓房产税印花税政策的通知》(财税〔2019〕14号)
35	对北京冬奥组委、北京冬奥会测试赛赛事组委会使用的营业账簿和签订的各类合同免征印花税(09102905)	《纳税人减免税备案登记表》2份。	《财政部 税务总局 海关总署关于北京2022年冬奥会和冬残奥会税收政策的通知》(财税〔2017〕60号)

（续表）

序号	减免项目名称（代码）	备案资料	政策依据
36	对国际奥委会签订的与北京 2022 年冬奥会有关的各类合同,免征国际奥委会的印花税(09102906)	《纳税人减免税备案登记表》2 份。	《财政部 税务总局 海关总署关于北京 2022 年冬奥会和冬残奥会税收政策的通知》(财税〔2017〕60号)
37	对中国奥委会签订的与北京 2022 年冬奥会有关的各类合同,免征中国奥委会的印花税(09102907)	《纳税人减免税备案登记表》2 份。	《财政部 税务总局 海关总署关于北京 2022 年冬奥会和冬残奥会税收政策的通知》(财税〔2017〕60号)
38	对国际残奥委会取得的与北京 2022 年冬残奥会有关的收入免征印花税(09102908)	《纳税人减免税备案登记表》2 份。	《财政部 税务总局 海关总署关于北京 2022 年冬奥会和冬残奥会税收政策的通知》(财税〔2017〕60号)
39	对中国残奥委会取得的由北京冬奥组委分期支付的收入免征印花税(09102909)	《纳税人减免税备案登记表》2 份。	《财政部 税务总局 海关总署关于北京 2022 年冬奥会和冬残奥会税收政策的通知》(财税〔2017〕60号)
40	对财产所有人将财产捐赠给北京冬奥组委所书立的产权转移书据免征印花税(09102910)	《纳税人减免税备案登记表》2 份。	《财政部 税务总局 海关总署关于北京 2022 年冬奥会和冬残奥会税收政策的通知》(财税〔2017〕60号)
41	发行单位之间,发行单位与订阅单位或个人之间书立的征订凭证,暂免征印花税(09103201)	(1)《纳税人减免税备案登记表》2 份; (2) 书立征订凭证复印件; (3) 发行单位资格相关证明复印件。	《国家税务局关于图书 报刊等征订凭证征免印花税问题的通知》〔(89)国税地字第 142 号〕
42	文化单位转制为企业时的印花税优惠(09103203)	(1)《纳税人减免税备案登记表》2 份; (2) 转制方案批复文书复印件; (3) 企业工商营业执照; (4) 整体转制前已进行事业单位法人登记的,提供同级机构编制管理机关 核销事业编制、注销事业单位法人的证明; (5) 与在职职工签订劳动合同、按企业办法参加社会保险制度的证明; (6) 引入非公有资本和境外资本、变更资本结构的,出具相关部门批准 文件。	《财政部 国家税务总局 中宣部关于继续实施文化体制改革中经营性文化事业单位转制为企业若干税收政策的通知》(财税〔2014〕84 号)
43	财产所有人将财产赠给政府、社会福利单位、学校所立的书据(09120601)	(1)《纳税人减免税备案登记表》2 份; (2) 合同的复印件; (3) 合同书立双方的单位性质或个人身份证明原件。	《中华人民共和国印花税暂行条例》(中华人民共和国国务院令第11 号)
44	特殊货运凭证免征印花税(09121301)	《纳税人减免税备案登记表》2 份。	《国家税务总局关于货运凭证征收印花税几个具体问题的通知》(国税发〔1990〕173 号)

（续表）

序号	减免项目名称（代码）	备案资料	政策依据
45	免征飞机租赁企业购机环节购销合同印花税（09121302）	（1）《纳税人减免税备案登记表》2份； （2）飞机租赁企业相关证明； （3）飞机购销合同复印件。	《财政部 国家税务总局关于飞机租赁企业有关印花税政策的通知》（财税〔2014〕18号）
46	对国家石油储备基地第一期项目建设过程中涉及的印花税，予以免征（09122602）	《纳税人减免税备案登记表》2份。	《财政部 国家税务总局关于国家石油储备基地建设有关税收政策的通知》（财税〔2005〕23号）
47	对国家石油储备基地第二期项目建设过程中应缴的印花税，予以免征（09122604）	《纳税人减免税备案登记表》2份。	《财政部 国家税务总局关于国家石油储备基地有关税收政策的通知》（财税〔2011〕80号）
48	储备公司资金账簿和购销合同印花税减免（09122605）	（1）储备公司资金账簿同免征印花税应报送：《纳税人减免税备案登记表》2份； （2）储备公司购销合同免征印花税应报送： （3）《纳税人减免税备案登记表》2份； （4）商品储备业务过程中书立的购销合同复印件。	《财政 国家税务总局关于部分国家储备商品有关税收政策的通知》（财税〔2016〕28号）
49	已缴纳印花税的凭证的副本或者抄本免纳印花税（09129904）	（1）《纳税人减免税备案登记表》2份； （2）凭证已贴花的证明材料； （3）副本或抄本证明材料。	《中华人民共和国印花税暂行条例》（中华人民共和国国务院令第11号）
50	资金账簿减半征收印花税优惠（09129906）	《纳税人减免税备案登记表》2份。	《财政部 税务总局关于对营业账簿减免印花税的通知》（财税〔2018〕50号）
51	其他账簿免征印花税优惠（09129907）	《纳税人减免税备案登记表》2份。	《财政部 税务总局关于对营业账簿减免印花税的通知》（财税〔2018〕50号）

五、小规模纳税人减征印花税50%优惠

财税〔2019〕13号	国家税务总局公告2019年第5号
三、由省、自治区、直辖市人民政府根据本地区实际情况，以及宏观调控需要确定，对增值税小规模纳税人可以在50%的税额幅度内减征资源税、城市维护建设税、房产税、城镇土地使用税、印花税（不含证券交易印花税）、耕地占用税和教育费附加、地方教育附加。 　　四、增值税小规模纳税人已依法享受资源税、城市维护建设	自2019年1月1日起： 　　一、关于申报表的修订。 　　修订《印花税纳税申报表》，增加增值税小规模纳税人减征优惠申报有关数据项目，相应修改有关填表说明。 　　二、关于纳税人类别变化时减征政策适用时间的确定。 　　缴纳印花税的增值税一般纳税人按规定转登记为小规模纳税人的，自成为小规模纳税人的当月起适用减征优惠。增值税小规模纳税人按规定登记为一般纳税人的，自一般纳税人生效之日起不再适用减征优惠；增值税年应税销售额超过小规模纳税人标准应当登记为一般纳税人而未登记，经税务机关通知，逾期仍不办理登记的，自逾期次月起不再适用减征优惠。

（续表）

财税〔2019〕13 号	国家税务总局公告 2019 年第 5 号
税、房产税、城镇土地使用税、印花税、耕地占用税、教育费附加、地方教育附加其他优惠政策的，可叠加享受本通知第三条规定的优惠政策。	三、关于减征优惠的办理方式。 纳税人自行申报享受减征优惠，不需额外提交资料。 四、关于纳税人未及时享受减征优惠的处理方式。 纳税人符合条件但未及时申报享受减征优惠的，可依法申请退税或者抵减以后纳税期的应纳税款。

在享受优惠的顺序上，本次减征优惠是在享受其他优惠的基础上再享受。原来适用比例减免或定额减免的，本次减征额计算的基数是应纳税额减除原有减免税额后的数额。

印花税纳税申报（报告）表（国家税务总局公告 2019 年第 5 号）

1. 印花税纳税申报（报告）表

印花税纳税申报（报告）表

税款所属期限：自　　年　　月　　日至　　年　　月　　日

纳税人识别号（统一社会信用代码）：□□□□□□□□□□□□□□□□□□

纳税人名称：　　　　　　　　　　　　　　　　　金额单位：人民币元（列至角分）

本期是否适用增值税小规模纳税人减征政策（减免性质代码：09049901）				□是 □否	减征比例（%）				
应税凭证	计税金额或件数	核定征收		适用税率	本期应纳税额	本期已缴税额	本期减免税额		本期增值税小规模纳税人减征额	本期应补（退）税额
		核定依据	核定比例				减免性质	减免税额		
	1	2	3	4	5＝1×4＋2×3×4	6	7	8	9	10＝5－6－8－9
购销合同				0.3‰						
加工承揽合同				0.5‰						
建设工程勘察设计合同				0.5‰						
建筑安装工程承包合同				0.3‰						
财产租赁合同				1‰						
货物运输合同				0.5‰						
仓储保管合同				1‰						
借款合同				0.05‰						
财产保险合同				1‰						
技术合同				0.3‰						
产权转移书据				0.5‰						
营业账簿（记载资金的账簿）		—	—	0.5‰						
营业账簿（其他账簿）		—	—	5					—	
权利、许可证照		—	—	5						
合计	—	—	—	—						

（续表）

谨声明:本纳税申报表是根据国家税收法律法规及相关规定填报的,是真实的、可靠的、完整的。

纳税人(签章):　　年　月　日

| 经办人:
经办人身份证号:
代理机构签章:
代理机构统一社会信用代码: | 受理人:
受理税务机关(章):
受理日期:　　年　月　日 |

2.报表填报

1."纳税人识别号(统一社会信用代码)",填报税务机关核发的纳税人识别号或有关部门核发的统一社会信用代码。"纳税人名称",填报营业执照、税务登记证等证件载明的纳税人名称。

2.本期是否适用增值税小规模纳税人减征政策(减免税代码:09049901):纳税人自增值税一般纳税人按规定转登记为小规模纳税人的,自成为小规模纳税人的当月起适用减征优惠。增值税小规模纳税人按规定登记为一般纳税人的,自一般纳税人生效之日起不再适用减征优惠;增值税年应税销售额超过小规模纳税人标准应当登记为一般纳税人而未登记,经税务机关通知,逾期仍不办理登记的,自逾期次月起不再适用减征优惠。纳税人本期适用增值税小规模纳税人减征政策的,勾选"是";否则,勾选"否"。

3.减征比例(%):当地省级政府根据财税〔2019〕13号文件确定的减征比例,系统自动带出。

4.第1栏"计税金额或件数",填写合同、产权转移书据、营业账簿的金额,或权利、许可证照的件数。

5.第2栏"核定依据",填写核定征收的计税依据。

6.第3栏"核定比例",填写核定征收的核定比例。

7.第5栏"本期应纳税额",反映本期按适用税率计算缴纳的应纳税额。计算公式为:$5＝1×4＋2×3×4$。

8.第6栏"本期已缴税额",填写本期应纳税额中已经缴纳的部分。

9.第7栏"减免性质代码",该项按照国家税务总局制定下发的最新《减免税政策代码目录》中的最细项减免性质代码填写。有减免税情况的必填。

10.第8栏"减免税额",反映本期减免的税额。

11.第9栏"本期增值税小规模纳税人减征额",反映符合条件的小规模纳税人减征的税额。计算公式为:$9＝(5－8)×减征比例$。

12.第10栏"本期应补(退)税额",计算公式为:$10＝5－6－8－9$。

13.本表一式两份,一份纳税人留存,一份税务机关留存。

第十一节　契　税　优　惠

政策依据:

《中华人民共和国契税暂行条例》(国务院令第224号,以下简称《契税暂行条例》);

《中华人民共和国契税暂行条例细则》(财法字〔1997〕52号,以下简称《契税暂行条例细则》)。

一、契税法定优惠

《契税暂行条例》	《契税暂行条例细则》
第六条　有下列情形之一的,减征或者免征契税: (一)国家机关、事业单位、社会团体、军事单位承受土地、房屋用于办公、	第十二条　条例所称用于办公的,是指办公室(楼)以及其他直接用于办公的土地、房屋。 条例所称用于教学的,是指教室(教学楼)以及其他直接用于教学的土地、房屋。 条例所称用于医疗的,是指门诊部以及其他直接用于医疗的土地、房屋。 条例所称用于科研的,是指科学试验的场所以及其他直接用于科研的土地、房屋。

《契税暂行条例》	《契税暂行条例细则》
教学、医疗、科研和军事设施的,免征。 　（二）城镇职工按规定第一次购买公有住房的,免征。 　（三）因不可抗力灭失住房而重新购买住房的,酌情准予减征或者免征。 　（四）财政部规定的其他减征、免征契税的项目。 　第七条　经批准减征、免征契税的纳税人改变有关土地、房屋的用途,不再属于本条例第六条规定的减征、免征契税范围的,应当补缴已经减征、免征的税款。	条例所称用于军事设施的,是指:（一）地上和地下的军事指挥作战工程;（二）军用的机场、港口、码头;（三）军用的库房、营区、训练场、试验场;（四）军用的通信、导航、观测台站;（五）其他直接用于军事设施的土地、房屋。 　本条所称其他直接用于办公、教学、医疗、科研的以及其他直接用于军事设施的土地、房屋的具体范围,由省、自治区、直辖市人民政府确定。 　第十三条　条例所称城镇职工按法规第一次购买公有住房的,是指经县以上人民政府批准,在国家法规标准面积以内购买的公有住房。城镇职工享受免征契税,仅限于第一次购买的公有住房。超过国家法规标准面积的部分,仍应按照法规缴纳契税。 　第十四条　条例所称不可抗力,是指自然灾害、战争等不能预见、不能避免、并不能克服的客观情况。 　第十五条　根据条例第六条的法规,下列项目减征、免征契税: 　（一）土地、房屋被县级以上人民政府征用、占用后,重新承受土地、房屋权属的,是否减征或者免征契税,由省、自治区、直辖市人民政府确定。 　（二）纳税人承受荒山、荒沟、荒丘、荒滩土地使用权,用于农、林、牧、渔业生产的,免征契税。 　（三）依照我国有关法律法规以及我国缔结或参加的双边和多边条约或协定的规定应当予以免税的外国驻华使馆、领事馆、联合国驻华机构及其外交代表、领事官员和其他外交人员承受土地、房屋权属的,经外交部确认,可以免征契税。 　第十六条　纳税人符合减征或者免征契税法规的,应当在签订土地、房屋权属转移合同后10日内,向土地、房屋所在地的契税征收机关办理减征或者免征契税手续。

二、财政部规定的其他减征、免征项目

1. 售后回租方式进行融资等有关契税政策（财税〔2012〕82号）

第一条　对金融租赁公司开展售后回租业务,承受承租人房屋、土地权属的,照章征税。对售后回租合同期满,承租人回购原房屋、土地权属的,免征契税。

第二条　以招拍挂方式出让国有土地使用权的,纳税人为最终与土地管理部门签订出让合同的土地使用权承受人。

第三条　市、县级人民政府根据《国有土地上房屋征收与补偿条例》有关规定征收居民房屋,居民因个人房屋被征收而选择货币补偿用以重新购置房屋,并且购房成交价格不超过货币补偿的,对新购房屋免征契税;购房成交价格超过货币补偿的,对差价部分按规定征收契税。居民因个人房屋被征收而选择房屋产权调换,并且不缴纳房屋产权调换差价的,对新换房屋免征契税;缴纳房屋产权调换差价的,对差价部分按规定征收契税。

第四条　企业承受土地使用权用于房地产开发,并在该土地上代政府建设保障性住房的,计税价格为取得全部土地使用权的成交价格。

第五条　单位、个人以房屋、土地以外的资产增资,相应扩大其在被投资公司的股权持有比例,无论被投资公司是否变更工商登记,其房屋、土地权属不发生转移,不征收契税。

第六条　个体工商户的经营者将其个人名下的房屋、土地权属转移至个体工商户名下,或个体工商户将其名下的房屋、土地权属转回原经营者个人名下,免征契税。

合伙企业的合伙人将其名下的房屋、土地权属转移至合伙企业名下,或合伙企业将其名下的房屋、土地权属转回原合伙人名下,免征契税。

2. 棚户区改造有关税收政策（财税〔2013〕101号第三条）

对经营管理单位回购已分配的改造安置住房继续作为改造安置房源的,免征契税。

3. 易地扶贫搬迁（财税〔2018〕135号）

对易地扶贫搬迁贫困人口按规定取得的安置住房,免征契税。

对易地扶贫搬迁项目实施主体（以下简称项目实施主体）取得用于建设安置住房的土地,免征契税。

在商品住房等开发项目中配套建设安置住房的,按安置住房建筑面积占总建筑面积的比例,计算应予免征的安置住房用地相关的契税。

对项目实施主体购买商品住房或者回购保障性住房作为安置住房房源的,免征契税。

三、改制重组契税（财税〔2018〕17号）

自2015年1月1日起至2017年12月31日：

1. 企业改制

企业按照《中华人民共和国公司法》有关规定整体改制，包括非公司制企业改制为有限责任公司或股份有限公司，有限责任公司变更为股份有限公司，股份有限公司变更为有限责任公司，原企业投资主体存续并在改制（变更）后的公司中所持股权（股份）比例超过75%，且改制（变更）后公司承继原企业权利、义务的，对改制（变更）后公司承受原企业土地、房屋权属，免征契税。（注：应该关注该条特别强调整体改制、列举的情形及持股比例超过75%。）

2. 事业单位改制

事业单位按照国家有关规定改制为企业，原投资主体存续并在改制后企业中出资（股权、股份）比例超过50%的，对改制后企业承受原事业单位土地、房屋权属，免征契税。（注意本条针对的改制主体是事业单位，改制后持股比例超过50%。）

3. 公司合并

两个或两个以上的公司，依照法律规定、合同约定，合并为一个公司，且原投资主体存续的，对合并后公司承受原合并各方土地、房屋权属，免征契税。

4. 公司分立

公司依照法律规定、合同约定分立为两个或两个以上与原公司投资主体相同的公司，对分立后公司承受原公司土地、房屋权属，免征契税。

5. 企业破产

企业依照有关法律法规规定实施破产，债权人（包括破产企业职工）承受破产企业抵偿债务的土地、房屋权属，免征契税；对非债权人承受破产企业土地、房屋权属，凡按照《中华人民共和国劳动法》等国家有关法律法规政策妥善安置原企业全部职工规定，与原企业全部职工签订服务年限不少于三年的劳动用工合同的，对其承受所购企业土地、房屋权属，免征契税；与原企业超过30%的职工签订服务年限不少于三年的劳动用工合同的，减半征收契税。

6. 资产划转

对承受县级以上人民政府或国有资产管理部门按规定进行行政性调整、划转国有土地、房屋权属的单位，免征契税。

同一投资主体内部所属企业之间土地、房屋权属的划转，包括母公司与其全资子公司之间，同一公司所属全资子公司之间，同一自然人与其设立的个人独资企业、一人有限公司之间土地、房屋权属的划转，免征契税。

母公司以土地、房屋权属向其全资子公司增资，视同划转，免征契税。

（新增"母公司以土地、房屋权属向其全资子公司增资，视同划转，免征契税"的规定。应注意是"增资"而不是所有的"投资"行为都适用该项规定。）

7. 债权转股权

经国务院批准实施债权转股权的企业，对债权转股权后新设立的公司承受原企业的土地、房屋权属，免征契税。（注意本条的债转股，强调的是经国务院批准实施的。）

8. 划拨用地出让或作价出资

以出让方式或国家作价出资（入股）方式承受原改制重组企业、事业单位划拨用地的，不属上述规定的免税范围，对承受方应按规定征收契税。（注意该条规定的是对不在免税范围应该征收的情形。）

9. 公司股权（股份）转让

在股权（股份）转让中，单位、个人承受公司股权（股份），公司土地、房屋权属不发生转移，不征收契税。

10. 有关用语含义

本通知所称企业、公司，是指依照我国有关法律法规设立并在中国境内注册的企业、公司。

本通知所称投资主体存续，是指原企业、事业单位的出资人必须存在于改制重组后的企业，出资人的出资比例可以发生变动；投资主体相同，是指公司分立前后出资人不发生变动，出资人的出资比例可以发生变动。

四、契税优惠备案

符合契税优惠备案条件的纳税人，应向主管税务机关申请办理契税优惠备案。

序号	减免项目名称(代码)	备案资料	政策依据
1	已购公有住房补缴土地出让金和其他出让费用免征契税(15011704)	(1)《契税纳税申报表》； (2)补缴土地出让金和其他出让费用的相关证明原件及复印件； (3)公有住房相关证明。	《财政部 国家税务总局关于国有土地使用权出让等有关契税问题的通知》(财税〔2004〕134号)
2	经营管理单位回购经适房继续用于经适房房源免征契税(15011705)	(1)《契税纳税申报表》； (2)房屋权属转移合同或具有合同性质的契约、协议、合约、单据、确认书复印件； (3)经济适用房项目相关证明。	《财政部 国家税务总局关于廉租住房经济适用住房和住房租赁有关税收政策的通知》(财税〔2008〕24号)
3	军建离退休干部住房及附属用房移交地方政府管理的免征契税(15011706)	(1)《契税纳税申报表》； (2)军地双方土地、房屋权属移交合同复印件； (3)军地双方土地、房屋权属变更、过户文书复印件。	《财政部 国家税务总局关于免征军建离退休干部住房移交地方政府管理所涉及契税的通知》(财税字〔2000〕176号)
4	城镇职工第一次购买公有住房(15011710)	(1)《契税纳税申报表》； (2)购买公有住房或集资建房证明材料复印件； (3)个人身份证明原件。	《中华人民共和国契税暂行条例》(中华人民共和国国务院令第224号)
5	经营管理单位回购改造安置住房仍为安置房免征契税(15011712)	(1)《契税纳税申报表》； (2)改造安置住房相关证明材料； (3)回购合同(协议)复印件。	《财政部 国家税务总局关于棚户区改造有关税收政策的通知》(财税〔2013〕101号)
6	夫妻之间变更房屋、土地权属或共有份额免征契税(15011713)	(1)《契税纳税申报表》； (2)财产分割协议,房产权属证明,土地、房屋权属变更、过户文书复印件； (3)户口本或结婚证、双方身份证明原件及复印件。	《财政部 国家税务总局关于夫妻之间房屋土地权属变更有关契税政策的通知》(财税〔2014〕4号)
7	土地使用权、房屋交换价格相等的免征,不相等的差额征收(15011714)	(1)《契税纳税申报表》； (2)交换双方土地、房屋权属转移合同,交换双方土地、房屋权属变更、过户文书复印件； (3)单位或个人身份证明原件。	《中华人民共和国契税暂行条例细则》(财法字〔1997〕52号)
8	土地、房屋被县级以上政府征用、占用后重新承受土地、房屋权属减免契税(15011716)	(1)《契税纳税申报表》； (2)土地、房屋被政府征用、占用的文书复印件； (3)纳税人重新承受纳税人承受被征用或占用的土地、房屋权属证明复印件； (4)单位或个人身份证明原件。	《中华人民共和国契税暂行条例细则》(财法字〔1997〕52号)
9	因不可抗力灭失住房而重新购买住房减征或免征契税(15011717)	(1)《契税纳税申报表》； (2)住房灭失证明原件及复印件； (3)重新购置住房合同、协议复印件； (4)个人身份证明原件。	《中华人民共和国契税暂行条例》(中华人民共和国国务院令第224号)

序号	减免项目名称（代码）	备案资料	政策依据
10	（1）棚户区个人首次购买90平方米以下改造安置住房减按1%征收契税（15011719） （2）棚户区购买符合普通住房标准的改造安置住房减半征收契税（15011720）	（1）棚户区改造相关证明材料； （2）房屋征收（拆迁）补偿协议及购买改造安置住房合同（协议）原件及复印件； （3）个人身份证明原件。	《财政部 国家税务总局关于棚户区改造有关税收政策的通知》（财税〔2013〕101号）
11	棚户区被征收房屋取得货币补偿用于购买安置住房免征契税（15011721）	（1）《契税纳税申报表》； （2）棚户区改造相关证明材料； （3）改造安置住房相关证明材料； （4）房屋征收（拆迁）补偿协议及购买改造安置住房合同（协议）原件及复印件； （5）个人身份证明原件。	《财政部 国家税务总局关于棚户区改造有关税收政策的通知》（财税〔2013〕101号）
12	棚户区用改造房屋换取安置住房免征契税（15011722）	（1）《契税纳税申报表》； （2）棚户区改造相关证明材料； （3）改造安置住房相关证明材料； （4）房屋征收（拆迁）补偿协议及购买改造安置住房合同（协议）原件及复印件； （5）个人身份证明原件。	《财政部 国家税务总局关于棚户区改造有关税收政策的通知》（财税〔2013〕101号）
13	公共租赁住房经营管理单位购买住房作为公共租赁住房免征契税（15011723）	（1）《契税纳税申报表》； （2）房屋权属转移合同或具有合同性质的契约、协议、合约、单据、确认书，房屋权属变更、过户文书复印件； （3）公共租赁住房相关证明。	《财政部 国家税务总局关于公共租赁住房税收优惠政策的通知》（财税〔2015〕139号）
14	（1）个人购买家庭唯一住房90平米及以下减按1%征收契税（15011724） （2）个人购买家庭唯一住房90平米以上减按1.5%征收契（15011725）	（1）《契税纳税申报表》； （2）房屋转移合同或具有合同性质的契约、协议、合约、单据、确认书原件及复印件； （3）身份证、户口簿、结婚证（已婚的提供）原件及复印件或个人婚姻状况承诺书； （4）家庭唯一住房证明材料。	《财政部 国家税务总局 住房城乡建设部关于调整房地产交易环节契税 营业税优惠政策的通知》（财税〔2016〕23号）
15	（1）个人购买家庭唯一住房90平米及以下减按1%征收契税（15011724） （2）个人购买家庭第二套住房90平米以上减按2%征收契税（15011727）	（1）《契税纳税申报表》； （2）房屋转移合同或具有合同性质的契约、协议、合约、单据、确认书原件及复印件； （3）身份证、户口簿、结婚证（已婚的提供）原件及复印件或个人婚姻状况承诺书； （4）家庭唯一住房证明材料。	《财政部 国家税务总局 住房城乡建设部关于调整房地产交易环节契税 营业税优惠政策的通知》（财税〔2016〕23号）
16	青藏铁路公司承受土地、房屋权属用于办公及运输主业免征契税（15033301）	（1）《契税纳税申报表》； （2）土地、房屋转移合同原件及复印件； （3）土地、房屋用于办公及运输主业的证明复印件。	《财政部 国家税务总局关于青藏铁路公司运营期间有关税收等政策问题的通知》（财税〔2007〕11号）

（续表）

序号	减免项目名称（代码）	备案资料	政策依据
17	企业事业单位改制重组的契税优惠（15052401、15052506、15052507、15052508、15052509、15052510、15052511、15052512、15052513、15052515、15052516、15052517、15052518、15052519、15052520、15052521、15052522、15052523）	（1）《契税纳税申报表》；（2）房屋产权证、土地使用权证明复印件；（3）上级主管机关批准其改制、重组或董事会决议等证明材料；（4）改制前后的投资情况的证明材料。	《财政部　国家税务总局关于进一步支持企业事业单位改制重组有关契税政策的通知》（财税〔2015〕37号）《财政部　国家税务总局关于进一步支持企业事业单位改制重组有关契税政策的通知》（财税〔2015〕37号）《财政部　税务总局关于继续支持企业事业单位改制重组有关契税政策的通知》（财税〔2018〕17号）
18	中国电信收购CDMA免征契税（15052514）	（1）《契税纳税申报表》；（2）房屋产权证、土地使用权证明原件及复印件；（3）收购合同、决议、批复等证明材料。	《财政部　国家税务总局关于中国电信集团公司和中国电信股份有限公司收购CDMA网络资产和业务有关契税政策的通知》（财税〔2009〕42号）
19	被撤销金融机构接收债务方土地使用权、房屋所有权免征契税（15081502）	（1）《契税纳税申报表》；（2）房屋产权证、土地使用权证明复印件；（3）中国人民银行撤销该机构的证明材料；（4）财产处置协议原件及复印件。	《财政部　国家税务总局关于被撤销金融机构有关税收政策问题的通知》（财税〔2003〕141号）
20	农村信用社接收农村合作基金会的房屋、土地使用权免征契税（15083903）	（1）《契税纳税申报表》；（2）土地、房屋转移合同原件及复印件；（3）清理整顿证明复印件。	《中国人民银行农业部国家发展计划委员会　财政部　国家税务总局关于免缴农村信用社接收农村合作基金会财产权过户税费的通知》（银发〔2000〕21号）
21	中国东方资产管理公司处置港澳国际（集团）有限公司过程中规定的免征契税（15083904）	（1）《契税纳税申报表》；（2）处置不良资产合同或协议原件及复印件；（3）土地、房屋权属变更、过户文书复印件。	《财政部　国家税务总局关于中国东方资产管理公司处置港澳国际（集团）有限公司有关资产税收政策问题的通知》（财税〔2003〕212号）
22	4家金融资产公司接受相关国有银行的不良债权，借款方以土地使用权、房屋所有权抵充贷款本息的免征契税（15083905）	（1）《契税纳税申报表》；（2）土地使用权、房屋所有权证明复印件；（3）处置不良资产合同或协议复印件。	《财政部　国家税务总局关于中国信达资产管理股份有限公司等4家金融资产管理公司有关税收政策问题的通知》（财税〔2013〕56号）
23	农村饮水工程承受土地使用权免征契税（15092302）	（1）《契税纳税申报表》；（2）土地权属转移合同复印件；（3）农村饮水工程运营相关证明资料原件及复印件。	《财政部　国家税务总局关于继续实行农村饮水安全工程建设运营税收优惠政策的通知》（财税〔2016〕19号）

序号	减免项目名称（代码）	备案资料	政策依据
24	承受荒山等土地使用权用于农、林、牧、渔业生产免征契税（15099901）	（1）《契税纳税申报表》； （2）土地权属转移合同复印件； （3）政府主管部门出具的土地用途证明、承受土地性质证明； （4）单位或个人身份证明原件。	《中华人民共和国契税暂行条例细则》（财法字〔1997〕52号）
25	社会力量办学、用于教学承受的土地、房屋免征契税（15101402）	（1）《契税纳税申报表》； （2）土地、房屋权属转移合同或具有合同性质的契约、协议、合约、单据、确认书复印件； （3）县级以上人民政府教育行政主管部门或劳动行政主管部门批准并核发的《社会力量办学许可证》复印件； （4）项目主管部门批准的立项文书复印件； （5）单位或个人身份证明原件。	《财政部 国家税务总局关于社会力量办学契税政策问题的通知》（财税〔2001〕156号）
26	国家石油储备基地第一期项目免征契税（15122601）	（1）《契税纳税申报表》； （2）土地、房屋权属变更、过户文书复印件； （3）土地、房屋用途证明复印件。	《财政部 国家税务总局关于国家石油储备基地建设有关税收政策的通知》（财税〔2005〕23号）
27	国家石油储备基地第二期项目免征契税（15122602）	（1）《契税纳税申报表》； （2）土地、房屋权属变更、过户文书复印件； （3）土地、房屋用途证明复印件。	《财政部 国家税务总局关于国家石油储备基地有关税收政策的通知》（财税〔2011〕80号）
28	售后回租期满，承租人回购原房屋、土地权属免征契税（15129902）	（1）《契税纳税申报表》； （2）融资租赁合同（有法律效力的中文版）复印件； （3）售后回租房屋所有权证、土地使用权证明复印件。	《财政部 国家税务总局关于企业以售后回租方式进行融资等有关契税政策的通知》（财税〔2012〕82号）
29	国家机关、事业单位、社会团体、军事单位公共单位用于教学、科研承受土地、房屋免征契税（15129903）	（1）《契税纳税申报表》； （2）土地、房屋权属转移合同或具有合同性质的契约、协议、合约、单据、确认书复印件； （3）单位性质证明材料； （4）土地、房屋权属变更、过户文书复印件。	《中华人民共和国契税暂行条例》（中华人民共和国国务院令第224号）
30	个人购买经济适用住房减半征收契税（15129904）	（1）《契税纳税申报表》； （2）购买经济适用住房的合同原件及复印件； （3）个人身份证明原件。	《财政部 国家税务总局关于廉租住房经济适用住房和住房租赁有关税收政策的通知》（财税〔2008〕24号）

序号	减免项目名称(代码)	备案资料	政策依据
31	个人房屋被征收用补偿款新购房屋免征契税(15129905)	(1)《契税纳税申报表》； (2)房屋征收(拆迁)补偿协议及新购住房合同(协议)原件及复印件； (3)个人身份证明原件。	《财政部　国家税务总局关于企业以售后回租方式进行融资等有关契税政策的通知》(财税〔2012〕82号)
32	个人房屋征收房屋调换免征契税(15129906)	(1)《契税纳税申报表》； (2)房屋征收(拆迁)补偿协议及新购住房合同(协议)原件及复印件； (3)个人身份证明原件。	《财政部　国家税务总局关于企业以售后回租方式进行融资等有关契税政策的通知》(财税〔2012〕82号)
33	农村集体经济组织股份制改革免征契税(15092303)	《契税纳税申报表》。	《财政部　国家税务总局关于支持农村集体产权制度改革有关税收政策的通知》(财税〔2017〕55号)
34	农村集体经济组织清产核资免征契税(15092304)	《契税纳税申报表》。	《财政部　国家税务总局关于支持农村集体产权制度改革有关税收政策的通知》(财税〔2017〕55号)
35	外交部确认的外交人员承受土地、房屋权属免征契税(15129999)	(1)《契税纳税申报表》； (2)土地权属转移合同或土地权属变更、过户文书复印件； (3)外交部出具的房屋、土地用途证明原件及复印件。	《中华人民共和国契税暂行条例细则》(财法字〔1997〕52号)

第十二节　土地增值税优惠

政策依据：

《中华人民共和国土地增值税暂行条例》(国务院令第138号,以下简称《土地增值税暂行条例》)；

《中华人民共和国土地增值税暂行条例实施细则》(财法字〔1995〕6号,以下简称《土地增值税暂行条例实施细则》)；

《土地增值税清算规程》(国税发〔2009〕91号)。

一、土地增值税适用税率(《土地增值税暂行条例》第七条)

土地增值税采用四级超率累进税率,其中,最低税率为30%,最高税率为60%,税收负担高于企业所得税。

土地增值税四级超率累进税率表

级数	增值额与扣除项目金额的比率	税率(%)	速算扣除系数(%)
1	不超过50%的部分	30	0
2	超过50%～100%的部分	40	5
3	超过100%～200%的部分	50	15
4	超过200%的部分	60	35

二、土地增值税税收优惠

(一) 建造普通标准住宅

《土地增值税暂行条例》	《土地增值税暂行条例实施细则》	解读
第八条 有下列情形之一的,免征土地增值税: (一) 纳税人建造普通标准住宅出售,增值额未超过扣除项目金额20%的;	第十一条 条例第八条(一)项所称的普通标准住宅,是指按所在地一般民用住宅标准建造的居住用住宅。高级公寓,别墅,度假村等不属于普通标准住宅。普通标准住宅与其他住宅的具体划分界限由各省,自治区,直辖市人民政府规定。 纳税人建造普通标准住宅出售,增值额未超过本细则第七条(一)、(二),(三),(五),(六)项扣除项目金额之和20%的,免征土地增值税;增值额超过扣除项目金额之和20%的,应就其全部增值额按规定计税。	1. 高级公寓,别墅、小洋楼、度假村,以及超面积、超标准豪华装修的住宅,均不属于普通标准住宅。普通标准住宅与其他住宅的具体界限,2005年5月31前由省级人民政府规定。自2005年6月1日起,普通标准住宅应同时满足住宅小区建筑容积率在1.0以上,单套建筑面积在120平方米以下,实际成交价格低于同级别土地上住房平均交易价格1.2倍以下。各省、自治区、直辖市要根据实际情况,制定本地区享受优惠政策普通住房具体标准。允许单套建筑面积和价格标准适当浮动,但向上浮动的比例不得超过上述标准的20%。 对纳税人既建普通标准住宅,又搞其他房地产开发的,应分别核算增值额;不分别核算增值额或不能准确核算增值额的,其建造的普通标准住宅不适用该免税规定。(财税字〔1995〕48号第十三条) 2. 转让旧房作为保障性住房且增值额未超过扣除项目金额20%的免税。 3. 转让旧房作为公共租赁住房房源、且增值额未超过扣除项间金额20%的免税。

(二) 国家征用收回的房地产

《土地增值税暂行条例》	《土地增值税暂行条例实施细则》	财税〔2006〕21号
第八条 有下列情形之一的,免征土地增值税: (二) 因国家建设需要依法征用、收回的房地产。	第十一条 条例第八条(二)项所称的因国家建设需要依法征用,收回的房地产,是指因城市实施规划,国家建设的需要而被政府批准征用的房产或收回的土地使用权。 因城市实施规划,国家建设的需要而搬迁,由纳税人自行转让原房地产的,比照本规定免征土地增值税。 符合上述免税规定的单位和个人,须向房地产所在地税务机关提出免税申请,经税务机关审核后,免予征收土地增值税。	第四条 关于因城市实施规划、国家建设需要而搬迁,纳税人自行转让房地产的征免税问题 《土地增值税暂行条例实施细则》第十一条第四款所称:因"城市实施规划"而搬迁,是指因旧城改造或因企业污染、扰民(指产生过量废气、废水、废渣和噪音,使城市居民生活受到一定危害),而由政府或政府有关主管部门根据已审批通过的城市规划确定进行搬迁的情况;因"国家建设的需要"而搬迁,是指因实施国务院、省级人民政府、国务院有关部委批准的建设项目而进行搬迁的情况。

(三) 个人转让房地产

《土地增值税暂行条例实施细则》	财税〔2008〕137号
第十二条 个人因工作调动或改善居住条件而转让原自用住房,经向税务机关申报核准,凡居住满五年或五年以上的,免予征收土地增值税;居住满三年未满五年的,减半征收土地增值税。居住未满三年的,按规定计征土地增值税。	第三条 对个人销售住房暂免征收土地增值税。

（四）转让旧房作为公共租赁住房（财税〔2014〕52号）

企事业单位、社会团体以及其他组织转让旧房作为公共租赁住房房源且增值额未超过扣除项目金额20%的,免征土地增值税。

（五）企业改制重组（财税〔2018〕57号）

一、按照《中华人民共和国公司法》的规定,非公司制企业整体改制为有限责任公司或者股份有限公司,有限责任公司(股份有限公司)整体改制为股份有限公司(有限责任公司),对改制前的企业将国有土地使用权、地上的建筑物及其附着物(以下称房地产)转移、变更到改制后的企业,暂不征土地增值税。

二、按照法律规定或者合同约定,两个或两个以上企业合并为一个企业,且原企业投资主体存续的,对原企业将房地产转移、变更到合并后的企业,暂不征土地增值税。

三、按照法律规定或者合同约定,企业分设为两个或两个以上与原企业投资主体相同的企业,对原企业将房地产转移、变更到分立后的企业,暂不征土地增值税。

四、单位、个人在改制重组时以房地产作价入股进行投资,对其将房地产转移、变更到被投资的企业,暂不征土地增值税。

五、上述改制重组有关土地增值税政策不适用于房地产转移任意一方为房地产开发企业的情形。

六、企业改制重组后再转让国有土地使用权并申报缴纳土地增值税时,应以改制前取得该宗国有土地使用权所支付的地价款和按国家统一规定缴纳的有关费用,作为该企业"取得土地使用权所支付的金额"扣除。企业在改制重组过程中经省级以上(含省级)国土管理部门批准,国家以国有土地使用权作价出资入股的,再转让该宗国有土地使用权并申报缴纳土地增值税时,应以该宗土地作价入股时省级以上(含省级)国土管理部门批准的评估价格,作为该企业"取得土地使用权所支付的金额"扣除。办理纳税申报时,企业应提供该宗土地作价入股时省级以上(含省级)国土管理部门的批准文件和批准的评估价格,不能提供批准文件和批准的评估价格的,不得扣除。

七、企业在申请享受上述土地增值税优惠政策时,应向主管税务机关提交房地产转移双方营业执照、改制重组协议或等效文件,相关房地产权属和价值证明、转让方改制重组前取得土地使用权所支付地价款的凭据(复印件)等书面材料。

八、本通知所称不改变原企业投资主体、投资主体相同,是指企业改制重组前后出资人不发生变动,出资人的出资比例可以发生变动;投资主体存续,是指原企业出资人必须存在于改制重组后的企业,出资人的出资比例可以发生变动。

九、本通知执行期限为2018年1月1日至2020年12月31日。

三、土地增值税优惠核准

符合土地增值税优惠核准条件的纳税人,可在政策规定的减免税期限内向主管税务机关申请办理土地增值税优惠核准。

序号	减免项目名称(代码)	报送资料	政策依据
1	建造普通住宅出售,增值额未超过扣除项目金额之和20%的土地增值税 减免优惠(11011704)	(1)《纳税人减免税申请核准表》; (2)减免税申请报告(列明减免税理由、依据、范围、期限、数量、金额 等,加盖公章); (3)开发立项及土地使用权等证明复印件; (4)土地增值税清算报告; (5)相关的收入、成本、费用等证明材料。	《中华人民共和国土地增值税暂行条例》(中华人民共和国国务院令第138号)
2	因城市实施规划、国家建设需要而搬迁,纳税人自行转让房地产土地 增值税减免优惠(11129902)	(1)《纳税人减免税申请核准表》; (2)减免税申请报告(列明减免税理由、依据、范围、期限、数量、金 额等,加盖公章); (3)房地产权属证明原件及复印件; (4)城市实施规划、国家建设证明文件原件及复印件; (5)房地产转让合同(协议)原件及复印件。	《财政部 国家税务总局关于土地增值税若干问题的通知》(财税〔2006〕21号)

序号	减免项目名称（代码）	报送资料	政策依据
3	因国家建设需要依法征用、收回的房地产土地增值税减免优惠（11129905）	（1）《纳税人减免税申请核准表》； （2）减免税申请报告（列明减免税理由、依据、范围、期限、数量、金额 等，加盖公章）； （3）房地产权属证明原件及复印件； （4）政府依法征用、收回房地产权文件原件及复印件； （5）政府征用、收回房地产权补偿协议复印件。	《中华人民共和国土地增值税暂行条例》（中华人民共和国国务院令第138号）

　　纳税人在减免税书面核准决定未下达之前应按规定进行纳税申报。纳税人享受减免税的情形发生变化时，应当及时向税务机关报告，税务机关对纳税人的减免税资质进行重新审核。

四、土地增值税优惠备案

　　符合土地增值税优惠条件的纳税人，如需享受税收优惠，应向主管税务机关申请办理土地增值税优惠备案。

序号	减免项目名称（代码）	报送资料	政策依据
1	对个人销售住房暂免征收土地增值税（11011701）	（1）《纳税人减免税备案登记表》2份； （2）房屋产权证、土地使用权证明原件及复印件； （3）房地产转让合同（协议）原件及复印件； （4）个人身份证件。	《财政部 国家税务总局关于调整房地产交易环节税收政策的通知》（财税〔2008〕137号）
2	转让旧房作为保障性住房且增值额未超过扣除项目金额20%的免征土地增值税（11011707）	（1）《纳税人减免税备案登记表》2份； （2）房屋产权证、土地使用权证明复印件； （3）房地产转让合同（协议）复印件； （4）扣除项目金额证明材料（如评估报告，发票等）； （5）政府部门将有关旧房转为改造安置住房的证明材料。	《财政部 国家税务总局关于棚户区改造有关税收政策的通知》（财税〔2013〕101号）
3	转让旧房作为公共租赁住房房源、且增值额未超过扣除项目金额20%的免征土地增值税（11011709）	（1）《纳税人减免税备案登记表》2份； （2）房屋产权证、土地使用权证明复印件； （3）房地产转让合同（协议）复印件； （4）扣除项目金额证明材料（如评估报告，发票等）； （5）政府部门将有关旧房转为公共租赁住房的证明材料。	《财政部 国家税务总局关于公共租赁住房税收优惠政策的通知》（财税〔2015〕139号）
4	企业改制重组土地增值税优惠（11052401、11052501、11059901、11059902、11083901、11083902、11083903）	（1）《纳税人减免税备案登记表》2份； （2）相关房产、国有土地权证、价值证明等书面材料； （3）改组重制合同（协议）原件及复印件。	财税〔2013〕53号 财税〔2011〕116号 财税〔2013〕3号 财税〔2011〕13号 财税〔2001〕10号 财税〔2003〕212号 财税〔2013〕56号

（续表）

序号	减免项目名称（代码）	报送资料	政策依据
5	亚运会组委会赛后出让资产取得的收入免征土地增值税优惠（11102902）	（1）《纳税人减免税备案登记表》2份； （2）相关房产、国有土地权证、价值证明等书面材料； （3）房地产转让合同（协议）原件及复印件； （4）单位性质证明材料。	《财政部　海关总署　国家税务总局关于第16届亚洲运动会等三项国际综合运动会税收政策的通知》（财税〔2009〕94号）
6	对北京冬奥组委、北京冬奥会测试赛赛事组委会赛后再销售物品和出让资产免征土地增值税（11102903）	《纳税人减免税备案登记表》2份。	《财政部　税务总局　海关总署关于北京2022年冬奥会和冬残奥会税收政策的通知》（财税〔2017〕60号）
7	被撤销金融机构清偿债务免征土地增值税（11129901）	（1）《纳税人减免税备案登记表》2份； （2）房屋产权证、土地使用权证明复印件； （3）财产处置协议复印件； （4）中国人民银行依法决定撤销的证明材料。	《财政部　国家税务总局关于被撤销金融机构有关税收政策问题的通知》（财税〔2003〕141号）
8	合作建房自用的土地增值税减免优惠（11129903）	（1）《纳税人减免税备案登记表》2份； （2）房屋产权证、土地使用权证明复印件； （3）合作建房合同（协议）复印件。	《财政部　国家税务总局关于土地增值税一些具体问题规定的通知》（财税字〔1995〕48号）

第六章 社会保险基金减免政策与应用指引

政策依据：

《中华人民共和国社会保险法》（主席令第 35 号，以下简称为《社会保险法》，2018 年 12 月 29 日第十三届全国人民代表大会常务委员会第七次会议修正。）；

《社会保险费征缴暂行条例》（国务院令第 259 号）；

《工伤保险条例》（中华人民共和国国务院令第 586 号）；

《人力资源社会保障部 财政部关于阶段性降低社会保险费率的通知》（人社部发〔2016〕36 号）；

《人力资源社会保障部 财政部关于阶段性降低失业保险费率有关问题的通知》（人社部发〔2017〕14 号）；

《人力资源社会保障部 财政部关于继续阶段性降低社会保险费率的通知》（人社部发〔2018〕25 号）；

《国家税务总局关于做好社会保险费征管职责划转有关工作的通知》（税总发〔2018〕192 号）；

《关于对社会保险领域严重失信企业及其有关人员实施联合惩戒的合作备忘录》（发改财金〔2018〕1704 号）；

《国务院办公厅关于印发降低社会保险费率综合方案的通知》（国办发〔2019〕13 号）；

《人力资源社会保障部 财政部 税务总局 国家医保局关于贯彻落实〈降低社会保险费率综合方案〉的通知》（人社部发〔2019〕35 号）。

第一节 社会保险项目

一、社会保险缴费内容

根据我国社会保险法规定，我国社会保险包括基本养老保险、基本医疗保险、失业保险、工伤保险和生育保险"五险"。

基本养老保险包括职工基本养老保险（含灵活就业人员）、机关单位基本养老保险、城乡居民基本养老保险。基本养老保险实行社会统筹与个人账户相结合。基本养老保险基金由用人单位和个人缴费以及政府补贴等组成。用人单位应当按照国家规定的本单位职工工资总额的比例缴纳基本养老保险费，记入基本养老保险统筹基金。职工应当按照国家规定的本人工资的比例缴纳基本养老保险费，记入个人账户。

基本医疗保险包括职工基本医疗保险、灵活就业人员基本医疗保险、城乡居民基本医疗保险。基本医疗保险，由用人单位和职工按照国家规定共同缴纳基本医疗保险费。

失业保险，由用人单位和职工按照国家规定共同缴纳失业保险费。

工伤保险，由用人单位按照国家规定缴纳工伤保险费，职工不缴纳工伤保险费。

生育保险，由用人单位按照国家规定缴纳生育保险费，职工不缴纳生育保险费。

民办非企业单位已纳入职工基本养老保险制度覆盖范围。

职工应当缴纳的社会保险费由用人单位代扣代缴，用人单位应当按月将缴纳社会保险费的明细情况告知本人。

（续表）

自 2015 年 9 月 1 日起，安置残疾人的机关事业单位以及由机关事业单位改制后的企业，为残疾人缴纳的机关事业单位养老保险，属于"基本养老保险"范畴，可按规定享受相关税收优惠政策。（国家税务总局公告 2015 年第 55 号）

2018 年 7 月，中共中央办公厅、国务院办公厅印发了《国税地税征管体制改革方案》，明确从 2019 年 1 月 1 日起，将基本养老保险费、基本医疗保险费、失业保险费、工伤保险费、生育保险费等各项社会保险费交由税务部门统一征收。税务部门将按照"四负责两参与一协助"的部署承担起征收社会保险费的职责。

"四负责"，即税务部门负责制定和会同有关部门制定社会保险费征收制度；负责申报受理、费款征收、会统核算等工作；负责依法征收，开展社会保险费缴费检查、欠费追缴、违法处罚等工作，规范执法行为；负责将征缴明细信息及时传递给相关部门。

"两参与"，即参与对社会保险费收入预算目标的确定提出意见，参与社会保险费收入政策制定和协调。

"一协助"，即税务部门协助其他部门做好社会保险参保扩面工作。

将第六十四条第一款中的"各项社会保险基金按照社会保险险种分别建账，分账核算，执行国家统一的会计制度"修改为"除基本医疗保险基金与生育保险基金合并建账及核算外，其他各项社会保险基金按照社会保险险种分别建账，分账核算。社会保险基金执行国家统一的会计制度"。（《社会保险法》）

二、社会保险缴费登记

《社会保险法》	人社厅发〔2016〕130 号
2017 年 1 月 1 日起办理社会保险登记的用人单位，自办理社会保险登记之日起 30 日内，到税务机关办税服务厅办理社会保险缴费登记。《社会保险法》规定，用人单位应当自成立之日起 30 日内向社保经办机构申请办理社会保险登记。	从 2016 年 10 月 1 日起，在工商部门登记的企业和农民专业合作社按照"五证合一、一照一码"登记制度进行社会保险登记证管理。 "五证合一"以后，办理工商登记的同时自动办理社保登记。用人单位应当自用工之日起 30 日内为其职工向社保经办机构申请办理社会保险登记并缴纳社会保险费。 企业办理"五证合一"登记后，社会保险经办机构应及时接收工商部门交换的数据，生成企业的《社会保险登记表》，并按规定存档。企业登记信息变更或注销后，社会保险经办机构应依据工商部门的交换数据及时更新企业的社会保险登记信息。其中，已参加社会保险的企业办理工商注销登记后，仍需到社会保险经办机构办理注销登记。

三、缴费对象

根据《社会保险法》第十条、第二十三条、第三十三条、第四十四条、第五十三条等规定，职工应当参加基本养老保险、基本医疗保险、工伤保险、失业保险、生育保险等五险。而所谓的"职工"，根据《中华人民共和国劳动法》规定，必须是与用人单位建立劳动关系的劳动者。	没用人单位的相关人员可以通过参加城乡居民基本养老保险、城乡居民基本医疗保险及灵活就业人员通道缴纳养老保险、医疗保险。《社会保险法》第十六条规定，参加基本养老保险的个人，达到法定退休年龄时累计缴费不足 15 年的，可以缴费至满 15 年，按月领取基本养老金；也可以转入新型农村社会养老保险或者城镇居民社会养老保险，按照国务院规定享受相应的养老保险待遇。具体程序参见《城乡养老保险制度衔接暂行办法》（人社部法〔2014〕17 号）等规定。

四、缴费基数

缴费基数	不列入社保费用的缴费基数
《中华人民共和国劳动和社会保障部社会保险事业管理中心关于规范社会保险缴费基数有关问题的通知》（劳社险中心函〔2006〕60 号）第一条规定："凡是国家统计局有关文件没有明确规定不作为工资收入统计的项目，均应作为社会保险缴费基数"。	根据《中华人民共和国劳动和社会保障部社会保险事业管理中心关于规范社会保险缴费基数有关问题的通知》（劳社险中心函〔2006〕60 号）第四条的规定，根据国家统计局的规定，下列项目不计入工资总额，在计算缴费基数时应予剔除：

（续表）

缴费基数	不列入社保费用的缴费基数
关于工资总额的组成，国家统计局发布的《关于工资总额组成的规定》（国家统计局令第1号）做出了明确规定，根据该规定，工资总额是指各单位在一定时期内直接支付给本单位全部职工的劳动报酬总额，由计时工资、计件工资、奖金、加班加点工资、特殊情况下支付的工资、津贴和补贴等组成。 　　《中华人民共和国劳动和社会保障部社会保险事业管理中心关于规范社会保险缴费基数有关问题的通知》（劳社险中心函〔2006〕60号）第二条"关于工资总额的计算口径"规定如下： 　　1. 依据国家统计局有关文件规定，工资总额是指各单位在一定时期内直接支付给本单位全部职工的劳动报酬总额，由计时工资、计件工资、奖金、加班加点工资、特殊情况下支付的工资、津贴和补贴等组成。劳动报酬总额包括：在岗职工工资总额；不在岗职工生活费；聘用、留用的离退休人员的劳动报酬；外籍及港澳台方人员劳动报酬以及聘用其他从业人员的劳动报酬。 　　2. 国家统计局"关于认真贯彻执行《关于工资总额组成的规定》的通知"（统制字〔1990〕1号）中对工资总额的计算做了明确解释：各单位支付给职工的劳动报酬以及其他根据有关规定支付的工资，不论是计入成本的还是不计入成本的，不论是按国家规定列入计征奖金税项目的还是未列入计征奖金税项目的，均应列入工资总额的计算范围。 　　基于以上政策规定，加上金税三期的"数据控税"技术手段，很多企业只按照当地劳动部门公布的最低社保缴纳基数为员工缴纳社保，或在申报时将员工的工资收入予以"缩水"的时代即将结束。用人单位应当按照国家、地方政府公布的社保缴费基数为员工缴纳社会保险。	1. 根据国务院发布的有关规定发放的创造发明奖、国家星火奖、自然科学奖、科学技术进步奖和支付的合理化建议和技术改进奖以及支付给运动员在重大体育比赛中的重奖。 　　2. 有关劳动保险和职工福利方面的费用。 　　职工保险福利费包括医疗卫生费、职工死亡丧葬费及抚恤费、职工生活困难补助、文体宣传费、集体福利事业设施费和集体福利事业补贴、探亲路费、计划生育补贴、冬季取暖补贴、防暑降温费、婴幼儿补贴（即托儿补助）、独生子女牛奶补贴、独生子女费、"六一"儿童节给职工的独生子女补贴、工作服洗补费、献血员营养补助及其他保险福利费。 　　3. 劳动保护的各种支出。包括：工作服、手套等劳动保护用品，解毒剂、清凉饮料，以及按照国务院1963年7月19日劳动部等七单位规定的范围对接触有毒物质、矽尘作业、放射线作业和潜水、沉箱作业，高温作业等五类工种所享受的由劳动保护费开支的保健食品待遇。 　　4. 有关离休、退休、退职人员待遇的各项支出。 　　5. 支付给外单位人员的稿费、讲课费及其他专门工作报酬。 　　6. 出差补助、误餐补助。指职工出差应购卧铺票实际改乘座席的减价提成归己部分；因实行住宿费包干，实际支出费用低于标准的差价归己部分。 　　7. 对自带工具、牲畜来企业工作的从业人员所支付的工具、牲畜等的补偿费用。 　　8. 实行租赁经营单位的承租人的风险性补偿收入。 　　9. 职工集资入股或购买企业债券后发给职工的股息分红、债券利息以及职工个人技术投入后的税前收益分配。 　　10. 劳动合同制职工解除劳动合同时由企业支付的医疗补助费、生活补助费以及一次性支付给职工的经济补偿金。 　　11. 劳务派遣单位收取用工单位支付的人员工资以外的手续费和管理费。 　　12. 支付给家庭工人的加工费和按加工订货办法支付给承包单位的发包费用。 　　13. 支付给参加企业劳动的在校学生的补贴。 　　14. 调动工作的旅费和安家费中净结余的现金。 　　15. 由单位缴纳的各项社会保险、住房公积金。 　　16. 支付给从保安公司招用的人员的补贴。 　　17. 按照国家政策为职工建立的企业年金和补充医疗保险，其中单位按政策规定比例缴纳部分。

五、缴费比例

社保项目	企业缴费	个人缴费
养老保险	19%	8%
医疗保险	10%	2%
失业保险	0.8%	0.2%
生育保险	0.8%	
工伤保险	0.3%～1.2%	
合计	30.9%～31.8%	10.2%

六、阶段性降低社会保险费率政策

人社部发〔2016〕36号	人社部发〔2017〕14号	人社部发〔2018〕25号
一、从2016年5月1日起，企业职工基本养老保险单位缴费比例超过20％的省（区、市），将单位缴费比例降至20％；单位缴费比例为20％且2015年底企业职工基本养老保险基金累计结余可支付月数高于9个月的省（区、市），可以阶段性将单位缴费比例降低至19％，降低费率的期限暂按两年执行。具体方案由各省（区、市）确定。 二、从2016年5月1日起，失业保险总费率在2015年已降低1个百分点基础上可以阶段性降至1％～1.5％，其中个人费率不超过0.5％，降低费率的期限暂按两年执行。具体方案由各省（区、市）确定。 三、各地要继续贯彻落实国务院2015年关于降低工伤保险平均费率0.25个百分点和生育保险费率0.5个百分点的决定和有关政策规定，确保政策实施到位。生育保险和基本医疗保险合并实施工作，待国务院制定出台相关规定后统一组织实施。 各地具体调整费率方案，经省级人民政府批准后执行，并报人力资源社会保障部、财政部备案。	一、从2017年1月1日起，失业保险总费率为1.5％的省（区、市），可以将总费率降至1％，降低费率的期限执行至2018年4月30日。在省（区、市）行政区域内，单位及个人的费率应当统一，个人费率不得超过单位费率。具体方案由各省（区、市）研究确定。 二、失业保险总费率已降至1％的省份仍按照人社部发〔2016〕36号执行。 三、各地降低失业保险费率，要充分考虑失业保险待遇按时足额发放、提高待遇标准、促进失业人员再就业、落实失业保险稳岗补贴政策等因素对基金支付能力的影响，结合实际，认真测算，研究制定具体方案，经省级人民政府批准后执行，并报人力资源社会保障部和财政部备案。	一、自2018年5月1日起，企业职工基本养老保险单位缴费比例超过19％的省（区、市），以及按照人社部发〔2016〕36号单位缴费比例降至19％的省（区、市），基金累计结余可支付月数（截至2017年底，下同）高于9个月的，可阶段性执行19％的单位缴费比例至2019年4月30日。具体方案由各省（区、市）研究确定。 二、自2018年5月1日起，按照人社部发〔2017〕14号实施失业保险总费率1％的省（区、市），延长阶段性降低费率的期限至2019年4月30日。具体方案由各省（区、市）研究确定。 三、自2018年5月1日起，在保持八类费率总体稳定的基础上，工伤保险基金累计结余可支付月数在18（含）至23个月的统筹地区，可以现行费率为基础下调20％；累计结余可支付月数在24个月（含）以上的统筹地区，可以现行费率为基础下调50％。降低费率的期限暂执行至2019年4月30日。下调费率期间，统筹地区工伤保险基金累计结余达到合理支付月数范围的，停止下调。具体方案由各省（区、市）研究确定。

下调城镇职工基本养老保险单位缴费比例，各地可降至16％。稳定现行征缴方式，各地在征收体制改革过程中不得采取增加小微企业实际缴费负担的做法，不得自行对历史欠费进行集中清缴。继续执行阶段性降低失业和工伤保险费率政策。今年务必使企业特别是小微企业社保缴费负担有实质性下降。加快推进养老保险省级统筹改革，继续提高企业职工基本养老保险基金中央调剂比例，划转部分国有资本充实社保基金。我们既要减轻企业缴费负担，又要保障职工社保待遇不变、养老金合理增长并按时足额发放，使社保基金可持续、企业与职工同受益。（李克强总理2019年政府工作报告）

3月26日主持召开国务院常务会议，按照《政府工作报告》要求，为落实从5月1日起各地可将城镇职工基本养老保险单位缴费比例从原规定的20％降至16％等降低社保费率部署，会议决定，一是核定调低社保缴费基数。各地由过去依据城镇非私营单位在岗职工平均工资，改为以本省城镇非私营单位和私营单位加权计算的全口径就业人员平均工资，核定缴费基数上下限，使缴费基数降低。个体工商户和灵活就业人员可在本省平均工资60％～300％之间自愿选择缴费基数。二是将阶段性降低失业和工伤保险费率政策再延长一年，至2020年4月底。其中，工伤保险基金累计结余可支付月数在18至23个月的统筹地区可将现行费率再下调20％，可支付月数在24个月以上的可下调50％。会议强调，各地不得采取任何增加小微企业实际缴费负担的做法，不得自行对历史欠费进行集中清缴，确保职工社保待遇不受影响、养老金按时足额发放。

七、降低社会保险费率综合方案（国办发〔2019〕13号）

一、降低养老保险单位缴费比例

自2019年5月1日起，降低城镇职工基本养老保险（包括企业和机关事业单位基本养老保险，以下简称养老保险）单位缴费比例。各省、自治区、直辖市及新疆生产建设兵团（以下统称省）养老保险单位缴费比例高于16%的，可降至16%；目前低于16%的，要研究提出过渡办法。各省具体调整或过渡方案于2019年4月15日前报人力资源社会保障部、财政部备案。

二、继续阶段性降低失业保险、工伤保险费率

自2019年5月1日起，实施失业保险总费率1%的省，延长阶段性降低失业保险费率的期限至2020年4月30日。自2019年5月1日起，延长阶段性降低工伤保险费率的期限至2020年4月30日，工伤保险基金累计结余可支付月数在18至23个月的统筹地区可以现行费率为基础下调20%，累计结余可支付月数在24个月以上的统筹地区可以现行费率为基础下调50%。

三、调整社保缴费基数政策

调整就业人员平均工资计算口径。各省应以本省城镇非私营单位就业人员平均工资和城镇私营单位就业人员平均工资加权计算的全口径城镇单位就业人员平均工资，核定社保个人缴费基数上下限，合理降低部分参保人员和企业的社保缴费基数。调整就业人员平均工资计算口径后，各省要制定基本养老金计发办法的过渡措施，确保退休人员待遇水平平稳衔接。

完善个体工商户和灵活就业人员缴费基数政策。个体工商户和灵活就业人员参加企业职工基本养老保险，可以在本省全口径城镇单位就业人员平均工资的60%至300%之间选择适当的缴费基数。

四、加快推进养老保险省级统筹

各省要结合降低养老保险单位缴费比例、调整社保缴费基数政策等措施，加快推进企业职工基本养老保险省级统筹，逐步统一养老保险参保缴费、单位及个人缴费基数核定办法等政策，2020年底前实现企业职工基本养老保险基金省级统收统支。

五、提高养老保险基金中央调剂比例

加大企业职工基本养老保险基金中央调剂力度，2019年基金中央调剂比例提高至3.5%，进一步均衡各省之间养老保险基金负担，确保企业离退休人员基本养老金按时足额发放。

六、稳步推进社保费征收体制改革

企业职工基本养老保险和企业职工其他险种缴费，原则上暂按现行征收体制继续征收，稳定缴费方式，"成熟一省、移交一省"；机关事业单位社保费和城乡居民社保费征管职责如期划转。人力资源社会保障、税务、财政、医保部门要抓紧推进信息共享平台建设等各项工作，切实加强信息共享，确保征收工作有序衔接。妥善处理好企业历史欠费问题，在征收体制改革过程中不得自行对企业历史欠费进行集中清缴，不得采取任何增加小微企业实际缴费负担的做法，避免造成企业生产经营困难。同时，合理调整2019年社保基金收入预算。

七、建立工作协调机制

国务院建立工作协调机制，统筹协调降低社保费率和社保费征收体制改革相关工作。县级以上地方政府要建立由政府负责人牵头，人力资源社会保障、财政、税务、医保等部门参加的工作协调机制，统筹协调降低社保费率以及征收体制改革过渡期间的工作衔接，提出具体安排，确保各项工作顺利进行。

八、认真做好组织落实工作

各地区各有关部门要加强领导，精心组织实施。人力资源社会保障部、财政部、税务总局、国家医保局要加强指导和监督检查，及时研究解决工作中遇到的问题，确保各项政策措施落到实处。

人力资源社会保障部、财政部、税务总局、国家医保局有关负责人就《降低社会保险费率综合方案》（以下简称为《方案》）答记者问。

1. 请介绍一下《方案》的出台背景。

答：党中央、国务院高度重视降低社保费率、减轻企业缴费负担工作。2015年以来先后5次降低或阶段性降低社保费率，涉及企业职工基本养老保险、失业保险、工伤保险和生育保险，预计，2015年到今年4月30日现行阶段性降费率政策执行期满，共可减轻企业社保缴费负担近5 000亿元。随着我国经济发展出现一系列新形势新情况，企业对进一步降低社保费率的呼声较强，党中央、国务院提出新的要求。习近平总书记2018年11月在民营企业座谈会上强调，要根据实际情况，降低社保缴费名义费率，稳定缴费方式，确保企业社保缴费实际负担有实质性下降，在去年底的中央经济工作会议上对实施更大规模减税降费提出明确要求。李克强总理多次研究部署降低社保费率问题，在今年《政府工作报告》中明确提出各地可将养老保险单位缴费比例降至16%。按照党中央、国务院决策部署，四部门在深入研究论证、广泛听取各方面意见的基础上，起草了《方案》，经3月26日国务院第42次常务会议审议通过，已由国务院办公厅正式印发。4月3日，韩正副总理、胡春华副总理出席降低社会保险费率工作会议，对实施工作进行了部署，要求把降低社保费率的好事办实，把实事办好。

2.《方案》的总体考虑是什么？具体包括哪些内容？

答：《方案》的总体考虑是，统筹考虑降低社会保险费率、完善社会保险制度、稳步推进社会保险费征收体制改革，综合施策，确保企业社会保险缴费实际负担有实质性下降，确保各项社会保险待遇按时足额支付。

《方案》共分八个部分，具体包括：

一是降低城镇职工基本养老保险单位缴费比例，高于16%的省份，可降至16%。

二是继续阶段性降低失业保险和工伤保险费率，现行的阶段性降费率政策到期后再延长一年至2020年4月30日。

三是调整社保缴费基数政策。将城镇非私营单位和城镇私营单位就业人员平均工资加权计算的全口径城镇单位就业人员平均工资作为核定职工缴费基数上下限的指标，个体工商户和灵活就业人员可在一定范围内自愿选择适当的缴费基数。

四是加快推进养老保险省级统筹，逐步统一养老保险政策，2020年底前实现基金省级统收统支。

五是提高养老保险基金中央调剂比例，今年调剂比例提高至3.5%。

六是稳步推进社保征收体制改革。企业职工各险种原则上暂按现行征收体制继续征收，"成熟一省、移交一省"。在征收体制改革过程中不得自行对企业历史欠费进行集中清缴，不得采取任何增加小微企业实际缴费负担的做法。

七是建立工作协调机制。在国务院层面和县级以上各级政府建立由政府有关负责同志牵头，相关部门参加的工作协调机制。

八是认真做好组织落实工作。

《方案》实施到位后，预计2019年全年可减轻社保缴费负担3 000多亿元。

3.《方案》提出城镇职工基本养老保险单位缴费比例可降至16%，这项措施会有什么效果？

答：目前，各省份（含新疆生产建设兵团）企业缴费比例不统一，高的省份20%，多数省份阶段性降至19%，还有个别省份14%左右。单位缴费比例总体较高，有一定下调空间；且地区之间差异大，不同地区企业缴费负担不同，竞争不公平，也不利于养老保险制度的长远发展。

根据《方案》，各省单位缴费比例可降至16%，一是单位缴费比例最多可降低4个百分点，不设条件，也不是阶段性政策，而是长期性制度安排，政策力度大，普惠性强，减负效果明显，彰显了中央减轻企业社会缴费负担的鲜明态度和坚定决心。二是各地降费率后，全国费率差异缩小，有利于均衡企业缴费负担，促进形成公平的市场竞争环境，也有利于全国费率逐步统一，促进实现养老保险全国统筹。三是降低费率后，参保缴费"门槛"下降，有利于提高企业和职工的参保积极性，将更多的职工纳入到职工养老保险制度中来，形成企业发展与养老保险制度发展的良性循环。

4. 各省份城镇职工基本养老保险基金结余情况不一，有的省份基金支大于收，如何降低养老保险费率？

答：根据《方案》，城镇职工基本养老保险单位缴费比例高于16%的省份，都可将养老保险单位缴费比例降到16%。具体降低比例由各省提出，与目前省级政府承担确保养老金发放的主体责任是一致的。目前，我国养老保险基金结余分布的确存在着一定的结构性问题。受制度抚养比不同等因素影响，养老保险基金结余存在地区差异，各省份降费率面临的压力不同。一般来说，抚养比高的地区，基金结余情况较为乐观，降费率面临的困难较小；而抚养比低的地区，基金收支平衡压力较大，降费率面临着一定的现实困难，对此，中央将通过继续加大财政补助力度、提高企业职工基本养老保险基金中央调剂比例等措施给予支持，帮助这些地区降费率后能够确保养老金按时足额发放，为形成公平的市场竞争环境创造条件，促进企业发展与养老保险制度建设的良性循环。

5.《方案》提出延长阶段性降低失业保险和工伤保险费率期限，是如何考虑的？

答：2015年3月，国务院决定失业保险总费率由3%降至2%，2016年5月，国务院决定由2%阶段性降至1%～1.5%，2017年1月，国务院决定总费率为1.5%的省份降至1%，期限一年。2018年4月，国务院决定实施1%费率政策的期限延长至2019年4月30日。2015年至2018年，通过降低失业保险费率，失业保险基金共减收约3 000亿元。目前，失业保险基金累计结余备付能力较强，有条件继续执行阶段性降费政策，各地可以确保降费率政策落实，为企业减负的同时，可确保失业保险待遇水平不降低和按时足额发放，确保失业保险基金平稳运行。《方案》明确继续延长阶段性降低失业保险费率政策执行期限至2020年4月30日。

我国工伤保险实行行业差别与单位浮动相结合的费率制度。2015年，按照中央关于"适时适当降低社会保险费率"要求，人力资源社会保障部、财政部联合下发《人力资源和社会保障部　财政部关于调整工伤保险费率政策的通知》（人社部发〔2015〕71号），在总体降低工伤保险费率水平的基础上，调整完善了原有的工伤保险费率政策,基准费率由原来的按三类风险行业划分细化为八类。为降低单位社保缴费成本,2018年,人力资源社会保障部、财政部联合下发《人力资源和社会保障部 财政部关于继续阶段性降低社会保险费率的通知》(人社部发〔2018〕25号),规定自2018年5月至2019年4月阶段性下调工伤保险费率。为进一步减轻企业社保缴费成本,国务院决定工伤保险阶段性降费政策执行期限延长一年,即自2019年5月1日起,延长阶段性降低工伤保险费率的期限至2020年4月30日,工伤保险基金累计结余可支付月数在18至23个月的统筹地区可以现行费率为基础下调20%,累计结余可支付月数在24个月以上的统筹地区可以现行费率为基础下调50%。

6.《方案》对缴费基数政策也进行了调整,与之前政策相比有什么变化?

答:缴费基数也是影响企业和个人社保缴费负担的重要参数。根据《方案》,缴费基数政策也要进行调整:一是明确将城镇非私营单位和城镇私营单位就业人员平均工资加权计算的全口径城镇单位就业人员平均工资作为核定职工缴费基数上下限的指标。二是个体工商户和灵活就业人员参加养老保险,可在全口径城镇单位就业人员平均工资的60%至300%范围内选择适当的缴费基数。

主要考虑,全口径城镇单位就业人员平均工资,比原政策规定的非私营单位在岗职工平均工资,能够更合理地反映参保人员实际平均工资水平,以此来核定个人缴费基数上下限,工资水平较低的职工缴费基数可相应降低,缴费负担减轻。部分企业,特别是部分小微企业或劳动密集型企业,不少职工按照缴费基数下限缴费,企业缴费负担也可进一步减轻,能更多受益。

举个例子,假设某地区非私营单位在岗职工平均工资为6 000元,则原个人缴费基数下限为3 600元,如某职工月工资水平为3 000元,需按缴费基数下限3600元计算缴费金额;计算口径调整后,全口径城镇单位就业人员平均工资为5 000元,则个人缴费基数下限相应降低到3 000元,该职工就可按3 000元计算缴费金额,前后对比,月缴费基数减少600元,个人缴费比例8%,月缴费负担相应减轻48元,如其所在企业以个人缴费基数之和确定单位缴费基数,则企业每月缴费基数也相应减少600元,缴费负担可进一步减轻。

对个体工商户和灵活就业人员而言,政策调整后,不仅平均工资口径调整、标准降低,选择范围也变大,选择低基数的可以进一步减轻缴费负担,收入较高的人员也可以选择较高的缴费基数,来提高自己退休后的养老金水平。比如,按上例,如为灵活就业人员,月缴费基数可从6 000元改为以3 000元下限缴费,则月缴费基数减少3 000元,按20%比例缴费,月缴费负担相应减轻600元。

7.目前,养老保险省级统筹工作进展情况如何?《方案》对此有何要求?

答:社会保险基金的集中统筹调剂使用是发挥社会保险制度保障功能的核心,提高社会保险统筹层次是社会保险制度的内在要求,基金统筹层次越高,越有利于分散风险,增强基金保障能力。党的十九大明确要求尽快实现养老保险全国统筹。目前,各省份(含新疆生产建设兵团)已初步建立了企业职工基本养老保险省级统筹制度,但各地进展不平衡,部分省份已实现养老保险基金省级统收统支,大部分省份实行的是养老保险基金省级调剂制度,基金统筹共济作用发挥还不充分。另外,个别省份还存在省内养老保险政策不统一等问题,需要逐步统一规范。

党中央、国务院对加快推进省级统筹工作高度重视,去年底召开的中央经济工作会议和今年的《政府工作报告》都对加快推进养老保险省级统筹提出要求。加快推进省级统筹是完善养老保险制度的必然要求,也是实现养老保险全国统筹的基础。为此,《方案》要求各省份要加快推进省级统筹,逐步统一养老保险政策,2020年底前实现基金省级统收统支,为养老保险全国统筹打好坚实基础。

8.推进企业职工基本养老保险基金中央调剂制度有什么进展?《方案》对今年的基金中央调剂工作有何安排?

答:企业职工基本养老保险基金中央调剂制度是养老保险全国统筹的第一步,2018年7月1日起建立实施。去年调剂比例为3%,半年中央调剂基金总规模2 400多亿元,7个东部省份净上解资金610亿元,22个中西部和老工业基地省份受益,对均衡地区之间养老保险负担发挥积极作用。《方案》明确2019年基金中央调剂比例将提高到3.5%,预计全年基金调剂规模约为6 000多亿元,受益省份受益额将达到1 600亿元左右,调剂力度比2018年明显加大,将进一步均衡各省之间养老保险基金负担,为实施降低社保费率工作提供有力支持。

9.《方案》实施后,社保费征收工作将如何开展?

答:根据《方案》,企业职工基本养老保险和企业职工其他险种缴费,原则上暂按现行征收体制继续征收,即原由社保征收的继续由社保征收,原由税务征收的继续由税务征收,稳定缴费方式,"成熟一省、移交一省"。机关事业单位社保费和城乡居民社保费征管职责如期划转至税务部门。

10.降低养老保险费率后,养老金按时足额发放是否会受到影响?

答:降低养老保险费率在有效减轻企业社保缴费负担的同时,确实会减少养老保险基金收入,加大基金收支压力,但全国养老保险基金整体收大于支,滚存结余不断增加,总体上不会造成养老金支付风险,不会影响养老金按时足额发放。根据最新年报统计,2018 年,企业职工基本养老保险基金各项收入 3.7 万亿元,支出 3.2 万亿元,2018 年底基金累积结余约 4.8 万亿元,有较强的支撑能力。据测算,降费后,未来一段时期仍能保持当期收支有结余。在确保发放的同时,随着经济社会发展,国家还将继续提高退休人员养老金水平。目前,人力资源社会保障部、财政部正按照国务院部署组织实施 2019 年基本养老金年度调整工作,这也是连续第 15 年提高企业退休人员基本养老金水平,今年总体提高比例为 5％,预计将有 1 亿左右企业退休人员受益。

11. 降低费率后,部分地区可能出现基金收支矛盾更加突出的问题,有何应对措施?

答:从结构上看,绝大部分省份在执行降费政策后,基金收支状况比较稳健,具有较好的支撑能力。对于降费后部分地区基金收支压力加大的问题,有关部门将采取有效措施妥善应对。

一是继续加大中央财政对基本养老保险基金的补助。2019 年,中央财政安排企业职工基本养老保险补助资金 5 285 亿元,同比增长 9.4％,重点向基金收支矛盾较为突出的中西部地区和老工业基地省份倾斜。

二是进一步加大基本养老保险基金中央调剂力度,2019 年调剂比例提高到 3.5％,今后还将逐步提高,将进一步缓解中西部地区和老工业基地省份养老金支付压力。

三是压实省级政府的主体责任。省级政府要强化责任,建立健全省、市、县基金缺口分担机制,通过盘活存量资金、处置国有资产、财政预算安排等多渠道筹措资金弥补基金缺口。对特殊困难省份,在省级政府主体责任充分落实到位的基础上,中央可通过适当的方式给予帮助。

此外,相关部门还将通过继续推进划转部分国有资本充实社保基金、积极稳妥开展养老保险基金投资运营、健全激励约束机制等措施,增强养老保险基金支撑能力,促进养老保险制度可持续发展。

12. 将采取哪些措施来保障《方案》的实施?

答:为保障参保单位和职工应享尽享降费红利,确保《方案》各项部署落地见效,打赢“降费减负”这场硬仗,将采取以下措施:

一是指导各省抓紧制定调整养老保险费率的具体方案,坚持目标导向和结果导向,确保降费率政策 5 月 1 日如期落地实施,坚决兑现对企业和社会的承诺。

二是建立定期调度机制,将及时跟踪各地政策制定及实施情况,指导地方实而又实、细而又细地落实好《方案》各项措施,让市场主体特别是小微企业有明显降费感受,不断增强参保单位和职工的政策获得感。

三是开展政策总结评估,适时对政策实施效果开展全面评估,及时研究解决工作推进中遇到的新情况新问题,查缺补漏,努力达到政策实施的最优效果。

四是强化监测预警,坚决兜牢民生底线。对《方案》实施后的基金运行情况做好后续跟踪,既要减轻企业缴费负担,又要保障职工社保待遇不变、养老金合理增长并按时足额发放,使社保基金可持续、企业与职工同受益。

八、社会保险费征缴模式

对用人单位应缴纳的社会保险费,改事先核定征收为向税务部门自行申报缴纳;对城镇职工应缴纳的社会保险费,采取用人单位代扣代缴;	对城乡居民应缴纳的社会保险费,按照便民、高效原则,采取政府统一组织、多方协作配合、税务部门集中征收或者委托代征等方式;对灵活就业人员应缴纳的社会保险费,税务部门可采取多种便民方式征收。

第二节　城镇企业职工基本养老保险

一、征缴范围

1. 城镇企业职工基本养老保险费的征缴范围是:国有企业、城镇集体企业、外商投资企业、城镇私营企业和其他城镇企业及其职工,实行企业化管理的事业单位及	非全日制从业人员是指与用人单位依法订立非全日制劳动合同的劳动者。根据《中华人民共和国劳动合同法》规定,非全日制用工是指

（续表）

其职工（各省、自治区、直辖市人民政府根据当地实际情况，可以规定将个体工商户纳入基本养老保险的范围）。

无雇工的个体工商户，未在用人单位参加基本养老保险的非全日制从业人员以及其他灵活就业人员可以参加基本养老保险，由个人按照国家规定缴纳基本养老保险费，分别计入基本养老保险统筹基金和个人账户。

2. 用人单位应当自行申报、按时足额缴纳社会保险费。职工应当缴纳的社会保险费由用人单位代扣代缴。无雇工的个体工商户，未在用人单位参加社会保险的非全日制从业人员以及其他灵活就业人员，可以直接向社会保险费征收机构缴纳社会保险费。

3. 用人单位、单位职工按照社会保险政策规定依法自行申报，税务机关按有关规定进行征收；无雇工的个体工商户、未在用人单位参加社会保险的非全日制从业人员以及其他灵活就业人员，按照有关规定向税务机关足额缴纳。

以小时计酬为主，劳动者在同一用人单位一般平均每日工作时间不超过 4 小时，每周工作时间累计不超过 24 小时的用工形式。这样的非全日制从业人员可以按自由职业者的身份参加职工基本养老保险、基本医疗保险。

灵活就业的形式主要有以下几种类型：

1. 非正规部门就业，即劳动标准、生产组织管理及劳动关系运作等均达不到一般企业标准的用工和就业形式。例如，家庭作坊式的就业。

2. 自雇型就业，有个体经营和合伙经营两种类型。

3. 自主就业，如自由职业者、自由撰稿人、个体演员、模特、独立的中介服务工作者等。

4. 临时就业，如家庭小时工、街头小贩、其他类型的打零工者。

二、缴费基数

城镇企业职工基本养老保险的缴费基数为：

1. 参保单位职工工资总额或职工个人缴费工资基数之和作为缴费基数。单位工资总额低于本单位职工个人缴费基数之和的，以职工个人缴费基数之和作为缴费基数。

2. 职工个人的缴费基数为本人缴费工资。单位职工本人缴纳基本养老保险费的基数原则上以上一年度本人月平均工资为基础，在当地职工平均工资的 60%～300% 的范围内进行核定。

3. 城镇个体工商户和灵活就业人员以所在省辖市上年度在岗职工平均工资作为缴费基数。

4. 凡是国家统计局有关文件没有明确规定不作为工资收入统计的项目，均应作为社会保险缴费基数。

5. 依据国家统计局有关文件规定，工资总额是指各单位在一定时期内直接支付给本单位全部职工的劳动报酬总额，由计时工资、计件工资、奖金、加点工资、特殊情况下支付的工资、津贴和补贴等组成。

三、缴费比例

1. 参保单位统一按 20% 的比例缴纳基本养老保险费。

根据（人社部发〔2018〕25 号）规定，自 2018 年 5 月 1 日起，企业职工基本养老保险单位缴费比例超过 19% 的省（区、市），以及按照（人社部发〔2016〕36 号）规定，单位缴费比例降至 19% 的省（区、市），基金累计结余可支付月数高于 9 个月的，可阶段性执行 19% 的单位缴费比例至 2019 年 4 月 30 日。具体方案由各省（区、市）研究确定。

2. 个人缴费比例为个人缴费工资的 8%。

3. 城镇个体工商户和灵活就业人员从参加基本养老保险之月起，按所在省辖市上年度在岗职工平均工资的 20% 缴费。

全国各地基本养老保险缴费比例不尽相同，各地下调城镇职工基本养老保险单位缴费比例可降至 16%。

四、缴费期限和计征方法

企业（机关事业）单位基本养老保险，按月申报缴纳。应缴额＝缴费基数×缴费比例。	灵活就业人员，按月、季、半年、年申报缴纳。应缴额＝所选缴费档次对应的缴费基数×缴费比例。	城乡居民，按年申报缴纳。应缴额＝缴费档次对应金额。

第三节 城镇企业职工基本医疗保险

一、征缴范围

1. 全省城镇所有用人单位及其职工,包括企业(国有企业、城镇集体企业、外商投资企业、私营企业等)及其职工,党政机关及其工作人员、事业单位及其职工、社会团体及其专职人员、民办非企业单位及其职工,以及上述用人单位的退休退职人员,城镇个体工商户及其雇工。

退休人员参加基本医疗保险的,个人不缴纳基本医疗保险费。

2. 无雇工的个体工商户、未在用人单位参加职工基本医疗保险的非全日制从业人员以及其他灵活就业人员可以参加职工基本医疗保险。

3. 全省所有城镇用人单位,包括各类企业、机关、事业单位、社会团体、民办非企业单位等,都应按规定为与其形成劳动关系的农民工办理医疗保险。农民工是指具有农村户籍,在国家规定的劳动年龄内且有劳动能力,与用人单位形成劳动关系的劳动者。

4. 用人单位应当自行申报、按时足额缴纳社会保险费。职工应当缴纳的社会保险费由用人单位代扣代缴。

5. 用人单位、单位职工按照社会保险政策规定依法自行申报,税务机关按规定征收;无雇工的个体工商户、未在用人单位参加社会保险的非全日制从业人员以及其他灵活就业人员,按照有关规定向税务机关足额缴纳。

非全日制从业人员以及其他灵活就业人员的界定见上述"城镇企业职工基本养老保险"部分。

二、缴费基数

1. 基本医疗保险费用由用人单位和职工共同缴纳。用人单位缴费基数为职工工资总额。职工缴费基数一般为本人工资收入。

2. 城镇个体经济组织业主及其从业人员参加当地基本医疗保险的,单位及个人缴费均以当地上年度职工平均工资为基数。新建单位当年单位和个人缴费以当地上年度职工平均工资为基数。

3. 无雇工的个体工商户、未在用人单位参加职工基本医疗保险的非全日制从业人员以及其他灵活就业人员缴纳基本医疗保险的基数,按照各省辖市相关规定执行(基本医疗保险实行市级统筹,在全市范围内统一医疗保险政策、标准)。

4. 国有企业下岗职工的基本医疗保险费,由再就业服务中心按照当地上年度职工平均工资的60%为基数缴纳(包括单位缴费和个人缴费)。

5. 领取失业保险金的失业人员的基本医疗保险费,由社会保险经办机构按照当地上年度职工平均工资的60%为基数,从征缴的失业保险金中直接划转(包括单位缴费和个人缴费)。

6. 与城镇用人单位签订规范劳务合同的农民工,随所在单位参加基本医疗保险,以灵活方式就业的,可按照当地灵活就业人员参保办法参加医疗保险,农民工比较集中的地区,可以采取单独建立大病医疗保险统筹基金办法。农民工医疗保险费由用人单位按照当地上年度在岗职工平均工资的2%左右缴纳。

三、缴费比例

1. 用人单位缴纳基本医疗保险的比例,按照各省辖市相关规定执行(基本医疗保险实行市级统筹,在全市范围内统一医疗保险政策、标准)。用人单位缴费比例为6%的,按实际水平确定;高于6%的,一般按照6%控制;确需超过6%的,要从严掌握,报省劳动厅、财政厅审批。统筹地区报经省劳动厅、财政厅批准后,可适当调整单位和个人缴费率。

2. 职工缴费率一般为2%。

3. 农民工医疗保险费按照当地上年度在岗职工平均工资的2%左右缴纳。

4. 无雇工的个体工商户、未在用人单位参加职工基本医疗保险的非全日制从业人员以及其他灵活就业人员缴纳基本医疗保险的比例,按照各省辖市相关规定执行(基本医疗保险实行市级统筹,在全市范围内统一医疗保险政策、标准)。

第四节 工 伤 保 险

一、征缴范围

工伤保险的适用范围包括中华人民共和国境内的企业、事业单位(依照公务员制度管理的事业单位除外)、社会团体、民办非企业单位、基金会、律师事务所、会计师事务所等组织和有雇工的个体工商户。职工个人不缴纳工伤保险费。	职工因工作原因受到事故伤害或者患职业病,且经工伤认定,享受工伤保险待遇;其中,经劳动能力鉴定丧失劳动能力的,享受伤残待遇。

二、缴费基数

工伤保险的缴费基数为本单位职工工资总额。	对于难以按照工资总额缴纳工伤保险费的行业,用如下方法确定缴费基数: 1. 建筑施工企业可以实行以建筑施工项目为单位,按照项目工程总造价的一定比例,计算缴纳工伤保险费。比例具体规定参见人社厅发〔2015〕159号。 2. 商贸、餐饮、住宿、美容美发、洗浴以及文体娱乐等小型服务业企业以及有雇工的个体工商户,可以按照营业面积的大小核定应参保人数,按照所在统筹地区上一年度职工月平均工资的一定比例和相应的费率,计算缴纳工伤保险费;也可以按照营业额的一定比例计算缴纳工伤保险费。 3. 小型矿山企业可以按照总产量、吨矿工资含量和相应的费率计算缴纳工伤保险费。

三、缴费比例

1. 工伤保险的缴费比例由行业差别费率和行业内费率档次组成。 社会保险经办机构根据用人单位使用工伤保险基金、工伤发生率和所属行业费率档次等情况,确定用人单位缴费费率。	2. 不同工伤风险类别的行业执行不同的工伤保险行业基准费率。各行业工伤风险类别对应的全国工伤保险行业基准费率为,一类至八类分别控制在该行业用人单位职工工资总额的0.2%、0.4%、0.7%、0.9%、1.1%、1.3%、1.6%、1.9%左右。(具体标准见人社部发〔2015〕71号) 通过费率浮动的办法确定每个行业内的费率档次。一类行业分为三个档次,即在基准费率的基础上,可向上浮动120%~150%,二类至八类行业分为五个档次,即在基准费率的基础上,可分别向上浮动120%~150%或向下浮动80%~50%。	3. 统筹地区社会保险经办机构根据用人单位工伤保险费使用、工伤发生率、职业病危害程度等因素,确定其工伤保险费率,并可依据上述因素变化情况,每一至三年确定其在所属行业不同费率档次间是否浮动。对符合浮动条件的用人单位,每次可上下浮动一档或两档。统筹地区工伤保险最低费率不低于本地区一类风险行业基准费率。

四、建筑业工伤保险

建筑施工企业应依法参加工伤保险	工伤保险费计缴方式
针对建筑行业的特点,建筑施工企业对相对固定的职工,应按用人单位参加工伤保险;对不能按用人单位参保、建筑项目使用的建筑业职工特别是农民工,按项目参加工伤保险。 房屋建筑和市政基础设施工程实行以建设项目为单位参加工伤保险的,可在各项社会保险中优先办理参加工伤保险手续。建设单位在办理施工许可手续时,应当提交建设项目工伤保险参保证明,作为保证工程安全施工的具体措施之一;安全施工措施未落实的项目,各地住房城乡建设主管部门不予核发施工许可证。	按用人单位参保的建筑施工企业应以工资总额为基数依法缴纳工伤保险费。以建设项目为单位参保的,可以按照项目工程总造价的一定比例计算缴纳工伤保险费。

第五节 失 业 保 险

一、征缴范围

1. 国有企业、城镇集体企业、外商投资企业、城镇私营企业、股份制企业和其他城镇企业及其职工。 2. 事业单位及其职工。	3. 省、自治区、直辖市人民政府根据当地具体情况，可以规定将社会团体及其专职人员、民办非企业单位及其职工以及有雇工的城镇个体工商户及其雇工纳入失业保险的范围。 4. 国家机关中的工勤人员。 农民合同制工人本人不缴纳失业保险费。 职工个人应当缴纳的失业保险费，由所在单位代扣代缴。

二、缴费基数

1. 用人单位失业保险的缴费基数为本单位应参保职工上年度月均工资总额；职工的缴费基数为本人上年度月均工资。	2. 缴费工资基数无法核定的，按照当地上年度职工平均工资计算。职工缴费工资低于当地上年度职工平均工资60%的，按照当地上年度职工平均工资的60%计算。

三、缴费比例

1. 用人单位按照本单位应参保职工上年度月均工资总额的2%缴纳失业保险费。职工按照本人上年度月均工资的1%缴纳失业保险费。	2. 自2018年5月1日起，按照人社部发〔2017〕14号实施失业保险费率1%的省（区、市），延长阶段性降低费率的期限至2019年4月30日，具体方案由各省（区、市）研究确定。

第六节 生 育 保 险

一、征缴范围

中华人民共和国境内的各类企业和国家机关、事业单位、社会团体、民办非企业单位、有雇工的个体工商户应当参加生育保险，为其职工缴纳生育保险费。职工个人个人不缴纳生育保险费。	用人单位已经缴纳生育保险费的，其职工享受生育保险待遇；职工未就业配偶按照国家规定享受生育医疗费用待遇。

二、缴费基数

用人单位缴纳生育保险费，以本单位上年度职工月平均工资总额（有雇工的个体工商户以所在统筹地区上年度在岗职工月平均工资）作为缴费基数。

三、缴费比例

1. 用人单位缴费比例不得超过职工月平均工资总额的1%。具体比例由各统筹地区人民政府确定。	2. 从2015年10月1日起，生育保险基金累计结余大于9个月支付额度的统筹地区，缴费费率原则上调整到用人单位职工工资总额的0.5%以内（含0.5%）；各统筹地区可根据生育基金使用范围的不同，区别基金支付生育津贴、不支付生育津贴两种情况，分别确定用人单位的缴费费率，但平均费率调整到用人单位职工工资总额的0.5%以内；生育保险基金累计结余不足9个月支付额的统筹地区，可暂不调整。

第七节　社保费滞纳金的计算缴纳

2011 年 7 月 1 日前	2011 年 7 月 1 日及以后
根据《社会保险费征缴暂行条例》(国务院令第 259 号)文第十三条规定,缴费单位未按规定缴纳和代扣代缴社会保险费的,由劳动保障行政部门或者税务机关责令限期缴纳;逾期仍不缴纳的,除补缴欠缴数额外,从欠缴之日起,按日加收千分之二的滞纳金。滞纳金并入社会保险基金。	根据《中华人民共和国社会保险法》第八十六条的规定,用人单位未按时足额缴纳社会保险费的,由社会保险费征收机构责令限期缴纳或者补足,并自欠缴之日起,按日加收万分之五的滞纳金;逾期仍不缴纳的,由有关行政部门处欠缴数额一倍以上三倍以下的罚款。

　　企业逾期缴纳社保的滞纳金可以在所得税前列支。

第八节　社会保险事业的税收支持政策

一、个人所得税支持政策

　　1.《中华人民共和国个人所得税法》(以下简称为《人所得税法》)第四条规定,免征个人所得税:

　　(1) 保险赔款。

　　(2) 按照国家统一规定发给干部、职工的安家费、退职费、基本养老金或者退休费、离休费、离休生活补助费。

　　2.《个人所得税法》第六条规定:

　　居民个人的综合所得,以每一纳税年度的收入额减除费用六万元以及专项扣除、专项附加扣除和依法确定的其他扣除后的余额,为应纳税所得额。专项扣除,包括居民个人按照国家规定的范围和标准缴纳的基本养老保险、基本医疗保险、失业保险等社会保险费和住房公积金等。

　　3.《中华人民共和国个人所得税法实施条例》(以下简称为《个人所得税法实施条例》)第二十五条规定:

　　按照国家规定,单位为个人缴付和个人缴付的基本养老保险费、基本医疗保险费、失业保险费、住房公积金,从纳税义务人的应纳税所得额中扣除。

　　4.《财政部　国家税务总局关于基本养老保险费基本医疗保险费失业保险费住房公积金有关个人所得税政策的通知》(财税〔2006〕10 号)规定:

　　(1) 企事业单位按照国家或省(自治区、直辖市)人民政府规定的缴费比例或办法实际缴付的基本养老保险费、基本医疗保险费和失业保险费,免征个人所得税;个人按照国家或省(自治区、直辖市)人民政府规定的缴费比例或办法实际缴付的基本养老保险费、基本医疗保险费和失业保险费,允许在个人应纳税所得额中扣除。

　　企事业单位和个人超过规定的比例和标准缴付的基本养老保险费、基本医疗保险费和失业保险费,应将超过部分并入个人当期的工资、薪金收入,计征个人所得税。

　　(2) 个人实际领(支)取原提存的基本养老保险金、基本医疗保险金、失业保险金和住房公积金时,免征个人所得税。

　　5.《财政部　国家税务总局　保监会关于将商业健康保险个人所得税试点政策推广到全国范围实施的通知》(财税〔2017〕39 号)规定:

　　对个人购买符合规定的商业健康保险产品的支出,允许在当年(月)计算应纳税所得额时予以税前扣除,扣除限额为 2 400 元/年(200 元/月)。单位统一为员工购买符合规定的商业健康保险产品的支出,应分别计入员工个人工资薪金,视同个人购买,按上述限额予以扣除。2400 元/年(200 元/月)的限额扣除为个人所得税法规定减除费用标准之外的扣除。

二、企业所得税支持政策

1.《中华人民共和国企业所得税法实施条例》(以下简称为《企业所得税法实施条例》)第三十五条规定:

企业依照国务院有关主管部门或者省级人民政府规定的范围和标准为职工缴纳的基本养老保险费、基本医疗保险费、失业保险费、工伤保险费、生育保险费等基本社会保险费和住房公积金,准予扣除。企业为投资者或者职工支付的补充养老保险费、补充医疗保险费,在国务院财政、税务主管部门规定的范围和标准内,准予扣除。

2.《财政部 国家税务总局关于补充养老保险费、补充医疗保险费有关企业所得税政策问题的通知》(财税〔2009〕27号)规定:

自2008年1月1日起,企业根据国家有关政策规定,为在本企业任职或者受雇的全体员工支付的补充养老保险费、补充医疗保险费,分别在不超过职工工资总额5%标准内的部分,在计算应纳税所得额时准予扣除;超过的部分,不予扣除。

3.《企业所得税法实施条例》第三十六条规定:

除企业依照国家有关规定为特殊工种职工支付的人身安全保险费和国务院财政、税务主管部门规定可以扣除的其他商业保险费外,企业为投资者或者职工支付的商业保险费,不得扣除。

4.国家税务总局关于企业所得税有关问题的公告(国家税务总局公告2016年第80号)规定:

企业职工因公出差乘坐交通工具发生的人身意外保险费支出,准予企业在计算应纳税所得额时扣除。

三、契税支持政策

《国家税务总局关于以土地 房屋权属抵缴社会保险费免征契税的批复》(国税函〔2001〕483号)规定:根据国务院发布的《社会保险费征缴暂行条例》(国务院第259号令)中关于"社会保险基金不计征税、费"的规定,对社会保险费(基本养老保险、基本医疗保险、失业保险)征收机构承受用以抵缴社会保险费的土地、房屋权属免征契税。

四、印花税支持政策

1.《财政部 国家税务总局关于全国社会保障基金有关印花税政策的通知》(财税〔2003〕134号)规定:

(1)对社保理事会委托社保基金投资管理人运用社保基金买卖证券应缴纳的印花税实行先征后返。社保理事会定期向财政部、上海市和深圳市财政局提出返还印花税的申请,即按照中央与地方印花税分享比例,属于中央收入部分,向财政部提出申请;属于地方收入部分,向上海市和深圳市财政局提出申请。具体退税程序比照《财政部 国家税务总局 中国人民银行关于税制改革后对某些企业实行"先征后退"有关预算管理问题的暂行规定的通知》〔(94)财预字第55号〕的有关规定办理。

(2)对社保基金持有的证券,在社保基金证券账户之间的划拨过户,不属于印花税的征税范围,不征收印花税。

2.《财政部 国家税务总局关于境内证券市场转持部分国有股充实全国社会保障基金有关证券(股票)交易印花税政策的通知》(财税〔2009〕103号)规定:

经国务院批准,对有关国有股东按照《境内证券市场转持部分国有股充实全国社会保障基金实施办法》(财企〔2009〕94号)向全国社会保障基金理事会转持国有股,免征证券(股票)交易印花税。

五、综合支持政策

《财政部 税务总局关于基本养老保险基金有关投资业务税收政策的通知》(财税〔2018〕95号)规定:

1.对社保基金会及养老基金投资管理机构在国务院批准的投资范围内,运用养老基金投资过程中,提供贷款服务取得的全部利息及利息性质的收入和金融商品转让收入,免征增值税。

2.对社保基金会及养老基金投资管理机构在国务院批准的投资范围内,运用养老基金投资取得的归属于养老基金的投资收入,作为企业所得税不征税收入;对养老基金投资管理机构、养老基金托管机构从事养老基金管理活动取得的收入,依照税法规定征收企业所得税。

3.对社保基金会及养老基金投资管理机构运用养老基金买卖证券应缴纳的印花税实行先征后返;养老基金持有的证券,在养老基金证券账户之间的划拨过户,不属于印花税的征收范围,不征收印花税。对社保基金会及养老基金投资管理机构管理的养老基金转让非上市公司股权,免征社保基金会及养老基金投资管理机构应缴纳的印花税。

第九节　对严重失信对象实施联合惩戒

一、惩戒对象

联合惩戒的对象是指人力资源社会保障部、税务总局和医疗保障局会同有关部门确定的违反社会保险相关法律、法规和规章的企事业单位及其有关人员,其严重失信、失范行为主要包括以下情形:

（一）用人单位未按相关规定参加社会保险且拒不整改的;

（二）用人单位未如实申报社会保险缴费基数且拒不整改的;

（三）应缴纳社会保险费却拒不缴纳的;

（四）隐匿、转移、侵占、挪用社会保险费款、基金或者违规投资运营的;

（五）以欺诈、伪造证明材料或者其他手段参加、申报社会保险和骗取社会保险基金支出或社会保险待遇的;

（六）非法获取、出售或变相交易社会保险个人权益数据的;

（七）社会保险服务机构违反服务协议或相关规定的;

（八）拒绝协助社会保险行政部门、经办机构对事故和问题进行调查核实的;拒绝接受或协助税务部门对社会保险实施监督检查,不如实提供与社会保险相关各项资料的;

（九）其他违反法律法规规定的。

二、信息共享与联合惩戒的实施方式

人力资源社会保障部、税务总局和医疗保障局通过全国信用信息共享平台依法依规向签署本备忘录的其他部门和单位提供社会保险领域相关失信用人单位信息,并在"信用中国"网站、国家企业信用信息公示系统、人力资源社会保障部、税务总局和医疗保障局网站向社会公布。有关部门和单位按照本备忘录规定实施联合惩戒措施,并根据实际情况定期将联合惩戒实施情况通过全国信用信息共享平台反馈至国家发展改革委、人力资源社会保障部、税务总局和医疗保障局。

三、惩戒措施

（一）限制招录（聘）失信人为公务员或事业单位工作人员。（实施单位:中央组织部、人力资源社会保障部等相关部门）

（二）将失信企业列为重点监督检查对象,增加社会保险监督检查和稽核的频次,再次发现有社会保险违法违规行为的,延长公示期限。（实施单位:人力资源社会保障部、税务总局、医疗保障局）

（三）限制失信企业参与社会保险业务合作项目。（实施单位:人力资源社会保障部等相关部门）

（四）限制失信主体办理社会保险业务的便捷性。（实施单位:人力资源和社会保障部等相关部门）

（五）依法限制失信企业申请财政补助补贴性资金和社会保障资金支持。（实施单位:国家发展改革委、财政部、人力资源社会保障部及相关部门）

（六）依法限制失信企业作为供应商参加政府采购活动。（实施单位:财政部）

（七）依法将失信信息作为选择基础设施和公用事业特许经营等政府和社会资本合作项目合作伙伴的重要参考因素,限制失信主体成为项目合作伙伴。（实施单位:国家发展改革委、财政部）

（八）将失信信息作为证券公司、基金管理公司及期货公司的设立及股权或实际控制人变更审批或备案,私募投资基金管理人登记,重大事项变更以及基金备案的参考;将失信信息作为公司债券审核或备案的参考;对存在失信记录的相关主体在上市公司或者非上市公众公司收购的事中事后监管中予以重点关注。（实施单位:国家发展改革委、证监会）

（九）在股票、可转换债券发行审核及在全国中小企业股份转让系统挂牌公开转让审核中,将失信信息作为参考。（实施单位:证监会）

（十）对存在失信记录的相关主体在证券、基金、期货从业资格申请中予以从严审核,对已成为证券、基金、期货从业人员的相关主体予以重点关注。（实施单位:证监会）

（十一）将失信信息作为非上市公众公司重大资产重组审核的参考。（实施单位:证监会）

（十二）将失信信息作为基金销售资格审批的参考。（实施单位:证监会）

（十三）将违法失信信息作为审核或注册公司信用类债券的重要参考。（实施单位:国家发展改革委、人民银行）

（十四）将失信企业及其有关人员的失信信息纳

入金融信用信息基础数据库,为金融机构融资授信提供重要参考。(实施单位:人民银行)

(十五)依法限制失信企业设立融资性担保公司;依法限制失信相关责任人任职融资性担保公司或金融机构的董事、监事、高级管理人员。将失信信息作为证券公司、基金管理公司及期货公司的董事、监事和高级管理人员及分支机构负责人任职审批或备案的参考。(实施单位:银保监会、证监会、工业和信息化部、财政部、市场监管总局等相关部门以及地方政府确定的融资性担保公司监管机构)

(十六)将失信企业相关信息作为设立保险公司审批参考,作为保险中介业务许可和保险专业中介机构变更股权、实际控制人备案的参考;依法限制失信企业及失信企业(企事业单位)的法定代表人、主要负责人、影响债务履行的直接责任人员、实际控制人支付高额保费购买具有现金价值的保险产品。(实施单位:银保监会)

(十七)将失信企业相关信息作为设立商业银行或分行、代表处以及参股、收购商业银行的审批时审慎性参考。(实施单位:银保监会)

(十八)将失信信息作为境内上市公司实行股权激励计划或相关人员成为股权激励对象事中事后监管的参考。(实施单位:证监会、国资委、财政部)

(十九)在合格境外机构投资者、合格境内机构投资者额度审批和管理中,将失信状况作为审慎性参考依据。(实施单位:外汇局)

(二十)在融资授信时查询拟授信对象及其法定代表人、实际控制人、董事、监事、高级管理人员是否为失信责任主体,对拟授信对象为失信责任主体的从严审核。(实施单位:人民银行、银保监会)

(二十一)限制严重失信行为有关责任人乘坐飞机、列车软卧、轮船二等以上仓位、G字头动车组列车全部座位,其他动车组一等以上座位等非生活和工作必须的消费行为。(实施单位:交通运输部、民航局、铁路总公司等相关部门)

(二十二)将相关机构及其法人代表、实际控制人、董事、监事、高级管理人等失信责任主体状况作

为优惠性政策支持的审慎性参考。(实施单位:国家发展改革委、商务部、海关总署、税务总局、市场监管总局)

(二十三)对失信企业在取得政府供应土地方面依法予以限制或禁止。(实施单位:自然资源部)

(二十四)依法限制失信企业参与工程建设项目招标投标。(实施单位:国家发展改革委、工业和信息化部、住房城乡建设部、交通运输部、水利部、商务部、国际发展合作署、民航局、铁路总公司)

(二十五)依法限制失信企业受让收费公路权益。(实施单位:交通运输部)

(二十六)失信企业申请适用海关认证企业管理的,海关不予通过认证;已经成为认证企业的,按照规定下调企业信用等级。(实施单位:海关总署)

(二十七)在失信企业申请办理相关海关业务时,对其进出口货物实施严密监管,加强布控查验、后续稽查或统计监督核查。(实施单位:海关总署)

(二十八)失信责任主体为个人的,依法限制其担任国有独资公司法定代表人、董事、监事及国有资本控股或参股公司法定代表人、董事、监事及国有企业的法定代表人、高级管理人员;已担任相关职务的,提出其不再担任相关职务的意见。(实施单位:中央组织部、国资委、财政部等相关部门)

(二十九)失信责任主体为个人的,依法限制登记为事业单位法定代表人。失信责任主体是机构的,该机构法定代表人依法限制登记为事业单位法定代表人。(实施单位:中央编办)

(三十)将失信企业和以失信责任主体为法定代表人、实际控制人、董事、监事、高级管理人员的单位,作为重点监管对象,加大日常监管力度,提高随机抽查的比例和频次,并可依据相关法律法规对其采取行政监管措施。(实施单位:相关市场监管、行业主管部门)

(三十一)通过主要新闻网站向社会公布失信责任主体信息。(实施单位:中央网信办)

(三十二)对于机关、企事业单位、社会团体或其领导成员为失信单位或个人的,不得参加文明单位、道德模范等各类评选表彰,已经取得荣誉称号的予以撤销。(实施单位:中央宣传部、中央文明办)

第七章　非税收入减免政策与应用指引

减税降费,让企业轻装上阵,国务院再出硬招。2017 年的《政府工作报告》将大幅降低企业非税负担确定为国务院当年的重点工作。李克强总理在 2017 年 6 月 7 日的国务院常务会议上,要求国务院主管部门上网公布中央和地方政府性基金及行政事业性收费目录清单,从源头上防范乱收费,决不让已"瘦身"的制度性交易成本反弹。为方便社会查询,加强社会监督,财政部网站 2017 年 6 月 29 日公布了全国政府性基金和行政事业性收费目录清单"一张网"。7 月 28 日的国务院常务会议上,李克强总理进而要求:"要接受社会监督,做到清单之外一律不得收费!"

第一节　非税收入管理

政策依据:

> 《政府非税收入管理办法》(财税〔2016〕33 号)。

一、非税收入及设立(财税〔2016〕33 号)

第三条　非税收入,是指除税收以外,由各级国家机关、事业单位、代行政府职能的社会团体及其他组织依法利用国家权力、政府信誉、国有资源(资产)所有者权益等取得的各项收入。具体包括:

(一)行政事业性收费收入。

(二)政府性基金收入。

(三)罚没收入。

(四)国有资源(资产)有偿使用收入。

(五)国有资本收益。

(六)彩票公益金收入。

(七)特许经营收入。

(八)中央银行收入。

(九)以政府名义接受的捐赠收入。

(十)主管部门集中收入。

(十一)政府收入的利息收入。

(十二)其他非税收入。

非税收入不包括社会保险费、住房公积金(指计入缴存人个人账户部分)。

第九条　设立和征收非税收入,应当依据法律、法规的规定或者按下列管理权限予以批准:

(一)行政事业性收费按照国务院和省、自治区、直辖市(以下简称省级)人民政府及其财政、价格主管部门的规定设立和征收。

(二)政府性基金按照国务院和财政部的规定设立和征收。

(三)国有资源有偿使用收入、特许经营收入按照国务院和省级人民政府及其财政部门的规定设立和征收。

(四)国有资产有偿使用收入、国有资本收益由拥有国有资产(资本)产权的人民政府及其财政部门按照国有资产(资本)收益管理规定征收。

(五)彩票公益金按照国务院和财政部的规定筹集。

(六)中央银行收入按照相关法律法规征收。

(七)罚没收入按照法律、法规和规章的规定征收。

(八)主管部门集中收入、以政府名义接受的捐赠收入、政府收入的利息收入及其他非税收入按照同级人民政府及其财政部门的管理规定征收或者收取。

任何部门和单位不得违反规定设立非税收入项目或者设定非税收入的征收对象、范围、标准和期限。

第十一条　非税收入可以由财政部门直接征收,也可以由财政部门委托的部门和单位(以下简称执收单位)征收。

未经财政部门批准,不得改变非税收入执收单位。

法律、法规对非税收入执收单位已有规定的,从其规定。

税务部门在税收征缴过程中收取或产生的相关罚没收入、利息收入和违约金收入,全额上缴中央国库。相关罚没收入,是指税务部门收取的各项罚没收入,不包括随各税种税款加收的滞纳金和罚款;利息收入,是指税务代保管资金账户中资金产生的利息收入;违约金收入,是指因税务部门委托代征人未履行代征义务,税务部门按《委托代征协议书》约定向代征人收取的违约金。(财税〔2018〕161 号)

二、票据管理（财税〔2016〕33号）

第二十条 非税收入票据是征收非税收入的法定凭证和会计核算的原始凭证,是财政、审计等部门进行监督检查的重要依据。

第二十一条 非税收入票据种类包括非税收入通用票据、非税收入专用票据和非税收入一般缴款书。具体适用下列范围:

（一）非税收入通用票据,是指执收单位征收非税收入时开具的通用凭证。

（二）非税收入专用票据,是指特定执收单位征收特定的非税收入时开具的专用凭证,主要包括行政事业性收费票据、政府性基金票据、国有资源(资产)收入票据、罚没票据等。

（三）非税收入一般缴款书,是指实施非税收入收缴管理制度改革的执收单位收缴非税收入时开具的通用凭证。

第二十三条 非税收入票据实行凭证领取、分次限量、核旧领新制度。

执收单位使用非税收入票据,一般按照财务隶属关系向同级财政部门申领。

第二十四条 除财政部另有规定以外,执收单位征收非税收入,应当向缴纳义务人开具财政部或者省级财政部门统一监(印)制的非税收入票据。

对附加在价格上征收或者需要依法纳税的有关非税收入,执收单位应当按规定向缴纳义务人开具税务发票。

不开具前款规定票据的,缴纳义务人有权拒付款项。

第二十五条 非税收入票据使用单位不得转让、出借、代开、买卖、擅自销毁、涂改非税收入票据;不得串用非税收入票据,不得将非税收入票据与其他票据互相替代。

第二十六条 非税收入票据使用完毕,使用单位应当按顺序清理票据存根、装订成册、妥善保管。

非税收入票据存根的保存期限一般为5年。保存期满需要销毁的,报经原核发票据的财政部门查验后销毁。

第二节 行政事业性收费减费指引

政策依据:

> 《行政事业性收费项目审批管理暂行办法》（财综〔2004〕100号）;
>
> 《行政事业性收费标准管理办法》（发改价格规〔2018〕988号）。

一、行政事业性收费项目审批管理（财综〔2004〕100号）

（一）行政事业性收费及审批制度

第三条 行政事业性收费(以下简称收费)是指国家机关、事业单位、代行政府职能的社会团体及其他组织根据法律、行政法规、地方性法规等有关规定,依照国务院规定程序批准,在向公民、法人提供特定服务的过程中,按照成本补偿和非盈利原则向特定服务对象收取的费用。

第四条 收费项目实行中央和省两级审批制度。国务院和省、自治区、直辖市人民政府(以下简称省级政府)及其财政、价格主管部门按照国家规定权限审批管理收费项目。

除国务院和省级政府及其财政、价格主管部门外,其他国家机关、事业单位、社会团体,以及省级以下(包括计划单列市和副省级城市)人民政府,均无权审批收费项目。

（二）收费项目的审批管理权限

第八条 除法律、行政法规和国务院另有规定外,中央国家机关、事业单位、代行政府职能的社会团体及其他组织(包括中央驻地方单位,以下简称中央单位)申请设立收费项目,应当向财政部、国家发展改革委提出书面申请,由财政部、国家发展改革委审批。

中央单位申请设立下列收费项目,属于重要收费项目,应当向财政部、国家发展改革委提出书面申请,由财政部、国家发展改革委审核后报国务院批准:

（一）在全国范围内实施的资源类收费;

（二）在全国范围内实施的公共事业类收费；

（三）对国民经济和社会发展具有较大影响的其他收费。

第九条 省级国家机关、事业单位、代行政府职能的社会团体及其他组织（以下简称省级单位），省以下国家机关、事业单位、代行政府职能的社会团体及其他组织（以下简称省以下单位），申请设立一般收费项目，应当向省、自治区、直辖市财政、价格主管部门（以下简称省级财政、价格主管部门）提出书面申请，由省级财政、价格主管部门审批。

省级单位、省以下单位申请设立重要收费项目，应当向省级财政、价格主管部门提出书面申请，由省级财政、价格主管部门审核后报省级政府批准。地方重要收费项目的范围由省级财政、价格主管部门确定。

省级单位、省以下单位申请设立专门面向企业的收费项目，应当向省级财政、价格主管部门提出书面申请，经省级财政、价格主管部门审核后报省级政府审批，省级政府在审批之前应当按照中发〔1997〕14 号文件的规定征得财政部和国家发展改革委同意。

省级政府及其财政、价格主管部门批准设立的收费项目，应当于批准之日起 30 日内报财政部和国家发展改革委备案。

第十条 除法律、行政法规另有规定外，省级单位、省以下单位申请设立的收费项目，属于下列情况的，应当通过本系统或行业的中央主管部门统一向财政部、国家发展改革委提出书面申请，由财政部、国家发展改革委审批：

（一）在全国范围内实施的考试收费；

（二）在全国范围内实施的证照收费；

（三）在全国范围内实施的注册、登记等管理性收费；

（四）在全国范围内实施的检验、检测收费；

（五）在全国范围内实施的其他收费。

省级政府及其财政、价格主管部门无权审批在全国范围内实施的收费以及中央单位的收费项目。

第十一条 法律、行政法规、地方性法规中规定设立的收费项目，已明确具体收费对象、收费范围和收费标准的，依照其规定执行。

法律、行政法规中规定设立的收费项目，未明确具体收费对象、收费范围和收费标准的，其征收管理办法由财政部、国家发展改革委负责制定；地方性法规中规定设立的收费项目，未明确具体收费对象、收费范围和收费标准的，其征收管理办法由省级财政、价格主管部门负责制定。

二、全国性及中央部门和单位涉企行政事业性收费目录清单

序号	部门	项目序号	项目名称	资金管理方式	政策依据
一	公安部门	1	证照费		
			（1）机动车号牌工本费	缴入地方国库	《中华人民共和国道路交通安全法》（以下简称为《道路交通安全法》）；发改价格〔2004〕2831 号；计价格〔1994〕783 号；价费字〔1992〕240 号；行业标准 GA36—2014。
			①号牌（含临时）		
			②号牌专用固封装置		
			③号牌架		
			（2）机动车行驶证、登记证、驾驶证工本费	缴入地方国库	《道路交通安全法》；发改价格〔2004〕2831 号；财综〔2001〕67 号；计价格〔2001〕1979 号；计价格〔1994〕783 号；价费字〔1992〕240 号；发改价格〔2017〕1186 号。
			（3）临时入境机动车号牌和行驶证、临时机动车驾驶许可工本费	缴入地方国库	《道路交通安全法》；财综〔2008〕36 号；发改价格〔2008〕1575 号；发改价格〔2017〕1186 号。

（续表）

序号	部门	项目序号	项目名称	资金管理方式	政策依据
二	自然资源部门	2	土地复垦费	缴入地方国库	《土地管理法》；《土地复垦条例》；财税〔2014〕77号。
		3	土地闲置费	缴入地方国库	《土地管理法》；《城市房地产管理法》；国发〔2008〕3号；财税〔2014〕77号。
		4	不动产登记费	缴入中央和地方国库	《物权法》；财税〔2016〕79号；发改价格规〔2016〕2559号。
		5	耕地开垦费	缴入地方国库	《土地管理法》；《土地管理法实施条例》；财税〔2014〕77号。
三	生态环境部门	6	海洋废弃物倾倒费	缴入中央国库	《海洋环境保护法》；发改价格〔2008〕1927号。
四	住房城乡建设部门	7	污水处理费	缴入地方国库	《中华人民共和国水污染防治法》；《城镇排水和污水处理条例》；财税〔2014〕151号；发改价格〔2015〕119号。
		8	城市道路占用、挖掘修复费	缴入地方国库	《城市道路管理条例》；建城〔1993〕410号；财税〔2015〕68号。
五	交通运输部门	9	车辆通行费（限于政府还贷）	缴入地方国库	《公路法》；《收费公路条例》；交公路发〔1994〕686号。
		10	长江干线船舶引航收费	缴入中央国库	发改价格〔2013〕1494号；发改价格〔2011〕1536号；财综〔2007〕60号；财税〔2014〕101号；财办税〔2015〕14号。
六	工业和信息化部门	11	无线电频率占用费	缴入中央和地方国库	《无线电管理条例》；计价格〔2000〕1015号；发改价格〔2013〕2396号；发改价格〔2011〕749号；发改价格〔2005〕2812号；发改价格〔2003〕2300号；计价费〔1998〕218号；发改价格〔2017〕1186号；发改价格〔2018〕601号。
		12	电信网码号资源占用费	缴入中央国库	《电信条例》；信部联清〔2004〕517号；信部联清〔2005〕401号；发改价格〔2017〕1186号。
七	水利部门	13	水资源费	缴入中央和地方国库	《水法》；《取水许可和水资源费征收管理条例》；财税〔2016〕2号；发改价格〔2014〕1959号；发改价格〔2013〕29号；财综〔2011〕19号；发改价格〔2009〕1779号；财综〔2008〕79号；财综〔2003〕89号；价费字〔1992〕181号。
		14	水土保持补偿费	缴入中央和地方国库	《水土保持法》；财综〔2014〕8号；发改价格〔2014〕886号；发改价格〔2017〕1186号。

序号	部门	项目序号	项目名称	资金管理方式	政策依据
八	农业农村部门	15	农药实验费	缴入中央和地方国库	《农药管理条例》；价费字〔1992〕452号；发改价格〔2015〕2136号；发改价格〔2017〕1186号。
			（1）田间试验费		
			（2）残留试验费		
			（3）药效试验费		
		16	渔业资源增殖保护费	缴入中央和地方国库	《渔业法》；财税〔2014〕101号；财综〔2012〕97号；计价格〔1994〕400号；价费字〔1992〕452号。
九	林业和草原部门	17	草原植被恢复费	缴入地方国库	《草原法》；财综〔2010〕29号；发改价格〔2010〕1235号。
十	人防部门	18	防空地下室易地建设费	缴入中央和地方国库	中发〔2001〕9号；计价格〔2000〕474号；财税〔2014〕77号。
十一	法院	19	诉讼费	缴入中央和地方国库	《民事诉讼法》；《行政诉讼法》；《诉讼费用交纳办法》（国务院令481号）；财行〔2003〕275号。
十二	市场监管部门	20	特种设备检验检测费	缴入地方国库	《特种设备安全法》；《特种设备安全监察条例》；发改价格〔2015〕1299号；财综〔2011〕16号；财综〔2001〕10号。
十三	民航部门	21	航空业务权补偿费	缴入中央国库	发改价格〔2011〕3214号；财综〔2002〕54号。
		22	适航审查费	缴入中央国库	发改价格〔2011〕3214号；财综〔2002〕54号。
十四	药品监管部门	23	药品注册费	缴入中央和地方国库	《药品管理法实施条例》；财税〔2015〕2号；发改价格〔2015〕1006号；食药监公告2015第53号。
			（1）新药注册费		
			（2）仿制药注册费		
			（3）补充申请注册费		
			（4）再注册费		
			（5）加急费		
		24	医疗器械产品注册费	缴入中央和地方国库	《医疗器械监督管理条例》；财税〔2015〕2号；发改价格〔2015〕1006号；食药监公告2015第53号。
			（1）首次注册费		

（续表）

序号	部门	项目序号	项目名称	资金管理方式	政策依据
十四	药品监管部门		（2）变更注册费		
			（3）延续注册费		
			（4）临床试验申请费		
			（5）加急费		
十五	知识产权部门	25	商标注册收费	缴入中央国库	《商标法》;《商标法实施条例》;发改价格〔2015〕2136 号;财税〔2017〕20 号;发改价格〔2013〕1494 号;发改价格〔2008〕2579号;财综〔2004〕11 号;计价费〔1998〕1077号;财综字〔1995〕88 号;计价格〔1995〕2404号;价费字〔1992〕414 号;发改价格〔2015〕2136 号;财税〔2017〕20 号。
			（1）受理商标注册费		
			（2）补发商标注册证费（含刊登遗失声明费用）		
			（3）受理转让注册商标费		
			（4）受理商标续展注册费		
			（5）受理商标注册延迟费		
			（6）受理商标评审费		
			（7）变更费		
			（8）出具商标证明费		
			（9）受理集体商标注册费		
			（10）受理证明商标注册费		
			（11）商标异议费		
			（12）撤销商标费		
			（13）商标使用许可合同备案费		
		26	专利收费		
			（1）专利收费（国内部分）	缴入中央国库	《专利法》;《专利法实施细则》;财税〔2017〕8 号;发改价格〔2017〕270 号;财税〔2016〕78 号;财税〔2018〕37 号。
			① 申请费、申请附加费、公布印刷费、优先权要求费		
			② 发明专利申请实质审查费、复审费		
			③ 专利登记费、公告印刷费、年费、年费滞纳金		
			④ 恢复权利请求费、延长期限请求费		

序号	部门	项目序号	项目名称	资金管理方式	政策依据
十五	知识产权部门		⑤ 著录事项变更费、专利权评价报告请求费、无效宣告请求费		
			⑥ 专利文件副本证明费		
			（2）PCT 专利申请收费		《专利法》；《专利法实施细则》；财税〔2017〕8 号；发改价格〔2017〕270 号；财税〔2018〕37 号。
			① 申请国际阶段收取的国际申请费和手续费，传送费、检索费、优先权文件费、初步审查费、单一性异议费、副本复制费、后提交费、恢复权利请求费、滞纳金		
			② 申请进入中国国家阶段收取的宽限费、译文改正费、单一性恢复费、优先权恢复费		
			（3）为其他国家和地区提供检索和审查服务收费		《专利法》；《专利法实施细则》；财税〔2017〕8 号；发改价格〔2017〕270 号。
		27	集成电路布图设计保护收费	缴入中央国库	《集成电路布图设计保护条例》；财税〔2017〕8 号；发改价格〔2017〕270 号；发改价格〔2017〕1186 号。
			（1）布图设计登记费		
			（2）布图设计登记复审请求费		
			（3）著录事项变更手续费		
			（4）延长期限请求费		
			（5）恢复布图设计登记权利请求费		
			（6）非自愿许可使用布图设计请求费		
			（7）报酬裁决费		
十六	银保监会	28	银行业监管费	缴入中央国库	财税〔2015〕21 号；财税〔2017〕52 号。
		29	保险业监管费	缴入中央国库	财税〔2015〕22 号；财税〔2017〕52 号。
十七	证监会	30	证券、期货业监管费	缴入中央国库	财税〔2015〕20 号；发改价格〔2016〕14 号；财税〔2018〕37 号；发改价格规〔2018〕917 号。
十八	仲裁部门	31	仲裁收费	缴入地方国库	《仲裁法》；财综〔2010〕19 号；国办发〔1995〕44 号。

三、行政事业性收费标准管理办法（发改价格规〔2018〕988号）

第三条　本办法所称行政事业性收费（以下简称"收费"），是指国家机关、事业单位、代行政府职能的社会团体及其他组织根据法律法规等有关规定，依照国务院规定程序批准，在实施社会公共管理，以及在向公民、法人和其他组织提供特定公共服务过程中，向特定对象收取的费用。

第四条　收费标准实行中央和省两级审批制度。国务院和省、自治区、直辖市人民政府（以下简称"省级政府"）的价格财政部门按照定权限审批收费标准。未列入行政事业性收费目录清单的收费项目，一律不得审批收费标准。

中央有关部门和单位（包括中央驻地方单位，下同），以及全国或者区域（跨省、自治区、直辖市）范围内实施收费的收费标准，由国务院价格、财政部门审批。其中，重要收费项目的收费标准应当由国务院价格、财政部门审核后报请国务院批准。

除上款规定的其他收费标准，由省级政府价格、财政部门审批。其中，重要收费项目的收费标准应当由省级政府价格、财政部门审核后报请省级政府批准。

第三节　政府性基金减费指引

政策依据：

《政府性基金管理暂行办法》（财综〔2010〕80号）。

一、政府性基金管理暂行办法（财综〔2010〕80号）

第二条　本办法所称政府性基金，是指各级人民政府及其所属部门根据法律、行政法规和中共中央、国务院文件规定，为支持特定公共基础设施建设和公共事业发展，向公民、法人和其他组织无偿征收的具有专项用途的财政资金。

第三条　政府性基金实行中央一级审批制度，遵循统一领导、分级管理的原则。

第四条　政府性基金属于政府非税收入，全额纳入财政预算，实行"收支两条线"管理。

第五条　各级人民政府财政部门（以下简称各级财政部门）以及政府性基金征收、使用部门和单位按照本办法规定权限，分别负责政府性基金的征收、使用、管理和监督。

二、全国政府性基金目录清单

全国政府性基金目录清单

序号	项目名称	资金管理方式	政策依据
1	铁路建设基金	缴入中央国库	国发〔1992〕37号；财工字〔1996〕371号；财工〔1997〕543号；财综〔2007〕3号。
2	港口建设费	缴入中央和地方国库	国发〔1985〕124号；财综〔2011〕29号；财综〔2011〕100号；财综〔2012〕40号；财税〔2015〕131号。
3	民航发展基金	缴入中央国库	国发〔2012〕24号；财综〔2012〕17号；财税〔2015〕135号。
4	高等级公路车辆通行附加费（海南）	缴入地方国库	财综〔2008〕84号；《海南经济特区机动车辆通行附加费征收管理条例》（海南省人民代表大会常务委员会公告第54号）。
5	国家重大水利工程建设基金	缴入中央和地方国库	财综〔2009〕90号；财综〔2010〕97号；财税〔2010〕44号；财综〔2013〕103号；财税〔2015〕80号；财办税〔2015〕4号；财税〔2017〕51号；财办税〔2017〕60号；财税〔2018〕39号。

（续表）

序号	项目名称		资金管理方式	政策依据
6	水利建设基金		缴入中央和地方国库	财综字〔1998〕125 号；财综〔2011〕2 号；财综函〔2011〕33 号；财办综〔2011〕111 号；财税函〔2016〕291 号；财税〔2016〕12 号；财税〔2017〕18 号。
7	城市基础设施配套费		缴入地方国库	国发〔1998〕34 号；财综函〔2002〕3 号。
8	农网还贷资金		缴入中央和地方国库	财企〔2001〕820 号；财企〔2002〕266 号；财企〔2006〕347 号；财综〔2007〕3 号；财综〔2012〕7 号；财综〔2013〕103 号；财税〔2015〕59 号。
9	教育费附加		缴入中央和地方国库	《教育法》；国发〔1986〕50 号（国务院令第60 号修改发布）；国发明电〔1994〕2 号、23 号；国发〔2010〕35 号；财税〔2010〕103 号；财税〔2016〕12 号；财税〔2019〕13 号；财税〔2019〕21 号；财税〔2019〕22 号。
10	地方教育附加		缴入地方国库	《教育法》；财综〔2001〕58 号；财综函〔2003〕2 号、9 号、10 号、12 号、13 号、14 号、15 号、16 号、18 号；财综〔2004〕73 号；财综函〔2005〕33 号；财综〔2006〕2 号、61 号；财综函〔2006〕9 号；财综函〔2007〕45 号；财综函〔2008〕7 号；财综函〔2010〕2 号、3 号、7 号、8 号、11 号、71 号、72 号、73 号、75 号、76 号、78 号、79 号、80 号；财综〔2010〕98 号；财综函〔2011〕1 号、2 号、3 号、4 号、5 号、6 号、7 号、8 号、9 号、10 号、11 号、12 号、13 号、15 号、16 号、17 号、57 号；财税〔2016〕12 号；财税〔2019〕13 号；财税〔2019〕21 号；财税〔2019〕22 号。
11	文化事业建设费		缴入中央和地方国库	国发〔1996〕37 号；国办发〔2006〕43 号；财综〔2013〕102 号；财文字〔1997〕243 号；财预字〔1996〕469 号；财税〔2016〕25 号；财税〔2016〕60 号。
12	国家电影事业发展专项资金		缴入中央和地方国库	《电影管理条例》；国办发〔2006〕43 号；财税〔2015〕91 号；财教〔2016〕4 号。
13	旅游发展基金		缴入中央国库	旅办发〔1991〕124 号；财行〔2001〕24 号；财综〔2007〕3 号；财综〔2010〕123 号；财税〔2015〕135 号。
14	中央水库移民扶持基金	大中型水库移民后期扶持基金	缴入中央国库	《大中型水利水电工程建设征地补偿和移民安置条例》；《长江三峡工程建设移民条例》；国发〔2006〕17 号；财综〔2006〕29 号；财监〔2006〕95 号；监察部 人事部 财政部令第13 号；财综〔2007〕26 号；财综〔2007〕69 号；财综〔2008〕17 号；财综〔2008〕29 号、30 号、31 号、32 号、33 号、35 号、64 号、65 号、66 号、67 号、68 号、85 号、86 号、87 号、88 号、89 号、90 号；财综〔2009〕51 号、59 号；财综〔2010〕15 号、16 号、43 号、113 号；财综函〔2010〕10 号、39 号；财综〔2013〕103 号；财税〔2015〕80 号；财税〔2016〕11 号；财税〔2016〕13 号；财税〔2017〕51 号；财办税〔2017〕60 号；财农〔2017〕128 号。
		跨省大中型水库库区基金		
		三峡水库库区基金		

序号	项目名称		资金管理方式	政策依据
15	地方水库移民扶持基金	省级大中型水库库区基金	缴入地方国库	国发〔2006〕17 号；财综〔2007〕26 号；财综〔2008〕17 号；财综〔2008〕29 号、30 号、31 号、32 号、33 号、35 号、64 号、65 号、66 号、67 号、68 号、85 号、86 号、87 号、88 号、89 号、90 号；财综〔2009〕51 号、59 号；财综〔2010〕15 号、16 号、43 号、113 号；财综函〔2010〕10 号、39 号；财税〔2016〕11 号；财税〔2016〕13 号；财税〔2017〕18 号。
		小型水库移民扶助基金		
16	残疾人就业保障金		缴入地方国库	《残疾人就业条例》；财税〔2015〕72 号；财综〔2001〕16 号；财税〔2017〕18 号；财税〔2018〕39 号。
17	森林植被恢复费		缴入中央和地方国库	《森林法》；《森林法实施条例》；财综〔2002〕73 号；财税〔2015〕122 号；财税〔2016〕2 号。
18	可再生能源发展基金		缴入中央国库	《可再生能源法》；财综〔2011〕115 号；财建〔2012〕102 号；财综〔2013〕89 号；财综〔2013〕103 号；财税〔2016〕4 号；财办税〔2015〕4 号。
19.	船舶油污损害赔偿基金		缴入中央国库	《环境保护法》；《防治船舶污染海洋环境管理条例》；财综〔2012〕33 号；交财审发〔2014〕96 号。
20	核电站乏燃料处理处置基金		缴入中央国库	财综〔2010〕58 号。
21	废弃电器电子产品处理基金		缴入中央国库	《废弃电器电子产品回收处理管理条例》；财综〔2012〕34 号；财综〔2012〕48 号；财综〔2012〕80 号；财综〔2013〕32 号；财综〔2013〕109 号；财综〔2013〕110 号；财综〔2014〕45 号；财税〔2015〕81 号；财政部公告 2014 年第 29 号；财政部公告 2015 年第 91 号；国家税务总局公告 2012 年第 41 号；海关总署公告 2012 年第 33 号。

第四节　教育费附加与地方教育附加

见第五章第二节《城市维护建设税和教育费附加优惠》

第五节　工 会 经 费

政策依据：

《中华人民共和国工会法》（主席令第五十七号）；
《基层工会经费收支管理办法》（总工办发〔2017〕32 号，以下简称《办法》）。

一、工会经费收入范围（《办法》第四条）

1. 会费收入。会费收入是指工会会员依照全国总工会规定按本人工资收入的5‰向所在基层工会缴纳的会费。

2. 拨缴经费收入。拨缴经费收入是指建立工会组织的单位按全部职工工资总额2%依法向工会拨缴的经费中的留成部分。

3. 上级工会补助收入。上级工会补助收入是指基层工会收到的上级工会拨付的各类补助款项。

4. 行政补助收入。行政补助收入是指基层工会所在单位依法对工会组织给予的各项经费补助。

5. 事业收入。事业收入是指基层工会独立核算的所属事业单位上缴的收入和非独立核算的附属事业单位的各项事业收入。

6. 投资收益。投资收益是指基层工会依据相关规定对外投资取得的收益。

7. 其他收入。其他收入是指基层工会取得的资产盘盈、固定资产处置净收入、接受捐赠收入和利息收入等。

二、工会经费的拨缴方式

先缴再返	分级拨缴
先按每月全部职工工资薪金总额的2%计算出工会经费全额向工会组织拨缴，取得《工会经费收入专用收据》；或者向受委托代收工会经费的税务机关缴纳，取得工会经费代收凭据，上级工会组再按规定比例（一般为60%）转拨给缴费企业基层工会。	按每月全部职工工资薪金总额的2%计算出工会经费后，按当地规定比例（一般为40%）向受委托代收工会经费的税务机关缴纳，取得工会经费代收凭据；留成部分（一般为60%）由企业同时拨付给其所在的基层工会，取得本单位基层工会开具的《工会经费收入专用收据》。

三、工会经费支出范围（总工办发〔2017〕32号）

第六条　基层工会经费主要用于为职工服务和开展工会活动。

第七条　基层工会经费支出范围包括：职工活动支出、维权支出、业务支出、资本性支出、事业支出和其他支出。

第八条　职工活动支出是指基层工会组织开展职工教育、文体、宣传等活动所发生的支出和工会组织的职工集体福利支出。包括：

（一）职工教育支出。用于基层工会举办政治、法律、科技、业务等专题培训和职工技能培训所需的教材资料、教学用品、场地租金等方面的支出，用于支付职工教育活动聘请授课人员的酬金，用于基层工会组织的职工素质提升补助和职工教育培训优秀学员的奖励。对优秀学员的奖励应以精神鼓励为主，物质激励为辅。授课人员酬金标准参照国家有关规定执行。

（二）文体活动支出。用于基层工会开展或参加上级工会组织的职工业余文体活动所需器材、服装、用品等购置、租赁与维修方面的支出以及活动场地、交通工具的租金支出等，用于文体活动优胜者的奖励支出，用于文体活动中必要的伙食补助费。

文体活动奖励应以精神鼓励为主，物质激励为辅。奖励范围不得超过参与人数的三分之二；不设置奖项的，可为参加人员发放少量纪念品。

文体活动中开支的伙食补助费，不得超过当地差旅费中的伙食补助标准。

基层工会可以用会员会费组织会员观看电影、文艺演出和体育比赛等，开展春游秋游，为会员购买当地公

园年票。会费不足部分可以用工会经费弥补，弥补部分不超过基层工会当年会费收入的三倍。

基层工会组织会员春游秋游应当日往返，不得到有关部门明令禁止的风景名胜区开展春游秋游活动。

（三）宣传活动支出。用于基层工会开展重点工作、重大主题和重大节日宣传活动所需的材料消耗、场地租金、购买服务等方面的支出，用于培育和践行社会主义核心价值观，弘扬劳模精神和工匠精神等经常性宣传活动方面的支出，用于基层工会开展或参加上级工会举办的知识竞赛、宣讲、演讲比赛、展览等宣传活动支出。

（四）职工集体福利支出。用于基层工会逢年过节和会员生日、婚丧嫁娶、退休离岗的慰问支出等。

基层工会逢年过节可以向全体会员发放节日慰问品。逢年过节的年节是指国家规定的法定节日（即：新年、春节、清明节、劳动节、端午节、中秋节和国庆节）和经自治区以上人民政府批准设立的少数民族节日。节日慰问品原则上

（续表）

为符合中国传统节日习惯的用品和职工群众必需的生活用品等，基层工会可结合实际采取便捷灵活的发放方式。

工会会员生日慰问可以发放生日蛋糕等实物慰问品，也可以发放指定蛋糕店的蛋糕券。

工会会员结婚生育时，可以给予一定金额的慰问品。工会会员生病住院、工会会员或其直系亲属去世时，可以给予一定金额的慰问金。

工会会员退休离岗，可以发放一定金额的纪念品。

（五）其他活动支出。用于工会组织开展的劳动模范和先进职工疗休养补贴等其他活动支出。

第九条　维权支出是指基层工会用于维护职工权益的支出。包括：劳动关系协调费、劳动保护费、法律援助费、困难职工帮扶费、送温暖费和其他维权支出。

（一）劳动关系协调费。用于推进创建劳动关系和谐企业活动、加强劳动争议调解和队伍建设、开展劳动合同咨询活动、集体合同示范文本印制与推广等方面的支出。

（二）劳动保护费。用于基层工会开展群众性安全生产和职业病防治活动、加强群监队伍建设、开展职工心理健康维护等促进安全健康生产、保护职工生命安全为宗旨开展职工劳动保护发生的支出等。

（三）法律援助费。用于基层工会向职工群众开展法治宣传、提供法律咨询、法律服务等发生的支出。

（四）困难职工帮扶费。用于基层工会对困难职工提供资金和物质帮助等发生的支出。

工会会员本人及家庭因大病、意外事故、子女就学等原因致困时，基层工会可给予一定金额的慰问。

（五）送温暖费。用于基层工会开展春送岗位、夏送清凉、金秋助学和冬送温暖等活动发生的支出。

（六）其他维权支出。用于基层工会补助职工和会员参加互助互济保障活动等其他方面的维权支出。

第十条　业务支出是指基层工会培训工会干部、加强自身建设以及开展业务工作发生的各项支出。包括：

（一）培训费。用于基层工会开展工会干部和积极分子培训发生的支出。开支范围和标准以有关部门制定的培训费管理办法为准。

（二）会议费。用于基层工会会员大会或会员代表大会、委员会、常委会、经费审查委员会以及其他专业工作会议的各项支出。开支范围和标准以有关部门制定的会议费管理办法为准。

（三）专项业务费。用于基层工会开展基层工会组织建设、建家活动、劳模和工匠人才创新工作室、职工创新工作室等创建活动发生的支出，用于基层工会开办的图书馆、阅览室和职工书屋等职工文体活动阵地所发生的支出，用于基层工会开展专题调研所发生的支出，用于基层工会开展女职工工作性支出，用于基层工会开展外事活动方面的支出，用于基层工会组织开展合理化建议、技术革新、发明创造、岗位练兵、技术比武、技术培训等劳动和技能竞赛活动支出及其奖励支出。

（四）其他业务支出。用于基层工会发放兼职工会干部和专职社会化工会工作者补贴，用于经上级批准评选表彰的优秀工会干部和积极分子的奖励支出，用于基层工会必要的办公费、差旅费，用于基层工会支付代理记账、中介机构审计等购买服务方面的支出。

基层工会兼职工会干部和专职社会化工会工作者发放补贴的管理办法由省级工会制定。

第十一条　资本性支出是指基层工会从事工会建设工程、设备工具购置、大型修缮和信息网络购建而发生的支出。

第十二条　事业支出是指基层工会对独立核算的附属事业单位的补助和非独立核算的附属事业单位的各项支出。

第十三条　其他支出是指基层工会除上述支出以外的其他各项支出。包括：资产盘亏、固定资产处置净损失、捐赠、赞助等。

第十四条　根据《中华人民共和国工会法》的有关规定，基层工会专职工作人员的工资、奖励、补贴由所在单位承担，基层工会办公和开展活动必要的设施和活动场所等物质条件由所在单位提供。所在单位保障不足且基层工会经费预算足以保证的前提下，可以用工会经费适当弥补。

四、工会经费代征

代收范围	代收比例	申报缴纳期限和方式
除工会经费纳入财政集中划拨的机关事业单位外，其他企事业单位工会经费（含未建立工会组织单位缴纳的筹备金）可以由各级工会委托税务部门代收。	对纳入代收范围的单位，原则上按其全部职工工资总额的2%计提的工会经费（筹备金）全额代收。	工会经费可按月或按季缴纳。缴费单位于每月或季度终了后15日内向其主管税务机关申报，并在规定期限内缴纳工会经费。 缴纳单位采用上门缴纳或网上缴纳方式缴纳工会经费（建会筹备金）。采取上门缴纳方式的，缴费单位到主管税务机关办税服务厅填报《通用申报表（税基金规费）》，进行申报缴纳；采用网上申报方式的，缴费单位通过税务机关网上申报系统申报缴纳工会经费（建会筹备金）。

第六节　残疾人就业保障金

政策依据：

《中华人民共和国残疾人保障法》（中华人民共和国主席令第三十六号，以下简称为《残疾人保障法》）；

《残疾人就业条例》（国务院令第四百八十八号）；

《残疾人就业保障金征收使用管理办法》（财税〔2015〕72号）；

《财政部关于取消调整部分政府性基金有关政策的通知》（财税〔2017〕18号）；

《财政部关于降低部分政府性基金征收标准的通知》（财税〔2018〕39号）。

根据《残疾人保障法》第三十三条，国家实行按比例安排残疾人就业制度。国家机关、社会团体、企业事业单位、民办非企业单位应当按照规定的比例安排残疾人就业，并为其选择适当的工种和岗位。达不到规定比例的，按照国家有关规定履行保障残疾人就业义务。国家鼓励用人单位超过规定比例安排残疾人就业。

残疾人就业保障金（以下简称残保金）是指为保障残疾人权益，由未按规定安排残疾人就业的机关、团体、企业、事业单位和民办非企业单位缴纳的资金。残保金由用人单位所在地的税务机关负责征收。有关省、自治区、直辖市对保障金征收机关另有规定的，按其规定执行。

一、政策规定（财税〔2015〕72号）

缴纳单位	申报缴纳	处罚
第四条　本办法所称残疾人，是指持有《中华人民共和国残疾人证》上注明属于视力残疾、听力残疾、言语残疾、肢体残疾、智力残疾、精神残疾和多重残疾的人员，或者持有《残疾军人证》（1至8级）的人员。 第六条　用人单位安排残疾人就业的比例不得低于本单位在职职工总数的1.5%。具体比例由各省、自治区、直辖市人民政府根据本地区的实际情况规定。用人单位安排残疾人就业达不到其所在地省、自治区、直辖市人民政府规定比例的，应当缴纳保障金。 第七条　用人单位将残疾人录用为在编人员或依法与就业年龄段内的残疾人签订1年以上（含1年）劳动合同（服务协议），且实际支付的工资不低于当地最低工资标准，并足额缴纳社会保险费的，方可计入用人单位所安排的残疾人就业人数。	第八条　保障金按上年用人单位安排残疾人就业未达到规定比例的差额人数和本单位在职职工年平均工资之积计算缴纳。计算公式如下： 保障金年缴纳额＝（上年用人单位在职职工人数×所在地省、自治区、直辖市人民政府规定的安排残疾人就业比例－上年用人单位实际安排的残疾人就业人数）×上年用人单位在职职工年平均工资。 用人单位在职职工，是指用人单位在编人员或依法与用人单位签订1年以上（含1年）劳动合同（服务协议）的人员。季节性用工应当折算为年平均用工人数。以劳务派遣用工的，计入派遣单位在职职工人数。 用人单位安排残疾人就业未达到规定比例的差额人数，以公式计算结果为准，可以不是整数。 上年用人单位在职职工年平均工资，按用人单位上年在职职工工资总额除以用人单位在职职工人数计算。 第十七条　用人单位遇不可抗力自然灾害或其他突发事件遭受重大直接经济损失，可以申请减免或者缓缴保障金。用人单位申请减免保障金的最高限额不得超过1年的保障金应缴额，申请缓缴保障金的最长期限不得超过6个月。	第二十六条　用人单位未按规定缴纳保障金的，按照《残疾人就业条例》的规定，由保障金征收机关提交财政部门，由财政部门予以警告，责令限期缴纳；逾期仍不缴纳的，除补缴欠缴数额外，还应当自欠缴之日起，按日加收5‰的滞纳金。

二、残疾人就业保障金减征

财税〔2017〕18 号	财税〔2018〕39 号
二、调整残疾人就业保障金征收政策 （一）扩大残疾人就业保障金免征范围。 　将残疾人就业保障金免征范围，由自工商注册登记之日起 3 年内、在职职工总数 20 人（含）以下小微企业，调整为在职职工总数 30 人（含）以下的企业。调整免征范围后，工商注册登记未满 3 年、在职职工总数 30 人（含）以下的企业，可在剩余时期内按规定免征残疾人就业保障金。 　〔自工商登记注册之日起 3 年内，对安排残疾人就业未达到规定比例、在职职工总数 20 人以下（含 20 人）的小微企业，免征残疾人就业保障金。（财税〔2014〕122 号）〕 　（二）设置残疾人就业保障金征收标准上限。 　用人单位在职职工年平均工资未超过当地社会平均工资（用人单位所在地统计部门公布的上年度城镇单位就业人员平均工资）3 倍（含）的，按用人单位在职职工年平均工资计征残疾人就业保障金；超过当地社会平均工资 3 倍以上的，按当地社会平均工资 3 倍计征残疾人就业保障金。用人单位在职职工年平均工资的计算口径，按照国家统计局关于工资总额组成的有关规定执行。	自 2018 年 4 月 1 日起，将残疾人就业保障金征收标准上限，由当地社会平均工资的 3 倍降低至 2 倍。其中，用人单位在职职工平均工资未超过当地社会平均工资 2 倍（含）的，按用人单位在职职工年平均工资计征残疾人就业保障金；超过当地社会平均工资 2 倍的，按当地社会平均工资 2 倍计征残疾人就业保障金。 　用人单位在职职工年平均工资的计算口径，按照国家统计局关于工资总额组成的有关规定执行。

【例 7-1】 甲公司 2013 年成立，2018 年全年在职职工 200 人，其中持有残疾证员工 2 人，在职职工"应付职工薪酬——工资、奖金、津贴和补贴"年借方发生额 1170 万元，"应付职工薪酬——职工福利费——工资、奖金、津贴和补贴"年借方发生额 30 万元；季节性用工（春秋两季）8 人，"应付职工薪酬——工资、奖金、津贴和补贴"年借方发生额 56 万元；接受劳务派遣用工 40 人，全年工资 40 万元。则甲公司 2019 年应申报缴纳残疾人保障金金额是多少？假设当地年平均工资 4 万元。残疾人就业比例为 1.5%。

在职职工人数＝200＋8÷2＋0＝204（人）。 　季节性用工应当折算为年平均用工人数。以劳务派遣用工的，计入派遣单位在职职工人数。 　工资总数＝1 170＋30＋56＋0＝1 256（万元）。 　用人单位在职职工年平均工资 6.156 9 万元（1 256÷204），小于 8 万元（4×2），则按照实际平均工资计算计征残疾人就业保障金。	保障金年缴纳额 ＝（上年用人单位在职职工人数×所在省、自治区、直辖市人民政府规定的安排残疾人就业比例－上年用人单位实际安排的残疾人就业人数）×上年用人单位在职职工年平均工资 ＝（204×1.5%－2）×6.156 9 ＝6.526 3（万元）。 　借：税金及附加——残疾人保障金　65 263 　　贷：应交税费——残疾人保障金　　65 263

【例 7-2】 扩大残疾人就业保障金免征范围

　甲公司成立于 2015 年 5 月，在职职工总数为 26 人，2016 年、2017 年该公司在职职工年平均工资均为 3.5 万元/人。甲公司 2015 年 5 月登记，到 2018 年 4 月 30 日工商注册登记满 3 年。依据财税〔2017〕18 号文件规定，甲公司从 2017 年 4 月起，可在剩余期限内免缴残保金，2017 年 4 月～2018 年 4 月免缴残保金，2017 年 1 月至 3 月和 2018 年 5 月至 12 月应缴残保金。该公司 2016 年、2017 年在职职工年平均工资 3.5 万元/人，未超过当地当年社会平均工资。

残保金年缴纳额＝（上年用人单位在职职工人数×所在省、自治区、直辖市人民政府规定的安排残疾人就业比例－上年用人单位实际安排的残疾人就业人数）×上年用人单位在职职工年平均工资。	甲公司 2017 年应缴残保金＝（26×1.5%－0）×35 000×3÷12＝3 412.50（元）， 　2018 年应缴残保金＝（26×1.5%－0）×35 000×8÷12＝9 100（元）。

【例 7-3】 残保金计征基数上限的适用

乙公司于 2010 年成立,2016 年至 2017 年在职职工人数均为 16 人,年平均工资 17 万元/人,当地社会平均工资 2016 年为 5.5 万元/人,2017 年为 6 万元/人。乙公司 2010 年工商注册登记,至 2017 年已超 3 年。该公司 2016 年在职职工年平均工资 17 万元,超过乙公司所在地 2016 年社会平均工资 5.5 万元的 3 倍。因此,该公司 2017 年残保金应自 2017 年 4 月 1 日起分两段计算,其中 1 月至 3 月按乙公司上年在职职工平均工资计算,没有征收基数上限;4 月至 12 月按乙公司所在地 2016 年社会平均工资的 3 倍的征收基数上限计算。即 2017 年应缴残保金＝(16×1.5％－0)×170 000×3÷12＋(16×1.5％－0)×55 000×3×9÷12＝39 900(元)。

2018 年,乙公司 1 月～3 月按 18 号文件规定执行,4 月～12 月按照 39 号文件规定执行。乙公司 2017 年在职职工平均工资 17 万元,未超过 2017 年社会平均工资的 3 倍即 18 万元,但超过上年社会平均工资的 2 倍即 12 万元。因此,2018 年 1 月～3 月按上年在职职工平均工资缴纳残保金。	2018 年 4 月～12 月残保金应按该公司所在地 2017 年社会平均工资的 2 倍计算。即乙公司应缴残保金＝(16×1.5％－0)×170 000×3÷12＋(16×1.5％－0)×60 000×2×9÷12＝31 800(元)。

第七节　文化事业建设费

政策依据:

> 《文化事业建设费征收管理暂行办法》(财税字〔1997〕95 号【依据财税〔2016〕60 号《财政部 国家税务总局关于营业税改征增值税试点有关文化事业建设费政策及征收管理问题的补充通知》,本法规自 2016 年 5 月 1 日起全文废止】);
>
> 《财政部 国家税务总局关于营业税改征增值税试点有关文化事业建设费政策及征收管理问题的通知》(财税〔2016〕25 号);
>
> 《财政部 国家税务总局关于营业税改征增值税试点有关文化事业建设费政策及征收管理问题的补充通知》(财税〔2016〕60 号)。

一、征收范围

财税〔2016〕25 号	财税〔2016〕60 号
在中华人民共和国境内提供广告服务的广告媒介单位和户外广告经营单位,应按照本通知规定缴纳文化事业建设费。 　　中华人民共和国境外的广告媒介单位和户外广告经营单位在境内提供广告服务,在境内未设有经营机构的,以广告服务接受方为文化事业建设费的扣缴义务人。	在中华人民共和国境内提供娱乐服务的单位和个人,应缴纳文化事业建设费。
广告服务,是指利用图书、报纸、杂志、广播、电视、电影、幻灯、路牌、招贴、橱窗、霓虹灯、灯箱、互联网等各种形式为客户的商品、经营服务项目、文体节目或者通告、声明等委托事项进行宣传和提供相关服务的业务活动。包括广告代理和广告的发布、播映、宣传、展示等。(财税〔2016〕36 号)	娱乐服务,是指为娱乐活动同时提供场所和服务的业务。具体包括:歌厅、舞厅、夜总会、酒吧、台球、高尔夫球、保龄球、游艺(包括射击、狩猎、跑马、游戏机、蹦极、卡丁车、热气球、动力伞、射箭、飞镖)。(财税〔2016〕36 号)
文化事业建设费的缴纳人和增值税纳税人相一致,提供广告服务的是广告媒介单位和户外广告经营单位(不包括个体工商户和其他个人),提供娱乐服务的是单位和个人;娱乐业的具体适用范围仅限税目注释列举的项目,对网吧、棋牌室等未列举的娱乐活动不属于缴纳文化事业建设费的单位和个人。广告设计属于设计服务,不属于广告服务,不需要缴纳文化事业建设费。	

二、计费依据(含税价款和价外费用)

广告服务财税(财税〔2016〕25 号)	娱乐服务(财税〔2016〕60 号)
应缴费额＝计费销售额×3% 计费销售额,为缴纳义务人提供广告服务取得的全部含税价款和价外费用,减除支付给其他广告公司或广告发布者的含税广告发布费后的余额。 缴纳义务人减除价款的,应当取得增值税专用发票或国家税务总局规定的其他合法有效凭证,否则不得减除。 缴纳义务人计算缴纳文化事业建设费时,允许从其提供相关应税服务所取得的全部含税价款和价外费用中扣除相关价款的,应根据取得扣除项目的合法有效凭证逐一填列《应税服务扣除项目清单》,作为申报表附列资料,向主管税务机关同时报送。	应缴费额＝娱乐服务计费销售额×3% 娱乐服务计费销售额,为缴纳义务人提供娱乐服务取得的全部含税价款和价外费用。

根据财税〔2016〕36 号《销售服务、无形资产、不动产注释》,广告设计、创意策划、文印晒图等属于设计服务,不缴纳文化事业建设费;广告代理和广告的发布、播映、宣传、展示等属于广告服务,需缴纳文化事业建设费;广告制作、广告品的文印晒图不再归属于广告服务,不缴纳文化事业建设费。

广告业纳税人,当月广告服务收入为负时,计费收入按零申报,待后期有正数收入时进行冲减。

纳税人缴纳文化事业建设费时对减除支付的广告发布费,目前无时限要求。

三、免征情形

财税〔2014〕122 号	财税〔2016〕25 号	财税〔2016〕60 号
一、自 2015 年 1 月 1 日起至 2017 年 12 月 31 日,对按月纳税的月销售额或营业额不超过 3 万元(含 3 万元),以及按季纳税的季度销售额或营业额不超过 9 万元(含 9 万元)的缴纳义务人,免征教育费附加、地方教育附加、水利建设基金、文化事业建设费。	七、增值税小规模纳税人中月销售额不超过 2 万元(按季纳税 6 万元)的企业和非企业性单位提供的应税服务,免征文化事业建设费。 自 2015 年 1 月 1 日起至 2017 年 12 月 31 日,对按月纳税的月销售额不超过 3 万元(含 3 万元),以及按季纳税的季度销售额不超过 9 万元(含 9 万元)的缴纳义务人,免征文化事业建设费。	三、未达到增值税起征点的缴纳义务人,免征文化事业建设费。

财税〔2014〕122 号和财税〔2016〕25 号规定的优惠期限到期后,在新政策出台前,只有未达到起征点的小规模纳税人免缴文化事业建设费。增值税起征点,按照《增值税暂行条例实施细则》和《营业税改征增值税试点实施办法》执行。(详见第一章第二节《增值税税收减免的处理》)

第八节　水利建设基金和国家重大水利工程建设基金

政策依据:

国家重大水利工程建设基金	财综〔2009〕90 号;财综〔2010〕97 号;财税〔2010〕44 号;财综〔2013〕103 号;财税〔2015〕80 号;财办税〔2015〕4 号;财税〔2017〕51 号;财办税〔2017〕60 号;财税〔2018〕39 号。
水利建设基金	财综字〔1998〕125 号;财综〔2011〕2 号;财综函〔2011〕33 号;财办综〔2011〕111 号;财税函〔2016〕291 号;财税〔2016〕12 号;财税〔2017〕18 号。

一、水利建设基金和国家重大水利工程建设基金政策

《水利建设基金筹集和使用管理办法》 （财综〔2011〕2号）	《国家重大水利工程建设基金征收 使用管理暂行办法》 （财综〔2009〕90号）
第二条　水利建设基金是用于水利建设的专项资金，由中央水利建设基金和地方水利建设基金组成。中央水利建设基金主要用于关系经济社会发展全局的重点水利工程建设。地方水利建设基金主要用于地方水利工程建设。跨流域、跨省（自治区、直辖市）的重大水利建设工程和跨国河流、国界河流我方重点防护工程的治理投资由中央和地方共同负担。 　　第三条　中央水利建设基金的来源： 　　（一）从车辆购置税收入中定额提取。 　　（二）从铁路建设基金、港口建设费收入中提取3%。 　　（三）经国务院批准的其他可用于水利建设基金的资金。 　　第四条　地方水利建设基金的来源： 　　（一）从地方收取的政府性基金和行政事业性收费收入中提取3%。应提取水利建设基金的地方政府性基金和行政事业性收费项目包括：车辆通行费、城市基础设施配套费、征地管理费，以及省、自治区、直辖市人民政府确定的政府性基金和行政事业性收费项目。 　　（二）经财政部批准，各省、自治区、直辖市向企事业单位和个体经营者征收的水利建设基金。 　　（三）地方人民政府按规定从中央对地方成品油价格和税费改革转移支付资金中足额安排资金，划入水利建设基金。 　　（四）有重点防洪任务和水资源严重短缺的城市要从征收的城市维护建设税中划出不少于15%的资金，用于城市防洪和水源工程建设。具体比例由省、自治区、直辖市人民政府确定。 　　有重点防洪任务的城市包括：北京、天津、沈阳、盘锦、长春、吉林、哈尔滨、齐齐哈尔、佳木斯、郑州、开封、济南、合肥、芜湖、安庆、淮南、蚌埠、上海、南京、武汉、黄石、荆州、南昌、九江、长沙、岳阳、成都、广州、南宁、梧州、柳州市，以及省、自治区、直辖市人民政府确定的有重点防洪任务的城市。 　　水资源严重短缺的城市，由省、自治区、直辖市人民政府确定。	第二条　国家重大水利工程建设基金（以下简称重大水利基金）是国家为支持南水北调工程建设、解决三峡工程后续问题以及加强中西部地区重大水利工程建设而设立的政府性基金。 　　第三条　重大水利基金利用三峡工程建设基金停征后的电价空间设立。 　　第四条　重大水利基金按下列原则筹集和分配： 　　（一）三峡工程建设基金向重大水利基金平稳过渡，保持三峡工程建设基金现行征收政策基本不变。 　　（二）南水北调和三峡工程直接受益省份筹集的重大水利基金，专项用于南水北调工程建设和三峡工程后续工作。 　　（三）南水北调和三峡工程非直接受益省份筹集的重大水利基金，留给所在省份用于本地重大水利工程建设。 　　第五条　重大水利基金在除西藏自治区以外的全国范围内筹集，按照各省、自治区、直辖市扣除国家扶贫开发工作重点县农业排灌用电后的全部销售电量和规定征收标准计征。各省、自治区、直辖市全部销售电量包括省级电网企业销售给电力用户的电量、省级电网企业扣除合理线损后的趸售电量（即实际销售给转供单位的电量）、省级电网企业销售给子公司的电量和对境外销售电量、企业自备电厂自发自用电量、地方独立电网销售电量（不含省级电网企业销售给地方独立电网企业的电量，下同）。跨省（自治区、直辖市）电力交易，计入受益省份销售电量。 　　各省、自治区、直辖市重大水利基金的具体征收标准见附件。 　　第六条　重大水利基金从2010年1月1日起开始征收，至2019年12月31日止。 　　第七条　除企业自备电厂自发自用电量和地方独立电网销售电量外，重大水利基金由省级电网企业在向电力用户收取电费时一并代征。

二、水利建设基金和国家重大水利工程建设基金减征

政策依据：

《财政部　国家税务总局关于扩大有关政府性基金免征范围的通知》（财税〔2016〕12号）；

《财政部关于降低国家重大水利工程建设基金和大中型水库移民后期扶持基金征收标准的通知》（财税〔2017〕51号）；

《财政部关于降低部分政府性基金征收标准的通知》（财税〔2018〕39号）。

财税〔2016〕12号	财税〔2017〕51号	财税〔2018〕39号
将免征水利建设基金的范围,由现行按月纳税的月销售额或营业额不超过3万元(按季度纳税的季度销售额或营业额不超过9万元)的缴纳义务人,扩大到按月纳税的月销售额或营业额不超过10万元(按季度纳税的季度销售额或营业额不超过30万元)的缴纳义务人。	将国家重大水利工程建设基金和大中型水库移民后期扶持基金的征收标准统一降低25%。降低征收标准后,两项政府性基金的征收管理、收入划分、使用范围等仍按现行规定执行。	自2018年7月1日起,将国家重大水利工程建设基金征收标准,在按照财税〔2017〕51号降低25%的基础上,再统一降低25%。调整后的征收标准=按照《国家重大水利工程建设基金征收使用管理暂行办法》(财综〔2009〕90号)规定的征收标准×(1−25%)×(1−25%)。

第九节　废弃电器电子产品处理基金

政策依据:

《废弃电器电子产品回收处理管理条例》(国务院令第551号);

《废弃电器电子产品处理基金征收使用管理办法》(环境保护部令第13号,以下简称《办法》);

《财政部　国家税务总局关于进一步明确废弃电器电子产品处理基金征收产品范围的通知》(财综〔2012〕80号);

《废弃电器电子产品处理基金征收管理规定》(国家税务总局公告2012年第41号);

《废弃电器电子产品处理目录(2014年版)》(发改委环保部工业和信息化部　财政部　海关总署　国家税务总局联合公告2015年第5号);

《关于印发废弃电器电子产品处理目录(2014年版)释义的通知》(发改办环资〔2016〕1050号);

《废弃电器电子产品处理基金申报表》(国家税务总局公告2015年第62号)。

一、基金缴费人及缴纳

财综〔2012〕34号	国家税务总局公告2012年第41号
第二条　废弃电器电子产品处理基金(以下简称基金)是国家为促进废弃电器电子产品回收处理而设立的政府性基金。 第四条　电器电子产品生产者、进口电器电子产品的收货人或者其代理人应当按照本办法的规定履行基金缴纳义务。 电器电子产品生产者包括自主品牌生产企业和代工生产企业。 第五条　基金分别按照电器电子产品生产者销售、进口电器电子产品的收货人或者其代理人进口的电器电子产品数量定额征收。	第二条　中华人民共和国境内电器电子产品的生产者,为基金缴纳义务人,应当按照本规定缴纳基金。 第五条　基金缴纳义务人销售应征基金产品时缴纳基金。本规定所称销售,是指通过从购买方取得货物、货币或其他经济利益转让应征基金产品所有权。 基金缴纳义务人受托加工生产应征基金产品的,不论原料和主要材料由何方提供,不论在财务上是否做销售处理,均由受托方缴纳基金。 第七条　基金缴纳义务人销售或受托加工生产相关电器电子产品,按照从量定额的办法计算应缴纳基金。应缴纳基金的计算公式为: 应缴纳基金=销售数量(受托加工数量)×征收标准
依据《废弃电器电子产品回收处理管理条例》(国务院令第551号)和《废弃电器电子产品处理资格许可管理办法》(环境保护部令第13号)的规定取得废弃电器电子产品处理资格的企业(以下简称处理企业),对列入《废弃电器电子产品处理目录》(以下简称《目录》)的废弃电器电子产品进行处理,可以申请基金补贴。基金补贴标准为:电视机85元/台、电冰箱80元/台、洗衣机35元/台、房间空调器35元/台、微型计算机85元/台。 财综〔2012〕80号明确了纳入基金征收范围的电视机、电冰箱、洗衣机、房间空调器、微型计算机的具体范围。	在中华人民共和国境内生产《办法》所规定的电器电子产品的生产者,为基金缴纳义务人。 按照国务院令第551号和《办法》规定,目前纳入基金征收范围的电器电子产品包括电视机、电冰箱、洗衣机、房间空调器和微型计算机共五类产品,对这五类产品的生产者征收基金。鉴于出口的电器电子产品无需在国内回收处理,规定电器电子产品生产者生产用于出口的电器电子产品免征基金。为了避免重复征收,规定对购进或者收回委托加工电器电子产品已缴纳基金的,可从应征基金产品销售数量中扣除。 基金实行按季申报,从量定额计征,征收标准为:电视机13元/台、电冰箱12元/台、洗衣机7元/台、房间空调器7元/台、微型计算机10元/台。

二、废弃电器电子产品处理目录(2014 年版)

序号	产品名称	产品范围及定义
1	电冰箱	冷藏冷冻箱(柜)、冷冻箱(柜)、冷藏箱(柜)及其他具有制冷系统,消耗能量以获取冷量的隔热箱体(容积≤800 升)。
2	空气调节器	整体式空调器(窗式、穿墙式等)、分体式空调器(挂壁式、落地式等)、一拖多空调器等制冷量在 14 000 W 及以下(一拖多空调时,按室外机制冷量计算)的房间空气调节器具。
3	吸油烟机	深型吸排油烟机、欧式塔型吸排油烟机、侧吸式吸排油烟机和其他安装在炉灶上部,用于收集、处理被污染空气的电动器具。
4	洗衣机	波轮式洗衣机、滚筒式洗衣机、搅拌式洗衣机、脱水机及其他依靠机械作用洗涤衣物(含兼有干衣功能)的器具(干衣量≤10 公斤)。
5	电热水器	储水式电热水器、快热式电热水器和其他将电能转换为热能,并将热能传递给水,使水产生一定温度的器具(容量≤500 升)。
6	燃气热水器	以燃气作为燃料,通过燃烧加热方式将热量传递到流经热交换器的冷水中以达到制备热水目的的一种燃气用具(热负荷≤70 kW)。
7	打印机	激光打印机、喷墨打印机、针式打印机、热敏打印机和其他与计算机联机工作或利用云打印平台,将数字信息转换成文字和图像并以硬拷贝形式输出的设备,包括以打印功能为主,兼有其他功能设备(印刷幅面<A2,印刷速度≤80 张/分钟)。
8	复印机	静电复印机、喷墨复印机和其他用各种不同成像过程产生原稿复印品的设备,包括以复印功能为主,兼有其他功能的设备(印刷幅面<A2,印刷速度≤80 张/分钟)。
9	传真机	利用扫描和光电变换技术,把文字、图表、相片等传真静止图像变换成电信号发送出去,接收时以记录形式获取复制稿的通信终端设备,包括以传真功能为主,兼有其他功能的设备。
10	电视机	阴极射线管(黑白、彩色)电视机、等离子电视机、液晶电视机、OLED 电视机、背投电视机、移动电视接收终端及其他含有电视调谐器(高频头)的用于接收信号并还原出图像及伴音的终端设备。
11	监视器	阴极射线管(黑白、彩色)监视器、液晶监视器等由显示器件为核心组成的图像输出设备(不含高频头)。
12	微型计算机	台式微型计算机(含一体机)和便携式微型计算机(含平板电脑、掌上电脑)等信息事务处理实体。
13	移动通信手持机	GSM 手持机、CDMA 手持机、SCDMA 手持机、3G 手持机、4G 手持机、小灵通等手持式的,通过蜂窝网络的电磁波发送或接收两地讲话或其他声音、图像、数据的设备。
14	电话单机	PSTN 普通电话机、网络电话机(IP 电话机)、特种电话机和其他通信中实现声能与电能相互转换的用户设备。

第十节 取消、停征和整合部分政府性基金

一、取消、停征和整合部分政府性基金项目（财税〔2016〕11号）

自2016年2月1日起：

一、将新菜地开发建设基金征收标准降为零。该基金征收标准降为零后，各地要完善财政保障机制，加大土地出让收入对蔬菜生产的支持。

二、将育林基金征收标准降为零。该基金征收标准降为零后，通过增加中央财政均衡性转移支付、中央财政林业补助资金、地方财政加大预算保障力度等，确保地方森林资源培育、保护和管理工作正常开展。

三、停征价格调节基金。该基金停止通过向社会征收方式筹集，所需资金由各地根据实际情况，通过地方同级预算统筹安排，保障调控价格、稳定市场工作正常开展。

四、将散装水泥专项资金并入新型墙体材料专项基金。停止向水泥生产企业征收散装水泥专项资金。将预拌混凝土、预拌砂浆、水泥预制件列入新型墙体材料目录，纳入新型墙体材料专项基金支持范围，继续推动散装水泥生产使用。

五、将大中型水库移民后期扶持基金、跨省（区、市）大中型水库库区基金、三峡水库库区基金合并为中央水库移民扶持基金。将省级大中型水库库区基金、小型水库移民扶助基金合并为地方水库移民扶持基金。具体征收政策、收入划分、使用范围等仍按现行规定执行，今后根据水库移民扶持工作需要适时完善分配使用政策。

二、取消、调整部分政府性基金（财税〔2017〕18号）

一、取消城市公用事业附加和新型墙体材料专项基金。以前年度欠缴或预缴的上述政府性基金，相关执收单位应当足额征收或及时清算，并按照财政部门规定的渠道全额上缴国库或多退少补。

二、调整残疾人就业保障金征收政策

（一）扩大残疾人就业保障金免征范围。将残疾人就业保障金免征范围，由自工商注册登记之日起3年内、在职职工总数20人（含）以下小微企业，调整为在职职工总数30人（含）以下的企业。调整免征范围后，工商注册登记未满3年、在职职工总数30人（含）以下的企业，可在剩余时期内按规定免征残疾人就业保障金。

（二）设置残疾人就业保障金征收标准上限。用人单位在职职工年平均工资未超过当地社会平均工资（用人单位所在地统计部门公布的上年度城镇单位就业人员平均工资）3倍（含）的，按用人单位在职职工年平均工资征残疾人就业保障金；超过当地社会平均工资3倍以上的，按当地社会平均工资3倍征残疾人就业保障金。用人单位在职职工年平均工资的计算口径，按照国家统计局关于工资总额组成的有关规定执行。

三、降低部分政府性基金征收标准（财税〔2018〕39号）

一、自2018年4月1日起，将残疾人就业保障金征收标准上限，由当地社会平均工资的3倍降低至2倍。其中，用人单位在职职工平均工资未超过当地社会平均工资2倍（含）的，按用人单位在职职工年平均工资计征残疾人就业保障金；超过当地社会平均工资2倍的，按当地社会平均工资2倍计征残疾人就业保障金。

二、自2018年7月1日起，将国家重大水利工程建设基金征收标准，在按照《财政部关于降低国家重大水利工程建设基金和大中型水库移民后期扶持基金征收标准的通知》（财税〔2017〕51号）降低25%的基础上，再统一降低25%。调整后的征收标准＝按照《财政部 国家发展改革委 水利部关于印发〈国家重大水利工程建设基金征收使用管理暂行办法〉的通知》（财综〔2009〕90号）规定的征收标准×（1－25%）×（1－25%）。

四、关于扩大有关政府性基金免征范围（财税〔2016〕12号）

将免征教育费附加、地方教育附加、水利建设基金的范围，由现行按月纳税的月销售额或营业额不超过3万元（按季度纳税的季度销售额或营业额不超过9万元）的缴纳义务人，扩大到按月纳税的月销售额或营业额不超过10万元（按季度纳税的季度销售额或营业额不超过30万元）的缴纳

义务人。

五、部分政府非税收入项目征管职责划转（国家税务总局公告 2018 年第 63 号）

政策规定	政策解读
一、自 2019 年 1 月 1 日起，原由财政部驻地方财政监察专员办事处（以下简称"专员办"）负责征收的国家重大水利工程建设基金、农网还贷资金、可再生能源发展基金、中央水库移民扶持基金（含大中型水库移民后期扶持基金、三峡水库库区基金、跨省际大中型水库库区基金）、三峡电站水资源费、核电站乏燃料处理处置基金、免税商品特许经营费、油价调控风险准备金、核事故应急准备专项收入，以及国家留成油收入、石油特别收益金，划转至税务部门征收。征收范围、对象、标准及收入分成等仍按现行规定执行。 二、税务部门按照属地原则征收划转的非税收入，具体征收机关由国家税务总局各省、自治区、直辖市和计划单列市税务局按照"便民、高效"原则确定。三峡电站水资源费的中央分成和湖北省分成部分，由缴费人向湖北省税务部门申报缴纳；重庆市分成部分，由缴费人向重庆市税务部门申报缴纳。 三、国家重大水利工程建设基金、农网还贷资金、可再生能源发展基金、中央水库移民扶持基金（含大中型水库移民后期扶持基金、三峡水库库区基金、跨省际大中型水库库区基金）、三峡电站水资源费、核电站乏燃料处理处置基金、免税商品特许经营费、核事故应急准备专项收入和国家留成油收入等非税收入的申报，统一使用《非税收入通用申报表》，石油特别收益金使用《石油特别收益金申报表》，油价调控风险准备金使用《油价调控风险准备金申报表》。 四、缴费人采用自行申报方式办理非税收入申报缴纳等有关事项。相关电网企业按现行规定进行代征，并向税务部门申报缴纳。符合非税收入减免政策的，缴费人自行申报享受，相关资料由缴费人留存备查，并对资料的真实性和合法性承担责任。 五、各项非税收入缴纳期限按现行规定执行，期限最后一日是法定休假日的，以休假日期满的次日为最后一日，期限内有连续 3 日以上法定休假日的，按休假日天数顺延。 六、对于国家重大水利工程建设基金、可再生能源发展基金、跨省际大中型水库库区基金、大中型水库移民后期扶持基金、三峡电站水资源费 2018 年度的汇算清缴，缴费人向专员办申报办理。以后年度的汇算清缴，缴费人向税务部门申报办理。 七、涉及误收误缴、汇算清缴需要退库的，缴费人向主管税务机关申请办理。涉及收入减免等政策性原因需要退库的，按照财政部有关退库管理规定办理。 八、国家税务总局各省、自治区、直辖市和计划单列市税务局可根据本公告制定具体实施办法。 本公告自 2019 年 1 月 1 日起施行。	按照便民、高效的原则，合理确定非税收入征管职责划转到税务部门的范围，对依法保留、适宜划转的非税收入项目成熟一批划转一批，逐步推进。 （1）先行划转财政部驻地方专员办执行的部分非税收入项目。 6 个涉及电力企业：国家重大水利工程建设基金、农网还贷基金、中央水库移民扶持基金、核电站乏燃料处理处置基金、地方水库移民扶持基金、场外核应急准备金。 2 个涉及石油企业：石油特别收益金专项收入、油价调控风险准备金。 2 个涉及彩票中心：彩票公益金、彩票发行和销售机构业务费。 （2）后续划转项目由财政部、国家税务总局会同有关部门分批制定划转意见。 自然资源部（13 项）；交通运输部（8 项）；教育部（7 项）；住房和城乡建设部（4 项）；国家市场监督管理总局（4 项）。

第八章　促进中小企业发展减税降费政策与应用指引

中小企业是我国国民经济和社会发展的重要力量,促进中小企业发展,是保持国民经济平稳较快发展的重要基础,是关系民生和社会稳定的重大战略任务。改革开放四十年来,中小企业不断发展壮大,已成为国家税收收入的重要来源。本章重点围绕小微企业税收优惠、支持融资税收优惠、促进技术进步税收优惠、促进重点产业税收优惠、创业就业平台税收优惠、重点群体创业就业税收优惠等6个方面,分类汇总促进中小企业发展减税降费税收优惠政策。

第一节　促进中小企业健康发展指导意见

政策依据:

> 中共中央办公厅国务院办公厅印发《关于促进中小企业健康发展的指导意见》。

中小企业是国民经济和社会发展的生力军,是扩大就业、改善民生、促进创业创新的重要力量,在稳增长、促改革、调结构、惠民生、防风险中发挥着重要作用。党中央、国务院高度重视中小企业发展,在财税金融、营商环境、公共服务等方面出台一系列政策措施,取得积极成效。同时,随着国际国内市场环境变化,中小企业面临的生产成本上升、融资难融资贵、创新发展能力不足等问题日益突出,必须引起高度重视。为促进中小企业健康发展,现提出如下意见。

一、指导思想

以习近平新时代中国特色社会主义思想为指导,全面贯彻党的十九大和十九届二中、三中全会精神,坚持和完善我国社会主义基本经济制度,坚持"两个毫不动摇",坚持稳中求进工作总基调,坚持新发展理念,以供给侧结构性改革为主线,以提高发展质量和效益为中心,按照竞争中性原则,打造公平便捷营商环境,进一步激发中小企业活力和发展动力。认真实施中小企业促进法,纾解中小企业困难,稳定和增强企业信心及预期,加大创新支持力度,提升中小企业专业化发展能力和大中小企业融通发展水平,促进中小企业健康发展。

二、营造良好发展环境

(一)进一步放宽市场准入。坚决破除各种不合理门槛和限制,在市场准入、审批许可、招标投标、军民融合发展等方面打造公平竞争环境,提供充足市场空间。不断缩减市场准入负面清单事项,推进"非禁即入"普遍落实,最大程度实现准入便利化。

(二)主动服务中小企业。进一步深化对中小企业的"放管服"改革。继续推进商事制度改革,推动企业注册登记、注销更加便利化。推进环评制度改革,落实环境影响登记表备案制,将项目环评审批时限压缩至法定时限的一半。落实好公平竞争审查制度,营造公平、开放、透明的市场环境,清理废除妨碍统一市场和公平竞争的各种规定和做法。主动服务企业,对企业发展中遇到的困难,要"一企一策"给予帮助。

(三)实行公平统一的市场监管制度。创新监管方式,寓监管于服务之中。避免在安监、环保等领域微观执法和金融机构去杠杆中对中小企业采取简单粗暴的处置措施。深入推进反垄断、反不正当竞争执法,保障中小企业公平参与市场竞争。坚决保护企业及其出资人的财产权和其他合法权益,任何单位和个人不得侵犯中小企业财产及其合法收益。严格禁止各种刁难限制中小企业发展的行为,对违反规定的问责追责。

三、破解融资难融资贵问题

(一)完善中小企业融资政策。进一步落实普惠金融定向降准政策。加大再贴现对小微企业支持力度,重点支持小微企业500万元及以下小额票据贴现。将支小再贷款政策适用范围扩大到符合条件的中小银行(含新型互联网银行)。将单户授信1 000万元及以下的小微企业贷款纳入中期借贷便利的合格担保品范围。

(二)积极拓宽融资渠道。进一步完善债券发行机制,实施民营企业债券融资支持工具,采取出售信用风险缓释凭证、提供信用增进服务等多种方式,支持经营正常、面临暂时流动性紧张的民营企业合理债券融资需求。探索实施民营企业股权融资支持工具，鼓励设立市场化运作的专项基金开展民营企业兼并收购或财务投资。大力发展高收益债券、私募债、双创专项债务融资工具、创业投资基金类债券、创新创业企业专项债券等产品。研究促进中小企业依托应收账款、供应链金融、特许经营权等进行融资。完善知识产权质押融资风险分担补偿机制，发挥知识产权增信增贷作用。引导金融机构对小微企业发放中长期贷款，开发续贷产品。

（三）支持利用资本市场直接融资。加快中小企业首发上市进度，为主业突出、规范运作的中小企业上市提供便利。深化发行、交易、信息披露等改革，支持中小企业在新三板挂牌融资。推进创新创业公司债券试点，完善创新创业可转债转股机制。研究允许挂牌企业发行可转换公司债。落实创业投资基金股份减持比例与投资期限的反向挂钩制度，鼓励支持早期创新创业。鼓励地方知识产权运营基金等专业化基金服务中小企业创新发展。对存在股票质押风险的企业，要按照市场化、法治化原则研究制定相关过渡性机制，根据企业具体情况采取防范化解风险措施。

（四）减轻企业融资负担。鼓励金融机构扩大出口信用保险保单融资和出口退税账户质押融资，满足进出口企业金融服务需求。加快发挥国家融资担保基金作用，引导担保机构逐步取消反担保，降低担保费率。清理规范中小企业融资时强制要求办理的担保、保险、评估、公证等事项，减少融资过程中的附加费用，降低融资成本；相关费用无法减免的，由地方财政根据实际制定鼓励降低取费标准的奖补措施。

（五）建立分类监管考核机制。研究放宽小微企业贷款享受风险资本优惠权重的单户额度限制，进一步释放商业银行投放小微企业贷款的经济资本。修订金融企业绩效评价办法，适当放宽考核指标要求，激励金融机构加大对小微企业的信贷投入。指导银行业金融机构夯实对小微业务的内部激励传导机制，优化信贷资源配置、完善绩效考核方案、适当降低利润考核指标权重，安排专项激励费用；鼓励对小微业务推行内部资金转移价格优惠措施；细化小微企业贷款不良容忍管理，完善授信尽职免责规定，加大对基层机构发放民营企业、小微企业贷款的激励力度，提高民营企业、小微企业信贷占比；提高信贷风险管控能力、落实规范服务收费政策。

四、完善财税支持政策

（一）改进财税对小微企业融资的支持。落实对小微企业融资担保降费奖补政策，中央财政安排奖补资金，引导地方支持扩大实体经济领域小微企业融资担保业务规模、降低融资担保成本。进一步降低创业担保贷款贴息的政策门槛，中央财政安排资金支持地方给予小微企业创业担保贷款贴息及奖补，同时推进相关统计监测和分析工作。落实金融机构单户授信1000万元及以下小微企业和个体工商户贷款利息收入免征增值税政策、贷款损失准备金所得税税前扣除政策。

（二）减轻中小企业税费负担。清理规范涉企收费，加快推进地方涉企行政事业性收费零收费。推进增值税等实质性减税，对小微企业、科技型初创企业实施普惠性税收减免。根据实际情况，降低社会保险费率，支持中小企业吸纳就业。

（三）完善政府采购支持中小企业的政策。各级政府要为中小企业开展政府采购项下融资业务提供便利，依法及时公开政府采购合同等信息。研究修订政府采购促进中小企业发展暂行办法，采取预算预留、消除门槛、评审优惠等手段，落实政府采购促进中小企业发展政策。在政府采购活动中，向专精特新中小企业倾斜。

（四）充分发挥各类基金的引导带动作用。推动国家中小企业发展基金走市场化、公司化和职业经理人的制度建设道路，使其支持种子期、初创期成长型中小企业发展，在促进中小企业转型升级、实现高质量发展中发挥更大作用。大力推进国家级新兴产业发展基金、军民融合产业投资基金的实施和运营，支持战略性新兴产业、军民融合产业领域优质企业融资。

五、提升创新发展能力

（一）完善创新创业环境。加强中央财政对中小企业技术创新的支持。通过国家科技计划加大对中小企业科技创新的支持力度，调整完善科技计划立项、任务部署和组织管理方式，大幅度提高中小企业承担研发任务的比例。鼓励大型企业向中小企业开放共享资源，围绕创新链、产业链打造大中小企业协同发展的创新网络。推动专业化众创空间提升服务能力，实现对创新创业的精准支持。健全科技资源开放共享机制，鼓励科研机构、高等学校搭建网络管理平台，建立高效对接机制，推动大型科研仪器和实验设施向中小企业开放。鼓励中小企业参与共建国家重大科研基础设施。中央财政安排资金支持一批国家级和省级开发区打造大中小企业融通型、专业资本集聚型、科技资源支撑型、高端人才引领型等特色载体。

（二）切实保护知识产权。运用互联网、大数据等手段，通过源头追溯、实时监测、在线识别等强化知识产权保护，加快建立侵权惩罚性赔偿制度，提高违法成本，保护中小企业创新研发成果。组织实施中小企业知识产权战略推进工程，开展专利导航，助推中小企业技术研发布局，推广知识产权辅导、预警、代理、托管等服务。

（三）引导中小企业专精特新发展。支持推动中小企业转型升级，聚焦主业，增强核心竞争力，不断提高发展质量和水平，走专精特新发展道路。研究制定专精特新评价体系，建立动态企业库。以专精特新中小企业为基础，在核心基础零部件（元器件）、关键基础材料、先进基础工艺和产业技术基础等领域，培育一批主营业务突出、竞争力强、成长性好的专精特新"小巨人"企业。实施大中小企业融通发展专项工程，打造一批融通发展典型示范和新模式。围绕要素汇集、能力开放、模式创新、区域合作等领域分别培育一批制造业双创平台试点示范项目，引领制造业融通发展迈上新台阶。

（四）为中小企业提供信息化服务。推进发展"互联网＋中小企业"，鼓励大型企业及专业服务机构建设面向中小企业的云制造平台和云服务平台，发展适合中小企业智能制造需求的产品、解决方案和工具包，完善中小企业智能制造支撑服务体系。推动中小企业业务系统云化部署，引导有基础、有条件的中小企业推进生产线智能化改造，推动低成本、模块化的智能制造设备和系统在中小企业部署应用。大力推动降低中西部地区中小企业宽带专线接入资费水平。

六、改进服务保障工作

（一）完善公共服务体系。规范中介机构行为，提升会计、律师、资产评估、信息等各方面中介服务质量水平，优先为中小企业提供优质高效的信息咨询、创业辅导、技术支持、投资融资、知识产权、财会税务、法律咨询等服务。加强中小企业公共服务示范平台建设和培育。搭建跨部门的中小企业政策信息互联网发布平台，及时汇集涉及中小企业的法律法规、创新创业、财税金融、权益保护等各类政策和政府服务信息，实现中小企业政策信息一站式服务。建立完善对中小企业的统计调查、监测分析和定期发布制度。

（二）推动信用信息共享。进一步完善小微企业名录，积极推进银商合作。依托国家企业信用信息公示系统和小微企业名录，建立完善小微企业数据库。依托全国公共信用信息共享平台建设全国中小企业融资综合信用服务平台，开发"信易贷"，与商业银行共享注册登记、行政许可、行政处罚、"黑名单"以及纳税、社保、水电煤气、仓储物流等信息，改善银企信息不对称，提高信用状况良好中小企业的信用评分和贷款可得性。

（三）重视培育企业家队伍。继续做好中小企业经营管理领军人才培训，提升中小企业经营管理水平。健全宽容失败的有效保护机制，为企业家成长创造良好环境。完善人才待遇政策保障和分类评价制度。构建亲清政商关系，推动企业家参与制定涉企政策，充分听取企业家意见建议。树立优秀企业家典型，大力弘扬企业家精神。

（四）支持对外合作与交流。优化海关流程、简化办事手续，降低企业通关成本。深化双多边合作，加强在促进政策、贸易投资、科技创新等领域的中小企业交流与合作。支持有条件的地方建设中外中小企业合作区。鼓励中小企业服务机构、协会等探索在条件成熟的国家和地区设立"中小企业中心"。继续办好中国国际中小企业博览会，支持中小企业参加境内外展览展销活动。

七、强化组织领导和统筹协调

（一）加强支持和统筹指导。各级党委和政府要认真贯彻党中央、国务院关于支持中小企业发展的决策部署，积极采取有针对性的措施，在政策、融资、营商环境等方面主动帮助企业解决实际困难。各有关部门要加强对中小企业存在问题的调研，并按照分工要求抓紧出台解决办法，同时对好的经验予以积极推广。加强促进中小企业发展工作组织机构和工作机制建设，充分发挥组织领导、政策协调、指导督促作用，明确部门责任和分工，加强监督检查，推动政策落实。

（二）加强工作督导评估。国务院促进中小企业发展工作领导小组办公室要加强对促进中小企业健康发展工作的督导，委托第三方机构定期开展中小企业发展环境评估并向社会公布。各地方政府根据实际情况组织开展中小企业发展环境评估。

（三）营造良好舆论氛围。大力宣传促进中小企业发展的方针政策与法律法规，强调中小企业在国民经济和社会发展中的重要地位和作用，表彰中小企业发展和服务中小企业工作中涌现出的先进典型，让企业有更多获得感和荣誉感，形成有利于中小企业健康发展的良好社会舆论环境。

第二节　小微企业税收优惠

一、小规模纳税人销售额未超限免征增值税

优惠内容	政策依据
为支持小微企业发展，自 2019 年 1 月 1 日至 2021 年 12 月 31 日，对月销售额 10 万元以下（含本数）的增值税小规模纳税人，免征增值税。	《财政部　国家税务总局关于实施小微企业普惠性税收减免政策的通知》（财税〔2019〕13 号） 《国家税务总局关于小规模纳税人免征增值税政策有关征管问题的公告》（国家税务总局公告 2019 年第 4 号）

二、小微企业普惠性地方税费税收减免

优惠内容	政策依据
由省、自治区、直辖市人民政府根据本地区实际情况，以及宏观调控需要确定，对增值税小规模纳税人可以在 50％的税额幅度内减征资源税、城市维护建设税、房产税、城镇土地使用税、印花税（不含证券交易印花税）、耕地占用税和教育费附加、地方教育附加。 增值税小规模纳税人已依法享受资源税、城市维护建设税、房产税、城镇土地使用税、印花税、耕地占用税、教育费附加、地方教育附加其他优惠政策的，可叠加享受 50％的税额幅度内减征的优惠政策。	《财政部　国家税务总局关于实施小微企业普惠性税收减免政策的通知》（财税〔2019〕13 号）

三、小型微利企业减免企业所得税

优惠内容	政策依据
自 2019 年 1 月 1 日至 2021 年 12 月 31 日，对小型微利企业年应纳税所得额不超过 100 万元的部分，减按 25％计入应纳税所得额，按 20％的税率缴纳企业所得税；对年应纳税所得额超过 100 万元但不超过 300 万元的部分，减按 50％计入应纳税所得额，按 20％的税率缴纳企业所得税。 上述小型微利企业是指从事国家非限制和禁止行业，且同时符合年度应纳税所得额不超过 300 万元、从业人数不超过 300 人、资产总额不超过 5 000 万元等三个条件的企业。 从业人数，包括与企业建立劳动关系的职工人数和企业接受的劳务派遣用工人数。所称从业人数和资产总额指标，应按企业全年的季度平均值确定。具体计算公式如下： 季度平均值＝（季初值＋季末值）÷2 全年季度平均值＝全年各季度平均值之和÷4 年度中间开业或者终止经营活动的，以其实际经营期作为一个纳税年度确定上述相关指标。	《财政部　国家税务总局关于实施小微企业普惠性税收减免政策的通知》（财税〔2019〕13 号） 《国家税务总局关于实施小型微利企业普惠性所得税减免政策有关问题的公告》（国家税务总局公告 2019 年第 2 号）

四、重点行业小型微利企业固定资产税前一次性扣除

优惠内容	政策依据
生物药品制造业，专用设备制造业，铁路、船舶、航空航天和其他运输设备制造业，计算机、通信和其他电子设备制造业，仪器仪表制造业，信息传输、软件和信息技术服务业等六个行业的小型微利企业 2014 年 1 月 1 日后新购进的研发和生产经营共用的仪器、设备，单位价值不超过 100 万元的，允许一次性计入当期成本费用在计算应纳税所得额时扣除，不再分年度计算折旧；单位价值超	《财政部　国家税务总局关于完善固定资产加速折旧企业所得税政策的通知》（财税〔2014〕75 号）

优惠内容	政策依据
过 100 万元的，可缩短折旧年限或采取加速折旧的方法。 　　轻工、纺织、机械、汽车等四个领域重点行业的小型微利企业 2015 年 1 月 1 日后新购进的研发和生产经营共用的仪器、设备，单位价值不超过 100 万元的，允许一次性计入当期成本费用在计算应纳税所得额时扣除，不再分年度计算折旧；单位价值超过 100 万元的，可由企业选择缩短折旧年限或采取加速折旧的方法。	《财政部 国家税务总局关于进一步完善固定资产加速折旧企业所得税政策的通知》（财税〔2015〕106 号）

五、金融机构与小型微型企业签订借款合同免征印花税

优惠内容	政策依据
自 2018 年 1 月 1 日至 2020 年 12 月 31 日，对金融机构与小型企业、微型企业签订的借款合同免征印花税。	《财政部 税务总局关于支持小微企业融资有关税收政策的通知》（财税〔2017〕77 号） 　　《工业和信息化部 国家统计局 国家发展和改革委员会 财政部关于印发中小企业划型标准规定的通知》（工信部联企业〔2011〕300 号）

六、小微企业免征教育费附加、地方教育附加、水利建设基金

优惠内容	政策依据
按月纳税的月销售额或营业额不超过 10 万元；按季度纳税的季度销售额或营业额不超过 30 万元的企业免征教育费附加、地方教育附加、水利建设基金。	《财政部 国家税务总局关于扩大有关政府性基金免征范围的通知》（财税〔2016〕12 号）

七、小微企业免征文化事业建设费

优惠内容	政策依据
对按月纳税的月销售额或营业额不超过 3 万元（含 3 万元），以及按季纳税的季度销售额或营业额不超过 9 万元（含 9 万元）企业免征文化事业建设费。	《财政部 国家税务总局关于营业税改征增值税试点有关文化事业建设费政策及征收管理问题的通知》（财税〔2016〕25 号）

八、营业账簿减免印花税

优惠内容	政策依据
对按万分之五税率贴花的资金账簿减半征收印花税，对按件贴花五元的其他账簿免征印花税。	《财政部 税务总局关于对营业账簿减免印花税的通知》（财税〔2018〕50 号）

第三节　支持融资税收优惠

一、银行类金融机构贷款税收优惠

（一）金融机构小微企业贷款利息收入免征增值税

优惠内容	政策依据
自 2018 年 9 月 1 日至 2020 年 12 月 31 日，对金融机构向小型企业、微型企业和个体工商户发放小额贷款取得的利息收入，免征增值税。金融机构可以选择以下两种方法之一适用免税：	《财政部 税务总局关于金融机构小微企业贷

优惠内容	政策依据
1. 对金融机构向小型企业、微型企业和个体工商户发放的，利率水平不高于人民银行同期贷款基准利率150%（含本数）的单笔小额贷款取得的利息收入，免征增值税；高于人民银行同期贷款基准利率150%的单笔小额贷款取得的利息收入，按照现行政策规定缴纳增值税。 2. 对金融机构向小型企业、微型企业和个体工商户发放单笔小额贷款取得的利息收入中，不高于该笔贷款按照人民银行同期贷款基准利率150%（含本数）计算的利息收入部分，免征增值税；超过部分按照现行政策规定缴纳增值税。 所称小额贷款是指单户授信小于1 000万元（含本数）的小型企业、微型企业或个体工商户贷款；没有授信额度的，是指单户贷款合同金额且贷款余额在1 000万元（含本数）以下的贷款	款利息收入免征增值税政策的通知》（财税〔2018〕91号）

详细内容见第二章《增值税税收优惠政策》。

（二）金融机构农户和小型微型企业小额贷款利息收入免征增值税

优惠内容	政策依据
自2017年12月1日至2019年12月31日，对金融机构向农户、小型企业、微型企业及个体工商户发放小额贷款取得的利息收入，免征增值税。 小额贷款，是指单户授信小于100万元（含本数）的农户、小型企业、微型企业或个体工商户贷款；没有授信额度的，是指单户贷款合同金额且贷款余额在100万元（含本数）以下的贷款。	《财政部 税务总局关于金融机构小微企业贷款利息收入免征增值税政策的通知》（财税〔2018〕91号） 《财政部 税务总局关于支持小微企业融资有关税收政策的通知》（财税〔2017〕77号）

详细内容见第二章《增值税税收优惠政策》。

（三）金融企业涉农和中小企业贷款损失税前扣除

优惠内容	政策依据
2014年度起，金融企业涉农贷款、中小企业贷款逾期1年以上，经追索无法收回，应依据涉农贷款、中小企业贷款分类证明，按下列规定计算确认贷款损失进行税前扣除： 1. 单户贷款余额不超过300万元（含300万元）的，应依据向借款人和担保人的有关原始追索记录（包括司法追索、电话追索、信件追索和上门追索等原始记录之一，并由经办人和负责人共同签章确认），计算确认损失进行税前扣除。 2. 单户贷款余额超过300万元至1 000万元（含1 000万元）的，应依据有关原始追索记录（应当包括司法追索记录，并由经办人和负责人共同签章确认），计算确认损失进行税前扣除。 3. 单户贷款余额超过1 000万元的，仍按《国家税务总局关于发布〈企业资产损失所得税税前扣除管理办法〉的公告》（国家税务总局公告2011年第25号）有关规定计算确认损失进行税前扣除。	《财政部 国家税务总局关于金融企业涉农贷款和中小企业贷款损失准备金税前扣除有关问题的通知》（财税〔2015〕3号，【根据财税〔2015〕3号第五条规定，本通知自2014年1月1日起至2018年12月31日停止执行】） 《国家税务总局关于金融企业涉农贷款和中小企业贷款损失税前扣除问题的公告》（国家税务总局公告2015年第25号）

（四）农村信用社等金融机构提供金融服务可选择适用简易计税方法缴纳增值税

优惠内容	政策依据
自2016年5月1日起，农村信用社、村镇银行、农村资金互助社、由银行业机构全资发起设立的贷款公司、法人机构在县（县级市、区、旗）及县以下地区的农村合作银行和农村商业银行提供金融服务收入，可以选择适用简易计税方法按照3%的征收率计算缴纳增值税。	《财政部 国家税务总局关于进一步明确全面推开营改增试点金融业有关政策的通知》（财税〔2016〕46号）

（五）中国农业银行三农金融事业部涉农贷款利息收入可选择适用简易计税方法缴纳增值税

优惠内容	政策依据
自 2016 年 5 月 1 日起，对中国农业银行纳入"三农金融事业部"改革试点的各省、自治区、直辖市、计划单列市分行下辖的县域支行和新疆生产建设兵团分行下辖的县域支行（也称县事业部），提供的农户贷款、农村企业和农村各类组织贷款取得的利息收入，可以选择适用简易计税方法按照 3% 的征收率计算缴纳增值税。	《财政部　国家税务总局关于进一步明确全面推开营改增试点金融业有关政策的通知》[（财税〔2016〕46 号）及财税〔2016〕46 号附件《享受增值税优惠的涉农贷款业务清单》]

（六）中国邮政储蓄银行三农金融事业部贷款利息收入可选择适用简易计税方法缴纳增值税

优惠内容	政策依据
对中国邮政储蓄银行纳入"三农金融事业部"改革的各省、自治区、直辖市、计划单列市分行下辖的县域支行，提供农户贷款、农村企业和农村各类组织贷款取得的利息收入，可以选择适用简易计税方法按照 3% 的征收率计算缴纳增值税。	《财政部　税务总局关于中国邮政储蓄银行三农金融事业部涉农贷款增值税政策的通知》（财税〔2018〕97 号）

二、小额贷款公司贷款税收优惠

（一）小额贷款公司农户小额贷款利息收入免征增值税

优惠内容	政策依据
自 2017 年 1 月 1 日至 2019 年 12 月 31 日，对经省级金融管理部门（金融办、局等）批准成立的小额贷款公司取得的农户小额贷款利息收入，免征增值税。	《财政部　税务总局关于小额贷款公司有关税收政策的通知》（财税〔2017〕48 号）

（二）小额贷款公司农户小额贷款利息收入企业所得税减计收入

优惠内容	政策依据
自 2017 年 1 月 1 日至 2019 年 12 月 31 日，对经省级金融管理部门（金融办、局等）批准成立的小额贷款公司取得的农户小额贷款利息收入，在计算应纳税所得额时，按 90% 计入收入总额。	《财政部　税务总局关于小额贷款公司有关税收政策的通知》（财税〔2017〕48 号）

（三）小额贷款公司贷款损失准备金企业所得税税前扣除

优惠内容	政策依据
自 2017 年 1 月 1 日至 2019 年 12 月 31 日，对经省级金融管理部门（金融办、局等）批准成立的小额贷款公司按年末贷款余额的 1% 计提的贷款损失准备金准予在企业所得税税前扣除。	《财政部　税务总局关于小额贷款公司有关税收政策的通知》（财税〔2017〕48 号）

三、融资担保及再担保税收优惠

（一）为农户及小型微型企业提供融资担保及再担保业务免征增值税

优惠内容	政策依据
自 2018 年 1 月 1 日至 2019 年 12 月 31 日，纳税人为农户、小型企业、微型企业及个体工商户借款、发行债券提供融资担保取得的担保费收入，以及为原担保提供再担保取得的再担保费收入，免征增值税。	《财政部　税务总局关于租入固定资产进项税额抵扣等增值税政策的通知》（财税〔2017〕90号）

(二)中小企业融资(信用)担保机构有关准备金企业所得税税前扣除

优惠内容	政策依据
自 2016 年 1 月 1 日起至 2020 年 12 月 31 日,对于符合条件的中小企业融资(信用)担保机构提取的以下准备金准予在企业所得税税前扣除: 1. 按照不超过当年年末担保责任余额 1％的比例计提的担保赔偿准备,允许在企业所得税税前扣除,同时将上年度计提的担保赔偿准备余额转为当期收入。 2. 按照不超过当年担保费收入 50％的比例计提的未到期责任准备,允许在企业所得税税前扣除,同时将上年度计提的未到期责任准备余额转为当期收入。	《财政部 税务总局关于中小企业融资(信用)担保机构有关准备金企业所得税前扣除政策的通知》(财税〔2017〕22 号)

四、农牧保险业务税收优惠

(一)农牧保险业务免征增值税

优惠内容	政策依据
自 2016 年 5 月 1 日起,提供农牧保险业务免征增值税。	《财政部 国家税务总局关于全面推开营业税改征增值税试点的通知》(财税〔2016〕36 号)附件 3《营业税改征增值税试点过渡政策的规定》

(二)保险公司种植业、养殖业保险业务企业所得税减计收入

优惠内容	政策依据
自 2017 年 1 月 1 日至 2019 年 12 月 31 日,对保险公司为种植业、养殖业提供保险业务取得的保费收入,在计算应纳税所得额时,按 90％计入收入总额。	《财政部 税务总局关于延续支持农村金融发展有关税收政策的通知》(财税〔2017〕44 号)

(三)农牧业畜类保险合同免征印花税

优惠内容	政策依据
自 1988 年 12 月 31 日起,对农林作物、牧业畜类保险合同免征印花税。	《国家税务局关于对保险公司征收印花税有关问题的通知》(国税地字〔1988〕37 号)

五、创投企业投资税收优惠

(一)创投企业投资未上市的中小高新技术企业按比例抵扣应纳税所得额

优惠内容	政策依据
自 2008 年 1 月 1 日起,符合条件的创业投资企业采取股权投资方式投资于未上市的中小高新技术企业 2 年(24 个月)以上,可以按照其对中小高新技术企业投资额的 70％,在股权持有满 2 年的当年抵扣该创业投资企业的应纳税所得额;当年不足抵扣的,可以在以后纳税年度结转抵扣。	《国家税务总局关于实施创业投资企业所得税优惠问题的通知》(国税发〔2009〕87 号)

(二)有限合伙制创业投资企业法人合伙人投资未上市的中小高新技术企业按比例抵扣应纳税所得额

优惠内容	政策依据
自 2015 年 10 月 1 日起,全国范围内的有限合伙制创业投资企业采取股权投资方式投资于未上市的中小高新技术企业满 2 年(24 个月)的,该有限合伙制创业投资企业的法人合伙人可按其对未上市中小高新技术企业投资额的 70％抵扣该法人合伙人从该有限合伙制创业投资企业分得的应纳税所得额,当年不足抵扣的,可以在以后纳税年度结转抵扣。	《财政部 国家税务总局关于将国家自主创新示范区有关税收试点政策推广到全国范围实施的通知》(财税〔2015〕116 号)

（三）公司制创投企业投资初创科技型企业按比例抵扣应纳税所得额

优惠内容	政策依据
自 2018 年 1 月 1 日起,公司制创业投资企业采取股权投资方式直接投资于种子期、初创期科技型企业满 2 年(24 个月,下同)的,可以按照投资额的 70% 在股权持有满 2 年的当年抵扣该公司制创业投资企业的应纳税所得额;当年不足抵扣的,可以在以后纳税年度结转抵扣。 执行日期前 2 年内发生的投资,在执行日期后投资满 2 年,且符合规定的其他条件的,可以适用本规定的税收政策。	《财政部 税务总局关于创业投资企业和天使投资个人有关税收政策的通知》(财税〔2018〕55 号) 《财政部 国家税务总局关于实施小微企业普惠性税收减免政策的通知》(财税〔2019〕13 号)

（四）有限合伙制创业投资企业法人合伙人投资初创科技型企业按比例抵扣应纳税所得额

优惠内容	政策依据
自 2018 年 1 月 1 日起,有限合伙制创业投资企业采取股权投资方式直接投资于初创科技型企业满 2 年(24 个月)的,法人合伙人可以按照对初创科技型企业投资额的 70% 抵扣法人合伙人从合伙创投企业分得的所得;当年不足抵扣的,可以在以后纳税年度结转抵扣。 执行日期前 2 年内发生的投资,在执行日期后投资满 2 年,且符合规定的其他条件的,可以适用本规定的税收政策。	《财政部 税务总局关于创业投资企业和天使投资个人有关税收政策的通知》(财税〔2018〕55 号) 《财政部 国家税务总局关于实施小微企业普惠性税收减免政策的通知》(财税〔2019〕13 号)

（五）有限合伙制创业投资企业个人合伙人投资初创科技型企业按比例抵扣应纳税所得额

优惠内容	政策依据
自 2018 年 1 月 1 日起,有限合伙制创业投资企业采取股权投资方式直接投资于初创科技型企业满 2 年(24 个月)的,个人合伙人可以按照对初创科技型企业投资额的 70% 抵扣个人合伙人从合伙创投企业分得的经营所得;当年不足抵扣的,可以在以后纳税年度结转抵扣。 执行日期前 2 年内发生的投资,在执行日期后投资满 2 年,且符合规定的其他条件的,可以适用本规定的税收政策。	《财政部 税务总局关于创业投资企业和天使投资个人有关税收政策的通知》(财税〔2018〕55 号) 《财政部 国家税务总局关于实施小微企业普惠性税收减免政策的通知》(财税〔2019〕13 号)

（六）天使投资人投资初创科技型企业按比例抵扣应纳税所得额

优惠内容	政策依据
自 2018 年 7 月 1 日起,天使投资个人采取股权投资方式直接投资于初创科技型企业满 2 年的,可以按照投资额的 70% 抵扣转让该初创科技型企业股权取得的应纳税所得额;当期不足抵扣的,可以在以后取得转让该初创科技型企业股权的应纳税所得额时结转抵扣。 天使投资个人投资多个初创科技型企业的,对其中办理注销清算的初创科技型企业,天使投资个人对其投资额的 70% 尚未抵扣完的,可自注销清算之日起 36 个月内抵扣天使投资个人转让其他初创科技型企业股权取得的应纳税所得额。	《财政部 税务总局关于创业投资企业和天使投资个人有关税收政策的通知》(财税〔2018〕55 号) 《财政部 国家税务总局关于实施小微企业普惠性税收减免政策的通知》(财税〔2019〕13 号)

六、非货币性投资税收优惠

（一）以非货币性资产对外投资确认的非货币性资产转让所得分期缴纳企业所得税

优惠内容	政策依据
自 2014 年 1 月 1 日起,实行查账征收的居民企业以非货币性资产对外投资确认的非货币性资产转让所得,可自确认非货币性资产转让收入年度起不超过连续 5 个纳税年度的期间内,分期均匀计入相应年度的应纳税所得额,按规定计算缴纳企业所得税。	《财政部 国家税务总局关于非货币性资产投资企业所得税政策问题的通知》(财税〔2014〕116 号) 《国家税务总局关于非货币性资产投资企业所得税有关征管问题的公告》(国家税务总局公告 2015 年第 33 号)

（二）以非货币性资产对外投资确认的非货币性资产转让所得分期缴纳个人所得税

优惠内容	政策依据
自 2015 年 4 月 1 日起,对个人转让非货币性资产的所得,应按照"财产转让所得"项目,依法计算缴纳个人所得税。纳税人一次性缴税有困难的,可合理确定分期缴纳计划并报主管税务机关备案后,自发生上述应税行为之日起不超过 5 个公历年度内(含)分期缴纳个人所得税。 对 2015 年 4 月 1 日之前发生的个人非货币性资产投资,尚未进行税收处理且自发生上述应税行为之日起期限未超过 5 年的,可在剩余的期限内分期缴纳其应纳税款。	《财政部 国家税务总局关于个人非货币性资产投资有关个人所得税政策的通知》(财税〔2015〕41 号) 《国家税务总局关于个人非货币性资产投资有关个人所得税征管问题的公告》(国家税务总局公告 2015 年第 20 号)

第四节　促进技术进步税收优惠

一、研发费用加计扣除政策

（一）研发费用加计扣除

优惠内容	政策依据
1. 企业开展研发活动中实际发生的研发费用,未形成无形资产计入当期损益的,在按规定据实扣除的基础上,在 2018 年 1 月 1 日至 2020 年 12 月 31 日期间,再按照实际发生额的 75% 在税前加计扣除;形成无形资产的,在上述期间按照无形资产成本的 175% 在税前摊销。 2. 委托研发企业委托外部机构或个人进行研发活动所发生的费用,按照费用实际发生额的 80% 计入委托方研发费用并计算加计扣除,受托方不得再进行加计扣除。 3. 委托境外进行研发活动所发生的费用,按照费用实际发生额的 80% 计入委托方的委托境外研发费用。委托境外研发费用不超过境内符合条件的研发费用三分之二的部分,可以按规定在企业所得税前加计扣除。 4. 企业共同合作开发的项目,由合作各方就自身实际承担的研发费用分别计算加计扣除。 5. 企业为获得创新性、创意性、突破性的产品进行创意设计活动而发生的相关费用,可按照规定进行税前加计扣除。	《财政部 国家税务总局 科技部关于完善研究开发费用税前加计扣除政策的通知》(财税〔2015〕119 号) 《国家税务总局关于企业研究开发费用税前加计扣除政策有关问题的公告》(国家税务总局 2015 年第 97 号) 《国家税务总局关于研发费用税前加计扣除归集范围有关问题的公告》(国家税务总局公告 2017 年第 40 号) 《关于企业委托境外研究开发费用税前加计扣除有关政策问题的通知》(财税〔2018〕64 号) 《财政部 税务总局 科技部关于提高研究开发费用税前加计扣除比例的通知》(财税〔2018〕99 号)

（二）提高科技型中小企业研发费用加计扣除比例

优惠内容	政策依据
科技型中小企业开展研发活动中实际发生的研发费用，在 2017 年 1 月 1 日至 2019 年 12 月 31 日期间： 　　1. 未形成无形资产计入当期损益的，在按规定据实扣除的基础上，再按照实际发生额的 75% 在税前加计扣除； 　　2. 形成无形资产的，按照无形资产成本的 175% 在税前摊销。	《财政部 国家税务总局 科技部关于完善研究开发费用税前加计扣除政策的通知》（财税〔2015〕119 号） 　　《财政部 国家税务总局 科技部关于提高科技型中小企业研究开发费用税前加计扣除比例的通知》（财税〔2017〕34 号） 　　《国家税务总局关于提高科技型中小企业研究开发费用税前加计扣除比例有关问题的公告》（国家税务总局公告 2017 年第 18 号） 　　《科技部 财政部 国家税务总局关于印发〈科技型中小企业评价办法〉的通知》（国科发政〔2017〕115 号） 　　《财政部 税务总局 科技部关于提高研究开发费用税前加计扣除比例的通知》（财税〔2018〕99 号） 　　《科技部 国家税务总局关于做好科技型中小企业评价工作有关事项的通知》（国科发火〔2018〕11 号）

二、固定资产加速折旧政策

（一）设备、器具一次性扣除

优惠内容	政策依据
1. 企业在 2018 年 1 月 1 日至 2020 年 12 月 31 日期间新购进的设备、器具，单位价值不超过 500 万元的，允许一次性计入当期成本费用在计算应纳税所得额时扣除，不再分年度计算折旧。 　　2. 通知所称设备、器具，是指除房屋、建筑物以外的固定资产。	《财政部 税务总局关于设备、器具扣除有关企业所得税政策的通知》（财税〔2018〕54 号） 　　《国家税务总局关于设备器具扣除有关企业所得税政策执行问题的公告》（国家税务总局公告 2018 年第 46 号）

（二）重点行业固定资产加速折旧

优惠内容	政策依据
1. 生物药品制造业，专用设备制造业，铁路、船舶、航空航天和其他运输设备制造业，计算机、通信和其他电子设备制造业，仪器仪表制造业，信息传输、软件和信息技术服务业等六个行业的企业 2014 年 1 月 1 日后新购进的固定资产，可缩短折旧年限或采取加速折旧的方法。 　　2. 轻工、纺织、机械、汽车等四个领域重点行业的企业 2015 年 1 月 1 日后新购进的固定资产，可由企业选择缩短折旧年限或采取加速折旧的方法。 　　3. 缩短折旧年限的，最低折旧年限不得低于企业所得税法实施条例第六十条规定折旧年限的 60%；采取加速折旧方法的，可采取双倍余额递减法或者年数总和法。	《财政部 国家税务总局关于完善固定资产加速折旧企业所得税政策的通知》（财税〔2014〕75 号） 　　《国家税务总局关于固定资产加速折旧税收政策有关问题的公告》（国家税务总局公告 2014 年第 64 号） 　　《财政部 国家税务总局关于进一步完善固定资产加速折旧企业所得税政策的通知》（财税〔2015〕106 号） 　　《国家税务总局关于进一步完善固定资产加速折旧企业所得税政策有关问题的公告》（国家税务总局公告 2015 年第 68 号）

三、职工教育经费税前扣除政策

优惠内容	政策依据
自 2018 年 1 月 1 日起，企业发生的职工教育经费支出，不超过工资薪金总额 8% 的部分，准予在计算企业所得税应纳税所得额时扣除；超过部分，准予在以后纳税年度结转扣除。	《财政部 税务总局关于企业职工教育经费税前扣除政策的通知》（财税〔2018〕51 号）

四、高新技术企业税收优惠

（一）高新技术企业减按 15% 的税率征收企业所得税

优惠内容	政策依据
国家重点扶持的高新技术企业减按 15% 的税率征收企业所得税。	《中华人民共和国企业所得税法》（中华人民共和国主席令第六十三号） 《中华人民共和国企业所得税法实施条例》（中华人民共和国国务院令第512 号）

（二）高新技术企业职工教育经费税前扣除

优惠内容	政策依据
自 2015 年 1 月 1 日起，高新技术企业发生的职工教育经费支出，不超过工资薪金总额 8% 的部分，准予在计算企业所得税应纳税所得额时扣除；超过部分，准予在以后纳税年度结转扣除。	《财政部 国家税务总局关于高新技术企业职工教育经费税前扣除政策的通知》（财税〔2015〕63 号）

（三）技术先进型服务企业享受低税率企业所得税优惠

优惠内容	政策依据
1. 自 2017 年 1 月 1 日起，对经认定的技术先进型服务企业，减按 15% 的税率征收企业所得税。 2. 自 2018 年 1 月 1 日起，对经认定的技术先进型服务企业（服务贸易类），减按 15% 的税率征收企业所得税。	《财政部 国家税务总局 商务部 科技部 国家发展改革委关于完善技术先进型服务企业有关企业所得税政策问题的通知》（财税〔2014〕59 号） 《财政部 国家税务总局 商务部 科学技术部 国家发展和改革委员会关于新增中国服务外包示范城市适用技术先进型服务企业所得税政策的通知》（财税〔2016〕108 号） 《财政部 国家税务总局 商务部 科技部 国家发展改革委关于在服务贸易创新发展试点地区推广技术先进型服务企业所得税优惠政策的通知》（财税〔2016〕122 号） 《国家总局 商务部 科技部 国家发展改革委关于将技术先进型服务企业所得税政策推广至全国实施的通知》（财税〔2017〕79 号） 《财政部 税务总局 商务部 科技部 国家发展改革委关于将服务贸易创新发展试点地区技术先进型服务企业所得税政策推广至全国实施的通知》（财税〔2018〕44 号）

（四）技术先进型服务企业职工教育经费税前扣除

优惠内容	政策依据
自 2017 年 1 月 1 日起，经认定的技术先进型服务企业发生的职工教育经费支出，不超过工资薪金总额 8% 的部分，准予在计算应纳税所得额时扣除；超过部分，准予在以后纳税年度结转扣除。	《财政部 国家税务总局 商务部 科技部 国家发展改革委关于完善技术先进型服务企业有关企业所得税政策问题的通知》（财税〔2014〕59 号） 《财政部 国家税务总局 商务部 科学技术部 国家发展和改革委员会关于新增中国服务外包示范城市适用技术先进型服务企业所得税政策的通知》（财税〔2016〕108 号） 《财政部 国家税务总局 商务部 科技部 国家发展改革委关于在服务贸易创新发展试点地区推广技术先进型服务企业所得税优惠政策的通知》（财税〔2016〕122 号） 《国家总局 商务部 科技部 国家发展改革委关于将技术先进型服务企业所得税政策推广至全国实施的通知》（财税〔2017〕79 号） 《财政部 税务总局 商务部 科技部 国家发展改革委关于将服务贸易创新发展试点地区技术先进型服务企业所得税政策推广至全国实施的通知》（财税〔2018〕44 号）

（五）延长高新技术企业和科技型中小企业亏损结转弥补年限

优惠内容	政策依据
自 2018 年 1 月 1 日起，当年具备高新技术企业或科技型中小企业资格（以下统称资格）的企业，其具备资格年度之前 5 个年度发生的尚未弥补完的亏损，准予结转以后年度弥补，最长结转年限由 5 年延长至 10 年。2018 年具备资格的企业，无论 2013 年至 2017 年是否具备资格，其 2013 年至 2017 年发生的尚未弥补完的亏损，均准予结转以后年度弥补，最长结转年限为 10 年。	《财政部　税务总局关于延长高新技术企业和科技型中小企业亏损结转年限的通知》（财税〔2018〕76 号） 　　《国家税务总局关于延长高新技术企业和科技型中小企业亏损结转弥补年限有关企业所得税处理问题的公告》（国家税务总局公告 2018 年第 45 号）

五、购买符合条件设备税收优惠

（一）内资研发机构和外资研发中心采购国产设备增值税退税

优惠内容	政策依据
2016 年 1 月 1 日至 2018 年 12 月 31 日，继续对内资研发机构和外资研发中心采购国产设备全额退还增值税。	《财政部　商务部　国家税务总局关于继续执行研发机构采购设备增值税政策的通知》（财税〔2016〕121 号）

（二）科学研究机构、技术开发机构、学校等单位进口符合条件的商品免征进口环节增值税、消费税

优惠内容	政策依据
自 2016 年 1 月 1 日至 2020 年 12 月 31 日，对科学研究机构、技术开发机构、学校等单位进口国内不能生产或者性能不能满足需要的科学研究、科技开发和教学用品，免征进口关税和进口环节增值税、消费税；对出版物进口单位为科研院所、学校进口用于科研、教学的图书、资料等，免征进口环节增值税。	《财政部　海关总署　国家税务总局关于"十三五"期间支持科技创新进口税收政策的通知》（财关税〔2016〕70 号） 　　《财政部　海关总署　国家税务总局关于公布进口科学研究、科技开发和教学用品免税清单的通知》（财关税〔2016〕72 号）

六、科技成果转化税收优惠

（一）技术转让、技术开发和与之相关的技术咨询、技术服务免征增值税

优惠内容	政策依据
纳税人提供技术转让、技术开发和与之相关的技术咨询、技术服务免征增值税。	《财政部　国家税务总局关于全面推开营业税改征增值税试点的通知》（财税〔2016〕36 号） 　　财税〔2016〕36 号文件附件 3《营业税改征增值税试点过渡政策的规定》

（二）技术转让所得减免企业所得税

优惠内容	政策依据
一个纳税年度内，居民企业技术转让所得不超过 500 万元的部分，免征企业所得税；超过 500 万元的部分，减半征收企业所得税。转让 5 年（含，下同）以上非独占许可使用权取得的技术转让所得，纳入享受企业所得税优惠的技术转让所得范围。	《财政部　国家税务总局关于居民企业技术转让有关企业所得税政策问题的通知》（财税〔2010〕111 号） 　　《财政部　国家税务总局关于将国家自主创新示范区有关税收试点政策推广到全国范围实施的通知》（财税〔2015〕116 号） 　　《国家税务总局关于技术转让所得减免企业所得税有关问题的公告》（国家税务总局公告 2013 年第 62 号） 　　《国家税务总局关于许可使用权技术转让所得企业所得税有关问题的公告》（国家税务总局公告 2015 年第 82 号） 　　《国家税务总局关于技术转让所得减免企业所得税有关问题的通知》（国税函〔2009〕212 号）

七、科研机构创新人才税收优惠

（一）科研机构、高等学校股权奖励延期缴纳个人所得税

优惠内容	政策依据
自 1999 年 7 月 1 日起，科研机构、高等学校转化职务科技成果以股份或出资比例等股权形式给予个人奖励，获奖人在取得股份、出资比例时，暂不缴纳个人所得税；取得按股份、出资比例分红或转让股权、出资比例所得时，应依法缴纳个人所得税。	《财政部 国家税务总局关于促进科技成果转化有关税收政策的通知》（财税字〔1999〕45 号） 《国家税务总局关于促进科技成果转化有关个人所得税问题的通知》（国税发〔1999〕125 号）

（二）科技人员取得职务科技成果转化现金奖励有关个人所得税政策

优惠内容	政策依据
依法批准设立的非营利性研究开发机构和高等学校（以下简称非营利性科研机构和高校）根据《中华人民共和国促进科技成果转化法》规定，从职务科技成果转化收入中给予科技人员的现金奖励，可减按 50% 计入科技人员当月"工资、薪金所得"，依法缴纳个人所得税。	《财政部 税务总局 科技部关于科技人员取得职务科技成果转化现金奖励有关个人所得税政策的通知》（财税〔2018〕58 号）

（三）高新技术企业技术人员股权奖励分期缴纳个人所得税

优惠内容	政策依据
高新技术企业转化科技成果，给予本企业相关技术人员的股权奖励，个人一次缴纳税款有困难的，可根据实际情况自行制定分期缴税计划，在不超过 5 个公历年度内（含）分期缴纳。	《财政部 国家税务总局关于将国家自主创新示范区有关税收试点政策推广到全国范围实施的通知》（财税〔2015〕116 号） 《国家税务总局关于股权奖励和转增股本个人所得税征管问题的公告》（国家税务总局公告 2015 年第 80 号）

（四）中小高新技术企业个人股东分期缴纳个人所得税

优惠内容	政策依据
中小高新技术企业以未分配利润、盈余公积、资本公积向个人股东转增股本时，个人股东一次缴纳个人所得税确有困难的，可根据实际情况自行制定分期缴税计划，在不超过 5 个公历年度内（含）分期缴纳。	《财政部 国家税务总局关于将国家自主创新示范区有关税收试点政策推广到全国范围实施的通知》（财税〔2015〕116 号） 《国家税务总局关于股权奖励和转增股本个人所得税征管问题的公告》（国家税务总局公告 2015 年第 80 号）

（五）获得非上市公司股票期权、股权期权、限制性股票和股权奖励递延缴纳个人所得税

优惠内容	政策依据
实行递延纳税政策，即员工在取得股权激励时可暂不纳税，递延至转让该股权时纳税；股权转让时，按照股权转让收入减除股权取得成本以及合理税费后的差额，适用"财产转让所得"项目，按照 20% 的税率计算缴纳个人所得税。	《财政部 国家税务总局关于完善股权激励和技术入股有关所得税政策的通知》（财税〔2016〕101 号） 《国家税务总局关于股权激励和技术入股所得税征管问题的公告》（国家税务总局公告 2016 年第 62 号）

（六）获得上市公司股票期权、限制性股票和股权奖励适当延长纳税期限

优惠内容	政策依据
可自股票期权行权、限制性股票解禁或取得股权奖励之日起，在不超过 12 个月的期限内缴纳个人所得税。	《财政部　国家税务总局关于完善股权激励和技术入股有关所得税政策的通知》（财税〔2016〕101 号） 《国家税务总局关于股权激励和技术入股所得税征管问题的公告》（国家税务总局公告 2016 年第 62 号）

（七）企业以及个人以技术成果投资入股递延缴纳所得税

优惠内容	政策依据
投资入股当期可暂不纳税，允许递延至转让股权时，按股权转让收入减去技术成果原值和合理税费后的差额计算缴纳所得税。	《财政部　国家税务总局关于完善股权激励和技术入股有关所得税政策的通知》（财税〔2016〕101 号） 《国家税务总局关于股权激励和技术入股所得税征管问题的公告》（国家税务总局公告 2016 年第 62 号）

（八）由国家级、省部级以及国际组织对科技人员颁发的科技奖金免征个人所得税

优惠内容	政策依据
由国家级、省部级以及国际组织对科技人员颁发的科技奖金免征个人所得税。	《中华人民共和国个人所得税法》（中华人民共和国主席令第九号）

八、大气污染物或者水污染物低排放减征环保税

优惠内容	政策依据
纳税人排放应税大气污染物或者水污染物的浓度值低于国家和地方规定的污染物排放标准 30％的，减按 75％征收环境保护税。纳税人排放应税大气污染物或者水污染物的浓度值低于国家和地方规定的污染物排放标准 50％的，减按 50％征收环境保护税。	《中华人民共和国环境保护税法》（中华人民共和国主席令第六十一号） 《中华人民共和国环境保护税法实施条例》（国务院令第 693 号）

第五节　促进重点产业税收优惠

一、农业税收优惠

（一）农业合作社税收优惠

优惠内容	政策依据
对农民专业合作社销售本社成员生产的农业产品，视同农业生产者销售自产农业产品免征增值税。 对农民专业合作社向本社成员销售的农膜、种子、种苗、化肥、农药、农机，免征增值税。 对农民专业合作社与本社成员签订的农业产品和农业生产资料购销合同，免征印花税。【依据财税〔2015〕97 号《财政部　国家税务总局关于对化肥恢复征收增值税政策的补充通知》，本法规第三条关于"化肥"的规定自 2015 年 9 月 1 日起停止执行。】	《财政部　国家税务总局关于农民专业合作社有关税收政策的通知》（财税〔2008〕81 号）

（二）"公司＋农户"经营免征增值税

优惠内容	政策依据
采取"公司＋农户"经营模式从事畜禽饲养，即公司与农户签订委托养殖合同，向农户提供畜禽苗、饲料、兽药及疫苗等（所有权属于公司），农户饲养畜禽苗至成品后交付公司回收，公司将回收的成品畜禽用于销售。纳税人回收再销售畜禽，属于农业生产者销售自产农产品，应根据《中华人民共和国增值税暂行条例》的有关规定免征增值税。	《国家税务总局关于纳税人采取"公司＋农户"经营模式销售畜禽有关增值税问题的公告》（国家税务总局公告2013年第8号）

（三）农业生产资料免征增值税

优惠内容	政策依据
农膜，生产销售的除尿素以外的氮肥、除磷酸二铵以外的磷肥、钾肥，批发和零售的种子、种苗、农药、农机免征增值税。【依据财税〔2015〕90号《财政部 海关总署 国家税务总局关于对化肥恢复征收增值税政策的通知》，本法规关于"化肥"的规定，自2015年9月1日起停止执行。】	《财政部 国家税务总局关于农业生产资料征免增值税政策的通知》（财税〔2001〕113号）《财政部 海关总署 国家税务总局关于对化肥恢复征收增值税政策的通知》（财税〔2015〕90号）

（四）转让土地使用权给农业生产者免征增值税

优惠内容	政策依据
将土地使用权转让给农业生产者用于农业生产免征增值税。	《财政部 国家税务总局关于全面推开营业税改征增值税试点的通知》（财税〔2016〕36号）财税〔2016〕36号文件附件3《营业税改征增值税试点过渡政策的规定》

（五）农业服务免征增值税

优惠内容	政策依据
农业机耕、排灌、病虫害防治、植物保护、农牧保险以及相关技术培训业务，家禽、牲畜、水生动物的配种和疾病防治免征增值税。	《财政部 国家税务总局关于全面推开营业税改征增值税试点的通知》（财税〔2016〕36号）财税〔2016〕36号文件附件3《营业税改征增值税试点过渡政策的规定》

（六）农业所得免征或减征企业所得税

优惠内容	政策依据
从事农、林、牧、渔业项目的所得，可以免征、减征企业所得税。 （一）企业从事下列项目的所得，免征企业所得税： 1.蔬菜、谷物、薯类、油料、豆类、棉花、麻类、糖料、水果、坚果的种植； 2.农作物新品种的选育； 3.中药材的种植； 4.林木的培育和种植； 5.牲畜、家禽的饲养； 6.林产品的采集； 7.灌溉、农产品初加工、兽医、农技推广、农机作业和维修等农、林、牧、渔服务业项目； 8.远洋捕捞。 （二）企业从事下列项目的所得，减半征收企业所得税： 1.花卉、茶以及其他饮料作物和香料作物的种植； 2.海水养殖、内陆养殖。	《中华人民共和国企业所得税法》（中华人民共和国主席令第六十三号）《中华人民共和国企业所得税法实施条例》（中华人民共和国国务院令第512号）《财政部 国家税务总局关于发布享受企业所得税优惠政策的农产品初加工范围（试行）的通知》（财税〔2008〕149号）

（七）农业生产用地免征城镇土地使用税

优惠内容	政策依据
农业生产用地免征城镇土地使用税。	《中华人民共和国城镇土地使用税暂行条例》（国务院令〔1988〕第17号）

（八）鲜活肉蛋产品免征增值税

优惠内容	政策依据
对从事农产品批发、零售的纳税人销售的部分鲜活肉蛋产品免征增值税。免征增值税的鲜活肉产品，是指猪、牛、羊、鸡、鸭、鹅及其整块或者分割的鲜肉、冷藏或者冷冻肉，内脏、头、尾、骨、蹄、翅、爪等组织。免征增值税的鲜活蛋产品，是指鸡蛋、鸭蛋、鹅蛋，包括鲜蛋、冷藏蛋以及对其进行破壳分离的蛋液、蛋黄和蛋壳。	《财政部　国家税务总局关于免征部分鲜活肉蛋产品流通环节增值税政策的通知》（财税〔2012〕075号）

（九）免征蔬菜流通环节增值税

优惠内容	政策依据
对从事蔬菜批发、零售的纳税人销售的蔬菜免征增值税。	《财政部　国家税务总局关于免征蔬菜流通环节增值税有关问题的通知》（财税〔2011〕137号）

（十）农产品批发市场免征房产税

优惠内容	政策依据
自2019年1月1日至2021年12月31日，对农产品批发市场、农贸市场（包括自有和承租，下同）专门用于经营农产品的房产，暂免征收房产税。对同时经营其他产品的农产品批发市场和农贸市场使用的房产，按其他产品与农产品交易场地面积的比例确定征免房产税。	《财政部　国家税务总局关于继续实行农产品批发市场、农贸市场房产税　城镇土地使用税优惠政策的通知》（财税〔2019〕12号）

（十一）农产品批发市场免征城镇土地使用税

优惠内容	政策依据
自2019年1月1日至2021年12月31日，对农产品批发市场、农贸市场（包括自有和承租，下同）专门用于经营农产品的土地，暂免征收城镇土地使用税。对同时经营其他产品的农产品批发市场和农贸市场使用的土地，按其他产品与农产品交易场地面积的比例确定征免城镇土地使用税。	《财政部　国家税务总局关于继续实行农产品批发市场　农贸市场房产税　城镇土地使用税优惠政策的通知》（财税〔2019〕12号）

（十二）环境保护税免征情形

优惠内容	政策依据
1. 农业生产（不包括规模化养殖）排放应税污染物的； 2. 机动车、铁路机车、非道路移动机械、船舶和航空器等流动污染源排放应税污染物的； 3. 依法设立的城乡污水集中处理、生活垃圾集中处理场所排放相应应税污染物，不超过国家和地方规定的排放标准的； 4. 纳税人综合利用的固体废物，符合国家和地方环境保护标准的； 5. 国务院批准免税的其他情形。	《中华人民共和国环境保护税法》（中华人民共和国主席令第六十一号）

（十三）规定限额内的农业生产取用水免征水资源税

优惠内容	政策依据
规定限额内的农业生产取用水，免征水资源税。	《财政部　税务总局　水利部关于印发〈扩大水资源税改革试点实施办法〉的通知》（财税〔2017〕80号）

二、软件产业税收优惠

（一）软件产业增值税超税负即征即退

优惠内容	政策依据
对符合享受条件的一般纳税人按适用税率征收增值税后，对其增值税实际税负超过3%的部分实行即征即退政策。	《财政部　国家税务总局关于软件产品增值税政策的通知》（财税〔2011〕100号）

（二）新办软件企业定期减免企业所得税

优惠内容	政策依据
我国境内新办的符合条件的软件企业，经认定后，在2017年12月31日前自获利年度起计算优惠期，第一年至第二年免征企业所得税，第三年至第五年按照25%的法定税率减半征收企业所得税，并享受至期满为止。	《财政部　国家税务总局关于进一步鼓励软件产业和集成电路产业发展企业所得税政策的通知》（财税〔2012〕27号） 《工业和信息化部　国家发展和改革委员会　财政部　国家税务总局关于印发〈软件企业认定管理办法〉的通知》（工信部联软〔2013〕64号） 《财政部　国家税务总局　发展改革委工业和信息化部关于软件和集成电路产业企业所得税优惠政策有关问题的通知》（财税〔2016〕49号） 《财政部　国家税务总局关于享受企业所得税优惠政策的新办企业认定标准的通知》（财税〔2006〕1号） 《国家税务总局关于执行软件企业所得税优惠政策有关问题的公告》（国家税务总局公告2013年第43号）

（三）国家规划布局内重点软件企业减按10%的税率征收企业所得税

优惠内容	政策依据
国家规划布局内的重点软件企业，如当年未享受免税优惠的，可减按10%的税率征收企业所得税。	《财政部　国家税务总局关于进一步鼓励软件产业和集成电路产业发展企业所得税政策的通知》（财税〔2012〕27号） 《工业和信息化部　国家发展和改革委员会　财政部　国家税务总局关于印发〈软件企业认定管理办法〉的通知》（工信部联软〔2013〕64号） 《财政部　国家税务总局　发展改革委工业和信息化部关于软件和集成电路产业企业所得税优惠政策有关问题的通知》（财税〔2016〕49号） 《国家发展和改革委员会关于印发国家规划布局内重点软件和集成电路设计领域的通知》（发改高技〔2016〕1056号）

（四）软件企业取得即征即退增值税款用于软件产品研发和扩大再生产企业所得税政策

优惠内容	政策依据
符合条件的软件企业按照《财政部　国家税务总局关于软件产品增值税政策的通知》（财税〔2011〕100号）规定取得的即征即退增值税款，由企业专项用于软件产品研发和扩大再生产并单独进行核算，可以作为不征税收入，在计算应纳税所得额时从收入总额中减除。	《财政部　国家税务总局关于进一步鼓励软件产业和集成电路产业发展企业所得税政策的通知》（财税〔2012〕27号） 《财政部　国家税务总局　发展改革委工业和信息化部关于软件和集成电路产业企业所得税优惠政策有关问题的通知》（财税〔2016〕49号） 《财政部　国家税务总局关于软件产品增值税政策的通知》（财税〔2011〕100号） 《国家税务总局关于执行软件企业所得税优惠政策有关问题的公告》（国家税务总局公告2013年第43号）

（五）软件企业职工培训费用应纳税所得额扣除

优惠内容	政策依据
符合条件的软件企业的职工培训费用,应单独进行核算并按实际发生额在计算应纳税所得额时扣除。	《财政部　国家税务总局关于进一步鼓励软件产业和集成电路产业发展企业所得税政策的通知》(财税〔2012〕27号) 《工业和信息化部　国家发展和改革委员会　财政部　国家税务总局关于印发〈软件企业认定管理办法〉的通知》(工信部联软〔2013〕64号) 《财政部　国家税务总局　发展改革委工业和信息化部关于软件和集成电路产业企业所得税优惠政策有关问题的通知》(财税〔2016〕49号) 《国家税务总局关于执行软件企业所得税优惠政策有关问题的公告》(国家税务总局公告2013年第43号)

（六）企业外购软件缩短折旧或摊销年限

优惠内容	政策依据
企业外购的软件,凡符合固定资产或无形资产确认条件的,可以按照固定资产或无形资产进行核算,其折旧或摊销年限可以适当缩短,最短可为2年(含)。	《财政部　国家税务总局关于进一步鼓励软件产业和集成电路产业发展企业所得税政策的通知》(财税〔2012〕27号)

三、动漫企业增值税超税负即征即退

优惠内容	政策依据
自2013年1月1日至2018年4月30日,对属于增值税一般纳税人的动漫企业销售其自主开发生产的动漫软件,按17%的税率征收增值税后,对其增值税实际税负超过3%的部分,实行即征即退政策。自2018年5月1日至2020年12月31日,对动漫企业增值税一般纳税人销售其自主开发生产的动漫软件,按照16%的税率征收增值税后,对其增值税实际税负超过3%的部分,实行即征即退政策。	《财政部　国家税务总局关于动漫产业增值税和营业税政策的通知》(财税〔2013〕98号,【依据财税〔2018〕38号《财政部　国家税务总局关于延续动漫产业增值税政策的通知》,本法规到期停止执行】) 《财政部　税务总局关于延续动漫产业增值税政策的通知》(财税〔2018〕38号) 《文化部　财政部　国家税务总局关于印发〈动漫企业认定管理办法(试行)〉的通知》(文市发〔2008〕51号)

四、文化体育产业税收优惠

（一）出版物增值税实行先征后退政策

优惠内容	政策依据
（一）对下列出版物在出版环节执行增值税100%先征后退的政策: 1. 中国共产党和各民主党派的各级组织的机关报纸和机关期刊,各级人大、政协、政府、工会、共青团、妇联、残联、科协的机关报纸和机关期刊,新华社的机关报纸和机关期刊,军事部门的机关报纸和机关期刊。 2. 专为少年儿童出版发行的报纸和期刊,中小学的学生课本。 3. 专为老年人出版发行的报纸和期刊。 4. 少数民族文字出版物。 5. 盲文图书和盲文期刊。 6. 经批准在内蒙古、广西、西藏、宁夏、新疆五个自治区内注册的出版单位出版的出版物。 7. 列入财税〔2018〕53号附件1的图书、报纸和期刊。 （二）对下列出版物在出版环节执行增值税先征后退50%的政策: 1. 各类图书、期刊、音像制品、电子出版物,但财税〔2018〕53号第一条第(一)项规定执行增值税100%先征后退的出版物除外。 2. 列入财税〔2018〕53号号附件2的报纸各类图书、期刊、音像制品、电子出版物在出版环节执行增值税先征后退50%的政策(除执行增值税100%先征后退的出版物除外)。	《财政部税务总局关于延续宣传文化增值税优惠政策的通知》(财税〔2018〕53号)

（二）经营性文化事业单位转制为企业税收优惠政策

优惠内容	政策依据
1. 经营性文化事业单位转制为企业，自转制注册之日起五年内免征企业所得税。2018年12月31日之前已完成转制的企业，自2019年1月1日起可继续免征五年企业所得税。 2. 由财政部门拨付事业经费的文化单位转制为企业，自转制注册之日起五年内对其自用房产免征房产税。2018年12月31日之前已完成转制的企业，自2019年1月1日起对其自用房产可继续免征五年房产税。 3. 党报、党刊将其发行、印刷业务及相应的经营性资产剥离组建的文化企业，自注册之日起所取得的党报、党刊发行收入和印刷收入免征增值税。 4. 对经营性文化事业单位转制中资产评估增值、资产转让或划转涉及的企业所得税、增值税、城市维护建设税、契税、印花税等，符合现行规定的享受相应税收优惠政策。	《财政部 税务总局 中央宣传部关于继续实施文化体制改革中经营性文化事业单位转制为企业若干税收政策的通知》（财税〔2019〕16号）

（三）图书批发及零售增值税优惠政策

优惠内容	政策依据
自2018年1月1日起至2020年12月31日，免征图书批发、零售环节增值税。	《财政部 税务总局关于延续宣传文化增值税优惠政策的通知》（财税〔2018〕53号）

（四）电影和广播影视企业增值税优惠政策

优惠内容	政策依据
1. 对电影主管部门（包括中央、省、地市及县级）按照各自职能权限批准从事电影制片、发行、放映的电影集团公司（含成员企业）、电影制片厂及其他电影企业取得的销售电影拷贝（含数字拷贝）收入、转让电影版权（包括转让和许可使用）收入、电影发行收入以及在农村取得的电影放映收入，免征增值税。一般纳税人提供的城市电影放映服务，可以按现行政策规定，选择按照简易计税办法计算缴纳增值税。 2. 对广播电视运营服务企业收取的有线数字电视基本收视维护费和农村有线电视基本收视费，免征增值税。 3. 本通知执行期限为2019年1月1日至2023年12月31日。	《财政部 税务总局关于继续实施支持文化企业发展增值税政策的通知》（财税〔2019〕17号）

（五）体育场馆免征房产税和城镇土地使用税优惠

优惠内容	政策依据
经费自理事业单位、体育社会团体、体育基金会、体育类民办非企业单位拥有并运营管理的体育场馆，符合条件的，其用于体育活动的房产、土地，免征房产税和城镇土地使用税。	《财政部 国家税务总局关于体育场馆房产税和城镇土地使用税政策的通知》（财税〔2015〕130号）

五、物流产业税收优惠

（一）物流企业承租用于大宗商品仓储设施的土地城镇土地使用税优惠政策

优惠内容	政策依据
对物流企业承租用于大宗商品仓储设施的土地，减按所属土地等级适用税额标准的50%计征城镇土地使用税。	《财政部 税务总局关于物流企业承租用于大宗商品仓储设施的土地城镇土地使用税优惠政策的通知》（财税〔2018〕62号）

（二）物流企业大宗商品仓储设施用地城镇土地使用税优惠政策

优惠内容	政策依据
对物流企业自有的（包括自用和出租）大宗商品仓储设施用地，减按所属土地等级适用税额标准的50％计征城镇土地使用税。	《财政部　国家税务总局关于继续实施物流企业大宗商品仓储设施用地城镇土地使用税优惠政策的通知》（财税〔2017〕33号）

六、西部大开发企业所得税优惠税率

优惠内容	政策依据
对设在西部地区以《西部地区鼓励类产业目录》中规定的产业项目为主营业务的企业。自2011年1月1日至2020年12月31日，对设在西部地区以《西部地区鼓励类产业目录》中规定的产业项目为主营业务，且其当年度主营业务收入占企业收入总额70％以上的企业，可减按15％税率缴纳企业所得税。	《中华人民共和国企业所得税法》 《中华人民共和国企业所得税法实施条例》 《财政部　国家税务总局　海关总署关于深入实施西部大开发战略有关税收政策问题的通知》（财税〔2011〕58号）

七、去产能和调结构税收优惠

（一）去产能和调结构停产企业免征房产税

优惠内容	政策依据
对按照去产能和调结构政策要求停产停业、关闭的企业，自停产停业次月起，免征房产税。企业享受免税政策的期限累计不得超过两年。	《财政部　税务总局关于去产能和调结构房产税城镇土地使用税政策的通知》（财税〔2018〕107号）

（二）去产能和调结构停产企业免征城镇土地使用税

优惠内容	政策依据
对按照去产能和调结构政策要求停产停业、关闭的企业，自停产停业次月起，免征城镇土地使用税。企业享受免税政策的期限累计不得超过两年。	《财政部　税务总局关于去产能和调结构房产税城镇土地使用税政策的通知》（财税〔2018〕107号）

第六节　重点群体创业就业税收优惠

（一）重点群体创业税收扣减

优惠内容	政策依据
建档立卡贫困人口，持《就业创业证》（注明"自主创业税收政策"或"毕业年度内自主创业税收政策"）或《就业失业登记证》（注明"自主创业税收政策"）的人员，从事个体经营的，自办理个体工商户登记当月起，在3年（36个月，下同）内按每户每年12 000元为限额依次扣减其当年实际应缴纳的增值税、城市维护建设税、教育费附加、地方教育附加和个人所得税。限额标准最高可上浮20％，各省、自治区、直辖市人民政府可根据本地区实际情况在此幅度内确定具体限额标准。	《财政部　税务总局　人力资源社会保障部国务院扶贫办关于进一步支持和促进重点群体创业就业有关税收政策的通知》（财税〔2019〕22号）

（二）吸纳重点群体就业税收扣减

优惠内容	政策依据
企业招用建档立卡贫困人口，以及在人力资源社会保障部门公共就业服务机构登记失业半年以上且持《就业创业证》或《就业失业登记证》（注明"企业吸纳税收政策"）的人员，与其签订1年以上期限劳动合同并依法缴纳社会保险费的，自签订劳动合同并缴纳社会保险当月起，在3年内按实际招用人数予以定额依次扣减增值税、城市维护建设税、教育费附加、地方教育附加和企业所得税优惠。定额标准为每人每年6 000元，最高可上浮30%，各省、自治区、直辖市人民政府可根据本地区实际情况在此幅度内确定具体定额标准。城市维护建设税、教育费附加、地方教育附加的计税依据是享受本项税收优惠政策前的增值税应纳税额。	《财政部　税务总局　人力资源社会保障部　国务院扶贫办关于进一步支持和促进重点群体创业就业有关税收政策的通知》（财税〔2019〕22号）

（三）退役士兵创业税收扣减

优惠内容	政策依据
自主就业退役士兵从事个体经营的，自办理个体工商户登记当月起，在3年（36个月，下同）内按每户每年12 000元为限额依次扣减其当年实际应缴纳的增值税、城市维护建设税、教育费附加、地方教育附加和个人所得税。限额标准最高可上浮20%，各省、自治区、直辖市人民政府可根据本地区实际情况在此幅度内确定具体限额标准。	《财政部　税务总局　退役军人部关于进一步扶持自主就业退役士兵创业就业有关税收政策的通知》（财税〔2019〕21号）

（四）吸纳退役士兵就业企业税收扣减

优惠内容	政策依据
企业招用自主就业退役士兵，与其签订1年以上期限劳动合同并依法缴纳社会保险费的，自签订劳动合同并缴纳社会保险当月起，在3年内按实际招用人数予以定额依次扣减增值税、城市维护建设税、教育费附加、地方教育附加和企业所得税优惠。定额标准为每人每年6 000元，最高可上浮50%，各省、自治区、直辖市人民政府可根据本地区实际情况在此幅度内确定具体定额标准。	《财政部　税务总局　退役军人部关于进一步扶持自主就业退役士兵创业就业有关税收政策的通知》（财税〔2019〕21号）

（五）随军家属创业免征增值税、个人所得税

优惠内容	政策依据
从事个体经营的随军家属，自办理税务登记事项之日起，其提供的应税服务3年内免征增值税；3年内免征个人所得税。	《财政部　国家税务总局关于随军家属就业有关税收政策的通知》（财税〔2000〕84号） 　　《财政部　国家税务总局关于全面推开营业税改征增值税试点的通知》（财税〔2016〕36号）

（六）安置随军家属就业的企业免征增值税

优惠内容	政策依据
为安置随军家属就业而新开办的企业，安置的随军家属占企业总人数的60%（含）以上，并有军（含）以上政治和后勤机关出具的证明，自领取税务登记证之日起，其提供的应税服务3年内免征增值税。	《财政部　国家税务总局关于全面推开营业税改征增值税试点的通知》（财税〔2016〕36号）

（七）军队转业干部创业免征增值税、个人所得税

优惠内容	政策依据
自主择业的军队转业干部从事个体经营，自领取税务登记证之日起，其提供的应税服务3年内免征增值税；3年内免征个人所得税。	《财政部　国家税务总局关于自主择业的军队转业干部有关税收政策问题的通知》（财税〔2003〕26号） 　　《财政部　国家税务总局关于全面推开营业税改征增值税试点的通知》（财税〔2016〕36号）

（八）安置军队转业干部就业的企业免征增值税

优惠内容	政策依据
为安置自主择业的军队转业干部就业而新开办的企业，安置的自主择业军队转业干部占企业总人数60%（含）以上，自领取税务登记证之日起，其提供的应税服务3年内免征增值税。	《财政部　国家税务总局关于全面推开营业税改征增值税试点的通知》（财税〔2016〕36号）

（九）残疾人创业免征增值税

优惠内容	政策依据
残疾人个人提供的加工、修理修配劳务，为社会提供的应税服务，免征增值税。	《财政部　国家税务总局关于全面推开营业税改征增值税试点的通知》（财税〔2016〕36号） 　　《财政部　国家税务总局关于促进残疾人就业增值税优惠政策的通知》（财税〔2016〕52号）

（十）安置残疾人就业的单位和个体户增值税即征即退

优惠内容	政策依据
对安置残疾人的单位和个体工商户（以下称纳税人），实行由税务机关按纳税人安置残疾人的人数，限额即征即退增值税。 　　安置的每位残疾人每月可退还的增值税具体限额，由县级以上税务机关根据纳税人所在区县（含县级市、旗）适用的经省（含自治区、直辖市、计划单列市）人民政府批准的月最低工资标准的4倍确定。 　　一个纳税期已交增值税额不足退还的，可在本纳税年度内以前纳税期已交增值税扣除已退增值税的余额中退还，仍不足退还的可结转本纳税年度内以后纳税期退还，但不得结转以后年度退还。纳税期限不为按月的，只能对其符合条件的月份退还增值税。	《财政部　国家税务总局关于促进残疾人就业增值税优惠政策的通知》（财税〔2016〕52号） 　　《国家税务总局关于发布〈促进残疾人就业增值税优惠政策管理办法〉的公告》（国家税务总局公告2016年第33号）

（十一）特殊教育学校举办的企业安置残疾人就业增值税即征即退

优惠内容	政策依据
对安置残疾人的特殊教育学校举办的企业，实行由税务机关按纳税人安置残疾人的人数，限额即征即退增值税。 　　安置的每位残疾人每月可退还的增值税具体限额，由县级以上税务机关根据纳税人所在区县（含县级市、旗，下同）适用的经省（含自治区、直辖市、计划单列市，下同）人民政府批准的月最低工资标准的4倍确定。 　　在计算残疾人人数时可将在企业上岗工作的特殊教育学校的全日制在校学生计算在内，在计算企业在职职工人数时也要将上述学生计算在内。	《财政部　国家税务总局关于促进残疾人就业增值税优惠政策的通知》（财税〔2016〕52号） 　　《国家税务总局关于发布〈促进残疾人就业增值税优惠政策管理办法〉的公告》（国家税务总局公告2016年第33号）

（十二）残疾人就业减征个人所得税

优惠内容	政策依据
对残疾人个人取得的劳动所得，给予个人所得税应纳税额减征六成至九成的照顾。具体减征幅度由主管税务机关根据民政部门、残疾人联合会认定的残疾人伤残等级证书具体确定。	《财政部 国家税务总局关于促进残疾人就业税收优惠政策的通知》（财税〔2007〕92 号【依据财税〔2016〕52 号《财政部 国家税务总局关于促进残疾人就业增值税优惠政策的通知》第十二条规定，本法规自 2016 年 5 月 1 日起全文废止。】）

（十三）安置残疾人就业的企业残疾人工资加计扣除

优惠内容	政策依据
企业安置残疾人员的，在按照支付给残疾职工工资据实扣除的基础上，可以在计算应纳税所得额时按照支付给残疾职工工资的 100％加计扣除。	《中华人民共和国企业所得税法》（中华人民共和国主席令第六十三号） 《中华人民共和国企业所得税法实施条例》（中华人民共和国国务院令第 512 号） 《财政部 国家税务总局关于安置残疾人员就业有关企业所得税优惠政策问题的通知》（财税〔2009〕70 号）

（十四）安置残疾人就业的单位减免城镇土地使用税

优惠内容	政策依据
对在一个纳税年度内月平均实际安置残疾人就业人数占单位在职职工总数比例高于 25％（含 25％）且实际安置残疾人人数高于 10 人（含 10 人）的单位，减征或免征城镇土地使用税川财税〔2011〕48 号规定，减半征收该年度城镇土地使用税。	《财政部 国家税务总局关于安置残疾人就业单位城镇土地使用税等政策的通知》（财税〔2010〕121 号）

（十五）调整残疾人就业保障金征收标准上限

优惠内容	政策依据
自 2018 年 4 月 1 日起，将残疾人就业保障金征收标准上限，由当地社会平均工资的 3 倍降低至 2 倍。其中，用人单位在职职工平均工资未超过当地社会平均工资 2 倍（含）的，按用人单位在职职工年平均工资计征残疾人就业保障金；超过当地社会平均工资 2 倍的，按当地社会平均工资 2 倍计征残疾人就业保障金。	《财政部关于降低部分政府性基金征收标准的通知》（财税〔2018〕39 号）

第七节　创业就业平台税收优惠

一、科技企业孵化器（含众创空间）免征增值税

优惠内容	政策依据
1. 自 2016 年 5 月 1 日起，对科技企业孵化器（含众创空间）向孵化企业出租场地、房屋以及提供孵化服务的收入，免征增值税。 2. 自 2019 年 1 月 1 日至 2021 年 12 月 31 日，对国家级、省级科技企业孵化器、大学科技园和国家备案众创空间自用以及无偿或通过出租等方式提供给在孵对象使用的房产、土地，免征房产税和城镇土地使用税；对其向在孵对象提供孵化服务取得的收入，免征增值税。 3. 国家级、省级科技企业孵化器、大学科技园和国家备案众创空间应当单	《财政部 国家税务总局关于科技企业孵化器税收政策的通知》（财税〔2016〕89 号） 《财政部 税务总局 科技部 教育部关于科技企业孵化器大学科技

（续表）

优惠内容	政策依据
独核算孵化服务收入。 　　4. 国家级科技企业孵化器、大学科技园和国家备案众创空间认定和管理办法由国务院科技、教育部门另行发布；省级科技企业孵化器、大学科技园认定和管理办法由省级科技、教育部门另行发布。 　　以上所称孵化服务是指为在孵对象提供的经纪代理、经营租赁、研发和技术、信息技术、鉴证咨询服务。	园和众创空间税收政策的通知》（财税〔2018〕120号）

二、符合非营利组织条件的孵化器的收入免征企业所得税

优惠内容	政策依据
符合非营利组织条件的孵化器的收入，按照企业所得税法及其实施条例和有关税收政策规定免征企业所得税。	《财政部　国家税务总局关于科技企业孵化器税收政策的通知》（财税〔2016〕89号） 《财政部　税务总局关于非营利组织免税资格认定管理有关问题的通知》（财税〔2018〕13号）

三、科技企业孵化器免征房产税

优惠内容	政策依据
2016年1月1日至2018年12月31日，对符合条件的科技企业孵化器自用以及无偿或通过出租等方式提供给孵化企业使用的房产，免征房产税。 　　自2019年1月1日至2021年12月31日，对国家级、省级科技企业孵化器、大学科技园和国家备案众创空间自用以及无偿或通过出租等方式提供给在孵对象使用的房产、土地，免征房产税。	《财政部　国家税务总局关于科技企业孵化器税收政策的通知》（财税〔2016〕89号） 《财政部　税务总局　科技部　教育部关于科技企业孵化器大学科技园和众创空间税收政策的通知》（财税〔2018〕120号）

四、科技企业孵化器免征城镇土地使用税

优惠内容	政策依据
1. 2016年1月1日至2018年12月31日，对符合条件的科技企业孵化器自用以及无偿或通过出租等方式提供给孵化企业使用的土地，免征城镇土地使用税。 　　2. 自2019年1月1日至2021年12月31日，对国家级、省级科技企业孵化器、大学科技园和国家备案众创空间自用以及无偿或通过出租等方式提供给在孵对象使用的房产、土地，免征城镇土地使用税。	《财政部　国家税务总局关于科技企业孵化器税收政策的通知》（财税〔2016〕89号） 《财政部　税务总局　科技部　教育部关于科技企业孵化器大学科技园和众创空间税收政策的通知》（财税〔2018〕120号）

五、国家大学科技园免征增值税

优惠内容	政策依据
1. 自2016年5月1日起，对国家大学科技园向孵化企业出租场地、房屋以及提供孵化服务的收入，免征增值税。 　　2. 自2019年1月1日至2021年12月31日，对国家级、省级科技企业孵化器、大学科技园和国家备案众创空间向在孵对象提供孵化服务取得的收入，免征增值税。 　　3. 国家级、省级科技企业孵化器、大学科技园和国家备案众创空间应当单独核算孵化服务收入。	《财政部　国家税务总局关于国家大学科技园税收政策的通知》（财税〔2016〕98号） 《财政部　税务总局　科技部　教育部关于科技企业孵化器大学科技园和众创空间税收政策的通知》（财税〔2018〕120号）

优惠内容	政策依据
4. 国家级科技企业孵化器、大学科技园和国家备案众创空间认定和管理办法由国务院科技、教育部门另行发布；省级科技企业孵化器、大学科技园认定和管理办法由省级科技、教育部门另行发布。 以上所称孵化服务是指为在孵对象提供的经纪代理、经营租赁、研发和技术、信息技术、鉴证咨询服务。	

六、符合非营利组织条件的大学科技园的收入免征企业所得税

优惠内容	政策依据
符合非营利组织条件的科技园的收入，按照企业所得税法及其实施条例和有关税收政策规定免征企业所得税。	《财政部　国家税务总局关于国家大学科技园税收政策的通知》（财税〔2016〕98号） 《财政部　税务总局关于非营利组织免税资格认定管理有关问题的通知》（财税〔2018〕13号）

七、国家大学科技园免征房产税

优惠内容	政策依据
1. 自2016年1月1日至2018年12月31日，对符合条件的国家大学科技园自用以及无偿或通过出租等方式提供给孵化企业使用的房产，免征房产税。 2. 自2019年1月1日至2021年12月31日，对国家级、省级科技企业孵化器、大学科技园和国家备案众创空间自用以及无偿或通过出租等方式提供给在孵对象使用的房产、土地，免征房产税。	《财政部　国家税务总局关于国家大学科技园税收政策的通知》（财税〔2016〕98号） 《财政部　税务总局　科技部　教育部关于科技企业孵化器大学科技园和众创空间税收政策的通知》（财税〔2018〕120号）

八、国家大学科技园免征城镇土地使用税

优惠内容	政策依据
1. 自2016年1月1日至2018年12月31日，对符合条件的科技园自用以及无偿或通过出租等方式提供给孵化企业使用的土地，免征城镇土地使用税。 2. 自2019年1月1日至2021年12月31日，对国家级、省级科技企业孵化器、大学科技园和国家备案众创空间自用以及无偿或通过出租等方式提供给在孵对象使用的房产、土地，免征城镇土地使用税。	《财政部　国家税务总局关于国家大学科技园税收政策的通知》（财税〔2016〕98号） 《财政部　税务总局　科技部　教育部关于科技企业孵化器大学科技园和众创空间税收政策的通知》（财税〔2018〕120号）

第九章 减税降费税务行动指引

第一节 减税降费税务综合措施指引

政策依据：

《国家税务总局关于深入贯彻落实减税降费政策措施的通知》(税总发〔2019〕13号)；

《国家税务总局关于进一步落实好简政减税降负措施更好服务经济社会发展有关工作的通知》(税总发〔2018〕150号)；

《国家税务总局关于实施进一步支持和服务民营经济发展若干措施的通知》(税总发〔2018〕174号)。

一、深入贯彻落实减税降费政策的措施（税总发〔2019〕13号）

(一) 提高思想认识，积极主动作为

减税降费是深化供给侧结构性改革的重要举措，对减轻企业负担、激发微观主体活力、促进经济增长具有重要作用。近年来，党中央、国务院部署实施了一系列力度大、内容实、范围广的减税降费政策措施，有力促进了创业创新，有效推动了经济社会发展。继续加大减税降费力度特别是加大对小微企业和实体经济的税收支持力度，关系到经济持续平稳运行和社会就业稳定，对进一步把握好重要战略机遇期，实现经济高质量发展具有重要意义。

近年来，各级税务机关按照党中央、国务院决策部署，认真落实各项减税降费政策，持续改进纳税服务，为释放减税降费政策红利、不断优化税收营商环境了积极努力，取得了积极成效。但也要看到，当前我国经济下行压力加大，特别是实体经济发展仍面临较多困难，全社会对进一步加大减税降费力度还有很多期盼。民之所盼，政之所向。党中央、国务院决定实施更大规模的减税降费措施，近日国务院常务会议已推出一批小微企业普惠性减税政策。各级税务机关要切实把思想和行动统一到党中央、国务院的决策部署上来，从讲政治的高度，从保持经济持续健康发展和社会大局稳定的高度，进一步增强落实好减税降费措施的政治责任感和工作主动性，确保各项政策措施不折不扣落实到位，确保企业和人民群众有实实在在的获得感。

(二) 切实加强领导，狠抓责任落实

各级税务机关要按照全国税务工作会议的部署，把落实好减税降费政策措施作为今年税收工作的主题，摆在重中之重的突出位置，统筹谋划、周密部署、迅速行动，把这个责任坚决扛起来，把这项任务坚决落到地。税务总局已成立实施减税降费工作领导小组，下设办公室(收入规划核算司牵头)、政策制定组(政策法规司牵头)、征管核算组(收入规划核算司、征管和科技发展司牵头)、督察督办组(督察内审司牵头)、服务宣传组(纳税服务司、税收宣传中心牵头)等工作组，统筹抓好减税降费政策措施的落实。各级税务机关都要比照成立抓落实的工作机制，由一把手负总责，抽调精干力量，组成专门班子，明确责任主体，梳理任务清单，紧扣时间节点，对标对表开展好每一项工作，确保实而又实、细而又细地将减税降费政策措施实施前的各项准备、运行中的管理服务、落实后的效应分析等工作抓到位、抓出成效。

(三) 抓紧政策研究，尽早推进实施

在落实好已出台的小微企业普惠性减税等政策措施的基础上，税务总局配合有关部门抓紧研究完善降低增值税税率、降低社保费费率等实施方案,努力做到实打实、硬碰硬,提高政策的科学性和普惠性,积极推动相关政策尽早公布实施。各省税务机关要配合财政部门积极研究对增值税小规模纳税人在50%幅度内减征相关地方税种和附加的政策方案,主动向省级人民政府请示汇报,按要求及时制发操作文件并抓好后续落实,相关情况要及时向税务总局报告。省以下税务机关要密切跟踪小微企业普惠性减税等政策措施实施情况,完善税收政策执行情况反馈机制,及时反映政策执行中存在的问题和意见建议;要围绕进一步加大减税降费力度,深入开展调查研究,积极主动提出切实可行、简明易行的意见建议,促进减税降费政策措施不断完善,政策实施效果更给力、更有感。

(四)强化宣传辅导,有效引导预期

各级税务机关要围绕确保减税降费政策措施为纳税人和缴费人普遍所知、普遍所用,着力强化宣传辅导,让市场主体实实在在感受到党中央、国务院减税降费的力度,进一步增强信心、激发活力,在全社会推动形成稳定积极的预期。要创新方式、加大力度,通过税务机关网站、微信、微博、移动客户端、12366纳税服务热线、印发宣传资料等方式开展多渠道、广覆盖的减税降费政策宣传。税务总局将通过政策解读视频会等方式面向税务系统和纳税人、缴费人开展"一竿子贯到底"的减税降费相关政策专题辅导,并将减税降费作为2019年税收宣传月的重点内容。省以下税务机关要通过纳税人学堂、上门辅导、专题宣讲等方式开展面对面的政策辅导。政策辅导既要百分之百全面覆盖,又要点对点精准"滴灌";既要面向企业财务人员,又要面向企业法人代表;既要讲解政策实体性内容,又要讲解办税缴费流程、申报表填报等程序性内容,帮助纳税人、缴费人明晰政策口径和适用标准,确保准确理解和充分享受。

(五)优化管理服务,增进办税便利

各级税务机关要牢固树立以纳税人和缴费人为中心的服务理念,持续优化管理服务措施。税务总局和各级税务机关要深入研究并不断优化便利纳税人和缴费人享受减税降费政策的举措,该简化的程序一律简化,能精简的资料一律精简,尽快实施扩大税收优惠备案改备查范围、加快税务证明事项清理、推进涉税资料清单管理等措施,确保落实减税降费政策措施提质增效。省以下税务机关要结合当地实际,积极主动推出管理服务创新举措,充分发挥计算机自动识别、政策提示、标准判定、协助计税(费)等功能,进一步提升纳税人和缴费人享受减税降费政策的良好体验。要严格按照税务总局工作要求,采取有力措施全面准确掌握纳税人规模、税种、行业、经济类型等基础信息,确保基础数据质量,增强管理服务的针对性。主管税务机关应当及时审核纳税人申报数据,辅导纳税人准确申报,不断提高减免税申报质量。办税服务厅要全面落实首问责任、限时办结、预约办税、延时服务、导税服务和"最多跑一次"等各项服务制度,确保对纳税人和缴费人的问题及时解答、事项及时办理,以更高的便利度和满意度,为纳税人和缴费人带来更强的获得感。

当前,各级税务机关要围绕更好服务小微企业发展、落实好小微企业普惠性减税政策,合理调配办税资源。税务总局专门设立小微企业服务处,负责集中受理和协调解决中小微企业涉税诉求。各省税务机关也要指定专门部门、安排专人负责中小微企业服务工作。要在办税服务厅设置小微企业优惠政策落实咨询服务岗,确保小微企业涉税诉求有处提、疑惑有人解、事项有人办。

(六)加强统计核算,深化效应分析

各级税务机关要认真做好减税降费政策措施落实情况的统计核算和效应分析工作,务必做到"心中有数""底账清晰"。税务总局将建立健全小微企业普惠性减税等政策措施实施情况的统计核算办法,从统一各个层级、各个地区、每个税种、每项政策的统计核算口径开始,建立包括申报数据采集、审核校验、汇总上报、核算分析等各环节在内,自上而下、整齐划一、清清爽爽的统计核算分析体系,不断提高核算的全面性、精准性、时效性,确保按期生成减免税统计核算数据,客观反映减免税效果。省税务机关要对减免税数据进行日常会审,全面提升减免税统计数据的质量和时效;要积极主动开展减税政策实施情况评估,及时上报政策运行情况及经济效应分析。要优化完善征管系统统计核算功能,开展统计核算时要特别注意避免给纳税人增添不必要的负担,凡是能够通过申报表提取或系统生成的数据,一律不得要求纳税人另行填报。

(七)积极争取支持,凝聚工作合力

实施减税降费需要各方面的积极参与和共同推动。各级税务机关要加强向地方党委、政府的汇报和与财政等部门的沟通,争取地方在编制和调整预算时充分考虑实施减税降费政策的因素,合理确定税费收入预算。要主动向有关监督部门介绍减税降费政策落实情况,积极争取指导,认真改进工作,确保得到多方理解和支持。当前,要根据小微企业普惠性减税政策自 2019 年 1 月 1 日起实施的要求,加强与财政、人民银行等部门的沟通协调,切实做好纳税人已缴税款的退库工作。

(八)抓好督促考评,务求落地生根

各级税务机关要在统筹规范督查检查考核工作的基础上,将小微企业普惠性减税等政策措施落实情况纳入绩效管理,科学编制考评指标,严格实施考评督促,并通过执法督察等方式促进减税降费政策措施更好地落实落地。税务总局 2019 年上半年将以小微企业普惠性减税政策落实情况为重点,组织开展减税降费工作督导督查。省以下税务机关也要层层传导压力、落实责任,一级一级抓好贯彻落实,切实加强对辖区内小微企业普惠性减税等政策措施落实情况的督查,做到一督到底、全面覆盖、不留死角。对政策执行中发现的问题要不回避、不护短,该反映的及时全面反映,能解决的及时研究解决,应整改的抓紧即查即改。同时,要积极配合好有关部门组织开展的督查工作,如实反映情况,自觉接受监督,推进各项减税降费政策措施落地生根。

(九)严肃工作纪律,确保工作质效

各级税务机关要牢固树立落实好减税降费政策措施是硬任务的理念,坚持把纪律规矩挺在前面,严明工作要求,扛牢压实责任,确保各项减税降费政策措施不折不扣地落实到位,确保纳税人和缴费人"应知尽知""应会尽会""应享尽享"。对政策落实不力、统计把关不严以及在宣传辅导、管理服务等工作中有重大疏漏,造成不良影响的单位和个人,要依规依纪严肃追责问责,以最严肃的纪律确保党中央、国务院减税降费决策部署得到最严格的贯彻落实。

二、落实好简政减税降负措施更好服务经济社会发展(税总发〔2018〕150 号)

(一)深刻认识简政减税降负的重要意义

党中央、国务院高度重视简政减税降负工作,出台了一系列政策措施,对优化营商环境、促进经济高质量发展起到了非常重要的作用。今年以来,我国经济保持了总体平稳、稳中向好的态势。同时,经济运行稳中有变,面临一些新问题新挑战。在当前国内外经济形势错综复杂的情况下,加大简政减税降负力度,有利于稳就业、稳金融、稳外贸、稳外资、稳投资、稳预期,为我国经济长期向好发展提供持续有力的支持。

各级税务机关要切实把思想和行动统一到党中央、国务院关于当前经济形势的判断上来,统一到党中央、国务院的各项决策部署上来,进一步加大工作力度,不折不扣、不拖不延地落实好各项简政减税降负措施,更好地营造稳定公平透明、可预期的税收营商环境,为市场主体添活力,为人民群众增便利。

(二)不折不扣落实好各项减税政策

各级税务机关要认真落实国家已出台的减税措施,特别是今年出台的降低增值税税率、扩大增值税留抵退税范围、放宽享受减半征收企业所得税优惠的小型微利企业标准、允许单价 500 万元以下新购进设备器具一次性税前扣除、取消委托境外研发费用加计扣除限制等一系列优惠政策,为促进大众创业、万众创新,推动实体经济转型升级和增强社会创造力营造良好环境。要牢固树立不落实税收优惠政策也是收"过头税"的观念,进一步深入细致加强税收政策宣传辅导,及时提

醒和帮助纳税人享受税收优惠,确保国家出台的各项减税政策应知尽知、应享尽享。要加强政策效应跟踪分析,及时查找和改进落实中存在的薄弱环节,确保政策落地见效,不为经济运行增添任何不利因素。

(三) 扎实落实个人所得税改革措施

建立综合与分类相结合的个人所得税制,是我国个人所得税制前所未有的重大改革。各级税务机关要进一步增强责任感、使命感和紧迫感,按照"一次立法、两步实施"的安排,切实做好 2018 年 10 月 1 日起提高基本减除费用标准并适用新税率表、2019 年 1 月 1 日起全面实施综合与分类税制的各项准备工作,稳妥开展信息系统搭建,密切加强部门协作和信息共享,迅速组织开展好税务系统内部和面向纳税人、扣缴义务人的培训辅导,确保落实新税法的各项资源配置及时到位,各项配套措施有效落地,各项改革任务圆满完成。同时,要紧扣纳税人诉求,回应纳税人关切,化解纳税人疑虑,扎扎实实做好改革实施工作,确保改革红利及时惠及每一名纳税人,确保改革成果由纳税人所享,改革成效获纳税人点赞。

(四) 有序推进社会保险费和非税收入征管职责划转准备工作

社会保险费和非税收入征管职责划转涉及面广、关注度高,是一项重大的系统工程,也是一项民生工程。各级税务机关要按照税务总局的统一安排部署,在地方政府的领导下,加强与有关部门的配合,坚持稳字当头,积极稳妥做好资料移交、系统对接等工作,建立部门间常态化信息共享和协作机制,优化社保费和非税收入缴费服务资源配置,从缴费人需求出发,统一服务标准,整合税费缴纳流程,简并缴费资料报送,降低缴费成本,确保划转工作署,已负责征收社保费的税务机关,务必在社保征收机构改革到位前,一律保持现有征收政策不变,务必做到不自行组织开展以前年度的欠费清查,务必对有令不行、有禁不止、违反规定的行为依法依规坚决纠正、严肃处理。同时,要认真进行分析测算,抓紧研究提出适当降低社保费率、确保总体上不增加企业负担的政策措施。

(五) 持续深化税收领域"放管服"改革

各级税务机关要进一步牢固树立以纳税人和缴费人为中心的服务理念,结合国税地税征管体制改革,继续加大税务系统简政放权力度,不断深化办税(缴费)便利化改革,创新事中事后监管方式,该放的坚决放彻底放到位,该管的务必管精准管有效,该服的力求服细致服舒心。要认真贯彻落实全国深化"放管服"改革转变政府职能电视电话会议精神,执行好税务总局新推出的优化税收营商环境"10 条措施",全力打造税收领域"放管服"升级版。要抓好《全国税务系统进一步优化税收营商环境行动方案(2018—2022 年)》的组织实施,按照行动方案确定的时间表、路线图和任务书,把各项任务落实到位,见到实效。既要为持续经营的企业提供优质的办税服务,切实增进办税便利,提高办税效率,优化办税体验,又要按照《国家税务总局关于进一步优化办理企业税务注销程序的通知》,着力简化企业税务注销程序,实行清税证明免办服务、优化税务注销即办服务、简并办理流程和减少报送资料等,最大程度方便市场主体。国家税务总局北京、上海市税务局等 18 个优化税收营商环境试点单位要先行先试,不断总结经验,及时复制推广。

(六) 组织开展全覆盖的专项督查

为进一步做好税务系统简政减税降负各项工作,税务总局近期将围绕落实各项减税政策、推进个人所得税改革、社保费征管、深化"放管服"改革等工作开展督导督查,确保一督到底、全面覆盖、不留死角,确保党中央、国务院部署的各项简政减税降负措施在税务系统全面落实落地。同时,税务总局还将会同人力资源社会保障部组织开展联合督查,严格督促社保费征收政策保持稳定、征管职责划转平稳有序的要求落到实处。对督查中发现的问题要查深查透、即查即改,对情节严重的,要依规严肃问责,切实做到真督真查、真究真问、真促真改。

三、实施进一步支持和服务民营经济发展的若干措施（税总发〔2018〕174号）

（一）认真落实和完善政策，促进民营企业减税降费

1. 不折不扣落实税收优惠政策。各级税务机关要坚决贯彻依法征税的组织收入原则，坚决不收"过头税"，坚决落实减免税政策。对符合享受税收优惠政策条件的民营企业与其他纳税人一律平等对待，确保优惠政策落实到位。要依法依规执行好小微企业免征增值税、小型微利企业减半征收企业所得税、金融机构向小微企业提供贷款的利息收入及担保机构向中小企业提供信用担保收入免征增值税等主要惠及民营企业的优惠政策，持续加大政策落实力度，确保民营企业应享尽享。

2. 稳定社会保险费缴费方式。税务总局要积极配合有关部门研究提出降低社保费率等建议，确保总体上不增加企业负担，确保企业社保缴费实际负担有实质性下降。各级税务机关在社保费征管机制改革过程中，要确保缴费方式稳定，积极配合有关部门合理编制体现减费要求的社保费收入预算，严格按照人大审议通过的预算负责征收。对包括民营企业在内的缴费人以前年度欠费，一律不得自行组织开展集中清缴。

3. 积极研究提出减税政策建议。税务总局要配合有关部门抓紧研究提出推进增值税等实质性减税、对小微企业和科技型初创企业实施普惠性税收免除的建议，统筹提出解决税制改革和推进过程中发现问题的建议；要根据公开征求意见情况，配合有关部门抓紧对个人所得税6项专项附加扣除的政策进行完善。各省税务局要围绕进一步加大减税力度，深入组织开展调查研究，积极提出有针对性、切实可行的意见建议。

4. 加强税收政策宣传辅导。各级税务机关要充分运用纳税人学堂等载体，专门组织开展面向民营企业的政策辅导。对面上普遍适用的政策要进行系统辅导，对重要专项政策要进行专题辅导，对持续经营的民营企业要及时开展政策更新辅导，对新开办的民营企业要及时送政策上门，帮助企业及时了解、充分适用。税务总局要持续做好税收政策文件清理和税收政策视频解读，动态编写、修订和发布《税收优惠政策汇编》及分类别的税收优惠指引，并在12366纳税服务平台开辟税收优惠政策专题栏目，帮助包括民营企业在内的广大纳税人熟悉掌握、用足用好相关优惠政策。

5. 强化税收政策执行情况反馈。税务总局和各省税务局要进一步健全和落实税收政策执行情况反馈机制。各基层税务机关要充分发挥直接面对纳税人的优势，深入民营企业征询意见并及时反馈，特别是对操作性不强、获益面受限等政策，要积极研究提出简明易行好操作的改进完善建议。

（二）持续优化营商环境，增进民营企业办税便利

6. 开展新一轮大调研大走访活动。结合国税地税征管体制改革，深入开展"新机构 新服务 新形象"活动。在前期工作基础上，税务总局再组织开展新一轮针对民营企业的大调研、大走访活动，深入民营企业广泛收集涉税诉求，听取意见建议并认真梳理分析，对反映较多的问题，统一出台措施进行解决，推动税收管理和服务朝着更贴近民营企业需求、更顺应民营企业关切的方向不断优化升级。

7. 精简压缩办税资料。进一步清理税务证明事项和精简涉税资料报送。2018年底前，税务总局再取消20项涉税证明事项。2019年，对民营企业等纳税人向税务机关报送的资料再精简25%以上；简并优化增值税、消费税等纳税申报表，并推进实施增值税申报"一表集成"、消费税"一键申报"。

8. 拓宽一次办结事项。各级税务机关要持续更新办税事项"最多跑一次"清单。2018年底前，实现50%以上涉税事项一次办结；2019年底前，实现70%以上涉税事项一次办结。

9. 大幅简化办税程序。探索推行纳税申报"提醒纠错制"。在税务注销等环节推行"承诺制"容缺办理，凡符合条件的民营企业等纳税人，如相关资料不全，可在其承诺后，即时办理相关业务。简化税务注销办理流程，税务总局配合有关部门编制和公布统一的企业注销操作指南。

10. 继续压缩办税时间。按照世界银行《营商环境报告》的纳税时间标准，在上年度已较大幅度压缩的基础上，2018年再压缩10%以上，并持续推进为民营企业等纳税人办理涉税事项的提速工作。2018年底前，实现无纸化出口退税申报覆盖所有地域和所有信用评级高、纳税记录良好的一类、二类出口企业，将审核办理出口退税的平均时间从目前13个工作日压缩至10个工作日。

11. 积极推进电子办税和多元化缴退库。整合各地面向纳税人的网上办税服务厅，2018年底前，推出实施全国范围规范统一的优化版电子税务局，实现界面标准统一、业务标准统一、数据标准统一、财务报表转换等关键创新事项统一的优化版电子税务局，进一步拓展"一网通办"的范围。丰富多元化缴退库方式，税务总局积极研究推动通过第三方非银行支付机构缴纳税费，为从事个体经营的民营纳税人办理缴款提供便利；尽快推进税收电子退库全联网、全覆盖，实现申报、证明办理、核准、退库等业务网上办理，提高资金退付和使用效率，增强民营企业等纳税人的资金流动性。加强税收信息系统整合优化工作，进一步提高信息系统的稳定性和办税服务质效。

12. 大力支持民营企业"走出去"。进一步落实好与110个国家和地区签署的税收协定,积极与主要投资地国家和地区开展税收协定谈签,通过税收协定帮助"走出去"民营企业降低在投资目的地国家和地区的税收负担,提高税收争议解决效率,避免重复征税。充分运用好国际税收合作机制和平台,深入推进"一带一路"税收合作长效机制建设,为民营企业扩大在沿线国家和地区投资提供有力支持。税务总局适时更新完善《"走出去"企业税收指引》,在目前已发布81份国别税收投资指南的基础上,2018年底前,再更新和发布20份左右,基本覆盖"一带一路"重点国家和地区。各地税务机关要积极帮助"走出去"民营企业利用税收协定、国际税收合作机制维护自身合法权益,用好委托境外研发费用企业所得税加计扣除、企业境外所得税综合抵免等政策,切实减轻税收负担。

（三）积极开展精准帮扶,助力民营企业纾困解难

13. 健全与民营企业常态化沟通机制。各级税务机关要会同工商联和协会商会等部门,进一步扩展税企双方沟通渠道和平台。要经常性通过召开座谈会等方式,面对面征询民营企业意见,及时回应关切。税务总局通过12366纳税服务热线、12366纳税服务平台等渠道在全国范围组织开展民营企业需求专项调查。

14. 建立中小企业跨区域涉税诉求受理和解决机制。在税务总局和省税务局明确专门部门,组织专门力量,集中受理和协调解决中小企业在生产经营过程中遇到的跨区域税收执法标准不统一、政策执行口径不一致等问题。

15. 依法为经营困难的民营企业办理延期缴纳税款。各级税务机关对生产经营困难、纳税信用良好的民营企业,要进一步研究针对性、操作性强的税收帮扶措施,并积极推动纳入地方政府的统筹安排中,帮助其实现更好发展。对确有特殊困难而不能按期缴纳税款的民营企业,税务机关要通过依法办理税款延期缴纳等方式,积极帮助企业缓解资金压力。

16. 切实保障纳税人正常经营的发票需求。根据纳税人实际经营情况,合理确定增值税发票领用数量和最高开票限额,切实保障民营企业正常生产经营所需发票,严禁在发票领用中对民营企业设置不合理限制。进一步推行电子发票。持续扩大小规模纳税人自行开具增值税专用发票范围。对民营企业增值税异常扣税凭证要依法依规进行认定和处理,除税收征管法规定的情形外,不得停供发票。

17. 深化"银税互动"助力民营企业便利融资。各级税务机关要联合银保监部门和银行业金融机构,进一步深入开展"银税互动"活动,并由"线下"向"线上"拓展,鼓励和推动银行依托纳税信用创新信贷产品,深化税务、银行信息互通,缓解小微民营企业融资难题。

18. 积极支持新经济、新业态、新模式发展。各级税务机关要坚持包容审慎监管的原则,积极培育民营企业新兴经济增长点,大力支持企业做大做优做强。切实执行好跨境电商零售出口"无票免税"政策,落实鼓励外贸综合服务企业发展的措施,积极支持市场采购贸易方式发展,不断研究完善适应新经济、新业态、新模式发展要求的税收政策、管理和服务措施,助力民营企业增强创新能力和核心竞争力。

（四）严格规范税收执法,保障民营企业合法权益

19. 加强税收规范性文件的公平竞争审查。制定税收规范性文件要充分评估可能产生的经济、社会等各方面综合影响,对违反公平竞争审查要求、可能不利于民营企业发展的,应调整完善或不予出台。各级税务机关在税收规范性文件清理中,对有违市场公平竞争的内容,要一律修改或废止。

20. 进一步规范税务检查。各级税务机关在实施税务检查中,必须做到民营企业与其他企业一视同仁,坚持"无风险不检查、无审批不进户、无违法不停票"。对正常生产经营的企业要少打扰乃至不打扰,避免因为不当征税导致正常运行的企业停摆。除举报等违法线索明显的案件外,一律运用税收大数据开展评估分析发现税收风险后,采取税务检查措施。对涉税事项需要到企业实地了解核查的,必须严格履行审批程序。

21. 妥善处理依法征管和支持企业发展的关系。以最严格的标准防范逃避税,为守法经营的民营企业等纳税人营造公平竞争的环境。不断健全以税收风险为导向,以"双随机一公开"为基本方式的新型稽查监管机制。坚决依法打击恶意偷逃税特别是没有实际经营业务只为虚开发票的"假企业"和没有实际出口只为骗取出口退税的"假出口"。严格落实行政处罚法有关规定,对民营企业等纳税人有主动消除或者减轻违法行为危害后果等情形的,依法从轻或者减轻行政处罚;对违法行为轻微并及时纠正,没有造成危害后果的,依法不予行政处罚。

（续表）

22. 充分保障民营企业法律救济权利。抓紧研究建立纳税人诉求和意见受理快速反应机制。税务总局在 12366 纳税服务热线设立专线,受理民营企业纳税人的税收法律咨询、投诉举报等。各级税务机关对民营企业反映的执法问题、提出的行政复议申请要积极依法受理、及时办理。对民营企业因经营困难一时无力缴清税款、滞纳金或无法提供担保等原因,不符合行政复议受理条件的,复议机关在依法处理的同时,要甄别情况,发现主管税务机关税收执法行为确有错误的,应及时督促其依法纠正。

23. 加强税收执法监督。全面推行税务行政执法公示制度、税收执法全过程记录制度、重大税收执法决定法制审核制度。统筹加大税收执法督察力度,强化执法责任追究,坚决查处税务人员简单粗暴执法、任性任意执法、选择执法、情绪执法等行为,坚决查处税务人员吃拿卡要等损害民营企业等纳税人利益的不正之风。

（五）切实加强组织实施,确保各项措施落实见效

24. 加强党的领导。各级税务机关党委要高度重视支持和服务民营经济发展工作。党委书记是第一责任人,要亲自组织、亲自部署、亲自过问,统筹研究工作安排并认真抓好督导落实。各级税务机关党委在年度工作报告中,要专门就支持和服务民营经济发展工作情况进行报告,认真总结经验和不足,自觉接受评议和监督,促进工作不断改进、不断提高。

25. 细化工作落实。税务总局办公厅要加强对各项措施落实情况的督办,并纳入绩效考核;各司局要结合分管工作,明确责任分工,一项一项组织实施,对标对表加以推进,确保按时保质落实到位。各省税务局要结合自身实际,进一步细化实化支持和服务民营经济发展的具体办法,层层压实责任,一级一级抓好贯彻落实。特别是在地方党委、政府制定出台支持民营经济发展的措施时,要积极承担应尽职责,根据当地民营经济发展状况和需求,主动依法提出税收支持措施,不断创新工作方法、拓展服务手段,增强工作的针对性。

26. 务求实效长效。支持和服务民营经济发展是一项长期任务。各级税务机关务必常抓不懈,融入日常工作常抓常新、常抓常进。在落实已有措施的基础上,要不断谋划和推出新的举措;在取得积极效果的基础上,要不断深化和拓展新的成效;在积累有益经验的基础上,要不断完善和丰富新的制度安排,确保支持和服务民营经济发展有实招、显实效、见长效。

第二节　减证便民税收政策指引

政策依据:

《国务院办公厅关于做好证明事项清理工作的通知》（国办发〔2018〕47 号）;
《国家税务总局关于取消 20 项税务证明事项的公告》（国家税务总局公告 2018 年第 65 号）;
《国家税务总局关于取消一批税务证明事项的决定》（国家税务总局令第 46 号）。

一、**国务院规定**（国办发〔2018〕47 号）

一、各部门要对本部门规章和规范性文件等设定的各类证明事项进行全面清理,尽可能予以取消。对可直接取消的,要作出决定,立即停止执行,同时启动修改或废止规章和规范性文件程序;对应当取消但立即取消存在困难的,应采取必要措施,确保最迟在 2018 年年底前取消;对个别确需保留的,要在广泛征求意见、充分研究论证的基础上,通过提请制定或修改法律、行政法规予以设定。部门规章和规范性文件等设定的证明事项清理情况,包括已经取消的证明事项目录、拟保留的证明事项目录等,于 2018 年 10 月底前报送司法部。

二、各部门要结合本部门职责,对法律、行政法规设定的证明事项,本着尽可能取消的原则,逐项提出取消或保留的建议,于 2018 年 9 月底前报送司法部。对可以通过法定证照、书面告知承诺、政府部门内部核查和部门间核查、网络核验、合同凭证等办理的,能被其他材料涵盖或者替代的,开具单位无法调查核实的,以及不适应形势需要的,要提出取消建议;对实践中确需保留的,要列出目录。对于建议取消和保留的证明事项,要逐项列明设定依据、取消或保留理由、实施基本情况（包括年受理量、索要单位、开具单位）、相关部门意见等。

（续表）

三、各地区要对法律、行政法规、部门规章和部门规范性文件设定的、在本行政区域内实施的证明事项进行梳理，逐项提出取消或保留的建议，于2018年9月底前报送司法部。对本地区自行设定的证明事项，除地方性法规设定的外，最迟要于2018年年底前取消。对地方性法规设定的证明事项，也要根据本次清理工作精神，逐一研究，尽可能予以取消。

四、司法部要做好本次清理的组织实施工作。对各地区、各部门的建议进行汇总并梳理审核，加强对国务院各部门清理工作的跟踪、督促和指导，确保于2018年年底前完成证明事项清理工作，清理工作完成后向国务院报告情况。根据各地区、各部门的建议，对确需保留的证明事项，组织各地区、各部门公布清单，逐项列明设定依据、开具单位、办理指南等。清单之外，政府部门、公用事业单位和服务机构不得索要证明。对取消证明事项涉及修改法律、行政法规的，及时启动法律、行政法规修订程序。

五、各地区、各部门要以本次清理工作为契机，进一步转变行政管理方式，规范行政行为，切实改进服务作风，提升监管效能。已取消的证明事项要及时通过互联网等向社会公布目录并做好宣传解读工作，公布新的办事指南，保证平稳过渡，防止出现管理和服务"真空"。要加强督促检查，对下级机关违法增加证明事项和证明材料、提高证明要求、随意将行政机关的核查义务转嫁给群众和企业的，及时纠正查处；对未及时纠正查处、引发不良社会影响的，严肃追究相关责任人的责任。要进一步加强协同协作，促进信息系统互联互通，打破政府部门间、部门内部"信息孤岛"，从根本上铲除"奇葩"证明、循环证明、重复证明滋生的土壤。要大力推行告知承诺制，同时加强信用体系建设，强化对群众和企业承诺事项的事后审查，对不实承诺甚至弄虚作假的，依法予以严厉处罚。

二、《国家税务总局关于取消20项税务证明事项的公告》（国家税务总局公告2018年第65号）

为贯彻落实党中央、国务院关于减证便民、优化服务的部署要求，根据《国务院办公厅关于做好证明事项清理工作的通知》（国办发〔2018〕47号），按照《国家税务总局关于实施进一步支持和服务民营经济发展若干措施的通知》（税总发〔2018〕174号）的安排，税务总局决定取消20项税务证明事项（详见附件），现予以发布。自发布之日起，附件所列证明事项停止执行。附件所列证明事项涉及的规范性文件，按程序修改后另行发布。

各级税务机关应认真落实取消税务证明事项有关工作，不得保留或变相保留，不得将税务机关的核查义务转嫁纳税人；应及时修改涉及取消事项的相关规定、表证单书和征管流程，明确事中事后监管要求；要树立诚信推定、风险监控、信用管理相关理念，进一步减少纳税人向税务机关报送的资料，探索推行告知承诺制。

各级税务机关应以本次清理工作为契机，进一步转变管理方式，规范监管行为，优化营商环境，更好地为市场主体增便利、添活力。

取消的税务证明事项目录（共20项）

序号	证明名称	证明用途	取消后的办理方式
1	饲料产品合格证明	符合免税条件的饲料生产企业办理饲料产品免征增值税优惠备案时，需提供有计量认证资质的饲料质量检测机构（名单由省税务局确认）出具的饲料产品合格证明。	不再提交。享受免征增值税优惠政策的饲料产品应当符合行业主管部门明确的产品质量标准。主管税务机关应加强后续管理，必要时可委托第三方检测机构对产品质量进行检测，一经发现不符合免税条件的，应及时纠正并依法处理。
2	中介机构专项报告及其相关的证明材料	企业向税务机关申报扣除按独立交易原则向关联企业转让资产而发生的损失，或向关联企业提供借款、担保而形成的债权损失时，需留存备查中介机构出具的专项报告及其相关的证明材料。	不再留存。改为纳税人留存备查自行出具的有法定代表人、主要负责人和财务负责人签章证实有关损失的书面申明和相关材料。

（续表）

序号	证明名称	证明用途	取消后的办理方式
3	专业技术鉴定意见（报告）或中介机构专项报告	企业向税务机关申报扣除特定损失时,需留存备查专业技术鉴定意见（报告）或法定资质中介机构出具的专项报告。	不再留存。改为纳税人留存备查自行出具的有法定代表人、主要负责人和财务负责人签章证实有关损失的书面申明。
4	不可抗力的事故证明	纳税人因不可抗力需要延期缴纳税款的,应当在缴纳税款期限届满前,提交公安机关出具的遭受不可抗力的事故证明。	不再提交。改为纳税人在申请延期缴纳税款书面报告中对不可抗力情况进行说明并承诺属实。税务机关事后进行抽查。
5	参加社会保险证明	5.1 转制科研机构办理科研开发自用房产免征房产税备案时,需提供按企业办法参加社会保险制度的证明。	不再提交。通过政府部门间信息共享或内部核查替代。
		5.2 转制科研机构办理科研开发自用土地免征城镇土地使用税备案时,需提供按企业办法参加社会保险制度的证明。	不再提交。通过政府部门间信息共享或内部核查替代。
6	工商营业执照	转制科研机构办理科研并发自用房产免征房产税备案时,需提供企业工商营业执照。	不再提交。通过政府部门间信息共享替代。
7	个人身份证明	7.1 纳税人办理外籍个人取得外商投资企业股息红利免征个人所得税优惠事项时,需提供居民身份证或其他证明身份的合法证明。	不再提交。直接在申报表中填报纳税人的基本信息和税收减免信息即可。
		7.2 纳税人办理外籍个人符合规定的生活费用免征个人所得税优惠事项时,需提供居民身份证或其他证明身份的合法证明。	不再提交。直接在申报表中填报纳税人的基本信息和税收减免信息即可。
		7.3 纳税人办理外籍个人按合理标准取得的境内、外出差补贴免征个人所得税优惠事项时,需提供居民身份证或其他证明身份的合法证明。	不再提交。直接在申报表中填报纳税人的基本信息和税收减免信息即可。
		7.4 纳税人办理个人转让著作权免征增值税优惠事项时,需提供身份证件。	不再提交。
		7.5 个人销售住房办理免征土地增值税优惠备案时,需提供身份证件。	不再提交。改为纳税人自行留存备查。
8	残疾人证明	安置残疾人就业单位办理减免城镇土地使用税备案时,需提供就业人员的残疾人证或残疾军人证。	不再提交。改为纳税人自行留存备查。

序号	证明名称	证明用途	取消后的办理方式
9	核销事业编制、注销事业单位法人的证明	9.1 转制科研机构办理科研开发自用房产免征房产税备案时，需提供核销事业编制、注销事业单位法人的证明。	不再提交。改为纳税人自行留存备查。
		9.2 转制科研机构办理科研开发自用土地免征城镇土地使用税备案时，需提供核销事业编制、注销事业单位法人的证明。	不再提交。改为纳税人自行留存备查。
10	决定撤销金融机构的证明	10.1 纳税人办理被撤销金融机构清算期间自有的或从债务方接收的房地产免征房产税备案时，需提供中国人民银行决定撤销该机构的证明材料。	不再提交。改为纳税人自行留存备查。
		10.2 纳税人办理被撤销金融机构清算期间自有的或从债务方接收的房地产免征城镇土地使用税备案时，需提供中国人民银行决定撤销该机构的证明材料。	不再提交。改为纳税人自行留存备查。
11	单位性质证明	11.1 转制科研机构办理科研开发自用房产免征房产税备案时，需提供转制方案批复函。	不再提交。改为纳税人自行留存备查。
		11.2 血站办理自用房产免征房产税备案时，需提供事业单位证明材料。	不再提交。改为纳税人自行留存备查。
		11.3 纳税人办理学校、托儿所、幼儿园自用房产免征房产税备案时，需提供教育行业资质证明。	不再提交。改为纳税人自行留存备查。
		11.4 纳税人办理国家机关、人民团体、军队以及由国家财政部门拨付事业经费的单位自用房产免征房产税备案时，需提供单位性质证明材料。	不再提交。改为纳税人自行留存备查。
		11.5 企业办的各类医院办理自用房产免征房产税备案时，需提供单位性质证明材料。	不再提交。改为纳税人自行留存备查。
		11.6 纳税人办理高校学生公寓免征房产税备案时，需提供高校资质证明。	不再提交。改为纳税人自行留存备查。
		11.7 供热企业办理为居民供热所使用的厂房免征房产税备案时，需提供主管部门出具的供热企业的认定材料。	不再提交。改为纳税人自行留存备查。

（续表）

序号	证明名称	证明用途	取消后的办理方式
11	单位性质证明	11.8 纳税人办理股改铁路运输企业及合资铁路运输公司自用房产免征房产税备案时,需提供符合政策规定的股改铁路运输企业及合资铁路运输公司单位性质证明。	不再提交。改为纳税人自行留存备查。
		11.9 纳税人办理监狱免征房产税备案时,需提供单位性质证明材料。	不再提交。改为纳税人自行留存备查。
		11.10 农村饮水工程运营管理单位办理自用的生产、办公用房免征房产税备案时,需提供农村饮水安全工程企业和单位的认定资料。	不再提交。改为纳税人自行留存备查。
		11.11 纳税人办理集贸市场用房免征房产税备案时,需提供集贸市场经营主体的相关证明材料。	不再提交。改为纳税人自行留存备查。
		11.12 纳税人办理农产品批发市场、农贸市场减免房产税备案时,需提供农产品批发市场和农贸市场经营主体的相关证明材料。	不再提交。改为纳税人自行留存备查。
		11.13 福利性非营利性老年服务机构办理自用房产免征房产税备案时,需提供非营利性服务机构资质证明。	不再提交。改为纳税人自行留存备查。
		11.14 非营利性科研机构办理自用房产免征房产税备案时,需提供非营利性科研机构执业登记证明。	不再提交。改为纳税人自行留存备查。
		11.15 中国人民银行总行所属分支机构办理自用房产免征房产税备案时,需提供单位性质证明材料。	不再提交。改为纳税人自行留存备查。
		11.16 纳税人办理天然林二期工程专用房产免征房产税备案时,需提供属于天然林二期工程实施企业和单位的认定资料。	不再提交。改为纳税人自行留存备查。
		11.17 转制科研机构办理科研开发自用土地免征城镇土地使用税备案时,需提供转制方案批复函。	不再提交。改为纳税人自行留存备查。
		11.18 中国人民银行总行所属分支机构办理自用土地免征城镇土地使用税备案时,需提供单位性质证明材料。	不再提交。改为纳税人自行留存备查。
		11.19 纳税人办理铁路运输企业自用土地免征城镇土地使用税备案时,需提供单位性质证明材料。	不再提交。改为纳税人自行留存备查。

（续表）

序号	证明名称	证明用途	取消后的办理方式
11	单位性质证明	11.20 纳税人办理地方铁路运输企业自用土地免征城镇土地使用税备案时，需提供符合政策规定的地方铁路运输企业单位性质证明。	不再提交。改为纳税人自行留存备查。
		11.21 纳税人办理股改铁路运输企业及合资铁路运输公司自用土地免征城镇土地使用税备案时，需提供符合政策规定的股改铁路运输企业及合资铁路运输公司单位性质证明。	不再提交。改为纳税人自行留存备查。
		11.22 纳税人办理天然林二期工程专用土地免征城镇土地使用税备案时，需提供属于天然林二期工程实施企业和单位的认定资料。	不再提交。改为纳税人自行留存备查。
		11.23 石油天然气生产企业办理符合条件的用地免征城镇土地使用税备案时，需提供单位性质证明材料。	不再提交。改为纳税人自行留存备查。
		11.24 纳税人办理国家石油储备基地项目用地免征城镇土地使用税备案时，需提供用地单位属于国家石油储备基地项目企业的资料。	不再提交。改为纳税人自行留存备查。
		11.25 企业搬迁后，原有场地不使用的，办理免征城镇土地使用税备案时，需提供有关部门对企业搬迁的批准文件或认定书。	不再提交。改为纳税人自行留存备查。
		11.26 纳税人办理林业系统相关用地免征城镇土地使用税备案时，需提供单位性质证明材料。	不再提交。改为纳税人自行留存备查。
		11.27 农村饮水工程运营管理单位办理自用土地免征城镇土地使用税备案时，需提供农村饮水安全工程企业和单位的认定资料。	不再提交。改为纳税人自行留存备查。
		11.28 纳税人办理集贸市场用地免征城镇土地使用税备案时，需提供集贸市场经营主体的相关证明。	不再提交。改为纳税人自行留存备查。
		11.29 纳税人办理农产品批发市场、农贸市场减免城镇土地使用税备案时，需提供农产品批发市场和农贸市场经营主体的相关证明。	不再提交。改为纳税人自行留存备查。
		11.30 矿山企业办理生产专用地免征城镇土地使用税备案时，需提供单位性质证明材料。	不再提交。改为纳税人自行留存备查。

（续表）

序号	证明名称	证明用途	取消后的办理方式
11	单位性质证明	11.31 建材企业办理采石场、排土场等用地免征城镇土地使用税备案时,需提供单位性质证明材料。	不再提交。改为纳税人自行留存备查。
		11.32 纳税人办理盐场的盐滩盐矿的矿井用地免征城镇土地使用税备案时,需提供单位性质证明材料。	不再提交。改为纳税人自行留存备查。
		11.33 纳税人办理学校、托儿所、幼儿园自用土地免征城镇土地使用税备案时,需提供教育行业资质证明。	不再提交。改为纳税人自行留存备查。
		11.34 非营利性老年服务机构办理自用土地免征城镇土地使用税备案时,需提供非营利性服务机构资质证明。	不再提交。改为纳税人自行留存备查。
		11.35 福利性非营利性科研机构办理自用土地免征城镇土地使用税备案时,需提供非营利性科研机构执业登记证明。	不再提交。改为纳税人自行留存备查。
12	医疗机构执业许可证	12.1 医疗卫生机构在办理免征增值税优惠备案时,需提供医疗机构执业许可证件。	不再提交。
		12.2 非营利性医疗机构、疾病控制机构和妇幼保健机构等卫生机构办理自用房产免征房产税备案时,需提供医疗机构执业许可证。	不再提交。改为纳税人自行留存备查。
		12.3 营利性医疗机构办理自用房产3年内免征房产税备案时,需提供医疗机构执业许可证。	不再提交。改为纳税人自行留存备查。
		12.4 血站办理自用房产免征房产税备案时,需提供医疗机构执业许可证。	不再提交。改为纳税人自行留存备查。
		12.5 营利性医疗机构办理自用土地3年内免征城镇土地使用税备案时,需提供医疗机构执业许可证。	不再提交。改为纳税人自行留存备查。
		12.6 血站办理自用土地免征城镇土地使用税备案时,需提供医疗机构执业许可证。	不再提交。改为纳税人自行留存备查。
		12.7 非营利性医疗、疾病控制、妇幼保健机构等卫生机构办理自用土地免征城镇土地使用税备案时,需提供医疗机构执业许可证。	不再提交。改为纳税人自行留存备查。

序号	证明名称	证明用途	取消后的办理方式
13	海域使用权证明	纳税人办理开山填海整治土地免征城镇土地使用税备案时，需提供纳税人的海域使用权证明。	不再提交。改为纳税人自行留存备查。
14	引入非公有资本和境外资本、变更资本结构的批准文件	转制科研机构引入非公有资本和境外资本、变更资本结构的，办理科研开发用房免征房产税备案时，需提供相关部门的批准文件。	不再提交。改为纳税人自行留存备查。
15	房屋、土地权属证明	15.1 非营利性医疗机构、疾病控制机构和妇幼保健机构等卫生机构办理自用房产免征房产税备案时，需提供房屋产权证明。	不再提交。改为纳税人自行留存备查。
		15.2 营利性医疗机构办理自用房产 3 年内免征房产税备案时，需提供房屋产权证明。	不再提交。改为纳税人自行留存备查。
		15.3 血站办理自用房产免征房产税备案时，需提供房屋产权证明。	不再提交。改为纳税人自行留存备查。
		15.4 纳税人办理学校、托儿所、幼儿园自用房产免征房产税备案时，需提供房屋产权证明。	不再提交。改为纳税人自行留存备查。
		15.5 纳税人办理国家机关、人民团体、军队以及由国家财政部门拨付事业经费的单位自用房产免征房产税备案时，需提供房屋产权证明。	不再提交。改为纳税人自行留存备查。
		15.6 企业办的各类医院办理自用房产免征房产税备案时，需提供房屋产权证明。	不再提交。改为纳税人自行留存备查。
		15.7 纳税人办理高校学生公寓免征房产税备案时，需提供房屋产权证明。	不再提交。改为纳税人自行留存备查。
		15.8 供热企业办理为居民供热所使用的厂房免征房产税备案时，需提供房屋产权证明。	不再提交。改为纳税人自行留存备查。
		15.9 商品储备管理公司及其直属库办理商品储备业务自用房产免征房产税备案时，需提供房屋产权证明。	不再提交。改为纳税人自行留存备查。
		15.10 纳税人办理铁路运输企业自用房产免征房产税备案时，需提供房屋产权证明。	不再提交。改为纳税人自行留存备查。
		15.11 纳税人办理股改铁路运输企业及合资铁路运输公司自用房产免征房产税备案时，需提供房屋产权证明。	不再提交。改为纳税人自行留存备查。

序号	证明名称	证明用途	取消后的办理方式
15	房屋、土地权属证明	15.12 青藏铁路公司及所属单位办理自用房产免征房产税备案时，需提供房屋产权证明。	不再提交。改为纳税人自行留存备查。
		15.13 大秦公司办理自用房产免征房产税备案时，需提供房屋产权证明。	不再提交。改为纳税人自行留存备查。
		15.14 纳税人办理监狱用房免征房产税备案时，需提供房屋产权证明。	不再提交。改为纳税人自行留存备查。
		15.15 农村饮水工程运营管理单位办理自用的生产、办公用房产免征房产税备案时，需提供房屋产权证明。	不再提交。改为纳税人自行留存备查。
		15.16 纳税人办理集贸市场用房免征房产税备案时，需提供房屋产权证明。	不再提交。改为纳税人自行留存备查。
		15.17 纳税人办理农产品批发市场、农贸市场减免房产税备案时，需提供房屋产权证明。	不再提交。改为纳税人自行留存备查。
		15.18 纳税人办理科技企业孵化器、国家大学科技园自用及提供给在孵对象使用的房产免征房产税备案时，需提供房屋产权证明。	不再提交。改为纳税人自行留存备查。
		15.19 企事业单位办理向个人出租住房减按4%税率征收房产税时，需提供房屋产权证明。	不再提交。改为纳税人自行留存备查。
		15.20 房管部门办理经租的居民用房免征房产税备案时，需提供房屋产权证明。	不再提交。改为纳税人自行留存备查。
		15.21 纳税人办理公共租赁住房免征房产税备案时，需提供房屋产权证明。	不再提交。改为纳税人自行留存备查。
		15.22 福利性非营利性老年服务机构办理自用房产免征房产税备案时，需提供房屋产权证明。	不再提交。改为纳税人自行留存备查。
		15.23 非营利性科研机构办理自用房产免征房产税备案时，需提供房屋产权证明。	不再提交。改为纳税人自行留存备查。
		15.24 纳税人将职工住宅全部产权出售给本单位职工，办理免征房产税备案时，需提供房屋产权证明。	不再提交。改为纳税人自行留存备查。

序号	证明名称	证明用途	取消后的办理方式
15	房屋、土地权属证明	15.25 中国人民银行总行所属分支机构办理自用房产免征房产税备案时，需提供房屋产权证明。	不再提交。改为纳税人自行留存备查。
		15.26 纳税人办理中国信达等4家金融资产管理公司处置不良资产免征房产税备案时，需提供房屋产权证明。	不再提交。改为纳税人自行留存备查。
		15.27 纳税人办理被撤销金融机构清算期间自有的或从债务方接收的房地产免征房产税备案时，需提供房屋产权证明。	不再提交。改为纳税人自行留存备查。
		15.28 纳税人办理处置港澳国际（集团）有限公司的有关资产免征房产税备案时，需提供房屋产权证明。	不再提交。改为纳税人自行留存备查。
		15.29 纳税人办理毁损房屋和危险房屋免征房产税备案时，需提供房屋产权证明。	不再提交。改为纳税人自行留存备查。
		15.30 纳税人办理地下建筑减征房产税备案时，需提供房屋产权证明。	不再提交。改为纳税人自行留存备查。
		15.31 纳税人办理大修停用的房产免征房产税备案时，需提供房屋产权证明。	不再提交。改为纳税人自行留存备查。
		15.32 纳税人办理天然林二期工程森工企业闲置房产免征房产税备案时，需提供房屋产权证明。	不再提交。改为纳税人自行留存备查。
		15.33 纳税人办理天然林二期工程的专用房产免征房产税备案时，需提供房屋产权证明。	不再提交。改为纳税人自行留存备查。
		15.34 纳税人办理宗教寺庙、公园、名胜古迹自用房产免征房产税时，需提供房屋产权证明。	不再提交。改为纳税人自行留存备查。
		15.35 转制科研机构办理科研开发自用土地免征城镇土地使用税备案时，需提供土地权属证明。	不再提交。改为纳税人自行留存备查。
		15.36 中国人民银行总行所属分支机构办理自用土地免征城镇土地使用税备案时，需提供土地权属证明。	不再提交。改为纳税人自行留存备查。
		15.37 纳税人办理铁路运输企业自用土地免征城镇土地使用税备案时，需提供土地权属证明。	不再提交。改为纳税人自行留存备查。

（续表）

序号	证明名称	证明用途	取消后的办理方式
15	房屋、土地权属证明	15.38 纳税人办理地方铁路运输企业自用土地免征城镇土地使用税备案时，需提供土地权属证明。	不再提交。改为纳税人自行留存备查。
		15.39 纳税人办理股改铁路运输企业及合资铁路运输公司自用房产免征城镇土地使用税备案时，需提供土地权属证明。	不再提交。改为纳税人自行留存备查。
		15.40 大秦公司办理自用土地免征城镇土地使用税备案时，需提供土地权属证明。	不再提交。改为纳税人自行留存备查。
		15.41 青藏铁路公司及其所属单位办理自用土地免征城镇土地使用税备案时，需提供土地权属证明。	不再提交。改为纳税人自行留存备查。
		15.42 广深公司承租广铁集团铁路运输用地办理免征城镇土地使用税备案时，需提供土地权属证明。	不再提交。改为纳税人自行留存备查。
		15.43 纳税人办理天然林二期工程专用土地免征城镇土地使用税备案时，需提供土地权属证明。	不再提交。改为纳税人自行留存备查。
		15.44 纳税人办理天然林二期工程森工企业闲置土地免征城镇土地使用税备案时，需提供土地权属证明。	不再提交。改为纳税人自行留存备查。
		15.45 石油天然气生产企业办理符合条件的用地免征城镇土地使用税备案时，需提供土地权属证明。	不再提交。改为纳税人自行留存备查。
		15.46 纳税人办理国家石油储备基地项目用地免征城镇土地使用税备案时，需提供土地权属证明。	不再提交。改为纳税人自行留存备查。
		15.47 商品储备管理公司及其直属库办理商品储备业务自用土地免征城镇土地使用税备案时，需提供土地权属证明。	不再提交。改为纳税人自行留存备查。
		15.48 物流企业办理大宗商品仓储设施用地减征城镇土地使用税备案时，需提供土地权属证明。	不再提交。改为纳税人自行留存备查。
		15.49 纳税人办理城市公交站场、道路客运站场的运营用地免征城镇土地使用税备案时，需提供土地权属证明。	不再提交。改为纳税人自行留存备查。
		15.50 纳税人办理民航机场规定用地免征城镇土地使用税备案时，需提供土地权属证明。	不再提交。改为纳税人自行留存备查。

序号	证明名称	证明用途	取消后的办理方式
15	房屋、土地权属证明	15.51 纳税人办理港口的码头用地免征城镇土地使用税备案时,需提供土地权属证明。	不再提交。改为纳税人自行留存备查。
		15.52 纳税人办理企业已售房改房占地免征城镇土地使用税备案时,需提供土地权属证明。	不再提交。改为纳税人自行留存备查。
		15.53 纳税人办理企业厂区以外的公共绿化用地免征城镇土地使用税备案时,需提供土地权属证明。	不再提交。改为纳税人自行留存备查。
		15.54 纳税人办理厂区外未加隔离的企业铁路专用线用地免征城镇土地使用税备案时,需提供土地权属证明。	不再提交。改为纳税人自行留存备查。
		15.55 企业搬迁后,原有场地不使用的,办理免征城镇土地使用税备案时,需提供土地权属证明。	不再提交。改为纳税人自行留存备查。
		15.56 纳税人办理林业系统相关用地免征城镇土地使用税备案时,需提供土地权属证明。	不再提交。改为纳税人自行留存备查。
		15.57 纳税人办理采摘观光的种植养殖土地免征城镇土地使用税备案时,需提供土地权属证明。	不再提交。改为纳税人自行留存备查。
		15.58 农村饮水工程运营管理单位办理自用土地免征城镇土地使用税备案时,需提供土地权属证明。	不再提交。改为纳税人自行留存备查。
		15.59 纳税人办理农产品批发市场、农贸市场减免城镇土地使用税备案时,需提供土地权属证明。	不再提交。改为纳税人自行留存备查。
		15.60 免税单位无偿使用土地办理免征城镇土地使用税备案时,需提供土地权属证明。	不再提交。改为纳税人自行留存备查。
		15.61 纳税人办理落实私房政策后的出租房屋用地减免城镇土地使用税备案时,需提供土地权属证明。	不再提交。改为纳税人自行留存备查。
		15.62 纳税人办理煤炭企业免征规定用途用地的城镇土地使用税备案时,需提供土地权属证明。	不再提交。改为纳税人自行留存备查。
		15.63 矿山企业办理生产专用地免征城镇土地使用税备案时,需提供土地权属证明。	不再提交。改为纳税人自行留存备查。

（续表）

序号	证明名称	证明用途	取消后的办理方式
15	房屋、土地权属证明	15.64 建材企业办理采石场、排土场等用地免征城镇土地使用税备案时,需提供土地权属证明。	不再提交。改为纳税人自行留存备查。
		15.65 纳税人办理盐场的盐滩盐矿的矿井用地免征城镇土地使用税备案时,需提供土地权属证明。	不再提交。改为纳税人自行留存备查。
		15.66 纳税人办理经济适用住房建设用地及占地免征城镇土地使用税备案时,需提供土地权属证明。	不再提交。改为纳税人自行留存备查。
		15.67 纳税人办理公共租赁住房用地免征城镇土地使用税备案时,需提供土地权属证明。	不再提交。改为纳税人自行留存备查。
		15.68 纳税人办理棚户区改造安置住房建设用地免征城镇土地使用税备案时,需提供土地权属证明。	不再提交。改为纳税人自行留存备查。
		15.69 纳税人办理科技企业孵化器、国家大学科技园自用及提供给在孵对象使用的土地免征城镇土地使用税备案时,需提供土地权属证明。	不再提交。改为纳税人自行留存备查。
		15.70 纳税人办理水利设施及其管护用地免征城镇土地使用税备案时,需提供土地权属证明。	不再提交。改为纳税人自行留存备查。
		15.71 供热企业办理为居民供热所使用的土地免征城镇土地使用税备案时,需提供土地权属证明。	不再提交。改为纳税人自行留存备查。
		15.72 纳税人办理核工业企业部分用地免征城镇土地使用税备案时,需提供土地权属证明。	不再提交。改为纳税人自行留存备查。
		15.73 纳税人办理核电站部分用地减免城镇土地使用税备案时,需提供土地权属证明。	不再提交。改为纳税人自行留存备查。
		15.74 纳税人办理电力行业部分用地免征城镇土地使用税备案时,需提供土地权属证明。	不再提交。改为纳税人自行留存备查。
		15.75 纳税人办理学校、托儿所、幼儿园自用土地免征城镇土地使用税备案时,需提供土地权属证明。	不再提交。改为纳税人自行留存备查。
		15.76 福利性非营利性老年服务机构办理自用土地免征城镇土地使用税备案时,需提供土地权属证明。	不再提交。改为纳税人自行留存备查。

序号	证明名称	证明用途	取消后的办理方式
15	房屋、土地权属证明	15.77 非营利性医疗、疾病控制、妇幼保健机构等卫生机构办理自用土地免征城镇土地使用税备案时，需提供土地权属证明。	不再提交。改为纳税人自行留存备查。
		15.78 营利性医疗机构办理自用土地3年内免征城镇土地使用税备案时，需提供土地权属证明。	不再提交。改为纳税人自行留存备查。
		15.79 非营利性科研机构办理自用土地免征城镇土地使用税备案时，需提供土地权属证明。	不再提交。改为纳税人自行留存备查。
		15.80 血站办理自用土地免征城镇土地使用税备案时，需提供土地权属证明。	不再提交。改为纳税人自行留存备查。
		15.81 纳税人办理防火防爆防毒等安全防范用地免征城镇土地使用税备案时，需提供土地权属证明。	不再提交。改为纳税人自行留存备查。
		15.82 纳税人办理地下建筑用地暂按50%征收城镇土地使用税备案时，需提供土地权属证明。	不再提交。改为纳税人自行留存备查。
		15.83 纳税人办理被撤销金融机构清算期间自有的或从债务方接收的房地产免征城镇土地使用税备案时，需提供土地权属证明。	不再提交。改为纳税人自行留存备查。
		15.84 纳税人办理中国信达等4家金融资产管理公司处置不良资产免征城镇土地使用税备案时，需提供土地权属证明。	不再提交。改为纳税人自行留存备查。
		15.85 纳税人办理处置港澳国际（集团）有限公司的有关资产免征城镇土地使用税备案时，需提供土地权属证明。	不再提交。改为纳税人自行留存备查。
		15.86 安置残疾人就业单位办理减免城镇土地使用税备案时，需提供土地权属证明。	不再提交。改为纳税人自行留存备查。
		15.87 纳税人办理符合条件的体育场馆减免城镇土地使用税备案时，需提供土地权属证明。	不再提交。改为纳税人自行留存备查。
		15.88 纳税人办理开山填海整治土地免征城镇土地使用税备案时，需提供土地权属证明。	不再提交。改为纳税人自行留存备查。
		15.89 纳税人办理集贸市场用地免征城镇土地使用税备案时，需提供土地权属证明。	不再提交。改为纳税人自行留存备查。

（续表）

序号	证明名称	证明用途	取消后的办理方式
15	房屋、土地权属证明	15.90 纳税人办理直接用于农、林、牧、渔业的生产用地免征城镇土地使用税备案时，需提供土地权属证明。	不再提交。改为纳税人自行留存备查。
		15.91 纳税人办理宗教寺庙、公园、名胜古迹自用土地免征城镇土地使用税备案时，需提供土地权属证明。	不再提交。改为纳税人自行留存备查。
16	土地用途证明	16.1 物流企业办理大宗商品仓储设施用地减征城镇土地使用税备案时，需提供符合文件规定的大宗商品仓储设施用地的相关证明材料。	不再提交。改为纳税人自行留存备查。
		16.2 纳税人办理民航机场规定用地免征城镇土地使用税备案时，需提供符合减免税政策规定的民航机场用地相关证明材料。	不再提交。改为纳税人自行留存备查。
		16.3 纳税人办理港口的码头用地免征城镇土地使用税备案时，需提供符合减免税政策规定的港口的码头用地证明材料。	不再提交。改为纳税人自行留存备查。
		16.4 纳税人办理企业厂区以外的公共绿化用地免征城镇土地使用税备案时，需提供符合减免税政策规定的企业公共绿化用地证明材料。	不再提交。改为纳税人自行留存备查。
		16.5 纳税人办理厂区外未加隔离的企业铁路专用线用地免征城镇土地使用税备案时，需提供符合减免税政策规定的厂区外未加隔离的企业铁路专用线用地证明材料。	不再提交。改为纳税人自行留存备查。
		16.6 纳税人办理采摘观光的种植养殖土地免征城镇土地使用税备案时，需提供采摘观光农业用地证明材料。	不再提交。改为纳税人自行留存备查。
		16.7 纳税人办理棚户区改造安置住房建设用地免征城镇土地使用税备案时，需提供棚户区改造安置住房建设用地证明材料。	不再提交。改为纳税人自行留存备查。
		16.8 纳税人办理煤炭企业规定用途用地免征城镇土地使用税备案时，需提供用地性质证明材料。	不再提交。改为纳税人自行留存备查。
		16.9 纳税人办理防火防爆防毒等安全防范用地免征城镇土地使用税备案时，需提供安全防范用地证明材料。	不再提交。改为纳税人自行留存备查。

序号	证明名称	证明用途	取消后的办理方式
17	出租住房相关证明材料	17.1 房管部门办理经租的居民用房免征房产税备案时，需提供经租居民用房相关证明材料。	不再提交。改为纳税人自行留存备查。
		17.2 纳税人办理公共租赁住房免征房产税备案时，需提供出租公共租赁住房相关证明材料。	不再提交。改为纳税人自行留存备查。
18	政府主办或确认为经济适用房、公共租赁住房的相关证明材料	18.1 纳税人办理经济适用住房建设用地及占地免征城镇土地使用税备案时，需提供确认为经济适用房的证明材料。	不再提交。改为纳税人自行留存备查。
		18.2 纳税人办理公共租赁住房用地免征城镇土地使用税备案时，需提供确认为公共租赁住房的证明材料。	不再提交。改为纳税人自行留存备查。
19	落实私房政策证明	纳税人办理落实私房政策后的出租房屋用地减免城镇土地使用税备案时，需提供落实私房政策证明材料。	不再提交。改为纳税人自行留存备查。
20	取得财政储备经费或补贴的文件或凭证	20.1 商品储备管理公司及其直属库办理商品储备业务自用房产免征房产税备案时，需提供取得财政储备经费或补贴的批复文件或相关凭证。	不再提交。改为纳税人自行留存备查。
		20.2 商品储备管理公司及其直属库办理商品储备业务自用土地免征城镇土地使用税备案时，需提供取得财政储备经费或补贴的批复文件或相关凭证。	不再提交。改为纳税人自行留存备查。

三、《国家税务总局关于取消一批税务证明事项的决定》（国家税务总局令第 46 号）

为贯彻落实党中央、国务院关于减税降费和减证便民决策部署，税务总局决定再取消 12 项（附件所列 1 至 12 项）税务证明事项，自公布之日起施行。所涉及的规章、规范性文件，按程序修改后另行公布。

根据《财政部 税务总局 科技部 教育部关于科技企业孵化器大学科技园和众创空间税收政策的通知》（财税〔2018〕120 号）、《财政部 税务总局 中央宣传部关于继续实施文化体制改革中经营性文化事业单位转制为企业若干税收政策的通知》（财税〔2019〕16 号）、《财政部 税务总局关于进一步扶持自主就业退役士兵创业就业有关税收政策的通知》（财税〔2019〕21 号）有关规定，另有 3 项税务证明事项（附件所列 13 至 15 项）已自 2019 年 1 月 1 日起停止执行，现一并予以公布。

各级税务机关应当认真落实 2018 年底公布取消 20 项和本次公布取消 15 项税务证明事项的有关要求，不得保留或变相保留，并积极回应企业和人民群众关切，进一步减少涉税资料报送，确保纳税人有实实在在的获得感。

取消的税务证明事项目录（共计 15 项）

序号	证明名称	证明用途	取消后的办理方式
1	纳税困难证明	受严重自然灾害影响纳税困难的纳税人办理减免车船税时，需提供纳税人遭受自然灾害影响纳税困难的相关证明材料。	不再提交。税务机关根据实际需要可以采取告知承诺、主动核查、部门间信息共享等替代方式办理。
2	退税商店符合有关条件的证明	符合条件且有意向备案的企业向省税务局办理退税商店备案时，需提供主管税务机关出具的其具有增值税一般纳税人资格、纳税信用等级在 B 级以上、已经安装并使用增值税发票系统升级版的书面证明。	不再提交。改为部门内部核查。
3	资源税管理证明	开采销售规定范围内应税矿产品的单位和个人，在销售其矿产品时，应当向当地主管税务机关申请开具"资源税管理证明"，作为销售矿产品已申报纳税免予扣缴税款的依据。购货方（扣缴义务人）在收购矿产品时，应主动向销售方（纳税人）索要"资源税管理证明"，扣缴义务人据此不代扣资源税。	税务机关不再开具或索要资源税管理证明，并通过以下措施强化监管： （1）进一步加强开采地源泉控管，对已纳入开采地正常税务管理或者在销售矿产品时开具增值税发票的纳税人，实行纳税人自主申报，不采用代扣代缴的征管方式。 （2）对于部分零散税源，确有必要的，可采用委托代征等替代管理方式。 （3）加强与矿产资源管理等部门的信息共享，加强资源税源头控管和风险防控。
4	有权继承或接受遗赠的公证证明	纳税人办理个人无偿受赠不动产免征个人所得税手续时，属于继承或接受遗赠的，需提供经公证的有权继承或接受遗赠的证明资料。	取消公证要求。有关材料报送比照《国家税务总局关于土地价款扣除时间等增值税征管问题的公告》（国家税务总局公告 2016 年第 86 号）第六条执行。
5	购车单位或人员身份证明	纳税人办理节约能源、使用新能源的车船减免车船税备案时，需提供购车单位或人员身份证明。	不再提交。
6	残疾人证明	残疾人个人提供加工、修理修配劳务，以及为社会提供服务，办理免征增值税备案时，需提供残疾人证明。	不再提交。改为纳税人自行留存备查。
7	外交机构、人员身份证明	外国驻华使领馆、国际组织驻华代表机构及其有关人员办理其所有的车船免征车船税备案时，需提供单位及人员身份证明。	不再提交。
8	批准经营融资租赁业务证明	经人民银行等部门批准从事融资租赁业务的试点纳税人中的一般纳税人，办理其提供有形动产融资租赁服务和有形动产融资性售后回租服务，对其增值税实际税负超过 3％ 的部分实行增值税即征即退备案时，需提供人民银行等部门批准经营融资租赁业务证明。	不再提交。改为纳税人自行留存备查。

（续表）

序号	证明名称	证明用途	取消后的办理方式
9	从事电影制片、发行、放映批文	从事电影制片、发行、放映的电影集团公司（含成员企业）、电影制片厂及其他电影企业，办理取得的销售电影拷贝（含数字拷贝）收入、转让电影版权（包括转让和许可使用）收入、电影发行收入以及在农村取得的电影放映收入免征增值税优惠备案时，需提供广播电影电视行政主管部门（包括中央、省、地市及县级）批准其从事电影制片、发行、放映的批文。	不再提交。改为纳税人自行留存备查。
10	捕捞、养殖船证明	纳税人办理捕捞、养殖渔船免征车船税备案时，需提供由渔业船舶管理部门出具的捕捞、养殖船证明。	不再提交。
11	车船产权证	11.1 纳税人办理捕捞、养殖渔船免征车船税备案时，需提供渔船产权证明。	不再提交。
		11.2 纳税人办理军队、武警专用车船免征车船税备案时，需提供车船产权证。	不再提交。
		11.3 纳税人办理警用车船免征车船税备案时，需提供车船产权证。	不再提交。
12	总分机构证明	纳税人办理增值税、消费税汇总纳税时，需提供批准设立分支机构的文件，以及分支机构或集团子公司所在地市场监管部门出具的总分机构关系证明。	不再提交。改为纳税人自行留存备查批准设立分支机构的文件，无需由市场监管部门另外出具证明。
13	科技企业孵化器、大学科技园证明	纳税人办理科技企业孵化器、国家大学科技园按规定免征房产税、城镇土地使用税、增值税备案时，需提供国务院科技、教育行政主管部门出具的证明材料。	不再提交。通过政府部门间信息共享替代。
14	转制证明	经认定的转制文化企业，办理免征增值税、房产税备案时，需提供转制方案批复函；企业营业执照；核销事业编制、注销事业单位法人的证明；按企业办法参加社会保险制度的有关材料；相关部门对引入非公有资本和境外资本、变更资本结构的批准文件。	不再提交。改为纳税人自行留存备查。

（续表）

序号	证明名称	证明用途	取消后的办理方式
15	退出现役证	自主就业退役士兵从事个体经营，以及企业招用自主就业退役士兵的，办理减免增值税、城市维护建设税、教育费附加、个人所得税备案时，需提供退役士兵的《中国人民解放军义务兵退出现役证》或《中国人民解放军士官退出现役证》。	不再提交。改为纳税人自行留存备查。

1. 我是个采矿企业，我们在销售矿产品时，还需要向税务机关申请开具"资源税管理证明"吗？

答：不需要。《国家税务总局关于取消一批税务证明事项的决定》（国家税务总局令第46号）明确规定税务机关不再开具或索要资源税管理证明。证明取消后，税务机关通过加强开采地源泉控管、委托代征、加强与矿产资源管理等部门信息共享等方式强化监管。

2. 办理房屋继承免征增值税、个人所得税手续时，还需不需要进行继承权公证？

答：不需要。根据《国家税务总局关于土地价款扣除时间等增值税征管问题的公告》（国家税务总局公告2016年第86号）和《国家税务总局关于取消一批税务证明事项的决定》（国家税务总局令第46号），办理房屋继承免征增值税、个人所得税，不再需要进行继承权公证，纳税人自行提供可以证明其有权继承的资料即可。

3. 有些因自然灾害等原因造成的纳税困难证明取消后，改为纳税人自行承诺。对这些承诺事项，税务机关会进行事后核查吗？核查发现承诺不实，会有什么后果？

答：取消有关证明事项后，税务机关将采取风险管理、大数据管理、信用管理等方式加强事中事后监管，并将强化对纳税人承诺事项的事后核查，对不实承诺甚至弄虚作假的，依法予以严厉处罚。

4. 如何理解取消有关证明后，替代管理方式改为"纳税人自行留存备查"？

答：取消有关证明改为纳税人自行留存备查，意思是：对纳税人办理有关涉税事项原本需要提供给税务机关的法定证照等有关证明材料，不再要求在事项办理环节向税务机关报送，改为纳税人自行妥善保管，以备税务机关事后核查。

5. 企业所得税前扣除特定资产损失，需要留存中介机构出具的鉴定意见、专项报告等，可不可以进一步减少这一类证明，减轻费用负担？

答：税务总局在证明事项清理中着力减少开具时需要额外负担费用的有关证明。提问中办理企业所得税前扣除特定资产损失需要留存的中介机构出具的鉴定意见、专项报告，已经于2018年12月28日被《国家税务总局关于取消20项税务证明事项的公告》（国家税务总局公告2018年第65号）明确取消。此外，税务总局还取消了办理饲料产品免征增值税优惠备案时需提供的检测机构出具的饲料产品检测合格证明等，着力减轻纳税人费用负担。

第三节　优化纳税服务政策指引

政策依据：

《国家税务总局关于2019年开展"便民办税春风行动"的意见》（税总发〔2019〕19号）；

《办税事项"最多跑一次"清单》（国家税务总局公告2018年第12号）；

《国家税务总局关于推行办税事项"最多跑一次"改革的通知》（税总发〔2018〕26号）；

《国家税务总局关于明确跨区域涉税事项报验管理相关问题的公告》（国家税务总局公告2018年第38号）。

一、2019便民办税春风行动（税总发〔2019〕19号）

（一）大力减税降费，彰显利民惠民新作为

1. 切实落实减税降费措施。认真落实更大规模减税降费政策措施，采取有效举措将各项减税降费政策落实到位。成立实施减税降费工作领导小组。纳税服务司设立小微企业服务处。切实做好小微企业普惠性税收减免政策落实工作。扩展初创科技型企业优惠政策适用范围。落实扩大境外投资者以分配利润直接投资暂不征收预提所得税范围。加强税收经济分析工作，以减免税政策效应、优化营商环境措施、重点行业、重大发展战略、区域比较、新旧动能转换为重点开展分析，实现税收经济分析高端定制和精准发力。进一步提高社会公众个人所得税改革的参与度和积极性，充分享受政策红利。明确个人所得税宣传口径，紧扣时间节点，确保宣传引导步调一致，依托地方权威媒体，帮助纳税人了解个人所得税政策，方便办理个人所得税业务。

2. 切实精简涉税资料。进一步清理税务证明事项，落实第一批取消20项税务证明事项的任务，3月底前再取消一批税务证明事项。精简涉税资料报送，2019年底前对纳税人向税务机关报送的资料再精简25％以上。取消《营改增税负分析测算明细表》。探索电子签章、电子资料在税收领域的应用和涉税文书电子化推送与签收。

3. 切实优化发票办理。便利纳税人领用增值税发票。将小规模纳税人自行开具增值税专用发票试点范围扩大至租赁和商务服务业、科学研究和技术服务业以及居民服务、修理和其他服务业。除了特定纳税人及特殊情形外，取消增值税发票抄报税，改由纳税人对开票数据进行确认。加大电子发票推广力度，在税控开票软件中增加电子发票开具功能，开展税务机关网上代开增值税电子普通发票试点。将取消增值税发票认证的纳税人范围扩大至全部增值税一般纳税人。优化增值税发票管理系统，在向纳税人推送增值税扣税凭证信息的同时，实现增值税普通发票信息的归集推送和共享共用。

4. 切实响应纳税人需求。围绕纳税人关注热点和投诉反映突出问题，2019年上半年开展全国纳税人需求调查，拓展征纳沟通渠道，增进征纳理解互信，有效减少因政策理解不一致、信息不对称等原因造成的纳税服务投诉。建立纳税人诉求和意见受理快速反应机制、协调沟通机制、问责机制。

（二）全力提速增效，打造快捷便利新速度

5. 提速优化流程。拓宽"最多跑一次"事项范围，年底前实现70％以上涉税事项一次办结。推行纳税人"承诺制"容缺办理和纳税申报"提醒纠错制"。优化海关缴款书抵扣方式，将标识有统一社会信用代码的海关缴款书纳入选择确认范围。取消非居民企业汇总缴纳企业所得税机构场所审批。优化大企业纳税服务，升级税企沟通方式。加强大企业复杂涉税事项政策服务。选择税务风险内部控制完善、遵从意愿强的大企业集团，签订税收遵从合作类协议并加强跟踪服务。

6. 提速纳税申报。完善信息系统，研究个人所得税综合所得汇算清缴预填申报，实现综合所得汇算清缴申报时主动预填相关申报信息并由纳税人确认的功能。

7. 提速税费缴纳。推动自然人以统一身份、统一代码缴纳个人所得税、社会保险费和相关非税收入，提供线上、线下多渠道缴纳税费服务。推动通过第三方非银行支付机构缴纳税费，为自然人办理缴纳税费提供便利。实现以网签方式办理"授权（委托）划缴协议"事项。

8. 提速退税办理。确保审核办理正常出口退税的平均时间在10个工作日以内，实现申报、证明办理、核准、退库等业务网上办理。推广标准版国际贸易"单一窗口"出口退税申报功能。优化其他退税办理，推动退税申请、退税审核、退库业务实现全流程网上办理。

（三）着力整合升级，搭建稳定高效新平台

9. 改善"线上"服务渠道。加强税收信息系统整合优化工作，提高信息系统的稳定性。拓展PC端、手机端、自助端等多种办税渠道，实现电子税务局与相关应用系统数据互通、一体运行。组织开展对涉税应用系统供应商和运维服务商运维服务工作评价，引导涉税应用系统运维服务商提升运维服务能力。依托12366纳税服务平台，完善平台功能，拓宽服务渠道，提升智能化、个性化纳税缴费服务体验。优化个人所得税办税软件的在线填报、数据校验、提示提醒等功能，提示扣缴义务人或纳税人修正，减少填报错误。

10. 改善"线下"服务渠道。持续推进"一门办"，2019年12月底前，在地方政府的支持下，除对场地有特殊要求的事项外，税费事项进驻综合性实体政务大厅基本实现"应进必进"。

(四) 合力协同共治,开创携手共进新局面

11. 发挥纳税信用增值效用。深化"线上银税互动"合作机制,推动税务、银行信息互通。扩大合作银行范围,鼓励和推动银行依托纳税信用创新信贷产品,帮助小微企业缓解融资难题。

12. 发挥管理部门协同效能。强化与房地产管理部门协作,积极推进房地产交易合同网签备案信息、不动产登记信息共享,整合房地产交易、办税、办证业务流程,推动实施跨部门业务联办。扩大应用车辆购置税电子完税信息办理车辆登记业务的试点范围。建立车船税全国税务直征数据库并与保险部门数据共享。实现与市场监管部门清税结果数据互联共享。

13. 发挥涉税专业服务优势。结合个人所得税改革事项的推进,引导涉税专业服务机构发挥应有作用。规范涉税专业服务监管,严格落实涉税专业服务实名制,实施信用评价与信用积分管理,加大涉税专业服务信息公告力度。整治和防范"黑中介""中介黑"行为。

二、办税事项"最多跑一次"清单(国家税务总局公告2018年第12号)

(一) 办税事项"最多跑一次",是指纳税人办理《办税事项"最多跑一次"清单》(以下简称《清单》)范围内事项,在资料完整且符合法定受理条件的前提下,最多只需要到税务机关跑一次。

(二) 对《清单》所列办税事项,各地税务机关应全面实现"最多跑一次"。各省税务机关可通过推行网上办税、邮寄配送、上门办税等多种方式,在税务总局《清单》的基础上增列"最多跑一次"办税事项,形成本省税务局的办税事项"最多跑一次"清单并向社会公告实施。

(三) 各地税务机关在推行"最多跑一次"改革的同时,应积极落实税务总局深化"放管服"的要求,大力推进网上办税,努力实现办税"不用跑"。

(四) 省税务机关要针对"最多跑一次"办税事项的报送资料、办理条件、办理时限、办理方式及流程等编制办税指南并进行公示和宣传,便于纳税人掌握,顺利推进办税事项"最多跑一次"改革。

办税事项"最多跑一次"清单(共5大类103个事项)

序号	事项类别	事项名称
1	报告类	自然人纳税人信息采集
2		扣缴税款登记
3		存款账户账号报告
4		财务会计制度及核算软件备案报告
5		跨区域涉税事项报告
6		跨区域涉税事项报验
7		跨区域涉税事项反馈
8		增值税一般纳税人登记
9		选择按增值税小规模纳税人纳税
10		增值税一般纳税人选择简易计税方法计算缴纳增值税
11		欠税人处置不动产或大额资产报告
12		纳税人合并分立情况报告
13		发包、出租情况报告
14	发票类	发票票种核定
15		增值税专用发票(增值税税控系统)最高开票限额审批(10万元以下)
16		增值税税控系统专用设备初始发行
17		增值税税控系统专用设备变更发行

（续表）

序号	事项类别	事项名称
18	发票类	增值税税控系统专用设备注销发行
19		发票领用
20		发票退回
21		代开增值税发票
22		发票验旧
23		增值税发票存根联数据采集
24		发票认证
25		海关完税凭证数据采集
26		发票缴销
27		发票挂失、损毁报备
28		丢失被盗税控专用设备处理
29	申报类	增值税一般纳税人申报
30		增值税小规模纳税人（非定期定额户）申报
31		增值税预缴申报
32		航空运输企业汇总缴纳增值税年度清算申报
33		烟类应税消费品消费税申报
34		酒类应税消费品消费税申报
35		成品油消费税申报
36		小汽车消费税申报
37		电池消费税申报
38		涂料消费税申报
39	申报类	其他类消费税申报
40		车辆购置税申报
41		居民企业所得税月（季）度预缴纳税申报（适用查账征收）
42		居民企业所得税月（季）度预缴纳税申报（适用核定征收）
43		居民企业所得税年度纳税申报（适用查账征收）
44		居民企业所得税年度纳税申报（适用核定征收）
45		居民企业清算企业所得税申报
46		非居民企业所得税季度纳税申报（适用据实申报）
47		非居民企业所得税季度纳税申报（适用核定征收）及不构成常设机构和国际运输免税申报
48		非居民企业所得税年度纳税申报（适用据实申报）
49		非居民企业所得税年度纳税申报（适用核定征收）及不构成常设机构和国际运输免税申报

（续表）

序号	事项类别	事项名称
50	申报类	自然人纳税人个人所得税自行纳税申报
51		生产、经营纳税人个人所得税自行纳税申报
52		房产税申报
53		城镇土地使用税申报
54		土地增值税纳税申报（从事房地产开发的纳税人预征适用）
55		耕地占用税申报
56		资源税申报
57		印花税申报
58		车船税申报
59		烟叶税申报
60		城市维护建设税申报
61		废弃电器电子产品处理基金申报
62		文化事业建设费申报
63		教育费附加和地方教育附加申报
64		定期定额个体工商户增值税申报
65		定期定额个体工商户消费税申报
66		委托代征申报
67		扣缴车船税申报
68		扣缴非居民企业所得税申报
69		扣缴个人所得税申报
70		代扣代缴文化事业建设费申报
71		代扣代缴证券交易印花税申报
72		代扣代缴、代收代缴报告
73		财务会计报告报送
74		出口退（免）税预申报
75		关联申报
76		国别报告
77		成本分摊协议副本报送
78	备案类	增值税优惠备案
79		消费税优惠备案
80		车辆购置税优惠备案
81		非居民企业享受税收协定待遇办理
82		个人所得税优惠备案

序号	事项类别	事项名称
83	备案类	企业年金、职业年金计划报告
84		股权激励或以技术成果投资入股递延纳税报告
85		非居民个人享受税收协定待遇办理
86		资源税优惠备案
87		印花税优惠备案
88		出口退（免）税备案
89		集团公司成员企业备案
90		融资租赁企业退税备案
91		边贸代理出口备案
92		出口企业放弃退（免）税权备案
93		出口企业申请出口退税提醒服务
94		跨境应税行为免征增值税备案
95		非居民企业股权转让适用特殊性税务处理的备案
96		服务贸易等项目对外支付税务备案
97	证明类	完税证明开具
98		开具个人所得税完税证明
99		《非居民企业汇总申报企业所得税证明》开具
100		丢失增值税专用发票已报税证明单开具
101		《车辆购置税完税证明》补办
102		《车辆购置税完税证明》更正
103		《资源税管理证明》开具

三、优化跨区域涉税事项报验管理（国家税务总局公告 2018 年第 38 号）

（一）纳税人跨省（自治区、直辖市和计划单列市）临时从事生产经营活动的，向机构所在地的税务机关填报《跨区域涉税事项报告表》。

（二）纳税人跨区域经营合同延期的，可以向经营地或机构所在地的税务机关办理报验管理有效期限延期手续。

（三）跨区域报验管理事项的报告、报验、延期、反馈等信息，通过信息系统在机构所在地和经营地的税务机关之间传递，实时共享。

（四）纳税人首次在经营地办理涉税事宜时，向经营地的税务机关报验跨区域涉税事项。

（五）纳税人跨区域经营活动结束后，应当结清经营地税务机关的应纳税款以及其他涉税事项，向经营地的税务机关填报《经营地涉税事项反馈表》。

经营地的税务机关核对《经营地涉税事项反馈表》后，及时将相关信息反馈给机构所在地的税务机关。纳税人不需要另行向机构所在地的税务机关反馈。

（六）机构所在地的税务机关要设置专岗，负责接收经营地的税务机关反馈信息，及时以适当方式告知纳税人，并适时对纳税人已抵减税款、在经营地已预缴税款和应预缴税款进行分析、比对，发现疑点的，及时推送至风险管理部门或者稽查部门组织应对。